Diagnostisches und Statistisches Manual
Psychischer Störungen
DSM-IV

Diagnostisches und Statistisches Manual Psychischer Störungen DSM-IV

Übersetzt nach der vierten Auflage des
Diagnostic and Statistical Manual of Mental Disorders der
American Psychiatric Association

Deutsche Bearbeitung und Einführung
von Henning Saß, Hans-Ulrich Wittchen und Michael Zaudig

Redaktionelle Koordination: Isabel Houben

2., verbesserte Auflage

 Hogrefe · Verlag für Psychologie
Göttingen · Bern · Toronto · Seattle

Titel der Originalausgabe:
American Psychiatric Association: Diagnostic and Statistical Manual of Mental Disorders, Fourth Edition.
Washington, D.C., American Psychiatric Association, 1994

Die Deutsche Bibliothek - CIP-Einheitsaufnahme

Diagnostisches und statistisches Manual psychischer Störungen
DSM-IV : übersetzt nach der vierten Auflage des Diagnostic and statistical manual of mental disorders der American Psychiatric Association / dt. Bearb. und Einf. von Henning Sass ... Red. Koordination: Isabel Houben. - 2., verb. Aufl. - Göttingen ; Bern ; Toronto ; Seattle : Hogrefe, Verl. für Psychologie, 1998
  Einheitssacht.: Diagnostic and statistical manual of mental disorders <dt.>
  ISBN 3-8017-1166-8

© by Hogrefe-Verlag, Göttingen · Bern · Toronto · Seattle 1996 und 1998
  Rohnsweg 25, D-37085 Göttingen

Das Werk einschließlich aller seiner Teile ist urheberrechtlich geschützt. Jede Verwertung außerhalb der engen Grenzen des Urheberrechtsgesetzes ist ohne Zustimmung des Verlages unzulässig und strafbar. Das gilt insbesondere für Vervielfältigungen, Übersetzungen, Mikroverfilmungen und die Einspeicherung und Verarbeitung in elektronischen Systemen.

Umschlaggraphik: Bernhard Zerwann, Bad Dürkheim
Satz: Druckvorlagen Bernert, Göttingen
Gesamtherstellung: Allgäuer Zeitungsverlag GmbH, Kempten
Printed in Germany
Auf säurefreiem Papier gedruckt

ISBN 3-8017-1166-8

Inhaltsverzeichnis

Geleitwort VII
Einführung zur deutschen Ausgabe: Zur Situation der operationalisierten Diagnostik in der deutschsprachigen Psychiatrie IX

Die Anwendung des DSM-IV 1
Zum Gebrauch des Manuals 3
Die multiaxiale Beurteilung 17

Die DSM-IV-Klassifikation 29
DSM-IV-Klassifikation mit den ICD-10-Codierungen 31

Die diagnostischen Kategorien 51
Klassifikation psychischer Störungen im Kindes- und Jugendalter nach DSM-IV . 53
Störungen, die Gewöhnlich Zuerst im Kleinkindalter, in der Kindheit oder Adoleszenz Diagnostiziert werden 71
Delir, Demenz, Amnestische und Andere Kognitive Störungen 163
Psychische Störungen Aufgrund eines Medizinischen Krankheitsfaktors 209
Störungen im Zusammenhang mit Psychotropen Substanzen 221
Schizophrenie und Andere Psychotische Störungen 327
Affektive Störungen 375
Angststörungen 453
Somatoforme Störungen 509
Vorgetäuschte Störungen 537
Dissoziative Störungen 543
Sexuelle und Geschlechtsidentitätsstörungen 559
Eßstörungen 613
Schlafstörungen 627
Störungen der Impulskontrolle, Nicht Andernorts Klassifiziert 691
Anpassungsstörungen 705
Persönlichkeitsstörungen 711
Andere Klinisch Relevante Probleme 761
Zusätzliche Codierungen 773

Anhang 775
A   Entscheidungsbäume zur Differentialdiagnose 777
B   Kriterienlisten und Achsen, die für weitere Forschung vorgesehen sind . . . 791
C   Glossar der Fachausdrücke 853
D   Kommentierte Auflistung der Veränderungen in DSM-IV 865
E   Alphabetische Liste der DSM-IV-Diagnosen 885
F   Leitfaden zur Beurteilung kultureller Einflußfaktoren und ein Glossar kulturabhängiger Syndrome 895
G   ICD-10- und ICD-9-CM-Codierungen für ausgewählte medizinische Krankheitsfaktoren und medikamenteninduzierte Störungen 903

Task Force on DSM-IV 933
Einleitung der amerikanischen Originalausgabe 937
Liste der deutschen Bearbeiter 951
Diagnostischer Index 957

Geleitwort

Zwischen der ersten deutschen Ausgabe von DSM-III und der Revision des DSM-III-R lagen fünf Jahre, zwischen der Revision und dem DSM-IV sieben Jahre. Diese insgesamt 12 Jahre haben ausgereicht, das DSM-III-R neben der ICD im deutschen Sprachraum zu etablieren. So wird das DSM-IV jetzt von zahlreichen Benutzern dringend erwartet. Viele haben den englischen Text bereits zur Kenntnis genommen und sehen die neue Klassifikation als deutliche Verbesserung gegenüber dem vorherigen Text an.

Zeitlich parallel zur Entwicklung von DSM-III-R/DSM-IV ist die 10. Ausgabe der internationalen Klassifikation der Diagnosen der WHO erarbeitet worden. Auch diese Klassifikation beruht auf einer genauen Deskription der diagnostischen Kategorien im Sinne operationaler Diagnostik.

Zwar wird die ICD-10 ab 1998 im ambulanten wie im stationären Bereich Verwendung finden und die offizielle Diagnosenklassifikation sein, da die Bundesrepublik Deutschland als Mitglied der WHO und die Bundesarbeitsgemeinschaft der Träger psychiatrischer Krankenhäuser sich auf die ICD festgelegt haben. Trotzdem wird das DSM-IV zunehmende Beliebtheit erreichen. Dabei kann aber festgestellt werden, daß die ICD-10-Kapitel V (F) und das DSM-IV noch stärker als ihre Vorgängerklassifikationen in vielem übereinstimmen. In dieser Hinsicht hat sich das DSM-IV gegenüber dem DSM-III-R deutlich weiter auf die ICD-10 hin entwickelt, was von uns sehr begrüßt wird.

Wie bei der früheren Ausgabe haben sich auch bei dem jetzt vorliegenden DSM-IV zahlreiche Kenner besonderer Fachgebiete, insbesondere aber die Mitglieder der Diagnosenkommission der Deutschen Gesellschaft für Psychiatrie, Psychotherapie und Nervenheilkunde (DGPPN), mit den übersetzten Kapiteln dieser Klassifikation beschäftigt. Nach wie vor gilt, daß einige Termini nicht zur allgemeinen Befriedigung formuliert werden konnten. So kann nur noch einmal unterstrichen werden, daß ein einzelnes Diagnosenschema nicht alle idealen Forderungen erfüllen wird, daß aber mit dem DSM-IV ein noch höherer Standard erreicht worden ist als mit der Vorgängerklassifikation. So wird jetzt in diesem Buch die Diagnosenklassifikation der American Psychiatric Association (APA) auch den deutschen Lesern zugänglich gemacht.

Die Diagnosenkommission und der Vorstand der DGPPN wünschen diesem Werk und den damit verbundenen Instrumenten ein lebhaftes Echo aller Interessierten und insbesondere verbindende Kraft zwischen unterschiedlichen psychiatrischen Institutionen, Schulen, Regionen und Kontinenten! Dieses bezieht sich besonders auf einen weiteren fruchtbaren wissenschaftlichen Austausch mit den Kollegen in den Vereinigten Staaten und in den Ländern, die das DSM-IV als Richtschnur verwenden.

Prof. Dr. W. Gaebel
Präsident der DGPPN

Prof. Dr. H. Dilling
Vorsitzender der Diagnosenkommission
der DGPPN

Einführung zur deutschen Ausgabe: Zur Situation der operationalisierten Diagnostik in der deutschsprachigen Psychiatrie

H. Saß, M. Zaudig, I. Houben, H.-U. Wittchen

1 Historische Entwicklung und Entstehungsgang von DSM-IV

Das 1980 erschienene DSM-III der Amerikanischen Psychiatrischen Vereinigung hat zu einer stürmischen Entwicklung von diagnostischen und statistischen Klassifikationssystemen in der Psychiatrie geführt. 1987 folgte in den USA die korrigierte Auflage des DSM-III-R und bereits 1994 wurde DSM-IV veröffentlicht (APA, 1980, 1987, 1994). Die Bedeutung für die Entwicklung der Psychiatrie in der ganzen Welt geht aus den Übersetzungen in viele Sprachen hervor. Die deutsche Ausgabe von DSM-III wurde 1984 vorgelegt, DSM-III-R konnte 1989 bei uns fertiggestellt werden und DSM-IV erscheint 1996, also 2 Jahre nach der Publikation des amerikanischen Originals. Über die interessante Vorgeschichte der verschiedenen Ausgaben von DSM, die eng mit der Entstehungsgeschichte der psychiatrischen Diagnostikforschung verbunden ist, informiert das Vorwort der amerikanischen Herausgeber (s. Anhang, Seite 937). Die Einführung von DSM-III brachte wichtige methodische Neuerungen mit sich, etwa die Einführung expliziter und operational definierter diagnostischer Kriterien, ein multiaxiales Beschreibungssystem und einen deskriptiven Ansatz mit dem Bemühen um weitgehende Neutralität hinsichtlich ätiologischer Vorannahmen. Aus praktisch-klinischen Erfahrungen und einer großen Zahl spezieller Studien, die während der Entstehung und nach dem Erscheinen von DSM-III durchgeführt wurden, ergab sich ein fortlaufender Prozeß der Erprobung, Überprüfung und Korrektur, dessen Ergebnisse in einem systematischen Revisionsverfahren und abschließendem Konsensusprozeß zur Vorbereitung von DSM-III-R und DSM-IV herangezogen wurden.

Die Entwicklung von DSM in den Vereinigten Staaten geht zurück auf die Erhebung einer Kategorie für Schwachsinn/Wahnsinn (idiocy/insanity) in der Volkszählung von 1840. Bei der Volkszählung von 1880 wurden sieben Kategorien für schwere Geisteskrankheiten erhoben. In den USA publizierte 1917 erstmals die „American Medico-Psychological Association" (aus dieser wurde 1921 die American Psychiatric Association) ein offizielles Klassifikationssystem, das sich überwiegend auf die Prinzipien Kraepelins stützte. Es enthielt 22 Kategorien. 1933 wurde dann die erste Auflage der Standard Classified Nomenclature of Diseases publiziert und 1934 von einer APA-Klassifikation abgelöst. Es gab 24 Kategorien und 82 Untergruppen. Nach dem 2. Weltkrieg mußten auch Kriegsteilnehmer mit weniger schweren psychischen Störungen ambulant behandelt werden, so daß US-Armee und Veteranenverbände umfassendere Klassifikationen entwickelten. 1952 übernahm von den oben genannten Vorläufern ausgehend die Amerikanische Psychiatrische Vereinigung die Ausarbeitung eines Diagnostischen und Statistischen Manuals, von nun an als DSM bezeichnet, wobei schon versucht wurde, die Codierungsziffern mit der ICD-6 der WHO abzustimmen. Während das 1968 erschienene DSM-II (ebenso wie ICD-8 und ICD-9) die Forderungen des von der WHO mit einem Review psychiatrischer Klassifikationssysteme betrauten britischen Psychiaters Stengel (1959) nach expliziten Definitionen weitgehend ignorierte, wurden diese nach dem Vorbild der Feighner-Kriterien und der Research Diagnostic Criteria (RDC) in DSM-III eingearbeitet, so daß sich DSM-III nun grundlegend von allen Vorläufern unterschied.

Auf internationaler Ebene hatten bereits 1853 in England und in der Schweiz Bestrebungen nach einer „in allen Ländern anwendbaren, einheitlichen Nomenklatur für Todesursachen" begonnen, die zur Grundlage für eine „Internationale Klassifikation der Krankheiten (ICD)" wurden. Mit Gründung der WHO 1948 übernahm diese die Verantwortlichkeit für die regelmäßigen Überarbeitungen der ICD (vgl. Thangavelu & Martin, 1995). ICD-6 (1948) enthielt zum ersten Mal Kategorien für psychische Störungen, die überwiegend aus amerikanischen Klassifikationen stammten und dem 1952 erschienenen DSM glichen. Insofern verlief die Entwicklung beider Diagnose- und Klassifikationssysteme also von Anfang an in gewisser Wechselbeziehung. Grundsätzlich muß allerdings berücksichtigt werden, daß die Aufgabe der WHO darin besteht, ein für alle Länder und Gesundheitssysteme akzeptables Klassifikationssystem zu entwickeln. Dabei werden sehr viel häufiger als bei nationalen Klassifikationssystemen wie dem DSM vielfältige Kompromisse und Ergänzungen notwendig, die zwangsläufig bestimmte Ordnungs- und Gestaltungsprinzipien aufweichen oder sogar verwässern. So ist z. B. international kaum eine derart explizite operationalisierte diagnostische Klassifikation konsensusfähig, wie sie mit DSM-III bis DSM-IV vorgestellt wurde.

2 Verbreitung und Anwendung von DSM-III/DSM-III-R

Trotz anfänglicher Skepsis wurden DSM-III und mehr noch DSM-III-R auch im deutschsprachigen Bereich mit wachsender Zustimmung aufgenommen. Dies beschränkte sich nicht auf die theoretische Auseinandersetzung mit diesem neuartigen Klassifikationsansatz, sondern spiegelt sich auch in einer überraschend großen Akzeptanz von DSM in vielen Bereichen der Psychiatrie, Psychotherapie und Psychologie wider. Die deutschsprachige Übersetzung von DSM-III-R wird z. B. häufig als Standardwerk in der Ausbildung Klinischer Psychologen verwendet; aber auch an psychiatrischen Universitätskliniken sowie im Bereich der Psychotherapie konnte beobachtet werden, daß viele ursprünglich skeptische Kollegen ihre Haltung revidierten und DSM-III/DSM-III-R in der klinischen Praxis und Forschung verwendeten. Die größte Bedeutung hat DSM-III/DSM-III-R sicherlich im Zusammenhang mit internationalen Studien, jedoch auch bei rein deutschsprachigen Forschungsarbeiten gehabt. Diese Entwicklung ist – angesichts der langen europäischen Tradition in psychiatrischer Klassifikation und Nosologie und der vielfältigen „Brüche" mit diesen Auffassungen im DSM-III – unerwartet gewesen. Die Prinzipien von DSM-III/DSM-III-R scheinen sich in vielen Bereichen bewährt zu haben, was sich nicht zuletzt auch darin niederschlägt, daß die ICD-10 wesentliche Aspekte und Grundzüge von DSM-III-R aufgegriffen hat. Allerdings besteht zwischen der weiten Verbreitung und Akzeptanz von DSM-III-R auf der einen Seite sowie der fachgerechten Anwendung des Systems in der klinischen Praxis und Forschung auf der anderen Seite immer noch eine gewisse Kluft, die sich auch mit DSM-IV nicht unbedingt verringern läßt. Der sorgfältige Gebrauch von DSM-III-R und DSM-IV ist, wie neuere Studien gezeigt haben, auch in den USA nicht unbedingt die Regel; um so mehr Probleme könnten sich wegen der sprachlichen Barrieren und des Fehlens formaler Trainingsprogramme in der Anwendung von DSM-IV im deutschsprachigen Raum ergeben. Vermutlich dürften sich viele deutschsprachige Kliniker auch bei der Verwendung von DSM-IV implizit noch stärker an traditionellen Modellen orientieren, die psychische Störungen im Sinne von

„Krankheitseinheiten" verstehen. Dabei werden die speziellen Diagnosekriterien eher im Kontext individueller klinischer Gepflogenheiten (z. B. nur zur Bestätigung des eigenen diagnostischen Eindrucks) als systematisch im Sinne des Manuals angewendet; deutlich wird dies an der häufig nicht sachgerechten Verwendung diagnostischer Hierarchien (z. B. Mißachtung der von DSM-III-R verlangten Umkehr der Jassperschen Schichtregel bezüglich Schizophrener und Affektiver Störungen), aber auch an der unzureichenden Berücksichtigung zusätzlicher Diagnosen (Komorbiditätskonzept) und bei der praktischen Anwendung des multiaxialen Systems.

Als sehr problematisch haben sich ferner bestimmte diagnostische Konzepte im DSM-III-R erwiesen, die im deutschsprachigen Raum offensichtlich – trotz ihrer eindeutigen Definition im Manual – mit unterschiedlichen Konnotationen belegt waren. Der Begriff der Dysthymen Störung wurde den Vorschlägen amerikanischer Experten folgend unkritisch mit dem diagnostischen Terminus neurotischer Depression gleichgesetzt, obwohl empirische Studien überzeugend gezeigt haben, daß Patienten mit einer im herkömmlichen Sinne diagnostizierten neurotischen Depression fast immer die Kriterien einer (chronischen) Major Depression erfüllen. Recht unterschiedlich im Vergleich zu den USA war im deutschsprachigen Raum auch die Verwendung der Kriterien für Schizophrenie sowie für andere Psychotische Erkrankungen; insbesondere die Zeitkriterien wurden nicht genügend beachtet. Diese Probleme weisen darauf hin, daß die Anwendung formalisierter Klassifikationssysteme erheblich komplexer und komplizierter ist, als ursprünglich angenommen wurde, so daß bei einer sachgerechten Verwendung operationalisierter Diagnosen vielfach ein Umdenken notwendig wird. Erst eine jüngere Generation von Anwendern, die ihre Ausbildung weitgehend unter den Vorzeichen einer fest eingeführten operationalisierten Diagnostik erhalten haben, wird diese Probleme nicht mehr im selben Ausmaß aufweisen (Wittchen et al., 1989).

3 DSM-IV und ICD-10

Wie geschildert, haben sich die Amerikanische Psychiatrische Vereinigung und die Weltgesundheitsorganisation während des Entstehungsprozesses von DSM-IV und ICD-10 um eine enge Abstimmung bemüht Beide Systeme beruhen wesentlich mehr als ihre Vorgänger auf empirischen Grundlagen. Vor der Veröffentlichung von DSM-IV wurden zunächst 150 Literaturreviews und 40 Datenreanalysen durchgeführt. Um einzelne Fragestellungen zu bestimmten Kriterien, aber auch zum Einschluß neuer bzw. zum Ausschluß alter Diagnosen empirisch zu begründen, wurden die Kriterienlisten von DSM-III, DSM-III-R und die ICD-10-Forschungskriterien in 12 Feldstudien an insgesamt 6.000 Patienten verglichen, auch hat man in DSM-IV neue Diagnosen überwiegend aus ICD-10 übernommen. Ziel dabei war es, die Kompatibilität der Systeme zu verbessern und bedeutungslose Formulierungsunterschiede zu verringern. Dies drückt sich z. B. darin aus, daß fast alle in DSM-IV beschriebenen Störungen, wenn auch zum Teil in verschiedenen Klassen, auch in ICD-10 enthalten sind, so daß der „Crosswalk" von einem zum anderen System gegenüber früheren Ausgaben deutlich verbessert ist. Hinzuweisen ist allerdings darauf, daß die ICD-10 in einigen Störungsgruppen wesentlich mehr Verschlüsselungsmöglichkeiten angibt als DSM-IV, so daß grundsätzlich eine Querprüfung mit der ICD-10 anzuraten ist (s. weiter unten).

Allerdings sind immer noch erhebliche Unterschiede in den Akzentsetzungen vorhanden, da für DSM-IV die forschungsorientierten Gesichtspunkte stärkeres Gewicht besitzen, während

ICD-10 sich intensiver um die interkulturelle Perspektive und die Anwendbarkeit vor allem auch in den Ländern der 3. Welt bemüht, obwohl auch DSM-IV hier Fortschritte gemacht hat, etwa durch das Unterkapitel „Kulturelle Merkmale" zu jeder Störung und durch den Leitfaden zur Beurteilung kultureller Einflußfaktoren (Anhang I). Die beschreibenden Texte sind in ICD-10 deutlich kürzer und weniger kategorisch, was sich ausdrückt in typischen Formulierungen wie „normalerweise", „sollten vorhanden sein" usw., während DSM-IV striktere Definitionen bevorzugt, etwa „sind erforderlich", „müssen" usw. Insofern hat ICD-10 eher einen Richtlinien- und DSM-IV eher einen Vorschriftencharakter (Thangavelu & Martin, 1995).

Ein wesentliches Unterscheidungsmerkmal zwischen der DSM-IV- und der ICD-10-Klassifikation stellt das in DSM-IV nahezu bei jeder Störung aufgeführte Eingangskriterium „Das Störungsbild verursacht in klinisch bedeutsamer Weise Leiden oder Beeinträchtigungen in sozialen, beruflichen oder anderen wichtigen Funktionsbereichen" dar. ICD-10 versucht grundsätzlich, psychosoziale Kriterien bei der Erstellung der Diagnose zu vermeiden. Diese Ausklammerung wird dadurch begründet, daß die ICD-10 als weltweit anwendbares Klassifikations- und Codierungssystem stärker Rücksicht nehmen muß auf unterschiedliche psychosoziale und kulturelle Gegebenheiten, die sich einer allgemein-verbindlichen Formulierung in Form eines Kriteriums entziehen. Die ICD-10-Kommissionen haben stattdessen die Meinung vertreten, daß die pychosozialen Auswirkungen von psychischen Störungen auf einer gesonderten Klassifikationsachse differenzierter in Form von Behinderung, Einschränkung und Funktionsstörung zu codieren sind.

In Deutschland ist seit diesem Jahr die ICD-10 in vielen Bereichen für die offizielle Dokumentation bereits verpflichtend vorgeschrieben oder wird in den nächsten Jahren verpflichtend eingeführt werden. Ungleich zu den USA, in denen die Codierungsvorschriften nach wie vor an der ICD-9-CM, also einer klinischen Modifikation von ICD, orientiert sind, werden für den deutschen Anwender von DSM-IV im administrativen Bereich also vor allem die ICD-10-F-Nummer bzw. die entsprechenden zugeordneten Nummern aus anderen Kapiteln der ICD-10 entscheidend sein. Andererseits kann wegen der Kommunikation mit den angloamerikanischen Forschungspublikationen auch nicht auf die Wiedergabe der in den USA üblichen ICD-9-CM verzichtet werden.

Deshalb haben wir für die deutsche Ausgabe die wichtige Entscheidung getroffen, zusätzlich zu den DSM-IV-Codierungen, die in der amerikanischen Version zur Verschlüsselung angegeben werden und den ICD-9-CM-Codierungen entsprechen, jeweils auch die korrespondierende ICD-10-Nummer in Klammern hinzuzufügen. (Diagnostische Querverweise im Text erfolgen allerdings ohne diese Angaben, da sonst der Text extrem schwierig zu lesen wäre). Dies ermöglicht dem Leser und Nutzer, DSM-IV als Grundlage für die diagnostische Verschlüsselung nach ICD-10 zu verwenden. Natürlich sind nicht bei allen Diagnosekategorien die klinisch-diagnostischen Leitlinien der ICD-10 bzw. ICD-10-Forschungskriterien mit denen der DSM-IV-Klassifikation identisch. Unsere Zuordnung von ICD-10-Nummern zu den DSM-IV-Kategorien beruht im wesentlichen auf den Ergebnissen der kollaborativen Arbeitsgruppe der DSM-IV Task Force mit einer entsprechenden Arbeitsgruppe der Weltgesundheitsbehörde sowie im Falle der Zusatzcodierung für Unterformen auf unserer persönlichen Einschätzung. Benutzer sollten wegen der zwangsläufig systembedingten Unterschiede und der damit entstehenden Unschärfe in der ICD-10-Diagnostik gegebenenfalls unsere Zuordnung überprüfen. Diese Prüfung ist besonders dann relevant, wenn der Leser eine Verschlüsselung von ICD-10-Kategorien wünscht, die spezifisch überhaupt nicht in DSM-IV enthalten sind (z. B. im Zusammenhang mit Kapitel F1 psychische und Verhaltensstörungen durch psychotrope Substanzen und Kapitel F4 neurotische, Belastungs- und somatoforme Störungen). Probleme adäquater ICD-10-Verschlüsselungen treten aber auch bei psychotischen und affektiven Störungen auf. Ferner tragen viele DSM-IV-Störungen aufgrund des Fehlens entsprechender Unterteilungen in ICD-10 die gleiche F-Nummer. Bezüglich einer vollständigen Auflistung der Korrespondenz zwischen ICD-9-CM, DSM-IV und ICD-10 verweisen wir auf das Klassifikationskapitel (Seite 31).

4 Bedeutsame Veränderungen von DSM-III-R zu DSM-IV

Inhaltlich gibt es keine sehr dramatischen Umbrüche von DSM-III-R zu DSM-IV (Thangavelu & Martin, 1995). Einen Überblick über die genauen Veränderungen bei den Kriterien zu den einzelnen Störungen oder über Umordnungen von Diagnosen in andere Störungsklassen als in früheren Ausgaben gibt Anhang D.

Schon äußerlich fällt auf, daß das Buch fast doppelt so umfangreich ist wie DSM-III-R, was daran liegt, daß die beschreibenden Texte wesentlich ausführlicher sind. Insgesamt enthält DSM-IV etwa 1000 Kriterien für die Erfassung von 395 Störungen. Es gibt mehr Zusatzcodierungen und Subtypen-Bezeichnungen, die teilweise auch mit Codeziffern zu verschlüsseln sind. Fast alle Störungsbilder im Original führen jetzt den Begriff *disorder* im Namen, so daß z. B. die Major Depression jetzt Major Depressive Disorder heißt.

Im Vergleich zu früheren Ausgaben wurde, auch mit Rücksicht auf die Übersetzung in viele Sprachen, mehr Gewicht auf interkulturelle Anwendbarkeit gelegt. Jedes Kapitel enthält einen Absatz, der Besonderheiten in der Ausdrucksform oder der Bedeutungszuschreibung der Störung in verschiedenen Kulturkreisen zusammenfaßt. Im Anhang I findet sich ein Leitfaden für die Beurteilung kultureller Einflußfaktoren sowie ein Glossar kulturabhängiger Syndrome.

Das multiaxiale System in DSM-IV wurde dahingehend geändert, daß auf Achse II nur noch die Geistige Behinderung und die Persönlichkeitsstörungen codiert werden, während die Entwicklungsstörungen nun in Achse I enthalten sind. Auf Achse III werden medizinische Krankheiten aus anderen Kapiteln der ICD-10 codiert. Auf Achse IV wird keine allgemeine Schweregradsbeurteilung von Belastungsfaktoren mehr vorgenommen, sondern es werden psychosoziale und Umgebungsprobleme verzeichnet. Achse V enthält nach wie vor die Gesamtbeurteilung des psychosozialen Funktionsniveaus auf einer GAF-Skala, die jetzt bis 100 reicht.

Das DSM-III-R-Kapitel „Organisch Bedingte Psychische Störungen" wurde in drei Kapitel aufgeteilt: „Delir, Demenz, Amnestische und Andere Kognitive Störungen", „Psychische Störungen Aufgrund eines Medizinischen Krankheitsfaktors" und „Störungen im Zusammenhang mit Psychotropen Substanzen". Diagnosen aus diesen drei Störungsgruppen müssen erst ausgeschlossen werden, bevor andere Störungen diagnostiziert werden können.

Interessanterweise wurde beim Übergang von DSM-III-R zu DSM-IV das generelle „Demenzsyndrom" eliminiert. Alle Demenzen werden nun ihrer Ätiologie gemäß aufgeführt und verschlüsselt. Interessanterweise bleibt jedoch implizit ein dementielles Syndrom erhalten, das über alle Ätiologien hin immer wieder auftaucht: Gedächtnisstörungen und Aphasie, Apraxie, Agnosie sowie exekutive Funktionen. Dies ist merkwürdig und wird leider nicht kommentiert. Es muß also beim Erlernen von DSM-IV besonders darauf geachtet werden, daß zwar offiziell kein Demenzsyndrom wie in DSM-III-R oder auch in ICD-10 formuliert ist und codiert wird, daß dieses aber dennoch als Gliederungsprinzip existiert. Darüber hinaus fällt im Rahmen der Demenzdiagnose auf, daß dort auch Verhaltensstörungen klassifiziert werden können, die jedoch nirgends genauer definiert sind. Auch dies stellt eine bedauerliche Unterlassung dar, die bei einer Revision zu überdenken wäre.

Neu aufgenommen sind im Demenzkapitel die Kognitiven Störungen als eine Restkategorie im Rahmen nachvollziehbarer organischer Grunderkrankungen mit Angabe vorläufiger Kriterien. Diese Störung ist nicht zu verwechseln mit dem Altersbedingten Kognitiven Abbau, für den jedoch keine Kriterien angegeben sind.

Die einzelnen Störungen im Zusammenhang mit Psychotropen Substanzen sind unter diesem Kapitel zwar aufgelistet, werden aber teilweise in anderen Kapiteln zusammen mit Störungen, mit denen sie die Symptomatik gemeinsam haben, beschrieben. So befindet sich z. B. die Substanzinduzierte Affektive Störung zusammen mit ihrer Kriterienliste im Kapitel über Affektive Störungen. Die Zuordnung der restlichen Störungen zu einzelnen Störungsklassen erfolgt ebenfalls aufgrund der phänomenalen Gemeinsamkeiten, sieht man von den Anpassungsstörungen ab, die aufgrund ätiologischer Gesichtspunkte zusammengefaßt sind und deren Unterschiede in der Ausdrucksform durch Subtypisierungen kenntlich gemacht werden (z. B. Anpassungsstörung mit Angst und Depression, Gemischt). Die Schizophrenie, die Wahnhafte Störung und andere Psychotische Störungen sind jetzt zu einer Störungsklasse „Schizophrenie und Andere Psychotische Störungen" zusammengefaßt.

Eine neue Störungsgruppe umfaßt die Anorexia Nervosa und die Bulimia Nervosa, die vorher im Kapitel über Störungen im Kindes- und Jugendalter enthalten waren. Sie werden jetzt im Kapitel Eßstörungen und mit je zwei Subtypenbezeichnungen beschrieben.

Das Kapitel über die Schlafstörungen wurde wesentlich erweitert und in Übereinstimmung mit der Internationalen Klassifikation von Schlafstörungen nach ätiologischen Gesichtspunkten geordnet in Primäre Schlafstörungen, Schlafstörungen im Zusammenhang mit einer Anderen Psychischen Störung, Schlafstörungen Aufgrund eines Medizinischen Krankheitsfaktors und Substanzinduzierte Schlafstörungen.

Das Kapitel über Affektive Störungen enthält jetzt Zusatzcodierungen für den Langzeitverlauf bei rezidivierenden Episoden, mit denen der Untersucher den Remissionsgrad zwischen den Episoden beschreiben kann.

Im Kapitel Angststörungen wurden die Definitionen für die Panikattacke und das Agoraphobie-Syndrom als konstituierendes diagnostisches Element der Panikstörung und der Agoraphobie mit dem Hinweis vorangestellt, daß beide Phänomene auch häufig bei anderen Angststörungen sowie anderen Formen psychischer Störungen beobachtet werden können. Ferner ist zu beachten, daß nun im Kapitel der Angststörungen auch die Akute Belastungsstörung sowie die Angststörung im Zusammenhang mit Medizinischen Krankheitsfaktoren sowie Substanzinduzierte Angststörungen spezifisch codiert werden können.

Insgesamt läßt sich sagen, daß mit den in DSM-IV vorgenommenen Änderungen vor allem versucht wurde, mehr Gewicht auf die internationale Anwendbarkeit zu legen. Damit einher geht das Bemühen um eine bessere Übereinstimmung mit ICD-10.

5 Übersetzungsprozeß, Übersetzungsprobleme, Terminologie und Leitfaden

Die deutsche Bearbeitung und Übersetzung von DSM-IV wurde in bewährter Form vorgenommen, d. h., das Herausgeber-Gremium (Saß, Wittchen, Zaudig) suchte zusammen mit der DGPPN sowie Fachleuten aus anderen Berufsgruppen geeignete Übersetzer und Berater aus, die bei den einzelnen Kapiteln genannt sind, und stimmte den vorliegenden Text in einem iterativen Prozeß mit diesen ab. Soweit wie möglich haben wir dabei alle Konventionen und Terminologien von DSM-III-R übernommen, es sei denn, DSM-IV schlägt in der Einleitung bzw. im kommentierenden Text eine entsprechende Veränderung vor. Die seit der ersten deutschen Ausgabe von DSM-III durchgehaltene Regel, diagnostische Begriffe, auch wenn sie mit Adjektiven versehen sind, groß zu schreiben, wird sicherlich auch bei DSM-IV vielen Lesern störend vorkommen. Wir haben uns für dieses ungewöhnliche Vorgehen wiederum entschieden, um deutlich zu machen, wann in diagnostischen und wann in allgemeinsprachlichen deskriptiven Begrifflichkeiten gearbeitet wird.

Der Originaltext von DSM-IV benutzt eine stark restringierte Sprache, die im Bereich der Fachtermini auf eine begrenzte Anzahl von Worten und formelhaften Absätzen beschränkt ist und kaum Freiheitsgrade bei der Formulierung zuließ. Wir haben daher innerhalb des Herausgebergremiums eine Liste von Übersetzungen der häufig benutzten Ausdrücke und Worte erstellt, die den verschiedenen Übersetzergruppen der einzelnen Kapitel mit der Bitte um Beachtung zugeleitet wurde. In der redaktionellen Überarbeitung wurde dann nochmals die Konsistenz des Gesamttextes geprüft und gegebenenfalls entsprechende Änderungen vorgenommen.

Grammatikalische Probleme ergaben sich durch den im Original durchgängig benutzten Konjunktiv in Form von *the individual may ...*, der ausdrücken soll, daß bestimmte Verhaltensweisen oder Symptome auftreten können, aber nicht müssen. Da „können" im Deutschen einen doppelten Sinn hat, haben wir den Konjunktiv durch Einfügen von „möglicherweise", „vielleicht" oder „manche" umschrieben.

Zu manchen schwer verdaulichen Satzkonstruktionen in der Übersetzung kam es, weil im Original nicht die Störungen, sondern Menschen mit der Störung beschrieben werden. Dies geht noch über die schon in DSM-III-R vertretene Haltung hinaus, Ausdrücke wie „ein Schizophrener", „ein Depressiver" nicht zu benutzen. Es heißt also nicht mehr „bei der Schizophrenie treten diese oder jene Symptome auf", sondern „Menschen mit Schizophrenie können diese oder jene Symptome zeigen". Wir haben versucht, dies – wenn auch auf Kosten stilistischer Schönheit – im Deutschen beizubehalten.

Besondere sprachliche Schwierigkeiten bereitete die Übersetzung der beiden im Original durchgängig mit unterschiedlicher Konnotation belegten Begriffe *disorder* und *disturbance* (vgl. Mombour et al., 1990). *Disorder* bezeichnet ausschließlich die diagnostizierte Störung. *Disturbance* hingegen wurde benutzt, wenn das zu beurteilende Beschwerdebild, die Symptomatik gemeint war. Wir haben versucht, dies nachzuvollziehen, indem wir *disturbance*, so weit möglich, mit „das Störungsbild" übersetzt haben und *disorder* mit „die Störung".

Einen bis zuletzt nicht zufriedenstellend gelösten Kompromiß sind wir bei der Übersetzung des Ausdrucks *general medical condition* eingegangen, der im Original alle Krankheiten und Zustände bezeichnet, die nicht zu den psychischen Störungen gehören. „Allgemeine Erkrankung", „allgemeine medizinische Erkrankung" oder „allgemeiner medizinischer Zustand" wurden verworfen, weil dies zu sehr an Allgemeinmedizin hätte denken lassen. Auch „organische Erkrankung" hätte die Bedeutung im Original nicht getroffen. Wir einigten uns kurz vor Drucklegung auf die Bezeichnung „medizinischer Krankheitsfaktor", was der umfassenden Bezeichnung des Originals für alle nicht psychiatrischen Erkrankungen und Zustände vielleicht am nächsten kommt.

Auch die gegenüber dem deutschen Sprachgebrauch unterschiedliche Benutzung von ...*logical* im Original bereitete Probleme. „neurological, physiological, psychological, phenomenological, symptomatological" werden im Original meist nicht mit der Bedeutung „neurologisch, physiologisch, psychologisch, phänomenologisch, symptomatologisch", sondern mit der Bedeutung „nervlich, körperlich, psychisch, phänomenal, symptomatisch" benutzt. Auch der Begriff „psychopathology" als Sammelbezeichnung für psychopathologische Auffälligkeiten mußte in der Übersetzung angepaßt werden.

Nicht gefolgt sind wir der Tendenz des amerikanischen Originals, den Begriff *delusions* als abschließende Gesamtbezeichnung für unterschiedliche Erscheinungsformen von Wahn zu benutzen. Stattdessen haben wir uns ähnlich wie in den früheren deutschen Ausgaben dazu entschlossen, *delusions* als „Wahnphänomene" zu übersetzen. Die in der deutschsprachigen Psychopathologie übliche Differenzierung in unterschiedliche Formen wie Wahneinfall, Wahnwahrnehmung, Wahnstimmung etc. ist offensichtlich in der amerikanischen Nomenklatur weniger geläufig, ebenso wie das Konzept der Ich-Störungen unberücksichtigt bleibt.

Eine besondere Schwierigkeit, die aus den erwähnten Unterschieden in den psychiatrischen Traditionen resultiert, bestand im Abschnitt über die Affektiven Störungen. Das am klarsten von Tellenbach herausgearbeitete Konzept des „Typus melancholicus" dürfte zusammen mit der umfassenderen Konzeption der „Melancholie" Eingang in die Subklassifizierung *With Melancholic Features* des amerikanischen Originals gefunden haben. Wohl aus dieser konzeptionellen Kontamination heraus wurde in den ersten Übersetzungsvorschlägen für das Kapitel der Affektiven Störungen die Zusatzcodierung *With Melancholic Features* als „Typus melancholicus" bezeichnet. Dem konnten wir uns nicht anschließen, da bei genauer Verwendung das Konzept des „Typus melancholicus" auf einen phasenunabhängigen prämorbiden Persönlichkeitstypus bei unipolar depressiven Patienten zielt, während die melancholische Form der Depression eine bestimmte, in früherer Zeit als „endogen" bezeichnete, prototypische Form der affektiven Erkrankung bedeutet. Auch ergaben sich Schwierigkeiten in der Konsistenz mit anderen Kapiteln bei Verwendung der Bezeichnung „Typus melancholicus", so daß wir stattdessen durchgängig die Übersetzung „Mit Melancholischen Merkmalen" gewählt haben.

Zur Kennzeichnung der aus differenten terminologischen und konzeptionellen Entwicklungslinien in der deutschsprachigen bzw. angloamerikanischen Psychiatrie herrührenden Schwierigkeiten sei auch auf die *Avoidant Personality Disorder* hingewiesen. Bei dem Vergleich der Kriterien mit der aus Deutschland stammenden Psychopathielehre Kurt Schneiders besteht eine enge Verwandtschaft zur Selbstunsicheren Persönlichkeit, so daß wir in DSM-III-R „Selbstunsichere Persönlichkeitsstörung" als deutsche Übersetzung gewählt hatten. Allerdings wurde dabei die mit dem Begriff *avoidant* verbundene behavioristische Konnotation, daß diese Menschen ein ausgeprägtes Vermeidungsverhalten zeigen, nicht genügend berücksichtigt. Andererseits wäre der Begriff „Vermeidende Persönlichkeitsstörung" zu sehr auf diesen Aspekt eingeschränkt und würde die aus der deutschsprachigen Persönlichkeitslehre stammenden Anteile auch der amerikanischen Auffassung von *Avoidant Personality Disorder* vernachlässigen. Deshalb haben wir uns in DSM-IV zum Begriff „Vermeidend-Selbstunsichere Persönlichkeitsstörung" entschlossen, um beide Ursprungskonzeptionen zu berücksichtigen.

Eine andersartige Übersetzungsproblematik hat offenbar mit dem Bestreben des Originals zu tun, sich um möglichst theoriefreie Bezeichnungen zu bemühen. So ist für das Phänomen der Willensstörung oder Willenlosigkeit in der deutschsprachigen Psychopathologie der Begriff „Abulie" eingeführt, ähnlich wie die *abulia* in der englischsprachigen Psychopathologie. Dennoch sprechen die Autoren von DSM-IV bei dem Symptom der Willenlosigkeit im Kapitel der schizophrenen Störungen nicht von *abulia*, sondern von *avolition*. Möglicherweise resultiert dieser Begriff aus faktorenanalytischen Studien in Zusammenhang mit der Untersuchung der sogenannten Negativsymptomatik und besitzt dort die Funktion einer zusammenfassenderen Bezeichnung für mehrere, mit der „Willenlosigkeit" zusammenhängende Erscheinungsformen negativer Symptomatik (Andreasen, 1982). Insofern haben wir, ebenso wie die Autoren des Originals, auf den Begriff der „Abulie" verzichtet und stattdessen den neutraleren Terminus der „Willensschwäche" gewählt, obwohl auch denkbar gewesen wäre, das neue Kunstwort „Avolition" zu übernehmen.

Eine weitere Übersetzungsschwierigkeit bereitete die Benennung der Gruppe der Affektiven Störungen, die DSM-IV mit *Mood Disorders* überschrieben hat. Eine wörtliche Übersetzung als „Stimmungsstörungen" erschien uns jedoch irreführend und kaum akzeptabel. Wir entschieden daher, den Begriff Affektive Störungen als Bezeichnung der Störungsgruppe beizubehalten. Ungelöst blieb auch das Problem einer angemessenen deutschen Übersetzung von *Major Depressive Disorder*. Bereits für die *Major Depression* der früheren angloamerikanischen Ausgaben ließ sich trotz intensiver Bemühungen unter den deutschsprachigen Experten keine gelungene Bezeichnung in unserer Sprache finden. Dem systematischen Bestreben des Originals nach Verwendung des Begriffes *disorder* im Störungsnamen entsprechend, hat DSM-IV für die *Major Depression* aus DSM-III-R nun die Bezeichnung *Major Depressive Disorder* eingeführt. Dies konnte im Deutschen nicht treffend nachvollzogen werden, so daß wir bei der schon in DSM-III-R verwandten Bezeichnung „Major Depression" bleiben. Hier wie übrigens auch bei vielen anderen Übersetzungsproblemen haben wir uns mit der allmählich gefestigten Beobachtung zu trösten, daß die Bedeutung vieler Begriffe stärker durch die normative Kraft des Sprachgebrauches als durch definitorische Bemühungen bestimmt wird.

Hinsichtlich des Aufbaus und der Abfolge der einzelnen Kapitel haben wir gegenüber dem Original kleinere Änderungen vorgenommen. Das amerikanische Vorwort, die Danksagung und die Liste der Sonderkomitee- und der Arbeitsgruppenmitglieder, die dem Original vorangestellt sind, finden sich in der deutschen Ausgabe im Anschluß an die Anhänge. Für die „Störungen, die Gewöhnlich Zuerst im Kleinkindalter, in der Kindheit oder Adoleszenz Diagnostiziert Werden", deren engere Verknüpfung mit der Erwachsenenpsychiatrie uns ein Anliegen ist, wurde eine gesonderte Einführung zur Erleichterung des Verständnisses und der Anwendung vorangestellt. Abweichend zum Original haben wir in die DSM-IV-Klassifikation die entsprechenden ICD-10-Codierungen mit aufgenommen, weshalb *Appendix H* des Originals, der diesen „Crosswalk" gesondert darstellt, bei uns entfällt. Auch in die Kriterienlisten und Überschriften zu den Störungskapiteln haben wir die ICD-10-F-Nummern eingefügt und nötigenfalls in Anmerkungen auf damit verbundene Unstimmigkeiten hingewiesen.

Anhang A bis Anhang E entsprechen *Appendix A* bis *Appendix E* im Original. Der Anhang F „Leitfaden zur Beurteilung kultureller Einflußfaktoren und ein Glossar kulturabhängiger Syndrome" ist im Original *Appendix I*. Auf *Appendix F* mit einer numerischen Auflistung der ICD-9-CM-Codierungen und *Appendix J* mit einer Aufzählung aller Mitarbeiter an der Originalausgabe wurde zugunsten des Gesamtumfangs verzichtet. *Appendix G* enthält im Original eine Liste von ICD-9-CM-Codierungen für medizinische Krankheitsfaktoren. Für die

Verwendung in Deutschland wurde zusätzlich eine vergleichbare Liste mit ICD-10-Codierungen in Anhang G aufgenommen.

6 Die Bedeutung diagnostischer Hilfsmittel

Diagnostische Hilfsmittel bei Psychischen Störungen sind neben den technischen Untersuchungsmethoden (EEG, Laboruntersuchungen etc.) sowie den Selbst- und Fremdbeurteilungsfragebogen vor allem strukturierte Checklisten und diagnostische Interviews. Explizite diagnostische Kriterien und operationalisierte Diagnosen, wie sie inzwischen auch im europäischen Raum verbreitet sind, haben in Verbindung mit diagnostischen Interviews zumindest im Forschungskontext zu einer substantiell verbesserten diagnostischen Reliabilität beigetragen. Auch wenn damit die Fragen nach klinischen Validitätsaspekten noch nicht direkt berührt werden, hat doch die Verbesserung der Reliabilität die notwendigen Voraussetzungen für Fortschritte auf diesem Gebiet geschaffen. Verläßlichere Diagnosen auf der Grundlage von DSM-III/DSM-III-R und künftig DSM-IV können also als ein Schritt in Richtung einer rationalen, d.h. besser begründeten psychopathologischen Forschung und Diagnostik angesehen werden, weil sie uns eine exaktere Überprüfung des diagnostischen Prozesses, seiner Fehlerquellen und seiner Nützlichkeit ermöglichen (Andrews & Wittchen, 1995; Wittchen & Unland, 1991).

Für die psychodiagnostische und psychopathologische Forschung ergibt sich darüber hinaus wegen des Umfanges und der Komplexität der diagnostischen Klassifikationssysteme ein neues und sehr weites Aufgabenfeld, zu dem auch die Entwicklung entsprechender Erhebungsinstrumente gehört. Wie kann überhaupt ein derartig umfangreiches und komplexes diagnostisches System wie DSM-IV mit seinen vielen Neuerungen erlernt werden? Selbst die Übersetzer und Bearbeiter von DSM-IV waren nicht in der Lage, alle Teile des Buches gleichermaßen mit Gründlichkeit zu bearbeiten. Um so weniger wird das dem allgemeinen Praktiker oder dem spezialisierten Forscher möglich sein. Diese Problematik wird übrigens auch durch eine Reihe empirischer Studien gestützt, wonach nur wenige Anwender von DSM-III/DSM-III-R die mehreren 100 Seiten Text zu den diagnostischen Kriterien auch wirklich gelesen haben. Da auch beim Übergang von DSM-III-R zu DSM-IV wieder viele, aber nicht gesondert vermerkte Textstellen und Kriterien substantiell verändert wurden, wird sich erneut das Problem einer adäquaten Berücksichtigung der neuen diagnostischen Kriterien in der Praxis ergeben. Hinzu kommt, daß DSM-III-R bzw. nun DSM-IV eine Reihe von psychopathologischen, taxonomischen und nosologischen Entscheidungsregeln enthält, die bislang kaum umfassend von Klinikern im europäischen Bereich nachvollzogen wurden, z. B. bezüglich der Mehrfachdiagnosen, der Hierarchisierungen sowie der unterschiedlichen Bedeutungsgehalte gewohnter diagnostischer Termini.

Aus diesen Gründen empfiehlt sich bei DSM-IV als Ergänzung zum traditionellen Erlernen die Verwendung diagnostischer Hilfsmittel. Sowohl die American Psychiatric Association als auch die Division for Mental Health der Weltgesundheitsbehörde (WHO) haben auf diesen Aspekt mehrfach hingewiesen und 1986 eine internationale Arbeitsgruppe zwischen WHO und National Institute for Mental Health zu dieser Thematik gebildet. Ihre Aufgabe ist neben dem Bemühen um eine bessere Vergleichbarkeit von DSM-IV und ICD-10 vor allem die Entwicklung strukturierter diagnostischer Instrumente. Entwicklungsschwerpunkte sind derzeit einerseits das Composite International Diagnostic Interview – CIDI (WHO, 1990;

Wittchen & Semler, 1990) sowie die bereits für die ICD-10- und DSM-IV-Kriterien modifizierten Verfahren DIA-X – Diagnostisches Expertensystem für ICD-10- und DSM-IV-Kriterien (Wittchen & Pfister, 1996) sowie die Schedules for Assessment in Neuropsychiatry (SCAN) unter der Federführung von Wing (in deutscher Sprache bei Hogrefe in Vorbereitung). Beide Instrumente sollen neben der bereits angesprochenen Reliabilitätsverbesserung eine verläßlichere Basis für transkulturelle Vergleichsprojekte und Interventionsstudien bilden.

Für den Benutzer von DSM-IV im deutschsprachigen Raum stehen derzeit neben den oben erwähnten Verfahren als diagnostische Untersuchungsinstrumente u. a. die Internationalen Diagnose-Checklisten für ICD-10 und DSM-IV (Hiller et al., 1995), die Internationalen Diagnose-Checklisten für Persönlichkeitsstörungen (Bronisch et al., 1995), das Strukturierte Interview für die Diagnose einer Demenz vom Alzheimer Typ, der vaskulären Demenz und Demenzen anderer Ätiologie nach DSM-IV und ICD-10 – SIDAM (Zaudig & Hiller, 1995), das Strukturierte Klinische Interview für DSM-IV, Achse I (SKID-IV, Wittchen et al., 1996), das Strukturierte Klinische Interview für DSM-IV, Persönlichkeitsstörungen – SKID-P (Fydrich et al., 1996) sowie das Composite International Diagnostic Interview – CIDI (Wittchen et al., in Vorbereitung) zur Verfügung.

7 DSM in der Kritik

Die Einführung von DSM-III als offizielle diagnostische Klassifikation in den Vereinigten Staaten bedeutete auch ein wichtiges wissenschaftspolitisches Ereignis, zumal seither in den tonangebenden angloamerikanischen Publikationsorganen die möglichst auf standardisierte Instrumente gestützte Verwendung von DSM-III bzw. seinen Folgeausgaben zu einer conditio sine qua non geworden ist. Insofern gibt es vor allem in der internationalen wissenschaftlichen Kommunikation eine starke Tendenz zur Übernahme der terminologischen und konzeptionellen Grundlagen von DSM-III/-III-R/-IV. Diese in der jüngeren Wissenschaftlergeneration allmählich selbstverständlich gewordene Haltung wird andererseits nach wie vor vielerorts bedauert, weil sie mit einem Verlust in der Kenntnis und Beherrschung wertvoller psychiatrischer Traditionen in den unterschiedlichen Ländern verbunden ist. Angesichts der Tiefe und des weitgespannten Rahmens diagnostischer Überlieferung in der deutschsprachigen Psychiatrie, die in früheren Jahren häufig einen bestimmenden Einfluß auf die diagnostischen Gepflogenheiten der übrigen Länder gehabt hat, bringen die modernen Entwicklungen neben allen Fortschritten auch bedauerliche Einengungen mit sich. Inzwischen hat sich dank der Einfachheit in der operationalisierten Diagnostik ein „Kriteriendenken" breit gemacht. Gerade viele Anfänger glauben, sich hier die Anamnese ersparen zu können, da mit den umschriebenen Kriterien bereits alles für die Diagnose vorgegeben sei. Dies ist ein entscheidender Irrtum, weil die Feststellung der Kriterien ausschließlich im Rahmen einer gründlichen Anamnese geschehen kann. Ein weiterer Kritikpunkt betrifft die Rarefizierung vieler psychopathologischer Termini und Beschreibungen, die ja gerade die Kraepelinsche und Bleulersche, und damit die klassische Psychopathologie so anschaulich und plastisch gemacht haben. Viele Symptome wurden wegen mangelnder Reliabilität aus den Kerndefinitionen verschiedener Diagnosen entfernt, wie es sich besonders bei der Beschreibung von Emotionen zeigt. Auch Begriffe wie z. B. „läppisch" oder „ratlos" tauchen nicht mehr auf, da diese wenig reliabel seien, doch erscheinen die stattdessen gewählten Beschreibungen für diese Phänome mehr als mangelhaft und eher irreführend.

Ein Beispiel für die mit der Gewöhnung an die operationalisierten Klassifikationssysteme verbundenen Verkürzungstendenzen zeigt sich auch an der gewandelten Auffassung von der Psychopathologie als der – unbeschadet aller Fortschritte in Subdisziplinen – entscheidenden Grundlagenwissenschaft der Psychiatrie. Zunehmend wird Psychopathologie auch hierzulande analog dem angloamerikanischen Sprachgebrauch, wo „psychopathology" lediglich als Oberbegriff für alle abnormen psychischen Phänomene und nicht mehr als Methodenlehre fungiert, in der reduzierten Bedeutung von Symptomatologie oder gar Symptomatik verwandt (Saß, 1994). Eine ähnliche Bedeutungseinschränkung enthält auch die modische Formel einer „funktionellen Psychopathologie" bzw. „experimentellen Psychopathologie", mit der auf die nosologische Unspezifität vieler in der biologischen Psychiatrie untersuchten Parameter abgehoben werden soll. Die operationalisierten Klassifikationssysteme bergen die Gefahr einer Verengung der psychopathologischen Perspektive mit Konzentration auf die in den offiziellen Diagnosemanualen enthaltenen Items und einer immer gleichförmigeren Kriterienpsychopathologie. Dabei verführt die Scheinsicherheit einer operationalen Definition, die ja vielfach nichts anderes als das Resultat eines politisch determinierten Konsensusprozesses ist, dazu, den mit einem psychopathologischen Begriff gemeinten, oft komplexen Sachverhalt als Realität zu akzeptieren und nicht mehr genauer zu überprüfen.

Gegenüber solchen aus der Standardisierung der Diagnostik resultierenden Konsequenzen gilt es, die in der gegenwärtigen psychiatrischen Forschung enthaltenen Ressourcen psychopathologischer Methodologie wieder stärker in das Bewußtsein heben (Saß, 1996). Häufig beschränkt sich in vielen gegenwärtig publizierten Studien die psychopathologische Einschätzung auf die Registrierung eines möglichst einfach und damit allgemeinverständlich gefaßten Datensatzes. Wie die so generierten Daten dann in diagnostische Algorithmen eingehen und weiter mit multivariater Statistik, Faktoren- und Clusteranalyse oder anderen elaborierten Verfahren bearbeitet werden, darüber existiert eine hochspezialisierte Literatur. Aus dem Auge verloren werden dabei leicht die Probleme an der Quelle dieses immer abstrakter werdenden Datenstromes. Im einzelnen geht es um subjektive und objektive Erkenntnismöglichkeiten in Psychologie und Psychopathologie, um das Wechselspiel zwischen Fremdwahrnehmung und Analyse des Erlebnisaspektes, der gegenwärtig zu Unrecht in den Hintergrund gedrängt wird, um die niedrigschwellige Erfassung von Anfangsstadien oder leichten Formen psychopathologischer Auffälligkeit und um Möglichkeiten wie Grenzen der standardisierten Untersuchungssysteme. Hierzu gibt es u. a. aus der diagnostischen Prozeßforschung, der Sozialpsychologie und Befragungsforschung ebenso wie aus der Kognitionspsychologie ein reiches Methoden- und Erkenntnisrepertoire (Wittchen & Lachner, 1996). Derartige Gesichtspunkte drohen bei einer weitgehend an den Klassifikationssystemen orientierten Ausbildung in Psychopathologie vernachlässigt zu werden.

Auch die mit der ständigen Weiterentwicklung der modernen Klassifikationsforschung verbundene Inflation diagnostischer Systeme und Diagnosen wird wegen der damit einhergehenden Probleme für die wissenschaftliche und die klinisch-therapeutische Anwendung kritisiert (Saß, 1987; Helmchen, 1994). Je nach wissenschaftlichem und administrativem Stand sind unterschiedliche Systeme zur Zeit in Gebrauch: ICD-9 und ICD-10, in den USA zusätzlich die ICD-9-CM, die wegen der nötigen Verschränkung in internationalen Studien auch für europäische Publikationen Bedeutung hat, darüber hinaus DSM-III-R und jetzt DSM-IV. Während in DSM-III noch 229 verschlüsselbare Diagnosen enthalten waren, enthielt DSM-III-R bereits deren 311 und DSM-IV gar 395, außerdem kommen zahlreiche Zusatzcodierungen hinzu. Eine derartige Vielfalt von Klassifikationssystemen, diagnostischen Kriterien und Diagnosen schränkt die Vergleichbarkeit der empirischen Forschungsergebnisse empfindlich ein. Ebenso fehlen vergleichende Auswertungen der in den Klassifikationssystemen vorgegebenen Einheiten im Hinblick auf nosologieübergreifende Behandlungsmöglichkeiten (Helmchen, 1991).

Ein Beispiel für die Verunsicherung des Forschungsganges und der klinischen Diagnostik durch die ständige Veränderungen bietet die Narzißtische Persönlichkeitsstörung. Sie war in DSM (1952) enthalten, wurde in DSM-II (1968) gestrichen und in DSM-III (1980) wieder aufgenommen. In DSM-III-R und in DSM-IV ist sie enthalten, nicht jedoch in ICD-10. Zu Recht wurde etwas polemisch gefragt, was beispielsweise bei Anwendung von DSM in der Zwischenzeit mit den Personen geschah, die vor 1968 die Diagnose erhielten und dann vorübergehend nicht mehr unter dieser Bezeichnung geführt werden konnten, weil es die Störung bis 1980, jedenfalls klassifikatorisch, nicht mehr gab (Tavris, 1996).

Ständiger Diskussion bedarf auch weiterhin die Qualität der diagnostischen Merkmale. Ohne reliable, d.h. konsistente und reproduzierbare Klassifikationssysteme und Entscheidungen kann es keine Validität geben (Spitzer & Fleiss, 1974). Insofern ist der starke Nachdruck, der bei der Entwicklung von Klassifikationssystemen und Kriterien auf die Reliabilitätsfrage gelegt wird, weiterhin berechtigt, obwohl davor gewarnt sei, die Reliabilität zum Fetisch psychiatrischen Denkens werden zu lassen. Die dabei erzielten Fortschritte beruhen größtenteils auf der Konzentration auf einen rein deskriptiven, verhaltensorientierten Ansatz, der weitgehend stark interpretationsbedürftige und theoriebezogene Begrifflichkeiten in der Definition von Zeichen und Symptomen vermeidet. Insbesondere führt dies zu einer Konzentration überwiegend auf beobachtbare Zeichen und weniger auf das Empfinden der zu beurteilenden Person. Dieses Vorgehen reduziert sicherlich bei konsequenter Anwendung die klinische Beurteilervarianz und steigert so zunächst die Beurteilerreliabilität auch über verschiedene Einrichtungen und Länder hinweg. Unklar und ungeregelt bleibt jedoch, wie der Kliniker zu seiner Beurteilung kommt: Welches Gewicht gibt er der subjektiv-verbalen Ebene (d.h. subjektiven Erlebnissymptomen)? Welche dieser Erlebnissymptome übernimmt er direkt und welche filtert er aufgrund bestimmter Kriterien? Diese Fragen betreffen direkt Validitätsaspekte sowohl hinsichtlich einzelner Symptome wie auch der Ableitung einer Diagnose vor allem bei Störungen, deren Symptomatik wesentlich im subjektiven Bereich bleibt. Im übrigen bringt in vielen Fällen die zusätzliche Forschung mit verhaltensorientierten deskriptiven Kriterien kaum noch Erkenntnisgewinn, da zumeist die Zuordnung der Merkmale zu einer bestimmten Diagnose beibehalten und nur deren Anordnung und Gewichtung überprüft werden.

8 Zukunftsperspektiven

Nach 12 Jahren der Erfahrung mit DSM als diagnostischem Klassifikationssystem in der deutschsprachigen Psychiatrie lassen sich aus der Rückschau vielleicht einige Vorhersagen auf zu erwartende Entwicklungsrichtungen machen.

Das DSM ist zu einem Standardwerk in der psychiatrischen, psychopathologischen und klinisch-psychologischen Forschung und Praxis geworden und dies, obwohl die ICD-9 bzw. demnächst ICD-10 als offizielle Diagnosestatistik dient. Hinsichtlich der Vergleichbarkeit der beiden Systeme ist zu erwarten, daß sie sich weiter einander annähern werden. Wieso, könnte man fragen, gibt es dann überhaupt noch zwei Klassifikationssysteme? Ein Vorteil liegt sicher darin, daß durch die nach wie vor bestehenden Unterschiede zwischen den Systemen weiterhin Forschungsanstöße zu erwarten sind. An der Entstehung von ICD-10 sind mehr als 140 WHO-Mitgliedstaaten beteiligt, daher nimmt in ICD die Kompromißfindung mehr Raum ein, während in DSM Innovationsbestrebungen ihren Platz haben.

Mit zunehmender Erhöhung der Übereinstimmung psychiatrischer Diagnosen stellt sich jedoch weiterhin die Frage nach deren Gültigkeit. Birley (1990) hat hierzu gefragt, ob man nicht Gefahr läuft, mit wachsender Anzahl und Vielschichtigkeit der Kriterien „etwas Vages wie etwas Präzises" zu behandeln, ohne sich der Unbestimmtheit bewußt zu sein. Ähnlich sehen Poland et al. (1994) eigentlich keinen Grund zu der Annahme, daß die Merkmale psychischer Störungen, die der Untersucher zu sehen bekommt und die die Ursache für Beeinträchtigung oder Leiden des Individuums sind, tatsächlich auch jene Merkmale darstellen, die die psychopathologische Forschung im Blick haben sollte, wenn es um die Suche nach Regelhaftigkeiten geht. Die in den letzten Jahren wieder stärker in den Vordergrund getretene biologische Ausrichtung der psychopathologischen Forschung kann hier vielleicht Ergebnisse liefern, die möglicherweise zu trennschärferen Kriterien oder sogar zu Umgruppierungen der Störungen zu anderen Störungsklassen führen (Radden, 1994). Auf der anderen Seite gibt es Bemühungen, Methoden zu entwickeln, die stringenter den Mehrebenenansatz berücksichtigen und der subjektiven Erlebnisseite des Patienten stärkeres Gewicht geben (Fulford, 1994; Caws, 1994).

Abschließend bleibt die Hoffnung, daß die Entwicklung künftiger Klassifikationssysteme noch stärker in Richtung auf Konvergenz und Integration verlaufen wird. Dies betrifft nicht nur die bereits jetzt institutionalisierten Kooperationen zwischen den diagnostischen und statistischen Arbeitsgruppen der Weltgesundheitsorganisation und der Amerikanischen Psychiatrischen Vereinigung. Erkennbar ist auch das Bemühen um die Berücksichtigung heterogener Aspekte in Erscheinungsbild und möglicher Verursachung psychopathologischer Phänomene und ihrer sozialen Konsequenzen. Dies wurde in DSM-IV durch die Erfassung der soziokulturellen Einflußfaktoren intendiert, die eine größere internationale Anwendbarkeit gewährleistet, aber auch durch die Aufnahme psychodynamisch orientierter Beschreibungen von Abwehrmechanismen oder sozialpsychologisch begründeter Coping-Stile.

Man kann sagen, daß die beiden Klassifikationen ICD-10 und DSM-IV unterschiedliche Dialekte der gleichen Sprache bilden. Sicher ist jetzt schon, daß der Entwicklungsgang beider Systeme und die Konzentration in Forschung, Klinik und Praxis auf die Operationalisierung von Diagnosen die Psychiater in der ganzen Welt näher zusammengeführt hat, als sie es je vorher waren (Thangavelu & Martin, 1995).

Abschließend bleibt eine Bitte an den Leser: Ein Buch wie das vorliegende, in dem es nicht nur um eine korrekte Übertragung, sondern auch um eine Synopsis von Codierungsregeln, das Einhalten von Konsistenz und den Versuch eines Brückenschlages zwischen unterschiedlichen psychopathologischen und diagnostischen „Sprachen" geht, ist in besonderem Maße fehlerträchtig. Für aufmerksame Rezeption, Kritik und Verbesserungsvorschläge sind wir dankbar.

9 Literatur

Andreasen, N. C. (1982). Negative symptoms in schizophrenia. Definition and reliability. *General Archives of Psychiatry, 39*, 784–788.
Andrews, G. & Wittchen, H. U. (1995). Clinical Practice: Measurement and information technology. *Psychological Medicine, 25*, 443–446.
Birley, J. L. T. (1990). DSM-III: From left to right or from right to left? *British Journal of Psychiatry, 157*, 116–118.
Bronisch, Th., Hiller, W., Mombour, W. & Zaudig, M. (1995). *Internationale Diagnosen-Checkliste für Persönlichkeitsstörungen – ICDL-P*. Bern: Verlag Hans Huber.
Caws, P. J. (1994). Subjectivity, self-identity, and self-description: Conceptual and diagnostic problems in autism, schizophrenia, borderline personality disorder, and the dissociative disorders. In J. Z. Sadler, O. Wiggings & M. Schwartz (eds.), *Philosophical perspectives on psychiatric diagnostic classification*. Baltimore: Johns Hopkins University Press.
Fulford, K. W. M. (1994). Value, illness, and action: Delusions in the new philosophical psychopathology. In G. Graham & L. Stephens (eds.), *Philosophical Psychopathology*. Cambridge: MIT Press.
Fydrich et al. (1996). *Strukturiertes Klinisches Interview für DSM-IV, Achse II: Persönlichkeitsstörungen – SKID-P* (in Vorbereitung).
Helmchen, H. (1991). Der Einfluß diagnostischer Systeme auf die Behandlungsplanung. *Fundamenta Psychiatrica, 5*, 18–23.
Helmchen, H. (1994). Relevanz der Diagnostik in der psychiatrischen Therapie. In H. Dilling, E. Schulte-Markwort & H. J. Freyberger (Hrsg.), *Von der ICD-9 zur ICD-10*, 75–83. Bonn: Huber.
Hiller, W., Zaudig, M. & Mombour, W. (1995). *Internationale Diagnosen-Checklisten für ICD-10 und DSM-IV – IDCL. Manual und Checklisten*. Bern: Verlag Hans Huber.
Koehler, K. & Saß, H. (1984). DSM-III in deutscher Übersetzung. Droht eine Amerikanisierung der deutschsprachigen Psychiatrie? In *American Psychiatric Association: Diagnostisches und Statistisches Manual Psychischer Störungen. DSM-III*. Deutsche Bearbeitung und Einführung von K. Koehler und H. Saß. IX–XVI. Weinheim: Beltz.
Mombour, W., Spitzner, S., Reger, K. H, v. Cranach, M., Dilling, H. & Helmchen, H. (1990). Summary of the Qualitative Criticisms Made During the ICD-10 Field Trial and Remarks on the German Translation of ICD-10. *Pharmacopsychiatry, 23*, 197–201 (Supplement).
Poland, J., v. Eckardt, B. & Spaulding, W. (1994). Problems with the DSM approach to classifying psychopathology. In G. Graham & L. Stephens (eds.), *Philosophical Psychopathology*. Cambridge: MIT Press.
Radden, J. (1994). Recent Criticism of Psychiatric Nosology: A Review. *Philosophy, Psychiatry & Psychology, 1*, 193–200.
Saß, H. (1987). Die Krise der psychiatrischen Diagnostik. *Fortschr. Neurol. Psychiat., 55*, 355–388.
Saß, H. (1994). Zur Problematik der operationalen Diagnostik in der Psychiatrie. In H. Dilling, E. Schulte-Markwort & H. J. Freyberger (Hrsg.), *Von der ICD-9 zur ICD-10*, S. 149–156. Bonn: Huber.
Saß, H. (1996). (Hrsg.). *Psychopathologische Methoden und psychiatrische Forschung*. Jena: Gustav Fischer.
Spitzer, R. L. & Fleiss, J. L. (1974). A re-analysis of the reliability of psychiatric diagnoses. *British Journal of Psychiatry, 125*, 341–347.
Stengel, E. (1959). Classification of mental disorders. *Bulletin of the WHO, 21*, 601–663.
Tavris, C. (1996). Im Niemandsland versunkener Störungen. *Psychologie heute (2)*, 36–41.
Thangavelu, R. & Martin, R. L. (1995). ICD-10 and DSM-IV: Depiction of the Diagnostic Elephant. *World Psychiatry, 3*, 3–11.
Wittchen, H.-U., Saß, H., Zaudig, M. & Koehler, K. (1989). Von DSM-III zu DSM-III-R – Erfahrungen und Perspektiven. In American Psychiatric Association, *Diagnostisches und Statistisches Manual Psychischer Störungen. DSM-III-R*. Deutsche Bearbeitung und Einführung von H.-U. Wittchen, H. Saß, M. Zaudig und K. Koehler. IX–XXI. Weinheim: Beltz.

Wittchen, H.-U. & Semler, G. (1990). *Composite International Diagnostic Interview – CIDI-Version 1*. Weinheim: Beltz-Test. Version 2 in Vorbereitung. .

Wittchen et al. (1996). *Strukturiertes Klinisches Interview für DSM-IV, Achse I – SKID-IV*.

Wittchen, H.-U. & Lachner, G. (1996). Klassifikation. In K. Hahlweg & A. Ehlers (Hrsg.), *Enzyklopädie der Psychologie D/III/1*, S. 3–68. Göttingen: Hogrefe.

Wittchen, H.-U. & Pfister, H. (1996). *DIA-X – Diagnostisches Expertensystem für ICD-10 und DSM-IV*. Swets & Zeitlinger.

Wittchen, H.-U. & Unland, H. (1991). Neue Ansätze zur Symptomerfassung und Diagnosestellung nach ICD-10 und DSM-III-R – Strukturierte und standardisierte Interviews. *Zeitschrift für Klinische Psychologie, 20 (4)*, 321–342.

Zaudig, M. & Hiller, W. (1995). *SIDAM – Strukturiertes Interview für die Diagnose einer Demenz vom Alzheimer Typ, der vaskulären Demenz und Demenzen anderer Ätiologie nach DSM-III-R, DSM-IV und ICD-10. Handbuch und Testhefte*. Bern: Verlag Hans Huber.

Die Anwendung des DSM-IV

Zum Gebrauch des Manuals

Warnhinweis

Die spezifischen diagnostischen Kriterien für jede psychische Störung werden als Richtlinien zur Erstellung von Diagnosen angeboten. Es hat sich gezeigt, daß der Gebrauch solcher Kriterien die Verständigung zwischen Klinikern und Forschern verbessert. Die richtige Anwendung dieser Kriterien erfordert ein spezifisches klinisches Training zur Vermittlung von Wissen und klinischen Fertigkeiten.

Diese diagnostischen Kriterien und die DSM-IV-Klassifikation der psychischen Störungen beruhen auf einem Konsensus über aktuelle Formulierungen eines sich weiterentwickelnden Kenntnisstandes in unserem Gebiet, umfassen aber nicht alle Zustände, aufgrund derer Menschen behandelt werden, oder die angemessene Forschungsbereiche darstellen.

Das Ziel des DSM-IV besteht darin, klare Beschreibungen diagnostischer Kategorien zu geben, um Kliniker und Forscher in die Lage zu versetzen, Personen mit bestimmten psychischen Störungen zu diagnostizieren, sich über sie zu verständigen, sie zu untersuchen und zu behandeln. Es muß darauf hingewiesen werden, daß die Aufnahme einer diagnostischen Kategorie in das DSM-IV zu klinischen und Forschungszwecken, wie z. B. die Diagnosen Pathologisches Spielen oder Pädophilie, nicht bedeutet, daß dieser Zustand bestimmte rechtliche oder andere nicht-medizinische Kriterien erfüllt, die das Bestehen einer psychischen Erkrankung, einer psychischen Störung oder einer geistigen Behinderung festlegen. Die klinischen und wissenschaftlichen Überlegungen bei der Klassifikation dieser Zustände als psychische Störungen sind ferner möglicherweise weniger relevant in Zusammenhang mit z. B. forensischen Aspekten, bei denen Gesichtspunkte wie individuelle Verantwortlichkeit sowie Bestimmung von Behinderungen oder Geschäftsfähigkeit eine Rolle spielen.

Berater der deutschen Ausgabe:
Prof. Dr. Henning Saß, Aachen
Prof. Dr. Hans-Ulrich Wittchen, München

Übersetzer:
Dipl.-Psych. Isabel Houben, Aachen
Dipl.-Psych. Kristin Korb, Aachen

Codierungs- und Aufzeichnungsregeln

Diagnostische Codes

Das offizielle Codierungssystem, das bei der Drucklegung dieses Manuals in den Vereinigten Staaten im Gebrauch ist, ist die *International Classification of Diseases, 9th Revision, Clinical Modification* (ICD-9-CM). Die meisten DSM-IV Diagnosen haben einen numerischen ICD-9-CM-Code (in der deutschen Bearbeitung wird zusätzlich die vorgeschriebene ICD-10-Nummer in Klammern angegeben), der mehrmals auftaucht:
1. in der DSM-IV-Klassifikation vor der Bezeichnung der Störung (siehe S. 31–49),
2. zu Beginn des Textabschnitts zu jeder Störung und
3. zusammen mit der Kriterienliste zu jeder Störung.

Bei einigen Diagnosen (z. B. Geistige Behinderung, Substanzinduzierte Affektive Störung) hängt die passende Codierung von weitergehender Spezifizierung ab. Diese wird im Anschluß an den Text und an die Kriterienliste der Störung aufgeführt. Bei manchen Störungsnamen sind alternative Bezeichnungen in Klammern hinzugefügt. Dies waren im allgemeinen die in DSM-III-R benutzten Namen für die Störungen.

Die Verwendung diagnostischer Codes ist für die medizinische Dokumentation von grundlegender Bedeutung. Diagnostische Codierungen vereinfachen die Datensammlung, das Wiederauffinden und die Zusammenstellung von statistischen Informationen. Codierungen werden häufig auch benötigt, um diagnostische Daten an interessierte Dritte wie Regierungsstellen, private Versicherungen und die Weltgesundheitsorganisation weiterzugeben. In den Vereinigten Staaten wurde die Benutzung dieser Codes z. B. von der Gesundheitsfinanzbehörde für Ausgleichszahlungen nach dem staatlichen Krankenversicherungssystem für Rentner angeordnet.

Es werden Subtypen (von denen einige an der 5. Stelle codiert werden) und Zusatzcodierungen vorgegeben, um eine höhere Genauigkeit zu erreichen. Als *Subtypen* werden sich gegenseitig ausschließende und zusammengenommen erschöpfende phänomenologische Untergruppen innerhalb einer Diagnose definiert und durch die Instruktion „Bestimme den Typus" in der Kriterienliste angezeigt. Zum Beispiel wird die Wahnhafte Störung aufgrund des Inhalts der Wahnphänomene in Subtypen unterteilt, wobei 7 Subtypen vorgesehen sind: Typus mit Liebeswahn, Typus mit Größenwahn, Typus mit Eifersuchtswahn, Typus mit Verfolgungswahn, Typus mit Körperbezogenem Wahn, Typus mit Gemischtem Wahn und Unpezifischer Typus. Im Gegensatz dazu müssen *Zusatzcodierungen* sich nicht gegenseitig ausschließend und zusammengenommen erschöpfend sein und werden durch die Instruktion „bestimme" oder „bestimme, ob" in der Kriterienliste angezeigt (z. B. heißt bei der Sozialen Phobie die Instruktion: „Bestimme, ob: Generalisiert"). Zusatzcodierungen stellen eine Möglichkeit dar, eine homogenere Gruppe von Personen mit einer Störung, die bestimmte Merkmale gemeinsam haben, zu bezeichnen (z. B. Major Depression, Mit Melancholischen Merkmalen). Obwohl manchmal die 5. Stelle vorgesehen ist, um einen Subtypus oder eine Zusatzcodierung (z. B. 290.12 Demenz vom Alzheimer Typ, Mit Frühem Beginn, Mit Wahnphänomenen) oder einen Schweregrad (296.21 Major Depression, Einzelne Episode, Leicht) zu codieren, kann die Mehrzahl der in DSM-IV aufgenommenen Subtypen und Zusatzcodierungen nicht im ICD-9-CM-System verschlüsselt werden. In diesem Fall werden Subtypus oder Zusatzcodierung zu dem Störungsnamen hinzugefügt (z. B. Soziale Phobie, Generalisiert).

Zusatzcodierungen für Schweregrad und Verlauf

Eine DSM-IV-Diagnose gilt üblicherweise für das aktuelle Symptombild des Betroffenen und wird gewöhnlich nicht vergeben, um in der Vergangenheit diagnostizierte Störungsbilder zu bezeichnen, von denen die Person sich jetzt erholt hat. Die folgenden Zusatzcodierungen für den Schweregrad und den Verlauf können der Diagnose hinzugefügt werden: Leicht, Mittelschwer, Schwer, Teilremittiert, Vollremittiert, In der Vorgeschichte.

Die Zusatzcodierungen „Leicht", „Mittelschwer", „Schwer" sollten nur benutzt werden, wenn die Kriterien für die Störung zum Untersuchungszeitpunkt vollständig erfüllt sind. Bei der Entscheidung, ob das Störungsbild als leicht, mittelschwer oder schwer zu beschreiben ist, sollte der Untersucher Anzahl und Intensität der mit der Störung verbundenen Zeichen und Symptome und das Ausmaß der Funktionsbeeinträchtigung im sozialen oder beruflichen Bereich miteinbeziehen. Bei der Mehrzahl der Störungen können die folgenden Leitlinien benutzt werden:
- **Leicht.** Wenn überhaupt, sind nur wenig mehr Symptome vorhanden als zur Diagnosestellung nötig, und die Symptome führen nur zu geringer Funktionsbeeinträchtigung im sozialen oder beruflichen Bereich.
- **Mittelschwer.** Symptome oder Funktionsbeeinträchtigungen liegen zwischen „leicht" und „schwer".
- **Schwer.** Es sind viel mehr Symptome vorhanden als für die Diagnosestellung erforderlich, oder einige Symptome sind besonders schwer, oder die Symptome führen zu deutlicher Funktionsbeeinträchtigung im sozialen oder beruflichen Bereich.
- **Teilremittiert.** Die Kriterien für die Störung waren vormals vollständig erfüllt, zur Zeit sind aber nur noch einige der Symptome oder Zeichen übrig.
- **Vollremittiert.** Es gibt keine Zeichen oder Symptome der Störung mehr, es ist aber klinisch immer noch wichtig, sie festzuhalten – z. B. bei einer Person mit früheren Episoden einer Bipolaren Störung, die unter Lithiumgabe in den letzten 3 Jahren symptomfrei war. Nach einem Zeitraum der Vollremission kann der Untersucher entscheiden, daß der Betroffene gesund ist, und wird dann die Störung nicht mehr als aktuelle Diagnose verschlüsseln. Die Unterscheidung zwischen Vollremittiert und gesund erfordert die Erwägung einer Vielzahl von Faktoren, einschließlich des charakteristischen Verlaufsmusters der Störung, der Dauer seit der letzten Störungsperiode, der Gesamtdauer des Störungsbildes und des Bedarfs an weiterer Beobachtung oder prophylaktischer medikamentöser Behandlung.
- **In der Vorgeschichte.** Für manche Zwecke kann es nützlich sein, ein Störungsbild, das in der Vorgeschichte die Kriterien für eine Diagnose erfüllt hat, festzuhalten, auch wenn die Person inzwischen gesund ist. Solche nachträglichen Diagnosen von psychischen Störungen würden mit der Zusatzcodierung „In der Vorgeschichte" kenntlich gemacht (z. B. „Störung mit Trennungsangst, In der Vorgeschichte", bei einer Person, die zur Zeit keine Störung hat oder die zur Zeit die Kriterien für eine Panikstörung erfüllt, bei der jedoch in der Vorgeschichte eine Störung mit Trennungsangst auftrat).

Spezifische Kriterien für Leicht, Mittelschwer und Schwer sind bei folgenden Störungen vorgesehen: Geistige Behinderung, Störung des Sozialverhaltens, Manische Episode und Episode einer Major Depression. Spezifische Kriterien für Teilremittiert und Vollremittiert finden sich bei der Manischen Episode, der Episode einer Major Depression und Substanzabhängigkeit.

Rezidive

In der klinischen Praxis kommt es häufig vor, daß Personen nach einer Zeit, in der die Kriterien einer Störung nicht mehr vollständig erfüllt waren (d. h. vollremittiert oder genesen), Symptome entwickeln, die ein Rezidiv der ursprünglichen Erkrankung nahelegen, die jedoch noch unterhalb der in den Kriterienlisten für die Störung vorgegebenen Schwelle liegen. Es ist eine Frage der klinischen Beurteilung, wie das Vorhandensein solcher Symptome am besten zu bezeichnen ist. Hierfür gibt es folgende Möglichkeiten:

— Wenn die Symptome als neue Episode einer rezidivierenden Erkrankung angesehen werden, kann die Diagnose als aktuell (oder vorläufig) gestellt werden, noch bevor die Kriterien vollständig erfüllt sind (z. B. wenn die Kriterien für eine Major Depression erst seit 10 Tagen statt der eigentlich erforderlichen 14 Tage erfüllt sind).
— Wenn die Symptome als klinisch bedeutsam eingeschätzt werden, aber noch nicht klar ist, ob sie ein Rezidiv der ursprünglichen Störung darstellen, kann die entsprechende Nicht-Näher-Bezeichnet-Kategorie herangezogen werden.
— Wenn man zu dem Urteil kommt, daß die Symptome nicht klinisch bedeutsam sind, wird keine aktuelle Diagnose gegeben, es kann aber „In der Vorgeschichte" hinzugefügt werden (siehe S. 5).

Hauptdiagnose/Konsultationsgrund

Wird im stationären Rahmen mehr als eine Diagnose vergeben, ist die *Hauptdiagnose* der Zustand, der aufgrund der Untersuchung als hauptverantwortlich für die Krankenhausaufnahme des Patienten angesehen wird. Im ambulanten Rahmen ist bei mehr als einer Diagnose der *Konsultationsgrund* der Zustand, der hauptverantwortlich für die ambulante medizinische Betreuung ist, die der Patient während seiner Arztbesuche erhält. In den meisten Fällen stehen die Hauptdiagnose bzw. der Konsultationsgrund auch im Zentrum der klinischen Aufmerksamkeit bzw. Behandlung. Häufig ist es schwierig (und einigermaßen willkürlich) zu entscheiden, welche Diagnose die Hauptdiagnose bzw. der Konsultationsgrund ist, besonders bei „Doppeldiagnosen" (z. B.eine Diagnose im Zusammenhang mit Substanzen wie „Amphetaminabhängigkeit", die mit einer nicht mit Substanzen zusammenhängenden Diagnose wie „Schizophrenie" einhergeht). Es kann z. B. unklar sein, welche Diagnose bei einer Person, die sowohl mit Schizophrenie als auch mit Amphetaminintoxikation stationär behandelt wird, als Hauptdiagnose in Betracht kommt, da beide Zustände gleichermaßen dazu beigetragen haben können, daß Einweisung und stationäre Behandlung notwendig wurden.

Mehrere Diagnosen können entweder in einem multiaxialen Format (siehe S. 26) oder in einem nichtaxialen Format (siehe S. 27) aufgezeichnet werden. Wenn die Hauptdiagnose eine Achse I-Störung ist, wird dies angezeigt, indem sie als erste aufgeführt wird. Die verbleibenden Störungen werden je nach Schwerpunkt der Aufmerksamkeit und Behandlung geordnet. Wenn eine Person sowohl eine Achse I- als auch eine Achse II-Störung hat, wird die Hauptdiagnose bzw. der Konsultationsgrund im allgemeinen auf Achse I erwartet, es sei denn, der Achse II-Diagnose folgt der qualifizierende Zusatz „(Hauptdiagnose)" bzw. „(Konsultationsgrund)".

Vorläufige Diagnosen

Die Zusatzbezeichnung *vorläufig* kann benutzt werden, wenn stark anzunehmen ist, daß die Kriterien für eine Störung letztendlich erfüllt werden, jedoch nicht genügend Informationen erhältlich sind, um eine sichere Diagnose zu stellen. Der Untersucher kann auf die diagnostische Unsicherheit hinweisen, indem er der Diagnose „(Vorläufig)" hinzufügt, z. B. wenn ein Patient eine Major Depression zu haben scheint, jedoch nicht in der Lage ist, eine angemessene Auskunft über die Vorgeschichte zu geben, so daß nicht belegt werden kann, daß die Kriterien vollständig erfüllt sind. Der Zusatz *vorläufig* kann auch in solchen Fällen benutzt werden, in denen die Differentialdiagnose ausschließlich auf der Dauer der Erkrankung beruht. Zum Beispiel ist für die Diagnose einer Schizophreniformen Störung eine Dauer von weniger als 6 Monaten erforderlich. Daher kann sie vor Auftreten einer Remission nur vorläufig gegeben werden.

Anwendung der Kategorie Nicht Näher Bezeichnet (NNB)

Aufgrund der Streubreite klinischer Störungsbilder kann eine diagnostische Nomenklatur nicht jede mögliche Situation abdecken. Deshalb hat jede diagnostische Klasse mindestens eine Nicht-Näher-Bezeichnet-Kategorie (NNB), und einige haben sogar mehrere. Es gibt 4 Situationen, in denen eine NNB-Diagnose angemessen ist:
— Das klinische Bild paßt zu den generellen Leitlinien einer psychischen Störung in der jeweiligen diagnostischen Klasse, das Symptombild erfüllt jedoch nicht die Kriterien einer bestimmten Störung. Dies tritt entweder ein, wenn die Symptome unterhalb der diagnostischen Schwelle einer bestimmten Störung bleiben oder wenn es sich um ein atypisches oder gemischtes Bild handelt.
— Das klinische Bild paßt zu einem Symptommuster, das nicht in der DSM-IV-Klassifikation enthalten ist, das jedoch in klinisch bedeutsamer Weise Leiden oder Beeinträchtigungen verursacht. Anhang B enthält Forschungskriterien für einige dieser Symptommuster („Kriterienlisten und Achsen, die für weitere Forschung vorgesehen sind"), und in den Nicht-Näher-Bezeichnet-Kategorien befinden sich in solchen Fällen Seitenverweise auf die vorgeschlagenen Forschungskriterien in Anhang B.
— Es besteht Unsicherheit über die Ätiologie (d. h. ob die Störung auf einen medizinischen Krankheitsfaktor zurückgeht, durch eine Substanz induziert oder primär ist).
— Die Möglichkeit zur vollständigen Datenerhebung ist eingeschränkt (z. B. in Notfallsituationen) oder die Informationen sind inkonsistent oder widersprüchlich, reichen aber aus, um die Symptome einer bestimmten diagnostischen Klasse zuzuordnen (z. B. stellt der Untersucher fest, daß der Betroffene psychotische Symptome hat, für die Diagnose einer bestimmten Psychotischen Störung liegen aber nicht genügend Informationen vor).

Möglichkeiten, auf diagnostische Unsicherheit hinzuweisen

Die folgende Tabelle zeigt die verschiedenen Möglichkeiten, wie ein Untersucher auf diagnostische Unsicherheit hinweisen kann:

Bezeichnung	Beispiele für klinische Situationen
V-Codierungen (für Andere Klinisch Relevante Probleme)	Die Informationen reichen nicht aus, um zu erkennen, ob das sich bietende Problem einer psychischen Störung zugeordnet werden kann oder nicht (z. B. Schulproblem, Antisoziales Verhalten im Erwachsenenalter).
799.9 Diagnose oder Zustand auf Achse I zurückgestellt	Die Informationen reichen nicht aus, um ein diagnostisches Urteil über eine Störung oder einen Zustand auf Achse I zu fällen.
799.9 Diagnose auf Achse II zurückgestellt	Die Informationen reichen nicht aus, um ein diagnostisches Urteil über eine Störung auf Achse II zu fällen.
300.9 Unspezifische Psychische Störung (nicht psychotisch)	Es sind ausreichende Informationen erhältlich, um eine Psychotische Störung auszuschließen, eine weitere Spezifizierung ist jedoch nicht möglich.
298.9 Nicht Näher Bezeichnete Psychotische Störung	Es sind ausreichende Informationen erhältlich, um das Vorhandensein einer Psychotischen Störung festzustellen, eine weitere Spezifizierung ist jedoch nicht möglich.
Nicht Näher Bezeichnete [Störungsklasse] z. B. Nicht Näher Bezeichnete Depressive Störung	Es sind ausreichende Informationen erhältlich, um die bestehende Störungsklasse festzulegen, eine weitere Spezifizierung ist jedoch nicht möglich, entweder weil die Information für eine genauere Diagnose nicht ausreicht oder weil die klinischen Merkmale der Störung die Kriterien für eine bestimmte Kategorie dieser Klasse nicht erfüllen.
[Spezifische Diagnose] (Vorläufig) z. B. Schizophreniforme Störung (Vorläufig)	Es sind ausreichende Informationen erhältlich, um eine „Arbeits"-Diagnose zu stellen, der Untersucher möchte aber auf ein bedeutsames Ausmaß an diagnostischer Unsicherheit hinweisen.

Häufig vorkommende Kriterien

Kriterien für den Ausschluß anderer Diagnosen und für den Hinweis auf Differentialdiagnosen

In den meisten der in diesem Manual dargestellten Kriterienlisten befinden sich Ausschlußkriterien, die notwendig sind, um die Störungen voneinander abzugrenzen und um die Differentialdiagnose abzuklären. Die verschiedenen Wortlaute der Ausschlußkriterien in den DSM-IV-Kriterienlisten spiegeln die unterschiedlichen Arten möglicher Beziehungen zwischen einzelnen Störungen wider:
– „Die Kriterien für .... waren niemals erfüllt"
  Mit diesem Ausschlußkriterium wird eine über die gesamte Lebenszeit gültige Hierarchie zwischen Störungen definiert. Zum Beispiel kann die Diagnose einer Major Depression nicht mehr gestellt werden, wenn einmal eine Manische Episode aufgetreten ist, stattdessen muß sie in Bipolar I Störung geändert werden.

– „Die Kriterien für .... sind nicht erfüllt"
Mit diesem Ausschlußkriterium wird eine Hierarchie zwischen den Störungen (oder Subtypen), die in den verschiedenen Kapiteln definiert werden, hergestellt. Zum Beispiel hat bei der Beschreibung der gegenwärtigen Episode einer Major Depression die Zusatzcodierung „Mit Melancholischen Merkmalen" Vorrang vor der Zusatzcodierung „Mit Atypischen Merkmalen"
– „tritt nicht ausschließlich im Verlauf einer ..... auf"
Mit diesem Ausschlußkriterium wird verhindert, daß eine Störung diagnostiziert wird, wenn das ihr entsprechende Symptomenbild ausschließlich im Verlauf einer anderen Störung auftritt. Zum Beispiel wird eine Demenz nicht gesondert diagnostiziert, wenn sie ausschließlich während eines Delirs auftritt; eine Konversionsstörung wird nicht gesondert diagnostiziert, wenn sie ausschließlich während einer Somatisierungsstörung auftritt; Bulimia Nervosa wird nicht gesondert diagnostiziert, wenn sie ausschließlich in Episoden einer Anorexia Nervosa auftritt. Dieses Ausschlußkriterium wird typischerweise in Situationen verwendet, in denen die Symptome der einen Störung begleitende Merkmale oder eine Teilmenge von Symptomen der vorrangigen Störung sind. Der Untersucher sollte auch auf Perioden der Teilremission im „Verlauf einer anderen Störung" achten. Es ist darauf hinzuweisen, daß die ausgeschlossene Diagnose später gestellt werden kann, wenn sie unabhängig auftritt (z. B. wenn die ausschließende Störung vollremittiert ist).
– „geht nicht auf die direkte körperliche Wirkung einer Substanz (z. B. Droge, Medikament) oder eines medizinischen Krankheitsfaktors zurück".
Mit diesem Ausschlußkriterium wird darauf hingewiesen, daß eine Verursachung durch Substanzen bzw. durch medizinische Krankheitsfaktoren ausgeschlossen werden muß, bevor die Störung diagnostiziert werden kann.
– „kann nicht besser durch ..... erklärt werden"
Mit diesem Ausschlußkriterium wird darauf hingewiesen, daß die in dem Kriterium erwähnten Störungen hinsichtlich der vorliegenden psychopathologischen Auffälligkeiten differentialdiagnostisch abzuwägen sind. In Grenzfällen ist eine klinische Beurteilung notwendig, um zu entscheiden, welche Störung die angemessenste Diagnose darstellt. In solchen Fällen sollte der Abschnitt „Differentialdiagnose" im Begleittext der jeweiligen Störung zu Rate gezogen werden.

Die generelle Übereinkunft in DSM-IV ist, daß bei solchen Störungsbildern, die die Kriterien für mehr als eine DSM-IV-Störung erfüllen, mehrere Diagnosen vergeben werden dürfen. Es gibt 3 Situationen, in denen die oben genannten Ausschlußkriterien helfen, eine diagnostische Hierarchie zu bilden (und so multiple Diagnosen zu verhindern), oder helfen, differentialdiagnostische Überlegungen anzustellen (und so von multiplen Diagnosen abzuhalten):
– Wenn eine Psychische Störung Aufgrund eines Medizinischen Krankheitsfaktors oder eine Substanzinduzierte Störung für die Symptome verantwortlich ist, hat diese Vorrang vor der Diagnose der korrespondierenden primären Störung mit denselben Symptomen (z. B. hat die Diagnose „Kokaininduzierte Affektive Störung" Vorrang vor der einer „Major Depression"). In solchen Fällen enthält die Kriterienliste für die primäre Störung ein Ausschlußkriterium mit der Formel „geht nicht auf die direkte körperliche Wirkung einer ... zurück".
– Sind in den definierenden (oder zugehörigen) Symptomen einer tiefgreifenderen Störung (z. B. Schizophrenie) solche enthalten, die gleichzeitig definierende Symptome einer weniger tiefgreifenden Störung sind (z. B. Dysthyme Störung), dann findet sich in der Kriterienliste der weniger tiefgreifenden Störung eines der drei folgenden Ausschlußkriterien,

um sicherzustellen, daß jeweils die tiefgreifendere Störung diagnostiziert wird: „Die Kriterien für ... waren niemals erfüllt", „die Kriterien für ... sind nicht erfüllt", „tritt nicht ausschließlich im Verlauf einer ... auf".
— Bei besonders schwierigen differentialdiagnostischen Abgrenzungen wird die Formel „kann nicht besser durch ... erklärt werden" hinzugenommen, die darauf hinweisen soll, daß für die Entscheidung über die angemessenste Diagnose eine klinische Beurteilung erforderlich ist. Zum Beispiel hat die Panikstörung mit Agoraphobie das Kriterium „kann nicht besser durch eine Soziale Phobie erklärt werden", und die Soziale Phobie das Kriterium „kann nicht besser durch eine Panikstörung mit Agoraphobie erklärt werden", womit der Tatsache Rechnung getragen wurde, daß diese Grenze besonders schwierig zu ziehen ist. In einigen Fällen können auch beide Diagnosen angemessen sein.

Kriterien für Substanzinduzierte Störungen

Häufig ist es schwierig zu entscheiden, ob das gegenwärtige Symptomenbild substanzinduziert ist, also die direkte körperliche Folge einer Substanzintoxikation oder eines Entzugs, einer Medikamenteneinnahme oder der Exposition gegenüber einem Toxin. Um bei dieser Entscheidung zu helfen, wurden den einzelnen Substanzinduzierten Störungen die beiden unten genannten Kriterien als generelle Leitlinien hinzugefügt. Die Entscheidung, ob das gegebene Symptomenbild sich am besten durch die direkte körperliche Wirkung der Substanz erklären läßt, bleibt gleichzeitig der klinischen Beurteilung überlassen. Zur weiteren Erläuterung dieser Frage, siehe Seite 239.

B. Es gibt Hinweise aus der Anamnese, der körperlichen Untersuchung und aus Laborbefunden für entweder 1) oder 2):
   1) Die Symptome entwickelten sich während oder innerhalb eines Monats nach einer Substanzintoxikation oder einem -entzug.
   2) eine Medikamenteneinnahme hängt ätiologisch mit dem Störungsbild zusammen.
C. Das Störungsbild kann nicht besser durch eine Störung erklärt werden, die nicht substanzinduziert ist. Es kann folgende Hinweise dafür geben, daß die Symptome besser durch eine Störung zu erklären sind, die nicht substanzinduziert ist: die Symptome gingen dem Beginn des Substanzkonsums (oder der Medikamenteneinnahme) voraus; die Symptome halten über einen erheblichen Zeitraum (z. B. etwa einen Monat) über die Beendigung eines akuten Entzugs oder einer schweren Intoxikation hinaus an oder sie gehen erheblich über das hinaus, was aufgrund von Art, Dauer und Menge der eingenommenen Substanz zu erwarten wäre; oder es bestehen andere Hinweise auf das Vorhandensein einer unabhängigen, nicht substanzinduzierten Störung (z. B. rezidivierende, nicht substanzinduzierte Episoden in der Vorgeschichte).

Kriterien für eine Psychische Störung Aufgrund eines Medizinischen Krankheitsfaktors

Das unten aufgeführte Kriterium ist notwendig, um die ätiologischen Anforderungen für alle Psychischen Störungen Aufgrund eines Medizinischen Krankheitsfaktors zu bestimmen (z. B. Affektive Störung Aufgrund von Hypothyreose). Für eine weitere Erläuterung dieser Frage siehe Seite 209.

– Es gibt Hinweise aus der Vorgeschichte, der körperlichen Untersuchung oder aus Laborbefunden, daß das Störungsbild eine direkte körperliche Folge eines medizinischen Krankheitsfaktors ist.

Kriterien für klinische Bedeutsamkeit

Die Definition einer *psychischen Störung* in der Einleitung zu DSM-IV erfordert bedeutsame Beeinträchtigungen oder Leiden. Um die Bedeutung einer klinischen Beurteilung hervorzuheben, wurde bei fast allen Störungen das Kriterium der klinischen Bedeutsamkeit eingeführt. Dieses ist normalerweise in folgender Form formuliert: „... verursacht in klinisch bedeutsamer Weise Leiden oder Beeinträchtigungen in sozialen, beruflichen oder anderen wichtigen Funktionsbereichen". Dieses Kriterium soll helfen, den Schwellenwert für eine Diagnose in denjenigen Fällen zu finden, in denen die Symptomatik an sich, und zwar vor allem bei leichteren Formen, nicht unbedingt als pathologisch eingeordnet wird bzw. auf eine Person zutrifft, auf die die Diagnose einer psychischen Störung nicht passen würde. Zu bewerten, ob dieses Kriterium zutrifft oder nicht, besonders wenn es um das Ausmaß von psychosozialen Beeinträchtigungen, die durch die Symptomatik bedingt sind, geht, ist ein grundsätzlich schwieriger Entscheidungsschritt in der klinischen Beurteilung. Es wird hier oft notwendig sein, sich hinsichtlich der Leistungsfähigkeit des Betroffenen auf Informationen von Angehörigen und andere Informationsquellen (zusätzlich zu den Angaben des Betroffenen) zu verlassen.

Arten von Informationen in den DSM-IV-Beschreibungen

Der Text des DSM-IV beschreibt jede Störung systematisch nach folgender Gliederung: „Diagnostische Merkmale", „Subtypen und/oder Zusatzcodierungen", „Besondere kulturelle, Alters- und Geschlechtsmerkmale", „Prävalenz", „Verlauf", „Familiäres Verteilungsmuster" und „Differentialdiagnose". Liegen für einen Abschnitt keine Informationen vor, wird er ausgelassen. In einigen Fällen weisen viele einzelne Störungen derselben Störungsgruppe gemeinsame Merkmale auf, diese Informationen werden in der allgemeinen Einleitung zu der Störungsgruppe aufgeführt.

Diagnostische Merkmale. Dieser Abschnitt erklärt die Diagnosekriterien und illustriert diese meist an Beispielen.

Subtypen und/oder Zusatzcodierungen. Dieser Abschnitt bietet Definitionen und kurze Erläuterungen über anwendbare Subtypen und/oder Zusatzcodierungen.

Codierungsregeln. Dieser Abschnitt enthält Richtlinien für die Dokumentation des Störungsnamens und zur Auswahl und Dokumentation des entsprechenden ICD-9-CM-Diagnosecodes (in der deutschen Ausgabe auch ICD-10). Er enthält auch Anweisungen, wie die passenden Subtypen und/oder Zusatzcodierungen auszuwählen sind.

Zugehörige Merkmale und Störungen. Dieser Abschnitt ist normalerweise in 3 Teile unterteilt:
– *Zugehörige Beschreibungsmerkmale und psychische Störungen*
   Dieser Abschnitt umfaßt klinische Merkmale, die häufig mit der Störung einhergehen, die jedoch nicht als für die Diagnosestellung erforderlich erachtet werden. In einigen

Fällen wurde erwogen, diese Merkmale als mögliche Diagnosekriterien einzuschließen, doch sie waren zu wenig trennscharf oder spezifisch, um letztlich in die Kriterienlisten aufgenommen zu werden. In diesem Abschnitt sind auch andere psychische Störungen enthalten, die häufig mit der zur Diskussion stehenden Störung verbunden sind. Es wird spezifiziert (wenn dies bekannt ist), ob diese Störungen der zur Diskussion stehenden Störung vorausgehen, gleichzeitig mit ihr auftreten oder ihre Folgeerscheinungen sind (z. B. ist eine Persistierende Alkoholinduzierte Demenz eine Folgeerscheinung einer chronischen Alkoholabhängigkeit). Falls verfügbar, sind in diesem Abschnitt auch Informationen über prädisponierende Faktoren und Komplikationen enthalten.

— *Zugehörige Laborbefunde*
Dieser Abschnitt gibt Informationen über drei Arten von Laborbefunden, die mit der Störung verbunden sein können:
1. Laborbefunde, die als „diagnostisch" für die Störung angesehen werden – z. B. polysomnographische Befunde bei bestimmten Schlafstörungen;
2. Laborbefunde, die nicht als diagnostisch für die Störung angesehen werden, von denen aber berichtet wird, daß sie bei Gruppen von Personen mit der Störung im Vergleich zu normalen Kontrollpersonen abweichend sind – z. B. Ventrikelgröße in der Computertomographie als Validierung für das Konstrukt Schizophrenie; und
3. solche Laborbefunde, die mit bestimmten Komplikationen der Störung verbunden sind – z. B. Elektrolytungleichgewicht bei Personen mit Anorexia Nervosa.

— *Zugehörige körperliche Untersuchungsbefunde und medizinische Krankheitsfaktoren*
Dieser Abschnitt enthält Informationen über Symptome, die aus der Vorgeschichte gewonnen oder über Befunde, die bei der körperlichen Untersuchung registriert werden können, die möglicherweise diagnostisch bedeutsam, für die Diagnosestellung aber nicht notwendig sind – z. B. Zahnerosion bei der Bulimia Nervosa. Auch eingeschlossen sind solche mit der zur Diskussion stehenden Störung einhergehenden Störungen, die außerhalb des Kapitels „Psychische und Verhaltensstörungen" der ICD codiert werden. Wie bei den zugehörigen psychischen Störungen, wird die Art des Zusammenhangs (d. h. vorausgehend, gleichzeitig auftretend oder Folgeerscheinung), falls bekannt, spezifiziert – z. B. daß Leberzirrhose eine Folgeerscheinung von Alkoholabhängigkeit ist.

Besondere kulturelle, Alters- und Geschlechtsmerkmale. Dies Kapitel weist den Untersucher auf Unterschiede im Erscheinungsbild der Störung hin, die sich aus dem kulturellen Hintergrund, dem Entwicklungsstadium (z. B. Kleinkindalter, Kindheit, Jugend, Erwachsenenalter, spätere Lebensphasen) oder der Geschlechtszugehörigkeit des Untersuchten ergeben können. Dieser Abschnitt umfaßt auch Angaben zur differentiellen Prävalenz in Abhängigkeit von Kultur, Alter und Geschlechtszugehörigkeit (z. B. Geschlechterverhältnis).

Prävalenz. Dieser Abschnitt enthält verfügbare Daten zu Punkt- und Lebenszeitprävalenz, Inzidenz und Lebenszeitrisiko. Die Daten beziehen sich auf verschiedene Untersuchungssituationen (z. B. Gemeinde- und Erstversorgung, ambulante psychiatrische Kliniken, stationäre psychiatrische Kliniken), wenn hierzu Angaben vorliegen.

Verlauf. Dieser Abschnitt beschreibt typische Lebenszeitverlaufsmuster des klinischen Bildes und der Entwicklung der Störung. Es umfaßt Angaben über das typische *Ersterkrankungsalter* und die *Art des Beginns* (z. B. plötzlich oder schleichend) der Störung, darüber, ob der Verlauf *episodisch* oder *kontinuierlich* ist, ob es sich um *einzelne Episoden* handelt oder ob die Störung *rezidivierend* ist. Weiterhin werden Angaben über die *Dauer* gemacht, indem die typische Länge der Erkrankung oder ihrer Episoden charakterisiert werden, sowie schließlich über die *Progredienz*, d. h. die allgemeine Richtung der Störung im zeitlichen Verlauf (z. B. stabil, sich verschlechternd oder verbessernd).

Familiäres Verteilungsmuster. Dieser Abschnitt gibt Daten über die Häufigkeit der Störung bei biologischen Verwandten ersten Grades von Personen mit der Störung im Vergleich zur Häufigkeit in der Normalbevölkerung. Es enthält außerdem Hinweise auf andere Störungen, die bei Familienmitgliedern von Betroffenen häufiger vorkommen.

Differentialdiagnose. Dies Kapitel erläutert, die die jeweilige Störung von anderen Störungen mit ähnlichen Charakteristika abzugrenzen ist.

DSM-IV-Organisationsplan

Die Störungen in DSM-IV sind in 16 diagnostische Hauptgruppen (z. B. Störungen im Zusammenhang mit Psychotropen Substanzen, Affektive Störungen, Angststörungen) und ein zusätzliches Kapitel „Andere Klinisch Relevante Probleme" eingeteilt.

Das erste Kapitel befaßt sich mit den „Störungen, die Gewöhnlich Zuerst im Kleinkindalter, in der Kindheit oder der Adoleszenz Diagnostiziert werden". Diese Aufteilung der Klassifikation aufgrund des Alters beim Auftreten der Symptome geschieht nach Übereinkunft und ist nicht absolut. Obwohl sich die Störungen dieses Kapitels gewöhnlich im Kindheit und Jugendalter zum ersten Mal zeigen, kommt es vor, daß Personen, die die Diagnose einer der hier aufgenommenen Störungen erhalten (z. B. Aufmerksamkeitsdefizit-/Hyperaktivitätsstörung), sich erst im Erwachsenenalter in Behandlung begeben. Zusätzlich liegt der Beginn vieler Störungen, die anderen Kapiteln zugeordnet wurden, nicht selten bereits in der Kindheit oder der Adoleszenz (z. B. Major Depression, Schizophrenie, Generalisierte Angststörung). Untersucher, die in erster Linie mit Kindern und Jugendlichen arbeiten, sollten daher mit dem gesamten Manual vertraut sein und diejenigen, die in erster Linie mit Erwachsenen arbeiten, sollten auch dieses Kapitel kennen.

Die nächsten 3 Kapitel – „Delir, Demenz, Amnestische und Andere Kognitive Störungen"; „Psychische Störungen Aufgrund eines Medizinischen Krankheitsfaktors" und „Störungen im Zusammenhang mit Psychotropen Substanzen" – wurden in DSM-III-R unter der einzelnen Überschrift „Organisch Bedingte Psychische Störungen" zusammengefaßt. Der Ausdruck „organisch bedingte psychische Störung" wird in DSM-IV nicht mehr benutzt, da er fälschlich impliziert, daß die anderen im Manual enthaltenen psychischen Störungen keine biologische Grundlage haben. Wie in DSM-III-R werden diese Kapitel den verbleibenden Störungen des Manuals vorangestellt, da sie bei der Differentialdiagnose vorrangig sind (z. B. muß eine depressive Verstimmung im Zusammenhang mit Substanzen ausgeschlossen werden, bevor eine Major Depression diagnostiziert werden darf). Um die Differentialdiagnose zu erleichtern, erscheinen in diesen Kapiteln vollständige Listen mit Psychischen Störungen Aufgrund eines Medizinischen Krankheitsfaktors bzw. im Zusammenhang mit Psychotropen Substanzen, obwohl Text und Kriterien für diese Störungen in den Diagnosekapiteln zusammen mit den Störungen aufgeführt sind, mit denen sie die Phänomenologie gemeinsam haben. Zum Beispiel sind Text und Kriterien für die Substanzinduzierte Affektive Störung und die Affektive Störung aufgrund eines Medizinischen Krankheitsfaktors im Kapitel Affektive Störungen enthalten.

Zur Erleichterung der Differentialdiagnose wurden die Störungen der verbleibenden Kapitel (ausgenommen Anpassungsstörungen) auf der Basis der ihnen gemeinsamen phänomenologischen Merkmale zusammengefaßt. Das Kapitel „Anpassungsstörungen" allerdings wird so geordnet, daß diese Störungen aufgrund der ihnen gemeinsamen Ätiologie zusammengefaßt sind (z. B. fehlangepaßte Reaktion auf einen Belastungsfaktor). Daher enthalten die Anpassungsstörungen eine Vielzahl von heterogenen klinischen Bildern (z. B. Anpassungsstörung mit Depressiver Stimmung, Anpassungsstörung mit Angst, Anpassungsstörung mit Störung des Sozialverhaltens).

Schließlich findet sich in DSM-IV ein Kapitel mit „Anderen Klinisch Relevanten Problemen".

DSM-IV umfaßt 7 Anhänge:

Anhang A: Entscheidungsbäume für die Differentialdiagnose. Dieser Anhang enthält sechs Entscheidungsbäume (für Psychische Störungen Aufgrund eines Medizinischen Krankheitsfaktors, Substanzinduzierte Störungen, Psychotische Störungen, Affektive Störungen, Angststörungen und Somatoforme Störungen). Sie sollen dem Untersucher bei der Differentialdiagnose helfen und die hierarchische Struktur der DSM-IV-Klassifikation verdeutlichen.

Anhang B: Kriterienlisten und Achsen, die für weitere Forschung vorgesehen sind. Dieser Anhang enthält Vorschläge für eine mögliche Aufnahme in DSM-IV. Kurze Texte und Forschungskriterienlisten werden vorgegeben für: postkontusionelle Störung, leichte neurokognitive Störung, Koffeinentzug, postpsychotische depressive Störung bei Schizophrenie, einfache deteriorative Störung, prämenstruelle dysphorische Störung, leichte depressive Störung, rezidivierende kurze depressive Störung, Störung mit Angst und Depression, gemischt, Artefaktstörung „by proxy", dissoziative Trancestörung, „Binge-Eating"-Störung, depressive Persönlichkeitsstörung, passiv-aggressive Persönlichkeitsstörung, Neuroleptikainduzierter Parkinsonismus, Malignes Neuroleptisches Syndrom, Neuroleptikainduzierte Akute Dystonie, Neuroleptikainduzierte Akute Akathisie, Neuroleptikainduzierte Tardive Dyskinesie, Medikamenteninduzierter Haltetremor. Zusätzlich finden sich alternative Beschreibungsdimensionen für Schizophrenie und ein alternatives Kriterium B für die Dysthyme Störung. Schließlich werden drei vorgeschlagene Achsen vorgestellt (Abwehrfunktionsskala, Skala zur globalen Erfassung des Funktionsniveaus von Beziehungen [Global Assessment of Relational Functioning, GARF] und Skala zur Erfassung des sozialen und beruflichen Funktionsniveaus [Social and Occupational Functioning Assessment Scale, SOFAS]).

Anhang C: Glossar der Fachausdrücke. Dieser Anhang enthält ein Glossar mit Definitionen ausgewählter Fachausdrücke, um den Benutzer des Manuals bei der Anwendung der Kriterienlisten zu unterstützen.

Anhang D: Kommentierte Auflistung der Veränderungen in DSM-IV. In diesem Anhang werden die wichtigsten Veränderungen von DSM-III-R, die in die DSM-IV-Bezeichnungen und Kategorien eingegangen sind, dargestellt.

Anhang E: Alphabetische Liste von DSM-IV Diagnosen und Codierungen. In diesem Anhang sind die DSM-IV-Störungen und Zustände (mit ihren ICD-9-CM-Codes) alphabetisch aufgelistet. Er wurde aufgenommen, um die Auswahl der diagnostischen Codes zu vereinfachen.

Anhang F: Leitfaden zur Beurteilung kultureller Einflußfaktoren und Glossar kulturabhängiger Syndrome. Dieser Anhang ist in zwei Abschnitte aufgeteilt. Der erste stellt einen Leitfaden zur Beurteilung kultureller Einflußfaktoren vor, mit dessen Hilfe der Untersucher den Einfluß des kulturellen Umfelds der Person systematisch erheben und dokumentieren kann. Der zweite enthält ein Glossar kulturabhängiger Syndrome.

Anhang G: ICD-10 und ICD-9-CM-Codierungen für ausgewählte medizinische Krankheitsfaktoren und medikamenteninduzierte Störungen. Dieser Anhang enthält eine Liste von ICD-9-CM- (in der deutschen Ausgabe zusätzlich ICD-10-Codierungen) für ausgewählte medizinische Krankheitsfaktoren, um die Codierung auf Achse III zu erleichtern. Weiterhin sind ICD-9-CM-E-Codeziffern für ausgewählte Medikamente vorgegeben, die in therapeutischen Dosierungen verschrieben Substanzinduzierte Störungen verursachen können. Die E-Codeziffern können wahlweise auch auf Achse I direkt im Anschluß an die Bezeichnung der damit verbundenen Störung erfaßt werden (z. B. 292.39 Affektive Störung Induziert Durch Orales Kontrazeptivum, Mit Depressiven Merkmalen, E932.2 orales Kontrazeptivum).

Die multiaxiale Beurteilung

Ein multiaxiales System erfordert eine Beurteilung auf verschiedenen Achsen, von denen jede sich auf einen anderen Bereich von Informationen bezieht, die dem Untersucher bei der Behandlungsplanung und Prognose helfen können. Die multiaxiale Klassifikation von DSM-IV enthält 5 Achsen:
Achse I   Klinische Störungen
          Andere Klinisch Relevante Probleme
Achse II Persönlichkeitsstörungen
          Geistige Behinderung
Achse III Medizinische Krankheitsfaktoren
Achse IV Psychosoziale oder Umgebungsbedingte Probleme
Achse V   Globale Beurteilung des Funktionsniveaus

Die Anwendung des multiaxialen Systems erleichtert die umfassende und systematische Beurteilung unter Beachtung der verschiedenen psychischen Störungen und medizinischen Krankheitsfaktoren, der psychosozialen und Probleme des Umfelds und des Funktionsniveaus. Diese könnten übersehen werden, wenn die Beurteilung nur eines einzigen auffälligen Problems im Blickfeld wäre. Ein multiaxiales System bietet ein brauchbares Regelwerk, um klinische Informationen zu organisieren und weiterzugeben, um die Komplexität der klinischen Situationen zu erfassen und um die Heterogenität von Patienten mit gleicher Diagnose zu beschreiben. Darüber hinaus fördert das multiaxiale System die Anwendung des biopsychosozialen Modells im Zusammenhang mit Klinik, Ausbildung und Forschung.

Im folgenden wird eine Beschreibung der einzelnen DSM-IV-Achsen gegeben. Unter bestimmten Umständen oder Bedingungen zieht der Untersucher es vielleicht vor, das multiaxiale System nicht anzuwenden. Deshalb wird am Ende dieses Kapitels ein Leitfaden vorgestellt, mit dem die Ergebnisse einer DSM-IV-Beurteilung ohne die förmliche Anwendung des multiaxialen Systems wiedergegeben werden können.

Achse I: Klinische Störungen
Andere Klinisch Relevante Probleme

Auf Achse I werden alle Störungen oder Zustände aus dieser Klassifikation erfaßt, außer den Persönlichkeitsstörungen und der Geistigen Behinderung (diese werden auf Achse II codiert). Die Hauptgruppen von Störungen, die auf Achse I dargestellt werden, sind im unten stehenden Kasten aufgeführt. Auf Achse I werden auch die Anderen Klinisch Relevanten Probleme codiert.

Berater der deutschen Ausgabe:
Prof. Dr. Henning Saß, Aachen

Übersetzer:
Dipl.-Psych. Isabel Houben, Aachen
Dipl.-Psych. Kristin Korb, Aachen

Wenn eine Person mehr als eine Achse I-Störung hat, sollten diese alle wiedergegeben werden (Beispiel siehe S. 25). Wenn mehr als eine Achse I-Störung auftritt, sollten die Hauptdiagnose oder der Konsultationsgrund an erster Stelle aufgeführt sein (siehe S. 6). Wenn eine Person sowohl eine Achse I- als auch eine Achse II-Störung hat, wird vorausgesetzt, daß sich die Hauptdiagnose oder der Konsultationsgrund auf Achse I finden, es sei denn, die Achse II-Störung wird mit der Bewertung „(Hauptdiagnose)" oder „(Konsultationsgrund)" versehen. Wenn keine Achse I-Störung vorliegt, sollte dies mit V71.09 codiert werden. Wenn eine Achse I-Störung zurückgewiesen wird, da noch zusätzliche Informationen einzuholen sind, sollte dies als 799.9 codiert werden.

Achse I
Klinische Störungen
Andere Klinisch Relevante Probleme

- Störungen, die Gewöhnlich Zuerst im Kleinkindalter, in der Kindheit oder Adoleszenz Diagnostiziert werden (*außer Geistiger Behinderung, die auf Achse II codiert wird*)
- Delir, Demenz, Amnestische und Andere Kognitive Störungen
- Psychische Störungen Aufgrund eines Medizinischen Krankheitsfaktors
- Störungen im Zusammenhang mit Psychotropen Substanzen
- Schizophrenie und Andere Psychotische Störungen
- Affektive Störungen
- Angststörungen
- Somatoforme Störungen
- Vorgetäuschte Störungen
- Dissoziative Störungen
- Sexuelle und Geschlechtsidentitätsstörungen
- Eßstörungen
- Schlafstörungen
- Störungen der Impulskontrolle, Nicht Andernorts Klassifiziert
- Anpassungsstörungen
- Andere Klinisch Relevante Probleme

Achse II: Persönlichkeitsstörungen
Geistige Behinderung

Auf Achse II werden die Persönlichkeitsstörungen und die Geistige Behinderung erfaßt. Sie kann auch zur Beschreibung auffallender, unangepaßter Persönlichkeitszüge und Abwehrmechanismen benutzt werden. Die Auflistung von Persönlichkeitsstörungen und Geistiger Behinderung auf einer separaten Achse stellt sicher, daß das mögliche Vorliegen von Persönlichkeitsstörungen und Geistiger Behinderung auch dann nicht übersehen wird, wenn sich die Aufmerksamkeit auf die normalerweise auffälligeren Achse I-Störungen konzentriert. Die Codierung von Persönlichkeitsstörungen auf Achse II soll nicht bedeuten, daß diese sich hinsichtlich ihrer Pathogenese oder hinsichtlich der Möglichkeiten geeigneter Therapien grundlegend von den auf Achse I codierten Störungen unterscheiden. Die auf Achse II zu erfassenden Störungen sind im unten stehenden Kasten aufgeführt.

Wenn, wie es häufig vorkommt, eine Person mehr als eine Achse II-Diagnose hat, sollten alle genannt werden (Beispiele siehe S. 25). Wenn eine Person sowohl eine Achse I- als auch eine Achse II-Diagnose aufweist, und die Achse II-Diagnose die Hauptdiagnose oder der Konsultationsgrund ist, so sollte die Bewertung „(Hauptdiagnose)" oder „(Konsultationsgrund)" der Achse II-Diagnose folgen. Wenn keine Achse II-Störung vorliegt, sollte dies als V71.09 erfaßt werden. Wenn eine Achse II-Diagnose zurückgewiesen wird, weil noch zusätzliche Informationen einzuholen sind, sollte dies als 799.9 codiert werden.

Achse II kann auch herangezogen werden, um auffallende, unangepaßte Persönlichkeitszüge anzuzeigen, die nicht das Ausmaß einer Persönlichkeitsstörung erreichen (in solchen Fällen sollte keine Zahlencodierung erfolgen – siehe Beispiel 3, S. 25). Auch der gewohnheitsmäßige Gebrauch unangepaßter Abwehrmechanismen kann auf Achse II erfaßt werden (siehe Anhang B, S. 842, für Definitionen und Beispiel 1 auf S. 25).

Achse II
Persönlichkeitsstörungen
Geistige Behinderung

- Paranoide Persönlichkeitsstörung
- Schizoide Persönlichkeitsstörung
- Schizotypische Persönlichkeitsstörung
- Antisoziale Persönlichkeitsstörung
- Borderline Persönlichkeitsstörung
- Histrionische Persönlichkeitsstörung
- Narzißtische Persönlichkeitsstörung
- Vermeidend-Selbstunsichere Persönlichkeitsstörung
- Dependente Persönlichkeitsstörung
- Zwanghafte Persönlichkeitsstörung
- Nicht Näher Bezeichnete Persönlichkeitsstörung
- Geistige Behinderung

Achse III: Medizinische Krankheitsfaktoren

Auf Achse III werden aktuelle medizinische Krankheitsfaktoren erfaßt, die möglicherweise für den Umgang mit der psychischen Störung des Betroffenen oder für deren Verständnis relevant sind. Diese Zustände werden außerhalb des Kapitels „Psychische Störungen" der ICD-9-CM (und außerhalb von Kapitel V der ICD-10) klassifiziert. Eine Auflistung von Kategorien für medizinische Krankheitsfaktoren findet sich im unten stehenden Kasten. (Für eine detailliertere Liste, die die genauen ICD-9-CM Codes enthält, siehe Anhang G.)

Wie in der „Einleitung" diskutiert, bedeutet die multiaxiale Unterscheidung zwischen Achse I, II und III-Störungen nicht, daß grundlegende Unterschiede in ihrer Konzeptualisierung bestehen, daß psychische Störungen keinen Zusammenhang zu körperlichen oder biologischen Faktoren oder Prozessen aufweisen oder daß kein Zusammenhang zwischen medizinischen Krankheitsfaktoren und Verhaltens- oder psychosozialen Faktoren oder Prozessen besteht. Die Absicht bei der Abgrenzung der medizinischen Krankheitsfaktoren ist, eine sorgfältige Beurteilung zu fördern und die Kommunikation unter den im Gesundheitswesen Tätigen zu verbessern.

Medizinische Krankheitsfaktoren können mit psychischen Störungen in unterschiedlicher Weise verbunden sein. In einigen Fällen ist es eindeutig, daß der medizinische Krankheitsfaktor die direkte ätiologische Ursache für die Entwicklung oder Verschlechterung der psychischen Symptome ist und daß diesem Effekt ein körperlicher Wirkmechanismus zugrundeliegt. Wenn eine psychische Störung als direkte körperliche Folge des medizinischen Krankheitsfaktors angesehen wird, sollte eine Psychische Störung Aufgrund eines Medizinischen Krankheitsfaktors auf Achse I, und der medizinische Krankheitsfaktor selbst sowohl auf Achse I als auch auf Achse III diagnostiziert werden. Wenn z. B. eine Hypothyreose die direkte Ursache für depressive Symptome ist, lautet die Codierung auf Achse I 293.83 Affektive Störung Aufgrund von Hypothyreose, Mit Depressiven Merkmalen und die Hypothyreose wird auf Achse III, als 244.9 codiert, nochmals aufgeführt (Beispiel 3, S. 25). Weitere Erläuterungen siehe Seite 209.

In den Fällen, in denen der ätiologische Zusammenhang zwischen dem medizinischen Krankheitsfaktor und den psychischen Symptomen nicht ausreichend geklärt ist, um die Achse I-Diagnose der Psychischen Störung Aufgrund eines Medizinischen Krankheitsfaktors zu rechtfertigen, sollte die entsprechende psychische Störung (z. B. Major Depression) aufgeführt und auf Achse I codiert werden. Der medizinische Krankheitsfaktor sollte dann nur auf Achse III codiert werden.

Es gibt andere Situationen, in denen medizinische Krankheitsfaktoren auf Achse III wegen ihrer Wichtigkeit für das Gesamtverständnis oder die Behandlung des Patienten mit der psychischen Störung erfaßt werden. Eine Achse I-Störung kann eine psychische Reaktion auf einen medizinischen Krankheitsfaktor sein (z. B. die Entwicklung einer 309.0 Anpassungsstörung mit Depressiver Stimmung als Reaktion auf die Diagnose eines Mammakarzinoms). Einige medizinische Krankheitsfaktoren müssen nicht direkt mit der psychischen Störung zusammenhängen, können aber trotzdem wichtige Auswirkungen auf die Prognose oder Behandlung haben (wenn z. B. die Diagnose auf Achse I 296.2 Major Depression und auf Achse III 427.9 Arrhythmie ist, so wird die Wahl einer Pharmakotherapie von dem medizinischen Krankheitsfaktor beeinflußt. Ähnlich verhält es sich, wenn eine Person mit Diabetes mellitus wegen der Exazerbation einer Schizophrenie ins Krankenhaus aufgenommen wird und die Insulinversorgung überwacht werden muß).

Wenn eine Person mehr als eine klinisch bedeutsame Achse III-Diagnose hat, so sollten alle erfaßt werden (Beispiele siehe S. 25). Wenn keine Achse III-Störung vorliegt, sollte dies durch die Bemerkung „Achse III: Keine Diagnose" angezeigt werden. Wird eine Achse III-Diagnose zurückgestellt, weil noch zusätzliche Informationen einzuholen sind, sollte dies durch die Bemerkung „Achse III: Diagnose zurückgestellt" vermerkt werden.

Achse III
Medizinische Krankheitsfaktoren (mit ICD-9-CM-Codes)
– Infektiöse und parasitäre Erkrankungen (001–139) – Neoplasmen (140–239) – Endokrine, alimentäre, metabolische Erkrankungen und Immunstörungen (240–279) – Erkrankungen des Blutes und der blutbildenden Organe (280–289) – Erkrankungen des Nervensystems und der Sinnesorgane (320–389) – Erkrankungen des Kreislaufsystems (390–459) – Atemwegserkrankungen (460–519) – Erkrankungen des Verdauungssystems (520–579) – Urogenitale Erkrankungen (580–629) – Komplikationen in der Schwangerschaft, bei der Geburt und im Wochenbett (630–676) – Erkrankungen der Haut und des Subkutangewebes (680–709) – Erkrankungen des Bewegungsapparates und Bindegewebes (710–739) – Angeborene Störungen (740–759) – Bestimmte Zustände, die in der perinatalen Phase ihren Ursprung haben (760–779) – Symptome, Zeichen und unklar definierte Zustände (780–799) – Verletzungen und Vergiftungen (800–999)

Achse IV: Psychosoziale und Umgebungsbedingte Probleme

Achse IV dient der Erfassung psychosozialer und umgebungsbedingter Probleme, die Diagnose, Therapie und Prognose einer psychischen Störung (Achse I und Achse II) beeinflussen können. Psychosoziale oder umgebungsbedingte Probleme können ein negatives Lebensereignis sein, umgebungsbedingte Schwierigkeiten oder Mängel, familiäre oder zwischenmenschliche Belastungen, unzulängliche soziale Unterstützung oder persönliche Mittel oder andere Probleme in bezug auf den Kontext, in dem sich die Schwierigkeiten des Betroffenen entwickelt haben. Sogenannte positive Stressoren wie berufliche Beförderung sollten nur aufgeführt werden, wenn sie zu einem Problem führen oder ein Problem darstellen, z.B. wenn der Betroffene Schwierigkeiten hat, sich der neuen Situation anzupassen. Neben der Rolle, die psychosoziale Probleme beim Beginn oder bei der Exazerbation einer psychischen Störung spielen, können sie auch als Folge der psychopathologischen Erscheinungen eines Betroffenen auftreten oder Probleme bilden, die beim Gesamtbehandlungsplan zu berücksichtigen sind.

Wenn eine Person mehrere psychosoziale oder umgebungsbedingte Probleme aufweist, kann der Untersucher so viele aufführen, wie er für wichtig erachtet. Im allgemeinen sollte der Untersucher nur solche psychosozialen und umgebungsbedingten Probleme einbeziehen, die im Laufe des letzten Jahres vor der augenblicklichen Untersuchung gegeben waren. Allerdings kann er auch entscheiden, psychosoziale und umgebungsbedingte Probleme mit zu erfassen, die vor dem vorangegangenen Jahr aufgetreten sind, wenn diese zu der psychischen Störung beitragen oder Anlaß zur Behandlung geben, z. B. frühere Kriegserfahrungen, die zu einer Posttraumatischen Belastungsstörung führen.

Üblicherweise werden die meisten psychosozialen oder umweltbedingten Probleme auf Achse IV angegeben. Wenn allerdings ein psychosoziales oder umgebungsbedingtes Problem den Schwerpunkt der klinischen Beachtung darstellt, so sollte es zusätzlich auf Achse I erfaßt werden, und zwar mit einer Codierung aus dem Bereich: „Andere Klinisch Relevante Probleme" (siehe S. 761).

Zur besseren Handhabung sind die Probleme in folgende Kategorien eingeteilt:
- **Probleme mit der Hauptbezugsgruppe**: z. B. Tod eines Familienmitglieds; gesundheitliche Probleme in der Familie; Auseinanderbrechen der Familie durch Trennung, Scheidung oder Entfremdung; Auszug von zu Hause; Wiederverheiratung eines Elternteils; sexueller oder körperlicher Mißbrauch; elterliche Überfürsorglichkeit; Vernachlässigung des Kindes; Erziehungsmängel; Streit mit Geschwistern; Geburt eines Geschwisters.
- **Probleme im sozialen Umfeld**: z. B. Tod oder Verlust eines Freundes; mangelnde soziale Unterstützung; Alleinleben; Schwierigkeiten, sich in einem neuen Kulturkreis einzuleben; Diskriminierung; Sich Einstellen auf den Übergang in einen neuen Lebensabschnitt (z. B. in Rente gehen).
- **Ausbildungsprobleme**: z. B. Analphabetismus; Lernprobleme; Streit mit Lehrern oder Mitschülern; mangelhaftes schulisches Umfeld.
- **Berufliche Probleme**: z. B. Arbeitslosigkeit; Furcht vor einem Arbeitsplatzverlust; Arbeit unter hohem Zeitdruck; schwierige Arbeitsbedingungen; Unzufriedenheit mit der Arbeit; Arbeitsplatzwechsel; Streit mit Vorgesetzten oder Kollegen.
- **Wohnungsprobleme**: z. B. Obdachlosigkeit; mangelhafte Wohnsituation; unsichere Wohngegend; Streit mit Nachbarn oder Vermietern.
- **Wirtschaftliche Probleme**: z. B. extreme Armut; mangelhafte finanzielle Situation; unzureichende Sozialhilfe.
- **Probleme beim Zugang zur Krankenversorgung**: z. B. unzulängliche Krankenversorgung; keine Transportmöglichkeiten zu Einrichtungen der Krankenversorgung; unzureichende Krankenversicherung.
- **Probleme im Umgang mit dem Rechtssystem/Delinquenz**: z. B. Festnahme; Inhaftierung; Rechtsstreit; Opfer eines Verbrechens zu werden.
- **Andere psychosoziale oder umgebungsbedingte Probleme**: z. B. Erleiden von Katastrophen, Krieg und anderen Feindseligkeiten; Differenzen mit nicht zur Familie gehörenden Helfern wie Anwälten, Sozialarbeitern, Ärzten; Nichtverfügbarkeit von sozialen Diensten.

Der Untersucher sollte bei der Benutzung des Multiaxialen Beurteilungssystems (siehe S. 26) die relevanten Kategorien von psychosozialen und umgebungsbedingten Problemen erkennen und die einzelnen beteiligten Faktoren erfassen. Sofern kein Erhebungsbogen mit der Checkliste für die Problemkategorien benutzt wird, kann der Untersucher die einzelnen Probleme einfach auf Achse IV auflisten (siehe Beispiel auf S. 25).

Achse IV
Psychosoziale und Umgebungsbedingte Probleme

- Probleme mit der Hauptbezugsgruppe
- Probleme im sozialen Umfeld
- Ausbildungsprobleme
- Berufliche Probleme
- Wohnungsprobleme
- Wirtschaftliche Probleme
- Probleme beim Zugang zu Einrichtungen der Krankenversorgung
- Probleme beim Umgang mit dem Rechtssystem/Delinquenz
- Andere psychosoziale oder umgebungsbedingte Probleme

Achse V: Globale Erfassung des Funktionsniveaus

Auf Achse V wird die Beurteilung des allgemeinen Funktionsniveaus des Patienten erfaßt. Diese Information hilft bei der Therapieplanung, der Messung ihrer Wirksamkeit und der Prognosestellung.

Die Erfassung des allgemeinen Funktionsniveaus auf Achse V erfolgt anhand der GAF (Global Assessment of Functioning)-Skala. Die GAF-Skala kann insbesondere dazu dienen, die umfassenden Aussagen über den klinischen Fortschritt des Patienten anhand eines einzigen Maßes zu verfolgen. Auf der GAF-Skala werden nur die psychischen, sozialen oder beruflichen Funktionsbereiche beurteilt. Die Instruktionen geben vor: „Funktionsbeeinträchtigungen aufgrund von körperlichen (oder umgebungsbedingten) Einschränkungen sollen nicht einbezogen werden". In den meisten Fällen sollte die Bewertung auf der GAF-Skala sich auf den aktuellen Zeitraum beziehen (also das Funktionsniveau zum Zeitpunkt der Beurteilung), da der Skalenwert für das augenblickliche Funktionsniveau in der Regel den Bedarf an Behandlung und Fürsorge widerspiegelt. In bestimmten Situationen kann es hilfreich sein, den GAF-Skalenwert sowohl bei der Aufnahme als auch bei der Entlassung zu erheben. Die GAF-Skala kann auch für andere Zeitabschnitte (z.B. das höchste Funktionsniveau über mindestens 2 Monate während des vergangenen Jahres) bewertet werden. Die GAF-Skala wird auf Achse V wie folgt registriert: „GAF = ...". Es folgt der GAF-Wert zwischen 1 und 100, anschließend in Klammern der Zeitraum, auf den sich die Bewertung bezieht, z. B. „(zur Zeit)", „(höchster Wert im vergangenen Jahr)", „(bei Entlassung)". Siehe Beispiele auf Seite 25.

In manchen Situationen kann es hilfreich sein, die soziale und berufliche Beeinträchtigung einzuschätzen, um den Fortschritt bei der Rehabilitation unabhängig von der Schwere der psychischen Symptome zu verfolgen. Hierzu wird eine Skala zur Erfassung der sozialen und beruflichen Funktionen (Social and Occupational Functioning Scale, SOFAS) in Anhang B vorgeschlagen. Zwei weitere Vorschläge für Erhebungsskalen, eine Skala zur globalen Erfassung der Beziehungsfunktionen (Global Assessment of Relational Functioning, GARF) und eine Skala der Abwehrfunktionen (Defensive Functioning Scale) können in manchen Situationen hilfreich sein und sind ebenfalls in Anhang B aufgeführt.

Skala zur Globalen Erfassung des Funktionsniveaus (GAF)

Die psychischen, sozialen und beruflichen Funktionen sind auf einem hypothetischen Kontinuum von psychischer Gesundheit bis Krankheit gedacht. Funktionsbeeinträchtigungen aufgrund von körperlichen (oder umgebungsbedingten) Einschränkungen sollten nicht einbezogen werden.

Code   (Beachte: Benutze auch entsprechende Zwischenwerte, z. B. 45, 68, 72)

100–91 **Hervorragende Leistungsfähigkeit** in einem breiten Spektrum von Aktivitäten; Schwierigkeiten im Leben scheinen nie außer Kontrolle zu geraten; wird von anderen wegen einer Vielzahl positiver Qualitäten geschätzt; keine Symptome.

90–81 **Keine oder nur minimale Symptome** (z. B. leichte Angst vor einer Prüfung), **gute Leistungsfähigkeit** in allen Gebieten, interessiert und eingebunden in ein breites Spektrum von Aktivitäten, sozial effektiv im Verhalten, im allgemeinen zufrieden mit dem Leben, übliche Alltagsprobleme oder -sorgen (z. B. nur gelegentlicher Streit mit einem Familienmitglied).

80–71	Wenn Symptome vorliegen, sind diese vorübergehende oder zu erwartende Reaktionen auf psychosoziale Belastungsfaktoren (z. B. Konzentrationsschwierigkeiten nach einem Familienstreit); höchstens leichte Beeinträchtigung der sozialen, beruflichen und schulischen Leistungsfähigkeit (z. B. zeitweises Zurückbleiben in der Schule).
70–61	Einige leichte Symptome (z. B. depressive Stimmung oder leichte Schlaflosigkeit) ODER einige leichte Schwierigkeiten hinsichtlich der sozialen, beruflichen oder schulischen Leistungsfähigkeit (z. B. gelegentliches Schuleschwänzen oder Diebstahl im Haushalt), **aber im allgemeinen relativ gute Leistungsfähigkeit, hat einige wichtige zwischenmenschliche Beziehungen.**
60–51	Mäßig ausgeprägte Symptome (z. B. Affektverflachung, weitschweifige Sprache, gelegentliche Panikattacken) ODER mäßig ausgeprägte Schwierigkeiten bezüglich der sozialen, beruflichen oder schulischen Leistungsfähigkeit (z. B. wenige Freunde, Konflikte mit Arbeitskollegen, Schulkameraden oder Bezugspersonen).
50–41	Ernste Symptome (z. B. Suizidgedanken, schwere Zwangsrituale, häufige Ladendiebstähle) ODER eine ernste Beeinträchtigung der sozialen, beruflichen und schulischen Leistungsfähigkeit (z. B. keine Freunde; Unfähigkeit, eine Arbeitsstelle zu behalten).
40–31	**Einige Beeinträchtigungen in der Realitätskontrolle oder der Kommunikation** (z. B. Sprache zeitweise unlogisch, unverständlich oder belanglos) **ODER starke Beeinträchtigung in mehreren Bereichen, z. B. Arbeit oder Schule, familiäre Beziehungen, Urteilsvermögen, Denken oder Stimmung** (z. B. ein Mann mit einer Depression vermeidet Freunde, vernachlässigt seine Familie und ist unfähig zu arbeiten; ein Kind schlägt häufig jüngere Kinder, ist zu Hause trotzig und versagt in der Schule).
30–21	**Das Verhalten ist ernsthaft durch Wahnphänomene oder Halluzinationen beeinflußt ODER ernsthafte Beeinträchtigung der Kommunikation und des Urteilsvermögens** (z. B. manchmal inkohärent, handelt grob inadäquat, starkes Eingenommensein von Selbstmordgedanken) **ODER Leistungsunfähigkeit in fast allen Bereichen** (z. B. bleibt den ganzen Tag im Bett, hat keine Arbeit, kein Zuhause und keine Freunde).
20–11	**Selbst- und Fremdgefährdung** (z. B. Selbstmordversuche ohne eindeutige Todesabsicht, häufig gewalttätig, manische Erregung) **ODER ist gelegentlich nicht in der Lage, die geringste persönliche Hygiene aufrechtzuerhalten** (z. B. schmiert mit Kot) **ODER grobe Beeinträchtigung der Kommunikation** (größtenteils inkohärent oder stumm).
10– 1	**Ständige Gefahr, sich oder andere schwer zu verletzen** (z. B. wiederholte Gewaltanwendung) **ODER anhaltende Unfähigkeit, die minimale persönliche Hygiene aufrechtzuerhalten ODER ernsthafter Selbstmordversuch mit eindeutiger Todesabsicht.**
0	Unzureichende Informationen

Die Beurteilung der gesamten psychischen Funktionen auf einer Skala von 0–100 wurde von Luborsky mit der Gesundheits-Krankheits-Skala operationalisiert (Luborsky, L.: Clinicians' Judgements of Mental Health. Archives of General Psychiatry 7: 407–417, 1962). Die Arbeitsgruppe um Spitzer entwickelte eine Revision der Gesundheits-Krankheits-Skala, die „Globale Beurteilungsskala" (Global Assessment Scale, GAS) genannt wurde (Endicott, J., Spitzer, R. L., Fleiss, J. L., Cohen, J.: The Sickness Rating Scale: A Procedure for Measuring Overall Severity of Psychiatric Disturbance. *Archives of General Psychiatry, 33,* 766–771, 1976). Eine modifizierte Version der GAS war in DSM-III-R als Global Assessment of Functioning (GAF) Scale enthalten.

Beispiele für die Aufzeichnung der Multiaxialen Beurteilung nach DSM-IV

Beispiel 1
Achse I	296.23	Major Depression, Einzelne Episode, Alkoholmißbrauch
Achse II	301.6	Dependente Persönlichkeitsstörung Häufiges Verleugnen
Achse III		Keine
Achse IV		Drohender Arbeitsplatzverlust
Achse V	GAF = 35	(zur Zeit)

Beispiel 2
Achse I	300.4	Dysthyme Störung
	315.00	Lesestörung
Achse II	V71.09	Keine Diagnose
Achse III	382.9	Otitis media, rezidivierend
Achse IV		Opfer von Vernachlässigung in der Kindheit
Achse V	GAF = 53	(zur Zeit)

Beispiel 3
Achse I	293.83	Affektive Störung Aufgrund von Hypothyreose, Mit Depressiven Merkmalen
Achse II	V71.09	keine Diagnose, histrionische Persönlichkeitszüge
Achse III	244.9	Hypothyreose
	365.23	Chronisches Engwinkelglaukom
Achse IV		Keine
Achse V	GAF = 45	(bei Einweisung)
	GAF = 65	(bei Entlassung)

Beispiel 4
Achse I	V61.1	Partnerschaftsproblem
Achse II	V71.09	keine Diagnose
Achse III		Keine
Achse IV		Arbeitslosigkeit
Achse V	GAF = 83	(höchster Wert im vergangenen Jahr)

Erhebungsbogen für die Multiaxiale Beurteilung

Der folgende Erhebungsbogen wird als eine Möglichkeit zur Erfassung der Multiaxialen Beurteilung angeboten. In manchen Situationen kann der Bogen genau wie vorliegend benutzt werden, in anderen Situationen kann er besonderen Bedürfnissen angepaßt werden.

ACHSE I: Klinische Störungen oder Andere Klinisch Relevante Probleme
Diagnostischer Code   DSM-IV-Bezeichnung
__ __ __.__ __   _____
__ __ __.__ __   _____
__ __ __.__ __   _____

ACHSE II: Persönlichkeitsstörungen oder Geistige Behinderung
Diagnostischer Code   DSM-IV-Bezeichnung
__ __ __.__ __   _____
__ __ __.__ __   _____

ACHSE III: Medizinische Krankheitsfaktoren
ICD-9-CM-Code   ICD-9-CM-Bezeichnung
__ __ __.__ __   _____
__ __ __.__ __   _____
__ __ __.__ __   _____

ACHSE IV: Psychosoziale und Umgebungsbedingte Probleme
überprüfe: bestimme:
[] Probleme mit der Hauptbezugsgruppe: _____
[] Probleme im sozialen Umfeld: _____
[] **Ausbildungsprobleme:** _____
[] **Berufliche Probleme:** _____
[] **Wohnungsprobleme:** _____
[] **Wirtschaftliche Probleme:** _____
[] Probleme beim Zugang zur
   Krankenversorgung: _____
[] Probleme im Umgang mit dem
   Rechtssystem/Delinquenz: _____
[] Andere psychosoziale oder
   umgebungsbedingte Probleme: _____

ACHSE V: Skala zur Globalen Erfassung des Funktionsniveaus
Wert: __ __ __
Beurteilter Zeitraum: _____

Nichtaxiales Format

Untersucher, die das multiaxiale Format nicht benutzen wollen, können die entsprechenden Diagnosen einfach auflisten. In diesem Fall gilt die generelle Regel, so viele gleichzeitig vorhandene psychische Störungen, medizinische Krankheitsfaktoren und andere Faktoren, wie für die Versorgung und Behandlung des Patienten wichtig sind, zu erfassen. Die Hauptdiagnose bzw. der Konsultationsgrund sollten an erster Stelle stehen.

Die folgenden Beispiele demonstrieren, wie eine Diagnose erfaßt wird, wenn ein anderes Format als das Multiaxiale System benutzt wird.

Beispiel 1:
296.23	Major Depression, Einzelne Episode, Schwer ohne Psychotische Merkmale
305.00	Alkoholmißbrauch
301.6	Dependente Persönlichkeitsstörung
	Häufiges Verleugnen

Beispiel 2:
300.4	Dysthyme Störung
315.00	Lesestörung
382.9	Otitis media, rezidivierend

Beispiel 3:
293.83	Affektive Störung Aufgrund von Hypothyreose, Mit Depressiven Merkmalen
244.9	Hypothyreose
365.23	Chronisches Engwinkelglaukom
	Histrionische Persönlichkeitszüge

Beispiel 4:
V61.1	Partnerschaftsproblem

Die DSM-IV-Klassifikation

DSM-IV-Klassifikation mit den ICD-10-Codierungen

Zum Zeitpunkt des Erscheinens dieses Manuals (1994), ist in den USA nach wie vor die ICD-9-CM (die klinische Modifikation der ICD-9) offiziell verbindlich. Zu einem noch offenen Zeitpunkt in den nächsten Jahren wird allerdings auch in den USA die ICD-10 eingeführt werden. Um diesen Wechsel zu erleichtern, wurden die Arbeiten an DSM-IV mit den Arbeitsgruppen des Kapitels V der ICD-10 koordiniert. Konsultationen der APA mit der Weltgesundheitsorganisation haben zu der im folgenden wiedergegebenen Auflistung von DSM-IV-Bezeichnungen mit entsprechenden ICD-10-Codierungen geführt.

Erklärung der Abkürzungen:
NNB: Nicht Näher Bezeichnet
X: ein X im diagnostischen Code gibt an, daß eine entsprechend passende Schlüsselzahl einzusetzen ist
... hier sind die Namen bestimmter Störungen oder Krankheiten einzusetzen

Wenn die Kriterien für eine Störung erfüllt sind, können zusätzlich folgende Schweregradsbezeichnungen vergeben werden: Leicht, Mittelschwer, Schwer

Wenn die Kriterien für eine Störung nicht vollständig erfüllt sind, kann eine Reihe von Zusatzbezeichnungen verwendet werden: z. B. Teilremittiert, Vollremittiert, In der Vorgeschichte

Die beiden Klassifikationssysteme ICD-10 und DSM-IV sind nicht voll kompatibel. Oftmals sollte bei einer Codierung nach ICD-10 – besonders bei Restkategorien – geprüft werden, ob nicht eine spezifischere ICD-10-F-Nummer vergeben werden sollte. Ferner ist darauf hinzuweisen, daß die deutschen Herausgeber sich nicht durchgängig an die in DSM-IV vorgeschlagenen F-Nummern gehalten haben, da diese oft falsche Zuordnungen beinhaltet haben. Diese Fälle sind durch " " oder Klammerzusätze erkennbar.

Störungen, die Gewöhnlich Zuerst im Kleinkindalter, in der Kindheit oder Adoleszenz Diagnostiziert werden (S.71)

Geistige Behinderung* (S.73)
(beachte: diese wird auf Achse II codiert)

317	F70.9	Leichte Geistige Behinderung (S.75)
318.0	F71.9	Mittelschwere Geistige Behinderung (S.75)
318.1	F72.9	Schwere Geistige Behinderung (S.76)
318.2	F73.9	Schwerste Geistige Behinderung (S.76)
319	F79.9	Geistige Behinderung mit Unspezifischem Schweregrad (S.76)

* (In der ICD-10 lassen sich weitere Subtypen bestimmen!)

Lernstörungen (S. 81)
315.00	F81.0	Lesestörung (S. 83)
315.1	F81.2	Rechenstörung (S. 85)
315.2	F81.8	Störung des Schriftlichen Ausdrucks (S. 87)
315.9	F81.9	NNB Lernstörung (S. 89)

Störung der Motorischen Fertigkeiten (S. 89)
315.4	F82	Entwicklungsbezogene Koordinationsstörung (S. 89)

Kommunikationsstörungen (S. 91)
315.31	F80.1	Expressive Sprachstörung (S. 91)
315.31	F80.2	Kombinierte Rezeptiv-Expressive Sprachstörung (S. 94)
315.39	F80.0	Phonologische Störung (S. 97)
307.0	F98.5	Stottern (S. 100)
307.9	F80.9	NNB Kommunikationsstörung (S. 102)

Tiefgreifende Entwicklungsstörungen (S. 102)
299.00	F84.0	Autistische Störung (S. 103)
299.80	F84.2	Rett-Störung (S. 108)
299.10	F84.3	Desintegrative Störung im Kindesalter (S. 110)
299.80	F84.5	Asperger-Störung (S. 113)
299.80	F84.9	NNB Tiefgreifende Entwicklungsstörung (einschließlich Atypischer Autismus) (S. 115)

Störungen der Aufmerksamkeit, der Aktivität und des Sozialverhaltens (S. 115)
314.xx	—.—	Aufmerksamkeitsdefizit-/Hyperaktivitätsstörung (S. 115)
—.01	F90.0	Mischtypus
—.00	F98.8	Vorwiegend Unaufmerksamer Typus
—.01	F90.1	Vorwiegend Hyperaktiv-Impulsiver Typus
314.9	F90.9	NNB Aufmerksamkeitsdefizit-/Hyperaktivitätsstörung (S. 123)
312.8	F91.8	Störung des Sozialverhaltens (S. 123)
		Bestimme den Typus: Typus mit Beginn in der Kindheit/ Typus mit Beginn in der Adoleszenz
313.81	F91.3	Störung mit Oppositionellem Trotzverhalten (S. 130)
312.9	F91.9	NNB Sozial Störendes Verhalten (S. 133)

Fütter- und Eßstörungen im Säuglings- oder Kleinkindalter (S. 133)
307.52	F98.3	Pica (S. 134)
307.53	F98.2	Ruminationsstörung (S. 135)
307.59	F98.2	Fütterstörung im Säuglings- oder Kleinkindalter (S. 137)

Ticstörungen (S. 139)
307.23	F95.2	Tourette-Störung (S. 141)
307.22	F95.1	Chronische Motorische oder Vokale Ticstörung (S. 143)
307.21	F95.0	Vorübergehende Ticstörung (S. 144)
		Bestimme, ob: Einzelepisode/Rezidivierend
307.20	F95.9	NNB Ticstörung (S. 145)

Störungen der Ausscheidung (S. 145)

		Enkopresis (S. 145)
—.—	—.—	
787.6	R15	Mit Verstopfung und Überlaufinkontinenz *(codiere auch K59.0 Verstopfung auf Achse III)*
307.7	F98.1	Ohne Verstopfung und Überlaufinkontinenz
307.6	F98.0	Enuresis (Nicht Aufgrund eines Medizinischen Krankheitsfaktors) (S. 147)

Bestimme den Typus: Enuresis nocturna (F98.0), Enuresis diurna (F98.1), Enuresis nocturna und diurna (F98.02)

Andere Störungen im Kleinkindalter, in der Kindheit oder Adoleszenz (S. 150)

309.21	F93.0	Störung mit Trennungsangst (S. 150)

Bestimme, ob: Früher Beginn

| 313.23 | F94.0 | Selektiver Mutismus (S. 154) |
| 313.89 | F94.x | Reaktive Bindungsstörung im Säuglingsalter oder in der Frühen Kindheit (S. 156) |

Bestimme den Typus: Gehemmter Typus (F94.1)/Ungehemmter Typus (F94.2)

| 307.3 | F98.4 | Stereotype Bewegungsstörung (S. 159) |

Bestimme, ob: Mit Selbstschädigendem Verhalten (F98.41)

| 313.9 | F98.9 | NNB Störung im Kleinkindalter, in der Kindheit oder Adoleszenz (S. 162) |

Delir, Demenz, Amnestische und Andere Kognitive Störungen (S. 163)

Delir (S. 164)

293.0	F05	Delir Aufgrund von... *[Benenne den Medizinischen Krankheitsfaktor]* (S. 168)
—.—	—.—	Substanzintoxikationsdelir *(für substanzspezifische Codierung siehe Störungen im Zusammenhang mit Psychotropen Substanzen)* (S. 170)
—.—	—.—	Substanzentzugsdelir *(für substanzspezifische Codierung siehe Störungen im Zusammenhang mit Psychotropen Substanzen)* (S. 170)
—.—	—.—	Delir Aufgrund Multipler Ätiologien *(codiere jede der spezifischen Ätiologien)* (S. 173)
780.09	F05.9	NNB Delir (S. 174)

Demenz (S. 174)

290.xx	F00.0x	Demenz vom Alzheimer Typ, Mit Frühem Beginn (codiere auch G30.0 Alzheimersche Erkrankung auf Achse III) (S. 182)
—.10	F00.00	Unkompliziert
—.11	F00.0/F05.1	Mit Delir
—.12	F00.01	Mit Wahn
—.13	F00.03	Mit Depressiver Verstimmung

Bestimme, ob: Mit Verhaltensstörung

290.xx	F00.1x	Demenz vom Alzheimer Typ, Mit Spätem Beginn *(codiere auch G30.1 Alzheimersche Erkrankung auf Achse III)* (S. 182)
—.0	F00.10	Unkompliziert
—.3	F00.1/F05.1	Mit Delir
—.20	F00.11	Mit Wahn
—.21	F00.13	Mit Depressiver Verstimmung *Bestimme, ob: Mit Verhaltensstörung*
290.xx	F01.xx	Vaskuläre Demenz (S. 186)
—.40	F01.80	Unkompliziert
—.41	F01.0/F05.1	Mit Delir
—.42	F01.81	Mit Wahn
—.43	F01.83	Mit Depressiver Verstimmung *Bestimme, ob: Mit Verhaltensstörung*
294.9	F02.4	Demenz Aufgrund einer HIV-Erkrankung *(codiere auch B22.0 HIV-Infektion des Zentralnervensystems auf Achse III)* (S. 190)
294.1	F02.8	Demenz Aufgrund eines Schädel-Hirn-Traumas *(codiere auch S06.9 Kopfverletzung auf Achse III)* (S. 190)
294.1	F02.3	Demenz Aufgrund einer Parkinsonschen Erkrankung *(codiere auch G20 Parkinsonsche Erkrankung auf Achse III)* (S. 191)
294.1	F02.2	Demenz Aufgrund einer Huntingtonschen Erkrankung *(codiere auch G10 Huntingtonsche Erkrankung auf Achse III)* (S. 191)
290.10	F02.0	Demenz Aufgrund einer Pickschen Erkrankung *(codiere auch G31.0 Picksche Erkrankung auf Achse III)* (S. 192)
290.10	F02.1	Demenz Aufgrund einer Creutzfeldt-Jakobschen Erkrankung *(codiere auch A81.0 Creutzfeldt-Jakobsche Erkrankung auf Achse III)* (S. 193)
294.1	F02.8	Demenz Aufgrund von ... [Benenne den Nicht Oben Aufgeführten Medizinischen Krankheitsfaktor] *(Codiere den medizinischen Krankheitsfaktor auch auf Achse III)* (S. 193)
—.—	—.—	Persistierende Substanzinduzierte Demenz *(für substanzspezifische Codierung siehe Störungen im Zusammenhang mit Psychotropen Substanzen)* (S. 195)
—.—	F02.8	Demenz Aufgrund Multipler Ätiologien *(codiere F00.2 kombiniert für Alzheimersche Erkrankung und Vaskuläre Demenz)* (S. 197)
294.8	F03	NNB Demenz (S. 198)

Amnestische Störungen (S. 198)

294.0	F04	Amnestische Störung Aufgrund von ... [Benenne den Medizinischen Krankheitsfaktor] *Bestimme, ob: Vorübergehend/Chronisch* (S. 202)
—.—	F1x.6	Persistierende Substanzinduzierte Amnestische Störung *(für substanzspezifische Codierung siehe Störungen im Zusammenhang mit Psychotropen Substanzen)* (S. 204)
294.8	R41.3	NNB Amnestische Störung (S. 206)

Andere Kognitive Störungen (S. 207)

294.9	F06.9	NNB Kognitive Störung (S. 207) (erwäge auch: F06.7, F07.2, F07.8)

Psychische Störungen Aufgrund eines Medizinischen Krankheitsfaktors, Nicht Andernorts Klassifiziert (S. 209)

293.89	F06.1	Katatone Störung Aufgrund von... *[Benenne den Medizinischen Krankheitsfaktor]* (S. 214)
310.1	F07.0	Persönlichkeitsveränderung Aufgrund von... *[Benenne den Medizinischen Krankheitsfaktor]* (S. 216)
		Bestimme den Typus: Labiler, Enthemmter, Aggressiver, Apathischer, Paranoider, Anderer, Kombinierter, Unspezifischer Typus
293.9	F09	NNB Psychische Störung Aufgrund eines Medizinischen Krankheitsfaktors (S. 219)

Störungen im Zusammenhang mit Psychotropen Substanzen (S. 221)

^{a}Die folgenden Zusatzcodierungen können bei Substanzabhängigkeit vergeben werden: Bestimme, ob: Mit Körperlicher Abhängigkeit/Ohne Körperliche Abhängigkeit. Codiere Verlauf der Abhängigkeit auf der 5. Stelle:

0 = Früh Vollremittiert/Früh Teilremittiert
1 = In Geschützter Umgebung
2 = Bei Agonistischer Therapie
4 = Leicht/Mittelschwer/Schwer
    Anhaltend Vollremittiert/Anhaltend Teilremittiert

Die folgenden Zusatzcodierungen werden bei den Störungen im Zusammenhang mit Psychotropen Substanzen, wo markiert, vergeben:

    ^{I}Mit Beginn Während der Intoxikation/^{E}Mit Beginn Während des Entzugs

Störungen im Zusammenhang mit Alkohol (S. 242)

Störungen durch Alkoholkonsum

303.90	F10.2x	Alkoholabhängigkeit (S. 243)
305.00	F10.1	Alkoholmißbrauch (S. 244)

Alkoholinduzierte Störungen

303.00	F10.0x	Alkoholintoxikation (S. 244)
291.8	F10.3	Alkoholentzug (S. 245)
		Bestimme, ob: Mit Wahrnehmungsstörungen
291.0	F10.03	Alkoholintoxikationsdelir (S. 170)
291.0	F10.4	Alkoholentzugsdelir (S. 170)
291.2	F10.73	Persistierende Alkoholinduzierte Demenz (S. 195)
291.1	F10.6	Persistierende Alkoholinduzierte Amnestische Störung (S. 204)
291.x	F10.xx	Alkoholinduzierte Psychotische Störung (S. 368)
——.5	——.51	Mit Wahn^{I,E}
——.3	——.52	Mit Halluzinationen^{I,E}
291.8	F10.8	Alkoholinduzierte Affektive Störung^{I,E} (S. 432)
291.8	F10.8	Alkoholinduzierte Angststörung^{I,E} (S. 503)

291.8	F10.8	Alkoholinduzierte Sexuelle Funktionsstörung^I (S. 588)
291.8	F10.8	Alkoholinduzierte Schlafstörung^{I,E} (S. 683)
291.9	F10.9	NNB Störung im Zusammenhang mit Alkohol (S. 252)

Störungen im Zusammenhang mit Amphetamin (oder Amphetaminähnlichen Substanzen) (S. 252)

Störungen durch Amphetaminkonsum

304.40	F15.2x	Amphetaminabhängigkeit (S. 254)
305.70	F15.1	Amphetaminmißbrauch (S. 255)

Amphetamininduzierte Störungen

292.89	F15.0x	Amphetaminintoxikation (S. 255)
		Bestimme, ob: Mit Wahrnehmungsstörungen (F15.04)
292.0	F15.3	Amphetaminentzug (S. 256)
292.81	F15.03	Amphetaminintoxikationsdelir (S. 170)
292.xx	F15.xx	Amphetamininduzierte Psychotische Störung (S. 368)
—.11	—.51	Mit Wahn
—.12	—.52	Mit Halluzinationen
292.84	F15.8	Amphetamininduzierte Affektive Störung^{I,E} (S. 432)
292.89	F15.8	Amphetamininduzierte Angststörung^I (S. 503)
292.89	F15.8	Amphetamininduzierte Sexuelle Funktionsstörung^I (S. 588)
292.89	F15.8	Amphetamininduzierte Schlafstörung^{I,E} (S. 683)
292.9	F15.9	NNB Störung im Zusammenhang mit Amphetamin (S. 260)

Störungen im Zusammenhang mit Cannabis (S. 260)

Störungen durch Cannabiskonsum

304.30	F12.2x	Cannabisabhängigkeit^a (S. 262)
305.20	F12.1	Cannabismißbrauch (S. 262)

Cannabisinduzierte Störungen

292.89	F12.0x	Cannabisintoxikation (S. 263)
		Bestimme, ob: Mit Wahrnehmungsstörungen (F12.04)
292.81	F12.03	Cannabisintoxikationsdelir (S. 170)
292.xx	F12.xx	Cannabisinduzierte Psychotische Störung (S. 368)
—.11	—.51	Mit Wahn^I
—.12	—.52	Mit Halluzinationen^I
292.89	F12.8	Cannabisinduzierte Angststörung^I (S. 503)
292.9	F12.9	NNB Störung im Zusammenhang mit Cannabis (S. 267)

Störungen im Zusammenhang mit Halluzinogenen (S. 267)

Störungen durch Halluzinogenkonsum

304.50	F16.2x	Halluzinogenabhängigkeit^a (S. 268)
305.30	F16.1	Halluzinogenmißbrauch (S. 269)

Halluzinogeninduzierte Störungen

292.89	F16.0x	Halluzinogenintoxikation (S. 269)

292.89	F16.70	Persistierende Wahrnehmungsstörung im Zusammenhang mit Halluzinogenen (Flashbacks) (S. 271)
292.81	F16.03	Halluzinogenintoxikationsdelir (S. 170)
292.xx	F16.xx	Halluzinogeninduzierte Psychotische Störung (S. 368)
—.11	—.51	Mit Wahn[I]
—.12	—.52	Mit Halluzinationen[I]
292.84	F16.8	Halluzinogeninduzierte Affektive Störung[I] (S. 432)
292.89	F16.8	Halluzinogeninduzierte Angststörung[I] (S. 503)
292.9	F16.9	NNB Störung im Zusammenhang mit Halluzinogenen (S. 274)

Störungen im Zusammenhang mit Inhalantien (S. 274)

Störungen durch Inhalantienkonsum

304.60	F18.2x	Inhalantienabhängigkeit[a] (S. 276)
305.90	F18.1	Inhalantienmißbrauch (S. 276)

Inhalantieninduzierte Störungen

292.89	F18.0x	Inhalantienintoxikation (S. 277)
292.81	F18.03	Inhalantienintoxikationsdelir (S. 170)
292.82	F18.73	Persistierende Inhalantieninduzierte Demenz (S. 195)
292.xx	F18.xx	Inhalantieninduzierte Psychotische Störung (S. 368)
—.11	—.51	Mit Wahn[I]
—.12	—.52	Mit Halluzinationen[I]
292.84	F18.8	Inhalantieninduzierte Affektive Störung[I] (S. 432)
292.89	F18.8	Inhalantieninduzierte Angststörung[I] (S. 503)
292.9	F18.9	NNB Störung im Zusammenhang mit Inhalantien (S. 281)

Störungen im Zusammenhang mit Koffein (S. 281)

Koffeininduzierte Störungen

305.90	F15.0x	Koffeinintoxikation (S. 282)
292.89	F15.8	Koffeininduzierte Angststörung[I] (S. 503)
292.89	F15.8	Koffeininduzierte Schlafstörung[I] (S. 683)
292.9	F15.9	NNB Störung im Zusammenhang mit Koffein (S. 284)

Störungen im Zusammenhang mit Kokain (S. 284)

Störungen durch Kokainkonsum

304.20	F14.2x	Kokainabhängigkeit[a] (S. 286)
305.60	F14.1	Kokainmißbrauch (S. 287)

Kokaininduzierte Störungen

292.89	F14.0x	Kokainintoxikation (S. 287)
		Bestimme, ob: Mit Wahrnehmungsstörungen (F14.04)
292.0	F14.3	Kokainentzug (S. 288)
292.81	F14.03	Kokainintoxikationsdelir (S. 170)
292.xx	F14.xx	Kokaininduzierte Psychotische Störung (S. 368)
—.11	—.51	Mit Wahn[I]
—.12	—.52	Mit Halluzinationen[I]

292.84	F14.8	Kokaininduzierte Affektive Störung[I,E] (S. 432)
292.89	F14.8	Kokaininduzierte Angststörung[I,E] (S. 503)
292.89	F14.8	Kokaininduzierte Sexuelle Funktionsstörung[I] (S. 588)
292.89	F14.8	Kokaininduzierte Schlafstörung[I,E] (S. 683)
292.9	F14.9	NNB Störung im Zusammenhang mit Kokain (S. 293)

Störungen im Zusammenhang mit Nikotin (S. 294)

Störung durch Nikotinkonsum

305.10	F17.2x	Nikotinabhängigkeit[a] (S. 294)

Nikotininduzierte Störung

292.0	F17.3	Nikotinentzug (S. 295)
292.9	F17.9	NNB Störung im Zusammenhang mit Nikotin (S. 299)

Störungen im Zusammenhang mit Opiaten (S. 299)

Störungen durch Opiatkonsum

304.00	F11.2x	Opiatabhängigkeit[a] (S. 300)
305.50	F11.1	Opiatmißbrauch (S. 301)

Opiatinduzierte Störungen

292.89	F11.0x	Opiatintoxikation (S. 301)
		Bestimme, ob: Mit Wahrnehmungsstörungen (F11.04)
292.0	F11.3	Opiatentzug (S. 302)
292.81	F11.03	Opiatintoxikationsdelir (S. 170)
292.xx	F11.xx	Opiatinduzierte Psychotische Störung (S. 368)
——.11	——.51	Mit Wahn[I]
——.12	——.52	Mit Halluzinationen[I]
292.84	F11.8	Opiatinduzierte Affektive Störung[I] (S. 432)
292.89	F11.8	Opiatinduzierte Sexuelle Funktionsstörung[I] (S. 588)
292.89	F11.8	Opiatinduzierte Schlafstörung[I,E] (S. 683)
292.9	F11.9	NNB Störung im Zusammenhang mit Opiaten (S. 307)

Störungen im Zusammenhang mit Phencyclidin (oder Phencyclidinähnlichen Substanzen) (S. 308)

Störungen durch Phencyclidinkonsum

304.90	F19.2x	Phencyclidinabhängigkeit[a] (S. 309)
305.90	F19.1	Phencyclidinmißbrauch (S. 309)

Phencyclidininduzierte Störungen

292.89	F19.0x	Phencyclidinintoxikation (S. 310)
		Bestimme, ob: Mit Wahrnehmungsstörungen (F19.04)
292.81	F19.03	Phencyclidinintoxikationsdelir (S. 170)
292.xx	F19.xx	Phencyclidininduzierte Psychotische Störung (S. 368)
——.11	——.51	Mit Wahn[I]
——.12	——.52	Mit Halluzinationen[I]
292.84	F19.8	Phencyclidininduzierte Affektive Störung[I] (S. 432)

| 292.89 | F19.8 | Phencyclidininduzierte Angststörung[I] (S. 503) |
| 292.9 | F19.9 | NNB Störung im Zusammenhang mit Phencyclidin (S. 313) |

Störungen im Zusammenhang mit Sedativa-, Hypnotika- oder Anxiolytikaähnlichen Substanzen (S. 314)

Störungen durch Sedativa-, Hypnotika- oder Anxiolytikakonsum
| 304.10 | F13.2x | Sedativa-, Hypnotika- oder Anxiolytikaabhängigkeit[a] (S. 315) |
| 305.40 | F13.1 | Sedativa-, Hypnotika- oder Anxiolytikamißbrauch (S. 316) |

Durch Sedativa, Hypnotika oder Anxiolytika Induzierte Störungen
292.89	F13.0x	Sedativa-, Hypnotika- oder Anxiolytikaintoxikation (S. 316)
292.0	F13.3	Sedativa-, Hypnotika- oder Anxiolytikaentzug (S. 317)
		Bestimme, ob: Mit Wahrnehmungsstörungen
292.81	F13.03	Sedativa-, Hypnotika- oder Anxiolytikaintoxikationsdelir (S. 170)
292.81	F13.4	Sedativa-, Hypnotika- oder Anxiolytikaentzugsdelir (S. 170)
292.82	F13.73	Persistierende Sedativa-, Hypnotika- oder Anxiolytikainduzierte Demenz (S. 195)
292.83	F13.6	Persistierende Sedativa-, Hypnotika- oder Anxiolytikainduzierte Amnestische Störung (S. 204)
292.xx	F13.xx	Sedativa-, Hypnotika- oder Anxiolytikainduzierte Psychotische Störung (S. 368)
—.11	—.51	Mit Wahn[I,E]
—.12	—.52	Mit Halluzinationen[I,E]
292.84	F13.8	Sedativa-, Hypnotika- oder Anxiolytikainduzierte Affektive Störung[I,E] (S. 432)
292.89	F13.8	Sedativa-, Hypnotika- oder Anxiolytikainduzierte Angststörung[E] (S. 503)
292.89	F13.8	Sedativa-, Hypnotika- oder Anxiolytikainduzierte Sexuelle Funktionsstörung[I] (S. 588)
292.89	F13.8	Sedativa-, Hypnotika- oder Anxiolytikainduzierte Schlafstörung[I,E] (S. 683)
292.9	F13.9	NNB Störung im Zusammenhang mit Sedativa, Hypnotika oder Anxiolytika (S. 323)

Störung im Zusammenhang mit Multiplen Substanzen (S. 324)

| 304.80 | F19.2x | Polytoxikomanie (S. 324) |

Störung im Zusammenhang mit Anderen (oder Unbekannten) Substanzen (S. 324)

Störungen durch Konsum von Anderen (oder Unbekannten) Substanzen
| 304.90 | F19.2x | Abhängigkeit von Anderer (oder Unbekannter) Substanz (S. 223) |
| 305.90 | F19.1 | Mißbrauch von Anderer (oder Unbekannter) Substanz (S. 228) |

Durch Andere (oder Unbekannte) Substanzen Induzierte Störungen
| 292.89 | F19.0x | Intoxikation mit Anderer (oder Unbekannter) Substanz (S. 229) |
| | | *Bestimme, ob: Mit Wahrnehmungsstörungen (F19.04)* |

292.0	F19.3	Entzug von Anderer (oder Unbekannter) Substanz (S. 231)
		Bestimme, ob: Mit Wahrnehmungsstörungen
292.81	F19.03	Durch Andere (oder Unbekannte) Substanz Induziertes Delir (S. 170)
292.82	F19.73	Durch Andere (oder Unbekannte) Substanz Induzierte Persistierende Demenz (S. 195)
292.83	F19.6	Durch Andere (oder Unbekannte) Substanz Induzierte Persisitierende Amnestische Störung (S. 204)
292.xx	F19.xx	Durch Andere (oder Unbekannte) Substanz Induzierte Psychotische Störung (S. 368)
——.11	——.51	Mit Wahn
——.12	——.52	Mit Halluzinationen
292.84	F19.8	Durch Andere (oder Unbekannte) Substanz Induzierte Affektive Störung (S. 432)
292.89	F19.8	Durch Andere (oder Unbekannte) Substanz Induzierte Angststörung (S. 503)
292.89	F19.8	Durch Andere (oder Unbekannte) Substanz Induzierte Sexuelle Funktionsstörung (S. 588)
292.89	F19.8	Durch Andere (oder Unbekannte) Substanz Induzierte Schlafstörung (S. 683)
292.9	F19.9	NNB Störung im Zusammenhang mit Anderer (oder Unbekannter) Substanz (S. 326)

Schizophrenie und Andere Psychotische Störungen (S. 327)

295.xx	F20.xx	Schizophrenie (S. 328)

Die folgende Klassifikation des Langzeitverlaufs wird bei allen Schizophrenie-Subtypen vergeben:
Episodisch mit Residualsymptomen zwischen den Episoden
(Bestimme, ob: Mit Ausgeprägten Negativen Symptomen)
Episodisch Ohne Residualsymptome Zwischen den Episoden/Kontinuierlich
(Bestimme, ob: Mit Ausgeprägten Negativen Symptomen)
Einzelne Episode Teilremittiert
(Bestimme, ob: Mit Ausgeprägten Negativen Symptomen)
Einzelne Episode Vollremittiert
Anderes oder Unspezifisches Muster

——.30	F20.0x	Paranoider Typus (S. 342)
——.10	F20.1x	Desorganisierter Typus (S. 343)
——.20	F20.2x	Katatoner Typus (S. 344)
——.90	F20.3x	Undifferenzierter Typus (S. 345)
——.60	F20.5x	Residualer Typus (S. 345)
295.40	F20.8	Schizophreniforme Störung (S. 345)
		Bestimme, ob: Ohne Günstige Prognostische Merkmale/Mit Günstigen Prognostischen Merkmalen
295.70	F25.x	Schizoaffektive Störung (S. 348)
		Bestimme den Typus: Bipolarer (F25.0 oder F25.2), Depressiver Typus (F25.1)

297.1	F22.0	Wahnhafte Störung (S. 352)
		Bestimme den Typus: Typus mit Liebeswahn/mit Größenwahn/mit Eifersuchtswahn/mit Verfolgungswahn/mit Körperbezogenem Wahn/mit Gemischtem Wahn/Unspezifischer Typus
298.8	F23.xx	Kurze Psychotische Störung (S. 358)
		Bestimme, ob: Mit Deutlichen Belastungsfaktoren/Ohne Deutliche Belastungsfaktoren/Mit Postpartalem Beginn
297.3	F24	Gemeinsame Psychotische Störung (S. 362)
293.xx	F06.x	Psychotische Störung Aufgrund von... *[Benenne den Medizinischen Krankheitsfaktor]* (S. 364)
——.81	F06.2	Mit Wahn
——.82	F06.0	Mit Halluzinationen
——.—	F1x.5x	Substanzinduzierte Psychotische Störung (S. 368) *(für substanzspezifische Codierung siehe Störungen im Zusammenhang mit Psychotropen Substanzen)*
		Bestimme, ob: Mit Beginn Während der Intoxikation/Mit Beginn Während des Entzugs
298.9	F29	NNB Psychotische Störung (S. 373)

Affektive Störungen (S. 375)

Codiere den gegenwärtigen Ausprägungsgrad der Major Depression oder Bipolar I Störung auf der 5. Stelle

    1 = Leicht
    2 = Mittelschwer
    3 = Schwer, ohne Psychotische Merkmale
    4 = Schwer, mit Psychotischen Merkmalen
        Bestimme, ob: Stimmungskongruente Psychotische Merkmale/ Stimmungsinkongruente Psychotische Merkmale
    5 = Teilremittiert
    6 = Vollremittiert
    0 = Unspezifisch

Die folgenden Zusatzcodierungen werden (für die gegenwärtige oder letzte Episode), wo vermerkt, den Affektiven Störungen hinzugefügt:
    [a]Schweregrad/Remissionsgrad/
    [b]Chronisch/
    [c]Mit Katatonen Merkmalen/
    [d]Mit Melancholischen Merkmalen/
    [e]Mit Atypischen Merkmalen/
    [f]Mit Postpartalem Beginn

Die folgenden Zusatzcodierungen werden, wo vermerkt, den Affektiven Störungen hinzugefügt:
    [g]Mit/Ohne Vollremission im Intervall/
    [h]Mit Saisonalem Muster/
    [i]Mit Rapid Cycling

Depressive Störungen

296.xx	(F32.xx oder F33.xx)	Major Depression (S. 400)
296.2x	F32.x	Major Depression, Einzelne Episode[a,b,c,d,e,f]
296.3x	F33.x	Major Depression, Rezidivierend[a,b,c,d,e,f,g,h]
300.4	F34.1	Dysthyme Störung (S. 407)
		Bestimme, ob: Früher Beginn/Später Beginn. Bestimme, ob: Mit Atypischen Merkmalen
311	F32.9 oder F33.9	NNB Depressive Störung (S. 411)

Bipolare Störungen

296.xx	F31.xx	Bipolar I Störung (S. 412)
296.0x	F30.x	Einzelne Manische Episode[a,c,f]
		Bestimme, ob: Gemischt. (F30.1 oder F30.2 bzw. F30.8 oder F30.9)
296.40	F31.0	Letzte Episode Hypoman[g,h,i]
296.4x	F31.x	Letzte Episode Manisch[a,c,f,g,h,i] (F31.1 oder F31.2x)
296.6x	F31.6	Letzte Episode Gemischt[a,c,f,g,h,i]
296.5x	F31.x	Letzte Episode Depressiv[a,b,c,d,e,f,g,h,i] (F31.3x oder F31.4 oder F31.5x)
296.7	F31.9	Letzte Episode Unspezifisch[g,h,i]
296.89	F31.0 oder F31.8	Bipolar II Störung[a,b,c,d,e,f,g,h,i] (S. 420)
		Bestimme für die aktuelle (oder letzte) Episode Hypoman/Depressiv
301.13	F34.0	Zyklothyme Störung (S. 424)
296.80	F31.9 oder F31.8	NNB Bipolare Störung (S. 427)
293.83	F06.3x	Affektive Störung Aufgrund von... *[Benenne den Medizinischen Krankheitsfaktor]* (S. 428)
		Bestimme, ob: Mit Depressiven Merkmalen/Mit Major Depression-Ähnlicher Episode/Mit Manischen Merkmalen/Mit Gemischten Merkmalen
—.—	F1x.8	Substanzinduzierte Affektive Störung (S. 432) *(für substanzspezifische Codierung siehe Störungen im Zusammenhang mit Psychotropen Substanzen)*
		Bestimme, ob: Mit Depressiven Merkmalen/Mit Manischen Merkmalen/Mit Gemischten Merkmalen
		Bestimme, ob: Mit Beginn Während der Intoxikation/Mit Beginn Während des Entzugs.
296.90	(F39 oder F38.xx)	NNB Affektive Störung (S. 436)

Angststörungen (S. 453)

300.01	F41.0	Panikstörung ohne Agoraphobie (S. 457)
300.21	F40.01	Panikstörung mit Agoraphobie (S. 457)
300.22	F40.00	Agoraphobie ohne Panikstörung in der Vorgeschichte (S. 464)

300.29	F40.2	Spezifische Phobie (S. 466)
		Bestimme den Typus: Tier-Typus, Umwelt-Typus, Blut-Spritzen-Verletzungs-Typus, Situativer Typus, Anderer Typus
300.23	F40.1	Soziale Phobie (S. 473)
		Bestimme, ob: Generalisiert
300.3	F42	Zwangsstörung (S. 480)
		Bestimme, ob: Mit Wenig Einsicht
309.81	F43.1	Posttraumatische Belastungsstörung (S. 487)
		Bestimme, ob: Akut/Chronisch; Bestimme, ob: Mit Verzögertem Beginn
308.3	F43.0	Akute Belastungsstörung (S. 493)
300.02	F41.1	Generalisierte Angststörung (S. 496)
293.89	F06.4	Angststörung Aufgrund von ... *[Benenne den Medizinischen Krankheitsfaktor]* (S. 500)
		Bestimme, ob: Mit Generalisierter Angst/Mit Panikattacken/Mit Zwangssymptomen
—.—	F1x.8	Substanzinduzierte Angststörung *(für substanzspezifische Codierung siehe Störungen im Zusammenhang mit Psychotropen Substanzen)* (S. 503)
		Bestimme, ob: Mit Generalisierter Angst/Mit Panikattacken/Mit Zwangssymptomen/Mit Phobischen Symptomen.
		Bestimme, ob: Mit Beginn Während der Intoxikation/Mit Beginn Während des Entzugs
300.00	F41.9 oder F40.9	NNB Angststörung (S. 508)

Somatoforme Störungen (S. 509)

300.81	F45.0	Somatisierungsstörung (S. 510)
300.81	F45.1	Undifferenzierte Somatoforme Störung (S. 515) (erwäge auch Codierung nach ICD-10 F48.0)
300.11	F44.xx	Konversionsstörung (S. 517)
		Bestimme, ob: Mit Motorischen Symptomen oder Ausfällen/Mit Sensorischen Symptomen oder Ausfällen/Mit Anfällen oder Krämpfen/Mit Gemischtem Erscheinungsbild
307.xx	F45.4	Schmerzstörung (S. 523)
—.80	F45.4	in Verbindung mit Psychischen Faktoren
—.89	F45.4	in Verbindung mit sowohl Psychischen Faktoren wie einem Medizinischen Krankheitsfaktor
		in Verbindung mit einem Medizinischen Krankheitsfaktor
		Bestimme, ob: Akut/Chronisch
300.7	F45.2	Hypochondrie (S. 528)
		Bestimme, ob: Mit Wenig Einsicht
300.7	F45.2	Körperdysmorphe Störung (S. 532)
300.81	F45.9	NNB Somatoforme Störung (S. 535) (erwäge die Vergabe einer spezifischeren ICD-10-Diagnose aus F44.xx oder F45.xx)

Vorgetäuschte Störungen (S. 537)

300.xx	F68.1	Vorgetäuschte Störung (S. 537)
——.16	F68.1	Mit Vorwiegend Psychischen Zeichen und Symptomen
——.19	F68.1	Mit Vorwiegend Körperlichen Zeichen und Symptomen
——.19	F68.1	Mit sowohl Psychischen wie Körperlichen Zeichen und Symptomen
300.19	F68.1	NNB Vorgetäuschte Störung (S. 541) (erwäge die Vergabe einer spezifischeren ICD-10-Diagnose aus F44)

Dissoziative Störungen (S. 543)

300.12	F44.0	Dissoziative Amnesie (S. 544)
300.13	F44.1	Dissoziative Fugue (S. 548)
300.14	F44.81	Dissoziative Identitätsstörung (S. 551)
300.6	F48.1	Depersonalisationsstörung (S. 555)
300.15	F44.9	NNB Dissoziative Störung (S. 557) (erwäge die Vergabe einer spezifischeren ICD-10-Diagnose aus F44)

Sexuelle und Geschlechtsidentitätsstörungen (S. 559)

Sexuelle Funktionsstörungen (S. 559)

Die folgenden Subtypen können allen primären Sexuellen Funktionsstörungen hinzugefügt werden: Lebenslanger Typus/Erworbener Typus/Generalisierter Typus/Situativer Typus/Aufgrund Psychischer Faktoren/Aufgrund Kombinierter Faktoren

Störungen der Sexuellen Appetenz

302.71	F52.0	Störung mit Verminderter Sexueller Appetenz (S. 563)
302.79	F52.10	Störung mit Sexueller Aversion (S. 566)

Störungen der Sexuellen Erregung

302.72	F52.2	Störung der Sexuellen Erregung bei der Frau (S. 567)
302.72	F52.2	Erektionsstörung beim Mann (S. 569)

Orgasmusstörungen

302.73	F52.3	Weibliche Orgasmusstörung (S. 572)
302.74	F52.3	Männliche Orgasmusstörung (S. 575)
302.75	F52.4	Ejaculatio Praecox (S. 578)

Störungen mit Sexuell Bedingten Schmerzen

302.76	F52.6	Dyspareunie (nicht Aufgrund eines Medizinischen Krankheitsfaktors) (S. 580)
306.51	F52.5	Vaginismus (nicht Aufgrund eines Medizinischen Krankheitsfaktors) (S. 582)

Sexuelle Funktionsstörung Aufgrund eines Medizinischen Krankheitsfaktors (S. 515)

625.8	N94.8	Störung mit Verminderter Sexueller Appetenz bei der Frau Aufgrund von ... *[Benenne den Medizinischen Krankheitsfaktor]*
608.89	N50.8	Störung mit Verminderter Sexueller Appetenz beim Mann Aufgrund von ... *[Benenne den Medizinischen Krankheitsfaktor]*
607.84	N48.4	Erektionsstörung beim Mann Aufgrund von ... *[Benenne den Medizinischen Krankheitsfaktor]*
625.0	N94.1	Dyspareunie bei der Frau Aufgrund von ... *[Benenne den Medizinischen Krankheitsfaktor]*
608.89	N50.8	Dyspareunie beim Mann Aufgrund von ... *[Benenne den Medizinischen Krankheitsfaktor]*
625.8	N94.8	Andere Sexuelle Funktionsstörungen bei der Frau Aufgrund von... *[Benenne den Medizinischen Krankheitsfaktor]*
608.89	N50.8	Andere Sexuelle Funktionsstörungen beim Mann Aufgrund von... *[Benenne den Medizinischen Krankheitsfaktor]*
—.—	—.—	Substanzinduzierte Sexuelle Funktionsstörung *(für substanzspezifische Codierung siehe Störungen im Zusammenhang mit Psychotropen Substanzen)* (S. 588). *Bestimme, ob: Mit Beeinträchtigter Appetenz/Mit Beeinträchtigter Erregung/Mit Beeinträchtigtem Orgasmus/Mit Sexuell Bedingten Schmerzen. Bestimme, ob: Mit Beginn Während der Intoxikation*
302.70	F52.9	NNB Sexuelle Funktionsstörung (S. 592)

Paraphilien (S. 593)

302.4	F65.2	Exhibitionismus (S. 596)
302.81	F65.0	Fetischismus (S. 597)
302.89	F65.8	Frotteurismus (S. 597)
302.2	F65.4	Pädophilie (S. 598) *Bestimme ob: Sexuell Orientiert auf Jungen/Sexuell Orientiert auf Mädchen/Sexuell Orientiert auf Jungen und Mädchen. Bestimme ob: Beschränkt auf Inzest. Bestimme den Typus: Ausschließlicher Typus/Nicht-Ausschließlicher Typus*
302.83	F65.5	Sexueller Masochismus (S. 599)
302.84	F65.5	Sexueller Sadismus (S. 600)
302.3	F65.1	Transvestitischer Fetischismus (S. 601) *Bestimme ob: Mit Geschlechtsdysphorie*
302.82	F65.3	Voyeurismus (S. 603)
302.9	F65.9	NNB Paraphilie (S. 603)

Geschlechtsidentitätsstörungen (S. 603)

302.xx	F64.x	Geschlechtsidentitätsstörung (S. 603)
—.6	F64.2	Bei Kindern
—.85	F64.0	Bei Jugendlichen oder Erwachsenen *Bestimme ob: Sexuell Orientiert auf Männer/Sexuell Orientiert auf Frauen/Auf Beide Geschlechter Sexuell Orientiert/Sexuell Orientiert Weder auf Männer Noch auf Frauen*
302.6	F64.9	NNB Störung der Geschlechtsidentität (S. 610)
302.9	F52.9	NNB Sexuelle Störung (S. 611)

Eßstörungen (S. 613)

307.1	F50.0/F50.01	Anorexia Nervosa (S. 613)
		Bestimme den Typus: Restriktiver Typus, „Binge-Eating/Purging"-Typus
307.51	F50.2	Bulimia Nervosa (S. 620)
		Bestimme den Typus:„Purging"-Typus, „Nicht-Purging"-Typus
307.50	F50.9	NNB Eßstörungen (S. 625) (erwäge die Vergabe einer spezifischeren ICD-10-Diagnose aus F50.x)

Schlafstörungen (S. 627)

Primäre Schlafstörungen (S. 629)

Dyssomnien

307.42	F51.0	Primäre Insomnie (S. 629)
307.44	F51.1	Primäre Hypersomnie (S. 634)
		Bestimme, ob: Rezidivierend
347	G47.4	Narkolepsie (S. 640)
780.59	G47.3	Atmungsgebundene Schlafstörung (S. 645)
307.45	F51.2	Schlafstörung mit Störung des Zirkadianen Rhythmus (S. 652)
		Bestimme den Typus: Typus mit Verzögerter Schlafphase/Jet Lag-Typus/Schichtarbeitstypus/Unspezifischer Typus
307.47	F51.9	NNB Dyssomnie (S. 658)

Parasomnien

307.47	F51.5	Schlafstörung mit Alpträumen (S. 659)
307.46	F51.4	Pavor Nocturnus (S. 663)
307.46	F51.3	Schlafstörung mit Schlafwandeln (S. 668)
307.47	F51.8	NNB Parasomnie (S. 673)

Schlafstörungen im Zusammenhang mit einer Anderen Psychischen Störung (S. 673)

| 307.42 | F51.0 | Insomnie im Zusammenhang mit ... *[Benenne die Achse I-Störung]* (S. 673) |
| 307.44 | F51.1 | Hypersomnie im Zusammenhang mit ... *[Benenne die Achse I-Störung]* (S. 673) |

Andere Schlafstörungen (S. 679)

780.xx	G47.x	Schlafstörung Aufgrund von ... *[Benenne den Medizinischen Krankheitsfaktor]* (S. 679)
780.52	G47.0	Insomnie-Typus
780.54	G47.1	Hypersomnie-Typus
780.59	G47.8	Parasomnie-Typus
780.59	G47.8	Mischtypus
—.—	F1x.8	Substanzinduzierte Schlafstörung *(für substanzspezifische Codierung siehe Störungen im Zusammenhang mit Psychotropen Substanzen)* (S. 683)

Bestimme den Typus: Insomnie-Typus/ Hypersomnie-Typus/Parasomnie-Typus/ Gemischter Typus. Bestimme, ob: Mit Beginn Während der Intoxikation/Mit Beginn Während des Entzugs

Störungen der Impulskontrolle, Nicht Andernorts Klassifiziert (S. 691)

312.34	F63.8	Intermittierende Explosible Störung (S. 691)
312.32	F63.2	Kleptomanie (S. 694)
312.33	F63.1	Pyromanie (S. 696)
312.31	F63.0	Pathologisches Spielen (S. 698)
312.39	F63.3	Trichotillomanie (S. 701)
312.30	F63.9	NNB Störung der Impulskontrolle (S. 704)

Anpassungsstörungen (S. 705)

309.xx	F43.xx	Anpassungsstörung (S. 705)
—.0	F43.20	Mit Depressiver Stimmung
—.24	F43.28	Mit Angst
—.28	F43.22	Mit Angst und Depressiver Stimmung, Gemischt
—.3	F43.24	Mit Störungen des Sozialverhaltens
—.4	F43.25	Mit Emotionalen Störungen und Störungen des Sozialverhaltens, Gemischt
—.9	F43.9	Unspezifisch (Erwäge die Vergabe einer spezifischeren ICD-10-Diagnose aus F43.xx)

Bestimme, ob: Akut/Chronisch

Persönlichkeitsstörungen (S. 711)

Beachte: Diese werden auf Achse II codiert

301.0	F60.0	Paranoide Persönlichkeitsstörung (S. 717)
301.20	F60.1	Schizoide Persönlichkeitsstörung (S. 721)
301.22	F21	Schizotypische Persönlichkeitsstörung (S. 725)
301.7	F60.2	Antisoziale Persönlichkeitsstörung (S. 729)
301.83	F60.31	Borderline Persönlichkeitsstörung (S. 735)
301.50	F60.4	Histrionische Persönlichkeitsstörung (S. 740)
301.81	F60.8	Narzißtische Persönlichkeitsstörung (S. 743)
301.82	F60.6	Vermeidend-Selbstunsichere Persönlichkeitsstörung (S. 747)
301.6	F60.7	Dependente Persönlichkeitsstörung (S. 751)
301.4	F60.5	Zwanghafte Persönlichkeitsstörung (S. 755)
301.9	F60.9	NNB Persönlichkeitsstörung (S. 760) (erwäge auch die Vergabe einer spezifischeren ICD-10 Diagnose aus F61.x oder F62.x)

Andere Klinisch Relevante Probleme (S. 761)

Psychologische Faktoren, die einen Medizinischen Krankheitsfaktor Beeinflussen (S. 761)

316   F54   ... [spezifischer Psychologischer Faktor], der...
                        [Benenne den Medizinischen Krankheitsfaktor] Beeinflußt (S. 761)
                        Wähle den Namen je nach der Art des Faktors:
                        Psychische Störung, die einen Medizinischen Krankheitsfaktor Beeinflußt
                        Psychische Symptome, die einen Medizinischen Krankheitsfaktor Beeinflussen
                        Persönlichkeitsmerkmale oder Bewältigungsstile, die einen Medizinischen Krankheitsfaktor beeinflussen
                        Gesundheitsgefährdendes Verhalten, das einen Medizinischen Krankheitsfaktor Beeinflußt
                        Körperliche Streßreaktion, die einen Medizinischen Krankheitsfaktor Beeinflußt
                        Andere oder Unspezifische Psychologische Faktoren, die einen Medizinischen Krankheitsfaktor Beeinflussen

Medikamenteninduzierte Bewegungsstörungen
332.1   G21.1   Neuroleptikainduzierter Parkinsonismus (S. 765)
333.92   G21.0   Malignes Neuroleptisches Syndrom (S. 765)
333.7   G24.0   Neuroleptikainduzierte Akute Dystonie (S. 765)
333.99   G21.1   Neuroleptikainduzierte Akute Akathisie (S. 766)
333.82   G24.0   Neuroleptikainduzierte Tardive Dyskinesie (S. 766)
333.1   G25.1   Medikamenteninduzierter Haltetremor (S. 766)
333.90   G25.9   NNB Medikamenteninduzierte Bewegungsstörung (S. 766)

Andere Medikamenteninduzierte Störungen
995.2   T88.7   NNB Ungünstige Wirkungen einer Medikation (S. 766)

Zwischenmenschliche Probleme
V61.9   Z63.7   Zwischenmenschliches Problem im Zusammenhang mit einer Psychischen Störung oder einem Medizinischen Krankheitsfaktor (S. 767)
V61.20   Z63.8   Eltern-Kind-Problem (S. 767)
                        Codiere Z63.1, wenn das Hauptaugenmerk beim Kind liegt
V61.1   Z63.0   Partnerschaftsproblem (S. 767)
V61.8   F93.3   Problem zwischen Geschwistern (S. 768)
V62.81   Z63.9   NNB Zwischenmenschliches Problem (S. 768)

Probleme im Zusammenhang mit Mißbrauch oder Vernachlässigung
V61.21   T74.1   Körperliche Mißhandlung eines Kindes (S. 768)
V61.21   T74.2   Sexueller Mißbrauch eines Kindes (S. 768)
V61.21   T74.0   Vernachlässigung eines Kindes (S. 768)
V61.1   T74.1   Körperliche Mißhandlung eines Erwachsenen (S. 768)

| V61.1 | T74.2 | Sexueller Mißbrauch eines Erwachsenen (S. 768) |

Weitere Klinisch Relevante Probleme

V15.81	Z91.1	Nichtbefolgen von Behandlungsanweisungen (S. 769)
V65.2	Z76.5	Simulation (S. 769)
V71.01	Z72.8	Antisoziales Verhalten im Erwachsenenalter (S. 770)
V71.02	Z72.8	Antisoziales Verhalten in der Kindheit oder Adoleszenz (S. 770)
V62.89	R41.8	Grenzbereich der Intellektuellen Leistungsfähigkeit (S. 770)
780.9	R41.8	Altersbedingter Kognitiver Abbau (S. 770)
V62.82	Z63.4	Einfache Trauer (S. 771)
V62.3	Z55.8	Schwierigkeiten in Schule oder Studium (S. 771)
V62.2	Z56.7	Berufsproblem (S. 771)
313.82	F93.8	Identitätsproblem (S. 772)
V62.89	Z71.8	Religiöses oder Spirituelles Problem (S. 772)
V62.4	Z60.3	Kulturelles Anpassungsproblem (S. 772)
V62.89	Z60.0	Problem einer Lebensphase (S. 772)

Zusätzliche Codierungen (S. 773)

300.9	F99	Unspezifische Psychische Störung (nichtpsychotisch) (S. 773)
V71.09	Z03.2	Keine Diagnose oder kein Zustand auf Achse I (S. 773)
799.9	R69	Diagnose oder Zustand auf Achse I Zurückgestellt (S. 773)
V71.09	Z03.2	Keine Diagnose auf Achse II (S. 773)
799.9	R46.8	Diagnose auf Achse II Zurückgestellt (S. 773)

Multiaxiales System

Achse I	Klinische Störungen
	Andere Klinisch Relevante Probleme
Achse II	Persönlichkeitsstörungen
	Geistige Behinderung
Achse III	Medizinische Krankheitsfaktoren
Achse IV	Psychosoziale und Umgebungsbedingte Probleme
Achse V	Globale Beurteilung des Funktionsniveaus

Die diagnostischen Kriterien

Klassifikation psychischer Störungen im Kindes- und Jugendalter nach DSM-IV
Eine Einführung*
Franz Petermann, Gerd Lehmkuhl

Eine der wesentlichen Neuerungen der vierten Ausgabe des „Diagnostic and Statistical Manual of Mental Disorders" (DSM-IV) der American Psychiatric Association (1994) gegenüber der vorhergehenden Fassung DSM-III-R (American Psychiatric Association, 1987; deutsche Bearbeitung: Wittchen et al. (1989)) ergibt sich aus der konsequenten Orientierung an den Ergebnissen der Entwicklungspsychopathologie. So entfallen die globalen Rubriken „Beeinträchtigungen" oder „Komplikationen" zugunsten der Unterpunkte „Verlauf" und „Zugehörige Merkmale und Störungen". Der Entwicklungsverlauf vieler Störungen, z. B. bei Lese-, Rechen- und Schreibstörungen, wird ausführlicher und detaillierter dargestellt. Die Ergebnisse der klinischen Verlaufs- und Komorbiditätsforschung sind explizit berücksichtigt (vgl. Kusch & Petermann, 1995a; Loeber, 1990). Insgesamt werden im DSM-IV einige Störungsbilder umbenannt und neu zugeordnet, wobei die Diagnosekriterien teilweise unverändert bleiben, teilweise überarbeitet wurden.

Sowohl beim DSM-IV als auch bei der ICD-10 wurde das Kriterium der *klinischen Bedeutsamkeit* für die meisten Störungen eingeführt, d. h. zusätzlich zu dem Vorliegen von Symptomen wird gefordert, daß die Störung ein deutliches Leiden oder eine klinisch bedeutsame Beeinträchtigung in der sozialen, schulischen oder beruflichen Funktionsfähigkeit verursacht. Damit werden generell die Schwellenwerte und damit die Wahrscheinlichkeit für das Vorliegen einer Störung gegenüber dem DSM-III-R angehoben.

Wie schon das DSM-III-R definiert das DSM-IV eine Gruppe von Störungen, die gewöhnlich zuerst im Kleinkindalter, in der Kindheit oder der Adoleszenz diagnostiziert werden. Darüber hinaus können aber alle anderen Diagnosen auf Kinder und Jugendliche angewandt werden. Im allgemeinen werden bei diesen Diagnosen die gleichen Kriterien für Kinder, Jugendliche und Erwachsene angewandt. Bei einzelnen Diagnosen (wie bei Angststörungen und bei Depressiven Störungen) werden allerdings für Kinder und Jugendliche spezifische Kriterien ergänzend aufgeführt. So werden beispielsweise die Kriterien für die „Soziale Phobie" (300.23) dahingehend verändert, daß beim Kind die Fähigkeit zu altersangemessenen sozialen Beziehungen mit bekannten Personen vorliegen und daß die Angst nicht nur gegenüber fremden Erwachsenen, sondern auch gegenüber Gleichaltrigen auftreten muß (**Kriterium A**). Die Angst bei Kindern kann sich nach Kriterium B durch Schreien, Wutausbrüche, Erstarrung oder Zurückweichen vor sozialen Situationen mit unbekannten Menschen äußern. Außerdem wird Kriterium C (Die Person nimmt die Angst als übermäßig oder unbegründet wahr) für Kinder außer Kraft gesetzt. Bei Kindern wird zusätzlich eine Mindestdauer der Störung von sechs Monaten gefordert.

---

* Eine Langfassung dieses Beitrags erschien in der Zeitschrift „Kindheit und Entwicklung" (1995, 4, S. 171–182).

Störungen, die Gewöhnlich Zuerst im Kleinkindalter, in der Kindheit oder Adoleszenz Diagnostiziert werden

Die Tabellen 1 und 2 zeigen eine Übersicht über die Klassifikation der Störungen, die gewöhnlich zuerst in der Kindheit oder Adoleszenz diagnostiziert werden, und vergleicht die Einteilung von DSM-IV mit der Klassifikation von DSM-III-R und ICD-10. Im DSM-IV werden zehn Gruppen von Störungsbildern beschrieben, das DSM-III-R umfaßte 13 Gruppen, wobei „Geistige Behinderung" und „Tiefgreifende Entwicklungsstörung" gemeinsam unter dem Oberbegriff der „Entwicklungsstörungen" zusammengefaßt wurden und „Schulleistungsstörungen", „Störungen der Motorischen Fertigkeiten" und „Sprach- und Sprechstörungen" die Gruppe der „Umschriebenen Entwicklungsstörungen" bildeten. Diese zusätzliche Gruppierung läßt das DSM-IV fallen. Außerdem wurde die Gruppe der „Angststörungen" im DSM-IV aufgelöst. Lediglich die „Störung mit Trennungsangst" wurde als kindheitsspezifische Angststörung belassen, während die „Störung mit Kontaktvermeidung in der Kindheit oder Adoleszenz" und die „Störung mit Überängstlichkeit" als kindheitsspezifische Störungen aufgegeben wurden. Die Gruppe der „Eßstörungen" wurde auf die „Fütter- und Eßstörungen im Säuglings- und Kleinkindalter" begrenzt. „Störungen der Geschlechtsidentität" wurden unter dem Oberbegriff der „Sexuellen und Geschlechtsidentitätsstörungen" subsumiert und aus den Störungen mit Beginn in der Kindheit herausgenommen. Die „Nicht Näher Bezeichneten Sprechstörungen" (Stottern und Poltern) wurden den „Kommunikationsstörungen" zugeordnet.

Tabelle 1: Übersicht über Störungen, die Gewöhnlich Zuerst im Kleinkindalter, in der Kindheit oder Adoleszenz Diagnostiziert werden (1).

DSM-III-R	DSM-IV	ICD-10	
Entwicklungsstörungen		F7	*Intelligenzminderung*
Geistige Behinderung	Geistige Behinderung		
Tiefgreifende Entwicklungsstörungen	Tiefgreifende Entwicklungsstörungen	F8	*Entwicklungsstörungen*
Umschriebene Entwicklungsstörungen		F81	Umschriebene Entwicklungsstörungen schulischer Fertigkeiten
Schulleistungsstörungen	Lernstörungen	F82	Umschriebene Entwicklungsstörungen der Motorischen Funktionen
Störung der Motorischen Fertigkeiten	Störung der Motorischen Fertigkeiten	F80	Umschriebene Entwicklungsstörungen des Sprechens und der Sprache
Sprach- und Sprechstörungen	Kommunikationsstörungen	F83	Kombinierte umschriebene Entwicklungsstörung
		F84	Tiefgreifende Entwicklungsstörungen
		F88	Sonstige Entwicklungsstörungen
		F89	NNB Entwicklungsstörung

Anmerkung: NNB = Nicht Näher Bezeichnete ...
Diagnosegruppen mit größeren Abweichungen zum DSM-IV sind in Klammern gesetzt.

Tabelle 2: Übersicht über Störungen, die Gewöhnlich Zuerst im Kleinkindalter, in der Kindheit oder Adoleszenz Diagnostiziert werden (2).

DSM-III-R	DSM-IV	ICD-10	
		F9	Verhaltens- und emotionale Störungen mit Beginn in der Kindheit und Jugend
Soziale Verhaltensstörung	Störungen der Aufmerksamkeit, der Aktivität und des Sozialverhaltens	F90	Hyperkinetische Störungen
		F91	Störungen des Sozialverhaltens
Eßstörungen	Fütter- und Eßstörungen im Säuglings- oder Kleinkindalter	F92	Kombinierte Störungen des Sozialverhaltens und der Emotionen
Tic-Störungen	Ticstörungen	(F98	Sonstige Verhaltens- oder emotionale Störungen mit Beginn in der Kindheit und Jugend)
Störungen der Ausscheidung	Störungen der Ausscheidung	F95	Ticstörungen
Andere Störungen im Kleinkindalter, in der Kindheit oder Adoleszenz	Andere Störungen im Kleinkindalter, in der Kindheit oder Adoleszenz	(F98	Sonstige Störungen ...)
Angststörungen		(F93	Emotionale Störungen des Kindesalters)
Störungen der Geschlechtsidentität		(F94	Störungen sozialer Funktionen mit Beginn in der Kindheit und Jugend)
NAO Sprechstörungen	(siehe Kommunikationsstörungen)	(F98	andere Störungen ...)

Anmerkung: NAO = Nicht Andernorts Klassifizierte ...
*1 = Für Angststörungen sind im DSM-IV mit Ausnahme der „Störung mit Trennungsangst" keine für das Kindes- und Jugendalter spezifischen Kategorien vorgesehen.
*2 = Diagnosekategorien der Störungen der Geschlechtsidentität sind im allgemeinen Teil von DSM-IV in die Gruppe der Sexuellen und Geschlechtsidentitätsstörungen eingeordnet worden.
Diagnosegruppen mit größeren Abweichungen zum DSM-IV sind in Klammern gesetzt.

Die ICD-10 deckt diesen Diagnosebereich in folgenden drei Kapiteln ab: „Intelligenzminderung" (F7), „Entwicklungsstörungen" (F8) sowie „Verhaltens- und emotionale Störungen mit Beginn in der Kindheit und Jugend" (F9). Die Diagnosekriterien für die Geistige Behinderung haben sich von DSM-III-R nach DSM-IV nicht verändert und sind auch identisch mit den ICD-10-Kriterien für Intelligenzminderungen. Sie werden daher im folgenden nicht weiter behandelt.

Den unter F8 zusammengefaßten „Entwicklungsstörungen" ist nach ICD-10 gemeinsam, daß der Beginn dieser Störungen ausnahmslos im Kleinkindalter oder in der Kindheit liegt, daß eine Einschränkung oder Verzögerung der Entwicklung von Funktionen vorliegt, die eng mit der biologischen Reifung des Zentralnervensystems verknüpft sind und daß ein stetiger Verlauf ohne die für psychische Störungen sonst typischen Remissionen und Rezidive beobachtet werden kann. Das DSM-IV nimmt diese Gruppierung nicht vor und umgeht damit Abgrenzungsprobleme, beispielsweise zur hyperkinetischen Störung, für die wesentliche Kriterien einer Entwicklungsstörung ebenfalls zutreffen.

Entsprechend der allgemeinen Philosophie von ICD-10, für jene Störungen, die häufig gemeinsam auftreten, eine Kombinationsdiagnose anstatt zweier Diagnosen vorzusehen, wird mit F83 eine Diagnosekategorie für „Kombinierte umschriebene Entwicklungsstörungen" gebildet, die dann vergeben werden soll, wenn mehr als eine der Diagnosen von F80 bis F82 vorliegen. Die Restkategorien der sonstigen bzw. der nicht näher bezeichneten Entwicklungsstörungen, die bei der ICD-10 nur genannt aber nicht definiert sind, wurden im DSM-IV nicht aufgenommen.

Die in der ICD-10 in zwei Gruppen getrennten „Hyperkinetischen Störungen" und „Störungen des Sozialverhaltens" (F90 und F91) werden im DSM-IV in einer Gruppe der „Aufmerksamkeitsdefizit- und Sozialen Verhaltensstörungen" zusammengefaßt. Die ICD-10-Diagnosen, die unter der Gruppe der „Kombinierten Störungen des Sozialverhaltens und der Emotionen" zusammengefaßt sind, entfallen als eigenständige Diagnosen. Liegen beide Diagnosen vor, dann werden sie im DSM-IV auch getrennt aufgeführt.

Lernstörungen

Der Begriff der „Schulleistungsstörungen" wird im DSM-IV durch den der „Lernstörung" (learning disorder) ersetzt, weil diese Bezeichnung eher dem üblichen Sprachgebrauch entspricht. Das Ausschlußkriterium (C) wurde verändert, um die Diagnose einer Lernstörung auch bei sensorischen Defiziten zu ermöglichen, wenn die Lernstörung das bei diesen Defiziten übliche Ausmaß deutlich übersteigt. Außerdem können jetzt auch Lernstörungen beim Vorliegen neurologischer Störungen diagnostiziert werden. In der multiaxialen Anwendung werden jetzt Lernstörungen auf der ersten und nicht mehr auf der zweiten Achse codiert. Neu ist im Bereich „Besondere kulturelle Merkmale" die Forderung, in Intelligenztestverfahren zur Feststellung von Lernstörungen den ethnischen und kulturellen Hintergrund einer Person zu berücksichtigen. Tabelle 3 gibt eine Übersicht über die Lernstörungen in den drei Diagnosesystemen.

Tabelle 3: Lernstörungen.

DSM-III-R	DSM-IV	ICD-10
Schulleistungsstörungen	Lernstörung	F81 Umschriebene Entwicklungsstörungen (EST) schulischer Fertigkeiten
315.0 Entwicklungsbezogene Lesestörung	315.0 Lesestörung	F81.0 Lese- und Rechtschreibstörung
315.1 Entwicklungsbezogene Rechenstörung	315.1 Rechenstörung	F81.2 Rechenstörung
315.8 Entwicklungsbezogene Schreibstörung	315.2 Störung des Schriftlichen Ausdrucks	(F81.1 Isolierte Rechtschreibstörung)
	315.9 NNB Lernstörung	F81.3 Kombinierte Störungen schul. Fertigkeiten
		F81.9 NNB EST schul. Fertigkeiten

Anmerkung: NNB = Nicht Näher Bezeichnete ... – EST = Entwicklungsstörung

Lesestörung

Sowohl in den diagnostischen Leitlinien von ICD-10 (Klinische Kriterien) als auch im DSM-IV wird gefordert, daß die Leseleistungen deutlich unter dem Niveau liegen, das aufgrund des Alters, der allgemeinen Intelligenz und der Beschulung zu erwarten wäre. Die ICD-10 (Forschungskriterien) setzt eine sehr hohe Grenze für diese Diagnose, wenn sie fordert, daß die Leseleistung mindestens zwei Standardabweichungen unter dem Intelligenzniveau liegen muß. Außerdem wird eine Lesestörung nach ICD-10 (Forschungskriterien) auch dann diagnostiziert, wenn früher Lesestörungen bestanden haben und jetzt Rechtschreibstörungen vorliegen. Nach ICD-10 darf die „Lesestörung" nicht bedingt sein durch Seh- oder Hörstörungen oder durch neurologische Erkrankungen; das DSM-IV operationalisiert eindeutiger, daß Seh- und Hörstörungen vorliegen können, dann aber die Lesestörungen die aufgrund der körperlichen Beeinträchtigung zu erwartende Lesestörung deutlich übersteigen muß.

Rechenstörung

Die „Rechenstörung" ist im DSM-IV analog zur „Lesestörung" definiert. Die ICD-10 (Forschungskriterien) fordert zusätzlich, daß die Leseleistung und die Rechtschreibleistung innerhalb von zwei Standardabweichungen um den Mittelwert liegen müssen. Ist dies nicht der Fall, so ist nach ICD-10 eine „Kombinierte Störung schulischer Fertigkeiten" (F81.3) zu diagnostizieren. Beim DSM-IV würden die Störungen getrennt diagnostiziert.

Störung des Schriftlichen Ausdrucks

Die „Störung des Schriftlichen Ausdrucks" nach DSM-IV unterscheidet sich von der „Isolierten Rechtschreibstörung" nach ICD-10 vor allem darin, daß beim DSM-IV nicht nur die Rechtschreibleistung berücksichtigt wird, sondern sich auch in Grammatik- und Interpunktionsfehlern, in einer schlechten Strukturierung der Absätze und in einer äußerst unleserlichen Handschrift äußern kann. Außerdem verlangt die ICD-10 eine durchschnittliche Leseleistung. Das DSM-IV betont dagegen, daß „Schreibstörungen" meist gemeinsam mit „Lesestörungen" auftreten.

Störung der Motorischen Fertigkeiten

Die „Störung der Motorischen Fertigkeiten" wurde nahezu unverändert in das DSM-IV übernommen. Der Verlauf der Störung ist in der neuen Ausgabe ausführlicher dargestellt. Neu wurde das Kriterium D eingeführt, nach dem bei einer „Geistigen Behinderung" die motorischen Schwierigkeiten größer sein müssen als diejenigen, die gewöhnlich mit der „Geistigen Behinderung" verbunden sind.

Die ICD-10-Forschungskriterien beschreiben dagegen unter Kriterium D eine geistige Behinderung als das häufigste Ausschlußkriterium für die Diagnose einer „Umschriebenen Entwicklungsstörung der motorischen Funktionen" (F82). Wie bei allen Entwicklungsstörungen fordern die Forschungskriterien von ICD-10 eine Differenz von mindestens zwei Standardabweichungen zum Niveau der Gleichaltrigen.

Kommunikationsstörungen

Tabelle 4 gibt eine Übersicht über die Gruppe der „Kommunikationsstörungen", die im DSM-III-R als „Sprach- und Sprechstörungen" bezeichnet wurden. Neu aufgenommen wurde neben der „Nicht Näher Bezeichneten Kommunikationsstörung" die Diagnose „Stottern", die bisher unter den „Nicht Andernorts Klassifizierten Sprechstörungen" eingeordnet war. Dies war möglich, weil der Entwicklungsbezug bei der Definition der „Expressiven Sprachstörung", der „Kombinierten Rezeptiv-Expressiven Sprachstörung" sowie der „Phonologischen Störung" herausgenommen wurde.

Tabelle 4: Kommunikationsstörungen.

DSM-III-R	DSM-IV	ICD-10	
Sprach- und Sprechstörungen	Kommunikationsstörungen	F80	Umschriebene EST des Sprechens und der Sprache
315.31 Expressive Sprachentwicklungsstörung	315.31 Expressive Sprachstörung	F80.1	Expressive Sprachstörung
315.31 Rezeptive Sprachentwicklungsstörung	315.31 Kombinierte Rezeptiv-Expressive Sprachstörung	F80.2	Rezeptive Sprachstörung
315.39 Entwicklungsbezogene Artikulationsstörung	315.39 Phonologische Störung	F80.0	Artikulationsstörung
		F80.3	Erworbene Aphasie mit Epilepsie
		F80.8	Andere EST des Sprechens oder der Sprache
	307.9 NBB Kommunikationsstörung	F80.9	NNB EST des Sprechens oder der Sprache
NAO Klassifizierte Sprechstörungen		F98	Sonstige Verhaltens- und emotionale Störungen mit Beginn in der Kindheit und Jugend
307.00 Stottern		F98.5	Stottern
307.00 Poltern	307.00 Stottern	F98.6	Poltern

Anmerkung: NNB = Nicht Näher Bezeichnete ... – NAO = Nicht Andernorts Klassifizierte ... – EST = Entwicklungsstörung

Im DSM-III-R waren bei den Diagnosen der „Expressiven Sprachentwicklungsstörung" und der „Rezeptiven Sprachentwicklungsstörung" sowie bei der „Entwicklungsbezogenen Artikulationsstörung" Hörschwächen oder neurologische Erkrankungen (z. B. Aphasie) Ausschlußkriterien. Dies wurde im DSM-IV dahingehend geändert, daß bei einer „Geistigen Behinderung", einem sprachmotorischen oder sensorischen Defizit oder einer deprivierten Umwelt die Sprachstörungen größer sein müssen als diejenigen, die gewöhnlich mit einer solchen Grundproblematik verbunden sind.

Bei der „Expressiven Sprachstörung", der „Kombinierten Rezeptiv-Expressiven Sprachstörung" und der „Phonologischen Störung" wird im DSM-IV darauf hingewiesen, daß das kulturelle und sprachliche Umfeld eines Kindes bei der Entwicklung von Kommunikationsfähigkeiten zu berücksichtigen ist. Dies gilt besonders für den Fall der Zweisprachigkeit.

Die „Expressive Sprachstörung" ist in den diagnostischen Merkmalen sowie in den Begleitmerkmalen und Begleitstörungen ausführlicher im DSM-IV dargestellt. Die weitere Umbenennung der „Rezeptiven Sprachentwicklungsstörung" in „Kombinierte Rezeptiv-Expressive Sprachstörung" wird im DSM-IV damit begründet, daß die Entwicklung der expressiven

Sprache in der Kindheit auf dem Erwerb rezeptiver Fähigkeiten beruhe und daher eine rein rezeptive Sprachstörung praktisch nie beobachtet werde.

„Stottern" wird nach DSM-IV als Störung der normalen Sprechflüssigkeit und des Zeitmusters definiert, wodurch auch massive Formen des Polterns erfaßt werden, die sowohl in der ICD-10 als auch im DSM-III-R als eigenständige Störung beschrieben werden. In der ICD-10 werden diese Störungen unter „Andere Verhaltens- oder emotionalen Störungen mit Beginn in der Kindheit und Jugend" aufgeführt. Beim „Stottern" liegt die Prävalenzangabe im DSM-IV bei 1 % der vorpubertären Kinder, im DSM-III-R waren ca. 5 % aller Kinder auffällig. Dies liegt daran, daß im DSM-IV folgende Präzisierungen aufgenommen und ergänzende Kriterien gegenüber dem DSM-III-R aufgenommen wurden:
– auseinandergerissene Wörter,
– hörbares oder stummes Blockieren,
– unter starker physischer Anspannung geäußerte Wörter und
– Wiederholungen einsilbiger ganzer Wörter.

Sowohl bei der „Expressiven Sprachstörung" als auch der „Kombinierten Rezeptiv-Expressiven Sprachstörung" wird im DSM-IV zwischen (z. B. aufgrund eines Schädel-Hirn-Traumas) erworbenen und entwicklungsbezogenen Formen unterschieden.

Die ICD-10 hält dagegen an dem Entwicklungsbezug fest und fordert, daß neurologische, sensorische oder körperliche Beeinträchtigungen, die direkt den Gebrauch der gesprochenen Sprache betreffen, nicht vorliegen dürfen. Die Bezeichnung der „Kombinierten Rezeptiv-Expressiven Sprachstörung" wird auch für die „Rezeptive Sprachstörung" nach ICD-10 toleriert. Die ICD-10-Forschungskriterien fordern für die Diagnose der „Expressiven Sprachstörung" und der „Rezeptiven Sprachstörung" ebenso wie für die „Artikulationsstörung" eine Differenz von zwei Standardabweichungen zur Altersnorm und von einer Standardabweichung zum nonverbalen Intelligenzniveau und setzen damit sehr strenge Kriterien für die Diagnose.

Tiefgreifende Entwicklungsstörungen

Die Gruppe der „Tiefgreifenden Entwicklungsstörungen" wurde im DSM-IV gegenüber dem DSM-III-R wesentlich erweitert (s. Tab. 5). Neben der „Autistischen Störung" wurde die „Rett-Störung", die „Desintegrative Störung im Kindesalter" und die „Asperger-Störung" neu aufgenommen.

Autistische Störung

Die Diagnosekriterien für die „Autistische Störung" im DSM-IV wurden präzisiert. Sie beziehen sich auf qualitative Beeinträchtigungen der sozialen Interaktion und der Kommunikation sowie auf begrenzte, repetitive und stereotype Verhaltensmuster, Interessen und Aktivitäten (vgl. Kusch & Petermann, 1995b). Die diagnostischen Kriterien für den „Frühkindlichen Autismus" (F84.0) nach ICD-10 entsprechen weitgehend den DSM-IV-Kriterien. Die ICD-10 definiert einen „Atypischen Autismus" (F84.1), der entweder hinsichtlich des Beginns der Störung (nach dem 3. Lebensjahr) oder der Symptomatik (nicht alle Kriterien sind erfüllt) vom „Frühkindlichen Autismus" abweicht. Das DSM-IV bildet hierfür keine eigene Diagnose, sondern weist den atypischen Autismus der Kategorie der „Nicht Näher Bezeichneten Entwicklungsstörungen" zu.

Asperger-Störung

Die „Asperger-Störung", die neu in das DSM-IV aufgenommen wurde, läßt sich von der „Autistischen Störung" dadurch abgrenzen, daß keine allgemeinen Sprachentwicklungsstörungen vorhanden sind und keine qualitative Störung der Kommunikation vorliegen muß, wie sie für die „Autistische Störung" definiert ist. Dagegen sind die Diagnosekriterien für die qualitative Störung der Interaktion und für die begrenzten, repetitiven und stereotypen Verhaltensmuster, Interessen und Aktivitäten mit den entsprechenden Kriterien für die Autistische Störung identisch. Die ICD-10-Kriterien für das „Asperger-Syndrom" (F84.5) entsprechen weitgehend den DSM-IV-Kriterien.

Tabelle 5: Tiefgreifende Entwicklungsstörungen.

DSM-III-R	DSM-IV	ICD-10	
Tiefgreifende Entwicklungsstörungen	*Tiefgreifende Entwicklungsstörungen*	F84	*Tiefgreifende Entwicklungsstörungen*
299.00 Autistische Störung	299.00 Autistische Störung	F84.0	Frühkindlicher Autismus
		F84.1	Atypischer Autismus
	299.80 Rett-Störung	F84.2	Rett-Syndrom
		F84.3	Sonstige desintegrative Störung des Kindesalters
		F84.4	Hyperkintische Störung mit Intelligenzminderung und Bewegungsstereotypien
	299.80 Asperger-Störung	F84.5	Asperger-Syndrom
		F84.8	Sonstige tiefgreifende Entwicklungsstörungen
299.80 NNB Tiefgreifende EST	299.80 NNB Tiefgreifende EST	F84.9	NBB Tiefgreifende EST

Anmerkung: NNB = Nicht Näher Bezeichnete ... – EST = Entwicklungsstörung

Rett-Störung

Die „Rett-Störung" beginnt nach dem fünften Lebensmonat nach einer eindeutig normalen prä- und perinatalen Entwicklung und einer eindeutig normalen psychomotorischen Entwicklung sowie normalem Kopfumfang bei Geburt. Zwischen dem fünften Lebensmonat und dem vierten Lebensjahr ist eine Abnahme des Kopfumfangs zu beobachten sowie der Verlust von erworbenen zielgerichteten Handbewegungen zwischen dem fünften und dem 30. Lebensmonat, vielmehr entwickeln sich charakteristische stereotype Handbewegungen, die an Händewringen oder Händewaschen erinnern. In den ersten Jahren nach Störungsbeginn nimmt das Interesse am sozialen Umfeld ab. Es treten wenig koordinierte Gang- oder Rumpfbewegungen auf. Außerdem kommt es zu einer schweren Beeinträchtigung der expressiven und rezeptiven Sprachentwicklung mit einer starken Retardierung im psychomotorischen Bereich. Diese Störung ist in der ICD-10 nahezu identisch definiert.

Desintegrative Störung

Hauptmerkmal der „Desintegrativen Störung im Kindesalter" ist ein deutlicher Verlust vorher erworbener Fertigkeiten nach einem Zeitraum von mindestens zwei Jahren offensichtlich normaler Entwicklung. Nach den ersten zwei Lebensjahren und vor dem zehnten Lebensjahr erfährt das Kind einen Verlust zuvor erworbener Fähigkeiten in mindestens zwei der folgenden Bereiche: expressive oder rezeptive Sprache, soziale Fertigkeiten oder Anpassungsverhalten, Darm- oder Blasenkontrolle, Spielverhalten oder motorische Fähigkeiten. Die Betroffenen weisen die sozialen und kommunikativen Defizite und Verhaltensmerkmale auf, die im allgemeinen bei der „Autistischen Störung" beobachtet werden. Die Störung wurde auch als Heller-Syndrom, infantile Demenz oder desintegrative Psychose bezeichnet. Gewöhnlich ist die Störung mit einer schweren geistigen Behinderung verbunden. Die ICD-10-Diagnosekriterien entsprechen den DSM-IV-Kriterien.

Störungen der Aufmerksamkeit, der Aktivität und des Sozialverhaltens

Das DSM-IV faßt die Aufmerksamkeitsdefizit-/Hyperaktivitätsstörungen und die Störungen des Sozialverhaltens zu einer Gruppe der „Störungen der Aufmerksamkeit, der Aktivität und des Sozialverhaltens" zusammen, um damit die engen Beziehungen zwischen diesen Störungsformen deutlich zu machen (vgl. Döpfner, 1995; Petermann & Warschburger, 1995).

Aufmerksamkeitsdefizit-/Hyperaktivitätsstörung

Anders als im DSM-III-R werden die Diagnosekriterien der „Aufmerksamkeitsdefizit-/Hyperaktivitätsstörung" in zwei Gruppen unterteilt: Kriterien zur Definition von Aufmerksamkeitsstörungen und Kriterien zur Definition von Impulsivität/Hyperaktivität. Entsprechend werden drei Subtypen unterschieden:
— der Vorwiegend Unaufmerksame Typus,
— der Vorwiegend Hyperaktiv-Impulsive Typus und
— der Mischtypus.

Die Diagnosekriterien lehnen sich an die von DSM-III-R an, sind aber schärfer formuliert. Einige Kriterien wurden neu aufgenommen:
— Beachtet häufig Einzelheiten nicht oder macht Flüchtigkeitsfehler.
— Hat häufig Schwierigkeiten, Aufgaben oder Aktivitäten zu organisieren.
— Vermeidet häufig, hat eine Abneigung gegen oder beschäftigt sich häufig nur widerwillig mit Aufgaben, die eine längerdauernde geistige Anstrengung erfordern.
— Ist bei Alltagstätigkeiten häufig vergeßlich.
— Läuft häufig herum oder klettert exzessiv in Situationen, in denen dies unpassend ist.
— Ist ständig „auf Achse" oder handelt oftmals, als wäre er/sie getrieben.

Die Diagnosekriterien für die „Einfache Aktivitäts- und Aufmerksamkeitsstörung" der ICD-10-Forschungskriterien sind weitgehend identisch. Allerdings nimmt die ICD-10 eine Dreiteilung zwischen den Kriterien zur Erfassung von Unaufmerksamkeit, Überaktivität und Impulsivität vor und fordert, daß in allen drei Bereichen Auffälligkeiten vorliegen müssen. Damit setzt die ICD-10 die Schwelle für die Diagnose einer Aktivitäts- und Aufmerksamkeitsstörung wesentlich höher. Die Binnendifferenzierung zwischen verschiedenen Typen wird nicht durchgeführt. Für ein ausgeprägt aufmerksamkeitsschwaches, aber nicht hyperaktives Kind kann nach ICD-10 diese Diagnose nicht gestellt werden. Sowohl die ICD-10 als auch das DSM-IV fordern, daß die Störung situationsübergreifend ausgeprägt sein sollte, also sowohl in der Schule als auch in der Familie oder bei der Beobachtung im klinischen Kontext beobachtbar ist.

Tabelle 6: Störungen der Aufmerksamkeit, der Aktivität und des Sozialverhaltens

DSM-III-R	DSM-IV	ICD-10
Expansive Verhaltensstörungen	*Störungen der Aufmerksamkeit, der Aktivität und des Sozialverhaltens*	
		F90 *Hyperkinetische Störungen*
314.01 Aufmerksamkeits- und Hyperaktivitätsstörung	314 Aufmerksamkeitsdefizit-/ Hyperaktivitätsstörung 314.01 Mischtypus 314.00 Vorwiegend Unaufmerksamer Typus 314.01 Vorwiegend Hyperaktiv-Impulsiver Typus 314.9 NBB Aufmerksamkeitsdefizit-/Hyperaktivitätsstörung	F90.0 Einfache Aktivitäts- und Aufmerksamkeitsstörung F90.9 NBB hyperkinetische Störung F90.8 Sonstige hyperkinetische Störung F90.1 Hyperkinetische Störung des Sozialverhaltens
		F91 *Störungen des Sozialverhaltens (StSoz)*
Störung des Sozialverhaltens	312.8 Störung des Sozialverhaltens	F91.0 Auf den familiären Rahmen beschränkte StSoz F91.1 StSoz bei fehlenden sozialen Bindungen F91.2 StSoz bei vorhandenen sozialen Bindungen
313.81 Störung mit Oppositionellem Trotzverhalten	313.81 Störung mit Oppositionellem Trotzverhalten 312.9 NBB Sozial Störendes Verhalten	F91.3 StSoz mit oppositionellem, aufsässigem Verhalten F91.9 NBB StSoz F91.8 Sonstige Störungen des Sozialverhaltens
		F92 *Kombinierte Störung des Sozialverhaltens und der Emotionen*

Anmerkung: NNB = Nicht Näher Bezeichnete ... – StSoz = Störung des Sozialverhaltens

Störung des Sozialverhaltens und Störung mit Oppositionellem Trotzverhalten

Das DSM-IV nimmt für die Störungen des Sozialverhaltens eine andere Einteilung als das DSM-III-R vor. Während das DSM-III-R zwischen dem Gruppentypus, dem Aggressiven Einzelgängertypus und dem Undifferenzierten Typus unterschied, wird im DSM-IV als zusätzliche Spezifikation nach dem Alter des Störungsbeginns unterschieden und zwar zwischen Störungen des Sozialverhaltens mit Beginn in der Kindheit und mit Beginn in der Adoleszenz.

Die ICD-10 unterscheidet zwischen Störungen des Sozialverhaltens, die auf den familiären Kontext beschränkt sind, Störungen des Sozialverhaltens bei fehlenden und bei vorhandenen sozialen Bindungen, und folgt damit einem anderen Einteilungsgesichtspunkt, dem ebenfalls prognostische Bedeutung zukommt. Die Diagnosekriterien entsprechen sich in beiden Systemen weitgehend.

Entsprechend der allgemeinen Philosophie von ICD-10, Kombinationsdiagnosen vorzusehen, wenn Störungen gehäuft gemeinsam vorkommen, definiert die ICD-10 eine „Hyperkinetische Störung des Sozialverhaltens", bei der sowohl die Kriterien für eine hyperkinetische Störung als auch eine Störung des Sozialverhaltens (bzw. eine oppositionelle Verhaltensstörung) vorliegen. Zwei weitere Diagnosekategorien sind in der Gruppe der „Kombinierten Störungen des Sozialverhaltens und der Emotionen" zusammengefaßt, nämlich: „Störungen des Sozialverhaltens mit depressiver Störung" (F92.0) und „Andere Kombinierte Störungen des Sozialverhaltens und der Emotionen" (F92.8). Das DSM-IV sieht bei Vorliegen mehrerer Störungen auch mehrere Diagnosen vor.

Fütter- und Eßstörungen im Säuglings- oder Kleinkindalter

Im DSM-IV werden unter den Fütter- und Eßstörungen im Säuglings- oder Kleinkindalter Pica, Ruminationsstörung und Fütterstörung im Säuglings- oder Kleinkindalter aufgeführt. Hingegen werden abweichend vom DSM-III-R die Anorexia Nervosa und Bulimia Nervosa in ein spezielles Kapitel „Eßstörungen" aufgenommen und nicht in einem Kapitel für Störungen im Kindes- und Jugendalter abgehandelt. Eine weitere Veränderung gegenüber dem DSM-III-R besteht darin, daß die Fütterstörungen im Säuglings- oder im Kleinkindalter neu im DSM-IV beschrieben werden. Die Kategorie Nicht Näher Bezeichnete Eßstörungen ist dagegen entfallen.

Die ICD-10 faßt ebenfalls die Eßstörungen als eine Kategorie unter Verhaltensauffälligkeiten mit körperlichen Störungen und Faktoren zusammen (F50 bis F59), während Fütterstörungen im frühen Kindesalter und Pica im Kindesalter unter andere Verhaltens- oder emotionale Störungen mit Beginn in der Kindheit und Jugend unter F98 subsumiert werden.

Die diagnostischen Kriterien für Pica wurden insofern geändert, als im DSM-III-R die Kriterien für eine autistische Erkrankung, Schizophrenie oder für ein Kleine-Levin-Syndrom nicht erfüllt sein durften (**Kriterium B**), während das DSM-IV feststellt, daß die Störung des Eßverhaltens, wenn sie ausschließlich im Verlauf einer anderen psychischen Störung (z. B. Geistige Behinderung, Tiefgreifende Entwicklungsstörung, Schizophrenie) auftritt, schwer genug sein muß, um klinische Beachtung zu rechtfertigen. Neu eingeführt wurde, daß das Eßverhalten nicht Teil einer kulturell anerkannten Praxis sein darf (**Kriterium C**). Im Vergleich zur ICD-10 ergeben sich weitgehende Übereinstimmungen, wobei in den Forschungskriterien von ICD-10 das chronologische und geistige Alter auf mindestens zwei Jahre festgelegt wird und keine anderen psychischen oder Verhaltensstörungen vorhanden sein dürfen.

Die Ruminationsstörung enthält im DSM-IV zusätzlich das Kriterium C: „Das Verhalten tritt nicht ausschließlich im Verlauf einer Anorexia Nervosa oder Bulimia Nervosa auf. Kommen die Symptome ausschließlich im Verlauf einer Geistigen Behinderung oder einer Tiefgreifenden Entwicklungsstörung vor, müssen sie schwer genug sein, um für sich allein genommen klinische Beachtung zu rechtfertigen." Hingegen entfiel das Kriterium von DSM-III-R, das einen Gewichtsverlust oder Ausbleiben der erwarteten Gewichtszunahme verlangt. In der ICD-10 wird die Ruminationsstörung unter den Fütterstörungen im frühen Kindesalter dargestellt.

Die Fütterstörung im Säuglings- oder im Kleinkindalter wurde neu ins DSM-IV aufgenommen. Das Hauptmerkmal ist eine andauernde mangelnde Nahrungsaufnahme, die eine Gewichtszunahme unmöglich macht oder zu einem Gewichtsverlust führt. Erkrankungen des Magen-Darm-Traktes, andere psychische Störungen (z. B. Ruminationsstörung und Nahrungsmangel) liegen bei der Fütterstörung nicht vor. Die entsprechende Kategorie der ICD-

10 entspricht weitgehend den Kriterien von DSM-IV bis auf den Zeitraum der Fütterstörung, der im DSM-IV mindestens einen Monat andauern muß, im ICD-10 hingegen mindestens drei Monate.

Tabelle 7: Fütter- und Eßstörungen.

DSM-III-R	DSM-IV	ICD-10
Eßstörungen	Fütter- und Eßstörungen im Säuglings- oder Kleinkindalter	(F98 Sonstige Verhaltens- und emotionale Störungen mit Beginn in Kindheit/Jugend)
307.10 Anorexia Nervosa	(307.10 siehe Eßstörungen im allg. Teil)	(F50.0 siehe F50 Eßstörungen)
307.51 Bulimia Nervosa	(307.10 siehe Eßstörungen im allg. Teil)	(F50.0 siehe F50 Eßstörungen)
307.52 Pica	307.52 Pica	F98.3 Pica im Kindesalter
307.53 Ruminationsstörung im Kleinkindalter	307.53 Ruminationsstörung	
	307.59 Fütterstörung im Säuglings- oder Kleinkindalter	F98.2 Fütterstörung im frühen Kindesalter
307.50 NNB Eßstörung		

Anmerkung: NNB = Nicht Näher Bezeichnete ...

Ticstörungen

Die Einteilung der Ticstörungen hat sich vom DSM-III-R zum DSM-IV in den Hauptkategorien nicht verändert und weicht auch nicht von der ICD-10-Klassifikation ab.

Bei allen Ticstörungen wird im DSM-IV der Störungsbeginn vor das Alter von 18 Jahren gelegt, während DSM-III-R den Beginn der Störung vor dem 21. Lebensjahr definierte. Für alle Diagnosegruppen führt das DSM-IV das Kriterium C neu ein. Es lautet: „Die Störung führt zu starker innerer Anspannung oder deutlichen Beeinträchtigungen in sozialen, beruflichen oder in anderen wichtigen Funktionsbereichen." Im DSM-IV entfällt das diagnostische Kriterium C aus dem DSM-III-R für die Tourette-Störungen: „Der betroffene Körperteil, die Anzahl, die Häufigkeit, die Komplexität und der Schweregrad der Tics ändern sich mit der Zeit." In der ICD-10 wurde abweichend vom DSM-IV auf das Kriterium C verzichtet, d. h. starke innere Anspannung oder eine deutliche Beeinträchtigung werden nicht verlangt. Die zeitlichen Vorgaben über Häufigkeit und Dauer der Tics entsprechen sich in der ICD-10 und im DSM-IV.

Für die „Chronische Motorische oder Vokale Ticstörung" nimmt das DSM-IV das Kriterium F ergänzend auf. Es lautet: „Die Kriterien der Tourette-Störung waren zu keinem Zeitpunkt erfüllt." Ein entsprechender Hinweis findet sich auch im ICD-10.

Bei der „Vorübergehenden Ticstörung" ist die Mindestdauer der Störung im DSM-IV mit vier Wochen angegeben. Im DSM-III-R betrug sie nur zwei Wochen; auch wurde das diagnostische Kriterium F im DSM-IV explizit aufgenommen: „Die Kriterien einer Tourette-Störung oder eines Chronischen Motorischen oder Vokalen Tics waren zu keinem Zeitpunkt erfüllt." Das 4-Wochen-Kriterium trifft auch im ICD-10 zu, ebenfalls der Ausschluß einer Tourette-Störung.

Störungen der Ausscheidung

Gegenüber dem DSM-III-R entfällt im DSM-IV der Zusatz „funktionelle" Enkopresis bzw. Enuresis. Das DSM-IV unterscheidet bei der Enkopresis zwischen zwei Subtypen, die wie folgt definiert werden: Enkopresis mit bzw. ohne Verstopfung und Überlaufinkontinenz. Im Abschnitt Verlauf werden zwar die primäre und sekundäre Form der Enkopresis erwähnt, jedoch ebenso wie in der ICD-10 nicht in die diagnostischen Kriterien aufgenommen. Abweichend vom DSM-III-R wird nicht mehr die Dauer der vorangegangenen Stuhlkontinenz als Differenzierung zwischen einem primären bzw. sekundären Typus verwendet. Das diagnostische Kriterium B im DSM-IV fordert, daß das Störungsverhalten mindestens einmal im Monat im Verlauf von mindestens drei Monaten beobachtet wird. Im DSM-III-R betrug der Zeitraum sechs Monate und entsprach damit den ICD-10-Kriterien. Das DSM-IV enthält das folgende Kriterium D neu: „Das Verhalten geht nicht ausschließlich auf die direkte körperliche Wirkung einer Substanz (z. B. Abführmittel) oder eines medizinischen Krankheitsfaktors zurück, es sei denn, der Krankheitsmechanismus beinhaltet Verstopfung." Das DSM-III-R und die ICD-10 geben hingegen das Fehlen organischer Gegebenheiten an, die einen ausreichenden Grund für das Einkoten darstellen.

Bei der Enuresis wird das Mindestalter im DSM-IV, entsprechend dem ICD-10, mit fünf Jahren, im DSM-III-R mit vier Jahren angegeben. Die Unterscheidung zwischen Enuresis nocturna (nur nachts), Enuresis diurna (nur tagsüber) und Enuresis nocturna und diurna (nachts und tagsüber) wird im DSM-IV ausführlicher beschrieben als im DSM-III-R. Auch in der ICD-10 findet sich eine entsprechende Spezifizierung der Enuresis. Die Unterscheidung zwischen primärer und sekundärer Enuresis wird entsprechend der primären und sekundären Enkopresis definiert und von DSM-III-R nach DSM-IV verändert. Das DSM-IV bestimmt eine primäre Enuresis, wenn das Kind die Blase noch niemals kontrollieren konnte. Bei der sekundären Enuresis tritt die Störung auf, nachdem das Kind schon trocken war. Im DSM-III-R dauerte die der primären Störung vorangegangene Harnkontinenz weniger als ein Jahr, beim sekundären Typus mindestens ein Jahr. Diese Unterscheidung ist im DSM-IV lediglich beim Störungsverlauf dargestellt und wird nicht mehr wie im DSM-III-R zusätzlich zu den diagnostischen Kriterien aufgeführt.

Tabelle 8: Störungen der Ausscheidung.

DSM-III-R	DSM-IV	ICD-10
Störungen der Ausscheidung	*Störungen der Ausscheidung*	*Sonstige Störungen*
307.6 Funktionelle Enuresis Bestimme: nur Enuresis nocturna nur Enuresis diurna Enuresis nocturna und diurna 307.7 Funktionelle Enkopresis	307.6 Enuresis Bestimme: nur Enuresis nocturna nur Enuresis diurna Enuresis nocturna und diurna 307.7 Enkopresis ohne Verstopfung und Überlaufinkontinenz 787.6 Enkopresis mit Verstopfung und Überlaufinkontinenz	F98.0 Enuresis F98.1 Enkopresis

Andere Störungen im Kleinkindalter, in der Kindheit oder Adoleszenz

Im DSM-IV entfällt die eigenständige Rubrik „Angststörungen" (vgl. Tab. 6), aus den drei spezifischen Störungen des DSM-III-R wird lediglich die „Störung mit Trennungsangst" übernommen. Sie wird in der Rubrik „Andere Störungen im Kleinkindalter, in der Kindheit oder Adoleszenz" abgehandelt (vgl. Tab. 9). Die beiden übrigen Angststörungen werden unter dem Stichwort „Generalisierte Angststörung" bzw. „Soziale Phobie" (vgl. Reinecker, 1994) an anderer Stelle des DSM-IV behandelt. Neuere Studien zeigen, daß bis auf die Störung mit Trennungsangst die weiteren beschriebenen Angststörungen des Kindes- und Jugendalters nicht hinreichend validiert werden konnten (Schneider, 1994).

Die ICD-10 nimmt hingegen eine deutlich andere Klassifikation vor. Bei den emotionalen Störungen des Kindesalters (F 93) werden emotionale Störungen mit Trennungsangst (F93.0), phobische Störungen (F93.1), Störung mit sozialer Überempfindlichkeit (F93.2), emotionale Störungen mit Geschwisterrivalität (F93.3), sonstige emotionale Störungen (F93.8) sowie nicht näher bezeichnete emotionale Störungen des Kindesalters (F93.9) aufgeführt. Der elektive Mutismus (F94.0), die reaktive Bindungsstörung des Kindesalters (F94.1), die Bindungsstörung des Kindesalters mit Enthemmung (F94.2) sowie sonstige bzw. nicht näher bezeichnete Störung der sozialen Funktionen des Kindesalters (F94.8 bzw. F94.9) finden sich unter einer eigenen Rubrik, nämlich Störungen sozialer Funktionen mit Beginn in der Kindheit und Jugend (F94).

Tabelle 9: Andere Störungen im Kleinkindalter, in der Kindheit oder Adoleszenz (1)

DSM-III-R	DSM-IV	ICD-10	
	Andere Störungen im Kleinkindalter, in der Kindheit oder Adoleszenz		
Angststörungen in der Kindheit oder Adoleszenz		F93	*Emotionale Störungen des Kindesalters*
309.21 Störung mit Trennungsangst	309.21 Störung mit Trennungsangst	F93.0	Emotionale Störung mit Trennungsangst des Kindesalters
		F93.2	Störung mit sozialer Überempfindlichkeit
313.21 Störung mit Kontaktvermeidung	300.02 Generalisierte Angststörung (siehe allgem. Teil)	F93.8	Generalisierte Angststörung
313.00 Störung mit Überängstlichkeit	300.02 Soziale Phobie (siehe allg. Teil)	F93.1	Phobische Störung des Kindesalters
		F93.3	Emotionale Störung mit Geschwisterrivalität
Andere Störungen im Kleinkindalter, in der Kindheit oder Adoleszent		F94	*Störungen sozialer Funktionen mit Beginn in Kindheit/Jugend*
313.23 Elektiver Mutismus	313.23 Selektiver Mutismus	F94.0	Elektiver Mutismus
313.89 Reaktive Bindungsstörung im Säuglingsalter oder der Frühen Kindheit	313.89 Reaktive Bindungsstörung im Säuglingsalter oder der Frühen Kindheit	F94.1	Reaktive Bindungsstörung des Kindesalters
		F94.2	Bindungsstörung des Kindesalters mit Enthemmung
		F94.9	NNB Störung soz. Funktionen

Anmerkung: NNB = Nicht Näher Bezeichnete ...

Tabelle 10: Andere Störungen im Kleinkindalter, in der Kindheit oder Adoleszenz (2)

DSM-III-R	DSM-IV		ICD-10	
Andere Störungen im Kleinkindalter, in der Kindheit oder Adoleszenz	*Andere Störungen im Kleinkindalter, in der Kindheit oder Adoleszenz*		F98	*Sonstige Verhaltens-/Emotionale Störungen mit Beginn in Kindheit und Jugend*
313.82 Identitätsstörung	(313.82	Identitätsstörung – siehe Kapitel V)		
307.30 Stereotype Bewegungsstörung mit Autoaggressivem Charakter	307.30	Stereotype Bewegungsstörung Bestimme: Mit Selbstschädigendem Verhalten	F98.4	Stereotype Bewegungsstörung
314.00 Undifferenzierte Aufmerksamkeitsstörung	313.9	NNB Störung im Kleinkindalter, in der Kindheit oder Adoleszenz	F98.8	Sonstige NB Verhaltens- und emotionale Störung mit Beginn in der Kindheit und Jugend

Anmerkung: NNB = Nicht Näher Bezeichnete ... – NB = Näher bezeichnete

Bei der Störung mit Trennungsangst kam die Spezifizierung „Früher Beginn" (d. h. vor dem Alter von sechs Jahren) im DSM-IV hinzu, ebenso der Hinweis auf Kulturunterschiede. Eine Altersangabe, ab wann frühestens eine Störung mit Trennungsangst festgestellt werden kann, fehlt nach wie vor. Unverändert wird darauf hingewiesen, daß diese Angst stärker sein sollte, als es für die Entwicklungsstufe zu erwarten wäre. Damit ist leider kein diagnostisches Kriterium festgelegt, ab wann eine noch normale Trennungsangst in eine Störung mit Trennungsangst in früher Kindheit übergeht. Die Prävalenz wird bei dieser Störung mit etwa 4 % angegeben. Das DSM-III-R machte keine Prävalenzangaben. Das diagnostische Kriterium B hat sich dahingehend verändert, als die Dauer der Störung mindestens vier Wochen betragen muß gegenüber zwei Wochen im DSM-III-R. Neu wurde auch das Kriterium D im DSM-IV aufgenommen, das besagt, daß die Störung ein Leiden bzw. eine Beeinträchtigung hervorrufen muß. In der ICD-10 müssen ebenso wie im DSM-IV mindestens drei Merkmale aus einer Liste von acht Kriterien erfüllt sein. Die ICD-10 differenziert nicht zwischen einem frühen und späten Beginn, so daß das Kriterium C dort lautet „Beginn vor dem 6. Lebensjahr" und nicht wie im DSM-IV vor dem Alter von 18 Jahren.

Die Kategorie des „Elektiven Mutismus" wurde in „Selektiven Mutismus" von DSM-III-R nach DSM-IV umbenannt. Ausdrücklich werden Einwandererkinder, die mit der offiziellen Sprache des Gastlandes noch nicht vertraut sind, ausgenommen. Im DSM-IV kommen als weitere Veränderungen die diagnostischen Kriterien C und E neu hinzu. Sie lauten:
— Die Störungsdauer beträgt mindestens einen Monat.
— Das Störungsbild kann nicht besser durch eine Kommunikationsstörung erklärt werden und tritt nicht ausschließlich im Verlauf einer Tiefgreifenden Entwicklungsstörung, Schizophrenie oder einer anderen Psychotischen Störung auf.

ICD-10 definiert ergänzend zu DSM-IV: „Sprachausdruck und Sprachverständnis, beurteilt in einem individuell angewandten standardisierten Test, innerhalb von zwei Standardabweichungen entsprechend dem Alter des Kindes."

Bei der „Reaktiven Bindungsstörung im Säuglings- und Kleinkindalter" wird im DSM-IV abweichend vom DSM-III-R zwischen einem Gehemmten und einem Enthemmten Typus unterschieden. Ansonsten ergeben sich keine Abweichungen in den diagnostischen Kriterien. In der ICD-10 werden getrennte diagnostische Kriterien für die reaktive Bindungsstörung des Kindesalters sowie eine Bindungsstörung des Kindesalters mit Enthemmung aufgeführt.

Die „Stereotype Bewegungsstörung" wird im DSM-IV durch den Vermerk „Mit Selbstschädigendem Verhalten" weiter spezifiziert. Im DSM-IV finden sich genauere Prävalenzzahlen und eine ausführlichere Differentialdiagnose als im DSM-III-R. Die zusätzlichen diagnostischen Kriterien C, E und F besagen, daß bei Vorliegen einer Geistigen Behinderung das stereotype oder selbstschädigende Verhalten schwer genug sein muß, um einen Schwerpunkt der Behandlung zu bilden (**Kriterium C**). Kriterium E lautet im DSM-IV: „Das Verhalten geht nicht auf die direkte körperliche Wirkung einer Substanz oder eines medizinischen Krankheitsfaktors zurück." Im DSM-III-R wurde vermerkt, daß die Störung durch bestimmte psychotrope Substanzen (wie Amphetamine) hervorgerufen werden kann. Das Kriterium F spezifiziert als Mindestdauer der Störung vier Wochen; das DSM-III-R gab hingegen keine Zeitspanne an. In der ICD-10 wird ebenfalls eine Differenzierung vorgenommen, und zwar zwischen einer Stereotypen Bewegungsstörung mit und ohne Selbstverletzung; andere psychische oder Verhaltensstörungen, außer einer Intelligenzminderung, werden ebenso ausgeschlossen wie im DSM-IV.

Abschließende Hinweise

Wie bereits einleitend erwähnt, werden im DSM-IV einige Störungsbilder umbenannt und neu zugeordnet, wobei die Diagnosekriterien teilweise unverändert bleiben und teilweise überarbeitet wurden. Eine Reihe von Störungen werden nicht mehr als spezielle Störungen im Kindes- und Jugendalter, sondern im allgemeinen Teil behandelt bzw. sind völlig ausgeschlossen worden:

– Störung der Geschlechtsidentität (jetzt im allgemeinen Teil),
– Poltern als spezifische Sprechstörung (entfällt),
– Identitätsstörung (nur noch als Zusatzkodierung für Merkmale von klinischer Bedeutsamkeit),
– undifferenzierte Aufmerksamkeitsstörung (entfällt),
– Anorexia Nervosa (jetzt im allgemeinen Teil),
– Bulimia Nervosa (jetzt im allgemeinen Teil),
– Störung mit Kontaktvermeidung (jetzt im allgemeinen Teil),
– Störung mit Überängstlichkeit (jetzt im allgemeinen Teil).

Literatur

American Psychiatric Association (1987). *Diagnostic and statistical manual of mental disorders DSM-III-R*. Washington, DC: American Psychiatric Association.
American Psychiatric Association (1994). *Diagnostic and statistical manual of mental disorders DSM-IV*. Washington, DC: American Psychiatric Association.
Döpfner, M. (1995). Hyperkinetische Störungen. In F. Petermann (Hrsg.), *Lehrbuch der Klinischen Kinderpsychologie*. Göttingen: Hogrefe.
Kusch, M. & Petermann, F. (1995 a). Konzepte und Ergebnisse der Entwicklungspsychopathologie. In F. Petermann (Hrsg.), *Lehrbuch der Klinischen Kinderpsychologie*. Göttingen: Hogrefe.
Kusch, M. & Petermann, F. (1995 b). Tiefgreifende Entwicklungsstörungen. In F. Petermann (Hrsg.). *Lehrbuch der Klinischen Kinderpsychologie*. Göttingen: Hogrefe.

Loeber, R. (1990). Developmental and risk factors of juvenile antisocial behavior and delinquency. *Clinical Psychology Review, 10,* 1–41.

Petermann, F. & Warschburger, P. (1995). Aggression. In F. Petermann (Hrsg.), *Lehrbuch der Klinischen Kinderpsychologie.* Göttingen: Hogrefe.

Reinecker, H. (1994). Soziale und spezifische Phobien. In H. Reinecker (Hrsg.), *Lehrbuch der Klinischen Psychologie.* Göttingen: Hogrefe, 2. erweit. Auflage.

Remschmidt, H. (1995). Grundlagen psychiatrischer Klassifikation und Psychodiagnostik. In F. Petermann (Hrsg.), *Lehrbuch der Klinischen Kinderpsychologie.* Göttingen: Hogrefe.

Schneider, S. (1994). Angstdiagnostik bei Kindern. Kindheit und Entwicklung, 3, 164–171.

Wittchen, H.U., Saß, H., Zaudig, M. & Koehler, K. (Hrsg.).(1989). *Diagnostisches und Statistisches Manual Psychischer Störungen DSM-III-R.* Weinheim: Beltz.

Störungen, die Gewöhnlich Zuerst im Kleinkindalter, in der Kindheit oder Adoleszenz Diagnostiziert werden

Die Darstellung der Störungen, die Gewöhnlich Zuerst im Kleinkindalter, in der Kindheit oder Adoleszenz Diagnostiziert werden in einem eigenen Kapitel dient lediglich der einfacheren Handhabung und soll nicht den Eindruck erwecken, als existiere eine klare Trennung zwischen Störungen im Kindesalter und Störungen im Erwachsenenalter. Obwohl die Mehrzahl der Personen mit diesen Störungen schon in der Kindheit oder Adoleszenz klinisch auffällig sind, werden die Störungen manchmal erst im Erwachsenenalter diagnostiziert. Der Beginn vieler Störungen, die in den anderen Kapiteln dieses Handbuchs beschrieben werden, kann ebenfalls in der Kindheit oder Adoleszenz liegen. Bei der Evaluierung von Kleinkindern, Kindern oder Jugendlichen sollte der Untersucher die Diagnosen dieses Kapitels in Betracht ziehen, er sollte aber auch auf Störungen Bezug nehmen, die an anderer Stelle des Manuals behandelt werden. Bei Erwachsenen können Störungen diagnostiziert werden, die in diesem Kapitel über Störungen, die Gewöhnlich Zuerst im Kleinkindalter, in der Kindheit oder Adoleszenz Diagnostiziert werden dargestellt sind, wenn ihr klinisches Bild die relevanten Diagnosekriterien erfüllt (z. B. Stottern, Pica). Ferner kann der Zusatz „Teilremittiert" indiziert sein, wenn ein Erwachsener als Kind Symptome zeigte, die alle Kriterien einer Störung erfüllten, diese nun aber in abgeschwächter oder residualer Form auftreten (z. B. Aufmerksamkeitsdefizit-/Hyperaktivitätsstörung, Mischtypus, Teilremittiert). Für die meisten (wenn auch nicht für alle) DSM-IV-Störungen werden bei Kindern, Jugendlichen und Erwachsenen die gleichen Kriterien angewendet (falls z. B. ein Kind oder ein Jugendlicher Symptome zeigt, welche die Kriterien einer Major Depression erfüllen, sollte diese Diagnose unabhängig vom Alter der Person gestellt werden). Die verschiedenen Erscheinungsformen einer Störung, die der Entwicklungsstufe einer Person zugeschrieben werden können, sind im Text unter dem Stichpunkt „Besondere kulturelle, Alters- und Geschlechtsmerkmale" behandelt. Spezifische Fragen zur Diagnose von Persönlichkeitsstörungen bei Kindern und Jugendlichen werden auf Seite 713 erörtert.

Dieses Kapitel umfaßt die folgenden Störungen:
— **Geistige Behinderung.** Kennzeichen der Störung sind eine deutlich unterdurchschnittliche Intelligenz (ein IQ von ca. 70 oder weniger) mit Beginn vor dem Alter von 18 Jahren sowie Beeinträchtigungen bzw. Defizite in der Anpassungsfähigkeit. Für die **Leichte, Mittelschwere, Schwere und Schwerste Geistige Behinderung** und die **Geistige Behinderung mit Unspezifischem Schweregrad** stehen unterschiedliche Codierungen zur Verfügung.

Berater der deutschen Ausgabe:
Dr. Manfred Döpfner, Köln
Prof. Dr. Gerd Lehmkuhl, Köln
Prof. Dr. Martin H. Schmidt, Mannheim
Prof. Dr. Franz Petermann, Bremen
Prof. Dr. Helmut Remschmidt, Marburg

Übersetzer:
Dr. Manfred Döpfner, Köln
Prof. Dr. Franz Petermann, Bremen
Prof. Dr. Gerd Lehmkuhl, Köln
Dr. Norbert R. Krischke, Bremen
Dipl.-Übersetzerin Carmella Tiller, Bremen

- **Lernstörungen.** Charakteristisch für diese Störungen ist, daß die schulische Leistungsfähigkeit unter Berücksichtigung des Alters, der gemessenen Intelligenz und der altersgemäßen Bildung einer Person wesentlich geringer ist als erwartet. Die hier behandelten spezifischen Störungen sind die **Lesestörung**, die **Rechenstörung**, die **Störung des Schriftlichen Ausdrucks** und die **Nicht Näher Bezeichnete Lernstörung**.
- **Störung der Motorischen Fertigkeiten.** Hierzu gehört die **Entwicklungsbezogene Koordinationsstörung** mit dem charakteristischen Merkmal, daß die motorische Koordination unter Berücksichtigung des Alters und der gemessenen Intelligenz wesentlich geringer ist als erwartet.
- **Kommunikationsstörungen.** Diese Störungen sind durch Sprach- oder Sprechschwierigkeiten gekennzeichnet. Hierzu gehören: **Expressive Sprachstörung, Kombinierte Rezeptiv-Expressive Sprachstörung, Phonologische Störung, Stottern** und **Nicht Näher Bezeichnete Kommunikationsstörung**.
- **Tiefgreifende Entwicklungsstörungen.** Schwerwiegende Defizite und umfassende Beeinträchtigungen in mehreren Entwicklungsbereichen sind für diese Störungen charakteristisch. Hierzu gehören Beeinträchtigung der sozialen Interaktion und der Kommunikation sowie das Auftreten von stereotypen Verhaltensweisen, Interessen und Aktivitäten. Folgende Störungen werden in diesem Kapitel behandelt: **Autistische Störung, Rett-Störung, Desintegrative Störung im Kindesalter, Asperger-Störung** und **Nicht Näher Bezeichnete Tiefgreifende Entwicklungsstörung**.
- **Störungen der Aufmerksamkeit, der Aktivität und des Sozialverhaltens.** Dieser Abschnitt behandelt die **Aufmerksamkeitsdefizit-/Hyperaktivitätsstörung**, die durch deutliche Symptome der Unaufmerksamkeit und/oder Hyperaktivität und Impulsivität gekennzeichnet ist. Entsprechend der vorherrschenden Symptomatik werden die folgenden Subtypen gebildet: der **Vorwiegend Unaufmerksame Typus**, der **Vorwiegend Hyperaktiv-Impulsive Typus** und der **Mischtypus**. In diesem Abschnitt werden auch die Störungen des Sozialverhaltens dargestellt. Die **Störung des Sozialverhaltens** ist gekennzeichnet durch ein Verhaltensmuster, bei dem die grundlegenden Rechte anderer oder wichtige altersgemäße soziale Normen oder Regeln verletzt werden. Für die **Störung mit Oppositionellem Trotzverhalten** ist ein negativistisches, feindseliges und trotziges Verhaltensmuster charakteristisch. Weiterhin enthält dieser Abschnitt zwei Nicht Näher Bezeichnet-Kategorien: die **Nicht Näher Bezeichnete Aufmerksamkeitsdefizit-/Hyperaktivitätsstörung** und das **Nicht Näher Bezeichnete Sozial Störende Verhalten**.
- **Fütter- und Eßstörungen im Säuglings- oder Kleinkindalter.** Diese Störungen sind charakterisiert durch kontinuierliche Störungen beim Füttern und Essen. Die einzelnen Störungen sind **Pica, Ruminationsstörung** und **Fütterstörung im Säuglings- oder Kleinkindalter**. Man beachte, daß Anorexia Nervosa und Bulimia Nervosa im Kapitel „Eßstörungen" an einer anderen Stelle im Manual aufgeführt sind (siehe S. 613).
- **Ticstörungen.** Charakteristisch für diese Störungen sind vokale und/oder motorische Tics. Die hier aufgeführten Störungen sind **Tourette-Störung, Chronische Motorische oder Vokale Ticstörung, Vorübergehende Ticstörung** und **Nicht Näher Bezeichnete Ticstörung**.
- **Störungen der Ausscheidung.** Hierzu gehören **Enkopresis**, das wiederholte Entleeren des Darmes an ungeeigneten Stellen und **Enuresis**, das wiederholte Entleeren von Urin an ungeeigneten Stellen.
- **Andere Störungen im Kleinkindalter, in der Kindheit oder Adoleszenz.** Diese Gruppierung ist für Störungen vorgesehen, die nicht in den obigen Abschnitten aufgeführt sind. Die **Störung mit Trennungsangst** ist charakterisiert durch eine für das Entwicklungsalter unangemessene und übermäßige Angst vor der Trennung von zu Hause und von den

Bezugspersonen des Kindes. Für den **Selektiven Mutismus** ist ein beständiges Sprechversagen in spezifischen sozialen Situationen bei gleichzeitiger Sprechfähigkeit in anderen Situationen charakteristisch. Merkmal der **Reaktiven Bindungsstörung im Säuglings- oder Kleinkindalter** ist eine deutlich gestörte und für das Entwicklungsalter unangemessene soziale Bindung in fast allen Bereichen, die mit einer schwer gestörten Versorgung des Kindes in Verbindung steht. Die **Stereotype Bewegungsstörung** ist gekennzeichnet durch wiederholtes, scheinbar getriebenes und nicht-funktionales motorisches Verhalten, das die normalen Aktivitäten deutlich beeinträchtigt und bisweilen zu körperlicher Schädigung führen kann. Die **Nicht Näher Bezeichnete Störung im Kleinkindalter, in der Kindheit oder Adoleszenz** ist eine Restkategorie zur Codierung von Störungen mit Beginn im Kleinkindalter, in der Kindheit oder Adoleszenz, die nicht die Kriterien einer spezifischen Störung in dieser Klassifikation erfüllen.

Kinder oder Jugendliche können Probleme aufweisen, die klinisch relevant sind, die jedoch nicht als psychische Störungen definiert werden (beispielsweise Beziehungsprobleme, Probleme im Zusammenhang mit Kindesmißhandlung oder Vernachlässigung, Einfache Trauer, Grenzwertige Intellektuelle Leistungsfähigkeit, Schulprobleme, Antisoziales Verhalten in der Kindheit oder Adoleszenz, Identitätsproblem). Sie sind am Ende des Handbuchs im Abschnitt „Andere Klinisch Relevante Probleme" dargestellt (siehe S. 761).

DSM-III-R enthielt zwei für Kindheit und Jugend spezifische Angststörungen, die Störung mit Überängstlichkeit in der Kindheit und die Störung mit Kontaktvermeidung in der Kindheit, die aufgrund von Ähnlichkeiten in wesentlichen Merkmalen im DSM-IV unter Generalisierte Angststörung bzw. Soziale Phobie subsumiert wurden.

Geistige Behinderung

Diagnostische Merkmale

Das Hauptmerkmal der Geistigen Behinderung ist eine deutlich unterdurchschnittliche allgemeine intellektuelle Leistungsfähigkeit (**Kriterium A**). Diese ist begleitet von starken Einschränkungen der Anpassungsfähigkeit in mindestens zwei der folgenden Bereiche: Kommunikation, eigenständige Versorgung, häusliches Leben, soziale/zwischenmenschliche Fertigkeiten, Nutzung öffentlicher Einrichtungen, Selbstbestimmtheit, funktionale Schulleistungen, Arbeit, Freizeit, Gesundheit und Sicherheit (**Kriterium B**). Der Beginn der Störung muß vor dem Alter von 18 Jahren liegen (**Kriterium C**). Geistige Behinderung hat viele verschiedene Ätiologien und kann als der letzte gemeinsame Weg unterschiedlicher pathologischer Prozesse betrachtet werden, die die Funktionsfähigkeit des zentralen Nervensystems beeinträchtigen.

Die *allgemeine intellektuelle Leistungsfähigkeit* ist als Intelligenzquotient (IQ oder IQ-Äquivalent) definiert, der mit Hilfe eines oder mehrerer individuell durchgeführter standardisierter Intelligenztests bestimmt wird (z. B. Hamburg-Wechsler Intelligenztest für Kinder – Revision, Stanford-Binet-Test, Kaufman Assessment Battery for Children). Eine deutlich unterdurchschnittliche intellektuelle Leistungsfähigkeit ist definiert als ein IQ von ca. 70 oder darunter (ungefähr zwei Standardabweichungen unter dem Mittelwert). Bei der Bestimmung des IQ ist ein Meßfehler von ca. fünf Punkten zu berücksichtigen, wobei dies je nach Instrument variieren kann. (Ein IQ von 70 nach dem Wechsler-Test liegt z. B. im Bereich von 65–75.)

Daher ist es möglich, die Diagnose einer Geistigen Behinderung auch bei Personen mit einem IQ zwischen 70 und 75 zu stellen, wenn die Betroffenen erhebliche Defizite in ihrem Anpassungsverhalten aufweisen. Umgekehrt würde man die Diagnose einer Geistigen Behinderung bei einer Person mit einem IQ kleiner 70 nicht stellen, wenn keine erheblichen Defizite bzw. Beeinträchtigungen ihrer Anpassungsfähigkeit auftreten. Bei der Wahl der Testinstrumente und der Interpretation der Ergebnisse sollten Faktoren berücksichtigt werden, die die Testleistung beeinträchtigen können (z. B. der soziokulturelle Hintergrund einer Person, ihre Muttersprache sowie begleitende kommunikative, motorische und sensorische Beeinträchtigungen). Tritt eine bedeutsame Streuung in der Punkteverteilung der einzelnen Subtests auf, dann spiegelt das Profil von Stärken und Schwächen die Lernfähigkeiten einer Person genauer wider als der mathematisch bestimmte IQ-Gesamtwert. Liegt zwischen der Punkteverteilung verbaler Fähigkeiten und der allgemeinen Leistungsfähigkeit eine deutliche Diskrepanz vor, kann es irreführend sein, einen Durchschnittswert zu bilden, um den IQ-Gesamtwert zu erhalten.

Üblicherweise sind Beeinträchtigungen der Anpassungsfähigkeit bei Personen mit Geistiger Behinderung eher die hinweisenden Symptome als ein niedriger IQ. Die *Anpassungsfähigkeit* bezieht sich darauf, wie effektiv eine Person die Anforderungen des täglichen Lebens bewältigt und wie gut sie den Grad persönlicher Unabhängigkeit erfüllt, der unter Berücksichtigung des Alters, des soziokulturellen Hintergrunds und des sozialen Umfelds von ihr erwartet wird. Die Anpassungsfähigkeit kann durch verschiedene Faktoren beeinflußt sein, dazu gehören Bildung, Motivation, Persönlichkeitsmerkmale, soziale und berufliche Möglichkeiten sowie psychische Störungen und medizinische Krankheitsfaktoren, die mit einer Geistigen Behinderung verbunden sein können. Anpassungsprobleme lassen sich mit höherer Wahrscheinlichkeit durch Förderung verbessern als der kognitive IQ, der eher das stabilere Merkmal ist.

Es ist nützlich, Informationen über Defizite im Anpassungsverhalten von einer oder mehreren zuverlässigen, unabhängigen Quellen einzuholen (z. B. über Lehrer-Befragung und die Verfolgung der Bildungs-, Entwicklungs- und Krankheitsgeschichte einer Person). Zur Messung von Anpassungsfähigkeit oder Anpassungsverhalten wurden auch mehrere Fragebögen entwickelt (z. B. die Vineland Adaptive Behavior Scales und die American Association on Mental Retardation Adaptive Behavior Scale). Diese Skalen liefern im allgemeinen einen klinischen Grenzwert, der sich aus den Anpassungsleistungen in mehreren Bereichen zusammensetzt. Zu beachten ist, daß gewisse Bereiche in einigen dieser Instrumente nicht enthalten sind und daß die Meßwerte dieser Bereiche in ihrer Reliabilität variieren können. Auch hier sollte, wie bei der Bestimmung der intellektuellen Leistungsfähigkeit, die Eignung des Instruments bezüglich des soziokulturellen Hintergrunds, der Bildung, der begleitenden Beeinträchtigungen, der Motivation und Kooperation einer Person geprüft werden. So wird beispielsweise das Vorhandensein von gravierenden Beeinträchtigungen bei vielen Anpassungsskalen nicht valide erfaßt. Außerdem können Verhaltensweisen wie Abhängigkeit und Passivität, die normalerweise als Zeichen für eine schlechte Anpassung gelten, im Kontext der besonderen Lebensumstände einer Person (z. B. in einem bestimmten institutionellen Umfeld) Zeichen für eine gute Anpassung sein.

Schweregrade der Geistigen Behinderung

Vier Schweregrade, die die Stärke der intellektuellen Beeinträchtigung widerspiegeln, können spezifiziert werden: Leichte, Mittelschwere, Schwere und Schwerste Geistige Behinderung.

317	(F70.9)	Leichte Geistige Behinderung	IQ 50–55 bis ca. 70
318.0	(F71.9)	Mittelschwere Geistige Behinderung	IQ 35–40 bis 50–55
318.1	(F72.9)	Schwere Geistige Behinderung	IQ 20–25 bis 35–40
318.2	(F73.9)	Schwerste Geistige Behinderung	IQ unter 20 oder 25

319 (F79.9) **Geistige Behinderung mit Unspezifischem Schweregrad** kann benutzt werden, wenn mit hoher Wahrscheinlichkeit eine Geistige Behinderung angenommen werden kann, die Intelligenz einer Person jedoch nicht mit Standardtests meßbar ist (z. B. bei zu stark beeinträchtigten oder unkooperativen Personen sowie bei Säuglingen und Kleinkindern).

317 (F70.9) Leichte Geistige Behinderung

Leichte Geistige Behinderung entspricht in etwa dem, was früher in den USA als „schulfähig" klassifiziert wurde. Die Gruppe mit Leichter Geistiger Behinderung stellt mit etwa 85 % den größten Anteil der geistig behinderten Personen. Die Betroffenen entwickeln im Vorschulalter (0–5 Jahre) soziale und kommunikative Fertigkeiten. Der sensomotorische Bereich ist nur minimal beeinträchtigt. Die Kinder sind von Kindern ohne Geistige Behinderung oft erst später zu unterscheiden. Bis zur Adoleszenz können sie sich Schulkenntnisse bis etwa zur sechsten Klasse aneignen. Im Erwachsenenalter erwerben sie gewöhnlich die sozialen und beruflichen Fertigkeiten, um für sich selbst zu sorgen. Sie können jedoch, besonders unter ungewöhnlichen sozialen und wirtschaftlichen Belastungen, Betreuung, Anleitung und Unterstützung benötigen. Mit entsprechender Unterstützung können Personen mit Leichter Geistiger Behinderung gewöhnlich erfolgreich am sozialen Leben teilnehmen, wobei sie entweder selbständig oder in betreuten Einrichtungen leben.

318.0 (F71.9) Mittelschwere Geistige Behinderung

Eine Mittelschwere Geistige Behinderung entspricht in etwa dem, was früher in den USA als „trainierbar" klassifiziert wurde. Dieser veraltete Begriff sollte nicht mehr verwendet werden, da er fälschlicherweise impliziert, daß Personen mit einer Mittelschweren Geistigen Behinderung von normalen Erziehungsprogrammen nicht profitieren würden. Etwa 10 % aller geistig Behinderten gehören dieser Gruppe an. Die Mehrzahl der Personen mit Mittelschwerer Geistiger Behinderung erwerben in der frühen Kindheit kommunikative Fertigkeiten. Sie profitieren von beruflichem Training und können unter leichter Aufsicht für sich selbst sorgen. Ihre sozialen Fertigkeiten und ihre Arbeitsfähigkeit lassen sich durch Training verbessern. Es ist jedoch unwahrscheinlich, daß sie Schulkenntnisse erwerben, die über das Niveau der zweiten Klasse hinausgehen. Sie können lernen, sich in vertrauter Umgebung allein zu bewegen. Während der Adoleszenz können ihre Schwierigkeiten, soziale Konventionen zu berücksichtigen, die Beziehungen zu Gleichaltrigen beeinträchtigen. Im Erwachsenenalter sind die meisten von ihnen in der Lage, in betreuten Werkstätten oder auf dem freien Arbeitsmarkt ungelernte oder angelernte Arbeit unter Aufsicht zu verrichten. Sie fügen sich gut in die Gemeinschaft ein und leben gewöhnlich in betreuten Einrichtungen.

318.1 (F72.9) Schwere Geistige Behinderung

Zu dieser Gruppe gehören 3–4 % aller geistig behinderten Personen. In der frühen Kindheit erwerben sie nur wenige oder keine Fähigkeiten der sprachlichen Kommunikation. Im Schulalter können sie sprechen lernen und durch Training die grundlegenden Selbstversorgungsfertigkeiten erwerben. Die Betroffenen profitieren nur in begrenztem Maße vom Vorschul- oder Schulunterricht (z. B. Kenntnisse des Alphabets oder einfaches Zählen), aber sie können lernen, einige für das „Überleben" wichtige Wörter zu erkennen. Im Erwachsenenalter können sie unter enger Aufsicht einfache Arbeiten durchführen. Die Mehrzahl der Betroffenen paßt sich gut an das Leben in der Gemeinschaft an, sei es in Wohnheimen oder in der Familie, sofern nicht eine begleitende Beeinträchtigung vorliegt, die der speziellen Pflege oder Fürsorge bedarf.

318.2 (F73.9) Schwerste Geistige Behinderung

Zu dieser Gruppe gehören ca. 1–2 % aller geistig behinderten Personen. Bei der Mehrzahl der Personen mit Schwerster Geistiger Behinderung ist ein bekannter neurologischer Krankheitsfaktor für die Geistige Behinderung verantwortlich. In der frühen Kindheit zeigen die Betroffenen erhebliche Beeinträchtigungen in der sensomotorischen Leistungsfähigkeit. Optimale Entwicklungsmöglichkeiten sind nur in einer hochstrukturierten Umgebung mit ständiger Hilfe und Aufsicht und einer individualisierten Beziehung zu einer Pflegeperson gegeben. Motorische Entwicklung, Eigenständigkeit und Kommunikationsfähigkeit lassen sich durch geeignetes Training verbessern. Einige der Betroffenen können in sorgfältig beaufsichtigten und beschützenden Einrichtungen einfache Arbeiten verrichten.

319 (F79.9) Geistige Behinderung mit Unspezifischem Schweregrad

Die Diagnose einer Geistigen Behinderung mit Unspezifischem Schweregrad sollte gestellt werden, wenn mit hoher Wahrscheinlichkeit eine Geistige Behinderung angenommen werden kann, eine Messung mit standardisierten Intelligenztests jedoch nicht möglich ist. Dies kann der Fall sein, wenn Kinder, Jugendliche oder Erwachsene zu stark beeinträchtigt oder zu unkooperativ sind, um getestet zu werden oder wenn nach klinischer Beurteilung bei Säuglingen und Kleinkindern eine deutlich unterdurchschnittliche Intelligenz vorliegt, die verfügbaren Tests jedoch keine IQ-Werte liefern (z. B. Bayley Scales of Infant Development, Cattell Infant Intelligence Scales u. a.). Je jünger die Betroffenen sind, um so schwieriger ist es im allgemeinen, eine Geistige Behinderung festzustellen, mit Ausnahme von Fällen der Schwerstbehinderung.

Codierungsregeln

Der spezifische diagnostische Code für Geistige Behinderung wird, wie oben dargestellt, nach dem Schweregrad bestimmt und auf Achse II codiert. Wird die Geistige Behinderung von einer weiteren psychischen Störung begleitet (beispielsweise von einer Autistischen Störung), so wird diese psychische Störung zusätzlich auf Achse I codiert. Ist die Geistige Behinderung mit einem medizinischen Krankheitsfaktor verbunden (beispielsweise mit dem Down-Syndrom), so wird letzterer auf Achse III codiert.

Zugehörige Merkmale und Störungen

Zugehörige Beschreibungsmerkmale und psychische Störungen. Es gibt keine spezifischen Persönlichkeits- oder Verhaltensmerkmale, die ausschließlich mit Geistiger Behinderung verbunden sind. Einige der geistig behinderten Personen sind passiv, sanftmütig und abhängig, andere dagegen können aggressiv und impulsiv sein. Fehlende Kommunikationsfähigkeit kann für sozial störende und aggressive Verhaltensweisen prädisponieren, welche dann an die Stelle der sprachlichen Kommunikation treten. Einige medizinische Krankheitsfaktoren, die mit Geistiger Behinderung verbunden sind, lassen sich durch bestimmte Verhaltenssymptome kennzeichnen, wie beispielsweise das schwer zu behandelnde selbstschädigende Verhalten in Verbindung mit dem Lesch-Nyhan-Syndrom. Geistig behinderte Personen können besonders anfällig dafür sein, von anderen ausgenutzt (z. B. körperlich mißhandelt oder sexuell mißbraucht) oder in ihren Rechten und Möglichkeiten beschnitten zu werden.

Die Prävalenz komorbider psychischer Störungen wird bei geistig behinderten Personen als 3–4 mal höher eingeschätzt als in der Allgemeinbevölkerung. In einigen Fällen kann der Grund hierfür in der gemeinsamen Ätiologie von Geistiger Behinderung und begleitender psychischer Störung liegen. So kann beispielsweise ein Hirntrauma gleichzeitig eine Geistige Behinderung und eine Persönlichkeitsveränderung Aufgrund eines Schädel-Hirn-Traumas zur Folge haben. Alle Arten von psychischen Störungen können beobachtet werden und es gibt keinerlei Hinweise darauf, daß sich das Wesen einer bestimmten psychischen Störung bei geistig behinderten Personen unterscheidet. Die Diagnose komorbider psychischer Störungen wird jedoch oftmals dadurch erschwert, daß das klinische Erscheinungsbild durch den Schweregrad der Geistigen Behinderung und durch begleitende Beeinträchtigungen verändert sein kann. Defizite in der Kommunikationsfähigkeit können zur Folge haben, daß keine vollständige Anamnese erhoben werden kann. Die Diagnose einer Major Depression bei einem sprachunfähigen geistig behinderten Erwachsenen basiert beispielsweise häufig primär auf durch Fremdbeobachtung gewonnenen Symptomen wie z. B. depressive Stimmung, Reizbarkeit, Appetit- oder Schlaflosigkeit. Häufig ist es hier schwieriger, eine spezifische Diagnose festzustellen, als bei Personen ohne Geistige Behinderung. In solchen Fällen kann die jeweilige Nicht Näher Bezeichnet-Kategorie verwandt werden (z. B. Nicht Näher Bezeichnete Depressive Störung). Die am häufigsten vorkommenden Begleitstörungen sind die Aufmerksamkeitsdefizit-/Hyperaktivitätsstörung, Affektive Störungen, Tiefgreifende Entwicklungsstörungen, die Stereotype Bewegungsstörung sowie Psychische Störungen Aufgrund eines Medizinischen Krankheitsfaktors (z. B. Demenz Aufgrund eines Schädel-Hirn-Traumas). Bei Personen mit einer Geistigen Behinderung aufgrund des Down-Syndroms besteht ein erhöhtes Risiko, an einer Demenz vom Alzheimer Typ zu erkranken. Die damit verbundenen pathologischen Veränderungen des Gehirns entwickeln sich üblicherweise bei den Betroffenen bis zum Alter von etwa 40 Jahren, wobei die klinischen Symptome der Demenz erst später offensichtlich werden.

Prädisponierende Faktoren. Die ätiologischen Faktoren können vorwiegend biologischer oder psychosozialer Art sein oder aber eine Kombination aus beiden. Bei etwa 30–40 % der in klinischen Einrichtungen vorgestellten Fälle kann trotz umfassender Evaluationsbemühungen keine klare Ätiologie für die Geistige Behinderung ermittelt werden. Zu den wichtigsten prädisponierenden Faktoren gehören:

– *Erblichkeit* (ca. 5 %): Hierzu gehören angeborene Stoffwechselstörungen, die in den meisten Fällen autosomal rezessiv vererbt werden (z. B. Tay-Sachs-Krankheit), andere singuläre Genveränderungen gemäß den Mendelschen Gesetzen und variable Erscheinungsformen (z. B. Tuberöse Sklerose) sowie Chromosomenaberrationen (z. B. Down-Syndrom durch Translokation, Fragiles X-Syndrom).
– *Frühe Alterationen der Embryonalentwicklung* (ca. 30 %): Zu diesen Faktoren gehören Chromosomenveränderungen (z. B. Down-Syndrom aufgrund von Trisomie 21) oder pränatale Schäden durch toxische Stoffe (z. B. Alkoholkonsum der Mutter, Infektionen).
– *Probleme während der Schwangerschaft und Geburt* (ca. 10 %): Hierzu gehören Mangelernährung des Fötus, Frühgeburt, Sauerstoffmangel während der Geburt, Virus- und andere Infektionen sowie Traumata.
– *In der frühen Kindheit oder Kindheit erworbene medizinische Krankheitsfaktoren* (ca. 5 %): Zu diesen Faktoren gehören Infektionen, Traumata und Vergiftungen (z. B. durch Blei).
– *Umwelteinflüsse und andere psychische Störungen* (ca. 15–20 %): Hierzu gehören Mangel an Nahrung und an sozialen, sprachlichen und anderen Stimulationen sowie schwere psychische Störungen (z. B. Autistische Störung).

Zugehörige Laborbefunde. Im Unterschied zu den Ergebnissen psychologischer Tests und Tests zum Anpassungsverhalten, die für die Diagnose von Geistiger Behinderung notwendig sind, gibt es keine Laborbefunde, die eindeutig mit Geistiger Behinderung verbunden sind. Diagnostische Laborbefunde können mit einem spezifischen begleitenden medizinischen Krankheitsfaktor in Verbindung stehen (z. B. Chromosomenbefunde bei verschiedenen genetischen Bedingungen, hohe Phenylalaninwerte im Blut bei Phenylketonurie und Auffälligkeiten des Zentralen Nervensystems in bildgebenden Verfahren).

Zugehörige körperliche Untersuchungsbefunde und medizinische Krankheitsfaktoren. Es gibt keine spezifischen körperlichen Merkmale, die mit Geistiger Behinderung verbunden sind. Ist die Geistige Behinderung Teil eines spezifischen Syndroms, so treten die klinischen Merkmale dieses Syndroms auf (z. B. die körperlichen Merkmale des Down-Syndroms). Je ausgeprägter die Geistige Behinderung ist (besonders bei der schweren oder schwersten Form), desto höher ist die Wahrscheinlichkeit von neurologischen (z. B. Anfälle), neuromuskulären, visuellen, auditiven, kardiovaskulären und anderen Krankheitheitsfaktoren.

Besondere kulturelle, Alters- und Geschlechtsmerkmale

Es sollte sorgfältig darauf geachtet werden, daß in Intelligenztestverfahren der ethnische oder kulturelle Hintergrund der Testperson angemessen berücksichtigt ist. Dies geschieht durch die Verwendung von Tests, die in ihrer Standardisierungsstichprobe die relevanten charakteristischen Merkmale der Testperson repräsentieren bzw. dadurch, daß der Testleiter mit dem ethnischen oder kulturellen Hintergrund der Testperson vertraut ist. Die Diagnose einer Geistigen Behinderung erfordert immer eine individuelle Testung der Person. Die Prävalenz von Geistiger Behinderung aufgrund bekannter biologischer Faktoren ist bei Kindern der oberen und unteren sozioökonomischen Schichten ungefähr gleich groß. Eine Ausnahme bilden bestimmte ätiologische Faktoren wie z. B. Bleivergiftung oder Frühgeburten, die eher in den unteren Schichten auftreten. In Fällen, in denen keine spezifischen biologischen Ursachen für die Geistige Behinderung festgestellt werden können, sind die unteren sozioökonomischen Schichten überrepräsentiert und die Geistige Behinderung ist gewöhnlich leichter, obwohl alle Schweregrade vorkommen können. Bei der Evaluierung der Beeinträchtigung der Anpassungsfähigkeit sollte die Entwicklungsstufe berücksichtigt werden, da gewisse Fertigkeiten in verschiedenen Altersstufen weniger relevant sind (z. B. Nutzung öffentlicher Einrichtungen oder ein fester Arbeitsplatz bei Schulkindern). Geistige Behinderung tritt häufiger bei Jungen auf, wobei das Verhältnis von Jungen zu Mädchen ungefähr 1,5:1 beträgt.

Prävalenz

Die Prävalenzrate für Geistige Behinderung ist auf ca. 1 % geschätzt worden. In unterschiedlichen Studien wurden allerdings je nach den angewandten Definitionen, Ermittlungsmethoden und der untersuchten Population unterschiedliche Prävalenzraten angegeben.

Verlauf

Voraussetzung für die Diagnose einer Geistigen Behinderung ist, daß der Beginn der Störung vor dem Alter von 18 Jahren liegt. Das Alter und die Art des Störungsbeginns ist abhängig von der Ätiologie und vom Schweregrad der Geistigen Behinderung. Eine schwerwiegendere Behinderung wird gewöhnlich früh erkannt, besonders wenn sie von einem Syndrom mit charakteristischem Phänotypus begleitet wird (so wird z. B. das Down-Syndrom üblicherweise bei der Geburt diagnostiziert). Im Gegensatz dazu wird eine Leichte Behinderung unbekannter Ursache im allgemeinen erst später bemerkt. Bei einer schwerwiegenderen Behinderung, die Folge einer erworbenen Ursache ist, entwickelt sich die intellektuelle Beeinträchtigung gewöhnlich abrupter (z. B. eine Behinderung als Folge einer Enzephalitis). Der Verlauf der Geistigen Behinderung wird durch den Verlauf von zugrundeliegenden medizinischen Krankheitsfaktoren sowie durch Umweltfaktoren bestimmt (z. B. Bildungsmöglichkeiten und anderen Möglichkeiten, Anregung durch die Umwelt und geeigneter Umgang mit der Störung selbst). Ändert sich der zugrundeliegende medizinische Krankheitsfaktor nicht, so ist der Verlauf der Geistigen Behinderung eher variabel und von Umweltfaktoren abhängig. Geistige Behinderung ist nicht zwangsläufig eine lebenslange Störung. Personen, bei denen früher eine Leichte Geistige Behinderung aufgrund von Schulversagen festgestellt worden war, können durch geeignetes Training und entsprechende Möglichkeiten gute Anpassungsfähigkeiten in anderen Bereichen entwickeln und weisen dann nicht mehr den Grad der Beeinträchtigung auf, der für die Diagnose einer Geistigen Behinderung erforderlich ist.

Familiäres Verteilungsmuster

Aufgrund der heterogenen Ätiologie ist das familiäre Verteilungsmuster als allgemeine Kategorie auf die Geistige Behinderung nicht anwendbar. Die Erblichkeit von Geistiger Behinderung wird unter dem Punkt „Prädisponierende Faktoren" (siehe S. 77) erörtert.

Differentialdiagnose

Die diagnostischen Kriterien für Geistige Behinderung enthalten kein Ausschlußkriterium; deshalb sollte die Diagnose immer gestellt werden, wenn die diagnostischen Kriterien erfüllt sind, ungeachtet und zusätzlich zum Vorliegen einer weiteren Störung. Bei **Lernstörungen** oder **Kommunikationsstörungen** (ohne gleichzeitige Geistige Behinderung) ist die Entwicklung in einem bestimmten Bereich (z. B. Lesen oder Sprechen) beeinträchtigt, es liegt jedoch keine allgemeine Beeinträchtigung der intellektuellen Entwicklung und der Anpassungsfähigkeit vor. Eine Lernstörung oder eine Kommunikationsstörung kann bei Personen mit Geistiger Behinderung diagnostiziert werden, wenn das spezifische Defizit in keinem Verhältnis zum Schweregrad der Geistigen Behinderung steht. Bei den **Tiefgreifenden Entwicklungsstörungen** ist die Entwicklung der sozialen Interaktion sowie die Entwicklung von verbalen und nonverbalen sozialen Kommunikationsfähigkeiten qualitativ beeinträchtigt. Tiefgreifende Entwicklungsstörungen sind häufig von Geistiger Behinderung begleitet (75–80 % der Personen mit einer Tiefgreifenden Entwicklungsstörung haben auch eine Geistige Behinderung).

In einigen Fällen beginnt die Geistige Behinderung nach einem Zeitraum normalen Funktionierens; hier kann die zusätzliche Diagnose einer **Demenz** angebracht sein. Die Diagnose einer Demenz setzt voraus, daß die Beeinträchtigung der Gedächtnisfunktion oder andere kognitive Defizite einen signifikanten Abfall von einem vormals höheren Leistungsniveau darstellen. Da es schwierig sein kann, das vorherige Leistungsniveau bei sehr kleinen Kindern zu bestimmen, ist die Diagnose einer Demenz erst bei Kindern zwischen dem Alter von vier bis sechs Jahren angebracht. Die Diagnose einer Demenz wird im allgemeinen bei Personen unter 18 Jahren nur dann gestellt, wenn die Diagnose einer Geistigen Behinderung allein den Zustand nicht zufriedenstellend charakterisiert.

Der **Grenzbereich der Intellektuellen Leistungsfähigkeit** (siehe S. 770) beschreibt einen IQ-Bereich, der über dem für Geistige Behinderung liegt (71–84). Wie bereits dargestellt, kann ein IQ-Wert je nach Testinstrument einen Meßfehler von etwa fünf Punkten beinhalten. Bei Personen mit IQ-Werten zwischen 71 und 75 ist es daher möglich, eine Geistige Behinderung zu diagnostizieren, wenn sie erhebliche Defizite im Anpassungsverhalten aufweisen, welche die Kriterien für eine Geistige Behinderung erfüllen. Die Unterscheidung zwischen Leichter Geistiger Behinderung und Grenzwertiger Intellektueller Leistungsfähigkeit erfordert die sorgfältige Abwägung aller verfügbaren Informationen.

Bezug zu anderen Klassifikationen von Geistiger Behinderung

Das Klassifikationssystem für Geistige Behinderung (gemäß der American Association on Mental Retardation, AAMR) enthält dieselben drei Kriterien wie die vorliegende DSM-IV-Klassifikation (d. h. deutlich unterdurchschnittliche intellektuelle Leistungsfähigkeit, eingeschränkte Anpassungsfähigkeit, Beginn vor dem Alter von 18 Jahren). In der AAMR-Klassifikation bezieht sich das Kriterium der deutlich unterdurchschnittlichen intellektuellen Leistungsfähigkeit auf einen Standardwert von ca. 70–75 oder darunter und berücksichtigt damit den möglichen Meßfehler von plus/minus fünf Punkten im IQ-Test. Weiterhin spezifiziert die DSM-IV-Klassifikation Abstufungen des Schweregrades der Störung, während die AAMR-Klassifikation von 1992 „Art und Ausmaß der benötigten Hilfe" spezifiziert (zeitweise, begrenzt, ausgedehnt und allumfassend). Letztere sind nicht direkt mit der Schweregradeinteilung der DSM-IV-Klassifikation zu vergleichen. Die Definition von *entwicklungsbezogenen Behinderungen* im amerikanischen Öffentlichen Recht §§ 95–602 (1978) ist nicht auf Geistige Behinderung beschränkt und basiert auf funktionalen Kriterien. Dieses Gesetz definiert eine entwicklungsbezogene Behinderung als Behinderung, die einer psychischen oder körperlichen Beeinträchtigung zuzuschreiben ist, die sich vor dem Alter von 22 Jahren manifestiert hat, wahrscheinlich unbegrenzt andauern wird, wesentliche Einschränkungen in drei oder mehr spezifischen Funktionsbereichen zur Folge hat und eine spezifische und lebenslange bzw. umfassende Pflege erforderlich macht. (Bei Codierung nach der ICD-10 sind an der 1. Stelle nach dem Punkt weitere Verhaltensauffälligkeiten codierbar, z. B. F7x.1 deutliche Verhaltensauffälligkeit, die Beobachtung oder Behandlung erfordert!)

Diagnostische Kriterien für Geistige Behinderung

A. Deutlich unterdurchschnittliche intellektuelle Leistungsfähigkeit: ein IQ von ca. 70 oder weniger bei einem individuell durchgeführten Intelligenztest (bei Kleinkindern durch eine klinische Beurteilung der deutlich unterdurchschnittlichen intellektuellen Leistungsfähigkeit).

B. Gleichzeitige Defizite oder Beeinträchtigungen der gegenwärtigen sozialen Anpassungsfähigkeit (d. h. der Fähigkeit einer Person, die sozialen Normen ihres Umfelds altersgemäß zu erfüllen) in mindestens zwei der folgenden Bereiche: Kommunikation, Eigenständigkeit, häusliches Leben, soziale/zwischenmenschliche Fertigkeiten, Nutzung öffentlicher Einrichtungen, Selbstbestimmtheit, schulische Fertigkeiten, Arbeit, Freizeit, Gesundheit sowie Sicherheit.

C. Der Beginn der Störung liegt vor Vollendung des 18. Lebensjahres.

Die Codierungen richten sich nach dem Schweregrad der Störung und spiegeln die Stärke der intellektuellen Beeinträchtigung wider.

317	(F70.9)	Leichte Geistige Behinderung:	IQ 50–55 bis ca. 70
318.0	(F71.9)	Mittelschwere Geistige Behinderung:	IQ 35–40 bis 50–55
318.1	(F72.9)	Schwere Geistige Behinderung:	IQ 20–25 bis 35–40
318.2	(F73.9)	Schwerste Geistige Behinderung:	IQ unter 20 bzw. 25
319	(F79.9)	Geistige Behinderung mit Unspezifischem Schweregrad:	

Wenn mit hoher Wahrscheinlichkeit eine Geistige Behinderung angenommen werden kann, die Intelligenz einer Person jedoch nicht mit Standard-Tests meßbar ist.

Lernstörungen
(*vormals* Schulleistungsstörungen)

Dieses Kapitel über Lernstörungen enthält die Lesestörung, die Rechenstörung und die Störung des Schriftlichen Ausdrucks sowie die Nicht Näher Bezeichnete Lernstörung.

Diagnostische Merkmale

Lernstörungen werden diagnostiziert, wenn die Leistungen einer Person im Lesen, Rechnen oder im schriftlichen Ausdruck bei individuell durchgeführten standardisierten Tests wesentlich unter den Leistungen liegen, die aufgrund der Altersstufe, der Schulbildung und des Intelligenzniveaus zu erwarten wären. Die Lernprobleme beeinträchtigen deutlich die schulischen Leistungen oder die Aktivitäten des täglichen Lebens, bei denen Lese-, Rechen- und Schreibfähigkeiten benötigt werden. Verschiedene statistische Methoden können angewandt werden, um festzustellen, daß die Abweichung signifikant ist. Deutlich unterdurchschnittlich ist üblicherweise definiert als ein Unterschied von mehr als zwei Standardabweichungen zwischen Testleistung und IQ-Wert. Ein geringerer Unterschied zwischen Testleistung und IQ-Wert (d.h. zwischen ein und zwei Standardabweichungen) wird insbesondere in den Fällen angewandt, in denen die Leistung einer Person im IQ-Test durch eine begleitende Störung der kognitiven Verarbeitung, eine komorbide psychische Störung oder einen medizinischen Krankheitsfaktor oder auch durch den ethnischen bzw. kulturellen Hintergrund einer Person verfälscht sein könnte. Liegt ein sensorisches Defizit vor, so müssen die Lernschwierigkeiten größer sein als diejenigen, die normalerweise mit diesem Defizit verbunden sind. Lernstörungen können bis ins Erwachsenenalter fortbestehen.

Zugehörige Merkmale und Störungen

Demoralisierung, geringes Selbstwertgefühl und Defizite bei sozialen Fertigkeiten können zusammen mit Lernstörungen auftreten. Die Schulabbruchquote für Kinder oder Jugendliche mit Lernstörungen wird in den USA mit fast 40 % angegeben (dies ist ca. 1,5 mal mehr als der Durchschnitt). Erwachsene mit Lernstörungen können erhebliche Schwierigkeiten bei der Arbeit oder der sozialen Anpassung haben. Viele Personen (10–25 %) mit einer Störung des Sozialverhaltens, einer Störung mit Oppositionellem Trotzverhalten, einer Aufmerksamkeitsdefizit-/Hyperaktivitätsstörung, einer Major Depression oder einer Dysthymen Störung weisen ebenfalls Lernstörungen auf. Es gibt Hinweise darauf, daß eine verzögerte Sprachentwicklung zusammen mit Lernstörungen (insbesondere mit einer Lesestörung) auftreten kann, wobei dieser Sprachrückstand häufig nicht stark genug ausgeprägt ist, um die gesonderte Diagnose einer Kommunikationsstörung zu rechtfertigen. Lernstörungen treten oftmals auch mit einer höheren Rate der Entwicklungsbezogenen Koordinationsstörung auf.

Zugrundeliegende Auffälligkeiten bei der kognitiven Verarbeitung (z. B. Defizite in der visuellen Wahrnehmung, bei sprachlichen Prozessen, bei der Aufmerksamkeit oder bei Gedächtnisleistungen oder aber eine Kombination aus diesen) können häufig Lernstörungen vorausgehen oder zusammen mit ihnen auftreten. Standardisierte Tests zur Messung dieser Prozesse sind im allgemeinen weniger verläßlich und valide als andere psychologische Schultests. Auch wenn eine genetische Prädisposition, eine perinatale Schädigung oder verschiedene neurologische bzw. andere medizinische Krankheitsfaktoren bei der Entstehung von Lernstörungen beteiligt sein können, so sagen diese Bedingungen nicht unweigerlich eine Lernstörung voraus. Es gibt viele Personen mit Lernstörungen, die keine solche Vorgeschichte haben. Lernstörungen treten jedoch häufig in Verbindung mit verschiedenartigen medizinischen Krankheitsfaktoren auf (z. B. mit Bleivergiftung, fötalem Alkoholsyndrom oder Fragilem X-Syndrom).

Besondere kulturelle Merkmale

Es sollte sorgfältig darauf geachtet werden, daß in Intelligenztestverfahren der ethnische oder kulturelle Hintergrund der Testperson angemessen berücksichtigt ist. Dies geschieht üblicherweise durch die Verwendung von Tests, die in ihrer Standardisierungsstichprobe die relevanten charakteristischen Merkmale der Testperson repräsentieren bzw. dadurch, daß der Testleiter mit dem ethnischen oder kulturellen Hintergrund der Testperson vertraut ist. Die Diagnose einer Lernstörung erfordert immer eine individuelle Testung der Person.

Prävalenz

Schätzungen der Prävalenz von Lernstörungen reichen von 2–10 %, je nach Art des angewandten Ermittlungsverfahrens und der zugrundeliegenden Definitionen. Bei ca. 5 % der Schüler an öffentlichen Schulen der USA wurden Lernstörungen festgestellt.

Differentialdiagnose

Lernstörungen müssen von **normalen Schwankungen bei schulischen Leistungen** und von Schulschwierigkeiten aufgrund **fehlender Möglichkeiten, schlechten Unterrichts** oder **kultureller Faktoren** unterschieden werden. Unangemessene Beschulung kann ein Grund für das schlechte Abschneiden bei standardisierten Leistungstests sein. Kinder, die nicht aus dem ethnischen oder kulturellen Hintergrund der vorherrschenden Schulkultur kommen bzw. bei denen die Unterrichtssprache nicht die Muttersprache ist sowie Kinder, die Schulen mit unzureichendem Unterricht besucht haben, schneiden bei Leistungstests oftmals schlecht ab. Kinder mit diesem Hintergrund fehlen aufgrund häufigerer Erkrankungen oder eines verarmten bzw. chaotischen Lebensumfelds auch öfter im Unterricht.

Seh- oder Hörstörungen können die Lernfähigkeit beeinflussen und sollten durch audiometrische oder visuelle Tests überprüft werden. Eine Lernstörung sollte beim Auftreten solcher sensorischer Defizite nur diagnostiziert werden, wenn die Lernschwierigkeiten größer sind als diejenigen, die gewöhnlich mit diesen Defiziten verbunden sind. Begleitende neurologische oder medizinische Krankheitsfaktoren sollten auf Achse III codiert werden.

Bei der **Geistigen Behinderung** entsprechen die Lernschwierigkeiten der allgemein eingeschränkten intellektuellen Leistungsfähigkeit. In einigen Fällen von Leichter Geistiger Behinderung jedoch sind die Lese-, Rechen- oder Schreibleistungen deutlich geringer als aufgrund des Unterrichts und des Schweregrads der Geistigen Behinderung zu erwarten wäre. In diesen Fällen sollte die zusätzliche Diagnose der entsprechenden Lernstörung gestellt werden. Bei einer **Tiefgreifenden Entwicklungsstörung** sollte nur dann die zusätzliche Diagnose einer Lernstörung gestellt werden, wenn die beeinträchtigten Schulleistungen angesichts der intellektuellen Leistungsfähigkeit und des Unterrichts deutlich unter dem erwarteten Niveau liegen. Bei Personen mit **Kommunikationsstörungen** sollte die intellektuelle Leistungsfähigkeit mit Hilfe von standardisierten Messungen der nonverbalen intellektuellen Fähigkeit bestimmt werden. In Fällen, in denen die Schulleistungen deutlich unter der gemessenen Leistungsfähigkeit liegen, sollte die entsprechende Lernstörung diagnostiziert werden.

Rechenstörung und **Störung des Schriftlichen Ausdrucks** treten am häufigsten zusammen mit der **Lesestörung** auf. Wenn die Kriterien für mehr als eine Lernstörung erfüllt sind, so sollten alle diagnostiziert werden.

315.00 (F81.0) Lesestörung

Diagnostische Merkmale

Das Hauptmerkmal der Lesestörung sind Leseleistungen (d. h. mit individuell durchgeführten standardisierten Tests gemessene Lesegenauigkeit, Lesegeschwindigkeit bzw. Leseverständnis), die wesentlich unter den Leistungen liegen, die aufgrund des Alters, der gemessenen

Intelligenz und der altersgemäßen Bildung einer Person zu erwarten wären (**Kriterium A**). Die Lesestörung behindert deutlich die schulischen Leistungen oder die Aktivitäten des täglichen Lebens, bei denen Leseleistungen benötigt werden (**Kriterium B**). Ist ein sensorisches Defizit vorhanden, so sind die Leseschwierigkeiten größer als diejenigen, die gewöhnlich mit diesem Defizit verbunden sind (**Kriterium C**). Auftretende neurologische oder medizinische Krankheitsfaktoren oder sensorische Defizite sollten auf Achse III codiert werden. Bei Personen mit einer Lesestörung (auch als „Dyslexie" bezeichnet) ist das Lesen gekennzeichnet durch Verdrehungen, Substitutionen und Auslassungen. Für lautes wie für leises Lesen sind Langsamkeit und Verständnisfehler typisch.

Zugehörige Merkmale und Störungen

Siehe unter „Zugehörige Merkmale und Störungen" bei Lernstörungen (siehe S. 82).

Rechenstörungen und Störungen des schriftlichen Ausdrucks treten gewöhnlich zusammen mit der Lesestörung auf. Es kommt relativ selten vor, daß diese Störungen ohne eine Lesestörung auftreten.

Besondere Geschlechtsmerkmale

60–80 % der Personen, bei denen eine Leseschwäche diagnostiziert wird, sind männlich. Allerdings werden häufig fälschlicherweise vorwiegend Jungen vorgestellt, da diese häufiger sozial störende Verhaltensweisen in Verbindung mit der Lernstörung zeigen. Bei sorgfältiger Diagnosestellung und Anwendung strenger Kriterien wurde eine gleichmäßigere Verteilung zwischen Jungen und Mädchen gefunden als bei Diagnosestellungen, die durch die Schule veranlaßt wurden.

Prävalenz

Es ist schwierig, die Prävalenz der Lesestörung festzustellen, da viele Studien sich auf die Prävalenz von Lernstörungen konzentrieren und nicht sorgfältig zwischen Lese- oder Rechenstörungen bzw. Störungen des Schriftlichen Ausdrucks unterscheiden. Eine Lesestörung, entweder allein oder in Verbindung mit einer Rechenstörung oder einer Störung des Schriftlichen Ausdrucks, ist bei ungefähr 4 von 5 Fällen für die Lernstörung verantwortlich. Prävalenzschätzungen der Lesestörung bei Schulkindern in den USA liegen bei 4 %. In Ländern mit strengeren Kriterien sind niedrigere Inzidenz- und Prävalenzzahlen zu finden.

Verlauf

Symptome von Leseschwierigkeiten (wie beispielsweise die Unfähigkeit, zwischen einfachen Buchstaben zu unterscheiden oder einfache Laute mit Buchstaben in Beziehung zu setzen) können bereits in der Vorschule auftreten. Eine Lesestörung wird jedoch selten vor Ende der Vorschulzeit oder vor Beginn des ersten Schuljahres diagnostiziert, da formaler Unterricht im Lesen an den meisten Schulen gewöhnlich erst zu diesem Zeitpunkt beginnt (in Deutschland nicht vor Mitte des ersten Schuljahres). Besonders wenn die Lesestörung mit einem hohen IQ verbunden ist, kann das Kind in den ersten Schuljahren das Klassenniveau mehr oder weniger halten und die Lesestörung wird erst im vierten Schuljahr oder später offensichtlich (in Deutschland vermutlich früher). Bei frühzeitiger Erkennung und Intervention ist bei einem hohen Prozentsatz von Fällen eine gute Prognose zu stellen. Eine Lesestörung kann bis ins Erwachsenenalter fortbestehen.

Familiäres Verteilungsmuster

Lesestörungen treten innerhalb einer Familie gehäuft auf. Bei biologischen Verwandten ersten Grades mit Lernstörungen ist die Prävalenz höher.

Differentialdiagnose

Siehe unter „Differentialdiagnose" bei Lernstörungen (siehe S. 83).

Diagnostische Kriterien für 315.00 (F81.0) Lesestörung

A. Die mit individuell durchgeführten standardisierten Tests für Lesegenauigkeit oder Leseverständnis gemessenen Leseleistungen liegen wesentlich unter denen, die aufgrund des Alters, der gemessenen Intelligenz und der altersgemäßen Bildung einer Person zu erwarten wären.

B. Die unter A. beschriebene Störung behindert deutlich die schulischen Leistungen oder Aktivitäten des täglichen Lebens, bei denen Leseleistungen benötigt werden.

C. Liegt ein sensorisches Defizit vor, sind die Leseschwierigkeiten wesentlich größer als diejenigen, die gewöhnlich mit diesem Defizit verbunden sind.

Codierhinweis: Liegt ein medizinischer (z. B. neurologischer) Krankheitsfaktor oder ein sensorisches Defizit vor, werden diese auf Achse III codiert.

315.1 (F81.2) Rechenstörung

Diagnostische Merkmale

Das Hauptmerkmal der Rechenstörung sind Rechenfähigkeiten (gemessen mit individuell durchgeführten standardisierten Tests für mathematisches Rechnen oder Denken), die wesentlich unter denjenigen liegen, die aufgrund des Alters, der gemessenen Intelligenz und altersgemäßen Bildung einer Person zu erwarten wären (**Kriterium A**). Die Rechenstörung behindert deutlich die schulischen Leistungen oder die Aktivitäten des täglichen Lebens, bei denen Rechenleistungen benötigt werden (**Kriterium B**). Liegt ein sensorisches Defizit vor, sind die Schwierigkeiten beim Rechnen größer als diejenigen, die gewöhnlich mit diesem Defizit verbunden sind (**Kriterium C**). Ist ein neurologischer oder medizinischer Krankheitsfaktor bzw. ein sensorisches Defizit vorhanden, so sollten diese auf Achse III codiert werden. Mehrere verschiedene Fähigkeiten können bei der Rechenstörung beeinträchtigt sein. Dazu gehören: „sprachbezogene" Leistungen (wie z. B. das Verstehen und Benennen mathematischer Termini, Operationen und Begriffe sowie das Umsetzen von Textaufgaben in mathematische Symbole), „wahrnehmungsbezogene" Leistungen (wie z. B. das Erkennen oder Lesen numerischer Symbole oder arithmetischer Zeichen sowie das Einteilen von Objekten in Gruppen), „aufmerksamkeitsbezogene Leistungen" (wie z. B. das korrekte Abschreiben von Zahlen oder Ziffern, das Übertragen und Addieren der „behaltenen Zahl" sowie das Beachten von Rechenzeichen) und „rechenbezogene" Leistungen (wie z. B. das Beachten der Reihenfolge mathematischer Schritte, das Zählen von Objekten und das Erlernen des Einmaleins).

Zugehörige Merkmale und Störungen

Siehe unter „Zugehörige Merkmale und Störungen" bei Lernstörungen (siehe S. 82). Eine Rechenstörung tritt gewöhnlich zusammen mit einer Lesestörung oder einer Störung des Schriftlichen Ausdrucks auf.

Prävalenz

Es ist schwierig, die Prävalenz der Rechenstörung festzustellen, da viele Studien sich auf die Prävalenz von Lernstörungen konzentrieren und nicht sorgfältig zwischen der spezifischen Lesestörung, Rechenstörung oder Störung des Schriftlichen Ausdrucks unterscheiden. Die Prävalenz der reinen Rechenstörung (d. h., wenn sie nicht zusammen mit einer anderen Lernstörung auftritt) beträgt ungefähr ein Fünftel aller Lernstörungen. Prävalenzschätzungen der Rechenstörung bei Schulkindern in den USA liegen bei 1 %.

Verlauf

Symptome von Rechenschwierigkeiten (wie z. B. Unklarheit bei Zahlbegriffen oder unkorrektes Zählen) können bereits in der Vorschule oder in der ersten Grundschulklasse auftreten. Eine Rechenstörung wird jedoch selten vor Ende des ersten Schuljahres diagnostiziert, da formaler Mathematikunterricht in ausreichendem Maße an den meisten Schulen gewöhnlich nicht vor diesem Zeitpunkt erteilt worden ist. Üblicherweise wird eine Rechenstörung im zweiten oder dritten Schuljahr offensichtlich. Besonders wenn die Rechenstörung mit einem hohen IQ verbunden ist, kann das Kind in den ersten Schuljahren das Klassenniveau mehr oder weniger halten und die Rechenstörung wird erst im fünften Schuljahr oder später offensichtlich.

Differentialdiagnose

Siehe unter „Differentialdiagnose" bei Lernstörungen (siehe S. 83).

> **Diagnostische Kriterien für 315.1 (F81.2) Rechenstörung**
>
> A. Die mit individuell durchgeführten standardisierten Tests gemessenen mathematischen Fähigkeiten liegen wesentlich unter denen, die aufgrund des Alters, der gemessenen Intelligenz und der altersgemäßen Bildung einer Person zu erwarten wären.
>
> B. Die unter A. beschriebene Störung behindert deutlich die schulischen Leistungen oder Aktivitäten des täglichen Lebens, bei denen mathematische Fähigkeiten benötigt werden.
>
> C. Liegt ein sensorisches Defizit vor, sind die Schwierigkeiten beim Rechnen wesentlich größer als diejenigen, die gewöhnlich mit diesem Defizit verbunden sind.
>
> **Codierhinweis:** Liegt ein medizinischer (z. B. neurologischer) Krankheitsfaktor oder ein sensorisches Defizit vor, werden diese auf Achse III codiert.

315.2 (F81.8) Störung des Schriftlichen Ausdrucks

Diagnostische Merkmale

Das Hauptmerkmal der Störung des Schriftlichen Ausdrucks sind Schreibleistungen (gemessen mit einem individuell durchgeführten standardisierten Test oder einer kriterienorientierten Bestimmung der Schreibfertigkeiten), die wesentlich unter denen liegen, die für das Alter, die gemessene Intelligenz und die altersgemäße Bildung einer Person zu erwarten wären (**Kriterium A**). Die Störung des Schriftlichen Ausdrucks behindert deutlich die schulischen Leistungen oder die Aktivitäten des täglichen Lebens, bei denen Schreibleistungen benötigt werden (**Kriterium B**). Liegt ein sensorisches Defizit vor, sind die Schreibschwierigkeiten größer als diejenigen, die gewöhnlich mit diesem Defizit verbunden sind (**Kriterium C**). Liegt ein neurologischer oder anderer medizinischer Krankheitsfaktor oder ein sensorisches Defizit vor, sollten diese auf Achse III codiert werden. Im allgemeinen liegt eine Kombination von Schwierigkeiten beim Verfassen schriftlicher Texte vor. Sie zeigen sich in Grammatik- oder Interpunktionsfehlern innerhalb von Sätzen, schlechter Strukturierung der Texte, vielen Rechtschreibfehlern oder einer äußerst unleserlichen Handschrift. Die Diagnose einer Störung des Schriftlichen Ausdrucks ist im allgemeinen nicht gegeben, wenn lediglich Rechtschreibfehler oder eine unleserliche Handschrift ohne weitere Beeinträchtigung der schriftlichen Ausdrucksfähigkeit auftreten. Im Vergleich zu den anderen Lernstörungen ist über die Störung des Schriftlichen Ausdrucks und ihre Behandlung relativ wenig bekannt, besonders wenn sie ohne eine Lesestörung auftritt. Standardisierte Tests sind auf diesem Gebiet, mit Ausnahme von Tests zur Erfassung der Rechtschreibleistungen, weniger gut entwickelt als Tests für die Lese- oder Rechenfähigkeiten. Bei Störungen des Schriftlichen Ausdrucks wäre ein Vergleich von umfangreichen Stichproben der Schul- und Klassenarbeiten einer Person und den für Alter und IQ erwarteten Leistungen notwendig. Dies betrifft insbesondere jüngere Kinder in den ersten Grundschulklassen. Aufgaben, bei denen das Kind Texte abschreiben, Diktate schreiben und spontan Texte schreiben soll, können erforderlich sein, um die Störung und deren Ausmaß festzustellen.

Zugehörige Merkmale und Störungen

Siehe unter „Zugehörige Merkmale und Störungen" bei Lernstörungen (siehe S. 82). Eine Störung des Schriftlichen Ausdrucks tritt gewöhnlich zusammen mit einer Lese- oder Rechenstörung auf. Es gibt Anhaltspunkte dafür, daß sprachliche sowie perzeptiv-motorische Defizite diese Störung begleiten können.

Prävalenz

Es ist schwierig, die Prävalenz der Störung des Schriftlichen Ausdrucks festzustellen, da viele Studien sich auf die Prävalenz von Lernstörungen konzentrieren und nicht sorgfältig zwischen der spezifischen Lese- oder Rechenstörung bzw. der Störung des Schriftlichen Ausdrucks unterscheiden. Die Störung des Schriftlichen Ausdrucks kommt selten ohne eine weitere Lernstörung vor.

Verlauf

Schreibschwierigkeiten, wie beispielsweise eine besonders unleserliche Handschrift oder schwache Leistungen beim Abschreiben von Texten oder die Unfähigkeit, die Buchstabenabfolge einfacher Worte zu erinnern, können bereits im ersten Schuljahr auftreten. Eine Schreibstörung wird selten vor Ende des ersten Schuljahres diagnostiziert, da ausreichender formaler Unterricht im Schreiben an den meisten Schulen nicht vor diesem Zeitpunkt erteilt worden ist. Die Störung wird gewöhnlich im zweiten Schuljahr offensichtlich. Eine Störung des Schriftlichen Ausdrucks wird gelegentlich bei älteren Kindern oder Erwachsenen beobachtet. Über eine Langzeitprognose ist wenig bekannt.

Differentialdiagnose

Siehe unter „Differentialdiagnose" bei Lernstörungen (siehe S. 83). Eine Rechtschreibstörung oder eine unleserliche Handschrift ohne weitere Schwierigkeiten im schriftlichen Ausdruck sind gewöhnlich nicht ausreichend für die Diagnose einer Störung des Schriftlichen Ausdrucks. Ist die unleserliche Handschrift auf eine beeinträchtigte motorische Koordination zurückzuführen, sollte die Diagnose einer **Entwicklungsbezogenen Koordinationsstörung** erwogen werden.

Diagnostische Kriterien für 315.2 (F81.8) Störung des Schriftlichen Ausdrucks

A. Die mit individuell durchgeführten standardisierten Tests gemessenen Schreibleistungen (oder funktionelle, kriterienbezogene Überprüfung der Schreibfertigkeiten) liegen wesentlich unter denen, die aufgrund des Alters, der gemessenen Intelligenz und der altersgemäßen Bildung einer Person zu erwarten wären.

B. Die unter A. beschriebene Störung behindert deutlich die schulischen Leistungen oder die Aktivitäten des täglichen Lebens, bei denen das Verfassen geschriebener Texte erforderlich ist (z. B. das Schreiben grammatikalisch korrekter Sätze und inhaltlich strukturierter Textteile).

Fortsetzung nächste Seite

> Fortsetzung
>
> C. Liegt ein sensorisches Defizit vor, so sind die Schreibschwierigkeiten wesentlich größer als diejenigen, die gewöhnlich mit diesem Defizit verbunden sind.
>
> **Codierhinweis:** Liegt ein medizinischer (z. B. neurologischer) Krankheitsfaktor oder ein sensorisches Defizit vor, werden diese auf Achse III codiert.

315.9 (F81.9) Nicht Näher Bezeichnete Lernstörung

Diese Kategorie ist für Lernstörungen vorgesehen, die nicht die Kriterien einer spezifischen Lernstörung erfüllen. Hier können Probleme in allen drei Bereichen (Lesen, Rechnen und Schreiben) aufgeführt sein, die zusammengenommen die schulischen Leistungen deutlich behindern, selbst wenn die Leistungen der Einzelfähigkeiten bei Testmessungen nicht wesentlich unterhalb der aufgrund des Alters, der gemessenen Intelligenz und der altersgemäßen Bildung zu erwartenden Leistungen liegen. (Bei Codierung nach ICD-10 ist zu prüfen, ob nicht auch F81.3 Kombinierte Störungen schulischer Fertigkeiten vorliegen.)

Störung der Motorischen Fertigkeiten

315.4 (F82) Entwicklungsbezogene Koordinationsstörung

Diagnostische Merkmale

Das Hauptmerkmal der Entwicklungsbezogenen Koordinationsstörung ist eine stark beeinträchtigte Entwicklung der motorischen Koordination (**Kriterium A**). Die Diagnose wird nur dann gestellt, wenn die motorische Beeinträchtigung die schulischen Leistungen oder Aktivitäten des täglichen Lebens deutlich beeinträchtigt (**Kriterium B**). Eine Entwicklungsbezogene Koordinationsstörung wird diagnostiziert, wenn die Koordinationsschwierigkeiten nicht durch einen medizinischen Krankheitsfaktor bedingt sind (z.B. Infantile Cerebralparese, Hemiplegie, Muskeldystrophie) und wenn die Kriterien für eine Tiefgreifende Entwicklungsstörung nicht erfüllt sind (**Kriterium C**). Liegt eine Geistige Behinderung vor, so sind die motorischen Schwierigkeiten größer als diejenigen, die gewöhnlich mit der Geistigen Behinderung verbunden sind (**Kriterium C**). Die Ausprägung der Entwicklungsbezogenen Koordinationsstörung variiert je nach Alter und Entwicklungsstufe. Jüngere Kinder sind beispielsweise unbeholfen und erreichen wichtige motorische Entwicklungsetappen verspätet (z. B. Laufen, Krabbeln, Sitzen, Binden von Schnürsenkeln, Zuknöpfen von Hemden, Schließen von Reißverschlüssen). Ältere Kinder können motorische Schwierigkeiten beim Zusammensetzen von Puzzles, beim Modellieren, Ballspielen, beim Schreiben in Druckbuchstaben oder in Schreibschrift haben.

Zugehörige Merkmale und Störungen

Zu den Problemen, die üblicherweise mit einer Entwicklungsbezogenen Koordinationsstörung einhergehen, gehören Verzögerungen beim Erreichen anderer, nichtmotorischer Entwicklungsetappen. Als begleitende Störungen können die Phonologische Störung, die Expressive Sprachstörung sowie die Kombinierte Rezeptiv-Expressive Sprachstörung auftreten.

Prävalenz

Die Entwicklungsbezogene Koordinationsstörung tritt schätzungsweise bei ungefähr 6 % aller Kinder zwischen 5 und 11 Jahren auf.

Verlauf

Eine Entwicklungsbezogene Koordinationsstörung wird üblicherweise erkannt, wenn das Kind zum ersten Mal versucht zu laufen, Messer und Gabel zu benutzen, Kleidungsstücke auf- und zuzuknöpfen oder Ball zu spielen. Die Störung verläuft unterschiedlich. In einigen Fällen dauert die Koordinationsstörung in der Adoleszenz und im Erwachsenenalter an.

Differentialdiagnose

Die Entwicklungsbezogene Koordinationsstörung muß von motorischen Beeinträchtigungen, die durch einen medizinischen Krankheitsfaktor bedingt sind, unterschieden werden. Koordinationsschwierigkeiten können mit **bestimmten neurologischen Störungen** verbunden sein (z. B. infantile Cerebralparese, fortschreitende Schädigungen des Kleinhirns). In diesen Fällen liegen jedoch eine klare neurologische Schädigung und pathologische Befunde bei neurologischen Untersuchungen vor. Ist eine **Geistige Behinderung** vorhanden, kann eine Entwicklungsbezogene Koordinationsstörung nur dann diagnostiziert werden, wenn die motorischen Schwierigkeiten größer sind als diejenigen, die gewöhnlich mit der Geistigen Behinderung verbunden sind. Eine Entwicklungsbezogene Koordinationsstörung wird nicht diagnostiziert, wenn die Kriterien für eine **Tiefgreifende Entwicklungsstörung** erfüllt sind. Personen mit einer **Aufmerksamkeitsdefizit-/Hyperaktivitätsstörung** können hinfallen, an Gegenstände stoßen oder diese umwerfen. Dies geschieht jedoch gewöhnlich aufgrund ihrer Ablenkbarkeit und Impulsivität und nicht aufgrund einer motorischen Beeinträchtigung. Sind die Kriterien für beide Störungen erfüllt, können beide diagnostiziert werden.

Diagnostische Kriterien für 315.4 (F82) Entwicklungsbezogene Koordinationsstörung

A. Die Leistungen bei Alltagsaktivitäten, die motorische Koordination erfordern, liegen wesentlich unter denen, die für das Alter und die gemessene Intelligenz zu erwarten wären. Dies kann sich durch deutliche Verzögerungen beim Erreichen wichtiger motorischer Entwicklungsetappen (z. B. Gehen, Krabbeln, Sitzen) sowie durch Fallenlassen von Gegenständen, „Unbeholfenheit", schwache sportliche Leistungen oder eine schlechte Handschrift zeigen.

Fortsetzung nächste Seite

> Fortsetzung
>
> B. Die unter A. beschriebene Störung behindert deutlich die schulischen Leistungen oder die Aktivitäten des täglichen Lebens.
>
> C. Die Störung geht nicht auf einen medizinischen Krankheitsfaktor (z. B. infantile Cerebralparese, Hemiplegie oder Muskeldystrophie) zurück und die Kriterien einer Tiefgreifenden Entwicklungsstörung sind nicht erfüllt.
>
> D. Liegt eine Geistige Behinderung vor, so sind die motorischen Schwierigkeiten wesentlich größer als diejenigen, die gewöhnlich mit der Geistigen Behinderung verbunden sind.
>
> **Codierhinweis:** Liegt ein medizinischer (z. B. neurologischer) Krankheitsfaktor oder ein sensorisches Defizit vor, werden diese auf Achse III codiert.

Kommunikationsstörungen

In diesem Abschnitt sind folgende Kommunikationsstörungen dargestellt: Expressive Sprachstörung, Kombinierte Rezeptiv-Expressive Sprachstörung, Phonologische Störung, Stottern und Nicht Näher Bezeichnete Kommunikationsstörung. Sie wurden in dieser Gruppe zusammengefaßt, um den Untersucher mit den Erscheinungsformen von Kommunikationsstörungen vertraut zu machen und um ihre Differentialdiagnose zu erleichtern.

315.31 (F80.1) Expressive Sprachstörung

Diagnostische Merkmale

Das Hauptmerkmal der Expressiven Sprachstörung ist eine Beeinträchtigung der expressiven Sprachentwicklung. Diese zeigt sich dadurch, daß die bei individuell durchgeführten standardisierten Messungen der expressiven Sprachentwicklung erreichten Werte wesentlich unter jenen Werten liegen, die durch standardisierte Messungen der nonverbalen intellektuellen Leistungen sowie der rezeptiven Sprachentwicklung erzielt wurden (**Kriterium A**). Es können sowohl Schwierigkeiten bei der verbalen Kommunikation als auch bei der Verständigung mit Zeichensprache auftreten. Die Sprachschwierigkeiten behindern die schulischen bzw. beruflichen Leistungen oder die soziale Kommunikation (**Kriterium B**). Die Symptome erfüllen nicht die Kriterien einer Kombinierten Rezeptiv-Expressiven Sprachstörung oder einer Tiefgreifenden Entwicklungsstörung (**Kriterium C**). Liegt eine geistige Behinderung, ein sprechmotorisches oder sensorisches Defizit oder eine deprivierende Umwelt vor, so sind die Sprachstörungen größer als diejenigen, die gewöhnlich mit dieser Störung verbunden sind (**Kriterium D**). Liegt ein sprachmotorisches oder sensorisches Defizit oder ein neurologischer Krankheitsfaktor vor, sollten diese auf Achse III codiert werden.

Die sprachlichen Merkmale dieser Störung unterscheiden sich je nach Schweregrad der Störung und Alter des Kindes. Hierzu gehören: geringer Sprechumfang, begrenzter Wortschatz, Schwierigkeiten beim Erlernen neuer Wörter, Wortfindungsprobleme und falscher Gebrauch von Wörtern, verkürzte Sätze, vereinfachte grammatische Strukturen, beschränktes Repertoire an grammatischen Strukturen (z. B. Verbformen) und an Satztypen (z. B. Befehlssätze, Fragesätze), Auslassung wesentlicher Satzteile, ungewöhnliche Wortstellung sowie eine verlangsamte Sprachentwicklung. Die nonverbale Leistungsfähigkeit (gemessen mit Intelligenzleistungstests) und das Sprachverständnis liegen gewöhnlich im Normbereich. Eine Expressive Sprachstörung kann sowohl erworben als auch entwicklungsbezogen sein. Beim Erworbenen Typus tritt die Beeinträchtigung der expressiven Sprache nach einem Zeitraum normaler Entwicklung infolge eines neurologischen oder anderen medizinischen Krankheitsfaktors auf (z. B. Enzephalitis, Hirntrauma, Strahlungsschäden). Beim Entwicklungsbezogenen Typus ist die Beeinträchtigung der expressiven Sprache nicht mit einer neurologischen Schädigung bekannten Ursprungs verbunden. Kinder mit dieser Störung beginnen häufig spät zu sprechen und durchlaufen die verschiedenen Stadien der expressiven Sprachentwicklung langsamer als üblich.

Zugehörige Merkmale und Störungen

Das häufigste zugehörige Merkmal der Expressiven Sprachstörung ist bei jüngeren Kindern die Phonologische Störung. Es kommen auch Redefluß- und Formulierungsstörungen mit einer abnorm hohen Sprechgeschwindigkeit und einem sprunghaften Sprechrhythmus sowie Störungen der Sprachstruktur („Poltern") vor. Bei der Erworbenen Expressiven Sprachstörung sind zusätzliche Sprechprobleme üblich wie beispielsweise motorische Artikulationsprobleme, phonologische Fehler, langsame Sprechweise, Silbenwiederholungen sowie monotone Intonation und Betonungsmuster. Bei Schulkindern sind häufig Schul- und Lernprobleme (z. B. Diktate schreiben, Sätze abschreiben und Rechtschreibung), die bisweilen die Kriterien von Lernstörungen erfüllen, mit einer Expressiven Sprachstörung verbunden. Es kann auch eine leichte Beeinträchtigung der rezeptiven Sprachfähigkeit auftreten. Ist diese jedoch bedeutsam, sollte die Diagnose einer Kombinierten Rezeptiv-Expressiven Sprachstörung gestellt werden. In der Vorgeschichte von Personen mit einer Expressiven Sprachstörung sind eine verzögerte motorische Entwicklung, eine Entwicklungsbezogene Koordinationsstörung sowie Enuresis nicht ungewöhnlich. Sozialer Rückzug und andere psychische Störungen wie beispielsweise die Aufmerksamkeitsdefizit-/Hyperaktivitätsstörung treten ebenfalls häufig auf. Expressive Sprachstörungen können von EEG-Auffälligkeiten, abnormen Befunden bei bildgebenden Verfahren, dysarthrischen oder apraxischen Verhaltensweisen oder anderen neurologischen Zeichen begleitet sein.

Besondere kulturelle und Geschlechtsmerkmale

Erhebungen zur Entwicklung der Kommunikationsfähigkeiten müssen das kulturelle und sprachliche Umfeld einer Person berücksichtigen. Dies gilt besonders für Personen, die in einer zweisprachigen Umgebung aufwachsen. Die standardisierten Messungen der Sprachentwicklung und der nonverbalen intellektuellen Fähigkeiten müssen sich auf die jeweilige kulturelle und sprachliche Gruppe beziehen. Der Entwicklungsbezogene Typus der Expressiven Sprachstörung kommt häufiger bei Jungen als bei Mädchen vor.

Prävalenz

Nach Schätzungen leiden 3–5 % aller Kinder an einer Entwicklungsbezogenen Expressiven Sprachstörung. Der Erworbene Typus tritt seltener auf.

Verlauf

Eine Entwicklungsbezogene Expressive Sprachstörung wird gewöhnlich im Alter von etwa drei Jahren erkannt. Leichtere Formen dieser Störung können auch erst in der frühen Adoleszenz offensichtlich werden, wenn die Sprache komplexer wird. Eine Erworbene Expressive Sprachstörung aufgrund von Hirnschädigungen, Hirntrauma oder Hirnschlag kann in jedem Alter auftreten. Der Beginn dieser Störung setzt plötzlich ein. Die Prognose des Entwicklungsbezogenen Typus ist unterschiedlich: Bei ungefähr der Hälfte der betroffenen Kinder ist die Störung von vorübergehender Dauer, während die andere Hälfte länger anhaltende Schwierigkeiten hat. Letztendlich erreichen die meisten Kinder bis zur späten Adoleszenz mehr oder weniger normale Sprachfähigkeiten, wobei subtile Defizite weiterbestehen können. Beim Erworbenen Typus stehen Verlauf und Prognose mit dem Schweregrad und der Lokalisierung der Hirnschädigung sowie mit dem Alter des Kindes und dem Stand der Sprachentwicklung zur Zeit des Erwerbs der Störung in Beziehung. In manchen Fällen geschieht die Verbesserung der Sprachfähigkeiten schnell und vollständig, in anderen Fällen dagegen kommen unvollständige Remission und fortschreitende Defizite vor.

Familiäres Verteilungsmuster

Wahrscheinlich tritt die Entwicklungsbezogene Expressive Sprachstörung häufiger bei Personen auf, in deren Familienanamnese Kommunikationsstörungen oder Lernstörungen vorkamen. Es gibt keine Anzeichen von familiärer Häufung beim Erworbenen Typus.

Differentialdiagnose

Die Expressive Sprachstörung unterscheidet sich von der **Kombinierten Rezeptiv-Expressiven Sprachstörung** dadurch, daß bei letzterer das Sprachverständnis wesentlich beeinträchtigt ist. Die Expressive Sprachstörung wird nicht diagnostiziert, wenn die Kriterien einer **Autistischen Störung** oder einer anderen Tiefgreifenden Entwicklungsstörung erfüllt sind. Die Autistische Störung beinhaltet ebenfalls eine Beeinträchtigung der expressiven Sprache, kann aber von der Expressiven und Kombinierten Rezeptiv-Expressiven Sprachstörung durch die charakteristischen Merkmale der kommunikativen Beeinträchtigung (z. B. stereotyper Sprachgebrauch), durch die qualitative Beeinträchtigung der sozialen Interaktion sowie durch eingeschränkte, sich wiederholende und stereotype Verhaltensmuster unterschieden werden. Die Beeinträchtigung der Expressiven und Rezeptiven Sprachentwicklung kann durch **Geistige Behinderung**, eine **Hörschwäche** oder ein **anderes sensorisches Defizit**, ein **sprechmotorisches Defizit** oder durch eine **stark deprivierende Umwelt** bedingt sein. Diese Probleme können mit Hilfe von Intelligenztests, audiometrischen Tests, neurologischen Tests und anhand der Anamnese festgestellt werden.

Sind die Sprachschwierigkeiten größer als diejenigen, die gewöhnlich mit diesen Problemen einhergehen, kann zusätzlich die Diagnose einer Expressiven oder Kombinierten Rezeptiv-Expressiven Sprachstörung gestellt werden. Kinder, deren expressive Sprachfähigkeit sich aufgrund sozialer Deprivation verzögert entwickelt, können schnell aufholen, sobald sich die Umweltsituation verbessert. Bei der **Störung des Schriftlichen Ausdrucks** sind die Schreibfertigkeiten gestört. Treten auch Defizite im mündlichen Ausdruck auf, kann die zusätzliche Diagnose einer Expressiven Sprachstörung angebracht sein. Beim **Selektiven Mutismus** tritt eine beschränkte Ausdrucksfähigkeit auf, die der Expressiven und Kombinierten Rezeptiv-Expressiven Sprachstörung sehr ähnlich sein kann. Es bedarf einer sorgfältigen Anamnese und Beobachtung, um das Auftreten von normaler Sprache in bestimmten Situationen zu ermitteln. Die **Erworbene Aphasie** in Verbindung mit einem medizinischen Krankheitsfaktor in der Kindheit ist oftmals vorübergehend. Die Diagnose einer Expressiven Sprachstörung ist nur dann angebracht, wenn die Sprachstörung nach der akuten Genesungszeit des ätiologischen medizinischen Krankheitsfaktors (z. B. Hirntrauma, Virusinfektion) weiterbesteht.

Diagnostische Kriterien für 315.31 (F80.1) Expressive Sprachstörung

A. Die bei standardisierten, individuell durchgeführten Messungen der expressiven Sprachentwicklung erreichten Werte liegen wesentlich unter jenen Werten, die bei standardisierten Messungen der nonverbalen intellektuellen Leistungen sowie der rezeptiven Sprachentwicklung erzielt werden. Die Störung kann sich klinisch durch folgende Symptome manifestieren: deutlich eingeschränkter Wortschatz, Fehler im Tempusgebrauch, Schwierigkeiten, Worte zu erinnern oder Sätze zu bilden, die nach Länge und Komplexität der Entwicklungsstufe entsprechen.

B. Die Schwierigkeiten bei der expressiven Sprache behindern die schulischen bzw. beruflichen Leistungen oder die soziale Kommunikation.

C. Die Kriterien einer Kombinierten Rezeptiv-Expressiven Sprachstörung oder einer Tiefgreifenden Entwicklungsstörung sind nicht erfüllt.

D. Liegt eine Geistige Behinderung, ein sprechmotorisches oder sensorisches Defizit oder eine deprivierende Umwelt vor, sind die Sprachschwierigkeiten wesentlich größer als diejenigen, die gewöhnlich bei diesen Problemen auftreten.

Codierhinweis: Liegt ein sprechmotorisches oder sensorisches Defizit oder ein neurologischer Krankheitsfaktor vor, werden diese auf Achse III codiert.

315.31 (F80.2) Kombinierte Rezeptiv-Expressive Sprachstörung

Diagnostische Merkmale

Das Hauptmerkmal der Kombinierten Rezeptiv-Expressiven Sprachstörung ist eine Beeinträchtigung sowohl der rezeptiven als auch der expressiven Sprachentwicklung. Diese zeigt sich dadurch, daß die bei standardisierten individuell durchgeführten Messungen der rezeptiven sowie der expressiven Sprachentwicklung erreichten Werte wesentlich unter denen liegen, die durch standardisierte Messungen der nonverbalen intellektuellen Leistungen erzielt wurden (**Kriterium A**). Es können sowohl Schwierigkeiten bei der verbalen Kommunikation als auch bei der Verständigung mit Zeichensprache auftreten. Die Sprachschwierigkeiten behindern die schulischen bzw. beruflichen Leistungen oder die soziale Kommunikation (**Kriterium B**). Die Symptome erfüllen nicht die Kriterien einer Tiefgreifenden Entwicklungsstörung (**Kriterium C**). Liegt eine Geistige Behinderung, ein sprechmotorisches oder ein sensorisches Defizit oder eine deprivierende Umwelt vor, so sind die Sprachschwierigkeiten größer als diejenigen, die gewöhnlich mit diesen Problemen verbunden sind (**Kriterium D**). Liegt ein sprechmotorisches oder sensorisches Defizit oder ein neurologischer Krankheitsfaktor vor, sollten diese auf Achse III codiert werden.

Die Betroffenen haben einerseits die für die Expressive Sprachstörung typischen Schwierigkeiten (wie z. B. einen deutlich eingeschränkten Wortschatz, Fehler im Tempusgebrauch, Schwierigkeiten, Worte zu erinnern oder Sätze zu bilden, die nach Länge und Komplexität der Entwicklungsstufe entsprechen, sowie die allgemeine Schwierigkeit, Gedanken auszudrücken), andererseits ist auch ihre rezeptive Sprachenentwicklung beeinträchtigt (z. B. Schwierigkeiten, Worte, Sätze oder spezifische Wortfelder zu verstehen). In leichten Fällen beziehen sich diese Schwierigkeiten lediglich auf das Verstehen bestimmter Wortfelder (z. B. räumlicher Begriffe) oder Aussagen (z. B. komplexer „wenn-dann"-Sätze). In schwereren Fällen kann die rezeptive Sprachfähigkeit vielfach gestört sein. Die Betroffenen verstehen weder den Grundwortschatz noch einfache Sätze und weisen Defizite in verschiedenen Bereichen der Verarbeitung von auditiven Reizen auf (z. B. Unterscheidung von Lauten, Verbindung von Lauten und Symbolen, Speicherung, Abruf und Aneinanderreihung). Da die Entwicklung der expressiven Sprache in der Kindheit auf dem Erwerb rezeptiver Fähigkeiten beruht, wurde eine rein rezeptive Sprachstörung (in Analogie zu einer Wernicke-Aphasie bei Erwachsenen) praktisch nie beobachtet. Die Kombinierte Rezeptiv-Expressive Sprachstörung kann sowohl erworben als auch entwicklungsbezogen sein. Beim Erworbenen Typus tritt die Beeinträchtigung der rezeptiven und der expressiven Sprache nach einem Zeitraum normaler Entwicklung infolge eines neurologischen oder anderen medizinischen Krankheitsfaktors auf (z. B. Enzephalitis, Hirntrauma, Strahlungsschäden). Beim Entwicklungsbezogenen Typus ist die Beeinträchtigung der rezeptiven und der expressiven Sprache nicht mit einer neurologischen Schädigung bekannten Ursprungs verbunden. Charakteristisch für diesen Typus ist eine verlangsamte Sprachentwicklung. Die Betroffenen lernen später sprechen und durchlaufen die Stadien der Sprachentwicklung langsam.

Zugehörige Merkmale und Störungen

Die sprachlichen Merkmale der Kombinierten Rezeptiv-Expressiven Sprachstörung, die sich auf die Sprachproduktion beziehen, gleichen denen der Expressiven Sprachstörung. Das grundlegende Merkmal, das die Kombinierte Rezeptiv-Expressive Sprachstörung von der Expressiven Sprachstörung unterscheidet, ist ein Defizit im Sprachverständnis. Dieses kann nach Schweregrad der Störung und Alter des Kindes variieren. Beeinträchtigungen des Sprachverständnisses sind häufig weniger offensichtlich als die der Sprachproduktion, da sie für den Beobachter schwerer erkennbar und häufig nur durch formale Erfassung feststellbar sind. Das Kind kann, wenn es angesprochen wird, zwischenzeitlich den Eindruck erwecken, nicht zu hören oder verwirrt oder unaufmerksam zu sein. Manchmal befolgt es Anweisungen nicht korrekt oder überhaupt nicht und gibt oberflächliche oder unpassende Antworten. Das Kind kann außergewöhnlich still oder auch sehr gesprächig sein. Konversationsfertigkeiten (z. B. Sprecherwechsel oder bei einem Thema bleiben) sind häufig sehr schwach oder ungenügend ausgeprägt. Defizite in verschiedenen Bereichen der sensorischen Informationsverarbeitung, insbesondere bei der zeitlichen Verarbeitung auditiver Reize (z. B. Verarbeitungsgeschwindigkeit, Assoziation von Lauten und Symbolen, Sequenz von Lauten und Gedächtnis, Aufmerksamkeit gegenüber und Unterscheidung von Lauten) sind üblich. Charakteristisch sind ebenfalls Schwierigkeiten, motorische Sequenzen gleichmäßig und schnell zu erzeugen. Eine Phonologische Störung, Lernstörungen und Defizite bei der Sprachwahrnehmung treten häufig auf und sind von verminderter Gedächtnisleistung begleitet. Als weitere Begleitstörungen sind die Aufmerksamkeitsdefizit-/Hyperaktivitätsstörung, die Entwicklungsbezogene Koordinationsstörung und Enuresis zu beobachten. Bei der Kombinierten Rezeptiv-Expressiven Sprachstörung können EEG-Auffälligkeiten, abnorme Befunde bei bildgebenden Verfahren und andere neurologische Zeichen auftreten. Eine Form der Kombinierten Rezeptiv-Expressiven Sprachstörung, deren Beginn im Alter von ca. drei bis neun Jahren liegt und die von Anfällen begleitet ist, ist das Landau-Kleffner-Syndrom.

Besondere kulturelle und Geschlechtsmerkmale

Erhebungen zur Entwicklung von Kommunikationsfähigkeiten müssen das kulturelle und sprachliche Umfeld einer Person berücksichtigen. Dies gilt besonders für zweisprachig aufwachsende Personen. Die standardisierten Messungen der Sprachentwicklung und der nonverbalen intellektuellen Fähigkeiten müssen sich auf die jeweilige kulturelle und sprachliche Gruppe beziehen. Der Entwicklungsbezogene Typus der Kombinierten Rezeptiv-Expressiven Sprachstörung tritt häufiger bei Jungen als bei Mädchen auf.

Prävalenz

Die Entwicklungsbezogene Kombinierte Rezeptiv-Expressive Sprachstörung tritt schätzungsweise bei bis zu 3 % der Schulkinder auf, ist jedoch wahrscheinlich seltener als die Expressive Sprachstörung. Das Landau-Kleffner-Syndrom und andere Formen des Erworbenen Typus dieser Störung kommen seltener vor.

Verlauf

Der Entwicklungsbezogene Typus der Kombinierten Rezeptiv-Expressiven Sprachstörung kann gewöhnlich vor dem Alter von vier Jahren festgestellt werden. Schwere Formen dieser Störung können sich bereits vor dem Alter von zwei Jahren zeigen. Leichtere Formen werden häufig erst bei Schulbeginn erkannt, wenn die Verständnisdefizite offensichtlicher werden. Der Erworbene Typus dieser Störung aufgrund von Hirnschädigungen, Hirntrauma oder Hirnschlag kann in jedem Alter auftreten. Der Erworbene Typus aufgrund des Landau-Kleffner-Syndroms (erworbene Aphasie mit Epilepsie) tritt gewöhnlich im Alter zwischen drei und neun Jahren auf. Viele Kinder mit einer Kombinierten Rezeptiv-Expressiven Sprachstörung können schließlich normale Sprachfähigkeiten erreichen, die Prognose ist jedoch schlechter als bei der Expressiven Sprachstörung. Beim Erworbenen Typus der Kombinierten Rezeptiv-Expressiven Sprachstörung stehen Verlauf und Prognose mit dem Schweregrad und der Lokalisation der Hirnschädigung sowie mit dem Alter des Kindes und dem Stand der Sprachentwicklung zum Zeitpunkt des Erwerbs der Störung in Beziehung. In manchen Fällen setzt eine vollständige Wiederherstellung der Sprachfähigkeiten ein, in anderen Fällen dagegen kommt es zu unvollständiger Remission oder zu fortschreitenden Defiziten. Kinder mit schwereren Formen entwickeln mit hoher Wahrscheinlichkeit Lernstörungen.

Familiäres Verteilungsmuster

Der Entwicklungsbezogene Typus der Kombinierten Rezeptiv-Expressiven Sprachstörung tritt bei Verwandten ersten Grades häufiger auf als in der Allgemeinbevölkerung. Es gibt keine Anzeichen von familiärer Häufung beim Erworbenen Typus dieser Störung.

Differentialdiagnose

Siehe unter „Differentialdiagnose" bei der Expressiven Sprachstörung (siehe S. 93).

**Diagnostische Kriterien für 315.31 (F80.2)
Kombinierte Rezeptiv-Expressive Sprachstörung**

A. Die bei einer Serie von standardisierten, individuell durchgeführten Messungen sowohl der rezeptiven als auch der expressiven Sprachentwicklung erreichten Werte sind wesentlich niedriger als die Werte aus standardisierten Messungen der nonverbalen intellektuellen Fähigkeiten. Zu den Symptomen gehören diejenigen der Expressiven Sprachstörung sowie die Schwierigkeit, Worte, Sätze oder spezifische Wortfelder, wie beispielsweise räumliche Begriffe, zu verstehen.

B. Die Schwierigkeiten bei der rezeptiven und expressiven Sprache behindern deutlich die schulischen bzw. beruflichen Leistungen oder die soziale Kommunikation.

C. Die Kriterien einer Tiefgreifenden Entwicklungsstörung sind nicht erfüllt.

D. Liegt eine Geistige Behinderung, ein sprachmotorisches oder sensorisches Defizit oder eine deprivierende Umwelt vor, sind die Sprachschwierigkeiten wesentlich größer als diejenigen, die gewöhnlich bei diesen Problemen auftreten.

Codierhinweis: Liegt ein sprechmotorisches oder sensorisches Defizit oder ein neurologischer Krankheitsfaktor vor, wird dies auf Achse III codiert.

315.39 (F80.0) Phonologische Störung
(*vormals* Entwicklungsbezogene Artikulationsstörung)

Diagnostische Merkmale

Das Hauptmerkmal der Phonologischen Störung ist die Unfähigkeit, für das Entwicklungsalter erwartete Sprachlaute zu artikulieren, die dem Alter und dem Dialekt der Person entsprechen (**Kriterium A**). Dazu gehören Fehler bei der Produktion von Lauten, bei ihrem Gebrauch, bei der Repräsentation oder Organisation wie beispielsweise Substitution eines Lautes durch einen anderen (Gebrauch des /t/-Lautes statt des korrekten /k/-Lautes) oder Auslassungen von Lauten (z. B. der Endkonsonanten). Die Schwierigkeiten bei der Produktion von Sprechlauten behindern die schulischen bzw. beruflichen Leistungen oder die soziale Kommunikation (**Kriterium B**). Liegt eine Geistige Behinderung, ein sprechmotorisches oder sensorisches Defizit oder eine deprivierende Umwelt vor, so sind die Sprechschwierigkeiten größer als diejenigen, die üblicherweise mit diesen Problemen verbunden sind (**Kriterium**

C). Liegt ein sprechmotorisches oder sensorisches Defizit oder ein neurologischer Krankheitsfaktor vor, sollten diese auf Achse III codiert werden.

Die Phonologische Störung beinhaltet Fehler bei der Lautproduktion (d. h. Artikulation), die durch die Unfähigkeit, Sprechlaute korrekt zu bilden, bedingt sind sowie kognitive Probleme, die auf einer Schwäche beruhen, Sprechlaute zu kategorisieren. (Es besteht z. B. die Schwierigkeit, diejenigen Sprechlaute zu finden, die in der Sprache einen Bedeutungsunterschied bewirken.) Der Schweregrad reicht von geringen oder keinen Auswirkungen auf die Sprachverständlichkeit bis hin zu vollkommener Unverständlichkeit. Typischerweise werden Auslassungen von Lauten als schwerwiegender eingestuft als Substitutionen von Lauten; letztere wiederum wiegen schwerer als fehlerhafte Lautbildungen (Fehlbildungen). Die am häufigsten falsch artikulierten Sprechlaute (im Deutschen: sch, ch, s, r) sind solche, die in einer späteren Entwicklungsstufe erlernt werden. Bei jüngeren Kindern oder in schwereren Fällen sind aber auch Konsonanten und Vokale einer früheren Entwicklungsstufe betroffen. Lispeln, (d. h. die Fehlartikulation von Zischlauten) ist besonders häufig. Eine Phonologische Störung kann auch Fehler bei der Auswahl und Reihenfolge von Lauten in Silben und Worten beinhalten (z. B. Bulme statt Blume).

Zugehörige Merkmale und Störungen

Es können zwar Bezüge zu eindeutigen Kausalfaktoren wie beispielsweise Hörschäden, stukturellen Schäden des peripheren Sprechmechanismus im Bereich des Mundes (z. B. Gaumenspalte), neurologische Krankheitsfaktoren (z. B. Cerebralparese), kognitive Einschränkungen (z. B. Geistige Behinderung) oder psychosoziale Probleme gegeben sein. Bei mindestens 2,5 % aller Vorschulkinder treten jedoch Phonologische Störungen unbekannter oder unklarer Genese auf. Diese werden häufig als funktional oder entwicklungsbezogen bezeichnet. Das Sprechenlernen kann verzögert einsetzen.

Besondere kulturelle und Geschlechtsmerkmale

Erhebungen zur Entwicklung von Kommunikationsfähigkeiten müssen das kulturelle und sprachliche Umfeld einer Person berücksichtigen. Dies gilt besonders für Personen, die in einer zweisprachigen Umgebung aufwachsen. Die Phonologische Störung tritt häufiger bei Jungen auf.

Prävalenz

Bei ca. 2–3 % der sechs- und siebenjährigen Kinder treten mittelschwere bis schwere Phonologische Störungen auf. Die Prävalenz leichterer Formen ist jedoch höher. Bis zum 17. Lebensjahr fällt die Prävalenz auf 0,5 %.

Verlauf

Bei einer schweren Phonologischen Störung kann die Sprache des Kindes selbst für die Familienangehörigen unverständlich sein. Weniger schwere Formen der Störung werden bisweilen erst in der Vorschule oder Schule erkannt, wenn das Kind Schwierigkeiten hat, außerhalb des unmittelbaren Familienkreises verstanden zu werden. Der Verlauf ist variabel und hängt von der Ursache und vom Schweregrad ab. Bei leichten Fällen unbekannter Genese tritt häufig eine Spontanremission auf.

Familiäres Verteilungsmuster

Bei einigen Formen der Phonologischen Störung konnte eine familiäre Häufung nachgewiesen werden.

Differentialdiagnose

Sprechschwierigkeiten können mit einer **Geistigen Behinderung**, einer **Hörschwäche** oder einem **anderen sensorischen Defizit**, einem **sprechmotorischen Defizit** oder einer **stark deprivierenden Umwelt** verbunden sein. Diese Probleme können mit Hilfe von Intelligenztests, audiometrischen Tests, neurologischen Tests und anhand der Krankengeschichte festgestellt werden. Sind die Sprechschwierigkeiten größer als diejenigen, die gewöhnlich mit diesen Problemen einhergehen, kann zusätzlich die Diagnose einer Phonologischen Störung gestellt werden. Probleme, die sich auf den **Sprechrhythmus** oder die **Stimme** beschränken, sind nicht als Teil der Phonologischen Störung aufgeführt, sondern werden als **Stottern** oder **Nicht Näher Bezeichnete Kommunikationsstörung** diagnostiziert. Kinder mit Sprechschwierigkeiten, die auf eine deprivierende Umwelt zurückzuführen sind, können rasch aufholen, sobald sich die Umweltsituation verbessert.

Diagnostische Kriterien für 315.39 (F80.0) Phonologische Störung

A. Es besteht eine Unfähigkeit, entwicklungsgemäß erwartete Sprechlaute zu artikulieren, die dem Alter und dem Idiom der Person entsprechen. Dazu gehören Fehler bei der Lautproduktion, bei ihrem Gebrauch, bei der Repräsentation oder Organisation von Lauten, wie beispielsweise Substitution eines Lautes durch einen anderen (Gebrauch des /t/-Lautes statt des korrekten /k/-Lautes) oder Auslassungen von Lauten wie z. B. der Endkonsonanten.

B. Die Schwierigkeiten bei der Lautproduktion behindern die schulischen bzw. beruflichen Leistungen oder die soziale Kommunikation.

C. Liegt eine Geistige Behinderung, ein sprechmotorisches oder sensorisches Defizit oder eine deprivierende Umwelt vor, so sind die Sprechschwierigkeiten wesentlich größer als diejenigen, die gewöhnlich mit diesen Problemen verbunden sind.

Codierhinweis: Liegt ein sprechmotorisches oder sensorisches Defizit oder ein neurologischer Krankheitsfaktor vor, werden diese auf Achse III codiert.

307.0 (F98.5) Stottern

Diagnostische Merkmale

Das Hauptmerkmal von Stottern ist ein gestörter Redefluß und ein gestörtes Zeitmuster beim Sprechen, das dem Alter der Person unangemessen ist (**Kriterium A**). Diese Störung ist durch häufige Wiederholungen oder Dehnungen von Lauten oder Silben gekennzeichnet (**Kriterien A1 und A2**). Es können auch verschiedene andere Arten von Redeflußstörungen auftreten wie: Einschieben von Lauten und Silben (**Kriterium A3**), Wortunterbrechungen (z. B. durch Pausen innerhalb eines Wortes) (**Kriterium A4**), hörbares oder stummes Blockieren (z. B. ausgefüllte oder unausgefüllte Sprechpausen)(**Kriterium A5**), Umschreibungen (d. h. Wortsubstitutionen, um problematische Wörter zu umgehen) (**Kriterium A6**), unter starker physischer Anspannung geäußerte Wörter (**Kriterium A7**) sowie Wiederholungen einsilbiger Wörter (z. B. „Ich geh, geh, geh weg") (**Kriterium A8**). Die Störung des Redeflusses behindert die schulischen bzw. beruflichen Leistungen oder die soziale Kommunikation (**Kriterium B**). Liegt ein sprechmotorisches oder sensorisches Defizit vor, sind die Sprechschwierigkeiten wesentlich größer als diejenigen, die gewöhnlich mit diesen Problemen verbunden sind (**Kriterium C**). Liegt ein sprechmotorisches oder sensorisches Defizit oder ein neurologischer Krankheitsfaktor vor, sollten diese ebenfalls auf Achse III codiert werden. Das Ausmaß der Störung ist situationsbedingt. Sie ist schlimmer, wenn der Betroffene unter besonderem Kommunikationsdruck steht (z. B. bei einem Vortrag in der Schule oder einem Vorstellungsgespräch). Beim lauten Vorlesen, beim Singen oder beim Sprechen mit unbelebten Gegenständen oder Haustieren bleibt das Stottern häufig aus.

Zugehörige Merkmale und Störungen

Zu Beginn der Störung ist dem Betroffenen das Problem gewöhnlich nicht bewußt. Später können sich jedoch das Bewußtsein über die Störung und sogar eine angstvolle Erwartung entwickeln. Der Betroffene kann versuchen, das Stottern durch sprachliche Mechanismen zu vermeiden, indem er z. B. die Sprechgeschwindigkeit verändert, bestimmte Sprechsituationen wie Telefonieren oder Sprechen in der Öffentlichkeit vermeidet oder gewisse Worte oder Laute umgeht. Das Stottern kann von motorischen Bewegungen begleitet sein wie z. B. Augenzwinkern, Tics, Zittern der Lippen oder des Gesichtes, ruckweisen Kopfbewegungen, Atembewegungen oder Ballen der Faust. Streß oder Angst verschlimmern das Stottern. Eine Beeinträchtigung der sozialen Funktionsfähigkeit kann die Folge von Angst, Frustration oder geringem Selbstwertgefühl sein. Bei Erwachsenen kann Stottern die Berufswahl einschränken oder den beruflichen Aufstieg behindern. Phonologische Störungen oder Expressive Sprachstörungen treten bei Personen, die stottern, häufiger auf als in der Allgemeinbevölkerung.

Prävalenz

Stottern tritt bei 1 % der Kinder in der Vorpubertät auf und fällt auf 0,8 % in der Adoleszenz ab. Die Störung tritt bei Jungen etwa dreimal häufiger auf als bei Mädchen.

Verlauf

Retrospektive Studien an Stotterern zeigen, daß der Beginn der Störung typischerweise im Alter zwischen zwei und sieben Jahren (mit einer Häufung im Alter von 5 Jahren) liegt. In 98 % der Fälle beginnt Stottern vor dem zehnten Lebensjahr. Die Störung entwickelt sich gewöhnlich schleichend. Über Monate hinweg treten episodisch und unbemerkt Redeflußstörungen auf, die dann chronifizieren. Typischerweise beginnt die Störung mit der Wiederholung von Anfangskonsonanten, von am Satzanfang stehenden Wörtern oder von langen Wörtern. Dem Kind ist das Stottern gewöhnlich nicht bewußt. Die Störung hat einen stark fluktuierenden Verlauf. Die Behinderungen des Redeflusses werden immer häufiger und das Stottern tritt bei den wichtigsten Worten oder Wortgruppen einer Äußerung auf. Wird sich das Kind seiner Sprechschwierigkeiten bewußt, können Vermeidungsmechanismen und emotionale Reaktionen auftreten. Einige Studien gehen von einer Remissionsrate von bis zu 80 % aus, davon 60 % spontan. Die Remission erfolgt typischerweise vor dem Alter von 16 Jahren.

Familiäres Verteilungsmuster

Familien- und Zwillingsstudien geben deutliche Hinweise auf einen genetischen Faktor in der Ätiologie des Stotterns. Eine Phonologische Störung oder eine Entwicklungsbezogene Expressive Sprachstörung bzw. eine familiäre Belastung mit diesen Störungen begünstigen das Auftreten von Stottern. Das Risiko ist unter biologischen Verwandten ersten Grades mehr als dreimal so hoch wie in der Allgemeinbevölkerung. Ca. 10 % der Töchter und 20 % der Söhne von Männern, die an dieser Störung litten, stottern ebenfalls.

Differentialdiagnose

Sprechschwierigkeiten können mit einer **Hörschwäche**, einem **anderen sensorischen Defizit** oder einem **sprechmotorischen Defizit** verbunden sein. In Fällen, in denen die Sprechschwierigkeiten größer sind als diejenigen, die gewöhnlich bei diesen Problemen auftreten, kann zusätzlich die Diagnose Stottern gestellt werden. Das Stottern muß von **Störungen des normalen Redeflusses, die häufig bei kleinen Kindern auftreten**, unterschieden werden. Zu letzteren gehören Wiederholungen ganzer Wörter oder Wortgruppen (z. B. „Ich möchte, Ich möchte Eis haben"), unvollständige Sätze, Einwürfe, Sprechpausen und Zwischenbemerkungen.

Diagnostische Kriterien für 307.0 (F98.5) Stottern

A. Eine dem Alter der Person unangemessene Störung des normalen Redeflusses und des Zeitmusters beim Sprechen, die durch häufiges Auftreten von mindestens einem der folgenden Kriterien charakterisiert ist:
(1) Wiederholungen von Lauten und Silben,
(2) Lautdehnungen,
(3) Einschieben von Lauten und Silben,
(4) Wortunterbrechungen (z. B. Pausen innerhalb eines Wortes),

Fortsetzung nächste Seite

> Fortsetzung
>
>   (5) hörbares oder stummes Blockieren (z. B. ausgefüllte oder unausgefüllte Sprechpausen),
>   (6) Umschreibungen (Wortsubstitutionen, um problematische Wörter zu umgehen),
>   (7) unter starker physischer Anspannung geäußerte Wörter,
>   (8) Wiederholungen einsilbiger ganzer Wörter (z. B. „Ich geh, geh, geh weg").
> B. Die Redeflußstörung behindert die schulischen bzw. beruflichen Leistungen oder die soziale Kommunikation.
> C. Liegt ein sprechmotorisches oder sensorisches Defizit vor, sind die Sprechschwierigkeiten wesentlich größer als diejenigen, die gewöhnlich bei diesen Problemen auftreten.
>
> **Codierhinweis:** Liegt ein sprechmotorisches oder sensorisches Defizit oder ein neurologischer Krankheitsfaktor vor, werden diese auf Achse III codiert.

307.9 (F80.9) Nicht Näher Bezeichnete Kommunikationsstörung

Zu dieser Kategorie gehören Kommunikationsstörungen, die nicht die Kriterien einer spezifischen Kommunikationsstörung erfüllen, wie beispielsweise eine Stimmstörung (d. h. eine Auffälligkeit in der Höhe, Lautstärke, Qualität, im Klang oder in der Resonanz der Stimme).

Tiefgreifende Entwicklungsstörungen

Charakteristisch für Tiefgreifende Entwicklungsstörungen ist eine schwere und tiefgreifende Beeinträchtigung mehrerer Entwicklungsbereiche wie z. B. der sozialen Interaktion oder der Kommunikation oder das Auftreten stereotyper Verhaltensweisen, Interessen und Aktivitäten. Die qualitativen Beeinträchtigungen sind bei diesen Störungen durch deutliche Abweichungen von der Entwicklungsstufe und vom Intelligenzalter einer Person gekennzeichnet. Dieser Abschnitt umfaßt die Autistische Störung, Rett-Störung, Desintegrative Störung im Kindesalter, Asperger-Störung und Nicht Näher Bezeichnete Tiefgreifende Entwicklungsstörung. Diese Störungen treten gewöhnlich in den ersten Lebensjahren auf und sind häufig mit einer Geistigen Behinderung verbunden. Tritt diese auf, sollte sie auf Achse II codiert werden. Tiefgreifende Entwicklungsstörungen werden bisweilen in Verbindung mit verschiedenen anderen medizinischen Krankheitsfaktoren beobachtet (z. B. Chromosomenauffälligkeiten, kongenitale Infektionskrankheiten, strukturelle Auffälligkeiten des Zentralen Nervensystems). Treten solche Krankheitsfaktoren auf, sollten sie auf Achse III codiert werden. Früher wurden Bezeichnungen wie „Psychose" oder „Schizophrenie in der Kindheit" zur Bezeichnung von Personen mit Tiefgreifenden Entwicklungsstörungen benutzt. Es gibt jedoch wichtige Hinweise dafür, daß sich die Tiefgreifende Entwicklungsstörung von der Schizophrenie unterscheidet (obwohl sich bei Personen mit einer Tiefgreifenden Entwicklungsstörung später gelegentlich eine Schizophrenie entwickeln kann).

299.00 (F84.0) Autistische Störung

Diagnostische Merkmale

Hauptmerkmale der Autistischen Störung sind eine deutlich abnorme und beeinträchtigte Entwicklung im Bereich der sozialen Interaktion und der Kommunikation sowie ein deutlich eingeschränktes Repertoire an Aktivitäten und Interessen. Die Störung weist je nach Entwicklungs- und Altersstufe des Betroffenen eine große Variationsbreite auf. Die Autistische Störung wird manchmal auch als Frühkindlicher Autismus, Autismus in der Kindheit oder Kanner-Syndrom bezeichnet.

Die Beeinträchtigung der gegenseitigen sozialen Interaktion ist massiv und anhaltend. Es kann eine deutlichen Beeinträchtigung im Gebrauch vielfältiger nonverbaler Verhaltensweisen (z. B. Blickkontakt, Gesichtsausdruck, Körperhaltung und Gestik) zur Steuerung der zwischenmenschlichen Interaktion und Kommunikation auftreten (**Kriterium A1a**). Der Betroffene kann unfähig sein, seiner Entwicklungsstufe entsprechende Beziehungen zu Gleichaltrigen aufzubauen (**Kriterium A1b**), was in verschiedenen Altersstufen unterschiedliche Formen annehmen kann. Jüngere Personen haben wenig oder kein Interesse an Freundschaften. Ältere Personen können Interesse an Freundschaften zeigen, ihnen fehlt jedoch das Verständnis für die Regeln einer zwischenmenschlichen Beziehung. Es kann das spontane Verlangen fehlen, Vergnügungen, Interessen oder Erfolge mit anderen zu teilen (sie zeigen oder bringen beispielsweise nicht Dinge, die sie interessieren und weisen auch nicht auf diese hin) (**Kriterium A1c**). Der soziale oder emotionale Austausch kann fehlen (sie nehmen z. B. nicht aktiv an einfachen sozialen Spielen teil, beschäftigen sich lieber allein und beteiligen andere an ihren Aktivitäten lediglich als Werkzeug oder als „mechanische" Hilfen) (**Kriterium A1d**). Häufig ist das Bewußtsein anderen gegenüber deutlich beeinträchtigt. Die Betroffenen können andere Kinder (einschließlich Geschwister) völlig ignorieren, sie haben häufig keine Vorstellung von den Bedürfnissen anderer Menschen und bemerken auch deren Kummer nicht.

Die Kommunikation ist ebenfalls deutlich und anhaltend beeinträchtigt. Dies betrifft die verbalen wie die nonverbalen Fähigkeiten. Die Entwicklung der gesprochenen Sprache kann verzögert eintreten oder völlig ausbleiben (**Kriterium A2a**). Bei Personen, die sprechen können, kann die Fähigkeit, ein Gespräch mit anderen zu beginnen oder fortzuführen, deutlich beeinträchtigt sein (**Kriterium A2b**). Oder aber sie zeigen einen stereotypen und repetitiven Gebrauch der Sprache oder eine idiosynkratische Sprache (**Kriterium A2c**). Weiterhin können verschiedenartige spontane Rollenspiele oder soziale Imitationsspiele fehlen, die der Entwicklungsstufe des Betroffenen angemessen sind (**Kriterium A2d**). Bei entwickelter Sprechfähigkeit können Stimmhöhe, Intonation, Sprechgeschwindigkeit, Sprechrhythmus oder Betonung auffällig sein (monotone Stimme, Heben der Stimme am Satzende von Aussagesätzen wie bei Fragen). Die grammatischen Strukturen sind häufig unterentwickelt, stereotyp und repetitiv (z. B. Wiederholung von Worten oder Sätzen ohne Bedeutungszusammenhang, Wiederholung von Werbesongs oder Werbesprüchen). Es kann auch eine metaphorische Sprache benutzt werden (d. h. eine Sprache, die nur diejenigen verstehen, die mit dem Kommunikationsstil des Betroffenen vertraut sind). Eine Störung des Sprachverständnisses kann sich dadurch ausdrücken, daß der Betroffene einfache Fragen, Anweisungen oder Witze nicht versteht. Phantasiespiele fehlen häufig völlig oder sind stark eingeschränkt. In der Regel zeigen die Betroffenen auch nicht die einfachen Imitationsspiele oder Gewohnheiten des Säuglingsalters oder der frühen Kindheit. Wenn sie es tun, geschieht dies zusammenhanglos oder auf eine mechanische Art und Weise. Personen mit Autistischer Störung weisen beschränkte, repetitive und stereotype Verhaltensmuster, Interessen und Aktivitäten auf. Sie können sich ausschließlich und intensiv mit einem oder mehreren stereotypen und begrenzten Interessen beschäftigen, wobei Gegenstand oder Intensität abnorm sind (**Kriterium A3a**). Sie zeigen ein auffällig starres Festhalten an bestimmten nichtfunktionalen Gewohnheiten oder Ritualen (**Kriterium A3b**), entwickeln stereotype und repetitive motorische Manierismen (**Kriterium A3c**) und beschäftigen sich andauernd intensiv mit Teilen von Objekten (**Kriterium A3d**). Die Bandbreite der Interessen ist bei Personen mit einer Autistischen Störung deutlich eingeschränkt. Ihre Interessen liegen häufig auf einem eng begrenzten Gebiet, von dem sie stark in Anspruch genommen sind (z. B. Sammeln von meteorologischen Fakten oder von Fußball-Statistiken). Sie stellen eine bestimmte Anzahl von Spielsachen in immer derselben Art und Weise auf oder ahmen wiederholt einen Fernsehschauspieler nach. Sie bestehen auf Gleichförmigkeit und reagieren auf völlig banale Veränderungen mit Widerstand oder Kummer (so kann ein kleineres Kind auf geringfügige Veränderungen in seiner Umwelt wie z. B. neue Gardinen oder ein anderer Platz am Mittagstisch dramatische Reaktionen zeigen). Häufig besteht ein Interesse an nichtfunktionalen Gewohnheiten oder Ritualen. Die Betroffenen beharren ohne nachvollziehbaren Grund auf das genaue Einhalten von gewohnten Abläufen (z. B. jeden Tag genau denselben Weg zur Schule nehmen). Stereotype Körperbewegungen betreffen die Hände (klatschen, mit den Fingern schnipsen) oder den ganzen Körper (wiegende, schaukelnde und schwankende Bewegungen). Auffälligkeiten der Körperhaltung können auftreten (wie beispielsweise Gehen auf Zehenspitzen, seltsame Handbewegungen und Körperhaltungen). Die Betroffenen sind ständig mit Teilen von Objekten beschäftigt (Knöpfe, Körperteile). Faszination kann auch von Bewegungen ausgehen (sich drehende Räder von Spielsachen, das Öffnen und Schließen von Türen, ein elektrischer Ventilator oder andere sich schnell drehende Gegenstände). Die Betroffenen können eine starke Bindung an unbelebte Objekte (z. B. ein Stück Schnur oder ein Gummiband) entwickeln.

Die Störung muß vor Vollendung des dritten Lebensjahres beginnen und sich durch Verzögerungen oder abnorme Funktionsfähigkeit in mindestens einem der folgenden Bereiche manifestieren: soziale Interaktionen, Sprache als soziales Kommunikationsmittel, symbolisches oder Phantasiespiel (**Kriterium B**). Typischerweise kommt keine eindeutig normale Entwicklungsphase vor, wobei in einigen Fällen von relativ normaler Entwicklung im ersten oder den ersten beiden Lebensjahren berichtet wird. In einigen wenigen Fällen berichten Eltern von einem Rückgang der Sprachentwicklung, die im allgemeinen als Sprachstillstand auftritt, nachdem ein Kind fünf bis zehn Worte gelernt hat. Definitionsgemäß kann ein Zeitraum normaler Entwicklung nicht nach dem dritten Lebensjahr auftreten. Die Störung darf nicht durch die Rett-Störung oder durch die Desintegrative Störung im Kindesalter besser erklärbar sein (**Kriterium C**).

Zugehörige Merkmale und Störungen

Zugehörige Beschreibungsmerkmale und psychische Störungen. Häufig wird gleichzeitig eine meist Mittelschwere Geistige Behinderung diagnostiziert (IQ 35–50). Etwa 75 % der Kinder mit einer Autistischen Störung weisen eine intellektuelle Retardierung auf. Auffälligkeiten bei der Entwicklung kognitiver Fähigkeiten können auftreten. Das Profil kognitiver Fähigkeiten ist – ungeachtet des allgemeinen Intelligenzniveaus – gewöhnlich unausgewogen (es kommt z. B. vor, daß ein viereinhalbjähriges Kind mit einer Autistischen Störung lesen kann, d. h. eine Hyperlexie hat). Bei vielen Kindern mit einer Autistischen Störung, die eine höhere Leistungsfähigkeit aufweisen, liegt das rezeptive Sprachniveau (d. h. das Sprachverständnis) unter dem der expressiven Sprache (z. B. Wortschatz). Personen mit einer Autistischen Störung können eine ganze Reihe von Verhaltenssymptomen aufweisen, darunter: Hyperaktivität, kurze Aufmerksamkeitsspanne, Impulsivität, Aggressivität, selbstschädigende Verhaltensweisen und, insbesondere bei jüngeren Kindern, Wutanfälle. Sonderbare Reaktionen auf sensorische Reize können auftreten (z. B. hohe Schmerzschwelle, Übersensibilität gegenüber Tönen und Berührungen, übersteigerte Reaktionen auf Licht oder Gerüche, Faszination von gewissen Reizen). Auffälligkeiten beim Essen (z. B. Beschränkung auf einige wenige Lebensmittel, Pica) oder beim Schlafen (wiederholtes Aufwachen in der Nacht mit wiegenden Bewegungen) kommen vor. Weiterhin treten Auffälligkeiten der Stimmung oder des Affekts auf (z. B. Kichern oder Weinen ohne ersichtlichen Grund, offensichtliches Fehlen emotionaler Reaktionen). Die Betroffenen können Furchtlosigkeit vor wirklichen Gefahren und übermäßige Furcht vor harmlosen Dingen zeigen. Eine Vielfalt von selbstschädigenden Verhaltensweisen kann auftreten (z. B. Kopfanschlagen, in Finger, Hand oder Handgelenk beißen). In der Adoleszenz oder im frühen Erwachsenenalter können Betroffene, die die intellektuelle Fähigkeit besitzen, ihr Leiden zu erkennen, als Reaktion auf das Bewußtwerden ihrer schweren Beeinträchtigung depressiv werden.

Zugehörige Laborbefunde. Ist die Autistische Störung mit einem medizinischen Krankheitsfaktor verbunden, treten die entsprechenden Laborbefunde dieses Krankheitsfaktors auf. Es gibt Berichte von Gruppenunterschieden bei der Messung des Serotonin-Spiegels, diese sind jedoch nicht symptomatisch für die Autistische Störung. Bildgebende Verfahren können in einigen Fällen Auffälligkeiten zeigen, es wurde jedoch kein spezifisches Muster eindeutig identifiziert. EEG-Auffälligkeiten sind auch ohne auftretende Anfallsleiden üblich.

Zugehörige körperliche Untersuchungsbefunde und medizinische Krankheitsfaktoren. Verschiedene unspezifische neurologische Symptome oder Zeichen können bei der Autistischen Störung festgestellt werden (z. B. abgeschwächte Reflexe, verzögerte Entwicklung der Handdominanz). Die Störung wird manchmal in Verbindung mit einem neurologischen oder medizinischen Krankheitsfaktor beobachtet (z. B. Enzephalitis, Phenylketonurie, tuberöse Sklerose, Fragiles X-Syndrom, Anoxie während der Geburt und Röteln bei der Mutter). Epileptischen Anfälle können bei bis zu 25 % der Fälle auftreten (insbesondere während der Adoleszenz). Sind andere medizinische Krankheitsfaktoren vorhanden, sollten sie auf Achse III vermerkt werden.

Besondere Alters- und Geschlechtsmerkmale

Die Art der Beeinträchtigung der sozialen Interaktion kann sich mit der Zeit verändern und je nach der Entwicklungsstufe des Betroffenen variieren. Bei Säuglingen und Kleinkindern zeigen sich ein fehlendes Zärtlichkeitsbedürfnis, Gleichgültigkeit oder Aversion gegenüber Zuneigung oder körperlichem Kontakt, Fehlen von Blickkontakt, von mimischen Reaktionen und von sozialem Lächeln sowie fehlende Reaktion auf die Stimme der Eltern. Infolgedessen sind die Eltern manchmal anfänglich besorgt, ihr Kind könnte taub sein. Kleine Kinder mit dieser Störung können die Erwachsenen als austauschbar behandeln oder sich mechanisch an eine bestimmte Person klammern. Im Lauf der Entwicklung kann das Kind eher gewillt sein, sich passiv an sozialen Interaktionen zu beteiligen und kann sogar mehr Interesse daran zeigen. Jedoch auch in diesen Fällen neigt das Kind dazu, andere Menschen auf ungewöhnliche Art und Weise zu behandeln (z. B. erwartet es, daß die anderen ritualisierte Fragen auf eine ganz bestimmte Weise beantworten, oder es hat wenig Sinn für die Grenzen anderer und kann bei sozialen Interaktionen unangemessen aufdringlich sein). Ältere Personen können ein hervorragendes Langzeitgedächtnis haben (z. B. für Zugfahrpläne, historische Daten, chemische Formeln oder beim Erinnern des genauen Wortlautes eines vor vielen Jahren gehörten Liedes). Gewöhnlich wird das Wissen jedoch ständig wiederholt geäußert, selbst wenn es im sozialen Kontext nicht angebracht ist. Die Störung tritt vier bis fünf Mal häufiger bei Jungen als bei Mädchen auf, wobei die Mädchen jedoch häufiger eine stärkere Geistige Behinderung aufweisen.

Prävalenz

Epidemiologische Studien weisen darauf hin, daß auf 10 000 Personen zwei bis fünf Fälle von Autistischer Störung auftreten.

Verlauf

Definitionsgemäß liegt der Beginn der Autistischen Störung vor Vollendung des dritten Lebensjahres.

In einigen Fällen berichten Eltern, daß sie von Geburt an oder kurz danach wegen des fehlenden Interesses des Kindes an sozialen Interaktionen besorgt waren. Anzeichen der Störung im Säuglings- und Kleinkindalter sind subtiler und schwerer zu definieren als solche, die nach dem zweiten Lebensjahr auftreten. In einigen wenigen Fällen wurde von einer normalen Entwicklung des Kindes im ersten Jahr (oder sogar in den ersten zwei Jahren) berichtet. Die Autistische Störung folgt einem kontinuierlichen Verlauf. Bei Schulkindern und Jugendlichen sind Entwicklungserfolge auf einigen Gebieten üblich (z. B. stärkeres Interesse an sozialen Funktionen mit Eintritt des Kindes ins Schulalter). Bei einigen der Betroffenen verschlechtert sich das symptomatische Verhalten in der Adoleszenz, bei anderen wird es besser. Sprachfähigkeiten (z. B. Auftreten von sprachlicher Kommunikation) und das allgemeine Intelligenzniveau sind die wichtigsten Faktoren für die Langzeitprognose. Die verfügbaren Längsschnittstudien deuten darauf hin, daß lediglich ein geringer Prozentsatz der Betroffenen als Erwachsene unabhängig lebt und arbeitet. Bei etwa einem Drittel der Fälle ist eine teilweise unabhängige Lebensweise möglich. Auch gut angepaßte Erwachsene mit einer Autistischen Störung zeigen weiterhin typischerweise Probleme bei sozialen Interaktionen und bei der Kommunikation sowie deutlich eingeschränkte Interessen und Aktivitäten.

Familiäres Verteilungsmuster

Es besteht ein erhöhtes Risiko bei Geschwistern von Betroffenen.

Differentialdiagnose

Regressive Entwicklungsphasen können auch bei einer normalen Entwicklung beobachtet werden. Diese sind jedoch niemals so schwerwiegend oder langanhaltend wie bei der Autistischen Störung. Die Autistische Störung muß von **anderen Tiefgreifenden Entwicklungsstörungen** unterschieden werden. Die **Rett-Störung** unterscheidet sich von der Autistischen

Störung durch ihre charakteristische Geschlechterverteilung und durch das Muster der Defizite. Die Rett-Störung wurde ausschließlich bei Mädchen diagnostiziert, wogegen die Autistische Störung viel häufiger bei Jungen auftritt. Die Rett-Störung zeigt das charakteristische Muster eines verlangsamten Kopfwachstums, des Verlusts von zuvor erworbenen zielgerichteten Fertigkeiten der Hände und schlecht koordinierter Bewegungen des Rumpfes oder des Gangs. Besonders im Vorschulalter können Personen mit der Rett-Störung Schwierigkeiten im zwischenmenschlichen Bereich zeigen, die denen der Autistischen Störung gleichen. Diese sind in der Regel jedoch von vorübergehender Dauer. Die Autistische Störung unterscheidet sich von der **Desintegrativen Störung im Kindesalter** dadurch, daß letztere ein typisches Muster der Entwicklungsregression nach mindestens zwei Jahren normaler Entwicklung aufweist. Bei der Autistischen Störung werden die Auffälligkeiten in der Entwicklung üblicherweise im ersten Lebensjahr bemerkt. Sind keine Informationen über die frühe Entwicklung verfügbar oder ist es unmöglich, den erforderlichen Zeitraum normaler Entwicklung festzustellen, sollte die Diagnose einer Autistischen Störung gestellt werden. Die **Asperger-Störung** kann von der Autistischen Störung durch den fehlenden Rückstand bei der Sprachentwicklung unterschieden werden. Die Asperger-Störung wird nicht diagnostiziert, wenn die Kriterien einer Autistischen Störung erfüllt sind.

Schizophrenie mit Beginn in der Kindheit entwickelt sich gewöhnlich nach Jahren normaler oder nahezu normaler Entwicklung. Die zusätzliche Diagnose einer Schizophrenie kann gestellt werden, wenn eine Person mit Autistischer Störung die typischen Merkmale einer Schizophrenie entwickelt (siehe S. 328) mit Symptomen von floriden Phasen mit ausgeprägten Wahnphänomenen oder Halluzinationen, die mindestens einen Monat andauern. Beim **Selektiven Mutismus** zeigt das Kind in bestimmten Umgebungen gewöhnlich angemessene Kommunikationsfähigkeiten. Es treten auch nicht die starken Beeinträchtigungen in der sozialen Interaktion und die eingeschränkten Verhaltensweisen auf, die mit der Autistischen Störung verbunden sind. Bei der **Expressiven Sprachstörung** und der **Kombinierten Rezeptiv-Expressiven Sprachstörung** liegt eine Beeinträchtigung der Sprache vor, die nicht mit einer qualitativen Beeinträchtigung der sozialen Interaktion und mit eingeschränkten, repetitiven und stereotypen Verhaltensmustern einhergeht. Bisweilen ist es schwer zu entscheiden, ob die zusätzliche Diagnose einer Autistischen Störung bei Personen mit einer **Geistigen Behinderung** gerechtfertigt ist, besonders wenn es sich um eine Schwere oder Schwerste Geistige Behinderung handelt. Die zusätzliche Diagnose einer Autistischen Störung ist für jene Fälle vorbehalten, bei denen qualitative Defizite bei sozialen und kommunikativen Fähigkeiten auftreten und die für die Autistische Störung typischen Verhaltensweisen zu beobachten sind. Motorische Stereotypien sind für die Autistische Störung charakteristisch. Die zusätzliche Diagnose einer **Stereotypen Bewegungsstörung** wird nicht gestellt, wenn diese als Teil der Autistischen Störung besser erklärt werden kann.

Diagnostische Kriterien für 299.00 (F84.0) Autistische Störung

A. Es müssen mindestens sechs Kriterien aus (1), (2) und (3) zutreffen, wobei mindestens zwei Kriterien aus (1) und je ein Kriterium aus (2) und (3) stammen müssen:
   (1) qualitative Beeinträchtigung der sozialen Interaktion in mindestens zwei der folgenden Bereiche:
      (a) ausgeprägte Beeinträchtigung im Gebrauch vielfältiger nonverbaler Verhaltensweisen wie beispielsweise Blickkontakt, Gesichtsausdruck, Körperhaltung und Gestik zur Steuerung sozialer Interaktionen,

Fortsetzung nächste Seite

Fortsetzung

    (b) Unfähigkeit, entwicklungsgemäße Beziehungen zu Gleichaltrigen aufzubauen,
    (c) Mangel, spontan Freude, Interessen oder Erfolge mit anderen zu teilen (z. B. Mangel, anderen Menschen Dinge, die für die Betroffenen von Bedeutung sind, zu zeigen, zu bringen oder darauf hinzuweisen),
    (d) Mangel an sozio-emotionaler Gegenseitigkeit;
(2) qualitative Beeinträchtigungen der Kommunikation in mindestens einem der folgenden Bereiche:
    (a) verzögertes Einsetzen oder völliges Ausbleiben der Entwicklung von gesprochener Sprache (ohne den Versuch zu machen, die Beeinträchtigung durch alternative Kommunikationsformen wie Gestik oder Mimik zu kompensieren),
    (b) bei Personen mit ausreichendem Sprachvermögen deutliche Beeinträchtigung der Fähigkeit, ein Gespräch zu beginnen oder fortzuführen,
    (c) stereotyper oder repetitiver Gebrauch der Sprache oder idiosynkratische Sprache,
    (d) Fehlen von verschiedenen entwicklungsgemäßen Rollenspielen oder sozialen Imitationsspielen;
(3) beschränkte, repetitive und stereotype Verhaltensweisen, Interessen und Aktivitäten in mindestens einem der folgenden Bereiche:
    (a) umfassende Beschäftigung mit einem oder mehreren stereotypen und begrenzten Interessen, wobei Inhalt und Intensität abnorm sind,
    (b) auffällig starres Festhalten an bestimmten nichtfunktionalen Gewohnheiten oder Ritualen,
    (c) stereotype und repetitive motorische Manierismen (z. B. Biegen oder schnelle Bewegungen von Händen oder Fingern oder komplexe Bewegungen des ganzen Körpers),
    (d) ständige Beschäftigung mit Teilen von Objekten.

B. Beginn vor Vollendung des dritten Lebensjahres und Verzögerungen oder abnorme Funktionsfähigkeit in mindestens einem der folgenden Bereiche:
(1) soziale Interaktion,
(2) Sprache als soziales Kommunikationsmittel oder
(3) symbolisches oder Phantasiespiel.

C. Die Störung kann nicht besser durch die Rett-Störung oder die Desintegrative Störung im Kindesalter erklärt werden.

299.80 (F84.2) Rett-Störung

Diagnostische Merkmale

Das Hauptmerkmal der Rett-Störung ist die Entwicklung einer Vielzahl spezifischer Defizite nach einem Zeitraum normaler Funktionsfähigkeit nach der Geburt. Die Betroffenen durchlaufen eine offensichtlich normale pränatale und perinatale Phase (**Kriterium A1**) mit normaler psychomotorischer Entwicklung in den ersten fünf Lebensmonaten (**Kriterium A2**). Der Kopfumfang bei der Geburt liegt ebenfalls im Normbereich (**Kriterium A3**). Im Alter zwischen 5 und 48 Monaten verlangsamt sich das Kopfwachstum (**Kriterium B1**). Im Alter zwischen 5 und 30 Monaten erfolgt der Verlust von zuvor erworbenen zielgerichteten Fertigkeiten der Hände und es entwickeln sich charakteristische stereotype Handbewegungen, die an Händewringen oder Händewaschen erinnern (**Kriterium B2**). In den ersten Jahren nach Störungsbeginn nimmt das Interesse am sozialen Umfeld ab (**Kriterium B3**). Im späteren Verlauf entwickeln sich häufig soziale Interaktionen. Probleme entstehen bei der Koordination des Ganges und der Bewegungen des Rumpfes (**Kriterium B4**). Es kommt auch zu einer schweren Beeinträchtigung der expressiven und rezeptiven Sprachentwicklung mit einer starken Retardierung im psychomotorischen Bereich (**Kriterium B5**).

Zugehörige Merkmale und Störungen

Typischerweise ist die Rett-Störung mit einer Schweren oder Schwersten Geistigen Behinderung verbunden. Tritt eine solche auf, sollte sie auf Achse II codiert werden. Es gibt keine spezifischen Laborbefunde, die mit dieser Störung verbunden sind. EEG-Auffälligkeiten und Anfallsleiden können bei Personen mit einer Rett-Störung vermehrt auftreten. Es wurde von unspezifischen Auffälligkeiten des Gehirns in bildgebenden Verfahren berichtet.

Prävalenz

Die Daten beschränken sich größtenteils auf Fallserien. Die Rett-Störung scheint viel seltener aufzutreten als die Autistische Störung. Die Störung wurde nur bei Mädchen beschrieben.

Verlauf

Es tritt ein typisches Muster der Entwicklungsregression auf. Die Rett-Störung beginnt vor dem 4. Lebensjahr, gewöhnlich in den ersten zwei Lebensjahren. Die Störung ist von lebenslanger Dauer. Der Verlust der Fertigkeiten verläuft im allgemeinen anhaltend und progredient. In den meisten Fällen ist eine Remission sehr begrenzt. Einige bescheidene Entwicklungsfortschritte können auftreten. Ein Interesse an sozialen Interaktionen kann in der späten Kindheit oder Adoleszenz beobachtet werden. Die Kommunikations- und Verhaltensschwierigkeiten bleiben gewöhnlich während des gesamten Lebens konstant.

Differentialdiagnose

Regressionsphasen können auch in der normalen Entwicklung vorkommen. Diese sind jedoch nicht so schwerwiegend und so lang andauernd wie bei der Rett-Störung. Bezüglich der Unterscheidung von Rett-Störung und **Autistischer Störung** siehe Seite 106. Von der **Desintegrativen Störung im Kindesalter** und der **Asperger-Störung** unterscheidet sich die Rett-Störung durch die charakteristische Geschlechtsverteilung, den Störungsbeginn und das Muster der Defizite. Die Rett-Störung wurde nur bei Mädchen diagnostiziert, während die Desintegrative Störung im Kindesalter und die Asperger-Störung eher bei Jungen aufzutreten scheint. Die Symptome der Rett-Störung können schon im Alter von fünf Monaten auftreten, während der Zeitraum normaler Entwicklung bei der Desintegrativen Störung im Kindesalter typischerweise länger ist (d.h. mindestens bis zum Alter von zwei Jahren). Die

Rett-Störung zeigt ein typisches Muster des verlangsamten Kopfwachstums, des Verlusts von zuvor erworbenen zielgerichteten Fertigkeiten der Hände und des Auftretens von schlecht koordinierten Bewegungen des Rumpfes oder des Gangs. Im Unterschied zur Asperger-Störung ist für die Rett-Störung eine stark beeinträchtigte Entwicklung der expressiven und rezeptiven Sprache charakteristisch.

Diagnostische Kriterien für 299.80 (F84.2) Rett-Störung

A. Jedes der folgenden Merkmale muß zutreffen:
 (1) offensichtlich normale pränatale und perinatale Entwicklung,
 (2) offensichtlich normale psychomotorische Entwicklung in den ersten fünf Lebensmonaten,
 (3) normaler Kopfumfang bei der Geburt.

B. Beginn aller nachfolgenden Beeinträchtigungen nach einer Zeitspanne normaler Entwicklung:
 (1) Verlangsamung des Kopfwachstums im Alter zwischen 5 und 48 Monaten,
 (2) Verlust von zuvor erworbenen zielgerichteten Fertigkeiten der Hände im Alter zwischen 5 und 30 Monaten mit einer nachfolgenden Entwicklung stereotyper Handbewegungen (z. B. Händeringen oder Händewaschen),
 (3) Verlust der zwischenmenschlichen Kontaktaufnahme in der Anfangsphase der Störung (wobei sich soziale Interaktionen häufig später entwickeln),
 (4) Auftreten von schlecht koordinierten Rumpf- oder Gangbewegungen,
 (5) stark beeinträchtigte Entwicklung der expressiven und rezeptiven Sprache mit starker Retardierung im psychomotorischen Bereich.

299.10 (F84.3) Desintegrative Störung im Kindesalter

Diagnostische Merkmale

Das Hauptmerkmal der Desintegrativen Störung im Kindesalter ist eine deutliche Regression in einer Vielzahl von Funktionsbereichen nach einem Zeitraum von mindestens zwei Jahren offensichtlich normaler Entwicklung (**Kriterium A**). Eine offensichtlich normale Entwicklung zeigt sich in altersgemäßer verbaler und nonverbaler Kommunikation, in sozialen Beziehungen, im Spiel und im Anpassungsverhalten. Nach den ersten zwei Lebensjahren (jedoch vor Vollendung des zehnten Lebensjahres) erfährt das Kind einen klinisch bedeutsamen Verlust zuvor erworbener Fähigkeiten in mindestens zwei der folgenden Bereichen: expressive oder rezeptive Sprache, soziale Fertigkeiten oder Anpassungsverhalten, Darm- oder Blasenkontrolle, Spielverhalten oder motorische Fähigkeiten (**Kriterium B**). Die Betroffenen weisen die sozialen und kommunikativen Defizite und Verhaltensmerkmale auf, die im allgemeinen bei der Autistischen Störung beobachtet werden (siehe S. 103). Die soziale Interaktion und die Kommunikation sind qualitativ beeinträchtigt (**Kriterium C1** und **C2**).

Restriktive, repetitive und stereotype Verhaltensmuster, Interessen und Aktivitäten treten auf (**Kriterium C3**). Die Störung läßt sich nicht besser durch eine andere spezifische Tiefgreifende Entwicklungsstörung oder Schizophrenie erklären (**Kriterium D**).

Diese Störung wurde auch als Heller-Syndrom, infantile Demenz oder desintegrative Psychose bezeichnet.

Zugehörige Merkmale und Störungen

Gewöhnlich ist die Desintegrative Störung im Kindesalter mit einer Schweren Geistigen Behinderung verbunden. Tritt diese auf, sollte sie auf Achse II codiert werden. Verschiedene unspezifische neurologische Symptome oder Zeichen können festgestellt werden. EEG-Auffälligkeiten und Anfallsleiden können vermehrt auftreten. Wahrscheinlich ist die Störung auf eine Schädigung des sich entwickelnden zentralen Nervensystems zurückzuführen; es konnte jedoch kein genauer Mechanismus identifiziert werden. Gelegentlich wird diese Störung in Verbindung mit einem medizinischen Krankheitsfaktor beobachtet (z. B. metachromatische Leukodystrophie, Schilder-Krankheit), der die Entwicklungsregression erklären könnte. In den meisten Fällen wird jedoch auch nach umfangreichen Untersuchungen kein solcher Krankheitsfaktor gefunden. Liegt ein neurologischer oder medizinischer Krankheitsfaktor in Verbindung mit dieser Störung vor, sollte dieser auf Achse III vermerkt werden. Die Laborbefunde spiegeln den jeweils begleitenden medizinischen Krankheitsfaktor wider.

Prävalenz

Epidemiologische Daten liegen nur begrenzt vor. Die Desintegrative Störung im Kindesalter scheint jedoch sehr selten aufzutreten und viel weniger verbreitet zu sein als die Autistische Störung. Frühere Studien deuteten auf ein ausgeglichenes Geschlechterverhältnis hin, die neuesten Daten weisen jedoch eher darauf hin, daß diese Störung bei Jungen häufiger vorkommt.

Verlauf

Definitionsgemäß kann eine Desintegrative Störung im Kindesalter nur diagnostiziert werden, wenn den Symptomen mindestens zwei Jahre normaler Entwicklung vorausgehen und der Störungsbeginn vor Vollendung des 10. Lebensjahres liegt. Ist der Zeitraum normaler Entwicklung von sehr langer Dauer (fünf oder mehr Jahre), ist es besonders wichtig, eine gründliche körperliche und neurologische Untersuchung durchzuführen, um das Vorhandensein eines medizinischen Krankheitsfaktors festzustellen. In den meisten Fällen liegt der Beginn der Störung zwischen dem Alter von drei bis vier Jahren. Eine Desintegrative Störung im Kindesalter kann schleichend oder abrupt eintreten. Als erste Anzeichen können u. a. ein erhöhtes Aktivitätsniveau, Reizbarkeit sowie Angst auftreten, gefolgt von einem Verlust der Sprache oder anderer Fertigkeiten. Gewöhnlich erreicht der Verlust der Fertigkeiten einen Höhepunkt, auf den eine begrenzte Verbesserung folgen kann. Diese ist jedoch selten ausgeprägt. In anderen Fällen, besonders in Verbindung mit einem progredienten neurologischen Krankheitsfaktor, ist der Verlust der Fertigkeiten fortschreitend. Die Störung nimmt einen kontinuierlichen Verlauf und in der Mehrzahl der Fälle hält sie das Leben lang an. Die sozialen, kommunikativen und Verhaltensschwierigkeiten bleiben das ganze Leben über relativ konstant.

Differentialdiagnose

Regressionsphasen können auch in der normalen Entwicklung vorkommen. Diese sind jedoch nicht so schwerwiegend oder nicht so lang andauernd wie bei der Desintegrativen Störung im Kindesalter. Letztere muß von **anderen Tiefgreifenden Entwicklungsstörungen** unterschieden werden. Die Differentialdiagnose der **Autistischen Störung** wird auf Seite 106, die der **Rett-Störung** auf Seite 109 behandelt. Im Unterschied zur **Asperger-Störung** ist für die Desintegrative Störung im Kindesalter ein klinisch signifikanter Verlust zuvor erworbener Fertigkeiten und die höhere Wahrscheinlichkeit einer Geistigen Behinderung charakteristisch. Bei der Asperger-Störung tritt keine Verzögerung der Sprachentwicklung und kein deutlicher Verlust von erworbenen Fertigkeiten auf.

Die Desintegrative Störung im Kindesalter muß von der **Demenz** mit Beginn im Kleinkind- und Kindesalter unterschieden werden. Eine Demenz tritt als Folge der direkten körperlichen Wirkung eines medizinischen Krankheitsfaktors (z. B. Hirntrauma) auf. Die Desintegrative Störung im Kindesalter dagegen tritt typischerweise ohne einen medizinischen Krankheitsfaktor auf.

Diagnostische Kriterien für 299.10 (F84.3) Desintegrative Störung im Kindesalter

A. Eine offensichtlich normale Entwicklung bis zu einem Alter von mindestens zwei Jahren, die sich durch altersgemäße verbale und nonverbale Kommunikation, soziale Beziehungen, Spiel- und Anpassungsverhalten manifestiert.

B. Ein klinisch bedeutsamer Verlust von zuvor erworbenen Fertigkeiten (vor dem 10. Lebensjahr) in mindestens zwei der folgenden Bereiche:
   (1) expressive oder rezeptive Sprache,
   (2) soziale Fertigkeiten oder Anpassungsverhalten,
   (3) Darm- oder Blasenkontrolle,
   (4) Spielverhalten,
   (5) motorische Fertigkeiten.

C. Auffälligkeiten der Funktionsfähigkeit in mindestens zwei der folgenden Bereiche:
   (1) qualitative Beeinträchtigung der sozialen Interaktion (z. B. Beeinträchtigung von nonverbalen Verhaltensweisen, Unfähigkeit, Beziehungen zu Gleichaltrigen aufzubauen, Mangel an sozio-emotionaler Gegenseitigkeit),
   (2) qualitative Beeinträchtigungen der Kommunikation (z. B. verzögertes Erlernen oder Fehlen von gesprochener Sprache, Unfähigkeit, ein Gespräch zu beginnen oder fortzuführen, stereotyper und repetitiver Sprachgebrauch, kein vielfältiges Rollenspiel),
   (3) restriktive, repetitive und stereotype Verhaltensmuster, Interessen und Aktivitäten, einschließlich motorische Stereotypien und Manierismen.

D. Die Störung kann nicht durch eine andere spezifische Tiefgreifende Entwicklungsstörung oder Schizophrenie besser erklärt werden.

299.80 (F84.5) Asperger-Störung

Diagnostische Merkmale

Hauptmerkmale der Asperger-Störung sind eine schwere und anhaltende Beeinträchtigung in der sozialen Interaktion (**Kriterium A**) sowie die Entwicklung von restriktiven, repetitiven Verhaltensmustern, Interessen und Aktivitäten (**Kriterium B**) (zur Diskussion der Kriterien A und B siehe Seite 103 im Kapitel über die Autistische Störung). Die Störung muß in klinisch bedeutsamer Weise Beeinträchtigungen in sozialen, beruflichen oder anderen wichtigen Funktionsbereichen verursachen (**Kriterium C**). Im Unterschied zur Autistischen Störung sind keine klinisch bedeutsamen Sprachrückstände zu beobachten (es werden z. B. bis zum Alter von zwei Jahren einzelne Wörter, bis zum Alter von drei Jahren kommunikative Sätze benutzt) (**Kriterium D**). Weiterhin treten keine klinisch bedeutsamen Verzögerungen bei der kognitiven Entwicklung oder der Entwicklung von altersgemäßen Selbsthilfefähigkeiten, im Anpassungsverhalten (ausgenommen bei sozialen Interaktionen) und bezüglich des Interesses des Kindes an der Umwelt auf (**Kriterium E**). Die Diagnose wird nicht gestellt, wenn die Kriterien für eine andere Tiefgreifende Entwicklungsstörung oder Schizophrenie erfüllt sind (**Kriterium F**).

Zugehörige Merkmale und Störungen

Die Asperger-Störung wird bisweilen in Verbindung mit einem medizinischen Krankheitsfaktor beobachtet. Dieser sollte auf Achse III codiert werden. Verschiedene unspezifische neurologische Symptome oder Zeichen können auftreten. Die motorische Entwicklung kann verzögert sein, und häufig ist eine motorische Unbeholfenheit zu beobachten.

Prävalenz

Es liegen nur begrenzt Informationen zur Prävalenz der Asperger-Störung vor. Sie scheint jedoch häufiger bei Jungen aufzutreten.

Verlauf

Die Asperger-Störung hat wahrscheinlich einen etwas späteren Beginn als die Autistische Störung oder wird zumindest etwas später erkannt. Im Vorschulalter sind motorische Entwicklungsrückstände oder motorische Unbeholfenheit zu beobachten. Schwierigkeiten in der sozialen Interaktion können im schulischen Kontext offensichtlicher werden. Gerade zu dieser Zeit können besondere idiosynkratische oder eingeschränkte Interessen (z. B. Faszination von Zugfahrplänen) auftreten oder als solche erkannt werden. Als Erwachsene haben die Betroffenen häufig Probleme mit Empathie und der Gestaltung sozialer Interaktionen. Die Störung zeigt offensichtlich einen kontinuierlichen Verlauf und dauert in der überwiegenden Mehrzahl der Fälle ein Leben lang.

Familiäres Verteilungsmuster

Verfügbare Daten liegen nur begrenzt vor. Die Asperger-Störung scheint aber familiär gehäuft aufzutreten.

Differentialdiagnose

Die Asperger-Störung wird nicht diagnostiziert, wenn die Kriterien einer anderen **Tiefgreifenden Entwicklungsstörung** oder der **Schizophrenie** erfüllt sind. Bezüglich der differentialdiagnostischen Abgrenzung zur **Autistischen Störung** siehe Seite 107, zur **Rett-Störung** siehe Seite 109 und zur **Desintegrativen Störung im Kindesalter** siehe Seite 112. Die Asperger-Störung muß auch von der **Zwangsstörung** und der **Schizoiden Persönlichkeitsstörung** unterschieden werden. Sowohl die Asperger-Störung als auch die Zwangsstörung weisen repetitive und stereotype Verhaltensmuster auf. Im Unterschied zur Zwangsstörung ist für die Asperger-Störung eine qualitative Beeinträchtigung sozialer Interaktionen und ein stärker eingeschränktes Muster von Interessen und Aktivitäten charakteristisch. Im Unterschied zur Schizoiden Persönlichkeitsstörung ist die Asperger-Störung durch stereotype Verhaltensweisen und Interessen sowie durch stärker beeinträchtigte soziale Interaktionen gekennzeichnet.

Diagnostische Kriterien für 299.80 (F84.5) Asperger-Störung

A. Qualitative Beeinträchtigungen der sozialen Interaktion, die sich in mindestens zwei der folgenden Bereiche manifestieren:
  (1) ausgeprägte Beeinträchtigung im Gebrauch multipler nonverbaler Verhaltensweisen wie beispielsweise Blickkontakt, Gesichtsausdruck, Körperhaltung und Gestik zur Regulation sozialer Interaktionen,
  (2) Unfähigkeit, entwicklungsgemäße Beziehungen zu Gleichaltrigen aufzubauen,
  (3) Mangel, spontan Freude, Interessen oder Erfolge mit anderen zu teilen (z. B. Mangel, anderen Menschen Dinge, die für die Betroffenen von Bedeutung sind, zu zeigen, zu bringen oder darauf hinzuweisen),
  (4) Mangel an sozio-emotionaler Gegenseitigkeit.

B. Beschränkte repetitive und stereotype Verhaltensmuster, Interessen und Aktivitäten in mindestens einem der folgenden Bereiche:
  (1) umfassende Beschäftigung mit einem oder mehreren stereotypen und begrenzten Interessen, wobei Inhalt und Intensität abnorm sind,
  (2) auffällig starres Festhalten an bestimmten nicht-funktionalen Gewohnheiten oder Ritualen,
  (3) stereotype und repetitive motorische Manierismen (z. B. Biegen oder schnelle Bewegungen von Händen oder Fingern oder komplexe Bewegungen des ganzen Körpers),
  (4) ständige Beschäftigung mit Teilen von Objekten.

C. Die Störung verursacht in klinisch bedeutsamer Weise Beeinträchtigungen in sozialen, beruflichen oder anderen wichtigen Funktionsbereichen.

Fortsetzung nächste Seite

Fortsetzung

D. Es tritt kein klinisch bedeutsamer allgemeiner Sprachrückstand auf (es werden z. B. bis zum Alter von zwei Jahren einzelne Wörter, bis zum Alter von drei Jahren kommunikative Sätze benutzt).

E. Es treten keine klinisch bedeutsamen Verzögerungen der kognitiven Entwicklung oder der Entwicklung von altersgemäßen Selbsthilfefertigkeiten, im Anpassungsverhalten (außerhalb der sozialen Interaktionen) und bezüglich des Interesses des Kindes an der Umgebung auf.

F. Die Kriterien für eine andere spezifische Tiefgreifende Entwicklungsstörung oder für Schizophrenie sind nicht erfüllt.

299.80 (F84.9) Nicht Näher Bezeichnete Tiefgreifende Entwicklungsstörung (einschließlich Atypischer Autismus)

Diese Kategorie sollte Anwendung finden, wenn eine schwere und tiefgreifende Beeinträchtigung der Entwicklung der sozialen Interaktion oder verbaler und nonverbaler Kommunikationsfähigkeiten vorliegt oder wenn stereotype Verhaltensweisen, Interessen und Aktivitäten auftreten, wenn die Kriterien einer spezifischen Tiefgreifenden Entwicklungsstörung, Schizophrenie; Schizotypischen Persönlichkeitsstörung oder Vermeidend-Selbstunsicheren Persönlichkeitsstörung jedoch nicht erfüllt sind. So beinhaltet diese Kategorie den „Atypischen Autismus". Hier sind die Kriterien der Autistischen Störung aufgrund des höheren Alters bei Störungsbeginn, der atypischen oder nicht voll ausgeprägten Symptomatik oder aller dieser Punkte nicht erfüllt.

Störungen der Aufmerksamkeit, der Aktivität und des Sozialverhaltens

Aufmerksamkeitsdefizit-/Hyperaktivitätsstörung

Diagnostische Merkmale

Das Hauptmerkmal einer Aufmerksamkeitsdefizit-/Hyperaktivitätsstörung ist ein durchgehendes Muster von Unaufmerksamkeit und/oder Hyperaktivität und Impulsivität, das häufiger und schwerwiegender ist, als es bei Personen auf vergleichbarer Entwicklungsstufe typischerweise beobachtet wird (**Kriterium A**). Einige Symptome von Hyperaktivität und Impulsivität oder Unaufmerksamkeit, die diese Störung verursachen, müssen schon vor dem siebten Lebensjahr auftreten; bei vielen Personen wird die Diagnose jedoch erst gestellt, nachdem die Symptome schon einige Jahre bestehen (**Kriterium B**). Eine Beeinträchtigung durch diese Symptome muß in mindestens zwei Lebensbereichen auftreten (z. B. zu Hause und in der Schule bzw. am Arbeitsplatz) (**Kriterium C**). Es müssen eindeutige Anzeichen einer Beeinträchtigung der entwicklungsgemäßen sozialen, schulischen oder beruflichen Leistungsfähigkeit gegeben sein (**Kriterium D**). Die Störung tritt nicht ausschließlich im Rahmen einer Tiefgreifenden Entwicklungsstörung, Schizophrenie oder einer anderen Psychotischen Störung auf und kann nicht durch eine andere psychische Störung besser erklärt werden (wie z. B. durch eine Affektive Störung, Angststörung, Dissoziative Störung oder Persönlichkeitsstörung) (**Kriterium E**).

Die Unaufmerksamkeit kann sich in schulischen, beruflichen oder sozialen Situationen zeigen. Die Betroffenen können unfähig sein, Einzelheiten zu beachten. Sie machen Flüchtigkeitsfehler bei Schularbeiten oder anderen Aufgaben (**Kriterium A1a**). Die Arbeit ist häufig unordentlich, nachlässig und ohne Umsicht durchgeführt. Die Betroffenen haben oftmals Schwierigkeiten, bei der Durchführung von Aufgaben oder beim Spielen über längere Zeit aufmerksam zu sein und ihre Aufgaben zu Ende zu führen (**Kriterium A1b**). Sie machen häufig einen geistig abwesenden Eindruck. Sie scheinen nicht zuzuhören oder das gerade Gesagte nicht gehört zu haben (**Kriterium A1c**).

Sie wechseln häufig von einer nicht zu Ende geführten Tätigkeit zur nächsten. Personen mit dieser Diagnose beginnen eine Aufgabe, gehen zu einer anderen über, um danach wieder etwas Neues anzufangen, bevor sie eine der Aufgaben beendet haben. Häufig führen sie Bitten oder Anweisungen nicht bis zum Ende durch. Sie erledigen Schularbeiten und andere Arbeiten oder Pflichten nicht vollständig (**Kriterium A1d**). Die Unfähigkeit, Aufgaben zu Ende zu führen, sollte bei der Diagnosestellung dieser Störung nur dann berücksichtigt werden, wenn sie auf Unaufmerksamkeit und nicht auf andere mögliche Gründe zurückzuführen ist (z. B. Unfähigkeit, Anweisungen zu verstehen). Die Betroffenen haben häufig Probleme mit der Organisation von Aufgaben und Tätigkeiten (**Kriterium A1e**). Aufgaben, die längere geistige Anstrengungen erfordern, werden als unangenehm empfunden und sind mit deutlicher Aversion verbunden. Infolgedessen vermeiden die Betroffenen typischerweise Tätigkeiten, die über einen längeren Zeitraum Aufmerksamkeit, geistige Anstrengung, Organisation oder hohe Konzentration erfordern (z. B. Hausaufgaben oder Schreibarbeiten) oder sie führen diese nur sehr widerwillig durch (**Kriterium A1f**). Dieses Vermeidungsverhalten muß auf Schwierigkeiten mit der Aufmerksamkeit und nicht primär auf eine Oppositionshaltung zurückzuführen sein, wobei letztere zusätzlich auftreten kann. Ihre Arbeitsgewohnheiten sind häufig unorganisiert, das Arbeitsmaterial liegt verstreut herum, ist verlorengegangen oder wird nachlässig behandelt und beschädigt (**Kriterium A1g**). Die Betroffenen lassen sich leicht durch nebensächliche Reize ablenken. Sie unterbrechen häufig laufende Arbeiten, um unbedeutenden Geräuschen zu lauschen oder belanglose Ereignisse zu verfolgen, die von anderen gewöhnlich mühelos übergangen werden (z. B. das Hupen eines Autos, Hintergrundgespräche) (**Kriterium A1h**). Bei Alltagstätigkeiten sind sie häufig vergeßlich (z. B. verpassen sie Verabredungen oder vergessen, ihr Essen mitzubringen) (**Kriterium A1i**). In sozialen Situationen kann sich die Unaufmerksamkeit dadurch ausdrücken, daß der Betroffene häufig das Gesprächsthema wechselt, anderen nicht zuhört, sich nicht auf ein Gespräch konzentrieren kann, nicht auf Einzelheiten achtet und Regeln von Spielen oder Aktivitäten nicht befolgt.

Die Hyperaktivität zeigt sich durch Herumzappeln und Herumrutschen auf dem Stuhl (**Kriterium A2a**). Die Betroffenen bleiben nicht ruhig sitzen, wenn sie sollen (**Kriterium A2b**), klettern oder laufen in unpassenden Situationen übermäßig herum (**Kriterium A2c**), haben Schwierigkeiten, zu spielen oder ruhig einer Freizeitbeschäftigung nachzugehen (**Kriterium A2d**), scheinen immer „auf Achse" oder „getrieben" zu sein. (**Kriterium A2e**). Sie reden häufig auch übermäßig viel (**Kriterium A2f**). Die Hyperaktivität kann je nach Alter und Entwicklungsstufe des Betroffenen unterschiedlich ausgeprägt sein. Bei jüngeren Kindern sollte man mit der Diagnosestellung vorsichtig sein. Kleinkinder und Kinder im Vorschulalter mit dieser Störung unterscheiden sich von normal aktiven jüngeren Kindern dadurch, daß sie ständig unterwegs und überall dabei sind. Sie rasen herum, sind schon zur Tür hinaus, bevor sie die Jacke anhaben, springen oder klettern auf Möbel, laufen durchs Haus und haben Schwierigkeiten, in der Vorschule an sitzenden Gruppenaktivitäten teilzunehmen (z. B. einer Geschichte zuzuhören). Schulkinder zeigen ähnliche Verhaltensweisen, aber gewöhnlich weniger häufig und ausgeprägt als Klein- und Vorschulkinder. Es fällt ihnen schwer, ruhig sitzen zu bleiben. Sie stehen häufig auf, rutschen auf dem Stuhl herum oder hängen an der Stuhlkante. Sie spielen nervös an Gegenständen, klopfen mit den Händen und wackeln übermäßig mit Füßen oder Beinen. Sie stehen häufig während der Mahlzeiten vom Tisch auf. Beim Fernsehen oder während der Hausaufgaben reden sie übermäßig viel. Bei ruhigen Tätigkeiten sind sie übermäßig laut. Bei Jugendlichen und Erwachsenen zeigen sich die Symptome der Hyperaktivität in Gefühlen der Rastlosigkeit oder in der Schwierigkeit, sich mit ruhigen, sitzenden Tätigkeiten zu befassen.

Impulsivität manifestiert sich als Ungeduld, als Schwierigkeit, Reaktionen zurückzuhalten. Die Betroffenen platzen mit den Antworten heraus, bevor die Frage vollständig gestellt ist (**Kriterium A2g**). Es fällt ihnen schwer, abzuwarten, bis sie an der Reihe sind (**Kriterium A2h**). Sie unterbrechen oder stören andere häufig so sehr, daß sie Probleme im sozialen, schulischen oder beruflichen Bereich verursachen (**Kriterium A2i**). Andere beklagen sich häufig, daß sie nicht zu Wort kommen. Personen mit dieser Störung machen Bemerkungen, ohne an der Reihe zu sein, befolgen Anweisungen nicht, fangen zu unpassenden Zeitpunkten Gespräche an. Sie unterbrechen andere übermäßig, stören sie, nehmen ihnen etwas weg, fassen Dinge an, die sie nicht anfassen sollen und kaspern herum. Die Impulsivität kann zu Unfällen führen (z. B. Gegenstände umwerfen, in Leute hineinlaufen, eine heiße Pfanne anfassen) sowie zur Beschäftigung mit potentiell gefährlichen Aktivitäten, ohne auf die möglichen Konsequenzen zu achten (z. B. Skateboard fahren auf extrem rauhem Gelände).

Die Verhaltenssymptome treten gewöhnlich in vielen Lebensbereichen auf, wie beispielsweise zu Hause, in der Schule, am Arbeitsplatz und in sozialen Situationen. Um die Diagnose zu stellen, müssen Beeinträchtigungen in mindestens zwei Bereichen vorhanden sein (**Kriterium C**). Es ist sehr ungewöhnlich, daß eine Person denselben Störungsgrad in allen Lebensbereichen oder in einem Lebensbereich zu allen Zeiten aufweist. Typischerweise werden die Symptome stärker in Situationen, in denen eine längere Aufmerksamkeitsspanne oder geistige Anstrengung erforderlich ist oder die den eigenen Reiz oder den Reiz des Neuen verloren haben (z. B. dem Lehrer im Unterricht zuhören, Hausaufgaben machen, längeren Vorträgen folgen oder längere Texte lesen, monotone, sich wiederholende Aufgaben durchführen). Die Anzeichen der Störung können in sehr geringem Maße oder überhaupt nicht auftreten, wenn der Betroffene streng kontrolliert wird, in einer neuen Umgebung ist, besonders interessante Tätigkeiten durchführt, sich in einer Zwiegesprächssituation befindet (z. B. in der ärztlichen Praxis) oder wenn das angemessene Verhalten häufig belohnt wird. Die Symptome scheinen häufiger in Gruppensituationen aufzutreten (z. B. in Spielgruppen, Klassenzimmern oder am Arbeitsplatz). Der Untersucher sollte sich daher nach dem Verhalten einer Person in den verschiedenen Situationen innerhalb jedes Lebensbereiches erkundigen.

Subtypen

Die meisten Betroffenen zeigen Symptome der Unaufmerksamkeit sowie der Hyperaktivität und Impulsivität. Bei einigen ist jedoch nur ein Muster vorherrschend. Der entsprechende

Subtypus (für die gegenwärtige Diagnose) sollte auf der Basis des vorherrschenden Symptommusters während der letzten sechs Monate bestimmt werden:
— **314.01 (F90.0) Aufmerksamkeitsdefizit-/Hyperaktivitätsstörung, Mischtypus:** Dieser Subtypus sollte verwendet werden, wenn sechs (oder mehr) Symptome von Unaufmerksamkeit und sechs (oder mehr) Symptome von Hyperaktivität und Impulsivität in den letzten sechs Monaten beständig vorkamen. Die meisten Kinder und Jugendlichen mit dieser Störung entsprechen dem Mischtypus. Es ist nicht bekannt, ob dies auch für Erwachsene mit dieser Störung gilt.
— **314.00 (F98.8) Aufmerksamkeitsdefizit-/Hyperaktivitätsstörung, Vorwiegend Unaufmerksamer Typus:** Dieser Subtypus sollte verwendet werden, wenn sechs (oder mehr) Symptome von Unaufmerksamkeit (aber weniger als sechs Symptome von Hyperaktivität und Impulsivität) in den letzten sechs Monaten beständig vorkamen.
— **314.01 (F90.1) Aufmerksamkeitsdefizit-/Hyperaktivitätsstörung, Vorwiegend Hyperaktiv-Impulsiver Typus:** Dieser Subtypus sollte verwendet werden, wenn sechs (oder mehr) Symptome von Hyperaktivität und Impulsivität (aber weniger als sechs Symptome von Unaufmerksamkeit) in den letzten sechs Monaten beständig vorkamen. Auch in diesen Fällen kann die Unaufmerksamkeit häufig ein bedeutsames klinisches Merkmal sein.

Codierungsregeln

Personen, die in einem früheren Stadium der Störung den Vorwiegend Unaufmerksamen Typus oder den Vorwiegend Hyperaktiv-Impulsiven Typus aufgewiesen haben, können in der Folge den Mischtypus entwickeln oder umgekehrt. Der entsprechende Subtypus (für die laufende Diagnose) sollte auf der Basis des vorherrschenden Symptommusters während der letzten sechs Monate bestimmt werden. Bleiben die klinisch bedeutsamen Symptome bestehen, sind die Kriterien für einen der Subtypen jedoch nicht mehr erfüllt, so lautet die entsprechende Diagnose Aufmerksamkeitsdefizit-/Hyperaktivitätsstörung, Teilremittiert. Erfüllen die Symptome zum gegenwärtigen Zeitpunkt nicht alle Kriterien der Störung und ist unklar, ob die Störungskriterien zuvor erfüllt waren, sollte eine Nicht Näher Bezeichnete Aufmerksamkeitsdefizit-/Hyperaktivitätsstörung diagnostiziert werden.

Zugehörige Merkmale und Störungen

Zugehörige Beschreibungsmerkmale und psychische Störungen. Die zugehörigen Merkmale unterscheiden sich je nach Alter und Entwicklungsstand. Hierzu zählen geringe Frustrationstoleranz, Wutanfälle, Herrschsucht, Widerspenstigkeit, übermäßiges und häufiges Bestehen auf Erfüllung der eigenen Forderungen, Stimmungsschwankungen, Demoralisierung, Dysphorie, Ablehnung durch Gleichaltrige und ein geringes Selbstwertgefühl. Die schulischen Leistungen sind häufig beeinträchtigt oder werden abgewertet, was typischerweise zu Konflikten mit der Familie und der Schule führt. Ungenügender Einsatz bei Aufgaben, die anhaltende Anstrengungen erfordern, wird von anderen häufig als Faulheit, schwach ausgeprägtes Verantwortungsbewußtsein und oppositionelles Verhalten gedeutet. Die Familienbeziehungen sind häufig durch Verstimmung und Disharmonie geprägt. Das liegt daran, daß die Variabilität in der Symptomatik die Eltern häufig zu der Annahme verleitet, daß das störende Verhalten absichtlich geschieht. Personen mit einer Aufmerksamkeitsdefizit-/Hyperaktivitätsstörung erhalten häufig eine weniger gute Schulausbildung als ihre Altersgenossen und haben weniger Erfolg im Beruf. Bei Kindern mit dieser Störung scheint die intellektuelle

Entwicklung, gemessen durch individuelle IQ-Tests, etwas schwächer zu sein. In ihrer schweren Ausprägungsform stellt die Störung eine starke Beeinträchtigung dar und stört die soziale, familiäre und schulische Anpassung. Ein wesentlicher Prozentsatz der Kinder, die mit einer Aufmerksamkeitsdefizit-/Hyperaktivitätsstörung klinisch vorgestellt werden, weisen gleichzeitig eine Störung mit Oppositionellem Trotzverhalten oder eine Störung des Sozialverhaltens auf. Bei Kindern mit einer Aufmerksamkeitsdefizit-/Hyperaktivitätsstörung scheint eine höhere Prävalenz von Affektiven Störungen, Angststörungen, Lernstörungen und Kommunikationsstörungen vorzuliegen. Eine Aufmerksamkeitsdefizit-/Hyperaktivitätsstörung kommt nicht selten auch bei Personen mit einer Tourette-Störung vor. Treten die beiden Störungen gleichzeitig auf, liegt der Beginn der Aufmerksamkeitsdefizit-/Hyperaktivitätsstörung häufig vor dem Beginn der Tourette-Störung. Es kann eine Vorgeschichte von Kindesmißhandlung oder Vernachlässigung, Unterbringung in verschiedenen Pflegestellen, Exposition von Neurotoxinen (z. B. Bleivergiftung), Infektionen (z. B. Enzephalitis), intrauteriner Drogenexposition, niedrigem Geburtsgewicht sowie Geistige Behinderung vorliegen.

Zugehörige Laborbefunde. Es gibt keine etablierten Laboruntersuchungen, mit der eine Aufmerksamkeitsdefizit-/Hyperaktivitätsstörung diagnostiziert werden kann. Bei der Anwendung von Testverfahren, die anstrengende geistige Verarbeitungsprozesse erfassen, ergeben sich Unterschiede im Gruppenvergleich zwischen Kontrollpersonen und Personen mit einer Aufmerksamkeitsdefizit-/Hyperaktivitätsstörung, jedoch ist das zugrundeliegende kognitive Defizit noch nicht völlig geklärt.

Zugehörige körperliche Untersuchungsbefunde und medizinische Krankheitsfaktoren. Es treten keine spezifischen körperlichen Merkmale in Verbindung mit der Aufmerksamkeitsdefizit-/Hyperaktivitätsstörung auf. Geringfügige körperliche Anomalien (z. B. Hypertelorismus, hoher Gaumenbogen, tieferliegende Ohren) können jedoch häufiger als in der Allgemeinbevölkerung vorkommen. Es kann auch eine höhere Rate von Körperverletzungen auftreten.

Besondere kulturelle, Alters- und Geschlechtsmerkmale

Die Aufmerksamkeitsdefizit-/Hyperaktivitätsstörung kommt in verschiedenen Kulturkreisen vor. Allerdings werden unterschiedliche Prävalenzen in den westlichen Staaten berichtet, die wahrscheinlich eher in den verschiedenen Diagnosepraktiken als in Unterschieden im klinischen Auftreten begründet liegen.

Besonders schwierig ist die Diagnose bei Kindern unter vier oder fünf Jahren zu stellen, da ihr charakteristisches Verhalten viel variabler ist als das älterer Kinder und Merkmale enthalten kann, die den Symptomen der Aufmerksamkeitsdefizit-/Hyperaktivitätsstörung ähnlich sind. Ferner sind Symptome von Unaufmerksamkeit bei Klein- oder Vorschulkindern nicht ohne Schwierigkeiten zu erkennen, da jüngere Kinder in der Regel selten gefordert sind, über längere Zeit aufmerksam zu sein. Die Aufmerksamkeit von Kleinkindern läßt sich jedoch auch in vielfältigen Situationen über längere Zeit auf etwas lenken (z. B. kann ein durchschnittliches zwei- oder dreijähriges Kind zusammen mit einem Erwachsenen sitzen und Bilderbücher anschauen). Jüngere Kinder mit einer Aufmerksamkeitsdefizit-/Hyperaktivitätsstörung bewegen sich im Unterschied dazu übermäßig und sind nur schwer an einem Platz zu halten. Um sicherzustellen, daß das klinische Bild vollständig erfaßt wird, kann es hilfreich sein, viele verschiedene Verhaltensweisen eines jüngeren Kindes zu erfragen. Mit dem Alter werden die Symptome gewöhnlich weniger auffällig. In der späten Kindheit oder frühen Adoleszenz kommen Anzeichen ausgeprägter motorischer Aktivität (z. B. übermäßiges Laufen und Klettern, nicht stillsitzen können) seltener vor. Die Symptome der Hyperaktivität können auf Zappeligkeit oder auf ein inneres Gefühl von Aufgeregtsein oder Rastlosigkeit beschränkt sein. Bei Kindern im Schulalter behindern die Symptome der Unaufmerksamkeit das Arbeiten im Klassenverband und die schulischen Leistungen. Die Symptome der Impulsivität können auch dazu führen, daß, insbesondere in der Adoleszenz, familiäre, zwischenmenschliche und Erziehungsregeln verletzt werden. Im Erwachsenenalter kann die Rastlosigkeit der Betroffenen zu Schwierigkeiten führen, sich an sitzenden Aktivitäten zu beteiligen. Sie versuchen, Freizeitbeschäftigungen oder berufliche Tätigkeiten zu vermeiden, die nur beschränkte Möglichkeiten von spontaner Bewegung bieten (z. B. Schreibtischberufe).

Die Störung tritt bei Jungen viel häufiger auf als bei Mädchen. Das Verhältnis reicht von 4:1 bis 9:1 je nach Befragungsbereich (z. B. Allgemeinbevölkerung oder Kliniken).

Prävalenz

Die Prävalenz der Aufmerksamkeitsdefizit-/Hyperaktivitätsstörung bei Schulkindern wird auf 3–5 % geschätzt. Daten über Prävalenzraten bei Jugendlichen und Erwachsenen sind nur begrenzt vorhanden.

Verlauf

Die meisten Eltern beobachten übermäßige motorische Aktivität das erste Mal, wenn ihre Kinder laufen lernen und beginnen, sich selbständig fortzubewegen. Da jedoch viele überaktive Kleinkinder keine Aufmerksamkeitsdefizit-/Hyperaktivitätsstörung entwickeln, sollte die Diagnosestellung in der frühen Kindheit sehr vorsichtig vorgenommen werden. Gewöhnlich wird die Störung zum ersten Mal in der Grundschule diagnostiziert, wenn die schulische Anpassung gefährdet ist. In der Mehrzahl der klinischen Fälle ist die Störung bis in die frühe Adoleszenz relativ stabil. Bei den meisten Betroffenen werden die Symptome im Verlauf der späten Adoleszenz oder des Erwachsenenalters schwächer. Eine Minderheit zeigt jedoch die Symptome der Aufmerksamkeitsdefizit-/Hyperaktivitätsstörung in ihrer vollen Stärke bis zum mittleren Erwachsenenalter. Andere Erwachsene behalten nur einige der Symptome bei. In diesem Falle ist die Diagnose einer Aufmerksamkeitsdefizit-/Hyperaktivitätsstörung, Teilremittiert, angebracht. Diese Diagnose eignet sich für Personen, die nicht mehr die volle Störung zeigen, jedoch einige Symptome beibehalten, die eine funktionale Beeinträchtigung verursachen.

Familiäres Verteilungsmuster

Die Aufmerksamkeitsdefizit-/Hyperaktivitätsstörung kommt häufiger bei biologischen Verwandten ersten Grades von Betroffenen vor. Studien deuten auch darauf hin, daß bei Familienmitgliedern von Personen mit einer Aufmerksamkeitsdefizit-/Hyperaktivitätsstörung eine höhere Prävalenz von Affektiven Störungen und Angststörungen, Lernstörungen, Störungen im Zusammenhang mit Psychotropen Substanzen und der Antisozialen Persönlichkeitsstörung auftritt.

Differentialdiagnose

In der frühen Kindheit kann es schwierig sein, Symptome der Aufmerksamkeitsdefizit-/Hyperaktivitätsstörung von **altersgemäßen Verhaltensweisen aktiver Kinder** (z. B. herumlaufen, Lärm machen) zu unterscheiden.

Symptome der Unaufmerksamkeit sind bei Kindern mit niedrigem IQ, die eine für ihre intellektuellen Fähigkeiten ungeeignete Schule besuchen, üblich. Diese Verhaltensweisen sind von ähnlichen Anzeichen bei Kindern mit einer Aufmerksamkeitsdefizit-/Hyperaktivitätsstörung zu unterscheiden. Bei Kindern mit einer **Geistigen Behinderung** sollte die zusätzliche Diagnose einer Aufmerksamkeitsdefizit-/Hyperaktivitätsstörung nur gestellt werden, wenn die Symptome der Unaufmerksamkeit oder Hyperaktivität für das Intelligenzalter des Kindes übermäßig stark ausgeprägt sind. Unaufmerksamkeit im Schulunterricht kann auch auftreten, wenn Kinder mit hoher Intelligenz Schulen besuchen, die sie zu wenig anregen (**unterstimulierendes schulisches Umfeld**). Die Aufmerksamkeitsdefizit-/Hyperaktivitätsstörung muß auch von den Schwierigkeiten mit zielgerichtetem Verhalten unterschieden werden, die bei Kindern aus inadäquatem, unorganisiertem und chaotischem Umfeld vorkommen. Hier sind Berichte aus unterschiedlichen Quellen (z. B. Babysitter, Großeltern oder Eltern von Spielkameraden) hilfreich, um die Beobachtungen bezüglich der Unaufmerksamkeit, Hyperaktivität und Fähigkeit zur entwicklungsgemäßen Selbstregulation des Kindes aus verschiedenen Lebensbereichen zusammenfließen zu lassen.

Personen mit **oppositionellem Verhalten** können gegen Arbeiten oder schulische Aufgaben, die Anstrengung und Aufmerksamkeit verlangen, Widerstand leisten, da sie nicht gewillt sind, sich den Forderungen anderer anzupassen. Diese Symptome der Vermeidung schulischer Aufgaben sind von den Symptomen bei Personen mit einer Aufmerksamkeitsdefizit-/Hyperaktivitätsstörung zu unterscheiden. Die Differentialdiagnose wird dadurch erschwert, daß einige Personen mit einer Aufmerksamkeitsdefizit-/Hyperaktivitätsstörung sekundäre oppositionelle Verhaltensweisen gegenüber solchen Aufgaben entwickeln und deren Bedeutung, häufig als Rationalisierung für ihr Versagen, abwerten.

Die Aufmerksamkeitsdefizit-/Hyperaktivitätsstörung wird nicht diagnostiziert, wenn die Symptome durch eine **andere psychische Störung** besser erklärt werden können (z. B. Affektive Störung, Angststörung, Dissoziative Störung, Persönlichkeitsstörung, Persönlichkeitsveränderung Aufgrund eines Medizinischen Krankheitsfaktors oder Störung im Zusammenhang mit Psychotropen Substanzen). Bei all diesen Störungen beginnen die Symptome der Unaufmerksamkeit typischerweise nach dem siebten Lebensjahr, und die schulische Anpassung ist in der Kindheit in der Regel nicht durch Störverhalten des Kindes oder Beschwerden der Lehrer über unaufmerksames, hyperaktives oder impulsives Verhalten gekennzeichnet. Tritt eine Affektive Störung oder eine Angststörung zusammen mit der Aufmerksamkeitsdefizit-/Hyperaktivitätsstörung auf, sollten beide diagnostiziert werden. Die Diagnose einer Aufmerksamkeitsdefizit-/Hyperaktivitätsstörung wird nicht gestellt, wenn die Symptome der Unaufmerksamkeit und Hyperaktivität ausschließlich im Verlauf einer **Tiefgreifenden Entwicklungsstörung** oder einer **Psychotischen Störung** auftreten. Symptome der Unaufmerksamkeit, Hyperaktivität oder Impulsivität, die mit der Einnahme von Medikamenten in Zusammenhang stehen (z. B. Bronchospasmolytika, Isoniazid, Akathisie durch Neuroleptika) werden bei Kindern vor dem siebten Lebensjahr nicht als Aufmerksamkeitsdefizit-/Hyperaktivitätsstörung diagnostiziert, sondern als andere **Nicht Näher Bezeichnete Störung im Zusammenhang mit Psychotropen Substanzen.**

Diagnostische Kriterien für Aufmerksamkeitsdefizit-/Hyperaktivitätsstörung

A. Entweder Punkt (1) oder Punkt (2) müssen zutreffen:
   (1) sechs (oder mehr) der folgenden Symptome von **Unaufmerksamkeit** sind während der letzten sechs Monate beständig in einem mit dem Entwicklungsstand des Kindes nicht zu vereinbarenden und unangemessenen Ausmaß vorhanden gewesen:
   Unaufmerksamkeit
   (a) beachtet häufig Einzelheiten nicht oder macht Flüchtigkeitsfehler bei den Schularbeiten, bei der Arbeit oder bei anderen Tätigkeiten,
   (b) hat oft Schwierigkeiten, längere Zeit die Aufmerksamkeit bei Aufgaben oder beim Spielen aufrechtzuerhalten,
   (c) scheint häufig nicht zuzuhören, wenn andere ihn/sie ansprechen,
   (d) führt häufig Anweisungen anderer nicht vollständig durch und kann Schularbeiten, andere Arbeiten oder Pflichten am Arbeitsplatz nicht zu Ende bringen (nicht aufgrund oppositionellen Verhaltens oder Verständnisschwierigkeiten),
   (e) hat häufig Schwierigkeiten, Aufgaben und Aktivitäten zu organisieren,
   (f) vermeidet häufig, hat eine Abneigung gegen oder beschäftigt sich häufig nur widerwillig mit Aufgaben, die längerandauernde geistige Anstrengungen erfordern (wie Mitarbeit im Unterricht oder Hausaufgaben),
   (g) verliert häufig Gegenstände, die für Aufgaben oder Aktivitäten benötigt werden (z. B. Spielsachen, Hausaufgabenhefte, Stifte, Bücher oder Werkzeug),
   (h) läßt sich oft durch äußere Reize leicht ablenken,
   (i) ist bei Alltagstätigkeiten häufig vergeßlich;
   (2) sechs (oder mehr) der folgenden Symptome der **Hyperaktivität und Impulsivität** sind während der letzten sechs Monate beständig in einem mit dem Entwicklungsstand des Kindes nicht zu vereinbarenden und unangemessenen Ausmaß vorhanden gewesen:
   Hyperaktivität
   (a) zappelt häufig mit Händen oder Füßen oder rutscht auf dem Stuhl herum,
   (b) steht in der Klasse oder in anderen Situationen, in denen Sitzenbleiben erwartet wird, häufig auf,
   (c) läuft häufig herum oder klettert exzessiv in Situationen, in denen dies unpassend ist (bei Jugendlichen oder Erwachsenen kann dies auf ein subjektives Unruhegefühl beschränkt bleiben),
   (d) hat häufig Schwierigkeiten, ruhig zu spielen oder sich mit Freizeitaktivitäten ruhig zu beschäftigen,
   (e) ist häufig „auf Achse" oder handelt oftmals, als wäre er/sie „getrieben",
   (f) redet häufig übermäßig viel;
   Impulsivität
   (g) platzt häufig mit den Antworten heraus, bevor die Frage zu Ende gestellt ist,
   (h) kann nur schwer warten, bis er/sie an der Reihe ist,
   (i) unterbricht und stört andere häufig (platzt z. B. in Gespräche oder in Spiele anderer hinein).

Fortsetzung nächste Seite

Fortsetzung

B. Einige Symptome der Hyperaktivität-Impulsivität oder Unaufmerksamkeit, die Beeinträchtigungen verursachen, treten bereits vor dem Alter von sieben Jahren auf.

C. Beeinträchtigungen durch diese Symptome zeigen sich in zwei oder mehr Bereichen (z. B. in der Schule bzw. am Arbeitsplatz und zu Hause).

D. Es müssen deutliche Hinweise auf klinisch bedeutsame Beeinträchtigungen in sozialen, schulischen oder beruflichen Funktionsbereichen vorhanden sein.

E. Die Symptome treten nicht ausschließlich im Verlauf einer Tiefgreifenden Entwicklungsstörung, Schizophrenie oder einer anderen Psychotischen Störung auf und können auch nicht durch eine andere psychische Störung besser erklärt werden (z. B. Affektive Störung, Angststörung, Dissoziative Störung oder eine Persönlichkeitsstörung).

Codiere je nach Subtypus:
314.01 (F90.0) Aufmerksamkeitsdefizit-/Hyperaktivitätsstörung, Mischtypus: liegt vor, wenn die Kriterien A1 und A2 während der letzten sechs Monate erfüllt waren.
314.00 (F98.8) Aufmerksamkeitsdefizit-/Hyperaktivitätsstörung, Vorwiegend Unaufmerksamer Typus: liegt vor, wenn Kriterium A1, nicht aber Kriterium A2 während der letzten sechs Monate erfüllt war.
314.01 (F90.1) Aufmerksamkeitsdefizit-/Hyperaktivitätsstörung, Vorwiegend Hyperaktiv-Impulsiver Typus: liegt vor, wenn Kriterium A2, nicht aber Kriterium A1 während der letzten sechs Monate erfüllt war.

Codierhinweise: Bei Personen (besonders Jugendlichen und Erwachsenen), die zum gegenwärtigen Zeitpunkt Symptome zeigen, aber nicht mehr alle Kriterien erfüllen, wird **Teilremittiert** spezifiziert.

314.9 (F90.9) Nicht Näher Bezeichnete Aufmerksamkeitsdefizit-/Hyperaktivitätsstörung

Diese Kategorie ist für Störungen mit deutlichen Symptomen von Unaufmerksamkeit oder Hyperaktivität-Impulsivität vorgesehen, die nicht die Kriterien einer Aufmerksamkeitsdefizit-/Hyperaktivitätsstörung erfüllen.

312.8 (F91.8) Störung des Sozialverhaltens

Diagnostische Merkmale

Das Hauptmerkmal der Störung des Sozialverhaltens ist ein sich wiederholendes und durchgängiges Verhaltensmuster, bei dem die grundlegenden Rechte anderer sowie wichtige altersentsprechende soziale Normen und Regeln verletzt werden (**Kriterium A**). Diese Verhaltensweisen können in vier Gruppen eingeteilt werden: aggressives Verhalten, bei dem anderen Menschen oder Tieren Verletzungen zugefügt oder angedroht werden (**Kriterien A1–A7**), nichtaggressives Verhalten, bei dem Eigentumsverlust oder -schaden verursacht wird (**Kriterien A8 und A9**), Betrug oder Diebstahl (**Kriterien A10–A12**), schwere Regelverletzungen

(Kriterien A13–A15). Mindestens drei charakteristische Verhaltensweisen müssen in den letzten zwölf Monaten aufgetreten sein, davon mindestens ein Verhalten während der letzten sechs Monate. Die Störung des Verhaltens verursacht in klinisch bedeutsamer Weise Beeinträchtigungen in sozialen, schulischen oder beruflichen Funktionsbereichen (**Kriterium B**). Eine Störung des Sozialverhaltens kann bei Personen über 18 Jahren nur dann diagnostiziert werden, wenn die Kriterien einer Antisozialen Persönlichkeitsstörung nicht erfüllt sind (**Kriterium C**). Das Verhaltensmuster tritt gewöhnlich in vielen Lebensbereichen auf wie z. B. zu Hause, in der Schule oder in der Öffentlichkeit. Die Betroffenen spielen ihre Verhaltensprobleme gewöhnlich herunter, so daß der Untersucher häufig auf zusätzliche Informationsquellen angewiesen ist. Die Kenntnisse der berichtenden Person über die Verhaltensprobleme des Kindes können durch unzureichende Aufsicht begrenzt sein oder dadurch, daß das Kind sie nicht offenbart hat. Kinder und Jugendliche mit dieser Störung beginnen häufig mit aggressivem Verhalten und reagieren aggressiv auf andere. Sie bedrohen andere und schüchtern sie ein (**Kriterium A1**), beginnen Schlägereien (**Kriterium A2**), benutzen Waffen, die schwere Körperverletzungen verursachen können (z. B. Schlagstöcke, Ziegelsteine, zerbrochene Flaschen, Messer oder Gewehre) (**Kriterium A3**). Sie können zu anderen Menschen körperlich grausam sein (**Kriterium A4**) oder Tiere quälen (**Kriterium A5**). Sie stehlen in Konfrontation mit dem Opfer (z. B. Überfälle, Taschendiebstahl, Erpressung oder bewaffnete Raubüberfälle) (**Kriterium A6**). Sie zwingen andere zu Sexualkontakten (**Kriterium A7**). Die körperliche Gewalttätigkeit kann sich in Form von Vergewaltigung, körperlichen Angriffen oder in seltenen Fällen in Form von Totschlag äußern.

Die vorsätzliche Zerstörung fremden Eigentums ist ein weiteres charakteristisches Merkmal dieser Störung. Dies kann durch vorsätzliche Brandstiftung geschehen mit der Absicht, schweren Schaden zu verursachen (**Kriterium A8**) oder auf eine andere Weise (z. B. Fensterscheiben von Autos einwerfen, Vandalismus in der Schule) (**Kriterium A9**).

Betrug und Diebstahl kommen häufig vor. Hierzu gehören Einbruch in fremde Wohnungen, Gebäude oder Autos (**Kriterium A10**), häufiges Lügen und Nichteinhalten von Versprechen, um sich Güter oder Vorteile zu verschaffen bzw. um Schulden oder Verpflichtungen zu entgehen (z. B. andere „hereinlegen") (**Kriterium A11**) oder das Stehlen von Gegenständen von erheblichem Wert ohne Konfrontation mit dem Opfer (z. B. Ladendiebstahl, Fälschungen) (**Kriterium A12**).

Typischerweise treten auch schwere Regelverstöße (z. B. schulischer und elterlicher Regeln) auf. Kinder mit dieser Störung zeigen häufig ein bestimmtes Muster, das vor dem Alter von 13 Jahren beginnt. Die Kinder bleiben trotz elterlicher Verbote bis spät in die Nacht von zu Hause weg (**Kriterium A13**). Sie können auch über Nacht von zu Hause weglaufen (**Kriterium A14**). Um als Kriterium der Störung des Sozialverhaltens zu gelten, muß das Weglaufen mindestens zweimal vorgekommen sein (oder nur einmal, wenn der Betroffene über längere Zeit nicht zurückgekommen ist). Das Kriterium beinhaltet nicht Weglaufen von zu Hause, das als unmittelbare Folge körperlicher Mißhandlung oder sexuellen Mißbrauchs stattfand. Kinder mit einer Störung des Sozialverhaltens schwänzen häufig schon vor dem Alter von 13 Jahren die Schule (**Kriterium A15**). Bei älteren Personen zeigt sich dieses Verhalten in häufiger Abwesenheit vom Arbeitsplatz ohne triftigen Grund.

Subtypen

Bei der Störung des Sozialverhaltens werden zwei Subtypen unterschieden, die auf dem Alter der Person bei Störungsbeginn basieren: der Typus mit Beginn in der Kindheit und der Typus mit Beginn in der Adoleszenz. Die Subtypen unterscheiden sich in der Art der auftretenden Verhaltensprobleme, im Entwicklungsverlauf und in der Prognose sowie im Geschlechterverhältnis. Beide Subtypen treten in leichter, mittlerer und starker Ausprägung auf. Zur Bestimmung des Alters bei Störungsbeginn sollten bevorzugt der Jugendliche selbst oder die Pflege- und Erziehungsperson(en) befragt werden. Da viele der Verhaltensweisen verborgen sein können, berichten die Pflege- und Erziehungspersonen häufig nicht alle Symptome und schätzen das Alter bei Störungsbeginn zu hoch ein.

— **Typus mit Beginn in der Kindheit:** Bei diesem Subtypus beginnt mindestens ein für die Störung des Sozialverhaltens charakteristisches Kriterium vor dem Alter von 10 Jahren. Die Betroffenen sind meist männlich, zeigen häufig anderen gegenüber körperliche Aggressionen und haben gestörte Beziehungen zu Gleichaltrigen. In der frühen Kindheit kann eine Störung mit Oppositionellem Trotzverhalten aufgetreten sein. Sie zeigen gewöhnlich schon vor der Pubertät Symptome, die alle Kriterien einer Störung des Sozialverhaltens erfüllen. Die Betroffenen dieses Typus weisen eher eine bleibende Störung des Sozialverhaltens auf und entwickeln als Erwachsene eher eine Antisoziale Persönlichkeitsstörung als die Personen des Typus mit Beginn in der Adoleszenz.
— **Typus mit Beginn in der Adoleszenz:** Bei diesem Subtypus tritt keines der für die Störung des Sozialverhaltens charakteristischen Kriterien vor dem Alter von 10 Jahren auf. Im Vergleich zu den Personen, die den Typus mit Beginn in der Kindheit aufweisen, zeigen die Betroffenen weniger aggressive Verhaltensweisen und haben ausgeglichenere Beziehungen zu Gleichaltrigen (sie zeigen jedoch häufig Verhaltensprobleme gemeinsam mit anderen). Die Betroffenen weisen mit geringerer Wahrscheinlichkeit eine bleibende Störung des Sozialverhaltens auf oder entwickeln als Erwachsene weit weniger häufig eine Antisoziale Persönlichkeitsstörung. Der Anteil von Jungen im Verhältnis zu Mädchen mit Störungen des Sozialverhaltens ist für den Typus mit Beginn in der Adoleszenz geringer als für den Typus mit Beginn in der Kindheit.

Bestimmung des Schweregrades

— **Leicht:** Zusätzlich zu den für die Diagnose erforderlichen Symptomen liegen nur wenige oder keine weiteren Symptome vor. Die Probleme des Sozialverhaltens fügen anderen vergleichsweise geringen Schaden zu (z. B. lügen, Schule schwänzen, ohne Erlaubnis nachts von zu Hause wegbleiben).
— **Mittel:** Die Anzahl der Probleme des Sozialverhaltens und die Auswirkungen auf andere liegen zwischen der „leichten" und der „starken" Ausprägung (z. B. stehlen ohne Konfrontation mit dem Opfer, Vandalismus).
— **Schwer:** Zusätzlich zu den für die Diagnose erforderlichen Symptomen treten eine Vielzahl von Problemen des Sozialverhaltens auf oder die Probleme des Sozialverhaltens fügen anderen beträchtlichen Schaden zu (z. B. erzwungene sexuelle Handlungen, körperliche Grausamkeit, Waffengebrauch, Stehlen in Konfrontation mit dem Opfer sowie Einbruchsdelikte).

Zugehörige Merkmale und Störungen

Zugehörige Beschreibungsmerkmale und psychische Störungen. Personen mit einer Störung des Sozialverhaltens zeigen häufig wenig Empathie. Sie nehmen keine Rücksicht auf die Gefühle, Wünsche und das Wohlergehen anderer. Besonders in zweideutigen Situationen nehmen aggressive Personen mit dieser Störung die Absichten anderer häufig als feindseliger und bedrohlicher wahr, als sie es tätsächlich sind. Sie reagieren in diesen Situationen mit Aggression, die sie als begründet und gerechtfertigt empfinden. Die Betroffenen sind häufig gefühllos und kennen keine Schuldgefühle oder Gewissensbisse. Es kann schwierig sein, herauszufinden, ob die gezeigte Reue echt ist, denn die Betroffenen haben gelernt, daß durch ein Eingeständnis von Schuld die Strafe gemindert oder verhindert werden kann. Sie verraten bereitwillig ihre Kameraden und versuchen, anderen für ihr eigenes Fehlverhalten die Schuld zu geben. Ihr Selbstwertgefühl ist meist gering, nach außen versuchen sie jedoch das Bild von „Härte" zu vermitteln. Häufige Begleitmerkmale der Störung sind geringe Frustrationstoleranz, Reizbarkeit, Wutausbrüche sowie Rücksichtslosigkeit. Die Unfallquote scheint bei den Betroffenen höher zu sein als bei anderen.

Die Störung des Sozialverhaltens ist häufig mit frühem Sexualverhalten, Trinken, Rauchen, Genuß illegaler Substanzen sowie rücksichtslosen und riskanten Taten verbunden. Mißbrauch von illegalen Drogen kann das Risiko einer bleibenden Störung des Sozialverhaltens erhöhen. Die Verhaltensweisen der Betroffenen können zu zeitweiligem oder ständigem Schulausschluß führen sowie zu Problemen mit der Anpassung am Arbeitsplatz, Konflikten mit dem Gesetz, Geschlechtskrankheiten, unerwünschter Schwangerschaft und körperlichen Schäden durch Unfälle oder Schlägereien. Diese Probleme machen häufig den Besuch normaler Schulen oder das Wohnen bei den Eltern oder Pflegeeltern unmöglich. Selbstmordgedanken, Selbstmordversuche und Selbstmord treten in höherem Maße als erwartet auf. Die Störung des Sozialverhaltens kann mit einer unterdurchschnittlichen Intelligenz verbunden sein. Die schulischen Leistungen, besonders im Lesen und in anderen verbalen Fähigkeiten, liegen häufig unter dem für Alter und Intelligenz erwarteten Niveau. Hier kann die zusätzliche Diagnose einer Lernstörung gerechtfertigt sein. Die Aufmerksamkeitsdefizit-/Hyperaktivitätsstörung tritt bei Kindern mit einer Störung des Sozialverhaltens häufig auf. Weiterhin können eine oder mehrere der folgenden psychischen Störungen mit der Störung des Sozialverhaltens verbunden sein: Lernstörungen, Angststörungen, Affektive Störungen sowie Störungen im Zusammenhang mit Psychotropen Substanzen. Die folgenden Faktoren können für die Entwicklung einer Störung des Sozialverhaltens prädisponierend sein: Zurückweisung und Vernachlässigung durch die Eltern, schwieriges Temperament des Kindes, inkonsequente Erziehungspraktiken mit strenger Disziplin, körperliche Mißhandlung oder sexueller Mißbrauch, fehlende Betreuung, frühe Einweisung in eine Anstalt, häufiger Wechsel der Pflegepersonen, große Familien, Zugehörigkeit zu einer kriminellen Gruppe Gleichaltriger und bestimmte Arten von familiären psychopathologischen Auffälligkeiten.

Zugehörige Laborbefunde. In einigen Studien wurde bei Personen mit einer Störung des Sozialverhaltens ein verlangsamter Herzschlag und eine geringere Hautleitfähigkeiten festgestellt. Das Ausmaß des physiologischen Arousals ist jedoch für die Störung diagnostisch nicht hinreichend.

Besondere kulturelle, Alters- und Geschlechtsmerkmale

Es gab Bedenken, daß die Diagnose einer Störung des Sozialverhaltens bisweilen fälschlicherweise auf Personen angewandt würde, die in einem Umfeld leben, wo unerwünschte Verhaltensmuster manchmal als Selbstschutz betrachtet werden können (z. B. bei Bedrohung, im verarmten Umfeld, in Milieus mit hoher Kriminalität). In Übereinstimmung mit der DSM-IV-Definition einer psychischen Störung sollte die Diagnose einer Störung des Sozialverhaltens nur angewandt werden, wenn das besagte Verhalten für eine zugrundeliegende Funktionsstörung innerhalb der Person symptomatisch ist und nicht als Reaktion auf das unmittelbare soziale Umfeld gesehen werden muß. Jugendliche Immigranten aus Kriegsgebieten mit einer Vorgeschichte aggressiven Verhaltens, das für ihr Überleben in diesem Kontext notwendig gewesen sein mag, rechtfertigen nicht notwendigerweise die Diagnose einer Störung des Sozialverhaltens. Es kann für den Untersucher hilfreich sein, das soziale und ökonomische Umfeld, in dem das unerwünschte Verhalten aufgetreten ist, zu berücksichtigen.

Die Symptome der Störung variieren mit dem Alter, wenn die Person größere körperliche Kräfte und kognitive Fähigkeiten sowie sexuelle Reife entwickelt. Weniger gravierende Verhaltensweisen (z. B. Lügen, Ladendiebstahl, Schlägereien) treten gewöhnlich zuerst auf, andere (z. B. Einbrüche) dagegen erst später. Typischerweise treten die schwerwiegendsten Störungen des Sozialverhaltens (z. B. Vergewaltigung, Diebstahl mit Konfrontation des Opfers) zuletzt auf. Es gibt jedoch große Unterschiede zwischen einzelnen Personen. Einige zeigen schon früh die Verhaltensweisen, die schwere Schäden verursachen.

Die Störung des Sozialverhaltens, insbesondere der Typus mit Beginn in der Kindheit, tritt bei Jungen viel häufiger auf. Geschlechtsunterschiede finden sich auch bei bestimmten typischen Problemen des Sozialverhaltens. Jungen mit dieser Störung kämpfen, stehlen, vandalieren und haben Disziplinprobleme in der Schule. Mädchen mit dieser Störung lügen, schwänzen die Schule, laufen weg, nehmen Drogen und prostituieren sich. Jungen zeigen häufiger direkte Aggressionen, Mädchen dagegen eher nichtkonfrontative Verhaltensweisen.

Prävalenz

Die Prävalenz der Störung des Sozialverhaltens scheint in den letzten Jahrzehnten angestiegen und in Städten höher zu sein als auf dem Land. Die Prävalenzraten weisen eine große Variabilität auf und sind abhängig von der untersuchten Population und den Erhebungsmethoden: Bei männlichen Personen unter 18 Jahren liegen die Prävalenzraten bei 6–16 %, bei weiblichen bei 2–9 %. Die Störung des Sozialverhaltens ist einer der am häufigsten diagnostizierten Zustände in stationären und nicht-stationären therapeutischen Einrichtungen für Kinder.

Verlauf

Die Störung des Sozialverhaltens kann bereits im Alter von fünf bis sechs Jahren auftreten. Gewöhnlich liegt der Beginn jedoch in der späten Kindheit oder frühen Adoleszenz. Die Störung beginnt selten nach Vollendung des 16. Lebensjahres. Ihr Verlauf ist unterschiedlich. Bei einem großen Teil der Betroffenen remittiert die Störung bis zum Erwachsenenalter. Ein wesentlicher Teil der Personen zeigt jedoch im Erwachsenenalter Verhaltensweisen, die die Kriterien einer Antisozialen Persönlichkeitsstörung erfüllen. Viele Personen mit einer Störung des Sozialverhaltens, besonders solche des Typus mit Beginn in der Adoleszenz und Personen mit wenigen oder leichteren Symptomen, können sich als Erwachsene sozial und beruflich genügend anpassen. Ein früher Störungsbeginn ergibt eine schlechtere Prognose und es besteht ein erhöhtes Risiko für eine Antisoziale Persönlichkeitsstörung oder eine Störung im Zusammenhang mit Psychotropen Substanzen im Erwachsenenalter.

Personen mit einer Störung des Sozialverhaltens haben ein erhöhtes Risiko für Affektive Störungen oder Angststörungen, Somatoforme Störungen und Störungen im Zusammenhang mit Psychotropen Substanzen.

Familiäres Verteilungsmuster

Zwillings- und Adoptionsstudien zeigen, daß bei der Störung des Sozialverhaltens sowohl genetische als auch umweltbezogene Faktoren eine Rolle spielen. Das Risiko einer Störung des Sozialverhaltens ist erhöht bei Kindern mit einem biologischen oder adoptiven Elternteil mit einer Antisozialen Persönlichkeitsstörung oder wenn Geschwister eine Störung des Sozialverhaltens aufweisen. Die Störung scheint ebenfalls häufiger bei Kindern aufzutreten, deren biologische Eltern eine Alkoholabhängigkeit, Affektive Störungen oder Schizophrenie aufweisen oder deren biologische Eltern eine Vorgeschichte mit Aufmerksamkeitsdefizit-/Hyperaktivitätsstörung oder Störung des Sozialverhaltens haben.

Differentialdiagnose

Die **Störung mit Oppositionellem Trotzverhalten** beinhaltet zwar einige Merkmale, die auch bei der Störung des Sozialverhaltens beobachtet werden (z. B. Ungehorsam und Widerstand gegenüber Autoritätspersonen), das durchgängige Muster der gravierenden Verhaltensweisen, bei denen die grundlegenden Rechte anderer oder altersentsprechende gesellschaftliche Normen und Regeln verletzt werden, tritt jedoch nicht auf. Erfüllt das Verhaltensmuster einer Person sowohl die Kriterien einer Störung des Sozialverhaltens als auch die einer Störung mit Oppositionellem Trotzverhalten, hat die Diagnose einer Störung des Sozialverhaltens Vorrang vor der Diagnose einer Störung mit Oppositionellem Trotzverhalten. Letztere wird dann nicht diagnostiziert.

Kinder mit einer **Aufmerksamkeitsdefizit-/Hyperaktivitätsstörung** zeigen häufig hyperaktives und impulsives Verhalten, das sozial störend sein kann. Es verletzt jedoch nicht altersentsprechende gesellschaftliche Normen und erfüllt daher gewöhnlich nicht die Kriterien einer Störung des Sozialverhaltens. Sind die Kriterien für beide Störungen erfüllt, sollten beide Diagnosen gestellt werden.

Reizbarkeit und Probleme des Sozialverhaltens treten bei Kindern oder Jugendlichen häufig während einer **Manischen Episode** auf. Die Symptome können gewöhnlich durch den phasenhaften Verlauf und die charakteristischen Merkmale der Manischen Episode von den Problemen des Sozialverhaltens, die sich bei der Störung des Sozialverhaltens zeigen, unterschieden werden. Sind die Kriterien für beide Störungen erfüllt, kann sowohl eine Störung des Sozialverhaltens als auch eine Bipolar I Störung diagnostiziert werden.

Die Diagnose einer **Anpassungsstörung** (Mit Störung des Sozialverhaltens oder Mit Emotionalen Störungen und Störungen des Sozialverhaltens, Gemischt) sollte erwogen werden, wenn sich klinisch bedeutsame Probleme des Sozialverhaltens, die nicht die Kriterien einer anderen spezifischen Störung erfüllen, in deutlichem Zusammenhang mit dem Beginn eines psychosozialen Belastungsfaktors entwickeln. Isoliert auftretende Probleme des Sozialverhaltens, die nicht die Kriterien einer Störung des Sozialverhaltens oder einer Anpassungsstörung erfüllen, können als **Antisoziales Verhalten in der Kindheit oder Adoleszenz** codiert werden (siehe „Andere Klinisch Relevante Probleme", S. 761). Die Störung des Sozialverhaltens wird nur diagnostiziert, wenn die Probleme des Sozialverhaltens ein sich wiederholendes und durchgängiges Muster darstellen, das mit Beeinträchtigungen in sozialen, schulischen oder beruflichen Funktionsbereichen verbunden ist.

Bei Personen über 18 Jahren kann die Diagnose einer Störung des Sozialverhaltens nur gestellt werden, wenn die Kriterien einer **Antisozialen Persönlichkeitsstörung** nicht erfüllt sind. Eine Antisoziale Persönlichkeitsstörung kann nicht bei Personen unter 18 Jahren diagnostiziert werden.

Diagnostische Kriterien für 312.8 (F91.8) Störung des Sozialverhaltens

A. Es liegt ein repetitives und anhaltendes Verhaltensmuster vor, durch das die grundlegenden Rechte anderer und wichtige altersentsprechende gesellschaftliche Normen oder Regeln verletzt werden. Dies manifestiert sich durch das Auftreten von mindestens drei der folgenden Kriterien während der letzten zwölf Monate, wobei mindestens ein Kriterium in den letzten sechs Monaten aufgetreten sein muß:

Aggressives Verhalten gegenüber Menschen und Tieren
(1) bedroht oder schüchtert andere häufig ein,
(2) beginnt häufig Schlägereien,
(3) hat Waffen benutzt, die anderen schweren körperlichen Schaden zufügen können (z. B. Schlagstöcke, Ziegelsteine, zerbrochene Flaschen, Messer, Gewehre),
(4) war körperlich grausam zu Menschen,
(5) quälte Tiere,
(6) hat in Konfrontation mit dem Opfer gestohlen (z. B. Überfall, Taschendiebstahl, Erpressung, bewaffneter Raubüberfall),
(7) zwang andere zu sexuellen Handlungen;

Zerstörung von Eigentum
(8) beging vorsätzlich Brandstiftung mit der Absicht, schweren Schaden zu verursachen,
(9) zerstörte vorsätzlich fremdes Eigentum (jedoch nicht durch Brandstiftung);

Betrug oder Diebstahl
(10) brach in fremde Wohnungen, Gebäude oder Autos ein,
(11) lügt häufig, um sich Güter oder Vorteile zu verschaffen oder um Verpflichtungen zu entgehen (d. h. „legt andere herein"),
(12) stahl Gegenstände von erheblichem Wert ohne Konfrontation mit dem Opfer (z. B. Ladendiebstahl, jedoch ohne Einbruch, sowie Fälschungen);

Schwere Regelverstöße
(13) bleibt schon vor dem Alter von 13 Jahren trotz elterlicher Verbote häufig über Nacht weg,
(14) lief mindestens zweimal über Nacht von zu Hause weg, während er/sie noch bei den Eltern oder bei einer anderen Bezugsperson wohnte (oder nur einmal mit Rückkehr erst nach längerer Zeit),

Fortsetzung nächste Seite

> Fortsetzung
> (15) schwänzt schon vor dem Alter von 13 Jahren häufig die Schule.
> B. Die Verhaltensstörung verursacht in klinisch bedeutsamer Weise Beeinträchtigungen in sozialen, schulischen oder beruflichen Funktionsbereichen.
> C. Bei Personen, die 18 Jahre oder älter sind, sind nicht die Kriterien einer Antisozialen Persönlichkeitsstörung erfüllt.
>
> *Bestimme* den Typus nach dem Alter der Person bei Störungsbeginn:
> **Typus mit Beginn in der Kindheit:** Der Beginn mindestens eines der für die Störung des Sozialverhaltens charakteristischen Kriterien muß vor dem Alter von 10 Jahren liegen.
> **Typus mit Beginn in der Adoleszenz:** Keines der für die Störung des Sozialverhaltens charakteristischen Kriterien tritt vor dem Alter von 10 Jahren auf.
>
> *Bestimme* den Schweregrad:
> **Leicht:** Zusätzlich zu den für die Diagnose erforderlichen Symptomen treten wenige oder keine weiteren Probleme des Sozialverhaltens auf **und** die Probleme des Sozialverhaltens fügen anderen nur geringen Schaden zu.
> **Mittelschwer:** Die Anzahl der Probleme des Sozialverhaltens und die Auswirkung auf andere liegen zwischen „leicht" und „schwer".
> **Schwer:** Zusätzlich zu den für die Diagnose erforderlichen Symptome treten viele weitere Probleme des Sozialverhaltens auf **oder** die Probleme des Sozialverhaltens fügen anderen beträchtlichen Schaden zu.

313.81 (F91.3) Störung mit Oppositionellem Trotzverhalten

Diagnostische Merkmale

Das Hauptmerkmal der Störung mit Oppositionellem Trotzverhalten ist ein Muster von wiederkehrenden negativistischen, trotzigen, ungehorsamen und feindseligen Verhaltensweisen gegenüber Autoritätspersonen, das mindestens sechs Monate andauert (**Kriterium A**). Die Störung ist durch häufiges Auftreten von mindestens vier der folgenden Verhaltensweisen gekennzeichnet: Die Betroffenen werden schnell ärgerlich (**Kriterium A1**), streiten sich mit Erwachsenen (**Kriterium A2**), widersetzen sich aktiv den Anweisungen oder Regeln von Erwachsenen oder weigern sich, diese zu befolgen (**Kriterium A3**). Sie verärgern andere vorsätzlich (**Kriterium A4**) und schieben die Schuld für eigene Fehler oder eigenes Fehlverhalten auf andere (**Kriterium A5**). Sie sind reizbar oder lassen sich von anderen leicht verärgern (**Kriterium A6**), sind wütend und beleidigt (**Kriterium A7**) oder boshaft und nachtragend (**Kriterium A8**). Um die Diagnose einer Störung mit Oppositionellem Trotzverhalten zu stellen, müssen die Verhaltensweisen häufiger auftreten als typischerweise bei Personen vergleichbarer Alters- und Entwicklungsstufe zu beobachten. Sie müssen außerdem zu einer deutlichen Beeinträchtigung in sozialen, schulischen oder beruflichen Funktionsbereichen führen (**Kriterium B**). Die Diagnose wird nicht gestellt, wenn die Verhaltensstörung ausschließlich im Verlauf einer Psychotischen oder Affektiven Störung auftritt (**Kriterium C**) oder wenn die Kriterien einer Störung des Sozialverhaltens oder einer Antisozialen Persönlichkeitsstörung (bei Personen über 18 Jahren) erfüllt sind. Negativistische und trotzige Verhaltensweisen zeigen sich in ständiger Widerspenstigkeit, im Widerstand gegen Anweisungen sowie im Widerwillen, Kompromisse einzugehen, nachzugeben oder mit Erwachsenen oder

Gleichaltrigen zu verhandeln. Trotzverhalten kann auch ein vorsätzliches oder ständiges Austesten der Grenzen beinhalten. Das geschieht gewöhnlich dadurch, daß die Betroffenen Anweisungen nicht befolgen, streiten und Tadel für ihr Fehlverhalten nicht akzeptieren können. Feindseliges Verhalten kann sich gegen Erwachsene oder Gleichaltrige richten. Es zeigt sich in verbaler Aggression oder darin, daß andere vorsätzlich verärgert werden (gewöhnlich ohne die schwerwiegendere körperliche Aggression, die bei der Störung des Sozialverhaltens beobachtet wird). Anzeichen der Störung treten fast immer im häuslichen Bereich auf, während dies in der Schule oder in der Öffentlichkeit nicht der Fall sein muß. Typischerweise zeigen sich die Symptome dieser Störung deutlicher im Umgang mit vertrauten Erwachsenen oder Gleichaltrigen. Bei der klinischen Untersuchung sind die Symptome daher manchmal nicht sichtbar. Gewöhnlich schätzen sich die Betroffenen selbst nicht als oppositionell oder trotzig ein, sondern rechtfertigen ihr Verhalten als Reaktion auf unsinnige Forderungen oder zufällige unglückliche Umstände.

Zugehörige Merkmale und Störungen

Die zugehörigen Merkmale und Störungen variieren als Funktion des Alters der Person und des Schweregrads der Störung. Es wurde festgestellt, daß bei Jungen, die im Vorschulalter als schwierig galten (z. B. hohe Reaktivität, schwer zu beruhigen) oder eine starke motorische Aktivität zeigten, die Störung häufiger auftritt. Im Schulalter finden sich bei den Betroffenen Merkmale wie geringes Selbstwertgefühl, Stimmungsschwankungen, geringe Frustrationstoleranz, Fluchen sowie frühzeitiger Alkohol-, Tabak- und Drogenkonsum. Konflikte mit Eltern, Lehrern und Gleichaltrigen sind häufig. Es kann ein Teufelskreis entstehen, bei dem Eltern und Kind jeweils die „schlechtesten Seiten" beim anderen hervorrufen. Die Störung mit Oppositionellem Trotzverhalten tritt häufiger in Familien auf, in denen die Pflege des Kindes durch einen Wechsel unterschiedlicher Pflegepersonen gestört ist oder in denen strenge, inkonsequente oder vernachlässigende Erziehungsmethoden üblich sind. Eine Aufmerksamkeitsdefizit-/Hyperaktivitätsstörung ist bei Kindern mit Oppositionellem Trotzverhalten häufig. Ebenso treten häufig Lernschwächen und Kommunikationsstörungen zusammen mit der Störung mit Oppositionellem Trotzverhalten auf.

Besondere Alters- und Geschlechtsmerkmale

Da bei Kindern im Vorschulalter und bei Jugendlichen zeitweiliges Oppositionsverhalten sehr häufig verkommt, sollte die Diagnose einer Störung mit Oppositionellem Trotzverhalten insbesondere während dieser Entwicklungsphasen nur mit Vorsicht gestellt werden. Die Anzahl der Symptome von Oppositionsverhalten nimmt in der Regel mit dem Alter zu. Vor der Pubertät tritt die Störung bei Jungen häufiger auf als bei Mädchen, nach der Pubertät ist das Verhältnis wahrscheinlich ausgeglichen. Im allgemeinen gleichen sich die Symptome bei beiden Geschlechtern, wobei Jungen häufiger konfrontatives Verhalten und länger andauernde Symptome zeigen.

Prävalenz

Prävalenzraten von 2–16 % sind je nach Art der Stichprobenpopulation und der Erhebungsmethoden berichtet worden.

Verlauf

Üblicherweise tritt die Störung mit Oppositionellem Trotzverhalten vor dem Alter von 8 Jahren und nicht nach der frühen Adoleszenz auf. Die Symptome des Oppositionsverhaltens beginnen häufig im häuslichen Bereich, können im Laufe der Zeit jedoch auch in anderen Bereichen vorkommen. Die Störung beginnt typischerweise langsam. Der Beginn zieht sich gewöhnlich über Monate und Jahre hin. Bei einem bedeutsamen Anteil der Fälle geht die Störung mit Oppositionellem Trotzverhalten entwicklungsmäßig der Störung des Sozialverhaltens voraus.

Familiäres Verteilungsmuster

Die Störung mit Oppositionellem Trotzverhalten scheint häufiger in Familien aufzutreten, in denen bei mindestens einem Elternteil anamnestisch eine Affektive Störung, Störung mit Oppositionellem Trotzverhalten, Störung des Sozialverhaltens, Aufmerksamkeitsdefizit-/Hyperaktivitätsstörung, Antisoziale Persönlichkeitsstörung oder Störung im Zusammenhang mit Psychotropen Substanzen aufgetreten ist. Weiterhin weisen einige Studien darauf hin, daß Kinder von Müttern mit einer Depressiven Störung häufiger oppositionelles Verhalten aufweisen. Es ist jedoch unklar, in welchem Maße die Depression der Mutter Folge oder Ursache des oppositionellen Verhaltens bei Kindern ist. Die Störung mit Oppositionellem Trotzverhalten tritt häufiger in Familien mit starken Eheproblemen auf.

Differentialdiagnose

Die sozial störenden Verhaltensweisen von Personen mit Oppositionellem Trotzverhalten sind weniger schwerwiegend als die Symptome von Personen mit einer Störung des Sozialverhaltens. Typischerweise kommen Aggressionen gegenüber Menschen und Tieren, Zerstörung fremden Eigentums oder Diebstahl und Betrug nicht vor. Da alle Merkmale einer Störung mit Oppositionellem Trotzverhalten gewöhnlich auch bei der **Störung des Sozialverhaltens** vorhanden sind, wird erstere nicht diagnostiziert, wenn die Merkmale einer Störung des Sozialverhaltens erfüllt sind. Oppositionelles Verhalten ist ein häufiges Begleitmerkmal von **Affektiven Störungen** und **Psychotischen Störungen** bei Kindern und Jugendlichen. Es sollte nicht gesondert diagnostiziert werden, wenn die Symptome ausschließlich im Verlauf einer Affektiven oder Psychotischen Störung auftreten. Oppositionelle Verhaltensweisen müssen auch von sozial störendem Verhalten unterschieden werden, das infolge von Unaufmerksamkeit und Impulsivität bei einer **Aufmerksamkeitsdefizit-/Hyperaktivitätsstörung** auftritt. Sind beide Störungen gleichzeitig vorhanden, sollten beide Diagnosen gestellt werden. Bei Personen mit einer **Geistigen Behinderung** sollte die Diagnose einer Störung mit Oppositionellem Trotzverhalten nur gestellt werden, wenn das Oppositionsverhalten deutlich stärker ausgeprägt ist als bei Personen vergleichbaren Alters, Schweregrads der Behinderung und gleichen Geschlechts. Die Störung mit Oppositionellem Trotzverhalten muß auch unterschieden werden von der Unfähigkeit, Anweisungen zu befolgen, die auf eine **Beeinträchtigung des Sprachverständnisses** zurückzuführen ist (z. B. Hörverlust, Gemischte Rezeptiv-Expressive Sprachstörung). Oppositionelles Verhalten ist ein **typisches Merkmal bestimmter Entwicklungsstufen** (z. B. frühe Kindheit und Adoleszenz). Die Diagnose einer Störung mit Oppositionellem Trotzverhalten sollte nur in Betracht kommen, wenn die Verhaltensweisen häufiger auftreten und schwerwiegendere Folgen haben als typischerweise bei anderen Personen auf vergleichbarer Entwicklungsstufe beobachtet werden und wenn die soziale, schulische oder berufliche Funktionsfähigkeit deutlich beeinträchtigt ist. Erneutes Auftreten von oppositionellen Verhaltensweisen in der Jugend kann durch den Prozeß normaler Individuation bedingt sein.

**Diagnostische Kriterien für 313.81 (F91.3)
Störung mit Oppositionellem Trotzverhalten**

A. Ein mindestens sechs Monate anhaltendes Muster von negativistischem, feindseligem und trotzigem Verhalten, wobei vier (oder mehr) der folgenden Symptome auftreten:
(1) wird schnell ärgerlich,
(2) streitet sich häufig mit Erwachsenen,
(3) widersetzt sich häufig aktiv den Anweisungen oder Regeln von Erwachsenen oder weigert sich, diese zu befolgen,
(4) verärgert andere häufig absichtlich,
(5) schiebt häufig die Schuld für eigene Fehler oder eigenes Fehlverhalten auf andere,
(6) ist häufig empfindlich oder läßt sich von anderen leicht verärgern,
(7) ist häufig wütend und beleidigt,
(8) ist häufig boshaft und nachtragend.
Beachte: Ein Kriterium gilt nur dann als erfüllt, wenn das Verhalten häufiger auftritt, als typischerweise bei Personen vergleichbaren Alters und Entwicklungsniveaus beobachtet wird.

B. Die Verhaltensstörung verursacht in klinisch bedeutsamer Weise Beeinträchtigungen in sozialen, schulischen oder beruflichen Funktionsbereichen.

C. Die Verhaltensweisen treten nicht ausschließlich im Verlauf einer Psychotischen oder Affektiven Störung auf.

D. Bei Personen, die 18 Jahre oder älter sind, sind nicht die Kriterien einer Störung des Sozialverhaltens oder einer Antisozialen Persönlichkeitsstörung erfüllt.

312.9 (F91.9) Nicht Näher Bezeichnetes Sozial Störendes Verhalten

Diese Kategorie ist für Störungen vorgesehen, die durch ein Sozialverhalten und oppositionelles Trotzverhalten gekennzeichnet sind, die nicht die Kriterien einer Störung des Sozialverhaltens oder Störung mit Oppositionellem Trotzverhalten erfüllen. Hierzu gehören beispielsweise klinische Erscheinungsformen, die nicht die Kriterien letztgenannter Störungen erfüllen, bei denen jedoch eine klinisch signifikante Beeinträchtigung vorliegt.

Fütter- und Eßstörungen im Säuglings- oder Kleinkindalter

Die Fütter- und Eßstörungen im Säuglings- oder Kleinkalter sind gekennzeichnet durch ein anhaltend gestörtes Fütter- und Eßverhalten. Die hier beschriebenen spezifischen Störungen sind Pica, Ruminationsstörung und Fütterstörung im Säuglings- oder Kleinkindalter. Man beachte, daß Anorexia Nervosa und Bulimia Nervosa im Kapitel über „Eßstörungen" (siehe S. 613) behandelt werden.

307.52 (F98.3) Pica

Diagnostische Merkmale

Hauptmerkmal von Pica ist das ständige Essen ungenießbarer Stoffe über einen Zeitraum von mindestens einem Monat (**Kriterium A**). Je nach Alter werden unterschiedliche Substanzen gegessen. Säuglinge und jüngere Kinder essen typischerweise Farbe, Putz, Bindfaden, Haare oder Stoff, ältere Kinder essen tierische Exkremente, Sand, Insekten, Blätter oder Steinchen. Jugendliche und Erwachsene essen Lehm oder Erde. Eine Aversion gegen ein Nahrungsmittel besteht nicht. Dieses Verhalten muß entwicklungsmäßig unangemessen (**Kriterium B**) und darf nicht Teil einer kulturell anerkannten Praxis sein (**Kriterium C**). Das Essen ungenießbarer Stoffe ist ein Begleitmerkmal anderer psychischer Störungen (z. B. Tiefgreifende Entwicklungsstörung, Geistige Behinderung). Tritt dieses Eßverhalten ausschließlich im Verlauf einer anderen psychischen Störung auf, sollte die gesonderte Diagnose von Pica nur gestellt werden, wenn das gestörte Eßverhalten schwer genug ist, um für sich allein genommen klinische Beachtung zu rechtfertigen (**Kriterium D**).

Zugehörige Merkmale und Störungen

Pica ist häufig mit Geistiger Behinderung verbunden. In einigen Fällen wurde ein Vitamin- oder Mineralienmangel berichtet; gewöhnlich werden aber keine biologischen Auffälligkeiten gefunden. In einigen Fällen findet Pica nur dann klinische Beachtung, wenn die Betroffenen eine der vielfältigen medizinischen Komplikationen aufweisen, die durch die Störung entstehen können (z. B. Bleivergiftung durch Essen von Farbe oder farbgetränkten Verputzes, mechanische Darmprobleme, Darmverstopfung infolge von Haarbalgtumoren, Darmperforation oder Infektionen wie beispielsweise Toxoplasmose und Toxocariasis durch die Aufnahme von Fäkalien oder Schmutz). Armut, Vernachlässigung, mangelnde elterliche Beaufsichtigung und Entwicklungsrückstände erhöhen das Risiko für diese Störung.

Besondere kulturelle, Alters- und Geschlechtsmerkmale

In einigen Kulturen wird das Essen von Erde oder anderer scheinbar ungenießbarer Stoffe als nützlich betrachtet. Pica kommt häufiger bei kleinen Kindern und vereinzelt bei Schwangeren vor.

Prävalenz

Epidemiologische Daten über Pica sind begrenzt. Die Störung scheint bei Kindern im Vorschulalter nicht unüblich zu sein, obwohl sie nicht häufig diagnostiziert wird. Bei Personen mit Geistiger Behinderung scheint die Prävalenz dieser Störung mit dem Schweregrad zuzunehmen.

Verlauf

Pica kann bereits im Säuglingsalter beginnen. In den meisten Fällen dauert die Störung wahrscheinlich einige Monate und remittiert dann. Gelegentlich kann sie auch bis in die Adoleszenz oder seltener bis ins Erwachsenenalter andauern. Bei Personen mit Geistiger Behinderung kann das Verhalten im Erwachsenenalter abnehmen.

Differentialdiagnose

Bis zum Alter von ca. 18–24 Monaten ist es durchaus üblich, daß Kinder alles in den Mund nehmen und hin und wieder nicht eßbare Substanzen essen. Dieses Verhalten läßt nicht auf Pica schließen. Pica wird nur diagnostiziert, wenn das Verhalten als andauernd (d. h. mindestens einen Monat lang) und angesichts der Entwicklungsstufe des Betroffenen als unangemessen beurteilt wird. Das Essen ungenießbarer Stoffe kann im Verlauf anderer psychischer Störungen (z. B. einer **Tiefgreifenden Entwicklungsstörung**, einer **Schizophrenie** als Folge von Wahnvorstellungen und des **Kleine-Levin-Syndroms**) auftreten. In diesen Fällen sollte eine gesonderte Diagnose von Pica nur gestellt werden, wenn die Störung des Eßverhaltens schwer genug ist, um für sich allein genommen klinische Beachtung zu rechtfertigen. Pica kann von **anderen Eßstörungen** (z. B. Ruminationsstörung, Fütterstörung im Säuglings- oder Kleinkindalter, Anorexia Nervosa und Bulimia Nervosa) durch den Verzehr ungenießbarer Stoffe unterschieden werden.

Diagnostische Kriterien für 307 52 (F98.3) Pica

A. Ständiges Essen ungenießbarer Stoffe, das mindestens einen Monat lang anhält.

B. Das Essen ungenießbarer Stoffe ist für die Entwicklungsstufe unangemessen.

C. Das Eßverhalten ist nicht Teil einer kulturell anerkannten Praxis.

D. Tritt die Störung des Eßverhaltens ausschließlich im Verlauf einer anderen psychischen Störung (z. B. Geistige Behinderung, Tiefgreifende Entwicklungsstörung, Schizophrenie) auf, muß sie schwer genug sein, um für sich allein genommen klinische Beachtung zu rechtfertigen.

307.53 (F98.2) Ruminationsstörung

Diagnostische Merkmale

Das Hauptmerkmal der Ruminationsstörung ist das wiederholte Heraufwürgen (Regurgitation) und Wiederkauen der Nahrung. Sie entwickelt sich beim Säugling, Kleinkind oder Kind nach einem Zeitraum normaler Entwicklung und hält mindestens einen Monat lang an (**Kriterium A**). Teilweise verdaute Nahrung wird ohne augenfällige Übelkeit, Brechreiz, Ekel oder begleitende Störung im Magen-Darm-Bereich in den Mund zurückgebracht. Die Nahrung wird dann entweder ausgespuckt oder, was häufiger vorkommt, gekaut und wieder geschluckt. Die Symptome sind nicht auf eine Erkrankung des Magen-Darm-Traktes oder auf einen anderen medizinischen Krankheitsfaktor (z. B. Sandifer-Syndrom, ösophagealer Reflux) zurückzuführen (**Kriterium B**). Sie treten auch nicht ausschließlich im Verlauf einer Anorexia Nervosa oder Bulimia Nervosa auf. Kommen die Symptome ausschließlich im Verlauf einer Geistigen Behinderung oder einer Tiefgreifenden Entwicklungsstörung vor, müssen sie schwer genug sein, um eine unabhängige klinische Beachtung zu rechtfertigen (**Kriterium C**). Die Störung wird am häufigsten bei Säuglingen und Kleinkindern beobachtet. Sie kann aber auch bei älteren, besonders bei geistig behinderten Personen auftreten. Säuglinge und Kleinkinder mit dieser Störung nehmen eine typische Haltung ein, bei der der Rücken angespannt und gebogen ist und der Kopf nach hinten gehalten wird. Sie machen Saugbewegungen mit ihrer Zunge und vermitteln den Eindruck, daraus Befriedigung zu ziehen.

Zugehörige Merkmale und Störungen

Säuglinge mit einer Ruminationsstörung sind im allgemeinen zwischen den Phasen des Heraufwürgens der Nahrung reizbar und hungrig. Obwohl der Säugling augenscheinlich hungrig ist und große Nahrungsmengen zu sich nimmt, kann es zu Unterernährung kommen, weil dem Füttern ein sofortiges Heraufwürgen der Nahrung folgt. Gewichtsverluste und das Ausbleiben erwarteter Gewichtszunahmen bis hin zu einem tödlichen Verlauf (mit einer Sterblichkeitsrate von bis zu 25 %) können die Folge sein. Bei älteren Kindern und Erwachsenen, bei denen die Störung kontinuierlich oder phasenweise auftreten kann, scheint die Unterernährung weniger wahrscheinlich zu sein. Psychosoziale Probleme wie beispielsweise fehlende Stimulation, Vernachlässigung, belastende Lebenssituationen und Beziehungsprobleme zwischen Eltern und Kind können als prädisponierende Faktoren auftreten. Zum Stimulationsmangel kann es kommen, wenn die Pflegeperson durch erfolglose Fütterversuche oder den unangenehmen Geruch der heraufgewürgten Nahrung entmutigt wird und sich von dem Kind abwendet. In einigen Fällen kann sich auch eine Fütterstörung im Säuglings- und Kleinkindalter entwickeln. Bei älteren Kindern und Erwachsenen ist Geistige Behinderung ein prädisponierender Faktor.

Prävalenz

Die Ruminationsstörung kommt nicht häufig vor. Sie scheint bei Jungen häufiger aufzutreten als bei Mädchen.

Verlauf

Die Störung kann im Kontext von Entwicklungsrückständen beginnen. Das Alter des Kindes bei Störungsbeginn beträgt zwischen drei und zwölf Monaten. Bei Personen mit Geistiger Behinderung kann die Störung in einer etwas späteren Entwicklungsstufe auftreten. Bei Säuglingen und Kleinkindern kommt es häufig zu einer spontanen Remission der Störung. In einigen schweren Fällen verläuft sie jedoch kontinuierlich.

Differentialdiagnose

Bei Säuglingen und Kleinkindern können **angeborene Anomalien** (z. B. Pylorus-Stenose oder gastroösophagealer Reflux) oder **andere medizinische Krankheitsfaktoren** (z. B. Infektionen des Magen-Darm-Trakts) das Heraufwürgen der Nahrung verursachen und sollten durch entsprechende körperliche Untersuchungen und Labortests ausgeschlossen werden. Rumination kann von **normalem Erbrechen in der frühen Kindheit** durch die offensichtlich willentlich hervorgebrachte Rumination unterschieden werden (z. B. Beobachtung typischer vorbereitender Bewegungen, auf die das Heraufwürgen folgt, sowie Saug- oder Kaubewegungen, die befriedigend zu sein scheinen). Eine Ruminationsstörung wird nicht diagnostiziert, wenn die Symptome ausschließlich im Verlauf einer **Anorexia Nervosa** oder **Bulimia Nervosa** auftreten.

Diagnostische Kriterien für 307.53 (F98.2) Ruminationstörung

A. Wiederholtes Heraufwürgen und Wiederkauen von Nahrung über einen Zeitraum von mindestens einem Monat nach einer Phase normaler Entwicklung.

B. Das Verhalten geht nicht auf eine begleitende Erkrankung des Magen-Darm-Trakts oder einen anderen medizinischen Krankheitsfaktor (z. B. ösophagealer Reflux) zurück.

C. Das Verhalten tritt nicht ausschließlich im Verlauf einer Anorexia Nervosa oder Bulimia Nervosa auf. Kommen die Symptome ausschließlich im Verlauf einer Geistigen Behinderung oder einer Tiefgreifenden Entwicklungsstörung vor, müssen sie schwer genug sein, um für sich allein genommen klinische Beachtung zu rechtfertigen.

307.59 (F98.2) Fütterstörung im Säuglings- oder Kleinkindalter

Diagnostische Merkmale

Das Hauptmerkmal der Fütterstörung im Säuglings- oder Kleinkindalter ist eine kontinuierliche mangelnde Nahrungsaufnahme ohne deutliche Gewichtszunahme bzw. mit deutlichem Gewichtsverlust über mindestens einen Monat (**Kriterium A**). Es liegt keine Erkrankung des Magen-Darm-Traktes oder ein anderer medizinischer Krankheitsfaktor (z. B. ösophagealer Reflux) vor, der schwer genug wäre, um für die Fütterstörung verantwortlich zu sein (**Kriterium B**). Die Fütterstörung kann auch nicht durch eine andere psychische Störung (z. B. Ruminationsstörung) oder durch Nahrungsmangel besser erklärt werden (**Kriterium C**). Der Störungsbeginn muß vor dem Alter von 6 Jahren liegen (**Kriterium D**).

Zugehörige Merkmale und Störungen

Zugehörige Beschreibungsmerkmale und psychische Störungen. Kinder mit Fütterstörungen sind häufig während des Fütterns besonders gereizt und schwer zu beruhigen. Sie können apathisch und zurückgezogen erscheinen und Entwicklungsrückstände aufweisen. In einigen Fällen können Eltern-Kind-Probleme zum Fütterproblem beitragen oder es verschlimmern

(z. B. das Essen in unangemessener Form anbieten oder auf die Nahrungsverweigerung des Kindes reagieren, als wäre sie ein Akt der Aggression oder Ablehnung). Unzureichende Kalorienaufnahme kann die Begleitmerkmale verstärken (z. B. Reizbarkeit, Entwicklungsrückstände) und zur Aufrechterhaltung der Fütterschwierigkeiten beitragen. Zu den Faktoren beim Kind, die mit dem Krankheitsfaktor verbunden sein können, gehören neuroregulatorische Schwierigkeiten (z. B. Schlaf-Wach-Probleme, häufiges Heraufwürgen von Nahrung, nicht vorhersagbare Phasen des angespannten Wachzustands) und schon vorhandene Entwicklungsstörungen, die das Kind weniger reaktionsfähig machen. Andere mit der Störung verbundene Faktoren beinhalten die psychopathologische Auffälligkeiten der Eltern sowie Kindesmißhandlung oder Vernachlässigung.

Zugehörige Laborbefunde. Es können unspezifische Befunde in Zusammenhang mit der Unterernährung auftreten, die zuweilen bei der Fütterstörung im Säuglings- oder Kleinkindalter beobachtet wird (z. B. Anämie und geringer Serumalbumin- oder Gesamtproteinspiegel).

Zugehörige körperliche Untersuchungsbefunde und medizinische Krankheitsfaktoren. Bei der Fütterstörung im Säuglingsalter oder in der frühen Kindheit kann es zu Unterernährung kommen, die in schweren Fällen lebensbedrohlich sein kann.

Besondere Alters- und Geschlechtsmerkmale

Ein späterer Beginn der Störung (d. h. mit zwei oder drei Jahren und nicht im Säuglingsalter) ist mit einer schwächeren Ausprägung von Entwicklungsrückständen und Unterernährung verbunden. Es kann jedoch ein verzögertes Wachstum beobachtet werden. Die Störung tritt bei Mädchen und Jungen gleich häufig auf.

Prävalenz

Das Ausbleiben einer angemessenen Gewichtszunahme ist der Anlaß für 1–5 % aller pädiatrischen Krankenhauszugänge. Bis zu 50 % davon beruhen auf Fütterschwierigkeiten, ohne daß ein offensichtlich prädisponierender medizinischer Krankheitsfaktor vorliegt.

Verlauf

Der Beginn der Fütterstörung im Säuglings- oder Kleinkindalter liegt gewöhnlich im ersten Lebensjahr. Die Störung kann jedoch auch bei Kindern im Alter von zwei bis drei Jahren beginnen. Die Mehrzahl der Kinder zeigt nach unterschiedlich langen Phasen ein verbessertes Wachstum.

Differentialdiagnose

Kleinere Probleme beim Füttern kommen im Säuglingsalter häufig vor. Die Diagnose einer Fütterstörung im Säuglings- oder Kleinkindalter sollte nur gestellt werden, wenn die Eßprobleme nicht zu einer Gewichtszunahme bzw. zu einem Gewichtsverlust führen.

Diese Störung wird nicht diagnostiziert, wenn die Fütterstörungen vollständig durch eine **Erkrankung des Magen-Darm-Trakts**, durch **endokrinologische** oder **neurologische Krankheitsfaktoren** erklärt werden können. Kinder mit einem zugrundeliegenden medizinischen Krankheitsfaktor können schwieriger zu füttern sein. Die Diagnose einer Fütterstörung im Säuglings- oder Kleinkindalter sollte in diesen Fällen nur gestellt werden, wenn der Schweregrad der Störung ausgeprägter ist als aufgrund des medizinischen Krankheitsfaktors allein zu erwarten wäre. Die Diagnose ist angebracht, wenn eine Verbesserung beim Füttern und eine Gewichtszunahme als Reaktion auf den Wechsel der Pflegepersonen eintritt.

**Diagnostische Kriterien für 307.59 (F98.2)
Fütterstörung im Säuglings- oder Kleinkindalter**

A. Eine Fütterstörung, die sich durch das ständige Unvermögen manifestiert, über den Zeitraum von mindestens einem Monat adäquat zu essen. In dieser Zeit tritt keine deutliche Gewichtszunahme bzw. ein deutlicher Gewichtsverlust auf.

B. Die Störung geht nicht auf eine begleitende Erkrankung des Magen-Darm-Trakts oder einen anderen medizinischen Krankheitsfaktor (z. B. ösophagealer Reflux) zurück.

C. Die Störung kann nicht durch eine andere psychische Störung (z. B. Ruminationsstörung) oder durch Nahrungsmangel besser erklärt werden.

D. Der Beginn der Störung liegt vor dem Alter von 6 Jahren.

Ticstörungen

In diesem Kapitel werden vier Störungen behandelt: Tourette-Störung, Chronische Motorische oder Vokale Ticstörung, Vorübergehende Ticstörung und Nicht Näher Bezeichnete Ticstörung.

Tics sind plötzliche, schnelle, sich wiederholende, unrhythmische, stereotype motorische Bewegungen oder Lautäußerungen. Sie werden als unvermeidbar empfunden, können jedoch über verschieden lange Zeiträume unterdrückt werden. Sämtliche Tics können sich unter Streß verschlimmern und sich bei Tätigkeiten, die Aufmerksamkeit erfordern (z. B. Lesen oder Nähen), abschwächen. Während des Schlafens sind die Tics gewöhnlich deutlich abgeschwächt. Motorische wie vokale Tics können als einfache oder als komplexe Tics auftreten, wobei die Grenze nicht eindeutig zu ziehen ist. Zu den häufig auftretenden einfachen motorischen Tics gehören Blinzeln, ruckartige Bewegungen des Halses, Schulterzucken und Gesichtsgrimassen. Häufig auftretende einfache vokale Tics sind Räuspern, Grunzen, Schnüffeln, Schnarchen oder Bellen. Übliche komplexe motorische Tics enthalten Bewegungen des Gesichts, Spielen an Haaren oder Kleidung, Springen, Berühren, Stampfen sowie Riechen an Gegenständen. Übliche komplexe vokale Tics umfassen zusammenhangloses Wiederholen von Worten und Sätzen, Koprolalie (Verwendung gesellschaftlich nicht akzeptierter, häufig obszöner Wörter), Palilalie (Wiederholung von eigenen Lauten und Wörtern) und Echolalie (Wiederholung des zuletzt gehörten Lautes, Wortes oder Satzes). Ein anderer komplexer Tic ist beispielsweise Echokinese (Nachahmung der Bewegungen einer anderen Person).

Differentialdiagnose

Tics sind von anderen Arten **abnormer Bewegungen, die in Verbindung mit medizinischen Krankheitsfaktoren auftreten können** (z. B. Chorea Huntington, Schlaganfall, Lesch-Nyhan-Syndrom, Wilsonsche Krankheit, Chorea Sydenham, Multiple Sklerose, postvirale Enzephalitis, Hirnverletzungen) oder durch die **direkte Wirkung einer Substanz** (z. B. Neuroleptika) bedingt sind, zu unterscheiden. **Choreiforme Bewegungen** sind tanzende, zufällige, unregelmäßige und sich nicht wiederholende Bewegungen. **Dystone Bewegungen** sind langsamere Drehbewegungen, bei denen länger anhaltende Zustände von muskulärer Anspannung auftreten. **Athetotische Bewegungen** sind langsame, unregelmäßige, sich windende Bewegungen vor allem der Finger und Zehen, häufig auch unter Beteiligung der Gesichts- und Halsmuskeln. **Myoklonien** sind kurze, zuckende Kontraktionen von einzelnen Muskeln oder Muskelgruppen, die jedoch nicht zusammenwirken. **Hemiballismische Bewegungen** sind periodisch auftretende, grobe, ausholende und einseitig auftretende Bewegungen der Gliedmaßen. **Spasmen** sind stereotyp, langsamer und länger anhaltend als Tics und betreffen ganze Muskelgruppen. **Hemifaziale Spasmen** bestehen aus unregelmäßigen, wiederholten und einseitig auftretenden Zuckungen der Gesichtsmuskulatur. **Synkinesien** beinhalten unwillkürliche Bewegungen, die willkürliche Bewegungen begleiten (z. B. Bewegung des Mundwinkels, wenn die Person das Auge schließen will). Diese Differenzierung wird weiter erleichtert, wenn die Merkmale eines zugrundeliegenden medizinischen Krankheitsfaktors (z. B. eine typische familiäre Vorgeschichte bei der Huntingtonschen Erkrankung) oder eine Vorgeschichte von Medikamenteneinnahme mit berücksichtigt werden.

Treten Tics als direkte Folge von Medikamenteneinnahme auf, würde anstelle eines Tics eher eine **Nicht Näher Bezeichnete Medikamenteninduzierte Bewegungsstörung** diagnostiziert. In einigen Fällen können bestimmte Medikamente (z. B. Metylphenidat) einen bereits bestehenden Tic verstärken. Hier ist keine zusätzliche Diagnose einer medikamenteninduzierten Störung erforderlich.

Tics sind auch von stereotypen Bewegungen zu unterscheiden, die bei einer **Stereotypen Bewegungsstörung** oder bei **Tiefgreifenden Entwicklungsstörungen** beobachtet werden. Die Unterscheidung einfacher Tics (z. B. Blinzeln) von komplexen Bewegungen, die für stereotype Bewegungen charakteristisch sind, ist relativ einfach. Komplexe motorische Tics sind dagegen von stereotypen Bewegungen weniger klar zu trennen. Stereotype Bewegungen erscheinen im allgemeinen eher getrieben und absichtlich, während Tics eher unwillkürlich und unrhythmisch ablaufen. Tics müssen auch von **Zwangshandlungen** (wie z. B. bei der Zwangsstörung) unterschieden werden. Zwangshandlungen sind typischerweise recht komplex und treten als Reaktion auf Zwangsvorstellungen auf oder laufen nach strikten Regeln ab. Im Unterschied zu Zwängen sind Tics typischerweise weniger komplex und haben nicht die Aufgabe, Ängste, die aus Zwangsvorstellungen resultieren, zu reduzieren. Einige Personen zeigen sowohl Symptome der Zwangsstörung als auch Symptome eines Tics (insbesondere die Tourette-Störung), so daß beide Diagnosen gerechtfertigt sein können. Bestimmte vokale oder motorische Tics (z. B. Bellen, Echolalie, Palilalie) sind von desorganisierten oder katatonen Verhaltensweisen bei **Schizophrenie** zu unterscheiden.

Untereinander lassen sich Tics nach Dauer, Erscheinungsform und Alter der Person bei Störungsbeginn unterscheiden. **Vorübergehende Ticstörungen** beinhalten motorische und/oder vokale Tics, die mindestens vier Wochen, jedoch nicht länger als zwölf aufeinanderfolgende Monate andauern. Die **Tourette-Störung** und die **Chronische Motorische oder Vokale Ticstörung** dauern länger als zwölf Monate. Sie lassen sich voneinander dadurch unterscheiden, daß bei der Tourette-Störung eine Vielzahl motorischer und mindestens ein vokaler Tic beobachtet werden. Den **Nicht Näher Bezeichneten Ticstörungen** werden klinisch bedeutsame Störungen zugeordnet, die weniger als vier Wochen andauern oder bei denen das Alter bei Störungsbeginn über 18 Jahren liegt sowie für den ungewöhnlichen Fall, daß nur ein motorischer und ein vokaler Tic zusammen auftreten.

307.23 (F95.2) Tourette-Störung

Diagnostische Merkmale

Hauptmerkmale der Tourette-Störung sind multiple motorische und mindestens ein vokaler Tic (**Kriterium A**). Diese können im Verlauf der Krankheit entweder gleichzeitig oder zu unterschiedlichen Zeitpunkten auftreten. Die Tics treten mehrmals täglich und wiederholt im Verlauf von mehr als einem Jahr auf (**Kriterium B**). In diesem Zeitraum gibt es keine ticfreie Phase von mehr als drei aufeinanderfolgenden Monaten. Die Störung führt zu deutlichem Leiden oder verursacht in bedeutsamer Weise Beeinträchtigungen in sozialen, beruflichen oder anderen wichtigen Funktionsbereichen (**Kriterium C**). Der Beginn der Störung liegt vor dem Alter von 18 Jahren (**Kriterium D**). Die Tics gehen nicht auf die direkte körperliche Wirkung einer Substanz (z. B. Stimulantien) oder eines medizinischen Krankheitsfaktors (z. B. Huntingtonsche Erkrankung oder postvirale Enzephalitis) zurück (**Kriterium E**). Die betroffene Körperregion, Anzahl, Häufigkeit, Komplexität und der Schweregrad der Tics verändern sich mit der Zeit. Tics betreffen typischerweise den Kopf und häufig auch andere Körperteile, wie beispielsweise den Oberkörper und die oberen und unteren Gliedmaßen. Die vokalen Tics umfassen unterschiedliche Wörter oder Laute wie Zungenschnalzen, Grunzen, Jaulen, Bellen, Schnüffeln, Schnauben oder Husten. Koprolalie, ein komplexer vokaler Tic mit dem Drang, Obszönitäten auszusprechen, tritt bei einigen Betroffenen (weniger als 10 %) auf. Komplexe motorische Tics mit dem Drang zu Berührungen, Niederkauern, tiefen Kniebeugen, Rückwärtsschritten und schnellen Umdrehungen beim Gehen können vorkommen. Bei etwa der Hälfte der Betroffenen treten als erste Symptome einzelne Tics auf, am häufigsten Blinzeln, weniger häufig sind andere Gesichts- oder Körperteile betroffen. Anfangssymptome können auch sein: Herausstrecken der Zunge, niederkauern, schnüffeln, hüpfen, springen, sich räuspern, stottern, Äußern von Lauten oder Worten sowie Koprolalie. Bei der anderen Hälfte der Fälle beginnt die Störung mit multiplen Symptomen.

Zugehörige Merkmale und Störungen

Die häufigsten Begleitsymptome der Tourette-Störung sind Zwangsgedanken und Zwangshandlungen. Hyperaktivität, Ablenkbarkeit und Impulsivität sowie soziales Unbehagen, Schamgefühle, Befangenheit und Niedergeschlagenheit sind häufig zu finden. Die soziale, schulische und berufliche Funktionsfähigkeit kann durch die Zurückweisung durch andere sowie durch die Angst, daß die Tics in sozialen Situationen auftreten könnten, beeinträchtigt sein. Bei schweren Fällen von Tourette-Störung können die Tics direkt die Alltagstätigkeiten behindern (z. B. Lesen oder Schreiben). Selten auftretende Komplikationen der Tourette-Störung beinhalten körperliche Schäden wie Blindheit durch Netzhautablösung (infolge des Kopfanstoßens oder von Schlägen ins eigene Gesicht), orthopädische Probleme (durch Kniebeugen, ruckartige Bewegungen des Halses oder Drehen des Kopfes) sowie Hautprobleme (durch Zupfen). Der Schweregrad von Tics kann sich durch die Einnahme von Stimulantien mit Wirkung auf das Zentrale Nervensystem verstärken, was jedoch eine dosisabhängige Erscheinung sein kann. Eine Zwangsstörung, eine Aufmerksamkeitsdefizit-/Hyperaktivitätsstörung sowie Lernschwächen können mit der Tourette-Störung verbunden sein.

Besondere kulturelle und Geschlechtsmerkmale

Beschreibungen der Tourette-Störung findet man bei Menschen mit verschiedener rassischer und ethnischer Herkunft. Die Störung tritt bei Jungen etwa 1,5–3 mal häufiger auf als bei Mädchen.

Prävalenz

Auf 10 000 Personen kommt die Tourette-Störung ca. vier bis fünf mal vor.

Verlauf

Die Tourette-Störung kann schon im Alter von zwei Jahren beginnen. Gewöhnlich liegt der Beginn in der Kindheit oder der frühen Adoleszenz und definitionsgemäß vor Vollendung des 18. Lebensjahres. Das Durchschnittsalter bei Beginn der motorischen Störungen liegt bei sieben Jahren. Die Störung hält gewöhnlich das ganze Leben an, wobei Remissionsphasen von Wochen oder Jahren auftreten können. In den meisten Fällen nimmt der Schweregrad, die Häufigkeit und die Variabilität der Symptome während der Adoleszenz und im Erwachsenenalter ab. In anderen Fällen verschwinden die Symptome gewöhnlich bis zum frühen Erwachsenenalter vollständig.

Familiäres Verteilungsmuster

Die Vulnerabilität für die Tourette-Störung und damit verbundene Störungen wird autosomal dominant vererbt. Hierbei bedeutet „Vulnerabilität", daß das Kind die genetische oder konstitutionelle Basis für die Entwicklung einer Ticstörung erhält. Der genaue Typus oder der Schweregrad der Störung kann von Generation zu Generation unterschiedlich sein. Nicht jeder mit einer genetischen Anfälligkeit zeigt Symptome einer Ticstörung. Die Penetranz bei weiblichen Genträgern liegt bei etwa 70 %, bei männlichen bei etwa 99 %. Die Bandbreite der Störungsformen, durch die die Anfälligkeit ihren Ausdruck finden kann, umfaßt die voll entfaltete Tourette-Störung, den Chronischen Motorischen oder Vokalen Tic, einige Formen der Zwangsstörung und möglicherweise die Aufmerksamkeitsdefizit-/Hyperaktivitätsstörung. Bei ca. 10 % der Personen mit Tourette-Störung läßt sich kein Hinweis auf eine familiäre Häufung finden. Personen mit diesen „nicht genetisch bedingten" Formen der Tourette-Störung oder einer anderen Ticstörung weisen häufig eine weitere psychische Störung (z. B. eine Tiefgreifende Entwicklungsstörung) oder einen medizinischen Krankheitsfaktor (z. B. ein Anfallsleiden) auf.

Differentialdiagnose

Siehe unter „Differentialdiagnose" bei Ticstörungen (siehe S. 140).

Diagnostische Kriterien für 307.23 (F95.2) Tourette-Störung

A. Multiple motorische Tics sowie mindestens ein vokaler Tic treten im Verlauf der Krankheit auf, jedoch nicht unbedingt gleichzeitig (Tics sind plötzliche, schnelle, sich wiederholende, unrhythmische und stereotype motorische Bewegungen oder Lautäußerungen).

B. Die Tics treten mehrmals täglich (gewöhnlich anfallsartig) entweder fast jeden Tag oder intermittierend im Zeitraum von über einem Jahr auf. In dieser Zeit gab es keine ticfreie Phase, die länger als drei aufeinanderfolgende Monate andauerte.

C. Die Störung führt zu deutlichem Leiden oder verursacht in bedeutsamer Weise Beeinträchtigungen in sozialen, beruflichen oder anderen wichtigen Funktionsbereichen.

D. Der Beginn liegt vor Vollendung des 18. Lebensjahres.

E. Die Störung geht nicht auf die direkte körperliche Wirkung einer Substanz (z. B. Stimulantien) oder eines medizinischen Krankheitsfaktors (z. B. Huntingtonsche Erkrankung oder postvirale Enzephalitis) zurück.

307.22 (F95.1) Chronische Motorische oder Vokale Ticstörung

Diagnostische Merkmale

Das Hauptmerkmal der Chronischen Motorischen oder Vokalen Ticstörung ist das Auftreten von entweder motorischen oder von vokalen Tics, jedoch nicht von beiden gleichzeitig (**Kriterium A**). Dieses Merkmal unterscheidet sie von der Tourette-Störung, bei der sowohl multiple motorische als auch mindestens ein vokaler Tic auftreten müssen. Die anderen wesentlichen Merkmale (*Kriterien B, C, D und E*) sind dieselben wie bei der Tourette-Störung. Die Diagnose einer Chronischen Motorischen oder Vokalen Ticstörung kann nicht gestellt werden, wenn die Kriterien der Tourette-Störung zu irgendeinem Zeitpunkt erfüllt waren (**Kriterium F**). Die weiteren charakteristischen Merkmale der Chronischen Motorischen oder Vokalen Ticstörung entsprechen im allgemeinen denen der Tourette-Störung (siehe S. 141), wobei der Ausprägungsgrad der Symptome und die funktionale Beeinträchtigung gewöhnlich weitaus geringer sind. Die Chronische Motorische oder Vokale Ticstörung und die Tourette-Störung scheinen genetisch verwandt zu sein, da sie häufig in denselben Familien auftreten.

Differentialdiagnose

Siehe unter „Differentialdiagnose" bei Ticstörungen (siehe S. 140).

> **Diagnostische Kriterien für 307.22 (F95.1)**
> **Chronische Motorische oder Vokale Ticstörung**
>
> A. Einzelne oder multiple, entweder motorische oder vokale Tics (d. h. plötzliche, schnelle, sich wiederholende, unrhythmische, stereotype motorische Bewegungen oder Lautäußerungen, jedoch nicht beide) treten zu irgendeinem Zeitpunkt im Verlauf der Krankheit auf.
>
> B. Die Tics treten mehrmals täglich entweder fast jeden Tag oder intermittierend über einen Zeitraum von mehr als einem Jahr auf. In dieser Zeit gab es keine ticfreie Phase, die länger als drei aufeinanderfolgende Monate andauerte.
>
> C. Die Störung führt zu deutlichem Leiden oder verursacht in bedeutsamer Weise Beeinträchtigungen in sozialen, beruflichen oder anderen wichtigen Funktionsbereichen.
>
> D. Der Beginn der Störung liegt vor dem Alter von 18 Jahren.
>
> E. Die Störung geht nicht auf die direkte körperliche Wirkung einer Substanz (z. B. Stimulantien) oder eines medizinischen Krankheitsfaktors (z. B. Huntingtonsche Erkrankung oder postvirale Enzephalitis) zurück.
>
> F. Die Kriterien der Tourette-Störung waren zu keinem Zeitpunkt erfüllt.

307.21 (F95.0) Vorübergehende Ticstörung

Diagnostische Merkmale

Das Hauptmerkmal der Vorübergehenden Ticstörung ist das Auftreten einzelner oder multipler motorischer und/oder vokaler Tics (**Kriterium A**). Die Tics treten mindestens vier Wochen lang fast jeden Tag mehrmals auf. Der Zeitraum, in dem die Tics auftreten, ist jedoch nicht länger als zwölf aufeinanderfolgende Monate (**Kriterium B**). Die anderen wesentlichen Merkmale (**Kriterien C, D und E**) sind dieselben wie bei der Tourette-Störung. Eine Vorübergehende Ticstörung wird nicht diagnostiziert, wenn die Kriterien einer Tourette-Störung oder einer Chronischen Motorischen oder Vokalen Ticstörung (beide müssen mindestens ein Jahr andauern) zu irgendeinem Zeitpunkt erfüllt waren (**Kriterium F**). Die weiteren charakteristischen Merkmale der Störung entsprechen im allgemeinen denen der Tourette-Störung (siehe S. 141), wobei der Ausprägungsgrad der Symptome und die funktionale Beeinträchtigung gewöhnlich weitaus geringer sind.

Zusatzcodierungen

Der Verlauf einer Vorübergehenden Ticstörung kann durch eine Zusatzcodierung wie **Einzelepisode** oder **Rezidivierend** beschrieben werden.

Differentialdiagnose

Siehe unter „Differentialdiagnose" bei Ticstörungen (siehe S. 140).

> **Diagnostische Kriterien für 307.21 (F95.0) Vorübergehende Ticstörung**
>
> A. Einzelne oder multiple motorische und/oder vokale Tics (d. h. plötzliche, schnelle, sich wiederholende, unrhythmische, stereotype motorische Bewegungen oder Lautäußerungen).
>
> B. Die Tics treten mindestens vier Wochen lang fast jeden Tag mehrmals auf. Der Zeitraum, in dem die Tics auftreten, ist jedoch niemals länger als zwölf aufeinanderfolgende Monate.
>
> C. Die Störung führt zu deutlichem Leiden oder verursacht in bedeutsamer Weise Beeinträchtigungen in sozialen, beruflichen oder in anderen wichtigen Funktionsbereichen.
>
> D. Der Beginn der Störung liegt vor dem Alter von 18 Jahren.
>
> E. Die Störung geht nicht auf die direkte körperliche Wirkung einer Substanz (z. B. Stimulantien) oder eines medizinischen Krankheitsfaktors (z. B. Huntingtonsche Erkrankung oder postvirale Enzephalitis) zurück.
>
> F. Die Kriterien einer Tourette-Störung oder einer Chronischen Motorischen oder Vokalen Ticstörung waren zu keinem Zeitpunkt erfüllt.
>
> *Bestimme*, ob:
> **Einzelepisode** oder **Rezidivierend**.

307.20 (F95.9) Nicht Näher Bezeichnete Ticstörung

Diese Kategorie ist für Störungen vorgesehen, die durch Tics gekennzeichnet sind, die jedoch nicht die Kriterien einer spezifischen Ticstörung erfüllen. Beispiele hierfür sind Tics, die weniger als vier Wochen andauern oder Tics, die nach dem Alter von 18 Jahren beginnen.

Störungen der Ausscheidung

Enkopresis

Diagnostische Merkmale

Das Hauptmerkmal der Enkopresis ist ein wiederholtes Entleeren der Fäzes an ungeeigneten Stellen (z. B. Kleidung oder Fußboden) (**Kriterium A**). In den meisten Fällen geschieht dies unabsichtlich, gelegentlich auch absichtlich. Das Verhalten muß mindestens einmal monatlich in einem Zeitraum von mindestens drei Monaten vorkommen (**Kriterium B**). Das Kind muß mindestens vier Jahre alt sein (bzw. bei Kindern mit Entwicklungsrückständen muß ein Entwicklungsalter von mindestens vier Jahren vorliegen) (**Kriterium C**). Die Stuhlinkontinenz darf nicht ausschließlich auf die direkte körperliche Wirkung einer Substanz (z. B. Abführmittel) oder eines medizinischen Krankheitsfaktors zurückgehen, es sei denn, der Krankheitsmechanismus beinhaltet Verstopfung (**Kriterium D**).

Werden die Fäzes eher unwillkürlich als absichtlich entleert, so ist dies häufig mit Verstopfung, Einklemmung und Verhaltung des Stuhls mit nachfolgendem Überlaufen verbunden. Es kann aus psychologischen Gründen (z. B. Angst vor der Entleerung der Fäzes an einer bestimmten Stelle oder ein allgemeineres ängstliches oder oppositionelles Verhalten), zu einer Vermeidung der Entleerung und zu Verstopfung kommen. Als physiologische Bedingungen einer Verstopfung kommen Dehydration in Verbindung mit einer fiebrigen Erkrankung, Hypothyreose bzw. die Nebenwirkung eines Medikaments in Frage. Analfissuren, Schmerzen bei der Entleerung der Fäzes und nachfolgende Verhaltung des Stuhls können eine bestehende Verstopfung weiterhin komplizieren. Die Konsistenz des Stuhls kann unterschiedlich sein. Einige der Betroffenen haben normalen oder fast normalen Stuhl. Bei Personen mit sekundärer Überlaufinkontinenz durch Stuhlverhaltung kann flüssiger Stuhl auftreten.

Subtypen

Enkopresis wird nach dem Subtypus, der das Erscheinungsbild kennzeichnet, codiert:
- **787.6 (R15) Mit Verstopfung und Überlaufinkontinenz**
  Hinweise auf Verstopfung ergeben sich aus der körperlichen Untersuchung oder der Krankengeschichte. Die Fäzes sind typischerweise (jedoch nicht unveränderlich) schwach ausgebildet und der Stuhlabgang geschieht kontinuierlich sowohl tagsüber als auch nachts. Lediglich geringe Mengen des Stuhls werden in die Toilette entleert. Nach Behandlung der Verstopfung löst sich die Inkontinenz auf.
- **307.7 (F98.1) Ohne Verstopfung und Überlaufinkontinenz**
  Aus der körperlichen Untersuchung oder der Krankengeschichte ergeben sich keine Hinweise auf Verstopfung. Die Fäzes haben eher normale Form und Konsistenz. Das Einkoten tritt intermittierend auf. Die Fäzes können an einer auffälligen Stelle abgelegt werden. Dies ist häufig mit dem Auftreten einer Störung mit Oppositionellem Trotzverhalten oder einer Störung des Sozialverhaltens verbunden oder kann als Folge analer Masturbation auftreten.

Zugehörige Merkmale und Störungen

Das Kind mit Enkopresis schämt sich häufig wegen dieser und versucht, Situationen (wie Zeltlager oder Schule), die es in Verlegenheit bringen könnten, zu vermeiden. Der Grad der Beeinträchtigung hängt von der Auswirkung der Störung auf das Selbstwertgefühl des Kindes, der Stärke der sozialen Ächtung durch Gleichaltrige und der Verärgerung, Bestrafung und Ablehnung von seiten der Pflegepersonen ab. Das Verschmieren der Fäzes kann absichtlich geschehen oder aber zufällig infolge der Bemühungen des Kindes, unwillkürlich entleerte Fäzes zu entfernen oder zu verstecken. Ist die Inkontinenz eindeutig absichtlich, können auch Merkmale einer Störung mit Oppositionellem Trotzverhalten oder einer Störung des Sozialverhaltens vorliegen. Viele Kinder mit Enkopresis leiden auch an einer Enuresis.

Prävalenz

Schätzungsweise leidet 1 % der Fünfjährigen an Enkopresis. Die Störung tritt häufiger bei Jungen als bei Mädchen auf.

Verlauf

Enkopresis wird nicht diagnostiziert, bevor ein Kind nicht das Alter von vier Jahren erreicht hat (bzw. bei Kindern mit Entwicklungsrückständen ein Entwicklungsalter von mindestens vier Jahren). Unzulängliche und nachlässige Sauberkeitserziehung sowie psychosoziale Belastungen (z. B. Schulanfang oder Geburt von Geschwistern) können prädisponierende Faktoren sein. Zwei typische Arten des Störungsverlaufs wurden beschrieben. Die primäre Enkopresis, bei der das Kind noch niemals den Stuhlgang kontrollieren konnte und die sekundäre Enkopresis, bei der die Störung nach einer Zeit auftrat, in der das Kind schon „sauber" war. Enkopresis kann mit zeitweiligen, periodisch auftretenden Verschlechterungen jahrelang auftreten, wird jedoch selten chronisch.

Differentialdiagnose

Die Diagnose einer Enkopresis ist bei Vorliegen eines medizinischen Krankheitsfaktors nur angebracht, wenn der Krankheitsmechanismus Verstopfung beinhaltet. Stuhlinkontinenz in bezug auf andere medizinische Krankheitsfaktoren (z. B. chronische Diarrhoe) rechtfertigen keine Diagnose von Enkopresis nach der DSM-IV-Klassifikation.

Diagnostische Kriterien für Enkopresis (R15 oder F98.1)

A. Wiederholtes Entleeren der Fäzes an ungeeigneten Stellen (z. B. Kleidung oder Fußboden). Dies kann unwillkürlich oder absichtlich geschehen.

B. Das Verhalten tritt mindestens einmal im Monat im Verlauf von mindestens drei Monaten auf.

C. Das Alter des Kindes (bzw. das Entwicklungsalter) beträgt mindestens vier Jahre.

D. Das Verhalten geht nicht ausschließlich auf die direkte körperliche Wirkung einer Substanz (z. B. Abführmittel) oder eines medizinischen Krankheitsfaktors zurück, es sei denn, der Krankheitsmechanismus beinhaltet Verstopfung.

Codiere wie folgt:
787.6 (R15)   Mit Verstopfung und Überlaufinkontinenz,
307.7 (F98.1) Ohne Verstopfung und Überlaufinkontinenz.

307.6 (F98.0) Enuresis
(nicht aufgrund eines medizinischen Krankheitsfaktors)

Diagnostische Merkmale

Das Hauptmerkmal der Enuresis ist das wiederholte Entleeren von Urin bei Tag oder bei Nacht ins Bett oder in die Kleidung (**Kriterium A**). Meistens geschieht dies unwillkürlich, gelegentlich auch absichtlich. Um die Diagnose einer Enuresis zu stellen, muß das Entleeren von Urin mindestens drei Monate lang zweimal pro Woche stattfinden oder aber in klinisch bedeutsamer Weise Leiden oder Beeinträchtigungen in sozialen, schulischen (beruflichen) oder anderen wichtigen Funktionsbereichen verursachen (**Kriterium B**). Das Kind muß ein

Alter erreicht haben, in dem die Blasenkontrolle erwartet werden kann (d. h. das Kind muß mindestenz fünf Jahre alt sein oder bei Kindern mit Entwicklungsrückständen muß ein Entwicklungsalter von mindestens fünf Jahren vorliegen) (**Kriterium C**). Die Harninkontinenz geht nicht ausschließlich auf die direkte körperliche Wirkung einer Substanz (z. B. Diuretika) oder eines medizinischen Krankheitsfaktors zurück (z. B. Diabetes, Spina Bifida, Anfallsleiden) (**Kriterium D**).

Subtypen

Die Subtypen werden nach den folgenden Situationen, in denen die Enuresis auftritt, unterschieden:
— **Enuresis Nocturna** (nur nachts während des Schlafs): Dies ist der verbreitetste Subtypus. Das Entleeren von Urin geschieht nur nachts während des Schlafs, typischerweise im ersten Drittel der Nacht. Gelegentlich tritt die Harnentleerung während der REM-Phase auf und das Kind kann einen Traum erinnern, der das Urinieren enthielt.
— **Enuresis Diurna** (nur bei Tage während des Wachzustands): Das Entleeren von Urin geschieht während des Wachzustands. Enuresis bei Tage ist bei Mädchen häufiger als bei Jungen und tritt gewöhnlich nach dem neunten Lebensjahr nicht mehr auf. Am häufigsten geschieht die Urinentleerung am frühen Nachmittag an Schultagen. Manchmal liegt das im Widerwillen begründet, auf die Toilette zu gehen, sei es aus sozialen Ängsten oder weil das Kind in einer schulischen Tätigkeit oder im Spiel versunken ist.
— **Enuresis Nocturna und Diurna** (nachts und tagsüber): Dieser Subtypus ist eine Kombination der beiden oben genannten Subtypen.

Zugehörige Merkmale und Störungen

Der Grad der Beeinträchtigung, der mit einer Enuresis einhergeht, hängt von der Beschränkung der sozialen Aktivitäten des Kindes ab (z. B. Übernachten im Zeltlager) oder von der Auswirkung auf das Selbstwertgefühl des Kindes, der Stärke der sozialen Ächtung durch Gleichaltrige und der Verärgerung, Bestrafung und Ablehnung von seiten der Pflegepersonen. Bei der Mehrzahl der Kinder mit Enuresis tritt zwar keine gleichzeitige psychische Störung auf, die Prävalenz einer koexistierenden psychischen oder anderen Entwicklungsstörung ist jedoch größer als in der Allgemeinbevölkerung. Enkopresis, eine Schlafstörung mit Schlafwandeln und Pavor Nocturnus können auftreten. Entzündungen der Harnwege sind bei Kindern mit Enuresis (besonders bei Enuresis diurna) verbreiteter als bei „trockenen" Kindern. Die Enuresis besteht gewöhnlich nach der entsprechenden Behandlung einer begleitenden Infektion fort. Zu den prädisponierender Faktoren gehören eine verzögerte oder vernachlässigte Sauberkeitserziehung, psychosoziale Belastungen, die Unfähigkeit, Urin zu sammeln oder eine herabgesetzte Schwelle bei der unwillkürlichen Blasenentleerung.

Prävalenz

Im Alter von fünf Jahren beträgt die Prävalenz der Enuresis bei Jungen 7 % und bei Mädchen 3 %, im Alter von zehn Jahren bei Jungen 3 % und bei Mädchen 2 %. Im Alter von achtzehn Jahren ist die Prävalenzrate bei Männern 1 % und bei Frauen weniger als 1 %.

Verlauf

Zwei typische Arten des Störungsverlaufs wurden beschrieben. Die primäre Enuresis, bei der das Kind die Blase noch niemals kontrollieren konnte, und sekundäre Enuresis, bei der die Störung nach einer Zeit auftrat, in der das Kind nicht eingenäßt hatte. Definitionsgemäß beginnt die primäre Enuresis im Alter von fünf Jahren. Der Beginn einer sekundären Enuresis liegt in der Regel zwischen dem fünften und dem achten Lebensjahr, sie kann jedoch jederzeit auftreten. Nach dem fünften Lebensjahr beträgt die Rate der Spontanremission zwischen 5 und 10 % pro Jahr. Die Mehrzahl der Kinder mit dieser Störung sind bis zur Adoleszenz kontinent. Bei ca. 1 % der Fälle hält die Störung bis ins Erwachsenenalter an.

Familiäres Verteilungsmuster

Fast 75 % aller Kinder mit Enuresis haben einen biologischen Verwandten ersten Grades, der an dieser Störung litt. Die Konkordanz ist bei eineiigen Zwillingen größer als bei zweieiigen.

Differentialdiagnose

Die Diagnose einer Enuresis wird nicht gestellt, wenn eine **neurogene Blasenerkrankung** oder ein **medizinischer Krankheitsfaktor vorliegt, der Polyurie oder Harndrang verursacht** (z. B. unbehandelte Diabetes mellitus oder Diabetes insipidus) oder während einer **akuten Infektion der Harnwege**. Die Diagnose einer Enuresis ist jedoch auch mit diesen Krankheitsfaktoren vereinbar, wenn die Harninkontinenz schon vor der Entwicklung des medizinischen Krankheitsfaktors regelmäßig aufgetreten ist oder wenn sie auch nach Einleitung einer angemessenen Behandlung weiterbesteht.

Diagnostische Kriterien für 307.6 (F98.0) Enuresis

A. Wiederholtes Entleeren von Urin in Bett oder Kleidung (unwillkürlich oder absichtlich).

B. Das Verhalten ist klinisch bedeutsam und manifestiert sich entweder durch eine Auftretenshäufigkeit von zweimal wöchentlich im Verlauf von drei aufeinanderfolgenden Monaten oder durch das Vorhandensein von klinisch bedeutsamem Leiden oder Beeinträchtigungen in sozialen, schulischen (beruflichen) oder anderen wichtigen Funktionsbereichen.

C. Das Kind muß mindestens 5 Jahre alt sein (oder ein entsprechendes Entwicklungsalter haben).

D. Das Verhalten geht nicht ausschließlich auf die direkte körperliche Wirkung einer Substanz (z. B. ein Diuretikum) oder eines medizinischen Krankheitsfaktors (z. B. Diabetes, Spina bifida, ein Anfallsleiden) zurück.

Bestimme den Typus:
Enuresis Nocturna (F98.00) (nur nachts im Schlaf),
Enuresis Diurna (F98.01) (nur tagsüber),
Enuresis Nocturna und Diurna (F98.02) (nachts und tagsüber).

Andere Störungen im Kleinkindalter, in der Kindheit oder Adoleszenz

309.21 (F93.0) Störung mit Trennungsangst

Diagnostische Merkmale

Das Hauptmerkmal der Störung mit Trennungsangst ist eine übermäßige Angst vor der Trennung des Kindes von zu Hause oder von seinen Bezugspersonen (**Kriterium A**). Diese Angst ist stärker als für die Entwicklungsstufe zu erwarten wäre. Die Störung muß mindestens vier Wochen andauern (**Kriterium B**). Ihr Beginn liegt vor dem Alter von 18 Jahren (**Kriterium C**). Die Störung verursacht in klinisch bedeutsamer Weise Leiden oder Beeinträchtigungen in sozialen, schulischen (beruflichen) oder anderen wichtigen Funktionsbereichen (**Kriterium D**). Die Diagnose wird nicht gestellt, wenn die Angst ausschließlich im Verlauf einer Tiefgreifenden Entwicklungsstörung, einer Schizophrenie oder einer anderen Psychotischen Störung auftritt. Bei Jugendlichen und Erwachsenen wird die Diagnose nicht gestellt, wenn die Angst durch eine Panikstörung mit Agoraphobie besser erklärt werden kann (**Kriterium E**).

Die Betroffenen können wiederholt übermäßigen Kummer bei der Trennung von zu Hause oder von wichtigen Bezugspersonen empfinden (**Kriterium A1**). Sind sie von ihren Bezugspersonen getrennt, wollen sie häufig deren Aufenthaltsort wissen und mit ihnen in Kontakt bleiben (z. B. durch Telefonanrufe). Einige Betroffene bekommen extremes Heimweh und fühlen sich unwohl und elend, wenn sie von zu Hause fort sind. Diese Kinder sehnen sich nach Hause und beschäftigen sich intensiv mit Rückkehrphantasien. Bei der Trennung von wichtigen Bezugspersonen werden sie häufig von Ängsten beherrscht, ihre Bezugspersonen oder sie selbst könnten Unfälle erleiden oder krank werden (**Kriterium A2**). Kinder mit dieser Störung äußern häufig die Befürchtung, sie könnten verlorengehen und niemals wieder mit ihren Eltern zusammenkommen (**Kriterium A3**). Sie fühlen sich häufig unwohl, wenn sie alleine von zu Hause oder von vertrauten Orten entfernt unterwegs sind und vermeiden häufig, alleine irgendwohin zu gehen. Sie können unwillig sein oder sich weigern, die Schule zu besuchen oder ins Zeltlager zu fahren, Freunde zu besuchen und dort zu übernachten oder Besorgungen zu machen (**Kriterium A4**). Die Kinder können häufig nicht alleine im Zimmer bleiben. Sie „hängen sich" an ihre Eltern, sind immer um diese herum und folgen ihnen wie ein „Schatten" durchs Haus (**Kriterium A5**).

Kinder mit dieser Störung gehen häufig ungern ins Bett und können darauf bestehen, daß jemand bei ihnen bleibt, bis sie eingeschlafen sind (**Kriterium A6**). Nachts kommen sie häufig zu ihren Eltern ins Bett (oder in das einer anderen wichtigen Bezugsperson wie beispielsweise Bruder oder Schwester). Ist das Schlafzimmer der Eltern verschlossen, schlafen sie manchmal vor der Zimmertür. Sie können Alpträume haben, in denen ihre Ängste zum Ausdruck kommen (z. B. die Vernichtung der Familie durch Feuer, Mord oder eine andere Katastrophe) (**Kriterium A7**). Bei bevorstehender oder stattfindender Trennung treten häufig körperliche Beschwerden wie Bauchschmerzen, Kopfschmerzen, Übelkeit oder Erbrechen auf (**Kriterium A8**). Kardiovaskuläre Symptome wie Herzklopfen, Schwindel- oder Schwächeanfälle sind bei jüngeren Kindern selten, können jedoch bei älteren Personen auftreten.

Zusatzcodierung

— **Früher Beginn**. Diese Zusatzcodierung kann verwendet werden, um einen Störungsbeginn vor dem Alter von 6 Jahren anzuzeigen.

Zugehörige Merkmale und Störungen

Kinder mit Trennungsangst kommen häufig aus einem sehr behütenden Elternhaus. Bei der Trennung von zu Hause oder wichtigen Bezugspersonen können wiederholt sozialer Rückzug, Apathie, Trauer und Konzentrationsschwierigkeiten beim Arbeiten oder Spielen auftreten. Je nach Alter fürchten sich die Betroffenen vor Tieren, Monstern, der Dunkelheit, Räubern, Einbrechern, Kidnappern, Autounfällen, Flugreisen, und anderen Situationen, die sie für die eigene oder für die Integrität der Familie als bedrohlich ansehen. Häufig haben sie Angst vor dem Sterben und vor dem Tod. Ihre Weigerung, zur Schule zu gehen, kann zu Schulschwierigkeiten und sozialem Rückzug führen. Die Kinder können sich beklagen, daß niemand sie liebe und sich keiner um sie kümmere. Sie können äußern, sie wünschten, sie wären tot. Ist die Aufregung über eine mögliche Trennung übermäßig groß, können sie wütend werden und denjenigen schlagen, der die Trennung mit Gewalt herbeiführen möchte. Besonders, wenn sie abends alleine sind, können kleine Kinder von sehr ungewöhnlichen Wahrnehmungserlebnissen berichten (sie sehen z. B. Leute, die in ihr Zimmer schauen, Schreckgespenster, die nach ihnen greifen und fühlen sich von Augen angestarrt). Kinder mit dieser Störung werden häufig als fordernd, aufdringlich und als sehr aufmerksamkeitsbedürftig beschrieben. Die übermäßigen Forderungen des Kindes können bei den Eltern Frustrationen hervorrufen, was zu Verstimmung und Konflikten in der Familie führen kann. Manchmal werden Kinder mit dieser Störung auch als ungewöhnlich gewissenhaft und nachgiebig beschrieben und als begierig, anderen zu gefallen. Die Kinder können somatische Beschwerden haben, die körperliche Untersuchungen und ärztliche Behandlungen nach sich ziehen. Häufig tritt eine depressive Verstimmung auf, die mit der Zeit hartnäckiger wird und die zusätzliche Diagnose einer Dysthymen Störung oder einer Major Depression rechtfertigen kann. Die Störung kann der Entwicklung einer Panikstörung mit Agoraphobie vorausgehen.

Besondere kulturelle, Alters- und Geschlechtsmerkmale

Es gibt kulturelle Unterschiede, bis zu welchem Grad es wünschenswert ist, eine Trennung zu tolerieren. Wichtig ist, die Störung mit Trennungsangst von den kulturell bedingten starken Bindungen der Familie in einigen Gesellschaften zu unterscheiden.

Die Anzeichen der Störung können mit dem Alter variieren. Kleinere Kinder äußern häufig keine spezifischen Ängste darüber, was genau die Eltern, ihr Zuhause oder sie selbst bedroht. Mit zunehmendem Alter beziehen sich die Sorgen oder Ängste häufig auf bestimmte Gefahren (z. B. Kidnapping, Überfälle). Trennungsangst und angstvolle Erwartung einer Trennung zeigen sich im mittleren Kindesalter. Jugendliche mit dieser Störung, vor allem Jungen, können die Trennungsangst leugnen. Dies kann sich in einer eingeschränkten Unabhängigkeit der Jugendlichen ausdrücken und ihrem Widerwillen, aus dem Haus zu gehen. Bei älteren Personen kann diese Störung die Fähigkeit behindern, Veränderungen der Lebensumstände zu bewältigen (z. B. Umzug oder Heirat). Erwachsene mit dieser Störung machen sich typischerweise übermäßige Sorgen um ihre Kinder und ihren Ehegatten und empfinden deutliches Unbehagen bei einer Trennung von ihnen. Bei klinischen Stichproben tritt die Störung offensichtlich bei Jungen/Männern wie Mädchen/Frauen gleich häufig auf. Bei epidemiologischen Stichproben kommt die Störung häufiger bei Mädchen/Frauen vor.

Prävalenz

Die Störung mit Trennungsangst ist recht verbreitet. Die Prävalenzschätzungen liegen durchschnittlich bei etwa 4 %.

Verlauf

Die Störung mit Trennungsangst kann sich nach schwierigen Lebensereignissen entwickeln (z. B. Tod eines Verwandten oder eines Haustiers, Krankheit des Kindes oder eines Verwandten, Schulwechsel, Umzug oder Einwanderung). Die Störung kann bereits im Vorschulalter beginnen und jederzeit bis zum Alter von 18 Jahren auftreten. Selten beginnt die Störung erst in der Adoleszenz. Phasen der Verschlimmerung und der Remission sind charakteristisch. Sowohl die Angst vor einer möglichen Trennung als auch das Vermeiden von Trennungssituationen (z. B. Beginn eines Studiums) kann jahrelang anhalten.

Familiäres Verteilungsmuster

Die Störung scheint bei biologischen Verwandten ersten Grades verbreiteter zu sein als in der Allgemeinbevölkerung. Sie kann häufiger bei Kindern von Müttern mit einer Panikstörung auftreten.

Differentialdiagnose

Die Störung mit Trennungsangst kann ein Begleitmerkmal der **Tiefgreifenden Entwicklungsstörung, Schizophrenie** oder einer **anderen Psychotischen Störung** sein. Treten die Symptome einer Störung mit Trennungsangst ausschließlich im Verlauf einer dieser Störungen auf, wird keine gesonderte Diagnose einer Störung mit Trennungsangst gestellt. Die Störung mit Trennungsangst wird von einer **Generalisierten Angststörung** dadurch unterschieden, daß sich die Angst vorwiegend auf die Trennung von zu Hause und von den Bezugspersonen bezieht. Bei Kindern und Jugendlichen mit dieser Störung können drohende Trennungen zu extremer Angst oder sogar zu Panikattacken führen. Im Unterschied zur Panikstörung bezieht sich die Angst eher auf die Trennung von Bezugspersonen oder von zu Hause als darauf, von einer unerwarteten Panikattacke „gelähmt" zu werden. Bei Erwachsenen tritt die Störung mit Trennungsangst selten auf. Sie sollte nicht als zusätzliche Diagnose gestellt werden, wenn die Trennungsängste durch eine Agoraphobie bei der **Panikstörung mit Agoraphobie** oder der **Agoraphobie ohne Panikstörung in der Vorgeschichte** besser erklärt werden können. Bei der Störung des Sozialverhaltens kommt Schuleschwänzen häufig vor, der Grund dafür ist jedoch nicht Trennungsangst. Das Kind bleibt üblicherweise auch eher von zu Hause fort, als daß es dorthin zurückkehrt. Einige Fälle von Schulverweigerung vor allem in der Adoleszenz sind eher durch eine Soziale Phobie oder durch Affektive Störungen als durch Trennungsängste bedingt. Im Unterschied zu den Halluzinationen bei **Psychotischen Störungen** basieren die ungewöhnlichen Sinneswahrnehmungen bei der Störung mit Trennungsangst gewöhnlich auf einer Fehlinterpretation tatsächlicher vorhandener Reize. Die Wahrnehmungen treten nur in bestimmten Situationen auf (z. B. nachts) und werden durch die Gegenwart einer Bezugsperson aufgelöst. Zur Unterscheidung von **entwicklungsmäßig angemessenen Graden von Trennungsangst** und den klinisch bedeutsamen Trennungsängsten bei der Störung mit Trennungsangst muß die klinische Beurteilung herangezogen werden.

Diagnostische Kriterien für 309.21 (F93.0) Störung mit Trennungsangst

A. Eine entwicklungsmäßig unangemessene und übermäßige Angst vor der Trennung von zu Hause oder von den Bezugspersonen, wobei mindestens drei der folgenden Kriterien erfüllt sein müssen:
  (1) wiederholter übermäßiger Kummer bei einer möglichen oder tatsächlichen Trennung von zu Hause oder von wichtigen Bezugspersonen,
  (2) andauernde und übermäßige Besorgnis, daß er/sie wichtige Bezugspersonen verlieren könnte oder daß diesen etwas zustoßen könnte,
  (3) andauernde und übermäßige Besorgnis, daß ein Unglück ihn/sie von einer wichtigen Bezugsperson trennen könnte (z. B. verlorenzugehen oder entführt zu werden),
  (4) andauernder Widerwillen oder Weigerung, aus Angst vor der Trennung zur Schule oder an einen anderen Ort zu gehen,
  (5) ständige und übermäßige Furcht oder Abneigung, allein oder ohne wichtige Bezugspersonen zu Hause oder ohne wichtige Erwachsene in einem anderen Umfeld zu bleiben,
  (6) andauernder Widerwillen oder Weigerung, ohne die Nähe einer wichtigen Bezugsperson schlafen zu gehen oder auswärts zu übernachten,
  (7) wiederholt auftretende Alpträume von Trennungen,
  (8) wiederholte Klagen über körperliche Beschwerden (wie z. B. Kopfschmerzen, Bauchschmerzen, Übelkeit oder Erbrechen), wenn die Trennung von einer wichtigen Bezugsperson bevorsteht oder stattfindet.

B. Die Dauer der Störung beträgt mindestens vier Wochen.

C. Der Störungsbeginn liegt vor dem Alter von 18 Jahren.

D. Die Störung verursacht in klinisch bedeutsamer Weise Leiden oder Beeinträchtigungen in sozialen, schulischen oder anderen wichtigen Funktionsbereichen.

E. Die Störung tritt nicht ausschließlich im Verlauf einer Tiefgreifenden Entwicklungsstörung, Schizophrenie oder einer anderen Psychotischen Störung auf und kann bei Jugendlichen und Erwachsenen nicht durch die Panikstörung mit Agoraphobie besser erklärt werden.

Bestimme, ob:
Früher Beginn: Die Störung beginnt vor dem Alter von 6 Jahren.

313.23 (F94.0) Selektiver Mutismus
(*vormals* Elektiver Mutismus)

Diagnostische Merkmale

Das Hauptmerkmal des Selektiven Mutismus ist die anhaltende Unfähigkeit, in bestimmten sozialen Situationen, in denen Sprechen erwartet wird, zu sprechen (z. B. in der Schule, mit Spielkameraden). In anderen Situationen dagegen bestehen normale Sprechfähigkeiten (**Kriterium A**). Die Störung behindert die schulischen oder beruflichen Leistungen oder die soziale Kommunikation (**Kriterium B**). Sie muß mindestens einen Monat andauern und darf sich nicht auf den ersten Monat nach Schulbeginn beschränken (in dieser Zeit können viele Kinder schüchtern sein und Widerwillen zeigen zu sprechen) (**Kriterium C**). Selektiver Mutismus sollte nicht diagnostiziert werden, wenn die Sprechunfähigkeit einer Person lediglich durch Unkenntnis der gesprochenen Sprache bedingt ist, die die soziale Situation erfordert, oder dadurch, daß sie sich in ihr nicht wohlfühlt (**Kriterium D**). Die Störung wird auch nicht diagnostiziert, wenn sie durch eine Befangenheit im Zusammenhang mit einer vorliegenden Kommunikationsstörung (z. B. Stottern) bedingt ist oder wenn sie ausschließlich im Verlauf einer Tiefgreifenden Entwicklungsstörung, Schizophrenie oder einer anderen Psychotischen Störung auftritt (**Kriterium E**). Anstelle des Gebrauchs von normaler Sprache kommunizieren Kinder mit dieser Störung häufig durch Gesten, Nicken oder Kopfschütteln, durch Ziehen oder Stoßen oder, in einigen Fällen, durch einsilbige, kurze oder monotone Äußerungen oder durch Sprechen mit veränderter Stimme.

Zugehörige Merkmale und Störungen

Zu den zugehörigen Merkmalen des Selektiven Mutismus gehören häufig übermäßige Schüchternheit, Angst vor Befangenheit in sozialen Situationen, soziale Isolierung und sozialer Rückzug, Anhänglichkeit, zwanghafte Verhaltensweisen, Negativismus, Wutanfälle oder kontrollierende und oppositionelle Verhaltensweisen, besonders zu Hause. Es kann eine starke Beeinträchtigung der sozialen Anpassung oder der schulischen Leistungsfähigkeit vorliegen. Die Betroffenen werden häufig von Gleichaltrigen gehänselt oder zu Sündenböcken gemacht. Kinder mit dieser Störung haben zwar im allgemeinen normale Sprachfähigkeiten, gelegentlich können jedoch auch eine begleitende Kommunikationsstörung (z. B. Phonologische Störung, Expressive Sprachstörung oder Gemischte Rezeptiv-Expressive Sprachstörung) oder ein medizinischer Krankheitsfaktor, der Auffälligkeiten bei der Artikulation verursacht, auftreten. Geistige Behinderung, Hospitalisierung oder extreme psychosoziale Belastungsfaktoren können mit der Störung verbunden sein.

Besondere kulturelle und Geschlechtsmerkmale

Kinder von Einwanderern, die mit der offiziellen Sprache des Gastlandes noch nicht vertraut sind oder sich in ihr nicht wohlfühlen, können sich weigern, mit Fremden in ihrem neuen Umfeld zu sprechen. Dieses Verhalten sollte nicht diagnostiziert werden. Selektiver Mutismus kommt geringfügig häufiger bei Mädchen als bei Jungen vor.

Prävalenz

Selektiver Mutismus ist offensichtlich selten. In therapeutischen Einrichtungen liegt der Anteil bei unter 1 %.

Verlauf

Der Beginn des Selektiven Mutismus liegt gewöhnlich vor dem Alter von 5 Jahren. Die Störung kann jedoch auch erst bei der Einschulung klinisch relevant werden. Gewöhnlich dauert sie nur wenige Monate an. Manchmal kann sie jedoch auch länger dauern und sogar über mehrere Jahre fortbestehen.

Differentialdiagnose

Der Selektive Mutismus sollte von Sprachstörungen unterschieden werden, die besser durch eine **Kommunikationsstörung** erklärt werden können wie beispielsweise die **Phonologische Störung, Expressive Sprachstörung, Kombinierte Rezeptiv-Expressive Sprachstörung** oder **Stottern**. Die Sprachstörung ist hier, im Unterschied zum Selektiven Mutismus, nicht auf eine spezifische Situation beschränkt. Kinder aus Familien, die in ein Land eingewandert sind, in dem eine fremde Sprache gesprochen wird, können sich weigern, die neue Sprache zu sprechen, weil sie **zu wenig Sprachkenntnisse** besitzen. Liegt ein ausreichendes Verständnis der neuen Sprache vor und hält die Weigerung, sie zu sprechen an, kann die Diagnose eines Selektiven Mutismus gerechtfertigt sein. Personen mit einer **Tiefgreifenden Entwicklungsstörung, Schizophrenie** oder einer **anderen Psychotischen Störung** oder mit **Schweren Geistigen Behinderung** können Probleme bei der sozialen Kommunikation haben und unfähig sein, in sozialen Situationen angemessen zu sprechen. Der Selektive Mutismus sollte dagegen nur bei Kindern diagnostiziert werden, die die Sprechfähigkeit in einigen sozialen Situationen schon erreicht haben (z. B. typischerweise zu Hause). Die soziale Angst und das soziale Vermeidungsverhalten bei der **Sozialen Phobie** kann mit Selektivem Mutismus einhergehen. In diesen Fällen sollten beide Diagnosen gestellt werden.

Diagnostische Kriterien für 313.23 (F94.0) Selektiver Mutismus

A. Andauernde Unfähigkeit, in bestimmten Situationen zu sprechen (in denen das Sprechen erwartet wird, z. B. in der Schule), wobei in anderen Situationen normale Sprechfähigkeit besteht.

B. Die Störung behindert die schulischen oder beruflichen Leistungen oder die soziale Kommunikation.

C. Die Störung dauert mindestens einen Monat (und ist nicht auf den ersten Monat nach Schulbeginn beschränkt).

D. Die Unfähigkeit zu sprechen ist nicht durch fehlende Kenntnisse der gesprochenen Sprache bedingt, die in der sozialen Situation benötigt wird oder dadurch, daß der Betroffene sich in dieser Sprache nicht wohlfühlt.

Fortsetzung nächste Seite

> Fortsetzung
>
> E. Die Störung kann nicht besser durch eine Kommunikationsstörung (z. B. Stottern) erklärt werden und tritt nicht ausschließlich im Verlauf einer Tiefgreifenden Entwicklungsstörung, Schizophrenie oder einer anderen Psychotischen Störung auf.

313.89 (F94.1/F94.2) Reaktive Bindungsstörung im Säuglingsalter oder in der Frühen Kindheit

Diagnostische Merkmale

Das Hauptmerkmal der Reaktiven Bindungsstörung ist eine in den meisten Bereichen deutlich gestörte und entwicklungsmäßig unangemessene soziale Bindung. Die Störung beginnt vor dem Alter von 5 Jahren und ist mit grob pathologischen Fürsorgemerkmalen verbunden (**Kriterium A**). Die Störung kann sich auf zwei Arten darstellen. Beim Gehemmten Typus ist das Kind andauernd unfähig, die meisten zwischenmenschlichen Kontakte auf entwicklungsgemäß angemessene Weise anzuknüpfen oder auf sie zu reagieren. Das Kind zeigt ein Muster von übermäßig gehemmten, überwachsamen oder stark ambivalenten Reaktionen (z. B. kühle Wachsamkeit, Widerstand gegen Trost oder eine Mischung aus Annäherung und Meidung) (**Kriterium A1**). Beim Enthemmten Typus findet man ein diffuses Bindungsmuster. Das Kind kann bei der Auswahl seiner Bezugspersonen unkritisch und undifferenziert sein (**Kriterium A2**). Die Störung ist nicht lediglich auf einen Entwicklungsrückstand zurückzuführen (wie z. B. bei der Geistigen Behinderung) und erfüllt auch nicht die Kriterien einer Tiefgreifenden Entwicklungsstörung (**Kriterium B**). Definitionsgemäß steht der Zustand mit grob pathologischen Fürsorgemerkmalen in Zusammenhang. Diese können auftreten in Form einer andauernden Mißachtung der grundlegenden emotionalen Bedürfnisse des Kindes nach Geborgenheit, Anregung und Zuneigung (**Kriterium C1**), in Form einer andauernden Mißachtung der grundlegenden körperlichen Bedürfnisse des Kindes (**Kriterium C2**) oder in Form von wiederholtem Wechsel der wichtigsten Pflegepersonen des Kindes, was die Ausbildung von stabilen Bindungen verhindert (z. B. häufiger Wechsel der Pflegefamilien) (**Kriterium C3**). Die pathologischen Fürsorgemerkmale werden als Ursache für die gestörte soziale Bindung des Kindes betrachtet (**Kriterium D**).

Subtypen

Der vorherrschende Störungstypus der sozialen Bindung kann angezeigt werden, indem einer der beiden folgenden Subtypen der Reaktiven Bindungsstörung bezeichnet wird:
— **Gehemmter Typus (F94.1)**: Bei diesem Subtypus besteht die vorherrschende Störung der sozialen Bindung in einer andauernden Unfähigkeit, soziale Kontakte auf eine der Entwicklungsstufe angemessene Weise anzuknüpfen oder auf sie zu reagieren.
— **Ungehemmter Typus (F94.2)**: Dieser Subtypus wird verwandt, wenn die vorherrschende Störung der sozialen Bindung in der unkritischen und undifferenzierten Auswahl der Bezugsperson besteht.

Zugehörige Merkmale und Störungen

Zugehörige Beschreibungsmerkmale und psychische Störungen. Bestimmte Situationen (z. B. längere Krankenhausaufenthalte des Kindes, extreme Armut oder Unerfahrenheit der Eltern) können die Entwicklung pathologischer Fürsorgemerkmale prädisponieren. Grob pathologische Fürsorgemerkmale führen jedoch nicht immer zur Entwicklung einer Reaktiven Bindungsstörung. Einige Kinder können stabile Bindungen und soziale Beziehungen auch bei deutlicher Vernachlässigung oder Mißhandlung ausbilden. Eine Reaktive Bindungsstörung kann mit Entwicklungsrückständen, einer Fütterstörung im Säuglings- oder Kleinkindalter, mit Pica oder einer Ruminationsstörung verbunden sein.

Zugehörige Laborbefunde. Laborbefunde wie bei Unterernährung können auftreten.

Zugehörige körperliche Untersuchungsbefunde und medizinische Krankheitsfaktoren. Eine körperliche Untersuchung kann begleitende medizinische Krankheitsfaktoren dokumentieren, die zu den Schwierigkeiten, das Kind zu versorgen beitragen können oder aus denen diese Schwierigkeiten resultieren (z. B. Wachstumsrückstand, Hinweise auf körperliche Mißhandlung).

Prävalenz

Epidemiologische Daten sind begrenzt. Die Störung scheint jedoch sehr selten zu sein.

Verlauf

Der Beginn der reaktiven Bindungsstörung liegt gewöhnlich in den ersten Lebensjahren. Definitionsgemäß beginnt die Störung vor dem Alter von 5 Jahren. Der Verlauf scheint in Abhängigkeit von individuellen Faktoren beim Kind und bei den Pflegepersonen, von Schweregrad und Dauer der begleitenden psychosozialen Deprivation und der Art der Intervention zu variieren. Wesentliche Verbesserung oder Remission kann eintreten, wenn ein angemessen unterstützendes Umfeld gegeben ist. Andernfalls nimmt die Störung einen kontinuierlichen Verlauf.

Differentialdiagnose

Bei einer **Geistigen Behinderung** entwickeln sich adäquate Bindungen gewöhnlich in Übereinstimmung mit der allgemeinen Entwicklungsstufe des Kindes. Einige Säuglinge und Kleinkinder mit Schwerer Geistiger Behinderung können jedoch für die Pflegepersonen besondere Probleme darstellen und dann Symptome zeigen, die für eine Reaktive Bindungsstörung typisch sind. Die Reaktive Bindungsstörung sollte nur diagnostiziert werden, wenn Klarheit darüber besteht, daß die typischen Probleme bei der Ausbildung von selektiven Bindungen nicht mit der Geistigen Behinderung zusammenhängen.

Die Reaktive Bindungsstörung muß von der **Autistischen Störung** und von **anderen Tiefgreifenden Entwicklungsstörungen** unterschieden werden. Bei den Tiefgreifenden Entwicklungsstörungen entwickeln sich selektive Bindungen in einem einigermaßen unterstützenden psychosozialen Umfeld entweder überhaupt nicht oder sie sind untypisch. Die Autistische Störung oder andere Tiefgreifende Entwicklungsstörungen sind auch durch die qualitative

Beeinträchtigung der Kommunikation und restriktive, repetitive und stereotype Verhaltensmuster charakterisiert. Die Reaktive Bindungsstörung wird nicht diagnostiziert, wenn die Kriterien einer Tiefgreifenden Entwicklungsstörung erfüllt sind. Der Ungehemmte Typus muß von dem impulsiven oder hyperaktiven Verhalten unterschieden werden, der für die **Aufmerksamkeitsdefizit-/Hyperaktivitätsstörung** charakteristisch ist. Im Unterschied zur Aufmerksamkeitsdefizit-/Hyperaktivitätsstörung ist das ungehemmte Verhalten der Reaktiven Bindungsstörung typischerweise dadurch gekennzeichnet, daß schon nach sehr kurzer Bekanntschaft versucht wird, eine soziale Bindung herzustellen.

Grob pathologische Fürsorgemerkmale sind ein charakteristisches Merkmal der Reaktiven Bindungsstörung. Eine zusätzliche Anmerkung von Kindesmißhandlung, Vernachlässigung oder Beziehungsproblemen zwischen Eltern und Kind kann gerechtfertigt sein. Führen grob pathologische Fürsorgemerkmale nicht zu deutlichen Störungen der sozialen Bindungen, können Vernachlässigung des Kindes oder Beziehungsprobleme zwischen Eltern und Kind eher als eine Reaktive Bindungsstörung diagnostiziert werden.

Diagnostische Kriterien für 313.89 (F94.1/F94.2)
Reaktive Bindungsstörung im Säuglingsalter oder in der Frühen Kindheit

A. Eine deutlich gestörte und entwicklungsmäßig inadäquate soziale Bindung, die in den meisten Bereichen auftritt und vor dem Alter von 5 Jahren beginnt. Die Störung drückt sich in Punkt (1) oder (2) aus:
   (1) andauernde Unfähigkeit, in entwicklungsmäßig angemessener Weise auf die meisten zwischenmenschlichen Beziehungen zu reagieren oder solche anzuknüpfen. Diese manifestiert sich durch übermäßig gehemmte, überaus wachsame oder stark ambivalente und widersprüchliche Reaktionen (z.B. kann das Kind auf Pflegepersonen mit einer Mischung aus Annäherung, Meidung und Abwehr reagieren oder eine mißtrauische Wachsamkeit an den Tag legen),
   (2) diffuse Bindungen, die sich durch unkritische Zutraulichkeit mit einer deutlichen Unfähigkeit, angemessene selektive Bindungen zu zeigen, manifestieren (z.B. übermäßige Vertrautheit mit relativ fremden Personen oder undifferenzierte Auswahl der Bezugspersonen).

B. Die in Kriterium A beschriebene Störung ist nicht lediglich auf einen Entwicklungsrückstand (wie bei der Geistigen Behinderung) zurückzuführen. Sie erfüllt auch nicht die Kriterien einer Tiefgreifenden Entwicklungsstörung.

C. Pathologische Fürsorgemerkmale, die durch mindestens einen der folgenden Punkte deutlich werden:
   (1) andauernde Mißachtung der grundlegenden emotionalen Bedürfnisse des Kindes nach Geborgenheit, Anregung und Zuneigung,
   (2) andauernde Mißachtung der grundlegenden körperlichen Bedürfnisse des Kindes,
   (3) wiederholter Wechsel der wichtigsten Pflegeperson des Kindes, was die Ausbildung von stabilen Bindungen verhindert (z.B. häufiger Wechsel der Pflegefamilie).

D. Es besteht die Vermutung, daß die in Kriterium C genannten Fürsorgemerkmale für das gestörte Verhalten, das in Kriterium A beschrieben wird, verantwortlich sind (d.h. die Störungen aus Kriterium A begannen im Anschluß an die pathologische Fürsorge aus Kriterium C).

Fortsetzung nächste Seite

> Fortsetzung
>
> *Bestimme* den Typus:
> **Gehemmter Typus (F94.1):** Wenn das Kriterium A1 im klinischen Erscheinungsbild vorherrscht.
> **Ungehemmter Typus (F94.2):** Bei Vorherrschen des Kriteriums A2.

307.3 (F98.4) Stereotype Bewegungsstörung
(*vormals* Stereotype Bewegungsstörung mit Autoaggressivem Charakter)

Diagnostische Merkmale

Das Hauptmerkmal der Stereotypen Bewegungsstörung ist ein repetitives, häufig scheinbar getriebenes und nicht funktionales motorisches Verhalten (**Kriterium A**). Dieses motorische Verhalten behindert deutlich die normalen Aktivitäten oder verursacht selbstzugefügten körperlichen Schaden, der bedeutsam genug ist, um eine medizinische Behandlung zu benötigen (bzw. würde ohne Anwendung von Gegenmaßnahmen einen körperlichen Schaden verursachen) (**Kriterium B**). Liegt eine Geistige Behinderung vor, ist das stereotype oder selbstschädigende Verhalten schwerwiegend genug, um einen Schwerpunkt der Behandlung zu bilden (**Kriterium C**). Das Verhalten kann nicht durch einen Zwang (wie bei der Zwangsstörung), einen Tic (wie bei den Ticstörungen), eine Stereotypie, die Teil einer Tiefgreifenden Entwicklungsstörung ist, oder durch Haareziehen (wie bei Trichotillomanie) besser erklärt werden (**Kriterium D**). Das Verhalten geht auch nicht auf die direkte körperliche Wirkung einer Substanz oder eines medizinischen Krankheitsfaktors zurück (**Kriterium E**). Die motorischen Verhaltensweisen müssen mindestens vier Wochen andauern (**Kriterium F**).

Zu den stereotypen Bewegungen können gehören: winken, wiegen, mit den Händen spielen, nervös an den Fingern herumspielen, mit Gegenständen werfen, Kopfanstoßen, sich beißen, an der Haut oder an Körperöffnungen herumzupfen oder auf verschiedene Körperteile schlagen. Manchmal benutzt der Betroffene dazu einen Gegenstand, was dauernden körperlichen Schaden und Verstümmelungen verursachen und manchmal lebensbedrohlich sein kann. So kann beispielsweise heftiges Kopfanstoßen oder Schlagen zu Wunden, Blutungen, Infektionen, Netzhautablösung und zu Blindheit führen.

Zusatzcodierung

Der Untersucher kann Stereotype Bewegungsstörung **Mit Selbstschädigendem Verhalten** bezeichnen, wenn das Verhalten körperliche Schäden zur Folge hat, die besondere Behandlung benötigen (bzw. das ohne Anwendung von Gegenmaßnahmen körperliche Schäden zur Folge hätte).

Zugehörige Merkmale und Störungen

Zugehörige Beschreibungsmerkmale und psychische Störungen. Der Betroffene kann Methoden der Selbstbeherrschung entwickeln (d. h. Hände in Hemd, Hosen oder Taschen halten), um zu versuchen, die selbstschädigenden Verhaltensweisen zu kontrollieren. Wird die Selbstbeherrschung unterbrochen, treten die Verhaltensweisen wieder auf. Sind diese zu extrem oder stoßen sie andere zu sehr ab, können psychosoziale Komplikationen auftreten, die durch den Ausschluß der betroffenen Person aus den sozialen Aktivitäten bedingt sind. Die Stereotype Bewegungsstörung tritt am häufigsten zusammen mit einer Geistigen Behinderung auf. Je schwerwiegender die Geistige Behinderung ist, um so höher ist das Risiko von selbstschädigenden Verhaltensweisen. Diese Störung kann auch in Verbindung mit schweren sensorischen Defiziten (Blindheit oder Taubheit) auftreten und ist wahrscheinlich häufiger in einem unterstimulierenden institutionellen Umfeld zu finden. Selbstschädigende Verhaltensweisen kommen bei bestimmten medizinischen Krankheitsfaktoren vor, die mit einer Geistigen Behinderung einher gehen (z. B. Fragiles-X-Syndrom, De-Lange-Syndrom und insbesondere Lesch-Nyhan-Syndrom, das durch ein extremes sich selbst Beißen gekennzeichnet ist).

Zugehörige Laborbefunde. Liegt eine Selbstschädigung vor, zeigen sich Art und Schweregrad in Laborbefunden (z. B. kann bei chronischem Blutverlust durch selbstzugefügte rektale Blutungen Anämie auftreten).

Zugehörige körperliche Untersuchungsbefunde und medizinische Krankheitsfaktoren. Anzeichen chronischen Gewebeschadens können vorhanden sein (z. B. Quetschungen, Bißstellen, Schnitte, Kratzer, Hautentzündungen, rektale Fissuren, Fremdkörper in Körperöffnungen, visuelle Beeinträchtigungen bedingt durch Drücken der Augen oder einen traumatischen Grauen Star sowie Frakturen oder deformierte Knochen). In weniger schweren Fällen können eine chronische Hautreizung oder Schwielen durch Beißen, Quetschen, Kratzen oder Verschmieren von Speichel auftreten.

Besondere Alters- und Geschlechtsmerkmale

Selbstschädigende Verhaltensweisen treten bei Personen aller Altersstufen auf. Es gibt Hinweise darauf, daß Kopfanschlagen bei Männern (mit einem Verhältnis von 3:1) und sich Beißen bei Frauen häufiger vorkommen kann.

Prävalenz

Es liegen nur beschränkte Informationen über die Prävalenz der Stereotypen Bewegungsstörung vor. Prävalenzschätzungen selbstschädigender Verhaltensweisen bei geistig behinderten Personen liegen bei Kindern und Jugendlichen, die in der Gemeinde leben, zwischen 2 und 3 % und bei Erwachsenen mit Schwerer oder Schwerster Geistiger Behinderung, die in Heimen untergebracht sind, bei ca. 25 %.

Verlauf

Die Stereotype Bewegungsstörung ist nicht durch ein typisches Alter bei Beginn der Störung gekennzeichnet und zeigt auch kein typisches Muster des Störungsbeginns. Die Störung kann nach einem belastenden Ereignis beginnen. Bei sprachunfähigen Personen mit einer schweren Geistigen Behinderung können stereotype Bewegungen durch einen schmerzhaften medizinischen Krankheitsfaktor (z. B. Mittelohrentzündung, die zu Kopfanschlagen führt) ausgelöst werden. Die stereotypen Bewegungen können in der Adoleszenz gehäuft auftreten und danach langsam zurückgehen. Die Bewegungen können jedoch besonders bei Personen mit einer Schweren oder Schwersten Geistigen Behinderung jahrelang anhalten. Die betroffenen Verhaltensweisen wechseln häufig (z. B. kann eine Person sich zunächst in die Hände beißen; dieses Verhalten läßt nach und stattdessen kann Kopfanschlagen auftreten).

Differentialdiagnose

Stereotype Bewegungen können mit einer **Geistigen Behinderung** verbunden sein, besonders bei Personen, die in einem Umfeld mit geringer Stimulation leben. Eine Stereotype Bewegungsstörung sollte nur bei Personen diagnostiziert werden, bei denen das stereotype oder selbstschädigende Verhalten so schwerwiegend ist, daß es einen Schwerpunkt der Behandlung bildet. Wiederholte stereotype Bewegungen sind ein charakteristisches Merkmal von **Tiefgreifenden Entwicklungsstörungen**. Eine stereotype Bewegungsstörung wird nicht diagnostiziert, wenn die Stereotypien besser durch eine Tiefgreifende Entwicklungsstörung erklärt werden können. Die Zwangshandlungen der **Zwangsstörung** sind im allgemeinen komplexer und bestehen aus mehr Ritualen. Sie werden als Reaktion auf Zwangsgedanken ausgebildet oder nach strikten Regeln durchgeführt. Die Unterscheidung der komplexen Bewegungen, die für die Stereotype Bewegungsstörung charakteristisch sind, von **einfachen Tics** ist relativ leicht. Die Differentialdiagnose zu den **komplexen motorischen Tics** ist jedoch weniger eindeutig. Im allgemeinen scheinen die stereotypen Bewegungen mehr getrieben und absichtlich zu sein, während Tics unwillkürlich vor sich gehen und unrhythmisch sind. Bei der **Trichotillomanie** ist das repetitive Verhalten definitionsgemäß auf Haareziehen beschränkt. Die selbstzugefügten Verletzungen bei der Stereotypen Bewegungsstörung sollten von der **Vorgetäuschten Störung mit Vorwiegend Körperlichen Zeichen und Symptomen** unterschieden werden, bei der durch die Selbstschädigung die Rolle des Kranken gespielt werden soll. **Selbstverstümmelung in Verbindung mit bestimmten Psychotischen und Persönlichkeitsstörungen** geschieht vorsätzlich, ist von komplexer Natur und tritt sporadisch auf. Sie hat für die betroffene Person im Kontext der zugrundeliegenden schweren psychischen Störung eine Bedeutung (z. B. als Ergebnis von wahnhaftem Denken). **Unwillkürliche Bewegungen in Verbindung mit neurologischen Krankheitsfaktoren** (wie z. B. der Huntington Krankheit) folgen in der Regel einem typischen Muster und die Zeichen und Symptome des neurologischen Krankheitsfaktors treten auf. **Entwicklungsbezogen angemessene selbststimulierende Verhaltensweisen bei kleinen Kindern** (z. B. Daumenlutschen, Wiegen, Kopfanschlagen) beschränken sich gewöhnlich von alleine. Sie haben selten Gewebeschäden zur Folge, die eine Behandlung benötigen. **Selbststimulierende Verhaltensweisen bei Personen mit sensorischen Defiziten** (z. B. Blindheit) führen gewöhnlich nicht zur Dysfunktion oder zur Selbstschädigung.

Diagnostische Kriterien für 307.3 (F98.4) Stereotype Bewegungsstörung

A. Repetitives, scheinbar getriebenes und nicht funktionales motorisches Verhalten (z. B. Hände schütteln oder winken, wiegende Körperbewegungen, Kopfanschlagen, Gegenstände in den Mund nehmen, sich selbst beißen, an der Haut oder an Körperöffnungen zupfen, sich selbst schlagen).

B. Das Verhalten behindert deutlich die normalen Aktivitäten oder führt zu selbstzugefügten körperlichen Verletzungen, die medizinische Behandlung benötigen (bzw. würden ohne Anwendung von Gegenmaßnahmen zu körperlichen Verletzungen führen).

C. Liegt eine Geistige Behinderung vor, ist das stereotype oder selbstschädigende Verhalten schwer genug, um einen Schwerpunkt der Behandlung zu bilden.

D. Das Verhalten kann nicht durch einen Zwang (wie bei einer Zwangsstörung), einen Tic (wie bei einer Ticstörung), eine Stereotypie, die Teil einer Tiefgreifenden Entwicklungsstörung ist, oder durch Haareausziehen (wie bei Trichotillomanie) besser erklärt werden.

E. Das Verhalten geht nicht auf die direkte körperliche Wirkung einer Substanz oder eines medizinischen Krankheitsfaktors zurück.

F. Das Verhalten dauert mindestens vier Wochen lang an.

Bestimme, ob:

Mit Selbstschädigendem Verhalten (F98.41): Wenn das Verhalten zu körperlichen Verletzungen führt, die spezifische Behandlung benötigen (bzw. ohne Anwendung von Gegenmaßnahmen zu körperlichen Verletzungen führen würde).

313.9 (F98.9) Nicht Näher Bezeichnete Störung im Kleinkindalter, in der Kindheit oder Adoleszenz

Diese Kategorie ist eine Restkategorie für Störungen mit Beginn im Kleinkindalter, in der Kindheit oder Adoleszenz, die nicht die Kriterien einer spezifischen Störung dieser Klassifikation erfüllen.

Delir, Demenz, Amnestische und Andere Kognitive Störungen

Dieses Kapitel beinhaltet Delir, Demenz, Amnestische Störungen und die Nicht Näher Bezeichnete Kognitive Störung. Das im Vordergrund stehende Störungsbild ist dabei eine klinisch bedeutsame Einbuße der kognitiven Funktionen oder des Gedächtnisses, die eine deutliche Veränderung gegenüber einem früheren Leistungsniveau darstellt. Bei jeder der in diesem Kapitel beschriebenen Störungen ist die Ursache entweder ein medizinischer Krankheitsfaktor (auch dann, wenn der medizinische Krankheitsfaktor nicht identifizierbar ist) oder eine Substanz (d. h. eine Droge, ein Medikament oder eine Exposition gegenüber einem Toxin) oder eine Kombination dieser Faktoren.

In DSM-III-R waren diese Störungen dem Kapitel „Organisch Bedingte Psychische Syndrome und Störungen" zugeordnet. Der Begriff *organisch bedingte psychische Störung* wird in DSM-IV nicht mehr verwendet, weil er fälschlicherweise impliziert, daß „nichtorganische" psychische Störungen keine biologische Grundlage haben. In DSM-IV werden Störungen, die zuvor „organisch bedingte psychische Störungen" hießen, aufgeteilt in drei Abschnitte:
1. Delir, Demenz, Amnestische und Andere Kognitive Störungen,
2. Psychische Störungen Aufgrund eines Medizinischen Krankheitsfaktors und
3. Störungen im Zusammenhang mit Psychotropen Substanzen.

Ein **Delir** ist gekennzeichnet durch eine sich über einen kurzen Zeitraum entwickelnde Bewußtseinsstörung und eine Veränderung kognitiver Funktionen. Die im Kapitel „Delir" enthaltenen Störungen sind nach ihrer zugrundeliegenden Ätiologie geordnet: Delir Aufgrund eines Medizinischen Krankheitsfaktors, Substanzinduziertes Delir (z. B. durch Drogen, Medikamente oder Exposition gegenüber einem Toxin), Delir Aufgrund Multipler Ätiologien oder Nicht Näher Bezeichnete Delir (bei unklarer Ätiologie).

Eine **Demenz** ist gekennzeichnet durch multiple kognitive Defizite, die eine Beeinträchtigung des Gedächtnisses einschließen. Auch die Demenzen sind nach ihrer zugrundeliegenden Ätiologie gegliedert: Demenz vom Alzheimer Typ, Vaskuläre Demenz, Demenz Aufgrund eines Medizinischen Krankheitsfaktors (z. B. HIV-Erkrankung, Schädel-Hirn-Trauma, Parkinsonsche Erkrankung, Huntingtonsche Erkrankung), Persistierende Substanzinduzierte Demenz (z. B. durch Drogen, Medikamente oder Exposition gegenüber einem Toxin), Demenz Aufgrund Multipler Ätiologien oder Nicht Näher Bezeichnete Demenz (bei unklarer Ätiologie).

Eine **amnestische Störung** ist gekennzeichnet durch eine Beeinträchtigung des Gedächtnisses, ohne daß andere bedeutsame kognitive Beeinträchtigungen vorliegen. Die Störungen im

---

Berater der deutschen Ausgabe:
Prof. Hans Lauter, München
PD Dr. Michael Zaudig, Windach

Übersetzer:
Dr. med. Charl Thora, Windach
Dipl.-Psych. Franziska Karlbauer, Windach
PD Dr. Michael Zaudig, Windach
Dr. Dipl.-Psych. Rolf-Dieter Trautmann-Sponsel, Windach
Dipl.-Psych. Sabine Gruschwitz, Windach

Abschnitt „Amnestische Störungen" sind ebenfalls nach der zugrundeliegenden Ätiologie geordnet: Amnestische Störung Aufgrund eines Medizinischen Krankheitsfaktors, Persistierende Substanzinduzierte Amnestische Störung oder Nicht Näher Bezeichnete Amnestische Störung.

Nicht Näher Bezeichnete Kognitive Störung steht für durch kognitive Dysfunktion gekennzeichnete Zustandsbilder, von denen angenommen wird, daß sie entweder auf einen medizinischen Krankheitsfaktor oder auf die Einnahme einer Substanz zurückgehen, und die nicht die Kriterien einer der in diesem Kapitel beschriebenen Störungen erfüllen.

In einer Einführung werden jeweils die allgemeinen Merkmale jeder Störungsgruppe besprochen, unabhängig von der Ätiologie. Anschließend folgen die Beschreibung und die Kriterien der einzelnen Störungen mit spezifischer Ursache.

Delir

Den Störungen im Kapitel „Delir" sind die Symptombilder einer Störung des Bewußtseins und der kognitiven Funktionen gemein, sie werden jedoch auf der Grundlage ihrer Ätiologie unterschieden: **Delir Aufgrund eines Medizinischen Krankheitsfaktors, Substanzinduziertes Delir** (einschließlich Medikamentennebenwirkungen) und **Delir Aufgrund Multipler Ätiologien.**

Zusätzlich wurde in das Kapitel das **Nicht Näher Bezeichnete Delir** aufgenommen für Symptombilder, bei denen der Untersucher die spezifische Ätiologie des Delirs nicht festlegen kann.

Diagnostische Merkmale

Das Hauptmerkmal eines Delirs ist eine Bewußtseinsstörung, die mit einer Veränderung der kognitiven Funktionen einhergeht, welche nicht besser durch eine bereits bestehende oder sich entwickelnde Demenz erklärt werden kann. Das Störungsbild entwickelt sich innerhalb eines kurzen Zeitraumes, gewöhnlich innerhalb weniger Stunden oder Tage, und fluktuiert meist im Tagesverlauf. Es gibt Hinweise aus Anamnese, körperlichem Untersuchungsbefund oder technischen Untersuchungen, daß das Delir die direkte Folge der körperlichen Wirkung eines medizinischen Krankheitsfaktors, einer Substanzintoxikation oder eines Substanzentzuges, der Einnahme eines Medikaments, der Exposition gegenüber einem Toxin oder einer Kombination dieser Faktoren ist.

Die Bewußtseinsstörung zeigt sich in einer verminderten Bewußtseinsklarheit gegenüber der Umgebung. Die Fähigkeit, die Aufmerksamkeit auf einzelne Reize zu richten, aufrechtzuerhalten und gezielt zu wechseln ist beeinträchtigt (**Kriterium A**). Die Aufmerksamkeit fluktuiert, so daß Fragen wiederholt werden müssen, oder die Aufmerksamkeit wird nicht auf neue Reize verlagert, sondern Antworten auf eine frühere Frage werden perseveriert. Der Betroffene ist durch unspezifische Reize leicht ablenkbar. Aufgrund der genannten Auffälligkeiten kann es schwierig oder unmöglich sein, eine Unterhaltung mit dem Betroffenen zu führen.

Begleitend besteht eine Veränderung der kognitiven Funktionen (die eine Beeinträchtigung des Gedächtnisses, Desorientiertheit oder sprachliche Auffälligkeiten einschließen kann) oder die Entwicklung einer Wahrnehmungsstörung (**Kriterium B**). Die Gedächtnisbeeinträchtigung äußert sich gewöhnlich am deutlichsten im Kurzzeitgedächtnis und kann dadurch geprüft werden, daß man die Person auffordert, sich mehrere unzusammenhängende Gegenstände oder einen kurzen Satz zu merken und sie diese nach einigen Minuten der Ablenkung wiederholen läßt. Desorientiertheit zeigt sich gewöhnlich in einer mangelnden Orientierung zur Zeit (z. B. mitten in der Nacht zu denken, es sei Vormittag) oder zum Ort (z. B. zu denken, man sei zu Hause anstatt in der Klinik). Bei einem leicht ausgeprägten Delir kann die zeitliche Desorientiertheit das als erstes auftretende Symptom sein. Desorientiertheit zur eigenen Person tritt seltener auf. Sprachliche Auffälligkeiten können in Form einer Dysnomie (beeinträchtigte Fähigkeit zur Objektbenennung) oder Dysgraphie vorliegen (beeinträchtigte Fähigkeit zu schreiben). In manchen Fällen ist die Sprache weitschweifig und inhaltsarm, in anderen dranghaft und zerfahren, wobei unvermutet von Thema zu Thema gesprungen wird. Aufgrund der Unaufmerksamkeit und Zerfahrenheit des Patienten kann es für den Untersucher schwierig sein, Veränderungen der kognitiven Funktionen zu erfassen. In diesem Fall ist es hilfreich, die Anamnese des Betroffenen sorgfältig durchzugehen und Informationen von Dritten einzuholen, vor allem von Familienmitgliedern.

Bei den Wahrnehmungsstörungen kann es sich um Fehlinterpretationen, Illusionen oder Halluzinationen handeln. Z. B. kann das Zuschlagen einer Tür als Pistolenschuß gedeutet werden (Fehlinterpretation); die Falten der Bettücher können als lebende Wesen erscheinen (Illusion); oder der Betroffene „sieht" eine Gruppe von Personen, die sich über sein Bett beugt, obwohl tatsächlich niemand da ist (Halluzination). Obwohl die sensorischen Fehlwahrnehmungen meist optisch sind, können sie auch in anderen Sinnesmodalitäten auftreten. Fehlwahrnehmungen erstrecken sich von einfach und einförmig bis zu hochkomplex. Die Person kann wahnhaft überzeugt vom Wirklichkeitsgehalt der Halluzinationen sein und eine emotionale und verhaltensmäßige Reaktion zeigen, die zu deren Inhalt paßt.

Das Störungsbild entwickelt sich in der Regel innerhalb kurzer Zeit und fluktuiert meist im Tagesverlauf (**Kriterium C**). Der Patient kann beispielsweise bei der morgendlichen Visite geordnet und kooperativ, nachts jedoch nicht davon abzubringen sein, die intravenösen Zugänge herauszuziehen und nach Hause zu den Eltern gehen zu wollen, die bereits seit Jahren tot sind.

Zugehörige Merkmale und Störungen

Ein Delir tritt oft gemeinsam mit einer Störung des Schlaf-Wach-Rhythmus auf. Dieses Störungsbild kann Tagesschläfrigkeit, nächtliche Agitiertheit oder Einschlafschwierigkeiten umfassen. In einigen Fällen kann es zu einer vollständigen Umkehr des Tag-Nacht-Rhythmus kommen. Häufig sind delirante Patienten psychomotorisch auffällig. Viele Patienten mit Delir sind ruhelos oder hyperaktiv. Erhöhte psychomotorische Aktivität zeigt sich beispielsweise in Nesteln oder Zupfen an der Bettwäsche, in dem Versuch, das Bett zu verlassen, obwohl dies gefährlich oder unpassend sein kann, sowie plötzlichen Bewegungen. Die psychomotorische Aktivität kann aber auch vermindert sein, wobei Trägheit und Lethargie einem Stupor ähneln können. Die psychomotorische Aktivität kann im Verlauf des Tages von einem Extrem zum anderen kippen. Eine Beeinträchtigung der Urteilsfähigkeit kann die geeignete ärztliche Behandlung erschweren.

Der Betroffene kann affektive Störungsbilder entwickeln, z. B. allgemeine Ängstlichkeit, Furcht, Depression, Reizbarkeit, Wut, Euphorie und Apathie. Ein rascher und unvermuteter Wechsel von einer Stimmung zur anderen kann auftreten, auch wenn manche Patienten mit einem Delir eine konstante emotionale Tönung aufweisen. Bedrohliche Halluzinationen oder vorübergehende Wahnvorstellungen werden oft von Angst begleitet. Ist die Angst stark ausgeprägt, kann der Betroffene die fälschlicherweise als bedrohlich wahrgenommenen Personen auch angreifen. Es kann zu Verletzungen kommen, wenn der Patient aus dem Bett fällt oder zu fliehen versucht, trotz eines intravenösen Zugangs, eines Beatmungstubus, eines Urinkatheters oder anderer medizinischer Geräte. Die emotionale Verwirrung kann auch deutlich werden durch Ausrufe, Schreien, Fluchen, Murmeln, Stöhnen und andere Laute. Diese Verhaltensweisen kommen besonders nachts und dann vor, wenn Stimulation und Hinweisreize aus der Umwelt fehlen.

Neben den Laborbefunden, die bezeichnend für die begleitenden oder ursächlichen körperlichen Erkrankungen sind, ist das EEG typischerweise abnorm und zeigt entweder eine generalisierte Verlangsamung oder beschleunigte Aktivität.

Besondere kulturelle, Alters- und Geschlechtsmerkmale

Der kulturelle Hintergrund und die Ausbildung sollten bei der Bewertung der geistigen Fähigkeiten einer Person in Betracht gezogen werden. Je nach Herkunft sind Personen möglicherweise nicht vertraut mit den Inhalten, die in Tests zum Allgemeinwissen (z. B. Namen früherer Präsidenten oder geographisches Wissen), zum Gedächtnis (z. B. Geburtsdatum in Kulturen, die nicht regelmäßig den Geburtstag feiern) und zur Orientierung (z. B. räumliche Anordnung und Standort können in einigen Kulturen andere Bedeutung haben) verwendet werden.

Kinder können für das Auftreten eines Delirs empfänglicher als Erwachsene sein, vor allem wenn es im Zusammenhang mit fieberhaften Erkrankungen und bestimmten Medikamenten (z. B. Anticholinergika) auftritt. Bei Kindern kann ein Delir als unkooperatives Verhalten fehlinterpretiert werden und es kann schwierig sein, die einzelnen kognitiven Funktionen separat zu überprüfen. Wenn Bezugspersonen das Kind nicht beruhigen können, sollte an ein Delir gedacht werden. Das Geschlechterverhältnis für ein Delir entspricht dem Verhältnis in der älteren Bevölkerung insgesamt (d. h. der Anteil an Frauen steigt mit zunehmendem Alter), in welcher ja das Risiko für die Entstehung eines Delirs am höchsten ist.

Prävalenz

Bei über 65jährigen Personen, die wegen eines medizinischen Krankheitsfaktors stationär behandelt werden, wird in 10 % der Fälle ein Delir bei der Aufnahme festgestellt. Weitere 10–15 % können während des Krankenhausaufenthaltes ein Delir entwickeln.

Verlauf

Die Symptome eines Delirs entwickeln sich gewöhnlich innerhalb weniger Stunden oder Tage. Sie können plötzlich beginnen (z. B. nach einer Kopfverletzung). Charakteristischerweise entwickeln sich jedoch einzelne Symptome innerhalb von drei Tagen zum Vollbild eines Delirs. Das Delir kann sich in wenigen Stunden zurückbilden oder die Symptome bestehen mehrere Wochen lang fort, vor allem bei Personen mit einer gleichzeitig bestehenden Demenz. Wenn die zugrundeliegende Ursache sofort behoben wird oder spontan endet, kommt es mit höherer Wahrscheinlichkeit zu einer vollständigen Rückbildung.

Differentialdiagnose

Die häufigste differentialdiagnostische Frage ist, ob bei der Person eine **Demenz** statt eines Delirs vorliegt, ob ein Delir alleine vorliegt oder ob ein Delir eine bereits bestehende Demenz überlagert. Eine Gedächtnisbeeinträchtigung ist sowohl beim Delir als auch bei der Demenz häufig. Leidet der Betroffene jedoch ausschließlich an einer Demenz, so ist er wach und weist nicht die Bewußtseinsstörungen auf, die für ein Delir charakteristisch sind. Wenn Symptome eines Delirs vorliegen, können Informationen von Familienmitgliedern, anderen Betreuern oder Vorbefunde die Entscheidung erleichtern, ob die Symptome einer Demenz bereits zuvor bestanden. Die Codierung eines Delirs, das eine der verschiedenen Demenzformen überlagert, wird unter der Überschrift „Codierungsregeln" bei den verschiedenen Unterformen des Delirs diskutiert.

Die zugrundeliegende Ätiologie bestimmt die spezifische Diagnose des Delirs (Text und Kriterien jeder Diagnose eines Delirs finden sich in einem späteren Abschnitt dieses Kapitels). Wenn das Delir eine Folge der direkten körperlichen Wirkung eines medizinischen Krankheitsfaktors ist, dann wird ein Delir Aufgrund eines Medizinischen Krankheitsfaktors diagnostiziert. Resultiert das Delir aus der direkten körperlichen Wirkung einer Droge, dann wird ein Intoxikationsdelir oder ein Entzugsdelir diagnostiziert, je nachdem, ob Intoxikation oder Entzug vorliegt. Wenn das Delir aus einer Medikamenteneinnahme oder der Exposition gegenüber einem Toxin resultiert, wird ein Substanzinduziertes Delir diagnostiziert. Ein Delir ist nicht selten durch einen medizinischen Krankheitsfaktor und gleichzeitig durch eine Substanz (einschließlich Medikamente) bedingt. Dies läßt sich z. B. bei einem älteren Menschen mit einem schweren medizinischen Krankheitsfaktor beobachten, der deshalb eine Reihe von Medikamenten erhält. Liegt mehr als eine Ätiologie vor (z. B. sowohl eine Substanz als auch ein medizinischer Krankheitsfaktor) wird ein **Delir Aufgrund Multipler Ätiologien** diagnostiziert. Wenn keine spezifische Ätiologie festgelegt werden kann (z. B. substanzinduziert oder aufgrund eines medizinischen Krankheitsfaktors), wird ein Nicht Näher Bezeichnetes Delir diagnostiziert.

Die Diagnose eines Intoxikationsdelirs oder Entzugsdelirs wird nur dann anstelle der Diagnosen **Intoxikation** oder **Entzug** gestellt, wenn die Symptome des Delirs weit über diejenigen hinausgehen, die gewöhnlich mit einem Intoxikations- oder einem Entzugssyndrom verbunden sind und schwer genug sind, um für sich allein genommen klinische Beachtung zu rechtfertigen. Auch bei Personen mit offensichtlichen Anzeichen einer Intoxikation oder eines Entzuges dürfen andere mögliche Ursachen des Delirs (d. h. ein **Delir Aufgrund eines Medizinischen Krankheitsfaktors**) nicht übersehen werden. Eine Kopfverletzung nach einem Sturz oder einer Rauferei während einer Intoxikation kann beispielsweise für das Delir verantwortlich sein.

Ein Delir, das charakterisiert ist durch lebhafte Halluzinationen, Wahnphänomene, sprachliche Auffälligkeiten und Agitiertheit, muß unterschieden werden von einer **Kurzen Psychotischen Störung, Schizophrenie, Schizophreniformen Störung** und von **anderen Psychotischen Störungen** sowie von einer **Affektiven Störung mit Psychotischen Merkmalen**. Psychotische Symptome während eines Delirs fluktuieren, treten fragmentiert und unsystematisch auf, stehen in Zusammenhang mit der verminderten Fähigkeit, die Aufmerksamkeit aufrechtzuerhalten und zielgerichtet zu wechseln und sind typischerweise mit EEG-Abnormalitäten verbunden. Eine Beeinträchtigung des Gedächtnisses und Desorientiertheit sind bei einem Delir häufig, im allgemeinen jedoch nicht bei den eben genannten anderen Störungen. Nicht zuletzt zeigt der Betroffene bei einem Delir Anzeichen für einen zugrundeliegenden medizinischen Krankheitsfaktor, Intoxikation, Entzug oder Medikamenteneinnahme.

Ein Delir muß von **Simulation** und von einer **Vorgetäuschten Störung** abgegrenzt werden. Diese Unterscheidung wird auf der Grundlage der oft untypischen Symptompräsentation bei Simulation und Vorgetäuschter Störung getroffen sowie aufgrund des Fehlens eines medizinischen Krankheitsfaktors oder einer Substanz, die in ätiologischem Zusammenhang mit der deutlich erkennbaren kognitiven Störung steht.

Ebenso können die Betroffenen nur einige und nicht alle Symptome eines Delirs zeigen. Nicht voll ausgeprägte Krankheitsbilder müssen sorgfältig untersucht werden, da sie die Vorboten eines voll ausgeprägten Delirs sein können oder auf einen bis dahin unerkannten zugrundeliegenden medizinischen Krankheitsfaktor hindeuten können. Krankheitsbilder dieser Art sollten als **Nicht Näher Bezeichnete Kognitive Störung** codiert werden.

293.0 (F05) Delir Aufgrund eines Medizinischen Krankheitsfaktors

Diagnostische und zugehörige Merkmale

Die Kriterienbeschreibung eines Delirs Aufgrund eines Medizinischen Krankheitsfaktors (**Kriterien A–C**) wird auf Seite 164–165 diskutiert. Für die Diagnose eines Delirs Aufgrund eines Medizinischen Krankheitsfaktors muß es zusätzliche Hinweise aus Anamnese, körperlicher Untersuchung oder Laborbefunden geben, daß die kognitive Störung die direkte körperliche Folge eines medizinischen Krankheitsfaktors ist (**Kriterium D**).

Grundlage einer entsprechenden Diagnose ist der Nachweis eines medizinischen Krankheitsfaktors sowie einer ursächlichen Beziehung zwischen dem medizinischen Krankheitsfaktor und dem Delir. Hierfür ist eine sorgfältige und umfassende Bewertung multipler Faktoren notwendig. Klare Regeln hierfür existieren nicht, folgende Überlegungen können jedoch hilfreich sein: Erstens ist die zeitliche Beziehung zwischen dem Beginn, der Verschlechterung oder Remission des medizinischen Krankheitsfaktors und dem Delir zu beachten. Hinweise aus der Literatur auf eine direkte Beziehung zwischen dem fraglichen medizinischen Krankheitsfaktor und der Entwicklung eines Delirs können bei der Beurteilung des Einzelfalls helfen. Zusätzlich muß der Untersucher beurteilen, ob das Störungsbild nicht durch ein Substanzinduziertes Delir oder eine primäre psychische Störung (z. B. eine Manische Episode) besser erklärt werden kann. Diese Entscheidung wird genauer im Abschnitt „Psychische Störungen Aufgrund eines Medizinischen Krankheitsfaktors" erklärt (siehe S. 209).

Ein Delir kann mit vielen verschiedenen medizinischen Krankheitsfaktoren verbunden sein, für die es jeweils typische körperliche Untersuchungen und Laborbefunde gibt. Bei systemischen Erkrankungen beispielsweise finden sich üblicherweise keine fokalen neurologischen Zeichen. Unterschiedliche Formen eines Tremors können vorliegen. Asterixis bzw. flapping Tremor, eine flatternde Bewegung der überstreckten Hände, wurde ursprünglich bei hepatischer Enzephalopathie beschrieben, findet sich aber auch bei anderen Ätiologien eines Delirs. Häufig treten Zeichen vegetativer Hyperaktivität auf (z. B. Tachykardie, Schwitzen, Gesichtsrötung, erweiterte Pupillen und erhöhter Blutdruck). Zusätzlich zu den Laborbefunden, die für die ursächlichen medizinischen Krankheitsfaktoren (oder Intoxikations- oder Entzugszustände) charakteristisch sind, ist auch das EEG meist abnorm und zeigt entweder eine generalisierte Verlangsamung oder schnelle Aktivität.

Codierungsregeln

Bei der Codierung eines Delirs Aufgrund eines Medizinischen Krankheitsfaktors sollte der Untersucher sowohl das Delir als auch den festgestellten medizinischen Krankheitsfaktor angeben, der auf Achse I als Ursache der Störung vermerkt wird (z. B. 293.0 (F05.0) Delir Aufgrund von Hypoglykämie). Die ICD-9-CM-Nummer, die für den medizinischen Krankheitsfaktor steht, sollte auch auf Achse III vermerkt werden (z. B. 251.2 Hypoglykämie). (Im Anhang G findet sich eine Auflistung ausgewählter ICD-9-CM-Diagnosenummern für medizinische Krankheitsfaktoren.) Bei bekannter Demenz vom Alzheimer Typ oder Vaskulärer Demenz in der Vorgeschichte sollte ein überlagerndes Delir codiert werden, indem der jeweilige Subtypus der Demenz codiert wird (z. B. 290.3 (F00.1, F05.1) Demenz vom Alzheimer Typ, Mit Spätem Beginn, Mit Delir). Bei allen anderen Demenzformen sollte sowohl eine Demenz als auch ein Delir auf Achse I codiert werden (z. B. 294.1 (F02.3) Demenz Aufgrund einer Parkinsonschen Erkrankung und 293.0 (F05.0) Delir Aufgrund einer Hepatischen Enzephalopathie). Wenn unklar ist, ob ein Delir oder eine Demenz für die kognitiven Defizite verantwortlich ist, kann es nützlich sein, vorläufig die Diagnose eines Delirs zu stellen und den Patienten sorgfältig weiter zu beobachten, in dem Bemühen, die Ursache der Erkrankung abzuklären.

Zugehörige medizinische Krankheitsfaktoren

Begleitende medizinische Krankheitsfaktoren, die ein Delir verursachen können, sind unter anderem systemische Infektionen, Stoffwechselerkrankungen (z. B. Hypoxie, Hyperkapnie, Hypoglykämie), Flüssigkeits- oder Elektrolytentgleisungen, Leber- oder Nierenerkrankungen, Thiaminmangel, postoperative Störungen, Hypertensive Enzephalopathie, postikterische Zustände und Folgen eines Schädel-Hirn-Traumas. Spezifische fokale Läsionen des rechten Parietallappens und der inferomedialen Oberfläche des Okzipitallappens können ebenso zu einem Delir führen.

Differentialdiagnose

Siehe die allgemeine Diskussion der Differentialdiagnose eines Delirs auf Seite 167.

Diagnostische Kriterien für 293.0 (F05) Delir Aufgrund von ...
[Benenne den Medizinischen Krankheitsfaktor]

A. Eine Bewußtseinsstörung (d. h. eine reduzierte Klarheit der Umgebungswahrnehmung) mit einer eingeschränkten Fähigkeit, die Aufmerksamkeit zu richten, aufrecht zu erhalten oder zu verlagern.

B. Eine Veränderung der kognitiven Funktionen (wie Gedächtnisstörung, Desorientiertheit, Sprachstörung) oder die Entwicklung einer Wahrnehmungsstörung, die nicht besser durch eine schon vorher bestehende, manifeste oder sich entwickelnde Demenz erklärt werden kann.

C. Das Störungsbild entwickelt sich innerhalb einer kurzen Zeitspanne (gewöhnlich innerhalb von Stunden oder Tagen) und fluktuiert üblicherweise im Tagesverlauf.

D. Es gibt Hinweise aus der Anamnese, der körperlichen Untersuchung oder den Laborbefunden, daß das Störungsbild durch die direkten körperlichen Folgeerscheinungen eines medizinischen Krankheitsfaktors verursacht ist.

Codierhinweis: Wenn ein Delir eine bereits bestehende Demenz vom Alzheimer Typ oder eine Vaskuläre Demenz überlagert, bezeichne das Delir durch den entsprechenden Subtypus der Demenz, z. B. 290.3 (F00.1, F05.1) Demenz vom Alzheimer Typ, Mit Spätem Beginn, Mit Delir.

Codierhinweis: Vermerke die Bezeichnung des medizinischen Krankheitsfaktors auf Achse I, z. B. 293.0 (F05.0) Delir Aufgrund einer Hepatischen Enzephalopathie, und codiere den medizinischen Krankheitsfaktor auch auf Achse III (siehe die Codierungsnummern im Anhang G).

Substanzinduziertes Delir

Diagnostische und zugehörige Merkmale

Die Beschreibungsmerkmale des Substanzinduzierten Delirs (**Kriterium A–C**) werden auf den Seiten 164–165 diskutiert. Um ein Substanzinduziertes Delir zu diagnostizieren, sind zusätzlich erforderlich: Hinweise aus Anamnese, körperlicher Untersuchung und Laborbefunden auf eine Substanzintoxikation oder einen Substanzentzug, Medikamentennebenwirkungen, oder eine Exposition gegenüber einem Toxin, die als ursächlich für das Delir eingeschätzt werden (**Kriterium D**). Ein Delir, das während einer Substanzintoxikation auftritt, wird als Substanzintoxikationsdelir diagnostiziert, ein Delir, das während eines Substanzentzuges auftritt, wird als Substanzentzugsdelir diagnostiziert, und ein Delir, das mit einer Medikamentennebenwirkung oder Exposition gegenüber einem Toxin in Verbindung steht, wird als Substanzinduziertes Delir diagnostiziert (siehe die Kriterienliste für das Substanzintoxikationsdelir auf Seite 172).

Ein Delir, das während einer Substanzintoxikation auftritt, kann innerhalb von Minuten bis Stunden nach der Einnahme relativ hoher Dosierungen bestimmter Drogen wie Cannabis, Kokain und Halluzinogenen entstehen. Bei anderen Drogen wie Alkohol, Barbituraten, Meperidin tritt das Delir manchmal nur auf, wenn die Intoxikation für einige Tage andauert. Normalerweise bildet sich ein Delir innerhalb einiger Stunden bis Tage nach der Beendigung der Intoxikation zurück (obwohl es nach einer Intoxikation mit Phencyclidin länger bestehen kann).

Ein Delir, das mit einem Substanzentzug einhergeht, entwickelt sich, wenn die Konzentrationen einer Substanz in Körpergewebe und -flüssigkeit nach Reduktion oder Beendigung eines anhaltenden, üblicherweise hochdosierten Substanzgebrauchs absinken. Die Dauer des Delirs variiert üblicherweise in Abhängigkeit von der Halbwertzeit der Substanz: Länger wirkende Substanzen gehen üblicherweise mit einem längeranhaltenden Entzug einher. Entzugsdelire können nur wenige Stunden dauern oder bis zu 2–4 Wochen anhalten.

Die Diagnose soll nur dann anstelle der Diagnose Substanzintoxikation oder Substanzentzug verwendet werden, wenn die kognitiven Symptome über die üblicherweise mit einem Intoxikations- oder Entzugssyndrom verbundenen hinausgehen und schwer genug sind, um für sich allein genommen klinische Beachtung zu rechtfertigen. Für eine detailliertere Beschreibung der Störungen im Zusammenhang mit Psychotropen Substanzen siehe Seite 221.

Codierungsregeln

Die Diagnose Substanzinduziertes Delir beginnt mit dem Namen der spezifischen Substanz (eher als dem der Stoffklasse), die als Ursache des Delirs eingeschätzt wird (z. B.: eher „Diazepam" als „Sedativum, Hypnotikum oder Anxiolytikum"). Die Diagnosennummer kann der Liste der Substanzklassen entnommen werden, die in den Kriterienlisten enthalten ist. Für Substanzen, die nicht in eine der Klassen passen (z. B. Digitalis) sollte die Codierung „Andere Substanzen" benutzt werden. Zusätzlich kann für Medikamente, die in therapeutischen Dosen verordnet wurden, das spezifische Medikament mit dem zugehörigen E-Code (Siehe Anhang G) gekennzeichnet werden. Bei Substanzen, die Intoxikation oder Entzug verursachen, folgt auf den Substanznamen der Kontext, in dem sich die Symptome entwickelt haben (z. B. 292.81 (F15.03) Dextroamphetamin-Intoxikationsdelir; 291.0 (F10.4) Alkoholentzugsdelir). Bei Medikamentennebenwirkungen und toxischer Einwirkung wird die Bezeichnung „-induziert" benutzt (z. B. 292.81 (F19.03) Digitalisinduziertes Delir). Wenn angenommen wird, daß mehr als eine Substanz bei der Entstehung des Delirs eine wichtige Rolle spielen, sollte jede Substanz einzeln aufgelistet werden. Wird eine Substanz als ätiologischer Faktor beurteilt, aber die Substanz oder Substanzklasse ist unbekannt, lautet die Diagnose 292.81 (F19.03) Durch eine Unbekannte Substanz Induziertes Delir.

Spezifische Substanzen

Ein **Substanzintoxikationsdelir** kann bei folgenden Substanzklassen auftreten: Alkohol, Amphetamin und verwandte Substanzen, Cannabis, Kokain, Halluzinogene, Inhalantien, Opiate, Phencyclidin und verwandte Substanzen, Sedativa, Hypnotika, Anxiolytika und andere oder unbekannte Substanzen. Ein **Substanzentzugsdelir** kann bei folgenden Substanzklassen auftreten: Alkohol (oft „Delirium tremens" genannt), Sedativa, Hypnotika, Anxiolytika und andere oder unbekannte Substanzen.

Medikamente, von denen bekannt ist, daß sie ein Delir verursachen können, sind unter anderem Anästhetika, Analgetika, Antiasthmatika, Antikonvulsiva, Antihistaminika, Antihypertonika und Koronardilatantien, Antimikrobakterielle Medikamente, Anti-Parkinsonmedikamente, Kortikosteroide, gastrointestinale Medikamente, Muskelrelaxantien und psychotrope Substanzen mit anticholinergen Nebenwirkungen. Toxine, die Delir verursachen, sind unter anderem Anticholinesterase, Insektizide (organische Phosphatverbindungen), Kohlenmonoxid, Kohlendioxid und flüchtige Substanzen wie in Benzin oder Farben.

Differentialdiagnose

Siehe die allgemeine Diskussion der Differentialdiagnose des Delirs auf Seite 167 und Seite 237 für eine Erläuterung der Differentialdiagnose von Substanzintoxikation und -Entzug.

Diagnostische Kriterien für Substanzintoxikationsdelir

A. Eine Bewußtseinsstörung (d. h. eine reduzierte Klarheit der Umgebungswahrnehmung) mit einer eingeschränkten Fähigkeit, die Aufmerksamkeit zu richten, aufrecht zu erhalten oder zu verlagern.

B. Eine Veränderung der kognitiven Funktionen (wie Gedächtnisstörung, Desorientiertheit, Sprachstörung) oder die Entwicklung einer Wahrnehmungsstörung, die nicht durch eine schon vorher bestehende, manifeste oder sich entwickelnde Demenz besser erklärt werden kann.

C. Das Störungsbild entwickelt sich innerhalb einer kurzen Zeitspanne (gewöhnlich innerhalb von Stunden oder Tagen) und fluktuiert üblicherweise im Tagesverlauf.

D. Es gibt Hinweise aus Anamnese, körperlichem Befund oder Laborbefunden, für entweder (1) oder (2):
(1) Die Symptome in Kriterium A und B entwickeln sich während einer Intoxikation
(2) der Gebrauch eines Medikaments steht in einem ätiologischen Zusammenhang zu dem Störungsbild*.

Beachte: Diese Diagnose sollte nur dann anstelle der Diagnose Substanzintoxikation gestellt werden, wenn die kognitiven Symptome über die Erscheinungen hinausgehen, die normalerweise mit dem Intoxikationssyndrom verbunden sind und schwer genug sind, um für sich allein genommen klinische Beachtung zu rechtfertigen.

***Beachte:** Wenn ein Zusammenhang mit der Einnahme eines Medikaments besteht, sollte die Diagnose als Substanzinduziertes Delir kodiert werden. Die E-Codierungen der spezifischen Medikamente sind dem Anhang G zu entnehmen.

Codiere: [Spezifische Substanz]-Intoxikationsdelir:
(291.0 (F10.03) Alkohol; 292.81 (F15.03) Amphetamin [oder Amphetaminähnliche Substanz]; 292.81 (F12.03) Cannabis; 292.81 (F14.03) Kokain; 292.81 (F16.03) Halluzinogen; 292.81 (F18.03) Inhalans; 292.81 (F11.03) Opiat; 292.81 (F19.03) Phencyclidin [oder Phencyclidinähnliche Substanz]; 292.81 (F13.03) Sedativum, Hypnotikum oder Anxiolytikum; 292.81 (F19.03) Andere [oder Unbekannte] Substanz [z. B.: Cimetidin, Digitalis, Benztropin]).

Diagnostische Kriterien für Substanzentzugsdelir
A. Eine Bewußtseinsstörung (d.h. eine reduzierte Klarheit der Umgebungswahrnehmung) mit einer eingeschränkten Fähigkeit, die Aufmerksamkeit zu richten, aufrecht zu erhalten oder zu verlagern. B. Eine Veränderung der kognitiven Funktionen (wie Gedächtnisstörung, Desorientiertheit, Sprachstörung) oder die Entwicklung einer Wahrnehmungsstörung, die nicht durch eine schon vorher bestehende, manifeste oder sich entwickelnde Demenz besser erklärt werden kann. C. Das Störungsbild entwickelt sich innerhalb einer kurzen Zeitspanne (gewöhnlich innerhalb von Stunden oder Tagen) und fluktuiert üblicherweise im Laufe des Tages. D. Es gibt Hinweise aus Anamnese, körperlichem Befund oder Laborbefunden, daß sich die in Kriterium A und B beschriebenen Symptome während oder kurz nach einem Entzugssyndrom entwickelt haben. **Beachte:** Diese Diagnose sollte nur dann anstelle der Diagnose eines Substanzentzuges gestellt werden, wenn die kognitiven Symptome über die Erscheinungen hinausgehen, die gewöhnlich mit einem Intoxikationssyndrom verbunden sind und wenn die Symptome schwer genug sind, um für sich allein genommen klinische Beachtung zu rechtfertigen. *Codiere* [Spezifische Substanz]-Entzugsdelir: (291.0 (F10.4) Alkohol; 292.81 (F13.4) Sedativum, Hypnotikum oder Anxiolytikum; 292.81 (F19.04) Andere [oder Unbekannte] Substanz).

Delir Aufgrund Multipler Ätiologien

Die Kategorie Delir Aufgrund Multipler Ätiologien wurde eingefügt, um die Untersucher auf die häufig vorkommende Situation aufmerksam zu machen, daß ein Delir mehr als nur eine ätiologische Ursache hat. Es kann sein, daß mehr als nur ein medizinischen Krankheitsfaktor in ätiologischem Zusammenhang mit dem Delir steht (z. B. Delir Aufgrund einer Hepatischen Enzephalopathie, Delir Aufgrund eines Schädel-Hirn-Traumas), oder das Delir geht zurück auf die kombinierten Wirkungen eines medizinischen Krankheitsfaktors (z. B. virale Enzephalitis) und einer Substanzeinnahme (z. B. Alkoholentzug).

Codierungsregeln

Das Delir Aufgrund Multipler Ätiologien hat keine eigene Codierungsnummer und sollte nicht als Diagnose codiert werden. Um beispielsweise ein Delir, das sowohl durch eine hepatische Enzephalopathie als auch durch Alkoholentzug bedingt ist zu codieren, würde ein Untersucher auf Achse I 293.0 (F05.0) Delir Aufgrund einer Hepatischen Enzephalopathie sowie 291.0 (F10.4) Alkoholentzugsdelir notieren und auf Achse III 572.2 hepatische Enzephalopathie.

Diagnostische Kriterien für Delir Aufgrund Multipler Ätiologien
A. Eine Bewußtseinsstörung (d. h. eine reduzierte Klarheit der Umgebungswahrnehmung) mit einer eingeschränkten Fähigkeit die Aufmerksamkeit zu richten, aufrecht zu erhalten oder zu verlagern.
B. Eine Veränderung der kognitiven Funktionen (wie Gedächtnisstörung, Desorientiertheit, Sprachstörung) oder die Entwicklung einer Wahrnehmungsstörung, die nicht durch eine schon vorher bestehende, manifeste oder sich entwickelnde Demenz besser erklärt werden kann.
C. Das Störungsbild entwickelt sich innerhalb einer kurzen Zeitspanne (gewöhnlich innerhalb von Stunden oder Tagen) und fluktuiert üblicherweise im Laufe des Tages.
D. Es gibt Hinweise aus Anamnese, körperlichem Befund oder Laborbefunden, daß sich die in Kriterium A und B beschriebenen Symptome während oder kurz nach einem Entzugssyndrom entwickelt haben.
Codierhinweis: Verwende die verschiedenen Codierungsnummern, um die spezifischen Delire und die spezifischen Ätiologien anzugeben, z. B.: 293.0 (F05.0) Delir Aufgrund einer Viralen Enzephalitis; 291.0 (F10.4) Alkoholentzugsdelir.

780.09 (F05.9) Nicht Näher Bezeichnetes Delir

Diese Kategorie sollte für die Diagnose eines Delirs verwendet werden, das nicht die Kriterien für eine der in diesem Kapitel beschriebenen spezifischen Formen des Delirs erfüllt. Beispiele sind:
1. Das klinische Erscheinungsbild eines Delirs, von dem angenommen wird, daß es auf einen medizinischen Krankheitsfaktor oder eine Substanzeinnahme zurückgeht, ohne daß genügend Hinweise für eine spezifische Ätiologie vorliegen.
2. Delir, das nicht auf in diesem Kapitel genannte Ursachen zurückgeht (z. B. Sensorische Deprivation).

Demenz

Die Störungen im Kapitel „Demenz" sind durch die Entwicklung multipler kognitiver Beeinträchtigungen charakterisiert (inklusive einer Gedächtnisstörung), die auf die direkte körperliche Wirkung eines medizinischen Krankheitsfaktors, die anhaltenden Wirkungen einer Substanz oder auf multiple Ätiologien (z. B. die kombinierten Effekte einer cerebrovaskulären Erkrankung und einer Alzheimerschen Erkrankung) zurückgehen. Die Störungen in diesem Kapitel weisen alle ein gemeinsames Symptombild auf, werden jedoch ätiologisch unterschieden. Die diagnostischen Merkmale, die im nächsten Abschnitt aufgeführt werden, gehören zu den folgenden Demenzen: **Demenz vom Alzheimer Typ, Vaskuläre Demenz, Demenz Aufgrund einer HIV-Erkrankung, Demenz Aufgrund eines Schädel-Hirn-Traumas, Demenz Aufgrund einer Parkinsonschen Erkrankung, Demenz Aufgrund einer Huntingtonschen Erkrankung, Demenz Aufgrund einer Pickschen Erkrankung, Demenz Aufgrund einer Creutzfeldt-Jakobschen Erkrankung, Demenz Aufgrund eines Anderen Medizinischen**

Krankheitsfaktors, Persistierende Substanzinduzierte Demenz und Demenz Aufgrund Multipler Ätiologien. Zusätzlich wurde die **Nicht Näher Bezeichnete Demenz** in diesen Abschnitt für solche Symptombilder aufgenommen, bei denen der Untersucher die spezifische Ätiologie für die unterschiedlichen kognitiven Defizite nicht festlegen kann.

Diagnostische Merkmale

Das Hauptmerkmal einer Demenz ist die Entwicklung multipler kognitiver Defizite, wobei eine Gedächtnisstörung und mindestens eine der folgenden kognitiven Einbußen vorhanden sein müssen: Aphasie, Apraxie, Agnosie oder eine Beeinträchtigung der Exekutivfunktionen. Die kognitiven Defizite müssen schwer genug sein, um eine Beeinträchtigung des beruflichen oder sozialen Leistungsniveaus zu verursachen und müssen eine Verschlechterung gegenüber einem vormals höheren Leistungsniveau darstellen. Die Diagnose einer Demenz sollte nicht gestellt werden, wenn die kognitiven Defizite ausschließlich im Verlauf eines Delirs auftreten. Dennoch können sowohl Demenz als auch Delir gemeinsam diagnostiziert werden, wenn die Demenz in Zeiten vorhanden ist, in denen kein Delir besteht. Die Demenz kann in einem ätiologischen Zusammenhang mit einem medizinischen Krankheitsfaktor, der anhaltenden Wirkung einer Substanzeinnahme (einschließlich Exposition gegenüber einem Toxin) oder einer Kombination dieser Faktoren stehen.

Gedächtnisstörungen sind erforderlich, um die Diagnose einer Demenz zu stellen und sind ein wichtiges Frühsymptom (**Kriterium A1**). Personen mit einer Demenz sind in ihrer Fähigkeit, Neues zu lernen, zunehmend beeinträchtigt oder sie vergessen bereits Gelerntes. Die meisten Demenzkranken leiden an beiden Formen der Gedächtnisstörung. Im Anfangsstadium der Erkrankung ist jedoch das Vergessen bereits erlernten Materials manchmal nur schwer nachzuweisen. Sie verlieren Wertsachen wie Brieftaschen und Schlüssel, vergessen auf dem Herd kochende Speisen und verlaufen sich in unbekannten Gegenden. In fortgeschrittenen Stadien der Demenz ist die Gedächtnisstörung so schwer, daß die Personen ihren Beruf, Schulausbildung, Geburtstag, Familienmitglieder und manchmal sogar den eigenen Namen vergessen.

Eine formelle Gedächtnisprüfung wird durchgeführt, indem man die Person bittet, Informationen zu lernen, zu speichern, abzurufen und wiederzuerkennen. Die Fähigkeit, neue Informationen zu lernen, kann geprüft werden, indem man die Person bittet, eine Wortliste zu lernen. Die Personen werden gebeten, die Worte zu wiederholen (Lernphase), nach einigen Minuten die Information wiederzugeben (Speicher- und Abrufphase) und die Worte aus einer größeren Liste herauszufinden (Wiedererkennensphase). Personen, denen das Erlernen neuer Informationen Schwierigkeiten bereitet, profitieren auch nicht von Hinweisreizen oder Vorgaben (Multiple-Choice-Fragen), da sie das Material zu Anfang nicht gelernt haben. Im Gegensatz hierzu ziehen Personen mit vorherrschenden Abrufdefiziten durchaus Nutzen aus Hinweisreizen oder Vorgaben, da bei ihnen der Zugang zu Erinnerungsinhalten gestört ist. Das Langzeitgedächtnis wird mit Fragen nach persönlichen Daten oder vergangenen Ereignissen überprüft, an denen persönliches Interesse bestand (z. B. aus Politik, Sport, Unterhaltung). Es ist auch hilfreich, (aufgrund eigener und fremder Informationen) die Auswirkungen der Gedächtnisstörung auf die individuelle Leistungsfähigkeit zu beurteilen (z. B. die Fähigkeit zu arbeiten, einzukaufen, zu kochen, Rechnungen zu bezahlen, nach Hause zurückzukehren, ohne sich dabei zu verirren).

Einbußen in der Sprachfunktion (Aphasie) können sich in der Schwierigkeit zeigen, Personen und Objekte zu benennen (**Kriterium A2a**). Die Sprache bei Aphasie kann vage und leer sein, mit langen, umschreibenden Phrasen und häufigem Gebrauch von unbestimmten Begriffen wie „Dings" und „das da". Das Verstehen von gesprochener und geschriebener Sprache und das Wiederholen von Sprache kann ebenfalls beeinträchtigt sein. In fortgeschrittenen Stadien der Demenz können die Personen stumm werden oder sie zeigen ein beeinträchtigtes Sprachmuster mit Echolalie (d. h. nachsprechen, was gehört wurde) oder Palilalie (d. h. Klänge oder Wörter ständig zu wiederholen). Die Sprachfunktion wird überprüft mit der Bitte an die Person, Dinge im Raum (z. B. Krawatte, Kleid, Schreibtisch, Lampe) oder Körperteile (z. B. Nase, Kinn, Schulter) zu benennen, Aufforderungen zu befolgen („Zeigen Sie auf die Türe und dann auf den Tisch") oder Sätze nachzusprechen („keine Wenns, Unds und Abers").

Personen mit einer Demenz können eine Apraxie aufweisen (d. h. die Fähigkeit zur Ausführung motorischer Aktivitäten ist beeinträchtigt, obwohl die Motorik, Sensorik und das Aufgabenverständnis unbeeinträchtigt sind) (**Kriterium A2b**). Sie sind in ihrer Fähigkeit beeinträchtigt, den Gebrauch von Objekten nachzuahmen (z. B. Haarekämmen) oder bekannte Bewegungen auszuführen (z. B. Winken beim Abschied). Eine Apraxie kann zu Beeinträchtigungen beim Kochen, Anziehen und Zeichnen führen. Eine Störung motorischer Fertigkeiten läßt sich testen, indem man die Person bittet, einzelne Bewegungen auszuführen (z. B. zeigen, wie man sich die Zähne putzt, sich überschneidende Fünfecke abzeichnen, Klötze zusammensetzen oder Streichhölzer zu bestimmten Figuren legen).

Ebenso können Personen mit Demenz eine Agnosie entwickeln (z. B. Fehler beim Wiedererkennen oder Identifizieren von Objekten, trotz intakter sensorischer Funktionen) (**Kriterium A2c**). Eine Person kann beispielsweise bei normaler Sehschärfe die Fähigkeit zum Erkennen von Gegenständen verlieren, z. B. Stuhl oder Bleistift. Im Endstadium sind sie möglicherweise nicht mehr in der Lage, Familienmitglieder oder sogar ihr eigenes Spiegelbild zu erkennen. In ähnlicher Weise können sie unfähig sein, Gegenstände, die ihnen in die Hand gelegt werden, nur durch Berührung zu erkennen, obwohl die Empfindung taktiler Reize ungestört ist (z. B. Münze oder Schlüssel).

Beeinträchtigungen der Exekutivfunktionen sind ein häufiges Symptom einer Demenz (**Kriterium A2d**) und können vor allem in Beziehung zu Störungen des Frontallappens oder assoziierter subkortikaler Verbindungen stehen. Die Exekutivfunktionen beinhalten die Fähigkeit zu abstraktem Denken und zur Planung, Initiierung, Fortführung, Kontrolle und Unterbrechung komplexer Verhaltensweisen. Eine Beeinträchtigung des abstrakten Denkens zeigt sich z. B. darin, daß der Betroffene Schwierigkeiten hat, mit neuartigen Aufgaben fertig zu werden und daß er Situationen vermeidet, die eine Verarbeitung neuer und komplexer Information erfordern. Die Abstraktionsfähigkeit kann getestet werden, indem die Person Ähnlichkeiten oder Unterschiede zwischen Wörtern suchen muß. Eine Dysfunktion der Exekutive zeigt sich auch in der verminderten Fähigkeit, den geistigen Bezugspunkt zu wechseln, neue verbale oder nonverbale Informationen zu generieren und Bewegungen in einer festgesetzten Reihenfolge auszuführen. Man kann die Exekutivfunktionen prüfen, indem man die Person auffordert, bis 10 zu zählen, das Alphabet aufzusagen, eine Substraktionsaufgabe durchzuführen (z. B. „serial seven"), in einer Minute so viele Tiere wie möglich zu nennen oder eine durchgehende Linie aus den sich abwechselnden Buchstaben m und n zu zeichnen. Sinnvoll ist es auch, über die Person selbst oder Dritte Informationen über die Auswirkungen der Beeinträchtigungen der Exekutivfunktionen auf das Alltagsleben zu erheben (z. B. bei der Arbeit, der Planung von Aktivitäten oder in finanziellen Angelegenheiten).

Sowohl die Inhalte aus Kriterium A1 (Gedächtnisbeeinträchtigung) als auch aus Kriterium A2 (Aphasie, Apraxie, Agnosie oder Störungen der Exekutivfunktionen) müssen schwer genug sein, um Beeinträchtigungen der sozialen oder beruflichen Leistungsfähigkeit zu verursachen (z. B. zur Schule gehen, arbeiten, einkaufen, sich ankleiden, baden, Umgang mit Geld und andere Alltagsaktivitäten) und müssen eine Verschlechterung gegenüber einem früheren Leistungsniveau darstellen (**Kriterium B**). Art und Schwere der Beeinträchtigungen variieren und sind oft von der speziellen sozialen Umgebung der Personen abhängig. So behindert ein vergleichbares Ausmaß kognitiver Beeinträchtigung die Ausübung einer komplexen beruflichen Tätigkeit, nicht aber einer weniger anspruchsvollen Arbeit. Die hierzu veröffentlichten standardisierten Beurteilungsskalen zur Erfassung der Selbstversorgung (z. B. Körperpflege), der intellektuellen Leistungsfähigkeit und der Fähigkeit zum Gebrauch von technischen Hilfsmitteln oder Geräten (z. B. Telefon oder Waschmaschine) können zur Erfassung des Schweregrades der Beeinträchtigung eingesetzt werden.

Eine Demenz wird nicht diagnostiziert, wenn diese Symptome ausschließlich im Verlauf eines Delirs auftreten. Wenn jedoch ein Delir eine bereits bestehende Demenz überlagert, werden beide Diagnosen gegeben.

Zugehörige Merkmale und Störungen

Zugehörige Beschreibungsmerkmale und psychische Störungen. Personen mit Demenz können räumlich desorientiert sein und Schwierigkeiten bei räumlichen Aufgaben haben. Visuell-räumliche Funktionen kann man durch die Aufforderung an den Patienten erfassen, Figuren nachzuzeichnen, z. B. einen Kreis, sich überschneidende Fünfecke oder einen Würfel. Ebenfalls häufig bei Demenz ist eine Beeinträchtigung des Urteilsvermögens und der Einsichtsfähigkeit. Der Gedächtnisverlust oder andere kognitive Defizite werden von den Betroffenen nicht oder nur eingeschränkt wahrgenommen. Manchmal schätzen sie ihre Fähigkeiten unrealistisch ein und schmieden Pläne, die angesichts ihrer Defizite und ihrer Prognose nicht adäquat sind (z. B. wird der Einstieg in ein neues Geschäft angestrebt). Sie können die mit Handlungen wie z. B. dem Autofahren verbundenen Risiken unterschätzen. Gelegentlich können sie gewalttätig werden und andere verletzen. Im frühen Stadium, wenn der Betroffene Handlungspläne noch eher ausführen kann, kann es zu suizidalen Handlungen kommen. Eine Demenz wird manchmal von einer motorischen Gangstörung begleitet, was zu Stürzen führen kann. Manche Personen mit einer Demenz zeigen enthemmtes Verhalten, d. h. sie erzählen unpassende Witze, vernachlässigen die Körperpflege, begegnen Fremden übermäßig vertraulich oder mißachten Konventionen im sozialen Umgang. Bei einer mit subkortikaler Erkrankung einhergehenden Demenz wie der Parkinsonschen Erkrankung, der Huntingtonschen Erkrankung und einigen Fällen einer vaskulären Demenz kann die Sprache des Patienten verwaschen sein. Die multiplen kognitiven Beeinträchtigungen einer Demenzerkrankung sind oft verbunden mit Angst, Affektiven Störungen und gestörtem Schlaf. Oft treten Wahnvorstellungen auf, vor allem Verfolgungswahn (z. B. daß verlegte Gegenstände gestohlen wurden). Halluzinationen können in allen Sinnesmodalitäten vorkommen, am häufigsten sind jedoch optische Halluzinationen. Oft überlagert ein Delir die Demenz, da die zugrundeliegende cerebrale Erkrankung die Empfänglichkeit für das Auftreten von Verwirrtheitszuständen durch Medikamente oder gleichzeitig bestehende medizinische Krankheitsfaktoren erhöhen kann. Demenzkranke können besonders empfindlich auf körperliche Belastungsfaktoren (z. B. eine Krankheit, ein kleinerer chirurgischer Eingriff) oder auf psychosoziale Belastungsfaktoren reagieren (z. B. Verlegung ins Krankenhaus, Verwitwung), was die intellektuellen Defizite und andere damit verbundene Probleme verstärken kann.

Zugehörige Laborbefunde. Eine Diskussion der für die einzelnen Demenzarten spezifischen Laborbefunde findet sich im weiteren Text bei der Beschreibung der einzelnen Demenzunterformen. Bei allen Demenzen finden sich Auffälligkeiten in Kognition und Gedächtnis, die durch eine Prüfung des kognitiven Status und neuropsychologische Tests nachweisbar sind. Strukturelle bildgebende Verfahren können bei der Differentialdiagnose einer Demenz hilfreich sein. Computertomographie (CT) oder Kernspintomographie können eine cerebrale Atrophie sichtbar machen, ebenso fokale Hirnverletzungen (kortikale Schlaganfälle, Tumore, subdurale Hämatome), einen Hydrocephalus oder periventrikuläre ischämische Hirnverletzungen. Funktionelle bildgebende Verfahren wie Positronenemissionstomographie (PET) oder Single-Photon-Emissionscomputertomographie (SPECT) gehören nicht zur Routine der Demenzdiagnostik, können aber differentialdiagnostisch sinnvolle Information liefern, wenn CT und Kernspintomographie keine Hinweise auf strukturelle Veränderungen erbracht haben (z. B. parietale Veränderungen bei einer Alzheimerschen Erkrankung oder frontale Veränderungen bei einer Degeneration des Frontallappens).

Zugehörige körperliche Untersuchungsbefunde und medizinische Krankheitsfaktoren. Bei einer Demenz sind die entsprechenden Ergebnisse der körperlichen Untersuchung von der Art, der Lokation und dem Verlaufsstadium der zugrundeliegenden Erkrankung abhängig. Die häufigste Ursache einer Demenz ist eine Alzheimersche Erkrankung, am zweithäufigsten sind vaskuläre Erkrankungen und danach multiple Ätiologien. Andere Ursachen einer Demenz sind Picksche Erkrankung, Normaldruckhydrocephalus, Parkinsonsche Erkrankung, Huntingtonsche Erkrankung, Schädel-Hirn-Trauma, Hirntumore, Sauerstoffmangel, infektiöse Erkrankungen (z. B. das Human Immunodeficiency Virus, HIV; Lues), Prionenerkrankungen (z. B. Creutzfeldt-Jakobsche Erkrankung), endokrine Störungen (z. B. Hypothyreose, Hypercalcämie, Hypoglykämie), Vitaminmangelerkrankungen (z. B. Mangel an Thiamin, Niacin, Vitamin B12), Krankheiten des Immunsystems (z. B. Polymyalgia rheumatica, systemischer Lupus erythematodes), Lebererkrankungen, Stoffwechselerkrankungen (z. B. Kufs-Hallervorden Krankheit, Adrenoleukodystrophie, metachromatische Leukodystrophie und andere Speicherkrankheiten in Kindheit und Erwachsenenalter) sowie andere neurologische Erkrankungen (z. B. Multiple Sklerose).

Besondere kulturelle und Altersmerkmale

Der kulturelle Hintergrund und die Ausbildung sollten bei der Bewertung der geistigen Fähigkeiten einer Person in Betracht gezogen werden. Je nach Herkunft sind Personen mit den in Tests verwendeten Informationen möglicherweise nicht vertraut, so bei Tests zur Erfassung des Allgemeinwissens (z. B. die Namen früherer Bundeskanzler oder geographisches Wissen), des Gedächtnisses (z. B. das Geburtsdatum in Kulturen, die nicht regelmäßig den Geburtstag feiern) und der Orientierung (für Ort und Lage können z. B. in anderen Kulturen andere Begriffe verwendet werden). Die Prävalenz unterschiedlicher Demenzätiologien (z. B. Infektionen, Mangelernährung, Schädel-Hirn-Trauma, endokrine Störungen, cerebrovaskuläre Erkrankungen, Krampfanfälle, Hirntumore, Substanzmißbrauch) variiert erheblich je nach kultureller Gruppe.

Das Alter bei Krankheitsbeginn ist von der Ätiologie der Demenz abhängig, liegt aber üblicherweise im höheren Lebensalter mit der höchsten Prävalenz jenseits des 85. Lebensjahres.

Eine deutliche Verschlechterung des Gedächtnisses und unterschiedlicher kognitiver Fertigkeiten, notwendige Voraussetzung für die Diagnose einer Demenz, sind bei sehr kleinen Kindern nur schwer erfaßbar. Vor einem Alter von 4–6 Jahren ist daher eine Demenzdiagnose nicht sinnvoll. Bei geistig behinderten Personen unter 18 Jahren sollte eine zusätzliche Demenzdiagnose nur gestellt werden, wenn die Störung nicht ausreichend durch die Diagnose einer geistigen Behinderung beschrieben wird. Eine Demenzerkrankung ist bei Kindern und Heranwachsenden selten, kann jedoch aus einem medizinischen Krankheitsfaktor resultieren (z. B. Kopfverletzung, Hirntumore, HIV-Infektion, Schlaganfall, Adrenoleukodystrophien). Demenz kann sich bei Kindern ebenso wie bei Erwachsenen in einer Verschlechterung des Leistungsniveaus zeigen, in einer deutlichen Entwicklungsverzögerung oder einer Abweichung davon. Das Absinken der schulischen Leistungen kann ein Frühsymptom sein.

Prävalenz

Die Demenzprävalenzraten unterschiedlicher epidemiologischer Studien variieren je nach Alter der untersuchten Personen und sind abhängig von der Erfassungsmethode des Vorhandenseins, der Schwere und der Art der kognitiven Beeinträchtigung sowie von den in die Untersuchung einbezogenen Regionen oder Ländern. Studien in der Allgemeinbevölkerung schätzten die prospektive Einjahresprävalenz für schwere kognitive Beeinträchtigungen im Erwachsenenalter auf fast 3 %. Die Studienteilnehmer wurden mit einem kurzen Instrument zur Erhebung des kognitiven Status (Mini-Mental State Examination) untersucht, das keine spezifische Diagnosestellung ermöglicht. Es wird geschätzt, daß 2–4 % der über 65jährigen unter einer Demenz vom Alzheimer Typ leiden, andere Demenzformen sind wesentlich seltener. Die Prävalenz einer Demenz, vor allem Demenz vom Alzheimer Typ und Vaskuläre Demenz, nimmt mit steigendem Alter zu, besonders nach dem 75. Lebensjahr. Die Prävalenz bei über 85jährigen liegt bei 20 % oder mehr.

Verlauf

In der Vergangenheit implizierte der Begriff *Demenz* einen fortschreitenden oder irreversiblen Verlauf. Die DSM-IV-Definition einer *Demenz* basiert hingegen auf dem Muster der kognitiven Defizite, ohne die Konnotation einer bestimmten Prognose. Eine Demenz kann progredient verlaufen, auf einem bestimmten Niveau stehen bleiben oder sich zurückbilden. Die Reversibilität einer Demenz ist eine Funktion der zugrundeliegenden Erkrankung und der Zugänglichkeit und rechtzeitigen Anwendung einer wirksamen Behandlung. Beginn und Verlauf einer Demenz sind außerdem von der zugrundeliegenden Ätiologie abhängig. Das Ausmaß der Beeinträchtigung im Alltag wird nicht nur vom Schweregrad der kognitiven Einbußen beeinflußt, sondern auch von der Verfügbarkeit sozialer Unterstützung. Bei einer fortgeschrittenen Demenz kann der Betroffene völlig die Erinnerung für seine Umgebung verlieren und ständige Pflege benötigen. Personen mit schwerer Demenz neigen zu Unfällen und Infektionserkrankungen, oft mit tödlichem Ausgang.

Differentialdiagnose

Eine Beeinträchtigung des Gedächtnisses tritt sowohl bei **Delir** als auch bei Demenz auf. Ein Delir ist zusätzlich gekennzeichnet durch eine Verminderung der Fähigkeit, die Aufmerksamkeit aufrechtzuerhalten und gezielt zu verlagern. Der klinische Verlauf kann bei der Unterscheidung von Delir und Demenz hilfreich sein. Typischerweise fluktuieren die Symptome beim Delir, während sie bei einer Demenz relativ stabil bleiben. Wenn multiple kognitive Beeinträchtigungen unverändert länger als einige Monate bestehen bleiben, weist dies eher auf eine Demenz als auf ein Delir hin. Wenn eine Demenz durch ein Delir überlagert wird, werden beide Diagnosen gestellt; wenn unklar bleibt, ob die kognitiven Einbußen durch Delir oder Demenz bedingt sind, ist es nützlich, vorläufig die Diagnose eines Delirs zu stellen und den Patienten sorgfältig weiter zu beobachten, in dem Bemühen, die Ursache der Erkrankung abzuklären.

Eine **amnestische Störung** ist charakterisiert durch eine schwere Gedächtnisbeeinträchtigung ohne andere deutliche Einbußen in den kognitiven Funktionen (d. h. Aphasie, Apraxie, Agnosie oder Störungen der Exekutivfunktionen).

Die spezifische Demenzdiagnose wird durch die zugrundeliegende Ätiologie bestimmt. Hat der Untersucher entschieden, daß die Demenz auf **multiple Ätiologien** zurückgeht, sollten multiple Codierungen je nach der spezifischen Demenz und ihrer Ätiologie verwendet werden (siehe Demenz Aufgrund Multipler Ätiologien, S. 197). Bei einer **Vaskulären Demenz** liegen neurologische Fokalzeichen (z. B. gesteigerte Muskeleigenreflexe, Rossolimo-Reflex) und Hinweise aus Laboruntersuchungen vor, die auf eine in Verbindung zur Demenz stehende Gefäßerkrankung hinweisen. Eine vaskuläre Demenz zeigt einen variablen Verlauf, schreitet jedoch üblicherweise schrittweise fort. Für die Diagnose einer **Demenz Aufgrund Anderer Medizinischer Krankheitsfaktoren** müssen Hinweise aus der Anamnese, der körperlichen Untersuchung und aus Laborbefunden vorliegen, daß ein medizinischer Krankheitsfaktor der ursächliche Faktor für die Demenz ist. Krankheitsbeginn (schleichend oder plötzlich) und Verlauf (akut, subakut oder chronisch) können auf die Ätiologie hinweisen. Der Schweregrad der kognitiven Beeinträchtigung bleibt beispielsweise nach einer Kopfverletzung, einer Enzephalitis oder einem Schlaganfall oft stabil.

Treten multiple kognitive Defizite nur im Kontext eines Substanzgebrauches auf, so werden sie als **Intoxikation** oder **Entzug** diagnostiziert. Resultiert die Demenz aus der langdauernden Wirkung einer Substanz (d. h. einer Droge, eines Medikamentes oder einer Exposition gegenüber einem Toxin), wird eine **Persistierende Substanzinduzierte Demenz** diagnostiziert. Andere Ursachen einer Demenz (z. B. Demenz Aufgrund eines Medizinischen Krankheitsfaktors) sollten auch bei einer Person mit einer Substanzabhängigkeit immer in Erwägung gezogen werden. Eine Kopfverletzung beispielsweise ist im Rahmen eines Substanzabusus nicht selten und kann der Demenz zugrundeliegen. Eine **Demenz vom Alzheimer Typ** ist derzeit noch eine Ausschlußdiagnose, so daß zunächst andere mögliche Ursachen für die kognitiven Defizite (siehe oben) geprüft werden müssen. Außerdem ist der Verlauf durch einen schleichenden Beginn und einen kontinuierlichen kognitiven Abbau charakterisiert. Wenn sich nicht ausreichend belegen läßt, ob die Demenz auf einen medizinischen Krankheitsfaktor oder eine Substanz zurückgeht, sollte **Nicht Näher Bezeichnete Demenz** codiert werden. Wenn Personen nur einige, aber nicht alle Symptome einer Demenz zeigen, sollte **Nicht Näher Bezeichnete Kognitive Störung** codiert werden.

Geistige Behinderung ist charakterisiert durch eine deutlich unterdurchschnittliche allgemeine intellektuelle Leistungsfähigkeit, eine gleichzeitig bestehende Störung der sozialen Anpassungsfähigkeit und einen Beginn vor Vollendung des 18. Lebensjahres. Geistige Behinderung muß nicht mit einer Gedächtnisbeeinträchtigung einhergehen. Eine Demenz beginnt dagegen gewöhnlich im fortgeschrittenen Lebensalter. Setzt die Demenz vor Vollendung des 18. Lebensjahres ein, können sowohl Demenz als auch Geistige Behinderung diagnostiziert werden, wenn die Kriterien für beide Störungen erfüllt sind. Der Nachweis des für eine Demenzdiagnose obligatorischen Merkmals einer deutlichen Beeinträchtigung des Gedächtnisses und anderer kognitiver Fähigkeiten kann bei Kindern vor Vollendung des 4. Lebensjahres erschwert sein. Bei Patienten, die das 18. Lebensjahr noch nicht vollendet haben, sollte eine Demenzdiagnose nur gestellt werden, wenn das Zustandsbild durch die Diagnose einer Geistigen Behinderung nicht befriedigend beschrieben wird.

Eine **Schizophrenie** kann ebenfalls mit multiplen kognitiven Defiziten und einer Verringerung des Leistungsniveaus einhergehen, die Schizophrenie unterscheidet sich jedoch von der Demenz durch den im allgemeinen früheren Erkrankungsbeginn, das charakteristische Symptommuster und das Fehlen eines ursächlichen spezifischen medizinischen Krankheitsfaktors oder einer Substanz. Die kognitive Beeinträchtigung ist bei einer Schizophrenie üblicherweise weniger ausgeprägt als bei der Demenz.

Eine **Major Depression** kann mit Beschwerden über Gedächtnisbeeinträchtigungen, Denk- und Konzentrationsschwierigkeiten und einer allgemeinen Verminderung der intellektuellen Fähigkeiten einhergehen. Die Betroffenen schneiden manchmal in Verfahren zur Erfassung des kognitiven Status und in neuropsychologischen Tests schlecht ab. Besonders bei älteren Personen fällt häufig die Entscheidung schwer, ob die kognitiven Symptome besser durch eine Demenz oder durch eine Episode einer Major Depression erklärt werden können. Differentialdiagnostische Informationen gewinnt man aus einer ausführlichen ärztlichen Untersuchung und der Erfassung von Störungsbeginn, zeitlicher Folge von depressiven und kognitiven Symptomen, Erkrankungsverlauf, Familienanamnese und Ansprechen auf die Behandlung. Der prämorbide Zustand kann die Unterscheidung einer „Pseudodemenz" (d. h. kognitive Beeinträchtigungen aufgrund einer Episode einer Major Depression) von einer Demenz erleichtern. Bei einer Demenz findet sich normalerweise in der Anamnese bereits ein kognitiver Abbau, während eine Person mit einer Episode einer Major Depression prämorbid eher kognitiv unauffällig war und eine mit der Depression einhergehende plötzliche Verschlechterung der kognitiven Leistungsfähigkeit zeigt. Beide Störungen sollten diagnostiziert werden, wenn der Untersucher feststellt, daß sowohl Demenz als auch Major Depression mit unabhängiger Ätiologie vorliegen.

Eine Demenz muß von **Simulation** und **Vorgetäuschter Störung** abgegrenzt werden. Die Muster der kognitiven Defizite, die bei der Simulation oder der Vorgetäuschten Störung gezeigt werden, sind normalerweise nicht über die Zeit hinweg konstant und sind nicht demenztypisch. Personen, welche eine als Demenz erscheinende Störung vortäuschen oder simulieren, rechnen z. B. während eines Kartenspiels ihren Spielstand aus, behaupten dann jedoch, daß sie einfache Kopfrechenaufgaben bei einer Untersuchung des kognitiven Status nicht ausführen können.

Eine Demenz muß vom normalen, im Rahmen des **Altersprozesses** stattfindenden Abbau der kognitiven Leistungsfähigkeit (wie beim Altersbedingten Kognitiven Abbau) abgegrenzt werden. Die Diagnose einer Demenz ist nur gerechtfertigt, wenn eine Verschlechterung des Gedächtnisses und anderer kognitiver Funktionen nachweisbar ist, die über die im Rahmen des normalen Altersprozesses zu erwartenden Veränderungen hinausgeht, und wenn die Symptome zu einer Beeinträchtigung in sozialen und beruflichen Funktionsbereichen führen.

Demenz vom Alzheimer Typ

Diagnostische Merkmale

Die kognitiven Defizite (**Kriterium A**) und entsprechenden Beeinträchtigungen (**Kriterium B**) werden auf Seite 175–177 diskutiert. Eine Demenz vom Alzheimer Typ beginnt schleichend und ist durch eine stetige Verschlechterung kognitiver Funktionen gekennzeichnet (**Kriterium C**). Wegen der Schwierigkeit, die Alzheimersche Erkrankung direkt pathologisch nachzuweisen, kann die Diagnose erst nach Ausschluß anderer Demenzursachen gestellt werden. Das heißt vor allem, die kognitiven Defizite dürfen nicht durch eine andere Erkrankung des Zentralnervensystems erklärbar sein, die progrediente Defizite in Gedächtnis oder Kognition verursachen (z. B. cerebrovaskuläre Erkrankung, Parkinsonsche Erkrankung, Huntingtonsche Erkrankung), durch systemische, als Demenzursache bekannte Erkrankungen (z. B. Hypothyreodismus, Vitamin B12-Mangel, HIV-Infektion) oder durch die länger andauernde Wirkung einer Substanz (z. B. Alkohol) (**Kriterium D**). Wenn zusätzliche ätiologische Faktoren vorliegen (z. B. ein Schädel-Hirn-Trauma, das eine Demenz vom Alzheimer Typ aggraviert), sollten beide Demenzformen codiert werden (siehe Demenz Aufgrund Multipler Ätiologien, S. 197). Treten die Symptome nur während des Delirs auf, sollte eine Demenz vom Alzheimer Typ nicht diagnostiziert werden (**Kriterium E**). Wenn jedoch eine bereits bestehende Demenz vom Alzheimer Typ durch ein Delir überlagert wird, sollte der Subtypus „Mit Delir" vermerkt werden. Schließlich dürfen die kognitiven Einbußen nicht besser durch eine andere Störung auf Achse I erklärbar sein (z. B. Major Depression oder Schizophrenie) (**Kriterium F**).

Subtypen und Zusatzcodierungen

Das Alter zu Beginn einer Demenz vom Alzheimer Typ kann durch einen der folgenden Subtypen vermerkt werden:
- **Mit Frühem Beginn.** Dieser Subtypus wird verwendet, wenn die Demenz vor oder mit dem 65. Lebensjahr einsetzt.
- **Mit Spätem Beginn.** Wird verwendet, wenn die Demenz nach dem 65. Lebensjahr einsetzt.

Die folgenden Subtypen (jeder jeweils mit eigener Codierungsnummer) sind zur Bezeichnung des vorherrschenden Merkmals des derzeitigen klinischen Bildes zu verwenden:
- **Mit Delir.** Wird verwendet, wenn ein Delir die Demenz überlagert.
- **Mit Wahn.** Wird verwendet, wenn Wahnphänomene das Hauptmerkmal sind.
- **Mit Depressiver Verstimmung.** Wird verwendet, wenn das Hauptmerkmal eine depressive Verstimmung ist (einschließlich der kriteriumsgemäßen Ausprägung der Episode einer Major Depression). Die zusätzliche Diagnose einer Affektiven Störung Aufgrund eines Medizinischen Krankheitsfaktors wird nicht verwendet.
- **Unkompliziert.** Wird vergeben, wenn keines der obigen Merkmale das klinische Bild bestimmt.

Darüber hinaus kann die Zusatzcodierung **Mit Verhaltensstörung** verwendet werden (keine eigene Codierungsnummer), um klinisch auffällige Störungen im Verhalten zu vermerken (z. B. ziellosen Umherlaufen).

Codierungsregeln

In ICD-9-CM können nur bei der Alzheimerschen Demenz und bei der Vaskulären Demenz Subtypen codiert werden. Die ausgewählten Codierungsnummern lauten wie folgt:
— Bei einer Demenz vom Alzheimer Typ mit Frühem Beginn richtet sich die Diagnosenummer nach dem Subtypus des vorherrschenden Merkmals: 290.11 (F00.0, F05.1) Mit Delir; 290.12 (F00.01) Mit Wahn; 290.13 (F00.03) Mit Depressiver Verstimmung, 290.10 (F00.00) Unkompliziert.
— Bei einer Demenz vom Alzheimer Typ mit Spätem Beginn richtet sich die Diagnosenummer ebenfalls nach dem Subtypus des vorherrschenden Merkmals: 290.3 (F00.1, F05.1) Mit Delir; 290.20 (F00.11) Mit Wahn; 290.21 (F00.13) Mit Depressiver Verstimmung; 290.0 (F00.10) Unkompliziert.

Die Zusatzcodierung Mit Verhaltensstörung wird nicht gesondert codiert und kann jedem der obigen Subtypen hinzugefügt werden (z. B. 290.21 (F00.13) Demenz vom Alzheimer Typ, Mit Spätem Beginn, Mit Depressiver Verstimmung, Mit Verhaltensstörung). Zusätzlich sollte auf Achse III 331.0 (G30.1) Alzheimersche Erkrankung codiert werden.

Zugehörige Merkmale und Störungen

Zugehörige Beschreibungsmerkmale und psychische Störungen. Siehe die allgemeine Diskussion der die Demenz begleitenden Merkmale und Störungen auf Seite 177. Die Prävalenz einer Demenz vom Alzheimer Typ ist erhöht bei Personen mit Down Syndrom und mit Schädel-Hirn-Trauma in der Vorgeschichte. Die charakteristischen pathologischen Veränderungen der Alzheimerschen Erkrankung finden sich im Gehirn von Anfang 40jähriger Patienten mit Down Syndrom, wenngleich die klinischen Symptome einer Demenz erst später deutlich werden.

Zugehörige Laborbefunde. Die Mehrheit der Patienten mit einer Demenz vom Alzheimer Typ weist eine Hirnatrophie auf, wobei die kortikalen Windungsfurchen weiter und die cerebralen Ventrikel breiter sind, als bei einem normal verlaufenden Alterungsprozeß zu erwarten wäre. Nachweisen läßt sich dies durch Computertomographie (CT) oder Kernspintomographie (MRI). Mikroskopische Untersuchungen zeigen üblicherweise histopathologische Veränderungen wie senile Plaques, neurofibrilläre Knäuel („tangles"), granulovaskuoläre Degeneration, neuronale Verluste, astrocytische Gliose und amyloide Angiopathie. In den kortikalen Neuronen sind gelegentlich Lewy-Körperchen nachweisbar.

Zugehörige körperliche Untersuchungsbefunde und medizinische Krankheitsfaktoren. Im ersten Jahr des Krankheitsverlaufes finden sich bei einer Demenz vom Alzheimer Typ nur wenige motorische und sensorische Auffälligkeiten. Im späteren Verlauf können Myoclonus und Gangstörungen auftreten. Krampfanfälle ereignen sich bei ca. 10 % der Betroffenen.

Besondere kulturelle, Alters- und Geschlechtsmerkmale

Siehe die allgemeine Diskussion zu kultur- und altersbezogenen Merkmalen der Demenz auf Seite 178. Ein später Erkrankungsbeginn einer Demenz vom Alzheimer Typ (nach dem 65. Lebensjahr) ist wesentlich häufiger als ein früher Beginn. Nur in wenigen Fällen entwikkelt sich die Erkrankung vor dem 50. Lebensjahr. Die Störung kommt bei Frauen etwas häufiger als bei Männern vor.

Prävalenz

Der Prozentsatz der Bevölkerung über 65 Jahre, der unter einer Demenz vom Alzheimer Typ leidet, wird auf 2 % bis 4 % geschätzt. Die Prävalenz nimmt mit steigendem Alter zu, insbesondere nach dem 75. Lebensjahr.

Verlauf

Siehe die allgemeine Diskussion des Verlaufes einer Demenz auf Seite 179. Eine Demenz vom Alzheimer Typ verläuft meist langsam progredient. Die durchschnittliche Verschlechterung pro Jahr in einem standardisierten Meßinstrument wie der Mini-Mental State Examination beträgt 3–4 Punkte. Verschiedene Muster von Defiziten werden beobachtet; ein schleichender Beginn und frühe Defizite im Kurzzeitgedächtnis sind häufig, nach einigen Jahren gefolgt von Aphasie, Apraxie und Agnosie. Einige Patienten zeigen im Frühstadium Persönlichkeitsveränderungen oder sind vermehrt reizbar. In den späteren Krankheitsstadien können die Betroffenen eine Gangstörung und motorische Störungen entwickeln und sogar stumm und bettlägerig werden. Durchschnittlich liegen zwischen Einsetzen der Symptome und Tod 8–10 Jahre.

Familiäres Verteilungsmuster

Im Vergleich zur Gesamtbevölkerung ist die Wahrscheinlichkeit, eine Demenz vom Alzheimer Typ mit Frühem Beginn, zu entwickeln, bei biologischen Verwandten ersten Grades erhöht. Fälle mit spätem Beginn weisen möglicherweise ebenfalls eine genetische Komponente auf. In einigen Familien wurde eine Demenz vom Alzheimer Typ als dominant vererbtes Merkmal nachgewiesen, gebunden an verschiedene Chromosomen, u. a. Chromosom 21, 14 und 19. Der Prozentsatz der Fälle mit spezifisch ererbten Abnormitäten ist jedoch unbekannt.

Differentialdiagnose

Siehe die allgemeine Diskussion der Differentialdiagnose einer Demenz auf Seite 179.

Diagnostische Kriterien für Demenz vom Alzheimer Typ

A. Entwicklung multipler kognitiver Defizite, die sich zeigen in sowohl
  (1) einer Gedächtnisbeeinträchtigung (beeinträchtigte Fähigkeit, neue Information zu erlernen oder früher Gelerntes abzurufen) als auch
  (2) mindestens einer der folgenden kognitiven Störungen:
    (a) Aphasie (Störung der Sprache),
    (b) Apraxie (beeinträchtigte Fähigkeit, motorische Aktivitäten auszuführen, trotz intakter Motorik),

Fortsetzung nächste Seite

Fortsetzung

      (c) Agnosie (Unfähigkeit, Gegenstände wiederzuerkennen oder zu identifizieren, trotz intakter sensorischer Funktionen),
      (d) Störung der Exekutivfunktionen (d. h. Planen, Organisieren, Einhalten einer Reihenfolge, Abstrahieren).

B. Die kognitiven Defizite aus den Kriterien A1 und A2 verursachen jeweils in bedeutsamer Weise Beeinträchtigungen in sozialen oder beruflichen Funktionsbereichen und stellt eine deutliche Verschlechterung gegenüber einem früheren Leistungsniveau dar.

C. Der Verlauf ist durch einen schleichenden Beginn und fortgesetzten kognitiven Abbau charakterisiert.

D. Die kognitiven Einbußen in Kriterium A1 und A2 sind nicht zurückzuführen auf:
    (1) Andere Erkrankungen des Zentralnervensystems, die fortschreitende Defizite in Gedächtnis und Kognition verursachen (z. B. zerebrovaskuläre Erkrankung, Parkinsonsche Erkrankung, Huntingtonsche Erkrankung, subdurale Hämatome, Normaldruckhydrocephalus, Hirntumor),
    (2) Systemische Erkrankungen, die bekanntlich eine Demenz verursachen können (z. B. Hypothyreose, Vitamin B12-Mangel oder Folsäuremangel, Niacinmangel, Hyperkalzämie, Neurolues, HIV-Infektion),
    (3) Substanzinduzierte Erkrankungen.

E. Die Defizite treten nicht ausschließlich im Verlauf eines Delirs auf.

F. Die Störung kann nicht durch eine andere Störung auf Achse I (z. B. Major Depression, Schizophrenie) besser erklärt werden.

Codiere entsprechend der Art des Beginns und der Hauptsymptome:

Mit Frühem Beginn: Wenn der Erkrankungsbeginn vor dem 65. Lebensjahr liegt.

290.11 (F00.0, F05.1) Mit Delir: Wenn die Demenz von einem Delir überlagert wird.

290.12 (F00.01) Mit Wahn: Wenn Wahnphänomene das Hauptmerkmal sind.

290.13 (F00.03) Mit Depressiver Verstimmung: Wenn eine depressive Verstimmung vorherrschendes Merkmal ist (einschließlich der vollen Ausprägung einer Major Depression). Die zusätzliche Diagnose einer Affektiven Störung Aufgrund eines Medizinischen Krankheitsfaktors wird nicht gestellt.

290.10 (F00.00) Unkompliziert: Wenn keines der zuvor genannten Merkmale im Symptombild dominiert.

Mit Spätem Beginn: Wenn der Erkrankungsbeginn nach dem 65. Lebensjahr liegt.

290.3 (F00.1, F05.1) Mit Delir: Wenn die Demenz von einem Delir überlagert wird.

290.20 (F00.11) Mit Wahn: Wenn Wahnphänomene das Hauptmerkmal sind.

290.21 (F00.13) Mit Depressiver Verstimmung: Wenn eine depressive Verstimmung vorherrschendes Merkmal ist (einschließlich der vollen Ausprägung einer Major Depression). Die zusätzliche Diagnose einer Affektiven Störung Aufgrund eines Medizinischen Krankheitsfaktors wird nicht gestellt.

290.0 (F00.10) Unkompliziert: Wenn keines der zuvor genannten Merkmale im Symptombild dominiert.

Bestimme, ob:
Mit Verhaltensstörung.

Codierhinweis: Codiere auch 331.0 (G30.1) Alzheimersche Erkrankung auf Achse III.

290.4x (F01.xx) Vaskuläre Demenz
(*vormals* Multi-Infarkt-Demenz)

Diagnostische Merkmale

Kognitive Defizite (**Kriterium A**) und kriteriumsgemäße Beeinträchtigungen (**Kriterium B**) bei einer Vaskulären Demenz werden auf Seite 175–177 diskutiert. Eine zerebrovaskuläre Erkrankung muß nachgewiesen sein (z. B. fokalneurologische Zeichen und Symptome oder Hinweise aus Laborbefunden), die als ursächlich für die Demenz eingeschätzt wird (**Kriterium C**). Zu den fokalneurologischen Zeichen und Symptomen gehören Fußsohlenextensorreflex, Pseudobulbärparalyse, Gangabnormitäten, Steigerung der Muskeleigenreflexe oder Schwäche einer Extremität. Die Computertomographie des Schädels und die Kernspintomographie zeigen typischerweise multiple vaskuläre Läsionen des zerebralen Kortex und der subcortikalen Strukturen. Eine vaskuläre Demenz sollte nicht diagnostiziert werden, wenn die Symptome ausschließlich während eines Delir auftreten (**Kriterium D**). Überlagert jedoch ein Delir eine bereits bestehende Vaskuläre Demenz, sollte der Subtypus Mit Delir codiert werden.

Subtypen

Die folgenden Subtypen (jeweils mit eigener Codierungsnummer) dienen zur Bezeichnung des vorherrschenden Merkmals des derzeitigen klinischen Bildes:
— **Mit Delir.** Dieser Subtypus wird verwendet, wenn ein Delir die Demenz überlagert.
— **Mit Wahn.** Dieser Subtypus wird verwendet, wenn Wahnphänomene das Hauptmerkmal sind.
— **Mit Depressiver Verstimmung.** Dieser Subtypus wird verwendet, wenn das Hauptmerkmal eine depressive Verstimmung ist (einschließlich klinischer Bilder, die die Kriterien einer Episode einer Major Depression erfüllen). Die zusätzliche Diagnose einer Affektiven Störung Aufgrund eines Medizinischen Krankheitsfaktors wird nicht gestellt.
— **Unkompliziert.** Dieser Subtypus wird verwendet, wenn keines der obigen Merkmale das klinische Bild bestimmt.

Darüber hinaus kann die Zusatzcodierung **Mit Verhaltensstörung** verwendet werden (keine eigene Codierungsnummer), um klinisch auffällige Störungen im Verhalten zu beschreiben (z. B. Verlaufen).

Codierungsregeln

In ICD-9-CM können nur bei der Vaskulären Demenz und der Alzheimerschen Demenz Subtypen codiert werden. Die Diagnosenummern der Vaskulären Demenz richten sich nach dem Subtypus des vorherrschenden Merkmals: 290.41 (F01.0, F05.1) Mit Delir; 290.42 (F01.01) Mit Wahn; 290.43 (F01.03) Mit Depressiver Verstimmung; 290.41 (F01.00) Unkompliziert. Der Zusatz Mit Verhaltensstörung wird nicht codiert und kann jedem der genannten Subtypen beigefügt werden (z. B. 290.43 (F01.03) Vaskuläre Demenz, Mit Depressiver Verstimmung, Mit Verhaltensstörung). Die zerebrovaskuläre Erkrankung (z. B. 436 Schlaganfall) sollte auf Achse III codiert werden.

Zugehörige Merkmale und Störungen

Zugehörige Beschreibungsmerkmale und psychische Störungen. Siehe die allgemeine Diskussion der die Demenz begleitenden Merkmale und Störungen auf Seite 177.

Zugehörige Laborbefunde. Das Ausmaß der mittels CT und Kernspintomographie (MRI) festgestellten Schädigungen des Zentralnervensystems bei einer Vaskulären Demenz geht üblicherweise über die Veränderungen des Gehirns bei gesunden älteren Menschen hinaus (beispielsweise im MRI sichtbare periventrikuläre Läsionen und Hyperintensitäten der weißen Substanz). Läsionen zeigen sich oft in Strukturen sowohl der weißen als auch der grauen Substanz, einschließlich subkortikaler Gebiete und Kerngebiete. Es können sich sowohl Anzeichen für alte Infarkte (z. B. fokale Atrophie) wie auch für eine kürzer zurückliegende Erkrankung finden lassen. Das EEG kann fokale Läsionen im Gehirn widerspiegeln. Zusätzlich können die Laborbefunde auf begleitende kardiale und systemische Gefäßerkrankungen hinweisen (z. B. EKG-Abnormitäten, Hinweis auf ein Nierenversagen).

Zugehörige körperliche Untersuchungsbefunde und medizinische Krankheitsfaktoren. Häufig vorkommende neurologische Zeichen (z. B. abnorme Reflexe, Schwäche einer Extremität, Gangstörung) werden im Abschnitt „Diagnostische Merkmale" diskutiert. Oft ist eine seit langem bestehende arterielle Hypertonie nachweisbar (z. B. Auffälligkeiten des Augenhintergrundes, Herzvergrößerung), Herzklappenfehler (z. B. abnorme Herztöne) oder eine extrakranielle Gefäßkrankheit, die eine Hirnembolie verursachen kann. Ein einzelner Schlaganfall kann eine relativ umschriebene Veränderung des psychischen Zustandes herbeiführen (z. B. Aphasie nach einer Schädigung der linken Hemisphäre oder eine amnestische Störung durch einen Infarkt im Verteilungsgebiet der Arteriae cerebri posteriores). Für gewöhnlich entwickelt sich aus einem einzelnen Schlaganfall jedoch keine Vaskuläre Demenz, sondern diese ist typischerweise das Ergebnis einer Reihe von Schlaganfällen zu verschiedenen Zeitpunkten.

Besondere kulturelle, Alters- und Geschlechtsmerkmale

Siehe die allgemeine Diskussion zu kultur- und altersbezogenen Merkmalen der Demenz auf Seite 178.

Eine Vaskuläre Demenz beginnt typischerweise in jüngeren Jahren als eine Demenz vom Alzheimer Typ. Die Störung ist bei Männern offenbar häufiger als bei Frauen.

Prävalenz

Die Vaskuläre Demenz tritt nachweislich deutlich seltener auf als eine Demenz vom Alzheimer Typ.

Verlauf

Siehe die allgemeine Diskussion des Verlaufes einer Demenz auf Seite 179.

Eine Vaskuläre Demenz beginnt gewöhnlich abrupt, der Verlauf ist schrittweise und fluktuierend mit eher raschen Veränderungen des Leistungsniveaus als langsam fortschreitenden.

Die Erkrankung kann jedoch sehr unterschiedlich verlaufen, auch ein schleichender Beginn mit langsamer Verschlechterung wird beobachtet. Das Muster der Ausfälle ist je nach betroffener Hirnregion typischerweise „inselförmig". Bestimmte kognitive Funktionen können früh betroffen sein, während andere relativ intakt bleiben. Rechtzeitige Behandlung von Bluthochdruck und Gefäßkrankheiten können ein Fortschreiten verhindern.

Differentialdiagnose

Siehe die allgemeine Diskussion der Differentialdiagnose einer Demenz auf Seite 179.

Diagnostische Kriterien für 290.4x (F01.xx) Vaskuläre Demenz

A. Entwicklung multipler kognitiver Defizite, die sich zeigen in sowohl
  (1) einer Gedächtnisbeeinträchtigung (beeinträchtigte Fähigkeit, neue Information zu erlernen oder früher Gelerntes abzurufen) als auch
  (2) mindestens einer der folgenden kognitiven Störungen:
    (a) Aphasie (Störung der Sprache),
    (b) Apraxie (beeinträchtigte Fähigkeit, motorische Aktivitäten auszuführen, trotz intakter Motorik),
    (c) Agnosie (Unfähigkeit, Gegenstände wiederzuerkennen oder zu identifizieren, trotz intakter sensorischer Funktionen),
    (d) Störung der Exekutivfunktionen (d. h. Planen, Organisieren, Einhalten einer Reihenfolge, Abstrahieren).

B. Die kognitiven Defizite aus Kriterium A1 und A2 verursachen jeweils in bedeutsamer Weise Beeinträchtigungen in sozialen oder beruflichen Funktionsbereichen und stellen eine deutliche Verschlechterung gegenüber einem früheren Leistungsniveau dar.

C. Neurologische Fokalzeichen und -symptome (z. B. Steigerung der Muskeleigenreflexe, Fußsohlenextensorreflex, Pseudobulbärparalyse, Gangstörung, Schwäche einer Extremität) oder Laborbefunde, die auf eine zerebrovaskuläre Erkrankung hinweisen (z. B. multiple Infarkte, die den Cortex und die darunterliegende Weiße Substanz betreffen) und die als ursächlich für das Störungsbild eingeschätzt werden.

D. Die Einbußen treten nicht ausschließlich im Verlauf eines Delirs auf.

Codiere entsprechend der vorherrschenden Symptome:
290.41 (F01.0, F05.1) Mit Delir: Wenn die Demenz durch ein Delir überlagert wird.
290.42 (F01.x1) Mit Wahn: Wenn Wahnphänomene das Hauptmerkmal sind.
290.43 (F01.x3) Mit Depressiver Verstimmung: Wenn die depressive Verstimmung vorherrschendes Merkmal ist (einschließlich der vollen Ausprägung einer Major Depression). Eine zusätzliche Diagnose einer Affektiven Störung Aufgrund eines Medizinischen Krankheitsfaktors wird nicht gestellt.
290.4 (F01.x0) Unkompliziert: Wenn keines der zuvor genannten Merkmale im Symptombild dominiert.

Bestimme, ob:
Mit Verhaltensstörung.

Codierhinweis: Codiere auch die zerebrovaskuläre Erkrankung auf Achse III.

Demenz Aufgrund Anderer Medizinischer Krankheitsfaktoren

Diagnostische Merkmale

Kognitive Defizite (**Kriterium A**) und kriteriumsgemäße Beeinträchtigungen (**Kriterium B**) der Demenz Aufgrund Anderer Medizinischer Krankheitsfaktoren werden auf Seite 175–177 diskutiert. Es müssen Hinweise aus Anamnese, körperlicher Untersuchung oder Laborbefunden vorliegen, daß ein medizinischer Krankheitsfaktor für die Demenz ursächlich ist (z. B. Infektion mit dem Human Immunodeficiency Virus (HIV), Schädel-Hirn-Trauma, Parkinsonsche Erkrankung, Huntingtonsche Erkrankung, Picksche Erkrankung, Creutzfeldt-Jakobsche Erkrankung, Normaldruckhydrocephalus, Hypothyreose, Hirntumor oder Vitamin B12 Mangel) (**Kriterium C**). Eine Demenz Aufgrund eines Medizinischen Krankheitsfaktors wird nicht diagnostiziert, wenn die Symptome ausschließlich während eines Delirs auftreten (**Kriterium D**). Allerdings kann ein Delir eine vorbestehende Demenz Aufgrund eines Medizinischen Krankheitsfaktors überlagern. In diesem Fall sollten beide Diagnosen gestellt werden.

Grundlage einer entsprechenden Diagnose ist der Nachweis eines medizinischen Krankheitsfaktors sowie einer ursächlichen Beziehung zwischen medizinischem Krankheitsfaktor und der Demenz mittels eines physiologischen Wirkmechanismus. Hierfür ist eine sorgfältige und umfassende Bewertung multipler Faktoren notwendig. Eindeutige Richtlinien für die Feststellung einer solchen ursächlichen Beziehung liegen nicht vor, folgende Überlegungen können jedoch als Hilfestellung dienen: Erstens ist das Vorhandensein einer zeitlichen Beziehung zwischen dem Beginn oder der Verschlechterung des medizinischen Krankheitsfaktors und der kognitiven Defizite zu beachten. Hinweise aus der Literatur auf eine direkte Beziehung zwischen dem fraglichen medizinischen Krankheitsfaktor und der Entwicklung einer Demenz können bei der Beurteilung des Einzelfalls hilfreich sein. Zusätzlich muß der Untersucher prüfen, ob die Auffälligkeiten nicht besser durch eine Demenz vom Alzheimer Typ, eine Vaskuläre Demenz, eine Persistierende Substanzinduzierte Demenz oder eine andere psychische Störung (z. B. Major Depression) erklärt werden können. Genauer wird dies im Abschnitt „Psychische Störungen Aufgrund eines Medizinischen Krankheitsfaktors" erklärt (siehe S. 209).

Siehe die allgemeine Diskussion der mit einer Demenz verbundenen Merkmale und Störungen auf Seite 177.

Codierungsregeln

Für einige der Demenzen Aufgrund eines Medizinischen Krankheitsfaktors sind spezifische Code-Nummern vorgesehen (siehe Kriterienkasten). Die Diagnosenummern und -bezeichnungen richten sich nach der spezifischen Ätiologie (z. B. 294.1 (F02.3) Demenz Aufgrund einer Parkinsonschen Erkrankung). Der ursächliche medizinische Krankheitsfaktor sollte zusätzlich auf Achse III vermerkt werden. Die Kategorie „Andere Ursachen" (Nummer 294.1 [F02.8]) ist für nicht speziell aufgelistete Ursachen vorgesehen; hierfür wird sowohl die Demenz als auch die spezifische Ätiologie auf Achse I vermerkt (z. B. 294.1 (F02.8) Demenz Aufgrund von Hypothyreose). Die ICD-9-CM-Nummer der ursächlichen Erkrankung sollte zusätzlich auf Achse III vermerkt werden (z. B. 244.9 Hypothyreose). (Siehe die Liste ausgewählter ICD-9-CM-Codierungen für medizinische Krankheitsfaktoren in Anhang G.)

Bei anamnestisch bekannter Demenz sollte ein überlagerndes Delir Aufgrund eines Medizinischen Krankheitsfaktors erfaßt werden, indem sowohl die Demenz als auch das Delir auf Achse I diagnostiziert werden (z. B. 294.1 (F02.3) Demenz Aufgrund einer Parkinsonschen Erkrankung und 293.0 (F05.0) Delir Aufgrund einer hepatischen Enzephalopathie). Im Gegensatz dazu wird bei einer Demenz vom Alzheimer Typ und bei der Vaskulären Demenz der Subtypus Mit Delir hinzugefügt.

294.9 (F02.4) Demenz Aufgrund einer HIV-Erkrankung

Das Hauptmerkmal der Demenz Aufgrund einer HIV-Erkrankung ist das Vorliegen einer Demenz, die als direkte pathophysiologische Folge einer Erkrankung durch das Human-Immunodeficiency-Virus (HIV) angesehen wird. Neuropathologische Befunde beinhalten häufig diffuse multifokale Schädigungen der weißen Substanz und subkortikaler Strukturen. Im Liquor findet sich normales oder leicht erhöhtes Protein und eine geringgradige Lymphozytose; normalerweise kann das HI-Virus direkt im Liquor nachgewiesen werden. Eine Demenz im Zusammenhang mit einer direkten HIV-Infektion des Zentralnervensystems zeigt typischerweise folgende Merkmale: Vergeßlichkeit, Langsamkeit, Konzentrationsstörungen und Schwierigkeiten bei der Problemlösung. Auf der Verhaltensebene finden sich meistens Apathie und sozialer Rückzug, gelegentlich können auch Delir, Wahnvorstellungen und Halluzinationen auftreten. Die Befunde Tremor, Störungen der raschen Wiederholungsbewegungen, Gleichgewichtsstörungen, Ataxie, Hypertonie, generalisierte Hyperreflexie, Anzeichen einer frontalen Enthemmung, beeinträchtigte Augenfolge- und Sakkadenbewegungen können bei der körperlichen Untersuchung zu beobachten sein. Auch Kinder können eine Demenz aufgrund einer HIV-Erkrankung entwickeln; diese zeigt sich dann typischerweise mit Entwicklungsverzögerung, Hypertonie, Mikrozephalie und Verkalkungen in den Basalganglien. Eine Demenz in Verbindung mit einer HIV-Erkrankung kann auch durch begleitende Tumore des ZNS (z. B. primäres Lymphom des ZNS) oder opportunistische Infektionen (z. B. Toxoplasmose, Zytomegalie, Kryptokokken, Tuberkulose und Lues) verursacht werden. In diesem Fall sollte jedoch die entsprechende Art der Demenz diagnostiziert werden (z. B. 294.1 (F02.8) Demenz Aufgrund einer Toxoplasmose). Seltene systemische Infektionen (z. B. Pneumozystis Carinii-Pneumonie) oder Neoplasmen (z. B. Karposi-Sarkome) können ebenfalls vorhanden sein.

294.1 (F02.8) Demenz Aufgrund eines Schädel-Hirn-Traumas (SHT)

Das Hauptmerkmal der Demenz Aufgrund eines Schädel-Hirn-Traumas ist das Vorliegen einer Demenz, die als direkte pathophysiologische Folge eines SHT eingeschätzt wird. Art und Schweregrad der kognitiven Beeinträchtigungen oder Verhaltensstörungen sind abhängig vom Ort und Ausmaß der Hirnverletzung. Häufig tritt dabei eine posttraumatische Amnesie auf, die mit einer bleibenden Gedächtnisstörung einhergeht. Eine Vielzahl anderer verhaltensbezogener Symptome können sich zeigen, mit oder ohne motorische oder sensorische Defizite. Diese Symptome beinhalten: Aphasie, Aufmerksamkeitsdefizite, Reizbarkeit, Angst, Depression oder Affektlabilität, Apathie, gesteigerte Aggression, oder andere Persönlichkeitsveränderungen. Eine Intoxikation mit Alkohol oder anderen Substanzen liegt oft bei Personen mit akuten Schädelverletzungen vor, ebenso wie ein begleitender Substanzmißbrauch oder eine -Abhängigkeit. Schädelverletzungen treten am häufigsten bei jungen Männern auf und wurden mit risikofreudigem Verhalten in Zusammenhang gebracht. Wenn die Demenz bei SHT im Zusammenhang mit einer einzelnen Verletzung auftritt, verschlechtert sie sich normalerweise nicht weiter, aber wiederholte Kopfverletzungen (z. B. beim Boxen) können zu einer progredienten Demenz führen (sog. Dementia pugilistica). Wenn ein isoliertes SHT von einem fortschreitenden Verfall der kognitiven Leistungsfähigkeit begleitet wird, sollte ein anderer überlagernder Prozeß wie Hydrozephalus oder eine Episode einer Major Depression in Betracht gezogen werden.

294.1 (F02.3) Demenz Aufgrund einer Parkinsonschen Erkrankung

Das Hauptmerkmal der Demenz Aufgrund einer Parkinsonschen Erkrankung ist das Vorliegen einer Demenz, die als direkte pathophysiologische Folge einer Parkinsonschen Erkrankung eingeschätzt wird. Die Parkinsonsche Erkrankung ist eine langsam progrediente neurologische Erkrankung, charakterisiert durch Tremor, Rigor, Bewegungsarmut und Instabilität der Körperhaltung. Es wird berichtet, daß bei ca 20–60 % der Personen mit einer Parkinsonschen Erkrankung eine Demenz auftritt und zwar bevorzugt bei älteren oder Personen mit schwererer oder fortgeschrittenerer Erkrankung. Die mit der Parkinsonschen Erkrankung einhergehende Demenz ist gekennzeichnet durch kognitive und motorische Verlangsamung, Störung der Handlungsausführung und einer Einschränkung im Abrufen von Gedächtnisinhalten. Die nachlassende kognitive Leistungsfähigkeit bei Personen mit Parkinsonscher Erkrankung wird häufig durch Depressionen verschlimmert. Die körperlichen Untersuchungsbefunde beinhalten die charakteristischen abnormalen motorischen Zeichen des Ruhetremors, Hinweise auf eine Bewegungsverlangsamung und -armut (z. B. Mikrographie) oder Muskelrigidität und den Verlust von Begleitbewegungen. Bei der Autopsie zeigen sich ein Neuronenverlust und Lewy-Körperchen in der Substantia nigra. Es gibt eine Reihe von Syndromen, die sich in einer Demenz, Parkinson-ähnlichen Bewegungsstörungen und zusätzlichen neurologischen Merkmalen äußern können (z. B. progressive supranukleäre Paralyse, olivopontozerebelläre Degeneration und Vaskuläre Demenz). Bei einigen der Betroffenen mit Parkinsonscher Erkrankung und Demenz finden sich bei der Autopsie gleichzeitig neuropathologische Hinweise auf eine Alzheimersche Erkrankung oder auf eine diffuse Lewy-Körper-Erkrankung.

294.1 (F02.2) Demenz Aufgrund einer Huntingtonschen Erkrankung

Das Hauptmerkmal der Demenz Aufgrund einer Huntingtonschen Erkrankung ist das Vorliegen einer Demenz, die als direkte pathophysiologische Folge einer Huntingtonschen Erkrankung eingeschätzt wird. Die Huntingtonsche Erkrankung ist eine erbliche, fortschreitend degenerative Krankheit, bei der Kognition, Emotion und Bewegung betroffen sind. Die Erkrankung kommt bei Männern und Frauen gleichermaßen vor und wird durch ein einzelnes, autosomal-dominantes Gen auf dem kurzen Arm des Chromosoms Nr. 4 übertragen. Die Erkrankung wird üblicherweise zwischen dem 35. und dem 45. Lebensjahr diagnostiziert, kann aber als juvenile Form bereits im 4. Lebensjahr oder als Spätform im 85. Lebensjahr beginnen. Der Beginn einer Huntingtonschen Erkrankung kündigt sich oft an durch schleichende Veränderungen im Verhalten und der Persönlichkeit, begleitet von Depression, Reizbarkeit und Angst. Einige Personen weisen Bewegungsanomalien auf, die einer gesteigerten Unruhe ähneln und sich später zur typischen generalisierten Choreoathetose steigern. Schwierigkeiten mit dem Abrufen gespeicherter Gedächtnisinhalte, den Exekutivfunktionen und der Urteilsfähigkeit sind im frühen Stadium der Erkrankung typisch; im weiteren Verlauf treten massive Gedächtnisdefizite auf. Desorganisierte Sprache und psychotische Merkmale sind manchmal vorhanden. Im Spätstadium der Erkrankung sind aufgrund der Atrophie des Striatums die charakteristischen „güterzugähnlichen Ventrikel" in strukturellen bildgebenden Verfahren zu sehen. In der Positron-Emissions-Tomographie (PET) kann sich zu Beginn der Erkrankung eine Stoffwechselverminderung im Striatum zeigen. Die Nachkommen von Betroffenen mit der Huntingtonschen Erkrankung entwickeln mit 50 %iger Wahrscheinlichkeit selbst die Erkrankung. Mit einem verfügbaren genetischen Test kann mit ziemlicher Sicherheit vorhergesagt werden, ob eine Risikoperson die Erkrankung bekommen wird. Diese Testungen sollten jedoch in Zentren mit Erfahrung in der Beratung und Betreuung von Personen mit einem Risiko für eine Huntingtonsche Erkrankung durchgeführt werden.

290.10 (F02.0) Demenz Aufgrund einer Pickschen Erkrankung

Das Hauptmerkmal der Demenz Aufgrund einer Pickschen Erkrankung ist das Vorliegen einer Demenz, die als direkte pathophysiologische Folge einer Pickschen Erkrankung eingeschätzt wird. Die Picksche Erkrankung ist eine degenerative Hirnerkrankung, die Stirn- und Schläfenlappen teilweise betrifft. Wie bei anderen Frontalhirn-Demenzen, sind folgende klinische Zeichen typisch für die Picksche Erkrankung: Persönlichkeitsveränderungen im Frühstadium, Verlust sozialer Fertigkeiten, emotionale Abstumpfung, enthemmtes Verhalten sowie auffällige Sprachabnormalitäten. Gedächtnisschwierigkeiten, Apraxie und andere Merkmale folgen gewöhnlich im weiteren Verlauf. Auffällige Primitivreflexe (Schnauz-, Saug-, Greifreflex) können vorhanden sein. Beim weiteren Fortschreiten der Demenz treten begleitend entweder Apathie oder extreme Agitation auf. Die Betroffenen können so schwere Probleme in den Bereichen Sprache, Aufmerksamkeit oder Verhalten entwickeln, daß es schwierig sein kann, das Ausmaß ihrer kognitiven Beeinträchtigung zu beurteilen. In strukturellen bildgebenden Verfahren zeigen sich typischerweise eine ausgedehnte frontale und/oder temporale Atrophie, und in funktionellen bildgebenden Verfahren zeigen sich frontotemporale Stoffwechselverminderungen auch bei Fehlen klarer struktureller Atrophien. Am häufigsten tritt die Erkrankung zwischen dem 50. und 60. Lebensjahr auf, obwohl sie auch bei älteren Personen auftreten kann. Die Picksche Erkrankung ist eine der pathologisch klar abgrenzbaren Ätiologien in der heterogenen Gruppe der dementiellen Prozesse, die mit einer frontotemporalen Hirnatrophie einhergehen. Die spezifische Diagnose einer Frontalhirndemenz wie der Pickschen Erkrankung wird normalerweise bei der Autopsie durch den pathologischen Nachweis charakteristischer intraneuraler argentophiler Pickscher Einschlußkörper gegeben. Klinisch kann die Picksche Erkrankung oft nicht von atypischen Formen einer Alzheimerschen Erkrankung oder von anderen Demenzen, die das Frontalhirn betreffen, unterschieden werden.

290.10 (F02.1) Demenz Aufgrund einer Creutzfeldt-Jakobschen Erkrankung

Das Hauptmerkmal der Demenz Aufgrund einer Creutzfeldt-Jakobschen Erkrankung ist das Vorliegen einer Demenz, die als die direkte pathophysiologische Folge einer Creutzfeldt-Jakobschen Erkrankung eingeschätzt wird. Die Creutzfeldt-Jakobsche Erkrankung ist eine der subakuten spongiformen Enzephalopathien, einer Gruppe von Erkrankungen des zentralen Nervensystems, die durch übertragbare, als „Slow Viren" oder Prione bekannte Substanzen verursacht werden. Typischerweise zeigen die Betroffenen die klinische Trias von Demenz, unwillkürlichen Bewegungen (vor allem Myokloni) und periodischer EEG-Aktivität. Bis zu 25 % der Betroffenen weisen jedoch atypische Verlaufsformen auf, und die Erkrankung kann nur durch eine Biopsie oder bei der Autopsie durch das Auffinden spongiformer neuropathologischer Veränderungen nachgewiesen werden. Die Creutzfeldt-Jakobsche Erkrankung kann in jedem Alter bei Erwachsenen auftreten, aber am häufigsten zwischen dem 40. und 60. Lebensjahr. 5–15 % der Fälle zeigen eine familiäre Komponente. Prodromalsymptome der Creutzfeldt-Jakobschen Erkrankung sind unter anderem: Müdigkeit, Angst, Probleme mit dem Appetit, dem Schlaf und der Konzentration; einige Wochen später können, in Verbindung mit einer rapide fortschreitenden Demenz, Inkoordination, Sehstörungen, ein abnormes Gangbild oder andere Bewegungsanomalien myoklonischer, choreoathetotischer oder ballistischer Art folgen. Die Erkrankung schreitet typischerweise sehr schnell innerhalb weniger Monate fort, obwohl sie sich selten auch über mehrere Jahre hinweg verschlechtern und in ihrem Verlauf dann dem anderer Demenzen gleichen kann. In der Liquoranalyse können keine besonderen Befunde erhoben werden, und bildgebende Verfahren des ZNS zeigen oftmals eine unspezifische Atrophie. Bei den meisten Betroffenen zeigt das EEG im Verlauf der Erkrankung typische periodische scharfe und oft dreiphasische synchrone Entladungen mit einer Frequenz von 0,5–2 Hz. Das infektiöse Agens, das als verursachend für die Creutzfeldt-Jakobsche Erkrankung angesehen wird, ist resistent gegenüber Erhitzen, Formalin, Alkohol und ultravioletter Strahlung; es kann jedoch durch Dampfsterilisation oder Bleichen inaktiviert werden. Eine Übertragung durch Hornhauttransplantationen oder Injektionen des Humanen Wachstumsfaktors (HGF) wurde nachgewiesen, und es wird von Übertragungen auf Personal im Gesundheitswesen berichtet. Aus diesem Grund sollten bei neurochirurgischen Eingriffen, Hirnbiopsien und -autopsien umfassende Vorsichtsmaßnahmen im Umgang mit Gewebe und verwendeten Instrumenten getroffen werden.

294.1 (F02.8) Demenz Aufgrund Anderer Medizinischer Krankheitsfaktoren

Zusätzlich zu den oben aufgeführten spezifischen Kategorien, gibt es eine Reihe anderer medizinischer Krankheitsfaktoren, die eine Demenz verursachen können. Hierzu gehören strukturelle Schädigungen (primäre oder sekundäre Hirntumore, subdurale Hämatome, langsam fortschreitender oder Normaldruck-Hydrozephalus), endokrine Faktoren (Schilddrüsenunterfunktion, Hyperkalzämie, Hypoglykämie), ernährungsbedingte Faktoren (Mangelzustände von Thiamin, Niacin und Vitamin B12), andere infektiöse Erkrankungen (Neurosyphilis, Kryptokokkeninfektion), renale und hepatische Funktionsstörungen und andere neurologische Erkrankungen wie Multiple Sklerose. Unübliche Ursachen einer Verletzung des ZNS wie Stromschläge oder intrakranielle Verstrahlung sind normalerweise aus der Krankengeschichte zu ersehen. Seltene Störungen wie die Speicherkrankheiten von Kindern oder Erwachsenen weisen eine typische Familiengeschichte oder ein typisches klinisches Erscheinungsbild auf. Begleitende körperliche Untersuchungen, Laborbefunde und andere klinische Merkmale sind von der Art und Schwere des medizinischen Krankheitsfaktors abhängig.

Differentialdiagnose

Siehe S. 179 für eine allgemeine Diskussion der Differentialdiagnose der Demenz.

Diagnostische Kriterien für Demenz Aufgrund Anderer Medizinischer Krankheitsfaktoren

A. Entwicklung multipler kognitiver Defizite, die sich zeigen in sowohl
   (1) einer Gedächtnisbeeinträchtigung (beeinträchtigte Fähigkeit, neue Information zu erlernen oder früher Gelerntes abzurufen) als auch
   (2) mindestens eines der folgenden kognitiven Störungen:
       (a) Aphasie (Störung der Sprache),
       (b) Apraxie (beeinträchtigte Fähigkeit, motorische Aktivitäten auszuführen, trotz intakter Motorik),
       (c) Agnosie (Unfähigkeit, Gegenstände wiederzuerkennen oder zu identifizieren, trotz intakter sensorischer Funktionen),
       (d) Störung der Exekutivfunktionen (d. h. Planen, Organisieren, Einhalten einer Reihenfolge, Abstrahieren).

B. Die kognitiven Defizite in Kriterium A1 und A2 verursachen jeweils in bedeutsamer Weise Beeinträchtigungen in sozialen und beruflichen Funktionsbereichen und stellen eine deutliche Verschlechterung gegenüber einem früheren Leistungsniveau dar.

C. Es gibt Hinweise aus der Krankengeschichte, der körperlichen Untersuchung oder den Laborbefunden, daß das Störungsbild die direkte körperliche Folge eines der unten aufgeführten medizinischen Krankheitsfaktoren ist.

D. Die Defizite treten nicht ausschließlich im Verlauf eines Delirs auf.

294.9 (F02.4) Demenz Aufgrund einer HIV-Erkrankung
Codierhinweis: Codiere auch 043.1 (B22.0) HIV-Infektion mit Auswirkungen auf das ZNS auf Achse III.
294.1 (F02.8) Demenz Aufgrund eines Schädel-Hirn-Traumas
Codierhinweis: Codiere auch 854.00 (S06.9) Schädel-Hirn-Verletzung auf Achse III.
294.1 (F02.3) Demenz Aufgrund einer Parkinsonschen Erkrankung
Codierhinweis: Codiere auch 332.0 (G20) Parkinsonsche Erkrankung auf Achse III.
294.1 (F02.2) Demenz Aufgrund einer Huntingtonschen Erkrankung
Codierhinweis: Codiere auch 333.4 (G10) Huntingtonsche Erkrankung auf Achse III.
290.10 (F02.0) Demenz Aufgrund einer Pickschen Erkrankung
Codierhinweis: Codiere auch 331.1 (G31.0) Picksche Erkrankung auf Achse III.
290.10 (F02.1) Demenz Aufgrund einer Creutzfeldt-Jakobschen Erkrankung
Codierhinweis: Codiere auch 046.1 (A81.0) Creutzfeldt-Jakobsche Erkrankung auf Achse III.

Fortsetzung nächste Seite

> Fortsetzung
>
> **294.1 (F02.8) Demenz Aufgrund von ...** [benenne den nicht oben aufgeführten medizinischen Krankheitsfaktor].
> Beispielsweise Normaldruck-Hydrozephalus, Schilddrüsenunterfunktion, Hirntumor, Vitamin B12-Mangel, intrakranielle Verstrahlung.
> **Codierhinweis:** Codiere den medizinischen Krankheitsfaktor auch auf Achse III (Siehe Anhang G für die Code-Ziffern.)

Persistierende Substanzinduzierte Demenz

Diagnostische und zugehörige Merkmale

Die kognitiven Defizite (**Kriterium A**) und die geforderte Beeinträchtigung (**Kriterium B**) werden auf den Seiten 175–177 diskutiert. Persistierende Substanzinduzierte Demenz wird nur diagnostiziert, wenn die Symptome über die normale Dauer einer Substanzintoxikation oder eines Substanzentzuges hinausgehen, jedoch nicht, wenn sie ausschließlich im Verlauf eines Delirs auftreten (**Kriterium C**). Ein Delir kann jedoch eine vorbestehende Persistierende Substanzinduzierte Demenz überlagern; in diesem Fall sollten beide Diagnosen gegeben werden. Es müssen Hinweise aus der Krankengeschichte, der körperlichen Untersuchung oder Laborbefunden vorliegen, daß die Defizite ätiologisch mit den Auswirkungen eines Substanzgebrauchs (z. B. Droge, Medikament, Exposition gegenüber einem Toxin) zusammenhängen (**Kriterium D**). Die Störung trägt die Bezeichnung „persistierend", weil die Demenz lange über die Auswirkungen einer Substanzintoxikation oder eines Substanzentzuges hinaus bestehen bleibt.

Die Merkmale, die mit einer Persistierenden Substanzinduzierten Demenz in Verbindung stehen, sind die gleichen, die mit Demenzen im allgemeinen verbunden sind (siehe S. 177). Auch bei augenblicklicher Abstinenz von einer Substanzeinnahme zeigen die meisten von dieser Störung Betroffenen in der Vorgeschichte ein typisches Muster mit einer prolongierten und schweren Substanzeinnahme, die die Kriterien für eine Substanzabhängigkeit erfüllte. Da diese Störungen auch noch lange nach Beendigung der Substanzeinnahme anhalten, können Blut- oder Urintests bezüglich der verursachenden Substanz negativ sein. Das Alter bei Beginn einer Persistierenden Substanzinduzierten Demenz ist selten unterhalb von 20 Jahren. Die Störung weist normalerweise einen schleichenden Beginn und ein langsames Fortschreiten auf, typischerweise in einem Zeitraum, in dem die betroffene Person die Kriterien für die Diagnose einer Substanzabhängigkeit erfüllt. Die Defizite sind gewöhnlich bleibend und können sich verschlimmern, auch wenn der Substanzgebrauch beendet wird, obwohl es in einigen Fällen zu Besserungen kommt.

Für eine detailliertere Diskussion der zugehörigen Merkmale bei Störungen im Zusammenhang mit Psychotropen Substanzen siehe Seite 221.

Codierungsregeln

Der Name der Diagnose beginnt mit der spezifischen Substanz (z. B. Alkohol), von der angenommen wird, daß sie die Demenz verursacht hat. Die Diagnosennummer wird aus der Liste der Substanzklassen entnommen, welche in der Kriterienliste aufgeführt ist. Für Substanzen, die nicht in eine der Klassen passen, wird die Nummer für „Andere Substanzen" verwendet. Zusätzlich kann für in therapeutischen Dosen verschriebene Medikamente das spezifische Medikament durch die Aufführung des passenden E-Codes (siehe Anhang G) festgehalten werden. Wenn angenommen wird, daß mehr als eine Substanz für die Entwicklung der persistierenden Demenz eine entscheidende Rolle spielen, sollte jede Substanz einzeln aufgeführt werden (z. B. 291.2 (F10.73) Persistierende Alkoholinduzierte Demenz; 292.82 (F18.73) Persistierende Inhalantieninduzierte Demenz). Wenn angenommen wird, daß eine Substanz der ätiologische Faktor ist, diese spezifische Substanz oder Substanzklasse aber unbekannt ist, lautet die Diagnose 292.82 (F19.73) Durch eine Unbekannte Substanz Induzierte Persistierende Demenz.

Spezifische Substanzen

Eine Persistierende Substanzinduzierte Demenz kann in Verbindung mit folgenden Substanzklassen auftreten: Alkohol, Inhalantien, Sedativa, Hypnotika und Anxiolytika oder andere oder unbekannte Substanzen. Medikamente, von denen bekannt ist, daß sie eine Demenz verursachen können, sind unter anderem Antikonvulsiva und intrathekal injiziertes Methotrexat. Toxine, die die Symptome einer Demenz hervorrufen können, sind unter anderem Blei, Quecksilber, Kohlenmonoxid, organophosphathaltige Insektizide und industrielle Lösungsmittel.

Differentialdiagnose

Siehe S. 179 für eine allgemeine Diskussion der Differentialdiagnose von Demenzen.

Diagnostische Kriterien für Persistierende Substanzinduzierte Demenz

A. Entwicklung multipler kognitiver Defizite, die sich zeigen in sowohl
  (1) einer Gedächtnisbeeinträchtigung (beeinträchtigte Fähigkeit, neue Information zu erlernen oder früher Gelerntes abzurufen) als auch
  (2) mindestens einer der folgenden kognitiven Störungen:
    (a) Aphasie (Störung der Sprache),
    (b) Apraxie (beeinträchtigte Fähigkeit, motorische Aktivitäten auszuführen, trotz intakter Motorik),
    (c) Agnosie (Unfähigkeit, Gegenstände wiederzuerkennen oder zu identifizieren, trotz intakter sensorischer Funktionen),
    (d) Störung der Exekutivfunktionen (d. h. Planen, Organisieren, Einhalten einer Reihenfolge, Abstrahieren).
B. Die kognitiven Defizite in Kriterium A1 und A2 verursachen jeweils in bedeutsamer Weise Beeinträchtigungen in sozialen und beruflichen Funktionsbereichen und stellen eine deutliche Verschlechterung gegenüber einem früheren Leistungsniveau dar.

Fortsetzung nächste Seite

> Fortsetzung
>
> C. Die Defizite treten nicht ausschließlich im Verlauf eines Delir auf und bleiben über die übliche Dauer einer Intoxikation oder eines Entzugs hinaus bestehen.
>
> D. Es gibt Hinweise aus der Krankengeschichte, körperlichen Untersuchung oder Laborbefunden, daß die Defizite ätiologisch mit den anhaltenden Wirkungen einer Substanzeinnahme zusammenhängen (z. B. Droge, Medikament).
>
> *Codiere* Persistierende [Spezifische Substanz-]induzierte Demenz:
> (291.2 (F10.73) Alkohol; 292.82 (F18.73) Inhalans; 292.82 (F13.73) Sedativum, Hypnotikum oder Anxiolytikum; 292.82 (F19.73) Andere (oder Unbekannte) Substanz).

Demenz Aufgrund Multipler Ätiologien

Die Kategorie der Demenz Aufgrund Multipler Ätiologien wurde aufgenommen, um Untersucher auf die Situation aufmerksam zu machen, daß eine Demenz häufig mehr als nur eine Ätiologie hat. Es kann sein, daß mehr als ein medizinischer Krankheitsfaktor in ätiologischem Zusammenhang mit der Demenz steht (z. B. Demenz vom Alzheimer Typ und Demenz bei Schädel-Hirn-Trauma). Oder die Demenz tritt aufgrund der kombinierten Effekte eines medizinischen Krankheitsfaktors (z. B. Parkinsonsche Erkrankung) und der Langzeiteinnahme einer Substanz (z. B. Persistierende Alkoholinduzierte Demenz) auf.

Codierungsregeln

Die Demenz Aufgrund Multipler Ätiologien hat keine eigene, gesonderte Codierungsnummer und sollte nicht als Diagnose aufgeführt werden. Zum Beispiel sollte im folgenden Fall sowohl Demenz vom Alzheimer Typ als auch Vaskuläre Demenz diagnostiziert werden: Ein Betroffener hat eine Demenz vom Alzheimer Typ, Mit Spätem Beginn, Unkompliziert, und entwickelt nach einer Reihe von Schlaganfällen eine signifikante weitere Einbuße in der kognitiven Leistungsfähigkeit. In diesem Beispiel würde der Untersucher sowohl 290.0 (F00.10) Demenz vom Alzheimer Typ, Mit Spätem Beginn, Unkompliziert, als auch 290.40 (F01.00) Vaskuläre Demenz, Unkompliziert, auf Achse I aufführen. Auf Achse III wird 331.0 Alzheimersche Erkrankung und 436 Schlaganfall codiert.

> **Diagnostische Kriterien für Demenz Aufgrund Multipler Ätiologien**
>
> A. Entwicklung multipler kognitiver Defizite, die sich zeigen in sowohl
>   (1) einer Gedächtnisbeeinträchtigung (beeinträchtigte Fähigkeit, neue Information zu erlernen oder früher Gelerntes abzurufen) als auch
>   (2) mindestens einer der folgenden kognitiven Störungen:
>   (a) Aphasie (Störung der Sprache),
>   (b) Apraxie (beeinträchtigte Fähigkeit, motorische Aktivitäten auszuführen, trotz intakter Motorik),
>
> Fortsetzung nächste Seite

> Fortsetzung
>
>   (c) Agnosie (Unfähigkeit, Gegenstände wiederzuerkennen oder zu identifizieren, trotz intakter sensorischer Funktionen),
>   (d) Störung der Exekutivfunktionen (d. h. Planen, Organisieren, Einhalten einer Reihenfolge, Abstrahieren).
>
> B. Die kognitiven Defizite in Kriterium A1 und A2 verursachen jeweils in bedeutsamer Weise Beeinträchtigungen in sozialen und beruflichen Funktionsbereichen und stellen eine deutliche Verschlechterung gegenüber einem früheren Leistungsniveau dar.
>
> C. Es gibt Hinweise aus der Krankengeschichte, der körperlichen Untersuchung und Laborbefunden, daß das Störungsbild mehr als eine Ätiologie aufweist (z. B. Schädel-Hirn-Trauma plus chronischer Alkoholkonsum, Demenz vom Alzheimer Typ mit nachfolgender Entwicklung einer Vaskulären Demenz).
>
> D. Die Defizite treten nicht ausschließlich im Verlauf eines Delirs auf.
>
> **Codierhinweis:** Benutze die verschiedenen Codierungsnummern der unterschiedlichen Demenzen und der spezifischen Ätiologien, z. B. 290.0 (F00.10) Demenz vom Alzheimer Typ, Mit Spätem Beginn, Unkompliziert; 290.4 (F01.00) Vaskuläre Demenz, Unkompliziert.

294.8 (F03) Nicht Näher Bezeichnete Demenz

Diese Kategorie sollte zur Diagnose einer Demenz benutzt werden, die nicht die Kriterien für einen der spezifischen Typen erfüllt, die in diesem Kapitel beschrieben wurden.

Ein Beispiel ist das klinisch erfaßbare Bild einer Demenz für die es unzureichende Hinweise gibt, um eine spezifische Ätiologie nachweisen zu können.

Amnestische Störungen

Die Störungen im Kapitel „Amnestische Störungen" sind charakterisiert durch eine Gedächtnisstörung, die entweder die direkte körperliche Folge eines medizinischen Krankheitsfaktors ist oder auf die anhaltende Wirkung einer Substanz (d. h. Droge, Medikament oder Exposition gegenüber einem Toxin) zurückgeht. Den Störungen in diesem Kapitel ist die Gedächtnisbeeinträchtigung gemeinsam, sie unterscheiden sich jedoch in der Ätiologie. Die unten aufgeführten diagnostischen Merkmale gehören zur **Amnestischen Störung Aufgrund eines Medizinischen Krankheitsfaktors** (z. B. physisches Trauma oder Vitaminmangel) und zur **Persistierenden Substanzinduzierten Amnestischen Störung** (einschließlich Medikamentennebenwirkungen). Zusätzlich wurde die **Nicht Näher Bezeichnete Amnestische Störung** in dieses Kapitel aufgenommen für Krankheitsbilder, bei denen der Untersucher eine spezifische Ätiologie der Gedächtnisstörung nicht festlegen kann. Der erklärende Text und die Kriterien der Dissoziativen Störungen einschließlich Gedächtnisverlust werden nicht hier, sondern im Kapitel Dissoziative Störungen besprochen (siehe S. 543).

Diagnostische Merkmale

Bei einer amnestischen Störung ist die Fähigkeit zum Erlernen neuer Information beeinträchtigt oder bereits Gelerntes bzw. vergangene Ereignisse können nicht abgerufen werden (**Kriterium A**). Die Gedächtnisstörung muß so ausgeprägt sein, daß die soziale oder berufliche Leistungsfähigkeit erheblich beeinträchtigt ist, und muß eine deutliche Verschlechterung gegenüber einem früheren Leistungsniveau darstellen (**Kriterium B**). Das Erlernen und die Wiedergabe neuer Informationen ist bei einer amnestischen Störung immer beeinträchtigt, Probleme beim Erinnern früher gelernter Informationen kommen dagegen weniger konsistent vor, je nach Lokalisation und Schweregrad der Hirnschädigung. Am deutlichsten wird die Gedächtniseinbuße bei Aufgaben zur spontanen Wiedergabe, sie kann sich aber auch dann zeigen, wenn der Untersucher Hinweisreize bei der Wiedergabe vorgibt. Abhängig vom betroffenen Hirnareal beziehen sich die Defizite vorrangig auf verbale oder visuelle Stimuli. In manchen Fällen kann ein Patient mit einer amnestischen Störung Inhalte aus der weit zurückliegenden Vergangenheit besser erinnern als jüngere Ereignisse (z. B. erinnert sich eine Person lebhaft und mit allen Details an einen Krankenhausaufenthalt 10 Jahre vor dem Untersuchungszeitpunkt, weiß jedoch nichts vom derzeitigen Aufenthalt in einem Krankenhaus).

Die Diagnose sollte nicht gestellt werden, wenn die Gedächtnisbeeinträchtigung ausschließlich im Verlauf eines Delirs auftritt (d. h. nur in Zusammenhang mit einer verminderten Fähigkeit zur Aufrechterhaltung und zur Verlagerung der Aufmerksamkeit). Typischerweise ist die Wiedergabe einer Reihe aufeinanderfolgender Informationen (z. B. Zahlenspanne) direkt nach der Vorgabe bei einer amnestischen Störung nicht beeinträchtigt. Eine solche Beeinträchtigung ließe eher auf das Vorliegen einer Aufmerksamkeitsstörung schließen, die wiederum ein Hinweis auf ein Delir sein kann. Auch wird die Diagnose nicht gestellt, wenn andere, demenztypische kognitive Einbußen beobachtbar sind (z. B. Aphasie, Apraxie, Agnosie, Störung der Exekutivfunktionen). Personen mit einer amnestischen Störung können durch die Gedächtnisdefizite eine nicht unerhebliche Einbuße ihres sozialen Funktionsniveaus oder der verbalen Ausdrucksfähigkeit erleiden. Im Extremfall kann zur Sicherstellung ausreichender Ernährung und Pflege eine intensive Überwachung notwendig werden.

Zugehörige Merkmale und Störungen

Oftmals geht einer amnestischen Störung ein klinisches Bild mit Verwirrung und Desorientiertheit voraus, gelegentlich auch eine Aufmerksamkeitsstörung, welche zunächst an ein Delir denken läßt (z. B. Amnestische Störung Aufgrund von Thiaminmangel). Im Frühstadium einer amnestischen Störung kann der Patient konfabulieren, was sich im Laufe der Zeit meist zurückbildet. Konfabulation zeigt sich oft in Form von Geschichten über imaginäre Ereignisse, durch die die Gedächtnislücken ausgefüllt werden. Daher kann es wichtig sein, bestätigende Informationen von Familienangehörigen und anderen zu erheben. Eine ausgeprägte Amnesie kann zu räumlicher und zeitlicher Desorientiertheit führen. Nur selten kommt es zu Desorientiertheit zur eigenen Person, wie sie bei einer Demenz vorkommt, für eine amnestische Störung jedoch unüblich ist. Die meisten Betroffenen mit einer schweren Amnestischen Störung sind sich ihrer Gedächtnisdefizite nicht bewußt und können explizit das Vorhandensein schwerer Gedächtnisbeeinträchtigungen leugnen, trotz der gegenteiligen Beweise. Dieser Mangel an Krankheitseinsicht kann zu ungerechtfertigten Vorwürfen an andere Personen führen, in seltenen Fällen auch zu Agitiertheit. Manche Personen bemerken, daß irgendetwas mit ihnen nicht stimmt, scheinen dadurch aber nicht betroffen zu sein. Apathie, Mangel an Initiative, emotionale Verflachung und andere, auf einen Persönlichkeitswandel hinweisende Veränderungen können auftreten. Die Personen können oberflächlich freundlich oder angenehm im Umgang sein, die Variationsbreite ihres Gefühlsausdruckes ist jedoch verflacht oder eingeschränkt. Personen mit einer vorübergehenden Amnesie machen oft einen verwirrten oder benebelten Eindruck. Minimale Defizite in anderen kognitiven Funktionen können festzustellen sein, diese sind aber definitionsgemäß nicht so schwer ausgeprägt, daß sie zu einer klinisch bedeutsamen Beeinträchtigung führen. Bei einer quantitativen neuropsychologischen Testung zeigen sich oft spezifische Gedächtnisdefizite, ohne sonstige kognitive Störungen. Die Leistung in standardisierten Testaufgaben, in denen die Nennung von bekannten historischen Ereignissen oder Personen des öffentlichen Lebens geprüft werden, kann bei amnestischen Patienten variieren, je nach Art und Ausmaß des Defizits.

Besondere kulturelle Merkmale

Der kulturelle Hintergrund und die Ausbildung sollten bei der Einschätzung des Gedächtnisses in Betracht gezogen werden. Je nach Herkunft sind Personen mit den in Tests verwendeten Informationen möglicherweise nicht vertraut (z. B. das Geburtsdatum in Kulturkreisen, die nicht regelmäßig den Geburtstag feiern).

Verlauf

Das Alter bei Beginn und der Verlauf einer amnestischen Störung können sich je nach der für die amnestische Störung ursächlichen Erkrankung sehr unterscheiden. Ein Schädel-Hirn-Trauma, ein Schlaganfall oder andere zerebrovaskuläre Ereignisse oder bestimmte Formen einer neurotoxischen Einwirkung (z. B. Kohlenmonoxidvergiftung) können Anlaß für den akuten Beginn einer amnestischen Störung sein. Andere Faktoren, z. B. länger andauernder Substanzmißbrauch, chronische neurotoxische Einwirkung oder ein fortgesetzter Ernährungsmangel können zu einem schleichenden Beginn führen. Eine zerebrovaskulär verursachte, vorübergehende Amnesie kann wiederkehrend auftreten, wobei die Episoden jeweils mehrere Stunden bis mehrere Tage andauern. Amnestische Störungen aufgrund eines Schädel-Hirn-Traumas können unterschiedlich lange bestehen. Charakteristisch ist ein Muster mit Schwerpunkt der Einbußen direkt nach der Verletzung und einer Besserung während der folgenden 2 Jahre (eine über 24 Monate nach dem Trauma hinausgehende weitere Verbesserung wurde auch beobachtet, ist jedoch seltener). Störungen aufgrund der Zerstörung der Strukturen im mittleren Temporallappen (z. B. durch Infarkt, einen chirurgischen Eingriff oder Mangelernährung im Rahmen einer Alkoholabhängigkeit) können dauerhafte Beeinträchtigungen verursachen.

Differentialdiagnose

Gedächtnisbeeinträchtigung findet sich auch als Merkmal eines **Delirs** und einer **Demenz**. Bei einem Delir tritt die Funktionsstörung des Gedächtnisses zusammen mit einer Bewußtseinsstörung sowie einer reduzierten Fähigkeit, die Aufmerksamkeit zu richten, aufrechtzuerhalten oder gezielt zu verlagern auf. Bei einer Demenz muß die Gedächtnisstörung von multiplen kognitiven Defiziten begleitet sein (d. h. Aphasie, Apraxie, Agnosie oder eine Störung der Exekutivfunktionen), die zu einer klinisch bedeutsamen Beeinträchtigung führen.

Eine amnestische Störung muß von einer **Dissoziativen Amnesie** unterschieden werden und von einer Amnesie, die im Rahmen **anderer Dissoziativer Störungen** auftritt (z. B. **Dissoziative Identitätsstörung**). Definitionsgemäß geht eine amnestische Störung zurück auf die direkte körperliche Wirkung eines medizinischen Krankheitsfaktors oder einer Substanz. Darüber hinaus schließt eine Amnesie bei Dissoziativen Störungen typischerweise keine Defizite beim Erwerb und bei der Wiedergabe neuer Information ein; die Betroffenen sind vielmehr nicht in der Lage, umschriebene Gedächtnisinhalte der Vergangenheit abzurufen, gewöhnlich traumatische oder streßbesetzte Inhalte.

Bei Gedächtnisstörungen (z. B. Blackouts), die nur im Laufe der Intoxikation mit oder des Entzugs von einer mißbräuchlich verwendeten Substanz bestehen, sollte die entsprechende Diagnose einer **Intoxikation** oder eines **Entzugs** gestellt werden, jedoch keine separate Diagnose einer amnestischen Störung. Bei Gedächtnisstörungen im Zusammenhang mit der Einnahme eines Medikaments können Nicht Näher Bezeichnete Ungünstige Wirkungen einer Medikation (siehe S. 766) vermerkt und das Medikament mittels einer E-Codierung benannt werden (siehe Anhang G).

Die angenommene Ätiologie der amnestischen Störung bestimmt die Diagnose (Beschreibung und diagnostische Kriterien jeder amnestischen Störung finden sich weiter unten in diesem Kapitel). Wird die Gedächtnisstörung als das Ergebnis der direkten körperlichen Wirkung eines medizinischen Krankheitsfaktors (einschl. Schädel-Hirn-Trauma) eingeschätzt, wird eine **Amnestische Störung Aufgrund eines Medizinischen Krankheitsfaktors** diagnostiziert. Resultiert die Gedächtnisstörung aus der andauernden Wirkung einer Substanz (d. h. Droge, Medikament oder Exposition gegenüber einem Toxin), so wird eine **Persistierende Substanzinduzierte Amnestische Störung** codiert. Wenn sowohl eine Substanz (z. B. Alkohol) als auch ein medizinischer Krankheitsfaktor (z. B. Schädel-Hirn-Trauma) eine ätiologische Rolle in der Entwicklung der Gedächtnisstörung spielen, werden beide Diagnosen gestellt. Kann eine spezifische Ätiologie nicht festgelegt werden (d. h. dissoziativ, substanzinduziert oder aufgrund eines medizinischen Krankheitsfaktors), wird die **Nicht Näher Bezeichnete Amnestische Störung** diagnostiziert.

Eine amnestische Störung muß von **Simulation** und von einer **Vorgetäuschten Störung** abgegrenzt werden. Diese schwierige Unterscheidung wird durch eine systematische Gedächtnistestung (bei der sich oft inkonsistente Ergebnisse bei einer Vorgetäuschten Störung oder Simulation finden) und durch das Fehlen eines medizinischen Krankheitsfaktors oder einer Substanzeinnahme, die ätiologisch mit der Gedächtnisbeeinträchtigung zusammenhängen, erleichtert.

Außerdem sollte eine amnestische Störung von den weniger ausgeprägten Gedächtnisstörungen im Rahmen eines **Altersbedingten Kognitiven Abbaus** abgegrenzt werden, der noch innerhalb der für den Betroffenen zu erwartenden Altersnorm kognitiver Leistungen liegt.

294.0 (F04) Amnestische Störung Aufgrund eines Medizinischen Krankheitsfaktors

Diagnostische und zugehörige Merkmale

Die Beschreibungsmerkmale einer Amnestischen Störung Aufgrund eines Medizinischen Krankheitsfaktors werden auf Seite 199 diskutiert. Für eine Diagnosestellung müssen aus Anamnese, körperlicher Untersuchung und Laborbefunden zusätzliche Hinweise dafür vorliegen, daß die Gedächtnisstörung die direkte Folge eines medizinischen Krankheitsfaktors (einschließlich Schädel-Hirn-Trauma) ist (**Kriterium D**).

Bei der Festlegung, ob das amnestische Störungsbild auf einen medizinischen Krankheitsfaktor zurückgeht, muß der Untersucher zunächst den medizinischen Krankheitsfaktor nachweisen. Weiterhin muß der Untersucher nachweisen, daß das amnestische Störungsbild mit dem medizinischen Krankheitsfaktor ursächlich mittels eines physiologischen Wirkmechanismus zusammenhängt. Um dies zu beurteilen, ist eine sorgfältige und umfassende Bewertung multipler Faktoren notwendig. Klare Richtlinien hierfür liegen nicht vor, folgende Überlegungen können jedoch hilfreich sein: Erstens ist die zeitliche Beziehung zwischen dem Beginn, der Verschlechterung oder Remission des medizinischen Krankheitsfaktors und der amnestischen Störung zu beachten. Zweitens müssen für eine Gedächtnisbeeinträchtigung untypische Merkmale im Rahmen einer dissoziativen oder einer anderen psychischen Störung beachtet werden (z. B. untypisches Alter bei Krankheitsbeginn oder untypischer Verlauf). Hinweise aus der Literatur auf eine direkte Beziehung zwischen dem fraglichen medizinischen Krankheitsfaktor und der Entwicklung einer Gedächtnisbeeinträchtigung können bei der Beurteilung des Einzelfalls hilfreich sein. Zusätzlich muß der Untersucher prüfen, ob die Auffälligkeiten nicht durch eine Dissoziative Störung, eine Persistierende Substanzinduzierte Amnestische Störung oder eine andere primäre psychische Störung (z. B. Major Depression) besser erklärt werden können. Genauer wird dies im Abschnitt „Psychische Störungen Aufgrund eines Medizinischen Krankheitsfaktors" erklärt (siehe S. 209).

Oft zeigen Patienten mit einer Amnestischen Störung Aufgrund eines Medizinischen Krankheitsfaktors andere Symptome der primären systemischen oder zerebralen Erkrankung, die für die Gedächtnisbeeinträchtigung verantwortlich ist. Einziges Merkmal kann eine Einbuße des kognitiven Status sein. Es lassen sich keine spezifischen oder diagnostisch relevanten Merkmale mit Verfahren wie der Kernspintomographie (MRI) oder der Computertomographie (CT) erfassen. Eine Schädigung der Strukturen des mediotemporalen Schädellappens ist jedoch häufig und kann sich in einer mittels MRI festgestellten Erweiterung des dritten Ventrikels, der Temporalhörner oder einer strukturellen Atrophie zeigen.

Zusatzcodierungen

Die folgenden Zusatzcodierungen können zur Codierung der Dauer der Störung verwendet werden:
— **Vorübergehend**. Diese Zusatzcodierung wird benutzt, um eine Dauer zwischen mehreren Stunden und wenigen Tagen, in jedem Fall weniger als einen Monat, zu bezeichnen. Wird die Diagnose innerhalb eines Monats nach Erkrankungsbeginn und vor einer Remission gestellt, kann zusätzlich die Bezeichnung „vorläufig" verwendet werden. Eine „transiente globale Amnesie" ist eine besondere Form der vorübergehenden amnestischen

Störung, gekennzeichnet durch die umfassende, vorübergehende Unfähigkeit, neues Material zu erlernen und eine im Schweregrad variable Beeinträchtigung im freien Abruf von Ereignissen, die kurz vor oder während der ursächlichen zerebrovaskulären Komplikation aufgetreten sind.
— **Chronisch.** Diese Zusatzcodierung wird benutzt, um länger als einen Monat andauernde Störungen zu bezeichnen.

Codierungsregeln

Bei der Diagnose einer Amnestischen Störung Aufgrund eines Medizinischen Krankheitsfaktors sollte der Untersucher den als ursächlich identifizierten medizinischen Krankheitsfaktor auf Achse I codieren (z. B. 294.0 (F04) Amnestische Störung Aufgrund eines Schlaganfalls). Außerdem ist die ICD-9-CM-Nummer des medizinischen Krankheitsfaktors auf Achse III zu codieren (z. B. 436 Schlaganfall). (Siehe die Liste ausgewählter ICD-9-CM-Nummern für medizinische Krankheitsfaktoren in Anhang G.)

Zugehörige medizinische Krankheitsfaktoren

Eine amnestische Störung tritt oft als Ergebnis eines pathologischen Prozesses auf (z. B. gedecktes SHT, penetrierende Schußverletzungen, chirurgische Eingriffe, Hypoxie, Infarzierung im Versorgungsgebiet der Arteria cerebri posterior und Infektion mit Herpes simplex), der eine Schädigung bestimmter Strukturen im diencephalischen und mediotemporalen Lappen (z. B. Corpora mamillaria, Hippocampus, Fornix) zur Folge hat. Das pathologische Geschehen ist oftmals beidseitig, aber Störungen können auch in der Folge unilateraler Läsionen auftreten. Vorübergehende amnestische Störungen, wenn sie in der Form der Transienten Globalen Amnesie auftreten, sind typischerweise mit einer zerebrovaskulären Erkrankung und einem pathologischen Prozeß im vertebrobasilären Bereich in Verbindung zu bringen. Eine vorübergehende Amnestische Störung kann auch als Folge episodischer medizinischer Krankheitsfaktoren entstehen (z. B. Stoffwechselprozesse oder Krampfanfälle).

Differentialdiagnose

Siehe Seite 200 für eine Diskussion der Differentialdiagnose der amnestischen Störungen.

Diagnostische Kriterien für 294.0 (F04) Amnestische Störung Aufgrund von ...
[Benenne den Medizinischen Krankheitsfaktor]

A. Entwicklung einer Gedächtnisbeeinträchtigung im Sinne einer Einschränkung der Fähigkeit, neue Informationen zu lernen oder der Unfähigkeit, früher gelernte Informationen abzurufen.

B. Die Gedächtnisstörung verursacht in bedeutsamer Weise Beeinträchtigungen in sozialen und beruflichen Funktionsbereichen und stellt eine bedeutsame Verschlechterung gegenüber einem früheren Leistungsniveau dar.

Fortsetzung nächste Seite

> Fortsetzung
>
> C. Die Gedächtnisstörung tritt nicht ausschließlich im Verlauf eines Delirs oder einer Demenz auf.
>
> D. Es gibt Hinweise aus der Krankengeschichte, der körperlichen Untersuchung und Laborbefunden, daß das Störungsbild die direkte körperliche Folge eines medizinischen Krankheitsfaktors (einschließlich physisches Trauma) ist.
>
> *Bestimme*, ob:
> **Vorübergehend**: Wenn die Gedächtnisstörung 1 Monat oder weniger andauert.
> **Chronisch**: Wenn die Gedächtnisstörung länger als 1 Monat anhält.
>
> **Codierhinweis:**
> Schließe den Namen des medizinischen Krankheitsfaktors auf Achse I ein, z. B. 294.0 (F04) Amnestische Störung Aufgrund eines Schädel-Hirn-Traumas; codiere den medizinischen Krankheitsfaktor zusätzlich auf Achse III (siehe Anhang G für die Codierungsnummern).

Persistierende Substanzinduzierte Amnestische Störung

Diagnostische und zugehörige Merkmale

Die Beschreibungsmerkmale für die Persistierende Substanzinduzierte Amnestische Störung (**Kriterium A** und **B**) werden auf Seite 199 diskutiert. Die Gedächtnisstörung tritt nicht ausschließlich im Verlauf eines Delirs oder einer Demenz auf und besteht über die normale Dauer einer Substanzintoxikation oder eines -Entzugs hinaus (**Kriterium C**). Um die Persistierende Substanzinduzierte Amnestische Störung zu diagnostizieren, muß es zusätzlich Hinweise aus der Krankengeschichte, dem körperlichen Befund oder den Laborbefunden geben, daß die Gedächtnisstörung in ätiologischem Zusammenhang mit den andauernden Wirkungen einer Substanzeinnahme steht (z. B. Droge, Medikament, Exposition gegenüber einem Toxin) (**Kriterium D**). Die Störung wird als „persistierend" bezeichnet, da die Gedächtnisstörung auch noch lange über den Zeitraum hinaus besteht, in dem der Betroffene unter den Auswirkungen einer Substanzintoxikation oder eines -Entzugs leidet.

Die Merkmale, die in Verbindung mit der Persistierenden Substanzinduzierten Amnestischen Störung stehen, entsprechen denjenigen der amnestischen Störungen im allgemeinen (siehe S. 199). Auch wenn sie derzeit von einer Substanzeinnahme abstinent sind, haben die meisten Betroffenen mit dieser Störung in der Vorgeschichte eine Phase einer langdauernden und massiven Substanzeinnahme hinter sich, die die Kriterien einer Abhängigkeit erfüllt. Da die Störung auch noch lange nach Beendigung der Substanzeinnahme besteht, können die Blut- und Urintests für die jeweilige Substanz negativ sein. Das Alter bei Beginn liegt selten vor dem 20. Lebensjahr. Die resultierende Beeinträchtigung kann stabil bleiben oder sich verschlimmern, auch wenn die Substanzeinnahme eingestellt wird.

Für eine detailliertere Diskussion der Merkmale für Störungen im Zusammenhang mit Psychotropen Substanzen siehe Seite 221.

Codierungsregeln

Der Name der Diagnose beginnt mit dem Namen der spezifischen Substanz (z. B. Alkohol, Secobarbital), von der angenommen wird, daß sie die Gedächtnisstörung verursacht. Die Diagnosenummer wird aus der Liste der Substanzklassen entnommen, welche in der Kriterienliste aufgeführt ist. Für Substanzen, die nicht in eine der Klassen passen, wird die Ziffer für „Andere Substanzen" verwendet. Zusätzlich kann für in therapeutischen Dosen verordnete Medikamente das spezifische Medikament durch die Aufführung des passenden E-Codes festgehalten werden (siehe Anhang G). Wenn angenommen wird, daß mehr als eine Substanz für die Entwicklung der Gedächtnisstörung eine entscheidende Rolle spielen, sollte jede Substanz separat aufgeführt werden. (z. B. 291.1 (F10.6) Persistierende Alkoholinduzierte Amnestische Störung; 292.83 (F13.6) Persistierende Secobarbitalinduzierte Amnestische Störung). Wenn angenommen wird, daß eine Substanz der ätiologische Faktor ist, diese spezifische Substanz oder Substanzklasse aber unbekannt ist, lautet die Diagnose 292.83 (F19.6) Durch eine Unbekannte Substanz Induzierte Persistierende Amnestische Störung.

Spezifische Substanzen

Eine Persistierende Substanzinduzierte Amnestische Störung kann in Verbindung mit folgenden Substanzklassen auftreten: Alkohol, Sedativa, Hypnotika und Anxiolytika und andere oder unbekannte Substanzen.

Offensichtlich ist die Persistierende Alkoholinduzierte Amnestische Störung die Folge eines Vitaminmangels, der in Verbindung mit einer langdauernden, massiven Zuführung von Alkohol steht. Zugehörige Merkmale sind neurologische Störungen wie die periphere Neuropathie, cerebelläre Ataxie und Myopathie. Die Persistierende Alkoholinduzierte Amnestische Störung infolge eines Thiaminmangels (Korsakow-Syndrom) folgt oft auf eine akute Episode einer Wernicke Enzephalopathie, eine neurologische Erkrankung mit Verwirrtheit, Ataxie, Störungen der Augenbewegungen (Blicklähmungen, Nystagmus) und anderen neurologischen Zeichen. Diese Krankheitszeichen bilden sich stufenweise zurück, aber eine deutliche Beeinträchtigung des Gedächtnisses bleibt bestehen. Wenn die Wernicke Enzephalopathie frühzeitig mit hohen Dosen Thiamin behandelt wird, kann die Entwicklung einer Persistierenden Alkoholinduzierten Amnestischen Störung ausbleiben. Obwohl das Alter kein spezifischer ätiologischer Faktor ist, haben die Betroffenen häufig eine jahrelange Vorgeschichte von Alkoholmißbrauch und sind meist über 40 Jahre alt. Normalerweise ist der Beginn abrupt, bei einigen Betroffenen können sich die Defizite schleichend im Verlauf mehrerer Jahre entwickeln, aufgrund wiederholter toxischer und ernährungsbedingter Fehleinflüsse, bis letztendlich eine dramatisch beeinträchtigende Episode ausbricht, die offensichtlich auf einen Thiaminmangel zurückzuführen ist. Die Störung ist, wenn sie einmal besteht, normalerweise chronisch-persistierend, obwohl es leichte Verbesserungen geben kann und es in einigen wenigen Fällen zu Remissionen kommt. Die Beeinträchtigung ist gewöhnlich ziemlich schwer und kann eine lebenslange Pflege notwendig machen. Eine Persistierende Sedativum-, Hypnotikum- oder Anxiolytikuminduzierte Demenz folgt auf die langdauernde und starke Einnahme von Substanzen dieser Stoffklassen. Der Verlauf variiert, und anders als bei der Persistierenden Alkoholinduzierten Amnestischen Störung kann es zu vollständiger Erholung kommen. Medikamente, von denen berichtet wird, daß sie amnestische Störungen verursachen, sind unter anderem Antikonvulsiva und intrathekal appliziertes Methotrexat.

Toxine, die zu den Symptomen einer Amnesie führen, sind unter anderem Blei, Quecksilber, Kohlenmonoxyd, organophosphathaltige Insektizide und industrielle Lösungsmittel.

Differentialdiagnose

Für eine allgemeine Diskussion der Differentialdiagnose von amnestischen Störungen siehe Seite 200.

Diagnostische Kriterien für Persistierende Substanzinduzierte Amnestische Störung

A. Entwicklung einer Gedächtnisbeeinträchtigung im Sinne einer Einschränkung der Fähigkeit, neue Informationen zu lernen oder der Unfähigkeit, früher gelernte Informationen abzurufen.

B. Die Gedächtnisstörung verursacht in bedeutsamer Weise Beeinträchtigungen in sozialen und beruflichen Funktionsbereichen und stellt eine bedeutsame Verschlechterung gegenüber einem früheren Leistungsniveau dar.

C. Die Gedächtnisstörung tritt nicht ausschließlich im Verlauf eines Delirs oder einer Demenz auf und hält über die übliche Dauer einer Intoxikation oder eines Entzugs hinaus an.

D. Es gibt Hinweise aus der Krankengeschichte, der körperlichen Untersuchung und aus Laborbefunden, daß die Gedächtnisstörung in ätiologischem Zusammenhang mit den andauernden Folgen einer Substanzeinnahme steht (z. B. Droge, Medikament).

Codiere Persistierende [Spezifische Substanz-]induzierte Amnestische Störung: (291.1 [F10.6] Alkohol; 292.83 [F13.6] Sedativum, Hypnotikum oder Anxiolytikum; 292.83 [F19.6] Andere [oder Unbekannte] Substanz).

294.8 (R41.3) Nicht Näher Bezeichnete Amnestische Störung

Diese Kategorie sollte verwendet werden, um eine amnestische Störung zu diagnostizieren, die nicht die Kriterien für eine der in diesem Kapitel beschriebenen spezifischen Typen erfüllt.

Ein Beispiel ist das klinisch erfaßbare Bild einer Amnesie, für die es nicht genügend Hinweise gibt, um eine spezifische Ätiologie nachweisen zu können (d. h. dissoziativ, substanzinduziert, oder aufgrund eines medizinischen Krankheitsfaktors).

Andere Kognitive Störungen

294.9 (F06.7) Nicht Näher Bezeichnete Kognitive Störung (erwäge auch F06.9, F07.2, F07.8)

Diese Kategorie ist den Störungen vorbehalten, die durch kognitive Funktionsbeeinträchtigungen charakterisiert sind, von denen angenommen wird, daß sie auf die direkte körperliche Wirkung eines medizinischen Krankheitsfaktors zurückgehen, die jedoch nicht die spezifischen Kriterien für die in diesem Kapitel aufgeführten spezifischen Delire, Demenzen oder Amnestischen Störungen erfüllen und die nicht besser als Nicht Näher Bezeichnetes Delir, Nicht Näher Bezeichnete Demenz oder Nicht Näher Bezeichnete Amnestische Störung klassifiziert werden. Für kognitive Fehlfunktionen, die aufgrund einer spezifischen oder unbekannten Substanz entstehen, sollte die Kategorie der Nicht Näher Bezeichneten Störung im Zusammenhang mit Psychotropen Substanzen verwendet werden.

Beispiele sind:
1. Leichte neurokognitive Störung (F06.7, F07.8): Eine Beeinträchtigung des kognitiven Leistungsniveaus, nachgewiesen durch neuropsychologische Tests oder quantifizierbare klinische Untersuchungsmethoden, in Verbindung mit dem nachvollziehbaren Nachweis eines systemischen medizinischen Krankheitsfaktors oder einer Funktionsstörung im ZNS (siehe S. 794 für vorgeschlagene Forschungskriterien).
2. Postkontusionelle Störung (F07.2): Eine Beeinträchtigung des Gedächtnisses oder der Aufmerksamkeit mit zugehörigen Symptomen infolge eines Schädel-Hirn-Traumas (siehe S. 792 für vorgeschlagene Forschungskriterien).

Psychische Störungen Aufgrund eines Medizinischen Krankheitsfaktors

Eine Psychische Störung Aufgrund eines Medizinischen Krankheitsfaktors ist charakterisiert durch das Vorhandensein von psychischen Symptomen, bei denen man zu dem Urteil kommt, daß sie die direkte körperliche Folge eines medizinischen Krankheitsfaktors sind. Der Ausdruck *medizinischer Krankheitsfaktor* bezieht sich auf Krankheitsfaktoren, die auf Achse III codiert sind und die außerhalb des Kapitels „Psychische Störungen" der ICD aufgeführt sind. (Siehe Anhang G für eine zusammengefaßte Liste dieser Krankheitsfaktoren.) Wie in der „Einleitung" zu diesem Manual diskutiert wurde, impliziert die Aufrechterhaltung der Unterscheidung zwischen psychischen Störungen und medizinischen Krankheitsfaktoren nicht, daß es grundsätzliche Unterschiede in ihrer Konzeptualisierung gibt, daß psychische Störungen nicht mit körperlichen oder biologischen Faktoren oder Prozessen zusammenhängen oder daß medizinische Krankheitsfaktoren keine Beziehung zu Verhaltens- oder psychosozialen Faktoren und Prozessen hätten. Der Zweck der Unterscheidung zwischen medizinischen Krankheitsfaktoren und psychischen Störungen liegt darin, zur Genauigkeit bei der Beurteilung anzuregen und darin, ein Kürzel zur Verfügung zu stellen, das die Kommunikation zwischen Behandlern erleichtern soll. Allerdings wird für die klinische Praxis erwartet, daß eine spezifischere Terminologie verwendet wird, um den spezifischen jeweils beteiligten Krankheitsfaktor zu identifizieren.

Im DSM-III-R wurden die Psychischen Störungen Aufgrund eines Medizinischen Krankheitsfaktors und die Substanzinduzierten Störungen als „organisch bedingte" Störungen bezeichnet und wurden in einem einzigen Abschnitt aufgeführt. Diese Differenzierung von „organischen" psychischen Störungen als getrennter Klasse implizierte, daß „nichtorganische" oder „funktionelle" psychische Störungen in gewisser Weise unabhängig von körperlichen oder biologischen Faktoren oder Prozessen seien. DSM-IV eliminiert den Ausdruck *organisch* und unterscheidet solche psychischen Störungen, die durch einen medizinischen Krankheitsfaktor bedingt sind von solchen, die durch eine Substanz induziert sind und solchen, die keine spezifizierte Ätiologie haben. Der Ausdruck *primäre psychische Störung* wird als Kürzel benutzt, um deutlich zu machen, daß diese psychischen Störungen nicht durch einen medizinischen Krankheitsfaktor bedingt und nicht substanzinduziert sind.

Die Beschreibung und die Kriterien von drei dieser Störungen (nämlich **Katatone Störung Aufgrund eines Medizinischen Krankheitsfaktors**, **Persönlichkeitsveränderung Aufgrund eines Medizinischen Krankheitsfaktors** und **Nicht Näher Bezeichnete Psychische Störung Aufgrund eines Medizinischen Krankheitsfaktors**) werden in diesem Kapitel dargestellt. Die

Berater der deutschen Ausgabe:
PD Dr. Michael Zaudig, Windach
Prof. Dr. Henning Saß, Aachen

Übersetzer:
Dr. Dipl.-Psych. Rolf-Dieter Trautmann-Sponsel, Windach
Dipl.-Psych. Sabine Gruschwitz, Windach
Dr. Charl Thora, Windach
PD Dr. Michael Zaudig, Windach
Dipl.-Psych. Franziska Karlbauer, Windach

Beschreibung und die Kriterien für die unten aufgeführten Krankheitsfaktoren finden sich zusammen mit Störungen ähnlicher Symptomatik in anderen Kapiteln des Manuals. Das Manual wurde in dieser Art organisiert, um Untersucher darauf aufmerksam zu machen, daß diese Störungen bei der Differentialdiagnose zu berücksichtigen sind.

- **293.0 (F05.0) Delir Aufgrund eines Medizinischen Krankheitsfaktors**
  Beschreibung und Kriterien finden sich im Kapitel „Delir, Demenz, Amnestische und Andere Kognitive Störungen", Seite 168.
- **294.1 (F02) Demenz Aufgrund eines Medizinischen Krankheitsfaktors**
  Beschreibung und Kriterien finden sich im Kapitel „Delir, Demenz, Amnestische und Andere Kognitive Störungen, Seite 182.
- **294.0 (F04) Amnestische Störung Aufgrund eines Medizinischen Krankheitsfaktors**
  Beschreibung und Kriterien finden sich im Kapitel „Delir, Demenz, Amnestische und Andere Kognitive Störungen", Seite 202.
- **293.xx (F06.x) Psychotische Störung Aufgrund eines Medizinischen Krankheitsfaktors**
  Beschreibung und Kriterien finden sich im Kapitel „Schizophrenie und Andere Psychotische Störungen", Seite 364.
- **293.83 (F06.3x) Affektive Störung Aufgrund eines Medizinischen Krankheitsfaktors**
  Beschreibung und Kriterien finden sich im Kapitel „Affektive Störungen", Seite 428.
- **293.89 (F06.4) Angststörung Aufgrund eines Medizinischen Krankheitsfaktors**
  Beschreibung und Kriterien finden sich im Kapitel „Angststörungen", Seite 500.
- **-.- Sexuelle Funktionsstörung Aufgrund eines Medizinischen Krankheitsfaktors**
  Beschreibung und Kriterien finden sich im Kapitel „Sexuelle und Geschlechtsidentitätsstörungen", Seite 584.
- **780.xx (G47.x) Schlafstörung Aufgrund eines Medizinischen Krankheitsfaktors**
  Beschreibung und Kriterien finden sich im Kapitel „Schlafstörungen", Seite 679.

Diagnostische Merkmale

Drei Kriterien erscheinen in den Kriterienlisten für jede der Psychischen Störungen Aufgrund eines Medizinischen Krankheitsfaktors:

B. Es gibt deutliche Hinweise aus Anamnese, körperlicher Untersuchung oder Laborbefunden dafür, daß die Störung die direkte körperliche Folge eines medizinischen Krankheitsfaktors ist.

Die Anwendung dieses Kriteriums erfordert zwei getrennte Beurteilungen: daß ein medizinischer Krankheitsfaktor vorliegt (nachgewiesen durch Anamnese, körperliche Untersuchung oder Laboruntersuchungen) und daß die Störung (z. B. psychotisch, affektiv, Angstsymptome) ätiologisch mit diesem medizinischen Krankheitsfaktor durch einen physiologischen Mechanismus in Zusammenhang steht. Obwohl es keine zweifelsfreien Richtlinien dafür gibt zu bestimmen, ob die Beziehung zwischen der Störung und dem medizinischen Krankheitsfaktor ursächlich ist, liefern verschiedene Überlegungen Hilfestellungen in diesem Bereich. Eine Überlegung betrifft das Vorhandensein einer zeitlichen Beziehung zwischen dem Beginn, der Exazerbation oder der Remission des medizinischen Krankheitsfaktors und denen der psychischen Störung (z. B. Symptome einer Angststörung bei einer Person mit einem Nebenschilddrüsenadenom, die verschwinden, nachdem durch die chirurgische Entfernung des Adenoms ein normaler Serum-Calcium-Spiegel wiederhergestellt wurde). Wenn auch die nahe zeitliche Beziehung häufig hilfreich für die Beurteilung der Ätiologie ist, gibt es doch zahlreiche Ausnahmen. Zum Beispiel kann sich eine Psychotische Störung Aufgrund einer Epilepsie erst viele Jahre nach Beginn der Anfälle zeigen. Alternativ können Symptome und Zeichen einer psychischen Störung zu den ersten Manifestationen einer systemischen oder cerebralen Erkrankung gehören, die bereits mehrere Monate vor der Entdeckung eines zugrundeliegenden pathologischen Prozesses auftauchen können (z. B. eine depressive Stimmung, die bei einer Chorea Huntington den choreatiformen Bewegungsstörungen vorausgeht). Psychische Störungen Aufgrund eines Medizinischen Krankheitsfaktors können auch weiterbestehen, nachdem der medizinische Krankheitsfaktor behandelt wurde (z. B. eine persistierende depressive Stimmung nach Schilddrüsenhormon-Substitution). Darüber hinaus kann die Psychische Störung Aufgrund eines Medizinischen Krankheitsfaktors durch eine symptomatische Behandlung beeinflußt werden, auch wenn der medizinische Krankheitsfaktor weiterbesteht (z. B. Depression bei Epilepsie). Eine Behandlung, die auf den medizinischen Krankheitsfaktor zielt und gleichzeitig sowohl die Symptome des medizinischen Krankheitsfaktors als auch der psychischen Störung beeinflußt, könnte ein deutlicherer Hinweis auf eine ätiologische Beziehung sein.

Eine zweite wichtige Überlegung ist das Vorhandensein von Merkmalen, die untypisch für die primäre psychische Störung sind. Das häufigste Beispiel ist ein untypisches Alter bei Beginn oder im Verlauf (z. B. erstmaliges Auftreten von schizophrenieartigen Symptomen bei einer 75jährigen Person). Es können ungewöhnliche Begleitmerkmale auftreten (z. B. visuelle oder taktile Halluzinationen bei einer Episode ähnlich einer Major Depression) oder diagnostische Merkmale, die unverhältnismäßig schwer sind im Hinblick auf die Gesamtsymptomatik (z. B. ein Gewichtsverlust von 25 kg bei einer Person mit sonst nur mäßigen depressiven Symptomen könnte darauf hinweisen, daß ein medizinischer Krankheitsfaktor vorliegt). Der Untersucher sollte besonders aufmerksam sein, wenn bedeutsame kognitive Defizite vorliegen, die unverhältnismäßig sind im Vergleich zu denen, die man typischerweise bei der primären psychischen Störung findet. Hinweise aus der Literatur bezüglich etablierten oder häufigen Beziehungen zwischen dem medizinischen Krankheitsfaktor und der Phänomenologie einer spezifischen psychischen Störung können bei der Beurteilung der jeweiligen Situation hilfreich sein. Solche Studien können Hinweise auf eine plausible ätiologische Beziehung zwischen den psychischen Symptomen und dem medizinischen Krankheitsfaktor (z. B. der Ort einer Läsion oder ein bekannter pathophysiologischer Mechanismus, der mit hoher Wahrscheinlichkeit die Hirnfunktion beeinflußt) und auf eine erhöhte Prävalenzrate der psychischen Symptome (d. h. oberhalb der Basishäufigkeit in einer geeigneten Kontrollpopulation) bei Personen mit dem medizinischen Krankheitsfaktor liefern. Obwohl solche Hinweise es nahelegen, eine kausale Beziehung zwischen der psychischen Störung und einem bestimmten medizinischen Krankheitsfaktor anzunehmen, reicht dies für die Beurteilung in einem individuellen Fall nicht aus, da wissenschaftliche Untersuchungen Gruppenmittelwerte widerspiegeln, wohingegen der Untersucher versucht, eine Entscheidung für ein Individuum zu treffen. Die Beschreibung der einzelnen Psychischen Störungen Aufgrund eines Medizinischen Krankheitsfaktors beinhaltet eine Liste mit einigen der medizinischen Krankheitsfaktoren, von denen aus der Literatur bekannt ist, daß sie mit dieser spezifischen psychischen Störung in Zusammenhang stehen.

C. Die Störung kann nicht durch eine andere psychische Störung besser erklärt werden.

Um die Diagnose einer Psychischen Störung Aufgrund eines Medizinischen Krankheitsfaktors zu stellen, ist es notwendig, primäre psychische Störungen und substanzinduzierte psychische Störungen auszuschließen. Der Ausschluß von primären psychischen Störungen ist oft schwierig, weil Personen mit einer primären psychischen Störung häufig gleichzeitig medizinische Krankheitsfaktoren haben, die nicht über einen direkten physiologischen Mechanismus zu den psychischen Symptomen führen. Es gibt eine Vielzahl von anderen möglichen Beziehungen zwischen einer psychischen Störung und einem medizinischen Krankheitsfaktor: Der medizinische Krankheitsfaktor kann zu einer Verschlimmerung der Symptome führen oder die Behandlung der psychischen Störung komplizieren; die beiden können über nichtphysiologische Mechanismen zusammenhängen; oder das gleichzeitige Auftreten kann zufallsbedingt sein. Wenn zum Beispiel depressive Symptome plötzlich durch den im Sinne einer psychosozialen Belastung wirkenden medizinischen Krankheitsfaktor ausgelöst werden und weniger auf die direkte körperliche Wirkung des medizinischen Krankheitsfaktors zurückzuführen sind, dann wäre eine Major Depression oder Anpassungsstörung mit Depressiver Stimmung zu diagnostizieren. Bei einer Person mit depressiven Symptomen, die zusammen mit einem medizinischen Krankheitsfaktor auftreten, legt die Eigenanamnese mit mehreren Phasen einer Major Depression oder die Familienanamnese mit einer Depression eher die Diagnose einer Major Depression nahe als die einer Affektiven Störung Aufgrund eines Medizinischen Krankheitsfaktors. Schließlich sollte der Untersucher auch überlegen, ob die psychischen Symptome durch eine Droge, ein Medikament oder durch eine Exposition gegenüber einem Toxin verursacht sein könnten (siehe S. 239 für Richtlinien). Das ist besonders deswegen wichtig, weil viele Personen mit einem medizinischen Krankheitsfaktor Medikamente erhalten, die prinzipiell zu einer Substanzinduzierten Psychischen Störung führen können.

D. Die Störung tritt nicht ausschließlich im Verlauf eines Delirs auf.

Wenn Symptome (z. B. psychotische, affektive, Angst-) nur im Verlauf eines Delirs auftreten, werden diese als zugehörige Merkmale des Delirs angesehen und rechtfertigen keine gesonderte Diagnose. Diese Zustände (z. B. Affektive Störung Aufgrund eines Medizinischen Krankheitsfaktors) können nur dann gesondert diagnostiziert werden, wenn sie zu Zeiten außerhalb eines Delirs auftreten.

Codierungsregeln

Bei der Codierung einer Psychischen Störung Aufgrund eines Medizinischen Krankheitsfaktors sollte der Untersucher sowohl die Art der psychischen Störung als auch den zugrundeliegenden medizinischen Krankheitsfaktor auf Achse I codieren (z. B. Affektive Störung Aufgrund einer Hypothyreose, Mit Depressiven Merkmalen). Gleichzeitig sollte der ICD-9-CM-Code für den medizinischen Krankheitsfaktor (z. B. 224.9 Hypothyreose) auch auf Achse III codiert werden. Bei Fällen, in denen der Untersucher entschieden hat, daß die psychischen Symptome keine direkte körperliche Folge des medizinischen Krankheitsfaktors sind, sollte die primäre psychische Störung auf Achse I und der medizinische Krankheitsfaktor auf Achse III codiert werden. (Siehe Anhang G für eine Liste ausgewählter ICD-9-CM-Diagnosecodes von medizinischen Krankheitsfaktoren.)

Differentialdiagnose

Eine Psychische Störung Aufgrund eines Medizinischen Krankheitsfaktors wird von einer **primären psychischen Störung** unterschieden, indem die oben unter „Diagnostische Merkmale" diskutierten Kriterien angewendet werden. Wenn Symptome einer psychischen Störung und eines medizinischen Krankheitsfaktors gleichzeitig auftreten, ist es besonders wichtig zu bestimmen, ob die ätiologische Beziehung, falls es überhaupt eine gibt, direkt physiologisch ist (in diesem Fall ist die Diagnose Psychische Störung Aufgrund eines Medizinischen Krankheitsfaktors) oder über andere Mechanismen vermittelt wird (in diesem Fall wird die Diagnose einer primären psychischen Störung gestellt). In einigen Fällen kann die Entwicklung eines medizinischen Krankheitsfaktors oder das Vorhandensein einer damit zusammenhängenden Behinderung einer psychischen Störung vorausgehen oder diese verschlimmern, ohne daß ein physiologischer Zusammenhang bekannt wäre (z. B. die Behinderung im Zusammenhang mit einer Arthritis spielt bei der Entwicklung von depressiven Symptomen oder der Phase einer Major Depression eine Rolle, aber es gibt keinen bekannten physiologischen Mechanismus, der der ätiologischen Beziehung zwischen Arthritis und depressiven Symptomen zugrundeliegt). In dieser Situation sollte die primäre psychische Störung (nämlich Anpassungsstörung oder Major Depression) auf Achse I diagnostiziert werden und der medizinische Krankheitsfaktor (nämlich Arthritis) auf Achse III.

Eine Psychische Störung Aufgrund eines Medizinischen Krankheitsfaktors muß auch von einer **Substanzinduzierten Störung** unterschieden werden. Wenn es Hinweise gibt für einen kürzlichen oder länger anhaltenden Gebrauch von Substanzen (einschließlich Medikamenten mit psychotropen Effekten), Entzug von einer Substanz oder Exposition gegenüber einem Toxin, sollte eine Substanzinduzierte Störung in Betracht gezogen werden. Es kann hilfreich sein, ein Urin- oder Blutscreening oder andere geeignete Laboruntersuchungen durchzuführen. Symptome, die während oder kurz nach (d. h. innerhalb von 4 Wochen) einer bedeutsamen Intoxikation, dem Entzug von oder der Einnahme eines Medikaments auftreten, weisen besonders auf das Vorhandensein einer Substanzinduzierten Störung hin, je nach Art oder Menge der benutzten Substanz oder der Dauer ihres Gebrauchs.

Delir, Demenz, psychotische, affektive, Angstsymptome oder Symptome einer Schlafstörung oder einer sexuellen Funktionsstörung können durch die **kombinierte Wirkung eines medizinischen Krankheitsfaktors und Substanzgebrauch** (einschließlich Medikamenten) verursacht sein. In einer solchen Situation sollten beide Diagnosen (z. B. Affektive Störung Aufgrund eines Medizinischen Krankheitsfaktors und Substanzinduzierte Affektive Störung) gestellt werden. Wenn es nicht möglich ist zu bestimmen, ob die psychischen Symptome durch einen medizinischen Krankheitsfaktor bedingt oder substanzinduziert sind, sollte die entsprechende Nicht Näher Bezeichnet-Kategorie benutzt werden (siehe Diskussion unten).

Wenn, was oft passiert, die Art und Weise, wie sich eine Psychische Störung Aufgrund eines Medizinischen Krankheitsfaktors darstellt, eine Mischung von verschiedenen Symptomen umfaßt (z. B. affektiv und Angst), ist es generell wünschenswert, daß eine einzige Diagnose gestellt wird, die darauf basiert, welche Symptome im klinischen Erscheinungsbild vorherrschen. In einigen Situationen ist es nicht möglich zu entscheiden, ob die psychischen Symptome primär, durch einen medizinischen Krankheitsfaktor verursacht oder substanzinduziert sind. In diesen Fällen sollte die NNB-Kategorie benutzt werden.

293.89 (F06.1) Katatone Störung Aufgrund eines Medizinischen Krankheitsfaktors

Diagnostische Merkmale

Das wesentliche Merkmal einer Katatonen Störung Aufgrund eines Medizinischen Krankheitsfaktors ist das Vorhandensein einer Katatonie, von der angenommen wird, daß sie auf die direkte körperliche Wirkung eines medizinischen Krankheitsfaktors zurückgeht. Katatonie kann durch jedes der folgenden Merkmale zum Ausdruck kommen: motorische Unbeweglichkeit (Stupor), exzessive motorische Aktivität, extremer Negativismus oder Mutismus, eigentümliche Willkürbewegungen (Manieriertheit), Echolalie oder Echopraxie (**Kriterium A**). Es muß Hinweise aus der Vorgeschichte, der körperlichen Untersuchung oder aus Laborbefunden geben, daß die Katatonie die direkte körperliche Folge eines medizinischen Krankheitsfaktors ist (**Kriterium B**). Die Diagnose wird nicht gestellt, wenn die Katatonie besser durch eine andere psychische Störung (z. B. Manische Episode) erklärt werden kann (**Kriterium C**) oder wenn sie ausschließlich im Verlauf eines Delirs (**Kriterium D**) auftritt.

Die motorische Immobilität kann sich durch eine Katalepsie (wächserne Biegsamkeit, Flexibilitas cerea) oder durch einen Stupor äußern. Die exzessive motorische Aktivität ist offensichtlich ziellos und wird nicht von äußeren Reizen beeinflußt. Es kann ein extremer Negativismus auftreten, der sich im Widerstand gegen jegliche Anweisungen äußert oder im Einnehmen einer starren Haltung, die sich jedem Bewegungsversuch widersetzt. Eigentümliche Willkürbewegungen zeigen sich durch willkürliches Einnehmen einer unangemessenen oder bizarren Körperhaltung (manieriert-bizarr) oder durch auffälliges Grimassieren. Unter Echolalie versteht man das pathologische, papageienhafte und offensichtlich sinnlose Wiederholen von Worten oder Sätzen, die unmittelbar zuvor von einer anderen Person gesprochen wurden. Echopraxie ist die wiederholte sinnlose Imitation von Bewegungen einer anderen Person.

Codierungsregeln

Beim Codieren einer Katatonen Störung Aufgrund eines Medizinischen Krankheitsfaktors sollte der Untersucher sowohl die spezifische Phänomenologie der Störung als auch den identifizierten medizinischen Krankheitsfaktor, von dem angenommen wird, daß er die Störung verursacht, auf Achse I benennen (z. B. 293.89 Katatone Störung Aufgrund eines Malignen Hirntumors). Auf Achse III sollte gleichzeitig die ICD-9-CM-Diagnose des medizinischen Krankheitsfaktors codiert werden (z. B. 191.9 maligner Hirntumor.) (Siehe Anhang G für eine Liste ausgewählter ICD-9-CM-Diagnosecodes von medizinischen Krankheitsfaktoren.)

Zugehörige medizinische Krankheitsfaktoren

Verschiedene medizinische Krankheitsfaktoren können eine Katatonie verursachen, insbesondere neurologische Krankheitsfaktoren (z. B. Tumoren, Schädel-Hirn-Traumen, Cerebrovaskuläre Erkrankungen, Enzephalitis) und Stoffwechselstörungen (z. B. Hypercalcämie, hepatische Encephalopathie, Homozystinurie, diabetische Ketoazidose). Die damit in Zusammenhang stehenden Befunde der körperlichen Untersuchung, der Laborbefunde, der Prävalenzmuster und der Beginn entsprechen denjenigen des zugrundeliegenden medizinischen Krankheitsfaktors.

Differentialdiagnose

Eine eigene Diagnose einer Katatonen Störung Aufgrund eines Medizinischen Krankheitsfaktors wird nicht vergeben, wenn die Katatonie ausschließlich im Verlauf eines **Delirs** auftritt. Wenn die Person derzeit Neuroleptika einnimmt, sollte eine **Medikamenteninduzierte Bewegungsstörung** in Betracht gezogen werden (z. B. das Verharren in einer abnormen Körperhaltung kann durch eine Neuroleptikainduzierte Akute Dystonie bedingt sein). Katatone Symptome können auch bei einer Schizophrenie oder einer Affektiven Störung vorkommen. Eine **Schizophrenie vom Katatonen Typus** kann durch das Fehlen von Hinweisen auf einen medizinischen Krankheitsfaktor, der ätiologisch mit der Katatonie zusammenhängt und durch das Vorhandensein von anderen Symptomen, die charakteristisch für eine Schizophrenie sind (z. B. Wahnvorstellungen, Halluzinationen, desorganisierte Sprache, Negativsymptome) abgegrenzt werden. Eine Affektive Störung Mit Katatonen Merkmalen wird in ähnlicher Weise durch das Fehlen von Hinweisen auf einen medizinischen Krankheitsfaktor, der ätiologisch mit der Katatonie zusammenhängt und durch das Vorhandensein von Symptomen, die die Kriterien für eine Major Depression oder eine Manische Episode erfüllen, unterschieden.

Diagnostische Kriterien für 293.89 (F06.1) Katatone Störung Aufgrund von ...
[Benenne den Medizinischen Krankheitsfaktor]

A. Das Vorhandensein einer Katatonie, die sich in einer motorischen Unbeweglichkeit (Katalepsie, Stupor), einer exzessiven motorischen Aktivität (die offensichtlich ziellos und nicht durch äußere Reize beeinflußt ist), extremen Negativismus oder Mutismus, Eigentümlichkeiten der Willkürbewegungen (maniriert-bizarr) oder Echolalie oder Echopraxie zeigt.

B. Es gibt Hinweise aus der Vorgeschichte, der körperlichen Untersuchung oder aus Laborbefunden, daß das Störungsbild die direkte körperliche Folge eines medizinischen Krankheitsfaktors ist.

C. Das Störungsbild kann nicht besser durch eine andere psychische Störung (z. B. eine Manische Episode) erklärt werden.

D. Das Störungsbild tritt nicht ausschließlich im Verlauf eines Delirs auf.

Codierhinweis: Die Bezeichnung des medizinischen Krankheitsfaktors wird auf Achse I mit aufgeführt, z. B. 293.89 Katatone Störung Aufgrund einer Hepatischen Enzephalopathie; der medizinische Krankheitsfaktor wird zusätzlich auf Achse III codiert (siehe Anhang G für die Codierungen).

310.1 (F07.0) Persönlichkeitsveränderung Aufgrund eines Medizinischen Krankheitsfaktors

Diagnostische Merkmale

Das Hauptmerkmal einer Persönlichkeitsveränderung Aufgrund eines Medizinischen Krankheitsfaktors ist eine anhaltende Persönlichkeitsstörung, bei der man zu dem Urteil kommt, daß sie auf die direkte körperliche Wirkung eines medizinischen Krankheitsfaktors zurückgeht. Die Persönlichkeitsstörung zeigt sich in einer Veränderung von zuvor vorhandenen individuellen, charakteristischen Persönlichkeitsmerkmalen. Bei Kindern kann sich dieser Zustand eher dadurch zeigen, daß es zu einer deutlichen Abweichung von der normalen Entwicklung kommt, als daß es zu einer Veränderung von stabilen Persönlichkeitsmerkmalen kommt (**Kriterium A**). Es muß Hinweise aus der Vorgeschichte, der körperlichen Untersuchung oder aus Laborbefunden dafür geben, daß die Persönlichkeitsveränderung die direkte körperliche Folge eines medizinischen Krankheitsfaktors ist (**Kriterium B**). Die Diagnose wird nicht gestellt, wenn sich das Störungsbild besser durch eine andere psychische Störung erklären läßt (**Kriterium C**). Die Diagnose wird nicht gestellt, wenn das Störungsbild ausschließlich im Verlauf eines Delirs auftritt oder wenn die Symptome die Kriterien für eine Demenz erfüllen (**Kriterium D**). Das Störungsbild muß gleichzeitig in klinisch bedeutsamer Weise Leiden oder Beeinträchtigungen in sozialen, beruflichen oder anderen wichtigen Funktionsbereichen verursachen (**Kriterium E**).

Übliche Erscheinungsweisen der Persönlichkeitsveränderung sind affektive Instabilität, mangelhafte Impulskontrolle, plötzliche Aggressionsausbrüche oder Wut, die im Verhältnis zum auslösenden psychosozialen Belastungsfaktor völlig unangemessen ist, eine deutliche Apathie, argwöhnisches Mißtrauen oder paranoide Vorstellungen. Die Phänomenologie der Veränderung wird kenntlich gemacht, indem die unten aufgeführten Subtypen benutzt werden. Eine Person mit dieser Störung wird von anderen oft dadurch charakterisiert, daß sie „nicht sie selbst" sei. Obwohl der Ausdruck „Persönlichkeit" dem der Achse-II-Diagnosen der Persönlichkeitsstörungen entspricht, wird diese Diagnose auf Achse I codiert; sie unterscheidet sich durch ihre spezifische Ätiologie, ihre unterschiedliche Phänomenologie und durch den variableren Beginn und Verlauf.

Das klinische Erscheinungsbild bei einer bestimmten Person kann von der Art und der Lokalisation des pathologischen Prozesses abhängen. Beispielsweise kann eine Frontalhirnverletzung zu Symptomen wie mangelndem Urteilsvermögen oder fehlender Voraussicht, Witzelsucht, Ungehemmtheit und Euphorie führen. Rechtshemisphärische Schlaganfälle führen häufig zu einer Persönlichkeitsveränderung in Verbindung mit einseitigem räumlichen Neglect, Anosognosie (Unfähigkeit der Person, körperliche oder funktionelle Defizite zur Kenntnis zu nehmen wie beispielsweise das Vorhandensein einer Hemiparese), motorischer Unbeständigkeit oder anderen neurologischen Defiziten.

Subtypen

Die genaue Persönlichkeitsveränderung kann durch Kennzeichnung der im klinischen Erscheinungsbild vorherrschenden Symptompräsentation spezifiziert werden:
— **Labiler Typus.** Dieser Subtypus wird benutzt, wenn das vorherrschende Merkmal affektive Labilität ist.

- **Enthemmter Typus.** Dieser Subtypus wird benutzt, wenn das vorherrschende Merkmal mangelnde Impulskontrolle ist (was z. B. durch sexuelle Aufdringlichkeit zum Ausdruck kommt).
- **Aggressiver Typus.** Dieser Subtypus wird benutzt, wenn das vorherrschende Merkmal aggressives Verhalten ist.
- **Apathischer Typus.** Dieser Subtypus wird benutzt, wenn das vorherrschende Merkmal Apathie und emotionale Indifferenz ist.
- **Paranoider Typus.** Dieser Subtypus wird benutzt, wenn vorherrschende Merkmale argwöhnisches Mißtrauen oder paranoide Vorstellungen sind.
- **Anderer Typus.** Dieser Subtypus könnte z. B. benutzt werden, um eine Persönlichkeitsveränderung zu kennzeichnen, die mit einem Schlaganfall in Zusammenhang steht.
- **Kombinierter Typus.** Dieser Subtypus wird benutzt, wenn mehr als ein Merkmal im klinischen Bild vorherrscht.
- **Unspezifischer Typus.**

Codierungsregeln

Bei der Codierung einer Persönlichkeitsveränderung Aufgrund eines Medizinischen Krankheitsfaktors sollte der Untersucher sowohl die spezifische Phänomenologie der Störung auf Achse I kennzeichnen, einschließlich des entsprechenden Subtypus, als auch den medizinischen Krankheitsfaktor, von dem angenommen wird, daß er die Störung verursacht (z. B. 310.1 Persönlichkeitsveränderung Aufgrund eines Systemischen Lupus Erythematodes, Paranoider Typus). Der ICD-9-CM-Code für den medizinischen Krankheitsfaktors (z. B. 710.0 systemischer Lupus erythematodes) sollte auf Achse III gekennzeichnet werden (siehe Anhang G für eine Liste mit ausgewählten ICD-9-CM-Diagnosecodes für medizinische Krankheitsfaktoren).

Zugehörige medizinische Krankheitsfaktoren

Verschiedene neurologische und andere medizinische Krankheitsfaktoren können Persönlichkeitsveränderungen verursachen wie z. B. ZNS-Tumoren, Schädel-Hirn-Traumen, Cerebrovaskuläre Erkrankungen, Chorea Huntington, Epilepsie, Infektionskrankheiten mit zentralnervöser Beteiligung (z. B. HIV), endokrine Störungen (z. B. Hypothyreose, Über- und Unterfunktion der Nebennierenrinde) und Autoimmunprozesse mit zentralnervöser Beteiligung (z. B. systemischer Lupus erythematodes). Die damit zusammenhängenden körperlichen Befunde und Laborbefunde sowie die Muster der Prävalenz und des Beginns entsprechen denjenigen der beteiligten neurologischen oder anderen medizinischen Krankheitsfaktoren.

Differentialdiagnose

Chronische medizinische Krankheitsfaktoren, die mit Schmerz und Behinderung einhergehen, können ebenfalls mit Veränderungen der Persönlichkeit zusammenhängen. Die Diagnose einer Persönlichkeitsveränderung Aufgrund eines Medizinischen Krankheitsfaktors wird nur vergeben, wenn ein direkter pathophysiologischer Mechanismus gefunden werden kann. Eine Persönlichkeitsveränderung ist ein häufig auftretendes Merkmal einer **Demenz** (z. B. Demenz vom Alzheimer Typ). Eine gesonderte Diagnose einer Persönlichkeitsveränderung

Aufgrund eines Medizinischen Krankheitsfaktors wird nicht vergeben, wenn die Kriterien auch für eine Demenz erfüllt sind oder wenn die Veränderung ausschließlich im Verlauf eines **Delirs** auftritt. Darüber hinaus wird die Diagnose einer Persönlichkeitsveränderung Aufgrund eines Medizinischen Krankheitsfaktors nicht vergeben, wenn die Störung besser durch **eine andere Psychische Störung Aufgrund eines Medizinischen Krankheitsfaktors** erklärt werden kann (z. B. Affektive Störung Aufgrund eines Hirntumors, Mit Depressiven Merkmalen).

Persönlichkeitsveränderungen können auch im Zusammenhang mit **Substanzabhängigkeit** auftreten, besonders wenn diese Abhängigkeit seit langem besteht. Der Untersucher sollte sorgfältig die Art und das Ausmaß des Substanzgebrauchs explorieren. Wenn der Untersucher einen ätiologischen Zusammenhang zwischen einer Persönlichkeitsveränderung und einem Substanzgebrauch anzeigen will, kann die NNB-Kategorie für die spezifische Substanz (z. B. Nicht Näher Bezeichnete Störung in Zusammenhang mit Kokain) benutzt werden.

Deutliche Persönlichkeitsveränderungen können auch **Begleitmerkmale anderer psychischer Störungen** sein (z. B. Schizophrenie, Wahnhafte Störung, Affektive Störungen, Nicht Andernorts Klassifizierte Störungen der Impulskontrolle, Panikstörung). Allerdings geht man davon aus, daß bei diesen Störungen kein spezifischer physiologischer Faktor ätiologisch mit den Persönlichkeitsveränderungen in Zusammenhang steht. Eine Persönlichkeitsveränderung Aufgrund eines Medizinischen Krankheitsfaktors kann von einer **Persönlichkeitsstörung** dadurch unterschieden werden, daß eine klinisch bedeutsame Veränderung der ursprünglichen Persönlichkeitsfunktionen und das Vorhandensein eines spezifischen, mit der Persönlichkeitsveränderung ursächlich in Zusammenhang stehenden medizinischen Krankheitsfaktors erforderlich ist.

**Diagnostische Kriterien für 310.1 (F07.0)
Persönlichkeitsveränderung Aufgrund von ...
[*Benenne den Medizinischen Krankheitsfaktor*]**

A. Eine anhaltende Persönlichkeitsstörung, die eine Veränderung der individuellen vorherigen charakteristischen Persönlichkeitsmuster darstellt. (Bei Kindern beinhaltet die Störung ein deutliches Abweichen von der normalen Entwicklung oder eine bedeutsame Veränderung im üblichen Verhaltensmuster des Kindes, die mindestens ein Jahr anhält).

B. Es gibt Hinweise aus der Vorgeschichte, der körperlichen Untersuchung oder aus Laborbefunden, daß das Störungsbild die direkte körperliche Folge eines medizinischen Krankheitsfaktors ist.

C. Das Störungsbild kann nicht besser durch eine andere psychische Störung erklärt werden (einschließlich einer anderen Psychischen Störung Aufgrund eines Medizinischen Krankheitsfaktors).

D. Das Störungsbild tritt nicht ausschließlich im Verlauf eines Delirs auf und erfüllt nicht die Kriterien für eine Demenz.

E. Das Störungsbild verursacht in klinisch bedeutsamer Weise Leiden oder Beeinträchtigungen in sozialen, beruflichen oder anderen wichtigen Funktionsbereichen.

Fortsetzung nächste Seite

> Fortsetzung
>
> *Bestimme* den Typus:
> **Labiler Typus**: Wenn das vorherrschende Merkmal affektive Labilität ist.
> **Enthemmter Typus**: Wenn das vorherrschende Merkmal eine mangelnde Impulskontrolle ist, die sich z. B. durch sexuelle Aufdringlichkeit usw. ausdrückt.
> **Aggressiver Typus**: Wenn das vorherrschende Merkmal aggressives Verhalten ist.
> **Apathischer Typus**: Wenn das vorherrschende Merkmal eine deutliche Apathie und emotionale Indifferenz ist.
> **Paranoider Typus**: Wenn das vorherrschende Merkmal argwöhnisches Mißtrauen oder paranoide Vorstellungen sind.
> **Anderer Typus**: Wenn das vorherrschende Merkmal nicht eines der oben genannten ist, z. B. Persönlichkeitsveränderung im Zusammenhang mit einem Anfallsleiden.
> **Kombinierter Typus**: Wenn mehr als ein Merkmal im klinischen Bild vorherrscht.
> **Unspezifischer Typus**
>
> **Codierhinweis**: Die Kennzeichnung des medizinischen Krankheitsfaktors wird bei der Diagnose auf Achse I miteinbezogen, z. B. 310.1 Persönlichkeitsveränderung Aufgrund einer Temporallappen-Epilepsie; der medizinische Krankheitsfaktor wird zusätzlich auf Achse III codiert (siehe Anhang G für die Codierungen).

293.9 (F09) Nicht Näher Bezeichnete Psychische Störung Aufgrund eines Medizinischen Krankheitsfaktors

Diese Restkategorie sollte in Situationen benutzt werden, in denen man nachgewiesen hat, daß das Störungsbild durch die direkte körperliche Wirkung eines medizinischen Krankheitsfaktors verursacht wird, in denen aber die Kriterien für eine spezifische Psychische Störung Aufgrund eines Medizinischen Krankheitsfaktors nicht erfüllt sind (z. B. dissoziative Symptome aufgrund komplex-partieller Anfälle).

Codierungshinweis: Die Kennzeichnung des medizinischen Krankheitsfaktors wird auf Achse I miteinbezogen, z. B. 293.9 Nicht Näher Bezeichnete Psychische Störung Aufgrund einer HIV-Infektion; der medizinische Krankheitsfaktor wird zusätzlich auf Achse III codiert (siehe Anhang G für die Codierungen).

Störungen im Zusammenhang mit Psychotropen Substanzen

Diagnosen im Zusammenhang mit Psychotropen Substanzen beinhalten Störungen, die von der mißbräuchlichen Einnahme von Drogen (einschließlich Alkohol), über Nebenwirkungen eines Medikaments bis zum Einfluß toxischer Stoffe reichen. In diesem Manual bezieht sich der Begriff Substanz auf eine mißbräuchlich eingesetzte Droge, ein Medikament oder eine toxische Substanz. Die in diesem Kapitel dargestellten Substanzen werden in elf Gruppen eingeteilt: Alkohol, Amphetamine oder ähnlich wirkende Sympathomimetika, Cannabis, Halluzinogene, Inhalantien, Koffein, Kokain, Nikotin, Opiate, Phencyclidine (PCP) oder ähnlich wirkende Arylcyclohexylamine, Sedativa, Hypnotika oder Anxiolytika. Diese elf Gruppen sind in alphabetischer Reihenfolge aufgeführt. Folgende Gruppen weisen allerdings ähnliche Merkmale auf: So treten bei Alkohol Merkmale auf, die man auch bei Sedativa, Hypnotika und Anxiolytika findet, Kokain weist ähnliche Merkmale auf wie Amphetamine oder ähnlich wirkende Sympathomimetika. Dieses Kapitel beschreibt außerdem die gleichzeitige Abhängigkeit von verschiedenen Substanzklassen (Polytoxikomanie) und Störungen im Zusammenhang mit Anderen (oder Unbekannten) Substanzen (hierzu gehören die meisten Störungen im Zusammenhang mit Medikamenten oder toxischen Substanzen).

Auch viele verschriebene sowie rezeptfreie Medikamente können Substanzinduzierte Störungen verursachen. Die Symptome sind oft von der Dosis abhängig und verschwinden gewöhnlich, sobald die Dosis reduziert oder das Medikament abgesetzt wird. Dennoch können gelegentlich idiosynkratische Reaktionen auf eine einzelne Dosis auftreten. Zu den Medikamenten, die substanzinduzierte Störungen auslösen können, gehören u. a. Anästhetika und Analgetika, anticholinerg wirksame Mittel, Antikonvulsiva, Antihistamine, Antihypertensiva und kardiovaskulär wirksame Präparate, antimikrobiotische Medikamente, Antiparkinson Medikamente, chemotherapeutische Mittel, Kortikosteroide, gastrointestinale Medikamente, Muskelrelaxantien, nichtsteroidale entzündungshemmende Medikamente sowie rezeptfreie Medikamente, antidepressiv wirksame Medikamente und Disulfiram.

Der Einfluß einer Vielzahl anderer chemischer Substanzen kann ebenfalls zu der Entwicklung einer Substanzinduzierten Störung führen. Toxische Substanzen, die eine Substanzinduzierte Störung auslösen können, sind u. a. Schwermetalle (z. B. Blei oder Aluminium), strychninhaltige Rattengifte, Pestizide, die Acetylcholinesterasehemmer enthalten, Nervengase, Äthylenglykol (Frostschutz), Kohlenmonoxid und Kohlendioxid. Flüchtige Substanzen (wie z. B. Benzin oder Farbe) werden als „Inhalantien" klassifiziert (siehe S. 274), sofern sie zum Zwecke der Intoxikation eingesetzt werden. Sie werden als „Toxine" eingeordnet, wenn ihre Wirkung

---

Berater der deutschen Ausgabe:
Prof. Dr. Hans Ulrich Wittchen, München
Prof. Dr. Horst Dilling, Lübeck

Übersetzer:
Dr. Barbara Dierse, Lübeck
PD Dr. Harald Jürgen Freyberger, Bonn
Dr. Ute Siebel, Lübeck
Dipl.-Psych. Andrea Vodermaier, München
Dipl.-Psych. Antonia Vossen, München
Dipl.-Psych. Alexandra Holly, München

zufällig oder nur zum Teil als Folge einer beabsichtigten Vergiftung auftritt. Einbußen im Bereich der Kognition oder der Stimmung sind die häufigsten substanzinduzierten Symptome, obwohl auch Angst, Halluzinationen, Wahnvorstellungen oder Anfallsleiden auftreten können. Meist verschwinden die Symptome, sobald die Person dem Einfluß der Substanz nicht mehr ausgesetzt ist. Dies kann jedoch Wochen oder Monate dauern und eine medizinische Behandlung erfordern.

Tabelle 1: Die Diagnosen der verschiedenen Substanzklassen

	Abhängigkeit	Mißbrauch	Intoxikation	Entzug	Intoxikationsdelir	Entzugsdelir	Demenz	Amnestische Störung	Psychotische Störungen	Affektive Störungen	Angststörungen	Sexuelle Funktionsstörungen	Schlafstörungen
Alkohol	X	X	X	X	I	E	P	P	I/E	I/E	I/E	I	I/E
Amphetamine	X	X	X	X	I				I	I/E	I	I	I/E
Cannabis	X	X	X		I				I		I		
Halluzinogene	X	X	X		I				I*	I	I		
Inhalantien	X	X	X		I		P		I	I	I		
Koffein			X								I		I
Kokain	X	X	X	X	I				I	I/E	I/E	I	I/E
Nikotin	X			X									
Opiate	X	X	X	X	I				I	I		I	I/E
Phencyclidine	X	X	X		I				I	I	I		
Sedativa, Hypnotika oder Anxiolytika	X	X	X	X	I	E	P	P	I/E	I/E	E	I	I/E
Multiple Substanzen	X												
Andere	X	X	X	X	I	E	P	P	I/E	I/E	I/E	I	I/E

* Auch Persistierende Wahrnehmungsstörung im Zusammenhang mit Halluzinogenen (Flashbacks).
Beachte: X, I, E, I/E oder P zeigen an, daß diese Kategorie im DSM-IV berücksichtigt wird. Zusätzlich zeigt I an, daß die Zusatzcodierung Mit Beginn Während der Intoxikation bei dieser Kategorie (Ausnahme ist das Intoxikationsdelir) ergänzt werden kann. E zeigt an, daß die Zusatzcodierung Mit Beginn Während des Entzugs für diese Kategorie (mit Ausnahme des Entzugsdelirs) verwendet werden kann. I/E zeigt an, daß bei dieser Kategorie die Zusatzcodierung Mit Beginn Während der Intoxikation oder Mit Beginn Während des Entzugs gewählt werden kann. P zeigt an, daß es sich um eine persistierende Störung handelt.

Die Störungen im Zusammenhang mit Psychotropen Substanzen werden in zwei Gruppen aufgeteilt: Störungen durch Substanzkonsum (Substanzabhängigkeit und Substanzmißbrauch) und Substanzinduzierte Störungen (Substanzintoxikation, Substanzentzug, Substanzinduziertes Delir, Persistierende Substanzinduzierte Demenz, Persistierende Substanzinduzierte Amnestische Störung, Substanzinduzierte Psychotische Störung, Substanzinduzierte Affektive Störung, Substanzinduzierte Angststörung, Substanzinduzierte Sexuelle Funktionsstörung und Substanzinduzierte Schlafstörung). Dieses Kapitel beginnt mit einer allgemeinen Einführung sowie der Beschreibung der Kriterien für Substanzabhängigkeit, -Mißbrauch, -Intoxikation und -Entzug, die für alle Substanzklassen gelten. Es folgt ein Abschnitt mit allgemeinen Anmerkungen zu den zugehörigen Merkmalen, zu kulturellen, Alters-, und Geschlechtsmerkmalen, Verlauf, Beeinträchtigungen und Komplikationen, familiären Verteilungsmustern, Differentialdiagnosen und Aufzeichnungsverfahren, die alle Substanzklassen betreffen. Der Rest des Kapitels befaßt sich mit den einzelnen Substanzklassen und beschreibt die jeweiligen Besonderheiten der Abhängigkeit, des Mißbrauchs, der Intoxikation und des Entzugs für jede der elf Substanzklassen. Man beachte, daß zur Vereinfachung der Differentialdiagnose Text und Kriterien für die verbleibenden Substanzinduzierten Störungen in denjenigen Manualkapiteln beschrieben werden, die sich mit Störungen derselben Symptomatik befassen (z. B. sind die Substanzinduzierten Affektiven Störungen im Kapitel „Affektive Störungen" enthalten). Tabelle 1 zeigt die zu den jeweiligen spezifischen Substanzgruppen gehörenden Diagnosen.

Störungen durch Substanzkonsum

Substanzabhängigkeit

Merkmale

Das Hauptmerkmal der Substanzabhängigkeit ist ein charakteristisches Muster kognitiver, verhaltensbezogener und physiologischer Symptome, die anzeigen, daß das Individuum den Substanzgebrauch trotz einschneidender substanzbezogener Probleme fortsetzt. Es liegt ein Muster wiederholter Substanzanwendung vor, das normalerweise zu Toleranzentwicklung, Entzugserscheinungen und dem unwiderstehlichen Drang („craving") zur Drogeneinnahme führt. Die Diagnose der Substanzabhängigkeit kann auf jede Substanzklasse, mit Ausnahme von Koffein, angewendet werden. Die Symptome der Abhängigkeit sind über die verschiedenen Substanzklassen hinweg vergleichbar. Für bestimmte Stoffgruppen sind die Symptome weniger hervorstechend und in einigen Fällen treten nicht alle Symptome auf (z. B. werden Entzugssymptome nicht als Kennzeichen bei Abhängigkeit von Halluzinogenen aufgeführt). Auch wenn dies nicht als spezifisches Kriterium aufgeführt ist, wird das „craving" (ein subjektiv starker Drang zur Substanzeinnahme) wahrscheinlich von fast allen oder allen Personen mit einer Substanzabhängigkeit erlebt. Abhängigkeit wird definiert als ein Muster von drei oder mehr Symptomen die, wie unten dargestellt, zu beliebigen Zeitpunkten innerhalb derselben 12-Monats-Periode auftreten.

Unter Toleranz (**Kriterium 1**) versteht man die Notwendigkeit, die Substanzmenge deutlich zu erhöhen, um die Intoxikation oder den erwünschten Effekt zu erreichen oder einen deutlich geringeren Effekt bei kontinuierlichem Gebrauch derselben Substanzmenge. Das Ausmaß der Toleranzentwicklung hängt stark von der Substanzgruppe ab. Bei Opiaten und Stimulantien kann die Toleranzentwicklung erheblich sein (z. B. 10fach höhere Dosen, die ansonsten tödlich wären). Auch die Alkoholtoleranz kann sich erhöhen, jedoch meist in deutlich geringerem Umfang als bei Opiaten und Amphetaminen.

Viele Personen, die Zigaretten rauchen, konsumieren mehr als 20 Zigaretten pro Tag, eine Menge, die für Nichtraucher toxisch wäre. Personen mit starkem Cannabiskonsum sind sich der Toleranzentwicklung meist nicht bewußt (obwohl diese sowohl bei tierexperimentellen Untersuchungen als auch bei Untersuchungen am Menschen nachgewiesen wurde). Es ist unsicher, ob auf Phencyclidine (PCP) eine Toleranzentwicklung folgt. Die Bestimmung einer Toleranzentwicklung aufgrund der Vorgeschichte einer Person kann schwierig sein, wenn der Substanzgebrauch illegal und mit der Einnahme verschiedener Streckmittel sowie anderen Substanzen konfundiert ist. In solchen Fällen können Laboruntersuchungen hilfreich sein (z. B. lassen größere substanzhaltige Blutmengen bei gleichzeitig geringen Anzeichen einer

Intoxikation eine Toleranzentwicklung vermuten). Toleranzentwicklungen müssen weiterhin unterschieden werden von der individuellen Variabilität, die der anfänglichen Empfänglichkeit für bestimmte Substanzeffekte zugrundeliegt. So zeigen beispielsweise einige Personen, die zum ersten Mal in ihrem Leben trinken, bei drei oder vier alkoholischen Getränken kaum Anzeichen einer Intoxikation, wogegen andere Personen mit demselben Körpergewicht und längerer Trinkerfahrung bereits eine verwaschene Sprache aufweisen oder Koordinationsstörungen haben.

Entzug (**Kriterium 2a**) stellt eine fehlangepaßte Verhaltensänderung dar, die mit physiologischen und kognitiven Begleiterscheinungen einhergeht. Er tritt auf, wenn die Blut- und Gewebekonzentrationen einer Substanz bei einer Person absinken, die über einen längeren Zeitraum die Substanz konsumiert hat. Infolge der unangenehmen Entzugserscheinungen wird die Person die Substanz sehr wahrscheinlich einnehmen, um diese Symptome abzumildern oder zu umgehen (**Kriterium 2b**), wobei die Substanz typischerweise mit Beginn nach dem Aufstehen und über den ganzen Tag verteilt konsumiert wird. Die Entzugssymptome unterscheiden sich deutlich, abhängig von der Art der Substanzklasse. (Die Aufstellung der Kriterien für Entzug wird für die meisten Klassen getrennt dargestellt). Deutliche und meist leicht meßbare physiologische Entzugssymptome treten üblicherweise bei Alkohol, Opiaten, Sedativa, Hypnotika und Anxiolytika auf. Entzugszeichen und -symptome sind bei Stimulantien wie Amphetaminen und Kokain sowie bei Nikotin häufig weniger offensichtlich. Bei Halluzinogenen findet man selbst nach wiederholter Einnahme keine deutlichen Entzugssymptome. Entzugssymptome bei Phencyclidinen und verwandten Substanzen sind beim Menschen noch nicht beschrieben worden (obwohl sie bei Tieren nachgewiesen werden konnten).

Weder Toleranzentwicklung noch Entzug sind notwendig oder hinreichend für die Diagnose der Substanzabhängigkeit. Einige Personen (z. B. jene mit Cannabisabhängigkeit) weisen ein Muster zwanghaften Substanzgebrauchs auf, ohne irgendwelche Zeichen der Toleranz oder des Entzugs zu zeigen. Umgekehrt können Patienten, die keine Abhängigkeit von Opiaten aufweisen, nach einem operativen Eingriff eine Toleranz auf verordnete Opiate entwickeln und auch Entzugssymptome erleben, ohne irgendwelche Zeichen zwanghaften Substanzgebrauchs zu zeigen. Die Zusatzcodierungen „Mit Körperlicher Abhängigkeit" und „Ohne Körperliche Abhängigkeit" werden vorgeschlagen, um das Vorhandensein bzw. Fehlen von Toleranzentwicklung und Entzugssymptomen anzuzeigen.

Die folgenden Merkmale beschreiben die Muster zwanghaften Substanzgebrauchs, die charakteristisch sind für Abhängigkeit. Die Person mag die Substanz in größeren Mengen oder über einen längeren Zeitraum als ursprünglich beabsichtigt einnehmen (z. B. kontinuierliches Trinken bis hin zu einer schweren Intoxikation, obwohl man sich vorgenommen hatte, nur ein Glas zu trinken) (**Kriterium 3**). Die Person mag einen andauernden Wunsch äußern, den Substanzgebrauch zu kontrollieren oder zu reduzieren. Oftmals können viele verschiedene erfolglose Versuche unternommen worden sein, den Gebrauch zu reduzieren oder zu beenden (**Kriterium 4**). Der Betroffene kann einen großen Teil des Tages damit verbringen, die Verfügbarkeit der Substanz sicherzustellen, die Substanz zu konsumieren oder sich von ihren Wirkungen zu erholen (**Kriterium 5**). In einigen Fällen der Substanzabhängigkeit kreisen die gesamten Alltagsaktivitäten der Person im wesentlichen um die Substanz. Wichtige soziale, berufliche oder Freizeitaktivitäten können wegen des Substanzgebrauchs aufgegeben oder reduziert werden (**Kriterium 6**). Möglicherweise zieht sich die Person auch von familiären Aktivitäten oder Hobbies zurück, um die Substanz einzunehmen oder mehr Zeit mit Freunden zu verbringen, die diese Substanz ebenfalls einnehmen. Obwohl erkannt wird, daß die Substanz an der Entstehung psychischer oder körperlicher Probleme (z. B. massive depressive Symptome oder Schädigung innerer Organe) beteiligt ist, wird der Substanzgebrauch fortgesetzt (**Kriterium 7**). Zentral bei der Bewertung dieses Kriteriums ist nicht das Vorhandensein des Problems, sondern vielmehr das Scheitern der Person, der Substanz trotz der offensichtlich durch den Substanzkonsum ausgelösten Schwierigkeiten zu entsagen.

Zusatzcodierungen

Toleranzentwicklung und Entzugserscheinungen können mit einem höheren Risiko für unmittelbar auftretende medizinische Krankheitsfaktoren sowie auch einem höheren Rückfallrisiko verbunden sein. Die folgenden Zusatzangaben zeigen ihr Vorhandensein oder Fehlen an (kann nach ICD-10 nicht verschlüsselt werden):
— **Mit Körperlicher Abhängigkeit.** Diese Zusatzcodierung sollte verwendet werden, wenn die Substanzabhängigkeit offensichtlich von Toleranzentwicklung (**Kriterium 1**) oder Entzugssymptomen (**Kriterium 2**) begleitet wird.
— **Ohne Körperliche Abhängigkeit.** Diese Zusatzcodierung sollte verwendet werden, wenn die Substanzabhängigkeit offensichtlich nicht von Toleranzentwicklung (**Kriterium 1**) oder Entzugssymptomen (**Kriterium 2**) begleitet wird. Bei diesen Personen ist die Substanzabhängigkeit durch einen zwanghaften Substanzgebrauch gekennzeichnet (mindestens drei der Kriterien 3–7).

Verlaufszusatzcodierungen

Für die Substanzabhängigkeit stehen sechs Verlaufszusatzcodierungen zur Verfügung. Die vier die Remission betreffenden Zusatzcodierungen sollten nur angewendet werden, wenn keines der Kriterien für Substanzabhängigkeit für die Dauer von mindestens einem Monat erfüllt war. Die Definition dieser vier Remissionstypen hängt von der Zeitspanne ab, die seit Beendigung der Abhängigkeit vergangen ist (Früh vs. Anhaltend Remittiert). Ferner hängt sie davon ab, ob kontinuierlich eines oder mehrere der Items aus der Kriterienliste für Abhängigkeit oder Mißbrauch vorliegen (Teil- vs. Vollremittiert). Da innerhalb der ersten zwölf Monate nach der Abhängigkeit ein besonders hohes Rückfallrisiko besteht, wird diese Periode als frühe Remission bezeichnet. Nachdem ein Zeitraum von zwölf Monaten mit früher Remission ohne einen Rückfall in die Abhängigkeit vergangen ist, beginnt die Periode der anhaltenden Remission. Sowohl für die frühe als auch für die anhaltende Remission wird die Zusatzbezeichnung „Vollständig" vergeben, wenn weder die Kriterien für Abhängigkeit noch für Mißbrauch während der Remissionsperiode erfüllt waren, die Zusatzbezeichnung „Teilweise" wird vergeben, wenn mindestens eines der Kriterien für Abhängigkeit oder Mißbrauch intermittierend oder kontinuierlich während der Remissionsperiode erfüllt war. Die Unterscheidung zwischen Anhaltend Vollremittiert und Genesung (keine gegenwärtige Störung im Zusammenhang mit Psychotropen Substanzen) erfordert eine Beurteilung der Zeitspanne seit der letzten Störungsperiode, der gesamten Dauer der Störung sowie die Berücksichtigung, ob eine weitere fortgesetzte Beobachtung und diagnostische Beurteilung notwendig sind. Falls die Person im Anschluß an eine Periode der Remission oder der Genesung erneut abhängig wird, erfordert die Anwendung der Zusatzcodierung „Frühremittiert", daß erneut für die Dauer von mindestens einem Monat keines der Kriterien für Abhängigkeit oder Mißbrauch erfüllt ist. Zwei weitere Zusatzcodierungen sind vorgesehen: Bei Agonistischer Therapie und In Geschützter Umgebung (z. B. Klinik). Um bei einer Person nach Absetzen einer agonistischen Therapie oder Entlassung aus einer geschützten Umgebung die Zusatzcodierung „Frühremittiert" vergeben zu können, muß eine Periode von einem Monat vergangen sein, in der keines der Kriterien für Abhängigkeit oder Mißbrauch erfüllt war.

Die folgenden Zusatzcodierungen für Remission können nur angewendet werden, wenn für die Dauer von mindestens einem Monat keines der Kriterien für Abhängigkeit oder Mißbrauch erfüllt war. Beachte, daß diese Zusatzcodierungen nicht anzuwenden sind, wenn sich die Person in einer agonistischen Therapie oder einer geschützten Umgebung (z. B. Klinik) befindet (vgl. unten).

— **Früh Vollremittiert.** Diese Zusatzcodierung wird verwendet, wenn seit mindestens einem Monat, aber weniger als insgesamt 12 Monate, keines der Kriterien für Abhängigkeit oder Mißbrauch erfüllt war.

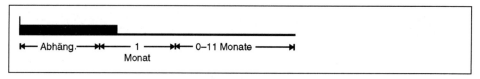

— **Früh Teilremittiert.** Diese Zusatzcodierung wird verwendet, wenn seit mindestens einem Monat, aber weniger als insgesamt 12 Monate, eines oder mehrere Kriterien für Abhängigkeit oder Mißbrauch (nicht aber die vollständigen Kriterien einer Abhängigkeit) erfüllt waren.

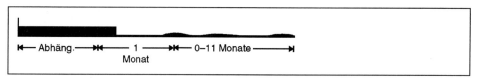

— **Anhaltend Vollremittiert.** Diese Zusatzcodierung wird verwendet, wenn zu keinem Zeitpunkt innerhalb eines 12-Monats-Zeitraums ein Kriterium für Abhängigkeit oder Mißbrauch erfüllt war.

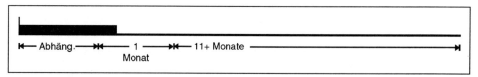

— **Anhaltend Teilremittiert.** Diese Zusatzcodierung wird verwendet, wenn innerhalb eines 12-Monats-Zeitraums oder länger nicht die vollständigen Kriterien für Abhängigkeit erfüllt, jedoch eines oder mehrere Kriterien für Abhängigkeit oder Mißbrauch, erfüllt waren.

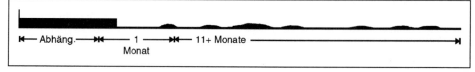

Die folgenden Zusatzcodierungen werden angewendet, wenn der Betroffene eine agonistische Therapie erhält oder sich in einer geschützten Umgebung befindet:

— **Bei Agonistischer Therapie:** Diese Zusatzcodierung wird eingesetzt, wenn die Person eine verschriebene agonistische Medikation erhält und kein Kriterium für Abhängigkeit oder Mißbrauch für diese Medikamentenklasse mit einer Dauer von mindestens dem letzten Monat erfüllt war (Ausnahme sind Toleranz- und Entzugssymptome auf diesen Agonisten). Diese Kategorie findet auch bei den Personen Anwendung, deren Abhängigkeit mit Hilfe eines partiellen Agonisten/Antagonisten behandelt wird.
— **In Geschützter Umgebung:** Diese Zusatzcodierung wird eingesetzt, wenn sich die Person in einer Umgebung befindet, in der nur ein restriktiver Zugang zu Alkohol oder kontrollierten Substanzen möglich ist und kein Kriterium für Abhängigkeit oder Mißbrauch mit einer Dauer von mindestens dem letzten Monat erfüllt ist. Beispiele für derartige Einrichtungen sind streng überwachte und substanzfreie Gefängnisse, therapeutische Gemeinschaften oder geschlossene Klinikbereiche.

Kriterien für (F1x.2) Substanzabhängigkeit

Ein unangepaßtes Muster von Substanzgebrauch führt in klinisch bedeutsamer Weise zu Beeinträchtigungen oder Leiden, wobei sich mindestens drei der folgenden Kriterien manifestieren, die zu irgendeiner Zeit in demselben 12-Monats-Zeitraum auftreten:
(1) Toleranzentwicklung, definiert durch eines der folgenden Kriterien:
  (a) Verlangen nach ausgeprägter Dosissteigerung, um einen Intoxikationszustand oder erwünschten Effekt herbeizuführen,
  (b) deutlich verminderte Wirkung bei fortgesetzter Einnahme derselben Dosis.
(2) Entzugssymptome, die sich durch eines der folgenden Kriterien äußern:
  (a) charakteristisches Entzugssyndrom der jeweiligen Substanz (siehe Kriterien A und B der Kriterien für Entzug von den spezifischen Substanzen),
  (b) dieselbe (oder eine sehr ähnliche) Substanz wird eingenommen, um Entzugssymptome zu lindern oder zu vermeiden.
(3) Die Substanz wird häufig in größeren Mengen oder länger als beabsichtigt eingenommen.
(4) Anhaltender Wunsch oder erfolglose Versuche, den Substanzgebrauch zu verringern oder zu kontrollieren.
(5) Viel Zeit für Aktivitäten, um die Substanz zu beschaffen (z. B. Besuch verschiedener Ärzte oder Fahrt langer Strecken), sie zu sich zu nehmen (z. B. Kettenrauchen) oder sich von ihren Wirkungen zu erholen.
(6) Wichtige soziale, berufliche oder Freizeitaktivitäten werden aufgrund des Substanzgebrauchs aufgegeben oder eingeschränkt.
(7) Fortgesetzter Substanzgebrauch trotz Kenntnis eines anhaltenden oder wiederkehrenden körperlichen oder psychischen Problems, das wahrscheinlich durch die Substanz verursacht oder verstärkt wurde (z. B. fortgesetzter Kokaingebrauch trotz des Erkennens kokaininduzierter Depressionen oder trotz des Erkennens, daß sich ein Ulcus durch Alkoholkonsum verschlechtert).

Bestimme, ob:
Mit Körperlicher Abhängigkeit: Vorliegen von Toleranzentwicklung oder Entzugserscheinungen (**Kriterium 1 oder 2 ist erfüllt**).
Ohne Körperliche Abhängigkeit: kein Vorliegen von Toleranzentwicklung oder Entzugserscheinungen (weder Kriterium 1 noch Kriterium 2 ist erfüllt).

Fortsetzung nächste Seite

> Fortsetzung
>
> *Verlaufszusatzcodierungen* (vgl. Text bzgl. Definitionen)
> **Früh Vollremittiert**
> **Früh Teilremittiert**
> **Anhaltend Vollremittiert**
> **Anhaltend Teilremittiert**
> **Bei Agonistischer Therapie**
> **In Geschützter Umgebung**

Substanzmißbrauch

Merkmale

Das Hauptmerkmal des Substanzmißbrauchs ist ein fehlangepaßtes Muster von Substanzgebrauch, das sich in wiederholten und deutlich nachteiligen Konsequenzen infolge des wiederholten Substanzgebrauchs manifestiert. Diese können wiederholtes Versagen bei wichtigen Verpflichtungen, wiederholter Gebrauch auch in Situationen, in denen es zu körperlicher Gefährdung kommen kann, verschiedenste Probleme mit dem Gesetz und immer wieder auftretende soziale und zwischenmenschliche Probleme sein (**Kriterium A**). Diese Probleme müssen wiederholt während derselben 12 Monatsperiode auftreten. Ungleich den Kriterien der Substanzabhängigkeit umfassen die Kriterien für Substanzmißbrauch keine Toleranzentwicklung, keine Entzugssymptome und kein Muster zwanghaften Substanzgebrauchs. Im Vordergrund der Kriterien stehen also nur die schädlichen Konsequenzen wiederholten Substanzgebrauchs. Die Diagnose Substanzmißbrauch wird durch die Diagnose Substanzabhängigkeit ersetzt, wenn das Muster des Substanzgebrauchs die Kriterien einer Abhängigkeit für diese Klasse von Substanzen erfüllt (**Kriterium B**). Obwohl die Diagnose eines Substanzmißbrauchs wahrscheinlicher für Personen gilt, die erst kürzlich begonnen haben, eine Substanz einzunehmen, gibt es auch Personen, bei denen über einen langen Zeitraum hinweg kontinuierlich ungünstige soziale Konsequenzen im Zusammenhang mit der Substanz vorliegen, ohne daß bei ihnen eine evidente Substanzabhängigkeit besteht. Die Diagnose Substanzmißbrauch wird nicht bei Koffein und Nikotin angewendet.

Die Person kann wiederholt Intoxikationserscheinungen oder andere substanzbezogene Symptome aufweisen, während sie einer wichtigen Verpflichtung bei der Arbeit, in der Schule oder zu Hause nachkommen sollte (**Kriterium A**). Es können wiederholt Fehlzeiten oder schlechte Leistungen bei der Arbeit wegen eines „Katers" vorkommen. So könnte ein Schüler wegen Substanzgebrauchs wiederholt in der Schule fehlen, den Schulbesuch einstellen oder von der Schule verwiesen werden. Möglicherweise kümmert sich die Person während der Intoxikation nicht mehr um die Kinder oder die Haushaltspflichten. Es kann auch vorkommen, daß der Betroffene sich in Situationen, die eine körperliche Gefährdung mit sich bringen, wiederholt im Zustand der Intoxikation befindet (z. B. beim Autofahren, im Umgang mit Maschinen oder bei riskanten Freizeitaktivitäten wie Schwimmen oder Bergsteigen) (**Kriterium A2**). Es kann im Zusammenhang mit dem Substanzkonsum auch wiederholt zu Problemen mit dem Gesetz kommen (z. B. Inhaftierungen wegen ungebührlichen Betragens, körperliche oder tätliche Beleidigung, Fahren unter Substanzeinfluß) (**Kriterium A3**). Der Betroffene kann den Substanzgebrauch trotz einer langen Vorgeschichte unangenehmer, andauernder oder immer wiederkehrender sozialer oder zwischenmenschlicher Konsequenzen

(z. B. eheliche Probleme oder Scheidung, verbale oder körperliche Auseinandersetzungen) fortführen. (**Kriterium A4**).

Kriterien für (F1x.1) Substanzmißbrauch

A. Ein unangepaßtes Muster von Substanzgebrauch führt in klinisch bedeutsamer Weise zu Beeinträchtigungen oder Leiden, wobei sich mindestens eines der folgenden Kriterien innerhalb desselben 12-Monats-Zeitraums manifestiert:
(1) Wiederholter Substanzgebrauch, der zu einem Versagen bei der Erfüllung wichtiger Verpflichtungen bei der Arbeit, in der Schule oder zu Hause führt (z. B. wiederholtes Fernbleiben von der Arbeit und schlechte Arbeitsleistungen in Zusammenhang mit dem Substanzgebrauch, Schulschwänzen, Einstellen des Schulbesuchs oder Ausschluß von der Schule in Zusammenhang mit Substanzgebrauch, Vernachlässigung von Kindern und Haushalt).
(2) Wiederholter Substanzgebrauch in Situationen, in denen es aufgrund des Konsums zu einer körperlichen Gefährdung kommen kann (z. B. Alkohol am Steuer oder das Bedienen von Maschinen unter Substanzeinfluß).
(3) Wiederkehrende Probleme mit dem Gesetz in Zusammenhang mit dem Substanzgebrauch (Verhaftungen aufgrund ungebührlichen Betragens in Zusammenhang mit dem Substanzgebrauch).
(4) Fortgesetzter Substanzgebrauch trotz ständiger oder wiederholter sozialer oder zwischenmenschlicher Probleme, die durch die Auswirkungen der psychotropen Substanz verursacht oder verstärkt werden (z. B. Streit mit dem Ehegatten über die Folgen der Intoxikation, körperliche Auseinandersetzungen).

B. Die Symptome haben niemals die Kriterien für Substanzabhängigkeit der jeweiligen Substanzklasse erfüllt.

Substanzinduzierte Störungen

Substanzintoxikation

Diagnostische Merkmale

Das Hauptmerkmal einer Substanzintoxikation ist die Entwicklung eines reversiblen substanzspezifischen Syndroms, das auf die vorherige Einnahme (bzw. den Einfluß) einer Substanz zurückgeht (**Kriterium A**). Klinisch bedeutsame fehlangepaßte Verhaltensänderungen oder psychische Veränderungen, die mit der Intoxikation einhergehen (z. B. Streitsucht, Affektlabilität, kognitive Beeinträchtigungen, beeinträchtigte Urteilsfähigkeit oder Beeinträchtigung der sozialen oder beruflichen Rollenerfüllung), sind unmittelbar auf die körperliche Wirkung der Substanz auf das Zentrale Nervensystem zurückzuführen und entwickeln sich während oder kurz nach dem Gebrauch der Substanz (**Kriterium B**). Die Symptome gehen nicht auf einen medizinischen Krankheitsfaktor zurück und können nicht durch eine andere psychische Störung besser erklärt werden (**Kriterium C**). Substanzintoxikation geht oftmals mit Substanzmißbrauch oder -Abhängigkeit einher. Diese Kategorie findet keine Anwendung bei Nikotin. Hinweise auf die kürzliche Einnahme der Substanz kann aus der Vorgeschichte, der körperlichen Untersuchung (z. B. Geruch von Alkohol in der Atemluft) oder einer toxikologischen Analyse der Körperflüssigkeiten (z. B. Urin oder Blut) abgeleitet werden.

Die am häufigsten auftretenden Veränderungen betreffen Störungen der Wahrnehmung, Wachheit, Aufmerksamkeit, Urteilsfähigkeit, des psychomotorischen sowie zwischenmenschlichen Verhaltens. Das spezifische klinische Bild der Substanzintoxikation unterscheidet sich dramatisch in Abhängigkeit von den betroffenen Personen und hängt ferner von der Substanz, der Dosis, der individuellen Toleranz für die Substanz, der Zeitspanne seit Einnahme der letzten Dosis, den Erwartungen der Person hinsichtlich des Substanzeffektes und der Umgebung ab, in der die Substanz eingenommen wird. Kurzdauernde oder „akute" Intoxikationen können mit anderen Merkmalen und Symptomen als anhaltende oder „chronische" Intoxikationen einhergehen. Beispielsweise können geringe Dosen von Kokain anfänglich zu einer Steigerung der Geselligkeit führen, wogegen die gleiche Dosis bei häufiger Einnahme über Tage und Wochen hinweg sozialen Rückzug bewirken kann. Verschiedenartige Substanzen (manchmal auch verschiedenartige Substanzklassen) können identische Symptome erzeugen. Beispielsweise kann eine Amphetamin- ebenso wie eine Kokainintoxikation mit hochtrabendem und hyperaktivem Verhalten, begleitet von Tachykardien, Pupillendilatation, erhöhtem Blutdruck und Schweißausbrüchen oder Kälteschauern, einhergehen.

Der Terminus *Intoxikation* ist im physiologischen Sinne breiter definiert als die hier definierte Substanzintoxikation. Eine Vielzahl von Substanzen kann physiologische oder psychische Veränderungen erzeugen, die nicht notwendigerweise auch fehlangepaßt sind. Beispielsweise hat eine Person mit einer Tachykardie durch übermäßigen Koffeinkonsum eine physiologische Intoxikation. Falls dies jedoch als einziges Symptom ohne fehlangepaßtes Verhalten auftritt, würde die Diagnose einer Koffeinintoxikation nicht angewendet werden. Die fehlangepaßte Natur substanzinduzierter Verhaltensänderungen hängt von sozialen und von Umgebungseinflüssen ab. Generell erhöht das fehlangepaßte Verhalten für den Betroffenen deutlich das Risiko unangenehmer Konsequenzen (z. B. Unfälle oder finanzielle Schwierigkeiten, Probleme mit dem Gesetz). In einigen Fällen können die Merkmale und Symptome von Intoxikationen noch über Stunden oder Tage nach Feststellung der Substanz in Körperflüssigkeiten andauern. Dies kann auf ein Verbleiben geringer Konzentrationen der Substanz in bestimmten Hirnarealen oder auch auf einen „hit and run"-Effekt zurückzuführen sein, bei dem die Substanz eine Änderung physiologischer Prozesse bewirkt, deren Wiederherstellung länger andauert als der Abbau der Substanz. Solche längerdauernden Intoxikationseffekte müssen von Entzugssymptomen (also Symptomen, die durch abnehmende Blut- oder Gewebskonzentrationen einer Substanz ausgelöst werden) unterschieden werden.

Kriterien für (F1x.0) Substanzintoxikation

A. Entwicklung eines reversiblen substanzspezifischen Syndroms, das auf die kurz zurückliegende Einnahme bzw. den Einfluß der Substanz zurückgeht.
   Beachte: Verschiedene Substanzen können ähnliche oder identischen Syndrome erzeugen.

B. Klinisch bedeutsame unangepaßte Verhaltens- oder psychische Veränderungen, die auf die Wirkung der Substanz auf das Zentralnervensystem zurückzuführen sind (z. B. Streitsucht, Affektlabilität, kognitive Beeinträchtigung, beinträchtigtes Urteilsvermögen, Beeinträchtigungen im sozialen oder beruflichen Bereich) und die sich während oder kurz nach dem Substanzgebrauch entwickeln.

Fortsetzung nächste Seite

> Fortsetzung
>
> C. Die Symptome gehen nicht auf einen medizinischen Krankheitsfaktor oder eine Verletzung zurück und können nicht durch eine andere psychische Störung besser erklärt werden.

Substanzentzug

Diagnostische Merkmale

Das Hauptmerkmal des Substanzentzugs ist die Entwicklung substanzspezifischer fehlangepaßter Verhaltensweisen mit physiologischen und kognitiven Begleiterscheinungen, die auf die Beendigung oder Reduktion eines schweren und langdauernden Substanzgebrauchs zurückzuführen sind (**Kriterium A**). Das substanzspezifische Syndrom verursacht in klinisch bedeutsamer Weise Leiden oder Beeinträchtigungen in sozialen, beruflichen oder anderen wichtigen Funktionsbereichen (**Kriterium B**). Die Symptome gehen nicht auf einen medizinischen Krankheitsfaktor zurück und können nicht durch eine andere psychische Störung besser erklärt werden (**Kriterium C**). Entzugssymptome gehen in der Regel, jedoch nicht immer, mit Substanzabhängigkeit einher (siehe S. 223). Die meisten (vielleicht alle) Personen mit Entzugserscheinungen haben den unwiderstehlichen Drang, die Substanz wieder einzunehmen, um die Entzugssymptome abzumildern. Die Diagnose einer Entzugssymptomatik gilt bei folgenden Substanzklassen: Alkohol, Amphetamine und andere verwandte Substanzen, Kokain, Nikotin, Opiate, Sedativa, Hypnotika oder Anxiolytika. Die Merkmale und Symptome des Entzugs variieren abhängig von der verwendeten Substanz, wobei die meisten Entzugssymptome genau das Gegenteil von den Symptomen sind, die während der Intoxikation mit derselben Substanz auftreten. Auch die Dosis und die Dauer des Gebrauchs sowie andere Faktoren wie z. B. Vorhandensein oder Fehlen zusätzlicher Erkrankungen wirken sich auf die Entzugssymptomatik aus. Entzugssymptome entstehen, wenn die Einnahme reduziert oder ganz eingestellt wird, wogegen Merkmale und Symptome der Intoxikation sich nach Beendigung der Einnahme (in einigen Fällen allmählich) bessern.

> **Kriterien für (F1x.3 oder F1x.4) Substanzentzug**
>
> A. Entwicklung eines substanzspezifischen Syndroms, das auf die Beendigung (oder Reduktion) von übermäßigem und langandauerndem Substanzgebrauch zurückzuführen ist.
>
> B. Das substanzspezifische Syndrom verursacht in klinisch bedeutsamer Weise Leiden oder Beeinträchtigungen in sozialen, beruflichen oder anderen wichtigen Funktionsbereichen.
>
> C. Die Symptome gehen nicht auf einen medizinischen Krankheitsfaktor zurück und können nicht durch eine andere psychische Störung besser erklärt werden.

Zugehörige Merkmale der Substanzabhängigkeit, des Mißbrauchs, der Intoxikation und des Entzugs

Bewertungsbestimmungen. Die Diagnose einer Substanzabhängigkeit erfordert die Erhebung einer detaillierten Vorgeschichte des Betroffenen und, wann immer dies möglich ist, auch die Berücksichtigung weiterer Informationsquellen (z. B. medizinische Befunde, fremdanamnestische Angaben durch Partner, Verwandte oder enge Freunde). Zusätzlich können die Ergebnisse körperlicher Untersuchungen sowie Laborbefunde hilfreich sein.

Applikationsweg. Der Applikationsweg einer Substanz stellt einen wichtigen Faktor für die Bestimmung der Substanzeffekte dar (hierzu gehört der zeitliche Verlauf der Intoxikationsentwicklung, die Wahrscheinlichkeit, daß die Einnahme physiologische Veränderungen hervorrufen wird, die mit Entzugssymptomen einhergehen, die Wahrscheinlichkeit, daß die Einnahme zu Abhängigkeit oder Mißbrauch führen wird und die Frage, ob das Muster der Einnahme periodisch verläuft oder durch täglichen Konsum gekennzeichnet ist). Applikationswege, die eine schnellere und effizientere Absorption in das Blut ermöglichen (z. B. intravenös, rauchen, sniefen), führen eher zu einer intensiveren Intoxikation und erhöhen die Wahrscheinlichkeit eines zu Abhängigkeit führenden Substanzgebrauchs. Applikationsweisen, die das Gehirn in kurzer Zeit mit großen Substanzmengen beliefern, gehen mit höherem Substanzkonsum und einer erhöhten Wahrscheinlichkeit toxischer Effekte einher. Beispielsweise wird eine Person, die intravenös Amphetamine konsumiert, mit höherer Wahrscheinlichkeit große Substanzmengen einnehmen und dabei eine Überdosis riskieren, als eine Person, die Amphetamine nur oral oder über die Nase einnimmt.

Wirkgeschwindigkeit innerhalb einer Substanzklasse. Schnell wirksame Substanzen lösen mit höherer Wahrscheinlichkeit eine sofortige Intoxikation aus als langsamer wirkende Substanzen und führen eher zu Abhängigkeit oder Mißbrauch. Da beispielsweise Diazepam und Alprazolam einen schnelleren Wirkbeginn haben als Oxazepam, werden sie mit höherer Wahrscheinlichkeit zu Abhängigkeit oder Mißbrauch führen.

Dauer der Effekte. Die Dauer der Effekte, die mit bestimmten Substanzen einhergehen, ist ebenfalls wichtig für die Bestimmung des zeitlichen Verlaufs der Intoxikation und der Wahrscheinlichkeit einer Abhängigkeits- oder Mißbrauchsentwicklung. Relativ kurz andauernde Substanzen (wie bestimmte Anxiolytika) haben ein höheres Potential für die Entwicklung von Abhängigkeit oder Mißbrauch als Substanzen, die zwar vergleichbare Effekte, jedoch eine längere Wirkdauer haben: je länger die Wirkdauer, desto länger ist die Zeitspanne zwischen Beendigung der Wirkung und Einsetzen der Entzugssymptome und desto länger die Dauer der Entzugssymptomatik.

Gebrauch verschiedener Substanzen. Substanzabhängigkeit, Mißbrauch, Intoxikation und Entzugssymptomatik umfassen oftmals verschiedene gleichzeitig oder sequentiell konsumierte Substanzen. Personen mit Kokainabhängigkeit nehmen beispielsweise häufig zusätzlich Alkohol, Anxiolytika oder Opiate ein, oftmals um langwierigen kokaininduzierten Angstsymptomen entgegenzuwirken. Ähnlich zeigen Personen mit Opiat- oder Cannabisabhängigkeit gewöhnlich verschiedene weitere Störungen im Zusammenhang mit Psychotropen Substanzen, zu denen meist Alkohol, Anxiolytika, Amphetamine oder Kokain gehören. Wenn die Kriterien für mehr als eine Störung im Zusammenhang mit Psychotropen Substanzen erfüllt sind, sollten mehrere Diagnosen vergeben werden. Die Fälle, in denen die Diagnose einer Polytoxikomanie vergeben werden sollte, sind auf Seite 324 beschrieben.

Zugehörige Laborbefunde. Laboranalysen von Blut- und Urinproben können zur Bestimmung der letztmaligen Substanzeinnahme hilfreich sein. Die Substanzmengen im Blut liefern zusätzliche Informationen über die Substanzmenge, die noch im Körper verfügbar ist. Es sollte beachtet werden, daß ein positiver Blut- oder Urintest allein kein Indikator dafür ist, daß das vorliegende Muster des Substanzgebrauchs die Kriterien einer Störung im Zusammenhang mit Psychotropen Substanzen erfüllt. Auch ein negativer Befund in Blut oder Urin schließt für sich genommen nicht die Diagnose einer Störung im Zusammenhang mit Psychotropen Substanzen aus.

Im Fall einer Intoxikation können Blut- und Urintests helfen, die relevanten beteiligten Substanzen zu bestimmen. Eine spezifische Absicherung bezüglich der in Frage kommenden Substanz kann toxikologische Analysen erforderlich machen, da verschiedene Substanzen ähnliche Intoxikationssyndrome erzeugen und häufig eine Vielzahl verschiedener Substanzen eingenommen wird. Auch tritt häufig eine Vermengung mit Straßendrogen auf, deren spezifische Inhaltsstoffe oftmals den Konsumenten derartiger Drogen selbst nicht bekannt sind. Toxikologische Untersuchungen können auch bei der Differentialdiagnose hilfreich sein, um den Stellenwert der Substanzintoxikation oder der Entzugssymptome in der Ätiologie (oder Exazerbation) bei einer Vielzahl psychischer Störungen (z. B. Affektive Störungen, Psychotische Störungen) zu bestimmen. Darüber hinaus können serielle Untersuchungen der Blutkonzentration dabei helfen, eine Intoxiaktion von einer Entzugssymptomatik zu unterscheiden. Die Blutkonzentration kann auch ein hilfreicher Anhaltspunkt dafür sein, festzustellen, ob eine Person eine hohe Toleranz für eine bestimmte Substanzgruppe hat (z. B. verfügt eine Person mit einer Blutalkoholkonzentration von 150 mg/dl ohne Zeichen einer Alkoholintoxikation über eine bedeutsame Alkoholtoleranz und wird wahrscheinlich einen chronischen Gebrauch von Alkohol, Sedativa, Hypnotika oder Anxiolytika aufweisen). Eine andere Methode zur Bestimmung der Toleranz besteht darin, die Reaktion der Person auf eine agonistische oder antagonistische Medikation zu prüfen. Eine Person, die beispielsweise keinerlei Intoxikationsmerkmale auf eine Pentobarbitaldosis von 200 mg oder mehr zeigt, weist eine bedeutsame Toleranz für Sedativa, Hypnotika oder Anxiolytika auf und sollte eine Behandlung zur Vorbeugung einer Entzugssymptomatik erhalten. Auch bei Fällen, in denen die Opiattoleranz oder -abhängigkeit anhand der Vorgeschichte nicht eindeutig geklärt werden kann, kann der Einsatz eines Antagonisten (z. B. Naloxon) informativ sein, um eine mögliche Induktion von Entzugssymptomen aufzuzeigen.

Laboruntersuchungen können dabei helfen, Entzugssymptome bei Personen mit Substanzabhängigkeit zu identifizieren. Hinweise auf die Beendigung oder Reduktion des Substanzkonsums können aus der Vorgeschichte oder aus toxikologischen Analysen von Körperflüssigkeiten (z. B. Urin oder Blut) erhalten werden. Obwohl die meisten Substanzen und deren Metaboliten innerhalb von 48 Stunden nach Einnahme nicht mehr im Urin erkennbar sind, können vereinzelte Metaboliten bei Personen, die die Substanz chronisch einnehmen, länger andauernd vorhanden sein. Falls die Person eine Entzugssymptomatik im Zusammenhang mit einer unbekannten Substanz aufweist, kann ein Urintest zur Identifikation der Substanz beitragen, auf die hin die Entzugssymptomatik aufgetreten ist und kann so auch die Möglichkeit einer angemessenen Therapie eröffnen. Urintests können auch bei der Unterscheidung von Entzugssymptomen und anderen psychischen Störungen hilfreich sein, da Entzugssymptome den bei psychischen Störungen auftretenden Symptomen, die nicht in Zusammenhang mit Substanzgebrauch stehen, sehr ähnlich sein können.

Zugehörige körperliche Untersuchungsbefunde und medizinische Krankheitsfaktoren. Wie in den Abschnitten beschrieben wird, die sich im einzelnen mit den elf Substanzklassen befassen, treten im Rahmen der Intoxikations- und Entzugssymptomatik mit hoher Wahrscheinlichkeit auch körperliche Zeichen und Symptome auf, die oftmals den ersten Anhaltspunkt für einen substanzbezogenen Zustand liefern. Allgemein gehen Intoxikationen mit Amphetaminen oder Kokain mit erhöhtem Blutdruck, Steigerung der Atmung, des Pulses und der Köpertemperatur einher. Intoxikationen mit Sedativa, Hypnotika oder Anxiolytika oder mit einer medikamentösen Gabe von Opiaten bewirken oftmals das gegenteilige Muster. Substanzabhängigkeit und -Mißbrauch gehen oftmals mit medizinischen Krankheitsfaktoren einher, die in Zusammenhang mit den toxischen Effekten der Substanzen auf bestimmte Organsysteme (z. B. Zirrhose bei Alkoholabhängigkeit) oder mit dem Applikationsweg (z. B. HIV-Infektion aufgrund gemeinsam benutzter Nadeln) stehen.

Zugehörige psychische Störungen. Substanzgebrauch ist oftmals eine Komponente des Symptombildes psychischer Störungen. Wenn die Symptome als direkte körperliche Folge einer Substanz angesehen werden, wird eine Substanzinduzierte Psychische Störung diagnostiziert (siehe S. 239). Störungen im Zusammenhang mit Psychotropen Substanzen treten außerdem häufig mit vielen psychischen Störungen gemeinsam auf (z. B. Anpassungsstörung bei Erwachsenen, Antisoziale und Borderline Persönlichkeitsstörung, Schizophrenie, Affektive Störungen) und komplizieren deren Verlauf und Behandlung.

Codierungsregeln für Abhängigkeit, Mißbrauch, Intoxikation und Entzug

Für Drogen. Der Untersucher sollte diejenige Codierung wählen, die sich auf die Substanzklasse bezieht, wobei er jedoch eher die Bezeichnung für die spezifische Substanz als die Bezeichnung der Substanzklasse vermerken sollte. Beispielsweise sollte der Untersucher 292.0 Secobarbitalentzug (statt Sedativa-, Hypnotika- oder Anxiolytikaentzug) vermerken oder 305.70 Methamphetaminmißbrauch (statt Amphetaminmißbrauch). Bei Substanzen, die nicht in eine der Klassen einzuordnen sind (z. B. Amylnitrat), sollte der angemessene Code „Abhängigkeit von Anderer Substanz", „Mißbrauch von Anderer Substanz", „Intoxikation mit Anderer Substanz" oder „Entzug von Anderer Substanz" gewählt und dabei die spezifische Substanz (z. B. 305.90 Amylnitratmißbrauch) angegeben werden. Wenn die von der Person eingenommene Substanz unbekannt ist, sollte die Codierung für die Klasse „Andere (oder Unbekannte)" gewählt werden (z. B. 292.89 Intoxikation mit Unbekannter Substanz). Bei einer bestimmten Substanz sollten, sofern die Kriterien für mehr als eine Störung im Zusammenhang mit dieser Substanz erfüllt sind, sämtliche Störungen diagnostiziert werden (z. B. 292.0 Heroinentzug, 304.10 Heroinabhängigkeit). Falls Symptome oder Probleme im Zusammenhang mit einer bestimmten Substanz auftreten, jedoch die Kriterien für keine der substanzspezifischen Störungen erfüllt sind, kann die Kategorie „Nicht Näher Bezeichnet" verwendet werden (z. B. 292.9 Nicht Näher Bezeichnete Störung im Zusammenhang mit Cannabis). Falls ein multipler Substanzgebrauch vorliegt, sollten alle relevanten Störungen im Zusammenhang mit Psychotropen Substanzen diagnostiziert werden (z. B. 292.89 Mescalinintoxikation, 304.20 Kokainabhängigkeit). Die Fälle, in denen die Diagnose einer 304.80 Polytoxikomanie vergeben werden sollte, sind auf Seite 324 beschrieben.

Für Medikamente und Toxine. Für Medikamente, die nicht bereits oben beschrieben sind (wie auch für Toxine) sollte die Codierung „Andere Substanz" verwendet werden. Die spezifische Medikation kann auch durch Angabe der angemessenen E-Codierung auf Achse I (vgl. Anhang G) (z. B. 292.89 Benztropinintoxikation, E941.1 Benztropin) beschrieben werden. Die E-Codierungen sollten auch für die oben aufgeführten Substanzklassen verwendet werden, wenn diese als verschriebene Medikation eingenommen werden (z. B. Opiate).

Besondere kulturelle, Alters- und Geschlechtsmerkmale

Es gibt große kulturelle Unterschiede im Hinblick auf die Einstellung zu Substanzkonsum, Gebrauchsmuster, Zugänglichkeit von Substanzen, physiologische Reaktionen auf Substanzen und die Prävalenz von Störungen durch Psychotrope Substanzen. Einige Gruppen verbieten den Gebrauch von Alkohol, wogegen bei anderen der Einsatz verschiedenster Substanzen zur Veränderung der Stimmung weitgehend akzeptiert ist. Diese Faktoren müssen bei der Bewertung des Substanzgebrauchs bei jeder Person berücksichtigt werden. Auch die Muster des Medikamentengebrauchs und des Einflusses von Toxinen sind sowohl innerhalb von Ländern als auch zwischen diesen deutlich unterschiedlich.

Personen zwischen 18 und 24 Jahren weisen relativ hohe Prävalenzraten für den Gebrauch praktisch jeder Substanz einschließlich Alkohol auf. Bei mißbräuchlich verwendeten Drogen ist üblicherweise die Intoxikation die erste Störung im Zusammenhang mit Psychotropen Substanzen. Sie tritt gewöhnlich zwischen dem 10. und 20. Lebensjahr erstmals auf. Entzugssymptome können in jedem Lebensalter auftreten, solange die relevante Droge in ausreichend hohen Dosen und über eine ausreichend lange Zeit eingenommen wurde. Abhängigkeit kann ebenfalls in jedem Lebensalter auftreten, findet sich aber bei den meisten Drogen üblicherweise in den 20er, 30er und 40er Lebensjahren erstmals. Wenn Störungen im Zusammenhang mit Psychotropen Substanzen, außer Intoxikation, in der frühen Adoleszenz einsetzen, gehen sie häufig mit Anpassungsstörungen und der Unfähigkeit, die schulischen Anforderungen zu bewältigen, einher. Störungen im Zusammenhang mit Psychotropen Substanzen werden bei mißbräuchlich verwendeten Drogen üblicherweise mehr bei Männern als bei Frauen diagnostiziert. Insgesamt hängen die Geschlechterverteilungen aber von der Substanzklasse ab.

Verlauf

Der Verlauf von Abhängigkeit, Mißbrauch, Intoxikation und Entzugssymptomatik hängt von der jeweiligen Substanzklasse, dem Applikationsweg und anderen Faktoren ab. Die Abschnitte zum Verlauf der verschiedenen Substanzklassen zeigen die jeweiligen charakteristischen Merkmale auf. Es sind jedoch auch einige für alle Klassen geltende Merkmale zu verzeichnen.

Intoxikationszustände entwickeln sich normalerweise innerhalb von Minuten oder Stunden nach Einnahme einer ausreichend hohen Einzeldosis, dauern bei häufig wiederholtem Gebrauch an oder intensivieren sich. Die mit Intoxikationen einhergehenden Symptome entwickeln sich gewöhnlich zurück, wenn die Blut- oder Gewebskonzentration der Substanz abnimmt. Einige Merkmale und Symptome können sich dabei sehr langsam zurückentwickeln und in einigen Fällen können diese noch Stunden oder Tage andauern, nachdem die Substanz in den Körperflüssigkeiten schon nicht mehr feststellbar ist. Der Beginn der Intoxikation kann auch verzögert auftreten, wenn es sich um Substanzen handelt, die nur langsam absorbiert werden oder um solche, die erst durch Stoffwechselprozesse aktiviert werden müssen. Lang wirkende Substanzen können auch verlängerte Intoxikationszustände hervorrufen.

Entzugssymptome entstehen mit der Abnahme der Substanz im Zentralen Nervensystem. Frühe Entzugssymptome treten bei Substanzen mit geringen Halbwertszeiten (z. B. Alkohol, Lorazepam, Heroin) gewöhnlich einige Stunden nach dem Einstellen der Subtanzeinnahme auf, obwohl Entzugssymptome auch noch über Wochen nach Beendigung einer hochdosierten Einnahme von anxiolytischen Substanzen mit hohen Halbwertszeiten auftreten können. Die stärkeren Entzugssymptome enden gewöhnlich innerhalb von einigen Tagen oder Wochen nach Absetzen der Substanz, wenn auch einige kaum merkliche physiologische Zeichen im Rahmen eines verzögerten Entzugssyndroms noch nach Wochen oder sogar Monaten feststellbar sein können.

Die Diagnose eines Substanzmißbrauchs tritt mit höherer Wahrscheinlichkeit bei Personen auf, die erst kürzlich mit dem Substanzgebrauch begonnen haben. Bei vielen Betroffenen entwickelt sich der Substanzmißbrauch einer bestimmten Substanzklasse zu einer Substanzabhängigkeit von eben dieser Klasse. Dies gilt insbesondere für Substanzen, die ein hohes Potential für die Toleranzentwicklung, Entzugssymptome und zwanghafte Gebrauchsmuster aufweisen. Sofern die diagnostischen Kriterien einer Substanzabhängigkeit erfüllt sind, kann eine weitere Diagnose für einen Substanzmißbrauch derselben Substanzklasse nicht vergeben werden. Bei einer Person mit vollremittierter Substanzabhängigkeit, wird jeglicher Rückfall, der den Kriterien eines Substanzmißbrauchs entspricht, als teilremittierte Abhängigkeit eingeordnet (vgl. Verlaufszusatzcodierungen, S. 225).

Der Verlauf der Substanzabhängigkeit fällt unterschiedlich aus. Obwohl gelegentlich relativ kurze und begrenzte Episoden auftreten können, insbesondere in Zeiten starker psychosozialer Belastung, ist der Verlauf in der Regel chronisch, über Jahre hinweg andauernd und geht meist einher mit Zeiträumen der Verschlechterung sowie Zeiträumen einer teilweisen oder vollständigen Remission. Es können Phasen mit massiver Substanzeinnahme und schwerwiegenden Problemen sowie auch Phasen völliger Abstinenz oder auch teilweise monatelang andauernde Zeiträume eines unproblematischen Umgangs mit der Substanz vorkommen. Substanzabhängigkeit geht manchmal auch mit spontan auftretenden Langzeitremissionen einher. Follow-up-Untersuchungen zeigen beispielsweise, daß 20 % oder mehr der Betroffenen mit Substanzabhängigkeit dauerhaft abstinent werden, meist nach Auftreten einer gravierenden Belastung (wie z. B. der Androhung oder Auflage sozialer oder rechtlicher Sanktionen oder dem Erkennen einer lebensbedrohlichen Erkrankung). Innerhalb der ersten zwölf Monate nach Beginn der Remission besteht eine besonders hohe Rückfallneigung. Viele Betroffene unterschätzen ihre Vulnerabilität für eine Abhängigkeitsentwicklung, weil sie in einer Remissionsphase fälschlicherweise glauben, daß sie den Substanzkonsum problemlos regulieren können. Es werden dann oftmals weniger restriktive Regeln an den Substanzgebrauch angelegt, so daß es zu einem erneuten Rückfall in die Abhängigkeit kommt. Das gleichzeitige Vorhandensein weiterer psychischer Störungen (wie z. B. Antisoziale Persönlichkeitsstörung, Major Depression) erhöht oftmals das Risiko für Komplikationen und einen ungünstigen Verlauf.

Beeinträchtigungen und Komplikationen

Obwohl viele Betroffene mit substanzbezogenen Problemen in vielen Lebensbereichen unbeeinträchtigt sind (z. B. in persönlichen Beziehungen, der Arbeitsleistung, der Erwerbsfähigkeit), führen diese Störungen häufig zu deutlichen Beeinträchtigungen und ernsthaften Komplikationen. Personen mit Störungen im Zusammenhang mit Psychotropen Substanzen erleben häufig eine Verschlechterung ihres allgemeinen Gesundheitszustands. Mangelernährung und andere medizinische Krankheitsfaktoren können Folge einer falschen Ernährung und unangemessener Hygiene sein. Intoxikationserscheinungen und Entzugssymptome können durch traumatische Einwirkungen im Zusammenhang mit beeinträchtigter motorischer Koordinationsfähigkeit oder beeinträchtigtem Urteilsvermögen kompliziert werden. Die Stoffe, die als Beimengung zu bestimmten Substanzen verwendet werden, können toxische oder allergische Reaktionen auslösen. Die Einnahme von Substanzen über die Nase („sniefen") kann ein Zerfressen des Nasenseptums bewirken. Der Gebrauch von Stimulantien kann zu plötzlichem Tod durch Herzarrhythmien, Myokardinfarkt, cerebrovaskulären Erkrankungen oder Atemstillstand führen. Die Verwendung kontaminierter Nadeln bei intravenöser Substanzzufuhr kann die Übertragung einer HIV-Infektion, Hepatitis, Tetanie, Vaskulitis, Sepsis, unterschwelliger bakterieller Endokarditis, Embolien und Malaria nach sich ziehen.

Substanzgebrauch kann auch mit gewalttätigem und aggressivem Verhalten einhergehen, das sich in körperlichen Auseinandersetzungen oder kriminellen Aktivitäten manifestiert und zu einer Verletzung des Betroffenen oder anderer Personen führt. Unfälle im Straßenverkehr, im häuslichen Bereich und in der Industrie sind eine wesentliche Komplikation bei Substanzintoxikation und führen zu einer beachtenswerten Krankheits- und Todesrate. Ungefähr die Hälfte aller Autounfälle auf Landstraßen betreffen entweder einen intoxikierten Fahrer oder Fußgänger. Zusätzlich begehen etwa 10 % der Personen mit einer Substanzabhängigkeit Selbstmord, oftmals vor dem Hintergrund einer Substanzinduzierten Affektiven Störung. Da schließlich fast alle, wenn nicht alle der in diesem Kapitel beschriebenen Substanzen durch die Plazenta laufen, können sie ungünstige Effekte auf den sich entwickelnden Fötus haben, wie dies z. B. beim fetalen Alkoholsyndrom der Fall ist. Bei wiederholter Einnahme hoher Dosen seitens der Mutter kann eine Vielzahl von Substanzen (wie Kokain, Opiate, Alkohol, Sedativa, Hypnotika und Anxiolytika) zu einer körperlichen Abhängigkeit des Fötus und zu Entzugssymptomen beim Neugeborenen führen.

Familiäres Verteilungsmuster

Informationen über familiäre Zusammenhänge sind bei Störungen im Zusammenhang mit Alkohol am besten untersucht worden (vgl. die detaillierte Diskussion hierzu auf S. 251). Es gibt einige Hinweise dafür, daß die intraindividuellen Unterschiede bei den zur Alkoholintoxikation erforderlichen Dosen genetisch bedingt sind. Obwohl sich Substanzmißbrauch und -Abhängigkeit innerhalb von Familien zu häufen scheinen, kann dieser Effekt zum Teil durch das zusätzliche Auftreten von Antisozialen Persönlichkeitsstörungen erklärt werden, die eine Prädisposition für die Entwicklung von Substanzmißbrauch oder -Abhängigkeit bedeuten kann.

Differentialdiagnose

Störungen im Zusammenhang mit Psychotropen Substanzen werden von **nichtpathologischem Substanzgebrauch** (z. B. **Trinken in Gesellschaft**) und von der **Einnahme von Medikamenten zu angemessenen medizinischen Zwecken** unterschieden anhand von Toleranzentwicklung, Entzugssymptomen, zwanghaftem Gebrauch oder substanzbezogenen Problemen (z. B. körperliche Komplikationen, Zerstörung sozialer und familiärer Beziehungen, berufliche oder finanzielle Schwierigkeiten, Probleme mit dem Gesetz). Wiederholte Episoden einer **Substanzintoxikation** sind fast unabänderlich hervorstechende Merkmale eines **Substanzmißbrauchs** oder einer **-Abhängigkeit**. Dennoch ist das Auftreten einer oder mehrerer Episoden der Intoxikation für sich genommen weder für die Diagnose einer Substanzabhängigkeit noch eines Mißbrauchs hinreichend.

Es kann manchmal schwierig sein, zwischen einer **Substanzintoxikation** und einem **Substanzentzug** zu unterscheiden. Wenn ein Symptom während der Zeit der Einnahme auftritt und nach Einstellen der Einnahme graduell abnimmt, ist es wahrscheinlich Bestandteil einer Intoxikation. Wenn das Symptom erst nach Einstellen oder Reduktion der Substanzzufuhr auftritt, ist es wahrscheinlich Teil einer Entzugssymptomatik. Personen mit Störungen im Zusammenhang mit Psychotropen Substanzen nehmen häufig mehr als eine Substanz ein und können von einer Substanz (z. B. Heroin) intoxikiert sein, während sie Entzugssymptome von der anderen Substanz (z. B. Diazepam) erleben. Die Unterscheidung wird noch weiter dadurch erschwert, daß die Merkmale und Symptome des Entzugs von einigen Substanzen (z. B. Sedativa) denen der Intoxikation mit anderen Substanzen (z. B. Amphetamine) teilweise sehr ähneln. Die Substanzintoxikation wird vom **Substanzintoxikationsdelir** (siehe S. 170), von der **Substanzinduzierten Psychotischen Störung, Mit Beginn Während der Intoxikation** (siehe S. 368), von der **Substanzinduzierten Affektiven Störung, Mit Beginn Während der Intoxikation** (siehe S. 432), der **Substanzinduzierten Angststörung, Mit Beginn Während der Intoxikation** (siehe S. 503), von der **Substanzinduzierten Sexuellen Funktionsstörung, Mit Beginn Während der Intoxikation** (siehe S. 588) und der **Substanzinduzierten Schlafstörung, Mit Beginn Während der Intoxikation** (siehe S. 683) dadurch unterschieden, daß die Symptome dieser zuletzt genannten Störungen deutlich über diejenigen hinausgehen, die normalerweise mit einer Substanzintoxikation verbunden sind und dadurch, daß sie schwer genug sind, um für sich allein genommen klinische Beachtung zu rechtfertigen. Substanzentzug wird vom **Substanzentzugsdelir** (siehe S. 170), von der **Substanzinduzierten Psychotischen Störung, Mit Beginn Während des Entzugs** (siehe S. 368), der **Substanzinduzierten Affektiven Störung, Mit Beginn Während des Entzugs** (siehe S. 432), der **Substanzinduzierten Angststörung, Mit Beginn Während des Entzugs** (siehe S. 503) und der **Substanzinduzierten Schlafstörung, Mit Beginn Während des Entzugs** (siehe S. 638), dadurch unterschieden, daß die Symptome dieser zuletzt genannten Störungen deutlich über diejenigen hinausgehen, die normalerweise mit einem Substanzentzug verbunden sind, und dadurch, daß sie schwer genug sind, um für sich allein genommen klinische Beachtung zu rechtfertigen.

Die weiteren oben beschriebenen Substanzinduzierten Störungen treten gemeinsam mit Symptomen auf, die denen **nicht-substanzinduzierter** (d. h. **primärer**) **psychischer Störungen** ähneln. Vergleiche hierzu Seite 240 zu der Diskussion dieser wichtigen, aber oftmals schwierigen Differentialdiagnose. Die zusätzliche Diagnose einer Substanzinduzierten Störung wird gewöhnlich nicht vergeben, wenn **die Symptome einer bereits vorher bestehenden psychischen Störung durch eine Substanzintoxikation oder einen Substanzentzug verschlimmert werden** (obwohl die Diagnose einer Substanzintoxikation oder eines Substanzentzugs angemessen sein könnte). Beispielsweise könnte die Intoxikation mit einigen Substanzen eine Verschlimmerung der Stimmungswechsel bei der Bipolaren Störung, der akustischen Halluzinationen und dem Verfolgungswahn bei Schizophrenie, den aufdringlichen Gedanken und erschreckenden Träumen bei der Posttraumatischen Belastungsstörung und den Angstsymptomen bei der Panikstörung, Generalisierten Angststörung, Sozialen Phobie und Agoraphobie bewirken. Intoxikation und Entzugssymptome können außerdem das Risiko für Suizid, Gewalttätigkeit und impulsives Verhalten bei Personen erhöhen, bei denen bereits eine Antisoziale oder Borderline Persönlichkeitsstörung besteht.

Viele neurologische Zustände (z. B. Kopfverletzungen) oder Stoffwechsellagen erzeugen Symptome, die denen der Intoxikation oder des Entzugs ähneln (z. B. sich verändernde Bewußtheitszustände, verwaschene Sprache, Koordinationsstörungen) und diesen daher manchmal fälschlich zugeordnet werden. Auch die Symptome infektiöser Erkrankungen können dem

Entzug von bestimmten Substanzen ähneln (z.b. kann die virale Gastroenteritis dem Opiatentzug gleichartig sein). Wenn die Symptome als direkte körperliche Folge eines medizinischen Krankheitsfaktors angesehen werden, sollte die passende Diagnose einer **Psychischen Störung Aufgrund eines Medizinischen Krankheitsfaktors** vergeben werden. Wenn die Symptome als direkte körperliche Folge sowohl eines Substanzgebrauchs als auch eines medizinischen Krankheitsfaktors beurteilt werden, sollten sowohl die Substanzbezogene Störung als die Psychische Störung Aufgrund eines Medizinischen Krankheitsfaktors, diagnostiziert werden. Wenn der Untersucher nicht bestimmen kann, ob die vorliegenden Symptome substanzinduziert sind, auf einen medizinischen Krankheitsfaktor zurückgehen oder primärer Art sind, sollte die passende Diagnose der **Nicht Näher Bezeichnet-Kategorie** verwendet werden (z. B. würde bei psychotischen Symptomen mit unbestimmter Ätiologie die Diagnose einer Nicht Näher Bezeichneten Psychotischen Störung vergeben).

Substanzinduzierte Psychische Störungen, die Andernorts in diesem Manual beschrieben werden

Substanzinduzierte Störungen erzeugen eine Vielzahl von Symptomen, die für andere psychische Störungen charakteristisch sind (vgl. Tabelle 1, S. 222). Zur Erleichterung der Differentialdiagnose werden Beschreibungen und Kriterienlisten dieser anderen Substanzinduzierten Psychischen Störungen in denjenigen Manualkapiteln beschrieben, die Störungen mit ähnlicher Symptomatik beinhalten:
— Das **Substanzinduzierte Delir** (siehe S. 170) ist im Kapitel „Delir, Demenz, Amnestische und Andere Kognitive Störungen" enthalten.
— Die **Persistierende Substanzinduzierte Demenz** (siehe S. 195) ist im Kapitel „Delir, Demenz, Amnestische und Andere Kognitive Störungen" enthalten.
— Die **Substanzinduzierte Psychotische Störung** (siehe S. 368) ist im Kapitel „Schizophrenie und Andere Psychotische Störungen" enthalten. (Im DSM-III-R gehörten diese Störungen zu der „Organisch Bedingten Halluzinose" und „Organisch Bedingten Wahnstörung".)
— Die **Substanzinduzierte Affektive Störung** (siehe S. 432) ist im Kapitel „Affektive Störungen" enthalten.
— Die **Substanzinduzierte Angststörung** (siehe S. 503) ist im Kapitel „Angststörungen" enthalten.
— Die **Substanzinduzierte Sexuelle Funktionsstörung** (siehe S. 588) ist im Kapitel „Sexuelle und Geschlechtsidentitätsstörungen" enthalten.
— Die **Substanzinduzierte Schlafstörung** (siehe S. 683) ist im Kapitel „Schlafstörungen" enthalten.

Zusätzlich ist die **„Persistierende Wahrnehmungsstörung im Zusammenhang mit Halluzinogenen (Flashbacks)"** (siehe S. 271) in diesem Kapitel unter „Störungen im Zusammenhang mit Halluzinogenen" enthalten.

In DSM-III-R wurden die Substanzinduzierten Störungen und die Psychischen Störungen Aufgrund eines Medizinischen Krankheitsfaktors als „Organische Störungen" bezeichnet und in einem eigenständigen Kapitel zusammengefaßt. Diese Differenzierung „organischer" psychischer Störungen als eigenständiger Klasse implizierte, daß „nichtorganische" oder „funktionelle" psychische Störungen ohne direkten Bezug zu physischen oder biologischen Faktoren oder Prozessen standen. DSM-IV streicht den Terminus „organisch" und unterscheidet solche psychische Störungen, die substanzinduziert sind, von solchen, die auf einen medizinischen Krankheitsfaktor zurückgehen und von solchen, deren Ätiologie nicht spezifiziert ist. Der Terminus *primäre psychische Störung* wird als Kurzform für solche psychischen Störungen verwendet, die nicht substanzinduziert sind und nicht auf medizinische Krankheitsfaktoren zurückgehen.

Der Kontext, in dem sich eine Substanzinduzierte Störung entwickelt, kann bedeutsame Implikationen für den Umgang mit dieser Störung haben. Substanzinduzierte Störungen können sich im Zusammenhang mit Substanzintoxikation oder Substanzentzug entwickeln, oder sie können fortbestehen, nachdem die Substanz bereits lange zuvor vom Körper ausgeschieden wurde (Persistierende Substanzinduzierte Störungen). Substanzinduzierte Symptome, die sich im Kontext einer Substanzintoxikation entwickeln, können mit der Zusatzcodierung Mit Beginn Während der Intoxikation gekennzeichnet werden. Substanzinduzierte Symptome, die sich im Kontext eines Substanzentzugs entwickeln, können mit der Zusatzcoderierung Mit Beginn Während des Entzugs angegeben werden. Es sollte beachtet werden, daß die Diagnose einer Substanzinduzierten Störung, Mit Beginn Während der Intoxikation oder des Entzugs nur dann anstelle der Diagnose einer Substanzintoxikation oder eines Substanzentzugs vergeben werden sollte, wenn die Symptome dieser zuletzt genannten Störungen deutlich über diejenigen hinausgehen, die normalerweise mit dem für die bestimmte Substanz typischen Intoxikations- oder Entzugssyndrom einhergehen und wenn sie schwer genug sind, um für sich allein genommen klinische Beachtung zu rechtfertigen. Drei Persistierende Substanzinduzierte Störungen sind hier einzuordnen: Die Persistierende Substanzinduzierte Demenz (siehe S. 195), die Persistierende Substanzinduzierte Amnestische Störung (siehe S. 204) im Kapitel „Delir, Demenz, Amnestische und Andere Kognitive Störungen" und die Persistierende Wahrnehmungsstörung im Zusammenhang mit Halluzinogenen unter „Störungen im Zusammenhang mit Halluzinogenen" in diesem Kapitel (siehe S. 271). Das Hauptmerkmal einer Persistierenden Substanzinduzierten Störung ist ein verlängertes oder andauerndes Anhalten substanzbezogener Symptome, die noch fortdauern, lange nachdem der übliche Verlauf einer Intoxikation oder eines Entzugs beendet ist.

Bei mißbräuchlich verwendbaren Drogen erfordert die Diagnose einer Substanzinduzierten Psychischen Störung Hinweise auf Substanzintoxikation oder -Mißbrauch aus der Vorgeschichte, der körperlichen Untersuchung oder aus Laborbefunden. Bei der Bewertung der Frage, ob die Symptome einer psychischen Störung die direkte körperliche Wirkung eines Substanzgebrauchs darstellen, ist es wichtig, die zeitlichen Zusammenhänge zwischen Beginn und Ende des Substanzeffekts sowie Beginn und Ende der Symptome zu beachten. Falls die Symptome dem Beginn des Substanzgebrauchs vorausgehen oder während längerdauernder Perioden der Abstinenz von dieser Substanz andauern, ist es wahrscheinlich, daß die Symptome nicht substanzinduziert sind. Als Faustregel gilt, daß Symptome, die mehr als vier Wochen nach Beendigung einer akuten Intoxikations- oder Entzugssymptomatik noch bestehen, als Manifestationen einer unabhängigen Nicht-Substanzinduzierten Störung oder einer Persistierenden Substanzinduzierten Störung betrachtet werden sollten. Um diese Unterscheidung treffen zu können, ist eine klinische Beurteilung notwendig, insbesondere, da die charakteristische Dauer der Intoxikations- und der Entzugssymptomatik sowie die Beziehung zu den Symptomen psychischer Störungen bei den verschiedenen Substanzen sich unterscheiden. Da die Entzugsstadien für einige Substanzen verzögert auftreten können, ist es sinnvoll, den Verlauf der Symptome nach Beendigung der akuten Intoxikations- oder Entzugssymptomatik aufmerksam über eine längere Zeitspanne (z. B. vier Wochen oder länger) zu beobachten, wobei alles Menschenmögliche getan werden sollte, um die Abstinenz des Betroffenen aufrechtzuerhalten. Dies kann auf die verschiedenste Art und Weise erreicht werden, u. a. durch stationäre Aufnahme oder Behandlung zu Hause, was regelmäßige Nachuntersuchungen, den Einsatz von Freunden und Familie zur Unterstützung des Betroffenen in der Abstinenz, regelmäßige Urin,- und Blutsubstanzkontrollen und, falls Alkohol eingenommen wird, die regelmäßige Untersuchung von Veränderungen der Zustandsmarker bei starkem Trinken, wie z. B. Gamma-Glutamyltransferase (GGT), erfordert.

Ein weiterer Aspekt bei der Unterscheidung der primären psychischen Störungen von den Substanzinduzierten Störungen ist das Vorhandensein von Merkmalen, die für primäre Störungen untypisch sind (wie z. B. untypisches Alter bei Beginn oder untypischer Verlauf). Beispielsweise könnte der Beginn einer Manischen Episode nach dem 45. Lebensjahr auf eine substanzinduzierte Ätiologie hindeuten. Dagegen wäre ein Faktor, der nahelegt, daß die Symptome besser durch eine primäre psychische Störung erklärt werden können, eine Vorgeschichte von Episoden dieser Störung, die nicht substanzinduziert waren. Schließlich sollte die An- oder Abwesenheit substanzspezifischer physiologischer und verhaltensbezogener Intoxikations- oder Entzugsmerkmale beachtet werden. Beispielsweise wäre das Auftreten von Verfolgungswahn im Zusammenhang mit einer Phencyclidinintoxikation nicht verwunderlich, wäre jedoch im Zusammenhang mit einer Sedativaintoxikation ungewöhnlich und würde somit die Wahrscheinlichkeit dafür erhöhen, daß die Symptome besser durch eine primäre Psychotische Störung zu erklären sind. Darüber hinaus sollte auch die Dosis der benutzten Substanz mitbeachtet werden. Das Vorliegen von Verfolgungswahn wäre nach einem einzigen Zug Marihuana unwahrscheinlich, bei größeren Dosen Haschisch jedoch plausibel.

Substanzinduzierte Störungen können auch als Nebenwirkung eines Medikaments oder durch den Einfluß eines Toxins entstehen. Substanzinduzierte Störungen, die im Zusammenhang mit einer verordneten medikamentösen Behandlung einer psychischen Störung oder eines medizinischen Krankheitsfaktors stehen, müssen beginnen, während die Person die Behandlung erhält oder während des Entzugs, falls die Medikation mit einem Entzugssyndrom einhergeht. Bei Absetzen der Behandlung gehen die Symptome dann gewöhnlich innerhalb von einigen Tagen oder Wochen zurück (je nach Halbwertszeit der Substanz, dem Vorliegen von Entzugssymptomen und individueller Variabilität). Wenn die Symptome jedoch weiter andauern, sollte eine primäre psychische Störung (die nicht in Zusammenhang mit einer Medikation steht) in Erwägung gezogen werden. Da Patienten mit medizinischen Krankheitsfaktoren oftmals Medikamente zur Behandlung der Erkrankung einnehmen, muß der Untersucher die Möglichkeit einbeziehen, daß die Symptome eher durch die körperlichen Folgeerscheinungen der Erkrankung als durch die Medikation verursacht werden, wobei dann eine Psychische Störung Aufgrund eines Medizinischen Krankheitsfaktors diagnostiziert wird. Die Vorgeschichte mag zu dieser Urteilsfindung beitragen, wobei aber eine Veränderung in der Behandlung des medizinischen Krankheitsfaktors notwendig sein könnte (z. B. Ersetzen oder Absetzen der Medikation), um empirisch zu bestimmen, ob bei dieser Person die Medikation ursächlicher Faktor ist oder nicht.

Codierungsregeln bei Substanzinduzierten Psychischen Störungen, die andernorts in diesem Manual aufgeführt sind

Die Bezeichnung der Diagnose beginnt mit einer spezifischen Substanz (z. B. Kokain, Diazepam, Dexamethason), die als ursächlich für die Symptome angesehen wird. Die diagnostische Codierung wird aus der Liste der Substanzklassen ausgewählt, die in den Kriterienlisten für die jeweilige Substanzinduzierte Störung aufgeführt sind. Bei Substanzen, die nicht zu irgendeiner dieser Klassen passen (wie z. B. Dexamethason), sollte die Codierung „Andere Substanz" verwendet werden. Zusätzlich sollte bei Medikamenten, die in therapeutischen

Dosen verschrieben werden, das spezifische Medikament mittels der zugehörigen E-Codierung auf Achse I (vgl. Anhang G) angegeben werden. Dem Namen der Störung (z. B. Kokaininduzierte Psychotische Störung, Diazepaminduzierte Angststörung) folgt die Zusatzcodierung der vorherrschenden Symptome und der Kontext, in dem sich die Symptome entwickelt haben (z. B. 292.11 Kokaininduzierte Psychotische Störung, Mit Wahn, Mit Beginn Während der Intoxikation, 292.89 Diazepaminduzierte Angststörung, Mit Beginn Während des Entzugs). Wenn für die Entwicklung der Symptome mehr als eine Substanz als bedeutsam erachtet wird, sollte jede Substanz getrennt aufgeführt werden. Wenn eine Substanz als ätiologischer Faktor erachtet wird, die spezifische Substanz oder Substanzklasse jedoch unbekannt ist, sollte die Klasse „Unbekannte Substanz" verwendet werden.

Störungen im Zusammenhang mit Alkohol

In den meisten Kulturen ist Alkohol das am häufigsten gebrauchte Beruhigungsmittel und die Ursache von beträchtlicher Morbidität und Mortalität. 90 % der Erwachsenen in den USA machen irgendwann in ihrem Leben Erfahrungen mit Alkohol und ein bedeutender Teil (60 % der Männer und 30 % der Frauen) hatte mindestens ein widriges Lebensereignis im Zusammenhang mit Alkohol (z. B. Alkohol am Steuer, Nichterscheinen in der Schule oder bei der Arbeit aufgrund eines Katers). Glücklicherweise lernen die meisten Menschen aus diesen Erfahrungen und mäßigen ihr Trinkverhalten und entwickeln keine Alkoholabhängigkeit oder -Mißbrauch.

Dieses Kapitel beinhaltet spezielle Erläuterungen zu Störungen im Zusammenhang mit Alkohol. Beschreibungen und Kriterien wurden bereits vorher bei den allgemeinen Aspekten der Substanzabhängigkeit (siehe S. 223) und des Substanzmißbrauchs (siehe S. 228), die für alle Substanzen gelten, erläutert. Beschreibungen, die für Alkoholabhängigkeit oder -Mißbrauch spezifisch sind, werden unten dargestellt. Es gibt jedoch keine zusätzlichen spezifischen Kriterien für Alkoholabhängigkeit oder -Mißbrauch. Für Alkoholintoxikation und Alkoholentzug werden im entsprechenden Abschnitt spezifische Texte und Kriterien angegeben. Alkoholinduzierte Störungen (bis auf Alkoholintoxikation und -Entzug) werden in denjenigen Kapiteln des Manuals beschrieben, die Störungen derselben Symptomatik beinhalten, (z. B. ist die Alkoholinduzierte Affektive Störung im Kapitel „Affektive Störungen" enthalten). An dieser Stelle sind Störungen durch Alkoholkonsum und Alkoholinduzierte Störungen aufgelistet.

Störungen durch Alkoholkonsum

303.90 (F10.2x) **Alkoholabhängigkeit** (siehe S. 243)
305.00 (F10.1) **Alkoholmißbrauch** (siehe S. 244)

Alkoholinduzierte Störungen

303.00 (F10.0x) **Alkoholintoxikation** (siehe S. 244)
291.8 (F10.3) **Alkoholentzug** (siehe S. 245)
Bestimme, ob: Mit Wahrnehmungsstörungen

291.0 (F10.03) **Alkoholintoxikationsdelir** (siehe S. 170)
291.0 (F10.4) **Alkoholentzugsdelir** (siehe S. 170)
291.2 (F10.73) **Persistierende Alkoholinduzierte Demenz** (siehe S. 195)
291.1 (F10.6) **Persistierende Alkoholinduzierte Amnestische Störung** (siehe S. 204)
291.5 (F10.51) **Alkoholinduzierte Psychotische Störung, Mit Wahn** (siehe S. 368)
Bestimme, ob: Mit Beginn Während der Intoxikation/Mit Beginn Während des Entzugs
291.3 (F10.52) **Alkoholinduzierte Psychotische Störung, Mit Halluzinationen** (siehe S. 368)
Bestimme, ob: Mit Beginn Während der Intoxikation/Mit Beginn Während des Entzugs
291.8 (F10.8) **Alkoholinduzierte Affektive Störung** (siehe S. 432)
Bestimme, ob: Mit Beginn Während der Intoxikation/Mit Beginn Während des Entzugs
291.8 (F10.8) **Alkoholinduzierte Angststörung** (siehe S. 503)
Bestimme, ob: Mit Beginn Während der Intoxikation/Mit Beginn Während des Entzugs
291.8 (F10.8) **Alkoholinduzierte Sexuelle Funktionsstörung** (siehe S. 588)
Bestimme, ob: Mit Beginn Während der Intoxikation
291.8 (F10.8) **Alkoholinduzierte Schlafstörung** (siehe S. 683)
Bestimme, ob: Mit Beginn Während der Intoxikation/Mit Beginn Während des Entzugs
291.9 (F10.9) **Nicht Näher Bezeichnete Störung im Zusammenhang mit Alkohol** (siehe S. 252)

Störungen durch Alkoholkonsum

303.90 (F10.2x) Alkoholabhängigkeit

Siehe auch Beschreibung und Kriterien für Substanzabhängigkeit (siehe S. 223). Eine körperliche Abhängigkeit von Alkohol wird durch Hinweise auf eine Toleranzentwicklung und auf Entzugssymptome belegt. Alkoholentzug (siehe S. 231) ist durch die Entwicklung von Entzugssymptomen gekennzeichnet, die etwa 12 Stunden nach der Reduktion bei langandauerndem starkem Alkoholkonsum entstehen. Weil der Alkoholentzug unangenehm und stark sein kann, trinken Menschen mit Alkoholabhängigkeit oft trotz der ungünstigen Folgen weiter, um Entzugssymptome zu vermeiden oder zu lindern. Eine ansehnliche Minderheit von Personen mit einer Alkoholabhängigkeit erleben nie ein klinisch relevantes Ausmaß an Entzugssymptomen und nur 5 % der Alkoholabhängigen erleben jemals ernsthafte Komplikationen beim Entzug (z. B. Delir, Grand-mal-Anfälle). Ist ein zwanghafter Alkoholkonsum entstanden, verwenden Abhängige oft viel Zeit damit, alkoholische Getränke zu besorgen und zu konsumieren. Solche Personen trinken trotz vorhandener ungünstiger psychischer und körperlicher Folgen (z. B. Depressionen, Bewußtseinsstörungen, Leberschäden oder andere Folgeerscheinungen) weiter.

Zusatzcodierungen

Die folgenden Zusatzcodierungen können bei der Diagnose Alkoholabhängigkeit (nähere Einzelheiten hierzu S. 225) verwendet werden:
– **Mit Körperlicher Abhängigkeit**
– **Ohne Körperliche Abhängigkeit**
– **Früh Vollremittiert**
– **Früh Teilremittiert**

- Anhaltend Vollremittiert
- Anhaltend Teilremittiert
- Bei Agonistischer Therapie
- In Geschützter Umgebung

305.00 (F10.1) Alkoholmißbrauch

Siehe auch Beschreibung und Kriterien für Substanzmißbrauch (siehe S. 228). Die Schul- und Arbeitsleistung kann entweder aufgrund der Nachwirkungen des Trinkens oder aufgrund einer bestehenden Intoxikation leiden. Kindererziehung oder Verantwortlichkeiten im Haushalt werden häufig vernachlässigt. Es kommt aufgrund von Alkohol zum Fernbleiben von der Schule oder der Arbeit. Die Person trinkt eventuell in Situationen Alkohol, in denen es aufgrund des Alkoholkonsums zu einer körperlichen Gefährdung kommen kann (z. B. Alkohol am Steuer, Bedienen von Maschinen in alkoholisiertem Zustand). Möglicherweise entstehen rechtliche Probleme aufgrund des Alkoholkonsums (z. B. Inhaftierungen aufgrund von Verhaltensweisen während der Alkoholintoxikation oder aufgrund von Alkohol am Steuer). Schließlich trinken Personen, die Alkohol mißbrauchen, oft weiter, obwohl sie wissen, daß das fortgesetzte Trinken für sie gravierende soziale und zwischenmenschliche Probleme hervorruft (z. B. Gewalttätigkeiten gegenüber dem Ehepartner während einer Intoxikation, Kindesmißbrauch). Wenn diese Probleme zusammen mit Alkoholtoleranz, Entzug oder zwanghaftem Verhalten, das im Zusammenhang mit Alkoholkonsum steht, auftreten, sollte eher die Diagnose Alkoholabhängigkeit als die eines Alkoholmißbrauchs in Erwägung gezogen werden.

Alkoholinduzierte Störungen

303.00 (F10.0x) Alkoholintoxikation

Siehe auch Beschreibung zu Substanzintoxikation (siehe S. 229). Das wesentliche Merkmal der Alkoholintoxikation ist das Vorhandensein klinisch bedeutsamer unangepaßter verhaltensbezogener oder psychischer Veränderungen (z. B. unangepaßtes Sexual- oder Aggressionsverhalten, Affektlabilität, beeinträchtigtes Urteilsvermögen, Beeinträchtigungen im sozialen und beruflichen Bereich), die sich während oder kurz nach der Alkoholaufnahme entwickeln (**Kriterien A und B**). Diese Veränderungen werden von verwaschener Sprache, Koordinationsstörungen, unsicherem Gang, Nystagmus, Aufmerksamkeits- oder Gedächtnisstörungen, Stupor oder Koma begleitet (**Kriterium C**). Die Symptome gehen nicht auf einen medizinischen Krankheitsfaktor zurück und werden nicht durch eine andere psychische Störung besser erklärt (**Kriterium D**). Das Erscheinungsbild ist dem einer Benzodiazepin- oder Barbituratintoxikation ähnlich. Je nach Ausprägungsgrad der Koordinationsstörung kann die Fähigkeit zum Autofahren beeinträchtigt und die Unfallgefahr bei der Ausführung gewöhnlicher Tätigkeiten erhöht sein. Nachweis von Alkoholkonsum kann man durch den Geruch von Alkohol im Atem erhalten, oder indem von der jeweiligen Person oder einem anderen Beobachter eine (Trink-)Episode in Erfahrung gebracht wurde und, falls nötig, indem Atem-, Blut- oder Urinanalysen bei der jeweiligen Person durchgeführt werden.

> **Diagnostische Kriterien für 303.00 (F10.0x) Alkoholintoxikation**
>
> A. Kurz zurückliegender Alkoholkonsum.
>
> B. Klinisch bedeutsame unangepaßte Verhaltens- oder psychische Veränderungen (z. B. unangemessenes aggressives oder Sexualverhalten, Affektlabilität, beeinträchtigtes Urteilsvermögen, Beeinträchtigungen im sozialen oder beruflichen Bereich), die sich während oder kurz nach dem Alkoholkonsum entwickeln.
>
> C. Mindestens eines der folgenden Symptome, die sich während oder kurz nach dem Alkoholkonsum entwickeln:
>   (1) verwaschene Sprache,
>   (2) Koordinationsstörungen,
>   (3) unsicherer Gang,
>   (4) Nystagmus,
>   (5) Aufmerksamkeits- oder Gedächtnisstörungen,
>   (6) Stupor oder Koma.
>
> D. Die Symptome gehen nicht auf einen medizinischen Krankheitsfaktor zurück und können nicht durch eine andere psychische Störung besser erklärt werden.

291.8 (F10.3) Alkoholentzug

Siehe auch Beschreibung und Kriterien für Substanzentzug (siehe S. 231). Wesentliches Merkmal des Alkoholentzugs ist das Vorhandensein eines charakteristischen Entzugssyndroms, das sich nach der Beendigung (oder der Reduktion) von übermäßigem oder langandauerndem Alkoholkonsum entwickelt (**Kriterien A und B**). Die Entzugssymptome schließen mindestens zwei der folgenden Symptome ein: vegetative Hyperaktivität (z. B. Schwitzen oder Puls über 100), erhöhter Handtremor, Schlaflosigkeit, Übelkeit oder Erbrechen, vorübergehende visuelle, taktile oder akustische Halluzinationen oder Illusionen, psychomotorische Agitiertheit, Angst oder Grand-mal-Anfälle. Falls Halluzinationen oder Illusionen beobachtet werden, kann der Untersucher Mit Wahrnehmungsstörungen codieren (siehe unten). Die Symptome verursachen in klinisch bedeutsamer Weise Leiden oder Beeinträchtigungen in sozialen, beruflichen oder anderen wichtigen Funktionsbereichen (**Kriterium C**). Die Symptome gehen nicht auf einen medizinischen Krankheitsfaktor zurück und können nicht durch eine andere psychische Störung besser erklärt werden (z. B. Sedativa-, Hypnotika- oder Anxiolytikaentzug oder Generalisierte Angststörung) (**Kriterium D**).

Die Symptome lassen in der Regel nach, wenn Alkohol oder andere Beruhigungsmittel verordnet werden. Die Entzugssymptome beginnen typischerweise, nachdem der Alkoholkonsum beendet oder reduziert wurde und die Blutalkoholkonzentration stark abnimmt (d. h. innerhalb von 4–12 Stunden). Entzugssymptome können sich jedoch auch nach einem längeren Zeitraum (d. h. bis zu wenigen Tagen) entwickeln. Aufgrund der kurzen Halbwertszeit von Alkohol sind die Symptome beim Alkoholentzug am zweiten Tag der Abstinenz am stärksten, sie schwächen sich am vierten oder fünften Tag deutlich ab. Folgen einem akuten Entzug jedoch Symptome wie Angst, Schlaflosigkeit und vegetative Funktionsstörungen, so dauern diese manchmal 3 bis 6 Monate auf einem niedrigeren Intensitätsniveau an.

Bei weniger als 5 % der Personen, bei denen ein Alkoholentzug auftritt, entwickeln sich ernsthaftere Symptome (z. B. schwere vegetative Hyperaktivität, verschiedene Arten von Tremor und Alkoholentzugsdelir). Grand-mal-Anfälle treten bei weniger als 3 % der Personen auf. Ein Alkoholentzugsdelir (siehe S. 170) beinhaltet Störungen des Bewußtseins und des Denkens und visuelle, taktile oder akustische Halluzinationen („delirium tremens" oder „DT"). Wenn sich ein Alkoholentzugsdelir entwickelt, ist es wahrscheinlich, daß ein klinisch bedeutsamer medizinischer Krankheitsfaktor vorliegt (z. B. Leberschaden, Pneumonie, gastrointestinale Blutungen, Folgeerscheinungen eines Kopftraumas, Hypoglykämie, Elektrolytungleichgewicht oder postoperativer Zustand).

Zusatzcodierung

Die folgende Zusatzcodierung kann bei der Diagnose Alkoholentzug verwendet werden:
— **Mit Wahrnehmungsstörungen**: Diese Zusatzcodierung kann notiert werden, wenn Halluzinationen bei intakter Realitätsprüfung oder wenn akustische, visuelle oder taktile Illusionen bei Fehlen eines Delirs auftreten. *Intakte Realitätsprüfung* bedeutet, daß die Person weiß, daß die Halluzinationen durch die Substanz induziert sind und nicht die äußere Wirklichkeit darstellen. Wenn Halluzinationen mit Realitätsverlust auftreten, sollte die Diagnose Substanzinduzierte Psychotische Störung mit Halluzinationen erwogen werden.

Diagnostische Kriterien für 291.8 (F10.3) Alkoholentzug

A. Beendigung (oder Reduktion) von übermäßigem und langandauerndem Alkoholkonsum.

B. Mindestens zwei der folgenden Symptome, die sich innerhalb einiger Stunden oder weniger Tage gemäß Kriterium A entwickeln:
(1) vegetative Hyperaktivität (z. B. Schwitzen oder Puls über 100),
(2) erhöhter Handtremor,
(3) Schlaflosigkeit,
(4) Übelkeit oder Erbrechen,
(5) vorübergehende visuelle, taktile oder akustische Halluzinationen oder Illusionen,
(6) psychomotorische Agitiertheit,
(7) Angst,
(8) Grand-mal-Anfälle.

C. Die Symptome von Kriterium B verursachen in klinisch bedeutsamer Weise Leiden oder Beeinträchtigungen in sozialen, beruflichen oder anderen wichtigen Funktionsbereichen.

D. Die Symptome gehen nicht auf einen medizinischen Krankheitsfaktor zurück und können nicht durch eine andere psychische Störung besser erklärt werden.

Bestimme, ob:
Mit Wahrnehmungsstörungen

Andere Alkoholinduzierte Störungen

Die folgenden Alkoholinduzierten Störungen sind zusammen mit Störungen aus anderen Kapiteln des Manuals beschrieben, mit denen sie die Symptomatik gemeinsam haben: **Alkoholintoxikationsdelir** (siehe S. 170), **Alkoholentzugsdelir** (siehe S. 170), **Persistierende Alkoholinduzierte Demenz** (siehe S. 195), **Persistierende Alkoholinduzierte Amnestische Störung** (siehe S. 204), **Alkoholinduzierte Psychotische Störung** (siehe S. 368), **Alkoholinduzierte Affektive Störung** (siehe S. 432), **Alkoholinduzierte Angststörung** (siehe S. 503), **Alkoholinduzierte Sexuelle Funktionsstörung** (siehe S. 588) und **Alkoholinduzierte Schlafstörung** (siehe S. 683). Diese Störungen werden nur dann anstelle einer Alkoholintoxikation oder eines Alkoholentzugs diagnostiziert, wenn die Symptome deutlich über diejenigen hinausgehen, die gewöhnlich mit einer Alkoholintoxikation oder einem Entzugssyndrom verbunden sind und wenn sie schwer genug sind, um für sich allein genommen klinische Beachtung zu rechtfertigen.

Zusätzliche Informationen über Störungen im Zusammenhang mit Alkohol

Zugehörige Merkmale und Störungen

Zugehörige Beschreibungsmerkmale und psychische Störungen. Alkoholabhängigkeit und -Mißbrauch sind oft mit Abhängigkeit oder Mißbrauch von anderen Substanzen (z. B. Cannabis, Kokain, Heroin, Amphetamine, Sedativa, Hypnotika, Anxiolytika und Nikotin) verbunden. Alkohol kann benutzt werden, um unerwünschte Wirkungen dieser anderen Substanzen zu lindern oder um diese zu substituieren, wenn sie nicht verfügbar sind. Symptome wie Depression, Angst und Schlaflosigkeit begleiten oft die Alkoholabhängigkeit und gehen ihr manchmal voraus. Eine Alkoholintoxikation ist manchmal mit einer Amnesie für die Ereignisse, die während der Intoxikation auftraten („blackouts"), verbunden. Dieses Phänomen kann auf einen hohen Blutalkoholspiegel zurückzuführen sein und eventuell auf die Geschwindigkeit, mit der dieser Spiegel erreicht wird.

Störungen im Zusammenhang mit Alkohol sind mit einer erheblich erhöhten Unfallgefahr, einer erhöhten Gewaltbereitschaft und einem erhöhten Selbstmordrisiko verbunden. Es wird geschätzt, daß bei ungefähr der Hälfte der Straßenverkehrsunfälle entweder ein angetrunkener Fahrer oder Fußgänger verwickelt ist. Schwere Alkoholintoxikationen, besonders bei Personen mit Antisozialer Persönlichkeitsstörung, gehen oft mit kriminellen Vergehen einher. Es wird zum Beispiel angenommen, daß bei mehr als der Hälfte aller Mörder und ihrer Opfer zum Zeitpunkt des Mordes eine Alkoholintoxikation vorlag. Schwere Alkoholintoxikationen führen auch zu Enthemmung und Gefühlen von Niedergeschlagenheit und Erregbarkeit, was Suizidversuche und vollendete Suizide begünstigt. Störungen im Zusammenhang mit Alkohol tragen zu Arbeitsausfällen, Arbeitsunfällen und geringer Arbeitsproduktivität bei. Alkoholmißbrauch und -Abhängigkeit wie auch Mißbrauch und Abhängigkeit von anderen Substanzen sind bei Obdachlosen in den USA weit verbreitet. Auch Affektive Störungen, Angststörungen und Schizophrenie können mit Alkoholabhängigkeit zusammenhängen. Obwohl antisoziales Verhalten und die Antisoziale Persönlichkeitsstörung mit Störungen im Zusammenhang mit Alkohol einhergehen, treten sie noch häufiger bei Störungen im Zusammenhang mit illegalen Substanzen auf (Kokain, Heroin oder Amphetamine), deren Finanzierung gewöhnlich zu kriminellen Aktivitäten führt.

Zugehörige Laborbefunde. Ein sensitiver Indikator für starkes Trinken ist eine Erhöhung (> 30 Einheiten) der Gammaglutamyltransferase (Gamma-GT). Dies kann der einzige abnorme Laborbefund sein. Zumindest 70 % der Personen mit einem hohen Gamma-GT-Wert sind anhaltend schwere Trinker. Das mittlere Erythrozyteneinzelvolumen (MCV) kann bei starken Trinkern aufgrund eines Mangels an bestimmten B-Vitaminen ebenso wie aufgrund der direkten toxischen Wirkung von Alkohol auf die Erythropoiese leicht erhöht sein. Obwohl das MCV verwendet werden kann, um starke Trinker leichter zu identifizieren, ist es wegen der langen Halbwertszeit der roten Blutkörperchen eine schlechte Methode um Abstinenz zu kontrollieren. Leberfunktionstests (z. B. Serum Glutamin Oxaloacetat Transaminase (GOT) und Alkalinphosphatase) können Leberschäden, die auf starkes Trinken zurückzuführen sind, aufdecken. Erhöhungen der Lipide im Blut (z. B. Triglyzeride und Lipoproteincholesterin) können beobachtet werden, die von einer Abnahme der Gluconeogenese in Zusammenhang mit starkem Trinken herrühren. Ein hoher Fettgehalt im Blut kann auch zur Entwicklung einer Fettleber beitragen. Leicht erhöhte Harnsäurewerte können bei starkem Trinken auftreten, sind aber relativ unspezifisch. Der Test, der Alkoholkonsum am direktesten mißt, ist die Blutalkoholkonzentration, die auch verwendet werden kann, um die Alkoholtoleranz zu beurteilen. Bei einer Person mit einer Ethanolkonzentration von 100 mg/dl im Blut, die keine Anzeichen einer Intoxikation aufweist, kann angenommen werden, daß sie einen gewissen Grad von Alkoholtoleranz erreicht hat. Bei 200 mg/dl weisen die meisten Personen, die keine Alkoholtoleranz entwickelt haben, eine schwere Intoxikation auf.

Zugehörige körperliche Untersuchungsbefunde und medizinische Krankheitsfaktoren. Die wiederholte Einnahme großer Mengen von Alkohol kann beinahe jedes Organsystem, besonders den Gastrointestinaltrakt, das kardiovaskuläre System und das zentrale und periphere Nervensystem beeinflussen. Gastrointestinale Wirkungen beinhalten Gastritis, Magen- und Zwölffingerdarmgeschwüre und, bei ungefähr 15 % der starken Trinker, Leberzirrhose und Pankreatitis. Auch besteht eine erhöhte Krebsrate der Speiseröhre, des Magens und anderer Teile des Gastrointestinaltrakts. Einer der häufigsten medizinischen Krankheitsfaktoren ist eine leichte Hypertonie. Kardiomyopathie und andere Myopathien sind weniger häufig, treten aber bei sehr starken Trinkern gehäuft auf. Diese Faktoren tragen zusammen mit einer deutlichen Zunahme von Triglyzeriden und Lipoproteincholesterin mit geringer Dichte zu einem erhöhten Risiko für Herzerkrankungen bei. Periphere Neuropathien können sich durch Muskelschwäche, Parästhesien und geringere periphere Empfindungen zeigen. Langzeitwirkungen auf das Zentralnervensystem schließen kognitive Defizite, schwere Beeinträchtigungen des Gedächtnisses und degenerative Veränderungen des Cerebellum ein. Diese Auswirkungen stehen in Zusammenhang mit Vitaminmangel (besonders der B-Vitamine, einschließlich Thiamin). Die gravierendste Auswirkung auf das Zentralnervensystem ist die relativ selten vorkommende Persistierende Alkoholinduzierte Amnestische Störung (siehe S. 204, Wernicke-Korsakoff Syndrom), bei der die Fähigkeit, neue Gedächtnisinhalte zu encodieren schwer beeinträchtigt ist.

Viele der Symptome und körperlichen Befunde im Zusammenhang mit Alkohol sind Folge der oben aufgeführten Krankheitsformen. Beispiele sind Dyspepsie, Übelkeit und Blutungen, die bei Gastritis auftreten, und Hepatomegalie, Speiseröhrenerweiterungen und Hämorrhoiden, die bei alkoholinduzierten Leberveränderungen auftreten. Andere körperliche Zeichen sind Tremor, unsicherer Gang, Schlaflosigkeit und Erektionsstörungen. Männer mit chronischer Alkoholabhängigkeit können eine geringere Hodengröße oder eine Feminisierung in Zusammenhang mit einem niedrigeren Testosteronspiegel aufweisen. Wiederholtes übermäßiges Trinken während der Schwangerschaft steht in Zusammenhang mit spontanen Aborten und einem Alkoholsyndrom des Fötus. Personen mit einer vorbestehenden Episode einer Epilepsie oder eines schweren Schädelhirntraumas entwickeln mit einer größeren Wahrscheinlichkeit Krampfanfälle in Verbindung mit Alkohol. Alkoholentzug kann mit Übelkeit, Erbrechen, Gastritis, Hämatemesis, trockenem Mund, aufgedunsenem, fleckigem Aussehen und leichten peripheren Ödemen einhergehen. Einer Alkoholintoxikation können Stürze und Unfälle folgen, die Brüche, subdurale Hämatome und andere Formen von Hirntraumata verursachen können. Schwere, wiederholte Alkoholintoxikation kann auch Immunmechanismen unterdrücken, Personen für Infektionen anfällig machen und das Krebsrisiko erhöhen. Schließlich kann unvorhersehbarer Alkoholentzug bei hospitalisierten Patienten, bei denen die Diagnose Alkoholabhängigkeit übersehen wurde, die Risiken und Kosten der Hospitalisierung erhöhen und die im Krankenhaus verbrachte Zeit verlängern.

Besondere kulturelle, Alters- und Geschlechtsmerkmale

Kultur und Tradition, die den Konsum von Alkohol in Familie, Religion und sozialen Settings, besonders während der Kindheit, umgeben, können das Muster des Alkoholkonsums sowie die Wahrscheinlichkeit, daß sich Alkoholprobleme entwickeln, beeinflussen. Es bestehen deutliche Unterschiede bezüglich der Menge, der Frequenz und des Musters von Alkoholkonsum in den einzelnen Ländern. In den meisten asiatischen Kulturen ist die Gesamtprävalenz für Störungen im Zusammenhang mit Alkohol relativ gering und das Männer-Frauen-Verhältnis hoch. Diese Ergebnisse scheinen damit zusammenzuhängen, daß 50 % der Japaner, Chinesen und Koreaner keine Aldehyddehydrogenase aufweisen, durch die geringe Mengen von Aldehyd, dem ersten Abbauprodukt von Alkohol, abgebaut werden. Konsumieren diese Personen Alkohol, bekommen sie ein rotes Gesicht und Herzklopfen und konsumieren daher mit einer geringeren Wahrscheinlichkeit größere Mengen Alkohol. In den USA haben Weiße und Afro-Amerikaner beinahe dieselben Raten von Alkoholmißbrauch und Abhängigkeit. Männliche Latino-Amerikaner haben etwas höhere Raten, obwohl die Prävalenz bei weiblichen Latino-Amerikanern geringer ist, als bei Frauen anderer ethnischer Herkunft. Bei geringem Bildungsniveau, Arbeitslosigkeit und geringem sozioökonomischem Status treten vermehrt Störungen im Zusammenhang mit Alkohol auf, obwohl es oft schwer ist, Ursache und Wirkung zu trennen. Zur Bestimmung des Risikos ist die Anzahl der Schuljahre wohl nicht so bedeutsam wie das Erreichen des unmittelbaren Ausbildungsziels (z. B. haben diejenigen, die das Gymnasium oder die Universität abbrechen, besonders hohe Raten von Störungen im Zusammenhang mit Alkohol).

Bei Jugendlichen treten Verhaltensstörungen und wiederholtes antisoziales Verhalten oft zusammen mit Alkoholmißbrauch oder -Abhängigkeit sowie mit anderen Störungen im Zusammenhang mit Psychotropen Substanzen auf. Altersbedingte körperliche Veränderungen führen bei älteren Menschen zu erhöhter Anfälligkeit des Gehirns für depressogene Wirkungen des Alkohols, zu einer verringerten Lebermetabolisierungsrate verschiedener Substanzen einschließlich Alkohol und zu einem geringeren Anteil an Körperflüssigkeit. Diese Veränderungen können bei älteren Menschen zu schweren Intoxikationen und zu Folgeproblemen bei bereits geringem Konsum führen. Probleme in Zusammenhang mit Alkohol sind bei älteren Leuten besonders häufig mit anderen medizinischen Komplikationen verbunden.

Alkoholmißbrauch und -Abhängigkeit sind bei Männern häufiger als bei Frauen bei einem Männer-Frauen-Verhältnis von 5:1. Dieses Verhältnis variiert jedoch je nach Altersgruppe erheblich. Frauen beginnen mit starkem Trinken zu einem späteren Zeitpunkt im Leben als Männer und entwickeln demnach später Störungen im Zusammenhang mit Alkohol. Haben sich Alkoholmißbrauch oder -Abhängigkeit bei Frauen einmal entwickelt, schreiten sie schneller voran, so daß Frauen mittleren Alters dasselbe Ausmaß an Gesundheitsproblemen und sozialen, zwischenmenschlichen und beruflichen Problemen haben können wie Männer. Frauen neigen dazu, höhere Blutalkoholkonzentrationen bei einer bestimmten Menge Alkohol pro Kilogramm Körpergewicht zu entwickeln als Männer, weil sie einen niedrigeren Anteil an Körperflüssigkeiten und einen höheren Anteil an Körperfett aufweisen und weil sie Alkohol langsamer metabolisieren (teilweise aufgrund eines niedrigeren Niveaus von Alkoholhydrogenase im schleimigen Belag des Magens). Aufgrund dieses höheren Alkoholniveaus haben Frauen im Vergleich zu Männern ein erhöhtes Risiko, gesundheitliche Folgen bei starkem Trinken (insbesondere Leberschäden) zu entwickeln.

Prävalenz

Alkoholabhängigkeit und -Mißbrauch gehören zu den am weitesten verbreiteten psychischen Störungen in der Allgemeinbevölkerung. Eine Untersuchung der Allgemeinbevölkerung, die in den USA von 1980 bis 1985 durchgeführt wurde, und bei der DSM-III-Kriterien verwendet wurden, ergab, daß ungefähr 8 % der Erwachsenen irgendwann im Leben eine Alkoholabhängigkeit aufgewiesen und ungefähr 5 % Alkoholmißbrauch betrieben hatten. Ca. 6 % hatten eine Alkoholabhängigkeit oder betrieben Alkoholmißbrauch während des vorausgegangenen Jahres. Prospektive Daten ergaben, daß ungefähr 7,5 % Symptome aufwiesen, die während eines Einjahres-Zeitraums die Kriterien einer Störung im Zusammenhang mit Alkohol erreichten. Eine Zufallsstichprobe von nichtstationären Erwachsenen in den USA (15–54 Jahre), die von 1990–1991 durchgeführt wurde und bei der DSM-III-R-Kriterien verwendet wurden, ergab, daß 14 % irgendwann in ihrem Leben eine Alkoholabhängigkeit hatten, 7 % davon waren im letzten Jahr abhängig.

Verlauf

Die erste Episode einer Alkoholintoxikation tritt häufig mit ungefähr 15 Jahren auf. Alkoholabhängigkeit beginnt mit einem Häufigkeitsgipfel in den 20er und den mittleren 30er Lebensjahren. Die große Mehrheit derjenigen, die Störungen im Zusammenhang mit Alkohol aufweisen, entwickeln diese in den späten 30er Lebensjahren. Es ist unwahrscheinlich, daß erste Hinweise auf Entzugserscheinungen auftreten, bevor sich nicht schon viele andere Aspekte der Abhängigkeit entwickelt haben. Alkoholmißbrauch und -Abhängigkeit weisen einen variablen Verlauf auf, der häufig von Perioden der Remission und des Rückfalls gekennzeichnet ist. Der häufig als Reaktion auf eine Krise getroffenen Entscheidung, mit dem Trinken aufzuhören, folgen oft Wochen der Abstinenz. Danach kommt es oft zu zeitlich begrenzten Perioden von kontrolliertem oder unproblematischem Trinken. Wenn jedoch mit dem Alkoholkonsum wieder begonnen wird, ist es sehr wahrscheinlich, daß der Konsum schnell ansteigt und daß erneut schwerwiegende Probleme entstehen. Ärzte nehmen häufig irrtümlich an, daß Alkoholabhängigkeit und -Mißbrauch schwer zu behandelnde Störungen sind. Diese Meinung gründet in der Tatsache, daß diejenigen, die sich in Behandlung begeben, typischerweise eine Vorgeschichte von vielen Jahren mit schweren Alkoholproblemen hinter sich haben. Diese allerschwersten Fälle stellen jedoch nur einen kleinen Teil der Personen mit Alkoholabhängigkeit und -Mißbrauch dar. Die typische Person mit einer Störung durch Alkoholkonsum hat eine viel günstigere Prognose. Katamnestische Untersuchungen von Personen mit geringeren Beschwerden ergaben, daß mehr als 65 % ein Jahr nach der

Behandlung abstinent blieben. Einige Alkoholabhängige (vielleicht 20 % oder mehr) erreichen sogar ohne Behandlung langanhaltende „Trockenheit".

Bereits während einer leichten Alkoholintoxikation können häufig verschiedene Symptome zu verschiedenen Zeitpunkten beobachtet werden. Am Anfang der Trinkperiode, wenn der Blutalkoholspiegel steigt, umfassen die Symptome oft Gesprächigkeit, ein Gefühl des Wohlbefindens und eine heiter-expansive Stimmung. Später, besonders wenn der Blutalkoholspiegel sinkt, wird die Person häufig zunehmend niedergeschlagener, zurückgezogener und kognitiv beeinträchtigter. Bei sehr hohem Blutalkoholspiegel (z. B. 200–300 mg/dl) schläft eine Person, die keine Alkoholtoleranz entwickelt hat, ein und gerät in das erste Stadium einer Anästhesie. Ein noch höherer Blutalkoholspiegel (z. B. 300–400 mg/dl und darüber) kann bei Personen, die keine Alkoholtoleranz entwickelt haben, zu einer Atem- und Pulshemmung oder sogar zum Tod führen. Die Dauer der Intoxikation hängt davon ab, wieviel Alkohol getrunken wurde und über welchen Zeitraum. Im allgemeinen kann der Körper ungefähr ein alkoholisches Getränk pro Stunde metabolisieren, so daß der Blutalkoholspiegel in der Regel um 15–20 mg/dl pro Stunde absinkt. Zeichen und Symptome einer Intoxikation sind häufig intensiver, wenn der Blutalkoholspiegel steigt, als wenn er fällt.

Familiäres Verteilungsmuster

Alkoholabhängigkeit weist oft ein familiäres Verteilungsmuster auf und kann zumindest teilweise auf genetische Faktoren zurückgeführt werden. Das Risiko für Alkoholabhängigkeit ist bei nahen Verwandten von Alkoholabhängigen um 3 bis 4 Mal höher. Ein höheres Risiko ist mit einer größeren Anzahl betroffener Verwandter, engeren genetischen Zusammenhängen und dem Schweregrad der Alkoholprobleme des betroffenen Verwandten verbunden. Die meisten Studien fanden ein erheblich höheres Risiko für Alkoholabhängigkeit bei eineiigen als bei zweieiigen Zwillingen. Adoptionsstudien ergaben eine drei bis vierfache Zunahme des Risikos für Alkoholabhängigkeit bei Kindern von Alkoholabhängigen, auch wenn diese Kinder gleich nach der Geburt adoptiert und bei Adoptiveltern aufgezogen wurden, die diese Störung nicht hatten. Genetische Faktoren erklären jedoch nur einen Teil des Risikos für Alkoholabhängigkeit, ein erheblicher Teil des Risikos ist auf Umwelt- und zwischenmenschliche Faktoren zurückzuführen. Diese können kulturelle Einstellungen gegenüber dem Trinken und Trunkenheit, Verfügbarkeit des Alkohols (einschließlich des Preises), Erwartungen bezüglich der Wirkung des Alkohols auf die Stimmung und das Verhalten, persönliche Erfahrungen mit Alkohol und Belastungen umfassen.

Differentialdiagnose

Für eine allgemeine Diskussion der Differentialdiagnostik von Störungen im Zusammenhang mit Psychotropen Substanzen siehe Seite 237. Alkoholinduzierte Störungen sind durch Symptome (z. B. depressive Stimmung) gekennzeichnet, die **primären psychischen Störungen** ähnlich sind (z. B. Major Depression versus Alkoholinduzierte Affektive Störung, Mit Depressiven Merkmalen, Mit Beginn Während der Intoxikation). Siehe Seite 240 zur Diskussion dieser Differentialdiagnose.

Die gestörte Koordination und das beeinträchtigte Urteilsvermögen, die mit einer Alkoholintoxikation einhergehen, können **bestimmten medizinischen Krankheitsfaktoren** (z. B. diabetische Acidose, Ataxien des Cerebellum und andere neurologische Krankheitsfaktoren wie

Multiple Sklerose) ähnlich sein. Ebenso können Symptome des Alkoholentzugs **bestimmten medizinischen Krankheitsfaktoren** (Hyperglykämie und diabetische Ketoacidose) gleichen. **Hereditärer essentieller Tremor**, eine Störung, die familiär gehäuft auftritt, könnte auf Zittern im Zusammenhang mit Alkoholentzug schließen lassen.

Alkoholintoxikation (mit Ausnahme des Alkoholgeruchs im Atem) ist einer **Sedativa-, Hypnotika- oder Anxiolytikaintoxikation** sehr ähnlich. Das Vorliegen von Alkoholgeruch im Atem schließt Intoxikationen mit anderen Substanzen nicht aus, denn es werden nicht selten mehrere Substanzen gleichzeitig konsumiert. Bei den meisten Menschen, die Alkohol trinken, tritt wahrscheinlich irgendwann in ihrem Leben eine Intoxikation auf. Tritt dieses Phänomen jedoch regelmäßig auf oder verursacht es Beeinträchtigungen, ist es wichtig, die Diagnose einer möglichen Alkoholabhängigkeit oder eines möglichen -Mißbrauchs zu berücksichtigen. **Sedativa-, Hypnotika- oder Anxiolytikaentzug** erzeugen ein Syndrom, das dem des Alkoholentzugs sehr ähnlich ist.

Alkoholintoxikation und Alkoholentzug sind von **anderen Alkoholinduzierten Störungen** (z. B. Alkoholinduzierte Angststörung, Mit Beginn Während des Entzugs) dadurch zu unterscheiden, daß die Symptome dieser zuletzt genannten Störungen deutlich über diejenigen hinausgehen, die gewöhnlich mit Alkoholintoxikation oder Alkoholentzug verbunden sind und dadurch, daß sie schwer genug sind, um für sich allein genommen klinische Beachtung zu rechtfertigen. Die idiosynkratische Alkoholintoxikation, definiert als deutliche Verhaltensänderung und gewöhnlich Aggressivität, die der Aufnahme von relativ kleinen Mengen Alkohol folgt, war in DSM-III-R enthalten. Aufgrund geringer Bestätigung in der Literatur bezüglich der Validität dieser Störung, ist sie nicht mehr als eigenständige Diagnose im DSM-IV enthalten. Solche Erscheinungen können zukünftig als Alkoholintoxikation oder Nicht Näher Bezeichnete Störung im Zusammenhang mit Alkohol diagnostiziert werden.

291.9 (F10.9) Nicht Näher Bezeichnete Störung im Zusammenhang mit Alkohol

Die Kategorie Nicht Näher Bezeichnete Störung im Zusammenhang mit Alkohol ist für Störungen in Verbindung mit Alkoholkonsum vorgesehen, die nicht als Alkoholabhängigkeit, Alkoholmißbrauch, Alkoholintoxikation, Alkoholentzug, Alkoholintoxikationsdelir, Alkoholentzugsdelir, Persistierende Alkoholinduzierte Demenz, Persistierende Alkoholinduzierte Amnestische Störung, Alkoholinduzierte Psychotische Störung, Alkoholinduzierte Affektive Störung, Alkoholinduzierte Angststörung, Alkoholinduzierte Sexuelle Funktionsstörung oder Alkoholinduzierte Schlafstörung klassifizierbar sind.

Störungen im Zusammenhang mit Amphetamin oder Amphetaminähnlichen Substanzen

Die Gruppe der Amphetamine und amphetaminähnlichen Substanzen schließt alle Substanzen mit substituierter Phenylaethylstruktur, wie z. B. Amphetamin, Dextroamphetamin und Methamphetamin („Speed") ein. Weiter sind jene Substanzen eingeschlossen, die sich in ihrer Struktur unterscheiden, aber eine amphetaminähnliche Wirkung aufweisen, wie z. B.

Methylphenidat und einige als Appetitzügler („Diätpillen") verwendete Substanzen. Diese Substanzen werden typischerweise oral oder intravenös appliziert, wenngleich Methamphetamin auch über die Nasenschleimhaut aufgenommen wird („sniefen"). Eine besonders reine Form des Methamphetamins wird auch als „ice" bezeichnet, da bei Betrachtung unter Vergrößerung Kristalle sichtbar werden. Aufgrund der hohen Reinheit und des relativ niedrigen Siedepunktes, kann „ice" geraucht werden, um eine unmittelbare und intensive stimulierende Wirkung zu erzeugen (wie mit „Crack"-Kokain). Zusätzlich zu den synthetischen amphetaminähnlichen Verbindungen gibt es natürlich vorkommende, von Pflanzen stammende Stimulantien, wie Khat, die Mißbrauch oder Abhängigkeit hervorrufen können. Anders als Kokain, das fast immer auf dem illegalen Markt gekauft wird, können Amphetamine oder andere Stimulantien auf Rezept zur Behandlung von Adipositas, Aufmerksamkeitsdefizit-/Hyperaktivitätsstörungen und Narkolepsie erworben werden. Verschreibungspflichtige Stimulantien geraten manchmal auf den illegalen Markt, oft im Zusammenhang mit Gewichtskontrollprogrammen. Die meisten Effekte von Amphetamin und amphetaminähnlichen Drogen sind denen des Kokains ähnlich. Anders als Kokain, zeigen diese Substanzen aber keine anästhetische (z. B. Ionenkanaltunnel-) Wirkung; dafür könnte ihr Risiko, bestimmte medizinische Krankheitsfaktoren (z. B. kardiale Arrhythmien und Krampfanfälle) zu induzieren, niedriger sein. Die psychotropen Effekte der meisten amphetaminähnlichen Substanzen dauern länger als die des Kokains und die peripheren sympathikomimetischen Effekte können intensiver sein.

Dieses Kapitel enthält Diskussionen, die spezifisch für die Störungen im Zusammenhang mit Amphetamin sind. Beschreibungen und Kriterien für die allgemeinen Aspekte von Substanzabhängigkeit (siehe S. 223) und Substanzmißbrauch (siehe S. 228), die für alle Substanzen gelten, wurden bereits dargestellt. Spezifische Beschreibungen zu Amphetaminabhängigkeit und -Mißbrauch werden unten aufgeführt; es gibt jedoch keine zusätzlichen besonderen Kriterien für Amphetaminabhängigkeit oder Amphetaminmißbrauch. Spezielle Beschreibungen und Kriterien zu Amphetaminintoxikation und Amphetaminentzug werden ebenfalls unten aufgeführt. Die Amphetamininduzierten Störungen (andere als Amphetaminintoxikation und -Entzug) werden zusammen mit Störungen aus anderen Kapitel des Manuals beschrieben, mit denen sie die Symptomatik gemeinsam haben (z. B. die Amphetamininduzierte Affektive Störung ist im Kapitel „Affektive Störungen" enthalten). Unten sind die Störungen durch Amphetaminkonsum und die Amphetamininduzierten Störungen aufgelistet.

Störungen durch Amphetaminkonsum

304.40 (F15.2x) Amphetaminabhängigkeit (siehe S. 254)
305.70 (F15.1) Amphetaminmißbrauch (siehe S. 255)

Amphetamininduzierte Störungen

292.89 (F15.0x) Amphetaminintoxikation (siehe S. 255)
Bestimme, ob: Mit Wahrnehmungsstörungen (F15.04)
292.0 (F15.3) Amphetaminentzug (siehe S. 256)
292.81 (F15.03) Amphetaminintoxikationsdelir (siehe S. 170)
292.11 (F15.51) Amphetamininduzierte Psychotische Störung, Mit Wahn (siehe S. 368)
Bestimme, ob: Mit Beginn Während der Intoxikation

292.12 (F15.52) Amphetamininduzierte Psychotische Störung, Mit Halluzinationen (siehe S. 368) *Bestimme*, ob: Mit Beginn Während der Intoxikation
292.84 (F15.8) Amphetamininduzierte Affektive Störung (siehe S. 432)
Bestimme, ob: Mit Beginn Während der Intoxikation /Mit Beginn während des Entzugs
292.89 (F15.8) Amphetamininduzierte Angststörung (siehe S. 503)
Bestimme, ob: Mit Beginn Während der Intoxikation
292.89 (F15.8) Amphetamininduzierte Sexuelle Funktionsstörung (siehe S. 588)
Bestimme, ob: Mit Beginn Während der Intoxikation
292.89 (F15.8) Amphetamininduzierte Schlafstörung (siehe S. 683)
Bestimme, ob: Mit Beginn Während der Intoxikation/Mit Beginn Während des Entzugs
292.9 (F15.9) Nicht Näher Bezeichnete Störung im Zusammenhang mit Amphetamin (siehe S. 260)

Störungen durch Amphetaminkonsum

304.40 (F15.2x) Amphetaminabhängigkeit

Siehe auch Beschreibung und Kriterien für Substanzabhängigkeit (siehe S. 223). Konsumverhalten und Verlauf der Amphetaminabhängigkeit ähneln denen der Kokainabhängigkeit, da beide Substanzen potente Stimulantien des Zentralnervensystems sind, mit ähnlichen psychotropen und sympathikomimetischen Wirkungen. Jedoch sind Amphetamine länger wirksam als Kokain und werden deshalb gewöhnlich weniger häufig eingenommen. Wie bei der Kokainabhängigkeit kann der Gebrauch chronisch oder episodisch, mit impulshaftem oder exzessivem Konsum („speed runs") sein, unterbrochen durch kurze drogenfreie Perioden. Mit der Amphetaminabhängigkeit geht aggressives oder gewalttätiges Verhalten einher, besonders wenn hohe Dosen geraucht (z.B. „ice") oder intravenös appliziert werden. Wie beim Kokain beobachtet man häufig zeitweilige starke Angst sowie paranoide Vorstellungen und psychotische Episoden, die einer Schizophrenie vom Paranoiden Typus ähneln, insbesondere im Zusammenhang mit dem Konsum hoher Dosen. Es entwickelt sich eine Amphetamintoleranz, die oft zu eskalierenden Dosissteigerungen führt. Umgekehrt entwickeln einige Personen eine Toleranzminderung (Sensibilisierung). In diesen Fällen können kleine Dosen ausgeprägte stimulierende und andere ungünstige psychische und neurologische Effekte auslösen.

Zusatzcodierungen

Die folgenden Zusatzcodierungen können bei der Diagnose Amphetaminabhängigkeit verwendet werden (nähere Einzelheiten hierzu auf Seite 225):
— **Mit Körperlicher Abhängigkeit**
— **Ohne Körperliche Abhängigkeit**
— **Früh Vollremittiert**
— **Früh Teilremittiert**
— **Anhaltend Vollremittiert**
— **Anhaltend Teilremittiert**
— **Bei Agonistischer Therapie**
— **In Geschützter Umgebung**

305.70 (F15.1) Amphetaminmißbrauch

Siehe auch Beschreibung und Kriterien für Substanzmißbrauch (siehe S. 228). Typischerweise entstehen Gesetzeskonflikte als ein Ergebnis des Verhaltens während der Intoxikation (insbesondere aggressives Verhalten), als eine Konsequenz der Drogenbeschaffung auf dem illegalen Markt oder des Drogenbesitzes oder -konsums. Gelegentlich begehen Personen mit einem Amphetaminmißbrauch illegale Handlungen (z. B. Herstellung von Amphetaminen, Diebstahl), um die Droge zu beschaffen; dieses Verhalten ist jedoch eher unter Abhängigen üblich. Betroffene setzen eventuell den Konsum der Substanz fort, obwohl sie wissen, daß der fortgesetzte Gebrauch zu Streitigkeiten mit Familienmitgliedern führt, während sie intoxikiert sind, oder daß sie ein negatives Vorbild für Kinder oder andere enge Familienmitglieder darstellen. Wenn diese Probleme von Zeichen der Toleranzentwicklung, des Entzugs oder zwanghaften Verhaltens begleitet werden, sollte eher die Diagnose Amphetaminabhängigkeit in Betracht gezogen werden.

Amphetamininduzierte Störungen

292.89 (F15.0x) Amphetaminintoxikation

Siehe auch Beschreibung und Kriterien für Substanzintoxikation (siehe S. 229). Das Hauptmerkmal der Amphetaminintoxikation ist das Vorhandensein von klinisch bedeutsamen unangepaßten Verhaltens- und psychischen Veränderungen, die sich während oder kurz nach dem Gebrauch von Amphetaminen oder einer verwandten Substanz entwickeln (**Kriterien A und B**). Die Amphetaminintoxikation beginnt gewöhnlich mit einem „high"-Gefühl, gefolgt von der Entwicklung von Symptomen wie Euphorie mit gesteigerter Vitalität, Geselligkeit, Hyperaktivität, Rastlosigkeit, Hypervigilanz, zwischenmenschliche Empfindlichkeit, Rededrang, Angst, Anspannung, Wachsamkeit, Grandiositätsgefühl, stereotypes und repetitives Verhalten, Aggressivität, Feindseligkeit und vermindertes Urteilsvermögen. Im Fall einer chronischen Intoxikation kann affektive Verflachung mit Ermüdung oder Niedergestimmtheit und sozialem Rückzug auftreten. Diese Verhaltens- und psychischen Änderungen werden von zwei oder mehr der folgenden Zeichen und Symptome begleitet: Tachykardie oder Bradykardie, Mydriasis, erhöhter oder erniedrigter Blutdruck, Schwitzen oder Frösteln, Übelkeit oder Erbrechen, Anzeichen für Gewichtsverlust, psychomotorische Agitiertheit oder Verlangsamung, Muskelschwäche, Atemdepression, thorakale Schmerzen oder kardiale Arrhythmien sowie Verwirrtheit, Krampfanfälle, Dyskinesien, Dystonien oder Koma (**Kriterium C**). Die Amphetaminintoxikation, ob akut oder chronisch, ist oft mit verminderter sozialer oder beruflicher Funktionsfähigkeit verbunden. Die Symptome sind nicht auf einen medizinischen Krankheitsfaktor zurückzuführen oder werden nicht durch eine andere psychische Störung besser erklärt (**Kriterium D**). Das Ausmaß und die Manifestation der Verhaltens- und psychischen Änderungen hängen von der applizierten Dosis und individuellen Charakteristika der Person ab, die die Substanz konsumiert (z. B. Toleranzentwicklung, Absorptionsrate, Chronizität des Konsums). Die Veränderungen, die mit der Intoxikation verbunden sind, beginnen nicht später als eine Stunde nach der Substanzeinnahme, manchmal innerhalb von Sekunden, in Abhängigkeit von der speziellen Droge und der Applikationsmethode.

Zusatzcodierung

Die folgende Zusatzcodierung kann der Diagnose Amphetaminintoxikation hinzugefügt werden:
— **Mit Wahrnehmungsstörungen.** Diese Zusatzcodierung kann angegeben werden, wenn Halluzinationen bei intakter Realitätsprüfung oder akustische, visuelle oder taktile Illusionen bei Fehlen eines Delirs auftreten. *Intakte Realitätsprüfung* bedeutet, daß die Person weiß, daß die Halluzinationen durch die Substanz induziert wurden und nicht die äußere Wirklichkeit darstellen. Wenn Halluzinationen ohne intakte Realitätsprüfung auftreten, sollte die Diagnose Substanzinduzierte Psychotische Störung, Mit Halluzinationen, in Betracht gezogen werden.

Diagnostische Kriterien für 292.89 (F15.0x) Amphetaminintoxikation

A. Kurz zurückliegender Konsum von Amphetamin oder einer verwandten Substanz (z. B. Methylphenidat).

B. Klinisch bedeutsame unangepaßte Verhaltens- oder psychische Veränderungen (z. B. Euphorie oder affektive Verflachung; Veränderungen in der Geselligkeit; Hypervigilanz; zwischenmenschliche Empfindlichkeit; Angst, Anspannung oder Aggressivität; stereotypes Verhalten; vermindertes Urteilsvermögen oder verminderte soziale und berufliche Funktionstüchtigkeit), die sich während oder kurz nach dem Konsum von Amphetamin oder verwandten Substanzen entwickeln.

C. Mindestens 2 der folgenden Symptome, die sich während oder kurz nach dem Konsum von Amphetamin oder verwandten Substanzen entwickeln:
(1) Tachykardie oder Bradykardie,
(2) Mydriasis,
(3) erhöhter oder erniedrigter Blutdruck,
(4) Schwitzen oder Frösteln,
(5) Übelkeit oder Erbrechen,
(6) Anzeichen für Gewichtsverlust,
(7) psychomotorische Agitiertheit oder Verlangsamung,
(8) Muskelschwäche, Atemdepression, thorakale Schmerzen oder kardiale Arrhythmien,
(9) Verwirrtheit, Krampfanfälle, Dyskinesien, Dystonien oder Koma.

D. Die Symptome gehen nicht auf einen medizinischen Krankheitsfaktor zurück und können nicht durch eine andere psychische Störung besser erklärt werden.

Bestimme, ob:
Mit Wahrnehmungsstörungen (F15.04)

292.0 (F15.3) Amphetaminentzug

Siehe auch Beschreibung und Kriterien für Substanzentzug (siehe S. 231). Wesentliches Merkmal des Amphetaminentzugs ist das Vorhandensein eines charakteristischen Entzugssyndroms, das sich innerhalb weniger Stunden bis zu einigen Tagen nach dem Einstellen (oder der Reduktion) eines schweren oder prolongierten Amphetamingebrauchs entwickelt (**Kri-**

terien A und B). Das Entzugssyndrom ist charakterisiert durch die Entwicklung einer dysphorischen Stimmung und zwei oder mehr der folgenden physiologischen Veränderungen: Müdigkeit, lebhafte und unangenehme Träume, Insomnie oder Hypersomnie, verstärkter Appetit und psychomotorische Verlangsamung oder Agitiertheit. Anhedonie oder starkes inneres Drogenverlangen (craving) können auch vorhanden sein, sind aber nicht Teil der diagnostischen Kriterien. Die Symptome verursachen in klinisch bedeutsamer Weise Leiden oder Beeinträchtigungen in sozialen, beruflichen oder anderen wichtigen Funktionsbereichen (**Kriterium C**). Die Symptome gehen nicht auf einen medizinischen Krankheitsfaktor zurück und werden nicht durch eine andere psychische Störung besser erklärt.

Einer Phase von hochdosiertem Konsum („speed run") folgen häufig ausgeprägte Entzugssymptome („crashs"). Diese Phasen sind charakterisiert durch starke und unangenehme Gefühle von Mattigkeit und Depression, die in der Regel einige Tage Ruhe und Erholung erfordern. Gewöhnlich tritt während eines starken Stimulantienkonsums Gewichtsverlust auf, während häufig ein deutlicher Anstieg des Appetits mit rascher Gewichtszunahme während des Entzugs beobachtet werden kann. Depressive Symptome können mehrere Tage andauern und von Suizidgedanken begleitet sein.

Diagnostische Kriterien für 292.0 (F15.3) Amphetaminentzug

A. Die Beendigung (oder Reduktion) des Konsums von Amphetaminen (oder verwandten Substanzen) war schwierig und prolongiert.

B. Dysphorische Stimmung und mindestens zwei der folgenden physiologischen Veränderungen, die sich innerhalb von wenigen Stunden bis einigen Tagen nach Kriterium A entwickeln:
(1) Müdigkeit,
(2) lebhafte, unangenehme Träume,
(3) Insomnie oder Hypersomnie,
(4) gesteigerter Appetit,
(5) psychomotorische Verlangsamung oder Agitiertheit.

C. Die Symptome von Kriterium B verursachen in klinisch bedeutsamer Weise Leiden oder Beeinträchtigungen in sozialen, beruflichen oder anderen wichtigen Funktionsbereichen.

D. Die Symptome gehen nicht auf einen medizinischen Krankheitsfaktor zurück und können nicht durch eine andere psychische Störung besser erklärt werden.

Andere Amphetamininduzierte Störungen

Die folgenden Amphetamininduzierten Störungen werden zusammen mit Störungen aus anderen Kapiteln des Manuals beschrieben, mit denen sie die Symptomatik gemeinsam haben: **Amphetaminintoxikationsdelir** (siehe S. 170), **Amphetamininduzierte Psychotische Störung** (siehe S. 368), **Amphetamininduzierte Affektive Störung** (siehe S. 432), **Amphetamininduzierte Angststörung** (siehe S. 503), **Amphetamininduzierte Sexuelle Funktionsstörung** (siehe S. 588) und **Amphetamininduzierte Schlafstörung** (siehe S. 683). Diese Störungen werden nur dann anstelle einer Amphetaminintoxikation oder eines Amphetaminentzugs diagnostiziert, wenn die Symptome deutlich über diejenigen hinausgehen, die gewöhnlich mit Amphetaminintoxikation oder -Entzug verbunden sind und wenn sie schwer genug sind, um für sich allein genommen klinische Beachtung zu rechtfertigen.

Zusätzliche Informationen über Störungen im Zusammenhang mit Amphetamin

Zugehörige Merkmale und Störungen

Die akute Amphetaminintoxikation ist manchmal mit Verwirrung, weitschweifigem Redefluß, Kopfschmerzen, vorübergehenden Beziehungsideen und Tinnitus verbunden. Während ausgeprägter Amphetaminintoxikationen können paranoide Ideen, akustische Halluzinationen bei klarem Sensorium und taktile Halluzinationen beobachtet werden. Häufig erkennt die Person, die die Substanz konsumiert, diese Symptome als Folge der Stimulantien. Extremer Ärger mit Androhung oder Ausagieren von aggressivem Verhalten kann auftreten. Stimmungsveränderungen wie Depression mit Suizidgedanken, Reizbarkeit, Anhedonie, Stimmungslabilität, Aufmerksamkeits- und Konzentrationsstörungen sind häufig, besonders während des Entzugs. Gewichtsverlust, Anämie und andere Zeichen der Unterernährung sowie verminderte persönliche Hygiene werden häufig bei anhaltender Amphetaminabhängigkeit beobachtet.

Störungen im Zusammenhang mit Amphetaminen oder andere, im Zusammenhang mit Stimulantien stehende Störungen sind oft mit Abhängigkeit oder Mißbrauch von anderen Substanzen verbunden, besonders von solchen mit sedierenden Eigenschaften (wie Alkohol und Benzodiazepine), die gewöhnlich eingenommen werden, um ängstlich-nervöse Gefühle zu reduzieren, die Folge von stimulierenden Drogeneffekten sind. Der intravenöse Gebrauch von Amphetaminen geht manchmal mit Opiatabhängigkeit einher.

Die Befunde der Labor- und körperlichen Untersuchungen, die psychischen Störungen und die medizinischen Krankheitsfaktoren, die mit Störungen im Zusammenhang mit Amphetamin einhergehen, ähneln im allgemeinen den Störungen im Zusammenhang mit Kokain (siehe S. 290). Urintests für Substanzen aus dieser Klasse bleiben für nur 1–3 Tage, direkt nach einem exzessiven Konsum, positiv. Ungünstige pulmonale Effekte werden seltener beobachtet als bei Kokain, weil Substanzen dieser Klasse wesentlich seltener inhaliert werden. Dieser Substanzklasse wurden weniger maternale oder neonatale Komplikationen zugeschrieben als dem Kokain. Dieser Unterschied könnte eher die größere Prävalenz des Kokainkonsums widerspiegeln als eine geringere Toxizität von Amphetaminen. Krampfanfälle, Human Immunodeficiency Virus (HIV)-Infektionen, Unterernährung, Schuß- oder Messerstichwunden, Nasenbluten, kardiovaskuläre Probleme sind häufig vorgetragene Beschwerden von Personen mit Störungen im Zusammenhang mit Amphetaminen. Eine Anamnese mit Verhaltensstörungen in der Kindheit, Antisozialer Persönlichkeitsstörung und Aufmerksamkeitsdefizit-/Hyperaktivitätsstörungen können mit der späteren Entwicklung von Störungen im Zusammenhang mit Amphetamin verbunden sein.

Besondere kulturelle, Alters- und Geschlechtsmerkmale

Amphetaminabhängigkeit und Mißbrauch treten in allen Gesellschaftsschichten auf und sind besonders häufig bei Personen zwischen dem 18. und 30. Lebensjahr. Der intravenöse Gebrauch ist bei Personen der unteren sozioökonomischen Schichten häufiger und kommt in einem Verhältnis zwischen Männern und Frauen von 3:1 oder 4:1 vor. Das Verhältnis zwischen Männern und Frauen ist bei Personen mit nicht-intravenösem Gebrauch gleichmäßiger verteilt.

Prävalenz

Eine Umfrage in der Allgemeinbevölkerung, die 1991 in den Vereinigten Staaten durchgeführt wurde, ergab, daß 7 % der Population ein oder mehrere Male in ihrem Leben Amphetamin oder amphetaminähnliche Substanzen ohne medizinische Indikation verwendet hatten; 1,3 % hatten es im letzten Jahr konsumiert und 0,3 % hatte es im letzten Monat eingenommen. Da die Umfrage sich eher auf das Konsumverhalten als auf Diagnosen bezog, ist nicht bekannt, wieviele der amphetaminkonsumierenden Teilnehmer der Umfrage Symptome zeigten, die den Kriterien für Abhängigkeit oder Mißbrauch entsprechen. Eine Untersuchung in der Allgemeinbevölkerung, die von 1980 bis 1985 in den Vereinigten Staaten durchgeführt wurde und enger definierte DSM-III-Kriterien verwendete, fand, daß bei 2 % der erwachsenen Bevölkerung zu irgendeinem Zeitpunkt in ihrem Leben Amphetaminabhängigkeit oder -Mißbrauch vorlagen.

Verlauf

Einige Personen, die Amphetamine mißbrauchen oder abhängig von Amphetaminen oder amphetaminähnlichen Substanzen sind, beginnen mit dem Versuch, ihr Gewicht zu kontrollieren. Andere bekommen über den illegalen Markt Kontakt mit diesen Substanzen. Wenn die Substanzen intravenös eingenommen oder geraucht werden, kann rasch Abhängigkeit entstehen. Die orale Einnahme führt in der Regel langsamer von Gebrauch zu Abhängigkeit. Amphetaminabhängigkeit ist mit zwei Einnahmeformen verbunden: episodischer Konsum oder täglicher (oder fast täglicher) Konsum. Bei der episodischen Form ist die Substanzeinnahme unterbrochen von Tagen der Nichteinnahme (z. B. intensiver Konsum an einem Wochenende oder an einem oder mehreren Wochentagen). Diese Perioden von intensivem Konsum hoher Dosen (die oft „speed runs" oder „binges" genannt werden) sind häufig mit intravenöser Anwendung verbunden. „Runs" hören manchmal erst auf, wenn die Drogenvorräte aufgebraucht sind. Bei chronischem täglichen Konsum kann es sich um hohe oder niedrige Dosen handeln, und er kann während des ganzen Tages oder auf Stunden begrenzt auftreten. Bei chronischem täglichen Gebrauch gibt es gewöhnlich keine große Fluktuation der Dosis an aufeinanderfolgenden Tagen, aber es gibt häufig eine Steigerung der Dosis über längere Zeit. Die chronische Einnahme hoher Dosen wird häufig unangenehm, weil eine Sensibilisierung sowie Dysphorie oder andere negative Drogeneffekte auftreten. Die wenigen vorhandenen Langzeitdaten zeigen eine Tendenz bei Personen, die abhängig von Amphetaminen waren, den Gebrauch nach 8–10 Jahren zu reduzieren oder einzustellen. Dies scheint eine Folge der Entwicklung von unangenehmen psychischen und physischen Effekten zu sein, die in Zusammenhang mit Langzeitabhängigkeit auftreten. Wenige oder keine Daten liegen über den Langzeitverlauf bei Mißbrauch vor.

Differentialdiagnose

Für eine allgemeine Diskussion über die Differentialdiagnose von Störungen im Zusammenhang mit Psychotropen Substanzen siehe Seite 237. Amphetamininduzierte Störungen werden durch Symptome charakterisiert (z. B. Wahn), die **primären psychischen Störungen** ähneln (z. B. Schizophreniforme Störung versus Amphetamininduzierte Psychotische Störung, Mit Wahn, Mit Beginn Während der Intoxikation). Siehe Seite 240 für eine Diskussion dieser Differentialdiagnose.

Kokainintoxikationen, Halluzinogenintoxikationen und **Phencyclidinintoxikationen** können ein ähnliches klinisches Bild verursachen und manchmal von der Amphetaminintoxikation nur durch das Vorhandensein von Amphetaminmetaboliten in Urinproben oder Amphetamin im Plasma unterschieden werden. Amphetaminabhängigkeit oder -Mißbrauch sollte von **Kokain-, Phencyclidin-** und **Halluzinogenabhängigkeit** und -Mißbrauch differenziert werden. Amphetaminintoxikation und Amphetaminentzug werden von den **anderen Amphetamininduzierten Störungen** dadurch unterschieden (z. B. Amphetamininduzierte Angststörung, Mit Beginn Während der Intoxikation), daß die Symptome dieser zuletzt genannten Störungen deutlich über diejenigen hinausgehen, die gewöhnlich mit Amphetaminintoxikation oder Amphetaminentzug verbunden sind und schwer genug sind, um für sich allein genommen klinische Beachtung zu rechtfertigen.

292.9 (F15.9) Nicht Näher Bezeichnete Störung im Zusammenhang mit Amphetamin

Die Kategorie Nicht Näher Bezeichnete Störung im Zusammenhang mit Amphetamin ist für Störungen vorgesehen, die mit der Einnahme von Amphetamin (oder verwandter Substanzen) in Zusammenhang stehen, aber nicht als Amphetaminabhängigkeit, Amphetaminmißbrauch, Amphetaminintoxikation, Amphetaminentzug, Amphetaminintoxikationsdelir, Amphetamininduzierte Psychotische Störung, Amphetamininduzierte Affektive Störung, Amphetamininduzierte Angststörung, Amphetamininduzierte Sexuelle Funktionsstörung oder Amphetamininduzierte Schlafstörung klassifizierbar sind.

Störungen im Zusammenhang mit Cannabis

Dieses Kapitel befaßt sich mit Problemen, die mit Cannabinoiden und chemisch ähnlichen synthetischen Verbindungen in Zusammenhang stehen. Cannabinoide sind Substanzen, die von der Cannabispflanze gewonnen werden. Werden die oberen Blätter, Spitzen und Stiele der Pflanze geschnitten, getrocknet und zu Zigaretten gerollt, wird das Produkt gewöhnlich Marihuana genannt. Haschisch ist die getrocknete, harzige Absonderung, die von den Spitzen und Unterseiten der Cannabisblätter sickert. Haschischöl ist ein konzentriertes Haschischdestillat. Cannabinoide werden gewöhnlich geraucht, können aber auch oral eingenommen werden und werden manchmal mit Tee oder Speisen gemischt. Das Cannabinoid, das für den psychotropen Effekt von Cannabis als primär verantwortlich identifiziert wurde, ist Delta-9-Tetrahydrocannabinol (auch bekannt als THC oder Delta-9-THC). Diese Substanz an sich ist selten in reiner Form erhältlich. Der THC-Gehalt des allgemein erhältlichen Marihuana variiert stark. Der THC-

Gehalt von illegalem Marihuana hat seit den späten 60er Jahren von durchschnittlich 1–5 % bis ungefähr zu 10–15 % erheblich zugenommen. Synthetisches Delta-9-THC wurde für bestimmte medizinische Krankheitsfaktoren verwendet (z. B. für durch Chemotherapie verursachte Übelkeit und Erbrechen, bei Anorexie und Gewichtsverlust bei AIDS-Patienten).

Dieses Kapitel enthält Diskussionen, die für Störungen im Zusammenhang mit Cannabis spezifisch sind. Beschreibung und Kriterien zur Definition allgemeiner Aspekte der Substanzabhängigkeit und des Substanzmißbrauchs, die für alle Substanzen gelten, wurden bereits vorgestellt. Für Cannabisabhängigkeit und Mißbrauch spezifische Texte sind unten aufgeführt. Es gibt jedoch keine zusätzlichen spezifischen Kriterien für Cannabisabhängigkeit oder Cannabismißbrauch. Ein gesonderter Text und Kriterien für Cannabisintoxikation ist ebenfalls unten aufgeführt. Symptome eines möglichen Cannabisentzugs (z. B. reizbare oder ängstliche Stimmung, die von physiologischen Veränderungen wie Tremor, Schwitzen, Übelkeit und Schlafstörungen begleitet ist) wurden in Zusammenhang mit dem Konsum sehr hoher Dosen beschrieben. Ihre klinische Bedeutung ist jedoch ungewiß. Aus diesen Gründen ist die Diagnose Cannabisentzug in diesem Manual nicht enthalten. Cannabisinduzierte Störungen (außer Cannabisintoxikation) werden in denjenigen Kapiteln des Manuals beschrieben, die Störungen derselben Symptomatik beinhalten (z. B. ist die Cannabisinduzierte Affektive Störung im Kapitel „Affektive Störungen" enthalten). Unten sind Störungen durch Cannabiskonsum und Cannabisinduzierte Störungen aufgelistet.

Störungen durch Cannabiskonsum

304.30 (F12.2x) **Cannabisabhängigkeit** (siehe S. 262)
305.20 (F12.1) **Cannabismißbrauch** (siehe S. 262)

Cannabisinduzierte Störungen

292.89 (F12.0x) **Cannabisintoxikation** (siehe S. 263)
Bestimme, ob: Mit Wahrnehmungsstörungen (F12.04)
292.81 (F12.03) **Cannabisintoxikationsdelir** (siehe S. 170)
292.11 (F12.51) **Cannabisinduzierte Psychotische Störung, Mit Wahn** (siehe S. 368)
Bestimme, ob: Mit Beginn Während der Intoxikation
292.12 (F12.52) **Cannabisinduzierte Psychotische Störung, Mit Halluzinationen** (siehe S. 368) *Bestimme*, ob: Mit Beginn Während der Intoxikation
292.89 (F12.8) **Cannabisinduzierte Angststörung** (siehe S. 503) *Bestimme*, ob: Mit Beginn Während der Intoxikation
292.9 (F12.9) **Nicht Näher Bezeichnete Störung im Zusammenhang mit Cannabis** (siehe S. 267)

Störungen durch Cannabiskonsum

304.30 (F12.2x) Cannabisabhängigkeit

Siehe auch Beschreibung und Kriterien für Substanzabhängigkeit (siehe S. 223). Menschen mit Cannabisabhängigkeit konsumieren auf zwanghafte Weise Cannabis und entwickeln im allgemeinen keine körperliche Abhängigkeit, obwohl bei Personen, die Cannabis chronisch konsumieren, eine Toleranzentwicklung bezüglich der meisten Wirkungen von Cannabis berichtet wurde. Es gibt auch einige Berichte über Entzugssymptome, die sich jedoch bisher noch nicht zuverlässig als klinisch relevant erwiesen haben. Bei Cannabisabhängigkeit wird häufig den ganzen Tag über und über Monate oder Jahre hinweg sehr starkes Cannabis konsumiert und es können mehrere Stunden pro Tag damit verbracht werden, die Substanz zu erwerben und zu konsumieren. Dies greift oft in das Familienleben, die Schule, die Arbeit oder in Freizeitaktivitäten ein. Menschen mit Cannabisabhängigkeit halten oft an ihrem Konsum fest, obwohl sie die diesbezüglichen körperlichen (z. B. chronischer Husten in Zusammenhang mit dem Rauchen) oder psychischen Probleme (z. B. äußerst starke Sedierung aufgrund des wiederholten Konsums hoher Dosen) kennen.

Zusatzcodierungen

Die folgenden Zusatzcodierungen können bei der Diagnose Cannabisabhängigkeit verwendet werden (siehe S. 225 für nähere Einzelheiten):
— Mit Körperlicher Abhängigkeit
— Ohne Körperliche Abhängigkeit
— Früh Vollremittiert
— Früh Teilremittiert
— Anhaltend Vollremittiert
— Anhaltend Teilremittiert
— In Geschützter Umgebung

305.20 (F12.1) Cannabismißbrauch

Siehe auch Beschreibung und Kriterien für Substanzmißbrauch (siehe S. 228). Periodischer Cannabiskonsum und Intoxikationen können die Leistungen bei der Arbeit oder in der Schule beeinträchtigen und eine körperliche Gefährdung in Situationen wie beim Autofahren darstellen. Rechtliche Probleme können als Folge von Verhaftungen aufgrund des Cannabisbesitzes auftreten. Es kann zu Auseinandersetzungen mit dem Lebenspartner oder Eltern wegen des Besitzes von Cannabis oder wegen des Konsums in Anwesenheit der Kinder kommen. Wenn eine erhebliche Toleranzentwicklung stattgefunden hat oder wenn körperliche oder psychische Probleme in Zusammenhang mit zwanghaftem Cannabiskonsum auftreten, sollte eher die Diagnose Cannabisabhängigkeit als Cannabismißbrauch in Erwägung gezogen werden.

Cannabisinduzierte Störungen

292.89 (F12.0x) Cannabisintoxikation

Siehe auch Beschreibung und Kriterien für Substanzintoxikation (siehe S. 229). Wesentliches Merkmal der Cannabisintoxikation ist das Vorhandensein klinisch bedeutsamer unangepaßter Verhaltens- oder psychischer Veränderungen, die sich während oder kurz nach dem Cannabiskonsum entwickeln (**Kriterien A und B**). Eine Intoxikation beginnt in der Regel mit einem Hochgefühl, auf das Symptome folgen wie Euphorie mit unangemessenem Lachen und Gefühlen von Großartigkeit, Sedierung, Lethargie, beeinträchtigtes Kurzzeitgedächtnis, Schwierigkeiten bei komplexen geistigen Aufgaben, beeinträchtigtes Urteilsvermögen, verzerrte Sinneswahrnehmung, beeinträchtigte motorische Leistungen und das Gefühl, daß die Zeit langsam vergeht. Manchmal treten Angst (die sehr stark sein kann), Dysphorie oder sozialer Rückzug auf. Die psychotropen Wirkungen werden von mindestens zwei der folgenden Anzeichen, die sich innerhalb von zwei Stunden nach dem Cannabiskonsum entwickeln, begleitet: konjunktivale Injektion, gesteigerter Appetit, Mundtrockenheit und Tachykardie (**Kriterium C**). Die Symptome gehen nicht auf einen medizinischen Krankheitsfaktor zurück oder können nicht durch eine andere psychische Störung besser erklärt werden (**Kriterium D**).

Wenn Cannabis geraucht wird, entwickelt sich die Intoxikation innerhalb von Minuten. Wird es oral eingenommen, dauert es wenige Stunden, bis sich eine Intoxikation ausbildet. Die Wirkung dauert gewöhnlich 3 bis 4 Stunden an, mit einer etwas längeren Dauer, wenn die Substanz oral eingenommen wurde. Das Ausmaß der Verhaltens- und psychischen Veränderungen hängt von der Dosis, der Art der Einnahme und individueller Merkmale der Person, wie deren Absorptionsrate, Toleranz und Sensitivität bezüglich der Wirkung der Substanz ab. Weil die meisten Cannabinoide einschließlich Delta-9-THC fettlöslich sind, kann die Wirkung von Cannabis oder Haschisch aufgrund einer langsamen Freigabe von psychotropen Substanzen aus dem Fettgewebe oder aufgrund von enterohepatischer Zirkulation manchmal für 12 bis 24 Stunden fortbestehen oder wiederauftreten.

Zusatzcodierungen

Die folgenden Zusatzcodierungen können bei der Diagnose Cannabisintoxikation verwendet werden:
— **Mit Wahrnehmungsstörungen.** Diese Zusatzcodierung kann verzeichnet werden, wenn Halluzinationen mit intakter Realitätsprüfung oder akustische, visuelle oder taktile Illusionen bei Fehlen eines Delirs auftreten. *Intakte Realitätsprüfung* bedeutet, daß die Person weiß, daß die Halluzinationen durch die Substanz induziert werden und nicht die äußere Wirklichkeit darstellen. Treten Halluzinationen mit Realitätsverlust auf, sollte die Diagnose Substanzinduzierte Psychotische Störung, Mit Halluzinationen, in Betracht gezogen werden.

> **Diagnostische Kriterien für 292.89 (F12.0x) Cannabisintoxikation**
>
> A. Kurz zurückliegender Cannabiskonsum.
>
> B. Klinisch bedeutsame unangepaßte Verhaltens- oder psychische Veränderungen (z. B. Beeinträchtigungen der motorischen Koordination, Euphorie, Angst, Gefühl der Zeitverlangsamung, beeinträchtigtes Urteilsvermögen, sozialer Rückzug), die sich während oder kurz nach dem Cannabiskonsum entwickeln.
>
> C. Mindestens zwei der folgenden Symptome, die sich innerhalb von zwei Stunden nach dem Cannabiskonsum entwickeln:
>   (1) konjunktivale Injektion (Sichtbarwerden von Gefäßen am Bulbus des Auges),
>   (2) gesteigerter Appetit,
>   (3) Mundtrockenheit,
>   (4) Tachykardie.
>
> D. Die Symptome gehen nicht auf einen medizinischen Krankheitsfaktor zurück und können nicht durch eine andere psychische Störung besser erklärt werden.
>
> *Bestimme*, ob:
> **Mit Wahrnehmungsstörungen (F12.04)**

Andere Cannabisinduzierte Störungen

Die folgenden Cannabisinduzierten Störungen werden in anderen Kapiteln des Manuals beschrieben, mit denen sie die Symptomatik gemeinsam haben: **Cannabisintoxikationsdelir** (siehe S. 170), **Cannabisinduzierte Psychotische Störung** (siehe S. 368) und **Cannabisinduzierte Angststörung** (siehe S. 503). Diese Störungen werden nur dann anstelle einer Cannabisintoxikation diagnostiziert, wenn die Symptome deutlich über diejenigen hinausgehen, die normalerweise mit einer Cannabisintoxikation verbunden sind und wenn sie schwer genug sind, um für sich allein genommen klinische Beachtung zu rechtfertigen.

Zusätzliche Informationen über Störungen im Zusammenhang mit Cannabis

Merkmale und Störungen

Zugehörige Beschreibungsmerkmale und psychische Störungen. Cannabis wird oft mit anderen Substanzen, besonders Nikotin, Alkohol und Kokain, konsumiert. Cannabis (besonders Marihuana) kann mit anderen Opiaten, Phencyclidin (PCP) oder anderen halluzinogenen Drogen gemischt und geraucht werden. Personen, die regelmäßig Cannabis konsumieren, berichten oft über körperliche wie psychische Lethargie und Anhedonie. Leichte Formen der Depression, Angst oder Reizbarkeit kommen bei einem Drittel der Personen vor, die Cannabis regelmäßig (täglich oder fast täglich) konsumieren. Werden Cannabinoide in hohen Dosen genommen, haben sie psychotrope Wirkungen, die denjenigen von Halluzinogenen (z. B. Lysergsäurediäthylamid (LSD)) ähnlich sein können. Auch können Personen, die hohe Dosen von Cannabinoiden konsumieren, unangenehme psychische Wirkungen erfahren, die halluzinogeninduzierten „bad trips" ähnlich sind. Diese reichen von leichter bis mäßiger

Angst (z. B. Sorge, daß die Polizei den Substanzgebrauch entdecken wird) bis zu schweren Angstreaktionen, die Panikattacken ähnlich sind. Es kann auch paranoide Ideenbildung auftreten, die von Argwohn zu offenem Wahn und Halluzinationen reicht. Es wurden auch Episoden von Depersonalisation oder Derealisation berichtet. Man hat festgestellt, daß Personen, die positive Testergebnisse bezüglich Cannabis aufwiesen, häufiger an tödlichen Verkehrsunfällen beteiligt sind als die Allgemeinbevölkerung. Die Bedeutung dieser Befunde ist jedoch unklar, da oft Alkohol und andere Substanzen zusätzlich eingenommen werden.

Zugehörige Laborbefunde. Urintests identifizieren in der Regel Cannabinoidmetaboliten. Da diese Substanzen fettlöslich sind, sind sie in den Körperflüssigkeiten über längere Zeiträume enthalten und werden langsam ausgeschieden. Bei Routineuntersuchungen kann der Urintest für Cannabinoide bei Personen, die Cannabis nur gelegentlich konsumieren, für 7 bis 10 Tage positiv ausfallen. Der Urintest von Personen mit starkem Cannabiskonsum kann 2 bis 4 Wochen lang positiv ausfallen. Ein positiver Urintest steht nur in Zusammenhang mit vergangenem Konsum und kann Intoxikation, Abhängigkeit oder Mißbrauch nicht nachweisen. Biologische Veränderungen schließen eine vorübergehende (und wahrscheinlich dosisabhängige) Hemmung von Immunfunktionen und gehemmter Sekretion von Testosteron und Luteinisierendem Hormon (LH) ein, obwohl die klinische Bedeutung dieser Veränderungen unklar ist. Starker Konsum von Cannabinoiden verursacht auch eine diffuse Verlangsamung der Hintergrundaktivität des EEG und eine Hemmung des Rapid-Eye-Movement (REM)-Schlafs.

Zugehörige körperliche Untersuchungsbefunde und medizinische Krankheitsfaktoren. Cannabisrauch reizt sehr stark den Nasen-Rachen-Raum und die Bronchien und erhöht somit das Risiko für chronischen Husten und andere Zeichen und Symptome von Hals-Nasen-Erkrankungen. Chronischer Cannabiskonsum hängt manchmal mit einer Gewichtszunahme zusammen, die wahrscheinlich von zu vielem Essen und reduzierter körperlicher Aktivität herrührt. Sinusitis, Pharyngitis, Bronchitis mit ständigem Husten, Emphyseme und pulmonale Dysplasie können bei chronischem starkem Konsum auftreten. Marihuanarauch enthält sogar größere Mengen von bekannten Karzinogenen als Tabak und starker Konsum kann das Risiko bösartiger Erkrankungen erhöhen.

Besondere kulturelle, Alters- und Geschlechtsmerkmale

Cannabis ist wahrscheinlich die weltweit am häufigsten konsumierte illegale Substanz. Es wurde seit der Antike wegen der psychotropen Wirkung und als Heilmittel für ein breites Spektrum von medizinischen Erkrankungen konsumiert. Cannabis ist eine der ersten Drogen, mit der alle kulturellen Gruppen in den USA experimentieren (oft im Teenageralter). Wie bei den meisten anderen illegalen Drogen treten Störungen durch Cannabiskonsum häufiger bei Männern auf und die Prävalenz ist bei 18- bis 30jährigen am höchsten.

Prävalenz

Cannabinoide, insbesondere Cannabis, sind auch die am häufigsten konsumierten illegalen psychotropen Substanzen in den USA, obwohl die Zahlen zur Lebenszeitprävalenz nach Umfrageergebnissen in den 80er Jahren langsam zurückgegangen sind. Eine Untersuchung der Allgemeinbevölkerung, die 1991 in den USA durchgeführt wurde, ergab, daß ungefähr ein Drittel der Bevölkerung mindestens einmal im Leben Marihuana genommen hat. 10 %

hatten es im letzten Jahr konsumiert und 5 % im letzten Monat. Da die Studie eher Konsummuster als Diagnosen erfaßte, ist nicht bekannt, wieviele der Marihuanakonsumenten Symptome aufwiesen, die die Kriterien für Abhängigkeit oder Mißbrauch erfüllten. Eine Studie an der Allgemeinbevölkerung, die von 1980 bis 1985 in den Vereinigten Staaten durchgeführt wurde und die die enger gefaßten DSM-III-Kriterien verwendete, fand, daß bei ungefähr 4 % der Erwachsenen irgendwann im Leben Cannabisabhängigkeit oder -Mißbrauch bestanden hatte.

Verlauf

Cannabisabhängigkeit und -Mißbrauch entwickeln sich gewöhnlich über einen längeren Zeitraum. Diejenigen, die abhängig werden, weisen ein chronisches Konsummuster auf, das allmählich sowohl in der Frequenz wie auch in der Menge zunimmt. Bei chronischem starkem Konsum stellt sich manchmal eine Verminderung oder ein Verlust der angenehmen Wirkungen der Substanz ein. Obwohl auch eine entsprechende Zunahme der dysphorischen Wirkung auftreten kann, wird diese nicht so häufig wie beim chronischen Konsum anderer Substanzen wie Alkohol, Kokain oder Amphetaminen beobachtet. Eine Episode einer Verhaltensstörung in der Kindheit oder Jugend und eine Antisoziale Persönlichkeitsstörung sind Risikofaktoren für die Entstehung vieler Störungen im Zusammenhang mit Psychotropen Substanzen, Störungen im Zusammenhang mit Cannabis eingeschlossen. Über den Langzeitverlauf von Cannabisabhängigkeit und -Mißbrauch sind nur wenige Daten vorhanden.

Differentialdiagnose

Für eine allgemeine Diskussion der Differentialdiagnostik von Störungen im Zusammenhang mit Psychotropen Substanzen siehe Seite 237. Cannabisinduzierte Störungen sind durch Symptome (z. B. Angst) charakterisiert, die **primären psychischen Störungen** (z. B. Generalisierte Angststörung versus Cannabisinduzierte Angststörung, Mit Generalisierter Angst, Mit Beginn Während der Intoxikation) ähnlich sind. Siehe Seite 240 für eine Diskussion dieser Differentialdiagnose. Chronische Cannabiseinnahme kann Symptome produzieren, die einer **Dysthymen Störung** ähnlich sind. Äußerst starke Reaktionen auf Cannabis sollten von Symptomen einer **Panikstörung, Major Depression, Wahnhaften Störung, Bipolaren Störung** oder **Schizophrenie vom Paranoiden Typus** unterschieden werden. Eine körperliche Untersuchung ergibt gewöhnlich einen erhöhten Puls und konjunktivale Injektionen. Toxikologische Untersuchungen des Urins können bei der Diagnosenstellung hilfreich sein.

Alkoholintoxikationen und **Sedativa-, Hypnotika- oder Anxiolytikaintoxikationen** führen im Gegensatz zur Cannabisintoxikation zu geringerem Appetit, gesteigertem aggressivem Verhalten, und sie rufen Nystagmus und Ataxie hervor. **Halluzinogene** in geringen Dosen können ein klinisches Bild verursachen, das dem der Cannabisintoxikation ähnlich ist. Phencyclidin (PCP) kann wie Cannabis geraucht werden und hat ebenso halluzinogene Effekte, aber eine **Phencyclidinintoxikation** verursacht mit einer weitaus größeren Wahrscheinlichkeit Ataxien und aggressives Verhalten. Cannabisintoxikation wird von den **anderen Cannabisinduzierten Störungen** (z. B. Cannabisinduzierte Angststörung, Mit Beginn Während der Intoxikation) dadurch unterschieden, daß die Symptome dieser letzteren Störungen deutlich über diejenigen hinausgehen, die normalerweise mit einer Cannabisintoxikation verbunden sind und schwer genug sind, um für sich allein genommen klinische Beachtung zu rechtfertigen.

Die Unterscheidung zwischen **entspannendem Cannabiskonsum** und Cannabisabhängigkeit oder -Mißbrauch kann schwierig sein, weil es schwierig ist, soziale, psychische oder Verhaltensprobleme der Substanz zuzuschreiben, besonders dann, wenn mehrere Substanzen konsumiert werden. Starker Konsum wird häufig geleugnet und Betroffene scheinen sich bei Cannabisabhängigkeit oder -Mißbrauch seltener als bei anderen Arten von Störungen im Zusammenhang mit Psychotropen Substanzen in Behandlung zu begeben.

292.9 (F12.9) Nicht Näher Bezeichnete Störung im Zusammenhang mit Cannabis

Die Kategorie Nicht Näher Bezeichnete Störung im Zusammenhang mit Cannabis ist für Störungen in Verbindung mit Cannabiskonsum vorgesehen, die nicht als Cannabisabhängigkeit, Cannabismißbrauch, Cannabisintoxikation, Cannabisintoxikationsdelir, Cannabisinduzierte Psychotische Störung oder Cannabisinduzierte Angststörung klassifizierbar sind.

Störungen im Zusammenhang mit Halluzinogenen

Diese inhomogene Gruppe von Substanzen schließt Ergotin und verwandte Verbindungen (Lysergsäurediäthylamid (LSD), morning glory seeds), Phenylethylamine (Meskalin, „STP" (2,5-Dimethoxy-4-Methylamphetamin), MDMA (3,4-Methylenedioxymethamphetamin, auch als „Ecstasy" bezeichnet), Indolalkaloide (Psilocybin, DMT [Dimethyltryptamin]) und verschiedene andere Verbindungen ein. Auszuschließen aus dieser Gruppe sind Phencyclidin (PCP) (siehe S. 308) sowie Cannabis und seine aktive Verbindung Delta-9-Tetrahydrocannabiol (THC). Obwohl diese Substanzen auch halluzinogene Wirkungen haben können, werden sie wegen der deutlichen Unterschiede hinsichtlich ihrer anderen psychischen und Verhaltenseffekte gesondert diskutiert. Halluzinogene werden gewöhnlich oral eingenommen, obwohl DMT auch geraucht wird und auch ein intravenöser Gebrauch vorkommen kann.

Dieses Kapitel beinhaltet spezielle Erläuterungen zu Störungen im Zusammenhang mit Halluzinogenen. Beschreibung und Kriterien zur Definition allgemeiner Aspekte der Substanzabhängigkeit (siehe S. 223) und des Substanzmißbrauchs (siehe S. 228), die für alle Substanzen gelten, wurden bereits dargestellt. Spezifische Beschreibungen für Halluzinogenabhängigkeit und -Mißbrauch sind unten aufgeführt. Es gibt jedoch keine zusätzlichen gesonderten Kriterien für Halluzinogenabhängigkeit oder Halluzinogenmißbrauch. Auch für Halluzinogenintoxikation sind spezifische Beschreibung und Kriterien unten aufgeführt. Toleranz entwickelt sich bei wiederholtem Gebrauch, während Entzugssymptome bei diesen Substanzen nicht gut belegt werden konnten. Aus diesem Grunde ist die Diagnose Halluzinogenentzug in diesem Manual nicht enthalten. Halluzinogeninduzierte Störungen (außer Halluzinogenintoxikation) werden in den Kapiteln des Manuals zusammen mit Störungen, mit denen sie die Symptomatik gemeinsam haben, beschrieben (z. B. Halluzinogeninduzierte Affektive Störung ist im Kapitel Affektive Störungen enthalten). Unten sind Störungen durch Halluzinogenkonsum und Halluzinogeninduzierte Störungen aufgelistet.

Störungen durch Halluzinogenkonsum

304.50 (F16.2x) Halluzinogenabhängigkeit (siehe S. 268)
305.30 (F16.1) Halluzinogenmißbrauch (siehe S. 269)

Halluzinogeninduzierte Störungen

292.89 (F16.0x) Halluzinogenintoxikation (siehe S. 269)
292.89 (F16.70) **Persistierende Wahrnehmungsstörung im Zusammenhang mit Halluzinogenen (Flashbacks)** (siehe S. 271)
292.81 (F16.03) **Halluzinogenintoxikationsdelir** (siehe S. 170)
292.11 (F16.51) **Halluzinogeninduzierte Psychotische Störung, Mit Wahn** (siehe S. 368)
292.12 (F16.52) **Halluzinogeninduzierte Psychotische Störung, Mit Halluzinationen** (siehe S. 368) *Bestimme*, ob: Mit Beginn Während der Intoxikation
292.84 (F16.8) **Halluzinogeninduzierte Affektive Störung** (siehe S. 432)
Bestimme, ob: Mit Beginn Während der Intoxikation
292.89 (F16.8) **Halluzinogeninduzierte Angststörung** (siehe S. 503)
Bestimme, ob: Mit Beginn Während der Intoxikation
292.9 (F16.9) **Nicht Näher Bezeichnete Störung im Zusammenhang mit Halluzinogenen** (siehe S. 274)

Störungen durch Halluzinogenkonsum

304.50 (F16.2x) Halluzinogenabhängigkeit

Siehe auch Beschreibung und Kriterien für Substanzabhängigkeit (siehe S. 223). Einige der allgemeinen Abhängigkeitskriterien sind auf Halluzinogene nicht anwendbar und andere bedürfen einer näheren Erläuterung. Von der Toleranzentwicklung wird berichtet, daß sie sich schnell im Hinblick auf die euphorisierenden und psychedelischen Wirkungen der Halluzinogene entwickelt, nicht aber im Hinblick auf die vegetativen Effekte, wie Mydriasis, Hyperreflexie, erhöhter Blutdruck, erhöhte Körpertemperatur, Gänsehaut und Tachykardie. Zwischen LSD und anderen Halluzinogenen (z. B. Psilocybin und Meskalin) besteht eine Kreuztoleranz. Der Halluzinogenkonsum ist auch bei Personen, deren Zustandsbilder die Kriterien für Abhängigkeit vollständig erfüllen, auf einige Male pro Woche begrenzt. Diese relativ geringe Häufigkeit des Gebrauchs (verglichen mit dem Konsum anderer Substanzen) scheint mit dem Wunsch in Zusammenhang zu stehen, eine Toleranzentwicklung im Hinblick auf die psychischen Wirkungen zu verhindern. Entzug ist nicht berichtet worden, aber eindeutige Befunde von „Craving" sind nach Absetzen der Substanz bekannt. Aufgrund der langen Halbwertszeit und der ausgedehnten Wirkungsdauer der meisten Halluzinogene verbringen Personen mit einer Halluzinogenabhängigkeit häufig Stunden bis Tage mit dem Konsum und der Erholung von dessen Wirkungen. Dagegen haben einige halluzinogene „Designerdrogen" (z. B. DMT) eine sehr kurze Wirkungsdauer. Trotz des Wissens über nachteilige Effekte (z. B. Gedächtnisstörungen während der Intoxikation, „bad trips", die gewöhnlich Panikreaktionen sind, oder Flashbacks) kann es sein, daß Halluzinogene fortgesetzt konsumiert werden. Einige Personen, die MDMA (eine Designerdroge mit halluzinogenen Wirkungen) nehmen, beschreiben einen „Hangover" am Tag nach dem Konsum, der durch

Schlaflosigkeit, Erschöpfbarkeit, Schläfrigkeit, saure Kiefermuskulatur vom Zähnezusammenbeißen, Gleichgewichtsstörungen und Kopfschmerzen gekennzeichnet ist. Da Vermischungen mit aktiven Substanzen oder Ersatzstoffe häufig als „Acid" oder als andere Halluzinogene verkauft werden, können einige der berichteten nachteiligen Wirkungen auf Substanzen wie Strychnin, Phencylidin oder Amphetamin zurückzuführen sein. Einige Personen können aufgrund des Mangels an Einsichts- und Urteilsfähigkeit gefährliche Verhaltensweisen zeigen (z. B. Sprung aus dem Fenster im Glauben, fliegen zu können). Diese nachteiligen Wirkungen scheinen häufiger bei Personen vorzukommen, die vorbestehende psychische Störungen haben.

Zusatzcodierungen

Die folgenden Zusatzcodierungen können bei der Diagnose Halluzinogenabhängigkeit verwendet werden (für genauere Einzelheiten siehe S. 225):
— **Früh Vollremittiert**
— **Früh Teilremittiert**
— **Anhaltend Vollremittiert**
— **Anhaltend Teilremittiert**
— **In Geschützter Umgebung**

305.30 (F16.1) Halluzinogenmißbrauch

Siehe auch Beschreibung und Kriterien für Substanzabhängigkeit (siehe S. 223). Personen, die Halluzinogene mißbrauchen, konsumieren diese sehr viel seltener als solche mit einer Abhängigkeit. Trotzdem kann es sein, daß sie aufgrund der durch die Halluzinogenintoxikation hervorgerufenen Verhaltensbeeinträchtigungen wiederholt ihre wesentlichen sozialen Verpflichtungen in der Schule, bei der Arbeit oder zu Hause nicht erfüllen können. Es kommt vor, daß Halluzinogene in Situationen konsumiert werden, in denen dies eine körperliche Gefährdung darstellt (z. B. beim Fahren eines Motorrads oder Autos), und aus dem sich durch die Intoxikation oder den Besitz von Halluzinogenen ergebenden Verhalten können Gesetzeskonflikte entstehen. Es kann wiederholt zu zwischenmenschlichen und sozialen Schwierigkeiten aufgrund des Verhaltens der Person während der Intoxikation kommen, aufgrund des isolierten Lebensstils oder aufgrund von Auseinandersetzungen mit wichtigen Bezugspersonen.

Halluzinogeninduzierte Störungen

292.89 (F16.0x) Halluzinogenintoxikation

Siehe auch Beschreibung und Kriterien für Substanzintoxikation (siehe S. 229). Das Hauptmerkmal der Halluzinogenintoxikation ist das Vorhandensein klinisch bedeutsamer unangepaßter Verhaltens- und psychischer Veränderungen (z. B. deutliche Angst oder Depression, Beziehungsideen, Furcht, den Verstand zu verlieren, paranoide Vorstellungen, beeinträchtigte Urteilsfähigkeit oder beeinträchtigte soziale bzw. berufliche Funktionsfähigkeit), die sich während oder kurz nach (innerhalb von Minuten bis wenigen Stunden) dem Halluzinogenkonsum entwickeln (**Kriterium A und B**). Wahrnehmungsveränderungen entwickeln sich während oder kurz nach dem Halluzinogenkonsum und treten in einem Zustand völliger Wachheit und Vigilanz auf (**Kriterium C**). Diese Veränderungen schließen eine subjektive Intensivierung der Wahrnehmung, Depersonalisation, Derealisation, Illusionen, Halluzinationen und Synästhesien ein. Zusätzlich verlangt die Diagnosenstellung, daß zwei der folgenden körperlichen Symptome vorliegen: Mydriasis, Tachykardie, Schwitzen, Palpitationen, verschwommenes Sehen, Tremor und Koordinationsstörungen (**Kriterium D**). Die Symptome dürfen nicht auf einen medizinischen Krankheitsfaktor zurückgehen und werden nicht durch eine andere psychische Störung besser erklärt (**Kriterium E**).

Die Halluzinogenintoxikation beginnt gewöhnlich mit einigen stimulierenden Wirkungen wie Ruhelosigkeit und vegetativer Erregung. Übelkeit kann vorkommen. Es folgt dann eine Sequenz von Erlebnissen, wobei höhere Dosierungen intensivere Symptome hervorrufen. Gefühle der Euphorie können rasch in Depressivität und Angst umschlagen. Anfänglich auftretende visuelle Illusionen und eine erhöhte sensorische Erlebnisfähigkeit können den Weg zu Halluzinationen bahnen. Bei niedrigen Dosierungen enthalten die Wahrnehmungsveränderungen selten Halluzinationen. Synästhesien (Verschmelzung von Sinnesempfindungen) können sich ergeben, z. B. im Sinne des Sehen von Klängen. Die Halluzinationen sind gewöhnlich visueller Natur, häufig mit geometrischen Formen oder Figuren, manchmal auch von Personen oder Gegenständen. Viel seltener werden akustische oder taktile Halluzinationen erlebt. In den meisten Fällen ist die Realitätsprüfung intakt (d. h. der Betroffene weiß, daß die Wirkungen substanzinduziert sind).

Diagnostische Kriterien für 292.89 (F16.0x) Halluzinogenintoxikation

A. Kurz zurückliegender Konsum eines Halluzinogens.

B. Klinisch bedeutsame unangepaßte Verhaltens- und psychische Veränderungen (z. B. deutliche Angst oder Depression, Beziehungsideen, Furcht, den Verstand zu verlieren, paranoide Vorstellungen, beeinträchtigte Urteilsfähigkeit oder beeinträchtigte soziale bzw. berufliche Funktionsfähigkeit), die sich während oder kurz nach dem Halluzinogenkonsum entwickeln.

C. In einem Zustand völliger Wachheit und Vigilanz auftretende Wahrnehmungsveränderungen (z. B. subjektive Intensivierung der Wahrnehmung, Depersonalisation, Derealisation, Illusionen, Halluzinationen, Synästhesien), die sich während oder kurz nach einem Halluzinogenkonsum entwickeln.

D. Zwei oder mehr der folgenden Symptome, die sich während oder kurz nach einem Halluzinogenkonsum entwickeln:
(1) Mydriasis (rascher Wechsel der Pupillenweite),
(2) Tachykardie,
(3) Schwitzen,
(4) Palpitationen,
(5) Verschwommensehen,
(6) Tremor,
(7) Koordinationsstörungen.

E. Die Symptome gehen nicht auf einem medizinischen Krankheitsfaktor zurück und können nicht durch eine andere psychische Störung besser erklärt werden.

292.89 (F16.70) Persistierende Wahrnehmungsstörung im Zusammenhang mit Halluzinogenen (Flashbacks)

Das Hauptmerkmal der Persistierenden Wahrnehmungsstörung im Zusammenhang mit Halluzinogenen (Flashbacks) ist das vorübergehende Wiederauftreten von Wahrnehmungsstörungen, die an jene Erlebnisse erinnern, die während einer oder mehrerer früherer Halluzinogenintoxikationen aufgetreten sind. Die Person darf gegenwärtig keine Halluzinogenintoxikation haben und keine anderen Drogen oder Medikamente eingenommen haben (**Kriterium A**). Das Wiedererleben von Wahrnehmungsstörungen verursacht in klinisch bedeutsamer Weise Leiden oder Beeinträchtigungen in sozialen, beruflichen oder anderen wichtigen Funktionsbereichen (**Kriterium B**). Die Symptome gehen nicht auf einen medizinischen Krankheitsfaktor zurück (z. B. anatomische Läsionen, entzündliche Veränderungen des Gehirns oder visuelle Epilepsien) und können nicht durch eine andere psychische Störung (z. B. Delir, Demenz, Schizophrenie) oder durch hypnopompe Halluzinationen besser erklärt werden (**Kriterium C**). Die Wahrnehmungsstörungen können geometrische Formen umfassen, Figuren im peripheren Gesichtsfeld, Farbblitze, intensivere Farben, Bilder eines Schweifs hinter sich bewegenden Objekten (wie in der Stroboskop-Photographie), Wahrnehmungen vollständiger Objekte, Nachbilder (ein zurückbleibender gleichfarbiger oder komplementärfarbiger „Schatten" eines Objekts nach dessen Entfernung), einen Heiligenschein um Objekte, Makropsie und Mikropsie. Die mit der Persistierenden Wahrnehmungsstörung im Zusammenhang mit Halluzinogenen einhergehenden anomalen Wahrnehmungen kommen episodisch vor, können selbstinduziert sein (z. B. durch Gedanken an sie), oder durch Eintritt in eine dunkle Umgebung, verschiedene Drogen oder Medikamente, Angst, Erschöpfung oder andere Belastungen getriggert sein. Die Episoden können nach mehreren Monaten abklingen, aber viele Personen berichten über Episoden, die über 5 Jahre und länger anhalten. Die Realitätsprüfung bleibt erhalten (in dem Sinne, daß die Personen erkennen, daß die Wahrnehmung auf Drogenwirkungen beruhen und nicht die äußere Wirklichkeit darstellen). Wird die Ursache der Wahrnehmungsstörung hingegen wahnhaft interpretiert, wäre die angemessene Diagnose Nicht Näher Bezeichnete Psychotische Störung.

**Diagnostische Kriterien für 292.89 (F16.70)
Persistierende Wahrnehmungsstörung im Zusammenhang mit Halluzinogenen
(Flashbacks)**

A. Das der Beendigung des Halluzinogenkonsums folgende Wiedererleben von einem oder mehr Wahrnehmungssymptomen, die während der Intoxikation mit dem Halluzinogen aufgetreten waren (z. B. geometrische Halluzinationen, falsche Wahrnehmungen von Bewegungen im peripheren Gesichtsfeld, Farbblitze, intensivere Farben, Bilder eines Schweifs hinter sich bewegenden Objekten, positive Nachbilder, Heiligenscheine um Objekte, Makropsie und Mikropsie).

B. Die Symptome aus Kriterium A verursachen in klinisch bedeutsamer Weise Leiden oder Beeinträchtigungen in sozialen, beruflichen oder in anderen wichtigen Funktionsbereichen.

C. Die Symptome gehen nicht auf einen medizinischen Krankheitsfaktor zurück (z. B. anatomische Läsionen und Infektionen des Gehirns, visuelle Epilepsien) und können nicht durch eine andere psychische Störung (z. B. Delir, Demenz, Schizophrenie) oder hypnopompe Halluzinationen besser erklärt werden.

Andere Halluzinogeninduzierte Störungen

Die folgenden Halluzinogeninduzierten Störungen sind zusammen mit Störungen aus anderen Kapiteln des Manuals beschrieben, mit denen sie die Symptomatik gemeinsam haben: **Halluzinogenintoxikationsdelir** (siehe S. 170), **Halluzinogeninduzierte Psychotische Störung** (siehe S. 368), **Halluzinogeninduzierte Affektive Störung** (siehe S. 432) und **Halluzinogeninduzierte Angststörung** (siehe S. 503). Diese Störungen werden nur dann anstelle der Halluzinogenintoxikation diagnostiziert, wenn die Symptome deutlich über diejenigen hinausgehen, die normalerweise mit dem Halluzinogenintoxikationssyndrom verbunden sind und wenn die Symptome schwer genug sind, um für sich allein genommen klinische Beachtung zu rechtfertigen.

Zusätzliche Informationen über Störungen im Zusammenhang mit Halluzinogenen

Zugehörige Merkmale und Störungen

Während der Intoxikation mit einem Halluzinogen können Personen redselig und weitschweifig sein und rasche Wechsel des Affektes zeigen. Furchtsamkeit und Angst können intensiv werden, mit Furcht vor dem Wahnsinn oder dem Tod. Viele Halluzinogene haben stimulierende Wirkungen (z. B. Tachykardie, leichte Blutdrucksteigerung, Hyperthermie und Mydriasis) und können einige Merkmale der Amphetaminintoxikation verursachen. Die mit der Halluzinogenintoxikation verbundenen Wahrnehmungsstörungen und die eingeschränkte Urteilsfähigkeit können zu Verletzungen oder Todesfällen bei Autounfällen, zu tätlichen körperlichen Auseinandersetzungen oder zu dem Versuch führen, von einem hochgelegenen Ort aus zu „fliegen". Umgebungsfaktoren, die Persönlichkeit und die Erwartungen der Person, die das Halluzinogen konsumiert, können Art und Schwere der Halluzinogenintoxikation beeinflussen. Die Persistierende Wahrnehmungsstörung im Zusammenhang mit Halluzinogenen kann zu beträchtlicher Angst und Besorgnis führen und kommt wahrscheinlich häufiger bei suggestiblen Personen vor. Halluzinogenabhängigkeit und -Mißbrauch können zusammen mit chronischen psychotischen Zustandsbildern vorkommen. Es bleibt kontrovers, ob der chronische Halluzinogenkonsum als solcher eine Psychotische Störung hervorruft, psychotische Symptome nur bei vulnerablen Personen triggert oder einfach ein frühes und kontinuierliches Zeichen eines sich entwickelnden psychotischen Prozesses ist. Halluzinogenmißbrauch und -Abhängigkeit kommen auch häufig bei Personen mit vorbestehenden Verhaltensstörungen in der Adoleszenz oder mit einer Antisozialen Persönlichkeitsstörung im Erwachsenenalter vor. Eine LSD-Intoxikation kann durch eine toxikologische Urinuntersuchung gesichert werden.

Besondere kulturelle, Alters- und Geschlechtsmerkmale

Halluzinogene können im Rahmen etablierter religiöser Praktiken benutzt werden. Innerhalb der Vereinigten Staaten gibt es regionale Unterschiede im Konsum. Gewöhnlich kommt die Halluzinogenintoxikation erstmals in der Adoleszenz vor und jüngere Konsumenten können dazu neigen, störendere Emotionen zu erleben. Halluzinogenkonsum und -Intoxikation kommt dreimal häufiger bei Männern vor als bei Frauen.

Prävalenz

Eine 1991 in den Vereinigten Staaten durchgeführte Umfrage in der Allgemeinbevölkerung hat ergeben, daß 8 % der Befragten wenigstens einmal im Leben Halluzinogene oder Phencyclidine (PCP) konsumiert hatten. Die Kohorte mit dem höchsten Lebenszeitkonsum setzte sich aus Personen zwischen 26–34 Jahren zusammen. Von diesen hatten 26 % auch Halluzinogene probiert. Ein gegenwärtiger Konsum war allerdings bei Personen zwischen 18 und 25 Jahren am häufigsten, wobei 2 % dieser Gruppe im letzten Monat Halluzinogene konsumiert hatten. Eine zwischen 1980 und 1985 in den Vereinigten Staaten durchgeführte Studie in der Allgemeinbevölkerung, die die enger definierten DSM-III-Kriterien verwendete, zeigte, daß etwa 0,3 % der erwachsenen Bevölkerung zu irgendeinem Zeitpunkt im Leben einen Halluzinogenmißbrauch aufgewiesen hatte.

Verlauf

Die Halluzinogenintoxikation kann ein kurzes und isoliertes Ereignis sein oder sie kann wiederholt vorkommen. Wenn die Einnahme innerhalb einer Episode häufig wiederholt wird, kann die Intoxikation verlängert sein. Häufiger Konsum kann allerdings wegen der Toleranzentwicklung dazu führen, daß die Wirkung der Intoxikation herabgesetzt wird. In Abhängigkeit von der Droge und dem Weg ihrer Verabreichung tritt der Höhepunkt der Wirkung innerhalb einiger Minuten bis zu wenigen Stunden ein. Die Intoxikation endet innerhalb einiger Stunden bis zu einigen Tagen nach der letzten Einnahme. Die hohe Prävalenz des Merkmals „jemals gebraucht" unter den 26–34jährigen und die niedrigere Prävalenz des gegenwärtigen Gebrauchs in dieser Gruppe legt nahe, daß zahlreiche Personen den Halluzinogengebrauch mit dem Älterwerden eingestellt haben. Einige Personen, die Halluzinogene konsumierten, berichteten von Flashbacks, die nicht mit Beeinträchtigungen oder Leiden einhergingen. Auf der anderen Seite können Flashbacks bei einigen Personen Beeinträchtigungen oder Leiden verursachen (Persistierende Wahrnehmungsstörung im Zusammenhang mit Halluzinogenen, siehe oben).

Differentialdiagnose

Für eine allgemeine Erläuterung der Differentialdiagnose von Störungen im Zusammenhang mit Psychotropen Substanzen siehe Seite 237. Halluzinogeninduzierte Störungen können durch Symptome gekennzeichnet sein (z. B. Wahn), die **primären psychischen Störungen** ähneln (z. B. Schizophrene Störung versus Halluzinogeninduzierte Psychotische Störung, Mit Wahn, Mit Beginn Während der Intoxikation). Siehe Seite 240 für die Erläuterung dieser Differentialdiagnose.

Die Halluzinogenintoxikation sollte von der **Amphetamin-** oder **Phencyclidinintoxikation** differenziert werden. Bei dieser Unterscheidung können toxikologische Untersuchungen hilfreich sein. **Intoxikationen mit Anticholinergika** können ebenfalls Halluzinationen hervorrufen, gehen jedoch häufig mit körperlichen Befunden wie Fieber, trockenem Mund und trockener Haut, gerötetem Gesicht und visuellen Störungen einher. Die Halluzinogenintoxikation unterscheidet sich von den **anderen Halluzinogeninduzierten Störungen** (z. B. Halluzinogeninduzierte Angststörung, Mit Beginn Während der Intoxikation) dadurch, daß die Symptome dieser zuletzt genannten Störungen über diejenigen hinausgehen, die normalerweise mit der Halluzinogenintoxikation verbunden sind und dadurch, daß sie schwer genug sind, um für sich allein genommen klinische Beachtung zu rechtfertigen.

Die Halluzinogenintoxikation unterscheidet sich von der **Persistierenden Wahrnehmungsstörung im Zusammenhang mit Halluzinogenen (Flashbacks)** durch den Umstand, daß letztere episodenhaft über Wochen (oder länger) nach der letzten Intoxikation anhält. Bei der Persistierenden Wahrnehmungsstörung im Zusammenhang mit Halluzinogenen glauben die Personen nicht daran, daß die Wahrnehmungen die äußere Wirklichkeit darstellen, während die Personen mit einer **Psychotischen Störung** oft meinen, daß die Wahrnehmung real sei. Die Persistierende Wahrnehmungsstörung im Zusammenhang mit Halluzinogenen kann von der **Migräne**, der **Epilepsie** oder einem anderen **neurologischen Krankheitsfaktor** durch die neuroophthalmologische Vorgeschichte, die körperliche Untersuchung und durch geeignete Laboruntersuchungen unterschieden werden.

292.9 (F16.9) Nicht Näher Bezeichnete Störung im Zusammenhang mit Halluzinogenen

Die Kategorie Nicht Näher Bezeichnete Störung im Zusammenhang mit Halluzinogenen ist für Störungen im Zusammenhang mit Halluzinogenkonsum vorbehalten, die sich nicht als Halluzinogenabhängigkeit, Halluzinogenmißbrauch, Halluzinogenintoxikation, Persistierende Wahrnehmungsstörung im Zusammenhang mit Halluzinogenen, Halluzinogenintoxikationsdelir, Halluzinogeninduzierte Psychotische Störung, Halluzinogeninduzierte Affektive Störung oder Halluzinogeninduzierte Angststörung klassifizieren lassen.

Störungen im Zusammenhang mit Inhalantien

Dieses Kapitel enthält Störungen, die durch die Inhalation aliphatischer und aromatischer Kohlenwasserstoffe, wie man sie etwa in Benzin, Klebstoff, Verdünner und Sprühfarben findet, induziert werden. Weniger häufig konsumiert werden die halogenierten Kohlenwasserstoffe, die in Reinigungsmitteln, Schreibmaschinenkorrekturflüssigkeit und als Treibgase in Sprühdosen vorkommen, sowie andere flüchtige Substanzen, die Ester, Ketone und Glykole enthalten. Die meisten Mittel, die inhaliert werden, bestehen aus einer Mischung verschiedener Substanzen, die psychotrope Effekte hervorrufen können. Es ist daher häufig schwierig, gerade die Substanz zu bestimmen, die für die Störung verantwortlich ist. Außer wenn es eindeutige Hinweise dafür gibt, daß nur eine einzige Substanz konsumiert wurde, sollte der allgemeine Begriff „Inhalantien" benutzt werden. Die flüchtigen Substanzen sind in einer großen Vielzahl kommerzieller Produkte erhältlich und können wechselweise, je nach Verfügbarkeit und persönlicher Vorliebe, verwendet werden. Obwohl es geringfügige Unterschiede in den psychotropen und körperlichen Effekten der verschiedenen Substanzen geben kann, ist noch nicht genug über ihre unterschiedlichen Wirkungen bekannt, um sie voneinander zu unterscheiden. Alle Substanzen können eine Abhängigkeit, einen Mißbrauch oder eine Intoxikation hervorrufen.

Es werden verschiedene Methoden eingesetzt, um intoxizierende Dämpfe zu inhalieren. Am häufigsten wird ein mit der Substanz getränkter Lappen vor Mund und Nase gehalten und die Dämpfe eingeatmet. Die Substanz kann auch in eine Papier- oder Plastiktüte gegeben und die Gase dann daraus inhaliert werden. Die Substanzen können aber auch direkt aus ihren Behältern inhaliert werden oder aus Aerosolen, die in den Mund oder die Nase gesprüht werden. Es wurde auch berichtet, daß die Substanzen erhitzt werden, um die Verdampfung zu beschleunigen. Die Inhalantien erreichen die Lunge, das Blut und die Zielorgane sehr schnell.

Dieses Kapitel beinhaltet spezielle Erläuterungen für Störungen im Zusammenhang mit Inhalantien. Beschreibungen und Kriterien zur Definition allgemeiner Merkmale der Substanzabhängigkeit (siehe S. 223) und des Substanzmißbrauchs (siehe S. 228), die für alle Substanzen gelten, wurden bereits dargestellt. Für die Abhängigkeit und den Mißbrauch von Inhalantien spezifische Beschreibungen sind unten aufgeführt. Es gibt jedoch keine zusätzlichen spezifischen Kriterien für Inhalantienabhängigkeit oder Inhalantienmißbrauch. Eine spezifische Beschreibung und Kriterien für die Inhalantienintoxikation sind unten aufgeführt. Bei Personen mit einem massiven Konsum wurde Toleranzentwicklung berichtet, während ein Entzugssyndrom von diesen Substanzen nicht sehr gut belegt werden konnte. Aus diesem Grund ist die Diagnose Inhalantienentzug in diesem Manual nicht enthalten. Inhalantieninduzierte Störungen (außer Inhalantienintoxikation) werden in denjenigen Kapiteln des Manuals beschrieben, die Störungen mit ähnlicher Symptomatik enthalten (z. B. ist die Inhalantieninduzierte Affektive Störung im Kapitel „Affektive Störungen" enthalten). Unten sind Störungen durch Inhalantienkonsum und Inhalantieninduzierte Störungen aufgeführt. Aufgrund ihrer unterschiedlichen Wirkungsweisen und Nebenwirkungsprofile werden Störungen im Zusammenhang mit Narkosegasen (wie z. B. Lachgas, Äther) und kurzwirkenden Vasodilatatoren (z. B. Amylnitrit oder Butylnitrit) aus dieser Kategorie der Störungen im Zusammenhang mit Inhalantien ausgeschlossen und unter Störungen im Zusammenhang mit Anderen Substanzen klassifiziert.

Störungen durch Inhalantienkonsum

304.60 (F18.2x) **Inhalantienabhängigkeit** (siehe S. 276)
305.90 (F18.1) **Inhalantienmißbrauch** (siehe S. 276)

Inhalantieninduzierte Störungen

292.89 (F18.0x) **Inhalantienintoxikation** (siehe S. 277)
292.81 (F18.03) **Inhalantienintoxikationsdelir** (siehe S. 170)
292.82 (F18.73) **Persistierende Inhalantieninduzierte Demenz** (siehe S. 195)
292.11 (F18.51) **Inhalantieninduzierte Psychotische Störung, Mit Wahn** (siehe S. 368) *Bestimme*, ob: Mit Beginn Während der Intoxikation
292.12 (F18.52) **Inhalantieninduzierte Psychotische Störung, Mit Halluzinationen** (siehe S. 368) *Bestimme*, ob: Mit Beginn Während der Intoxikation
292.84 (F18.8) **Inhalantieninduzierte Affektive Störung** (siehe S. 432)
Bestimme, ob: Mit Beginn Während der Intoxikation
292.89 (F18.8) **Inhalantieninduzierte Angststörung** (siehe S. 503)
Bestimme, ob: Mit Beginn Während der Intoxikation
292.9 (F18.9) **Nicht Näher Bezeichnete Störung im Zusammenhang mit Inhalantien** (siehe S. 281)

Störungen durch Inhalantienkonsum

304.60 (F18.2x) Inhalantienabhängigkeit

Siehe auch Beschreibung und Kriterien für Substanzabhängigkeit (siehe S. 223). Einige der allgemeinen Abhängigkeitskriterien gelten nicht für Inhalantien, während andere näher erläutert werden müssen. Bei Personen mit massivem Konsum wurde von einer Toleranzentwicklung gegenüber den Wirkungen der Inhalantien berichtet, obwohl Prävalenz und klinische Bedeutsamkeit hierfür unbekannt sind. Ein 24–48 Stunden nach Ende des Konsums beginnendes und 2 bis 5 Tage dauerndes, mögliches Entzugssyndrom wurde beschrieben, mit Symptomen wie Schlafstörungen, Tremor, Reizbarkeit, Diaphoresis, Übelkeit und flüchtigen Illusionen. Dieses Syndrom ist allerdings nicht gut belegt und scheint nicht klinisch bedeutsam zu sein. Daher schließt die Inhalantienabhängigkeit weder ein charakteristisches Entzugssyndrom noch eine Bedeutung des Inhalantienkonsums zur Milderung oder Vermeidung von Entzugssymptomen ein. Allerdings können Inhalantien über längere Zeiträume und in größeren Mengen als ursprünglich beabsichtigt konsumiert werden, und den Personen, die sie gebrauchen, kann es sehr schwerfallen, den Inhalantiengebrauch zu reduzieren oder zu regulieren. Da Inhalantien preiswert, legal und leicht verfügbar sind, ist es selten, daß zur Sicherstellung ihrer Verfügbarkeit ein erheblicher Zeitaufwand notwendig ist. Allerdings kann ein erheblicher Zeitaufwand mit dem Konsum und der Erholung von den Wirkungen des Inhalantiengebrauchs verbunden sein. Wiederholter Inhalantienkonsum kann auch dazu führen, daß die Person wichtige soziale, berufliche oder Freizeitaktivitäten aufgibt oder reduziert. Der Substanzkonsum kann trotz des Wissens um die durch den Konsum hervorgerufenen körperlichen Probleme (z. B. Lebererkrankung oder Schädigungen des peripheren oder zentralen Nervensystems) oder psychischen Probleme (z. B. schwere Depression) fortgesetzt werden.

Zusatzcodierungen

Die folgenden Zusatzcodierungen können bei der Diagnose einer Inhalantienabhängigkeit verwendet werden (für genauere Einzelheiten siehe S. 225):
– Früh Vollremittiert
– Früh Teilremittiert
– Anhaltend Vollremittiert
– Anhaltend Teilremittiert
– In Geschützter Umgebung

305.90 (F18.1) Inhalantienmißbrauch

Siehe auch Beschreibung und Kriterien für Substanzmißbrauch (siehe S. 228). Es kommt vor, daß Personen, die Inhalantien mißbrauchen, diese auch dann konsumieren, wenn dies eine hohe Gefährdung bedeutet (z. B. während des Autofahrens oder der Bedienung einer Maschine, wenn die Urteilsfähigkeit und Koordination durch die Inhalantienintoxikation beeinträchtigt ist). Die wiederholte Einnahme von Inhalantien kann mit familiären Konflikten und Schulschwierigkeiten (z. B. Schwänzen, schlechte Zensuren, Abgang von der Schule) verbunden sein.

Inhalantieninduzierte Störungen

292.89 (F18.0x) Inhalantienintoxikation

Siehe auch Beschreibung und Kriterien für Substanzintoxikation (siehe S. 229). Das Hauptmerkmal der Inhalantienintoxikation ist das Vorhandensein klinisch bedeutsamer unangepaßter Verhaltens- oder psychischer Veränderungen (z. B. Streitlust, Tendenz zu Körperverletzungen, Apathie, beeinträchtigte Urteilsfähigkeit, beeinträchtigte soziale oder berufliche Funktionsfähigkeit), die sich während oder kurz nach einem willentlichen Konsum oder der kurzzeitigen, aber in hohen Dosen erfolgenden Exposition gegenüber flüchtigen Inhalantien entwickeln (**Kriterium A und B**). Die unangepaßten Veränderungen werden von Symptomen wie Schwindel oder visuellen Störungen (verschwommenes Sehen oder Doppelbilder), Nystagmus, Koordinationsstörungen, undeutliche Sprache und unsicherer Gang, Tremor und Euphorie begleitet. Höhere Inhalantiendosen können zur Entwicklung von Lethargie, psychomotorischer Hemmung, allgemeiner Muskelschwäche, schwachen Reflexen, Stupor oder Koma führen (**Kriterium C**). Das Störungsbild geht nicht auf einen medizinischen Krankheitsfaktor zurück und kann nicht durch eine andere psychische Störung besser erklärt werden (**Kriterium D**).

Diagnostische Kriterien für 292.89 (F18.0x) Inhalantienintoxikation

A. Gegenwärtiger willentlicher Konsum oder kurzzeitige Exposition in hohen Dosen gegenüber flüchtigen Inhalantien (ausgenommen Narkosegase und kurzwirksame Vasodilatatoren).

B. Klinisch bedeutsame unangepaßte Verhaltens- oder psychische Veränderungen (z. B. Streitlust, Tendenz zu Körperverletzungen, Apathie, beeinträchtigte Urteilsfähigkeit, beeinträchtigte soziale oder berufliche Funktionsfähigkeit), die sich während oder kurz nach dem Konsum von oder der Exposition gegenüber flüchtigen Inhalantien entwickeln.

C. Zwei (oder mehr) der folgenden Symptome, die sich während oder kurz nach dem Konsum von oder der Exposition gegenüber Inhalantien entwickeln:
  (1) Schwindel,
  (2) Nystagmus,
  (3) Koordinationsstörungen,
  (4) undeutliche Sprache,
  (5) unsicherer Gang,
  (6) Lethargie,
  (7) schwache Reflexe,
  (8) psychomotorische Hemmung,
  (9) Tremor,
  (10) allgemeine Muskelschwäche,
  (11) verschwommenes Sehen oder Doppelbilder,
  (12) Stupor oder Koma,
  (13) Euphorie.

D. Die Symptome gehen nicht auf einen medizinischen Krankheitsfaktor zurück und können nicht durch eine andere psychische Störung besser erklärt werden.

Andere Inhalantieninduzierte Störungen

Die folgenden Inhalantieninduzierten Störungen werden zusammen mit Störungen aus anderen Kapiteln des Manuals beschrieben, mit denen sie die Symptomatik gemeinsam haben: **Inhalantienintoxikationsdelir** (siehe S. 170), **Persistierende Inhalantieninduzierte Demenz** (siehe S. 195), **Inhalantieninduzierte Psychotische Störung** (siehe S. 368), **Inhalantieninduzierte Affektive Störung** (siehe S. 432), und **Inhalantieninduzierte Angststörung** (siehe S. 503). Diese Störungen werden nur dann anstelle der Inhalantienintoxikation diagnostiziert, wenn die Symptome deutlich über diejenigen hinausgehen, die normalerweise mit einer Inhalantienintoxikation verbunden sind und wenn sie schwer genug sind, um für sich allein genommen klinische Beachtung zu rechtfertigen.

Zusätzliche Informationen über Störungen im Zusammenhang mit Inhalantien

Zugehörige Merkmale und Störungen

Zugehörige Beschreibungsmerkmale und psychische Störungen. Personen mit einer Inhalantienintoxikation können sich mit akustischen, visuellen oder taktilen Halluzinationen oder mit Wahrnehmungsstörungen (Makropsie, Mikropsie, illusionäre Verkennungen, Veränderungen in der Zeitwahrnehmung) vorstellen. Wahn (wie etwa die Überzeugung, fliegen zu können) kann sich besonders in solchen Perioden der Inhalantienintoxikation entwickeln, die durch deutliche Verwirrtheit gekennzeichnet sind. In einigen Fällen können diese Wahnvorstellungen Unfälle zur Folge haben. Auch Angst kann vorhanden sein. Die wiederholte, aber episodische Einnahme von Inhalantien kann zunächst mit Schulschwierigkeiten (z. B. Schulschwänzen, schlechte Zensuren, Abgang von der Schule) sowie familiären Konflikten einhergehen. Bei älteren Jugendlichen und jungen Erwachsenen ist der Konsum häufig mit sozialen und Arbeitsproblemen (z. B. Delinquenz, Arbeitslosigkeit) verbunden. Besonders häufig werden Inhalantien von Jugendlichen in Gruppensituationen konsumiert. Ein einsamer Gebrauch ist für solche mit länger anhaltendem, schwererem Konsum charakteristisch. Bei denen, die wegen einer Substanzabhängigkeit um Hilfe suchen, scheint der Konsum von Inhalantien als vorherrschend verwendete Substanz selten zu sein. Allerdings können Inhalantien von Personen, die von anderen Substanzen abhängig sind, als zweite Substanz konsumiert werden. Bei einigen Personen kann sich eine Entwicklung bis zu einer Stufe ergeben, auf der Inhalantien die bevorzugte Substanz werden.

Laborbefunde. Direkte Untersuchungen auf Inhalantien werden klinisch selten durchgeführt und sind im allgemeinen nicht Teil von Routineverfahren zum Drogenscreening. Schädigungen von Muskeln, Nieren, Leber und anderen Organen können in Laboruntersuchungen als Indikatoren für dieses pathologische Zustandsbild dienen.

Körperliche Untersuchungsbefunde und medizinische Krankheitsfaktoren. Der Geruch von Farben oder Lösungsmitteln kann im Atem oder in der Kleidung von Personen, die Inhalantien konsumieren, vorhanden sein, oder es kann sich ein Rest der Substanz auf der Kleidung oder der Haut befinden. Ein „Lösungsmittelschnüfflerausschlag" kann sich um die Nase und den Mund finden und eine konjunktivale Rötung kann sich zeigen. Es können Hinweise auf Verletzungen bestehen, die durch das enthemmte Verhalten, oder auf Brandwunden, die durch den entzündlichen Charakter dieser Stoffe entstanden sind. Unspezifische respiratorische Befunde schließen Irritationen der oberen oder unteren Atemwege ein, einschließlich Husten, Nasenausfluß, Dyspnoe, Pfeif- oder Rasselgeräusche beim Atmen. Selten kann auch eine Zyanose durch eine Lungenentzündung oder Asphyxie hervorgerufen werden. Kopfschmerzen, allgemeine Schwäche, Bauchschmerzen, Übelkeit und Erbrechen können ebenfalls auftreten. Inhalantien können sowohl Schäden am zentralen wie auch am peripheren Nervensystem nach sich ziehen, die dauerhaft sein können. Die Untersuchung von Personen, die chronisch Inhalantien konsumieren, kann eine Reihe neurologischer Defizite aufdecken, einschließlich allgemeiner Schwäche und peripherer Neuropathien. Zerebrale Atrophie, zerebelläre Degeneration und Defekte der weißen Substanz können zu Hirnnerven- oder Pyramidenbahnzeichen führen, die von Personen mit ausgeprägtem Konsum berichtet wurden. Ein wiederholter Gebrauch kann zur Entwicklung einer Hepatitis (die sich zu einer Zirrhose entwickeln kann) oder zu einer metabolischen Azidose führen, die auf einer renalen tubulären Azidose beruht. Chronische Niereninsuffizienz, hepatorenale Syndrome und proximale renale Azidosen wie auch eine Suppression des Knochenmarks wurden ebenfalls berichtet. Einige Inhalantien (z. B. Methylenclorid) werden zu Kohlenmonoxid metabolisiert. Durch respiratorische oder kardiovaskuläre Insuffizienz kann es zum Tod kommen. Insbesondere der „plötzliche Schnüfflertod" kann durch akute Arrhythmien, Hypoxie oder Elektrolytverschiebungen bedingt sein.

Besondere kulturelle, Alters- und Geschlechtsmerkmale

Für junge Leute sind Inhalantien häufig wegen ihrer geringen Kosten und ihrer leichten Verfügbarkeit die ersten Drogen zum Ausprobieren, und in ökonomisch ärmeren Gebieten scheint eine höhere Inzidenz vorzuliegen. Der Inhalantienkonsum kann im Alter zwischen 9 und 12 Jahren beginnen, zeigt eine Spitze in der Adoleszenz und ist nach dem 35. Lebensjahr weniger häufig. Männer stellen mit einem Anteil von 70–80 % die im Zusammenhang mit Inhalantien erfolgenden Besuche in Notfallambulanzen dar.

Prävalenz

Inhalantienabhängigkeit und -Mißbrauch scheint nur bei einem kleinen Anteil der Personen aufzutreten, die Inhalantien konsumieren.

Verlauf

Aufgrund der unterschiedlichen Einnahmeformen und der variierenden Inhalantienkonzentrationen in den Produkten, die zu sehr unterschiedlichen Konzentrationen im Körper führen, kann es schwierig sein, die Inhalantiendosierung dem Effekt zuzuordnen. Der Zeitverlauf der Inhalantienintoxikation steht mit den pharmakologischen Kennzeichen der konsumierten spezifischen Substanz in Beziehung, aber er ist typischerweise kurz und dauert zwischen einigen Minuten und einer Stunde. Der Eintritt erfolgt schnell, mit einem Höhepunkt einige Minuten nach Inhalation. Jüngere Kinder mit der Diagnose einer Inhalantienabhängigkeit konsumieren die Inhalantien mehrmals pro Woche, häufig an Wochenenden und nach der Schule. Eine schwere Abhängigkeit bei Erwachsenen kann unterschiedliche Intoxikationsperioden im Verlaufe eines jeden Tages und gelegentliche Perioden ausgeprägteren Konsums, die einige Tage dauern können, umfassen. Dieses Konsummuster kann über Jahre anhalten mit der wiederholten Notwendigkeit einer Behandlung. Konsumenten von Inhalantien können bestimmte Grade der Intoxikation bevorzugen, die Methode der Einnahme (typischerweise Schnüffeln aus einem Behälter oder Einatmen von einem mit der Substanz getränkten Lappen) erlaubt es dem Konsumenten, diesen Konzentrationsgrad für mehrere Stunden aufrechtzuerhalten. Es gibt Berichte über die Entwicklung einer Abhängigkeit bei Industriearbeitern, die berufsbedingt längerfristig Inhalantien ausgesetzt waren oder einen Zugang zu ihnen hatten. Ein Arbeiter kann damit beginnen, die Verbindung aufgrund ihrer psychotropen Effekte zu konsumieren, um dann schrittweise das Muster einer Abhängigkeit zu entwickeln. Der zur Abhängigkeit führende Konsum entwickelt sich zudem bei Personen, die keinen Zugriff auf andere Substanzen haben (z. B. Gefängnisinsassen, abgeschirmtes Militärpersonal sowie Jugendliche und junge Erwachsene in abgelegenen ländlichen Gegenden).

Differentialdiagnose

Für eine allgemeine Diskussion der Differentialdiagnose von Störungen im Zusammenhang mit Psychotropen Substanzen siehe Seite 237. Inhalantieninduzierte Störungen können durch Symptome (z. B. depressive Stimmung) gekennzeichnet sein, die **primären psychischen Störungen** ähneln (z. B. Major Depression versus Inhalantieninduzierte Affektive Störung, Mit Depressiven Merkmalen, Mit Beginn Während der Intoxikation). Siehe Seite 240 für die Diskussion dieser Differentialdiagnose.

Die Symptome der leichten oder mittelgradigen Inhalantienintoxikation können denen der **Alkoholintoxikation** und der **Sedativa-, Hypnotika- oder Anxiolytikaintoxikation** ähneln. Der Atemgeruch oder Reste an Körper oder Kleidung können wichtige differenzierende Hinweise liefern, aber man sollte sich nicht ausschließlich auf sie verlassen. Personen mit chronischem Inhalantienkonsum neigen oft dazu, andere Substanzen häufig und massiv zu konsumieren, was das diagnostische Bild weiter kompliziert. Ein Beikonsum von Alkohol kann die Unterscheidung ebenfalls schwierig machen. Die Vorgeschichte des Drogenkonsums und charakteristische Befunde (einschließlich Geruch von flüchtigen Substanzen und Farbresten) können die Inhalantienintoxikation von Intoxikationen durch andere Substanzen differenzieren. Zusätzlich gehen die Symptome der Inhalantienintoxikation schneller zurück als bei Intoxikationen durch andere Substanzen. Schneller Beginn und Rückgang unterscheiden die Inhalantienintoxikation von anderen psychischen Störungen und neurologischen Zustandsbildern. Die Inhalantienintoxikation unterscheidet sich von den **anderen Inhalantieninduzierten Störungen** (z. B. Inhalantieninduzierte Affektive Störung, Mit Beginn Während der Intoxikation) dadurch, daß die Symptome dieser zuletzt genannten Störungen deutlich über diejenigen hinausgehen, die normalerweise mit einer Inhalantienintoxikation verbunden sind und dadurch, daß sie schwer genug sind, um für sich allein genommen klinische Beachtung zu rechtfertigen.

Industriearbeiter können gelegentlich **zufällig flüchtigen chemischen Stoffen ausgesetzt sein** und an körperlicher Intoxikation leiden. Für diese Exposition gegenüber Toxinen sollte die Kategorie „Andere Störungen im Zusammenhang mit Psychotropen Substanzen" verwendet werden.

292.9 (F18.9) Nicht Näher Bezeichnete Störung im Zusammenhang mit Inhalantien

Die Kategorie Nicht Näher Bezeichnete Störung im Zusammenhang mit Inhalantien ist für Störungen in Verbindung mit Inhalantienkonsum vorbehalten, die sich nicht als Inhalantienabhängigkeit, Inhalantienmißbrauch, Inhalantienintoxikationsdelir, Persitierende Inhalantieninduzierte Demenz, Inhalantieninduzierte Psychotische Störung, Inhalantieninduzierte Affektive Störung oder Inhalantieninduzierte Angststörung klassifizieren läßt.

Störungen im Zusammenhang mit Koffein

Koffein kann aus einer Reihe verschiedener Quellen konsumiert werden, einschließlich Kaffee (gebrüht = 600 mg/l, instant = 400 mg/l), Tee (250 mg/l), coffeiniertes Sodawasser (140 mg/l), rezeptfreie Analgetika und Erkältungsmedikamente (25–50 mg/Tablette), Stimulantien (100–200 mg/Tablette), Diäthilfen (75–200 mg/Tablette). Schokolade und Kakao enthalten viel weniger Koffein (z. B. 5 mg/Schokoladenriegel). Der Konsum von Koffein ist in den meisten Teilen der Vereinigten Staaten weit verbreitet, mit einer durchschnittlichen Koffeineinnahme von ungefähr 200 mg/Tag. Einige Personen, die große Mengen Kaffee trinken, zeigen einige Aspekte der Abhängigkeit von Koffein und entwickeln eine Toleranz und eventuell Entzugserscheinungen. Dennoch sind die Daten zur Zeit nicht ausreichend, um zu entscheiden, ob diese Symptome mit klinisch bedeutsamer Beeinträchtigung einhergehen, die den Kriterien für Substanzabhängigkeit oder -Mißbrauch entspricht. Im Gegensatz dazu gibt es Befunde, daß eine Koffeinintoxikation klinisch bedeutsam sein kann. Eine gesonderte Beschreibung und Kriterien hierzu finden sich unten. Neue Befunde legen die mögliche klinische Relevanz des Koffeinentzugs nahe; Forschungskriterien sind auf Seite 797 aufgeführt. Die Koffeininduzierten Störungen (andere als die Koffeinintoxikation) sind zusammen mit Störungen aus anderen Kapiteln des Manuals beschrieben, mit denen sie die Symptomatik gemeinsam haben (z. B. die Koffeininduzierte Angststörung ist im Kapitel „Angststörungen" enthalten). Unten sind die Koffeininduzierten Störungen aufgelistet.

Koffeininduzierte Störungen

305.90 (F15.0x) **Koffeinintoxikation** (siehe S. 282)
292.89 (F15.8) **Koffeininduzierte Angststörung** (siehe S. 503)
Bestimme, ob: Mit Beginn Während der Intoxikation
292.89 (F15.8) **Koffeininduzierte Schlafstörung** (siehe S. 683)
Bestimme, ob: Mit Beginn Während der Intoxikation
292.9 (F15.9) **Nicht Näher Bezeichnete Störung im Zusammenhang mit Koffein** (siehe S. 284)

Koffeininduzierte Störungen

305.90 (F15.0x) Koffeinintoxikation

Siehe auch Beschreibung und Kriterien für Substanzintoxikation (siehe S. 229). Das Hauptmerkmal der Koffeinintoxikation ist ein kurz zurückliegender Konsum von Koffein und fünf oder mehr Symptome, die sich während oder kurz nach einem Koffeinkonsum entwickeln (**Kriterien A und B**). Symptome, die nach Einnahme so geringer Mengen Koffein wie 100 mg pro Tag auftreten können, umfassen Rastlosigkeit, Nervosität, Erregung, Schlaflosigkeit, gerötetes Gesicht, Diurese und gastrointestinale Beschwerden. Symptome, die im allgemeinen bei Mengen von mehr als 1 g/Tag auftreten, umfassen Muskelzucken, weitschweifigen Gedanken- und Redefluß, Tachykardie und kardiale Arrhythmie, Perioden von Unerschöpfbarkeit und psychomotorische Agitiertheit. Die Koffeinintoxikation kann trotz hohen Koffeinkonsums aufgrund von Toleranzentwicklung ausbleiben. Die Symptome müssen in klinisch bedeutsamer Weise Leiden oder Beeinträchtigungen in sozialen, beruflichen oder anderen Funktionsbereichen verursachen. (**Kriterium C**). Die Symptome gehen nicht auf einen medizinischen Krankheitsfaktor zurück und können nicht durch eine andere psychische Störung besser erklärt werden (z. B. eine Angststörung) (**Kriterium D**).

Diagnostische Kriterien für 305.90 (F15.0x) Koffeinintoxikation

A. Kurz zurückliegender Konsum von Koffein, gewöhnlich mehr als 250 mg (z. B. mehr als 2–3 Tassen gebrühter Kaffee).

B. Mindestens fünf der folgenden Zeichen, die sich während oder kurz nach dem Koffeinkonsum entwickeln:
 (1) Rastlosigkeit,
 (2) Nervosität,
 (3) Erregung,
 (4) Schlaflosigkeit,
 (5) gerötetes Gesicht,
 (6) Diurese,
 (7) gastrointestinale Störungen,
 (8) Muskelzucken,
 (9) weitschweifiger Gedanken- und Redefluß,
 (10) Tachykardie oder kardiale Arrhythmie,
 (11) Perioden von Unerschöpfbarkeit,
 (12) psychomotorische Agitiertheit.

C. Die Symptome in Kriterium B verursachen in klinisch bedeutsamer Weise Leiden oder Beeinträchtigungen in sozialen, beruflichen oder anderen Funktionsbereichen.

D. Die Symptome gehen nicht auf einen medizinischen Krankheitsfaktor zurück und können nicht durch eine andere psychische Störung besser erklärt werden (z. B. eine Angststörung).

Andere Koffeininduzierte Störungen

Die folgenden Koffeininduzierten Störungen werden zusammen mit Störungen aus anderen Kapiteln des Manuals beschrieben, mit denen sie die Symptomatik gemeinsam haben: **Koffeininduzierte Angststörung** (siehe S. 503) und **Koffeininduzierte Schlafstörung** (siehe S. 683). Diese Störungen werden nur dann anstelle der Koffeinintoxikation diagnostiziert, wenn die Symptome deutlich über diejenigen hinausgehen, die gewöhnlich mit einer Koffeinintoxikation verbunden sind und wenn sie schwer genug sind, um für sich allein genommen klinische Beachtung zu rechtfertigen.

Zusätzliche Informationen über Störungen im Zusammenhang mit Koffein

Zugehörige Merkmale und Störungen

Leichte sensorische Störungen (z. B. Ohrgeräusche und Lichtblitze) wurden bei höheren Dosen beschrieben. Obwohl große Koffeindosen die Herzfrequenz steigern können, können geringere Dosen den Puls verlangsamen. Ob übermäßiger Koffeinkonsum Kopfschmerzen verursachen kann, ist unklar. Bei körperlichen Untersuchungen können Agitiertheit, Rastlosigkeit, Schwitzen, Tachykardie, gerötetes Gesicht und eine erhöhte Darmmotilität beobachtet werden. Typische Muster der Koffeineinnahme konnten nicht durchgehend mit anderen medizinischen Problemen assoziiert werden. Dennoch ist starker Konsum mit der Entwicklung oder der Exazerbation von Angst und somatischen Symptomen verbunden wie kardiale Arrhythmien und gastrointestinale Schmerzen oder Diarrhoen. Bei akuten Dosen, die 10 g überschreiten, können Grand-mal-Anfälle und Atemversagen zum Tod führen. Exzessiver Koffeinkonsum tritt bei Affektiven-, Eß-, Psychotischen Störungen und Störungen im Zusammenhang mit Psychotropen Substanzen auf, während Personen mit Angststörungen diese Substanz wahrscheinlich vermeiden werden.

Besondere kulturelle, Alters und Geschlechtsmerkmale

Der Koffeinkonsum unterscheidet sich stark je nach kulturellem Umfeld. Die durchschnittliche Koffeineinnahme in den meisten Entwicklungsländern beträgt weniger als 50 mg/Tag, im Vergleich dazu 400 mg/Tag oder mehr in Schweden, Großbritannien oder anderen europäischen Ländern. Der Koffeinkonsum steigt in der 3. Lebensdekade und sinkt oft nach dem 65. Lebensjahr. Die Konsumrate ist bei Männern größer als bei Frauen.

Verlauf

Die Halbwertszeit von Koffein beträgt 2–6 Stunden, so daß die meisten Symptome der Intoxikation wahrscheinlich bis zu 6–16 Stunden nach Koffeinaufnahme anhalten. Da Toleranz gegenüber den Effekten des Koffeins auf das Verhalten auftritt, werden Koffeinintoxikationen bei seltenen Konsumenten oder bei solchen beobachtet, die kürzlich ihre Koffeineinnahme um eine wesentliche Menge erhöht haben.

Differentialdiagnose

Für eine allgemeine Diskussion der Differentialdiagnosen von Störungen im Zusammenhang mit Psychotropen Substanzen siehe Seite 237. Koffeininduzierte Störungen können durch Symptome charakterisiert sein (z. B. Panikattacken), die **primären psychischen Störungen** ähneln (z. B. Panikstörung versus Koffeininduzierte Angststörung mit Panikattacken, Mit Beginn Während der Intoxikation). Siehe Seite 240 für eine Diskussion dieser Differentialdiagnose.

Um den Kriterien einer Koffeinintoxikation zu entsprechen, dürfen die Symptome nicht auf einen **medizinischen Krankheitsfaktor** zurückgehen und nicht durch **eine andere psychische Störung**, z. B. eine **Angststörung**, besser erklärt werden können. **Manische Episoden, Panikstörungen, Generalisierte Angststörung, Amphetaminintoxikation, Sedativa-, Hypnotika- oder Anxiolytikaentzug** oder **Nikotinentzug, Schlafstörungen** und **medikamenteninduzierte Nebeneffekte** (z. B. Akathisie) können ein klinisches Bild erzeugen, das dem der Koffeinintoxikation ähnelt. Der zeitliche Zusammenhang der Symptome mit erhöhtem Koffeinkonsum oder Koffeinabstinenz hilft, die Diagnose zu stellen. Die Koffeinintoxikation wird von der **Koffeininduzierten Angststörung, Mit Beginn Während der Intoxikation** (siehe S. 503) und von der **Koffeininduzierten Schlafstörung, Mit Beginn Während der Intoxikation** (siehe S. 683) dadurch unterschieden, daß die Symptome dieser zuletzt genannten Störungen deutlich über diejenigen hinausgehen, die gewöhnlich mit einer Koffeinintoxikation verbunden sind und schwer genug sind, um für sich allein genommen klinische Beachtung zu rechtfertigen.

292.9 (F15.9) Nicht Näher Bezeichnete Störung im Zusammenhang mit Koffein

Die Kategorie Nicht Näher Bezeichnete Störung im Zusammenhang mit Koffein ist für Störungen vorgesehen, die mit dem Konsum von Koffein einhergehen und nicht als Koffeinintoxikation, Koffeininduzierte Angststörung oder Koffeininduzierte Schlafstörung klassifizierbar sind. Ein Beispiel ist der Koffeinentzug (siehe S. 797 für vorgeschlagene Forschungskriterien).

Störungen im Zusammenhang mit Kokain

Kokain, eine natürlich vorkommende Substanz, die aus der Koka-Pflanze gewonnen wird, wird in verschiedenen Verarbeitungsformen konsumiert (z. B. Kokablätter, Kokapaste, Kokainhydrochlorid und Kokainalkaloid), die sich aufgrund verschiedener Reinheitsgrade und unterschiedlichen Wirkbeginns in der Potenz unterscheiden. In jeder dieser Zubereitungsformen ist Kokain der aktive Wirkstoff. Das Kauen von Kokablättern ist die Einnahmeart, die auf die Ureinwohner Zentral- und Südamerikas beschränkt ist, wo die Kokapflanze angebaut wird. Die Verwendung von Kokapaste, einem rohen Extrakt der Kokapflanze, tritt fast ausschließlich in den Herstellerländern Zentral- und Südamerikas auf; dort hat es es den Spitznamen „Basulka". Die bei der Herstellung der Kokapaste verwendeten Lösungsmittel kontaminieren diese Paste oftmals und können sich auf das zentrale Nervensystem und andere Organsysteme toxisch auswirken, wenn die Substanz geraucht wird. Kokainhydrochloridpulver wird normalerweise über die Nase „gesnifft" oder in Wasser aufgelöst und intravenös injiziert. Manchmal wird es mit Heroin gemischt, woraus dann eine Drogenkombination hervorgeht, die auch als „speedball" bekannt ist.

Eine häufig verwendete Form des Kokain in den Vereinigten Staaten ist „crack", ein Kokainalkaloid, das aus pulverisiertem Hydrochloridsalz gewonnen, mit Sodiumbikarbonat gemischt und dann in kleinen Brocken getrocknet wird. Crack unterscheidet sich von den anderen Formen des Kokains hauptsächlich dadurch, daß es leicht verdampft und leicht inhalierbar ist und seine Effekte dadurch sehr schnell entfalten kann. Das klinische Syndrom und die mit Crack einhergehenden schädlichen Wirkungen sind mit denen anderer Kokainzubereitungen identisch. Vor dem Aufkommen von Crack wurde das Kokain von seiner Hydrochloridbasis mittels Erhitzung mit Ammoniak oder einem anderen flüchtigen Lösungsmittel getrennt. Das daraus hervorgehende „unabhängige" („free base") Kokain wurde dann geraucht. Dieses Vorgehen war gefährlich, da die Lösungsmittel leicht entzündlich sind und den Benutzer so verletzen konnten.

Dieses Kapitel umfaßt Erläuterungen, die sich spezifisch auf Störungen im Zusammenhang mit Kokain beziehen. Beschreibung und Kriterien zur Definition der typischen Merkmale der Substanzabhängigkeit (siehe S. 223) und des Substanzmißbrauchs (siehe S. 228), die sich auf alle Substanzklassen beziehen, wurden bereits dargestellt. Die für Kokainabhängigkeit und -Mißbrauch spezifischen Beschreibungen sind unten aufgeführt. Es liegen allerdings keine zusätzlichen spezifischen Kriterienlisten für Kokainabhängigkeit und Kokainmißbrauch vor. Spezifische Beschreibungen und Kriterienlisten zur Kokainintoxikation und zum Kokainentzug werden ebenfalls nachfolgend dargestellt. Die Kokaininduzierten Störungen (außer Kokainintoxikation und -Entzug) werden in denjenigen Kapiteln des Manuals beschrieben, die Störungen mit ähnlicher Symptomatik beinhalten (z. B. ist die Kokaininduzierte Affektive Störung in der Sektion „Affektive Störungen" aufgeführt). Unten aufgeführt sind die Störungen durch Kokainkonsum und die Kokaininduzierten Störungen.

Störungen durch Kokainkonsum

304.20 (F14.2x) Kokainabhängigkeit (siehe S. 268)
305.60 (F14.1) Kokainmißbrauch (siehe S. 287)

Kokaininduzierte Störungen

292.89 (F14.0x) Kokainintoxikation (siehe S. 287)
Bestimme, ob: Mit Wahrnehmungsstörungen (F14.04)
292.0 (F14.3) Kokainentzug (siehe S. 288)
292.81 (F14.03) Kokainintoxikationsdelir (siehe S. 170)
292.11 (F14.51) Kokaininduzierte Psychotische Störung, Mit Wahn (siehe S. 368)
Bestimme, ob: Mit Beginn Während der Intoxikation
292.12 (F14.52) Kokaininduzierte Psychotische Störung, Mit Halluzinationen (siehe S. 368)
Bestimme, ob: Mit Beginn Während der Intoxikation
292.84 (F14.8) Kokaininduzierte Affektive Störung (siehe S. 432)
Bestimme, ob: Mit Beginn Während der Intoxikation/Mit Beginn Während des Entzugs

292.89 (F14.8) Kokaininduzierte Angststörung (siehe S. 503)
Bestimme, ob: Mit Beginn Während der Intoxikation/Mit Beginn Während des Entzugs
292.89 (F14.8) Kokaininduzierte Sexuelle Funktionsstörung (siehe S. 588)
Bestimme, ob: Mit Beginn Während der Intoxikation
292.89 (F14.8) Kokaininduzierte Schlafstörung (siehe S. 683)
Bestimme, ob: Mit Beginn Während der Intoxikation/Mit Beginn Während des Entzugs
292.9 (F14.9) Nicht Näher Bezeichnete Störung im Zusammenhang mit Kokain (siehe S. 293)

Störungen durch Kokainkonsum

304.20 (F14.2x) Kokainabhängigkeit

Siehe auch Beschreibung und Kriterien für Substanzabhängigkeit (siehe S. 223). Kokain hat extrem starke euphorisierende Effekte, und Personen, die es einnehmen, können bereits nach sehr kurzen Zeiträumen eine Abhängigkeit entwickeln. Ein frühes Zeichen der Kokainabhängigkeit liegt dann vor, wenn die Person es zunehmend schwierig findet, auf die Einnahme von Kokain, wann immer es verfügbar ist, zu verzichten. Wegen der kurzen Halbwertszeit muß die Substanz häufig eingenommen werden, damit man „high" bleibt. Personen mit Kokainabhängigkeit geben oftmals in kürzester Zeit extrem viel Geld für die Droge aus. Infolgedessen kann die kokainkonsumierende Person in Diebstahl, Prostitution oder Drogenhandel verstrickt werden oder auch um Gehaltsvorschüsse bitten, um das Kapital zur Drogenbeschaffung zu erhalten. Personen mit Kokainabhängigkeit müssen oftmals den Konsum für einige Tage unterbrechen, um sich zu erholen oder zusätzliche Geldmittel zu beschaffen. Wichtige Verantwortungsbereiche wie die Arbeit oder die Versorgung des Kindes können in hohem Maße vernachlässigt werden, um die Beschaffung oder den Konsum von Kokain sicherzustellen. Psychische oder körperliche Komplikationen wie Verfolgungsideen, aggressive Verhaltensweisen, Angst, Depression und Gewichtsverlust sind bei chronischem Konsum üblich. Unabhängig von der Applikationsweise tritt mit wiederholtem Gebrauch eine Toleranz auf. Entzugssymptome und teilweise dysphorische Stimmung können beobachtet werden, sind aber für gewöhnlich vorübergehend und treten vor allem bei hochdosiertem Gebrauch auf.

Zusatzcodierungen

Die folgenden Zusatzcodierungen können der Diagnose einer Kokainabhängigkeit hinzugefügt werden (siehe S. 225 zu detaillierten Ausführungen):
— Mit körperlicher Abhängigkeit
— Ohne körperliche Abhängigkeit
— Früh Vollremittiert
— Früh Teilremittiert
— Anhaltend Vollremittiert
— Anhaltend Teilremittiert
— In Geschützter Umgebung

305.60 (F14.1) Kokainmißbrauch

Siehe auch Beschreibung und Kriterien für Substanzmißbrauch (siehe S. 228). Intensität und Häufigkeit der Kokainanwendung ist bei Kokainmißbrauch geringer als bei der Abhängigkeit. Episoden problematischen Gebrauchs, Vernachlässigung von Verantwortlichkeiten und zwischenmenschliche Konflikte treten oftmals in zeitlicher Nähe zu Gehaltszahlungen oder besonderen Gelegenheiten auf, wobei ein Muster kurz (Stunden oder Tage) andauernden hochdosierten Konsums auftritt, das von wesentlich längeren Perioden (Wochen oder Monate) gefolgt wird, in denen ein gelegentlicher und unproblematischer Gebrauch oder Abstinenz besteht. Schwierigkeiten mit dem Gesetz können wegen des Besitzes oder des Konsums der Droge auftreten. Wenn die mit dem Gebrauch einhergehenden Probleme von einer offensichtlichen Toleranzentwicklung, Entzugssymptomen oder zwanghaftem Einnahmeverhalten in Hinblick auf den Erwerb und die Beschaffung der Droge begleitet sind, sollte die Diagnose einer Kokainabhängigkeit eher als die eines Kokainmißbrauchs in Betracht gezogen werden.

Kokaininduzierte Störungen

292.89 (F14.0x) Kokainintoxikation

Siehe auch Beschreibung und Kriterien für die Substanzintoxikation (siehe S. 229). Das Hauptmerkmal der Kokainintoxikation ist das Vorhandensein von klinisch bedeutsamen fehlangepaßten Verhaltensänderungen oder psychischen Veränderungen, die sich während oder kurz nach dem Kokainkonsum einstellen (**Kriterien A und B**). Die Kokainintoxikation beginnt gewöhnlich mit dem Gefühl, „high" zu sein und ist begleitet von einem oder mehreren der folgenden Merkmale: Euphorie mit gesteigerter Vitalität, Geselligkeit, Hyperaktivität, Unruhe, Hypervigilanz, Empfindlichkeit im zwischenmenschlichen Bereich, Gesprächigkeit, Angst, Spannung, Wachheit, Grandiosität, stereotype Verhaltensweisen, Ärger und beeinträchtigtes Urteilsvermögen sowie bei chronischer Intoxikation affektive Abstumpfung mit Müdigkeit oder Traurigkeit und sozialem Rückzug. Diese verhaltensbezogenen und psychischen Veränderungen sind begleitet von zwei oder mehr der folgenden Zeichen und Symptome, die sich während oder kurz nach dem Gebrauch von Kokain entwickeln: Tachykardie oder Bradykardie; Pupillendilatation; erhöhter oder gesenkter Blutdruck; Schwitzen oder Kälteschauer; Übelkeit oder Erbrechen; offensichtlicher Gewichtsverlust; psychomotorische Erregung oder Hemmung; Muskelschwäche, Atemdepression; Brustschmerzen oder kardiale Arrhythmien; Verwirrtheit; Beklommenheit; Dyskinäsien; Dystonien oder Koma (**Kriterium C**). Eine Intoxikation, egal ob akut oder chronisch, geht oftmals mit einer beeinträchtigten sozialen oder beruflichen Leistungsfähigkeit einher. Eine schwere Intoxikation kann zum Koma führen. Um die Diagnose einer Kokainintoxikation zu stellen, dürfen die Symptome nicht auf einen medizinischen Krankheitsfaktor zurückgehen und nicht besser durch eine andere psychische Störung zu erklären sein (**Kriterium D**).

Das Ausmaß und die Richtung der verhaltensbezogenen und psychischen Veränderungen hängen von vielen Variablen ab, zu denen auch die Dosis und die individuellen Charakteristika der Person gehören, die die Substanz verwendet (z. B. Toleranzentwicklung, Absorptionsrate, Chronizität des Gebrauchs, Kontext, in dem die Substanz eingenommen wird). Stimulierende Effekte wie Euphorie, erhöhter Puls und Blutdruck sowie psychomotorische Aktivität werden am häufigsten beobachtet. Herabstimmende Wirkungen wie Traurigkeit,

Bradykardie, verringerter Blutdruck und geringere psychomotorische Aktivität treten seltener auf und dies meist nur bei chronischem hochdosiertem Gebrauch.

Zusatzcodierung

Die folgende Zusatzcodierung kann auf die Diagnose einer Kokainintoxikation angewendet werden:
— **Mit Wahrnehmungsstörungen.** Diese Zusatzcodierung kann angegeben werden, wenn Halluzinationen bei intakter Realitätsprüfung oder akustische, visuelle oder taktile Sinnestäuschungen außerhalb eines Delirs auftreten. *Intakte Realitätsprüfung* bedeutet, daß die Person weiß, daß die Halluzinationen durch die Substanz hervorgerufen sind und nicht die äußere Wirklichkeit darstellen. Wenn Halluzinationen ohne intakte Realitätsprüfung auftreten, sollte die Diagnose einer Substanzinduzierten Psychotischen Störung, Mit Halluzinationen, in Betracht gezogen werden.

Diagnostische Kriterien für 292.89 (F14.0x) Kokainintoxikation

A. Kurz zurückliegender Konsum von Kokain.

B. Klinisch bedeutsame unangepaßte verhaltensbezogene oder psychische Veränderungen (z. B. Euphorie oder affektive Verflachung; Veränderungen im Sozialverhalten; Hypervigilanz; zwischenmenschliche Empfindlichkeit; Angst, Anspannung oder Ärger; stereotype Verhaltensweisen; beeinträchtigtes Urteilsvermögen oder Beeinträchtigungen im sozialen oder beruflichen Bereich), die sich während oder kurz nach dem Gebrauch von Kokain entwickeln.

C. Mindestens zwei der folgenden Symptome, die sich während oder kurz nach dem Kokainkonsum entwickeln:
 (1) Tachykardie oder Bradykardie,
 (2) Pupillenerweiterung,
 (3) erhöhter oder erniedrigter Blutdruck,
 (4) Schwitzen oder Schüttelfrost,
 (5) Übelkeit oder Erbrechen,
 (6) Gewichtsverlust,
 (7) psychomotorische Agitiertheit oder Verlangsamung,
 (8) Muskelschwäche, flache Atmung, Brustschmerzen, oder kardiale Arrhythmie,
 (9) Verwirrung, Anfälle, Dyskinesien, Dystonie oder Koma.

D. Die Symptome gehen nicht auf einen medizinischen Krankheitsfaktor zurück und werden nicht besser durch eine andere psychische Störung erklärt.

Bestimme, ob:
Mit Wahrnehmungsstörungen (F14.04)

292.0 (F14.3) Kokainentzug

Siehe auch Beschreibung und Kriterien für Substanzentzug (siehe S. 231). Das Hauptmerkmal des Kokainentzugs ist das Vorliegen eines charakteristischen Entzugssyndroms, das sich innerhalb einiger Stunden bis Tage nach der Beendigung oder Reduktion eines schweren und langdauernden Kokaingebrauchs einstellt (**Kriterium A und B**). Das Entzugssyndrom ist gekennzeichnet durch die Entwicklung einer dysphorischen Stimmung, begleitet von zwei oder mehr der folgenden physiologischen Veränderungen: Müdigkeit, lebhafte und unangenehme Träume, Insomnie oder Hypersomnie, vermehrter Appetit und psychomotorische Hemmung oder Erregtheit. Lustlosigkeit und das starke Verlangen nach der Droge („craving") können häufig vorkommen, sind aber nicht Bestandteil der diagnostischen Kriterien. Diese Symptome verursachen in klinisch bedeutsamer Weise Leiden oder Beeinträchtigungen in sozialen, beruflichen oder anderen wichtigen Funktionsbereichen (**Kriterium C**). Die Symptome dürfen nicht auf einen medizinischen Krankheitsfaktor zurückgehen und können nicht durch eine andere psychische Störung besser erklärt werden (**Kriterium D**).

Akute Entzugssymptome (auch als „crash" bezeichnet) werden oftmals nach Perioden wiederholten und hochdosierten Gebrauchs (sog. „runs" oder „binges") beobachtet. Diese Perioden sind gekennzeichnet durch intensive, unangenehme Gefühle der Mattigkeit und Niedergedrücktheit, die üblicherweise einige Tage der Ruhe und Erholung erfordern. Depressive Symptome mit Suizidideen oder suizidalem Verhalten können auftreten und stellen üblicherweise das ernsthafteste Problem innerhalb der Entzugssymptome („crashing" oder anderer Formen des Kokainentzugs) dar. Eine erhebliche Anzahl von Personen mit Kokainabhängigkeit weisen keine oder wenige klinisch bedeutsame Entzugssymptome nach Einstellen des Gebrauchs auf.

Diagnostische Kriterien für 292.0 (F14.3) Kokainentzug

A. Beendigung (oder Reduktion) von übermäßigem und langandauerndem Kokainkonsum.

B. Dysphorische Stimmung und mindestens zwei der folgenden physiologischen Veränderungen, die sich innerhalb weniger Stunden oder Tage gemäß Kriterium A entwickeln:
  (1) Müdigkeit,
  (2) lebhafte, unangenehme Träume,
  (3) Schlaflosigkeit oder Hypersomnie,
  (4) gesteigerter Appetit,
  (5) psychomotorische Unruhe oder Verlangsamung.

C. Die Symptome von Kriterium B verursachen in klinisch bedeutsamer Weise Leiden oder Beeinträchtigungen in sozialen, beruflichen oder anderen wichtigen Funktionsbereichen.

D. Die Symptome gehen nicht auf einen medizinischen Krankheitsfaktor zurück und können nicht besser durch eine andere psychische Störung erklärt werden.

Andere Kokaininduzierte Störungen

Die folgenden Kokaininduzierten Störungen werden in denjenigen Kapiteln des Manuals beschrieben, die Störungen ähnlicher Symptomatik beinhalten: **Kokainintoxikationsdelir** (siehe S. 170), **Kokaininduzierte Psychotische Störung** (siehe S. 368), **Kokaininduzierte Affektive Störung** (siehe S. 432), **Kokaininduzierte Angststörung** (siehe S. 503), **Kokaininduzierte Sexuelle Funktionsstörung** (siehe S. 588) und **Kokaininduzierte Schlafstörung** (siehe S. 683). Diese Störungen werden nur dann anstelle einer Kokainintoxikation oder eines Kokainentzugs diagnostiziert, wenn die Symptome deutlich über diejenigen hinausgehen, die normalerweise mit Kokainintoxikations- oder Entzugssyndromen verbunden sind und wenn sie schwer genug sind, um für sich allein genommen klinische Beachtung zu rechtfertigen.

Zusätzliche Information über Störungen im Zusammenhang mit Kokain

Zugehörige Merkmale und Störungen

Zugehörige Beschreibungsmerkmale und psychische Störungen. Kokain ist eine Droge mit kurzer Wirkdauer, die schnelle und starke Effekte auf das Zentrale Nervensystem ausübt, insbesondere, wenn sie intravenös eingenommen oder als „crack" geraucht wird. Wenn es injiziert oder geraucht wird, erzeugt Kokain typischerweise ein sofortiges Wohlempfinden, Selbstvertrauen und Euphorie. Dramatische Verhaltensänderungen können sich in kurzer Zeit einstellen, besonders im Zusammenhang mit Abhängigkeit. Personen mit Kokainabhängigkeit sind bekannt dafür, sehr viel Geld innerhalb kürzester Zeit zum Erwerb der Droge auszugeben, was zu finanziellen Katastrophen führt, bei denen auch die Ersparnisse oder das Eigenheim versetzt werden können. Manche Betroffene lassen sich auch auf kriminelle Aktivitäten ein, um das Geld für Kokain zu beschaffen. Zielloses Verhalten, soziale Isolation und sexuelle Funktionsstörungen werden im Zusammenhang mit Langzeitkokainabhängigkeit oft beobachtet. Aggressives Verhalten kann als Effekt des Kokains auftreten, und auch mit dem Kokainhandel gehen Gewalttätigkeiten einher. Promiskuitives Verhalten, das entweder aus gesteigertem sexuellem Verlangen oder aber als Mittel zum Zweck des Kokainerwerbs (bzw. zur Finanzierung von Kokain) auftritt, ist mittlerweile ein Faktor bei der Verbreitung sexuell übertragbarer Erkrankungen wie u. a. auch von HIV geworden.

Eine akute Intoxikation mit hohen Kokaindosen kann zu zusammenhanglosem Reden, Kopfschmerzen, vorübergehenden Beziehungsideen und Tinnitus führen. Es können auch Verfolgungsideen, akustische Halluzinationen bei klarer Sinneswahrnehmung und taktile Halluzinationen („coke bugs") auftreten, die der Benutzer normalerweise als Kokaineffekt erkennt. Extreme Wut und das Ausagieren aggressiven Verhaltens kann auftreten. Stimmungswechsel wie Niedergeschlagenheit, Suizidideen, Reizbarkeit, Lustlosigkeit, emotionale Labilität oder Störungen in der Aufmerksamkeit und Konzentration sind häufig, besonders während des Kokainentzugs.

Personen mit Kokainabhängigkeit weisen oftmals vorübergehende depressive Symptome auf, die den Kriterien der Symptomatik und Dauer einer Major Depression entsprechen (siehe Substanzinduzierte Affektive Störung, S. 432). Vorgeschichten mit wiederholten Panikattacken, Verhaltensweisen und Syndromen, die denen der Sozialen Phobie und der Generalisierten Angststörung (vgl. Substanzinduzierte Angststörung, S. 503) ähneln, sind nicht selten. Eßstörungen können ebenfalls mit der Substanzeinnahme auftreten. Das extremste Beispiel für die Toxizität von Kokain ist die Kokaininduzierte Psychotische Störung (siehe S. 368), eine Störung mit Wahn oder Halluzinationen, die der Schizophrenie vom Paranoiden Typus ähnelt. Psychische Störungen, die im Zusammenhang mit Kokaingebrauch auftreten, entwickeln sich gewöhnlich innerhalb von Stunden bis zu Tagen nach Beendigung der Einnahme zurück, können aber auch über Wochen hinweg andauern.

Personen mit Kokainabhängigkeit entwickeln häufig konditionierte Reaktionen auf Stimuli, die mit Kokain zusammenhängen (z. B. der Drang, irgendwelche weißen, pulverisierten Substanzen zu betrachten). Diese Reaktionen tragen vermutlich zu Rückfällen bei, sind schwer zu löschen und halten typischerweise noch lange über die Entgiftung hinaus an. Störungen durch Kokaingebrauch gehen oft mit Abhängigkeit oder Mißbrauch von anderen Substanzen, insbesondere Alkohol, Marihuana und Benzodiazepinen einher, die häufig eingenommen werden, um die Angst und andere unangenehme Nebenwirkungen von Kokain zu beseitigen. Eine Kokainabhängigkeit kann mit einer Posttraumatischen Belastungsstörung, Antisozialen Persönlichkeitsstörung, Aufmerksamkeitsdefizit-/Hyperaktivitätsstörung und Pathologischem Spielen einhergehen.

Zugehörige Laborbefunde. Die meisten Labors untersuchen auf Benzoylecgonin, einen Metaboliten von Kokain, der typischerweise 1 bis 3 Tage nach Einnahme einer einfachen Dosis im Urin verbleibt und bei Personen, die wiederholt hohe Dosen konsumieren, über 7 bis 12 Tage bestehen bleiben kann. Eine leicht erhöhte Leberfunktion kann bei solchen Personen beobachtet werden, die Kokain injizieren oder einen exzessiven Alkoholkonsum im Zusammenhang mit Kokain betreiben. Hepatitis, sexuell übertragbare Erkrankungen inklusive der HIV-Infektion sowie Tuberkulose können mit dem Gebrauch von Kokain einhergehen. Eine Pneumonitis oder ein Pneumothorax werden gelegentlich bei Röntgenuntersuchungen festgestellt. Die Beendigung eines chronischen Kokaingebrauchs geht oftmals mit Veränderungen im EEG, Abweichungen der Sekretionsmuster von Prolaktin und einer herabgesetzten Dopaminrezeptorfunktion einher.

Zugehörige körperliche Untersuchungsbefunde und medizinische Krankheitsfaktoren. Es kann eine große Vielzahl von medizinischen Krankheitsfaktoren auftreten, die für die Anwendungsweise von Kokain spezifisch sind. Personen, die Kokain intranasal verwenden („sniefen") entwickeln oftmals eine Sinusitis, Reizungen und Blutungen der Nasenschleimhaut sowie Perforationen der Nasenscheidewand. Personen, die Kokain rauchen, haben erhöhte Risiken für Probleme im Bereich des Atmungstraktes (z. B. Husten, Bronchitis und Pneumonitis infolge von Reizungen und Entzündungen des Gewebes, das den respiratorischen Trakt säumt). Personen, die Kokain injizieren, weisen punktförmige Einstichstellen und -spuren meist im Unterarm auf, wie man es auch bei Opiatabhängigkeit sieht. HIV-Infektionen können im Zusammenhang mit Kokainabhängigkeit wegen der häufigen intravenösen Injektionen und des vermehrt promiskuitiven Sexualverhaltens auftreten. Es sind auch andere sexuell übertragbare Erkrankungen, Hepatitis und Tuberkulose sowie andere Lungeninfektionen zu beobachten. Kokainabhängigkeit tritt gewöhnlich, unabhängig von der Applikationsform, wegen seiner appetithemmenden Wirkung mit Anzeichen des Gewichtsverlusts und der Mangelernährung auf. Auch Brustschmerzen sind ein häufiges Symptom. Ein Pneumothorax kann aufgrund der Valsalva-ähnlichen Techniken (Erzeugen eines Überdrucks im Nasen-Rachen-Raum) entstehen, die eingesetzt werden, um das inhalierte Kokain besser zu absorbieren. Bei jungen und sonst gesunden Personen wurden Myokardinfarkte, plötzlicher Tod durch Atem- oder Herzstillstand und Schlaganfälle im Zusammenhang mit Kokaingebrauch beobachtet. Diese Unfälle werden vermutlich dadurch herbeigeführt, daß Kokain den Blutdruck erhöht, eine Vasokonstriktion bewirkt oder die elektrische Herzaktivität verändert. Anfallsleiden wurden im Zusammenhang mit Kokaingebrauch ebenso beobachtet wie Palpitationen und Herzarrhythmien. Traumatische Verletzungen aufgrund von gewalttätigen Auseinandersetzungen sind häufig, besonders bei den Personen, die Kokain verkaufen. Bei schwangeren Frauen geht der Gebrauch von Kokain mit Unregelmäßigkeiten des Blutflusses in der Placenta, mit einem Abreißen der Placenta, vorzeitigen Wehen und Frühgeburten sowie einer gößeren Prävalenz von Kindern mit extrem niedrigem Geburtsgewicht einher.

Besondere kulturelle, Alters- und Geschlechtsmerkmale

Der Gebrauch von Kokain sowie die gemeinsam damit auftretenden Störungen betreffen gleichermaßen alle Rassen, sozioökonomische, Alters- und Geschlechtsgruppen in den Vereinigten Staaten. Störungen im Zusammenhang mit Kokain sind am häufigsten bei Personen im Alter von 18 bis 30 Jahren. Obwohl die derzeitige Kokainepidemie in den 70er Jahren bei wohlhabenderen Personen begann, sind nun auch geringere sozioökonomische Gruppen in den großen Metropolen hiervon betroffen. Auch ländliche Regionen, die von den Problemen des aufkommenden Drogengebrauchs zuvor verschont blieben, sind nun in Mitleidenschaft gezogen. Ungleich den meisten anderen Störungen im Zusammenhang mit Psychotropen Substanzen, von denen Männer häufiger betroffen sind als Frauen, sind die Störungen im Zusammenhang mit Kokaingebrauch zwischen Männern und Frauen annähernd gleich verteilt.

Prävalenz

Eine öffentliche Umfrage, die 1991 in den Vereinigten Staaten durchgeführt wurde, ergab, daß 12 % der Population einmal oder mehrfach in ihrem Leben Kokain eingenommen haben. 3 % hatten es im Verlauf des letzten Jahres und weniger als 1 % innerhalb des letzten Monats verwendet. Da diese Umfrage sich eher auf die Muster des Gebrauchs als auf Diagnosen bezog, ist unbekannt, wieviele der Personen, die Kokain benutzten, Symptome hatten, die die diagnostischen Kriterien einer Abhängigkeit oder eines Mißbrauchs erfüllten. Eine zwischen 1980 und 1985 durchgeführte Bevölkerungsumfrage in den Vereinigten Staaten, die enger definierte DSM-III-Kriterien verwandte, ergab, daß bei etwa 2 % der erwachsenen Bevölkerung irgendwann in ihrem Leben einmal ein Kokainmißbrauch bestand. Von den Personen, die jemals einen Kokainmißbrauch hatten, gaben 17 % an, im letzten Monat Kokain gebraucht zu haben und 46 % gaben an, daß sie ein Problem mit Kokain im Laufe des vergangenen Jahres hatten. Diese Zahlen zeigen den deutlichen Anstieg des Kokaingebrauchs seit Mitte der 80er Jahre.

Verlauf

Wie bei Amphetaminen hängt auch die Kokainabhängigkeit mit zwei Anwendungsmustern zusammen: dem episodischen oder dem täglichen (oder fast täglichen) Konsum. Beim episodischen Muster ist der Kokaingebrauch meist von zwei oder mehr Tagen ohne Gebrauch unterbrochen (z. B. intensiver Konsum am Wochenende oder an einem oder mehreren Wochentagen). Sogenannte „binges" stellen eine Form des episodischen Konsums dar, der typischerweise eine hochdosierte Einnahme über einen Zeitraum von Stunden oder Tagen beinhaltet und der häufig mit Abhängigkeit einhergeht. Derartige Einnahmeexzesse enden gewöhnlich, wenn die Kokainvorräte aufgebraucht sind. Ein chronischer täglicher Gebrauch kann hohe oder niedrige Dosen beinhalten und über den ganzen Tag hinweg oder begrenzt auf wenige Stunden auftreten. Bei chronischem täglichen Gebrauch liegen im allgemeinen keine großen Schwankungen in der Dosis innerhalb einiger aufeinanderfolgender Tage vor, es besteht jedoch über längere Zeiträume hinweg oftmals ein Ansteigen der Dosis.

Das Rauchen von Kokain und die intravenöse Anwendung gehen besonders eng mit einem schnellen Fortschreiten vom Mißbrauch zur Abhängigkeit einher, das häufig über Wochen und Monate hinweg auftritt. Bei Einnahme über die Nase findet man eine langsamere Progredienz, die gewöhnlich Monate bis Jahre andauert. Allgemein hängt die Abhängigkeit mit einer progredienten Toleranzentwicklung auf die gewünschten Effekte von Kokain zusammen, was zu einer Dosissteigerung führt. Mit andauerndem Gebrauch sinkt die Rate der angenehmen Effekte aufgrund der Toleranzentwicklung und der Zunahme dysphorischer Effekte. Über den Langzeitverlauf von Störungen durch Kokainkonsum sind nur wenige Daten erhältlich.

Differentialdiagnose

Eine allgemeine Erörterung der Differentialdiagnose von Störungen im Zusammenhang mit Psychotropen Substanzen ist auf Seite 237 beschrieben. Kokaininduzierte Störungen können durch Symptome gekennzeichnet sein (wie z. B. niedergedrückte Stimmung), die denen bei **primären psychischen Störungen** ähneln (wie z. B. Major Depression vs. Kokaininduzierte Affektive Störung, Mit Depressiven Merkmalen, Mit Beginn Während des Entzugs). Vergleiche auch Seite 240 zu der Erörterung dieser Differentialdiagnose. Die massiven psychischen Störungen, die Folge der Kokainwirkung sein können, sollten unterschieden werden von den Symptomen der **Schizophrenie vom Paranoiden Typus**, den **Bipolaren** und **anderen Affektiven Störungen**, der **Generalisierten Angststörung** und der **Panikstörung**.

Amphetaminintoxikation und **Phencyclidinintoxikation** können ein ähnliches klinisches Bild erzeugen und von der Kokainintoxikation oftmals nur durch das Vorhandensein von Kokainmetaboliten in Urinproben oder im Plasma unterschieden werden. Die Kokainintoxikation und der Kokainentzug werden von anderen **Kokaininduzierten Störungen** (z. B. Kokaininduzierte Angststörung, Mit Beginn Während der Intoxikation) dadurch unterschieden, daß die Symptome der letztgenannten Störungen deutlich über diejenigen hinausgehen, die normalerweise mit Kokainintoxikation oder -Entzug verbunden sind und dadurch, daß sie schwer genug sind, um für sich allein genommen klinische Beachtung zu rechtfertigen.

292.9 (F14.9) Nicht Näher Bezeichnete Störung im Zusammenhang mit Kokain

Die Kategorie Nicht Näher Bezeichnete Störung im Zusammenhang mit Kokain ist für Störungen im Zusammenhang mit Kokaingebrauch bestimmt, die nicht als Kokainabhängigkeit, Kokainmißbrauch, Kokainintoxikation, Kokainentzug, Kokainintoxikationsdelir, Kokaininduzierte Psychotische Störung, Kokaininduzierte Affektive Störung, Kokaininduzierte Angststörung, Kokaininduzierte Sexuelle Funktionsstörung oder Kokaininduzierte Schlafstörung klassifiziert werden können.

Störungen im Zusammenhang mit Nikotin

Nikotinabhängigkeit und -Entzug können durch alle Formen von Tabak (Zigaretten, Kautabak, Schnupftabak, Pfeife und Zigarren) und durch rezeptpflichtige Medikamente (Nikotinkaugummi oder -pflaster) entstehen. Wie stark diese Produkte Abhängigkeit erzeugen oder Entzug induzieren, hängt ab von der Schnelligkeit der Absorption der jeweiligen Einnahmeart (rauchen schneller als oral schneller als transdermal) und dem Nikotingehalt des jeweiligen Produkts.

Dieses Kapitel beinhaltet Diskussionen der Störungen im Zusammenhang mit Nikotin. Beschreibungen und Kriterien wurden bereits bei den allgemeinen Aspekten der Substanzabhängigkeit dargestellt (siehe S. 223), die für allen Substanzen gelten. Eine spezifische Beschreibung für die Nikotinabhängigkeit ist unten aufgeführt. Nikotinintoxikation und -Mißbrauch sind nicht in DSM-IV enthalten. Nikotinintoxikation tritt selten auf und ist bisher nicht gut untersucht und Nikotinmißbrauch wird kaum in Abwesenheit von Abhängigkeit beobachtet. Eine für Nikotinentzug spezifische Beschreibung ist weiter unten aufgeführt. Im folgenden sind Störungen im Zusammenhang mit Nikotin aufgelistet.

Störung durch Nikotinkonsum

305.10 (F17.2x) **Nikotinabhängigkeit** (siehe S. 294)

Nikotininduzierte Störung

292.0 (F17.3) **Nikotinentzug** (siehe S. 295)
292.9 (F17.9) **Nicht Näher Bezeichnete Störung im Zusammenhang mit Nikotin** (siehe S. 299)

Störung durch Nikotinkonsum

305.10 (F17.2x) Nikotinabhängigkeit

Siehe auch Beschreibung und Kriterien für Substanzabhängigkeit (siehe S. 223). Einige der allgemeinen Abhängigkeitskriterien scheinen auf Nikotin nicht anwendbar zu sein, wohingegen andere einer näheren Erläuterung bedürfen. Bei der Nikotintoleranz bleiben Übelkeit, Schwindel und andere charakteristische Symptome aus, obwohl eine erhebliche Menge Nikotin konsumiert wird oder eine geringere Wirkung bei fortgesetztem Konsum der gleichen Menge nikotinhaltiger Substanzen beobachtet wurde. Bei Beendigung des Nikotinkonsums entsteht ein gut definiertes Entzugssyndrom, das weiter unten beschrieben wird. Viele Menschen, die Nikotin gebrauchen, konsumieren es, um Entzugssymptome zu lindern oder zu vermeiden; so z. B. wenn Sie morgens aufwachen oder wenn Sie in Situationen sind, in denen der Nikotinkonsum untersagt ist (wie etwa bei der Arbeit oder im Flugzeug). Leute, die rauchen oder Nikotin konsumieren, stellen häufig fest, daß Sie ihre Zigarettenvorräte oder andere nikotinhaltige Substanzen früher als beabsichtigt aufbrauchen. Obwohl über 80 % der Raucher den Wunsch äußern, mit dem Rauchen aufzuhören und es 35 % jedes

Jahr versuchen, schaffen es nur weniger als 5 % ohne Hilfe. Kettenrauchen ist ein gutes Beispiel dafür, viel Zeit mit dem Substanzgebrauch zu verbringen. Da Nikotin ohne Schwierigkeiten und legal erhältlich ist, dürfte es eher selten sein, daß viel Zeit damit verbracht wird, Nikotin zu beschaffen. Das Aufgeben wichtiger sozialer, beruflicher und Freizeitaktivitäten kann auftreten, wenn eine Person auf Aktivitäten verzichtet, die in Nichtraucherzonen stattfinden. Fortgesetzter Konsum trotz des Wissens um ein medizinisches Problem in Zusammenhang mit Rauchen ist ein besonders erhebliches gesundheitliches Risiko (z. B. eine Person raucht trotz eines tabakinduzierten medizinischen Krankheitsfaktors wie einer Bronchitis oder eines chronischen obstruktiven Lungenleidens weiter).

Zusatzcodierungen

Die folgenden Zusatzcodierungen können bei der Diagnose Nikotinabhängigkeit verwendet werden (für genauere Einzelheiten siehe S. 225):
— **Mit Körperlicher Abhängigkeit**
— **Ohne Körperliche Abhängigkeit**
— **Früh Vollremittiert**
— **Früh Teilremittiert**
— **Anhaltend Vollremittiert**
— **Anhaltend Teilremittiert**
— **Bei Agonistischer Therapie**

Nikotininduzierte Störung

292.0 (F17.3) Nikotinentzug

Siehe auch Beschreibung und Kriterien für Substanzentzug (siehe S. 231). Das Hauptmerkmal des Nikotinentzugs ist das Vorhandensein eines charakteristischen Entzugssydroms, das sich nach der plötzlichen Beendigung oder der Reduktion von langandauerndem (mindestens mehrere Wochen), täglichem Nikotinkonsum (**Kriterien A und B**) entwickelt. Das Entzugssyndrom schließt mindestens vier der folgenden Symptome ein: dysphorische oder depressive Stimmung, Schlaflosigkeit, Ablenkbarkeit, Enttäuschung oder Ärger, Angst, Konzentrationsschwierigkeiten, Unruhe, verminderte Herzfrequenz, gesteigerter Appetit oder Gewichtszunahme. Die Entzugssymptome verursachen in klinisch bedeutsamer Weise Leiden oder Beeinträchtigungen in sozialen, beruflichen oder anderen wichtigen Funktionsbereichen (**Kriterium C**). Die Symptome gehen nicht auf einen medizinischen Krankheitsfaktor zurück und können nicht besser durch eine andere psychische Störung erklärt werden (**Kriterium D**).

Die Symptome sind zum Großteil auf Nikotindeprivation zurückzuführen und sind in der Regel bei Zigarettenrauchern intensiver als bei Leuten, die andere nikotinhaltige Produkte konsumieren. Die schneller einsetzende Wirkung von Nikotin beim Zigarettenrauchen führt zu einer intensiveren Gewohnheitsbildung, die aufgrund der Häufigkeit und Unmittelbarkeit der Verstärkung und der größeren körperlichen Abhängigkeit schwieriger aufzugeben ist. Bei Zigarettenrauchern sinkt die Herzfrequenz um 5 bis 12 Schläge pro Minute in den ersten Tagen, nachdem das Rauchen aufgegeben wurde und das Gewicht nimmt im Durchschnitt innerhalb des ersten Jahres nach Beendigung des Rauchens um 2 bis 3 kg zu. Leichte Entzugssymptome können auftreten, nachdem auf Zigaretten mit niedrigen Kondensat- und Nikotinwerten übergegangen wurde und nachdem der Gebrauch von rauchfreiem (Kau-)Tabak, Nikotinkaugummi oder Nikotinpflaster beendet wurde.

Diagnostische Kriterien für 292.0 (F17.3) Nikotinentzug

A. Täglicher Konsum von Nikotin, mindestens mehrere Wochen lang.

B. Die plötzliche Beendigung des Nikotinkonsums oder eine Reduktion der Nikotinmenge führt innerhalb von 24 Stunden zu mindestens vier der folgenden Symptome:
(1) dysphorische oder depressive Stimmung,
(2) Schlaflosigkeit,
(3) Ablenkbarkeit, Enttäuschung oder Ärger,
(4) Angst,
(5) Konzentrationsschwierigkeiten,
(6) Unruhe,
(7) verminderte Herzfrequenz,
(8) gesteigerter Appetit oder Gewichtszunahme.

C. Die Symptome von Kriterium B verursachen in klinisch bedeutsamer Weise Leiden oder Beeinträchtigungen in sozialen, beruflichen oder anderen wichtigen Funktionsbereichen.

D. Die Symptome gehen nicht auf einen medizinischen Krankheitsfaktor zurück und können nicht besser durch eine andere psychische Störung erklärt werden.

Zusätzliche Informationen über Störungen im Zusammenhang mit Nikotin

Zugehörige Merkmale und Störungen

Zugehörige Beschreibungsmerkmale und psychische Störungen. „Craving" ist ein wichtiges Merkmal des Nikotinentzugs und kann die Schwierigkeiten erklären, die Personen beim Beenden des Konsums von nikotinhaltigen Produkten haben. Andere Symptome, die mit Nikotinentzug in Verbindung stehen, sind ein Verlangen nach Süßigkeiten und eine beeinträchtigte Leistung bei Vigilanzaufgaben. Verschiedene Merkmale in Zusammenhang mit Nikotinabhängigkeit wie Rauchen kurz nach dem Aufwachen, Rauchen bei Krankheit, Schwierigkeiten, sich des Rauchens zu enthalten, die Angabe, daß die erste Zigarette diejenige ist, auf die am schwersten verzichtet werden kann und ein stärkeres Rauchen am Vor- als am Nachmittag scheinen größere Schwierigkeiten mit dem Beenden des Nikotinkonsums vorherzusagen. Die Anzahl der pro Tag gerauchten Zigaretten, der Nikotingehalt der Zigarette und die Anzahl der pro Jahr gerauchten Päckchen hängen ebenso mit der Wahrscheinlichkeit zusammen, mit der die Person das Rauchen einschränkt. Nikotinabhängigkeit ist bei Personen mit anderen psychischen Störungen häufiger. In den untersuchten Populationen rauchten 55–90 % der Personen mit anderen psychischen Störungen im Vergleich zu 30 % in der Allgemeinbevölkerung. Affektive, Angst- und andere Störungen im Zusammenhang mit Psychotropen Substanzen sind bei Rauchern wahrscheinlich häufiger als bei ehemaligen Rauchern und Nichtrauchern.

Zugehörige Laborbefunde: Entzugssymptome gehen mit einer Verlangsamung im EEG, einer Abnahme der Katecholamin- und Cortisolwerte, rapid eye movement (REM)-Veränderungen, Beeinträchtigungen bei neuropsychologischen Tests und eingeschränktem Stoffwechsel einher. Rauchen verstärkt die Metabolisierung vieler Medikamente, die für die Behandlung von psychischen Störungen und von Abhängigkeit von anderen Substanzen verschrieben werden. Infolgedessen können die Blutkonzentrationen dieser Medikamente und anderer Substanzen manchmal bis zu einem klinisch bedeutsamen Ausmaß zunehmen, wenn mit dem Rauchen aufgehört wird. Dieser Effekt scheint nicht auf Nikotin, sondern eher auf andere Verbindungen im Tabak zurückzuführen sein. Nikotin und sein Metabolit Kotinin kann im Blut, Speichel und Urin gemessen werden. Raucher haben auch oft bei Lungenfunktionstests verminderte Werte und ein erhöhtes mittleres Erythrozyteneinzelvolumen (MCV).

Zugehörige körperliche Untersuchungsbefunde und medizinische Krankheitsfaktoren. Nikotinentzug kann mit trockenem oder produktivem Husten, verminderter Herzfrequenz, gesteigertem Appetit oder Gewichtszunahme und eingeschränktem orthostatischem Ansprechen in Verbindung stehen. Die häufigsten Anzeichen für Nikotinabhängigkeit sind Tabakgeruch, Husten, Nachweis eines chronischen obstruktiven Lungenleidens und starke Hautfalten. Tabakflecken auf den Fingern können auftreten, sind aber selten. Tabakkonsum kann das Risiko von Lungen-, Mund- und anderen Krebsarten, kardiovaskulären und zerebrovaskulären Erkrankungen, chronischen obstruktiven und anderen Lungenleiden, Geschwüren, Komplikationen bei der Mutter und beim Fötus und anderen Erkrankungen deutlich erhöhen. Obwohl es scheint, daß die meisten Probleme eher durch Karzinogene und Kohlenmonoxid im Tabakrauch als durch Nikotin an sich verursacht werden, kann Nikotin das Risiko kardiovaskulärer Folgen erhöhen. Nichtraucher, die ständig Tabakrauch ausgesetzt sind, scheinen ein erhöhtes Risiko für Erkrankungen wie Lungenkrebs und Herzerkrankungen zu haben.

Besondere kulturelle, Alters- und Geschlechtsmerkmale

Die Prävalenz des Rauchens nimmt in den meisten Industrienationen ab, in den Entwicklungsländern hingegen ist sie im Zunehmen begriffen. In den USA ist die Prävalenz des Rauchens bei Männern leicht höher als bei Frauen. Die Prävalenz des Rauchens nimmt jedoch bei Männern stärker ab als bei Frauen. In anderen Ländern ist Rauchen bei Männern sehr viel stärker verbreitet.

Prävalenz

In den USA haben ungefähr 45 % der Allgemeinbevölkerung niemals geraucht. Der Rest teilt sich in folgende Kategorien auf: 25 % sind ehemalige Raucher, 30 % rauchen gegenwärtig, 4 % rauchen Pfeife oder Zigarren und 3 % verwenden Schnupf- oder Kautabak. In den USA hat die Prävalenz des Rauchens jedes Jahr um 0,7–1,0 % abgenommen. Die Lebenszeitprävalenz von Nikotinabhängigkeit in der Allgemeinbevölkerung wird auf 20 % geschätzt. In den USA sind 50 % bis 80 % der Personen, die gegenwärtig rauchen, nikotinabhängig. Die Lebenszeitprävalenz von Nikotinentzug bei Rauchern scheint bei ungefähr 50 % zu liegen. Es wird prospektiv geschätzt, daß ungefähr 50 % derjenigen, die das Rauchen von sich aus aufgeben, und ungefähr 75 % derjenigen, die sich in Behandlung begeben, Entzugssymptome haben, wenn sie mit dem Rauchen aufhören.

Verlauf

Rauchen beginnt gewöhnlich in der frühen Jugend. Wie schnell sich Abhängigkeit entwickelt, ist unklar. Von denjenigen, die über das zwanzigste Lebensjahr hinaus rauchen, werden 95 % zu regelmäßigen täglichen Rauchern. Von denjenigen, die erfolgreich mit dem Rauchen aufhören, schaffen es weniger als 25 % beim ersten Versuch. Die meisten, die mit dem Rauchen aufhören wollen, erleben drei bis vier Rückschläge, bevor sie das Rauchen endgültig einstellen können. In den USA hören 45 % derjenigen, die jemals geraucht haben, schließlich mit dem Rauchen auf. Entzugssymptome können innerhalb weniger Stunden nach dem Aufhören beginnen, haben in der Regel nach ein bis vier Tagen ihren Höhepunkt und dauern 3 bis 4 Wochen an. Depressive Symptome nach dem Aufhören stehen mit dem Rückfälligwerden in Zusammenhang. Ob andere Nikotinentzugssymptome bei Rückfällen eine größere Rolle spielen ist fraglich. Gesteigerter Appetit und Gewichtszunahme dauern oft mindestens 6 Monate an. 6 Monate nach dem Aufhören geben 50 % der Personen, die mit dem Rauchen aufgehört haben, an, daß sie ein Verlangen nach einer Zigarette in den letzten 24 Stunden verspürten.

Familiäres Verteilungsmuster

Das Risiko zu rauchen ist dreifach erhöht, wenn ein biologisch Verwandter ersten Grades raucht. Zwillings- und Adoptionsstudien deuten darauf hin, daß genetische Faktoren beim Beginn und bei der Aufrechterhaltung des Rauchens eine Rolle spielen. Das Ausmaß der Vererbbarkeit ist ähnlich wie bei der Alkoholabhängigkeit.

Differentialdiagnose

Für eine allgemeine Diskussion der Differentialdiagnose von Störungen in Zusammenhang mit Psychotropen Substanzen siehe Seite 237.

Die Symptome des Nikotinentzugs überlappen sich mit denjenigen **anderer Substanzentzugssyndrome, Koffeinintoxikation, Angst-, Affektiven** und **Schlafstörungen** und **medikamentös induzierter Akathisie**. Eine Aufnahme in eine rauchfreie stationäre Patienteneinrichtung kann Entzugssymptome induzieren, die anderen Diagnosen ähnlich sind, diese intensivieren oder überdecken. Eine Reduktion der Symptome in Verbindung mit der Wiederaufnahme des Rauchens oder dem Beginn einer Nikotinersatzbehandlung bekräftigt die Diagnose.

Weil regelmäßiger Nikotinkonsum geistige Funktionen nicht zu beeinträchtigen scheint, kann Nikotinabhängigkeit nicht leicht mit anderen Störungen in Zusammenhang mit Psychotropen Substanzen und psychischen Störungen verwechselt werden.

292.9 (F17.9) Nicht Näher Bezeichnete Störung
in Zusammenhang mit Nikotin

Die Kategorie Nicht Näher Bezeichnete Störung in Zusammenhang mit Nikotin ist für Störungen in Verbindung mit Nikotinkonsum vorgesehen, die nicht als Nikotinabhängigkeit oder Nikotinentzug klassifizierbar sind.

Störungen im Zusammenhang mit Opiaten

Zu den Opiaten gehören natürliche Opiate (z. B. Morphin), halbsynthetische (z. B. Heroin) und synthetische Opiate mit morphinähnlicher Wirkung (z. B. Kodein, Hydromorphon, Methadon, Oxykodon, Meperidin, Fentanyl). Medikamente wie Pentazocin und Buprenorphin, die sowohl opiatagonistische als auch -antagonistische Effekte haben, gehören ebenfalls zu dieser Klasse, da ihre agonistischen Eigenschaften ähnliche physiologische und verhaltensbezogene Wirkungen haben. Opiate werden in Form von Analgetika, Anästetika, Antidiarrhoemittel oder Hustensupressoren verschrieben. Heroin ist eine der am häufigsten mißbrauchten Drogen aus der Gruppe der Opiate und wird normalerweise intravenös verwendet, obwohl es auch geraucht oder „gesnifft" werden kann, wenn sehr reines Heroin zur Verfügung steht. Fetanyl wird injiziert, wogegen Hustensuppressoren und Mittel gegen Durchfall oral eingenommen werden. Die anderen Opiate werden sowohl intravenös als auch oral eingenommen.

Dieses Kapitel beinhaltet die für Störungen im Zusammenhang mit Opiaten spezifischen Beschreibungen. Die Texte und Kriterienlisten für die typischen Aspekte der Substanzabhängigkeit, die für alle Substanzklassen gelten, wurden bereits oben (siehe S. 223) dargestellt. Für Opiatabhängigkeit und -Mißbrauch spezifische Abschnitte werden unten aufgeführt. Spezifische Texte und Kriterienlisten zu Opiatintoxikation und Opiatentzug werden ebenfalls unten dargestellt. Die Opiatinduzierten Störungen (außer Opiatintoxikation und Opiatentzug) werden in denjenigen Kapiteln des Manuals beschrieben, die Störungen ähnlicher Symptomatik beinhalten (z. B. ist die Opiatinduzierte Affektive Störung im Kapitel „Affektive Störungen" enthalten). Unten aufgeführt sind die Störungen durch Opiatkonsum und die Opiatinduzierten Störungen.

Störungen durch Opiatkonsum

304.00 (F11.2x) Opiatabhängigkeit (siehe S. 300)
305.50 (F11.1) Opiatmißbrauch (siehe S. 301)

Opiatinduzierte Störungen

292.89 (F11.0x) Opiatintoxikation (siehe S. 301)
Bestimme, ob: Mit Wahrnehmungsstörungen (F11.04)
292.0 (F11.3) Opiatentzug (siehe S. 302)
292.81 (F11.03) Opiatintoxikationsdelir (siehe S. 170)

292.11 (F11.51) Opiatinduzierte Psychotische Störung, Mit Wahn (siehe S. 368)
Bestimme, ob: Mit Beginn Während der Intoxikation
292.12 (F11.52) Opiatinduzierte Psychotische Störung, Mit Halluzinationen (siehe S. 368)
Bestimme, ob: Mit Beginn Während der Intoxikation
292.84 (F11.8) Opiatinduzierte Affektive Störung (siehe S. 432)
Bestimme, ob: Mit Beginn Während der Intoxikation
292.89 (F11.8) Opiatinduzierte Sexuelle Funktionsstörung (siehe S. 588)
Bestimme, ob: Mit Beginn Während der Intoxikation
292.89 (F11.8) Opiatinduzierte Schlafstörung (siehe S. 683)
Bestimme, ob: Mit Beginn Während der Intoxikation/Mit Beginn Während des Entzugs
292.9 (F11.9) Nicht Näher Bezeichnete Störung im Zusammenhang mit Opiaten (siehe S. 307)

Störungen durch Opiatkonsum

304.00 (F11.2x) Opiatabhängigkeit

Siehe auch Beschreibung und Kriterien für Substanzabhängigkeit (siehe S. 223). Die meisten Personen mit einer Opiatabhängigkeit weisen ein bedeutsames Maß an Toleranz auf und erleben bei abruptem Absetzen des Opiats Entzugserscheinungen. Zu einer Opiatabhängigkeit gehören Zeichen und Symptome, die eine zwanghafte, langdauernde Selbstmedikation mit Opiaten widerspiegeln, die nicht für einen legitimen medizinischen Zweck verwandt werden, oder die in weit höheren Dosierungen eingenommen werden als zur Schmerzbehandlung notwendig, wenn ein medizinischer Krankheitsfaktor vorliegt, der eine Behandlung mit Opiaten erfordert. Personen mit Opiatabhängigkeit entwickeln meist ein so gleichmäßiges Muster zwanghaften Drogenkonsums, daß Erwerb und Anwendung der Opiate gewöhnlich im Mittelpunkt der täglichen Aktivitäten stehen. Opiate werden üblicherweise auf dem Schwarzmarkt gehandelt, können aber auch durch das Vortäuschen oder Übertreiben körperlicher Probleme oder gleichzeitige Verordnung durch mehrere Ärzte beschafft werden. Im Gesundheitswesen beschäftigte Personen mit Opiatabhängigkeit erhalten Opiate oftmals dadurch, daß sie sich selbst die Rezepte ausschreiben oder für Patienten verordnete oder aus Apothekenvorräten stammende Opiate abzweigen.

Zusatzcodierungen

Die folgenden Zusatzcodierungen können bei der Diagnose Opiatabhängigkeit verwendet werden (für genauere Einzelheiten siehe S. 225):
— **Mit Körperlicher Abhängigkeit**
— **Ohne Körperliche Abhängigkeit**
— **Früh Vollremittiert**
— **Früh Teilremittiert**
— **Anhaltend Vollremittiert**
— **Anhaltend Teilremittiert**
— **Bei Agonistischer Therapie**
— **In Geschützter Umgebung**

305.50 (F11.1) Opiatmißbrauch

Siehe auch Beschreibung und Kriterien für Substanzmißbrauch (siehe S. 228). Schwierigkeiten mit dem Gesetz können sich aus dem Verhalten während einer Opiatintoxikation ergeben oder weil sich der Betroffene die Substanz aus illegalen Bezugsquellen beschafft hat. Personen mit Opiatmißbrauch verwenden diese Substanzen typischerweise weit seltener als solche mit einer Opiatabhängigkeit und entwickeln keine bedeutsame Toleranz oder Entzugssymptome. Wenn Probleme in Zusammenhang mit dem Opiatmißbrauch von Toleranzentwicklung, Entzugserscheinungen oder zwanghaftem Konsumverhalten begleitet sind, sollte eher die Diagnose einer Opiatabhängigkeit als die eines Opiatmißbrauchs in Betracht gezogen werden.

Opiatinduzierte Störungen

292.89 (F11.0x) Opiatintoxikation

Siehe auch Beschreibung und Kriterien für Substanzintoxikation (siehe S. 229). Das Hauptmerkmal der Opiatintoxikation ist das Vorhandensein von klinisch bedeutsamen, fehlangepaßten verhaltensbezogenen und psychischen Veränderungen (z. B. anfängliche Euphorie gefolgt von Apathie, Dysphorie, psychomotorische Erregtheit oder Hemmung, beeinträchtigtes Urteilsvermögen oder Beeinträchtigung in sozialen oder beruflichen Lebensbereichen), die sich während oder kurz nach dem Opiatgebrauch entwickeln (**Kriterium A und B**). Die Intoxikation geht mit einer Pupillenkonstriktion einher (vorausgesetzt, daß keine schwere Überdosis eine Anoxie und Pupillendilatation bewirkt hat) und mit einem oder mehreren der folgenden Zeichen: Schläfrigkeit („being on the nod") oder sogar Koma, verwaschene Sprache und Beeinträchtigungen in Aufmerksamkeit und Gedächtnis (**Kriterium C**). Personen mit Opiatintoxikation können ihrer Umgebung gegenüber unaufmerksam sein bis hin zum Ignorieren potentiell schädigender Ereignisse. Die Symptome gehen nicht auf einen medizinischen Krankheitsfaktor zurück und können nicht durch eine andere psychische Störung besser erklärt werden. (**Kriterium D**).

Das Ausmaß der verhaltensbezogenen und psychischen Veränderungen, die aus dem Opiatgebrauch resultieren, hängt sowohl von der Dosis wie auch von individuellen Charakteristika der Person ab, die die Substanz gebraucht (z. B. Toleranz, Absorptionsrate, Chronizität des Gebrauchs). Die Symptome einer Opiatintoxikation halten in der Regel über eine Stunde lang an, ein zeitlicher Rahmen, der mit der Halbwertszeit der meisten Opiate übereinstimmt. Schwere Intoxikationen infolge von Opiatüberdosierungen können zu Koma, eingeschränkter respiratorischer Funktion, Pupillendilatation, Bewußtlosigkeit und sogar zum Tod führen.

Zusatzcodierung

Die folgende Zusatzcodierung kann auf die Diagnose einer Opiatintoxikation angewendet werden:
- **Mit Wahrnehmungsstörungen.** Diese Zusatzcodierung kann hinzugefügt werden, wenn Halluzinationen bei intakter Realitätsprüfung auftreten oder akustische, visuelle oder taktile Illusionen auftreten, ohne daß ein Delir vorliegt. *Intakte Realitätsprüfung* bedeutet, daß die Person weiß, daß die Halluzinationen durch die Substanz hervorgerufen wurden

und nicht die äußere Wirklichkeit darstellen. Wenn Halluzinationen mit Realitätsverlust auftreten, sollte die Diagnose einer Substanzinduzierten Psychotischen Störung, Mit Halluzinationen, in Betracht gezogen werden.

Diagnostische Kriterien für 292.89 (F11.0x) Opiatintoxikation

A. Kurz zurückliegender Konsum eines Opiats.

B. Klinisch bedeutsame unangepaßte Verhaltens- oder psychische Veränderungen (z. B. anfängliche Euphorie gefolgt von Apathie, dysphorischer Verstimmung, psychomotorischer Agitiertheit oder Verlangsamung, beeinträchtigtem Urteilsvermögen oder Beeinträchtigungen im sozialen oder beruflichen Bereich), die sich während oder kurz nach dem Opiatkonsum entwickeln.

C. Pupillenkonstriktion (oder Pupillendilatation infolge Anoxie bei schwerer Überdosierung) und mindestens eines der folgenden Symptome, die sich während oder kurz nach dem Opiatkonsum entwickeln:
  (1) Benommenheit oder Koma,
  (2) verwaschene Sprache,
  (3) Aufmerksamkeits- oder Gedächtnisstörung.

D. Die Symptome gehen nicht auf einen medizinischen Krankheitsfaktor zurück und können nicht durch eine andere psychische Störung besser erklärt werden.

Bestimme, ob:
Mit Wahrnehmungsstörungen (F11.04)

292.0 (F11.3) Opiatentzug

Siehe auch Beschreibung und Kriterien für Substanzentzug (siehe S. 231). Das Hauptmerkmal des Opiatentzugs ist das Vorhandensein eines charakteristischen Entzugssyndroms, das sich nach Beendigung oder Reduktion eines schweren und langdauernden Opiatkonsums entwickelt (**Kriterium A1**). Das Entzugssyndrom kann auch durch Gabe eines Opiatantagonisten (z. B. Naloxon oder Naltrexon) nach einer Periode des Opiatgebrauchs ausgelöst werden (**Kriterium A2**). Der Opiatentzug ist gekennzeichnet durch ein Muster von Zeichen und Symptomen, die das Gegenteil der akuten agonistischen Effekte darstellen. Die ersten dieser Symptome sind subjektiv und bestehen aus Beschwerden über Angst, Unruhe und ein „Schmerzgefühl", das oftmals im Rücken und in den Beinen lokalisiert ist. Neben Reizbarkeit und erhöhter Schmerzempfindlichkeit besteht der Drang, Opiate zu konsumieren („craving"), und es zeigen sich Verhaltensweisen, die auf den Erhalt der Droge gerichtet sind. Drei oder mehr der folgenden Merkmale müssen für die Diagnose eines Opiatentzugs vorliegen: dysphorische Stimmung, Übelkeit oder Erbrechen, Muskelschmerzen, Tränenbildung oder Rhinorrhoe, Pupillendilatation, Gänsehaut oder vermehrtes Schwitzen, Diarrhoe, Gähnen, Fieber und Insomnie (**Kriterium B**). Gänsehaut und Fieber gehen mit schweren Entzugssymptomen einher und werden in der klinischen Routinetätigkeit kaum beobachtet, da Personen mit Opiatabhängigkeit meist Substanzen bekommen, ehe das Entzugsstadium so weit fortgeschritten ist. Diese Symptome des Opiatentzugs müssen in klinisch bedeutsamer

Weise Leiden oder Beeinträchtigungen in sozialen, beruflichen oder anderen wichtigen Funktionsbereichen versachen (**Kriterium C**). Die Symptome dürfen nicht auf einen medizinischen Krankheitsfaktor zurückzuführen sein und nicht durch eine andere psychische Störung besser erklärt werden können. (**Kriterium D**).

Bei den meisten Personen, die von kurzfristig wirksamen Drogen wie Heroin abhängig sind, treten Entzugssymptome innerhalb von 6 bis 24 Stunden nach der letzten Einnahme auf. Bei längerfristig wirksamen Drogen wie Methadon oder LAAM (L-alphacetylmethadol) treten die Symptome dagegen nach 2 bis 4 Tagen auf. Akute Entzugssymptome bei kurzfristig wirksamen Opiaten wie Heroin erreichen ihren Höhepunkt normalerweise innerhalb von 1 bis 3 Tagen und flauen dann schrittweise über einen Zeitraum von 5 bis 7 Tagen wieder ab. Weniger akute Entzugssymptome können über Wochen und Monate anhalten. Diese eher chronischen Symptome umfassen Angst, Dysphorie, Anhedonie, Insomnie und das Verlangen nach der Droge („craving").

Diagnostische Kriterien für 292.0 (F11.3) Opiatentzug

A. Eines der folgenden Kriterien:
   (1) Beendigung (oder Reduktion) von schwerem und langandauerndem Opiatkonsum (einige Wochen oder länger),
   (2) Gabe eines Opiatantagonisten nach einem Zeitraum des Opiatkonsums.

B. Mindestens drei der folgenden Symptome, die sich innerhalb von Minuten bis einigen Tagen gemäß Kriterium A entwickeln:
   (1) dysphorische Stimmung,
   (2) Übelkeit und Erbrechen,
   (3) Muskelschmerzen,
   (4) Tränenfluß oder Rhinorrhoe,
   (5) Pupillendilatation, Gänsehaut oder Schwitzen,
   (6) Diarrhoe,
   (7) Gähnen,
   (8) Fieber,
   (9) Schlaflosigkeit.

C. Die Symptome von Kriterium B verursachen in klinisch bedeutsamer Weise Leiden oder Beeinträchtigungen in sozialen, beruflichen oder anderen wichtigen Funktionsbereichen.

D. Die Symptome gehen nicht auf einen medizinischen Krankheitsfaktor zurück und können nicht durch eine andere psychische Störung besser erklärt werden.

Andere Opiatinduzierte Störungen

Die folgenden Opiatinduzierten Störungen werden in denjenigen Kapiteln des Manuals beschrieben, die Störungen derselben Symptomatik beinhalten: **Opiatintoxikationsdelir** (siehe S. 170), **Opiatinduzierte Psychotische Störung** (siehe S. 368), **Opiatinduzierte Affektive Störung** (siehe S. 432), **Opiatinduzierte Sexuelle Funktionsstörung** (siehe S. 588) und **Opiatinduzierte Schlafstörung** (siehe S. 683). Diese Störungen werden nur dann anstelle einer Opiatintoxikation oder eines Opiatentzugs diagnostiziert, wenn die Symptome deutlich über diejenigen hinausgehen, die normalerweise mit einem Opiatintoxikations- oder Entzugssyndrom verbunden sind und wenn sie schwer genug sind, um für sich allein genommen klinische Beachtung zu rechtfertigen.

Zusätzliche Informationen über Störungen im Zusammenhang mit Opiaten

Zugehörige Merkmale und Störungen

Zugehörige Beschreibungsmerkmale und psychische Störungen. Opiatabhängigkeit geht gewöhnlich mit einer Vorgeschichte von Drogendelikten einher (z. B. Drogenbesitz, Drogenhandel, Betrug, Einbruch, Raub, Diebstahl oder Hehlerei). Personen, die im Gesundheitswesen beschäftigt sind, und Personen, die einen leichten Zugang zu kontrollierten Substanzen haben, weisen ein anderes Muster illegaler Aktivitäten auf, wobei Probleme mit staatlichen Zulassungsbehörden, Krankenhauspersonalleitung oder anderen Verwaltungsstellen auftreten können. Scheidungen und Arbeitslosigkeit oder unregelmäßige Beschäftigungen gehen oftmals mit Opiatabhängigkeit einher.

Für viele Personen ist der Effekt nach der erstmaligen Einnahme eines Opiats eher dysphorisch als euphorisch und Übelkeit und Erbrechen können folgen. Personen mit Opiatabhängigkeit haben ein besonderes Risiko für die Entwicklung kurzer depressiver Symptome und für Episoden leichter oder mittelgradiger Depression, die die Symptom- und Zeitkriterien einer Major Depression erfüllen. Diese Symptome können eine Opiatinduzierte Affektive Störung (siehe S. 432) darstellen, können aber auch Exazerbationen einer bereits zuvor bestehenden depressiven Störung sein. Depressive Perioden sind besonders bei chronischer Intoxikation oder im Zusammenhang mit psychosozialen Stressoren üblich, die mit der Opiatabhängigkeit verbunden sind. Häufig tritt Schlaflosigkeit auf, besonders während des Entzugs. Die Antisoziale Persönlichkeitsstörung tritt viel häufiger bei Personen mit Opiatabhängigkeit auf als in der Allgemeinbevölkerung. Auch die Posttraumatische Belastungsstörung wird zunehmend häufiger beobachtet. Eine Vorgeschichte mit Anpassungsstörung in der Kindheit oder Adoleszenz wurde als bedeutsamer Risikofaktor für Störungen im Zusammenhang mit Psychotropen Substanzen, inbesondere Opiatabhängigkeit, identifiziert.

Zugehörige Laborbefunde. Die Routinetests zur Untersuchung des Urintoxingehalts fallen bei Personen mit Opiatabhängigkeit meistens positiv für Opiate aus. Die Urintests bleiben bei den meisten Opiaten über 12 bis 36 Stunden nach der Anwendung positiv. Länger wirksame Opiate (z. B. Methadon und LAAM) können im Urin noch nach mehreren Tagen festgestellt werden. Fentanyl kann durch die Standardurintests nicht bestimmt, jedoch mit speziellen Verfahren identifiziert werden. Die Evidenz der Laborergebnisse und das Vorhandensein anderer Substanzen (z. B. Kokain, Marihuana, Alkohol, Amphetamine, Benzodiazepine) ist häufig. Hepatitis-Screening-Tests fallen oftmals positiv aus, entweder für das Hepatitis-Antigen (das eine aktive Infektion anzeigt) oder für Hepatitis-Antikörper (die eine vergangene Infektion anzeigen). Häufig sind die Leberfunktionswerte leicht erhöht, entweder infolge einer früher abgelaufenen Hepatitis oder wegen toxischer Leberschäden aufgrund der Zusatzstoffe, die dem injizierten Opiat beigesetzt sein können. Geringfügige Veränderungen im Muster der Cortisolausscheidung und der Körpertemperaturregulation wurden noch bis zu 6 Monate nach der Opiatentgiftung beobachtet.

Zugehörige körperliche Untersuchungsbefunde und medizinische Krankheitsfaktoren. Der akute und chronische Konsum von Opiaten ist mit einer allgemeinen Verringerung der

Sekretionsfunktion verbunden, was zu Mundtrockenheit und einer Trockenheit der Nasenschleimhäute, einer Verlangsamung der gastrointestinalen Aktivität und zu Obstipation führt. Die Sehschärfe kann aufgrund der Pupillenkonstriktion beeinträchtigt sein. Bei Personen, die Opiate intravenös verwenden, sind zerlöcherte Venen („tracks") und punktfömige Einstichstellen auf den unteren Bereichen der oberen Extremitäten üblich. In manchen Fällen werden die Venen so stark durch die Einstiche verletzt, daß sich periphere Ödeme entwickeln und der Betroffene zu den Venen der Beine, des Halses oder der Leistengegend übergeht. Wenn auch diese Venen unbrauchbar werden, injizieren die Betroffenen oftmals direkt in das Unterhautfettgewebe („skin-popping"), was zu Zellulitis, Abszessen und kreisförmig erscheinenden Narben nach verheilten Hautverletzungen führt. Eine relativ seltene, jedoch sehr ernste Folge von Opiatinjektion ist eine Tetanusinfektion. Auch in anderen Organen können Infektionen auftreten, zu denen die bakterielle Endokarditis, Hepatitis und die HIV-Infektion gehören. Ein besonders ernstes Problem bei Personen mit intravenösem Drogengebrauch, besonders bei Heroinabhängigkeit, ist die Tuberkulose. Die Infektion mit Tuberkulosebazillen ist normalerweise asymptomatisch und nur durch das Vorhandensein eines positiven Tuberkulintests der Haut nachzuweisen. Trotzdem wurden viele Fälle offener Tuberkulose gefunden, vor allem bei HIV-infizierten Personen. Diese Personen haben oftmals eine neu erworbene Infektion, auch kann es aufgrund einer beeinträchtigten Immunfunktion zu einer Reaktivierung einer früheren Infektion kommen. Personen, die Heroin oder andere Opiate schnüffeln, entwickeln häufig eine Irritation der Nasenschleimhaut, die gelegentlich von einer Perforation des Naseseptums begleitet ist. Hinsichtlich der sexuellen Funktionsfähigkeit bestehen gewöhnlich Schwierigkeiten. Männer haben während einer Intoxikation oder bei chronischem Konsum oft eine Erektionsstörung. Bei Frauen bestehen üblicherweise Störungen der gesamten reproduktiven Funktionen sowie eine Unregelmäßigkeit der Menstruation.

Die Inzidenz einer HIV-Infektion ist bei Personen, die intravenöse Drogen konsumieren, hoch, ein großer Anteil von diesen hat eine Opiatabhängigkeit. Die Infektionsrate mit HIV wurde in einigen Regionen der USA mit bis zu 60 % für Heroinabhängige angegeben.

Zusätzlich zu den Infektionen wie (injektionsbedingte) Zellulitis, Hepatitis, HIV, Tuberkulose und Endokarditis ist die Opiatabhängigkeit mit einer sehr hohen Todesrate verbunden – diese liegt bei annähernd 10 pro 1000 unbehandelte Personen pro Jahr. Der Tod ist meist Folge von Überdosierung, Unfällen, Verletzungen oder anderen allgemeinen medizinischen Komplikationen. Häufig sind Unfälle und Verletzungen Folge von Gewalttätigkeit, die mit dem Kauf oder Verkauf der Drogen im Zusammenhang stehen. In einigen Regionen der USA sind Gewalttätigkeiten die wichtigste Todesursache im Zusammenhang mit Opiaten und rangieren vor der Überdosierung oder HIV-Infektion. Bei etwa der Hälfte der Neugeborenen von opiatabhängigen Frauen besteht eine körperliche Opiatabhängigkeit; dies kann zu einem schweren Entzugssyndrom führen, das medizinischer Behandlung bedarf. Auch wenn bei Kindern opiatabhängiger Mütter ein niedriges Geburtsgewicht besteht, ist dies meist nicht ausgeprägt und im allgemeinen nicht mit ernsten nachteiligen Konsequenzen verbunden.

Besondere kulturelle, Alters- und Geschlechtsmerkmale

Seit den 20er Jahren besteht in den Vereinigten Staaten der überwiegende Anteil von Personen mit Opiatabhängigkeit aus Mitgliedern von Minoritäten, die in ökonomisch unterentwickelten Regionen leben. Ende des 19. und Anfang des 20. Jahrhunderts war Opiatabhängigkeit hingegen häufiger bei weißen Angehörigen der Mittelklasse zu beobachten, was darauf hinweist, daß solche Konsumunterschiede die Verfügbarkeit von Opiaten und andere soziale Faktoren widerspiegeln. Personen, die im Gesundheitswesen arbeiten und leichten Zugang zu Opiaten haben, weisen möglicherweise ein erhöhtes Risiko für Opiatmißbrauch und -Abhängigkeit auf.

Mit steigendem Alter scheint die Prävalenz abzunehmen. Diese Tendenz zum Rückgang der Abhängigkeit beginnt nach dem Alter von 40 Jahren und wurde als „Reifungseffekt" bezeichnet. Es gibt jedoch viele Personen, die über 50 Jahre opiatabhängig geblieben sind. Männer sind häufiger betroffen als Frauen, wobei das Verhältnis von Männern zu Frauen 3 oder 4:1 beträgt.

Prävalenz

Eine Umfrage in der Allgemeinbevölkerung, die 1991 in den USA durchgeführt wurde, ergab, daß 6 % der Befragten Analgetika ohne medizinische Indikation verwendet hatten; 2,5 % hatten Analgetika während des letzten Jahres genommen; 0,7 % hatten diese während des letzten Monats benutzt. Die Umfrage zeigte weiterhin, daß 1,3 % der Befragten in ihrem Leben schon einmal Heroin konsumiert hatten und 0,2 % hatten Heroin im letzten Jahr genommen (der Konsum im letzten Monat wurde nicht berichtet). Da die Erhebung sich eher auf Konsummuster als auf Diagnosen bezog, ist nicht bekannt, wie viele von den Befragten, die Analgetika oder Heroin eingenommen hatten, Symptome aufwiesen, die die Kriterien für Abhängigkeit oder Mißbrauch erfüllten. Eine von 1980 bis 1985 in den USA durchgeführte Untersuchung in der Allgemeinbevölkerung, die die enger definierten DSM-III-Kriterien verwandte, zeigte, daß bei 0,7 % der Erwachsenen zeitweilig in ihrem Leben eine Opiatabhängigkeit oder ein Opiatmißbrauch bestanden hatten. Aus dieser Gruppe berichteten 18 % von einem Konsum im letzten Monat und 42 % berichteten, daß sie im vergangenen Jahr ein Problem mit Opiaten gehabt hätten.

Verlauf

Eine Opiatabhängigkeit kann in jedem Alter beginnen, meist werden Probleme in Zusammenhang mit dem Opiatkonsum zuerst im jungen Erwachsenenalter (von ca. 17–23 Jahren) beobachtet. Wenn sich einmal eine Abhängigkeit entwickelt hat, bleibt diese meist über eine andauernde Periode von vielen Jahren bestehen, auch wenn es häufig kurze Zeiträume von Abstinenz gibt. Selbst nach vielen Jahren ist ein Rückfall nach einer Abstinenz häufig. Eine Ausnahme des typischen chronischen Verlaufs der Opiatabhängigkeit wurde bei Truppenangehörigen beobachtet, die in Vietnam opiatabhängig wurden. Bei ihrer Rückkehr in die USA hatten weniger als 10 % derjenigen, die opiatabhängig waren, einen Rückfall, obwohl die Gruppe insgesamt erhöhte Raten für Alkohol- oder Amphetaminabhängigkeit aufwies. Über den Verlauf des Opiatmißbrauchs gibt es nur wenig Angaben.

Familiäres Verteilungsmuster

Familienangehörige von opiatabhängigen Personen zeigen oft ein höheres Ausmaß an psychopathologischen Auffälligkeiten, insbesondere besteht bei ihnen eine erhöhte Inzidenz für andere Störungen im Zusammenhang mit Psychotropen Substanzen und für die Antisoziale Persönlichkeitsstörung.

Differentialdiagnose

Für eine allgemeine Diskussion der Differentialdiagnose von Störungen im Zusammenhang mit Psychotropen Substanzen siehe Seite 237. Opiatinduzierte Störungen können durch Symptome (z. B. depressive Stimmung) gekennzeichnet sein, die **primären psychischen Störungen** ähneln (z. B. Dysthymie versus Opiatinduzierte Affektive Störung, Mit Depressiven Merkmalen, Mit Beginn Während der Intoxikation). Siehe Seite 240 für die Diskussion dieser Differentialdiagnose. Opiate verursachen eher weniger Symptome einer psychischen Störung als andere Drogen und unter Umständen können sie solche Symptome sogar verringern. In diesen Fällen können sich nach Abbruch des Opiatkonsums psychische Symptome oder Störungen entwickeln.

Eine **Alkoholintoxikation** bzw. **Sedativa-, Hypnotika- oder Anxiolytikaintoxikation** kann ein klinisches Bild erzeugen, das der Opiatintoxikation ähnelt. Die Diagnose der Alkohol- oder Sedativa-, Hypnotika- oder Anxiolytikaintoxikation kann in der Regel aufgrund der fehlenden Pupillenkonstriktion oder der fehlenden Reaktion auf Naloxongabe gestellt werden. In einigen Fällen ist die Intoxikation sowohl auf Opiate wie auch auf Alkohol und andere Sedativa zurückzuführen. In diesen Fällen wird die Naloxongabe nicht alle sedierenden Effekte aufheben. Angst und Unruhe bei einem Opiatentzug ähneln den Symptomen bei einem **Sedativa-, Hypnotika- oder Anxiolytikaentzug**. Ein Opiatentzug ist jedoch durch eine laufende Nase, tränende Augen und Mydriasis begleitet, Symptome, die bei Sedativaentzügen nicht beobachtet werden. Erweiterte Pupillen kommen ebenso bei einer **Halluzinogenintoxikation, Amphetaminintoxikation und Kokainintoxikation** vor. Andere klinische Zeichen oder Symptome des Opiatentzugs wie Übelkeit, Erbrechen, Diarrhoe, Abdominalkrämpfe, laufende Nase oder tränende Augen liegen jedoch nicht vor. Opiatintoxikation und Opiatentzug werden von den **anderen Opiatinduzierten Störungen** (z. B. Opiatinduzierte Affektive Störung, Mit Beginn Während der Intoxikation) dadurch unterschieden, daß die Symptome dieser zuletzt genannten Störungen deutlich über diejenigen hinausgehen, die normalerweise mit Opiatintoxikation oder Opiatentzug verbunden sind und dadurch, daß sie schwer genug sind, um für sich allein genommen klinische Beachtung zu rechtfertigen.

292.9 (F11.9) Nicht Näher Bezeichnete Störung im Zusammenhang mit Opiaten

Die Kategorie Nicht Näher Bezeichnete Störung im Zusammenhang mit Opiaten ist für Störungen in Verbindung mit Opiatkonsum vorbehalten, die sich nicht klassifizieren lassen als Opiatabhängigkeit, Opiatmißbrauch, Opiatintoxikation, Opiatentzug, Opiatintoxikationsdelir, Opiatinduzierte Psychotische Störung, Opiatinduzierte Affektive Störung, Opiatinduzierte Sexuelle Funktionsstörung oder Opiatinduzierte Schlafstörung.

Störungen im Zusammenhang mit Phencyclidin (oder Phencyclidinähnlichen Substanzen)

Die Phencyclidine oder phencyclidinähnliche Substanzen umfassen Phencyclidin (PCP, Sernylan) und ähnlich wirkende Stoffe wie Ketamin (Ketalar, Ketaject) und die Thiophenanaloge des Phencyclidin (TCP; 1-[1-2-thienyl-cyclohexyl]piperidin). Diese Stoffe wurden zunächst als dissoziative Anästhetika in den 50er Jahren entwickelt und wurden in den 60er Jahren zu Straßendrogen. Die Stoffe können oral oder intravenös zugeführt oder inhaliert werden. Innerhalb dieser Substanzklasse ist Phencyclidin die am meisten gebrauchte Substanz (illegal verkauft unter verschiedenen Namen wie PCP, Hog, Tranq, Angel-Dust und PeaCe Pill).

Dieses Kapitel enthält spezielle Erläuterungen zu Störungen im Zusammenhang mit Phencyclidinen. Die Texte und Kriterien zur Definition allgemeiner Aspekte der Substanzabhängigkeit (siehe S. 223) und des Substanzmißbrauchs (siehe S. 228), die für alle Substanzen gelten, wurden bereits dargestellt. Für Phencyclidinabhängigkeit und -Mißbrauch spezifische Texte sind unten aufgeführt. Es gibt jedoch keine zusätzlichen spezifischen Kriterien für Phencyclidinabhängigkeit oder Phencyclidinmißbrauch. Auch ein gesonderter Text und Kriterien für Phencyclidinintoxikation sind unten aufgeführt. Obwohl Symptome eines Phencyclidinentzugs auftreten können, ist deren klinische Bedeutung unsicher. Die Diagnose eines Phencyclidinentzugs ist in diesem Manual nicht enthalten. Die Phencyclidininduzierten Störungen (außer Phencyclidinintoxikation) werden in anderen Kapiteln des Manuals zusammen mit Störungen, mit denen sie die Symptomatik gemeinsam haben, beschrieben (z. B. die Phencyclidininduzierte Psychotische Störung ist im Kapitel „Schizophrenie und Andere Psychotische Störungen" enthalten). Unten sind Störungen durch Phencyclidinkonsum und Phencyclidininduzierte Störungen enthalten.

Störungen durch Phencyclidinkonsum

304.90 (F19.2x) Phencyclidinabhängigkeit (siehe S. 309)
305.90 (F19.1) Phencyclidinmißbrauch (siehe S. 309)

Phencyclidininduzierte Störungen

292.89 (F19.0x) Phencyclidinintoxikation (siehe S. 310)
Bestimme, ob: Mit Wahrnehmungsstörungen (F19.04)
292.81 (F19.03) Phencyclidinintoxikationsdelir (siehe S. 170)
292.11 (F19.51) Phencyclidininduzierte Psychotische Störung, Mit Wahn (siehe S. 368)
Bestimme, ob: Mit Beginn Während der Intoxikation
292.12 (F19.52) Phencyclidininduzierte Psychotische Störung, Mit Halluzinationen (siehe S. 368) *Bestimme*, ob: Mit Beginn Während der Intoxikation
292.84 (F19.8) Phencyclidininduzierte Affektive Störung (siehe S. 432)
Bestimme, ob: Mit Beginn Während der Intoxikation
292.89 (F19.8) Phencyclidininduzierte Angststörung (siehe S. 503)
Bestimme, ob: Mit Beginn Während der Intoxikation
292.9 (F19.9) Nicht Näher Bezeichnete Störung im Zusammenhang mit Phencyclidin (siehe S. 313)

Störungen durch Phencyclidinkonsum

304.90 (F19.2x) Phencyclidinabhängigkeit

Siehe auch Beschreibung und Kriterien für Substanzabhängigkeit (siehe S. 223). Einige der allgemeinen Abhängigkeitskriterien sind für Phencyclidine nicht anwendbar. Auch wenn Personen mit erheblichem Konsum über „craving" berichten, konnten bei Menschen weder Toleranz noch Entzugssymptome eindeutig nachgewiesen werden (obwohl in Untersuchungen an Tieren gezeigt wurde, daß beides vorkam). Meist ist es nicht schwierig, Phencyclidin zu bekommen und Personen mit einer Phencyclidinabhängigkeit rauchen es mindestens 2–3 mal am Tag. Folglich verbringen sie einen erheblichen Teil ihrer Zeit mit dem Substanzkonsum und dem Erleben der damit verbundenen Effekte. Der Phencyclidinkonsum hält an, trotz des Vorhandenseins von psychischen (z. B. Enthemmung, Ängstlichkeit, Wut, Aggression, Panik, Flashbacks) oder von medizinischen Problemen (z. B. Hyperthermie, Hypertonie, Krampfanfälle) von denen die Person weiß, daß sie durch die Substanz bedingt sind. Personen mit einer Phencyclidinabhängigkeit können aufgrund ihrer fehlenden Einsicht und Urteilsfähigkeit während einer Intoxikation gefährliche Verhaltensweisen zeigen. Als ein besonders problematischer nachteiliger Effekt des Phencyclidin wird das aggressive Verhalten mit Tätlichkeiten beobachtet. Wie bei den Halluzinogenen treten nachteilige Effekte häufiger bei Personen mit vorbestehenden psychischen Störungen auf.

Zusatzcodierungen

Die folgenden Zusatzcodierungen können bei der Diagnose Phencyclidinabhängigkeit (siehe S. 225 für weitere Einzelheiten) verwendet werden:
— Früh Vollremittiert
— Früh Teilremittiert
— Anhaltend Vollremittiert
— Anhaltend Teilremittiert
— In Geschützter Umgebung

305.90 (F19.1) Phencyclidinmißbrauch

Siehe auch Beschreibung und Kriterien für Substanzmißbrauch (siehe S. 228). Obwohl Personen, die einen Phencyclidinmißbrauch betreiben, die Substanz erheblich seltener konsumieren als solche mit einer Abhängigkeit, versagen sie aufgrund der Phencyclidinintoxikation wiederholt bei der Erfüllung der wesentlichen sozialen Verpflichtungen in der Schule, bei der Arbeit oder zu Hause. Die Personen können Phencyclidine in Situationen konsumieren, in denen sie sich körperlich gefährden (z. B. beim Bedienen schwerer Maschinen oder beim Fahren eines Motorrads oder eines Autos). Es können sich Gesetzeskonflikte wegen des Besitzes von Phencyclidin oder aufgrund des Verhaltens während einer Intoxikation (z. B. Schlägerei) ergeben. Es kann wiederholt zu sozialen oder zwischenmenschlichen Schwierigkeiten aufgrund des Verhaltens der Person während der Intoxikation oder des chaotischen Lebensstils, der zahlreichen Gesetzeskonflikte oder Streitigkeiten mit bedeutsamen anderen Personen kommen.

Phencyclidininduzierte Störungen

292.89 (F19.0x) Phencyclidinintoxikation

Siehe auch Beschreibung und Kriterien für Substanzintoxikation (siehe Seite 229). Das Hauptmerkmal der Phencyclidinintoxikation ist das Vorhandensein klinisch bedeutsamer unangepaßter Verhaltensänderungen, die sich während oder kurz nach dem Konsum von Phencyclidinen (oder einer verwandten Substanz) entwickeln (z. B. Streitbarkeit, Angriffslust, Impulsivität, Unberechenbarkeit, psychomotorische Agitiertheit, beeinträchtigtes Urteilsvermögen oder Beeinträchtigung im Beruf oder in anderen sozialen Rollen) (**Kriterien A und B**). Diese Veränderungen werden begleitet von mindestens zwei der folgenden Zeichen, die sich innerhalb einer Stunde nach Substanzkonsum entwickeln (oder kürzer wenn die Substanz geraucht, geschnupft oder intravenös angewandt wird): vertikaler oder horizontaler Nystagmus, Hypertonie oder Tachykardie, Taubheitsgefühl oder verminderte Schmerzreaktion, Ataxie, Dysarthrie, Muskelsteifheit, Krampfanfälle oder Koma und Hyperakusis (**Kriterium C**). Die Symptome dürfen nicht auf einen medizinischen Krankheitsfaktor zurückgehen und nicht durch eine andere psychische Störung besser erklärt werden können (**Kriterium D**).

Bestimmte klinische Zeichen und Symptome sind dosisabhängig. Niedrigere Phencyclidindosen verursachen Schwindel, Ataxie, Nystagmus, leichte Hypertonie, Bewegungsunruhe, undeutliche Sprache, Übelkeit, allgemeine Schwäche, verlangsamte Reaktionsgeschwindigkeit, Euphorie oder affektive Verflachung, Redseligkeit und Unbeteiligtsein. Bei mittleren Dosen entwickelt sich eine Desorganisation des Denkens, ein verändertes Körperbild und eine veränderte Sinneswahrnehmung, Depersonalisation und Gefühle der Unwirklichkeit. Höhere Dosen führen zu Amnesie und Koma mit Analgesie, die für chirurgische Eingriffe ausreichend wäre. Außerdem treten bei höchsten Dosen Krampfanfälle mit Atemdepression auf. Die Effekte treten meist sofort nach einer intravenösen oder transpulmonalen Gabe auf und erreichen innerhalb von Minuten einen Höhepunkt. Bei oraler Anwendung tritt der Höhepunkt etwa 2 Stunden nach Einnahme auf. Bei leichteren Intoxikationen gehen die Wirkungen nach 8 bis 20 Stunden zurück, wogegen die klinischen Zeichen und Symptome von schwereren Intoxikationen für mehrere Tage bestehen bleiben können. Die Phencyclidininduzierte Psychotische Störung (siehe S. 368) kann über Wochen anhalten.

Zusatzcodierung

Die folgende Zusatzcodierung kann bei der Diagnose einer Phencyclidinintoxikation verwendet werden:
— **Mit Wahrnehmungsstörungen.** Diese Zusatzcodierung sollte verwendet werden, wenn Halluzinationen oder akustische, optische oder taktile Illusionen bei intakter Realitätsprüfung auftreten, jedoch kein Delir vorliegt. *Intakte Realitätsprüfung* bedeutet, daß die Person weiß, daß die Halluzinationen durch die Substanz hervorgerufen wurden und nicht die äußere Wirklichkeit darstellen. Bei Auftreten von Halluzinationen mit Realitätsverlust sollte die Diagnose einer Substanzinduzierten Psychotischen Störung, Mit Halluzinationen, erwogen werden.

> **Diagnostische Kriterien für 292.89 (F19.0x) Phencyclidinintoxikation**
>
> A. Kurz zurückliegender Konsum eines Phencyclidins (oder einer verwandten Substanz).
>
> B. Klinisch bedeutsame unangepaßte Verhaltensänderungen (z. B. Streitbarkeit, Angriffslust, Impulsivität, Unberechenbarkeit, psychomotorische Agitiertheit, beeinträchtigtes Urteilsvermögen oder Beeinträchtigung im Beruf oder in anderen sozialen Rollen), die sich während oder kurz nach dem Phencyclidinkonsum entwickeln.
>
> C. Innerhalb einer Stunde (oder kürzer wenn die Substanz geraucht, geschnupft oder intravenös angewandt wird) zwei (oder mehrere) der folgenden Symptome:
>   (1) vertikaler oder horizontaler Nystagmus,
>   (2) Hypertonie oder Tachykardie,
>   (3) Taubheitsgefühl oder verminderte Schmerzreaktion,
>   (4) Ataxie,
>   (5) Dysarthrie,
>   (6) Muskelsteifheit,
>   (7) Krampfanfälle oder Koma,
>   (8) Hyperakusis.
>
> D. Die Symptome gehen nicht auf einen medizinischen Krankheitsfaktor zurück und können nicht durch eine andere psychische Störung besser erklärt werden.
>
> *Bestimme*, ob:
> **Mit Wahrnehmungsstörungen (F19.04)**

Andere Phencyclidininduzierte Störungen

Die folgenden phencyclidininduzierten Störungen sind zusammen mit Störungen aus anderen Kapiteln des Manuals beschrieben, mit denen sie die Symptomatik gemeinsam haben: **Phencyclidinintoxikationsdelir** (siehe S. 170), **Phencyclidininduzierte Psychotische Störung** (siehe S. 368), **Phencyclidininduzierte Affektive Störung** (siehe S. 432) und **Phencyclidininduzierte Angststörung** (siehe S. 503). Diese Störungen werden nur dann anstelle einer Phencyclidinintoxikation diagnostiziert, wenn die Symptome deutlich über diejenigen hinausgehen, die normalerweise mit Phencyclidinintoxikation verbunden sind und wenn sie schwer genug sind, um für sich allein genommen klinische Beachtung zu rechtfertigen.

Zusätzliche Informationen über Störungen im Zusammenhang mit Phencyclidinen

Zugehörige Merkmale und Störungen

Zugehörige Beschreibungsmerkmale und psychische Störungen. Obwohl Personen mit einer Phencyclidinintoxikation wach und orientiert bleiben können, können sie ein Delir, ein Koma, psychotische Symptome oder einen katatonen Mutismus mit Haltungsstereotypien entwickeln. Wiederholte Intoxikationen können zu beruflichen, familiären, sozialen oder rechtlichen Problemen führen. Gewalttätigkeit, Agitiertheit und bizarres Verhalten (z. B. verwirrtes Umherwandern) können vorkommen. Personen mit Phencyclidinabhängigkeit oder -Mißbrauch können berichten, daß sie wiederholt intoxikationsbedingt ins Krankenhaus eingewiesen wurden, Notfallambulanzen aufgesucht haben oder wegen verwirrten oder bizarren Verhaltens oder tätlicher Auseinandersetzungen festgenommen wurden. Mit dem Phencyclidinkonsum können bei Jugendlichen eine Störung des Sozialverhaltens und bei Erwachsenen eine Antisoziale Persönlichkeitsstörung einhergehen. Eine Abhängigkeit von anderen Substanzen (insbesondere Kokain, Alkohol und Amphetamine) ist bei Personen mit Phencyclidinabhängigkeit häufig.

Laborbefunde. Phencyclidin (oder eine verwandte Substanz) ist bei einer akut mit dieser Substanz intoxikierten Person im Urin vorhanden. Die Substanz kann einige Wochen nach der Beendigung eines lang anhaltenden oder sehr hoch dosierten Konsums im Urin nachgewiesen werden. Phencyclidin kann leichter in angesäuertem Urin nachgewiesen werden. Die Creatininphosphokinase (CPK) und die Serumglutamatoxalacettransaminase (SGOT) sind oft erhöht.

Zugehörige körperliche Untersuchungsbefunde und medizinische Krankheitsfaktoren. Die Phencyclidinintoxikation verursacht eine ausgeprägte kardiovaskuläre und neurologische Vergiftung (z. B. Krampfanfälle, Dystonien, Dyskinesien, Katalepsie, und Hypothermie oder Hyperthermie). Bei Personen mit einer Phencyclidinabhängigkeit oder einem Mißbrauch können körperliche Anzeichen für Verletzungen auftreten, die von Unfällen, tätlichen Auseinandersetzungen oder Stürzen herrühren. Einstichmale, Hepatitis, Human Deficiency Virus (HIV)Erkrankung und bakterielle Endokarditis können bei solchen, eher wenigen, Personen gefunden werden, die Phencyclidine intravenös anwenden. Es wurde auch von Ertrinken, sogar in niedrigem Wasser, berichtet. Atmungsprobleme treten auf mit Apnoe, Bronchospasmus, Hustenreiz, Aspiration während eines Komas und Hypersalivation. Bei 2 % der Personen, die eine Notfallambulanz aufsuchen, wird eine Rhabdomyolyse mit Nierenschädigung gesehen. Herzstillstand ist eine seltene Folge.

Besondere kulturelle, Alters- und Geschlechtsmerkmale

Die Prävalenz von Problemen im Zusammenhang mit Phencyclidinen scheint bei Männern (etwa zweifach) höher zu sein, bei Personen im Alter zwischen 20 und 40 Jahren und bei ethnischen Minderheiten (etwa zweifach). Männer machen etwa 3/4 derjenigen aus, die im Zusammenhang mit Phencyclidinen Notfallambulanzen aufsuchen.

Prävalenz

Medizinische Studien in den USA weisen darauf hin, daß Phencyclidine bei etwa 3 % der Todesfälle in Zusammenhang mit Substanzkonsum beteiligt sind. Bei etwa 3 % der in Notfallambulanzen gesehenen Fälle wird Phencyclidin als Problem erwähnt. Die Prozentzahl von älteren Highschool-Schülern, die berichten, daß sie jemals Phencyclidine konsumiert haben, fiel von 13 % 1980 auf 3 % 1990.

Differentialdiagnose

Für eine allgemeine Diskussion der Differentialdiagnose von Störungen im Zusammenhang mit Psychotropen Substanzen siehe Seite 237. Phencyclidininduzierte Störungen können durch Symptome (z. B. depressive Stimmung) gekennzeichnet sein, die **primären psychischen Störungen** ähneln (z. B. Major Depression versus Phencyclidininduzierte Affektive Störung, Mit Depressiven Merkmalen, Mit Beginn Während der Intoxikation). Siehe Seite 240 für die Diskussion dieser Differentialdiagnose. Rezidivierende Episoden mit psychotischen oder affektiven Symptomen aufgrund einer Phencyclidinintoxikation können eine **Schizophrenie** oder eine **Affektive Störung** nachahmen. Die Vorgeschichte und der Labornachweis des Phencyclidinkonsums weisen auf die Substanz hin, schließen jedoch nicht das gleichzeitige Auftreten von anderen primären psychischen Störungen aus. Der schnelle Beginn von Symptomen deutet eher auf eine Phencyclidinintoxikation als auf eine Schizophrenie hin, aber der Phencyclidinkonsum kann auch akute psychotische Episoden bei Personen mit vorbestehender Schizophrenie induzieren. Die schnelle Auflösung der Symptome und eine fehlende Vorgeschichte einer Schizophrenie können bei dieser Unterscheidung helfen. Gewalttätigkeit im Zusammenhang mit der Droge oder eine beeinträchtige Urteilsfähigkeit können zusammen mit einer **Störung des Sozialverhaltens** oder einer **Antisozialen Persönlichkeitsstörung** auftreten. Das Fehlen von Verhaltensschwierigkeiten vor dem Beginn des Substanzkonsums oder während der Abstinenz können bei der Klärung der Unterscheidung behilflich sein.

Phencyclidin und verwandte Substanzen können Wahrnehmungsstörungen verursachen (z. B. funkelnde Lichter, Wahrnehmung von Lauten, Illusionen oder ein Entstehen von visuellen Bildern), bei denen die Person gewöhnlich bemerkt, daß diese auf den Substanzkonsum zurückzuführen sind. Wenn die Realitätsprüfung intakt bleibt und die Person weder glaubt, daß die Wahrnehmungen real sind, noch danach handelt, sollte die Zusatzcodierung Mit Wahrnehmungsstörungen bei der Phencyclidinintoxikation angegeben werden. Wenn die Realitätsprüfung beeinträchtigt ist, sollte die Diagnose der **Phencyclidininduzierten Psychotischen Störung** erwogen werden.

Die Unterscheidung der Phencyclidinintoxikation von anderen Substanzintoxikationen (mit denen sie oft zusammen besteht) hängt von der Vorgeschichte eines Substanzkonsums ab, vom Vorliegen charakteristischer Befunde (z. B. Nystagmus und leichte Hypertonie) und von positiven toxikologischen Urintests. Personen, die Phencyclidine konsumieren, gebrauchen häufig auch andere Drogen, so daß die Komorbidität mit Mißbrauch oder Abhängigkeit von anderen Substanzen erwogen werden muß. Die Phencyclidinintoxikation wird von **anderen Phencyclidininduzierten Störungen** (z. B. Phencyclidininduzierte Affektive Störung, Mit Beginn Während der Intoxikation) dadurch unterschieden, daß die Symptome dieser zuletzt genannten Störungen deutlich über diejenigen hinausgehen, die normalerweise mit einer Phencyclidinintoxikation verbunden sind und dadurch, daß sie schwer genug sind, um für sich allein genommen klinische Beachtung zu rechtfertigen.

292.9 (F19.9) Nicht Näher Bezeichnete Störung im Zusammenhang mit Phencyclidin

Die Kategorie Nicht Näher Bezeichnete Störung im Zusammenhang mit Phencyclidinen ist für Störungen in Verbindung mit Phencyclidinkonsum vorbehalten, die sich nicht als Phencyclidinabhängigkeit, Phencyclidinmißbrauch, Phencyclidinintoxikationsdelir, Phencyclidininduzierte Psychotische Störung, Phencyclidininduzierte Affektive Störung oder Phencyclidininduzierte Angststörung klassifizieren lassen.

Störungen in Zusammenhang mit Sedativa, Hypnotika oder Anxiolytika

Sedativa, Hypnotika und anxiolytisch wirkende Substanzen umfassen Benzodiazepine, Carbamate (z. B. Glutethimid, Meprobramat), Barbiturate (z. B. Secobarbital) und die barbituratähnlichen Hypnotika (z. B. Glutethimid, Methaqualon). Diese Substanzklasse schließt alle verschriebenen Schlafmittel und nahezu alle verordneten anxiolytischen Medikamente ein. Die Anxiolytika, die nicht zu den Benzodiazepinen gehören (z. B. Buspiron, Gepiron), sind in dieser Substanzklasse nicht eingeschlossen. Einige Medikamente dieser Klasse haben andere wichtige klinische Anwendungsgebiete (z. B. als Antikonvulsiva). Diese Mittel wirken wie Alkohol dämpfend auf das Gehirn und können ähnliche Substanzinduzierte Störungen und Störungen durch Substanzkonsum hervorrufen. In hohen Dosen können Sedativa, Hypnotika und Anxiolytika letal sein, insbesondere wenn sie mit Alkohol kombiniert werden. Sedativa, Hypnotika und Anxiolytika sind durch Verschreibung sowie über illegale Quellen verfügbar. Gelegentlich mißbrauchen Personen, die diese Substanzen durch Verschreibung erhalten haben, diese Stoffe; umgekehrt entwickeln einige derer, die die Substanzen dieser Klasse „auf der Straße" erstanden haben, keine Abhängigkeit oder Mißbrauch. Substanzen mit schnellem Wirkungseintritt und/oder kurzer bis mittellang dauernder Wirkung werden besonders häufig mißbräuchlich verwandt.

Dieses Kapitel umfaßt spezielle Erläuterungen für Störungen im Zusammenhang mit Sedativa, Hypnotika oder Anxiolytika. Die Texte und Kriterien zur Definition allgemeiner Aspekte der Substanzabhängigkeit (siehe S. 223) und des Substanzmißbrauchs (siehe S. 228), die für alle Substanzen gelten, wurden bereits dargestellt. Eigene Texte für die Abhängigkeit und den Mißbrauch von Sedativa, Hypnotika oder Anxiolytika sind unten aufgeführt. Es gibt jedoch keine zusätzlichen spezifischen Kriterien für die Abhängigkeit oder den Mißbrauch von Sedativa, Hypnotika oder Anxiolytika. Ein gesonderter Text und eine Zusammenstellung von Kriterien für Sedativa-, Hypnotika- oder Anxiolytikaintoxikation und Sedativa-, Hypnotika- oder Anxiolytikaentzug sind unten aufgeführt. Sedativa-, Hypnotika- oder Anxiolytikainduzierte Störungen (außer Sedativa-, Hypnotika- oder Anxiolytikaintoxikation oder -Entzug) werden in Kapiteln des Manuals zusammen mit Störungen beschrieben, mit denen sie die Symptomatik gemeinsam haben (z. B. ist die Sedativa-, Hypnotika- oder Anxiolytikainduzierte Angststörung im Kapitel „Angststörungen" enthalten). Unten sind Störungen durch Sedativa-, Hypnotika- oder Anxiolytikakonsum und Sedativa-, Hypnotika- oder Anxiolytikainduzierte Störungen aufgeführt.

Störungen durch Sedativa-, Hypnotika- oder Anxiolytikakonsum

304.10 (F13.2x) Sedativa-, Hypnotika- oder Anxiolytikaabhängigkeit (siehe S. 315)
305.40 (F13.1) Sedativa-, Hypnotika- oder Anxiolytikamißbrauch (siehe S. 316)

Sedativa-, Hypnotika- oder Anxiolytikainduzierte Störungen

292.89 (F13.0x) Sedativa-, Hypnotika- oder Anxiolytikaintoxikation (siehe S. 316)
292.0 (F13.3) Sedativa-, Hypnotika- oder Anxiolytikaentzug (siehe S. 317)
Bestimme, ob: Mit Wahrnehmungsstörungen
292.81 (F13.03) Sedativa-, Hypnotika- oder Anxiolytikaintoxikationsdelir (siehe S. 170)
292.81 (F13.4) Sedativa-, Hypnotika- oder Anxiolytikaentzugsdelir (siehe S. 170)
292.82 (F13.73) Persistierende Sedativa-, Hypnotika- oder Anxiolytikainduzierte Demenz (siehe S. 195)
292.83 (F13.6) Persistierende Sedativa-, Hypnotika- oder Anxiolytikainduzierte Amnestische Störung (siehe S. 204)
292.11 (F13.51) Sedativa-, Hypnotika- oder Anxiolytikainduzierte Psychotische Störung, Mit Wahn (siehe S. 368) *Bestimme*, ob: Mit Beginn Während der Intoxikation/Mit Beginn Während des Entzugs
292.12 (F13.52) Sedativa-, Hypnotika- oder Anxiolytikainduzierte Psychotische Störung, Mit Halluzinationen (siehe S. 368) *Bestimme*, ob: Mit Beginn Während der Intoxikation/Mit Beginn Während des Entzugs
292.84 (F13.8) Sedativa-, Hypnotika- oder Anxiolytikainduzierte Affektive Störung (siehe S. 432) *Bestimme*, ob: Mit Beginn Während der Intoxikation/Mit Beginn Während des Entzugs
292.89 (F13.8) Sedativa-, Hypnotika- oder Anxiolytikainduzierte Angststörung (siehe S. 503) *Bestimme*, ob: Mit Beginn Während des Entzugs
292.89 (F13.8) Sedativa-, Hypnotika- oder Anxiolytikainduzierte Sexuelle Funktionsstörung (siehe S. 588)
Bestimme, ob: Mit Beginn Während der Intoxikation
292.89 (F13.8) Sedativa-, Hypnotika- oder Anxiolytikainduzierte Schlafstörung (siehe S. 683) *Bestimme*, ob: Mit Beginn Während der Intoxikation/Mit Beginn Während des Entzugs
292.9 (F13.9) Nicht Näher Bezeichnete Störung im Zusammenhang mit Sedativa, Hypnotika oder Anxiolytika (siehe S. 323)

Störungen durch Sedativa-, Hypnotika- oder Anxiolytikakonsum

304.10 (F13.2x) Sedativa-, Hypnotika- oder Anxiolytikaabhängigkeit

Siehe auch Beschreibung und Kriterien für Substanzabhängigkeit (siehe S. 223). Sedativa, Hypnotika und Anxiolytika können zu bestimmten Ausprägungsgraden körperlicher Abhängigkeit führen, die durch sowohl Toleranzentwicklung als auch Entzugserscheinungen gekennzeichnet sind. Der zeitliche Verlauf und die Schwere des Entzugssyndroms ist unterschiedlich, abhängig von der spezifischen Substanz, ihrer Pharmakokinetik und Pharmakodynamik. Der Entzug z. B. von kürzer wirkenden Substanzen, die rasch aufgenommen werden und keine aktiven Metabolite haben (z. B. Triazolam) kann innerhalb von Stunden nach dem Beenden des Konsums beginnen; der Entzug von Substanzen mit langwirkenden Metaboliten (z. B. Diazepam) wird nicht vor Ablauf von 1–2 Tagen oder später beginnen. Das durch Substanzen dieser Klasse ausgelöste Entzugssyndrom kann durch Entwicklung eines möglicherweise lebensbedrohlichen Delirs gekennzeichnet sein. Bei einer Person, die abrupt Benzodiazepine abgesetzt hat, nachdem sie diese über eine lange Zeit in verschriebener und therapeutischer Dosis eingenommen hat, können Hinweise für Toleranz und Entzugssymptome auftreten, ohne daß die Diagnose einer Substanzabhängigkeit zutrifft. Die Diagnose einer Substanzabhängigkeit sollte nur dann erwogen werden, wenn die Person zusätzlich zum Bestehen einer körperlichen Abhängigkeit Hinweise auf eine Reihe anderer Probleme zeigt (z. B. eine Person, die ein Drogensuchverhalten in einem solchen Ausmaß entwickelt hat, daß wichtige Aktivitäten aufgegeben oder reduziert werden, um die Substanz zu bekommen).

Zusatzcodierungen

Die folgenden Zusatzcodierungen können bei der Diagnose Sedativa-, Hypnotika- oder Anxiolytikaabhängigkeit verwendet werden (für genauere Einzelheiten siehe S. 225):
— Mit Körperlicher Abhängigkeit
— Ohne Körperliche Abhängigkeit
— Früh Vollremittiert
— Früh Teilremittiert
— Anhaltend Vollremittiert
— Anhaltend Teilremittiert
— Bei Antagonistischer Therapie
— In Geschützter Umgebung

305.40 (F13.1) Sedativa-, Hypnotika- oder Anxiolytikamißbrauch

Siehe auch Beschreibung und Kriterien für Substanzmißbrauch (siehe S. 228). Mißbrauch von Substanzen dieser Klasse kann alleine oder in Verbindung mit dem Konsum von anderen Substanzen vorkommen. Personen können z. B. intoxizierende Dosen von Sedativa oder Benzodiazepinen konsumieren, um von Kokain oder Amphetaminen „herunterzukommen" oder hohe Dosen von Benzodiazepinen zusammen mit Methadon nehmen, um dessen Wirkungen zu „boosten". Der Mißbrauch von Substanzen dieser Klasse kann zum Konsum in gefährlichen Situationen führen, wie z. B. „high" werden und anschließend Auto fahren. Die Person kann als Folge der Intoxikation bei der Arbeit oder in der Schule fehlen oder häusliche Pflichten vernachlässigen oder mit dem Ehepartner oder den Eltern über die Episoden des Substanzkonsums in Streit geraten. Wenn diese Probleme von Zeichen der Toleranzentwicklung, des Entzugs oder zwanghaften Verhaltens in Zusammenhang mit dem Konsum von Sedativa, Hypnotika oder Anxiolytika begleitet sind, so sollte die Diagnose einer Sedativa-, Hypnotika- oder Anxiolytikaabhängigkeit erwogen werden.

Sedativa-, Hypnotika- oder Anxiolytikainduzierte Störungen

292.89 (F13.0x) Sedativa-, Hypnotika- oder Anxiolytikaintoxikation

Siehe auch Beschreibung und Kriterien für Substanzintoxikation (siehe S. 229). Das Hauptmerkmal der Sedativa-, Hypnotika- oder Anxiolytikaintoxikation ist das Vorhandensein klinisch bedeutsamer unangepaßter Verhaltens- oder psychischer Veränderungen (z. B. unangemessenes sexuelles oder aggressives Verhalten, Stimmungslabilität, beeinträchtigte Urteilsfähigkeit, beeinträchtigte soziale oder berufliche Funktionsfähigkeit), die sich während oder kurz nach dem Konsum einer sedativen, hypnotischen oder anxiolytischen Substanz entwikkeln (**Kriterium A und B**). Wie bei anderen auf das ZNS dämpfend wirkenden Substanzen kann dieses Verhalten von verwaschener Sprache begleitet sein, von Gangunsicherheit, Nystagmus, Beeinträchtigungen von Gedächtnis oder Aufmerksamkeit, Koordinationsstörungen von unterschiedlichem Ausmaß, die mit der Fahrtüchtigkeit und dem Ausführen gewöhnlicher Aktivitäten interferieren bis zu dem Punkt, daß Unfälle verursacht werden oder ein Stupor oder Koma resultiert (**Kriterium C**). Eine Beeinträchtigung des Gedächtnisses ist ein auffallendes Zeichen bei einer Sedativa-, Hypnotika- oder Anxiolytikaintoxikation. Diese Beeinträchtigung ist häufig durch eine anterograde Amnesie gekennzeichnet, die einem „Blackout" bei Alkoholintoxikation ähnelt und die bei der Person zu erheblicher Beunruhigung führt. Die Symptome gehen nicht auf einen medizinischen Krankheitsfaktor zurück und können nicht durch eine andere psychische Störung besser erklärt werden (**Kriterium D**). Eine Intoxikation kann bei Personen auftreten, die die Substanzen durch Verschreibung erhalten, bei Personen, die sich die Medikamente von Freunden oder Verwandten ausleihen oder bei Personen, die die Substanz vorsätzlich einnehmen, um sich zu intoxikieren.

Diagnostische Kriterien für 292.89 (F13.0x)
Sedativa-, Hypnotika- oder Anxiolytikaintoxikation

A. Kurz zurückliegender Konsum eines Sedativums, Hypnotikums oder Anxiolytikums.

B. Klinisch bedeutsame unangepaßte Verhaltens- oder psychische Veränderungen (z. B. unangemessenes sexuelles oder aggressives Verhalten, Stimmungslabilität, beeinträchtigte Urteilsfähigkeit, beeinträchtigte soziale oder berufliche Funktionsfähigkeit), die sich während oder kurz nach dem Konsum von Sedativa, Hypnotika oder Anxiolytika entwickeln.

C. Eins (oder mehrere) der folgenden Symptome, die sich während oder kurz nach dem Konsum von Sedativa, Hypnotika oder Anxiolytika entwickeln:
 (1) undeutliche Sprache,
 (2) Koordinationsstörungen,
 (3) Gangunsicherheit,
 (4) Nystagmus,
 (5) Beeinträchtigung von Aufmerksamkeit oder Gedächtnis,
 (6) Stupor oder Koma.

D. Die Symptome gehen nicht auf einen medizinischen Krankheitsfaktor zurück und können nicht durch eine andere psychische Störung besser erklärt werden.

292.0 (F13.3) Sedativa-, Hypnotika- oder Anxiolytikaentzug

Siehe auch Beschreibung und Kriterien für Substanzentzug (siehe S. 231). Das Hauptmerkmal eines Sedativa-, Hypnotika- oder Anxiolytikaentzugs ist das Vorhandensein eines charakteristischen Syndroms, das sich nach einer deutlichen Reduktion oder nach Beendigung eines zuvor über mehrere Wochen oder länger bestehenden Konsums entwickelt (**Kriterium A und B**). Das Entzugssyndrom ist durch zwei oder mehrere Symptome gekennzeichnet (ähnlich dem Alkoholentzug), die eine Hyperaktivität des vegetativen Nervensystems (z. B.

Anstieg der Herzfrequenz, der Atemfrequenz, des Blutdrucks oder der Körpertemperatur einhergehend mit Schwitzen), einen Tremor der Hände, Schlaflosigkeit, Ängste und Übelkeit, manchmal von Erbrechen begleitet, und psychomotorische Erregung einschließen. Bei etwa 20–30 % der Personen mit einem unbehandelten Entzug von diesen Substanzen kann ein Grand-mal-Krampfanfall auftreten. Bei schweren Entzügen können visuelle, taktile oder akustische Halluzinationen oder Illusionen auftreten. Wenn die Realitätsprüfung der Person intakt ist (d. h. die Person weiß, daß die Substanz die Halluzinationen verursacht) und die Illusionen bei klarem Bewußtsein auftreten, kann die Zusatzcodierung Mit Wahrnehmungsstörungen verwendet werden (siehe unten). Die Symptome verursachen in klinisch bedeutsamer Weise Leiden oder Beeinträchtigungen in sozialen, beruflichen oder anderen wichtigen Funktionsbereichen (**Kriterium C**). Die Symptome dürfen nicht auf einen medizinischen Krankheitsfaktor zurückgehen und werden nicht durch eine andere psychische Störung besser erklärt (z. B. Alkoholentzug oder Generalisierte Angststörung) (**Kriterium D**). Der Rückgang der Entzugssymptome mit der Verabreichung einer sedativ-hypnotischen Substanz würde die Diagnose eines Sedativa-, Hypnotika- oder Anxiolytikaentzugs stützen.

Das Entzugssyndrom ist gekennzeichnet durch klinische Zeichen und Symptome, die generell das Gegenteil der akuten Effekte darstellen, welche bei einem Erstverwender der Substanz wahrscheinlich auftreten. Der zeitliche Verlauf des Entzugssyndroms ist im allgemeinen durch die Halbwertszeit der Substanz vorhersehbar. Substanzen, deren Aktivität typischerweise 10 Stunden oder kürzer anhalten (z. B. Lorazepam, Oxazepam oder Temazepam), produzieren innerhalb von 6–8 Stunden nach absinkendem Blutspiegel Entzugssymptome, die ihren Gipfel an Intensität am zweiten Tag haben und eine merkliche Besserung am vierten oder fünften Tag zeigen. Bei Substanzen mit längerer Halbwertszeit (z. B. Diazepam) entwickeln sich die Symptome nicht vor einem Zeitraum von einer Woche, mit dem Gipfel an Intensität während der zweiten Woche und merklicher Besserung während der dritten oder vierten Woche. Es können zusätzliche länger anhaltende Symptome einer deutlich geringeren Ausprägung bestehen, die für einige Monate anhalten. Wie bei Alkohol können diese verzögerten Entzugssymptome (z. B. Ängste, Launenhaftigkeit und unruhiger Schlaf) mit einer nicht-substanzinduzierten Angststörung oder einer Depressiven Störung verwechselt werden (z. B. Generalisierte Angststörung).

Je länger die Substanz konsumiert wurde und je höher die eingenommenen Dosen waren, desto wahrscheinlicher ist das Auftreten eines schweren Entzugs. Dennoch wurde auch ein Entzug beschrieben bei einer so geringen Dosierung wie 15 mg Diazepam (oder einer äquivalenten Dosis eines anderen Benzodiazepins), die über einige Monate täglich genommen wurde. Bei Dosierungen von etwa 40 mg Diazepam (oder einer äquivalenten Dosis) täglich sind klinisch relevante Entzugssymptome wahrscheinlicher und bei noch höheren Dosen (z. B. 100 mg Diazepam) ist das Auftreten eines Entzugskrampfanfalls oder eines Delirs mit höherer Wahrscheinlichkeit gegeben. Ein Sedativa-, Hypnotika- oder Anxiolytikaentzugsdelir (siehe S. 170) ist durch Störungen des Bewußtseins und der Wahrnehmung mit optischen, taktilen oder akustischen Halluzinationen gekennzeichnet. Bei Vorliegen dieser Symptome sollte statt eines Entzugs ein Sedativa-, Hypnotika- oder Anxiolytikaentzugsdelir diagnostiziert werden.

Zusatzcodierung

Die folgende Zusatzcodierung kann bei der Diagnose Sedativa-, Hypnotika- oder Anxiolytikaentzug verwendet werden:

— **Mit Wahrnehmungsstörungen.** Diese Zusatzcodierung sollte verwendet werden, wenn Halluzinationen oder akustische, optische oder taktile Illusionen bei intakter Realitätsprüfung auftreten, jedoch kein Delir vorliegt. *Intakte Realitätsprüfung* bedeutet, daß die Person weiß, daß die Halluzinationen durch die Substanz hervorgerufen wurden und nicht die äußere Wirklichkeit darstellen. Bei Auftreten von Halluzinationen mit Realitätsverlust sollte die Diagnose einer Substanzinduzierten Psychotischen Störung, Mit Halluzinationen, erwogen werden.

Diagnostische Kriterien für 292.0 (F13.3)
Sedativa-, Hypnotika- oder Anxiolytikaentzug

A. Beendigung (oder Reduktion) eines schweren oder langanhaltenden Konsums von Sedativa, Hypnotika oder Anxiolytika.

B. Zwei (oder mehr) der folgenden Symptome, die sich innerhalb weniger Stunden bis zu wenigen Tagen nach Vorliegen des Kriteriums A entwickeln:
   (1) Hyperaktivität des vegetativen Nervensystems (z. B. Schwitzen oder Herzfrequenz über 100 pro Minute),
   (2) starker Tremor der Hände,
   (3) Schlaflosigkeit,
   (4) Übelkeit oder Erbrechen,
   (5) flüchtige optische, taktile oder akustische Halluzinationen oder Illusionen,
   (6) psychomotorische Erregung,
   (7) Ängste,
   (8) Grand-mal-Krampfanfälle.

C. Die Symptome aus Kriterium B verursachen in klinisch bedeutsamer Weise Leiden oder eine Beeinträchtigung in sozialen, beruflichen oder anderen wichtigen Funktionsbereichen.

D. Die Symptome gehen nicht auf einen medizinischen Krankheitsfaktor zurück und können nicht durch eine andere psychische Störung besser erklärt werden.

Bestimme, ob:
Mit Wahrnehmungsstörungen

Andere Sedativa-, Hypnotika- oder Anxiolytikainduzierte Störungen

Die folgenden Sedativa-, Hypnotika- oder Anxiolytikainduzierten Störungen sind zusammen mit Störungen aus anderen Kapiteln des Manuals beschrieben, mit denen sie die Symptomatik gemeinsam haben: **Sedativa-, Hypnotika- oder Anxiolytikaintoxikationsdelir** (siehe S. 170), **Sedativa-, Hypnotika- oder Anxiolytikaentzugsdelir** (siehe S. 170), **Persistierende Sedativa-, Hypnotika- oder Anxiolytikainduzierte Demenz** (siehe S. 195), **Persistierende Sedativa-, Hypnotika- oder Anxiolytikainduzierte Amnestische Störung** (siehe S. 204), **Sedativa-, Hypnotika- oder Anxiolytikainduzierte Psychotische Störung** (siehe S. 368), **Sedativa-, Hypnotika- oder Anxiolytikainduzierte Affektive Störung** (siehe S. 432), **Sedativa-, Hypnotika- oder Anxiolytikainduzierte Angststörung** (siehe S. 503), **Sedativa-, Hypnotika- oder Anxiolytikainduzierte Sexuelle Funktionsstörung** (siehe S. 588) und **Sedativa-, Hypnotika- oder Anxiolytikainduzierte Schlafstörung** (siehe S. 683). Diese Störungen werden nur dann anstelle der Sedativa-, Hypnotika- oder Anxiolytikaintoxikation oder des Sedativa-, Hypnotika- oder Anxiolytikaentzugs diagnostiziert, wenn die Symptome deutlich über diejenige hinausgehen, die normalerweise mit Sedativa-, Hypnotika- oder Anxiolytikaintoxikation oder -Entzug verbunden sind und wenn sie schwer genug sind, um für sich allein genommen klinische Beachtung zu rechtfertigen.

Zusätzliche Informationen über Störungen im Zusammenhang mit Sedativa, Hypnotika oder Anxiolytika

Zugehörige Merkmale und Störungen

Zugehörige Beschreibungsmerkmale und psychische Störungen. Eine Abhängigkeit oder ein Mißbrauch von Sedativa, Hypnotika oder Anxiolytika ist oft mit einer Abhängigkeit oder einem Mißbrauch von anderen Substanzen verbunden (z. B. Alkohol, Cannabis, Kokain, Heroin, Amphetamin). Sedativa werden häufig eingenommen, um die unerwünschten Wirkungen dieser anderen Substanzen zu vermindern. Auf akute Intoxikationen können Unfallverletzungen aufgrund von Stürzen und Autounfällen folgen. Bei älteren Personen kann sogar der kurzfristige Gebrauch dieser sedierenden Medikamente in der verordneten Dosierung zu einem erhöhten Risiko für Wahrnehmungsprobleme und Stürze führen. Einige Daten weisen darauf hin, daß die enthemmende Wirkung dieser Substanzen wie bei Alkohol kurzfristig zu aggressivem Verhalten beiträgt mit nachfolgenden zwischenmenschlichen und rechtlichen Schwierigkeiten. Eine schwere oder wiederholte Sedativa-, Hypnotika- oder Anxiolytikaintoxikation kann mit schweren Depressionen verbunden sein, die – wenn auch nur temporär – so ausgeprägt sind, daß sie zu Suizidversuchen oder vollendeten Suiziden führen. Unbeabsichtigte oder vorsätzliche Überdosierungen, vergleichbar mit denen bei Alkoholmißbrauch oder -Abhängigkeit oder wiederholter Alkoholintoxikation, können vorkommen. Im Gegensatz zu dem großen Sicherheitsspielraum bei ausschließlichem Konsum sind die Benzodiazepine in Kombination mit Alkohol besonders gefährlich, dabei wurde von unbeabsichtigten Überdosierungen berichtet. Versehentliche Überdosierungen sind auch bei Personen bekannt, die vorsätzlich Barbiturate oder andere Sedativa, die nicht zu den Benzodiazepinen gehören (z. B. Methaqualon), mißbrauchen. Mit wiederholtem Konsum in Erwartung einer euphorisierenden Wirkung entwickelt sich eine Toleranz bezüglich der sedierenden Effekte, so daß nach und nach eine höhere Dosis gebraucht wird. Eine Toleranz gegenüber den depressorischen Wirkungen auf den Hirnstamm entwickelt sich jedoch viel langsamer, und während eine Person immer höhere Dosen einnimmt, um eine euphorisierende Wirkung zu erzielen, kann eine plötzliche Atemdepression oder ein Blutdruckabfall auftreten, was zum Tod führen kann. Antisoziales Verhalten und eine Antisoziale Persönlichkeitsstörung sind mit Sedativa-, Hypnotika- oder Anxiolytikaabhängigkeit und -Mißbrauch verbunden, insbesondere wenn die Substanzen illegal beschafft werden.

Zugehörige Laborbefunde. Beinahe alle Substanzen können mit Laboruntersuchungen von Urin oder Blut (durch welche die Mengen der Substanzen im Körper quantifiziert werden können) identifiziert werden. Urinbestimmungen bleiben oft bis zu etwa einer Woche nach dem Konsum von langwirksamen Substanzen (z. B. Flunitrazepam) positiv.

Zugehörige körperliche Untersuchungsbefunde und medizinische Krankheitsfaktoren. Bei der körperlichen Untersuchung finden sich oft Zeichen einer leichten Dämpfung der meisten Funktionen des vegetativen Nervensystems einschließlich einer Verlangsamung der Herzfrequenz, einer leicht verlangsamten Atemfrequenz und eines leichten Blutdruckabfalls (am wahrscheinlichsten bei einer Lageveränderung). Überdosen von Sedativa, Hypnotika und Anxiolytika können mit einer Verschlechterung der vitalen Zeichen einhergehen, was einen drohenden medizinischen Notfall (z. B. Atemstillstand durch Barbiturate) anzeigen kann. Es können Folgeerscheinungen von Traumata (z. B. innere Blutung oder subdurales Hämatom) vorhanden sein, die durch im intoxikierten Zustand erlittene Unfälle entstanden. Beim intravenösen Gebrauch dieser Substanzen können medizinische Komplikationen auftreten, die mit dem Gebrauch von infizierten Nadeln zusammenhängen (z. B. Hepatitis und Human Immunodeficiency Virus (HIV)-Infektion).

Besondere kulturelle, Alters- und Geschlechtsmerkmale

In den verschiedenen Ländern gibt es für diese Substanzklasse deutliche Unterschiede im Verschreibungsverhalten (und der Verfügbarkeit), was zu Unterschieden in der Prävalenz von Störungen im Zusammenhang mit Sedativa, Hypnotika oder Anxiolytika führen kann. Eine vorsätzliche Intoxikation, um „high" zu werden, ist am wahrscheinlichsten bei Teenagern und bei Personen im Alter von 20 bis 30 Jahren zu beobachten. Entzug, Abhängigkeit und Mißbrauch können auch bei über 40jährigen bestehen, die die Dosis der verschriebenen Medikation stufenweise erhöhen. Sowohl akute wie auch chronische toxische Effekte dieser Substanzen, insbesondere Auswirkungen auf die Wahrnehmung, das Gedächtnis und die motorische Koordination, nehmen mit dem Alter zu als Folge der dann auftretenden Veränderung von Pharmakodynamik und Pharmakokinetik. Personen mit einer Demenz sind bei niedrigeren Dosen rascher intoxikiert und entwickeln leichter eine Beeinträchtigung der physiologischen Funktionen. Frauen haben ein höheres Risiko für den Mißbrauch von verschriebenen Substanzen dieser Klasse.

Prävalenz

Bis zu 90 % der Personen, die in den USA wegen einer internistischen oder chirurgischen Behandlung hospitalisiert sind, erhalten Verordnungen für Sedativa, Hypnotika oder Anxiolytika während ihres Krankenhausaufenthaltes. Die Einjahresprävalenz für den Konsum dieser Substanzen (üblicherweise mit Verschreibung) liegt bei 15 % der erwachsenen Amerikaner. Die meisten dieser Personen konsumieren diese Substanzen als verordnete Medikation ohne Zeichen eines Mißbrauchs. Die Benzodiazepine sind innerhalb dieser Substanzklasse die am weitesten verbreiteten Medikamente – etwa 10 % der Erwachsenen haben im zurückliegenden Jahr wenigstens einen Monat lang Benzodiazepine eingenommen. Eine Umfrage in der Allgemeinbevölkerung, die 1991 in den USA durchgeführt wurde, zeigte, daß etwa 4 % der Befragten in der Vergangenheit Sedativa ohne medizinische Indikation eingenommen hatten. Annähernd 1 % berichtete von einem solchen Konsum im letzten Jahr und 0,4 % im letzten Monat. 6 % der Befragten hatten in der Vergangenheit Anxiolytika ohne medizinische Indikation eingenommen, 2 % berichteten von einer solchen Einnahme im letzten Jahr und 0,5 % im letzten Monat. Da die Untersuchung sich eher auf Konsummuster als auf Diagnosen bezog, ist nicht bekannt, wieviele von den Befragten, die Substanzen aus dieser Klasse konsumierten, Symptome zeigten, die die Kriterien für Abhängigkeit oder Mißbrauch erfüllten. Eine von 1980 bis 1985 in den USA durchgeführte Untersuchung der Allgemeinbevölkerung, die die enger definierten DSM-III-Kriterien verwandte, zeigte, daß 1,1 % der

Befragten für einige Zeit in ihrem Leben die Kriterien für einen Mißbrauch oder eine Abhängigkeit von Sedativa, Hypnotika oder Anxiolytika erfüllt hatten.

Verlauf

Der üblichere Verlauf zeigt junge Leute im Teenageralter oder zwischen 20 und 30 Jahren, die stufenweise ihren „Entspannungs"konsum von Sedativa, Hypnotika oder Anxiolytika steigern bis zu dem Punkt, an dem Schwierigkeiten eintreten, die die Diagnose einer Abhängigkeit oder eines Mißbrauchs rechtfertigen. Dieses Konsummuster ist besonders wahrscheinlich bei Personen mit anderen Störungen im Zusammenhang mit Psychotropen Substanzen (z. B. Alkohol, Opiate, Kokain, Amphetamin). Ein anfängliches Konsummuster mit periodischem Gebrauch auf Parties kann zu täglichem Konsum mit stark ausgeprägter Toleranz führen. Ist dies einmal eingetreten, kann als Folge ein steigendes Ausmaß an zwischenmenschlichen, beruflichen und juristischen Schwierigkeiten auftreten, wie auch zunehmend schwerere Episoden mit Beeinträchtigung des Gedächtnisses und körperlichen Entzugserscheinungen.

Der zweite und seltener beobachtete klinische Verlauf beginnt bei einer Person, der die Medikation ursprünglich von einem Arzt zur Behandlung von Ängsten, Schlaflosigkeit oder körperlichen Beschwerden verschrieben wurde. Obwohl die große Mehrzahl derjenigen Personen, die eine Substanz dieser Klasse verschrieben bekommen, keine Schwierigkeiten entwickeln, ist dies bei einem kleineren Teil nicht der Fall. Da sich bei diesen Personen entweder eine Toleranz oder ein Bedürfnis zur Dosissteigerung des Medikaments entwickelt, findet man einen stufenweisen Anstieg der Dosis und der Einnahmehäufigkeit. Meist rechtfertigt der Betroffene seinen Konsum weiterhin durch die ursprünglichen Symptome wie Angst oder Schlaflosigkeit, das nach der Substanz verlangende Verhalten wird jedoch ausgeprägt und es werden verschiedene Ärzte aufgesucht, um ausreichend Nachschub zu erhalten. Die Toleranz kann sehr ausgeprägt sein und Entzugssymptome (einschließlich Krampfanfälle und Entzugsdelir) können auftreten. Andere Personen mit erhöhtem Risiko dürften solche mit einer Alkoholabhängigkeit sein, denen wiederholt Substanzen dieser Klasse gegen die im Zusammenhang mit Alkohol auftretende Angst oder Schlaflosigkeit verschrieben wurden.

Differentialdiagnose

Für eine allgemeine Diskussion der Differentialdiagnose von Störungen im Zusammenhang mit Psychotropen Substanzen siehe Seite 237. Sedativa-, Hypnotika- oder Anxiolytikainduzierte Störungen können durch Symptome (z. B. Ängste) gekennzeichnet sein, die **primären psychischen Störungen** ähneln (z. B. Generalisierte Angststörung versus Sedativa-, Hypnotika- oder Anxiolytikainduzierte Angststörung, Mit Beginn Während des Entzugs). Siehe Seite 240 für die Diskussion dieser Differentialdiagnose.

Eine Sedativa-, Hypnotika- oder Anxiolytikaintoxikation gleicht sehr der Alkoholintoxikation, abgesehen vom Alkoholgeruch in der Atemluft. Bei älteren Personen kann das klinische Bild der Intoxikation einer **fortschreitenden Demenz** ähneln. Außerdem können die verwaschene Sprache, die Koordinationsstörungen und andere für eine Sedativa-, Hypnotika- oder Anxiolytikaintoxikation charakteristische Nebenmerkmale das Ergebnis eines medizinischen Krankheitsfaktors (z. B. Multiple Sklerose) oder eines früheren Schädel-Hirn-Traumas (z. B. subdurales Hämatom) sein.

Der **Alkoholentzug** verursacht ein sehr ähnliches Syndrom wie der Sedativa-, Hypnotika- oder Anxiolytikaentzug. Angst, Schlaflosigkeit und Hyperaktivität des vegetativen Nervensystems, die infolge einer **Intoxikation mit anderen Drogen** (z. B. Stimulantien wie Amphetamine oder Kokain) entstehen, oder die **eine Folge von körperlichen Faktoren** (z. B. Hyperthyreose) sind, oder die mit **primären Angststörungen** (z. B. Panikstörung oder Generalisierte Angststörung) verbunden sind, können einigen Aspekten des Sedativa-, Hypnotika- oder Anxiolytikaentzugs ähneln.

Sedativa-, Hypnotika- oder Anxiolytikaintoxikation und -Entzug werden von **anderen Sedativa-, Hypnotika- oder Anxiolytikainduzierten Störungen** (z. B. Sedativa-, Hypnotika- oder Anxiolytikainduzierte Angststörung, Mit Beginn Während des Entzugs) dadurch unterschieden, daß die Symptome dieser zuletzt genannten Störungen deutlich über diejenigen hinausgehen, die normalerweise mit der Intoxikation oder dem Entzug von Sedativa-, Hypnotika- oder Anxiolytika verbunden sind und dadurch, daß sie schwer genug sind, um für sich allein genommen klinische Beachtung zu rechtfertigen.

Es sollte erwähnt werden, daß es Personen gibt, die entsprechend der ärztlichen Anweisung Benzodiazepine bei einer angemessenen medizinischen Indikation über einen ausgedehnten Zeitraum einnehmen. Auch wenn diese Personen psychisch von der Medikation abhängig sind, entwickeln viele von ihnen keine Symptomatik, die die Kriterien für eine Abhängigkeit erfüllt. Sie sind nicht übermäßig mit der Beschaffung der Substanz beschäftigt und der Konsum beeinträchtigt diese Personen nicht in ihren üblichen sozialen oder beruflichen Rollen.

292.9 (F13.9) Nicht Näher Bezeichnete Störung im Zusammenhang mit Sedativa, Hypnotika oder Anxiolytika

Die Kategorie Nicht Näher Bezeichnete Störung im Zusammenhang mit Sedativa, Hypnotika oder Anxiolytika ist für Störungen in Verbindung mit dem Konsum von Sedativa, Hypnotika oder Anxiolytika vorbehalten, die sich nicht klassifizieren lassen als Sedativa-, Hypnotika- oder Anxiolytikaabhängigkeit, Sedativa-, Hypnotika- oder Anxiolytikamißbrauch, Sedativa-, Hypnotika- oder Anxiolytikaintoxikation, Sedativa-, Hypnotika- oder Anxiolytikaentzug, Sedativa-, Hypnotika- oder Anxiolytikaintoxikationsdelir, Sedativa-, Hypnotika- oder Anxiolytikaentzugsdelir, Persistierende Sedativa-, Hypnotika- oder Anxiolytikainduzierte Demenz, Persistierende Sedativa-, Hypnotika- oder Anxiolytikainduzierte Amnestische Störung, Sedativa-, Hypnotika- oder Anxiolytikainduzierte Psychotische Störung, Sedativa-, Hypnotika- oder Anxiolytikainduzierte Affektive Störung, Sedativa-, Hypnotika- oder Anxiolytikainduzierte Angststörung, Sedativa-, Hypnotika- oder Anxiolytikainduzierte Sexuelle Funktionsstörung oder Sedativa-, Hypnotika- oder Anxiolytikainduzierte Schlafstörung.

Störung im Zusammenhang mit Multiplen Substanzen

304.80 (F19.2x) Polytoxikomanie

Diese Kategorie sollte benutzt werden, wenn über einen Zeitraum von 12 Monaten die Person wiederholt psychotrope Substanzen aus wenigstens drei Substanzgruppen konsumiert hat (nicht eingeschlossen sind Nikotin und Koffein), aber keine Substanz für sich alleine dominierte. Während dieses Zeitabschnitts wurden die Kriterien für eine Abhängigkeit von psychotropen Substanzen als Gruppe erfüllt, nicht jedoch für eine spezifische Substanz.

Störungen im Zusammenhang mit Anderen (oder Unbekannten) Substanzen

Die Kategorie Störungen im Zusammenhang mit Anderen (oder Unbekannten) Substanzen ist zur Einordnung von Störungen im Zusammenhang mit Psychotropen Substanzen vorgesehen, die nicht oben aufgeführt sind. Beispiele für diese Substanzen, die unten detaillierter beschrieben sind, beinhalten anabolische Steroide, Nitritinhalantien („poppers"), salpetrige Oxide, rezeptfreie Medikamente und rezeptpflichtige Medikamente, die nicht durch die elf Substanzklassen abgedeckt sind (z. B. Kortisol, Antihistaminika, Benztropine) und andere Substanzen mit psychotropen Effekten. Zusätzlich kann diese Kategorie verwendet werden, wenn die spezifische Substanz unbekannt ist (z. B. bei einer Intoxikation nach Einnahme aus einer unbeschrifteten Flasche mit Pillen).

Anabole Steroide erzeugen manchmal ein anfängliches Gefühl gesteigerten Wohlbefindens (oder sogar der Euphorie). Bei wiederholtem Gebrauch stellen sich dafür Energiemangel, Reizbarkeit und andere Formen der Dysphorie ein. Der kontinuierliche Gebrauch dieser Substanzen kann auch noch schwerere Symptome (z. B. eine depressive Symptomatik) und medizinische Krankheitsfaktoren (Leberschäden) hervorrufen.

Nitritinhalantien („poppers" – Gruppen von Amyl-, Butyl- und Isobutylnitrit) erzeugen eine Intoxikation, die gekennzeichnet ist durch ein Gefühl der Fülle im Kopf, leichte Euphorie, veränderte Zeitwahrnehmung, Entspannung der weichen Muskulatur und ein mögliches Anwachsen sexueller Empfindungen. Zusätzlich zu einem potentiell zwanghaften Gebrauch beinhalten diese Substanzen die Gefahr einer beeinträchtigten Funktion des Immunsystems, Reizungen des respiratorischen Systems, ein Absinken der Sauerstofftransportkapazität des Blutes und toxische Reaktionen, zu denen Erbrechen, schwere Kopfschmerzen, Blutdruckabfall und Mattigkeit gehören.

Salpetrige Oxide („Lachgas") rufen eine schnell einsetzende Intoxikation hervor, die gekennzeichnet ist durch das Gefühl der Leichtigkeit des Kopfes und ein fließendes Gefühl, das nach Beendigung des Konsums innerhalb von Minuten aufhört. Es gibt Berichte über temporäre, aber klinisch bedeutsame Verwirrtheit und reversible paranoide Zustände, wenn salpetrige Oxide regelmäßig konsumiert werden.

Andere Substanzen, die in der Lage sind, leichte Intoxikationen zu bewirken, sind **Katnip**, das Zustände ähnlich denen bei Marihuana erzeugt und in hohen Dosen zu Wahrnehmungen vom LSD-Typ führt; die **Betelnuß**, die in vielen Kulturkreisen zur Erzeugung einer leichten

Euphorie und eines Gefühls des Fließens gekaut wird; **Kava** (eine Substanz, die der Südpazifischen Pfefferpflanze entnommen ist), das eine sedierende Wirkung hat und zu Koordinationsstörungen, Gewichtsverlust, leichten Formen der Hepatitis und Lungenabnormitäten führt. Zusätzlich können Personen eine Abhängigkeit und Beeinträchtigungen durch die wiederholte Einnahme **freiverkäuflicher** und **rezeptpflichtiger Medikamente** entwickeln, zu denen **Kortisol, Antiparkinsonmittel** mit anticholinergen Effekten und **Antihistaminika** gehören. Eine Erörterung der Codierweise von Störungen im Zusammenhang mit Medikamenten findet sich auf Seite 234.

Texte und Kriterienlisten zur Definition der typischen Aspekte der Substanzabhängigkeit (siehe S. 223), des Substanzmißbrauchs (siehe S. 228), der Substanzintoxikation (siehe S. 229) und des Substanzentzugs (siehe S. 231), die für alle Substanzklassen gelten, wurden bereits dargestellt. Die Durch Andere (oder Unbekannte) Substanzen Induzierten Störungen werden in denjenigen Kapiteln des Manuals beschrieben, die Störungen derselben Symptomatik beinhalten (so ist die Durch eine Andere (oder Unbekannte) Substanz Induzierte Affektive Störung im Kapitel „Affektive Störungen" enthalten). Unten aufgeführt sind die Störungen durch den Konsum von Anderen (oder Unbekannten) Substanzen und die Durch Andere (oder Unbekannte) Substanzen Induzierten Störungen.

Störungen durch den Konsum von Anderen (oder Unbekannten) Substanzen

304.90 (F19.2x) Abhängigkeit von Anderer (oder Unbekannter) Substanz (siehe S. 223)
305.90 (F19.1) Mißbrauch von Anderer (oder Unbekannter) Substanz (siehe S. 228)

Durch Andere (oder Unbekannte) Substanzen Induzierte Störungen

292.89 (F19.0x) Intoxikation mit Anderer (oder Unbekannter) Substanz (siehe S. 229)
Bestimme, ob: Mit Wahrnehmungsstörungen (F19.04)
292.0 (F19.3) Entzug von Anderer (oder Unbekannter) Substanz (siehe S. 231)
Bestimme, ob: Mit Wahrnehmungsstörungen
292.81 (F19.03) Durch Andere (oder Unbekannte) Substanz Induziertes Delir (siehe S. 170)
292.82 (F19.73) Durch Andere (oder Unbekannte) Substanz Induzierte Persistierende Demenz (siehe S. 195)
292.83 (F19.6) Durch Andere (oder Unbekannte) Substanz Induzierte Persistierende Amnestische Störung (siehe S. 204)
292.11 (F19.51) Durch Andere (oder Unbekannte) Substanz Induzierte Psychotische Störung, Mit Wahn (siehe S. 368)
Bestimme, ob: Mit Beginn Während der Intoxikation/Mit Beginn Während des Entzugs
292.12 (F19.52) Durch Andere (oder Unbekannte) Substanz Induzierte Psychotische Störung, Mit Halluzinationen (siehe S. 368)
Bestimme, ob: Mit Beginn Während der Intoxikation/Mit Beginn Während des Entzugs
292.84 (F19.8) Durch Andere (oder Unbekannte) Substanz Induzierte Affektive Störung (siehe S. 432)
Bestimme, ob: Mit Beginn Während der Intoxikation/Mit Beginn Während des Entzugs
292.89 (F19.8) Durch Andere (oder Unbekannte) Substanz Induzierte Angststörung (siehe S. 503)

Bestimme, ob: Mit Beginn Während der Intoxikation/Mit Beginn Während des Entzugs
292.89 (F19.8) Durch Andere (oder Unbekannte) Substanz Induzierte Sexuelle Funktionsstörung (siehe S. 588)
Bestimme, ob: Mit Beginn Während der Intoxikation
292.89 (F19.8) Durch Andere (oder Unbekannte) Substanz Induzierte Schlafstörung (siehe S. 683)
Bestimme, ob: Mit Beginn Während der Intoxikation/Mit Beginn Während des Entzugs
292.9 (F19.9) Nicht Näher Bezeichnete Störung im Zusammenhang mit Anderer (oder Unbekannter) Substanz

Schizophrenie und Andere Psychotische Störungen

Die in diesem Kapitel enthaltenen Störungen sind alle dadurch charakterisiert, daß sie psychotische Symptome als definierendes Merkmal aufweisen. Andere Störungen, die ebenfalls psychotische Symptome aufweisen können (aber nicht als definierende Merkmale), werden an anderen Stellen des Manuals aufgeführt (z. B. Demenz vom Alzheimer Typ und Substanzinduziertes Delir im Kapitel „Delir, Demenz, Amnestische und Andere Kognitive Störungen"; Major Depression, Mit Psychotischen Merkmalen, im Kapitel „Affektive Störungen").

Der Begriff *psychotisch* hat historisch eine Vielzahl unterschiedlicher Definitionen erfahren, von denen keine übereinstimmend anerkannt wurde. Die engste Definition von *psychotisch* beschränkt sich auf Wahnphänomene oder ausgeprägte Halluzinationen, wobei keine Einsicht in ihren pathologischen Charakter besteht. Eine etwas weniger enggefaßte Definition würde auch solche ausgeprägten Halluzinationen einbeziehen, die die Person als halluzinatorische Erfahrungen erkennt. Eine noch weitere Definition schließt auch andere positive Schizophreniesymptome ein (z. B. desorganisierte Sprachäußerungen, grob desorganisiertes oder katatones Verhalten). Anders als diese auf Symptomen basierenden Definitionen war die in früheren Klassifikationen (z. B. DSM-II und ICD-9) gebrauchte Definition vielleicht zu weitgefaßt und zielte auf den Schweregrad der funktionellen Beeinträchtigung, so daß eine psychische Störung als *psychotisch* bezeichnet wurde, wenn sie zu einer „Beeinträchtigung, die der Fähigkeit zur Bewältigung der gewöhnlichen Lebensaufgaben erheblich entgegensteht" führte. Schließlich ist der Begriff konzeptuell als ein Verlust der Ich-Grenzen oder als eine weitgehende Beeinträchtigung der Realitätskontrolle definiert worden. Bei den unterschiedlichen Störungen in diesem Kapitel werden unterschiedliche Aspekte der verschiedenen Definitionen von *psychotisch* hervorgehoben. Bei Schizophrenie, Schizophreniformer Störung, Schizoaffektiver Störung und Kurzer Psychotischer Störung bezieht sich der Begriff *psychotisch* auf Wahnphänomene, alle ausgeprägten Halluzinationen, desorganisierte Sprachäußerungen oder desorganisiertes oder katatones Verhalten. Bei der Psychotischen Störung Aufgrund eines Medizinischen Krankheitsfaktors und bei der Substanzinduzierten Psychotischen Störung bezieht sich *psychotisch* auf Wahnphänomene oder auf ausschließlich solche Halluzinationen, die nicht von Einsicht begleitet sind. Schließlich ist bei der Wahnhaften Störung und der Gemeinsamen Psychotischen Störung *psychotisch* gleichbedeutend mit wahnhaft.

Dieses Kapitel enthält folgende Störungen:
— **Schizophrenie** ist ein Störungsbild, das mindestens 6 Monate dauert und mindestens 1 Monat andauernde Symptome der floriden Phase beinhaltet (d. h. mindestens zwei der folgenden: Wahnphänomene, Halluzinationen, desorganisierte Sprachäußerungen, grob desorganisiertes oder katatones Verhalten, negative Symptome). Außerdem sind in diesem

---

Berater der deutschen Ausgabe:
Prof. Dr. Joachim Klosterkötter, Aachen
Prof. Dr. Heiner Sauer, Jena

Übersetzer:
Dr. Ralf Erkwoh, Aachen
Dr. Matthias Albers, Aachen
Dr. Euphrosine Gouzoulis-Mayfrank, Aachen
Dr. Thomas Lohmann, Aachen

Kapitel Definitionen der Schizophreniesubtypen (Paranoid, Desorganisiert, Kataton, Undifferenziert und Residual) enthalten.
- Die **Schizophreniforme Störung** ist gekennzeichnet durch ein Symptombild, das der Schizophrenie entspricht, abgesehen von der Dauer (d. h. die Störung dauert von 1 bis 6 Monaten) sowie von der fehlenden Voraussetzung, daß es zu einem Funktionsabfall kommt.
- Die **Schizoaffektive Störung** ist ein Störungsbild, bei dem eine affektive Episode und floride Schizophreniesymptome gemeinsam aufgetreten und mindestens 2 Wochen lang Wahnphänomene oder Halluzinationen ohne vorherrschende affektive Symptome vorausgegangen oder nachgefolgt sind.
- Die **Wahnhafte Störung** ist gekennzeichnet durch mindestens einen Monat anhaltende nicht-bizarre Wahnphänomene ohne weitere floride Symptome der Schizophrenie.
- Die **Kurze Psychotische Störung** ist ein psychotisches Störungsbild, das länger als einen Tag anhält und sich innerhalb eines Monats zurückbildet.
- Die **Gemeinsame Psychotische Störung** ist ein Störungsbild, das sich bei einer Person entwickelt, die von einer anderen Person beeinflußt wird, bei der ein Wahn ähnlichen Inhaltes manifest ist.
- Bei der **Psychotischen Störung Aufgrund eines Medizinischen Krankheitsfaktors** werden die psychotischen Symptome als direkte körperliche Folge eines medizinischen Krankheitsfaktors aufgefaßt.
- Bei der **Substanzinduzierten Psychotischen Störung** werden die psychotischen Symptome als auf die direkte körperliche Wirkung einer Droge, eines Medikamentes oder einer Exposition gegenüber einem Toxin zurückzuführen angesehen.
- Die **Nicht Näher Bezeichnete Psychotische Störung** wurde zur Klassifizierung von psychotischen Zustandsbildern mit aufgenommen, die die Kriterien für keine der in diesem Kapitel definierten spezifischen Psychotischen Störungen erfüllen, oder von psychotischen Symptombildern, über die unzureichende oder widersprüchliche Informationen vorliegen.

Schizophrenie

Die Hauptmerkmale der Schizophrenie bestehen in einer Mischung charakteristischer Zeichen und Symptome (sowohl positiver als auch negativer), die für eine erhebliche Zeitspanne während eines Monats (oder für eine kürzere Zeit im Falle einer erfolgreichen Behandlung) bestanden haben, wobei einige Zeichen der Störung mindestens 6 Monate anhalten (**Kriterien A und C**). Diese Zeichen und Symptome sind verbunden mit deutlicher sozialer oder beruflicher Dysfunktion (**Kriterium B**). Das Störungsbild kann nicht besser durch die Schizoaffektive Störung oder eine Affektive Störung mit Psychotischen Merkmalen erklärt werden und geht nicht auf die direkte körperliche Wirkung einer Substanz oder eines medizinischen Krankheitsfaktors zurück (**Kriterien D und E**). Bei Personen mit einer früheren Diagnose einer Autistischen Störung (oder einer anderen Tiefgreifenden Entwicklungsstörung) ist die zusätzliche Diagnose Schizophrenie nur dann gerechtfertigt, wenn ausgeprägte Wahnphänomene oder Halluzinationen für mindestens einen Monat vorhanden sind (**Kriterium F**). Die charakteristischen Symptome der Schizophrenie betreffen eine Reihe kognitiver und emotionaler Einbußen, und zwar: Wahrnehmung, schlußfolgerndes Denken, Sprache und Kommunikation, Verhaltenskontrolle, Affekt, Flüssigkeit und Produktivität von Denken und Sprechen, Fähigkeit, sich zu freuen, Wille und Antrieb sowie Aufmerksamkeit. Kein einzelnes Symptom ist für Schizophrenie allein pathognomonisch, die Diagnose beinhaltet die Feststellung einer Konstellation von Zeichen und Symptomen, die mit einer beruflichen oder sozialen Leistungsbeeinträchtigung einhergeht.

Die charakteristischen Symptome (**Kriterium A**) können konzeptuell zwei weitgefaßten Kategorien zugeordnet werden – der positiven und der negativen. Die positiven Symptome geben anscheinend ein Übermaß oder eine Verzerrung normaler Funktionen wieder, während die negativen Symptome für eine Verminderung oder einen Verlust normaler Funktionen zu stehen scheinen. Die positiven Symptome (**Kriterien A1–A4**) umfassen Verzerrungen oder Überspitzungen des schlußfolgernden Denkens (Wahnphänomene), der Wahrnehmung (Halluzinationen), der Sprache und der Kommunikation (desorganisierte Sprachäußerungen) und der Verhaltenskontrolle (grob desorganisiertes oder katatones Verhalten). Diese positiven Symptome dürften zwei unterschiedliche Dimensionen beinhalten, die wiederum auf verschiedene zugrundeliegende neuronale Mechanismen und klinische Korrelate bezogen werden können: Die „psychotische Dimension" enthält Wahnphänomene und Halluzinationen, während die „Dimension Desorganisation" desorganisierte Sprachäußerungen und Verhaltensweisen einschließt. Negative Symptome (**Kriterium A5**) umfassen Einschränkungen in der Breite und der Intensität des Gefühlsausdrucks (Affektverflachung), der Flüssigkeit und Produktivität von Denken und Sprechen (Alogie) und der Einleitung zielgerichteten Verhaltens (Willensschwäche).

Wahnphänomene (**Kriterium A1**) sind falsche Überzeugungen, die gewöhnlich mit einer Fehldeutung von Wahrnehmungen oder Erfahrungen einhergehen. Ihr Inhalt kann eine Vielzahl an Themen aufweisen (z. B. Verfolgungswahn, Beziehungswahn, körperbezogener Wahn, religiöser Wahn oder Größenwahn). Am häufigsten ist Verfolgungswahn: Die Person glaubt, sie werde gequält, verfolgt, betrogen, ausspioniert oder der Lächerlichkeit preisgegeben. Verbreitet ist auch Beziehungswahn: Hier glaubt der Betroffene, bestimmte Gesten, Kommentare, Ausschnitte aus Büchern, Zeitungen, Liedertexten oder andere Hinweise aus der Umgebung seien speziell auf ihn gemünzt. Manchmal ist die Unterscheidung zwischen einer Wahnidee und einer fixen Idee schwierig. Sie hängt ab vom Ausmaß der Überzeugung, mit der die Ansicht trotz klarer Beweise des Gegenteils beibehalten wird.

Obwohl bizarre Wahnphänomene als besonders charakteristisch für Schizophrenie angesehen werden, kann „Bizarrheit" insbesondere angesichts kultureller Unterschiede schwierig zu beurteilen sein. Wahnphänomene werden als bizarr eingestuft, wenn sie völlig unglaubwürdig, unverständlich und nicht aus gewöhnlichen Lebenserfahrungen ableitbar sind. Ein Beispiel für bizarren Wahn ist die Überzeugung einer Person, ein Fremder habe ihr die inneren Organe entnommen und sie durch die eines anderen ersetzt, ohne Wunden oder Narben zu hinterlassen. Ein Beispiel für nicht-bizarren Wahn ist die falsche Überzeugung einer Person, von der Polizei überwacht zu werden. Wahnphänomene, die einen Verlust der Kontrolle über Verstand und Körper ausdrücken (d. h. diejenigen Symptome, die bei Kurt Schneider als „Symptome 1. Ranges" aufgeführt sind) werden im allgemeinen als bizarr eingestuft; diese betreffen die Überzeugung einer Person, daß ihre Gedanken durch irgendeine äußere Kraft weggenommen worden sind („Gedankenentzug"), daß fremde Gedanken ihr eingegeben worden sind („Gedankeneingebung") oder daß ihr Körper oder ihre Handlungen einer äußeren Macht folgen oder durch sie gelenkt werden („Kontrollwahn"/„Gefühl des Gemachten"). Wird ein Wahnphänomen als bizarr beurteilt, reicht dieses einzelne Symptom aus, um das Kriterium A für Schizophrenie zu erfüllen.

Halluzinationen (**Kriterium A2**) können in jeder Sinnesmodalität auftreten (d. h. akustisch, optisch, olfaktorisch, gustatorisch und taktil), aber bei weitem am häufigsten und für Schizophrenie charakteristisch sind akustische Halluzinationen. Akustische Halluzinationen werden gewöhnlich als vertraute oder fremde Stimmen erfahren, die getrennt von den eigenen Gedanken des Betroffenen wahrgenommen werden. Der Inhalt kann ganz verschieden sein, obwohl herabsetzende oder drohende Stimmen besonders häufig sind. Gewisse Arten akustischer Halluzinationen (d. h. zwei oder mehrere Stimmen, die sich miteinander unterhalten, Stimmen, die einen fortlaufenden Kommentar über Gedanken oder Handlungen der Person abgeben) sind als besonders charakteristisch für Schizophrenie erachtet worden und waren in Schneiders Symptomen 1. Ranges enthalten. Kommen diese Arten von Halluzinationen vor, reicht dieses einzelne Symptom aus, um Kriterium A zu erfüllen. Die Halluzinationen müssen bei klarem Bewußtsein auftreten; jene, die sich während des Einschlafens (hypnagog) oder Aufwachens (hypnopomp) einstellen, werden zur Spielbreite des normalen Erlebens gerechnet. Auch vereinzelte Erfahrungen wie die, daß sich jemand bei seinem Namen genannt hört, oder Erlebnisse, denen die Qualität einer Wahrnehmung von außen fehlt (z. B. ein Summen im Kopf), werden nicht zu den für Schizophrenie charakteristischen Halluzinationen gezählt. Halluzinationen können auch ein normaler Bestandteil religiöser Erfahrungen in bestimmten kulturellen Zusammenhängen sein.

Einige Autoren (insbesondere Bleuler) haben argumentiert, daß das desorganisierte Denken („formale Denkstörung", „Assoziationslockerung") das einzige, wichtigste Merkmal der Schizophrenie ist. Weil es schwierig ist, eine objektive Definition für „Denkstörung" zu entwikkeln, und weil im klinischen Rahmen Schlußfolgerungen bezüglich des Gedankenganges sich primär auf die Sprachäußerungen des Betroffenen stützen, ist das Konzept der desorganisierten Sprache (**Kriterium A3**) in der in diesem Manual für Schizophrenie benutzten Definition betont worden. Die sprachlichen Äußerungen von Personen mit Schizophrenie können auf ganz unterschiedliche Art desorganisiert sein. Der Betroffene kann von einem Gedanken zum nächsten „aus dem Gleis geraten" („Entgleisung" oder „Assoziationslockerung"), Antworten können nur indirekt oder gar nicht mit den Fragen verbunden sein („Danebenreden"), und in seltenen Fällen kann die Sprache so schwerwiegend desorganisiert sein, daß sie nahezu unverständlich ist und bezüglich ihrer linguistischen Desorganisation einer sensorischen Aphasie ähnelt („Zerfahrenheit" oder „Wortsalat"). Weil geringfügig desorganisiertes Sprechen häufig und unspezifisch ist, muß das Symptom schwer genug sein, um das Gelingen der Kommunikation wesentlich zu beeinträchtigen. Weniger schwer desorganisiertes Denken oder Sprechen kann während der Prodromal- und Residualperioden der Schizophrenie (siehe Kriterium C) vorkommen.

Grob desorganisiertes Verhalten (**Kriterium A4**) kann sich auf unterschiedliche Weisen manifestieren, die von kindlicher (läppischer) Albernheit bis zu unvorhersehbarer Erregung reichen. Probleme können sich bei jeder Form zielgerichteten Verhaltens bemerkbar machen und zu Schwierigkeiten bei der Durchführung von Alltagsaktivitäten wie Zubereitung von Mahlzeiten oder Einhaltung der Hygiene führen. Die Person kann deutlich unordentlich auftreten, sich vielleicht ungewöhnlich kleiden (z. B. mehrere Mäntel, Kopftücher und Handschuhe an einem heißen Tag tragen) oder eindeutig unangemessenes sexuelles Verhalten bieten (z. B. öffentliche Masturbation) oder unvorhersehbare und unmotivierte Erregung (z. B. Schreien oder Fluchen) zeigen. Vorsicht ist geboten, dieses Kriterium nicht zu breit anzuwenden. Grob desorganisiertes Verhalten muß von nur ziellosem oder allgemein unzweckmäßigem Verhalten und von einem organisierten, jedoch durch wahnhafte Überzeugungen motivierten Verhalten unterschieden werden. Hier gilt in ähnlicher Weise, daß wenige Vorkommnisse von ruhelosem, zornigem oder erregtem Verhalten nicht schon als Beleg für Schizophrenie gewertet werden sollten, insbesondere wenn die Motivation verständlich ist.

Katatone motorische Verhaltensweisen (**Kriterium A4**) umfassen ein ausgeprägtes Nachlassen der Reagibilität auf die Umgebung, die bei Erreichen eines extremen Grades überhaupt nicht mehr bewußt wahrgenommen wird (katatoner Stupor), das Verharren in einer steifen Körperhaltung mit spürbarem Widerstand bei passiven Bewegungsversuchen (katatone Rigidität), den aktiven Widerstand gegenüber Aufforderungen oder Fremdversuchen, eine Bewegung durchzuführen (katatoner Negativismus), die Einnahme von inadäquaten oder bizarren Körperhaltungen (katatone Haltungsstereotypie) oder sinnlose und nicht durch äußere Reize hervorgerufene, übermäßige motorische Aktivität (katatone Erregung). Obwohl historisch die Katatonie mit der Schizophrenie assoziiert wurde, sollte der Untersucher wissen, daß katatone Symptome unspezifisch sind und auch bei anderen psychischen Störungen (siehe Affektive Störungen mit Katatonen Merkmalen, S. 443), bei medizinischen Krankheitsfaktoren (siehe Katatone Störung Aufgrund eines Medizinischen Krankheitsfaktors, S. 214) und bei Medikamenteninduzierten Bewegungsstörungen (siehe Neuroleptikainduzierter Parkinsonismus, S. 765, 826) vorkommen können.

Die negativen Symptome der Schizophrenie (**Kriterium A5**) erklären ein wesentliches Ausmaß der mit der Störung verbundenen Morbidität. Drei negative Symptome – Affektverflachung, Alogie und Willensschwäche – sind in die Definition der Schizophrenie eingegangen; andere Negativsymptome (z. B. Anhedonie) werden im Kapitel „Zugehörige Merkmale und Störungen" aufgeführt (s. unten). Verflachter Affekt ist besonders häufig und dadurch gekennzeichnet, daß das Gesicht des Betroffenen unbewegt und teilnahmslos erscheint, daß kaum Blickkontakt aufgenommen und wenig Körpersprache gezeigt wird. Auch wenn jemand mit Affektverflachung gelegentlich lächeln und auftauen kann, so bleibt doch die meiste Zeit die Spielbreite des Gefühlsausdrucks deutlich eingeschränkt. Um festzustellen, ob die Affektverflachung von ausreichender Dauer ist, um das Kriterium zu erfüllen, kann es nützlich sein, den Betroffenen im Umgang mit Bezugspersonen zu beobachten. Alogie (Sprachverarmung) zeigt sich in kurzen, lakonischen, leeren Erwiderungen. Die Person mit Alogie scheint eine Gedankenverarmung zu haben, die sich in vermindertem Redefluß und verminderter Redemenge niederschlägt. Dies ist zu unterscheiden von einer Unwilligkeit zu sprechen; diese klinische Beurteilung kann eine langfristige und verschiedene Situationen berücksichtigende Beobachtung erfordern. Willensschäche ist gekennzeichnet durch eine Unfähigkeit, zielgerichtete Aktivitäten zu beginnen und durchzuhalten. Die Person kann während langer Zeitperioden nur dasitzen und kaum Interesse zeigen, an einer Arbeit oder sozialen Aktivität teilzunehmen.

Obwohl negative Symptome bei Schizophrenie ubiquitär vorkommen, sind sie schwierig zu beurteilen, weil sie kontinuierliche Übergänge zur Normalität zeigen, unspezifisch sind und durch eine Vielzahl anderer Faktoren bedingt sein können (z. B. als Folgeerscheinung positiver Symptome, medikamentöser Nebenwirkungen, einer Affektiven Störung, einer Unterforderung seitens der Umgebung oder Demoralisierung). Soziale Isolation oder verarmte Sprache dürfen nicht als negative Symptome verstanden werden, wenn sie infolge eines positiven Symptoms (z. B. einem paranoiden Wahnphänomen oder einer ausgeprägten Halluzination) auftreten. Das Verhalten einer Person beispielsweise mit der wahnhaften Überzeugung, in Gefahr zu geraten, falls sie das Zimmer verläßt oder zu irgendjemandem spricht, kann Alogie und Willensschwäche vortäuschen. Neuroleptische Medikamente bringen oft extrapyramidale Nebenwirkungen hervor, die starke Ähnlichkeit mit Affektverflachung oder Willensschwäche haben. Die Unterscheidung zwischen tatsächlichen Negativsymptomen und medikamentösen Nebenwirkungen hängt von der klinischen Urteilsbildung im Hinblick auf den Schweregrad der negativen Symptome, die Art und den Typ der neuroleptischen Medikation, die Effekte der Dosisanpassung und die Wirkungen anticholinerger Medikamente ab. Für die schwierige Unterscheidung zwischen negativen und depressiven Symptomen können andere begleitende Symptome, falls vorhanden, herangezogen werden sowie die Tatsache, daß Personen mit Symptomen der Depression typischerweise einen intensiven, schmerzlichen Affekt erleben, während solche mit Schizophrenie eher eine Minderung oder Leere des Affektes aufweisen. Schließlich kann chronische Unterforderung oder Demoralisierung durch die Umgebung in erlernte Apathie und Willensschäche ausmünden. Das Vorhandensein einer Negativsymptomatik läßt sich vielleicht dadurch am besten nachweisen, daß sie trotz Bemühungen, alle oben genannten in Frage kommenden Ursachen auszuräumen, über eine beträchtliche Zeitspanne bestehen bleiben. Es ist vorgeschlagen worden, überdauernde negative Symptome als „defizitäre" Symptome zu bezeichnen.

Das Kriterium A für Schizophrenie verlangt, daß mindestens 2 der 5 Items gemeinsam, und zwar während des überwiegenden Teils von mindestens 1 Monat vorhanden sind. Wenn dagegen Wahnphänomene bizarr sind oder Halluzinationen „kommentierende Stimmen" oder „dialogisierende Stimmen" einschließen, dann ist das Vorhandensein von nur einem Item erforderlich. Diese relativ gewichtige Konstellation von Zeichen und Symptomen wird als „floride Phase" bezeichnet. Für jene Situationen, in denen sich die floriden Symptome infolge Behandlung innerhalb eines Monats zurückbilden, kann das Kriterium A immer noch als erfüllt angesehen werden, falls der Untersucher urteilt, daß die Symptome ohne erfolgreiche Behandlung über einen Monat fortbestanden hätten. Bei Kindern sollte bei der Beurteilung der charakteristischen Symptome gründlich erwogen werden, ob andere Störungen oder Entwicklungsschwierigkeiten vorliegen. Beispielsweise sollte eine desorganisierte Sprechweise bei einem Kind mit einer Kommunikationsstörung nicht für eine Schizophreniediagnose in Anspruch genommen werden, wenn nicht das Ausmaß der Desorganisation bedeutend höher ist als allein aufgrund der Kommunikationsstörung zu erwarten.

Schizophrenie führt zu Einbußen in einem oder mehreren wichtigen Funktionsbereichen (z. B. zwischenmenschliche Beziehungen, Arbeit oder Ausbildung oder eigene Versorgung) (**Kriterium B**). Typischerweise liegt das Leistungsniveau deutlich unter dem, das vor Beginn der Symptomatik erreicht wurde. Bei Beginn des Störungsbildes in der Kindheit oder Adoleszenz hingegen kann es eher zu einem Zurückbleiben hinter dem, was für den Betroffenen erwartet wird, als zu einer Leistungsminderung kommen. Ein Vergleich der Person mit nicht erkrankten Geschwistern kann bei dieser Einschätzung helfen. Oft wird das Weiterkommen in der Ausbildung abgebrochen, und die Person ist unfähig, die Schule zu beenden. Viele Betroffene sind außerstande, eine berufliche Tätigkeit über längere Zeiten dauerhaft beizubehalten und werden auf einem Niveau beschäftigt, das unter dem ihrer Eltern liegt („Abstieg"). Die Mehrheit der Personen mit Schizophrenie (60–70 %) bleibt unverheiratet, und die meisten haben relativ beschränkte Sozialkontakte. Die Einbußen bleiben für einen beträchtlichen Abschnitt des Krankheitsverlaufes bestehen und scheinen nicht die direkte Folge eines einzelnen Merkmals zu sein. Wenn beispielsweise eine Frau ihre Berufstätigkeit aufgrund der umschriebenen Wahnidee aufgibt, daß ihr Vorgesetzter sie zu töten versucht, so ist dies allein noch kein hinreichender Beleg für dieses Kriterium, es sei denn, es findet sich ein umfassenderes Muster von Schwierigkeiten (gewöhnlich in mehreren Leistungsbereichen).

Einige Zeichen des Störungsbildes müssen kontinuierlich für mindestens 6 Monate anhalten (**Kriterium C**). Während dieser Zeitspanne müssen für mindestens einen Monat Symptome vorhanden sein (oder weniger als einen Monat, wenn die Symptome erfolgreich behandelt werden), die das Kriterium A für Schizophrenie (die floride Phase) erfüllen. Vor der floriden Phase sind oft Prodromalsymptome vorhanden, und Residualsymptome können nachfolgen. Einige prodromale und residuale Symptome sind relativ milde oder unterschwellige Formen der im Kriterium A spezifizierten positiven Symptome. Die Personen können eine Vielfalt ungewöhnlicher oder absonderlicher Überzeugungen äußern, die nicht von wahnhaftem Ausmaß sind (z. B. Beziehungsideen oder magisches Denken); sie können ungewöhnliche Wahrnehmungserlebnisse haben (z. B. die Gegenwart einer unsichtbaren Person oder Macht spüren, ohne daß ausgeformte Halluzinationen vorliegen); ihre Sprechweise kann im allgemeinen zwar verständlich, aber abschweifend, vage oder übermäßig abstrakt oder konkret sein; und ihr Verhalten kann sonderbar, aber nicht grob desorganisiert sein (z. B. vor sich hin murmeln, eigenartige und offenbar wertlose Dinge sammeln). Zusätzlich zu diesen den positiven nahestehenden Symptomen sind in den Prodromal- und Residualphasen negative Symptome besonders häufig und können oft schwer ausgeprägt sein. Menschen, die sozial aktiv gewesen sind, ziehen sich zurück; sie verlieren das Interesse an Aktivitäten, über die sie sich zuvor freuen konnten; sie können weniger gesprächig und wißbegierig werden; und sie können den Großteil ihrer Zeit im Bett verbringen. Derartige Negativsymptome sind oft das erste Zeichen für die Familie, daß etwas nicht stimmt; Familienangehörige berichten vielleicht letztlich, daß sie den Betroffenen als jemanden erleben, der sich gleichsam „schrittweise davonstiehlt".

Subtypen und Verlaufszusatzcodierungen

Die Diagnose eines bestimmten Subtypus stützt sich auf das Zustandsbild, das den Anlaß für die letzte Untersuchung oder für die Einweisung zur klinischen Behandlung gab und das sich deshalb über die Zeit ändern kann. Für jeden der folgenden Subtypen ist jeweils eigener Text und Kriterien vorgesehen:
— 295.30 (F20.0x) **Paranoider Typus** (siehe S. 342)
— 295.10 (F20.1x) **Desorganisierter Typus** (siehe S. 343)
— 295.20 (F20.2x) **Katatoner Typus** (siehe S. 344)
— 295.90 (F20.3x) **Undifferenzierter Typus** (siehe S. 345)
— 295.60 (F20.5x) **Residualer Typus** (siehe S. 345)

Die folgenden Zusatzcodierungen können dazu benutzt werden, den charakteristischen Verlauf der Schizophreniesymptome über die Zeit kenntlich zu machen. Diese Zusatzcodierungen können erst dann angewendet werden, wenn mindestens 1 Jahr nach dem ersten Einsetzen der floriden Symptome vergangen ist. Während dieser initialen 1-Jahres-Periode kann keine Verlaufszusatzcodierung gegeben werden.
— **Episodisch mit Residualsymptomen zwischen den Episoden.** Diese Zusatzcodierung trifft zu, wenn der Verlauf durch Episoden entsprechend dem Kriterium A für Schizophrenie charakterisiert ist und zwischen den Episoden klinisch bedeutsame Residualsymptome vorkommen. **Mit Ausgeprägten Negativen Symptomen** kann hinzugefügt werden, wenn ausgeprägte negative Symptome während dieser Residualperioden auftreten.
— **Episodisch ohne Residualsymptome zwischen den Episoden.** Diese Zusatzcodierung trifft zu, wenn der Verlauf durch Episoden entsprechend dem Kriterium A für Schizophrenie charakterisiert ist und zwischen den Episoden keine klinisch bedeutsamen Residualsymptome vorkommen.
— **Kontinuierlich.** Diese Zusatzcodierung trifft zu, wenn charakteristische Symptome des Kriteriums A durchgängig (oder meistens) während des Verlaufes vorhanden sind. **Mit Ausgeprägten Negativen Symptomen** kann hinzugefügt werden, wenn gleichzeitig ausgeprägte negative Symptome vorhanden sind.

— **Einzelne Episode Teilremittiert.** Diese Zusatzcodierung trifft zu, wenn eine einzelne Episode entsprechend dem Kriterium A für Schizophrenie auftrat und einige klinisch bedeutsame Residualsymptome verbleiben. **Mit Ausgeprägten Negativen Symptomen** kann hinzugefügt werden, wenn diese Residualsymptome ausgeprägte negative Symptome einschließen.
— **Einzelne Episode Vollremittiert.** Diese Zusatzcodierung trifft zu, wenn eine einzelne Episode entsprechend dem Kriterium A für Schizophrenie auftrat und keine klinisch bedeutsamen Residualsymptome bestehen bleiben.
— **Anderes oder Unspezifisches Muster.** Diese Zusatzcodierung wird für ein anderes oder ein unspezifisches Verlaufsmuster benutzt.

Codierungsregeln

Der Diagnosenschlüssel für Schizophrenie wird auf der Basis des angemessenen Subtypes ausgewählt: 295.30 für Paranoider Typus, 295.10 für Desorganisierter Typus, 295.20 für Katatoner Typus, 295.90 für Undifferenzierter Typus und 295.60 für Residualer Typus. Es stehen keine Verschlüsselungen auf der fünften Stelle für die Verlaufszusatzcodierungen zur Verfügung. Bei der Aufzeichnung des Namens der Störung wird die Verlaufsbezeichnung hinter dem angemessenen Subtypus notiert (z. B. 295.30 Schizophrenie, Paranoider Typus, Episodisch mit Residualsymptomen zwischen den Episoden, Mit Ausgeprägten Negativen Symptomen).

Zugehörige Merkmale und Störungen

Zugehörige Beschreibungsmerkmale und psychische Störungen. Die Person mit Schizophrenie kann einen inadäquaten Affekt (z. B. lächeln, lachen oder einen albernen Gesichtsausdruck ohne adäquaten Auslöser) bieten, der eines der Definitionsmerkmale des Desorganisierten Typus ist. Anhedonie ist häufig und zeigt sich in einem Verlust an Interesse oder Freude. Dysphorische Verstimmungen können die Form von Depression, Angst oder Wut annehmen. Es kann zu Störungsbildern im Schlafmuster kommen (z. B. Schlafen während des Tages oder nächtliche Aktivitäten oder Ruhelosigkeit). Der Betroffene kann mangelhaftes Interesse am Essen zeigen oder die Nahrung aufgrund wahnhafter Überzeugungen verweigern. Oft finden sich Besonderheiten der psychomotorischen Aktivität (z. B. Auf- und Abgehen, Schaukeln oder apathische Bewegungsarmut). Häufig ist eine Konzentrationsstörung offenkundig, in der sich Probleme beim Fokussieren der Aufmerksamkeit oder eine Ablenkbarkeit, bedingt durch ein Eingenommensein von inneren Stimuli, widerspiegeln. Obwohl aus herkömmlicher Sicht die grundlegenden intellektuellen Funktionen bei Schizophrenie für intakt gehalten werden, sind oft einige Hinweise auf kognitive Leistungseinbußen vorhanden. Die Person kann während einer Periode der Exazerbation florider Symptome oder in Gegenwart sehr schwer ausgeprägter Negativsymptomatik verwirrt oder desorientiert sein oder Beeinträchtigungen des Gedächtnisses haben. Mangel an Krankheitseinsicht ist häufig und möglicherweise einer der besten Prädiktoren für einen ungünstigen Ausgang, vielleicht weil dadurch die Person zu Noncompliance hinsichtlich der Behandlung neigt. Depersonalisation, Derealisation und körperbezogene Befürchtungen können vorkommen und erreichen manchmal wahnhafte Ausmaße. Bisweilen kommen Bewegungsauffälligkeiten (z. B. Grimassieren, Haltungsverharren, seltsame Manierismen, rituelles oder stereotypes Verhalten) vor. Aus vielen Gründen ist die Lebenserwartung von Personen mit Schizophrenie niedriger als die der Allgemeinbevölkerung. Suizid ist ein wichtiger Faktor, denn annähernd 10 % der Personen mit Schizophrenie begehen Selbstmord. Risikofaktoren für Suizid sind: männliches

Geschlecht, Alter unter 30 Jahren, depressive Symptome, Arbeitslosigkeit und kurz zurückliegende Entlassung aus dem Krankenhaus. Es gibt widersprüchliche Befunde zu der Frage, ob die Häufigkeit von Gewalttaten größer als in der Allgemeinbevölkerung ist. Komorbidität mit Störungen in Zusammenhang mit Psychotropen Substanzen (einschließlich Nikotinabhängigkeit) ist häufig. Manchmal können dem Beginn der Schizophrenie Schizotypische, Schizoide oder Paranoide Persönlichkeitsstörungen vorausgehen. Unklar ist, ob diese Persönlichkeitsstörungen nur einfach Vorläufer der Schizophrenie sind oder ob sie eine eigenständige frühere Störung darstellen.

Zugehörige Laborbefunde. Es sind keine Laborbefunde identifiziert worden, anhand derer die Schizophrenie diagnostiziert werden kann. Es ist jedoch eine Vielzahl von Laborbefunden festgestellt worden, die bei Gruppen von Personen mit Schizophrenie im Vergleich zu Kontrollpersonen abnorm ausfallen. Übereinstimmend sind hirnstrukturelle Abweichungen bei Schizophrenie-Gruppen nachgewiesen worden. Die häufigsten Strukturabweichungen betreffen eine Vergrößerung des Ventrikelsystems und erweiterte Sulci des Kortex. Auch hat sich eine Fülle weiterer Abnormitäten mit Hilfe struktureller bildgebender Techniken gefunden (z. B. verringerte temporale und hippokampale Größe, vermehrte Größe der Basalganglien, verringerte Gehirngröße). Funktionelle bildgebende Techniken haben gezeigt, daß einige Betroffene eine abnorme zerebrale Durchblutung oder Glukoseutilisation in bestimmten Hirnregionen (z. B. im präfrontalen Kortex) haben. Neuropsychologische Untersuchungen können ein großes Ausmaß an Funktionsstörungen zeigen (z. B. eingeschränkte Umstellfähigkeit, Schwierigkeit, die Aufmerksamkeit zu fokussieren, abstrakte Begriffe zu bilden). Neurophysiologische Befunde umfassen eine Verlangsamung von Reaktionsgeschwindigkeiten, Abnormitäten bei Augenfolgebewegungen oder Beeinträchtigungen des sensorischen Filterns. Abweichende Laborbefunde können auch entweder als Komplikation der Schizophrenie oder ihrer Behandlung gefunden werden. Einige Personen mit Schizophrenie trinken übermäßige Flüssigkeitsmengen („Wasservergiftung") und entwickeln Abweichungen des spezifischen Gewichts des Urins oder Elektrolytverschiebungen. Erhöhte Kreatinphosphokinase (CPK) kann von einem Malignen Neuroleptischen Syndrom (siehe S. 765, 829) herrühren.

Zugehörige körperliche Untersuchungsbefunde und medizinische Krankheitsfaktoren. Personen mit Schizophrenie sind manchmal körperlich ungeschickt und können neurologische „soft signs" aufweisen, wie etwa eine links/rechts-Unsicherheit, Koordinationsstörungen oder Spiegelbewegungen. Einige geringfügige körperliche Anomalien (z. B. hochgewölbter harter Gaumen, enger oder weiter Augenabstand oder subtile Fehlbildungen der Ohren) können bei Personen mit Schizophrenie gehäuft auftreten. Vielleicht sind Bewegungsstörungen die am weitesten verbreiteten körperlichen Nebenbefunde. Wahrscheinlich sind die meisten von ihnen auf Nebenwirkungen der Behandlung mit antipsychotischen Medikamenten zurückzuführen. Bewegungsstörungen nach neuroleptischer Behandlung umfassen die Neuroleptikainduzierte Tardive Dyskinesie (siehe S. 766, 837), den Neuroleptikainduzierten Parkinsonismus (siehe S. 765, 826), die Neuroleptikainduzierte Akute Akathisie (siehe S. 766, 835), die Neuroleptikainduzierte Akute Dystonie (siehe S. 765, 832) und das Maligne Neuroleptische Syndrom (siehe S. 765, 829). Spontane Bewegungsstörungen, die jenen ähnlich sind, die durch Neuroleptika induziert werden können (z. B. Nase rümpfen, Zunge schnalzen, Grunzen), waren in der präneuroleptischen Ära beschrieben worden und werden auch immer noch beobachtet, gleichwohl können sie nur schwer von neuroleptischen Effekten getrennt werden. Andere körperliche Befunde können auf die häufig zugehörigen Störungen zurückgeführt werden. Da beispielsweise Nikotinabhängigkeit bei der Schizophrenie so häufig ist, entwickeln diese Personen mit höherer Wahrscheinlichkeit Krankheiten, die mit dem Rauchen in Zusammenhang stehen (z. B. Emphysem und andere pulmonale und Herzerkrankungen).

Besondere kulturelle, Alters- und Geschlechtsmerkmale

Untersucher, die unter sozioökonomischen oder kulturellen Bedingungen, die sich von ihren eigenen unterscheiden, Symptome der Schizophrenie feststellen, müssen kulturelle Unterschiede mitberücksichtigen. Ideen, die in einem Kulturkreis wahnhaft erscheinen mögen (z. B. Zauberei und Hexerei), können in einem anderen üblich sein. In einigen Kulturen können optische oder akustische Halluzinationen religiösen Inhaltes normaler Bestandteil religiöser Erfahrung sein (z. B. die Jungfrau Maria sehen oder die Stimme Gottes hören). Darüber hinaus kann die Erfassung desorganisierter Sprachäußerungen durch kulturbedingte, linguistische Abweichungen des Erzählstils erschwert werden, die sich auf die logische Form der sprachlichen Darbietung auswirken. Die Beurteilung des Affektes erfordert Feingefühl für unterschiedliche Stile des Gefühlsausdrucks, für Blickkontakt und Körpersprache, die je nach Kultur variieren. Falls die Untersuchung in einer anderen Sprache als der Muttersprache des Betroffenen durchgeführt wird, hat man sich sorgfältig zu vergewissern, daß Alogie nicht durch Sprachbarrieren hervorgerufen wird. Da erwartet werden kann, daß sich die kulturelle Bedeutung selbstveranlaßter, zielgerichteter Aktivität je nach der Umgebung verändert, müssen auch Störungen der Willensbildung sorgfältig erfaßt werden. Es gibt Anhaltspunkte dafür, daß Untersucher die Tendenz haben können, bei einigen ethnischen Gruppen Schizophrenie zu häufig zu diagnostizieren (statt Bipolarer Störung). Es wurden kulturelle Unterschiede hinsichtlich Zustandsbild, Verlauf und Ausgang beschrieben. So wurde berichtet, daß katatones Verhalten bei Personen mit Schizophrenie aus den Vereinigten Staaten relativ selten, aber in nicht-westlichen Ländern häufiger ist. Personen aus Entwicklungsländern mit Schizophrenie scheinen im Vergleich zu Menschen aus Industrienationen einen akuteren Verlauf mit günstigerem Ausgang zu haben.

Die Schizophrenie beginnt typischerweise zwischen Ende des zweiten und Mitte des vierten Lebensjahrzehntes, wobei ein Beginn vor der Adoleszenz selten ist (obwohl über Fälle mit einem Alter bei Beginn von 5 oder 6 Jahren berichtet wurde). Die wesentlichen Krankheitsmerkmale sind bei Kindern die gleichen, dennoch kann die Diagnosestellung in dieser Altersgruppe besondere Schwierigkeiten bereiten. Bei Kindern können Wahnphänomene und Halluzinationen weniger ausgeformt als bei Erwachsenen sein und optische Halluzinationen können häufiger vorkommen. Desorganisierte Sprache wird bei einer Vielzahl von Störungen beobachtet, deren Beginn in die Kindheit fällt (z. B. Kommunikationsstörung, Tiefgreifende Entwicklungsstörungen), was auch für desorganisiertes Verhalten (z. B. Aufmerksamkeitsdefizit-/Hyperaktivitätsstörung, Stereotype Bewegungsstörung) gilt. Diese Symptome sollten nicht der Schizophrenie zugeschrieben werden, ohne diese in der Kindheit häufigeren Störungen gründlich in Betracht gezogen zu haben. Schizophrenie kann auch später im Leben auftreten (d. h. nach dem 45. Lebensjahr). Schizophreniefälle mit spätem Beginn sind im allgemeinen denjenigen mit frühem Beginn ähnlich, mit folgenden Ausnahmen: ein höherer Anteil an Frauen, eine bessere berufliche Vorgeschichte und eine größere Häufigkeit, verheiratet gewesen zu sein. Das klinische Zustandsbild beinhaltet mit höherer Wahrscheinlichkeit paranoide Wahnphänomene und Halluzinationen und mit geringerer Wahrscheinlichkeit desorganisierte und negative Symptome. Der Verlauf ist gewöhnlich chronisch, obwohl die Betroffenen oft günstig auf niedrigere Dosen antipsychotischer Medikamente ansprechen. Bei jenen Fällen mit sehr später Erstmanifestation (d. h. älter als 60 Jahre) treten anscheinend sensorische Defizite (z. B. Hörverlust) häufiger als in der erwachsenen Allgemeinbevölkerung auf. Ihre spezifische Rolle in der Pathogenese bleibt unbekannt.

Es gibt Geschlechtsunterschiede bezüglich Zustandsbild und Verlauf der Schizophrenie. Frauen haben wahrscheinlich einen späteren Erkrankungsbeginn, mehr ausgeprägte affektive Symptome und eine günstigere Prognose. Obwohl man lange Zeit daran festgehalten hat, daß Männer und Frauen etwa gleich häufig betroffen seien, werden Schätzungen der Geschlechtsverteilung durch Probleme bei der Erhebung und der Definition ungenau. Studien in Krankenhäusern deuten auf eine höhere Schizophrenierate bei Männern hin, während Feldstudien in der Allgemeinbevölkerung zumeist eine ausgeglichene Geschlechtsverteilung vermuten lassen. Definitionen der Schizophrenie, die hinsichtlich der Abgrenzung zu den Affektiven Störungen weiter gefaßt sind, werden zu einem größeren Verhältnis von Frauen zu Männern gelangen als das in diesem Manual benutzte, relativ enge Konstrukt der Schizophrenie.

Prävalenz

Die mitgeteilte Prävalenz der Schizophrenie unterliegt Schwankungen, weil verschiedene Studien unterschiedliche Erhebungsmethoden (z. B. städtische versus ländliche Population; Allgemeinbevölkerung versus Klinik oder Krankenhaus) und uneinheitliche Schizophreniedefinitionen (eng versus weit, kriterienbezogen versus klinisch orientiert) verwendet haben. In vielen großen Studien haben sich die Schätzungen der Prävalenz zwischen 0,2 % und 2,0 % bewegt. Die Prävalenzraten sind weltweit ähnlich, aber es ist über Ballungen mit hohen Prävalenzraten in einigen besonderen Gegenden berichtet worden. Unter Berücksichtigung all dieser Informationsquellen wird für die gesamte Lebenszeit die Schizophrenieprävalenz zwischen 0,5 % und 1 % geschätzt. Da Schizophrenie im allgemeinen chronisch ist, liegen Inzidenzraten beträchtlich niedriger als Prävalenzraten und werden auf annähernd 1 auf 10.000 pro Jahr geschätzt.

Verlauf

Der Median des Erkrankungsalters liegt für die erste psychotische Episode der Schizophrenie bei Männern im frühen bis mittleren und bei Frauen im späten dritten Lebensjahrzehnt. Der Beginn kann plötzlich oder schleichend erfolgen, aber die Mehrzahl der Betroffenen zeigt irgendeine Art von Prodromalphase, die sich in einer langsamen und allmählichen Entwicklung einer Vielzahl von Zeichen und Symptomen manifestiert (z. B. sozialer Rückzug, mangelndes Interesse an der Schule oder an der Arbeit, Vernachlässigung der Hygiene und Körperpflege, ungewöhnliches Verhalten, Wutausbrüche). Familienangehörige können dieses Verhalten schwer verständlich finden und annehmen, daß der Betroffene „eine Phase durchmacht". Schließlich wird jedoch das Erscheinen irgendeines floriden Symptoms die Erkrankung als Schizophrenie kenntlich machen. Das Ersterkrankungsalter kann sowohl pathophysiologische als auch prognostische Bedeutung haben. Personen mit einem frühen Ersterkrankungsalter sind häufiger männlich und prämorbid schlechter angepaßt, haben einen schlechteren Ausbildungsstand, zeigen mehr Hinweise auf hirnstrukturelle Auffälligkeiten, ausgeprägtere negative Zeichen und Symptome, mehr mit neuropsychologischen Tests zu erfassende Hinweise auf kognitive Beeinträchtigungen und einen ungünstigeren Ausgang. Umgekehrt sind Personen mit einem höheren Alter bei Beginn häufiger Frauen, haben weniger Hinweise auf hirnstrukturelle Auffälligkeiten oder kognitive Beeinträchtigungen und haben eine günstigere Prognose.

Nach den meisten Studien zu Verlauf und Ausgang der Schizophrenie scheint der Verlauf sehr variabel, wobei einige Personen Exazerbationen und Remissionen aufweisen, während andere chronisch krank bleiben. Aufgrund der Uneinheitlichkeit bezüglich Definition und

Erhebung ist eine exakte, zusammenfassende Aussage zum langfristigen Ausgang der Schizophrenie nicht möglich. Vollständige Remission (d. h. Rückkehr zum vollen prämorbiden Leistungsniveau) ist bei dieser Störung wahrscheinlich nicht häufig. Von denen, die krank bleiben, scheinen einige einen relativ stabilen Verlauf zu nehmen, während andere eine fortschreitende Verschlechterung verbunden mit schwerer Behinderung zeigen. In Frühstadien der Erkrankung können negative Symptome vorherrschen, die in erster Linie als prodromale Merkmale in Erscheinung treten. Nachfolgend treten positive Symptome auf. Da diese positiven Symptome besonders leicht auf Behandlung ansprechen, gehen sie typischerweise wieder zurück, jedoch ist es bei vielen Betroffenen so, daß negative Symptome zwischen den Episoden mit Positivsymptomatik bestehen bleiben. Es gibt einige Anhaltspunkte dafür, daß bei manchen Personen negative Symptome während des Krankheitsverlaufes ständig zunehmend in den Vordergrund treten können. In zahlreichen Studien wurde eine Gruppe von Faktoren gefunden, die mit einer besseren Prognose verbunden sind. Dazu gehören gute prämorbide Anpassung, akuter Beginn, höheres Lebensalter bei Erkrankungsbeginn, weibliches Geschlecht, auslösende Ereignisse, begleitende affektive Störungen, kurze Dauer der floriden Symptome, gute Leistungsfähigkeit zwischen den Episoden, minimale Residualsymptome, Fehlen hirnstruktureller Auffälligkeiten, normale neurologische Funktionsabläufe, das Vorhandensein von affektiven Störungen und das Fehlen von Schizophrenie in der Familienanamnese.

Familiäres Verteilungsmuster

Die biologischen Verwandten ersten Grades von Personen mit Schizophrenie haben ein ungefähr zehnfach höheres Risiko für Schizophrenie als die Allgemeinbevölkerung. Bei monozygoten Zwillingen sind die Konkordanzraten höher als bei dizygoten Zwillingen. Adoptionsstudien haben gezeigt, daß biologische Verwandte von Personen mit Schizophrenie ein erheblich erhöhtes Risiko für Schizophrenie aufweisen, dagegen haben adoptierte Angehörige kein erhöhtes Risiko. Obwohl viele Gesichtspunkte für die Bedeutung genetischer Faktoren bei der Ätiologie der Schizophrenie sprechen, weist das Vorkommen einer erheblichen Diskordanzrate bei monozygoten Zwillingen auf die Bedeutung von Faktoren auch aus der Umgebung hin.

Differentialdiagnose

Eine große Anzahl von medizinischen Krankheitsfaktoren kann mit psychotischen Symptomen einhergehen. Eine **Psychotische Störung Aufgrund eines Medizinischen Krankheitsfaktors, Delir** oder **Demenz** werden diagnostiziert, wenn die Vorgeschichte, die körperliche Untersuchung oder die Laborbefunde Hinweise darauf geben, daß die Wahnphänomene oder Halluzinationen die direkte körperliche Folge eines medizinischen Krankheitsfaktors sind (z. B. Cushing Syndrom, Hirntumor) (siehe S. 364). **Substanzinduzierte Psychotische Störung, Substanzinduziertes Delir** und **Persistierende Substanzinduzierte Demenz** werden von Schizophrenie durch die Tatsache unterschieden, daß eine Substanz (z. B. Droge, Medikament oder Exposition gegenüber einem Toxin) als ursächlich für die Wahnphänomene oder die Halluzinationen angesehen wird (siehe S. 368). Viele verschiedene Arten von Störungen im Zusammenhang mit Psychotropen Substanzen können Symptome ähnlich denen der Schizophrenie hervorrufen (z. B. können fortgesetzte Amphetamin- oder Kokaineinnahme Wahnphänomene oder Halluzinationen hervorbringen; die Einnahme von Phencyclidin kann eine Mischung positiver und negativer Symptome hervorrufen). Aufgrund einer Vielzahl von Merkmalen, die den Verlauf der Schizophrenie und der Substanzbezogenen Störungen kennzeichnen, muß der Untersucher bestimmen, ob die psychotischen Symptome durch den Substanzgebrauch hervorgerufen und aufrechterhalten worden sind. Im Idealfall sollte der Untersucher versuchen, die Person während einer durchgehaltenen Periode der Abstinenz (z. B. 4 Wochen) zu beobachten. Da jedoch solche langen Abstinenzperioden oft schwierig zu erreichen sind, sollte der Untersucher andere Gesichtspunkte berücksichtigen, z. B. ob die psychotischen Symptome durch die Substanz offensichtlich verschlimmert werden bzw. zurückgehen, wenn sie abgesetzt wird, weiterhin den relativen Schweregrad psychotischer Symptome im Verhältnis zum Umfang und zur Dauer des Substanzgebrauches und die Kenntnis der charakteristischen Symptome, die von der jeweiligen Substanz hervorgerufen werden (z. B. bewirken Amphetamine typischerweise Wahnphänomene und Stereotypien, aber keinen flachen Affekt oder ausgeprägte negative Symptome).

Die Unterscheidung zwischen der Schizophrenie und einer **Affektiven Störung mit Psychotischen Merkmalen** bzw. einer **Schizoaffektiven Störung** wird durch den Umstand erschwert, daß während der prodromalen, floriden und residualen Phasen der Schizophrenie eine Störung des Affektes häufig ist. Treten psychotische Symptome ausschließlich während der Perioden mit einem affektiven Störungsbild auf, lautet die Diagnose Affektive Störung mit Psychotischen Merkmalen. Bei der Schizoaffektiven Störung muß eine affektive Episode zusammen mit floriden Symptomen der Schizophrenie auftreten, affektive Symptome müssen während einer beträchtlichen Strecke der Gesamtdauer der Erkrankung vorhanden sein und Wahnphänomene oder Halluzinationen müssen für mindestens 2 Wochen ohne gleichzeitige ausgeprägte affektive Symptome vorkommen. Im Gegensatz dazu haben affektive Symptome bei der Schizophrenie entweder eine Dauer, die im Verhältnis zur Gesamtdauer der Erkrankung kurz ist, sie treten nur während der prodromalen oder residualen Phasen auf, oder sie erfüllen nicht vollständig die Kriterien einer affektiven Episode. Falls affektive Symptome, die die Kriterien einer affektiven Episode vollständig erfüllen, die Schizophrenie gänzlich überlagern und von besonderer klinischer Bedeutung sind, kann die Zusatzdiagnose **Nicht Näher Bezeichnete Depressive Störung** oder **Nicht Näher Bezeichnete Bipolare Störung** gegeben werden. Die Schizophrenie vom Katatonen Typus, ist schwer von einer **Affektiven Störung mit Katatonen Merkmalen** zu unterscheiden.

Per definitionem unterscheidet sich Schizophrenie von der **Schizophreniformen Störung** in der Dauer. Die Schizophrenie beinhaltet das Vorhandensein von Symptomen (einschließlich prodromaler oder residualer Symptome) für mindestens 6 Monate, während bei der Schizophreniformen Störung die Gesamtdauer der Symptome mindestens einen Monat, aber weniger als 6 Monate beträgt. Die Schizophreniforme Störung setzt auch keine Funktionseinbußen voraus. Die **Kurze Psychotische Störung** ist durch das Vorhandensein von Wahnphänomenen, Halluzinationen, desorganisierten Sprachäußerungen oder grob desorganisiertem oder katatonem Verhalten mit einer Dauer von mindestens einem Tag, aber weniger als einem Monat definiert.

Die Differentialdiagnose zwischen der Schizophrenie und der **Wahnhaften Störung** beruht auf der Art der Wahnphänomene (nicht-bizarr bei der Wahnhaften Störung) sowie dem Fehlen anderer, für Schizophrenie charakteristischer Symptome (z. B. Halluzinationen, desorganisiertes Sprechen oder Verhalten oder ausgeprägte negative Symptome). Besonders schwierig ist es, die Wahnhafte Störung vom Paranoiden Typus der Schizophrenie zu differenzieren, weil dieser Subtypus eine ausgeprägt desorganisierte Sprechweise, desorganisiertes Verhalten oder flachen oder inadäquaten Affekt nicht einschließt und oft mit einer geringeren

Funktionseinbuße einhergeht, als es für die anderen Subtypen der Schizophrenie charakteristisch ist. Wenn sich bei der Wahnhaften Störung eine schlechte psychosoziale Anpassung einstellt, entsteht diese direkt aus den wahnhaften Überzeugungen.

Die Diagnose einer **Nicht Näher Bezeichneten Psychotischen Störung** kann gestellt werden, wenn die verfügbare Information nicht ausreicht, um zwischen Schizophrenie und anderen Psychotischen Störungen (z. B. Schizoaffektiver Störung) zu entscheiden, oder um zu bestimmen, ob die vorhandenen Symptome substanzinduziert oder Folge eines medizinischen Krankheitsfaktors sind. Eine solche Unsicherheit tritt wahrscheinlich besonders häufig im frühen Stadium des Krankheitsverlaufes auf.

Obwohl die Schizophrenie und die **Tiefgreifenden Entwicklungsstörungen** (z. B. die Autistische Störung) Auffälligkeiten der Sprache, des Affekts und der zwischenmenschlichen Bezogenheit gemeinsam haben, können sie auf zahlreiche Weisen unterschieden werden. Tiefgreifende Entwicklungstörungen werden charakteristischerweise im Kleinkindalter oder in der frühen Kindheit (gewöhnlich vor dem 3. Lebensjahr) erkannt, während ein solch früher Beginn bei Schizophrenie selten ist. Darüber hinaus fehlen bei den Tiefgreifenden Entwicklungstörungen ausgeprägte Wahnphänomene und Halluzinationen, die Abnormitäten im Affekt sind stärker ausgeprägt, und sprachliche Äußerungen fehlen ganz oder sind nur minimal vorhanden und durch Wiederholungen und Besonderheiten des Tonfalls gekennzeichnet. Gelegentlich kann sich bei einer Person mit einer Tiefgreifenden Entwicklungstörung auch eine Schizophrenie entwickeln; eine Schizophreniediagnose ist bei Personen mit einer vorbestehenden Diagnose einer Autistischen Störung oder einer anderen Tiefgreifenden Entwicklungstörung nur dann gerechtfertigt, wenn ausgeprägte Halluzinationen oder Wahnphänomene für mindestens einen Monat bestanden haben. Schizophrenie mit Beginn in der Kindheit muß von **in der Kindheit vorkommenden Zustandsbildern** unterschieden werden, **die desorganisierte Sprachäußerungen** (infolge einer **Kommunikationsstörung**) und desorganisiertes Verhalten (infolge einer **Aufmerksamkeitsdefizit-/Hyperaktivitätsstörung**) kombinieren.

Die Schizophrenie hat Merkmale (z. B. paranoide Vorstellungen, magisches Denken, soziales Vermeidungsverhalten, vage und abschweifende Sprechweise) gemeinsam mit der Schizotypischen, der Schizoiden oder der Paranoiden Persönlichkeitsstörung, die ihr vorangehen können. Eine zusätzliche Schizophreniediagnose ist angemessen, wenn die Symptome schwer genug sind, um das Kriterium A der Schizophrenie zu erfüllen. Die vorbestehende Persönlichkeitsstörung kann auf Achse II eingetragen werden, gefolgt von „Prämorbid" in Klammern (z. B. Schizotypische Persönlichkeitsstörung (Prämorbid)).

Diagnostische Kriterien für Schizophrenie

A. *Charakteristische Symptome*: mindestens zwei der folgenden, jedes bestehend für einen erheblichen Teil einer Zeitspanne von 1 Monat (oder weniger, falls erfolgreich behandelt):
(1) Wahn,
(2) Halluzinationen,
(3) desorganisierte Sprechweise (z. B. häufiges Entgleisen oder Zerfahrenheit),
(4) grob desorganisiertes oder katatones Verhalten,
(5) negative Symptome, d. h. flacher Affekt, Alogie oder Willensschwäche.

Fortsetzung nächste Seite

Fortsetzung

Beachte: Nur ein Kriterium A-Symptom ist erforderlich, wenn der Wahn bizarr ist oder wenn die Halluzinationen aus einer Stimme bestehen, die einen fortlaufenden Kommentar über das Verhalten oder die Gedanken des Betroffenen abgibt oder wenn zwei oder mehrere Stimmen sich miteinander unterhalten.

B. *Soziale/berufliche Leistungseinbußen*: Für eine bedeutende Zeitspanne seit dem Beginn der Störung sind einer oder mehrere Funktionsbereiche wie Arbeit, zwischenmenschliche Beziehungen oder Selbstfürsorge deutlich unter dem Niveau, das vor dem Beginn erreicht wurde (oder falls der Beginn in der Kindheit oder Adoleszenz liegt, wird das zu erwartende Niveau der zwischenmenschlichen, geistigen oder beruflichen Leistungen nicht erreicht).

C. *Dauer*: Zeichen des Störungsbildes halten für mindestens 6 Monate an. Diese 6monatige Periode muß mindestens 1 Monat mit Symptomen (oder weniger, falls erfolgreich behandelt) umfassen, die das Kriterium A (d.h. floride Symptome) erfüllen, und kann Perioden mit prodromalen oder residualen Symptomen einschließen. Während dieser prodromalen oder residualen Perioden können sich die Zeichen des Störungsbildes auch durch ausschließlich negative Symptome oder zwei oder mehrere Symptome manifestieren, die im Kriterium A aufgelistet und in einer abgeschwächten Form vorhanden sind (z.B. seltsame Überzeugungen, ungewöhnliche Wahrnehmungserlebnisse).

D. *Ausschluß von Schizoaffektiver und Affektiver Störung*: Eine Schizoaffektive Störung und eine Affektive Störung mit Psychotischen Merkmalen wurden ausgeschlossen, da entweder (1) keine Episode einer Major Depression, keine Manische oder Gemischte Episode gemeinsam mit den floriden Symptomen vorgekommen ist; oder (2) falls affektive Episoden während der floriden Symptome aufgetreten sind, war ihre Gesamtdauer im Vergleich zur Dauer der floriden und residualen Perioden kurz.

E. *Ausschluß von Substanzeinfluß/medizinischem Krankheitsfaktor*: Das Störungsbild geht nicht auf die direkte körperliche Wirkung einer Substanz (z.B. Droge, Medikament) oder eines medizinischen Krankheitsfaktors zurück.

F. *Beziehung zu einer Tiefgreifenden Entwicklungsstörung*: Bei einer Vorgeschichte mit Autistischer Störung oder einer anderen Tiefgreifenden Entwicklungsstörung wird die zusätzliche Diagnose einer Schizophrenie nur dann gestellt, wenn mindestens einen Monat lang (oder weniger, falls erfolgreich behandelt) gleichzeitig ausgeprägte Wahnphänomene oder Halluzinationen vorhanden sind.

Klassifikation des Längsschnittverlaufes (kann nur angewandt werden, nachdem mindestens 1 Jahr seit dem ersten Einsetzen florider Symptome vergangen ist):
- **Episodisch mit Residualsymptomen zwischen den Episoden** (Episoden sind definiert durch Wiederauftreten eindeutiger psychotischer Symptome); *bestimme auch, ob:* **Mit Ausgeprägten Negativen Symptomen,**
- **Episodisch ohne Residualsymptome zwischen den Episoden,**
- **Kontinuierlich** (ausgeprägte psychotische Symptome sind während der Beobachtungsperiode durchgängig vorhanden); *bestimme auch, ob*: **Mit Ausgeprägten Negativen Symptomen,**
- **Einzelne Episode Teilremittiert**; *bestimme auch, ob*: **Mit Ausgeprägten Negativen Symptomen,**
- **Einzelne Episode Vollremittiert,**
- **Anderes oder Unspezifisches Muster.**

Schizophreniesubtypen

Die Subtypen der Schizophrenie werden durch die zum Untersuchungszeitpunkt vorherrschende Symptomatik bestimmt. Obwohl die prognostische und therapeutische Bedeutung der Subtypen unterschiedlich ist, ist dennoch der Paranoide Typus die leichteste bzw. der Desorganisierte Typus die schwerwiegendste Form. Die Diagnose des jeweiligen Subtypus beruht auf dem klinischen Bild, das die letzte Untersuchung oder stationäre Aufnahme veranlaßt hat und kann sich somit im Verlauf ändern. Es ist nicht selten, daß das Erscheinungsbild Symptome umfaßt, die für mehr als einen Subtypus charakteristisch sind. Die Wahl beruht bei der Subtypenzuordnung auf dem folgenden Algorithmus: Immer wenn katatone Symptome das Bild bestimmen, wird der Katatone Subtypus gewählt (unabhängig davon, ob noch andere Symptome vorhanden sind); der Desorganisierte Typus wird immer dann gewählt, wenn desorganisierte Sprechweise, desorganisiertes Verhalten und verflachter oder inadäquater Affekt im Vordergrund stehen (außer wenn auch der Katatone Typus vorliegt). Die Störung wird dem Paranoiden Typus zugeordnet, wenn eine ausgeprägte Beschäftigung mit Wahnphänomenen besteht oder wenn häufige Halluzinationen das Bild bestimmen (es sei denn, der Katatone oder Desorganisierte Typus liegt vor). Beim Undifferenzierten Typus handelt es sich um eine Restkategorie zur Erfassung von Zustandsbildern, bei denen deutliche Symptome einer floriden Krankheitsepisode bestehen, die aber nicht die Kriterien für den Katatonen, Desorganisierten oder Paranoiden Typus erfüllen, und der Residuale Typus soll für Zustandsbilder verwendet werden, bei denen fortlaufend Hinweise für das Störungsbild vorliegen, die Kriterien für die Symptome einer floriden Erkrankungsphase jedoch nicht mehr erfüllt sind.

Eine dimensionale Alternative zu den traditionellen Subtypen der Schizophrenie wird in Anhang B (siehe S. 798) beschrieben. Die vorgeschlagenen Dimensionen sind die psychotische, die desorganisierte und die negative Dimension.

295.30 (F20.0x) Paranoider Typus

Das Hauptmerkmal des Paranoiden Typus der Schizophrenie ist das Vorhandensein von ausgeprägten Wahnphänomenen oder akustischen Halluzinationen bei weitgehend unbeeinträchtigten kognitiven Funktionen und erhaltener Affektivität. Symptome, wie sie für den Desorganisierten oder Katatonen Typus charakteristisch sind (z.B. desorganisierte Sprechweise, verflachter oder inadäquater Affekt, katatones oder desorganisiertes Verhalten), stehen nicht im Vordergrund. Wahnthemen sind gewöhnlich die der Verfolgung oder der Grandiosität oder beides, es können aber auch andere Wahnthemen auftreten (z.B. Eifersucht, religiöser oder körperbezogener Wahn). Es können zahlreiche Wahnphänomene bestehen, sie sind aber üblicherweise um ein einheitliches Thema organisiert. Auch die Halluzinationen beziehen sich meist inhaltlich auf das Wahnthema. Nebenmerkmale sind Angst, Wut, Distanziertheit und Streitsucht. Der Betroffene kann ein überlegenes und besserwisserisches Verhalten und eine steife, formale Art oder eine übermäßige Intensität im zwischenmenschlichen Kontakt an den Tag legen. Die Verfolgungsthemen können die Person zu suizidalem Verhalten prädisponieren, und das Zusammenwirken von Verfolgungs- und Größenwahn mit Wut kann zu Gewalttätigkeit prädisponieren. Die Störung beginnt in der Regel später als die anderen Schizophrenietypen und die charakteristischen Merkmale können im Langzeitverlauf stabiler sein. In neuropsychologischen oder anderen Untersuchungen der kognitiven Funktionen zeigen die Betroffenen nur geringe oder keine Beeinträchtigungen. Einiges weist darauf hin, daß die Prognose des Paranoiden Typus wesentlich günstiger sein kann als die der anderen Schizophrenietypen, insbesondere im Hinblick auf die berufliche Leistungsfähigkeit und die Fähigkeit zur selbständigen Lebensführung.

Diagnostische Kriterien für 295.30 (F20.0x) Paranoider Typus

Ein Schizophrenietypus, bei dem die folgenden Kriterien erfüllt sind:
A. Starke Beschäftigung mit einem oder mehreren Wahnphänomenen oder häufige akustische Halluzinationen.
B. Keines der folgenden Merkmale steht im Vordergrund: desorganisierte Sprechweise, desorganisiertes oder katatones Verhalten oder verflachter oder inadäquater Affekt.

295.10 (F20.1x) Desorganisierter Typus

Die Hauptmerkmale des Desorganisierten Typus der Schizophrenie sind desorganisierte Sprechweise, desorganisiertes Verhalten sowie verflachter oder inadäquater Affekt. Die desorganisierte Sprechweise kann von Albernheit und mit dem Gesprächsinhalt nicht in engem Zusammenhang stehendem (läppischem) Lachen begleitet werden. Die Desorganisation des Verhaltens (d. h. der Verlust der Zielorientierung) kann dazu führen, daß die Fähigkeit, alltägliche Verrichtungen durchzuführen (Duschen, Ankleiden und Essenszubereitung), stark beeinträchtigt ist. Die Kriterien für den Katatonen Typus der Schizophrenie werden nicht erfüllt und Wahn oder Halluzinationen, sofern vorhanden, sind bruchstückhaft und nicht zu einem zusammenhängenden Thema organisiert. Nebenmerkmale sind Grimassieren, Manierismen und andere ungewöhnliche Verhaltensweisen. Bei neuropsychologischen und anderen Untersuchungen der kognitiven Funktionen kann sich eine Funktionsbeeinträchtigung zeigen. Bei diesem Subtypus finden sich oft eine wenig entwickelte prämorbide Persönlichkeit, ein früher und schleichender Erkrankungsbeginn und ein kontinuierlicher Verlauf ohne wesentliche Remissionen. Historisch und in anderen Klassifikationssystemen wird dieser Typus als Hebephrenie bezeichnet.

Diagnostische Kriterien für 295.10 (F20.1x) Desorganisierter Typus

Ein Schizophrenietypus, der folgende Kriterien erfüllt:
A. Alle folgenden sind vorherrschend:
   (1) desorganisierte Sprechweise,
   (2) desorganisiertes Verhalten,
   (3) verflachter oder inadäquater Affekt.
B. Die Kriterien für den Katatonen Typus sind nicht erfüllt.

295.20 (F20.2x) Katatoner Typus

Das Hauptmerkmal des Katatonen Typus der Schizophrenie ist eine ausgeprägte Störung der Psychomotorik. Dazu können motorische Unbeweglichkeit, übermäßige motorische Aktivität, extremer Negativismus, Mutismus, merkwürdige Willkürbewegungen, Echolalie und Echopraxie gehören. Die motorische Unbeweglichkeit kann sich als Katalepsie (wächserne Biegsamkeit) oder als Stupor zeigen. Die übermäßige motorische Aktivität ist anscheinend nicht zweckgerichtet und wird durch äußere Reize nicht beeinflußt. Wenn extremer Negativismus vorliegt, kann er sich als Beibehalten einer starren Haltung gegen Bewegungsversuche oder Widerstreben gegen jede Aufforderung äußern. Merkwürdige Willkürbewegungen bestehen im willentlichen Einnehmen unangemessener oder bizarrer Haltungen oder in ausgeprägtem Grimassieren. Echolalie ist die krankhafte, papageienhafte und anscheinend sinnlose Wiederholung eines gerade zuvor von einer anderen Person gesprochenen Wortes oder Satzes. Unter Echopraxie versteht man die wiederholte Nachahmung der Bewegungen einer anderen Person. Nebenmerkmale sind Stereotypien, Manierismen, Befehlsautomatismus oder Nachahmungstendenz. Während eines ausgeprägten katatonen Stupors oder eines Erregungszustandes kann sorgfältige Überwachung erforderlich sein, um Selbstschädigung oder Verletzung anderer zu vermeiden. Potentielle Risiken entstehen aus Mangelernährung, Erschöpfung, Hyperpyrexie oder selbst zugefügten Verletzungen. Damit dieser Subtyp diagnostiziert werden kann, muß das Erscheinungsbild des Betroffenen zunächst die vollständigen Kriterien für Schizophrenie erfüllen und darf nicht durch eine andere Ätiologie wie z. B. Substanzeinnahme (z. B. Neuroleptikainduzierter Parkinsonismus, siehe S. 765, 826), medizinischer Krankheitsfaktor (siehe S. 214), eine Manische Episode oder eine Episode einer Major Depression (siehe S. 443) besser erklärt werden können.

Diagnostische Kriterien für 295.20 (F20.2x) Katatoner Typus

Ein Schizophrenietypus, bei dem das klinische Bild von mindestens zwei der folgenden Kriterien bestimmt wird:
(1) motorische Unbeweglichkeit, die sich in Katalepsie (einschließlich wächserner Biegsamkeit) oder Stupor zeigt,
(2) übermäßige motorische Aktivität (die offenkundig nicht zweckgerichtet ist und nicht durch äußere Reize beeinflußt wird),
(3) extremer Negativismus (ein offensichtlich grundloser Widerstand gegenüber allen Aufforderungen oder ein Beibehalten einer starren Haltung gegenüber Versuchen, bewegt zu werden) oder Mutismus,
(4) merkwürdige Willkürbewegungen, die sich als Haltungsstereotypien (willentliches Einnehmen unangemessener oder bizarrer Körperhaltungen), stereotype Bewegungsabläufe, ausgeprägte Manierismen oder ausgeprägtes Grimassieren äußern,
(5) Echolalie oder Echopraxie.

295.90 (F20.3x) Undifferenzierter Typus

Das Hauptmerkmal des Undifferenzierten Typus der Schizophrenie ist das Vorhandensein von Symptomen, die das Kriterium A für Schizophrenie erfüllen, aber nicht die Kriterien für den Paranoiden, Desorganisierten oder Katatonen Typus.

> **Diagnostische Kriterien für 295.90 (F20.3x) Undifferenzierter Typus**
>
> Ein Schizophrenietypus, bei dem Symptome vorliegen, die das Kriterium A für Schizophrenie erfüllen, ohne daß die Kriterien für den Paranoiden, Desorganisierten oder Katatonen Typus erfüllt sind.

295.60 (F20.5x) Residualer Typus

Der Residuale Typus der Schizophrenie sollte dann verwendet werden, wenn mindestens eine schizophrene Episode vorgelegen hat, das gegenwärtige klinische Bild aber ohne ausgeprägte positive psychotische Symptome ist (wie z.B. Wahn, Halluzinationen, desorganisierte Sprechweise oder Verhalten). Es bestehen jedoch weiterhin Hinweise auf das Vorhandensein der Störung. Diese können sich als Negativsymptome (z.B. affektive Verflachung, Spracharmut, Willensschwäche) oder als zwei oder mehr abgeschwächte Positivsymptome (z.B. exzentrisches Verhalten, leicht desorganisierte Sprechweise, ungewöhnliche Überzeugungen) zeigen. Falls Wahn oder Halluzinationen vorliegen, sind sie nicht ausgeprägt und nicht von starkem Affekt begleitet. Der Residuale Typus kann zeitlich begrenzt vorliegen und den Übergang einer voll ausgeprägten Krankheitsepisode in die vollständige Remission darstellen. Er kann allerdings auch kontinuierlich, mit oder ohne akute Exazerbationen, für viele Jahre vorliegen.

> **Diagnostische Kriterien für 295.60 (F20.5x) Residualer Typus**
>
> Ein Schizophrenietypus, bei dem folgende Kriterien erfüllt sind:
> A. Fehlen von ausgeprägten Wahnphänomenen, Halluzinationen, desorganisierter Sprechweise und von grob desorganisiertem oder katatonem Verhalten.
> B. Fortbestehende Hinweise auf das Störungsbild, die sich im Vorhandensein von Negativsymptomen zeigen oder von zwei oder mehr Symptomen in abgemilderter Form, wie sie in Kriterium A für Schizophrenie aufgelistet sind (z. B. ungewöhnliche Überzeugungen, ungewöhnliche Wahrnehmungserlebnisse).

295.40 (F20.8) Schizophreniforme Störung

Diagnostische Merkmale

Die Hauptmerkmale der Schizophreniformen Störung sind mit denen der Schizophrenie (**Kriterium A**) identisch. Es gibt nur zwei Unterschiede: Die gesamte Krankheitsdauer (einschließlich der prodromalen, floriden und residualen Phase) beträgt mindestens einen Monat, aber weniger als sechs Monate (**Kriterium B**), zudem muß keine Beeinträchtigung der sozialen oder beruflichen Funktionen während einer Phase des Krankheitsverlaufs vorliegen (obgleich dies vorkommen kann). Für die Diagnose der Schizophreniformen Störung wird eine Krankheitsdauer zwischen der einer Kurzen Psychotischen Störung (bei der die Symptomatik wenigstens einen Tag aber weniger als einen Monat besteht) und der einer Schizophrenie (bei der die Symptome länger als sechs Monate vorliegen) verlangt. Die Diagnose der Schizophreniformen Störung wird unter zwei Bedingungen gestellt. Zum einen wird die Diagnose ohne Einschränkungen auf Episoden mit einer Dauer von ein bis sechs Monaten angewendet, von denen sich der Betroffene schon erholt hat. Ferner wird die Diagnose gestellt, wenn eine Person kürzer als sechs Monate (wie es für die Schizophreniediagnose verlangt wird) Symptome zeigt. In diesem Fall sollte die Diagnose der Schizophreniformen Störung als „vorläufig" eingeschränkt werden, weil keinerlei Gewißheit darüber besteht, ob der Betroffene sich innerhalb der 6-Monatsfrist von der Störung erholen wird. Falls das Störungsbild länger als sechs Monate anhält, muß die Diagnose in Schizophrenie geändert werden.

Zusatzcodierungen

Die folgenden Zusatzcodierungen einer Schizophreniformen Störung können verwendet werden, um zu beschreiben, ob Merkmale, die für eine günstigere Prognose sprechen, vorliegen:
— **Mit Günstigen Prognostischen Merkmalen**: Diese Zusatzcodierung wird benutzt, wenn mindestens zwei der folgenden Merkmale vorliegen: Auftreten von ausgeprägten psychotischen Symptomen innerhalb von vier Wochen nach den ersten bemerkbaren Veränderungen des üblichen Verhaltens oder der Leistungsfähigkeit; Verwirrtheit oder Ratlosigkeit auf dem Höhepunkt der psychotischen Episode; gute prämorbide soziale und berufliche Leistungsfähigkeit; keine affektive Abstumpfung oder Verflachung.
— **Ohne Günstige Prognostische Merkmale**: Diese Zusatzcodierung ist zu verwenden, wenn nicht mindestens zwei der obengenannten Merkmale vorliegen.

Zugehörige Merkmale und Störungen

Siehe auch die Diskussion in „Zugehörige Merkmale und Störungen" im Kapitel Schizophrenie, Seite 334. Anders als bei der Schizophrenie ist keine Beeinträchtigung der sozialen und beruflichen Leistungsfähigkeit für die Diagnose einer Schizophreniformen Störung erforderlich. Allerdings treten bei den meisten Betroffenen Funktionsbeeinträchtigungen in verschiedenen Bereichen des Alltagslebens (wie z. B. Arbeit, Schule, zwischenmenschliche Beziehungen und Selbstfürsorge) auf.

Besondere kulturelle, Alters- und Geschlechtsmerkmale

Bezüglich einer weiterführenden Diskussion von kulturellen, Alters- und Geschlechtsfaktoren, die für die Diagnose der Schizophreniformen Störung wichtig sind, siehe das Kapitel „Besondere kulturelle, Alters- und Geschlechtsmerkmale" für Schizophrenie (siehe S. 336). Es gibt Hinweise darauf, daß in Entwicklungsländern die Erholung von Psychotischen Störungen schneller verläuft, was zu einer größeren Häufigkeit der Schizophreniformen Störung gegenüber der Schizophrenie führen würde.

Prävalenz

Epidemiologische Studien fanden für die Schizophreniforme Störung eine Lebenszeit-Prävalenz von etwa 0,2 % bei einer 1-Jahres-Prävalenz von 0,1 %.

Verlauf

Es sind nur wenige Informationen zum Verlauf der Schizophreniformen Störung erhältlich. Etwa ein Drittel der Personen mit der Anfangsdiagnose einer Schizophreniformen Störung (vorläufig) erholen sich innerhalb des 6-Monatszeitraums und erhalten endgültig die Diagnose einer Schizophreniformen Störung. Die übrigen zwei Drittel werden sich zu den Diagnosen einer Schizophrenie oder einer Schizoaffektiven Störung fortentwickeln.

Differentialdiagnose

Weil sich die Kriterien für Schizophrenie und die Schizophreniforme Störung in erster Linie hinsichtlich der Krankheitsdauer unterscheiden, trifft die Diskussion der möglichen Differentialdiagnosen der Schizophrenie (siehe S. 338) auch für die Schizophreniforme Störung zu. Die Schizophreniforme Störung unterscheidet sich von der **Kurzen Psychotischen Störung**, deren Dauer weniger als einen Monat beträgt.

Diagnostische Kriterien für 295.40 (F20.8) Schizophreniforme Störung

A. Kriterien A, D und E für Schizophrenie sind erfüllt.
B. Eine Episode der Störung (einschließlich prodromaler, florider und residualer Phasen) dauert länger als 1 Monat, jedoch weniger als 6 Monate. (Wenn die Diagnose gestellt werden muß, ohne auf die Remission zu warten, sollte sie als „vorläufig" gekennzeichnet werden.)

Bestimme, ob:
Ohne Günstige Prognostische Merkmale
Mit Günstigen Prognostischen Merkmalen: belegt durch mindestens zwei der folgenden:
(1) Auftreten ausgeprägter psychotischer Symptome innerhalb von 4 Wochen nach den ersten bemerkbaren Veränderungen des üblichen Verhaltens oder der Leistungsfähigkeit.
(2) Verwirrtheit oder Ratlosigkeit auf dem Höhepunkt der psychotischen Episode.
(3) Gute prämorbide soziale und berufliche Leistungsfähigkeit.
(4) Kein abgestumpfter oder verflachter Affekt.

295.70 (F25.x) Schizoaffektive Störung

Diagnostische Merkmale

Das Hauptmerkmal der Schizoaffektiven Störung ist das Vorhandensein einer ununterbrochenen Krankheitsperiode, während der für einige Zeit eine Episode einer Major Depression, eine Manische Episode oder eine Gemischte Episode gleichzeitig mit Symptomen vorliegt, die das Kriterium A für Schizophrenie erfüllen (**Kriterium A**). Zusätzlich haben während derselben Krankheitsperiode für mindestens 2 Wochen Wahn oder Halluzinationen vorgelegen, ohne daß ausgeprägte affektive Symptome bestanden haben (**Kriterium B**). Außerdem waren die affektiven Symptome während eines erheblichen Teils der gesamten Krankheitsdauer vorhanden (**Kriterium C**). Die Symptome dürfen nicht auf die direkte körperliche Wirkung einer Substanz (z. B. Kokain) oder eines medizinischen Krankheitsfaktors (z. B. Hyperthyreose oder Temporallappenepilepsie) zurückgehen (**Kriterium D**). Um die Kriterien für eine Schizoaffektive Störung zu erfüllen, müssen die Hauptmerkmale im Verlauf einer einzigen, ununterbrochenen Krankheitsperiode auftreten. Mit „Krankheitsperiode" ist in diesem Zusammenhang ein Zeitabschnitt gemeint, während dessen der Betroffene fortlaufend floride oder residuale Symptome der psychotischen Erkrankung zeigt. Bei einigen Betroffenen kann eine solche Krankheitsperiode Jahre oder sogar Jahrzehnte dauern. Eine Krankheitsperiode wird als beendet angesehen, wenn für einen bedeutenden Zeitraum eine vollständige Remission eingetreten ist und keine bedeutsamen Symptome der Störung mehr vorhanden sind.

Während derjenigen Krankheitsphase, in der gleichzeitig affektive und psychotische Symptome vorliegen, werden sowohl die vollständigen Kriterien für eine floride Phase einer Schizophrenie (d.h. Kriterium A), wie auch für eine Episode einer Major Depression (siehe S. 380), eine Manische Episode (siehe S. 388) oder eine Gemischte Episode (siehe S. 394) erfüllt. Eine Episode einer Major Depression muß mindestens zwei Wochen andauern, eine Manische oder Gemischte Episode mindestens eine Woche. Weil psychotische Symptome mindestens einen Monat vorliegen müssen, um Kriterium A für Schizophrenie zu erfüllen, ist auch für die Schizoaffektive Störung die Mindestdauer ein Monat. Ein Hauptmerkmal der Major Depression ist das Vorhandensein von entweder einer depressiven Verstimmung oder von deutlicher Interessensminderung oder Freudlosigkeit. Weil Interesseverlust oder Freudlosigkeit bei nicht-affektiven Psychotischen Störungen so häufig sind, muß bei einer Episode einer Major Depression eine tiefgreifende depressive Stimmungslage vorliegen, um das Kriterium A für eine Schizoaffektive Störung zu erfüllen (d. h. das Vorhandensein von deutlichem Interesseverlust oder Freudlosigkeit reicht nicht aus). Während der Krankheitsphase, die durch das ausschließliche Vorhandensein von psychotischen Symptomen gekennzeichnet ist, finden sich während mindestens zwei Wochen Wahn oder Halluzinationen. Obgleich einige affektive Symptome während dieser Phase vorhanden sein können, stehen sie nicht im Vordergrund. Die Entscheidung hierüber kann schwierig sein und die Beobachtung des Langzeitverlaufs und die Hinzuziehung verschiedener Informationsquellen erfordern.

Die Symptome einer Schizoaffektiven Störung können in vielen zeitlichen Mustern auftreten. Typisch ist z. B. folgendes Muster: Eine Person leidet zwei Monate unter ausgeprägten akustischen Halluzinationen und Verfolgungswahn, bis eine ausgeprägte Episode einer Major Depression einsetzt. In der Folge bestehen die psychotischen Symptome und die Episode der Major Depression für drei Monate. Anschließend erholt sich der Betroffene vollständig von der Major Depression, die psychotischen Symptome persistieren jedoch noch für einen weiteren Monat, bis auch sie verschwinden. Während dieser Krankheitsperiode erfüllte die Symptomatik gleichzeitig die Kriterien für eine Episode einer Major Depression und für das Kriterium A für Schizophrenie. Während derselben Krankheitsperiode waren akustische Halluzinationen und Wahn sowohl vor wie nach der depressiven Phase vorhanden. Die Krankheitsepisode hatte eine Gesamtdauer von sechs Monaten. Davon waren während der ersten zwei Monate ausschließlich psychotische Symptome vorhanden, während der folgenden drei Monate bestanden sowohl depressive wie psychotische Symptome, im letzten Monat lagen nur psychotische Symptome vor. In diesem Beispiel war die Dauer der depressiven Episode im Vergleich zur Gesamtdauer der psychotischen Störung nicht kurz, weshalb für das Erscheinungsbild die Diagnose einer Schizoaffektiven Störung gerechtfertigt ist.

Kriterium C der Schizoaffektiven Störung verlangt, daß affektive Symptome, die die Kriterien für eine Affektive Episode erfüllen, während eines erheblichen Anteils der gesamten Dauer der Krankheitsperiode bestehen müssen. Liegen diese Symptome nur für eine verhältnismäßig kurze Zeit vor, lautet die Diagnose Schizophrenie und nicht Schizoaffektive Störung. Bei der Beurteilung dieses Kriteriums muß der Untersucher den Anteil an der Gesamtdauer der psychotischen Krankheit (d. h. sowohl floride wie residuale Symptome) bestimmen, in dem eine bedeutsame affektive Symptomatik die psychotische Symptomatik begleitete. Die Operationalisierung dessen, was mit „einem erheblichen Zeitanteil" gemeint ist, erfordert eine klinische Beurteilung. Beispielsweise entwickelt eine Person mit einer vierjährigen Vorgeschichte florider und residualer Symptome einer Schizophrenie eine überlagernde Episode einer Major Depression, die bei anhaltenden psychotischen Symptomen 5 Wochen andauert. Dieser Fall würde nicht das Kriterium des „erheblichen Anteils an der Gesamtdauer" erfüllen, weil die Symptomatik, die die Kriterien für eine Affektive Störung erfüllt, nur für fünf Wochen bei einer Gesamtdauer der Störung von vier Jahren anhält. In diesem Fall bleibt es deshalb bei der Diagnose Schizophrenie mit der Zusatzdiagnose Nicht Näher Bezeichnete Depressive Störung, um so die überlagernde Episode einer Major Depression zu kennzeichnen.

Subtypen

In Abhängigkeit von der jeweiligen affektiven Komponente der Störung können zwei Subtypen der Schizoaffektiven Störung bezeichnet werden:
— **Bipolarer Typus.** Dieser Subtypus liegt vor, wenn eine Manische Episode oder eine Gemischte Episode Teil des klinischen Bildes sind. Auch Episoden einer Major Depression können auftreten.
— **Depressiver Typus.** Dieser Subtypus liegt vor, wenn ausschließlich Episoden einer Major Depression Teil des klinischen Bildes sind.

Zugehörige Merkmale und Störungen

Im Zusammenhang mit einer Schizoaffektiven Störung können geringe berufliche Leistungsfähigkeit, eingeschränkter Umfang sozialer Kontakte, Schwierigkeiten bei der Selbstfürsorge und ein erhöhtes Suizidrisiko auftreten. Residuale und negative Symptome sind üblicherweise weniger schwer und weniger chronisch als die, die bei Schizophrenie gesehen werden. Personen, die an einer Schizoaffektiven Störung leiden, haben möglicherweise ein erhöhtes Risiko, Episoden von reinen Affektiven Störungen (d. h. Major Depression oder Bipolare Störung) oder von Schizophrenie oder Schizophreniformer Störung zu entwickeln. Zu Störungen im Zusammenhang mit Alkohol und anderen Psychotropen Substanzen kann ein Zusammenhang bestehen. Begrenzte klinische Hinweise legen nahe, daß einer Schizoaffektiven Störung eine Schizoide, eine Schizotypische, eine Borderline oder eine Paranoide Persönlichkeitsstörung vorausgegangen sein kann.

Besondere kulturelle, Alters- und Geschlechtsmerkmale

Bezüglich einer weitergehenden Diskussion von kulturellen, Alters- und Geschlechtsfaktoren, die bei der Beurteilung psychotischer Symptome eine Rolle spielen, siehe den Text im Abschnitt Schizophrenie (siehe S. 336), und bezüglich einer Diskussion von solchen, die bei der Diagnose von Affektiven Störungen zu beachten sind, siehe Seite 402 und Seite 414. Die Schizoaffektive Störung, Bipolarer Typus, ist möglicherweise bei jungen Erwachsenen häufiger, während die Schizoaffektive Störung, Depressiver Typus, bei älteren Erwachsenen häufiger sein kann. Im Vergleich zur Schizophrenie ist die Schizoaffektive Störung bei Frauen wahrscheinlich häufiger.

Prävalenz

Es fehlt an genauen Daten, die Schizoaffektive Störung scheint aber seltener zu sein als die Schizophrenie.

Verlauf

Das typische Erkrankungsalter ist wahrscheinlich das frühe Erwachsenenalter, obwohl der Krankheitsbeginn zu jedem Zeitpunkt von der Adoleszenz bis ins höhere Lebensalter erfolgen kann. Die Prognose der Schizoaffektiven Störung ist etwas besser als die der Schizophrenie, aber erheblich ungünstiger als die der Affektiven Störungen. Nicht selten kommt es zu erheblichen Beeinträchtigungen der beruflichen und sozialen Leistungsfähigkeit. Der Ausgang der Schizoaffektiven Störung, Bipolarer Typus, kann günstiger sein als der einer Schizoaffektiven Störung, Depressiver Typus.

Familiäres Verteilungsmuster

Es gibt deutliche Hinweise darauf, daß die biologischen Verwandten ersten Grades von Personen mit Schizoaffektiver Störung ein erhöhtes Schizophrenierisiko haben. Die meisten Studien zeigen auch, daß Verwandte von Personen mit Schizoaffektiver Störung ein erhöhtes Risiko für Affektive Störungen haben.

Differentialdiagnose

Medizinische Krankheitsfaktoren und Substanzgebrauch können mit einer Kombination aus psychotischen und affektiven Symptomen einhergehen. Eine **Psychotische Störung Aufgrund eines Medizinischen Krankheitsfaktors**, ein **Delir** oder eine **Demenz** werden diagnostiziert, wenn aus Anamnese, körperlicher Untersuchung oder Laboruntersuchungen Hinweise vorliegen, daß die Symptome die direkte körperliche Folge eines spezifischen medizinischen Krankheitsfaktors sind (siehe S. 364). Die **Substanzinduzierte Psychotische Störung** und das **Substanzinduzierte Delir** unterscheiden sich von der Schizoaffektiven Störung dadurch, daß eine Substanz (z. B. Droge, Medikament oder Exposition gegenüber einem Toxin) als die Symptomatik verursachend angesehen wird (siehe S. 368).

Oftmals ist es schwierig, eine Schizoaffektive Störung von Schizophrenie und von Affektiven Störungen mit Psychotischen Merkmalen zu unterscheiden. Bei einer Schizoaffektiven Störung muß eine affektive Episode gleichzeitig mit den Symptomen der floriden Phase einer Schizophrenie vorliegen, die affektiven Symptome müssen für einen erheblichen Anteil an der Gesamtdauer der Störung anhalten, und Wahn oder Halluzinationen müssen für mindestens zwei Wochen bei gleichzeitigem Fehlen ausgeprägter affektiver Symptome bestehen. Bei der Schizophrenie hingegen weisen die affektiven Symptome eine Dauer auf, die relativ kurz im Vergleich zur Gesamtdauer der Störung ist, sie treten nur während prodromaler oder residualer Phasen auf oder erfüllen nicht vollständig die Kriterien einer affektiven Episode. Treten psychotische Symptome nur im Verlauf einer Periode einer Affektiven Störung auf, lautet die Diagnose Affektive Störung mit Psychotischen Merkmalen. Bei der Schizoaffektiven Störung sollten Symptome nicht einer affektiven Episode zugerechnet werden, wenn sie eindeutig die Folgen von Symptomen der Schizophrenie sind (z. B. Schlafstörungen wegen störender akustischer Halluzinationen, Gewichtsverlust, weil die Nahrung für vergiftet gehalten wird, Konzentrationsschwierigkeiten wegen psychotischer Desorganisation). Interesseverlust und Freudlosigkeit sind bei nicht-affektiven psychotischen Störungen weit verbreitet; aus diesem Grunde muß eine Episode einer Major Depression eine tiefgreifende depressive Verstimmung aufweisen, um das Kriterium A der Schizoaffektiven Störung zu erfüllen.

Weil sich das Verhältnis von affektiven zu psychotischen Symptomen im Krankheitsverlauf ändern kann, kann sich die angemessene Diagnose für eine individuelle Krankheitsepisode von Schizoaffektive Störung in Schizophrenie ändern (z. B. würde die Diagnose einer Schizoaffektiven Störung bei einer schweren und ausgeprägten Episode einer Major Depression, die drei Monate während der ersten sechs Monate einer chronischen psychotischen Erkrankung anhält, dann in Schizophrenie geändert, wenn floride psychotische oder ausgeprägte residuale Symptome über mehrere Jahre fortbestehen, ohne daß eine erneute affektive Störung aufträte). Verschiedene Krankheitsepisoden, die durch Zeiten der Vollremission voneinander getrennt sind, können auch unterschiedlich diagnostiziert werden. Zum Beispiel kann eine Person eine Episode mit psychotischen Symptomen, die das Kriterium A für Schizophrenie erfüllen, im Verlauf einer Episode einer Major Depression haben, sich hiervon vollständig erholen und später für sechs Wochen Wahn und Halluzinationen ohne eine deutliche affektive Symptomatik entwickeln. In diesem Fall würde nicht die Diagnose einer Schizoaffektiven Störung gestellt, weil die Periode mit Wahnphänomenen und Halluzinationen nicht kontinuierlich mit dem anfänglichen Störungsbild zusammenfiel. Stattdessen wäre die korrekte Diagnose für die erste Episode Affektive Störung mit Psychotischen Merkmalen, Vollremittiert, und Schizophreniforme Störung (Vorläufig) für die gegenwärtige Episode.

Affektive Störungen, insbesondere Depression, entwickeln sich häufig im Verlauf einer **Wahnhaften Störung**. Derartige Zustandsbilder erfüllen nicht die Kriterien für eine Schizoaffektive Störung, weil die psychotischen Symptome bei der Wahnhaften Störung auf nicht-bizarre Wahnphänomene beschränkt sind und somit nicht das Kriterium A für die Schizoaffektive Störung erfüllen.

Reicht die Information nicht aus, um das Verhältnis psychotischer und affektiver Symptome zu bestimmen, kann **Nicht Näher Bezeichnete Psychotische Störung** die angemessenste Diagnose sein.

Diagnostische Kriterien für 295.70 (F25.x) Schizoaffektive Störung

A. Ununterbrochene Krankheitsperiode, während derer zu irgendeinem Zeitpunkt entweder eine Episode einer Major Depression, eine Manische Episode oder eine Gemischte Episode gleichzeitig mit Symptomen besteht, die das Kriterium A für Schizophrenie erfüllen.
Beachte: Die Episode der Major Depression muß das Kriterium A1, depressive Verstimmung, einschließen.

B. Während derselben Krankheitsperiode haben Wahnphänomene oder Halluzinationen für mindestens zwei Wochen bei gleichzeitiger Abwesenheit ausgeprägter affektiver Symptome vorgelegen.

C. Symptome, die die Kriterien einer Affektiven Episode erfüllen, bestehen während eines erheblichen Anteils an der gesamten Dauer der floriden und residualen Perioden der Krankheit.

D. Das Störungsbild geht nicht zurück auf die direkte körperliche Wirkung einer Substanz (z. B. Drogen, Medikament) oder eines medizinischen Krankheitsfaktors.

Bestimme den Typus:
Bipolarer Typus (F25.0 oder F25.2): falls das Störungsbild eine Manische oder Gemischte Episode einschließt (oder eine Manische oder eine Gemischte Episode und Episoden einer Major Depression),
Depressiver Typus (F25.1): falls das Störungsbild nur Episoden einer Major Depression einschließt.

297.1 (F22.0) Wahnhafte Störung

Diagnostische Merkmale

Das Hauptmerkmal dieser Störung ist das Vorhandensein von einem oder mehreren nichtbizarren Wahnphänomenen, die mindestens einen Monat anhalten (**Kriterium A**). Die Diagnose einer Wahnhaften Störung wird nicht gestellt, wenn die betroffene Person jemals ein Symptombild aufgewiesen hat, das das Kriterium A einer Schizophrenie erfüllt (**Kriterium B**). Falls akustische oder optische Halluzinationen vorkommen, so stehen sie nicht im Vordergrund. Taktile oder olfaktorische Halluzinationen können auftreten (und im Vordergrund stehen), wenn sie im Einklang mit dem Wahnthema stehen (z. B. die Sinneswahrnehmung, von Insekten geplagt zu werden, in Zusammenhang mit dem Wahn einer Insektenplage oder die Wahrnehmung, daß man einen fauligen Geruch aus einer Körperöffnung ausströmt, in Verbindung mit einem Beziehungswahn). Abgesehen von den direkten Auswirkungen der Wahnphänomene ist die psychosoziale Leistungsfähigkeit nicht wesentlich beeinträchtigt und das Verhalten ist weder offensichtlich ungewöhnlich, noch bizarr (**Kriterium C**). Falls affektive Episoden gleichzeitig mit dem Wahn auftreten, ist die Gesamtdauer dieser affektiven Episoden verglichen mit der Gesamtdauer der Wahnperioden relativ kurz (**Kriterium D**).

Die Wahnphänomene gehen nicht zurück auf die direkte körperliche Wirkung einer Substanz (z. B. Kokain) oder eines medizinischen Krankheitsfaktors (z. B. Alzheimersche Erkrankung, systemischer Lupus erythematodes) (**Kriterium E**).

Obwohl die Bestimmung, ob ein Wahn bizarr ist, für die Unterscheidung von Wahnhafter Störung und Schizophrenie für besonders wichtig erachtet wird, kann es insbesondere im interkulturellen Vergleich schwierig sein, „Bizarrheit" zu beurteilen. Wahnphänomene werden als bizarr angesehen, wenn sie eindeutig unplausibel, nicht verständlich oder nicht aus alltäglichen Erfahrungen heraus herleitbar sind (z. B. die Überzeugung eines Betroffenen, daß ein Fremder seine inneren Organe entfernt und durch die Organe einer anderen Person ersetzt hat, ohne Wunden oder Narben zu hinterlassen). Im Gegensatz hierzu beinhalten nicht-bizarre Wahnphänomene Situationen, die sich nachvollziehbar im realen Leben ereignen können (z. B. verfolgt zu werden, vergiftet zu werden, infiziert zu sein, über größere Entfernungen geliebt zu werden oder von einem Ehegatten bzw. Liebhaber betrogen zu werden).

Die psychosoziale Leistungsfähigkeit ist unterschiedlich. Einige betroffene Personen erscheinen relativ wenig in ihren zwischenmenschlichen und beruflichen Rollen beeinträchtigt zu sein. Bei anderen kann die Beeinträchtigung erheblich sein und eine geringe oder fehlende berufliche Leistungsfähigkeit und soziale Isolation beinhalten. Falls bei einer Wahnhaften Störung eine geringe psychosoziale Leistungsfähigkeit vorliegt, so resultiert sie direkt aus den wahnhaften Vorstellungen. Eine Person, die davon überzeugt ist, daß sie von Killern der Mafia ermordet werden soll, kann z. B. ihre Arbeit kündigen und sich weigern, ihr Haus zu verlassen, es sei denn spät nachts und nur in Kleidung, die sich sehr von ihrer normalen unterscheidet. All diese Verhaltensweisen sind ein nachvollziehbarer Versuch zu verhindern, von den vermeintlichen Attentätern erkannt und ermordet zu werden. Im Gegensatz hierzu ist die schlechte Leistungsfähigkeit bei der Schizophrenie Folge von Positiv- und Negativsymptomen (insbesondere Willensschwäche). Ebenso gilt als charakteristisch für Personen mit Wahnhafter Störung, daß ihr Verhalten und ihr Erscheinungsbild offensichtlich normal sind, solange ihre Wahnidee nicht diskutiert wird oder andere darauf eingehen. Im allgemeinen gilt, daß die sozialen und ehelichen Funktionen eher beeinträchtigt sind als die intellektuelle und berufliche Leistungsfähigkeit.

Subtypen

Die Art der Wahnhaften Störung kann aufgrund des vorherrschenden Wahnthemas spezifiziert werden:
— **Typus mit Liebeswahn.** Dieser Subtypus gilt, wenn das zentrale Wahnthema darin besteht, daß eine andere Person den Betroffenen liebt. Der Wahn bezieht sich meist eher auf eine idealisierte romantische Liebe und seelische Verbundenheit als auf sexuelle Anziehung. Die Person, von der dies mit Überzeugung angenommen wird, ist gewöhnlich von höhergestelltem Status (z. B. eine berühmte Person oder ein Vorgesetzter), es kann aber auch ein vollkommen Fremder sein. Bemühungen, mit dem Wahnobjekt in Kontakt zu kommen (durch Telefonanrufe, Briefe, Geschenke, Besuche oder sogar durch Überwachung und Nachschleichen), sind häufig, obwohl die Person gelegentlich ihren Wahn geheimhält. In klinischen Stichproben sind die meisten Personen mit diesem Subtypus Frauen; die meisten Personen mit diesem Subtypus in forensischen Stichproben sind Männer. Manche Personen mit diesem Subtypus, insbesondere Männer, kommen bei dem

Versuch, den Adressaten ihres Wahnes zu verfolgen bzw. bei dem Versuch, ihn vor vermeintlichen Gefahren „zu retten", mit dem Gesetz in Konflikt.
- **Typus mit Größenwahn.** Dieser Subtypus gilt, wenn das zentrale Wahnthema in der Überzeugung besteht, über ein großes (aber unerkanntes) Talent oder eine Einsicht zu verfügen oder eine bedeutsame Entdeckung gemacht zu haben. Weniger häufig haben Betroffene den Wahn, zu einer prominenten Person in einer besonderen Beziehung zu stehen (z. B. Ratgeber des Präsidenten zu sein) oder selbst eine prominente Person zu sein (in diesem Fall würde die reale Person als Schwindler angesehen). Größenwahn kann einen religiösen Inhalt haben (z. B. die Person glaubt, daß sie eine besondere Botschaft von einer Gottheit erhalten hat).
- **Typus mit Eifersuchtswahn.** Dieser Subtypus gilt, wenn das zentrale Wahnthema einer Person darin besteht, daß ihr (Ehe-)Partner untreu ist. Dieser Glaube entsteht ohne ausreichenden Grund und basiert auf falschen Schlußfolgerungen sowie kleinsten „Beweisen" (z. B. in Unordnung gebrachte Kleidung oder Flecken auf Bettlaken), die gesammelt werden, um den Wahn zu rechtfertigen. Die Person mit dem Wahn konfrontiert normalerweise den (Ehe-)Partner und versucht, der vermeintlichen Untreue entgegenzuwirken (z. B. die Unabhängigkeit des (Ehe-)Partners einschränken, den Partner heimlich verfolgen, den vermeintlichen Liebhaber beobachten, den (Ehe-)Partner angreifen).
- **Typus mit Verfolgungswahn.** Dieser Subtypus gilt, wenn sich das zentrale Wahnthema einer Person auf die Überzeugung bezieht, man habe sich gegen sie verschworen, sie werde betrogen, ausspioniert, verfolgt, vergiftet oder unter Drogen gesetzt, bösartig verleumdet, belästigt oder am Erreichen langfristiger Ziele gehindert. Ein geringfügiger Affront kann übersteigert und zum Mittelpunkt eines Wahnsystems gemacht werden. Der Mittelpunkt des Wahnes ist oft eine Ungerechtigkeit, die durch gerichtliche Maßnahmen behoben werden muß („querulatorische Paranoia"), und die betroffene Person kann sich in wiederholte Versuche verstricken, durch die Einschaltung von Gerichten und anderen Regierungsstellen Wiedergutmachung zu erhalten. Personen mit Verfolgungswahn sind oft nachtragend und wütend und können Gewalt gegen diejenigen anwenden, von denen sie sich geschädigt fühlen.
- **Typus mit Körperbezogenem Wahn.** Dieser Subtypus gilt, wenn das zentrale Wahnthema sich auf körperliche Funktionen und Empfindungen bezieht. Körperbezogener Wahn kommt in verschiedenen Erscheinungsformen vor. Am häufigsten sind die Personen überzeugt, daß sie aus der Haut, dem Mund, dem Rektum oder der Vagina einen üblen Geruch ausströmen, daß auf oder in der Haut ein Insektenbefall ist, daß es innerlich einen Parasiten gibt, daß bestimmte Körperteile mit Sicherheit (trotz aller Gegenbeweise) verunstaltet oder häßlich sind oder daß Teile des Körpers (z. B. der Dickdarm) nicht arbeiten.
- **Typus mit Gemischtem Wahn.** Dieser Subtypus gilt, wenn kein einzelnes Wahnthema vorherrschend ist.
- **Unspezifischer Typus.** Dieser Subtypus gilt, wenn das vorherrschende Wahnthema nicht genau bestimmt werden kann oder in den vorgegebenen Typen nicht beschrieben ist (z. B. Beziehungswahn ohne ausgeprägte Verfolgungs- oder Größenideen).

Zugehörige Merkmale und Störungen

Als Folge des Wahns können sich bei der Wahnhaften Störung soziale, eheliche oder berufliche Probleme ergeben. Beziehungsideen (z. B., daß zufällige Ereignisse von besonderer Bedeutung sind) sind bei den von dieser Störung Betroffenen häufig. Ihre Interpretation dieser

Ereignisse stehen normalerweise in Einklang mit dem Inhalt ihrer wahnhaften Überzeugung. Viele Personen mit Wahnhafter Störung entwickeln eine reizbare oder dysphorische Stimmung, die normalerweise als Reaktion auf die wahnhafte Überzeugung aufgefaßt werden kann. Besonders bei den Typen mit Verfolgungs- und Eifersuchtswahn können ausgeprägte Wut und gewalttätiges Verhalten auftreten. Die Person kann streitbares Verhalten entwickeln, welches zu Hunderten von Protestbriefen an Regierungs- und gerichtliche Stellen und häufigem Erscheinen vor Gericht führt. Juristische Probleme treten bei der Wahnhaften Störung vom Typus mit Eifersuchts- und vom Typus mit Liebeswahn auf. Betroffene Personen mit einer Wahnhaften Störung vom Typus mit Körperbezogenem Wahn werden eventuell unnötigen medizinischen Tests und Untersuchungsverfahren unterzogen. Schwerhörigkeit, schwere psychosoziale Belastungsfaktoren (z. B. Einwanderung) und niedriger sozioökonomischer Status können eine Person für die Entwicklung einer Wahnhaften Störung prädisponieren. Episoden einer Major Depression treten bei Personen mit einer Wahnhaften Störung vermutlich häufiger auf als in der Allgemeinbevölkerung. Die Depression ist typischerweise relativ mild und setzt nach dem Beginn ausgeprägter wahnhafter Überzeugungen ein. Die Wahnhafte Störung kann zusammen mit der Zwangsstörung, der Körperdysmorphen Störung, der Paranoiden, Schizoiden oder Vermeidend-Selbstunsicheren Persönlichkeitsstörung auftreten.

Besondere kulturelle und Geschlechtsmerkmale

Der kulturelle und religiöse Hintergrund einer betroffenen Person muß bei der Überlegung, ob eine Wahnhafte Störung vorliegt, mitberücksichtigt werden. Einige Kulturen haben weitverbreitete und kulturell akzeptierte Überzeugungen, die in anderen Kulturen eventuell als wahnhaft angesehen würden. Auch die Inhalte des Wahns unterscheiden sich in verschiedenen Kulturen und Subkulturen. Die Wahnhafte Störung vom Typus mit Eifersuchtswahn tritt vermutlich bei Männern häufiger als bei Frauen auf, insgesamt scheint es jedoch keine größeren Geschlechtsunterschiede hinsichtlich der allgemeinen Häufigkeit der Wahnhaften Störung zu geben.

Prävalenz

Die Wahnhafte Störung ist im klinischen Bereich relativ selten und in den meisten Studien finden sich Hinweise, daß die Störung bei 1–2 % aller Aufnahmen in stationäre Abteilungen vorliegt. Präzise Angaben über die Prävalenz dieser Störung in der Allgemeinbevölkerung fehlen, die wahrscheinlichste Schätzung liegt bei 0,03 %. Da die Störung normalerweise erst spät im Leben beginnt, liegt das Erkrankungsrisiko für die gesamte Lebenszeit vermutlich zwischen 0,05–0,1 %.

Verlauf

Das Ersterkrankungsalter der Wahnhaften Störung liegt im allgemeinen im mittleren oder späteren Erwachsenenalter, kann aber auch im jüngeren Alter liegen. Der Typus mit Verfolgungswahn ist der häufigste Subtypus. Der Verlauf ist recht variabel. Insbesondere beim Typus mit Verfolgungswahn kann die Störung chronisch sein, obwohl die Beschäftigung mit den wahnhaften Überzeugungen oft ab- und zunimmt. In anderen Fällen können Perioden von vollständiger Remission von späteren Rückfällen gefolgt sein. In wieder anderen Fällen bildet sich die Störung innerhalb weniger Monate zurück, oft ohne späteren Rückfall. Einige Anhaltspunkte lassen vermuten, daß der Typus mit Eifersuchtswahn eine bessere Prognose als der Typus mit Verfolgungswahn hat.

Familiäres Verteilungsmuster

Einige Studien haben ergeben, daß die Wahnhafte Störung bei Verwandten von Schizophreniepatienten überzufällig häufig ist. Andere Studien stellten keine familiäre Beziehung zwischen Wahnhafter Störung und Schizophrenie fest. Es gibt begrenzte Hinweise darauf, daß die Vermeidend-Selbstunsichere und die Paranoide Persönlichkeitsstörung insbesondere bei biologisch Verwandten ersten Grades von Personen mit Wahnhafter Störung gehäuft auftreten.

Differentialdiagnose

Die Diagnose einer Wahnhaften Störung wird nur dann gestellt, wenn der Wahn nicht auf die direkte körperliche Wirkung einer Substanz oder eines medizinischen Krankheitsfaktors zurückgeht. Ein **Delir**, eine **Demenz** und eine **Psychotische Störung Aufgrund eines Medizinischen Krankheitsfaktors** können Symptome aufweisen, die für eine Wahnhafte Störung sprechen. Z. B. würde ein einfacher Verfolgungswahn (z. B. „Irgendjemand kommt nachts in mein Zimmer und stiehlt meine Kleidung") in der Frühphase einer Demenz vom Alzheimer Typ als Demenz vom Alzheimer Typ, mit Wahnphänomenen, diagnostiziert werden. Eine **Substanzinduzierte Psychotische Störung**, insbesondere als Folge von Stimulantien wie Amphetaminen oder Kokain, kann im Querschnitt symptomatisch identisch mit einer Wahnhaften Störung sein, ist aber normalerweise anhand der zeitlichen Beziehung des Substanzgebrauchs zum Einsetzen oder Abklingen der wahnhaften Überzeugungen unterscheidbar.

Die Wahnhafte Störung kann von der **Schizophrenie** und der **Schizophreniformen Störung** aufgrund des Fehlens anderer charakteristischer Symptome einer floriden Phase einer Schizophrenie unterschieden werden (z. B. auffällige akustische oder optische Halluzinationen, bizarrer Wahn, desorganisierte Sprechweise, grob desorganisiertes oder katatones Verhalten, Negativsymptome). Verglichen mit der Schizophrenie entsteht durch die Wahnhafte Störung eine geringere Beeinträchtigung der beruflichen oder sozialen Funktionen.

Die Differentialdiagnose gegenüber einer **Affektiven Störung, mit Psychotischen Merkmalen** kann schwierig sein, da die mit Affektiven Störungen einhergehenden psychotischen Merkmale gewöhnlich nicht-bizarren Wahn ohne ausgeprägte Halluzinationen beinhalten und die Wahnhafte Störung oft mit affektiven Symptomen einhergeht. Die Unterscheidung hängt von dem zeitlichen Zusammenhang zwischen dem affektiven Störungsbild und dem Wahn sowie von der Schwere der affektiven Symptome ab. Tritt der Wahn ausschließlich während affektiver Episoden auf, so lautet die Diagnose Affektive Störung mit Psychotischen Merkmalen. Obwohl depressive Symptome bei der Wahnhaften Störung häufig sind, sind sie doch meist gering ausgeprägt, sie remittieren, während die wahnhaften noch andauern, und rechtfertigen keine gesonderte Diagnose einer Affektiven Störung. Gelegentlich überlagern affektive Symptome, die die Kriterien einer affektiven Episode vollständig erfüllen, das wahnhafte Störungsbild. Eine Wahnhafte Störung kann nur dann diagnostiziert werden, wenn die Gesamtdauer aller affektiven Episoden im Vergleich zur Gesamtdauer des wahnhaften Störungsbildes relativ kurz bleibt. Sollten Symptome, die die Kriterien einer affektiven Episode erfüllen, für einen beträchtlichen Teil der Dauer des wahnhaften Störungsbildes vorliegen (z. B. dem wahnhaften Äquivalent der Schizoaffektiven Störung), dann ist die Diagnose einer **Nicht Näher Bezeichneten Psychotischen Störung** in Verbindung mit entweder **Nicht Näher Bezeichneter Depressiver Störung** oder **Nicht Näher Bezeichneter Bipolarer Störung** angemessen.

Personen mit einer **Gemeinsamen Psychotischen Störung** können Symptome aufweisen, die denjenigen ähnlich sind, die man bei der Wahnhaften Störung findet, aber das Störungsbild ist in Ätiologie und Verlauf charakteristisch. Bei der Gemeinsamen Psychotischen Störung entsteht der Wahn im Kontext einer engen Beziehung zu einer anderen Person, ist identisch mit den Wahnthemen dieser anderen Person und vermindert sich oder verschwindet, wenn die Person mit der Gemeinsamen Psychotischen Störung von der Person mit der primären Psychotischen Störung getrennt wird. Die **Kurze Psychotische Störung** unterscheidet sich von der Wahnhaften Störung durch die Tatsache, daß die wahnhaften Symptome weniger als einen Monat andauern. Die Diagnose einer **Nicht Näher Bezeichneten Psychotischen Störung** kann dann gestellt werden, wenn zu wenig Information verfügbar ist, um zwischen einer Wahnhaften Störung und anderen Psychotischen Störungen zu unterscheiden oder um festzulegen, ob die vorliegenden Symptome durch eine Substanz induziert oder die Folge eines medizinischen Krankheitsfaktors sind.

Es kann schwierig sein, zwischen einer **Hypochondrie** (insbesondere Mit Geringer Krankheitseinsicht) und einer Wahnhaften Störung zu unterscheiden. Bei einer Hypochondrie wird an der Furcht, eine schwere Krankheit zu bekommen, oder an der Besorgnis, daß man eine solche schwere Krankheit hat, mit geringerer Intensität als beim Wahn festgehalten (z. B. kann die betroffene Person sich die Möglichkeit vorstellen, daß die befürchtete Krankheit nicht vorliegt). Eine **Körperdysmorphe Störung** äußert sich in einer starken Beschäftigung mit einem eingebildeten Mangel der äußeren Erscheinung. Viele betroffene Personen mit dieser Störung halten mit geringerer Intensität als beim Wahn an ihren Überzeugungen fest, und sie erkennen, daß ihre Ansicht über ihre Erscheinung gestört ist. Jedoch hält ein bedeutender Anteil der Personen, deren Symptome die Kriterien für eine Körperdysmorphe Störung erfüllen, an ihren Überzeugungen mit wahnhafter Intensität fest. Sollten die Kriterien für beide Störungen, Körperdysmorphe und Wahnhafte Störung, Typus mit Körperbezogenem Wahn, erfüllt sein, so werden beide diagnostiziert. Die Grenze zwischen der **Zwangsstörung** (insbesondere Mit Geringer Krankheitseinsicht) und der Wahnhaften Störung kann manchmal schwierig zu ziehen sein. Die Fähigkeit von Betroffenen mit einer Zwangsstörung, zu erkennen, daß ihre Zwangsvorstellungen oder Handlungen übertrieben und unvernünftig sind, tritt als Kontinuum auf. Bei einigen betroffenen Personen kann die Fähigkeit zur Realitätskontrolle verloren sein und die Zwangsvorstellungen können wahnhafte Ausmaße annehmen (z. B. der Glaube, daß jemand den Tod einer anderen Person durch seinen Willen verursacht hat). Sollten die Zwangsvorstellungen sich zu einer anhaltenden wahnhaften Überzeugung entwickeln, die einen Hauptteil des klinischen Bildes darstellt, kann die zusätzliche Diagnose einer Wahnhaften Störung angemessen sein.

Im Gegensatz zur Wahnhaften Störung liegen bei der **Paranoiden Persönlichkeitsstörung** keine eindeutig abgrenzbaren oder andauernden wahnhaften Überzeugungen vor. Wenn eine Person mit einer Wahnhaften Störung eine vorbestehende Persönlichkeitsstörung aufweist, sollte die Persönlichkeitsstörung immer auf der Achse II, gefolgt von „prämorbid" in Klammern, aufgeführt werden.

> **Diagnostische Kriterien für 297.1 (F22.0) Wahnhafte Störung**
>
> A. Nicht-bizarre Wahnphänomene (d.h. bezogen auf Situationen, die in der Realität vorkommen können, wie etwa verfolgt, vergiftet, infiziert, aus der Ferne geliebt, vom (Ehe-)Partner betrogen zu werden oder eine Krankheit zu haben) für die Dauer von mindestens einem Monat.
>
> B. Kriterium A für Schizophrenie war niemals erfüllt.
> **Beachte:** Taktile und olfaktorische Halluzinationen können bei der Wahnhaften Störung vorliegen, wenn sie mit dem Wahnthema im Zusammenhang stehen.
>
> C. Abgesehen von den primären und sekundären Auswirkungen des Wahns ist die Leistungsfähigkeit nicht wesentlich beeinträchtigt und das Verhalten ist nicht auffallend seltsam oder bizarr.
>
> D. Wenn affektive Episoden gleichzeitig mit Wahnphänomenen aufgetreten sind, war deren Gesamtdauer kurz im Verhältnis zur Dauer der wahnhaften Perioden.
>
> E. Das Störungsbild geht nicht auf die direkte körperliche Wirkung einer Substanz (z. B. Droge, Medikament) oder eines medizinischen Krankheitsfaktors zurück.
>
> *Bestimme* den Typus (abhängig vom vorherrschenden Wahnthema werden die folgenden Typen zugeordnet):
> **Typus mit Liebeswahn:** Der Wahn, daß eine gewöhnlich höhergestellte Person in den Betroffenen verliebt ist.
> **Typus mit Größenwahn:** Der Wahn, in übersteigerter Weise Wert, Macht oder Wissen zu besitzen, eine besondere Persönlichkeit zu sein oder eine besondere Beziehung zu einer Gottheit oder berühmten Person zu haben.
> **Typus mit Eifersuchtswahn:** Der Wahn, daß der Sexualpartner des Betroffenen untreu ist.
> **Typus mit Verfolgungswahn:** Der Wahn, daß die Person (oder jemand, dem die Person nahesteht) auf irgendeine Art schlecht behandelt wird.
> **Typus mit Körperbezogenem Wahn:** Der Wahn, daß die Person einen körperlichen Defekt oder einen medizinischen Krankheitsfaktor hat.
> **Typus mit Gemischtem Wahn:** Wahnthemen, die für mehr als einen der o. g. Typen charakteristisch sind, ohne daß ein einzelnes Wahnthema vorherrscht.
> **Unspezifischer Typus**

298.8 (F23.xx) Kurze Psychotische Störung

Diagnostische Merkmale

Das Hauptmerkmal der kurzen psychotischen Störung ist ein Störungsbild, das ein plötzliches Einsetzen von mindestens einem der folgenden positiven psychotischen Symptome beinhaltet: Wahnphänomene, Halluzinationen, desorganisierte Sprechweise (z. B. häufiges Entgleisen oder Inkohärenz) oder grob desorganisiertes oder katatones Verhalten (**Kriterium A**). Eine Episode dieses Störungsbildes dauert mindestens einen Tag, aber weniger als einen Monat und das prämorbide Leistungsniveau wird schließlich vollständig wieder erreicht (**Kriterium B**). Das Störungsbild kann nicht besser durch eine Affektive Störung mit Psychotischen Merkmalen, durch eine Schizoaffektive Störung oder durch eine Schizophrenie erklärt werden und geht nicht auf die direkte körperliche Wirkung einer Substanz (z. B. eines Halluzinogens) oder eines medizinischen Krankheitsfaktors (z. B. subdurales Hämatom) zurück (**Kriterium C**).

Zusatzcodierungen

Abhängig vom Vorhandensein oder Fehlen auslösender Belastungsfaktoren können die folgenden Zusatzcodierungen für die Kurze Psychotische Störung angegeben werden:
— **Mit Deutlichen Belastungsfaktoren.** Diese Zusatzcodierung kann angegeben werden, wenn sich die psychotischen Symptome kurz nach oder offensichtlich als Reaktion auf ein oder mehrere Ereignisse entwickeln, die einzeln oder zusammengenommen erheblich belastend für beinahe jede Person derselben Kultur unter ähnlichen Umständen wären. Dieser Typus der Kurzen Psychotischen Störung wurde im DSM-III-R „kurze reaktive Psychose" genannt. Auslösendes Ereignis kann jede starke Belastung sein, wie etwa der Verlust einer geliebten Person oder ein psychisches Trauma nach Kriegserlebnissen. Die Entscheidung, ob ein spezifischer Belastungsfaktor Auslöser oder Folgeerscheinung der Erkrankung war, kann manchmal klinisch schwierig sein. In solchen Fällen wird die Entscheidung von begleitenden Faktoren wie dem zeitlichen Verhältnis zwischen dem Belastungsfaktor und dem Beginn der Symptome, zusätzlichen Informationen von Ehegatten und Freunden über das Funktionsniveau vor dem Auftreten des Belastungsfaktors und einer Vorgeschichte von ähnlichen Reaktionen auf belastende Ereignisse in der Vergangenheit abhängen.
— **Ohne Deutliche Belastungsfaktoren.** Diese Zusatzcodierung kann angegeben werden, wenn die psychotischen Symptome offensichtlich nicht als Reaktion auf Ereignisse auftreten, die für beinahe jede andere Person derselben Kultur unter ähnlichen Umständen deutlich belastend wären.
— **Mit Postpartalem Beginn.** Diese Zusatzcodierung kann angegeben werden, wenn die psychotischen Symptome innerhalb von 4 Wochen nach einer Entbindung auftreten.

Zugehörige Merkmale und Störungen

Personen mit einer Kurzen Psychotischen Störung erleben typischerweise emotionale Aufgewühltheit oder überwältigende Verwirrung. Sie können rasche Wechsel von einem intensiven Affekt zu einem anderen erleben. Obwohl nur kurz anhaltend, kann der Grad der Beeinträchtigung schwer sein und es kann eine Aufsicht erforderlich sein, um sicherzustellen, daß Ernährung und hygienische Notwendigkeiten eingehalten werden und daß die betroffene Person vor den Folgen verminderter Urteilsfähigkeit, kognitiver Beeinträchtigung oder des Handelns auf der Basis von Wahnphänomenen geschützt ist. Es scheint ein erhöhtes Mortalitätsrisiko (mit einem besonders hohen Risiko für Suizid) vorzuliegen, insbesondere bei jüngeren Personen. Vorher bestehende Persönlichkeitsstörungen (z. B. Paranoide, Histrionische, Narzißtische, Schizotypische oder Borderline Persönlichkeitsstörung) können die Person für eine Entwicklung dieser Störung prädisponieren.

Besondere kulturelle Merkmale

Es ist wichtig, die Symptome einer Kurzen Psychotischen Störung von kulturell akzeptierten Reaktionsmustern zu unterscheiden. Z. B. kann eine Person bei bestimmten religiösen Zeremonien berichten, Stimmen gehört zu haben, die jedoch im allgemeinen nicht anhalten und von den meisten Mitgliedern der Gemeinschaft des Betroffenen nicht als abnorm angesehen werden.

Prävalenz

Die begrenzt vorliegenden Befunde deuten darauf hin, daß die Kurze Psychotische Störung selten ist.

Verlauf

Die Kurze Psychotische Störung kann in der Adoleszenz oder dem frühen Erwachsenenalter auftreten, das durchschnittliche Alter bei Beginn liegt zwischen Ende 20 und Anfang 30. Definitionsgemäß erfordert die Diagnose einer Kurzen Psychotischen Störung eine vollständige Remission aller Symptome und eine Wiederherstellung des prämorbiden Leistungsniveaus innerhalb eines Monats nach Beginn des Störungsbildes. Bei einigen Betroffenen kann die Dauer der psychotischen Symptome relativ kurz sein (z. B. ein paar Tage).

Familiäres Verteilungsmuster

Einige Hinweise deuten darauf hin, daß die Kurze Psychotische Störung mit den Affektiven Störungen verwandt ist, während andere Hinweise darauf hindeuten, daß sie sich sowohl von der Schizophrenie als auch von den Affektiven Störungen unterscheidet.

Differentialdiagnose

Eine Vielzahl medizinischer Krankheitsfaktoren kann psychotische Symptome von kurzer Dauer aufweisen. Eine **Psychotische Störung Aufgrund eines Medizinischen Krankheitsfaktors** oder ein **Delir** werden diagnostiziert, wenn es Hinweise in der Anamnese, der körperlichen Untersuchung oder in den Laborbefunden gibt, die darauf hindeuten, daß die Wahnphänomene oder die Halluzinationen die direkte körperliche Folge eines medizinischen Krankheitsfaktors (z. B. Cushing-Syndrom, Hirntumor) (siehe S. 364) sind. **Substanzinduzierte Psychotische Störung**, **Substanzinduziertes Delir** und **Substanzintoxikation** werden von der Kurzen Psychotischen Störung dadurch unterschieden, daß eine Substanz (z. B. Droge, Medikament oder Exposition gegenüber einem Toxin) ätiologisch mit den psychotischen Symptomen im Zusammenhang gebracht werden kann (siehe S. 368). Laborbefunde wie z. B. ein Drogenscreening im Urin oder eine Blutalkoholkonzentrationsbestimmung können hierbei ebenso helfen wie eine sorgfältige Anamnese des Substanzgebrauchs mit Beachtung des zeitlichen Zusammenhanges zwischen der Substanzeinnahme und dem Beginn der Symptome und der Art der eingenommenen Substanz.

Die Diagnose einer Kurzen Psychotischen Störung kann nicht gestellt werden, wenn die psychotischen Symptome besser durch eine **affektive Episode** erklärt werden können (z. B. die psychotischen Symptome treten ausschließlich während einer voll ausgeprägten Episode einer Major Depression, einer Manischen oder einer Gemischten Episode auf). Falls die psychotischen Symptome für einen Monat oder länger anhalten, dann lautet die Diagnose entweder **Schizophreniforme Störung, Wahnhafte Störung, Affektive Störung mit Psychotischen Merkmalen** oder **Nicht Näher Bezeichnete Psychotische Störung**, je nachdem, welche anderen Symptome sich im klinischen Bild zeigen. Die Differentialdiagnose zwischen einer Kurzen Psychotischen Störung und einer Schizophreniformen Störung ist schwierig, wenn die psychotischen Symptome als Reaktion auf eine erfolgreiche Behandlung mit Medikamenten innerhalb eines Monats remittiert sind. Da wiederholt auftretende Episoden der Kurzen Psychotischen Störung selten sind, sollte sorgfältig die Möglichkeit untersucht werden, ob eine wiederholt auftretende Störung (z. B. Bipolare Störung, wiederholte akute Exazerbation einer Schizophrenie) für die wiederholten psychotischen Episoden verantwortlich ist.

Eine Episode einer **Vorgetäuschten Störung mit Vorwiegend Psychischen Zeichen und Symptomen** kann ein Erscheinungsbild wie die Kurze Psychotische Störung haben, aber in solchen Fällen gibt es Hinweise dafür, daß die Symptome absichtlich hervorgerufen werden. Wenn eine **Simulation** offensichtliche psychotische Symptome beinhaltet, dann gibt es normalerweise Hinweise darauf, daß die Krankheit für ein verständliches Ziel vorgetäuscht wurde.

Bei bestimmten Personen mit **Persönlichkeitsstörungen** können psychosoziale Belastungsfaktoren kurze Perioden psychotischer Symptome herbeiführen. Diese sind normalerweise vorübergehend und rechtfertigen keine gesonderte Diagnose. Falls die psychotischen Symptome für mindestens einen Tag andauern, dann kann die zusätzliche Diagnose einer Kurzen Psychotischen Störung angemessen sein.

Diagnostische Kriterien für 298.8 (F23.xx) Kurze Psychotische Störung

A. Vorhandensein von mindestens einem der folgenden Symptome:
   (1) Wahn,
   (2) Halluzinationen,
   (3) desorganisierte Sprechweise (z. B. häufiges Entgleisen oder Inkohärenz),
   (4) grob desorganisiertes oder katatones Verhalten.
   Beachte: Schließe ein Symptom nicht ein, wenn es ein kulturell akzeptiertes Reaktionsmuster darstellt.

B. Eine Episode dieses Störungsbildes dauert mindestens einen Tag, aber weniger als einen Monat an, mit schließlich vollständiger Wiederherstellung des prämorbiden Leistungsniveaus.

C. Das Störungsbild kann nicht besser durch eine Affektive Störung mit Psychotischen Merkmalen, eine Schizoaffektive Störung oder eine Schizophrenie erklärt werden, und es geht nicht auf die direkte körperliche Wirkung einer Substanz (z. B. Droge, Medikament) oder eines medizinischen Krankheitsfaktors zurück.

Fortsetzung nächste Seite

> Fortsetzung
>
> *Bestimme,* ob:
> **Mit Deutlichen Belastungsfaktoren** (kurze reaktive Psychose): Wenn die Symptome kurz nach und offensichtlich als Reaktion auf Ereignisse auftreten, die einzeln oder zusammengenommen für fast jede Person desselben Kulturkreises unter ähnlichen Umständen erheblich belastend wären.
> **Ohne Deutliche Belastungsfaktoren:** Wenn die psychotischen Symptome *nicht* kurz nach oder offensichtlich in Reaktion auf Ereignisse auftreten, die einzeln oder zusammengenommen für fast jede Person desselben Kulturkreises unter ähnlichen Umständen erheblich belastend wären.
> **Mit Postpartalem Beginn:** bei Beginn innerhalb von vier Wochen nach einer Entbindung.

297.3 (F24) Gemeinsame Psychotische Störung (Folie à deux)

Diagnostische Merkmale

Hauptmerkmal der Gemeinsamen Psychotischen Störung (Folie à deux) ist ein Wahn, der sich bei einer Person entwickelt, die in einem engen Verhältnis zu einer anderen Person steht (manchmal der „Induzierer" oder der „Primärfall" genannt), die bereits an einer psychotischen Störung mit ausgeprägten Wahnphänomenen leidet (**Kriterium A**). Die betroffene Person teilt im Laufe der Zeit die wahnhaften Überzeugungen des Primärfalles im Ganzen oder in Teilen (**Kriterium B**). Der Wahn ist nicht besser durch eine andere Psychotische Störung (z. B. Schizophrenie) oder durch eine Affektive Störung mit Psychotischen Merkmalen zu erklären und geht nicht auf die direkte körperliche Wirkung einer Substanz (z. B. Amphetamin) oder eines medizinischen Krankheitsfaktors (z. B. Hirntumor) zurück (**Kriterium C**). Wahrscheinlich ist die Schizophrenie die häufigste Diagnose des Primärfalles, obwohl andere Diagnosen wie z. B. Wahnhafte Störung oder Affektive Störung mit Psychotischen Merkmalen vorliegen können. Der Inhalt der gemeinsamen wahnhaften Überzeugungen kann von der Diagnose des Primärfalles abhängig sein und relativ bizarre Wahnphänomene (z. B. daß von einer fremden feindlichen Macht Strahlungen in die Wohnung gesendet werden, die Verdauungsprobleme und Diarrhöen hervorrufen), stimmungskongruente Wahnphänomene (z. B. daß der Primärfall bald einen Filmkontrakt über 2 Millionen Dollar erhalten wird, der es der Familie erlauben wird, ein wesentlich größeres Haus mit Swimmingpool zu kaufen) oder solche nicht-bizarren Wahnphänomene umfassen, wie sie für die Wahnhafte Störung charakteristisch sind (z. B. daß das FBI das Telefon der Familie abhört und die Familienmitglieder verfolgt, wenn sie das Haus verlasssen). Im allgemeinen ist bei der Gemeinsamen Psychotischen Störung der Primärfall in der Beziehung dominant und drängt nach und nach sein Wahnsystem der mehr passiven und anfänglich gesunden zweiten Person auf. Personen, bei denen es zu gemeinsamen Wahnphänomenen kommt, sind oft durch Blutsverwandtschaft oder Heirat verbunden und haben eine lange Zeit zusammen gelebt, manchmal relativ sozial isoliert. Wenn die Beziehung zum Primärfall beendet wird, vermindern sich im allgemeinen die wahnhaften Überzeugungen der betroffenen Person oder verschwinden ganz. Obwohl die Gemeinsame Psychotische Störung überwiegend bei Beziehungen zwischen zwei Personen auftritt, kann sie auch bei einer größeren Anzahl von Personen vorkommen, insbesondere in Familiensituationen, in denen ein Elternteil der Primärfall ist und die Kinder, manchmal in verschiedenem Maße, die wahnhaften Überzeugungen des Elternteils annehmen. Personen mit dieser Störung suchen selten Behandlung auf und werden gewöhnlich klinisch auffällig, wenn der Primärfall eine Behandlung erhält.

Zugehörige Merkmale und Störungen

Abgesehen von den wahnhaften Überzeugungen ist das Verhalten bei der Gemeinsamen Psychotischen Störung normalerweise nicht anderweitig auffällig oder ungewöhnlich. Bei der Person mit der Gemeinsamen Psychotischen Störung ist die Beeinträchtigung oft weniger schwer als beim Primärfall.

Prävalenz

Es gibt nur wenig systematische Information über die Prävalenz der Gemeinsamen Psychotischen Störung. Im klinischen Bereich ist diese Störung selten, obwohl man einwenden kann, daß einige Fälle nicht erkannt werden. Es gibt begrenzte Hinweise darauf, daß die Gemeinsame Psychotische Störung etwas häufiger bei Frauen als bei Männern auftritt.

Verlauf

Über das Alter bei Beginn der Gemeinsamen Psychotischen Störung ist wenig bekannt, es scheint jedoch ziemlich variabel zu sein. Ohne Intervention ist der Verlauf im allgemeinen chronisch, da diese Störung meist in Beziehungen auftritt, die lange bestehen und gegenüber Veränderungen resistent sind. Bei der Trennung vom Primärfall verschwinden die wahnhaften Überzeugungen der betroffenen Person, teils schnell und teils recht langsam.

Differentialdiagnose

Die Diagnose einer Gemeinsamen Psychotischen Störung wird nur dann gestellt, wenn der Wahn nicht auf die direkte körperliche Wirkung einer Substanz oder eines medizinischen Krankheitsfaktors zurückgeht. Die Differentialdiagnose stellt selten ein Problem dar, da die enge Verbindung mit dem Primärfall in der Vorgeschichte und die Ähnlichkeit des Wahns zwischen den beiden betroffenen Personen einzigartig für die Gemeinsame Psychotische Störung sind. Bei der **Schizophrenie**, der **Wahnhaften Störung**, der **Schizoaffektiven Störung** und einer **Affektiven Störung mit Psychotischen Merkmalen** gibt es entweder keine enge Beziehung mit einer dominanten Person, die eine Psychotische Störung hat und ähnliche wahnhafte Überzeugungen teilt, oder, falls es doch eine solche Person gibt, gingen im allgemeinen die psychotischen Symptome dem Beginn der gemeinsamen Wahnphänomene voraus. In seltenen Fällen kann eine Person scheinbar an einer Gemeinsamen Psychotischen Störung leiden, aber die Wahnphänomene verschwinden nicht, nachdem die betroffene Person vom Primärfall getrennt wurde. Unter solchen Umständen ist es vermutlich angemessen, die Diagnose einer anderen Psychotischen Störung in Erwägung zu ziehen.

> **Diagnostische Kriterien für 297.3 (F24) Gemeinsame Psychotische Störung**
>
> A. Ein Wahn entwickelt sich bei einer Person im Rahmen einer engen Beziehung zu (einer) anderen Person/Personen, die einen bereits ausgebildeten Wahn hat/haben.
> B. Der Wahn gleicht inhaltlich dem der Person, die einen bereits ausgebildeten Wahn hat.
> C. Das Störungsbild kann nicht besser durch eine andere Psychotische Störung (z. B. Schizophrenie) oder eine Affektive Störung mit Psychotischen Merkmalen erklärt werden, und es geht nicht auf die direkte körperliche Wirkung einer Substanz (z. B. Droge, Medikament) oder eines medizinischen Krankheitsfaktors zurück.

Psychotische Störung Aufgrund eines Medizinischen Krankheitsfaktors

Diagnostische Merkmale

Die Hauptmerkmale einer Psychotischen Störung Aufgrund eines Medizinischen Krankheitsfaktors sind ausgeprägte Halluzinationen oder Wahnphänomene, die auf die direkte körperliche Wirkung eines medizinischen Krankheitsfaktors zurückgeführt werden (**Kriterium A**). Durch Anamnese, körperliche Untersuchung oder Laborbefunde muß der Nachweis erbracht werden, daß die Wahnphänomene oder Halluzinationen die direkte körperliche Folge eines medizinischen Krankheitsfaktors sind (**Kriterium B**). Das psychotische Störungsbild kann nicht besser durch eine andere psychische Störung erklärt werden (z. B. die Symptome sind keine psychologisch begründete Reaktion auf einen schweren medizinischen Krankheitsfaktor, in diesem Fall wäre die Diagnose einer Kurzen Psychotischen Störung, Mit Deutlichen Belastungsfaktoren, zutreffend) (**Kriterium C**). Die Diagnose wird nicht gestellt, wenn das Störungsbild ausschließlich im Verlauf eines Delirs auftritt (**Kriterium D**). Die gesonderte Diagnose einer Psychotischen Störung Aufgrund eines Medizinischen Krankheitsfaktors wird nicht gestellt, wenn die Wahnphänomene ausschließlich im Verlauf einer Demenz vom Alzheimer Typ oder einer Vaskulären Demenz auftreten, stattdessen wird die Diagnose einer Demenz vom Alzheimer Typ oder einer Vaskulären Demenz mit dem Subtypus Mit Halluzinationen gestellt werden.

Halluzinationen können in jeder Sinnesmodalität auftreten (d. h. visuell, olfaktorisch, gustatorisch, taktil oder akustisch), jedoch lösen bestimmte ätiologische Faktoren bevorzugt spezifische halluzinatorische Phänomene aus. Olfaktorische Halluzinationen, insbesondere diejenigen, die den Geruch brennenden Gummis oder andere unangenehme Gerüche beinhalten, weisen stark auf eine Temporallappenepilepsie hin. Die Halluzinationen können unterschiedlich sein, von sehr einfach und ungeformt bis hin zu hochgradig komplex und organisiert, abhängig von den ätiologischen Faktoren, von den Umweltbedingungen, von Art und Lokalisation der das Zentralnervensystem schädigenden Verletzung und von der Reaktion auf die Beeinträchtigung. Im allgemeinen wird die Diagnose einer Psychotischen Störung Aufgrund eines Medizinischen Krankheitsfaktors nicht gestellt, wenn der Betroffene die Realitätsprüfung für seine Halluzinationen beibehält und einsehen kann, daß die Wahrnehmungserlebnisse durch den medizinischen Krankheitsfaktor bedingt sind. Die Wahnphänomene können verschiedene Themen zum Inhalt haben und körperbezogenen, Größen-, religiösen und am häufigsten Verfolgungswahn einschließen. Religiöse Wahnphänomene wurden in manchen Fällen insbesondere mit der Temporallappenepilepsie in Verbindung gebracht. Personen mit rechtsparietalen Hirnläsionen können ein kontralaterales Neglect-Syndrom entwickeln, wobei sie Teile ihres Körpers in wahnhaftem Ausmaß verleugnen. Insgesamt jedoch scheinen die Zusammenhänge zwischen Wahnphänomenen und einem bestimmten medizinischen Krankheitsfaktor weniger spezifisch zu sein, als dies bei Halluzinationen der Fall ist.

Um zu entscheiden, ob das psychotische Störungsbild Folge eines medizinischen Krankheitsfaktors ist, muß der Untersucher zuerst das Vorhandensein eines medizinischen Krankheitsfaktors feststellen. Darüber hinaus muß der Untersucher belegen, daß das psychotische Störungsbild ätiologisch mit dem medizinischen Krankheitsfaktor durch einen physiologischen Wirkmechanismus verbunden ist. Um zu dieser Beurteilung zu gelangen, ist zuerst eine sorgfältige und umfassende Erhebung multipler Faktoren erforderlich. Es gibt zwar keine absolut sicheren Entscheidungsrichtlinien dafür, ob die psychotische Störung mit dem medizinischen Krankheitsfaktor ätiologisch zusammenhängt, jedoch können verschiedene Überlegungen eine Orientierung in diesem Bereich liefern. Eine Überlegung betrifft das Vorhandensein eines zeitlichen Zusammenhangs zwischen Beginn, Exazerbation oder Remission des medizinischen Krankheitsfaktors und des psychotischen Störungsbildes. Eine zweite Überlegung betrifft das Vorhandensein von Merkmalen, die für eine primäre Psychotische Störung atypisch sind (z. B. atypisches Alter bei Beginn oder Vorhandensein von optischen oder olfaktorischen Halluzinationen). Literaturdaten, die einen direkten Zusammenhang zwischen dem in Frage kommenden medizinischen Krankheitsfaktor und der Entwicklung psychotischer Symptome nahelegen, können einen nützlichen Kontext bei der Beurteilung einer bestimmten Situation bieten. Darüber hinaus muß der Untersucher auch zu dem Urteil kommen, daß das Störungsbild nicht durch eine primäre Psychotische Störung, eine Substanzinduzierte Psychotische Störung oder eine andere primäre psychische Störung (z. B. Anpassungsstörung) besser erklärt werden kann. Diese Festlegung wird detaillierter im Kapitel „Psychische Störungen Aufgrund eines Medizinischen Krankheitsfaktors" erklärt (siehe S. 210).

Subtypen

Einer der folgenden Subtypen kann benutzt werden, um das vorherrschende Symptombild anzuzeigen. Wenn sowohl Wahnphänomene als auch Halluzinationen vorliegen, codiere das vorherrschende:
— 293.81 (F06.2) **Mit Wahn.** Dieser Subtypus wird gewählt, wenn Wahnphänomene das vorherrschende Symptom sind.
— 293.82 (F06.0) **Mit Halluzinationen.** Dieser Subtypus wird gewählt, wenn Halluzinationen das vorherrschende Symptom sind.

Codierungshinweise

Zur Codierung der Diagnose einer Psychotischen Störung Aufgrund eines Medizinischen Krankheitsfaktors sollte der Untersucher zuerst auf Achse I das Vorliegen der psychotischen Störung aufführen, dann den identifizierten Krankheitsfaktor, der als ursächlich für die Störung bewertet wird, und schließlich die geeignete Zusatzcodierung, die die vorherrschende Symptomatik anzeigt (z. B. Psychotische Störung Aufgrund von Hyperthyreoidismus, Mit Halluzinationen). Der diagnostische Code auf der Achse I wird auf der Basis des Subtypus ausgewählt: 293.81 (F06.2) für eine Psychotischen Störung Aufgrund eines Medizinischen Krankheitsfaktors, Mit Wahn, und 293.82 (F06.0) für eine Psychotischen Störung Aufgrund eines Medizinischen Krankheitsfaktors, Mit Halluzinationen. Der ICD-9-CM-Code für den medizinischen Krankheitsfaktor sollte zusätzlich auf der Achse III aufgeführt werden (z. B. 242.9 Hyperthyreoidismus (Liste der ICD-9-CM-Diagnose-Codes für ausgewählte medizinische Krankheitsfaktoren siehe Anhang G).

Zugehörige medizinische Krankheitsfaktoren

Eine Vielzahl von medizinischen Krankheitsfaktoren kann psychotische Symptome verursachen. Hierzu gehören neurologische Krankheitsfaktoren (Neoplasmen, zerebrovaskuläre Erkrankungen, Chorea Huntington, Epilepsie, Schädigungen des Nervus statoacusticus, Taubheit, Migräne, Infektionen des Zentralnervensystems), endokrine Krankheitsfaktoren (z. B. Hyper- und Hypothyreose, Hyper- und Hypoparathyreoidismus, Nebenniereninsuffizienz), metabolische Krankheitsfaktoren (z. B. Hypoxie, Hyperkapnie, Hypoglykämie), Entgleisungen des Wasser- und Elektrolythaushaltes, Leber- oder Nierenerkrankungen und Autoimmunerkrankungen mit Beteiligung des Zentralnervensystems (z. B. systemischer Lupus erythematodes). Diejenigen neurologischen Krankheitsfaktoren, die subkortikale Strukturen oder den Temporallappen in Mitleidenschaft ziehen, gehen häufiger mit Wahn einher. Die entsprechenden körperlichen Untersuchungsbefunde, Laborbefunde und Muster der Prävalenz oder des Beginns zeigen den ursächlichen medizinischen Krankheitsfaktor an.

Differentialdiagnose

Halluzinationen und Wahnphänomene treten häufig im Rahmen eines **Delirs** auf; allerdings wird die zusätzliche Diagnose einer Psychotischen Störung Aufgrund eines Medizinischen Krankheitsfaktors nicht gestellt, wenn das Störungsbild ausschließlich im Verlauf eines Delirs auftritt. Wenn Wahnphänomene im Verlauf einer **Demenz vom Alzheimer Typ** oder einer **Vaskulären Demenz** auftreten, wird die Diagnose einer Demenz vom Alzheimer Typ oder einer Vaskulären Demenz mit dem Subtypus Mit Wahn gestellt, eine gesonderte Diagnose einer Psychotischen Störung Aufgrund eines Medizinischen Krankheitsfaktors wird dann nicht gestellt. Wenn die Symptomatik eine Mischung verschiedener Symptomtypen beinhaltet (z. B. psychotisch und ängstlich), heißt die Diagnose im allgemeinen Psychotische Störung Aufgrund eines Medizinischen Krankheitsfaktors, da in solchen Situationen die psychotischen Symptome typischerweise im klinischen Bild vorherrschen.

Wenn es Hinweise für einen kürzlichen oder langdauernden Substanzgebrauch (einschließlich Medikamenten mit psychotropen Effekten), für einen Substanzentzug oder für die Einwirkung eines Toxins gibt (z. B. LSD-Intoxikation, Alkoholentzug), sollte eine **Substanzinduzierte Psychotische Störung** in Erwägung gezogen werden. Es kann nützlich sein, ein Drogenscreening im Urin oder im Blut oder eine andere entsprechende Laboruntersuchung durchzuführen. Symptome, die während oder kurz nach (d. h. innerhalb von 4 Wochen nach) einer Substanzintoxikation oder einem Entzug oder nach einer Medikamenteneinnahme auftreten, können in Abhängigkeit von der Art, der Dauer oder der Menge der eingenommenen Substanz speziell auf eine Substanzinduzierte Psychotische Störung hinweisen. Wenn der Untersucher sichergestellt hat, daß das Störungsbild sowohl auf einen medizinischen Krankheitsfaktor als auch auf den Gebrauch einer Substanz zurückgeht, können beide Diagnosen gestellt werden (d. h. Psychotische Störung Aufgrund eines Medizinischen Krankheitsfaktors und Substanzinduzierte Psychotische Störung).

Die Psychotische Störung Aufgrund eines Medizinischen Krankheitsfaktors muß von einer **primären Psychotischen Störung** (z. B. Schizophrenie, Wahnhafte Störung, Schizoaffektive Störung) oder von einer **primären Affektiven Störung mit Psychotischen Merkmalen** unterschieden werden. Bei den primären Psychotischen Störungen und bei den primären Affektiven Störungen mit Psychotischen Merkmalen können keine spezifischen und direkt ursächlichen physiologischen Wirkmechanismen in Zusammenhang mit einem medizinischen Krankheitsfaktor aufgezeigt werden. Hohes Alter bei Erkrankungsbeginn (z. B. Erstauftreten von Wahnphänomenen bei einer Person, die älter als 35 Jahre ist) und das Fehlen von Schizophrenie oder Wahnhafter Störung in der eigenen oder der Familienanamnese zeigen die Notwendigkeit einer sorgfältigen Beurteilung an, um die Diagnose einer Psychotischen Störung Aufgrund eines Medizinischen Krankheitsfaktors auszuschließen. Akustische Halluzinationen in Form von Stimmen, die komplexe Sätze sprechen, sind charakteristischer für Schizophrenie als für eine Psychotische Störung Aufgrund eines Medizinischen Krankheitsfaktors. Andere Arten von Halluzinationen (z. B. visuell, olfaktorisch) weisen häufig auf eine Psychotische Störung Aufgrund eines Medizinischen Krankheitsfaktors oder auf eine Substanzinduzierte Psychotische Störung hin.

Die Diagnose einer **Nicht Näher Bezeichneten Psychotischen Störung** wird dann gestellt, wenn der Untersucher nicht entscheiden kann, ob das psychotische Störungsbild primär, substanzinduziert oder auf einen medizinischen Krankheitsfaktor zurückzuführen ist. **Hypnagoge** und **hypnopompe Halluzinationen** können bei Personen ohne eine psychische Erkrankung auftreten, erscheinen jedoch nur beim Einschlafen bzw. beim Aufwachen.

Diagnostische Kriterien für 293.xx (F06.x) Psychotische Störung Aufgrund von ... [*benenne den Medizinischen Krankheitsfaktor*]

A. Ausgeprägte Halluzinationen oder Wahnphänomene.

B. Es gibt Belege aus der Anamnese, der körperlichen Untersuchung oder den Laborbefunden, daß das Störungsbild die direkte körperliche Folge eines medizinischen Krankheitsfaktors ist.

C. Das Störungsbild kann nicht besser durch eine andere psychische Erkrankung erklärt werden.

D. Das Störungsbild tritt nicht ausschließlich im Verlauf eines Delirs auf.

Codiere auf der Basis des vorherrschenden Symptoms:
293.81 (F06.2) Mit Wahn: Wenn Wahnphänomene das vorherrschende Symptom sind.
293.82 (F06.0) Mit Halluzinationen: Wenn Halluzinationen das vorherrschende Symptom sind.

Codierungshinweis: Füge die Bezeichnung des medizinischen Krankheitsfaktors auf der Achse I hinzu, z. B. 293.81 Psychotische Störung Aufgrund eines Malignen Lungenneoplasma, Mit Wahn; codiere den medizinischen Krankheitsfaktor zusätzlich auf Achse III (siehe Anhang G für die Codenummern).

Codierungshinweis: Wenn Wahnphänomene Teil einer vorbestehenden Demenz sind, bezeichne die Wahnphänomene durch Codierung des geeigneten Demenzsubtyps, falls dieser verfügbar ist, z. B. 290.20 Demenz vom Alzheimer Typ, Mit Spätem Beginn, Mit Wahn.

Substanzinduzierte Psychotische Störung

Diagnostische Merkmale

Die Hauptmerkmale einer Substanzinduzierten Psychotischen Störung sind ausgeprägte Halluzinationen oder Wahnphänomene (**Kriterium A**), die auf die direkte körperliche Wirkung einer Substanz (z. B. Droge, Medikament oder Exposition gegenüber einem Toxin) zurückgeführt werden (**Kriterium B**). Halluzinationen, die von der Person als substanzinduziert erkannt werden, gehören nicht hierzu und würden stattdessen als Substanzintoxikation oder Substanzentzug diagnostiziert werden, mit der begleitenden Zusatzcodierung Mit Wahrnehmungsstörungen. Das Störungsbild darf nicht besser durch eine Psychotische Störung, die nicht substanzinduziert ist, erklärt werden können (**Kriterium C**). Die Diagnose wird nicht gestellt, wenn die psychotischen Symptome ausschließlich im Verlauf eines Delirs auftreten (**Kriterium D**). Diese Diagnose sollte nur dann anstelle der Diagnose einer Substanzintoxikation oder eines Substanzentzuges gestellt werden, wenn die psychotischen Symptome über diejenigen hinausgehen, die gewöhnlich mit dem Intoxikations- oder dem Entzugssyndrom verbunden sind, und wenn die Symptome schwer genug sind, um für sich allein genommen klinische Beachtung zu rechtfertigen. Für eine detailliertere Diskussion der Substanzinduzierten Störungen, siehe Seite 229.

Eine Substanzinduzierte Psychotische Störung wird von einer primären Psychotischen Störung unterschieden, indem Beginn, Verlauf und andere Faktoren berücksichtigt werden. Hinsichtlich mißbrauchter Drogen muß durch die Anamnese, körperliche Untersuchung oder Laborbefunde eine Intoxikation oder ein Entzug nachgewiesen werden. Substanzinduzierte Psychotische Störungen entstehen nur in Verbindung mit Intoxikations- oder Entzugszuständen, während primäre Psychotische Störungen vor dem Beginn eines Substanzgebrauchs oder in Zeiten anhaltender Abstinenz auftreten können. Wenn die psychotischen Symptome einmal eingesetzt haben, können sie so lange anhalten, wie die Substanz weiter eingenommen wird. Da der Entzugsstatus bei einigen Substanzen relativ protrahiert sein kann, können die psychotischen Symptome bis zu 4 Wochen nach Absetzen der Substanz auftreten. Eine weitere Erwägung betrifft das Vorliegen von Merkmalen, die für eine primäre Psychotische Störung atypisch sind (z. B. atypisches Alter bei Erkrankungsbeginn oder im Verlauf). Z. B. das erstmalige Auftreten von Wahnphänomenen bei einer Person, die älter als 35 Jahre ist und bei der keine Vorgeschichte einer primären Psychotischen Störung bekannt ist, sollte den Untersucher an die Möglichkeit einer Substanzinduzierten Psychotischen Störung denken lassen. Selbst eine primäre Psychotische Störung in der Vorgeschichte schließt jedoch die Möglichkeit einer Substanzinduzierten Psychotischen Störung nicht aus. Schätzungsweise 9 von 10 Fälle von nicht-akustischen Halluzinationen sind das Produkt einer Substanzinduzierten Psychotischen Störung oder einer Psychotischen Störung Aufgrund eines Medizinischen Krankheitsfaktors. Im Gegensatz dazu legen folgende Faktoren nahe, daß die psychotischen Symptome besser durch eine primäre Psychotische Störung erklärt werden können: Anhalten der psychotischen Symptome für eine erhebliche Zeitdauer (d. h. etwa einen Monat) nach dem Ende der Substanzintoxikation oder des akuten Substanzentzugs; Entwicklung von Symptomen, die wesentlich über das hinausgehen, was man aufgrund des Typs oder der Menge oder der Dauer des Substanzgebrauchs erwarten würde; eine vorbestehende rezidivierende primäre Psychotische Störung in der Vorgeschichte. Auch bei einer Person mit Intoxikation oder Entzug müssen andere Ursachen psychotischer Symptome in Erwägung gezogen werden, da Probleme mit Substanzgebrauch bei Personen mit (vermutlich) nicht substanzinduzierten Psychotischen Störungen nicht selten sind.

Subtypen und Zusatzcodierungen

Um die vorherrschende Symptomatik zu charakterisieren, soll einer der folgenden Subtypen benutzt werden. Wenn sowohl Wahnphänomene als auch Halluzinationen bestehen, codiere das vorherrschende:
— **Mit Wahn.** Dieser Subtypus wird benutzt, wenn Wahnphänomene das vorherrschende Symptom sind.
— **Mit Halluzinationen.** Dieser Subtypus wird benutzt, wenn Halluzinationen das vorherrschende Symptom sind.

Der Kontext der Entwicklung der psychotischen Symptome soll durch Verwendung einer der unten aufgeführten Zusatzcodierungen bezeichnet werden:
— **Mit Beginn Während der Intoxikation.** Diese Zusatzcodierung soll verwendet werden, wenn die Kriterien für eine Intoxikation mit der Substanz erfüllt sind und wenn die Symptome sich während des Intoxikationssyndroms entwickeln.
— **Mit Beginn Während des Entzugs.** Diese Zusatzcodierung soll verwendet werden, wenn die Kriterien für einen Entzug von der Substanz erfüllt sind und wenn die Symptome sich während oder kurz nach einem Entzugssyndrom entwickeln.

Codierungsregeln

Die Bezeichnung der Substanzinduzierten Psychotischen Störung beginnt mit der spezifischen Substanz (F1x.5x: z. B. Kokain, Methylphenidat, Dexamethason), die als ursächlich für die psychotischen Symptome angesehen wird. Der diagnostische Code wird aus der Liste der Substanzklassen ausgewählt, die in der Kriterienliste aufgeführt ist. Für Substanzen, die in keine der Klassen passen (z. B. Dexamethason), soll die Codierung für „Andere Substanzen" verwendet werden. Zusätzlich kann bei Medikamenten, die in therapeutischen Dosen verschrieben werden, das spezifische Medikament durch die Auflistung der geeigneten E-Codierung auf der Achse I angegeben werden (siehe Anhang G). Die Codierung für die spezifischen Substanzinduzierten Psychotischen Störungen hängt davon ab, ob im klinischen Bild Wahnphänomene oder Halluzinationen vorherrschen: 292.11 (F1x.51) für Mit Wahn und 292.12 (F1x.52) für Mit Halluzinationen. Ausgenommen ist Alkohol, hier ist die Codierung 291.5 für Mit Wahn und 291.3 für Mit Halluzinationen (gilt nicht nach ICD-10). Nach der Bezeichnung der Störung (z. B. Kokaininduzierte Psychotische Störung; Methylphenidatinduzierte Psychotische Störung) folgen der Subtypus, der das vorherrschende Symptombild, und die Zusatzcodierung, die den Kontext aufzeigt, in dem sich die Symptome entwickelt haben (z. B. 292.11 (F14.51) Kokaininduzierte Psychotische Störung, Mit Wahn, Mit Beginn Während der Intoxikation; 292.12 (F19.52) Phencyclidininduzierte Psychotische Störung, Mit Halluzinationen, Mit Beginn Während der Intoxikation). Wenn man zu dem Urteil kommt, daß mehr als eine Substanz eine wichtige Rolle bei der Entwicklung der psychotischen Symptome spielen, sollte jede Substanz getrennt aufgelistet werden. Wenn eine Substanz als der ätiologische Faktor angesehen wird, aber die spezifische Substanz oder die Substanzklasse unbekannt sind, soll die Kategorie 292.11 (F19.51) Durch eine Unbekannte Substanz Induzierte Psychotische Störung, Mit Wahn, oder 292.12 (F19.52) Durch eine Unbekannte Substanz Induzierte Psychotische Störung, Mit Halluzinationen verwendet werden.

Spezifische Substanzen

Psychotische Störungen können in Zusammenhang mit einer **Intoxikation** durch folgende Substanzklassen auftreten: Alkohol, Amphetamin und verwandte Substanzen, Cannabis, Kokain, Halluzinogene, Inhalantien, Opiate (Meperidin), Phencyclidin und verwandte Substanzen, Sedativa, Hypnotika und Anxiolytika und andere oder unbekannte Substanzen. Psychotische Störungen können in Zusammenhang mit einem **Entzug** von folgenden Substanzklassen auftreten: Alkohol, Sedativa, Hypnotika und Anxiolytika und andere oder unbekannte Substanzen. Das Einsetzen der Störung kann in Abhängigkeit von der Substanz erheblich variieren. Z. B. das Rauchen einer hohen Dosis von Kokain kann eine Psychose innerhalb von Minuten entstehen lassen, während bei hohen Dosen von Alkohol oder Sedativa Tage oder Wochen vergehen können, bis eine Psychose ausgelöst wird. Halluzinationen können in jeder Sinnesmodalität auftreten. Bei der Alkoholinduzierten Psychotischen Störung, Mit Halluzinationen, Mit Beginn Während des Entzugs, entwickeln sich kurz (innerhalb von 24 Stunden) nach Absetzen oder Reduktion der Alkoholeinnahme lebhafte, persistierende und gewöhnlich unangenehme Halluzinationen. Diese Störung tritt nur nach langdauerndem, schwerem Alkoholmißbrauch bei Menschen auf, die offensichtlich eine Alkoholabhängigkeit aufweisen. Die akustischen Halluzinationen sind meistens Stimmen, aber es können auch visuelle oder taktile Halluzinationen auftreten.

Psychotische Störungen, die durch Amphetamin- und Kokainintoxikation induziert sind, haben gemeinsame klinische Merkmale. Verfolgungswahn kann sich innerhalb kurzer Zeit nach der Einnahme von Amphetamin oder eines ähnlich wirkenden Sympathomimetikums entwickeln. Es können Verzerrungen des Körperbildes und eine veränderte Wahrnehmung der Gesichter von Menschen auftreten. Die Halluzination, daß Wanzen oder Ungeziefer in oder unter der Haut krabbeln (Ameisenlaufen) kann zu Kratzen und ausgedehnten Hautexkoriationen führen. Die Cannabisinduzierte Psychotische Störung kann kurz nach Cannabiskonsum auftreten und schließt meist einen Verfolgungswahn ein. Die Störung ist offensichtlich selten. Es können deutliche Angst, emotionale Labilität, Depersonalisation und nachfolgende Amnesie für die Episode auftreten. Die Störung klingt meist innerhalb eines Tages ab, aber in einigen Fällen kann sie für einige Tage persistieren. Halluzinationen in Zusammenhang mit einer Cannabisintoxikation sind selten, außer wenn sehr hohe Blutspiegel erreicht werden.

Manchmal remittieren Substanzinduzierte Psychotische Störungen nicht sofort, wenn der verantwortliche Wirkstoff abgesetzt wird. Es gibt Berichte, wonach Wirkstoffe wie Amphetamine, Phencyclidin und Kokain zeitlich begrenzte psychotische Zustände auslösen, die manchmal für Wochen oder länger anhalten, obwohl das Mittel nicht mehr eingenommen und der Betroffene mit Neuroleptika behandelt wurde. Dies kann anfänglich schwer von nicht substanzinduzierten Psychotischen Störungen zu unterscheiden sein.

Medikamente, bei denen eine Auslösung psychotischer Symptome berichtet wurde, sind u. a. Anästhetika und Analgetika, anticholinerge Mittel, Antiepileptika, Antihistaminika, Antihypertensiva und Mittel gegen kardiovaskuläre Erkrankungen, Antibiotika, Antiparkinson-Mittel, Chemotherapeutika (z. B. Cyclosporin und Procarbazin), Kortikosteroide, Mittel gegen Gastrointestinalerkrankungen, Muskelrelaxantien, nichtsteroidale Antiphlogistika, andere nicht verschreibungspflichtige Medikamente (z. B. Phenylephrin, Pseudoephedrin), Antidepressiva und Disulfiram. Toxine, von denen eine Auslösung psychotischer Symptome berichtet wurde, sind Anticholinesterase, Insektizide aus der Gruppe der Organophosphate, Nervengase, Kohlenmonoxid, Kohlendioxid und flüchtige Substanzen wie Benzin und Anstrichfarben.

Differentialdiagnose

Die Diagnose einer Substanzinduzierten Psychotischen Störung sollte nur dann anstelle der Diagnose einer **Substanzintoxikation** oder eines **Substanzentzuges** gestellt werden, wenn man zu dem Urteil kommt, daß die psychotischen Symptome über diejenigen hinausgehen, die gewöhnlich mit dem Intoxikations- oder dem Entzugssyndrom einhergehen, und wenn die Symptome schwer genug sind, um für sich allein genommen klinische Beachtung zu rechtfertigen. Personen, die sich in einem Intoxikationszustand durch Stimulantien, Cannabis, das Opioid Meperidin oder Phencyclidin befinden oder solche, die sich im Alkohol- oder Sedativaentzug befinden, können veränderte Wahrnehmungen erleben (funkelnde Lichter, Klänge, optische Illusionen), die sie jedoch als Wirkung der Drogen erkennen. Wenn die Realitätsprüfung für diese Erlebnisse intakt bleibt (d.h. die Person erkennt, daß die Wahrnehmung substanzinduziert ist, glaubt nicht daran und handelt nicht danach), sollte die Diagnose Substanzinduzierte Psychotische Störung nicht gestellt werden. Stattdessen sollte eine **Substanzintoxikation** oder **Substanzentzug, Mit Wahrnehmungsstörungen** diagnostiziert werden (z. B. Kokainintoxikation, Mit Wahrnehmungsstörungen). „Flashback"-Halluzinationen, die lange nach Beendigung des Halluzinogenkonsums auftreten können, werden als **Persistierende Wahrnehmungsstörung im Zusammenhang mit Halluzinogenen** diagnostiziert (siehe S. 271). Weiterhin werden, wenn substanzinduzierte psychotische Symptome ausschließlich im Verlauf eines **Delirs** auftreten, wie bei manchen schweren Formen des Alkoholentzugs, die psychotischen Symptome als ein zum Delir gehörendes Merkmal aufgefaßt und nicht gesondert diagnostiziert.

Eine Substanzinduzierte Psychotische Störung wird von einer **primären Psychotischen Störung** durch die Tatsache unterschieden, daß die Substanz als ursächlich mit den Symptomen verbunden beurteilt wird (siehe S. 368).

Eine Substanzinduzierte Psychotische Störung, die durch ein verschriebenes Medikament für einen psychischen oder medizinischen Krankheitsfaktor bedingt ist, muß während der Zeit einsetzen, in der der Betroffene das Medikament erhält (oder während des Entzugs, falls mit diesem Medikament ein Entzugssyndrom verbunden ist). Wenn das Medikament abgesetzt wird, remittieren die psychotischen Symptome in der Regel innerhalb von Tagen bis einigen Wochen (in Abhängigkeit von der Halbwertszeit der Substanz und dem Vorliegen eines Entzugssyndroms). Falls die Symptome länger als 4 Wochen anhalten, sollten andere Ursachen für die psychotischen Symptome erwogen werden. Da Personen mit medizinischen Krankheitsfaktoren zu deren Behandlung häufig Medikamente nehmen, muß der Untersucher die Möglichkeit in Erwägung ziehen, daß die psychotischen Symptome durch die körperlichen Folgen des medizinischen Krankheitsfaktors und nicht durch das Medikament ausgelöst wurden; in diesem Fall soll eine **Psychotische Störung Aufgrund eines Medizinischen Krankheitsfaktors** diagnostiziert werden. Die Vorgeschichte liefert oft eine primäre Grundlage für eine solche Entscheidung. Manchmal kann eine Änderung der medikamentösen Behandlung des medizinischen Krankheitsfaktors (z. B. Umstellung oder Absetzen der Medikation) erforderlich sein, um empirisch herauszufinden, ob bei dieser Person das Medikament der verursachende Wirkfaktor ist. Wenn der Untersucher sichergestellt hat, daß die Störung sowohl auf einen medizinischen Krankheitsfaktor als auch auf einen Substanzgebrauch zurückgeht, können beide Diagnosen gestellt werden (d. h. Psychotische Störung Aufgrund eines Medizinischen Krankheitsfaktors und Substanzinduzierte Psychotische Störung). Wenn die Befunde unzureichend sind, um zu entscheiden, ob die psychotischen Symptome auf eine Substanz (einschließlich eines Medikamentes) oder auf den medizinischen Krankheitsfaktor zurückgehen oder primär sind (d. h. weder auf eine Substanz noch auf einen medizinischen Krankheitsfaktor zurückzuführen), dann ist die **Nicht Näher Bezeichnete Psychotische Störung** angezeigt.

Diagnostische Kriterien für Substanzinduzierte Psychotische Störung

A. Ausgeprägte Halluzinationen oder Wahnphänomene.
   Beachte: Berücksichtige keine Halluzinationen, wenn der Betroffene selbst einsieht, daß sie substanzinduziert sind.

B. Es gibt Hinweise in der Vorgeschichte, der körperlichen Untersuchung oder in Laborbefunden auf entweder (1) oder (2):
   (1) Die Symptome des Kriteriums A entwickelten sich während oder innerhalb eines Monats nach einer Substanzintoxikation oder einem -Entzug.
   (2) Eine Medikamenteneinnahme steht in ursächlichem Zusammenhang mit dem Störungsbild.

C. Das Störungsbild kann nicht durch eine Psychotische Störung, die nicht substanzinduziert ist, besser erklärt werden. Folgende Hinweise würden dafür sprechen, daß die Symptome durch eine Psychotische Störung, die nicht substanzinduziert ist, besser erklärt werden können: Die Symptome traten vor Beginn der Substanzeinnahme (oder Medikamenteneinnahme) auf; die Symptome halten über eine beträchtliche Zeitspanne (z. B. etwa einen Monat) nach Beendigung des akuten Entzugs oder der schweren Intoxikation an oder gehen deutlich über das hinaus, was aufgrund der Art oder der Menge der eingenommenen Substanz oder aufgrund der Dauer der Einnahme zu erwarten wäre; oder es gibt andere Hinweise, die die Existenz einer unabhängigen, nicht substanzinduzierten Psychotischen Störung nahelegen (z. B. wiederholte nicht substanzinduzierte Episoden in der Vorgeschichte).

D. Das Störungsbild tritt nicht ausschließlich im Verlauf eines Delirs auf.

Beachte: Diese Diagnose sollte nur dann anstelle der Diagnose einer Substanzintoxikation oder eines Substanzentzuges gestellt werden, wenn die Symptome über diejenigen hinausgehen, die gewöhnlich mit dem Intoxikations- oder Entzugssymptom einhergehen, und wenn sie schwer genug sind, um für sich allein genommen klinische Beachtung zu rechtfertigen.

Codiere [Spezifische Substanz-]induzierte Psychotische Störung (F1x.5x):
291.5 Alkohol, Mit Wahn; 291.3 Alkohol, Mit Halluzinationen; 292.11 Amphetamin [oder amphetaminähnliche Substanz], Mit Wahn; 292.12 Amphetamin [oder amphetaminähnliche Substanz], Mit Halluzinationen; 292.11 Cannabis, Mit Wahn; 292.12 Cannabis, Mit Halluzinationen; 292.11 Kokain, Mit Wahn; 292.12 Kokain, Mit Halluzinationen; 292.11 Halluzinogen, Mit Wahn; 292.12 Halluzinogen, Mit Halluzinationen; 292.11 Inhalans, Mit Wahn; 292.12 Inhalans, Mit Halluzinationen; 292.11 Opiat, Mit Wahn; 292.12 Opiat, Mit Halluzinationen; 292.11 Phencyclidin [oder phencyclidinähnliche Substanz], Mit Wahn; 292.12 Phencyclidin [oder phencyclidinähnliche Substanz], Mit Halluzinationen; 292.11 Sedativum, Hypnotikum oder Anxiolytikum, Mit Wahn; 292.12 Sedativum, Hypnotikum oder Anxiolytikum, Mit Halluzinationen; 292.11 Andere [oder Unbekannte] Substanz, Mit Wahn; 292.12 Andere [oder Unbekannte] Substanz, Mit Halluzinationen.

Fortsetzung nächste Seite

> Fortsetzung
>
> *Bestimme*, ob (zur Anwendbarkeit bei der Substanz siehe Tabelle auf S. 222):
> **Mit Beginn Während der Intoxikation:** Wenn die Kriterien für eine Intoxikation mit der Substanz erfüllt sind und die Symptome sich während des Intoxikationssyndroms entwickeln.
> **Mit Beginn Während des Entzugs:** Wenn die Kriterien für einen Entzug von der Substanz erfüllt sind und die Symptome sich während oder kurz nach einem Entzugssyndrom entwickeln.

298.9 (F29) Nicht Näher Bezeichnete Psychotische Störung

Diese Kategorie erfaßt psychotische Symptombilder (d. h. Wahnphänomene, Halluzinationen, desorganisierte Sprechweise, grob desorganisiertes oder katatones Verhalten), zu denen die Information nicht ausreicht, um eine spezifische Diagnose zu stellen oder über die widersprüchliche Information vorliegen, außerdem Störungen mit psychotischen Symptomen, die nicht die Kriterien einer spezifischen Psychotischen Störung erfüllen.

Beispiele sind:
1. Postpartum Psychose, die nicht die Kriterien einer Affektiven Störung mit Psychotischen Merkmalen, einer Kurzen Psychotischen Störung, einer Psychotischen Störung Aufgrund eines Medizinischen Krankheitsfaktors oder einer Substanzinduzierten Psychotischen Störung erfüllt.
2. Psychotische Symptome, die weniger als einen Monat angedauert haben, aber noch nicht vollständig remittiert sind, so daß die Kriterien einer Kurzen Psychotischen Störung nicht erfüllt sind.
3. Anhaltende akustische Halluzinationen bei Fehlen anderer Merkmale.
4. Anhaltende nicht-bizarre Wahnphänomene mit Perioden überlappender affektiver Episoden, die zu einem beträchtlichen Teil zeitlich parallel zu dem wahnhaften Störungsbild bestanden haben.
5. Situationen, in denen der Untersucher zu dem Schluß gekommen ist, daß eine Psychotische Störung vorliegt, aber nicht entscheiden kann, ob die Störung primär ist, auf einen medizinischen Krankheitsfaktor zurückgeht oder substanzinduziert ist.

Affektive Störungen

Das Kapitel über Affektive Störungen behandelt psychische Störungen, die sich besonders durch Veränderungen der Stimmungslage auszeichnen. Das Kapitel ist in drei Teile aufgegliedert: Der erste Teil behandelt die affektiven Episoden (Episode einer Major Depression, Manische Episode, Gemischte Episode und Hypomane Episode), die am Anfang dieses Kapitels separat aufgeführt werden, um die Diagnose der verschiedenen Affektiven Störungen zu erleichtern. Diese Episoden haben keine eigenen diagnostischen Codes und können nicht als unabhängige Einheit diagnostiziert werden; sie dienen vielmehr als Teilelemente der eigentlichen Diagnose. Der zweite Teil beschreibt die Affektiven Störungen (z. B. Major Depression, Dysthyme Störung, Bipolar I Störung). Die Kriterien für die meisten Affektiven Störungen erfordern das Vorhandensein oder den Ausschluß der im ersten Teil beschriebenen affektiven Episoden. Der dritte Teil umfaßt die Zusatzcodierungen, die entweder die letzte aktuelle Episode oder den Verlauf bei Rezidivierenden Episoden beschreiben.

Die Affektiven Störungen werden unterteilt in Depressive Störungen (Monopolare Depression), Bipolare Störungen sowie zwei ätiologie-orientierte Störungen: Affektive Störung Aufgrund eines Medizinischen Krankheitsfaktors und Substanzinduzierte Affektive Störung. Die Depressiven Störungen (Major Depression, Dysthyme Störung und Nicht Näher Bezeichnete Depressive Störung) unterscheiden sich von den Bipolaren Störungen darin, daß in der Anamnese niemals eine Manische, Gemischte oder Hypomane Episode aufgetreten ist. Zu den Bipolaren Störungen (d. h. Bipolar I Störung, Bipolar II Störung, Zyklothyme Störung und Nicht Näher Bezeichnete Bipolare Störung) gehören aktuelle oder abgelaufene Manische Episoden, Gemischte Episoden oder Hypomane Episoden, in der Regel mit einer oder mehreren Episoden einer Major Depression in der Vorgeschichte.

Die **Major Depression** ist durch eine oder mehrere Episoden einer Major Depression (d. h. mindestens zwei Wochen mit depressiver Verstimmung oder Interessenverlust sowie zusätzlich mindestens vier Symptome der Major Depression) gekennzeichnet.

Die **Dysthyme Störung** ist definiert durch eine depressive Verstimmung, die mindestens zwei Jahre lang mehr als die Hälfte der Zeit angehalten hat und mit zusätzlichen depressiven

---

Berater der deutschen Ausgabe:
Dr. Cynthia D. Delmo, Mainz
Prof. Dr. Wolfgang Maier, Bonn
Prof. Dr. Martin Hautzinger, Mainz
Prof. Dr. Hans-Ulrich Wittchen, München
Prof. Dr. Siegfried Kasper, Wien

Übersetzer:
Dr. Cynthia D. Delmo, Mainz
Dipl.-Psych. Regina Jung, Mainz
Dipl.-Psych. Eva Schwall, Mainz
Dipl.-Psych. Heike Schermer, Mainz
Dipl.-Psych. Rita Morgan, Mainz
Dipl.-Psych. Thomas Meyer, Mainz
Dipl.-Psych. Natascha Bischoff, Mainz
Dr. Thomas Franke, Mainz
Dipl.-Psych. Thomas Lay, Mainz
Dipl.-Psych. Thomas Urban, Mainz
Dr. Ursula Luka-Krausgrill, Mainz
Dipl.-Psych. Antonia Vossen, München
Dipl.-Psych. Peter Schuster, München

Symptomen einhergeht, die nicht die Kriterien für eine Episode einer Major Depression erfüllen.

Die **Nicht Näher Bezeichnete Depressive Störung** ist zur Codierung solcher Störungen vorgesehen, die depressive Merkmale aufweisen, aber nicht die Kriterien einer Major Depression, Dysthymen Störung, Anpassungsstörung mit Depressiver Verstimmung oder Anpassungsstörung mit Gemischter Angst und depressiven Symptomen erfüllen (oder bei depressiven Symptomen, über die keine ausreichenden oder nur widersprüchliche Informationen vorliegen).

Die **Bipolar I Störung** zeichnet sich aus durch eine oder mehrere Manische oder Gemischte Episoden, die gewöhnlich mit Episoden einer Major Depression einhergehen.

Die **Bipolar II Störung** wird bestimmt durch eine oder mehrere Episoden einer Major Depression und mindestens eine Hypomane Episode.

Die **Zyklothyme Störung** ist definiert durch eine Zeitspanne von mindestens zwei Jahren mit zahlreichen Perioden von hypomanen Symptomen, die nicht die Kriterien für eine Manische Episode erfüllen, sowie zahlreichen Perioden mit depressiven Symptomen, die nicht die Kriterien für die Episode einer Major Depression erfüllen.

Die **Nicht Näher Bezeichnete Bipolare Störung** dient zur Codierung solcher Störungen mit bipolaren Merkmalen, die nicht die Kriterien irgendeiner der in diesem Kapitel definierten Bipolaren Störungen erfüllen (oder bipolare Symptome, über die keine ausreichenden oder nur widersprüchliche Informationen vorliegen).

Die **Affektive Störung Aufgrund eines Medizinischen Krankheitsfaktors** wird definiert durch eine auffallende und anhaltende Stimmungsveränderung, die als direkte körperliche Folge eines medizinischen Krankheitsfaktors angesehen wird.

Die **Substanzinduzierte Affektive Störung** zeichnet sich durch eine auffallende und anhaltende Stimmungsveränderung aus, die als direkte körperliche Folge einer Droge, eines Medikamentes, einer anderen somatischen Depressionsbehandlung oder der Exposition gegenüber einem Toxin angesehen wird.

Die **Nicht Näher Bezeichnete Affektive Störung** wird aufgeführt, um Störungen mit affektiven Symptomen zu codieren, die nicht die Kriterien irgendeiner spezifischen Affektiven Störung erfüllen und bei denen Schwierigkeiten bei der Differentialdiagnose zwischen Nicht Näher Bezeichneter Depressiver und Nicht Näher Bezeichneter Bipolarer Störung bestehen (wie z. B. beim akuten Erregungszustand).

Die im dritten Teil des Kapitels beschriebenen Zusatzcodierungen sind vorgesehen, um die diagnostische Genauigkeit zu erhöhen, homogene Untergruppen bilden zu können, die Wahl der Behandlungsmethode zu erleichtern und die prognostischen Aussagen zu verbessern. Einige dieser Zusatzcodierungen spezifizieren die aktuelle (oder zuletzt aufgetretene) affektive Episode (**Schweregrad/Psychotische Merkmale/Remissionsgrad, Chronisch, Mit Katatonen Merkmalen, Mit Melancholischen Merkmalen, Mit Atypischen Merkmalen, Mit Postpartalem Beginn**).

Tabelle 1 (Seite 437) zeigt, welche Episoden-Zusatzcodierungen auf die jeweilige codierbare Affektive Störung angewendet werden können. Weitere Zusatzcodierungen beschreiben den Verlauf rezidivierender Affektiver Episoden (**d. h. Zusatzcodierung des Langzeitverlaufs, Mit Saisonalem Muster, Mit Rapid Cycling**). Tabelle 2 (Seite 449) gibt an, welche Verlaufszusatzcodierungen auf die jeweilige codierbare Affektive Störung angewendet werden können.

Die Zusatzcodierungen von Schweregrad, Remissionsgrad und psychotischen Merkmalen können bei der Mehrzahl der Affektiven Störungen auf der fünften Stelle des Diagnoseschlüssels codiert werden (ICD-9-CM). Die anderen Zusatzcodierungen können nicht verschlüsselt werden. Zur Erleichterung der klinischen Arbeit werden die korrespondierenden ICD-10-(F)-Nummern jeweils in Klammern hinzugefügt.

Das Kapitel über die Affektiven Störungen ist wie folgt aufgebaut:

Episoden Affektiver Störungen (nicht codierbar)
— Episode einer Major Depression (siehe S. 380)
— Manische Episode (siehe S. 388)
— Gemischte Episode (siehe S. 394)
— Hypomane Episode (siehe S. 396)

Depressive Störungen
- 296.xx   (F32.xx; F33.xx)   Major Depression (siehe S. 400)
- 300.4   (F34.1)   Dysthyme Störung (siehe S. 407)
- 311   (F32.9; F33.9)   Nicht Näher Bezeichnete Depressive Störung (siehe S. 411)

Bipolare Störungen
- 296.xx   (F31.xx)   Bipolar I Störung (siehe S. 412)
- 296.89   (F31.xx)   Bipolar II Störung (siehe S. 420)
- 301.13   (F34.0)   Zyklothyme Störung (siehe S. 424)
- 296.80   (F31.9)   Nicht Näher Bezeichnete Bipolare Störung (siehe S. 427)

Andere Affektive Störungen
- 293.83   (F06.3)   Affektive Störung Aufgrund von...
                              [*Benenne den Medizinischen Krankheitsfaktor*] (siehe S. 428)
- 29x.xx   (F1x.xx, s. dort) Substanzinduzierte Affektive Störung (siehe S. 432)
- 296.90   (F39)   Nicht Näher Bezeichnete Affektive Störung (siehe S. 436)

Zusatzcodierungen zur Beschreibung der letzten affektiven Episode
— Leicht, Mittelschwer, Schwer ohne Psychotische Merkmale, Schwer mit Psychotischen Merkmalen, Teilremittiert, Vollremittiert (für die Episode einer Major Depression siehe S. 437, für die Manische Episode siehe S. 439, für die Gemischte Episode siehe S. 441)
— Chronisch (siehe S. 443)
— Mit Katatonen Merkmalen (siehe S. 443)
— Mit Melancholischen Merkmalen (siehe S. 444)
— Mit Atypischen Merkmalen (siehe S. 445)
— Mit Postpartalem Beginn (siehe S. 447)

Zusatzcodierungen zur Verlaufsbeschreibung bei rezidivierenden Episoden
— Zusatzcodierung des Langzeitverlaufs (Mit oder Ohne Vollremission im Intervall) (siehe S. 448)
— Mit Saisonalem Muster (siehe S. 450)
— Mit Rapid Cycling (siehe S. 451)

Codierungsregeln für die Major Depression, die Bipolar I Störung und die Bipolar II Störung nach ICD-9-CM sowie ICD-10

ICD-9-CM	ICD-10 (F-Nummern)
Für die Major Depression	
1. Die ersten drei Ziffern lauten 296.	1. Handelt es sich um die erste einzelne depressive Episode, lautet der Code F32. Handelt es sich um eine rezidivierende Depression, lautet der Code F33.
2. Die vierte Ziffer ist entweder 2 (für eine einzelne Episode einer Major Depression) oder 3 (für rezidivierende Episoden einer Major Depression).	2. An der vierten Stelle (hinter dem Punkt) wird die Ausprägung codiert: 0 = leicht, 1 = mittelgradig, 2 = schwer ohne psychotische Merkmale, 3 = schwer mit psychotischen Merkmalen, 8 = sonstige, 9 = nicht näher bezeichnet.
3. Die fünfte Ziffer bezeichnet die Ausprägung: 1 = Leicht, 2 = Mittelschwer, 3 = Schwer ohne Psychotische Merkmale, 4 = Schwer mit Psychotischen Merkmalen, 5 = Teilremittiert, 6 = Vollremittiert, 0 = Unspezifisch.	3. An der fünften Stelle kann ein Teil der Zusatzcodierungen vermerkt werden; z. B. für leichte und mittelschwere die 0 = ohne somatisches Syndrom (ähnlich Mit Melancholischen Merkmalen in DSM-IV) oder 1 = synthyme psychotische Symptome und 1 = parathyme psychotische Symptome.
Für die Bipolar I Störung	
1. Die ersten drei Ziffern lauten 296.	1. Bei einer einzelnen manischen Episode (ohne depressive Episode) ist der Code F30.1 = ohne psychotische Symptome, F30.2 = mit psychotischen Symptomen oder F30.8 = „sonstige" bzw. F30.9 = „nicht näher bezeichnet" zu verwenden.
2. Die vierte Ziffer ist 0 bei einer einzelnen Manischen Episode. Bei rezidivierenden Episoden bezeichnet die vierte Ziffer die derzeitige oder letzte Episode: 4 bei Hypomaner oder Manischer Episode, 5 für eine Episode einer Major Depression, 6 für eine Gemischte Episode, 7 für eine Unspezifische Episode.	2. Bei depressiven oder gemischten Episoden in der Vorgeschichte ist aufgrund der derzeitigen (letzten) Episode zu wählen: F31.1 = gegenwärtig manische Episode ohne psychotische Symptome, F31.2 = mit psychotischen Merkmalen, F31.3 = gegenwärtig mittelgradige oder leichte Depression, F31.4 = gegenwärtig schwere Depression ohne psychotische Symptome, F31.5 = gegenwärtig schwere Depression mit psychotischen Symptomen bzw. F31.6 gegenwärtig gemischte Episode.

Fortsetzung nächste Seite

Fortsetzung

ICD-9-CM	ICD-10 (F-Nummern)
	Für die Bipolar I Störung
3. Die fünfte Ziffer (außer bei Bipolar I Störungen, Letzte Episode Hypoman und Bipolar I Störung, letzte Episode unspezifisch) bezeichnet den Ausprägungsgrad: 1 Leicht, 2 Mittelschwer, 3 Schwer ohne Psychotische Merkmale, 4 Schwer mit Psychotischen Merkmalen, 5 Teilremittiert, 6 Vollremittiert, 0 Unspezifisch. Bei der Bipolar I Störung, letzte Episode Hypoman, ist die fünfte Ziffer immer 0. Bei der Bipolar I Störung, letzte Episode Unspezifisch, gibt es keine fünfte Ziffer.	3. Zusätzlich kann für F31.2 an der 5. Stelle codiert werden, ob 0 = synthym oder 1 = parathym, für F31.3, ob 0 = ohne oder 1 = mit somatischem Syndrom oder für F31.5, ob synthym = 0 oder parathym = 1.
Für die Bipolar II Störung lautet der diagnostische Code 296.89.	**Für Bipolar II Störungen** lautet der Code F30.0 bei einzelner hypomaner Episode bzw. F31.0 bei depressiven oder gemischten Episoden in der Vorgeschichte
	Beachte! Nicht alle Unterformen bzw. Zusatzcodierungen lassen sich in der ICD-10 mit den F-Codierungen verschlüsseln!

Dokumentation der Diagnosenbezeichnung: Bei der Diagnosestellung sollten die Begriffe wie folgt geordnet werden:
1. Name der Störung (z. B. Major Depression, Bipolare Störung)
2. Zusatzcodierungen, die mittels der vierten Ziffer beschrieben werden (z. B. Rezidivierend, Letzte Episode Manisch).
3. Zusatzcodierungen, die mittels der fünften Ziffer beschrieben werden (z. B. Leicht, Schwer mit Psychotischen Merkmalen, Teilremittiert).
4. Alle Zusatzcodierungen (ohne Code-Ziffer), die auf die aktuelle (oder letzte) Episode zutreffen (z. B. Mit Melancholischen Merkmalen, Mit Postpartalem Beginn).
5. Alle Zusatzcodierungen (ohne Code-Ziffer), die bei rezidivierenden Episoden den Verlauf charakterisieren (z. B. Mit Saisonalem Muster, Mit Rapid Cycling).

Die folgenden Beispiele illustrieren die Dokumentation der Diagnose einer Affektiven Störung mit Zusatzcodierungen:

296.32 (F33.1) Major Depression, Rezidivierend, Mittelschwer, Mit Atypischen Merkmalen, Mit Saisonalem Muster, Mit Vollremission im Intervall.

296.54 (F31.5) Bipolar I Störung, Letzte Episode Depressiv, Schwer mit Psychotischen Merkmalen, Mit Melancholischen Merkmalen, Mit Rapid Cycling.

Episoden Affektiver Störungen

Episode einer Major Depression

Merkmale der Episode

Das wesentliche Merkmal einer Episode einer Major Depression ist eine mindestens zweiwöchige Zeitspanne mit entweder depressiver Stimmung oder Verlust des Interesses oder der Freude an fast allen Aktivitäten. Bei Kindern und Heranwachsenden ist der Affekt mitunter eher reizbar als traurig. Außerdem müssen mindestens vier zusätzliche Symptome aus einer Kriterienliste bestehen: Veränderungen in Appetit oder Gewicht, in Schlaf und psychomotorischer Aktivität, Energiemangel, Gefühle von Wertlosigkeit oder Schuld, Schwierigkeiten beim Denken, bei der Konzentration oder der Entscheidungsfindung oder wiederkehrende Gedanken an den Tod bzw. Suizidabsichten, Suizidpläne oder Suizidversuche. Die Diagnose der Episode einer Major Depression erfordert, daß ein Symptom entweder neu aufgetreten ist oder sich im Vergleich zu dem der Episode vorhergehenden Befinden deutlich verschlechtert hat. Die Symptome müssen über einen Zeitraum von mindestens zwei aufeinanderfolgenden Wochen an fast jedem Tag die meiste Zeit des Tages anhalten. Außerdem muß die Episode mit klinisch bedeutsamem Leiden oder Beeinträchtigungen in sozialen, beruflichen oder sonstigen wichtigen Funktionsbereichen einhergehen. Bei leichteren Episoden mag die Funktion noch normal erscheinen, erfordert aber deutlich vermehrte Anstrengung.

Die Stimmung bei der Episode einer Major Depression wird von den Betroffenen gewöhnlich als depressiv, traurig, hoffnungslos, entmutigt oder niedergeschlagen beschrieben (**Kriterium A1**). In manchen Fällen wird die Traurigkeit zuerst geleugnet, kann dann aber in der Exploration nach und nach zu Tage treten (z. B. wenn man die Person darauf hinweist, daß sie aussieht als wolle sie gleich anfangen zu weinen). Bei manchen Menschen, die darüber klagen, sich abgeschlagen zu fühlen, keine Gefühle mehr empfinden zu können oder sich ängstlich zu fühlen, kann eine depressive Verstimmung auch dem Gesichtsausdruck und Verhalten entnommen werden. Einige Menschen betonen somatische Beschwerden (z. B. körperliche Schmerzen) mehr als Gefühle der Traurigkeit. Oft zeigt sich auch vermehrte Reizbarkeit (z. B. in Form von ständiger Ärgerlichkeit, einer Tendenz zu Jähzorn oder Schuldzuweisungen oder eine verringerte Frustrationstoleranz bei unwesentlichen Ereignissen). Bei Kindern und Heranwachsenden entwickelt sich mitunter eher eine reizbare oder übellaunige Stimmung als eine traurige oder niedergeschlagene Gemütslage. Dieses Verhalten ist abzugrenzen von Frustrations- und Trotzreaktionen, wie etwa ein „verzogenes" Kind sie zeigt.

Ein Verlust von Interesse oder Freude in einem gewissen Grad ist fast immer vorhanden. Entsprechend wird meist Interessenminderung in bezug auf Hobbys oder allgemeines Desinteresse berichtet oder Mangel an Freude bei Aktivitäten, die früher als erfreulich empfunden wurden (**Kriterium A2**). Die Familienmitglieder bemerken häufig sozialen Rückzug oder Vernachlässigung der Freizeitaktivitäten bei den Betroffenen (ein vormals passionierter Golfer, der nicht mehr spielt; ein Kind, das früher gern Fußball gespielt hat, findet Ausreden, um nicht spielen zu müssen). Bei einigen kommt es zu einer deutlichen Abnahme von sexuellem Interesse oder Begehren.

Der Appetit ist normalerweise vermindert, die Betroffenen müssen sich oft zum Essen regelrecht zwingen. In anderen Fällen, insbesondere bei Patienten in ambulanter Behandlung, tritt vermehrter Appetit auf und Heißhunger auf bestimmte Nahrungsmittel (z. B. Süßigkeiten oder andere Kohlehydrate). Wenn solche Veränderungen des Appetits stark ausgeprägt sind, kann es zu erheblichem Gewichtsverlust bzw. zu erheblicher Gewichtszunahme kommen. Bei Kindern kann eine Diskrepanz zur erwarteten Gewichtszunahme auftreten (**Kriterium A3**).

Die häufigste Schlafstörung bei einer Episode einer Major Depression ist die Schlaflosigkeit (**Kriterium A4**). Typischerweise haben die Betroffenen Durchschlafstörungen (d. h. Aufwachen während der Nacht und Schwierigkeiten, wieder einzuschlafen) oder leiden unter Früherwachen (d. h. verfrühtes Aufwachen und Unfähigkeit, wieder einzuschlafen). Einschlafschwierigkeiten können ebenso auftreten. Weniger häufig ist vermehrter Schlaf (Hypersomnie) in Form von verlängertem Nachtschlaf oder vermehrtem Schlaf am Tag. Manchmal kommt der Betroffene nur aufgrund der Schlafstörungen zur Behandlung.

Zu den psychomotorischen Veränderungen gehören Unruhe und Agitiertheit (was sich z. B. zeigen kann als Unfähigkeit, stillzusitzen, ständiges Auf- und Abgehen, Händeringen, Reiben oder Zupfen an Haut, Kleidung oder anderen Dingen) oder auch psychomotorische Verlangsamung (die sich z. B. zeigt in Verlangsamung der Sprache, des Denkens und der Bewegungen, verlängerter Antwortlatenz, leiser und monotoner Sprache, verringertem Sprachumfang und -ausdruck oder Mutismus) (**Kriterium A5**). Die psychomotorische Unruhe oder Verlangsamung dürfen nicht nur die rein subjektiven Empfindungen der Person widerspiegeln, sondern müssen schwer genug sein, um von anderen bemerkt zu werden.

Vermindertes Energieniveau, Müdigkeit und Ermattung sind meist vorhanden (**Kriterium A6**). Die Betroffenen schildern beispielsweise ständige Mattigkeit auch bei Fehlen körperlicher Belastungen. Selbst kleinste Aufgaben scheinen nur mit enormer Anstrengung möglich, dauern meist länger als normal und sind dennoch nur ineffizient zu bewältigen. Die Personen beklagen sich z. B., daß das morgendliche Waschen und Anziehen sie erschöpft und doppelt so lange wie sonst dauert.

Das Gefühl der Wertlosigkeit oder Schuld bei einer Episode einer Major Depression äußert sich in unrealistisch negativer Selbsteinschätzung, in Selbstvorwürfen und Grübeln über kleinere Fehler und Versäumnisse in der Vergangenheit (**Kriterium A7**). Oft werden wertneutrale oder unwichtige Alltäglichkeiten als Beweis der eigenen Unfähigkeit herangezogen und die Schuld für Verfehlungen und unangenehme Ereignisse im übertriebenen Maß der eigenen Person zugeschrieben: z. B. ein Verkaufsleiter, der sich starke Selbstvorwürfe wegen schlechten Umsatzes macht, obwohl die Absatzlage allgemein schlecht ist und seine Berufskollegen gleichermaßen betrifft. Das Gefühl der Wertlosigkeit oder Schuld kann wahnhafte Züge annehmen (z. B. ist eine Person der Überzeugung, daß sie persönlich für die Armut der Welt verantwortlich ist). Selbstvorwürfe wegen der Erkrankung und der Unfähigkeit, berufliche oder zwischenmenschliche Anforderungen zu erfüllen, sind im Rahmen der Depression sehr häufig und reichen, falls nicht wahnhafte Züge vorliegen, für dieses Diagnosekriterium nicht aus.

Viele Betroffene berichten über eine verminderte Fähigkeit zu denken, sich zu konzentrieren oder Entscheidungen zu treffen (**Kriterium A8**). Sie können leicht ablenkbar und zerstreut wirken oder über Gedächtnisprobleme klagen. Betroffene in intellektuell anspruchsvollen Berufen sind häufig auch bei leichteren Konzentrationsstörungen in ihrer Arbeitsfähigkeit deutlich beeinträchtigt (z. B. ein Programmierer, der komplizierte, aber zuvor bewältigte Aufgaben nicht mehr erfüllen kann). Bei Kindern kann ein plötzlicher Abfall der schulischen Leistungen ein Anzeichen für schlechte Konzentration sein. Bei älteren Personen mit Episoden einer Major Depression können Gedächtnisprobleme die hauptsächliche Beschwerde sein und als frühe Zeichen einer Demenz mißverstanden werden („Pseudodemenz"). Bei erfolgreicher Behandlung der Episode einer Major Depression verschwinden die Gedächtnisprobleme häufig vollständig. Dennoch kann insbesondere bei älteren Personen die Episode einer Major Depression manchmal auch das erste Anzeichen einer irreversiblen dementiellen Entwicklung sein.

Gedanken an den Tod, Suizidvorstellungen oder Suizidversuche kommen häufig vor (**Kriterium A9**). Das Spektrum dieser Gedanken reicht von Ideen, daß der eigene Tod für die Mitmenschen eine Erleichterung sein würde, über kurzzeitige, wiederkehrende Gedanken an Selbstmord bis hin zu expliziten Plänen zur Durchführung eines Suizids. Häufigkeit, Intensität und Auswirkungen dieser Gedanken sind recht unterschiedlich. Weniger ernsthaft suizidgefährdete Personen können über kurzzeitige (ein bis zwei Minuten), wiederkehrende (ein- bis zweimal pro Woche) derartige Gedanken berichten, während Betroffene mit ernsterer Suizidgefährdung eventuell bereits Vorkehrungen für einen Suizidversuch getroffen (z. B. eine Pistole oder ein Seil beschafft) und Zeit und Ort für dessen ungestörte Durchführung bestimmt haben. Wenn auch statistisch eine Korrelation zwischen solchen Verhaltensweisen und tatsächlichen Selbstmordversuchen besteht, was für die Identifikation von Hochrisikogruppen genutzt werden kann, haben doch viele Studien gezeigt, daß keine genaue Vorhersage darüber möglich ist, ob und wann eine Person mit einer Depression einen Suizidversuch unternehmen wird. Ein mögliches Suizidmotiv im Rahmen der Depression ist der Wunsch, angesichts unüberwindbar scheinender Hindernisse aufzugeben oder einen qualvoll schmerzhaften Gefühlszustand zu beenden, der als endlos andauernd wahrgenommen wird.

Die Diagnose der Episode einer Major Depression wird nicht vergeben, wenn die Symptome die Kriterien einer Gemischten Episode erfüllen (**Kriterium B**). Eine Gemischte Episode ist gekennzeichnet durch Symptome sowohl einer Manischen Episode als auch einer Episode einer Major Depression, die für den Zeitraum von mindestens einer Woche an fast jedem Tag auftreten.

Das Ausmaß der Beeinträchtigung durch eine Episode einer Major Depression ist variabel, aber auch in leichten Fällen muß entweder in klinisch bedeutsamer Weise Leiden bestehen oder es müssen Einschränkungen in sozialen, beruflichen oder anderen wichtigen Funktionsbereichen vorliegen (**Kriterium C**). Bei schwerer Beeinträchtigung kann der Verlust der sozialen oder beruflichen Leistungsfähigkeit die Folge sein. In extremen Fällen kann der Betroffene nicht mehr im Stande sein, sich selbst in den grundlegendsten Dingen (z. B. Essen oder Anziehen) zu versorgen oder eine minimale persönliche Hygiene aufrecht zu erhalten.

Eine sorgfältige Exploration ist unabdingbar, um die Symptome der Episode einer Major Depression in Erfahrung zu bringen. Die Berichterstattung kann durch Konzentrationsschwierigkeiten, Gedächtnisprobleme oder eine Neigung zu Dissimulation, Abschwächen oder Rationalisierung von Symptomen beeinträchtigt sein. Informationen aus Fremdanamnesen können bei der Abklärung des Verlaufs aktueller oder früherer Episoden einer Major Depression und zur Feststellung etwaiger Manischer oder Hypomaner Episoden in der Anamnese besonders hilfreich sein. Da Episoden einer Major Depression allmählich beginnen können, dürfte am wahrscheinlichsten die klinische Betrachtung der schlimmsten Zeit der aktuellen Episode das Vorhandensein von Symptomen aufdecken. Die Bewertung der Symptome einer Episode einer Major Depression ist besonders schwierig bei Personen, die auch an einem medizinischen Krankheitsfaktor leiden (z. B. Krebs, Schlaganfall, Myokardinfarkt, Diabetes). Einige der Kriterien einer Episode der Major Depression sind identisch mit den charakteristischen Zeichen und Symptomen eines medizinischen Krankheitsfaktors (z. B. Gewichtsverlust bei unbehandeltem Diabetes, Müdigkeit bei Krebs). Solche Symptome sollten dann der Episode einer Major Depression zugerechnet werden, wenn sie sich nicht vollständig und eindeutig durch einen medizinischen Krankheitsfaktor erklären lassen. Beispielsweise sollte Gewichtsverlust bei einer Person mit Colitis ulcerosa, die über Diarrhoen klagt und wenig ißt, nicht der Episode einer Major Depression angerechnet werden. Andererseits spricht bei Traurigkeit, Schuldgefühlen, Schlaflosigkeit oder Gewichtsverlust bei einer Person mit kürzlichem Myokardinfarkt jedes der Symptome für eine Episode einer Major Depression, weil diese Symptome nicht eindeutig und ausschließlich auf die körperliche Wirkung eines Myokardinfarkts zurückzuführen sind. Ähnlich würden Symptome, die eindeutig auf stimmungsinkongruente Wahnvorstellungen oder Halluzinationen zurückgehen, nicht der Episode einer Major Depression angerechnet (z. B. erheblicher Gewichtsverlust durch Nahrungsverweigerung aus der wahnhaften Überzeugung heraus, das Essen sei vergiftet).

Definitionsgemäß geht eine Episode einer Major Depression nicht auf die direkte körperliche Wirkung einer Droge (z. B. im Kontext einer Alkoholintoxikation oder eines Kokainentzugs), auf Nebenwirkungen von Medikamenten oder Behandlungen (z. B. Steroide) oder auf die Exposition gegenüber einem Toxin zurück. Ebenso geht eine Episode einer Major Depression nicht auf die direkte körperliche Wirkung eines medizinischen Krankheitsfaktors (z. B. Hypothyreose) zurück (**Kriterium D**). Wenn die Symptome im Zeitraum von zwei Monaten nach dem Verlust einer geliebten Person auftreten und danach nicht weiter anhalten, werden sie im allgemeinen als Einfache Trauer gewertet (siehe S. 771), sofern sie nicht mit einer ausgeprägten Beeinträchtigung des Funktionsniveaus oder Wertlosigkeitsgedanken von Krankheitswert, Suizidvorstellungen, mit psychotischen Merkmalen oder mit psychomotorischer Verlangsamung einhergehen (**Kriterium E**).

Zugehörige Merkmale und Störungen

Zugehörige Beschreibungsmerkmale und psychische Störungen. Bei einer Episode einer Major Depression bestehen oft Neigung zum Weinen, Reizbarkeit, Schwermut, zwanghaftes Grübeln, Angst, Phobien, übertriebene Besorgnis um die körperliche Gesundheit und Klagen über Schmerzen (z. B. Kopf-, Gelenk-, Bauch- oder andere Schmerzen). Manche Menschen haben während der Episode einer Major Depression Panikattacken, die die Kriterien für eine Panikstörung erfüllen. Bei Kindern kann auch Trennungsangst auftreten. Einige Betroffene bemerken Schwierigkeiten in engen Beziehungen oder Partnerschaften, einen weniger befriedigenden sozialen Umgang oder sexuelle Probleme (z. B. Anorgasmie, erektile Funktionsstörung). Es können Eheprobleme auftreten (z. B. Scheidung), berufliche Probleme (z. B. Verlust des Arbeitsplatzes), Probleme mit der Ausbildung (Schuleschwänzen, Schulversagen), Mißbrauch von Alkohol oder anderen Substanzen oder vermehrte Inanspruchnahme ärztlicher Dienste. Die schwerwiegendste Folge der Episode einer Major Depression ist der versuchte oder vollendete Suizid. Das Suizidrisiko ist besonders hoch bei Personen mit psychotischen Merkmalen, mit vergangenen Suizidversuchen, Suiziden in der Familie oder gleichzeitigem Substanzmißbrauch. Möglicherweise ist das Risiko, vorzeitig an einem medizinischen Krankheitsfaktor zu sterben, erhöht. Episoden einer Major Depression treten oft nach psychosozialen Belastungsfaktoren (z. B. Tod einer geliebten Person, Scheidung) auf. Auch kann die Geburt eines Kindes eine Episode einer Major Depression auslösen, in diesem Fall wird als Zusatzcodierung Mit Postpartalem Beginn codiert (siehe S. 447).

Zugehörige Laborbefunde. Bislang sind keine Laborparameter für die Diagnose einer Episode der Major Depression gefunden worden. Allerdings wurde für einige Laborparameter festgestellt, daß sie bei Patienten mit einer Episode einer Major Depression von der Norm gesunder Kontrollprobanden abweichen. Es scheint, daß mit einer depressiven Episode jeweils dieselben Abweichungen der Laborparameter einhergehen, unabhängig davon, ob diese Episode im Rahmen einer Major Depression, einer Bipolar I oder einer Bipolar II Störung auftritt. Die meisten Laborbefunde sind zustandsabhängig (d. h. beeinflußt durch Vorhandensein bzw. Fehlen depressiver Symptome), aber einige der beschriebenen Auffälligkeiten gehen dem Beginn einer depressiven Episode voraus oder bestehen über ihre Remission hinaus fort. Abweichende Laborbefunde zeigen sich eher bei depressiven Episoden mit melancholischen oder mit psychotischen Merkmalen und bei schwer depressiven Personen.

Auffälligkeiten im Schlaf-EEG sind bei 40 bis 60 % ambulanter und bei bis zu 90 % stationärer Patienten mit einer Episode einer Major Depression festzustellen. Die häufigsten polysomnographischen Befunde sind:
1. Störungen der Schlafkontinuität wie verlängerte Schlaflatenz, häufiges nächtliches Erwachen und Früherwachen,
2. reduzierter Anteil an Non-REM-Schlaf der Schlafstadien 3 und 4 (Tiefschlaf), verbunden mit einer Verschiebung der langsamen Wellenaktivität weg von der ersten Non-REM-Phase,
3. verkürzte REM-Schlaflatenz (d. h. verkürzte Dauer der ersten Non-REM-Periode),
4. erhöhte phasische REM-Aktivität (d. h. Anzahl tatsächlicher Augenbewegungen während des REM-Schlafs),
5. erhöhte Dauer des REM-Schlafs in der ersten Nachthälfte.

Es gibt Hinweise, daß diese Schlafveränderungen manchmal dem Beginn der ersten Episode einer Major Depression vorausgehen oder über die klinische Remission hinaus bestehen bleiben.

Zu den Neurotransmittern, die pathobiochemisch an einer Episode einer Major Depression beteiligt sind, werden Noradrenalin, Serotonin, Acetylcholin, Dopamin und Gamma-Aminobuttersäure gerechnet, wofür Untersuchungen der Konzentrationen im Blut, Liquor und Urin sowie Untersuchungen von Lymphozytrezeptoren sprechen. Im Dexamethason-Supressionstest sowie anderen neuroendokrinologischen Stimulationstests, in bildgebenden Verfahren zu Hirnmorphologie und -funktion, evozierten Potentialen und im Wach-EEG konnten in verschiedenen Untersuchungen Normabweichungen nachgewiesen werden.

Besondere kulturelle, Alters- und Geschlechtsmerkmale

Die kulturelle Zugehörigkeit kann das Erleben und die Darstellung depressiver Symptome beeinflussen. Fehldiagnosen oder Nichterkennen Depressiver Episoden können durch Aufgeschlossenheit gegenüber ethnischen und kulturellen Besonderheiten bei der Darstellung und dem Bericht depressiver Symptome reduziert werden. Zum Beispiel wird in manchen Kulturen Depression mehr über körperliche Beschwerden erlebt als in Form von Traurigkeit oder Schuldgefühlen. Klagen über „die Nerven" und Kopfschmerzen (romanische-, lateinamerikanische- und Mittelmeerkulturen), über Schwäche, Müdigkeit oder „Unausgeglichenheit" (asiatische Kulturen), über Probleme „mit dem Herzen" (Kulturen des mittleren Ostens, indianische Kulturen) verweisen auf die Vielfalt und die Unterschiede im Ausdruck depressiver Erfahrungen. Solche Erscheinungsbilder verbinden Aspekte der Depressiven, der Angst- und der Somatoformen Störungen. Auch bezüglich der Wertung von Äußerungen dysphorischer Verstimmung gibt es kulturelle Unterschiede (z. B. kann es sein, daß erhöhte Reizbarkeit eher Besorgnis auslöst als Traurigkeit und Rückzug). Kulturspezifische Verhaltensweisen (wie z. B. die Angst, verhext oder verflucht zu sein, das Gefühl von „Hitze im Kopf", von Würmern und Ameisen verursachte Kribbelempfindungen oder das lebhafte Empfinden, Kontakt mit Verstorbenen zu haben) müssen von echten Halluzinationen oder Wahnphänomenen, die Teil einer Episode einer Major Depression, Mit Psychotischen Merkmalen, sein können, unterschieden werden. Ebenso ist aber darauf zu achten, daß in der klinischen Routine kein Symptom übergangen wird, nur weil man es gewohnheitsmäßig einer kulturellen „Norm" zuschreibt.

Die Kernsymptome einer Episode einer Major Depression gelten auch für Kinder und Jugendliche, wenn auch Studienergebnisse naheliegen, daß manche charakteristischen Symptome sich in Abhängigkeit vom Lebensalter verändern bzw. unterschiedlich deutlich vortreten. Symptome wie körperliche Beschwerden, Reizbarkeit und sozialer Rückzug sind bei Kindern besonders häufig, wohingegen psychomotorische Verlangsamung, Hypersomnie und Wahnphänomene im Jugend- und Erwachsenenalter häufiger auftreten als im vorpubertären Lebensalter. Vor der Pubertät kommen Episoden einer Major Depression häufiger in Verbindung mit anderen psychischen Störungen vor (insbesondere Sozial Störendes Verhalten, Aufmerksamkeitsdefizitstörungen und Angststörungen) als in Form der isolierten Störung. Bei Heranwachsenden gehen Episoden einer Major Depression häufig mit Sozial Störendem Verhalten, Aufmerksamkeitsdefizitstörungen, Angststörungen, Störungen im Zusammenhang mit Psychotropen Substanzen und Eßstörungen einher. Bei Erwachsenen in höherem Lebensalter können kognitive Symptome (z. B. Gedächtnisschwäche, Desorientiertheit und erhöhte Ablenkbarkeit) besonders ausgeprägt sein.

Ein beachtlicher Anteil der betroffenen Frauen berichtet eine Symptomverschlechterung einige Tage vor dem Einsetzen der Menstruation. Untersuchungen zeigen, daß depressive Episoden bei Frauen zweimal so häufig wie bei Männern auftreten. Für spezielle Informationen zum Einfluß des Geschlechts wird auf die entsprechenden Abschnitte der Störungsbilder Major Depression (siehe S. 402), Bipolar I Störung (siehe S. 414) und Bipolar II Störung (siehe S. 422) verwiesen.

Verlauf

Die Symptome einer Episode einer Major Depression entwickeln sich normalerweise über einige Tage oder Wochen. Eine Prodromalphase mit Angstsymptomen und leichteren depressiven Symptomen kann Wochen bis Monate andauern, bevor eine vollausgeprägte Episode einer Major Depression einsetzt. Die Dauer einer Episode einer Major Depression ist ebenfalls variabel. Eine unbehandelte Episode dauert unabhängig vom Ersterkrankungsalter typischerweise sechs Monate oder länger. In der Mehrzahl der Fälle remittieren die Symptome vollständig. Die Leistungsfähigkeit erreicht wieder das prämorbide Ausgangsniveau. Bei einem beträchtlichen Teil der Fälle (20–30 %) bleiben allerdings einige depressive Restsymptome oft über Monate und Jahre erhalten, die zwar nicht die Kriterien einer Episode einer Major Depression erfüllen, jedoch oft noch zu Beeinträchtigungen und Leidensdruck führen. In solchen Fällen ist der Zusatz „Teilremittiert" (siehe S. 437) anzugeben. Die einer Episode einer Episode einer Major Depression folgende Teilremission scheint ein Prädiktor für ähnlich unvollständige Remissionen bei nachfolgenden Depressiven Episoden zu sein. In 5–10 % der Fälle werden die Kriterien für eine Major Depression kontinuierlich über zwei oder mehr Jahre erfüllt. In diesen Fällen ist der Zusatz „Chronisch" (siehe S. 443) anzugeben.

Differentialdiagnose

Eine Episode einer Major Depression muß von einer **Affektiven Störung Aufgrund eines Medizinischen Krankheitsfaktors** unterschieden werden. Die Diagnose Affektive Störung Aufgrund eines Medizinischen Krankheitsfaktors ist zu stellen, wenn die Störung des Affekts als direkte körperliche Folge eines spezifischen medizinischen Krankheitsfaktors (z. B. Multiple Sklerose, Schlaganfall, Hypothyreose) angesehen wird (siehe S. 428). Diese Entscheidung beruht auf der Anamnese, Laborbefunden oder der körperlichen Untersuchung. Wenn sowohl eine Episode einer Major Depression als auch ein medizinischer Krankheitsfaktor vorliegen, die depressiven Symptome jedoch nicht als direkte körperliche Folge des medizinischen Krankheitsfaktors angesehen werden, dann wird die primäre Affektive Störung auf Achse I (z. B. Major Depression) und der medizinischen Krankheitsfaktor auf Achse III (z. B. Myokardinfarkt) codiert. Diese Diagnosestellung wäre z. B. angebracht, wenn eine Episode einer Major Depression als psychische Folge des Vorliegens eines medizinischen Krankheitsfaktors angesehen wird, oder wenn kein ätiologischer Zusammenhang zwischen der Episode einer Major Depression und dem medizinischen Krankheitsfaktor besteht.

Eine **Substanzinduzierte Affektive Störung** unterscheidet sich von einer Episode einer Major Depression durch die Tatsache, daß eine Substanz (z. B. Droge, Medikament, Exposition gegenüber einem Toxin) als Ursache der Affektiven Störung angesehen wird (siehe S. 432). Bei depressiven Verstimmungen, die nur im Kontext eines Kokainentzugs auftreten, würde beispielsweise „Kokaininduzierte Affektive Störung, Mit Depressiven Merkmalen, Beginn Während des Entzugs" diagnostiziert.

Bei älteren Menschen ist es oft schwierig zu entscheiden, ob kognitive Störungen (z. B. Desorientiertheit, Apathie, Konzentrationsschwierigkeiten oder Gedächtnisschwäche) besser durch eine **Demenz** oder eine Episode einer Major Depression erklärt werden können. Die diagnostische Entscheidung beruht auf einer gründlichen körperlichen Untersuchung, der Festlegung des Beginns der Störung, der Beurteilung des Verlaufs, der zeitlichen Abfolge von depressiven und kognitiven Symptomen und des Ansprechens auf Behandlungsmaßnahmen. Die Beurteilung des prämorbiden Zustands der Person kann zusätzliche Hinweise für die Differentialdiagnose zwischen einer Episode einer Major Depression und einer Demenz liefern. Bei einer Demenz findet sich gewöhnlich in der Vorgeschichte eine allmähliche Abnahme der kognitiven Funktionen, während bei einer Episode einer Major Depression der prämorbide Verlauf meist weitgehend unauffällig ist und kognitive Einbußen erst im Rahmen der Depression und eher plötzlich auftreten.

Episoden einer Major Depression mit ausgeprägter gereizter Stimmung sind mitunter schwer von **Manischen Episoden mit gereizter Stimmung** oder von **Gemischten affektiven Episoden** zu unterscheiden. Diese Differentialdiagnose erfordert eine sehr sorgfältige klinische Evaluation bezüglich des Vorliegens manischer Symptome. Wenn die Kriterien sowohl für eine Manische Episode als auch für eine Episode einer Major Depression (mit Ausnahme des zweiwöchigen Zeitkriteriums) nahezu für jeden Tag einer zumindest einwöchigen Phase erfüllt sind, dann liegt eine Gemischte Episode vor.

Ablenkbarkeit und geringe Frustrationstoleranz können sowohl bei der **Aufmerksamkeitsdefizit-/Hyperaktivitätsstörung** als auch bei einer Episode einer Major Depression auftreten. Werden die Kriterien für beide Störungen erfüllt, kann die Diagnose einer Aufmerksamkeitsdefizit-/Hyperaktivitätsstörung zusätzlich zur Diagnose einer Affektiven Störung gestellt werden. Dabei ist jedoch zu beachten, daß bei Kindern mit einer Aufmerksamkeitsdefizit-

/Hyperaktivitätsstörung mit eher gereizter als trauriger und interesseloser Grundstimmung nicht zu leichtfertig eine zusätzliche Episode einer Major Depression diagnostiziert wird.

Episoden einer Major Depression, die als Reaktion auf psychosoziale Belastung auftreten, unterscheiden sich von einer **Anpassungsstörung mit Depressiver Stimmung** dadurch, daß bei der Anpassungsstörung die Kriterien für eine Major Depression nicht vollständig erfüllt werden. Nach dem Tod einer geliebten Person sollte selbst dann, wenn die Kriterien für eine Episode einer Major Depression bezüglich Dauer und Anzahl an Symptomen erfüllt werden, eher **Einfache Trauer** als eine Episode einer Major Depression diagnostiziert werden. Dauern diese Symptome länger als zwei Monate an oder gehen sie mit deutlichen Funktionsbeeinträchtigungen, krankhaften Wertlosigkeitsvorstellungen, Selbstmordgedanken, psychotischen Merkmalen oder psychomotorischer Verlangsamung einher, dann ist die Diagnose einer Episode einer Major Depression zu stellen.

Schließlich ist zu bedenken, daß **Phasen der Traurigkeit** zum normalen menschlichen Erleben gehören. Derartige Phasen sollten nicht als Episoden einer Major Depression diagnostiziert werden, wenn nicht die Kriterien für Schweregrad und zeitliche Dauer erfüllt sind (mindestens fünf der neun Symptome über mindestens zwei Wochen, an fast jedem Tag, für die meiste Zeit des Tages) und in klinisch bedeutsamer Weise Leiden und Beeinträchtigungen durch die Symptomatik vorliegt. In Fällen mit depressiver Verstimmung und klinisch bedeutsamer Beeinträchtigung ohne ausreichenden Schweregrad und zeitliche Dauer ist die Diagnose „**Nicht Näher Bezeichnete Depressive Störung**" angemessen.

Kriterien für eine Episode einer Major Depression

A. Mindestens fünf der folgenden Symptome bestehen während derselben Zwei-Wochen-Periode und stellen eine Änderung gegenüber der vorher bestehenden Leistungsfähigkeit dar; mindestens eines der Symptome ist entweder (1) Depressive Verstimmung oder (2) Verlust an Interesse oder Freude.
Beachte: Auszuschließen sind Symptome, die eindeutig durch einen medizinischen Krankheitsfaktor, stimmungsinkongruenten Wahn oder Halluzinationen bedingt sind.
  1. Depressive Verstimmung an fast allen Tagen, für die meiste Zeit des Tages, vom Betroffenen selbst berichtet (z. B. fühlt sich traurig oder leer) oder von anderen beobachtet (z. B. erscheint den Tränen nahe). (**Beachte:** kann bei Kindern und Jugendlichen auch reizbare Verstimmung sein).
  2. Deutlich vermindertes Interesse oder Freude an allen oder fast allen Aktivitäten, an fast allen Tagen, für die meiste Zeit des Tages (entweder nach subjektivem Ermessen oder von anderen beobachtet).
  3. Deutlicher Gewichtsverlust ohne Diät oder Gewichtszunahme (mehr als 5 % des Körpergewichtes in einem Monat) oder verminderter oder gesteigerter Appetit an fast allen Tagen. **Beachte:** Bei Kindern ist das Ausbleiben der zu erwartenden Gewichtszunahme zu berücksichtigen.
  4. Schlaflosigkeit oder vermehrter Schlaf an fast allen Tagen.
  5. Psychomotorische Unruhe oder Verlangsamung an fast allen Tagen (durch andere beobachtbar, nicht nur das subjektive Gefühl von Rastlosigkeit oder Verlangsamung).

Fortsetzung nächste Seite

> Fortsetzung
> 6. Müdigkeit oder Energieverlust an fast allen Tagen.
> 7. Gefühle von Wertlosigkeit oder übermäßige oder unangemessene Schuldgefühle (die auch wahnhaftes Ausmaß annehmen können) an fast allen Tagen (nicht nur Selbstvorwürfe oder Schuldgefühle wegen des Krankseins).
> 8. Verminderte Fähigkeit zu denken oder sich zu konzentrieren oder verringerte Entscheidungsfähigkeit an fast allen Tagen (entweder nach subjektivem Ermessen oder von anderen beobachtet).
> 9. Wiederkehrende Gedanken an den Tod (nicht nur Angst vor dem Sterben), wiederkehrende Suizidvorstellungen ohne genauen Plan, tatsächlicher Suizidversuch oder genaue Planung eines Suizids.
> B. Die Symptome erfüllen nicht die Kriterien einer Gemischten Episode (siehe S. 394).
> C. Die Symptome verursachen in klinisch bedeutsamer Weise Leiden oder Beeinträchtigungen in sozialen, beruflichen oder anderen wichtigen Funktionsbereichen.
> D. Die Symptome gehen nicht auf die direkte körperliche Wirkung einer Substanz (z. B. Droge, Medikament) oder eines medizinischen Krankheitsfaktors (z. B. Hypothyreose) zurück.
> E. Die Symptome können nicht besser durch Einfache Trauer erklärt werden, d. h. nach dem Verlust einer geliebten Person dauern die Symptome länger als zwei Monate an oder sie sind durch deutliche Funktionsbeeinträchtigungen, krankhafte Wertlosigkeitsvorstellungen, Suizidgedanken, psychotische Symptome oder psychomotorische Verlangsamung charakterisiert.

Manische Episode

Merkmale der Episode

Eine Manische Episode ist definiert durch einen umschriebenen Zeitraum, in dem eine abnorm und anhaltend gehobene, expansive oder reizbare Stimmung besteht. Diese Periode der abnormen Stimmung muß mindestens eine Woche andauern (bei Hospitalisierung auch kürzer) (**Kriterium A**) und von mindestens drei der folgenden zusätzlichen Symptome begleitet sein: Übersteigertes Selbstwertgefühl oder Größenideen, vermindertes Schlafbedürfnis, Rededrang, Ideenflucht, Ablenkbarkeit, übersteigerte Betriebsamkeit oder psychomotorische Unruhe und übermäßige Beschäftigung mit angenehmen Tätigkeiten, die mit hoher Wahrscheinlichkeit unangenehme Konsequenzen nach sich ziehen. Wenn die Stimmung eher reizbar ist (statt gehoben oder expansiv) müssen mindestens vier der vorgenannten Symptome vorhanden sein (**Kriterium B**). Die Symptome erfüllen nicht die Kriterien einer Gemischten Episode, die definiert ist durch Symptome sowohl einer Manischen Episode als auch einer Episode einer Major Depression, die für die Dauer von mindestens einer Woche an fast allen Tagen auftreten müssen (**Kriterium C**). Die Störung muß schwer genug sein, um deutliche Beeinträchtigungen in sozialen und beruflichen Funktionsbereichen zu verursachen oder eine Hospitalisierung erforderlich zu machen oder es müssen psychotische Merkmale vorhanden sein (**Kriterium D**). Die Episode darf nicht die direkte körperliche Folge einer Droge, eines Medikaments, anderer somatischer Depressionsbehandlungen (Elektrokrampftherapie, Lichttherapie) oder einer Exposition gegenüber einem Toxin sein. Sie darf außerdem nicht auf direkte körperliche Wirkung eines medizinischen Krankheitsfaktors zurückgehen (z. B. Multiple Sklerose, Hirntumor) (**Kriterium E**).

Die gehobene Stimmung der Manischen Episode wird als euphorisch, ungewöhnlich gut, fröhlich oder „aufgekratzt" beschrieben. Auf unbeteiligte Beobachter wirkt diese Stimmung zunächst oft ansteckend, wird jedoch von denen, die den Betroffenen gut kennen, als übersteigert erkannt. Die expansive Art der Stimmung ist durch ständige und unkritische Begeisterung für zwischenmenschliche, sexuelle und berufliche Interaktionen gekennzeichnet. Beispielsweise werden unvermittelt ausgedehnte Unterhaltungen mit völlig Fremden geführt oder spontane Einfälle zu vermeintlichen Verbesserungen am Arbeitsplatz werden sofort und unreflektiert dem Chef vorgetragen. Obwohl die gehobene Stimmungslage als charakteristisches Symptom gilt, kann sich als vorherrschende Stimmung Reizbarkeit zeigen, insbesondere wenn auf die Wünsche des Betroffenen nicht eingegangen wird. Häufig wird Affektlabilität (im Wechsel zwischen Euphorie und Reizbarkeit) beobachtet.

Typisch ist ein erhöhtes Selbstwertgefühl, das von unkritischem Selbstvertrauen bis hin zu ausgeprägten Größenideen reicht, die wahnhaftes Ausmaß annehmen können (**Kriterium B1**). So werden oft Ratschläge ohne spezielles Fachwissen gegeben (z. B. wie die UNO zu leiten ist), oder der Betroffene beginnt, trotz fehlender Erfahrung oder Begabung, einen Roman zu schreiben, eine Symphonie zu komponieren oder Werbung für unnütze Erfindungen zu betreiben. Häufig kommt es zur Ausbildung eines Größenwahns (mit Wahnthemen wie etwa, eine besondere Beziehung zu Gott oder zu prominenten Persönlichkeiten aus Politik, Unterhaltung oder Religion zu haben).

Fast ausnahmslos ist ein vermindertes Schlafbedürfnis vorhanden (**Kriterium B2**). Der Betroffene erwacht mehrere Stunden früher als gewöhnlich und fühlt sich voller Energie. Bei schwerer Schlafstörung kann der Betroffene tagelang ohne Schlaf auskommen und sich trotzdem nicht müde fühlen.

Die Sprache ist in einer Manischen Episode typischerweise laut, schnell, gehetzt und schwer zu unterbrechen (**Kriterium B3**). Die Betroffenen können ununterbrochen, manchmal sogar stundenlang reden, ohne die Kommunikationsbedürfnisse anderer zu berücksichtigen. Die Sprache ist manchmal voller Witze, Wortspiele und amüsanter Belanglosigkeiten. Die Person kann auch theatralisch werden mit dramatischen Gesten und Gesang. Anstelle sinnvoller inhaltlicher Zusammenhänge können Klangassoziationen das Sprachbild beherrschen. Wenn die Stimmung eher reizbar als gehoben ist, kann die Sprache durch Beschwerden, feindselige Kommentare und ärgerliche Wortergüsse charakterisiert sein.

Die Gedanken können rasen, häufig schneller als sie in Sprache umgesetzt werden können (**Kriterium B4**). Manche Personen mit einer Manischen Episode schildern dieses Erleben, als ob man sich zwei oder drei Fernsehprogramme gleichzeitig anschauen würde. Häufig besteht Ideenflucht, die sich in einem kontinuierlichen Fluß beschleunigter Rede mit abrupten Gedankensprüngen zeigt (z. B. während ein Verkäufer mit einem Kunden über einen möglichen Computerverkauf spricht, geht er über auf eine minutiöse Schilderung der Geschichte des Microchips, die industrielle Revolution oder auf angewandte Mathematik). Bei hochgradiger Ideenflucht kann die Sprache desorganisiert und inkohärent werden.

Ablenkbarkeit (**Kriterium B5**) zeigt sich in der Unfähigkeit, irrelevante äußere Reize wie Hintergrundgeräusche oder herumliegende Gegenstände auszublenden (z. B. die Krawatte des Untersuchers, Hintergrundgeräusche oder die Möblierung des Raumes). Die Diskriminationsfähigkeit zwischen Gedanken, die mit dem Thema zusammenhängen und Gedanken, die nur wenig von Bedeutung oder deutlich irrelevant sind, ist reduziert.

Die übersteigerte Betriebsamkeit umfaßt oft übertriebenes Pläneschmieden und exzessive Beschäftigung mit einer Vielzahl von Tätigkeiten beruflicher, sexueller, politischer oder religiöser Art (**Kriterium B6**). Oft bestehen gesteigerte sexuelle Triebhaftigkeit, Phantasien und Handlungen. Manche Betroffene nehmen gleichzeitig mehrere neue geschäftliche Projekte in Angriff, ohne die Risiken in Betracht zu ziehen oder sich über die offensichtliche Unmöglichkeit, mehreren Projekten zugleich gerecht zu werden, im klaren zu sein. Fast immer kommt es zu gesteigerter Geselligkeit, bei der Freunde oder auch Fremde zu jeder Tages- und Nachtzeit angerufen werden, ohne daß der aufdringliche, dominierende oder fordernde Charakter dieses Verhaltens erkannt wird. Oft zeigen sich psychomotorische Unruhe und Rastlosigkeit durch ständiges Auf- und Abgehen oder Führen mehrerer Gespräche gleichzeitig (z. B. telefonisch und persönlich). Manche Betroffene schreiben eine Flut von Briefen zu den verschiedensten Themen an Freunde, Prominente oder die Medien.

Expansivität, ungerechtfertigter Optimismus, Größenideen und mangelndes Urteilsvermögen führen häufig zu unbesonnenen Aktivitäten wie ausgedehnten Einkaufstouren, rücksichtslosem Autofahren, törichten geschäftlichen Investitionen oder für den Betroffenen ungewöhnlichem Sexualverhalten, sogar wenn dadurch negative Folgen zu erwarten sind (**Kriterium B7**). Mitunter kaufen Betroffene vielerlei unnötige Dinge (z. B. 20 Paar Schuhe, teure Antiquitäten) ohne das Geld dafür zu besitzen. Zu ungewohntem Sexualverhalten können Untreue oder wahllose sexuelle Kontakte mit Fremden gehören.

Die Störung muß so ausgeprägt sein, daß sie eine deutliche Beeinträchtigung der Funktionsfähigkeit verursacht oder daß eine Hospitalisierung des Betroffenen zum Schutz vor den negativen Folgen seines verminderten Urteilsvermögens erforderlich wird (z. B. finanzielle Verluste, illegale Aktivitäten, Verlust des Arbeitsplatzes, Fremdaggression). Per Definition ist das Vorhandensein von psychotischen Merkmalen während einer Manischen Episode als eine deutliche Beeinträchtigung der Funktionsfähigkeit anzusehen (**Kriterium D**).

Symptome, wie sie während einer Manischen Episode beobachtet werden, können auch Folge einer antidepressiven Medikation, einer Elektrokrampftherapie, Lichttherapie oder Medikamentengabe wegen eines medizinischen Krankheitsfaktors (z. B. Kortikosteroide) sein. Solche Erscheinungsbilder werden nicht als Manische Episoden aufgefaßt und nicht zur Diagnose einer Bipolar I Störung herangezogen. Wenn beispielsweise eine Person mit rezidivierender Major Depression nach einer Antidepressivabehandlung manische Symptome entwickelt, wird diese Episode als Substanzinduzierte Affektive Störung mit Manischen Merkmalen diagnostiziert – es findet kein Diagnosewechsel von Major Depression zu Bipolar I Störung statt. Es gibt Hinweise, die eine bipolare „Diathese" bei Personen vermuten lassen, die manieähnliche Episoden nach einer somatischen Behandlung der Depression entwickeln. In solchen Fällen besteht ein erhöhtes Risiko für spätere, nicht durch somatische oder medikamentöse antidepressive Behandlung ausgelöste Manische, Gemischte oder Hypomane Episoden. Besonders bei Kindern und Jugendlichen können diese Überlegungen von Belang sein.

Zugehörige Merkmale und Störungen

Zugehörige Beschreibungsmerkmale und psychische Störungen. Häufig erkennen Betroffene in einer Manischen Episode nicht, daß sie krank sind und widersetzen sich jeglichen Behandlungsversuchen. Mitunter wechseln sie impulsiv den Aufenthaltsort und verlieren den Kontakt zu Verwandten und Betreuern. Manche verändern ihr persönliches Erscheinungsbild und kleiden oder schminken sich in ungewohnter Weise verführerisch oder auffällig grell. Das Verhalten kann desorganisiert oder bizarr sein (manche Betroffene verteilen Süßigkeiten oder Geld oder geben vorbeigehenden Fremden gute Ratschläge). Spielen um Geld und antisoziale Verhaltensweisen können eine Manische Episode begleiten, moralische Bedenken werden oft von sonst sehr gewissenhaften Personen außer Acht gelassen (z. B. ein Börsenmakler, der ohne Wissen oder Erlaubnis des Auftraggebers in unangemessener Weise Aktien an- und verkauft; ein Wissenschaftler, der sich die Ergebnisse anderer Forscher zu eigen macht). Die Betroffenen sind mitunter feindselig oder bedrohen andere verbal oder tätlich. Insbesondere bei Vorliegen psychotischer Merkmale kann es zu Fremdaggression oder Suizidalität kommen. Negative Konsequenzen einer Manischen Episode (Zwangseinweisung, Konflikte mit dem Gesetz, ernste finanzielle Schwierigkeiten) sind häufig Folge mangelnder Urteilsfähigkeit und Hyperaktivität. Nach dem Abklingen der Manischen Episode schämen sich die Betroffenen meist für ihr Verhalten. Einige der Betroffenen schildern geschärfte olfaktorische, auditive und visuelle Sinneswahrnehmungen, (wie etwa besonders leuchtende Farben). Wenn katatone Merkmale vorhanden sind (z. B. Stupor, Mutismus, Negativismus und katatone Körperhaltung), kann die Zusatzcodierung „Mit Katatonen Merkmalen" indiziert sein (siehe S. 443).

Die Stimmung kann schnell in Ärger oder Depression umschlagen. Depressive Symptome können für kurze Momente oder Stunden, seltener auch tagelang anhalten. Nicht selten treten depressive und manische Symptome gleichzeitig auf. Wenn die Kriterien für eine Episode einer Major Depression und eine Manische Episode gleichzeitig eine Woche lang jeden Tag erfüllt sind, wird die Episode als Gemischte Episode angesehen (siehe S. 394). Während sich eine Manische Episode entwickelt, kommt es häufig zu einer wesentlichen Steigerung des Konsums von Alkohol oder Aufputschmitteln, was eine Episode verschlimmern oder verlängern kann.

Zugehörige Laborbefunde. Bislang sind keine Laborparameter für die Diagnose einer Manischen Episode gefunden worden. Allerdings wurde bei einigen Laborparametern festgestellt, daß sie bei Patienten mit einer Manischen Episode von der Norm gesunder Kontrollprobanden abweichen. Polysomnographische Unregelmäßigkeiten, erhöhte Kortisolsekretion und Ausbleiben der Dexamethason-Non-Suppression wurden in verschiedenen Untersuchungen gefunden. Studien zur Metabolisierung der Neurotransmitter, neuroendokrine Funktionstests, pharmakologische Provokationstests und Untersuchungen zu Rezeptorfunktionen lieferten Hinweise auf Normabweichungen in den Neurotransmitter-Systemen für Noradrenalin, Serotonin, Acetylcholin, Dopamin oder Gamma-Aminobuttersäure.

Besondere kulturelle, Alters- und Geschlechtsmerkmale

Kulturelle Besonderheiten, wie sie bei der Episode der Major Depression diskutiert wurden, gelten auch für Manische Episoden (siehe S. 384). Bei Jugendlichen gehen Manische Episoden oft mit Schuleschwänzen, antisozialem Verhalten, Schulversagen oder Drogenmißbrauch einher, psychotische Symptome treten häufiger auf als bei Erwachsenen. Bei einem beachtlichen Prozentsatz finden sich in der Vorgeschichte anhaltende Verhaltensauffälligkeiten, die dem Auftreten einer eigentlichen Manischen Episode vorausgehen. Ob diese Verhaltensstörungen ein längeres Prodrom der Bipolaren Störung oder eine eigenständige psychische Störung darstellen, ist noch nicht geklärt. Bezüglich spezifischer Geschlechtseinflüsse finden sich Darstellungen in den entsprechenden Abschnitten für die Bipolar I Störung (siehe S. 414) und Bipolar II Störung (siehe S. 422).

Verlauf

Das durchschnittliche Ersterkrankungsalter für Manische Episoden liegt um 20 Jahre, es wurden jedoch auch Fälle beschrieben mit Beginn in der Adoleszenz oder nach dem 50. Lebensjahr. Manische Episoden beginnen typischerweise plötzlich, mit einer schnellen Eskalation der Symptome innerhalb weniger Tage. Häufig tritt die Manische Episode nach psychosozialen Belastungsfaktoren auf. Die Episoden dauern gewöhnlich wenige Wochen bis zu mehreren Monaten, sie sind kürzer und enden abrupter als Episoden einer Major Depression. Bei 50–60 % der Manischen Episoden tritt unmittelbar zuvor oder danach, ohne dazwischen liegendes (euthymes) freies Intervall, eine Episode einer Major Depression auf. Wenn die Manische Episode im Wochenbett beginnt, kann bei nachfolgenden Entbindungen ein erhöhtes Rezidivrisiko bestehen, die Verlaufsform „Mit Postpartalem Beginn" wird dokumentiert.

Differentialdiagnose

Eine Manische Episode muß von einer **Affektiven Störung Aufgrund eines Medizinischen Krankheitsfaktors** unterschieden werden. Wenn die Affektive Störung als direkte körperliche Folge eines medizinischen Krankheitsfaktors angesehen wird (wie z. B. bei Multipler Sklerose, Hirntumor oder Morbus Cushing) (siehe S. 428), wird eine Affektive Störung Aufgrund eines Medizinischen Krankheitsfaktors diagnostiziert. Diese Entscheidung wird aufgrund von Anamnese, Laborbefunden und körperlicher Untersuchung getroffen. Wenn die manischen Symptome nicht als direkte körperliche Folge eines medizinischen Krankheitsfaktors angesehen werden, wird die primäre Affektive Störung auf Achse I (z. B. Bipolar I Störung) und der medizinische Krankheitsfaktor auf Achse III codiert (z. B. Myokardinfarkt). Ein später Beginn der ersten Manischen Episode (nach dem 50. Lebensjahr) sollte an einen möglichen medizinischen Krankheitsfaktor oder an eine Substanz als Ursache denken lassen.

Eine **Substanzinduzierte Affektive Störung** wird von einer Manischen Episode dadurch unterschieden, daß eine Substanz (z. B. Droge, Medikament, Exposition gegenüber einem Toxin) als ursächlich für die Affektive Störung angesehen wird (siehe S. 432). Symptome, wie sie bei einer Manischen Episode beobachtet werden, können durch Drogen herbeigeführt werden. So wird beispielsweise bei manischen Symptomen, die nur im Kontext einer Kokainintoxikation auftreten, eine „Kokaininduzierte Affektive Störung, Mit Manischen Merkmalen, Mit Beginn während der Intoxikation" diagnostiziert. Manieähnliche Symptome können auch durch antidepressive Behandlung (Medikamente, Elektrokrampftherapie, Lichttherapie) ausgelöst werden. Auch solche Episoden werden als Substanzinduzierte Affektive Störung diagnostiziert (z. B. Amitriptylininduzierte Affektive Störung, Mit Manischen Merkmalen; Elektrokrampftherapieinduzierte Affektive Störung, Mit Manischen Merkmalen).

Manische Episoden müssen von **Hypomanen Episoden** unterschieden werden. Obwohl für Manische und Hypomane Episoden die gleiche Symptomliste gilt, ist die Störung bei Hypomanen Episoden nicht schwer genug, um eine deutliche Beeinträchtigung der sozialen oder beruflichen Funktionen zu verursachen oder eine Hospitalisierung erforderlich zu machen. In manchen Fällen entwickelt sich aus der Hypomanen Episode eine voll ausgeprägte Manische Episode.

Episoden einer **Major Depression mit ausgeprägter gereizter Stimmung** sind von Manischen Episoden mit gereizter Stimmung oder **Gemischten Episoden** schwer zu unterscheiden, die Differentialdiagnose erfordert eine sorgfältige klinische Evaluation des Vorhandenseins von Manischen Symptomen. Wenn die Kriterien sowohl für eine Manische Episode als auch für eine Episode einer Major Depression fast täglich für die Dauer von mindestens einer Woche erfüllt werden, spricht man von einer Gemischten Episode.

Für die **Aufmerksamkeitsdefizit-/Hyperaktivitätsstörung** sind ebenso wie für die Manische Episode übermäßiger Tatendrang, impulsives Verhalten, mangelnde Urteilsfähigkeit und mangelnde Krankheitseinsicht charakteristisch. Die Aufmerksamkeitsdefizit-/Hyperaktivitätsstörung unterscheidet sich von der Manischen Episode im Ersterkrankungsalter (vor dem 7. Lebensjahr), in der Verlaufsform, die eher chronisch als phasenhaft ist und weder eindeutigen Beginn noch Ende zeigt, sowie im Fehlen einer abnorm expansiven oder gehobenen Stimmung oder psychotischer Symptome.

Kriterien für eine Manische Episode

A. Eine mindestens einwöchige (bei Hospitalisierung auch kürzere), abgegrenzte Periode mit abnorm und anhaltend gehobener, expansiver oder reizbarer Stimmung.

B. Während der Periode der Stimmungsveränderung bestehen mindestens drei (bei nur reizbarer Verstimmung mindestens vier) der folgenden Symptome in einem deutlichen Ausmaß:
  (1) übersteigertes Selbstwertgefühl oder Größenideen,
  (2) vermindertes Schlafbedürfnis (z. B. fühlt sich nach nur 3 Stunden Schlaf ausgeruht),
  (3) vermehrte Gesprächigkeit oder Rededrang,
  (4) Ideenflucht oder subjektives Gefühl des Gedankenrasens,
  (5) erhöhte Ablenkbarkeit (Aufmerksamkeit wird zu leicht auf irrelevante äußere Reize gelenkt),
  (6) gesteigerte Betriebsamkeit (im sozialen, beruflichen, schulischen oder sexuellen Bereich) oder psychomotorische Unruhe,
  (7) übermäßige Beschäftigung mit angenehmen Aktivitäten, die mit hoher Wahrscheinlichkeit unangenehme Konsequenzen nach sich ziehen (z. B. ungezügeltes Einkaufen, sexuelle Eskapaden, törichte geschäftliche Investitionen).

C. Die Symptome erfüllen nicht die Kriterien einer Gemischten Episode (siehe S. 394).

D. Die Affektive Störung ist schwer genug, um eine deutliche Beeinträchtigung der beruflichen Leistungsfähigkeit oder der üblichen sozialen Aktivitäten oder Beziehungen zu verursachen oder eine Hospitalisierung zur Abwendung von Selbst- oder Fremdgefährdung erforderlich zu machen oder es sind psychotische Symptome vorhanden.

E. Die Symptome gehen nicht auf die direkte körperliche Wirkung einer Substanz (z. B. Droge, Medikament, sonstige Behandlungen) oder eines medizinischen Krankheitsfaktors (z. B. Hyperthyreose) zurück.

Beachte: Manieähnliche Episoden, die eindeutig auf somatische antidepressive Behandlung (z. B. Medikamente, Elektrokrampftherapie, Lichttherapie) zurückzuführen sind, sollten nicht als Bipolar I Störung diagnostiziert werden.

Gemischte Episode

Merkmale der Episode

Eine Gemischte Episode ist durch eine Zeitspanne von mindestens einer Woche gekennzeichnet, in der sowohl die Kriterien für eine Manische Episode als auch die Kriterien einer Episode einer Major Depression nahezu täglich erfüllt sind (**Kriterium A**). Die Stimmung wechselt rasch zwischen Traurigkeit, Reizbarkeit, Euphorie und geht mit zusätzlichen Symptomen einer Manischen Episode (siehe S. 388) und einer Episode einer Major Depression (siehe S. 380) einher. Zu den häufigsten Symptomen gehören psychomotorische Unruhe, Schlaflosigkeit, Appetitveränderungen, psychotische Merkmale und Suizidgedanken. Die Störung muß schwer genug sein, um eine deutliche Beeinträchtigung der sozialen oder beruflichen Funktionsfähigkeit zu verursachen oder eine Hospitalisierung erforderlich zu machen, oder es bestehen psychotische Merkmale (**Kriterium B**). Das Störungsbild geht nicht auf die direkte körperliche Wirkung einer Substanz (z. B. Droge, Medikament, andere Behandlung) oder eines medizinischen Krankheitsfaktors (z. B. Hyperthyreose) zurück (**Kriterium C**). Symptome wie bei einer Gemischten Episode können direkt auf die Wirkung einer antidepressiven Medikation, Elektrokrampftherapie, Lichttherapie oder einer Medikation wegen eines medizinischen Krankheitsfaktors zurückgehen und werden dann nicht als Gemischte Episoden diagnostiziert und nicht zur Diagnose einer Bipolar I Störung herangezogen. Wenn beispielsweise bei einer rezidivierenden Major Depression im Verlauf einer antidepressiven Medikation ein gemischtes Symptombild auftritt, wird die Diagnose einer Substanzinduzierten Affektiven Störung, Mit Gemischten Merkmalen, diagnostiziert – es findet kein Diagnosewechsel von Major Depression zu Bipolar I Störung statt. Es gibt Hinweise, die eine bipolare „Diathese" bei Personen vermuten lassen, die in Folge einer somatischen antidepressiven Therapie ähnliche Symptommuster wie bei der Gemischten Episode entwickeln. Solche Personen haben möglicherweise ein erhöhtes Risiko für spätere, nicht durch eine Substanz oder somatische antidepressive Therapie ausgelöste Manische, Gemischte oder Hypomane Episoden. Besonders bei Kindern und Jugendlichen können diese Überlegungen von Belang sein.

Zugehörige Merkmale und Störungen

Zugehörige Beschreibungsmerkmale und psychische Störungen. Die zugehörigen Merkmale der Gemischten Episode sind ähnlich wie bei einer Manischen und einer Episode einer Major Depression. Die Betroffenen können in ihrem Denken oder Verhalten desorganisiert sein. Da im Vergleich zu Manischen Episoden bei Gemischten Episoden mehr dysphorische Verstimmungen erlebt werden, ist es denkbar, daß Betroffene mit Gemischten Episoden sich eher aus eigenem Antrieb in Behandlung begeben.

Zugehörige Laborbefunde. Zu Gemischten Episoden gibt es bislang wenige Studien. Die derzeit verfügbaren Daten liefern Hinweise für Ähnlichkeiten mit den physiologischen und endokrinen Befunden bei schweren Episoden einer Major Depression.

Besondere kulturelle, Alters- und Geschlechtsmerkmale

Die kulturellen Erwägungen, die bereits bezüglich der Major Depression genannt wurden, gelten auch für Gemischte Episoden (siehe S. 384). Gemischte Episoden scheinen im jüngeren Lebensalter und bei Personen mit einer Bipolaren Störung über 60 Jahren häufiger aufzutreten. Möglicherweise erkranken mehr Männer als Frauen.

Verlauf

Gemischte Episoden können sich aus Manischen Episoden oder Episoden einer Major Depression entwickeln oder auch unabhängig davon auftreten. Zum Beispiel würde die Diagnose Bipolar I Störung, Letzte Episode Manisch, umgeändert in die Diagnose Bipolar I Störung, Letzte Episode Gemischt, wenn auf eine dreiwöchige Phase mit manischen Symptomen eine einwöchige Episode mit sowohl manischen wie auch depressiven Symptomen folgt. Gemischte Episoden können Wochen bis mehrere Monate andauern, vollständig oder partiell remittieren oder in eine Episode einer Major Depression übergehen. Der Übergang einer Gemischten Episode in eine Manische Episode ist weitaus seltener.

Differentialdiagnose

Eine Gemischte Episode muß von einer **Affektiven Störung Aufgrund eines Medizinischen Krankheitsfaktors** unterschieden werden. Die Diagnose einer Affektiven Störung Aufgrund eines Medizinischen Krankheitsfaktors wird gestellt, wenn die affektiven Symptome als direkte körperliche Folge eines medizinischen Krankheitsfaktors (z.B. Multiple Sklerose, Hirntumor, Morbus Cushing) anzusehen sind (siehe S. 428). Die Differentialdiagnose beruht auf der Anamnese, Laborbefunden und körperlichen Untersuchungen. Wenn die gemischten, manischen und depressiven Symptome nicht als direkte körperliche Folge eines medizinischen Krankheitsfaktors gewertet werden, wird die primäre Affektive Störung auf Achse I (z.B. Bipolar I Störung) und der medizinische Krankheitsfaktor auf Achse III codiert (z.B. Myokardinfarkt).

Eine **Substanzinduzierte Affektive Störung** unterscheidet sich von einer Gemischten Episode dadurch, daß eine Substanz (z.B. Droge, Medikament oder Exposition gegenüber einem Toxin) als Ursache der Affektiven Symptome angesehen wird (siehe S. 432). Symptome wie bei einer Gemischten Episode können durch Drogeneinfluß ausgelöst werden, (z.B. gemischte, manische und depressive Symptome, die nur im Zusammenhang mit einer Kokainintoxikation auftreten, wären dann als Kokaininduzierte Affektive Störung, Mit Gemischten Merkmalen, Mit Beginn während der Intoxikation, zu diagnostizieren). Symptome, ähnlich denen einer Gemischten Episode, können auch durch eine antidepressive Behandlung (Medikation, Elektrokrampftherapie, Lichttherapie) hervorgerufen werden, und werden ebenfalls als Substanzinduzierte Affektive Störungen diagnostiziert (z.B. Amitriptylininduzierte Affektive Störung, Mit Gemischten Symptomen; Elektrokrampftherapieinduzierte Affektive Störung, Mit Gemischten Symptomen).

Episoden einer Major Depression mit ausgeprägt gereizter Stimmung sowie **Manische Episoden mit ausgeprägt gereizter Stimmung** sind manchmal schwer von Gemischten Episoden zu unterscheiden. Die Differentialdiagnose erfordert eine sorgfältige klinische Evaluation des gleichzeitigen Vorhandenseins von Symptomen, die (mit Ausnahme des Zeitkriteriums) sowohl für das Vollbild einer Manischen Episode als auch für das einer Episode einer Major Depression charakteristisch sind.

Sowohl die **Aufmerksamkeitsdefizit-/Hyperaktivitätsstörung** als auch die Gemischte Episode sind durch übermäßige Aktivität, impulsives Verhalten, mangelndes Urteilsvermögen und mangelnde Krankheitseinsicht gekennzeichnet. Die Aufmerksamkeitsdefizit-/Hyperaktivitätsstörung läßt sich von einer Gemischten Episode abgrenzen durch das charakteristische Ersterkrankungsalter vor dem 7. Lebensjahr, den eher chronischen als rezidivierenden Verlauf, das Fehlen eines deutlichen Episodenbeginns und -endes sowie das Fehlen einer abnorm expansiven oder gehobenen Stimmung und psychotischer Symptome. Bei Kindern mit einer Aufmerksamkeitsdefizit-/Hyperaktivitätsstörung bestehen manchmal auch depressive Symptome, wie geringes Selbstwertgefühl und niedrige Frustrationstoleranz. Wenn die Kriterien für beide Störungen erfüllt sind, kann die Aufmerksamkeitsdefizit-/Hyperaktivitätsstörung zusätzlich zur Affektiven Störung diagnostiziert werden.

Kriterien für eine Gemischte Episode

A. Die Kriterien für sowohl eine Manische Episode (siehe S. 393) als auch eine Episode einer Major Depression (siehe S. 387) sind, mit Ausnahme des Zeitkriteriums, fast täglich über einen mindestens einwöchigen Zeitraum erfüllt.

B. Die Stimmungsveränderung ist schwer genug, um eine deutliche Beeinträchtigung der beruflichen Funktionsfähigkeit, der sozialen Aktivität oder der zwischenmenschlichen Beziehungen zu verursachen oder eine Hospitalisierung wegen Selbst- oder Fremdgefährdung notwendig zu machen, oder es bestehen psychotische Symptome.

C. Die Symptome gehen nicht auf die direkte körperliche Wirkung einer Substanz (z. B. Droge, Medikament oder andere Therapie) oder eines medizinischen Krankheitsfaktors zurück.

Beachte: Episoden, die Gemischten Episoden ähneln, aber eindeutig durch eine somatische antidepressive Behandlung (Medikation, Elektrokrampftherapie, Lichttherapie) ausgelöst wurden, werden nicht einer Bipolar I Störung zugerechnet.

Hypomane Episode

Merkmale der Episode

Eine Hypomane Episode ist definiert als umschriebene Zeitspanne von mindestens viertägiger Dauer, in der die Stimmung abnorm und anhaltend gehoben, expansiv oder reizbar ist (**Kriterium A**) und die mit mindestens drei zusätzlichen Symptomen der folgenden Kriterienliste einhergeht: Übersteigertes Selbstwertgefühl oder überwertige, nicht-wahnhafte Größenideen, reduziertes Schlafbedürfnis, Rededrang, Ideenflucht, Ablenkbarkeit, gesteigerte Betriebsamkeit oder psychomotorische Unruhe und übermäßige Beschäftigung mit vermeintlich angenehmen Aktivitäten, die mit hoher Wahrscheinlichkeit negative Konsequenzen nach sich ziehen (**Kriterium B**). Wenn die Stimmung eher gereizt als gehoben oder expansiv ist, müssen mindestens vier der genannten Symptome vorhanden sein. Die Zusatzsymptome sind identisch mit der Kriterienliste der Manischen Episode (siehe S. 393), außer daß Wahnvorstellungen oder Halluzinationen nicht vorhanden sein dürfen. Die Stimmung während einer

Hypomanen Episode muß sich deutlich von der normalen, nicht-depressiven Stimmungslage des Betroffenen unterscheiden und es muß sich eine eindeutige Veränderung der gewohnten Funktionen und Verhaltensweisen zeigen (**Kriterium C**). Diese Veränderungen der Stimmung und Leistungsfähigkeit müssen für andere beobachtbar sein (**Kriterium D**), weswegen zur Beurteilung dieses Kriteriums, insbesondere bei Jugendlichen, oft Fremdanamnesen (z. B. durch Familienmitglieder) erforderlich sind. Im Gegensatz zur Manischen Episode ist eine Hypomane Episode nicht schwer genug, um eine deutliche Beeinträchtigung der sozialen oder beruflichen Funktionsfähigkeit zu verursachen oder eine Hospitalisierung erforderlich zu machen, und es bestehen keine psychotischen Symptome (**Kriterium E**). In manchen Fällen kann die veränderte Leistungsfähigkeit zu einer deutlichen Zunahme von Effektivität, Fertigkeiten oder Kreativität führen, es kann jedoch auch zu leichteren Beeinträchtigungen im sozialen oder beruflichen Umfeld kommen.

Stimmungsveränderungen und Zusatzsymptome dürfen nicht auf die direkte körperliche Wirkung einer Droge, eines Medikaments, einer anderen Depressionsbehandlung (Elektrokrampftherapie, Lichttherapie) oder einer Exposition gegenüber einem Toxin zurückzuführen sein und nicht durch einen medizinischen Krankheitsfaktor (z. B. Multiple Sklerose, Hirntumor) bedingt sein (**Kriterium F**). Symptome wie bei einer Hypomanen Episode können durch antidepressive Medikation, Elektrokrampftherapie, Lichttherapie oder Medikation wegen eines medizinischen Krankheitsfaktors (z. B. Kortikosteroide) hervorgerufen werden, sind dann aber nicht als Hypomane Episoden anzusehen und werden nicht für die Diagnose einer Bipolar II Störung herangezogen. Tritt beispielsweise bei einer rezidivierenden Major Depression unter antidepressiver Medikation eine hypomanieähnliche Episode auf, wird sie als Substanzinduzierte Affektive Störung, Mit Manischen Merkmalen, diagnostiziert – es erfolgt kein Diagnosewechsel von Major Depression zu Bipolar II Störung. Es gibt Hinweise, die eine bipolare „Diathese" bei Personen vermuten lassen, die nach einer antidepressiven Therapie manie- oder hypomanieähnliche Episoden entwickeln. Solche Personen haben eventuell ein erhöhtes Risiko für spätere, nicht durch antidepressive Therapie ausgelöste Manische oder Hypomane Episoden.

Die gehobene Stimmung während einer Hypomanen Episode wird als euphorisch, ungewöhnlich gut, fröhlich oder „aufgekratzt" beschrieben. Auf den unbeteiligten Beobachter wirkt diese Stimmung zunächst oft ansteckend, wird jedoch von denen, die den Betroffenen gut kennen, als deutliche Veränderung im Vergleich zum Normalbefinden erkannt. Die expansive Art der Stimmungsveränderung ist durch Begeisterung für soziale, zwischenmenschliche oder berufliche Interaktionen gekennzeichnet. Die gehobene Stimmung gilt als das prototypische Symptom, die Stimmung kann aber auch reizbar sein oder zwischen Euphorie und Reizbarkeit schwanken. Typischerweise besteht ein übersteigertes Selbstwertgefühl zumeist eher in Form unkritischer Selbsteinschätzung als in Form deutlicher Größenideen (**Kriterium B1**). Sehr häufig besteht vermindertes Schlafbedürfnis (**Kriterium B2**), der Betroffene erwacht früher als normal und fühlt sich voller Energie. Die Sprache ist oft etwas lauter und schneller als gewöhnlich, sie kann voller Witze, Anspielungen, Wortspielereien und Belanglosigkeiten sein, der Redefluß ist jedoch meist leicht zu unterbrechen (**Kriterium B3**). Ideenflucht ist selten und tritt, wenn überhaupt, nur für kurze Momente auf (**Kriterium B4**).

Häufig besteht Ablenkbarkeit, was sich durch rasche Themen- oder Handlungswechsel zeigt, die als Reaktion auf verschiedenste unwichtige Außenreize entstehen (**Kriterium B5**). Die gesteigerte Betriebsamkeit kann sich als Planen von oder Beteiligung an verschiedensten Aktivitäten äußern, die oft kreativ und produktiv sind, wie z. B. Schreiben von Leserbriefen oder Erledigung von Schreibarbeiten (**Kriterium B6**). Das Geselligkeitsbedürfnis ist normalerweise erhöht, auch die sexuelle Aktivität kann gesteigert sein. Impulsive Aktivität wie unkontrollierte Einkaufstouren, rücksichtsloses Autofahren oder törichte geschäftliche Investitionen können vorhanden sein (**Kriterium B7**), sind aber gewöhnlich noch weitgehend geordnet und nicht bizarr und führen auch nicht zu dem Ausmaß an Beeinträchtigungen wie bei einer Manischen Episode.

Besondere kulturelle und Geschlechtsmerkmale

Kulturelle Besonderheiten, wie sie bei der Episode einer Major Depression diskutiert wurden, gelten auch für Hypomane Episoden (siehe S. 384). Bei Heranwachsenden können Hypomane Episoden mit Schulschwänzen, Schulversagen, antisozialen Verhaltensweisen oder Substanzmißbrauch einhergehen.

Verlauf

Eine Hypomane Episode beginnt typischerweise plötzlich mit einer raschen Eskalation der Symptome innerhalb von ein oder zwei Tagen. Die Episoden können einige Wochen bis zu mehreren Monaten andauern, sie treten abrupter auf und sind kürzer als Episoden einer Major Depression. Oft kann eine Hypomane Episode einer Episode einer Major Depression vorausgehen oder ihr unmittelbar folgen. Der Literatur zufolge tritt bei 5 bis 15 % der Betroffenen mit Hypomanie im späteren Verlauf eine Manische Episode auf.

Differentialdiagnose

Eine Hypomane Episode muß von einer **Affektiven Störung Aufgrund eines Medizinischen Krankheitsfaktors** unterschieden werden. Die Diagnose einer Affektiven Störung Aufgrund eines Medizinischen Krankheitsfaktors ist zu stellen, wenn die Stimmungsveränderung als direkte körperliche Folge eines medizinischen Krankheitsfaktors (z. B. Multiple Sklerose, Hirntumor, Morbus Cushing) angesehen wird (siehe S. 428). Die Differentialdiagnose beruht auf Anamnese, Laborbefunden und körperlichen Untersuchungen. Wenn die hypomanen Symptome nicht als direkte körperliche Folge eines medizinischen Krankheitsfaktors gewertet werden, dann wird die primäre Affektive Störung auf Achse I (z. B. Bipolar II Störung) und der medizinische Krankheitsfaktor auf Achse III codiert (z. B. Myokardinfarkt).

Eine **Substanzinduzierte Affektive Störung** unterscheidet sich von einer Hypomanen Episode dadurch, daß eine Substanz (z. B. Droge, Medikament oder Exposition gegenüber einem Toxin) als ursächlich für die Affektive Störung angesehen wird (siehe S. 432). Symptome wie die einer Hypomanen Episode können durch eine Droge ausgelöst werden (z. B. Symptome einer Hypomanen Episode, die nur im Zusammenhang mit einer Kokainintoxikation auftreten, werden als Kokaininduzierte Affektive Störung, Mit Manischen Merkmalen, Mit Beginn Während der Intoxikation, diagnostiziert). Hypomane Symptome können auch durch antidepressive Medikation, Elektrokrampftherapie oder Lichttherapie ausgelöst werden und werden dann ebenfalls als Substanzinduzierte Affektive Störung diagnostiziert (z. B. Amitriptylininduzierte Affektive Störung, Mit Manischen Merkmalen; Elektrokrampftherapieinduzierte Affektive Störung, Mit Manischen Merkmalen).

Manische Episoden müssen von Hypomanen Episoden unterschieden werden. Die Kriterienliste der charakteristischen Symptome ist für Manische und Hypomane Episoden identisch, aber das affektive Störungsbild bei Hypomanen Episoden ist nicht schwer genug, um eine deutliche Beeinträchtigung der sozialen oder beruflichen Funktionsfähigkeit hervorzurufen oder eine Hospitalisierung erforderlich zu machen. Einige Hypomane Episoden können jedoch in das Vollbild einer Manischen Episode übergehen.

Sowohl die **Aufmerksamkeitsdefizit-/Hyperaktivitätsstörung** als auch die Hypomane Episode sind durch übermäßige Aktivität, impulsives Verhalten, reduziertes Urteilsvermögen und mangelnde Krankheitseinsicht gekennzeichnet. Die Aufmerksamkeitsdefizit-/Hyperaktivitätsstörung unterscheidet sich von der Hypomanen Episode durch das frühe Ersterkrankungsalter (vor dem 7. Lebensjahr), einen eher chronischen als rezidivierenden Verlauf, das Fehlen eines deutlichen Episodenbeginns und -endes sowie das Fehlen abnorm expansiver oder gehobener Stimmung.

Die Hypomane Episode muß von der **Euthymie** unterschieden werden, insbesondere bei Patienten, die zuvor chronisch depressiv waren und mit ihrer nicht-depressiven Normalbefindlichkeit nicht mehr vertraut sind.

Kriterien für eine Hypomane Episode

A. Eine umschriebene Zeitspanne von mindestens vier Tagen mit anhaltend gehobener, expansiver oder reizbarer Stimmung, die sich deutlich von der normalen, nicht-depressiven Stimmungslage unterscheidet.

B. Während der Phase der Stimmungsveränderung bestehen dauerhaft mindestens drei der folgenden Symptome in deutlicher Ausprägung (bei nur reizbarer Verstimmung mindestens vier):
  (1) erhöhtes Selbstwertgefühl oder Größenideen,
  (2) verringertes Schlafbedürfnis (z. B. fühlt sich nach nur 3 Stunden Schlaf erholt),
  (3) vermehrte Gesprächigkeit oder Rededrang,
  (4) Ideenflucht oder subjektives Gefühl des Gedankenrasens,
  (5) vermehrte Ablenkbarkeit (Aufmerksamkeit wird zu leicht auf irrelevante Außenreize gelenkt),
  (6) gesteigerte Betriebsamkeit (im sozialen, beruflichen, schulischen oder sexuellen Bereich) oder psychomotorische Unruhe,
  (7) übermäßige Beschäftigung mit vermeintlich angenehmen Aktivitäten, die mit hoher Wahrscheinlichkeit negative Konsequenzen nach sich ziehen (wie unkontrollierte Einkaufstouren, sexuelle Eskapaden oder törichte geschäftliche Investitionen).

C. Die Episode geht mit einer eindeutigen und für den Betroffenen uncharakteristischen Veränderung im Verhalten und in der Leistung im Vergleich zu symptomfreien Zeiten einher.

D. Stimmungsveränderungen und Funktionsbeeinträchtigungen sind für andere beobachtbar.

E. Die Episode ist nicht schwer genug, um deutliche soziale oder berufliche Funktionsbeeinträchtigungen zu verursachen oder eine Hospitalisierung erforderlich werden zu lassen, und es bestehen keine psychotischen Symptome.

Fortsetzung nächste Seite

> Fortsetzung
>
> F. Die Symptome gehen nicht auf die direkte körperliche Wirkung einer Substanz (z. B. Droge, Medikament oder andere Behandlung) oder eines medizinischen Krankheitsfaktors zurück.
>
> **Beachte:** Hypomanieähnliche Episoden, die eindeutig durch eine antidepressive Behandlung (wie Medikamente, Elektrokrampftherapie, Lichttherapie) ausgelöst wurden, werden nicht zur Diagnose einer Bipolar II Störung herangezogen.

Depressive Störungen

Major Depression

Diagnostische Merkmale

Das Hauptmerkmal der Major Depression ist ein klinischer Verlauf mit einer oder mehreren Episoden einer Major Depression (siehe S. 380) ohne Manische, Gemischte oder Hypomane Episoden in der Vorgeschichte (**Kriterien A und C**). Episoden einer Substanzinduzierten Affektiven Störung (die auf die direkte Wirkung einer Droge, eines Medikaments oder einer Exposition gegenüber einem Toxin zurückgeht) oder einer Affektiven Störung Aufgrund eines Medizinischen Krankheitsfaktors werden nicht der Diagnose einer Major Depression zugerechnet. Ebenso dürfen diese Episoden nicht durch eine Schizoaffektive Störung besser zu erklären sein und nicht eine Schizophrenie, eine Schizophreniforme Störung, eine Wahnhafte Störung oder eine Nicht Näher Bezeichnete Psychotische Störung überlagern (**Kriterium B**).

Mit der vierten Stelle des Diagnoseschlüssels für Major Depression wird bezeichnet, ob es sich um eine Einzelne Episode handelt (trifft nur für die erste Episode zu) oder um einen rezidivierenden Verlauf. Die Unterscheidung zwischen einer einzelnen Episode mit wechselnder Symptomdichte oder zwei getrennten Episoden ist oft schwierig. In diesem Diagnosemanual ist das Episodenende definiert als der Zeitpunkt, zu dem die vollen Kriterien für eine Episode einer Major Depression für die Dauer von mindestens zwei Monaten nicht mehr erfüllt wurden. In diesem Zweimonatszeitraum sind entweder alle Symptome vollständig remittiert oder die Restsymptome erfüllen nicht mehr die vollen Kriterien einer Episode einer Major Depression im Sinne einer Teilremission.

Auf der fünften Stelle des Diagnoseschlüssels einer Major Depression wird das derzeitige Zustandsbild codiert. Wenn die Kriterien für eine Episode einer Major Depression aktuell erfüllt sind, wird der Schweregrad eingestuft als: Leicht, Mittelschwer, Schwer ohne Psychotische Merkmale oder Schwer mit Psychotischen Merkmalen. Wenn die Kriterien für eine Episode einer Major Depression derzeit nicht erfüllt werden, wird mit der fünften Stelle angegeben, ob die Störung Teilremittiert oder Vollremittiert ist (siehe S. 437).

Wenn im Verlauf einer Major Depression Manische, Gemischte oder Hypomane Episoden auftreten, ergibt sich ein Diagnosewechsel zur Bipolaren Störung. Wenn Manische oder Hypomane Symptome jedoch als unmittelbarer Effekt einer antidepressiven Behandlung oder sonstiger Medikation, Substanzeinnahme oder Exposition gegenüber einem Toxin auftreten, bleibt die Diagnose einer Major Depression bestehen und die zusätzliche Diagnose einer

Substanzinduzierten Affektiven Störung, Mit Manischen Merkmalen (oder Mit Gemischten Merkmalen) sollte dokumentiert werden. Analog ist bei Auftreten manischer oder hypomaner Symptome infolge eines medizinischen Krankheitsfaktors die Diagnose einer Major Depression zu belassen und die zusätzliche Diagnose einer Affektiven Störung Aufgrund eines Medizinischen Krankheitsfaktors, Mit Manischen Merkmalen (oder mit Gemischen Merkmalen) zu stellen.

Zusatzcodierungen

Mit den folgenden Zusatzcodierungen kann die aktuelle (oder, falls die Kriterien derzeit nicht erfüllt werden, die letzte) Episode einer Major Depression beschrieben werden:
— **Leicht, Mittelschwer, Schwer ohne Psychotische Merkmale, Schwer mit Psychotischen Merkmalen, Teilremittiert, Vollremittiert** (siehe S. 437),
— **Chronisch** (siehe S. 443),
— **Mit Katatonen Merkmalen** (siehe S. 443),
— **Mit Melancholischen Merkmalen** (siehe S. 444),
— **Mit Atypischen Merkmalen** (siehe S. 445),
— **Mit Postpartalem Beginn** (siehe S. 447).

Mit den folgenden Zusatzcodierungen kann das Verlaufsmuster der Episoden und die Symptomatik im Intervall bei rezidivierender Major Depression beschrieben werden:
— **Zusatzcodierung des Langzeitverlaufs (Mit oder Ohne Vollremission im Intervall)** (siehe S. 448),
— **Mit Saisonalem Muster** (siehe S. 450).

Codierungsregeln

Die diagnostische Verschlüsselung der Major Depression wird wie folgt vorgenommen:
1. Die ersten drei Ziffern lauten 296.
2. Die vierte Ziffer ist entweder 2 (für eine einzelne Episode einer Major Depression) oder 3 (für rezidivierende Episoden einer Major Depression).
3. Die fünfte Ziffer bezeichnet die Ausprägung: 1 Leicht, 2 Mittelschwer, 3 Schwer ohne Psychotische Merkmale, 4 Schwer mit Psychotischen Merkmalen, 5 Teilremittiert, 6 Vollremittiert, 0 Unspezifisch.

Andere Zusatzcodierungen für die Major Depression können nicht verschlüsselt werden.

Bei der Dokumentation der Diagnose sollten die einzelnen Bezeichnungen in der folgenden Reihenfolge aufgeführt werden: Major Depression entsprechend den ersten drei Stellen des Codierschlüssels, Verlaufszusatzcodierung entsprechend der 4. Stelle des Diagnosenschlüssels (z. B. Rezidivierend), Schweregrad-Zusatzcodierung entsprechend der 5. Stelle des Diagnosenschlüssels (z. B. Leicht, Mittelschwer, Schwer), alle nicht-codierbaren Zusatzcodierungen der aktuellen Episode (z. B. Mit Melancholischen Merkmalen, Mit Postpartalem Beginn), alle nicht-codierbaren Zusatzcodierungen des Intervallverlaufs, z. B. 296.32 Major Depression, Rezidivierend, Mittelschwer, Mit Atypischen Merkmalen, Mit Saisonalem Muster, Mit Vollremission im Intervall. (Bezüglich der Verschlüsselung nach ICD-10 (F-Nummern) siehe S. 378.)

Zugehörige Merkmale und Störungen

Zugehörige Beschreibungsmerkmale und psychische Störungen. Die Major Depression geht mit einer hohen Mortalitätsrate einher. Bis zu 15 % der Betroffenen mit einer schweren Major Depression sterben durch Suizid. Epidemiologische Untersuchungen haben bei Major Depression in der Altersgruppe der über 55jährigen eine vierfach erhöhte Mortalitätsrate gezeigt. Werden Patienten mit einer Major Depression in ein Pflegeheim eingewiesen, kann das Sterberisiko innerhalb des ersten Jahres deutlich erhöht sein. Bei allgemeinmedizinischen Patienten leiden diejenigen mit einer Major Depression häufiger unter Schmerzen, körperlichen Erkrankungen und reduzierter physischer, sozialer und beruflicher Leistungsfähigkeit.

Einer Major Depression kann eine Dysthyme Störung vorausgehen (in 10 % der epidemiologischen und 15–25 % der klinischen Stichproben). Man schätzt, daß jährlich etwa 10 % der Patienten mit einer Dysthymen Störung erstmals eine Episode einer Major Depression entwickeln. Auch andere psychische Störungen (wie Substanzinduzierte Störungen, Panikstörungen, Zwangsstörungen, Anorexia Nervosa, Bulimia Nervosa, Borderline Persönlichkeitsstörung), treten häufig zusammen mit einer Major Depression auf.

Zugehörige Laborbefunde. Die Normabweichungen der Untersuchungsbefunde bei einer Major Depression entsprechen denen einer Episode einer Major Depression (siehe S. 383). Keiner dieser Befunde ist pathognomonisch für eine Major Depression, im Vergleich zu normalen Kontrollkollektiven zeigen Patientenstichproben mit Major Depression jedoch auffällige Untersuchungsbefunde. Die meisten dieser abweichenden Untersuchungsergebnisse sind zustandsabhängig und nur nachzuweisen, wenn eine depressive Symptomatik vorliegt. Manche der Auffälligkeiten im Schlaf-EEG scheinen allerdings auch nach klinischer Remission fortzubestehen oder auch dem Beginn einer Episode einer Major Depression vorauszugehen.

Zugehörige körperliche Untersuchungsbefunde und medizinische Krankheitsfaktoren. Eine Major Depression kann bei chronischen medizinischen Krankheitsfaktoren auftreten. Bis zu 20–25 % der Patienten mit bestimmten medizinischen Krankheitsfaktoren (wie Diabetes, Myokardinfarkt, Malignom, Apoplex) entwickeln eine Major Depression im Verlauf ihrer Erkrankung. In solchen Fällen wird die Behandlung des medizinischen Krankheitsfaktors komplizierter und die Prognose weniger günstig.

Besondere kulturelle, Alters- und Geschlechtsmerkmale

Besondere kulturelle Überlegungen werden bei der Beschreibung der Episode einer Major Depression diskutiert (siehe S. 384). Bei jugendlichen und erwachsenen Frauen ist die Major Depression (Einzelne Episode oder Rezidivierend) zweimal häufiger als bei jugendlichen und erwachsenen Männern. In der Vorpubertät erkranken Jungen und Mädchen mit gleicher Häufigkeit. Die Erkrankungsrate für erwachsene Männer und Frauen ist in der Gruppe der 25–44jährigen am höchsten, in der Gruppe der über 65jährigen am niedrigsten.

Prävalenz

Studien über Major Depression zeigen eine große Bandbreite der Häufigkeitsrate bezogen auf den Anteil der Erwachsenen in der Bevölkerung. Das Lebenszeitrisiko für Major Depression in Normalpopulationen wurde für Frauen mit zwischen 10 und 25 %, für Männer mit zwischen 5 und 12 % angegeben. Die Punktprävalenz für Major Depression in der erwachsenen Normalbevölkerung variiert von 5 bis 9 % für Frauen und von 2 bis 3 % für Männer. Die Prävalenzraten für Major Depression scheinen keine Korrelation mit ethnischer Gruppe, Bildungsgrad, Einkommen oder Familienstand zu zeigen.

Verlauf

Eine Major Depression kann in jedem Alter beginnen, wobei das durchschnittliche Ersterkrankungsalter um Mitte 20 liegt. Epidemiologische Daten sprechen für ein Vorrücken des Ersterkrankungsalters in den letzten Jahrzehnten. Der Verlauf bei rezidivierender Major Depression ist sehr unterschiedlich. Manche Patienten haben vereinzelte Episoden mit jahrelangen symptomfreien Intervallen, bei anderen treten die Episoden primär gehäuft auf, eine weitere Gruppe entwickelt mit zunehmendem Lebensalter häufigere Episoden. Es gibt Anhaltspunkte dafür, daß die symptomfreien Intervalle während der ersten Jahre der Störung länger anhalten. Dabei ist die Anzahl der früheren Episoden ein Prädiktor für die Wahrscheinlichkeit einer weiteren Episode. Bei ungefähr 50–60 % der Patienten mit einer Einzelnen Episode einer Major Depression ist mit dem Auftreten einer zweiten Episode zu rechnen. Die Wahrscheinlichkeit erhöht sich bei zwei abgelaufenen Episoden auf 70 %, bei drei Episoden auf 90 %. Bei ungefähr 5–10 % der Patienten mit einer einzelnen Episode einer Major Depression tritt anschließend eine Manische Episode auf, (d. h. sie entwickeln eine Bipolar I Störung).

Ungefähr zwei Drittel der Episoden einer Major Depression remittieren vollständig, ein Drittel remittiert teilweise oder gar nicht. Bei Teilremission erhöht sich die Wahrscheinlichkeit für weitere Episoden und für weiterhin teilweise Remissionen, weswegen die Verlaufszusatzcodierungen „Mit" bzw. „Ohne Vollremission im Intervall" (siehe S. 448) von prognostischer Bedeutung sein können. In manchen Fällen liegt vor dem Beginn einer einzelnen Episode einer Major Depression bereits eine Dysthyme Störung vor. Es gibt Hinweise dafür, daß solche Patienten mit höherer Wahrscheinlichkeit weitere Episoden einer Major Depression entwickeln, eine schlechtere Remission im Intervall zeigen und zusätzliche Akut-Therapien und längere Nachbehandlungen brauchen, um einen ausreichenden und längerfristigen Behandlungserfolg zu erzielen und aufrecht zu erhalten.

Katamneseuntersuchungen haben gezeigt, daß ein Jahr nach der Diagnose einer Episode einer Major Depression bei 40 % der Betroffenen die Symptomkriterien für eine vollausgeprägte Episode weiterhin erfüllt sind, bei knapp 20 % noch Teilsymptome vorhanden sind (d. h. Major Depression, Teilremittiert) und 40 % keine Affektive Störung mehr haben. Dabei scheint der Schweregrad der ersten Episode ein Prädiktor für die Dauer der Störung zu sein. Chronische medizinische Krankheitsfaktoren sind ebenfalls Risikofaktoren für längerdauernde Episoden.

Episoden einer Major Depression folgen häufig psychosozialen Belastungsfaktoren, wie dem Tod einer geliebten Person oder Scheidung. Studien zufolge spielen psychosoziale Belastungsfaktoren (Stressoren) möglicherweise eine größere Rolle bei der Auslösung der ersten und zweiten Episode einer Major Depression als bei späteren Episoden. Chronische medizinische Krankheitsfaktoren und Substanzabhängigkeit (insbesondere Alkohol- oder Kokainabhängigkeit) können zum Beginn oder Rezidiv einer Major Depression beitragen.

Ob sich eine erste Episode einer Major Depression bei einem jungen Menschen letztendlich zu einer Bipolaren Störung entwickelt, ist schwer vorherzusagen. Einige Studien lassen eine höhere Wahrscheinlichkeit für einen bipolaren Verlauf vermuten, wenn bei jungen Menschen ohne präpubertäre psychopathologische Auffälligkeiten akut eine schwere Depression auftritt, insbesondere wenn dabei psychotische Symptome und psychomotorische Verlangsamung auftreten. Bipolare Störungen in der Familienanamnese können möglicherweise ebenfalls die spätere Entwicklung einer Bipolaren Störungen prädizieren.

Familiäres Verteilungsmuster

Die Major Depression ist bei biologischen Verwandten ersten Grades 1,5–3 mal häufiger als in der Allgemeinbevölkerung. Biologische Verwandte ersten Grades haben ein erhöhtes Risiko für Alkoholabhängigkeit. Bei Kindern von Erwachsenen mit Major Depression tritt möglicherweise häufiger eine Aufmerksamkeitsdefizit-/Hyperaktivitätsstörung auf.

Differentialdiagnose

Siehe auch Differentialdiagnosen für eine Episode einer Major Depression (S. 386). Eine **Manische, Gemischte** oder **Hypomane Episode** in der Anamnese schließt die Diagnose einer Major Depression aus. Bei Hypomanen Episoden (ohne Manische Episoden in der Anamnese) besteht eine Bipolar II Störung, bei Manischen oder Gemischten Episoden (mit oder ohne Hypomane Episoden in der Anamnese) besteht eine Bipolar I Störung.

Bei der Major Depression müssen Episoden einer Major Depression von einer **Affektiven Störung Aufgrund eines Medizinischen Krankheitsfaktors** unterschieden werden. Die Diagnose Affektive Störung Aufgrund eines Medizinischen Krankheitsfaktors ist zu stellen, wenn die Störungen des Affekts als direkte körperliche Folge eines bestimmten medizinischen Krankheitsfaktors (z. B. Multiple Sklerose, Schlaganfall, Hypothyreose) angesehen werden (siehe S. 428). Diese Entscheidung ist nach Informationen aus Anamnese, Laborbefunden und körperlichen Untersuchungen zu treffen. Wenn sowohl eine Episode einer Major Depression als auch eine körperliche Erkrankung vorliegen, die depressiven Symptome jedoch nicht als die direkte Folge des medizinischen Krankheitsfaktors angesehen werden, dann wird die primäre Affektive Störung auf Achse I (z. B. Major Depression) und der medizinische Krankheitsfaktor auf Achse III (z. B. Myokardinfarkt) diagnostiziert. Diese Diagnosestellung wäre z. B. angebracht, wenn eine Episode einer Major Depression als die psychische Folge des Erkranktseins an einem medizinischen Krankheitsfaktor angesehen wird, oder wenn keine ätiologische Verbindung zwischen der Episode einer Major Depression und dem medizinischen Krankheitsfaktor besteht.

Eine **Substanzinduzierte Affektive Störung** unterscheidet sich von einer Episode einer Major Depression durch die Tatsache, daß eine Substanz (Droge, Medikament, Exposition gegenüber einem Toxin) als Ursache der Affektiven Störung angesehen wird (siehe S. 432). Bei depressiven Verstimmungen, die nur während eines Kokainentzugs auftreten, würde beispielsweise „Kokaininduzierte Affektive Störung mit Depressiven Merkmalen, Mit Beginn während des Entzugs" diagnostiziert.

Die **Dysthyme Störung** unterscheidet sich von der Major Depression hinsichtlich Schweregrad, Chronizität und Dauer. Während bei der Major Depression die depressive Verstimmung mindestens zwei Wochen lang nahezu täglich, die meiste Zeit des Tages, vorhanden sein muß, muß sie bei der Dysthymen Störung mehr als die Hälfte der Zeit über mindestens zwei Jahre hinweg bestehen. Die Differentialdiagnose zwischen Dysthymer Störung und Major Depression wird dadurch besonders erschwert, daß beide Störungen die gleichen Symptomkriterien verwenden und daß die Unterschiede im Beginn, Dauer, Symptompersistenz und Schweregrad im allgemeinen retrospektiv nicht leicht zu evaluieren sind. Gewöhnlich besteht eine Major Depression aus einer oder mehreren abgegrenzten, deutlich vom Normalzustand verschiedenen Episoden einer Major Depression, wohingegen die Dysthyme Störung durch eine chronische, leichtere und langjährig bestehende depressive Symptomatik charakterisiert wird. Wenn die Erstmanifestation einer chronischen depressiven Symptomatik nach Schweregrad und Symptomzahl die Kriterien einer Episode einer Major Depression erfüllt, wird die Diagnose einer Major Depression gestellt, die bei weiterhin erfüllten Kriterien als Chronisch, bei nicht mehr erfüllten Kriterien als Teilremittiert typisiert wird. Die Diagnose einer Dysthymen Störung *nach* einer Major Depression darf nur gestellt werden, wenn die Dysthyme Störung bereits vor dem ersten Auftreten einer Episode einer Major Depression bestanden hat (d. h. keine Episoden einer Major Depression in den ersten zwei Jahren dysthymer Symptomatik) oder wenn vor Beginn der Dysthymen Störung die Episode der Major Depression über mindestens zwei Monate vollständig remittiert war.

Die **Schizoaffektive Störung** unterscheidet sich von einer Major Depression, Mit Psychotischen Merkmalen, dadurch, daß bei der Schizoaffektiven Störung mindestens zwei Wochen lang Wahnphänomene oder Halluzinationen auftreten müssen, ohne daß gleichzeitig deutliche affektive Symptome vorhanden sind. Depressive Symptome können auch im Verlauf einer **Schizophrenie**, einer **Wahnhaften Störung** und einer **Nicht Näher Bezeichneten Psychotischen Störung** auftreten. Im allgemeinen können solche depressiven Symptome als Begleitsymptome dieser Störungen betrachtet werden und rechtfertigen keine separate Diagnose. Wenn allerdings die depressiven Symptome die vollen Kriterien einer Episode einer Major Depression erfüllen (oder von besonderer klinischer Relevanz sind), kann zusätzlich zur Diagnose Schizophrenie, Wahnhafte Störung oder Nicht Näher Bezeichnete Psychotische Störung die Diagnose einer Nicht Näher Bezeichneten Depressiven Störung gestellt werden. Eine Schizophrenie vom Katatonen Typus kann schwer von einer Major Depression Mit Katatonen Merkmalen zu unterscheiden sein, wobei die Vorgeschichte und Familienanamnese möglicherweise bei der Differentialdiagnose von Nutzen sein können.

Bei älteren Menschen ist oft schwer zu unterscheiden, ob kognitive Symptome (wie Desorientiertheit, Apathie, Konzentrationsstörungen und Gedächtnisverlust) eher auf eine **Demenz** oder eine Episode einer Major Depression zurückzuführen sind. Eine gründliche ärztliche Untersuchung und die Berücksichtigung von Störungsbeginn, zeitlicher Abfolge von depressiven und kognitiven Symptomen, Krankheitsverlauf und Therapieresponds können zur Differentialdiagnose beitragen. Auch das prämorbide Zustandsbild kann zwischen einer Major Depression und einer Demenz unterscheiden helfen, wobei sich bei der Demenz zumeist eine kontinuierliche Abnahme kognitiver Funktionen findet, während bei der Major Depression sehr viel häufiger ein normales prämorbides Leistungsniveau besteht und die Abnahme der kognitiven Leistung erst mit Beginn der Depression abrupt auftritt.

Diagnostische Kriterien für 296.2x (F32.x) Major Depression, Einzelne Episode

A. Vorhandensein einer einzelnen Episode einer Major Depression (siehe S. 387).

B. Die Episode einer Major Depression kann nicht durch eine Schizoaffektive Störung besser erklärt werden und überlagert nicht eine Schizophrenie, Schizophreniforme Störung, Wahnhafte Störung oder Psychotische Störung.

C. In der Anamnese gab es niemals eine Manische Episode (siehe S. 393), eine Gemischte Episode (siehe S. 396) oder eine Hypomane Episode (siehe S. 399). **Beachte:** Dieser Ausschluß gilt nicht, wenn alle einer Manischen, Gemischten oder Hypomanen Episode ähnlichen Symptombilder substanz- oder behandlungsinduziert oder die direkte Folge eines medizinischen Krankheitsfaktors waren.

Bestimme (für die aktuelle oder letzte Episode):
Schweregrad/Psychotische Symptome/Remissionsgrad (siehe S. 438),
Chronisch (siehe S. 443),
Mit Katatonen Merkmalen (siehe S. 444),
Mit Melancholischen Merkmalen (siehe S. 445),
Mit Atypischen Merkmalen (siehe S. 447),
Mit Postpartalem Beginn (siehe S. 448).

Diagnostische Kriterien für 296.3x (F33.x) Major Depression, Rezidivierend

A. Vorhandensein von zwei oder mehreren Episoden einer Major Depression (siehe S. 387).
Beachte: Episoden werden als getrennt gewertet, wenn in einem mindestens zweimonatigen Intervall die Kriterien für eine Episode einer Major Depression nicht erfüllt sind.

B. Die Episoden einer Major Depression können nicht durch eine Schizoaffektive Störung besser erklärt werden und überlagern nicht eine Schizophrenie, Schizophreniforme Störung, Wahnhafte Störung oder Nicht Näher Bezeichnete Psychotische Störung.

C. In der Anamnese gab es niemals eine Manische Episode (siehe S. 393), eine Gemischte Episode (siehe S. 396) oder eine Hypomane Episode (siehe S. 399). **Beachte:** Dieser Ausschluß gilt nicht, wenn alle einer Manischen, Gemischten oder Hypomanen Episode ähnlichen Symptombilder substanz- oder behandlungsinduziert oder die direkte Folge eines medizinischen Krankheitsfaktors waren.

Bestimme (für die aktuelle oder letzte Episode):
Schweregrad/Psychotische Merkmale/Remissionsgrad (siehe S. 438),
Chronisch (siehe S. 443),
Mit Katatonen Merkmalen (siehe S. 444),
Mit Melancholischen Merkmalen (siehe S. 445),
Mit Atypischen Merkmalen (siehe S. 447),
Mit Postpartalem Beginn (siehe S. 448).

Bestimme:
Zusatzcodierung des Langzeitverlaufs (Mit bzw. Ohne Vollremission im Intervall) (siehe S. 450),
Mit Saisonalem Muster (siehe S. 451).

300.4 (F34.1) Dysthyme Störung

Das Hauptmerkmal der Dysthymen Störung ist eine chronische depressive Verstimmung (bei Kindern manchmal eher reizbare Verstimmung), die für die meiste Zeit des Tages und an mehr als der Hälfte der Tage besteht und über mindestens zwei Jahre hinweg andauert (1 Jahr bei Kindern) (**Kriterium 1**). Die Betroffenen beschreiben ihre Stimmung als traurig oder niedergeschlagen. In dem Zeitraum der depressiven Verstimmung treten mindestens zwei der folgenden Zusatzsymptome auf: Reduzierter Appetit oder vermehrtes Essen, Schlaflosigkeit oder vermehrtes Schlafbedürfnis, Energielosigkeit oder Erschöpfbarkeit, reduziertes Selbstwertgefühl, Konzentrationsstörungen oder Entscheidungserschwernis oder Gefühl der Hoffnungslosigkeit (**Kriterium B**). Oft fällt den Betroffenen selbst vor allem ihre Interesselosigkeit und selbstkritische Einstellung auf, mitunter empfinden sie sich in ihrem Selbstbild als langweilig und unfähig. Diese Symptome sind so sehr zu einem Teil des alltäglichen Erlebens geworden („Ich war schon immer so", „So bin ich eben"), daß sie oft erst auf direktes Befragen berichtet werden.

Für die Diagnose einer Dysthymen Störung dürfen in der Zweijahres-Periode (1 Jahr bei Kindern oder Heranwachsenden) nicht mehr als zwei Monate Symptomfreiheit bestehen (**Kriterium C**). In den ersten zwei Jahren dysthymer Symptomatik dürfen keine Episoden einer Major Depression aufgetreten sein (**Kriterium D**). Wenn bei chronisch depressiver Symptomatik in den ersten zwei Jahren eine Episode einer Major Depression bestand, wird die Diagnose einer Major Depression gestellt, die beim Vorliegen vollständiger Symptomkriterien als „chronisch", bei aktuell nicht erfüllten Kriterien für eine Episode einer Major Depression als „teilremittiert" subtypisiert wird. Wenn nach Ablauf des ersten Zweijahreszeitraums einer Dysthymen Störung eine Episode einer Major Depression auftritt, können beide Störungen als „Double Depression" diagnostiziert werden. Sobald jedoch die depressive Symptomatik auf das Niveau einer Dysthymen Störung zurückkehrt (d.h. die Kriterien für eine Episode einer Major Depression nicht mehr erfüllt sind, während die dysthymen Symptome weiterhin bestehen), wird nur noch die Diagnose einer Dysthymen Störung vergeben.

Eine Dysthyme Störung darf nicht diagnostiziert werden, wenn jemals eine Manische Episode (siehe S. 388), eine Gemischte Episode (siehe S. 394) oder eine Hypomane Episode (siehe S. 396) bestanden hat oder wenn jemals die Kriterien einer Zyklothymen Störung erfüllt wurden (siehe S. 424) (**Kriterium E**). Wenn die depressive Symptomatik ausschließlich während einer chronischen Psychotischen Störung wie Schizophrenie oder Wahnhafte Störung auftritt, werden die Symptome als Begleitmerkmale dieser Störungen aufgefaßt und keine zusätzliche Dysthyme Störung diagnostiziert (**Kriterium F**). Weiterhin darf eine Dysthyme Störung nicht diagnostiziert werden, wenn sie auf die direkte körperliche Wirkung einer Substanz (z.B. Alkohol, Antihypertensiva) oder eines medizinischen Krankheitsfaktors (z.B. Hypothyreose, Alzheimersche Erkrankung) zurückgeht (**Kriterium G**). Die Symptome müssen in klinisch bedeutsamer Weise Leiden oder Beeinträchtigungen in sozialen, beruflichen (oder schulischen) oder anderen wichtigen Funktionsbereichen verursachen (**Kriterium H**).

Zusatzcodierungen

Erstmanifestationsalter und charakteristische Symptomkonstellationen können wie folgt bezeichnet werden:

- **Früher Beginn**: Die dysthyme Symptomatik tritt vor dem 21. Lebensjahr auf. In solchen Fällen haben die Betroffenen ein höheres Risiko für spätere Episoden einer Major Depression),
- **Später Beginn**: Die dysthyme Symptomatik tritt ab dem 21. Lebensjahr auf,
- **Mit Atypischen Merkmalen**: Das Symptommuster der letzten zwei Jahre der Störung erfüllt die Kriterien für die Kategorie „Mit Atypischen Merkmalen" (siehe S. 445).

Zugehörige Merkmale und Störungen

Zugehörige Beschreibungsmerkmale und psychische Störungen. Die Nebenmerkmale der Dysthymen Störung ähnlich sind denen einer Episode einer Major Depression (siehe S. 383). Studien zufolge sind die häufigsten Symptome bei der Dysthymen Störungen Minderwertigkeitsgefühle, allgemeiner Verlust von Interesse oder Freude, sozialer Rückzug, Schuldgefühle oder Grübeln über die Vergangenheit, subjektive Gefühle von Gereiztheit oder übermäßiger Ärgerlichkeit, reduzierte Aktivität, Leistungsfähigkeit oder Produktivität (in Anhang B ist für Forschungszwecke, bei denen diese Symptomliste verwendet wird, eine Alternative für Kriterium B definiert). Vegetative Symptome, wie Störungen von Schlaf, Appetit, Gewicht und Psychomotorik, scheinen bei der Dysthymen Störung in geringerem Maß aufzutreten als bei der Major Depression. Bei einer Dysthymen Störung ohne vorbestehende Major Depression besteht ein Risiko für die spätere Entwicklung einer Major Depression (bei 10 % der Dysthymen Störungen tritt im nachfolgenden Einjahreszeitraum eine Major Depression auf). Die Dysthyme Störung kann in Verbindung mit der Borderline Persönlichkeitsstörung, der Histrionischen, Narzißtischen, Vermeidend-Selbstunsicheren und der Dependenten Persönlichkeitsstörung auftreten. In solchen Fällen ist allerdings die Diagnostik der Persönlichkeitsstörung erschwert, da oft die chronische affektive Verstimmung zu gestörtem Kontaktverhalten und verzerrter Selbstwahrnehmung führen kann. Bei Erwachsenen mit Dysthymer Störung können auch andere chronische Störungen auf Achse I (z. B. Substanzabhängigkeit) oder chronische psychosoziale Belastungsfaktoren vorhanden sein. Bei Kindern kann die Dysthyme Störung mit einer Aufmerksamkeitsdefizit-/Hyperaktivitätsstörung, einer Störung des Sozialverhaltens, Angststörungen, Lernstörungen und Geistiger Behinderung verbunden sein.

Zugehörige Laborbefunde. Bei etwa 25–50 % der Erwachsenen mit einer Dysthymen Störung zeigen sich polysomnographische Muster, wie sie auch in manchen Fällen von Major Depression gefunden wurden (reduzierte REM-Latenz, vermehrte REM-Dichte, reduzierte Tiefschlafphasen, gestörte Schlafkontinuität). In solchen Fällen findet sich häufiger eine familiäre Häufung von Major Depression (möglicherweise ist auch das Ansprechen auf eine Therapie mit Antidepressiva besser) als bei dysthymen Patienten ohne polysomnographische Auffälligkeiten. Ob sich bei „reiner" Dysthymer Störung (ohne Episoden einer Major Depression in der Vorgeschichte) ebenfalls auffällige Schlafableitungen finden, ist nicht geklärt. Eine Dexamethason-Non-Suppression findet sich bei der Dysthymen Störung selten und nur, wenn auch die Kriterien für eine Episode einer Major Depression erfüllt sind.

Besondere Alters- und Geschlechtsmerkmale

Bei Kindern scheint die Dysthyme Störung bei beiden Geschlechtern gleich häufig aufzutreten. Sie führt oft zu einer Beeinträchtigung der schulischen Leistungen und der sozialen

Kontakte. Kinder und Heranwachsende mit Dysthymer Störung sind im allgemeinen ebenso reizbar und schlechtgelaunt wie depressiv. Sie sind pessimistisch, haben ein niedriges Selbstwertgefühl und geringe soziale Fertigkeiten. Bei Erwachsenen ist die Dysthyme Störung bei Frauen zwei bis dreimal häufiger als bei Männern.

Prävalenz

Die Lebenszeit-Prävalenz der Dysthymen Störungen (mit oder ohne überlagernde Major Depression) liegt bei ungefähr 6 %. Die Punktprävalenz der Dysthymen Störung beträgt etwa 3 %.

Verlauf

Die Dysthyme Störung zeigt oftmals einen frühen und schleichenden Beginn (d. h. in der Kindheit, Adoleszenz oder im frühen Erwachsenenalter) und nimmt zumeist einen chronischen Verlauf. Stationäre Patienten mit einer Dysthymen Störung haben gewöhnlich eine überlagernde Major Depression, die oft den Behandlungswunsch begründet. Wenn die Dysthyme Störung dem Beginn einer Major Depression vorausgeht, ist die Wahrscheinlichkeit für spontane Vollremissionen zwischen späteren Episoden der Major Depression geringer und die Wahrscheinlichkeit für eine höhere Frequenz nachfolgender Episoden erhöht.

Familiäres Verteilungsmuster

Die Dysthyme Störung ist bei biologischen Verwandten ersten Grades von Patienten mit einer Major Depression häufiger als in der Allgemeinbevölkerung.

Differentialdiagnose

Siehe auch Abschnitt Differentialdiagnose für die Major Depression (siehe S. 404). Die Unterscheidung zwischen der Dysthymen Störung und der **Major Depression** wird dadurch kompliziert, daß beide Störungen ähnliche Symptome zeigen und die Unterschiede hinsichtlich Beginn, Dauer, Persistenz und Schweregrad retrospektiv nicht leicht zu beurteilen sind. Gewöhnlich besteht eine Major Depression aus einer oder mehreren abgegrenzten, vom Normalzustand deutlich unterschiedenen Episoden einer Major Depression, wohingegen sich eine Dysthyme Störung durch eine chronische, leichtere und langjährig bestehende depressive Symptomatik auszeichnet. Wenn eine Dysthyme Störung bereits seit Jahren besteht, ist die affektive Veränderung kaum von der ursprünglichen „normalen" Verfassung des Betroffenen unterscheidbar. Wenn bereits die Erstmanifestation der chronischen depressiven Symptomatik nach Schweregrad und Symptomzahl die vollen Kriterien einer Episode einer Major Depression erfüllt, wird die Diagnose einer Major Depression, Chronisch, gestellt (wenn die Kriterien weiterhin erfüllt sind) oder die Diagnose einer Major Depression, Teilremittiert, (wenn die Kriterien nicht mehr vollständig erfüllt sind). Die Diagnose einer Dysthymen Störung *nach* einer Major Depression darf nur dann gestellt werden, wenn die Dysthyme Störung bereits vor der ersten Episode einer Major Depression aufgetreten ist (d. h. während der ersten zwei Jahre der dysthymen Symptomatik bestand keine Episode einer Major Depression) oder wenn vor dem Beginn einer Dysthymen Störung zumindest zwei Monate lang eine vollständige Remission der Major Depression bestanden hat.

Depressive Symptome treten häufig bei **chronischen Psychotischen Störungen** (wie Schizoaffektive Störung, Schizophrenie und Wahnhafte Störung) auf. Wenn die Symptomatik nur im Verlauf der Psychotischen Störung (einschließlich der Residualphasen) auftritt, wird keine zusätzliche Diagnose einer Dysthymen Störungen vergeben.

Die Dysthyme Störung muß von einer **Affektiven Störung Aufgrund eines Medizinischen Krankheitsfaktors** unterschieden werden. Die Diagnose Affektive Störung Aufgrund eines Medizinischen Krankheitsfaktors, Mit Depressiven Merkmalen, ist zu stellen, wenn die Störung des Affekts als eine direkte körperliche Folge eines spezifischen, gewöhnlich chronischen, medizinischen Krankheitsfaktors (z. B. Multiple Sklerose) angesehen wird (siehe S. 428). Diese Entscheidung ist nach Informationen aus Anamnese, Laborbefunden und körperlichen Untersuchungen zu treffen. Wenn die depressiven Symptome nicht als direkte körperliche Folge eines des medizinischen Krankheitsfaktors angesehen werden, dann wird die primäre Affektive Störung auf Achse I (z. B. Dysthyme Störung) und der medizinische Krankheitsfaktor auf Achse III (z. B. Diabetes Mellitus) diagnostiziert. Diese Diagnosestellung wäre z. B. angebracht, wenn die depressiven Symptome als die psychische Folge des Erkranktseins an einem medizinischen Krankheitsfaktor angesehen werden, oder wenn keine ätiologische Verbindung zwischen den depressiven Symptomen und dem medizinischen Krankheitsfaktor besteht.

Eine **Substanzinduzierte Affektive Störung** unterscheidet sich von einer Dysthymen Störung durch die Tatsache, daß eine Substanz (z. B. Droge, Medikament, Exposition gegenüber einem Toxin) als Ursache der Affektiven Störung angesehen wird (siehe S. 432).

Häufig finden sich Anhaltspunkte für eine **gleichzeitig bestehende Persönlichkeitsstörung**. Wenn die Kriterien sowohl für die Dysthyme Störung als auch für eine Persönlichkeitsstörung erfüllt sind, werden beide Diagnosen gestellt.

Diagnostische Kriterien für 300.4 (F34.1) Dysthyme Störung

A. Depressive Verstimmung, die die meiste Zeit des Tages an mehr als der Hälfte aller Tage, entweder vom Patienten berichtet oder von anderen beobachtet, über einen mindestens zweijährigen Zeitraum andauert.
Beachte: Bei Kindern und Heranwachsenden kann reizbare Verstimmung vorliegen, und die Dauer muß mindestens 1 Jahr betragen.

B. Während der depressiven Verstimmung bestehen mindestens zwei der folgenden Symptome:
   (1) Appetitlosigkeit oder übermäßiges Bedürfnis zu essen,
   (2) Schlaflosigkeit oder übermäßiges Schlafbedürfnis,
   (3) Energiemangel oder Erschöpfung,
   (4) geringes Selbstwertgefühl,
   (5) Konzentrationsstörungen oder Entscheidungserschwernis,
   (6) Gefühl der Hoffnungslosigkeit.

Fortsetzung nächste Seite

Fortsetzung

C. In der betreffenden Zweijahres-Periode (1 Jahr bei Kindern und Heranwachsenden) gab es keinen Zeitraum von mehr als zwei Monaten ohne Symptome wie unter A. und B. beschrieben.

D. In den ersten zwei Jahren der Störung (ein Jahr bei Kindern und Heranwachsenden) bestand keine Episode einer Major Depression (siehe S. 387), d. h. das Störungsbild wird nicht besser durch eine Chronische oder Teilremittierte Major Depression erklärt.
Beachte: Vor der Entwicklung der Dysthymen Störung kann eine Episode einer Major Depression aufgetreten sein, vorausgesetzt, daß eine vollständige Remission erfolgt ist (also für mindestens zwei Monate keine bedeutsamen Zeichen oder Symptome). Nach den ersten zwei Jahren einer Dysthymen Störung (1 Jahr bei Kindern und Heranwachsenden) können Episoden einer Major Depression eine Dysthyme Störung überlagern. In solchen Fällen können beide Diagnosen gestellt werden, wenn die Kriterien für eine Episode einer Major Depression erfüllt sind.

E. Zu keinem Zeitpunkt ist eine Manische Episode (siehe S. 393), eine Gemischte Episode (siehe S. 396) oder eine Hypomane Episode (siehe S. 399) aufgetreten und die Kriterien für eine Zyklothyme Störung waren niemals erfüllt.

F. Die Störung tritt nicht ausschließlich im Verlauf einer chronischen Psychotischen Störung wie Schizophrenie oder Wahnhafte Störung auf.

G. Die Symptome gehen nicht auf die direkte Wirkung einer Substanz (z. B. Droge, Medikament) oder eines medizinischen Krankheitsfaktors (z. B. Hypothyreose) zurück.

H. Die Symptome verursachen in klinisch bedeutsamer Weise Leiden oder Beeinträchtigungen in sozialen, beruflichen oder anderen wichtigen Funktionsbereichen.

Bestimme, ob:
Mit Frühem Beginn: Beginn der Störung vor Vollendung des 21. Lebensjahres.
Mit Spätem Beginn: Beginn der Störung im Alter von 21 Jahren oder später.
Bestimme (für die jüngste Zweijahres-Periode der Dysthymen Störung):
Mit Atypischen Merkmalen (siehe S. 447).

311 (F32.9; F33.9) Nicht Näher Bezeichnete Depressive Störung

In die Kategorie der Nicht Näher Bezeichneten Depressiven Störung fallen alle Störungen mit depressiver Symptomatik, die nicht die Kriterien einer Major Depression, Dysthymen Störung, Anpassungsstörung mit Depressiver Stimmung (siehe S. 706) oder Anpassungsstörung mit Gemischter Angst und Depressiver Stimmung (siehe S. 706) erfüllen. Manchmal können depressive Symptome im Rahmen einer Nicht Näher Bezeichneten Angststörung auftreten (siehe S. 508).

Nicht Näher Bezeichnete Depressive Störungen sind zum Beispiel:
1. Prämenstruelle dysphorische Störung: Bei der Mehrzahl der Menstruationszyklen des vergangenen Jahreszeitraums traten während der letzten Woche der Lutealphase Symptome (wie deutliche depressive Verstimmung, vermehrte Ängstlichkeit, deutliche Stimmungsschwankungen, vermindertes Interesse an Aktivitäten) auf, die jeweils innerhalb einiger

Tage nach Einsetzen der Menstruation nachließen. Die Symptome müssen schwer genug sein, um deutliche Beeinträchtigungen im beruflichen oder schulischen Umfeld oder bei üblichen Aktivitäten zu verursachen. Nach der Menstruation muß für die Dauer mindestens einer Woche völlige Symptomfreiheit bestehen (siehe S. 804 für Vorgeschlagene Forschungskriterien).
2. Leichte depressive Störung: Episoden depressiver Symptomatik von mindestens zweiwöchiger Dauer, aber weniger als fünf der für Major Depression definierten Kriterien (siehe S. 808 für Vorgeschlagene Forschungskriterien).
3. Rezidivierende kurze depressive Störung: Episoden depressiver Symptomatik von zwei Tagen bis zu zwei Wochen Dauer, die in einem 12 Monatszeitraum mindestens einmal pro Monat auftreten (nicht im Zusammenhang mit dem Menstruationszyklus) (siehe S. 810 für Vorgeschlagene Forschungskriterien).
4. Postpsychotische Depression bei Schizophrenie: Eine Episode einer Major Depression, die in der Residualphase einer Schizophrenie auftritt (siehe S. 799 für Vorgeschlagene Forschungskriterien).
5. Eine Episode einer Major Depression, die eine Wahnhafte Störung, Nicht Näher Bezeichnete Psychotische Störung oder die Akutphase einer Schizophrenie überlagert.
6. Symptomkonstellationen, die klinisch als depressive Störung einzuordnen sind, bei denen aber nicht festgestellt werden kann, ob sie primär sind, auf einen medizinischen Krankheitsfaktor zurückgehen oder durch eine Substanz induziert sind.

Bipolare Störungen

Der folgende Absatz behandelt die Bipolar I Störung, die Bipolar II Störung, die Zyklothymie und die Nicht Näher Bezeichnete Bipolare Störung. Zur Differenzierung der Bipolar I Störung werden sechs verschiedene Kriterienlisten definiert: Einzelne Manische Episoden, Letzte Episode Hypoman, Letzte Episode Manisch, Letzte Episode Gemischt, letzte Episode Depressiv, letzte Episode Unspezifisch. Die Diagnose Bipolar I Störung, Einzelne Manische Episode, wird für die Erstmanifestation einer Manischen Episode verwendet. Die fünf weiteren Kriterienlisten dienen bei rezidivierenden Episoden zur Beschreibung der aktuellen oder letzten Episode.

Bipolar I Störung

Diagnostische Merkmale

Das Hauptmerkmal der Bipolar I Störung ist das Auftreten einer oder mehrerer Manischer Episoden (siehe S. 388) oder Gemischter Episoden (siehe S. 394). Häufig finden sich auch eine oder mehrere Episoden einer Major Depression in der Anamnese (siehe S. 380). Episoden einer Substanzinduzierten Affektiven Störung (aufgrund der direkten Wirkung eines Medikamentes, anderer somatischer antidepressiver Therapien, Drogen oder Exposition gegenüber einem Toxin) oder einer Affektiven Störung Aufgrund eines Medizinischen Krankheitsfaktors fallen nicht unter die Diagnose einer Bipolar I Störung. Weiterhin dürfen die Episoden nicht besser durch eine Schizoaffektive Störung zu erklären sein oder eine Schizophrenie, Schizophreniforme Störung, Wahnhafte Störung oder Nicht Näher Bezeichnete

Psychotische Störung überlagern. Im Diagnoseschlüssel der Bipolar I Störung wird an der vierten Stelle angegeben, ob es sich um eine erste (d. h. Einzelne Manische Episode) oder um einen rezidivierenden Verlauf handelt. Rezidivierende Episoden zeigen sich entweder in Form eines Polaritätswechsels der Episode oder durch ein mindestens zweimonatiges Intervall ohne Manische Symptomatik zwischen zwei Episoden. Ein Polaritätswechsel wird definiert durch den Übergang von einer Episode einer Major Depression in eine Manische oder Gemischte Episode oder durch den Übergang von einer Manischen oder Gemischten Episode in eine Episode einer Major Depression. Im Gegensatz dazu wird die Entwicklung einer Manischen oder Gemischten Episode aus einer Hypomanen Episode bzw. die Entwicklung einer Gemischten Episode aus einer Manischen Episode (oder umgekehrt) lediglich als eine Einzelne Episode betrachtet. Bei rezidivierender Bipolar I Störung wird die Art der aktuellen oder letzten Episode angegeben (Letzte Episode Hypoman, Manisch, Gemischt, Depressiv oder Unspezifisch).

Zusatzcodierungen

Die folgenden Zusatzcodierungen dienen der Beschreibung der aktuellen (oder, falls die Kriterien aktuell nicht erfüllt sind, der letzten) Manischen, Gemischten oder Depressiven Episode:
— **Leicht, Mittelschwer, Schwer ohne Psychotische Merkmale, Schwer mit Psychotischen Merkmalen, Teilremittiert, Vollremittiert** (siehe S. 437),
— **Mit Katatonen Merkmalen** (siehe S. 443),
— **Mit Postpartalem Beginn** (siehe S. 447).

Die folgenden Zusatzcodierungen werden nur verwendet, wenn die aktuelle oder letzte Episode die Kriterien für eine Episode einer Major Depression erfüllt:
— **Chronisch** (siehe S. 443),
— **Mit Melancholischen Merkmalen** (siehe S. 444),
— **Mit Atypischen Merkmalen** (siehe S. 445).

Die folgenden Zusatzcodierungen dienen der Beschreibung des Verlaufsmusters:
— **Zusatzcodierungen des Langzeitverlaufs (Mit bzw. Ohne Vollremission im Intervall)** (siehe S. 448),
— **Mit Saisonalem Muster** (gilt nur für Episoden von Major Depression) (siehe S. 450),
— **Mit Rapid Cycling** (siehe S. 451).

Codierungsregeln

Die diagnostische Verschlüsselung für die Bipolar I Störung wird wie folgt vorgenommen:
1. Die ersten drei Stellen lauten 296.
2. Bei einer einzelnen Manischen Episode ist die vierte Ziffer eine 0. Bei rezidivierenden Episoden wird mit der vierten Ziffer der Typus der aktuellen oder letzten Episode bezeichnet: 4 für Hypomane oder Manische Episode, 5 für Episode einer Major Depression, 6 für Gemischte Episode und 7 für Unspezifische Episode.
3. Die fünfte Stelle gibt (außer bei Hypomaner oder Unspezifischer Letzter Episode) folgendes an: 1 Leicht, 2 Mittelschwer, 3 Schwer ohne Psychotische Merkmale, 4 Schwer mit Psychotischen Merkmalen, 5 Teilremittiert, 6 Vollremittiert, 0 Unspezifisch. Weitere Zusatzcodierungen für Bipolar I Störungen können nicht verschlüsselt werden. Für Bi-

polar I Störung, Letzte Episode Hypoman, ist die fünfte Ziffer immer eine 0. Für Bipolar I Störung, Letzte Episode Unspezifisch, wird die fünfte Stelle nicht verschlüsselt.

Die vollständige Dokumentation der Diagnose sollte wie folgt geordnet sein: Bipolar I Störung, Zusatzcodierungen, die an der vierten Stelle angegeben werden, Zusatzcodierungen, die an der fünften Stelle angegeben werden, alle nicht verschlüsselbaren Zusatzcodierungen, die auf die letzte Episode zutreffen (z. B. Mit Melancholischen Merkmalen, Mit Postpartalem Beginn), alle nicht verschlüsselbaren Zusatzcodierungen, die auf den Episoden-Verlauf zutreffen (z. B. mit Rapid Cycling). Beispiel: 296.54 (F31.5) Bipolar I Störung, Letzte Episode Depressiv, Schwer mit Psychotischen Merkmalen, Mit Melancholischen Merkmalen, Mit Rapid Cycling.

Beachte: Wenn eine einzelne Episode einer Bipolar I Störung eine Gemischte Episode ist, lautet die korrekte Diagnose 296.0x (F31.8) Bipolar I Störung, Einzelne Manische Episode, Gemischt. (Bezüglich der Verschlüsselung nach ICD-10 (F-Nummern) siehe S. 378.)

Zugehörige Merkmale und Störungen

Zugehörige Beschreibungsmerkmale und psychische Störungen. Bei der Bipolar I Störung kommt es bei 10–15 % der Fälle zum vollendeten Suizid. Bei Schweren Manischen Episoden oder Manischen Episoden mit Psychotischen Merkmalen kann es zu Mißhandlungen von Kindern oder Lebenspartnern oder anderem gewalttätigem Verhalten kommen. Weitere Probleme, wie Schulschwänzen, Schulversagen, berufliches Versagen, Scheidung oder episodisches antisoziales Verhalten, können auftreten. Zu den begleitenden psychischen Störungen gehören Anorexia Nervosa, Bulimia Nervosa, Aufmerksamkeitsdefizit-/-Hyperaktivitätsstörung, Panikstörung, Soziale Phobie, Störungen im Zusammenhang mit Psychotropen Substanzen.

Zugehörige Laborbefunde. Bislang sind keine Laborparameter bekannt, die depressive Episoden im Rahmen einer Major Depression von depressiven Episoden im Rahmen einer Bipolar I Störung unterscheiden.

Zugehörige körperliche Untersuchungsbefunde und medizinische Krankheitsfaktoren. Tritt die erste Manische Episode erst nach dem vollendeten 40. Lebensjahr auf, sollte stets ein medizinischer Krankheitsfaktor oder eine Substanzeinnahme als Ursache ausgeschlossen werden. Eine unbehandelte Schilddrüsenerkrankung kann möglicherweise die Prognose einer Bipolar I Störung verschlechtern.

Besondere kulturelle, Alters- und Geschlechtsmerkmale

Es gibt keine Berichte über unterschiedliche Inzidenzraten der Bipolar I Störung in verschiedenen ethnischen Gruppen. Einige Berichte sprechen für eine Tendenz zu vermehrter Diagnose von Schizophrenie (anstelle der Bipolar I Störung) in einigen ethnischen Gruppen und bei jüngeren Erkrankten.

Bei Heranwachsenden mit rezidivierender Major Depression entwickeln etwa 10–15 % im Verlauf eine Bipolar I Störung. Gemischte Episoden scheinen häufiger bei Heranwachsenden und jungen Erwachsenen als bei älteren Erwachsenen aufzutreten.

Neueren epidemiologischen Studien in den USA zufolge, tritt die Bipolar I Störung bei Männern und Frauen annähernd gleich häufig auf (im Gegensatz zur Major Depression, die bei Frauen häufiger ist). Bei Männern ist die Wahrscheinlichkeit höher, daß die erste Episode eine Manische Episode ist, bei Frauen ist die Wahrscheinlichkeit höher, daß die erste Episode eine Depressive Episode ist. Bei Frauen mit Bipolar I Störung besteht ein erhöhtes Risiko für postpartale (dann oft psychotische) Episoden. Bei manchen Frauen tritt die Erstmanifestation im Wochenbett auf. Die Zusatzcodierung „Mit Postpartalem Beginn" bezeichnet das Auftreten einer Episode innerhalb von vier Wochen nach der Entbindung (siehe S. 447). Die prämenstruelle Phase kann mit einer Verschlechterung einer bestehenden Depressiven, Manischen, Gemischten oder Hypomanen Episode einhergehen.

Prävalenz

Die Lebenszeitprävalenz der Bipolar I Störung in der Allgemeinbevölkerung wird mit 0,4 bis 1,6 % angegeben.

Verlauf

Die Bipolar I Störung ist eine rezidivierende Störung – mehr als 90 % der Patienten, die eine Einzelne Manische Episode hatten, erleben weitere Episoden. Ungefähr 60–70 % der Manischen Episoden treten unmittelbar vor oder nach einer Episode einer Major Depression auf. Oft zeigt das Auftreten Manischer Episoden vor oder nach Episoden einer Major Depression ein für die betreffende Person typisches Verlaufsmuster. Die Zahl der Lebenszeit-Episoden (Manisch und Depressiv) ist bei der Bipolar I Störung etwas höher als bei der Rezidivierenden Major Depression. Aus Verlaufsuntersuchungen bei nicht mit Lithium behandelten Bipolar I Störungen ergab sich eine durchschnittliche Häufigkeit von vier Episoden in 10 Jahren. Mit zunehmendem Lebensalter zeigt sich eine Tendenz zur Verkürzung der Intervalle zwischen den Episoden. Einige Studien lassen vermuten, daß Störungen im Schlaf-Wach-Rhythmus, wie sie typisch für Zeitzonenverschiebungen oder Schlafdeprivation sind, eine Manische, Gemischte oder Hypomane Episode auslösen oder verschlimmern können. Bei ungefähr 5–15 % der Bipolaren Störungen treten im Laufe eines Jahres vier oder mehr affektive Episoden (Depressiv, Manisch, Gemischt oder Hypoman) auf. Dieses Verlaufsmuster wird mittels' der Zusatzcodierung „Rapid Cycling" dokumentiert (siehe S. 451). Rapid Cycling geht mit einer schlechteren Prognose einher.

Die Mehrzahl der Betroffenen mit Bipolar I Störung erreichen im Intervall wieder ihre volle Leistungsfähigkeit, aber bei 20–30 % bestehen weiterhin Stimmungsschwankungen und soziale oder berufliche Schwierigkeiten. Bei primär nicht-psychotischen Manischen oder Gemischten Episoden können sich psychotische Symptome noch nach Tagen oder Wochen entwickeln. Ist einmal eine Manische Episode mit psychotischen Merkmalen aufgetreten, erhöht sich die Wahrscheinlichkeit, daß auch spätere Episoden mit psychotischer Symptomatik einhergehen. Wenn bei der aktuellen Episode stimmungsinkongruente psychotische Merkmale vorhanden sind, ist eine unvollständige Remission im Intervall wahrscheinlich.

Familiäres Verteilungsmuster

Die biologischen Verwandten ersten Grades von Patienten mit Bipolar I Störung weisen höhere Erkrankungsraten für eine Bipolar I Störung (4–24 %), Bipolar II Störung (1–5 %) oder eine Major Depression (4–24 %) auf. Zwillings- und Adoptionsstudien sprechen in hohem Maße für genetische Einflüsse bei der Bipolar I Störung.

Differentialdiagnose

Manische, Gemischte, Hypomane und Depressive Episoden im Rahmen einer Bipolar I Störung müssen von **Affektiven Störungen Aufgrund eines Medizinischen Krankheitsfaktors** unterschieden werden. Eine Affektive Störung aufgrund eines medizinischen Krankheitsfaktors wird diagnostiziert, wenn die Episoden als direkte körperliche Folge eines medizinischen Krankheitsfaktors (z. B. Multiple Sklerose, Apoplex, Hypothyreose) angesehen werden (siehe S. 428). Die Unterscheidung beruht auf Anamnese, Laborbefunden und körperlicher Untersuchung.

Eine **Substanzinduzierte Affektive Störung** wird von Depressiven, Manischen oder Gemischten Episoden im Rahmen einer Bipolar I Störung dadurch unterschieden, daß eine Substanz (Droge, Medikament oder Exposition gegenüber einem Toxin) als ursächlich für die Affektive Störung angesehen wird (siehe S. 432). Symptome wie bei Manischen, Gemischten oder Hypomanen Episoden können im Rahmen von Intoxikationen oder Entzugserscheinungen auftreten und werden dann als Substanzinduzierte Affektive Störung diagnostiziert (z. B. wird euphorische Stimmung, die nur bei Kokainintoxikationen auftritt, als Kokaininduzierte Affektive Störung, Mit Manischen Merkmalen, Mit Beginn während der Intoxikation, diagnostiziert). Symptome wie bei Manischen oder Gemischten Episoden können auch durch antidepressive Medikation, Elektrokrampfbehandlung oder Lichttherapie ausgelöst werden. In solchen Fällen wird ebenfalls eine Substanzinduzierte Affektive Störung diagnostiziert (z. B. Amitriptylininduzierte Affektive Störung, Mit Manischen Merkmalen; Elektrokrampftherapieinduzierte Affektive Störung, Mit Manischen Merkmalen). Solche Episoden werden nicht zur Diagnose einer Bipolar I Störung herangezogen. Können Substanzeinnahmen oder Medikation jedoch nur zum Teil für die Episode verantwortlich gemacht werden (wenn z. B. die Episode auch nach Absetzen der Substanz noch beträchtliche Zeit weiterbesteht), wird die Episode für die Diagnose Bipolar I Störung gewertet.

Die Bipolar I Störung wird von der **Major Depression** und der **Dysthymen Störung** durch das Auftreten mindestens einer Manischen oder Gemischten Episode in der Anamnese unterschieden. Ebenso unterscheidet sich die Bipolar I Störung von der **Bipolar II Störung** durch das Vorhandensein einer oder mehrerer Manischer oder Gemischter Episoden. Wenn bei einer zuvor diagnostizierten Bipolar II Störung im späteren Verlauf eine Manische oder Gemischte Episode auftritt, wandelt sich die Diagnose in Bipolar I Störung.

Die **Zyklothyme Störung** ist gekennzeichnet durch zahlreiche Phasen mit hypomanen Symptomen, die nicht die vollen Kriterien für eine Manische Episode erfüllen, und Phasen mit depressiven Symptomen, die nicht die Symptom- oder Zeitkriterien für eine Episode einer Major Depression erfüllen. Die Bipolar I Störung unterscheidet sich von der Zyklothymen Störung durch das Vorhandensein einer oder mehrerer Manischer oder Gemischter Episoden. Wenn nach den ersten zwei Jahren einer Zyklothymen Störung eine Manische oder Gemischte Episode auftritt, kann sowohl Zyklothyme Störung als auch Bipolar I Störung diagnostiziert werden.

Die Differentialdiagnose zwischen **Psychotischen Störungen** (z. B. Schizoaffektive Störung, Schizophrenie und Wahnhafte Störung) und Bipolar I Störung kann (insbesondere bei Heranwachsenden) schwierig sein, da es vor allem im Querschnitt und zu Störungsbeginn eine Reihe gemeinsamer Symptome gibt (Größen- und Verfolgungswahn, Reizbarkeit, Agitiertheit und katatone Symptome). Im Gegensatz zur Bipolar I Störung sind die Schizophrenie, Schizoaffektive Störung und Wahnhafte Störung gekennzeichnet durch Perioden mit psychotischer Symptomatik bei Fehlen von ausgeprägten affektiven Symptomen. Die Beurteilung von Begleitsymptomen, bisherigem Verlauf und Familienanamnese sind in der Differentialdiagnose von Nutzen. Manische und depressive Symptome können auch bei Schizophrenie, Wahnhafter Störung und Nicht Näher Bezeichneter Psychotischer Störung auftreten, erfüllen aber nur selten nach Zahl, Dauer und Intensität die Kriterien einer Manischen oder Depressiven Episode. Wenn allerdings die Kriterien erfüllt (oder die Symptome von besonderer klinischer Relevanz) sind, kann zusätzlich zur Diagnose der Schizophrenie, Wahnhaften Störung oder Nicht Näher Bezeichneten Psychotischen Störung die Diagnose einer **Nicht Näher Bezeichneten Bipolaren Störung** vergeben werden.

Wenn bei sehr raschem Wechsel von Manischer und Depressiver Symptomatik (z. B. wenige Tage mit rein manischen Symptomen im Wechsel mit wenigen Tagen mit rein depressiven Symptomen) die Zeitkriterien für eine Manische Episode oder einer Episode einer Major Depression nicht erfüllt sind, wird eine **Nicht Näher Bezeichnete Bipolare Störung** diagnostiziert.

Diagnostische Kriterien für 296.0x (F30.1; F30.2) Bipolar I Störung, Einzelne Manische Episode

A. Auftreten einer einzelnen Manischen Episode (siehe S. 393), keine Episoden einer Major Depression in der Vorgeschichte.
Beachte: Rezidivieren der Störung wird definiert entweder als Polaritätswechsel bei einer Depression oder durch ein mindestens zweimonatiges Intervall ohne manische Symptome.

B. Die Manische Episode kann nicht besser durch eine Schizoaffektive Störung erklärt werden und überlagert nicht eine Schizophrenie, Schizophreniforme Störung, Wahnhafte Störung oder Nicht Näher Bezeichnete Psychotische Störung.

Bestimme, ob:
Gemischt: Die Symptome erfüllen die Kriterien für eine Gemischte Episode (siehe S. 396).

Bestimme (für die aktuelle oder letzte Episode):
Schweregrad/Psychotische Merkmale/Remissionsgrad (siehe S. 440),
Mit Katatonen Merkmalen (siehe S. 444),
Mit Postpartalem Beginn (siehe S. 448).

Diagnostische Kriterien für Bipolar I Störung, Letzte Episode Hypoman 296.40 (F31.0)

A. Aktuelle (oder letzte) Episode Hypoman (siehe S. 399).

B. Mindestens eine Manische Episode (siehe S. 393) oder Gemischte Episode (siehe S. 396) in der Anamnese.

C. Die affektiven Symptome verursachen in klinisch bedeutsamer Weise Leiden oder Beeinträchtigungen in sozialen, beruflichen oder anderen wichtigen Funktionsbereichen.

D. Die affektiven Episoden aus A und B können nicht besser durch eine Schizoaffektive Störung erklärt werden und überlagern nicht eine Schizophrenie, Schizophreniforme Störung, Wahnhafte Störung oder Nicht Näher Bezeichnete Psychotische Störung.

Bestimme:
Zusatzcodierungen des Langzeitverlaufs (Mit bzw. Ohne Vollremission im Intervall) (siehe S. 450),
Mit Saisonalem Muster (gilt nur für Episoden einer Major Depression) (siehe S. 451),
Mit Rapid Cycling (siehe S. 452).

Diagnostische Kriterien für 296.4x (F31.1; F31.2x) Bipolar I Störung, Letzte Episode Manisch

A. Aktuelle (oder letzte) Episode Manisch (siehe S. 393).

B. Mindestens eine Episode einer Major Depression (siehe S. 387), eine Manische Episode (siehe S. 393) oder eine Gemischte Episode (siehe S. 396) in der Anamnese.

C. Die affektiven Episoden in A und B können nicht besser durch eine Schizoaffektive Störung erklärt werden und überlagern nicht eine Schizophrenie, Schizophreniforme Störung, Wahnhafte Störung oder Nicht Näher Bezeichnete Psychotische Störung.

Bestimme (für die aktuelle oder letzte Episode):
Schweregrad/Psychotische Merkmale/Remissionsgrad (siehe S. 440),
Mit Katatonen Merkmalen (siehe S. 444),
Mit Postpartalem Beginn (siehe S. 448).

Bestimme:
Zusatzcodierungen des Langzeitverlaufs (Mit bzw. Ohne Vollremission im Intervall) (siehe S. 450),
Mit Saisonalem Muster (gilt nur für Episoden einer Major Depression) (siehe S. 451),
Mit Rapid Cycling (siehe S. 452).

Diagnostische Kriterien für 296.6x (F31.6) Bipolar I Störung, Letzte Episode Gemischt

A. Aktuelle (oder letzte) Episode Gemischt (siehe S. 396).

B. Mindestens eine Episode einer Major Depression (siehe S. 387), eine Manische Episode (siehe S. 393) oder eine Gemischten Episode (siehe S. 396) in der Anamnese.

Fortsetzung nächste Seite

Fortsetzung

C. Die affektiven Episoden in A und B können nicht besser durch eine Schizoaffektive Störung erklärt werden und überlagern nicht eine Schizophrenie, Schizophreniforme Störung, Wahnhafte Störung oder Nicht Näher Bezeichnete Psychotische Störung.

Bestimme für die aktuelle oder letzte Episode:
Schweregrad/Psychotische Merkmale/Remissionsgrad (siehe S. 442),
Mit Katatonen Merkmalen (siehe S. 444),
Mit Postpartalem Beginn (siehe S. 448).

Bestimme:
Zusatzcodierungen des Langzeitverlaufs (Mit bzw. Ohne Vollremission im Intervall) (siehe S. 450),
Mit Saisonalem Muster (gilt nur für Episoden einer Major Depression) (siehe S. 451),
Mit Rapid Cycling (siehe S. 452).

Diagnostische Kriterien für 296.5x (F31.3; F31.4; F31.5) Bipolar I Störung, Letzte Episode Depressiv

A. Aktuell (oder zuletzt) Episode einer Major Depression (siehe S. 387).

B. Mindestens eine Manische Episode (siehe S. 393) oder Gemischte Episode (siehe S. 396) in der Anamnese.

C. Die affektiven Episoden in A und B können nicht besser durch eine Schizoaffektive Störung erklärt werden und überlagern nicht eine Schizophrenie, Schizophreniforme Störung, Wahnhafte Störung oder Nicht Näher Bezeichnete Psychotische Störung.

Bestimme für aktuelle oder letzte Episode:
Schweregrad/Psychotische Merkmale/Remissionsgrad (siehe S. 438),
Chronisch (siehe S. 443),
Mit Katatonen Merkmalen (siehe S. 444),
Mit Melancholischen Merkmalen (siehe S. 445),
Mit Atypischen Merkmalen (siehe S. 447),
Mit Postpartalem Beginn (siehe S. 448).

Bestimme:
Zusatzcodierungen des Langzeitverlaufs (Mit bzw. Ohne Vollremission im Intervall) (siehe S. 450),
Mit Saisonalem Muster (gilt nur für Episoden einer Major Depression) (siehe S. 451),
Mit Rapid Cycling (siehe S. 452).

Diagnostische Kriterien für 296.7 (F31.9) Bipolar I Störung, Letzte Episode Unspezifisch

A. Die aktuelle (oder letzte) Episode erfüllt (außer dem Zeitkriterium) die Symptomkriterien für eine Manische Episode (siehe S. 393), eine Hypomane Episode (siehe S. 399), eine Gemischte Episode (siehe S. 396) oder eine Episode einer Major Depression (siehe S. 387).

B. Mindestens eine Manische Episode (siehe S. 393) oder Gemischte Episode (siehe S. 396) in der Vorgeschichte.

Fortsetzung nächste Seite

> Fortsetzung
>
> C. Die Affektive Symptomatik verursacht in klinisch bedeutsamer Weise Leiden oder Beeinträchtigungen in sozialen, beruflichen oder anderen wichtigen Funktionsbereichen.
>
> D. Die affektiven Symptome aus A und B können nicht besser durch eine Schizoaffektive Störung erklärt werden und überlagern nicht eine Schizophrenie, Schizophreniforme Störung, Wahnhafte Störung oder Nicht Näher Bezeichnete Psychotische Störung.
>
> E. Die affektiven Symptome aus A und B gehen nicht auf die direkte Wirkung einer Substanz (z. B. Droge, Medikament oder andere Behandlung) oder eines medizinischen Krankheitsfaktors (z. B. Hyperthyreose) zurück.
>
> *Bestimme*:
> **Zusatzcodierungen des Langzeitverlaufs (Mit bzw. Ohne Vollremission im Intervall)** (siehe S. 450),
> **Mit Saisonalem Muster** (gilt nur bei Episoden einer Major Depression) (siehe S. 451),
> **Mit Rapid Cycling** (siehe S. 452).

296.89 (F31.0; F31.8) Bipolar II Störung (Rezidivierende Episoden einer Major Depression mit Hypomanen Episoden)

Diagnostische Merkmale

Das Hauptmerkmal der Bipolar II Störung ist das Auftreten einer oder mehrerer Episoden einer Major Depression (**Kriterium A**) zusammen mit mindestens einer Hypomanen Episode (**Kriterium B**). Hypomane Episoden sind nicht mit postremissivem Normalbefinden nach einer Episode einer Major Depression zu verwechseln. Eine Manische oder Gemischte Episode in der Anamnese schließt die Diagnose einer Bipolar II Störung aus (**Kriterium C**). Episoden einer Substanzinduzierten Affektiven Störung (d. h. geht zurück auf die direkte körperliche Wirkung eines Medikaments, anderer somatischer antidepressiver Behandlungen, Drogen, Exposition gegenüber einem Toxin) oder einer Affektiven Störung Aufgrund eines Medizinischen Krankheitsfaktors werden für die Diagnose einer Bipolar II Störung nicht gewertet. Weiterhin dürfen die Episoden nicht besser durch eine Schizoaffektive Störung erklärbar sein und nicht eine Schizophrenie, Schizophreniforme Störung, Wahnhafte Störung oder Nicht Näher Bezeichnete Psychotische Störung überlagern (**Kriterium D**). Die Symptome müssen in klinisch bedeutsamer Weise Leiden oder Beeinträchtigungen in sozialen, beruflichen oder anderen wichtigen Funktionsbereichen verursachen (**Kriterium E**). In einigen Fällen rührt die Beeinträchtigung nicht aus den Hypomanen Episoden, sondern zum einen aus den Episoden von Major Depression, zum anderen aus der Unvorhersehbarkeit der Stimmungsschwankungen, was zu Störungen des sozialen und beruflichen Umfelds führt. Bei der Bipolar I Störung erkennen die Betroffenen die Hypomanen Episoden oft nicht als Krankheit, wohingegen für Außenstehende die Verhaltensauffälligkeiten des Erkrankten problematisch sein können. Oft erinnern sich die Betroffenen nicht ohne Hinweise von Familienmitgliedern oder engen Freunden an hypomane Phasen, insbesondere, wenn sie sich in einer Depressiven Episode befinden. Fremdanamnesen sind für die Diagnose der Bipolar II Störung daher oft entscheidend.

Zusatzcodierungen

Die folgenden Zusatzcodierungen für die Bipolar II Störung dienen der Beschreibung der aktuellen oder letzten Episode:
— Hypoman (F31.0): Wenn die aktuelle (oder letzte) Episode eine Hypomane Episode ist,
— Depressiv (F31.8): Wenn die aktuelle (oder letzte) Episode eine Episode einer Major Depression ist.

Die folgenden Zusatzcodierungen werden zur Beschreibung der aktuellen Episode einer Major Depression bei Bipolar II Störung verwendet (bei derzeitiger Vollremission nur dann, wenn die letzte Episode eine Depressive Episode war):
— **Leicht, Mittelschwer, Schwer ohne Psychotische Merkmale, Schwer mit Psychotischen Merkmalen, Teilremittiert, Vollremittiert** (siehe S. 437),
— **Chronisch** (siehe S. 443),
— **Mit Katatonen Merkmalen** (siehe S. 443),
— **Mit Melancholischen Merkmalen** (siehe S. 444),
— **Mit Atypischen Merkmalen** (siehe S. 445)
— **Mit Postpartalem Beginn** (siehe S. 447).

Die folgenden Zusatzcodierungen dienen der Beschreibung des Verlaufsmusters und der Häufigkeit der Episoden:
— **Zusatzcodierungen des Langzeitverlaufs (Mit bzw. Ohne Vollremission im Intervall)** (siehe S. 448),
— **Mit Saisonalem Muster** (gilt nur für Episoden einer Major Depression) (siehe S. 450),
— **Mit Rapid Cycling** (siehe S. 451).

Codierungsregeln

Der Diagnoseschlüssel für Bipolar II Störung ist 296.89 (in ICD-10: F31.0, im Falle einer Depression als aktueller Episode: F31.8) – keine der Zusatzcodierungen ist verschlüsselbar. Die Diagnose sollte in der folgenden Reihenfolge dokumentiert werden: Bipolar II Störung, Zusatzcodierungen für die aktuelle oder letzte Episode (z. B. Hypoman, Depressiv), alle Zusatzcodierungen, mit denen die aktuelle oder letzte Episode der Major Depression beschrieben wird (z. B. Leicht, Mit Melancholischen Merkmalen, Mit Postpartalem Beginn), alle Zusatzcodierungen, die den Verlauf beschreiben (z. B. Mit Saisonalem Muster). Beispiel: 296.89 Bipolar II Störung, Depressiv, Schwer mit Psychotischen Merkmalen, Mit Melancholischen Merkmalen, Mit Saisonalem Muster.

Zugehörige Merkmale und Störungen

Zugehörige Beschreibungsmerkmale und psychische Störungen. Bei einer Bipolar II Störung ist der vollendete Suizid, der zumeist während der depressiven Episoden begangen wird, mit 10–15 % ein erhebliches Risiko. Weitere Komplikationen sind Schulschwänzen, Schulversagen, berufliches Versagen oder Scheidung. Substanzmißbrauch oder -Abhängigkeit, Anorexia Nervosa, Bulimia Nervosa, Aufmerksamkeitsdefizit-/Hyperaktivitätsstörung, Panikstörung, Soziale Phobie und Borderline Persönlichkeitsstörung können im Zusammenhang mit einer Bipolar II Störung auftreten.

Zugehörige Laborbefunde. Bislang sind keine Parameter gefunden worden, mit denen sich Depressive Episoden bei Major Depression und Depressive Episoden bei Bipolar II Störung unterscheiden lassen.

Besondere Geschlechtsmerkmale

Die Bipolar II Störung ist möglicherweise bei Frauen häufiger als bei Männern. Frauen mit einer Bipolar II Störung können ein erhöhtes Risiko für das Auftreten späterer Episoden nach Entbindungen haben.

Prävalenz

Die Lebenszeit-Prävalenz in der Allgemeinbevölkerung wird für die Bipolar II Störung mit etwa 0,5 % angegeben.

Verlauf

Annähernd 60–70 % der Hypomanen Episoden bei der Bipolar II Störung treten unmittelbar vor oder nach einer Episode einer Major Depression auf. Dabei zeigt das Auftreten der Hypomanen Episoden vor oder nach den Depressiven Episoden oft ein für die betreffende Person charakteristisches Verlaufsmuster. Die Gesamtzahl der Lebenszeitepisoden (Hypoman und Depressiv) ist bei der Bipolar II Störung etwas größer als bei der rezidivierenden Major Depression. Das Intervall zwischen den Episoden verkleinert sich gewöhnlich mit zunehmendem Lebensalter. Ungefähr 5–15 % der Betroffenen mit Bipolar II Störung haben vier oder mehr affektive Episoden (Hypoman oder Depressiv) innerhalb eines Jahres. In solchen Fällen wird die Zusatzcodierung Mit Rapid Cycling (siehe S. 451) dokumentiert. Dieses Verlaufsmuster hat insgesamt eine schlechtere Prognose.

Die Mehrzahl der Betroffenen mit Bipolar II Störung erreicht im Intervall zwischen den Episoden wieder die volle Leistungsfähigkeit. Bei ungefähr 15 % bestehen weiterhin Stimmungsschwankungen und Probleme im sozialen und beruflichen Bereich. Psychotische Merkmale treten bei Hypomanen Episoden nicht auf und sind bei den Depressiven Episoden der Bipolar II Störung scheinbar seltener als bei den Depressiven Episoden der Bipolar I Störung. Einige Studien unterstützen die Vermutung, daß nachhaltige Veränderungen des Schlaf-Wach-Rhythmus, wie bei Zeitzonenwechsel oder Schlafentzug, Hypomane oder Depressive Episoden auslösen oder verstärken können. Wenn im Verlauf einer Bipolar II Störung eine Manische oder eine Gemischte Episode auftritt, wird die Diagnose in Bipolar I Störung umgewandelt. Bei schätzungsweise 5–15 % der Bipolar II Störungen tritt im Verlauf von fünf Jahren eine Manische Episode auf.

Familiäres Verteilungsmuster

Einigen Studien zufolge haben biologische Verwandte ersten Grades von Patienten mit Bipolar II Störung erhöhte Häufigkeiten für die Bipolar II Störung, Bipolar I Störung und Major Depression im Vergleich zur Allgemeinbevölkerung.

Differentialdiagnose

Hypomane Episoden und Episoden von Major Depression bei den Bipolar II Störungen müssen von Episoden einer **Affektiven Störung Aufgrund eines Medizinischen Krankheitsfaktors** unterschieden werden. Die Diagnose Affektive Störung Aufgrund eines Medizinischen Krankheitsfaktors wird gestellt, wenn die Episoden als direkte körperliche Folge eines medizinischen Krankheitsfaktors angesehen werden (z. B. Multiple Sklerose, Apoplex, Hypothyreose) (siehe S. 428). Diese Unterscheidung beruht auf Anamnese, Laborbefunden und körperlicher Untersuchung.

Eine **Substanzinduzierte Affektive Störung** unterscheidet sich von den Hypomanen oder Depressiven Episoden einer Bipolar II Störung dadurch, daß eine Substanz (Droge, Medikament oder Exposition gegenüber einem Toxin) als ursächlich für die Affektive Störung angesehen wird (siehe S. 432). Symptome wie bei einer Hypomanen Episode können bei Drogenintoxikation oder -Entzug auftreten und sind als Substanzinduzierte Affektive Störung zu diagnostizieren, (z. B. würden Symptome wie bei einer Episode einer Major Depression, die nur im Kontext eines Kokainentzugs auftreten, als Kokaininduzierte Affektive Störung, Mit Depressiven Merkmalen, Mit Beginn Während des Entzugs, diagnostiziert). Symptome wie bei der Hypomanen Episode können auch durch antidepressive Behandlung wie Medikation, Elektrokrampfbehandlung oder Lichttherapie ausgelöst werden und sind ebenfalls als Substanzinduzierte Affektive Störung zu diagnostizieren (z. B. Amitriptylininduzierte Affektive Störung, Mit Manischen Merkmalen; Elektrokrampftherapieinduzierte Affektive Störung, Mit Manischen Merkmalen). Solche Episoden werden nicht zur Diagnose einer Bipolar II Störung herangezogen. Wenn allerdings die Episode nicht vollständig auf Substanzeinnahme oder Medikation zurückgeführt werden kann und auch nach dem Absetzen der Substanz noch anhält, wird die Episode für die Diagnose einer Bipolar II Störung verwendet.

Die Bipolar II Störung unterscheidet sich von der **Major Depression** und der **Dysthymen Störung** durch das Vorhandensein mindestens einer Hypomanen Episode in der Anamnese. Von der **Bipolar I Störung** unterscheidet sich die Bipolar II Störung dadurch, daß bei der Bipolar I Störung mindestens eine Manische oder Gemischte Episode vorhanden war. Wenn bei einer zuvor diagnostizierten Bipolar II Störung im späteren Verlauf eine Manische oder Gemischte Episode auftritt, wird die Diagnose in Bipolar I Störung umgewandelt.

Bei einer **Zyklothymen Störung** treten zahlreiche Phasen mit Hypomaner Symptomatik auf sowie zahlreiche Phasen mit depressiver Symptomatik, die nicht die Symptom- oder Zeitkriterien für eine Episode einer Major Depression erfüllen. Die Bipolar II Störung unterscheidet sich von der Zyklothymen Störung durch das Vorhandensein einer oder mehrerer Episoden einer Major Depression. Wenn eine Episode einer Major Depression nach den ersten beiden Jahren einer Zyklothymen Störung auftritt, wird zusätzlich die Diagnose einer Bipolar II Störung gestellt.

Die Bipolar II Störung muß von den **Psychotischen Störungen** unterschieden werden (z. B. Schizoaffektive Störung, Schizophrenie und Wahnhafte Störung). Diese sind gekennzeichnet durch Perioden mit psychotischer Symptomatik bei Fehlen ausgeprägter affektiver Symptome. Begleitsymptome, bisheriger Verlauf und Familienanamnese können bei der Diagnosestellung von Nutzen sein.

> **Diagnostische Kriterien für 296.89 (F31.0; F31.8) Bipolar II Störung**
>
> A. Aktuell (oder in der Anamnese) eine oder mehrere Episoden einer Major Depression (siehe S. 387).
>
> B. Aktuell (oder in der Anamnese) mindestens eine Hypomane Episode (siehe S. 399).
>
> C. Keine Manische Episode (siehe S. 393) oder Gemischte Episode (siehe S. 396) in der Anamnese.
>
> D. Die affektiven Symptome aus A und B können nicht durch eine Schizoaffektive Störung besser erklärt werden und überlagern nicht eine Schizophrenie, Schizophreniforme Störung, Wahnhafte Störung oder Nicht Näher Bezeichnete Psychotische Störung.
>
> E. Die Symptome verursachen in klinisch bedeutsamer Weise Leiden oder Beeinträchtigungen in sozialen, beruflichen oder anderen wichtigen Funktionsbereichen.
>
> *Bestimme* für die aktuelle oder letzte Episode:
> **Hypoman:** Aktuelle (oder letzte) Episode ist eine Hypomane Episode (siehe S. 399).
> **Depressiv:** Aktuelle (oder letzte) Episode ist eine Episode einer Major Depression (siehe S. 387).
>
> *Bestimme* für eine aktuelle Episode einer Major Depression (bzw. wenn die letzte Episode eine Depressive war):
> **Schweregrad/Psychotische Merkmale/Remissionsgrad** (siehe S. 438),
> **Beachte:** Der fünfstellige Diagnoseschlüssel wie auf Seite 378 definiert, kann hier nicht verwendet werden, weil der Diagnoseschlüssel der Bipolar II Störung alle fünf Stellen belegt.
> **Chronisch** (siehe S. 443),
> **Mit Katatonen Merkmalen** (siehe S. 444),
> **Mit Melancholischen Merkmalen** (siehe S. 445),
> **Mit Atypischen Merkmalen** (siehe S. 447),
> **Mit Postpartalem Beginn** (siehe S. 448).
>
> *Bestimme*:
> **Zusatzcodierungen des Langzeitverlaufs (Mit oder Ohne Vollremission im Intervall)** (siehe S. 450),
> **Mit Saisonalem Muster** (gilt nur für Episoden von Major Depression) (siehe S. 451),
> **Mit Rapid Cycling** (siehe S. 452).

301.13 (34.0) Zyklothyme Störung

Diagnostische Merkmale

Das Hauptmerkmal der Zyklothymen Störung ist eine chronische, fluktuierende affektive Störung, die mit zahlreichen Perioden mit hypomanen Symptomen (siehe S. 396) und zahlreichen Perioden mit depressiven Symptomen (siehe S. 380) einhergeht (**Kriterium A**). Die hypomanen Symptome erfüllen hinsichtlich Anzahl, Schweregrad, Intensität und Dauer nicht die vollen Kriterien einer Manischen Episode. Ebenso wenig erfüllen die depressiven Symptome nach Anzahl, Schweregrad, Intensität oder Dauer die vollen Kriterien für eine Episode einer Major Depression. Innerhalb des geforderten Zweijahreszeitraums (1 Jahr für Kinder und Heranwachsende) gibt es kein symptomfreies Intervall von mehr als zweimonatiger Dauer (**Kriterium B**). Eine Zyklothyme Störung wird nur diagnostiziert, wenn in den ersten zwei Jahren zyklothymer Symptomatik keine Manischen oder Gemischten Episoden oder Episoden einer Major Depression auftreten (**Kriterium C**). Wenn nach den ersten zwei Jahren die Zyklothyme Störung von einer Manischen oder Gemischten Episode überlagert wird, können sowohl Zyklothyme Störung als auch Bipolar I Störung diagnostiziert werden. Analog kann eine Bipolar II Störung zusätzlich diagnostiziert werden, wenn nach den ersten zwei Jahren der Zyklothymen Störung Episoden einer Major Depression auftreten. Die Diagnose darf nicht gestellt werden, wenn das Verlaufsmuster der affektiven Schwankungen einer Schizoaffektiven Störung entspricht oder eine Psychotische Störung wie Schizophrenie, Schizophreniforme Störung, Wahnhafte Störung oder Nicht Näher Bezeichnete Psychotische Störung überlagert (**Kriterium D**). In solchen Fällen würde die affektive Symptomatik als Teil der Psychotischen Störung gewertet. Das affektive Störungsbild darf nicht auf die direkte körperliche Wirkung einer Substanz (z. B. Droge, Medikament) oder eines medizinischen Krankheitsfaktors zurückgehen (**Kriterium E**). Bei einigen Betroffenen mag zwar in hypomanen Phasen die allgemeine Leistungsfähigkeit in positiver Weise gesteigert sein, insgesamt muß jedoch die Affektive Störung in klinisch bedeutsamer Weise zu Leiden oder Beeinträchtigungen in sozialen, beruflichen oder anderen wichtigen Funktionsbereichen führen (**Kriterium F**). Solche Beeinträchtigungen können sich beispielsweise ergeben, wenn über längere Zeiträume die Stimmung oft und in unvorhersehbarer Weise schwankt – der Betroffene erscheint anderen als launisch, widersprüchlich, unbeständig oder unzuverlässig.

Zugehörige Merkmale und Störungen

Zugehörige Beschreibungsmerkmale und psychische Störungen. Störungen im Zusammenhang mit Psychotropen Substanzen und Schlafstörungen (d. h. Ein- und Durchschlafstörungen) können vorliegen.

Besondere Alters- und Geschlechtsmerkmale

Die Zyklothyme Störung beginnt oft im frühen Lebensalter. Es wird diskutiert, ob die Störung eine temperamentsmäßige Prädisposition für andere Affektive Störungen, insbesondere Bipolare Störungen, aufweist. In der Allgemeinbevölkerung tritt die Zyklothyme Störung bei Männern und Frauen gleich häufig auf. Im stationären Rahmen sind Frauen mit Zyklothymer Störung wahrscheinlich häufiger in Behandlung als Männer.

Prävalenz

Die Lebenszeitprävalenz der Zyklothymen Störung wird mit 0,4–1 % angegeben. Im Patientengut von Kliniken für affektive Störungen liegt die Prävalenz zwischen 3 und 5 %.

Verlauf

Die Zyklothyme Störung beginnt gewöhnlich im Jugendalter oder im frühen Erwachsenenalter. Ein Beginn der Zyklothymen Störung im späteren Erwachsenenalter kann auf eine

Affektive Störung Aufgrund eines Medizinischen Krankheitsfaktors, wie z. B. Multiple Sklerose, hinweisen. Die Zyklothyme Störung zeigt zumeist einen schleichenden Beginn und einen chronischen Verlauf. Das Risiko der späteren Entwicklung zu einer Bipolar I Störung oder Bipolar II Störung liegt zwischen 15 und 50 %.

Familiäres Verteilungsmuster

Bei biologischen Verwandten ersten Grades von Patienten mit Zyklothymer Störung scheinen Major Depression und Bipolar I und Bipolar II Störungen häufiger zu sein als in der Allgemeinbevölkerung. Möglicherweise besteht auch ein erhöhtes familiäres Risiko für Störungen im Zusammenhang mit Psychotropen Substanzen.

Differentialdiagnose

Die Zyklothyme Störung muß von einer **Affektiven Störung Aufgrund eines Medizinischen Krankheitsfaktors** unterschieden werden. Wird die Affektive Störung auf die unmittelbaren Auswirkungen eines spezifischen, zumeist chronischen medizinischen Krankheitsfaktors zurückgeführt, wird eine Affektive Störung Aufgrund eines Medizinischen Krankheitsfaktors, Mit Gemischten Merkmalen, diagnostiziert (siehe S. 428). Die Unterscheidung beruht auf Anamnese, Laborbefunden und körperlicher Untersuchung. Wenn die depressiven Symptome nicht als unmittelbare Auswirkung eines medizinischen Krankheitsfaktors gewertet werden, wird die primäre Affektive Störung auf Achse I diagnostiziert (z. B. Zyklothyme Störung) und der medizinische Krankheitsfaktor auf Achse III. Dies wäre zum Beispiel der Fall, wenn die Affektiven Symptome als psychische Folge des Vorhandenseins eines chronischen medizinischen Krankheitsfaktors angesehen werden oder wenn keine ätiologische Beziehung zwischen der affektiven Symptomatik und dem medizinischen Krankheitsfaktor besteht.

Eine **Substanzinduzierte Affektive Störung** wird von der Zyklothymen Störung dadurch unterschieden, daß eine Substanz, insbesondere Stimulanzien, als ätiologisch für die affektive Symptomatik angesehen wird (siehe S. 432). Die häufigen Stimmungswechsel, die an eine Zyklothyme Störung denken lassen, verschwinden für gewöhnlich nach Absetzen der Substanz.

Durch die häufigen, ausgeprägten Stimmungswechsel können sich sowohl die **Bipolar I Störung mit Rapid Cycling** wie auch die **Bipolar II Störung mit Rapid Cycling** als eine Zyklothyme Störung darstellen. Definitionsgemäß erfüllen die affektiven Zustandsbilder bei der Zyklothymen Störung nicht die vollen Kriterien für eine Depressive, Manische oder Gemischte Episode, während die Zusatzbezeichnung „Mit Rapid Cycling" das Vorliegen von vollständigen Episoden verlangt. Wenn im Verlauf einer Zyklothymen Störung Episoden einer Major Depression, Manische oder Gemischte Episoden auftreten, wird zusätzlich zur Diagnose der Zyklothymen Störung eine Bipolar I Störung (bei Manischer oder Gemischter Episode) oder Bipolar II Störung (bei einer Episode einer Major Depression) diagnostiziert.

Auch bei einer **Borderline Persönlichkeitsstörung** können ausgeprägte Stimmungsschwankungen auftreten, die an eine Zyklothyme Störung denken lassen. Wenn die Kriterien für beide Störungen erfüllt sind, können Borderline Persönlichkeitsstörung und Zyklothyme Störung gleichzeitig diagnostiziert werden.

> **Diagnostische Kriterien für 301.13 (F34.0) Zyklothyme Störung**
>
> A. Für die Dauer von mindestens zwei Jahren bestehen zahlreiche Perioden mit hypomanen Symptomen (siehe S. 399) und zahlreiche Perioden mit depressiven Symptomen, die nicht die Kriterien einer Episode einer Major Depression erfüllen.
> **Beachte**: Bei Kindern und Heranwachsenden muß die Dauer 1 Jahr betragen.
>
> B. Während dieser Zweijahres-Periode (1 Jahr bei Kindern und Heranwachsenden) bestand nicht länger als zwei Monate Symptomfreiheit gemäß Kriterium A.
>
> C. Während der ersten zwei Jahre der Störung bestand keine Episode einer Major Depression (siehe S. 387), Manische Episode (siehe S. 393) oder Gemischte Episode (siehe S. 396).
>
> **Beachte**: Wenn nach den ersten zwei Jahren einer Zyklothymen Störung (1 Jahr bei Kindern und Heranwachsenden) Manische oder Gemischte Episoden die Störung überlagern, kann zusätzlich eine Bipolar I Störung diagnostiziert werden. Bei überlagernden Episoden einer Major Depression nach dem ersten Zweijahreszeitraum kann zusätzlich eine Bipolar II Störung diagnostiziert werden.
>
> D. Die Symptome aus A können nicht besser durch eine Schizoaffektive Störung erklärt werden und überlagern nicht eine Schizophrenie, Schizophreniforme Störung, Wahnhafte Störung oder Nicht Näher Bezeichnete Psychotische Störung.
>
> E. Die Symptome gehen nicht auf die direkte körperliche Wirkung einer Substanz (z. B. Droge, Medikament) oder eines medizinischen Krankheitsfaktors zurück.
>
> F. Die Symptome verursachen in klinisch bedeutsamer Weise Leiden oder Beeinträchtigungen in sozialen, beruflichen oder anderen wichtigen Funktionsbereichen.

296.80 (F31.8; F31.9) Nicht Näher Bezeichnete Bipolare Störung

Unter die Nicht Näher Bezeichnete Bipolare Störung fallen Störungen mit bipolaren Merkmalen, die nicht die Kriterien für eine spezifische Bipolare Störung erfüllen. Beispiele sind:
1. Sehr rascher Wechsel (binnen Tagen) zwischen manischen und depressiven Symptomen, die nicht die Zeitkriterien einer Manischen Episode oder einer Episode einer Major Depression erfüllen (F31.8).
2. Rezidivierende Hypomane Episoden ohne dazwischenliegende depressive Symptomatik (F31.8).
3. Manische oder Gemischte Episoden, die eine Wahnhafte Störung, ein schizophrenes Residuum oder eine Nicht Näher Bezeichnete Psychotische Störung überlagern (F31.9).
4. Zustandsbilder, die klinisch wie eine Bipolare Störung erscheinen, bei denen aber nicht unterschieden werden kann, ob die Störung primär ist, auf einen medizinischen Krankheitsfaktor zurückgeht oder durch eine Substanz induziert ist (F31.9).

Andere Affektive Störungen

293.83 (F06.3x) Affektive Störung Aufgrund eines Medizinischen Krankheitsfaktors

Diagnostische Merkmale

Das Hauptmerkmal einer Affektiven Störung Aufgrund eines Medizinischen Krankheitsfaktors ist eine ausgeprägte und anhaltende Stimmungsveränderung, die auf die direkte körperliche Wirkung eines medizinischen Krankheitsfaktors zurückgeführt wird. Das affektive Störungsbild kann sich in depressiver Stimmung, deutlich reduziertem Interesse oder Freude, oder in gehobener, expansiver oder reizbarer Verstimmung äußern (**Kriterium A**). Obwohl das klinische Bild dieser affektiven Störung dem einer Manischen, Gemischten oder Hypomanen Episode oder einer Episode einer Major Depression ähneln kann, müssen die Kriterien für eine dieser Episoden nicht vollständig erfüllt sein. Das vorherrschende Symptombild kann durch eine der folgenden Zusatzcodierungen bezeichnet werden: Mit Depressiven Merkmalen, Mit einer Major Depression-Ähnlichen Episode, Mit Manischen Merkmalen oder Mit Gemischten Merkmalen. Aus Anamnese, Laborbefunden und körperlicher Untersuchung muß klar hervorgehen, daß die Störung die direkte körperliche Folge eines medizinischen Krankheitsfaktors ist (**Kriterium B**). Das affektive Störungsbild kann nicht besser durch eine andere psychische Störung erklärt werden (z. B. Anpassungsstörung mit Depressiver Stimmung), die sich als psychische Reaktion auf die psychosoziale Belastung, eine körperliche Erkrankung zu haben, entwickelt (**Kriterium C**). Wenn die Affektive Störung nur im Verlauf eines Delirs auftritt, wird die Diagnose der Affektiven Störung Aufgrund eines Medizinischen Krankheitsfaktors ebenfalls nicht gestellt (**Kriterium D**). Die affektive Symptomatik muß in klinisch bedeutsamer Weise zu Leiden oder zu Beeinträchtigungen in sozialen, beruflichen oder anderen wichtigen Funktionsbereichen führen (**Kriterium E**). In manchen Fällen kann die Leistungsfähigkeit noch weitgehend erhalten wirken, was aber nur durch deutlich vermehrte Anstrengung ermöglicht wird.

Um eine affektive Symptomatik als Affektive Störung Aufgrund eines Medizinischen Krankheitsfaktors einordnen zu können, muß zunächst ein medizinischer Krankheitsfaktor klinisch nachgewiesen werden. Des weiteren muß belegt werden, daß die affektiven Veränderungen mit dem medizinischen Krankheitsfaktor durch einen physiologischen Wirkmechanismus ätiologisch zusammenhängen, wofür eine sorgfältige und vollständige Abklärung einer Vielzahl von Faktoren unabdingbar ist. Zwar gibt es für den Nachweis eines ätiologischen Zusammenhangs zwischen Affektiver Symptomatik und medizinischem Krankheitsfaktor keine völlig sicheren Methoden, aber die Berücksichtigung der folgenden Überlegungen kann bei der Abklärung von Nutzen sein: der zeitliche Zusammenhang zwischen der Erstmanifestation, einem Schub oder einer Remission des medizinischen Krankheitsfaktors und der Affektiven Symptomatik; das Vorhandensein von Merkmalen, die für primäre Affektive Störungen nicht typisch sind (z. B. ungewöhnliches Ersterkrankungsalter, atypischer Verlauf oder negative Familienanamnese). In der Literatur finden sich hilfreiche Hinweise auf direkte Zusammenhänge zwischen bestimmten medizinischen Krankheitsfaktoren und der Entwicklung affektiver Symptome. Die differentialdiagnostische Erfordernis, daß das Störungsbild nicht besser durch eine primäre Affektive Störung, eine Substanzinduzierte Affektive Störung oder andere primäre psychische Störungen (z. B. Anpassungsstörung) erklärt werden kann, wird in Kapitel „Psychische Störungen Aufgrund eines Medizinischen Krankheitsfaktors" (S. 210) detailliert beschrieben.

Anders als die Major Depression scheint die Affektive Störung Aufgrund eines Medizinischen Krankheitsfaktors, Mit Depressiven Merkmalen, eine nahezu gleiche Geschlechterverteilung zu zeigen. Bei der Affektiven Störung Aufgrund eines Medizinischen Krankheitsfaktors erhöht sich das Risiko für Suizidversuche und vollendeten Suizid, wobei die Suizidquote vom jeweiligen medizinischen Krankheitsfaktor abhängt. Bei chronischen, unheilbaren und schmerzhaften Zuständen (Malignome, Rückenmarksverletzungen, Ulcus pepticum, Chorea Huntington, AIDS, terminale Niereninsuffizienz, Schädel-Hirn-Trauma) ist das Suizidrisiko am höchsten.

Subtypen

Das vorherrschende Symptombild kann mit einem der folgenden Subtypen bezeichnet werden:
— **Mit Depressiven Merkmalen:** Dieser Subtypus wird verwendet, wenn die vorherrschende Stimmungslage depressiv ist, die Kriterien für eine Episode einer Major Depression jedoch nicht vollständig erfüllt sind.
— **Mit Major Depression-Ähnlicher Episode:** Dieser Subtypus wird verwendet, wenn die Kriterien (außer Kriterium D) für eine Episode einer Major Depression vollständig erfüllt sind (siehe S. 387).
— **Mit Manischen Merkmalen:** Dieser Subtypus wird bei überwiegend gehobener, euphorischer oder gereizter Stimmung verwendet.
— **Mit Gemischten Merkmalen:** Dieser Subtypus wird verwendet, wenn sowohl manische wie auch depressive Symptome vorhanden sind, aber keines von beiden überwiegt.

Codierungsregeln

Bei der Dokumentation der Diagnose einer Affektiven Störung Aufgrund eines Medizinischen Krankheitsfaktors sollten sowohl die jeweilige Phänomenologie der Störung einschließlich des entsprechenden Subtypus als auch der nachgewiesene medizinische Krankheitsfaktor, der zu der Störung auf Achse I geführt hat, verschlüsselt werden, z. B. 293.83 Affektive Störung Aufgrund von Hyperthyreoidismus, Mit Manischen Merkmalen. Die Verschlüsselung des medizinischen Krankheitsfaktors nach ICD-9-CM sollte zusätzlich auf Achse III vermerkt werden (z. B. 242.9 Hyperthyreoidismus). In Anhang G sind ICD-9-CM Schlüssel für eine Auswahl medizinischer Krankheitsfaktoren aufgeführt.

Wenn sich eine depressive Symptomatik ausschließlich im Verlauf einer Demenz vom Alzheimer Typ oder einer Vaskulären Demenz entwickelt, ist die zusätzliche Diagnose einer Affektiven Störung Aufgrund eines Medizinischen Krankheitsfaktors nicht zulässig, sondern die depressiven Merkmale werden durch Angabe des Subtypus Mit Depressiver Stimmung berücksichtigt (z. B. 290.21 Demenz vom Alzheimer Typ, Mit Spätem Beginn, Mit Depressiver Stimmung).

Zugehörige medizinische Krankheitsfaktoren

Bei einer Vielzahl von medizinischen Krankheitsfaktoren können affektive Symptome auftreten. Dazu gehören degenerative neurologische Erkrankungen (z. B. Morbus Parkinson,

Chorea-Huntington), zerebrovaskuläre Erkrankungen (z. B. Apoplex), Stoffwechselstörungen (z. B. Vitamin B12-Mangel), endokrine Störungen (z. B. des Schilddrüsen- und Nebenschilddrüsen-Stoffwechsels und der Nebenniere), Autoimmun-Erkrankungen (z. B. systemischer Lupus erythematodes), Infektionskrankheiten (z. B. Hepatitis, Neuromyelosis infectiosa, AIDS) und bestimmte Karzinome (z. B. Pankreas-Karzinom). Der ätiologische Zusammenhang wird durch Ergebnisse diagnostischer und labortechnischer Untersuchungen unter Berücksichtigung der Prävalenz und des Erkrankungsbeginns belegt.

Prävalenz

Prävalenzangaben bei Affektiven Störungen Aufgrund eines Medizinischen Krankheitsfaktors beschränken sich bisher auf depressive Erscheinungsformen. Es wurde beobachtet, daß bei 25–40 % bestimmter neurologischer Erkrankungen (einschließlich Morbus Parkinson, Morbus Huntington, Multiple Sklerose, Apoplex, Morbus Alzheimer) im Verlauf eine ausgeprägte depressive Störung auftritt. Bei medizinischen Krankheitsfaktoren ohne direkte ZNS-Beteiligung variiert die Prävalenz erheblich stärker, von weniger als 8 % bei terminaler Niereninsuffizienz bis zu über 60 % beim Cushing-Syndrom.

Differentialdiagnose

Wenn die Affektive Störung ausschließlich im Verlauf eines **Delirs** auftritt, ist die Diagnose einer Affektiven Störung Aufgrund eines Medizinischen Krankheitsfaktors unzulässig. Die zusätzliche Diagnose einer Affektiven Störung Aufgrund eines Medizinischen Krankheitsfaktors kann gestellt werden, wenn klinisch bedeutsame affektive Symptome im Rahmen einer **Demenz Aufgrund eines Medizinischen Krankheitsfaktors** auftreten. Davon ausgenommen sind depressive Symptome, die ausschließlich im Verlauf einer **Demenz vom Alzheimer Typ** oder einer **Vaskulären Demenz** auftreten. In diesen Fällen wird der Diagnose Demenz vom Alzheimer Typ oder Vaskuläre Demenz nur die Zusatzcodierung Mit Depressiver Stimmung zugefügt, die gesonderte Diagnose einer Affektiven Störung Aufgrund eines Medizinischen Krankheitsfaktors wird nicht gestellt. Bei Vorliegen eines gemischten Symptombilds (z. B. Affektveränderung und Angst) orientiert sich die Bezeichnung der Psychischen Störung Aufgrund eines Medizinischen Krankheitsfaktors an den klinisch vorherrschenden Symptomen.

Wenn Hinweise auf eine aktuelle oder chronische Substanzeinnahme (einschl. psychotroper Medikamente), auf einen Substanzentzug oder auf eine Exposition gegenüber einem Toxin vorliegen, sollte die Diagnose einer **Substanzinduzierten Affektiven Störung** erwogen werden. Hierbei können Drogenscreenings aus Urin oder Blut oder andere geeignete Laboruntersuchungen sinnvoll sein. Ein Auftreten der Symptome während oder innerhalb von vier Wochen nach einer Intoxikation oder einem Entzug oder nach Medikamenteneinnahme kann, je nach Eigenschaften, Einnahmedauer oder Dosierung der Substanz, ein deutlicher Hinweis auf eine Substanzinduzierte Störung sein. Wenn klinisch gesichert ist, daß die Störung sowohl durch einen medizinischen Krankheitsfaktor als auch durch eine Substanzeinnahme bedingt ist, werden beide Diagnosen gestellt (also Affektive Störung Aufgrund eines Medizinischen Krankheitsfaktors und Substanzinduzierte Affektive Störung).

Die Affektive Störung Aufgrund eines Medizinischen Krankheitsfaktors muß unterschieden werden von der **Major Depression, der Bipolar I Störung, der Bipolar II Störung** und der **Anpassungsstörung mit Depressiver Stimmung** (in diesem Fall eine fehlangepaßte Reaktion auf die Belastung, den medizinischen Krankheitsfaktor zu haben). Bei der Major Depression, den Bipolaren Störungen und der Anpassungsstörung können keine spezifischen und für einen medizinischen Krankheitsfaktor ursächlichen körperlichen Wirkmechanismen nachgewiesen werden. Es ist oft schwer, festzulegen, ob bestimmte Symptome (z. B. Gewichtsverlust, Schlaflosigkeit und Erschöpfbarkeit) Ausdruck einer affektiven Störung oder unmittelbare Folge eines medizinischen Krankheitsfaktors sind (z. B. Krebserkrankungen, Apoplexien, Myocard-Infarkte oder Diabetes). Solche Symptome werden als diagnostische Kriterien einer Major Depression gewertet, so lange sie nicht eindeutig auf einen medizinischen Krankheitsfaktor zurückgeführt werden können. Wenn klinisch keine Bestimmung möglich ist, ob die Affektive Störung primär ist, durch eine Substanz induziert oder auf einen medizinischen Krankheitsfaktor zurückzuführen ist, wird eine **Nicht Näher Bezeichnete Affektive Störung** diagnostiziert.

Diagnostische Kriterien für 293.83 (F06.3x) Affektive Störung Aufgrund von ...
[benenne den Medizinischen Krankheitsfaktor]

A. Das klinische Bild wird bestimmt durch eine ausgeprägte und anhaltende Störung des Affekts, die sich in einem oder beiden der folgenden Merkmale zeigt:
   (1) depressive Verstimmung oder deutlich vermindertes Interesse oder verminderte Freude an allen oder fast allen Aktivitäten,
   (2) gehobene, expansive oder reizbare Stimmung.

B. Nach Anamnese, körperlicher Untersuchung und Laborbefunden ist die Störung als direkte Folge eines medizinischen Krankheitsfaktors belegt.

C. Das Störungsbild kann nicht besser durch eine andere psychische Störung erklärt werden (z. B. Anpassungsstörung mit Depressiver Stimmung als Reaktion auf die Belastung, den medizinischen Krankheitsfaktor zu haben).

D. Die Störung tritt nicht ausschließlich im Verlauf eines Delirs auf.

E. Die Symptome verursachen in klinisch bedeutsamer Weise Leiden oder Beeinträchtigungen in sozialen, beruflichen oder anderen wichtigen Funktionsbereichen.

Bestimme den Typus:
Mit Depressiven Merkmalen: Die vorherrschende Stimmung ist depressiv, aber die Kriterien einer Episode einer Major Depression sind nicht vollständig erfüllt.
Mit Major Depression-Ähnlicher Episode: Die vollständigen Kriterien für eine Episode einer Major Depression (außer Kriterium D) sind erfüllt (siehe S. 387).
Mit Manischen Merkmalen: Die vorherrschende Stimmung ist gehoben, euphorisch oder reizbar.
Mit Gemischten Merkmalen: Es bestehen sowohl manische als auch depressive Symptome, aber keine von beiden herrschen vor.

Codierhinweis: Auf Achse I wird die Bezeichnung des medizinischen Krankheitsfaktors dokumentiert (z. B. 293.83 Affektive Störung Aufgrund von Hypothyreose, Mit Depressiven Merkmalen), auf Achse III wird der Diagnoseschlüssel des medizinischen Krankheitsfaktors codiert (Diagnoseschlüssel siehe Anhang G).

Codierhinweis: Wenn depressive Symptome im Rahmen einer bereits bestehenden Demenz auftreten, werden sie durch Angabe der entsprechenden Zusatzcodierungen der Demenz dokumentiert (z. B. 290.21 Demenz vom Alzheimer Typ, Mit Spätem Beginn, Mit Depressiver Stimmung).

Substanzinduzierte Affektive Störung

Diagnostische Merkmale

Das Hauptmerkmal der Substanzinduzierten Affektiven Störung ist eine ausgeprägte und anhaltende affektive Veränderung (**Kriterium A**), die als direkte körperliche Folge einer Substanz (z. B. Droge, Medikament, andere somatische antidepressive Behandlung oder Exposition gegenüber einem Toxin) angesehen wird (**Kriterium B**). Je nach den Eigenschaften der Substanz und dem Zusammenhang, in dem die Symptome auftreten (während der Intoxikation oder des Entzugs) kann die Störung sich in depressiver Verstimmung oder deutlich reduziertem Interesse oder reduzierter Freude oder gehobener, expansiver oder gereizter Verstimmung äußern. Obwohl das klinische Bild der affektiven Störung wie eine Episode einer Major Depression, eine Manische, Gemischte oder Hypomane Episode wirken kann, müssen die vollständigen Kriterien für keine dieser spezifischen Episoden erfüllt sein. Der vorherrschende Symptomtypus kann durch einen der folgenden Subtypen bezeichnet werden: Mit Depressiven Merkmalen, Mit Manischen Merkmalen, Mit Gemischten Merkmalen. Die Störung darf nicht besser durch eine andere, nicht-substanzinduzierte Affektive Störung zu erklären sein (**Kriterium C**). Die Diagnose wird nicht gestellt, wenn die Affektive Störung ausschließlich im Verlauf eines Delirs auftritt (**Kriterium D**). Die Symptome müssen in klinisch bedeutsamer Weise Leiden oder Beeinträchtigungen in sozialen, beruflichen oder anderen wichtigen Funktionsbereichen verursachen (**Kriterium E**). In manchen Fällen kann die Leistungsfähigkeit noch relativ ungestört wirken, erfordert jedoch deutlich höhere Anstrengung. Die Diagnose sollte den Diagnosen Substanzintoxikation und Substanzentzug nur dann vorgezogen werden, wenn die affektive Symptomatik über ein bei Intoxikation oder Entzug von der jeweiligen Substanz übliches Maß deutlich hinausgehen und schwer genug sind, um für sich allein genommen klinische Beachtung zu rechtfertigen.

Eine Substanzinduzierte Affektive Störung wird von einer primären Affektiven Störung durch Berücksichtigung des Beginns, Verlaufs und weiterer Faktoren unterschieden. Im Falle des Drogenmißbrauchs müssen Intoxikation oder Entzug durch Anamnese, körperliche Untersuchungen oder Laborbefunde nachgewiesen werden. Substanzinduzierte Affektive Störungen kommen nur im Zusammenhang mit Intoxikationen oder Entzugssyndromen vor, wohingegen primäre Affektive Störungen dem Beginn eines Substanzmißbrauchs vorausgehen oder in Zeiten der Abstinenz auftreten können. Bei Substanzen mit protrahierter Entzugsphase können die affektiven Symptome noch bis zu vier Wochen nach Absetzen der Substanz auftreten. Zu beachten ist auch, ob die Symptomatik untypisch für primäre Affektive Störungen ist, z. B. ein untypisches Erstmanifestationsalter oder ein untypischer Verlauf. Das erstmalige Auftreten einer Manischen Episode nach dem vollendeten 45. Lebensjahr kann z. B. auf eine substanzinduzierte Ätiologie hindeuten. Andererseits können auch Merkmale vorliegen, die eine primäre Affektive Störung als Ursache der affektiven Symptomatik nahelegen: das Andauern affektiver Symptome für einen längeren Zeitraum (etwa einen Monat) nach dem Absetzen der Substanz bzw. dem Abklingen des Entzugssyndroms; unter Berücksichtigung der Dosis der Substanz und der Dauer ihres Gebrauchs eine über das erwartete Maß hinausgehende Ausprägung der affektiven Symptomatik; rezidivierende Episoden einer primären Affektiven Störung in der Vorgeschichte.

Manche Medikamente (z. B. Stimulanzien, Steroide, L-Dopa, Antidepressiva) oder antidepressive Behandlungsverfahren (z. B. Elektrokrampftherapie oder Lichttherapie) können manieähnliche affektive Störungen hervorrufen. Für die Differenzierung, ob ein Kausalzusammenhang mit der Behandlung besteht oder eine primäre Affektive Störung nur zufällig im Behandlungsverlauf aufgetreten ist, ist das klinische Urteil entscheidend. Beispielsweise würde eine manische Symptomatik, die unter Lithiumeinnahme auftritt, nicht als Substanzinduzierte Affektive Störung diagnostiziert, weil Lithium keine manieähnlichen Episoden auslöst. Andererseits würde eine Depressive Episode, die bei einer Person ohne Affektive Störung in der Vorgeschichte in den ersten Wochen einer Behandlung mit dem Antihypertonikum Alpha-Methyl-Dopa auftritt, als Alpha-Methyl-Dopa-Induzierte Störung, Mit Depressiven Merkmalen, gewertet. Manchmal kann eine vorbestehende Erkrankung, wie Rezidivierende Major Depression, zufällig während der Einnahme eines potentiell depressionsauslösenden Medikaments (z. B. L-Dopa, hormonelle Kontrazeptiva) wieder auftreten. In solchen Fällen muß die Entscheidung, ob die Medikation in der jeweiligen speziellen Situation als Ursache zu werten ist, rein klinisch getroffen werden. Eine ausführlichere Diskussion der Problematik Substanzinduzierter Störungen findet sich auf Seite 221.

Subtypen und Zusatzcodierungen

Zur Bezeichnung der vorherrschenden Symptomatik kann einer der folgenden Subtypen verwendet werden:
— **Mit Depressiven Merkmalen**: bei vorherrschend depressiver Verstimmung.
— **Mit Manischen Merkmalen**: bei vorherrschend gehobener, euphorischer oder reizbarer Verstimmung,
— **Mit Gemischten Merkmalen**: Wenn sowohl manische als auch depressive Symptome vorhanden sind, aber keines von beiden vorherrscht.

Die Manifestationsbedingungen der affektiven Symptomatik können durch eine der folgenden Zusatzcodierungen bezeichnet werden:
— **Mit Beginn Während der Intoxikation**: Wenn die Kriterien einer Intoxikation mit der betreffenden Substanz erfüllt sind und die Symptome während des Intoxikationssyndroms auftreten.
— **Mit Beginn Während des Entzugs**: Wenn die Kriterien für einen Substanzentzug erfüllt sind und die Symptome während oder kurz nach einem Entzugssyndrom auftreten.

Codierungsregeln

Am Anfang der Bezeichnung einer Substanzinduzierten Affektiven Störung steht die spezifische Substanz oder somatische Therapie (z. B. Kokain, Amitriptylin, Elektrokrampfbehandlung), die als Ursache für die affektive Symptomatik festgestellt wurde. Der jeweilige Diagnoseschlüssel wird aus der im Kriterienkatalog aufgeführten Liste der Substanzklassen übernommen. Für Substanzen, die keiner Substanzklasse zugeordnet werden können (z. B. Amitriptylin) sowie für andere somatische Behandlungsverfahren (z. B. Elektrokrampfbehandlung) gilt der Schlüssel für „Andere Substanzen". Für therapeutisch dosierte Medikamente kann darüber hinaus der entsprechende E-Code (vgl. Anhang G) verwendet werden. Nach der Bezeichnung der Störung wird diejenige Zusatzcodierung genannt, die das vorherrschende Symptombild beschreibt, gefolgt von der Bezeichnung der Manifestationsbedingungen (z. B. 292.84 Kokaininduzierte Affektive Störung, Mit Depressiven Merkmalen, Mit Beginn Während des Entzugs). Haben mehrere Substanzen zur Symptomentwicklung beigetragen, sollte jede davon einzeln aufgeführt werden (z. B. 292.84 Kokaininduzierte Affektive Störung, Mit Manischen Merkmalen, Mit Beginn Während des Entzugs und 292.84 Lichttherapieinduzierte Affektive Störung, Mit Manischen Merkmalen). Wenn eine Substanz als gesicherter ätiologischer Faktor gilt, aber die jeweilige Substanz oder Substanzklasse nicht identifiziert werden kann, wird die Kategorie 292.84 Durch Unbekannte Substanz Induzierte Affektive Störung verwendet (bezüglich der ICD-10 ist die Kategorie F1x.x auszuwählen).

Spezifische Substanzen

Affektive Störungen können durch **Intoxikation** mit Stoffen aus folgenden Substanzklassen auftreten: Alkohol, Amphetamin und dessen Derivate, Kokain, Halluzinogene, Inhalantien, Opiate, Phencyclidin und dessen Derivate, Sedativa, Hypnotika, Anxiolytika und andere oder unbekannte Substanzen. Affektive Störungen können auch im **Entzug** von Substanzen der folgenden Klassen auftreten: Alkohol, Amphetamin und dessen Derivate, Kokain, Sedativa, Hypnotika, Anxiolytika und bei weiteren oder unbekannten Substanzen.

Es gibt Berichte über die Auslösung affektiver Symptome durch Anästhetika, Analgetika, Anti-Cholinergika, Anti-Epileptika, Anti-Hypertensiva, Anti-Parkinson-Mittel, H-Index 2-Blocker, Herzpräparate, hormonelle Kontrazeptiva, Psychopharmaka (z. B. Antidepressiva, Benzodiazepine, Neuroleptika, Disulfiram), Muskel-Relaxantien, Steroide und Sulfonamide. Einige Medikamente (z. B. hohe Reserpin-Dosen, Kortikosteroide und anabole Steroide) haben eine besonders hohe Potenz zur Auslösung depressiver Symptome. Diese Aufzählung ist keineswegs erschöpfend, es gibt vielmehr zahlreiche andere Medikamente, die gelegentlich in ähnlicher Weise depressive Reaktionen produzieren. Auch Schwermetalle und Toxine (z. B. flüchtige organische Lösungsmittel aus Benzin und Farben, Acetyl-Phosphate, Nervengas, Kohlenmonoxyd und Kohlendioxyd) können affektive Symptome verursachen.

Differentialdiagnose

Affektive Symptome treten bei **Intoxikationen** und im **Entzug** häufig auf und die Diagnose der substanzspezifischen Intoxikation oder des substanzspezifischen Entzugs reicht gewöhnlich zur Kategorisierung des Symptombilds aus. Die Diagnose einer Substanzinduzierten Affektiven Störung sollte nur dann den Diagnosen Substanzintoxikation oder Substanzentzug vorgezogen werden, wenn die affektive Symptomatik über das normalerweise mit diesen einhergehende Maß hinausgeht oder wenn die Symptome schwer genug sind, um für sich allein genommen klinische Beachtung zu rechtfertigen. So ist beispielsweise eine dysphorische Verstimmung ein charakteristisches Symptom im Kokainentzug, und die Diagnose einer Kokaininduzierten Affektiven Störung sollte nur dann anstelle der Diagnose Kokainentzug gestellt werden, wenn die affektive Symptomatik deutlich über das übliche Maß hinausgeht und schwer genug ist, daß sie besondere Beachtung und Behandlung erfordert.

Wenn substanzinduzierte affektive Symptome ausschließlich während eines **Delirs** auftreten, werden sie als Begleiterscheinungen des Delirs aufgefaßt und nicht gesondert codiert. Bei **substanzinduzierten Zustandsbildern mit gemischtem Symptombild** (z. B. affektive, psychotische und Angstsymptome) orientiert sich die Diagnose des Typus der Substanzinduzierten Störung am vorherrschenden klinischen Symptombild.

Eine Substanzinduzierte Affektive Störung wird von einer **primären Affektiven Störung** dadurch unterschieden, daß eine Substanz als Ursache der Symptome bewertet wird.

Eine Substanzinduzierte Affektive Störung, die durch eine wegen einer psychischen Störung oder eines medizinischen Krankheitsfaktors verordnete Medikation verursacht wurde, muß unter Medikamenteneinnahme auftreten (oder, bei Medikamenten mit Abhängigkeitspotential, während eines Entzugssyndroms). Normalerweise remittieren die affektiven Symptome (abhängig von der Halbwertszeit der Substanz und dem Vorhandensein eines Entzugssyndroms) innerhalb von Tagen bis Wochen nach dem vollständigen Absetzen des Medikaments. Wenn die Symptome über mehr als vier Wochen anhalten, sollten andere Ursachen für die affektiven Symptome in Erwägung gezogen werden.

Da Patienten mit medizinischen Krankheitsfaktoren zumeist eine entsprechende Medikation einnehmen, muß stets auch eine krankheitsbedingte Verursachung der affektiven Symptomatik erwogen werden, was als **Affektive Störung Aufgrund eines Medizinischen Krankheitsfaktors** zu diagnostizieren wäre. Diese Entscheidung ergibt sich meist aus der Wertung von Anamnese und Krankheitsverlauf. Mitunter kann eine Therapieänderung in Form eines Absetzversuchs oder Präparatewechsels erforderlich werden, um die Frage des kausalen Zusammenhangs empirisch zu entscheiden. Wenn klinisch gesichert ist, daß sowohl der medizinische Krankheitsfaktor selbst als auch die Medikation die Störung verursacht haben, werden beide Diagnosen (Affektive Störung Aufgrund eines Medizinischen Krankheitsfaktors und Substanzinduzierte Affektive Störung) gestellt. Wenn aufgrund unzureichender Informationen nicht geklärt werden kann, ob die Affektive Störung durch eine Substanz induziert ist, auf einen medizinischen Krankheitsfaktor zurückgeht oder ob sie primär ist, ist eine **Nicht Näher Bezeichnete Depressive** oder eine **Nicht Näher Bezeichnete Bipolare Störung** zu diagnostizieren.

Diagnostische Kriterien für (F1x.x) Substanzinduzierte Affektive Störung

A. Das klinische Bild wird bestimmt durch eine ausgeprägte und anhaltende Stimmungsveränderung, die durch eines oder beide der folgenden Merkmale charakterisiert ist:
   (1) depressive Verstimmung oder deutlich reduziertes Interesse oder reduzierte Freude an allen oder fast allen Aktivitäten,
   (2) gehobene, expansive oder gereizte Verstimmung.

B. Vorgeschichte, körperliche Untersuchung oder Laborbefunde belegen entweder (1) oder (2):
   (1) die Symptome aus Kriterium A entwickeln sich während oder innerhalb eines Monats nach Substanzintoxikation oder -Entzug,
   (2) es besteht ein ätiologischer Zusammenhang zwischen einer Medikamenteneinnahme und der Störung.

C. Die Störung kann nicht besser durch eine nicht-substanzinduzierte Affektive Störung erklärt werden. Das Vorliegen einer der folgenden Konstellationen kann darauf hinweisen, daß eine nicht-substanzinduzierte Affektive Störung vorliegt: Das Auftreten der Symptome liegt vor dem Beginn des Substanzgebrauchs oder der Medikamenteneinnahme; die Symptome halten längere Zeit (etwa einen Monat) nach dem Ende eines akuten Entzugs oder einer schweren Intoxikation an oder gehen, gemessen an den Eigenschaften oder der Dosierung der Substanz oder der Einnahmedauer erheblich über das erwartete Maß hinaus; andere Anhaltspunkte (z. B. rezidivierende Episoden einer Major Depression in der Vorgeschichte), lassen auf das Vorliegen einer eigenständigen, nicht-substanzinduzierten Affektiven Störung schließen.

Fortsetzung nächste Seite

> Fortsetzung
>
> D. Die Störung tritt nicht ausschließlich während eines Delirs auf.
>
> E. Die Symptome verursachen in klinisch bedeutsamer Weise Leiden oder Beeinträchtigungen in sozialen, beruflichen oder anderen wichtigen Funktionsbereichen.
>
> **Beachte:** Diese Diagnose sollte nur dann anstelle der Diagnosen Substanzintoxikation oder Substanzentzug gestellt werden, wenn die affektive Symptomatik über das bei der Intoxikation mit oder dem Entzug von der jeweiligen Substanz zu erwartende Maß deutlich hinausgeht und schwer genug ist, um für sich allein genommen klinische Beachtung zu rechtfertigen.
>
> *Codiere* [Spezifische Substanz]induzierte Affektive Störung
> 291.8 (F10.8) Alkohol; 292.84 (F15.8) Amphetamin [oder Amphetaminähnliche Substanz]; 292.84 (F14.8) Kokain; 292.84 (F16.8) Halluzinogen; 292.84 (F18.8) Inhalans; 292.84 (F11.8) Opiat; 292.84 (F19.8) Phencyclidin [oder Phencyclidinähnliche Substanz]; 292.84 (F13.8) Sedativum, Hypnotikum oder Anxiolytikum; 292.84 (F19.8) Andere oder Unbekannte Substanz.
>
> *Bestimme* den Typus:
> **Mit Depressiven Merkmalen:** bei vorherrschend depressiver Verstimmung.
> **Mit Manischen Merkmalen:** bei vorherrschend gehobener, euphorischer oder reizbarer Verstimmung.
> **Mit Gemischten Merkmalen:** Wenn sowohl manische wie auch depressive Symptome vorhanden sind, aber keines von beiden vorherrscht.
>
> *Bestimme*, ob (s. Tab. S. 222):
> **Mit Beginn Während der Intoxikation:** Wenn die Kriterien für eine Intoxikation mit der jeweiligen Substanz erfüllt sind und die Symptome während des Intoxikationssyndroms auftreten.
> **Mit Beginn Während des Entzugs:** Wenn die Kriterien für einen Entzug von der jeweiligen Substanz erfüllt sind und die Symptome während oder kurz nach dem Entzugssyndrom auftreten.

296.90 (F39; F38.xx) Nicht Näher Bezeichnete Affektive Störung

Diese Kategorie umfaßt Störungen mit affektiven Symptomen, die nicht die Kriterien für eine spezifische Affektive Störung erfüllen und bei denen keine Entscheidung zwischen Nicht Näher Bezeichneter Depressiver Störung und Nicht Näher Bezeichneter Bipolarer Störung getroffen werden kann, (z. B. beim akuten Erregungszustand).

Zusatzcodierungen (ICD-9-CM) zur Beschreibung der letzten Episode

Eine Reihe von Zusatzcodierungen für Affektive Störungen kann genutzt werden, um die diagnostische Spezifität zu verbessern, homogenere Subgruppen zu bilden, eine gezieltere Therapieindikation zu stellen und exaktere Prognosen zu ermöglichen. Die folgenden Zusatzcodierungen betreffen die aktuelle (oder kürzlich abgelaufene) Episode einer Affektiven Störung: Schweregrad/Psychotische Merkmale/Remissionsgrad, Chronizität, Mit Katatonen Merkmalen, Mit Melancholischen Merkmalen, Mit Atypischen Merkmalen, Mit Postpartalem Beginn. Die Zusatzcodierungen für Schweregrad, Remissionsgrad und Psychotische Merkmale werden bei den meisten Affektiven Störungen auf der fünften Stelle des Diagnoseschlüssels angegeben. Die übrigen Zusatzcodierungen können nicht verschlüsselt werden. Tabelle 1 zeigt, welche Zusatzcodierungen für die Episoden auf die jeweilige Affektive Störung angewendet werden können.

Tabelle 1: Episodenzusatzcodierungen, die auf Affektive Störungen zutreffen

	Schweregrad/ Psychotisch/ Remissionsgrad	Chronisch	Mit Katatonen Merkmalen	Mit Melancholischen Merkmalen	Mit Atypischen Merkmalen	Mit Postpartalem Beginn
Major Depression						
– Einzelepisode	x	x	x	x	x	x
– Rezidivierend	x	x	x	x	x	x
Dysthyme Störung					x	
Bipolar I Störung						
– Einzelne Manische Episode	x		x			x
– Letzte Episode Hypoman						
– Letzte Episode Manisch	x		x			x
– Letzte Episode Gemischt	x		x			x
– Letzte Episode Depressiv	x	x	x	x	x	x
– Letzte Episode Unspezifisch						
Bioplar II Störung						
– Hypoman						
– Depressiv	x	x	x	x	x	x
Zyklothyme Störung						

Zusatzcodierungen (ICD-9-CM) für Schweregrad, Psychotische Merkmale und Remissionsgrad für die Episode einer Major Depression

Diese Zusatzcodierungen werden für die letzte Depressive Episode bei Major Depression und bei Bipolar I oder II Störungen nur dann angegeben, wenn die Depressive Episode zugleich die zuletzt aufgetretene affektive Episode ist. Wenn die Kriterien für eine Episode einer Major Depression aktuell erfüllt sind, kann sie als Leicht, Mittelschwer, Schwer ohne Psychotische Merkmale oder Schwer mit Psychotischen Merkmalen klassifiziert werden. Wenn die Kriterien zum Zeitpunkt der Diagnosestellung nicht mehr erfüllt sind, wird mittels der Zusatzcodierungen das Vorliegen einer unvollständigen oder vollständigen Remission angegeben. Für die Major Depression und die meisten Bipolar I Störungen wird die Zusatzcodierung mit der fünften Ziffer verschlüsselt.

1 – Leicht, 2 – Mittelschwer, 3 – Schwer ohne Psychotische Merkmale. Die Einordnung des Schweregrads beruht auf der Anzahl der erfüllten Symptomkriterien, dem Schweregrad der einzelnen Symptome und dem Ausmaß funktionaler Beeinträchtigungen und subjektiven Leidensgefühls. Bei *Leichten* Episoden sind nur fünf bis sechs depressive Symptome erfüllt, und es bestehen entweder leichte Beeinträchtigungen oder die Leistungsfähigkeit ist nach außen normal, erfordert aber deutlich höhere Anstrengung. Bei Episoden *Schwer ohne Psy-*

chotische Merkmale sind die meisten Symptomkriterien erfüllt, und es bestehen eindeutig beobachtbare Beeinträchtigungen (z. B. Arbeitsunfähigkeit oder mangelnde Versorgung der Kinder). Bei Episoden mit *Mittlerem* Schweregrad liegt die Ausprägung der Symptome zwischen Leicht und Schwer.

4 – Schwer mit Psychotischen Merkmalen. Diese Zusatzcodierung bezeichnet das Vorhandensein von Wahn oder – zumeist akustischen – Halluzinationen. Im allgemeinen stimmt der Inhalt des Wahns oder der Halluzinationen mit den typischen depressiven Themen überein. Zu diesen *stimmungskongruenten psychotischen Merkmalen* gehören der Schuldwahn (z. B. Schuld an der Erkrankung eines geliebten Menschen), der Bestrafungswahn (z. B. für moralische Vergehen oder persönliche Unzulänglichkeit), der nihilistische Wahn (z. B. Katastrophen oder persönlicher Untergang), der hypochondrische Wahn (z. B. an Krebs erkrankt zu sein oder eine langsam verfaulenden Körper zu haben) oder der Verarmungswahn (z. B. bankrott zu sein). Wenn Halluzinationen vorhanden sind, sind sie gewöhnlich flüchtig und wenig ausgestaltet, oft in Form von Stimmen, die den Betroffenen wegen Verfehlungen oder Sünden beschimpfen.

Seltener stimmt die Thematik der Halluzinationen oder des Wahns nicht mit dem depressiven Affekt überein. Solche *stimmungsinkongruenten psychotischen Merkmale* sind z. B. der Verfolgungswahn (ohne die depressive Überzeugung, daß die Verfolgung gerechtfertigt ist), die Gedankeneingebung (d. h. die Gedanken seien nicht die eigenen), die Gedankenausbreitung (d. h. andere hören die eigenen Gedanken) und der Wahn des Gemachten (d. h. das eigene Handeln unterliege fremder Kontrolle). Ein Auftreten dieser Symptome geht mit einer schlechteren Prognose einher. Bei der Dokumentation der Diagnose kann die Art der psychotischen Symptome durch die nicht verschlüsselbaren Zusatzcodierungen Mit Stimmungskongruenten Merkmalen oder Mit Stimmungsinkongruenten Merkmalen angegeben werden.

5 – Teilremittiert, 6 – Vollremittiert. Für eine Vollremission ist ein mindestens zweimonatiger Zeitraum ohne deutliche Symptome der Depression gefordert. Für die Teilremission gibt es zwei verschiedene Definitionen: 1. einige depressive Symptome sind noch vorhanden, aber die Kriterien für eine Episode einer Major Depression werden nicht mehr vollständig erfüllt; oder 2. es bestehen keine deutlichen depressiven Symptome mehr, aber der Remissionszeitraum liegt noch unter zwei Monaten. Wenn eine Episode einer Major Depression eine Dysthyme Störung überlagert hat und die Kriterien für eine Episode einer Major Depression nicht mehr vollständig erfüllt sind, wird nicht eine Episode einer Major Depression, Teilremittiert, diagnostiziert, sondern die Diagnose „Dysthyme Störung und Major Depression in der Vorgeschichte".

Kriterien für die Zusatzcodierung für Schweregrad/Psychotische Merkmale/ Remissionsgrad für die aktuelle (oder letzte) Episode einer Major Depression

Beachte: Verschlüsselung an der fünften Stelle. Wird bei Major Depression und Bipolar I oder II Störung auf die zuletzt aufgetretene Depressive Episode nur dann angewendet, wenn dies gleichzeitig die zuletzt aufgetretene affektive Episode ist.

.x1 – Leicht
Die Anzahl der erforderlichen Symptomkriterien ist gerade erreicht oder wird knapp überschritten. Die Symptome führen nur zu einer geringen Beeinträchtigung der beruflichen Leistungsfähigkeit oder sozialer Aktivitäten und Beziehungen.

Fortsetzung nächste Seite

Fortsetzung

.x2 – Mittelschwer
Symptome oder Funktionsbeeinträchtigungen liegen zwischen Leicht und Schwer.

.x3 – Schwer ohne Psychotische Merkmale
Es bestehen mehr Symptome, als für die Diagnosestellung erforderlich wäre, und die Symptome führen zu einer deutlichen Beeinträchtigung der beruflichen Leistungsfähigkeit oder der üblichen sozialen Aktivitäten und Beziehungen.

.x4 – Schwer mit Psychotischen Merkmalen
Wahn oder Halluzinationen. *Bestimme*, wenn möglich, ob die psychotischen Merkmale stimmungskongruent oder stimmungsinkongruent sind:
Stimmungskongruente Psychotische Merkmale: Der Inhalt von Wahn oder Halluzinationen stimmt mit den typischen depressiven Themen von persönlicher Unzulänglichkeit, Schuld, Krankheit, Tod, Nihilismus oder verdienter Strafe überein.
Stimmungsinkongruente Psychotische Merkmale: Der Inhalt von Wahn oder Halluzinationen bezieht sich nicht auf die typischen depressiven Themen von persönlicher Unzulänglichkeit, Schuld, Krankheit, Tod, Nihilismus oder verdienter Strafe. Zu den inkongruenten Merkmalen gehören der (nicht-depressive) Verfolgungswahn, die Gedankeneingebung, die Gedankenausbreitung und der Kontrollwahn.

.x5 – Teilremittiert
Die vorhandenen depressiven Restsymptome erfüllen nicht mehr die vollständigen Kriterien einer Episode einer Major Depression oder es besteht nach dem Ende einer Episode einer Major Depression ein weniger als zweimonatiger Zeitraum ohne deutliche Symptome. Wenn die Episode einer Major Depression eine Dysthyme Störung überlagert hat und die Kriterien für eine Episode einer Major Depression nicht mehr erfüllt sind, wird nur noch eine Dysthyme Störung diagnostiziert.

.x6 – Vollremittiert
In den vergangenen zwei Monaten waren keine deutlichen depressiven Anzeichen oder Symptome vorhanden.

.x0 – Unspezifisch

Zusatzcodierungen (ICD-9-CM) für Schweregrad/Psychotische Merkmale/Remissionsgrad für die Manische Episode

Diese Zusatzcodierungen werden bei einer Manischen Episode bei Bipolar I Störung nur angewendet, wenn diese gleichzeitig die zuletzt aufgetretene affektive Episode ist. Wenn die Kriterien für eine Manische Episode aktuell erfüllt werden, kann sie als Leicht, Mittel, Schwer ohne Psychotische Merkmale oder Schwer mit Psychotischen Merkmalen klassifiziert werden. Wenn die Kriterien nicht mehr erfüllt werden, wird mit der Zusatzcodierung das Vorliegen einer vollständigen oder unvollständigen Remission bezeichnet. Diese Zusatzcodierungen werden auf der fünften Stelle des Diagnoseschlüssels angegeben.

1 – Leicht, 2 – Mittelschwer, 3 – Schwer ohne Psychotische Merkmale. Die Einordnung des Schweregrads beruht auf der Anzahl der Symptomkriterien, der Ausprägung der einzelnen Symptome, dem Ausmaß der Beeinträchtigung und der Notwendigkeit einer Beaufsichtigung. Bei *Leichten* Episoden liegen nur drei oder vier manische Symptome vor. Bei *Mittlerem*

Schweregrad besteht eine extreme Aktivitätssteigerung oder reduziertes Urteilsvermögen. Episoden, die als *Schwer ohne Psychotische Merkmale* einzuordnen sind, sind durch die Notwendigkeit einer nahezu durchgehenden Beaufsichtigung zum Schutz vor Selbst- oder Fremdgefährdung gekennzeichnet.

4 – Schwer mit Psychotischen Merkmalen. Diese Zusatzcodierung bezeichnet das Vorhandensein von Wahn oder – zumeist akustischen – Halluzinationen. Im allgemeinen stimmt der Inhalt des Wahns oder der Halluzinationen mit den typischen manischen Themen überein, ist also *stimmungskongruent*. So wird z. B. Gottes Stimme vernommen, die dem Betroffenen eine besondere Mission aufträgt. Ein Verfolgungswahn wird mitunter daraus abgeleitet, daß der Betroffene sich wegen seiner ungewöhnlichen Beziehungen oder Eigenschaften verfolgt glaubt.

Seltener hat der Inhalt von Halluzinationen oder Wahn keinen eindeutigen Bezug zur manischen Thematik, ist also *stimmungsinkongruent*. Dazu gehören ein Verfolgungswahn (der nicht direkt auf Größenideen bezogen ist), die Gedankeneingebung (d. h. die Gedanken sind nicht die eigenen), Gedankenausbreitung (d. h. andere hören die eigenen Gedanken) und der Wahn des Gemachten (d. h. das eigene Handeln unterliegt fremder Kontrolle). Das Vorhandensein dieser Symptome geht mit einer schlechteren Prognose einher. Bei der Dokumentation der Diagnose kann die Art der psychotischen Symptome mit den nichtverschlüsselbaren Zusatzcodierungen Mit Stimmungskongruenten Merkmalen oder Mit Stimmungsinkongruenten Merkmalen bezeichnet werden.

5 – Teilremittiert, 6 – Vollremittiert. Die Vollremission erfordert einen mindestens zweimonatigen Zeitraum ohne deutliche manische Symptome. Für die Teilremission gibt es zwei Definitionen: 1. es sind noch manische Symptome vorhanden, die aber nicht mehr die vollständigen Kriterien einer Manischen Episode erfüllen; 2. es bestehen keine deutlichen manischen Symptome mehr, aber der Remissionszeitraum liegt noch unter zwei Monaten.

Kriterien für Schweregrad/Psychotische Merkmale/Remissionsgrad für die aktuelle (oder letzte) Manische Episode

Beachte: Codierung auf der fünften Stelle. Wird für eine Manische Episode bei Bipolar I Störung nur verwendet, wenn dies gleichzeitig die zuletzt aufgetretene affektive Episode ist.

.x1 – Leicht
Die minimalen Symptomkriterien für eine Manische Episode sind erfüllt.

.x2 – Mittelschwer
Extreme Aktivitätssteigerung oder reduziertes Urteilsvermögen.

.x3 – Schwer ohne Psychotische Merkmale
Zur Abwendung von Selbst- oder Fremdgefährdung ist nahezu durchgehende Beaufsichtigung erforderlich.

.x4 – Schwer mit Psychotischen Merkmalen
Wahn oder Halluzinationen. *Bestimme*, wenn möglich, ob die psychotischen Merkmale stimmungskongruent oder stimmungsinkongruent sind:

Fortsetzung nächste Seite

> Fortsetzung
>
> **Stimmungskongruente Psychotische Merkmale:** Der Inhalt von Wahn oder Halluzinationen stimmt mit den typischen manischen Themen von übersteigertem Selbstwert, Macht, Wissen, Identität oder einer besonderen Beziehung zu einer Gottheit oder berühmten Person überein.
>
> **Stimmungsinkongruente Psychotische Merkmale:** Die Inhalte von Wahn oder Halluzinationen beziehen sich nicht auf die typischen manischen Themen von gesteigertem Selbstwert, Macht, Wissen, Identität oder einer besonderen Beziehung zu einer Gottheit oder berühmten Person. Hierzu gehören ein Verfolgungswahn (der nicht direkt auf Größenideen bezogen ist), die Gedankeneingebung und der Kontrollwahn.
>
> **.x5 – Teilremittiert**
> Die vorhandenen manischen Restsymptome erfüllen nicht die Kriterien einer Manischen Episode, oder es besteht nach dem Ende der Manischen Episode ein Zeitraum ohne deutliche Symptome von weniger als zwei Monaten.
>
> **.x6 – Vollremittiert**
> In den vergangenen zwei Monaten bestanden keine deutlichen Zeichen oder Symptome der Störung.
>
> **.x0 – Unspezifisch**

Zusatzcodierungen (ICD-9-CM) für Schweregrad/Psychotische Merkmale/Remissionsgrad für die Gemischte Episode

Diese Zusatzcodierungen werden auf eine Gemischte Episode bei Bipolar I Störungen nur angewandt, wenn dies gleichzeitig die zuletzt aufgetretene affektive Episode ist. Wenn die Kriterien für eine Gemischte Episode aktuell erfüllt sind, kann sie als Leicht, Mittelschwer, Schwer ohne Psychotische Merkmale oder Schwer mit Psychotischen Merkmalen klassifiziert werden. Wenn die Kriterien nicht mehr erfüllt werden, bezeichnet die Zusatzcodierung, ob eine vollständige oder unvollständige Remission vorliegt. Diese Zusatzcodierungen werden auf der fünften Stelle des Diagnoseschlüssels angegeben.

1 – Leicht, 2 – Mittel, 3 – Schwer ohne Psychotische Merkmale. Die Einordnung des Schweregrads beruht auf der Anzahl der erfüllten Symptomkriterien, dem Schweregrad der einzelnen Symptome, dem Ausmaß der Beeinträchtigung und der Erfordernis einer Beaufsichtigung. *Leichte* Episoden sind gekennzeichnet durch das Vorhandensein von nur drei oder vier manischen Symptomen oder fünf bis sechs depressiven Symptomen. Bei *Mittlerem* Schweregrad besteht eine extreme Aktivitätssteigerung oder reduziertes Urteilsvermögen. Episoden, die als *Schwer ohne Psychotische Merkmale* einzuordnen sind, sind gekennzeichnet durch die Notwendigkeit einer nahezu durchgehenden Beaufsichtigung zur Abwendung von Selbst- oder Fremdgefährdung.

4 – Schwer mit Pychotischen Merkmalen. Diese Zusatzcodierung bezeichnet das Vorhandensein von Wahn oder (meist akustischen) Halluzinationen. Im allgemeinen stimmt der Inhalt von Wahn oder Halluzinationen entweder mit manischen oder mit depressiven Themen überein, ist also *stimmungskongruent* (z. B. kann die Stimme Gottes gehört werden, die dem Betroffenen einen besonderen Auftrag erteilt). Verfolgungswahn kann sich auf die Vorstellung beziehen, im besonderen Maße eine Strafe zu verdienen oder eine außergewöhnliche Beziehung oder Eigenschaft zu haben).

Seltener haben die Inhalte von Halluzinationen oder Wahn keinen unmittelbaren Bezug zu manischen oder depressiven Themen, sind also *stimmungsinkongruent*. Hierzu gehören die Gedankeneingebung, die Gedankenausbreitung und der Wahn des Gemachten. Das Vorhandensein dieser Symptome geht mit einer schlechteren Prognose einher. Bei der Dokumentation der Diagnose kann die Art der Symptome durch Angabe der Zusatzcodierung Mit Stimmungskongruenten Merkmalen oder Mit Stimmungsinkongruenten Merkmalen bezeichnet werden.

5 – Teilremittiert, 6 – Vollremittiert. Die Vollremission erfordert einen mindestens zweimonatigen Zeitraum ohne deutliche manische oder depressive Symptome. Für die Teilremission gibt es zwei Definitionen: 1. es bestehen noch Restsymptome, die aber nicht mehr die vollen Kriterien für eine Gemischte Episode erfüllen; 2. es bestehen keine deutlichen Symptome einer Gemischten Episode mehr, aber der Remissionszeitraum liegt noch unter zwei Monaten.

Kriterien für Schweregrad/Psychotische Merkmale/Remissionsgrad für die aktuelle (oder letzte) Gemischte Episode

Beachte: Verschlüsselung auf der fünften Stelle. Wird auf eine Gemischte Episode bei Bipolar I Störung nur angewendet, wenn dies gleichzeitig die zuletzt aufgetretene affektive Episode ist.

.x1 – Leicht
Nur die minimalen Symptomkriterien für eine Manische Episode und eine Episode einer Major Depression sind erfüllt.

.x2 – Mittelschwer
Die Symptome oder Beeinträchtigungen liegen zwischen Leicht und Schwer.

.x3 – Schwer ohne Psychotische Merkmale
Eine nahezu durchgehende Beaufsichtigung ist erforderlich, um Selbst- oder Fremdgefährdung abzuwenden.

.x4 – Schwer mit Psychotischen Merkmalen
Wahn oder Halluzinationen. *Bestimme*, wenn möglich, ob die psychotischen Merkmale stimmungskongruent oder stimmungsinkongruent sind:
Stimmungskongruente Psychotische Merkmale: Der Inhalt von Wahn oder Halluzinationen stimmt mit den typischen manischen oder depressiven Themen überein.
Stimmungsinkongruente Psychotische Merkmale: Wahn oder Halluzinationen haben keine typisch manische oder depressive Thematik. Hierzu gehören Symptome wie ein Verfolgungswahn, der nicht auf Größenideen oder depressive Themen bezogen ist, die Gedankeneingebung und der Wahn des Gemachten.

.x5 – Teilremittiert
Die vorhandenen Restsymptome erfüllen nicht mehr die vollständigen Kriterien einer Gemischten Episode oder der Zeitraum ohne deutliche Symptome nach dem Ende einer Gemischten Episode liegt noch unter zwei Monaten.

Fortsetzung nächste Seite

> Fortsetzung
>
> **.x6 – Vollremittiert**
> In den vergangenen zwei Monaten waren keine deutlichen Anzeichen oder Symptome der Störung vorhanden.
>
> **.x0 – Unspezifisch**

Zusatzcodierung (ICD-9-CM) für Chronizität für eine Episode einer Major Depression

Diese Zusatzcodierung bezeichnet den chronischen Verlaufstyp einer Episode einer Major Depression. Sie wird auf die aktuelle oder letzte Depressive Episode bei Major Depression und Bipolar I oder II Störung nur angewendet, wenn dies gleichzeitig die zuletzt aufgetretene affektive Episode ist.

> **Kriterien für Chronizität**
>
> *Bestimme,* ob:
> **Chronisch** (*kann auf die aktuelle oder letzte Depressive Episode bei Major Depression und Bipolar I oder II Störung nur angewendet werden, wenn dies gleichzeitig die zuletzt aufgetretene affektive Episode ist*).
> Die vollständigen Kriterien für eine Episode einer Major Depression wurden in den vergangenen zwei Jahren durchgehend erfüllt.

Zusatzcodierung (ICD-9-CM) für Mit Katatonen Merkmalen

Die Zusatzcodierung Mit Katatonen Merkmalen kann auf die aktuelle oder letzte Depressive, Manische oder Gemischte Episode bei Major Depression, Bipolar I oder Bipolar II Störung angewendet werden. Bei diesem Typus wird das klinische Bild von deutlichen Störungen der Psychomotorik bestimmt, was sich äußern kann als: gehemmte oder gesteigerte Motorik, ausgeprägter Negativismus, Mutismus, bizarre Willkürbewegungen, Echolalie oder Echopraxie. Die motorische Hemmung kann in Form der Katalepsie (wächserne Biegsamkeit) oder eines Stupor auftreten. Gesteigerte motorische Aktivität ist nicht zweckgerichtet und nicht durch äußere Reize beeinflußt. Bei extremem Negativismus wird eine rigide Körperhaltung eingenommen mit Widerstand gegen alle äußeren Bewegungsversuche und jegliche Aufforderungen. Bizarre Willkürbewegungen zeigen sich in inadäquaten oder sonderbaren Körperhaltungen oder durch ausgeprägtes Grimassieren. Häufig bestehen Echolalie (d. h. das pathologische, nachplappernde und offensichtlich sinnlose Wiederholen eines vorgesprochenen Wortes oder Satzes) und Echopraxie (d. h. die wiederholte Nachahmung von Bewegungen). Weitere mögliche Symptome sind Stereotypien, Manierismen und Befehlsautomatismus. Bei schwerem katatonen Stupor oder katatoner Erregung muß der Betroffene zur Vermeidung von Selbst- oder Fremdgefährdung sorgfältig überwacht werden. Mögliche Komplikationen sind Mangelernährung, Erschöpfungszustände, Hyperthermie (perniziöse Katatonie) oder Selbstverletzungen. Zu den Differentialdiagnosen einer Affektiven Störung mit Katatonen Merkmalen gehören die **Katatone Störung Aufgrund eines Medizinischen Krankheitsfaktors** (siehe S. 214), die **Schizophrenie vom Katatonen Typus** (siehe S. 344) oder die **Nebenwirkungen einer medikamentösen Behandlung** (z. B. eine Medikamenteninduzierte Bewegungsstörung) (siehe S. 765).

Kriterien für Mit Katatonen Merkmalen

Bestimme, ob:
Mit Katatonen Merkmalen (*kann auf die aktuelle oder letzte Depressive, Manische oder Gemischte Episode bei Major Depression, Bipolar I Störung oder Bipolar II Störung angewendet werden*).

Das klinische Bild wird beherrscht von mindestens zwei der folgenden Symptome:
(1) Motorische Hemmung in Form von Katalepsie (einschließlich wächserner Biegsamkeit) oder Stupor.
(2) Gesteigerte motorische Aktivität (die offensichtlich sinnlos und nicht durch äußere Reize beeinflußt ist).
(3) Extremer Negativismus (ein offensichtlich grundloser Widerstand gegen alle Aufforderungen oder Einnahme einer rigiden Körperhaltung mit Widerstand gegen äußere Bewegungsversuche) oder Mutismus.
(4) Bizarre Willkürbewegungen (in Form von inadäquaten oder sonderbaren Körperhaltungen, stereotypen Bewegungen, ausgeprägten Manierismen oder ausgeprägtem Grimassieren).
(5) Echolalie oder Echopraxie.

Zusatzcodierung (ICD-9-CM) für Mit Melancholischen Merkmalen

Die Bezeichnung Mit Melancholischen Merkmalen kann auf die aktuelle oder letzte Depressive Episode einer Major Depression und Bipolar I oder II Störung nur angewendet werden, wenn dies gleichzeitig die zuletzt aufgetretene affektive Episode ist. Hauptmerkmal einer Episode einer Major Depression mit Melancholischen Merkmalen ist der Verlust von Interesse oder Freude an allen oder fast allen Aktivitäten oder die fehlende Reagibilität auf normalerweise angenehme Dinge. Die depressive Verstimmung bessert sich nicht (auch nicht vorübergehend), wenn etwas Erfreuliches geschieht (**Kriterium A**). Darüber hinaus sind mindestens drei der folgenden Symptome vorhanden: eine besondere Qualität der depressiven Verstimmung, ein Morgentief, Früherwachen, psychomotorische Hemmung oder Agitiertheit, deutliche Appetitlosigkeit oder Gewichtsverlust, übermäßige oder unangemessene Schuldgefühle (**Kriterium B**).

Mit Melancholischen Merkmalen wird diagnostiziert, wenn diese Symptome auf dem Tiefpunkt der Episode vorhanden sind. Die Fähigkeit zur Freude ist nicht nur reduziert, sondern nahezu vollständig aufgehoben. Die mangelnde Reagibilität zeigt sich in einer aufgehobenen oder erheblich eingeschränkten Aufhellbarkeit, so daß sich auch bei besonders erfreulichen Ereignissen die depressive Verstimmung gar nicht oder nur geringfügig aufhellt (lediglich minutenweise, 20–40 % des normalen Niveaus). Die besondere Qualität der depressiven Gestimmtheit, die für die Zusatzcodierung Mit Melancholischen Merkmalen charakteristisch ist, wird von den Betroffenen als qualitativ verschieden von der Trauer nach einem Verlust oder dem depressiven Empfinden in einer nicht-melancholischen Episode erlebt. Um diese besondere Qualität genauer zu eruieren, kann man den Betroffenen bitten, die Empfindungsqualität der gegenwärtigen Depression mit dem Trauergefühl nach dem Tod eines geliebten Menschen zu vergleichen. Eine depressive Verstimmung, die lediglich als schwerer, länger andauernd oder grundlos vorhanden beschrieben wird, wird nicht als qualitativ anders gewertet. Psychomotorische Veränderungen sind nahezu immer vorhanden und für Außenstehende beobachtbar.

Bei Betroffenen mit melancholischen Merkmalen liegt seltener eine prämorbide Persönlichkeitsstörung vor, es findet sich seltener ein auslösendes Ereignis und sie reagieren seltener auf eine Placebo-Gabe als Personen ohne melancholische Merkmale. Sie hatten ebenfalls mit höherer Wahrscheinlichkeit in früheren oder der aktuellen Episode einen Therapieresponds auf antidepressive Medikation oder Elektrokrampfbehandlung. Die Zusatzcodierung Mit Melancholischen Merkmalen zeigt eine gleiche Geschlechtsverteilung und ist bei älteren Menschen häufiger. Diese Merkmale haben nur eine geringe Tendenz, sich über die Episoden hinweg bei derselben Person zu wiederholen. Sie finden sich häufiger bei stationären als bei ambulanten Patienten, eher bei schwereren als bei leichteren Episoden einer Major Depression und treten mit höherer Wahrscheinlichkeit auf, wenn psychotische Merkmale vorliegen. Melancholische Merkmale zeigen eine höhere Korrelation mit Dexametason-Non-Suppression, mit Nebennierenüberfunktion, verringerter REM-Latenz, pathologischem Thyramintest und Asymmetrie im dichotischen Hörtest.

Kriterien für die Zusatzcodierung Mit Melancholischen Merkmalen

Bestimme, ob:
Mit Melancholischen Merkmalen (*kann auf die aktuelle oder letzte Depressive Episode bei Major Depression und Bipolar I oder II Störung nur angewendet werden, wenn dies gleichzeitig die zuletzt aufgetretene affektive Episode ist*).

A. In der schwersten Periode der aktuellen Episode besteht eines der folgenden Symptome:
 (1) Verlust von Freude an allen oder fast allen Aktivitäten.
 (2) Fehlende Aufhellbarkeit auf normalerweise angenehme Außenreize (der Betroffene fühlt sich auch nicht vorübergehend besser, wenn sich etwas Erfreuliches ereignet).

B. Mindestens drei der folgenden Symptome:
 (1) Besondere Qualität der depressiven Verstimmung (d.h. sie wird als deutlich verschieden von der Trauer über den Verlust einer geliebten Person empfunden).
 (2) Morgentief.
 (3) Früherwachen (mindestens zwei Stunden vor der gewohnten Aufwachzeit).
 (4) Deutliche psychomotorische Hemmung oder Erregung.
 (5) Deutliche Appetitlosigkeit und Gewichtsverlust.
 (6) Übermäßige oder unangebrachte Schuldgefühle.

Zusatzcodierung (ICD-9-CM) für Mit Atypischen Merkmalen

Die Zusatzcodierung Mit Atypischen Merkmalen wird auf die aktuelle oder letzte depressive Episode einer Major Depression oder einer Bipolar I oder II Störung nur angewendet, wenn dies gleichzeitig die zuletzt aufgetretene affektive Episode ist. Mit Atypischen Merkmalen kann auch bei einer Dysthymen Störung diagnostiziert werden. Hauptmerkmale sind die Aufhellbarkeit der Stimmung (**Kriterium A**) und das Vorhandensein von mindestens zwei der folgenden Symptome (**Kriterium B**): Vermehrter Appetit oder Gewichtszunahme, Hypersomnie, „Bleierne Schwere" des Körpers oder der Extremitäten und eine lang anhaltende Überempfindlichkeit gegenüber subjektiv empfundenen persönlichen Zurückweisungen. Diese Symptome überwiegen im letzten Zwei-Wochen-Zeitraum (bzw. bei Dysthymer Störung mindestens Zwei-Jahres-Zeitraum). Die Zusatzcodierung Mit Atypischen Merkmalen wird nicht vergeben, wenn die Kriterien für Mit Melancholischen Merkmalen oder für Mit Katatonen Merkmalen während derselben Episode einer Major Depression erfüllt sind.

Die erhaltene affektive Reagibilität zeigt sich in der Fähigkeit, auf erfreuliche Ereignisse mit einer Aufhellung der Stimmung zu reagieren (z. B. Kinder kommen zu Besuch, Komplimente von anderen). Unter günstigen äußeren Bedingungen kann die Stimmung auch über einen längeren Zeitraum bis zum normalen Niveau aufhellen. Gesteigerter Appetit kann sich in deutlich vermehrtem Essen oder Gewichtszunahme zeigen. Die Hypersomnie kann entweder in einer verlängerten Dauer des Nachtschlafs bestehen oder in vermehrten „Nickerchen" über Tag, die sich zu einer Gesamtschlafzeit von mindestens 10 Stunden am Tag (oder zumindest zwei Stunden mehr als in normalen Zeiten) aufaddiert. Die „Bleierne Schwere" ist definiert als ein Schwere- oder Lähmungsgefühl zumeist in den Extremitäten, das von den Betroffenen auch beschrieben wird, „als ob Gewichte an Armen oder Beinen hingen". Diese Empfindung besteht im allgemeinen für mindestens eine Stunde am Tag und hält oft auch über mehrere Stunden an. Anders als die anderen Atypischen Merkmale ist die Überempfindlichkeit gegenüber subjektiv empfundenen Zurückweisungen ein Wesenszug, der schon in jüngeren Lebensjahren auftritt und im Erwachsenenalter meist durchgängig bestehen bleibt. Die Überempfindlichkeit gegenüber Zurückweisung tritt auch außerhalb depressiver Phasen auf, ist allerdings während Depressiven Episoden oft ausgeprägter. Die daraus entstehenden Probleme müssen eine Ausprägung erreichen, die zu Funktionsbeeinträchtigungen führt. Zwischenmenschliche Beziehungen können dadurch brüchig werden, mit häufigen Auseinandersetzungen und Unfähigkeit zu dauerhaften Partnerschaften. Als Reaktion auf Zurückweisungen oder Kritik kann es zu vorzeitigem Beenden des Arbeitstages, übermäßigem Substanzgebrauch oder anderen eindeutig fehlangepaßten Verhaltensweisen kommen. Auch kann die Angst vor Zurückweisungen dazu führen, daß Beziehungen oder Partnerschaften gar nicht erst eingegangen werden. Gelegentliche Empfindlichkeit oder kurzzeitige übersensible Reaktionen werden nicht als Vorliegen dieses Merkmals gewertet. Möglicherweise sind Persönlichkeitsstörungen (z. B. Vermeidend-Selbstunsichere Persönlichkeitsstörung) und Angststörungen (z. B. Störung mit Trennungsangst) bei atypischen Merkmalen häufiger. Laborbefunde, wie man sie bei einer Episode einer Major Depression mit Melancholischen Merkmalen findet, lassen sich im allgemeinen bei einer Episode mit atypischen Merkmalen nicht erheben.

Atypische Merkmale sind bei Frauen zwei- bis dreimal häufiger als bei Männern. Das Erstmanifestationsalter der Depressiven Episoden liegt früher (oft noch während der Schulzeit), und der Verlauf ist eher chronisch, weniger phasenhaft abgegrenzt, mit nur teilweiser Remission zwischen den Episoden. Bei jüngeren Personen sind Episoden mit atypischen Merkmalen häufiger, während bei Älteren häufiger Episoden mit melancholischen Merkmalen auftreten. Episoden mit atypischen Merkmalen sind häufiger, wenn eine Bipolar I Störung, Bipolar II Störung oder Rezidivierende Major Depression ein saisonales Muster haben.

> **Kriterien für die Zusatzcodierung Mit Atypischen Merkmalen**
>
> *Bestimme, ob:*
> **Mit Atypischen Merkmalen** (*kann angewendet werden, wenn die folgenden Symptome in den letzten zwei Wochen einer Depressiven Episode bei Major Depression oder Bipolar I oder Bipolar II Störung vorherrschten, vorausgesetzt, daß die Depressive Episode gleichzeitig die zuletzt aufgetretene affektive Episode ist, oder wenn diese Merkmale während der letzten zwei Jahre einer Dysthymen Störung vorherrschen*).
>
> A. Affektive Reagibilität (d. h. Aufhellbarkeit der Stimmung auf tatsächliche oder erwartete positive Ereignisse).
>
> B. Mindestens zwei der folgenden Symptome:
> (1) deutliche Gewichtszunahme oder gesteigerter Appetit,
> (2) Hypersomnie,
> (3) bleierne Schwere in Armen oder Beinen,
> (4) seit langem bestehende (und nicht nur auf Episoden einer Affektiven Störung beschränkte) Überempfindlichkeit gegenüber Zurückweisungen, die zu deutlichen sozialen oder beruflichen Beeinträchtigungen führt.
>
> C. Die Kriterien für Mit Melancholischen Merkmalen oder Mit Katatonen Merkmalen dürfen nicht während derselben Episode erfüllt sein.

Zusatzcodierung (ICD-9-CM) für Mit Postpartalem Beginn

Die Zusatzcodierung Mit Postpartalem Beginn kann verwendet werden, wenn die aktuelle (oder letzte) Depressive, Manische oder Gemischte Episode bei Major Depression, Bipolar I oder Bipolar II Störung oder Kurze Psychotische Störung (siehe S. 358) innerhalb von vier Wochen nach einer Entbindung aufgetreten ist. Im allgemeinen unterscheidet sich die Symptomatik von Depressiven, Manischen oder Gemischten Episoden mit Postpartalem Beginn nicht von den affektiven Episoden ohne vorausgegangene Entbindung. Psychotische Merkmale können hierbei ebenso auftreten. Möglicherweise sind ein fluktuierender Verlauf und Affektlabilität bei postpartalen Episoden häufiger. Wenn Wahnvorstellungen bestehen, beziehen sie sich oft auf das Neugeborene: z. B. sei es vom Teufel besessen, habe besondere Kräfte oder sei für ein schreckliches Schicksal bestimmt. Sowohl bei psychotischen als auch bei nicht-psychotischen Zustandsbildern können Suizidgedanken, zwanghafte Gedanken, dem Kind etwas anzutun, Konzentrationsmangel und psychomotorische Unruhe auftreten. Frauen mit postpartalen Episoden einer Major Depression leiden oft unter schwerer Angst, Panikattacken, spontanen Weinkrämpfen (noch lange nach der landläufig als „Wochenbettempfindlichkeit" bekannten Phase drei bis sieben Tage nach der Geburt), Desinteresse an ihrem Neugeborenen und Schlafstörungen (häufiger Einschlafstörungen als Früherwachen).

Viele Frauen haben zusätzliche Schuldgefühle, weil sie zu einem Zeitpunkt depressiv sind, an dem sie eigentlich glücklich sein sollten und sprechen deshalb nicht gerne über ihre Symptome oder eventuell negativen Gefühle dem Kind gegenüber. Eine ungünstige Entwicklung der Mutter-Kind-Beziehung kann durch das Zustandsbild selbst oder aus der dadurch bedingten Trennung vom Kind entstehen. In den meisten Fällen von Kindstötung bestehen postpartale psychotische Episoden mit Halluzinationen, in denen die Kindstötung befohlen wird, oder mit der Wahnvorstellung, daß das Kind besessen sei, aber auch bei schweren postpartalen affektiven Episoden ohne derartige Wahnvorstellungen oder Halluzinationen kann es zu Kindsmord kommen. Die Häufigkeit postpartaler affektiver Episoden (Depressiv, Manisch oder Gemischt) mit psychotischen Merkmalen wird mit 1 zu 500 bis 1 zu 1.000 angegeben und ist möglicherweise höher bei Erstgebärenden. Das Risiko für postpartale Episoden mit psychotischen Merkmalen ist bei Frauen mit früheren postpartalen affektiven Episoden deutlich erhöht, aber auch bei Frauen mit einer Affektiven Störung in der Vorgeschichte (insbesondere bei Bipolar I Störung). Nach dem erstmaligen Auftreten einer postpartalen Episode mit psychotischen Merkmalen steigt das Rezidivrisiko bei nachfolgenden Entbindungen auf 30 bis 50 %. Es gibt auch Anhaltspunkte für ein erhöhtes Risiko bei Frauen, die selbst keine Affektive Störung in der Vorgeschichte haben, in deren Familie aber Bipolare Störungen vorkommen. Postpartale Episoden müssen abgegrenzt werden von deliranten Zuständen im Wochenbett, die durch reduzierte Vigilanz und Aufmerksamkeit gekennzeichnet sind.

Kriterien für die Zusatzcodierung Mit Postpartalem Beginn

Bestimme, ob:
Mit Postpartalem Beginn (*kann auf die aktuelle oder letzte Depressive, Manische oder Gemischte Episode bei Major Depression, Bipolar I Störung oder Bipolar II Störung sowie bei der Kurzen Psychotischen Störung angewendet werden*):
Beginn der Episode innerhalb von vier Wochen nach der Entbindung.

Zusatzcodierung (ICD-9-CM) für die Verlaufsbeschreibung bei rezidivierenden Episoden

Die Vielzahl von Zusatzcodierungen für Affektive Störungen soll dazu dienen, die diagnostische Spezifität zu erhöhen, homogenere Subgruppen zu bilden, die Wahl der Behandlungsmethode zu unterstützen und die prognostischen Aussagen zu verbessern. Die Zusatzcodierung zur Verlaufsbeschreibung bei rezidivierenden Episoden sind: Zusatzcodierungen des Langzeitverlaufs (Mit bzw. Ohne Vollremission im Intervall), Mit Saisonalem Muster und Mit Rapid Cycling. Diese Zusatzcodierungen können nicht verschlüsselt werden. Aus Tabelle 2 geht hervor, welche Verlaufszusatzcodierung bei der jeweiligen Affektiven Störung vorliegen kann (siehe S. 449).

Zusatzcodierungen (ICD-9-CM) des Langzeitverlaufs (Mit bzw. Ohne Vollremission im Intervall)

Die Zusatzcodierungen Mit Vollremission im Intervall und Ohne Vollremission im Intervall werden definiert, um den Krankheitsverlauf bei Rezidivierender Major Depression, Bipolar I Störung oder Bipolar II Störung zu beschreiben. Sie werden auf den Zeitraum zwischen den beiden jüngsten Episoden angewendet. Die Verlaufsbeschreibung wird gegebenenfalls durch die Dokumentation einer vorausgehenden Dysthymen Störung erweitert.

Tabelle 2: Verlaufszusatzcodierungen, die auf Affektive Störungen zutreffen

	Mit/Ohne Vollremission im Intervall	Saisonales Muster	Rapid Cycling
Major Depression			
– Einzelepisode			
– Rezidivierend	x	x	
Dysthyme Störung			
Bipolar I Störung			
– Einzelne Manische Episode			
– Letzte Episode Hypoman	x	x	x
– Letzte Episode Manisch	x	x	x
– Letzte Episode Gemischt	x	x	x
– Letzte Episode Depressiv	x	x	x
– Letzte Episode Unspezifisch	x	x	x
Bipolar II Störung			
– Hypoman	x	x	x
– Depressiv	x	x	x
Zyklothyme Störung			

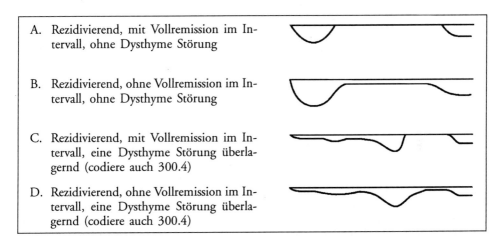

A. Rezidivierend, mit Vollremission im Intervall, ohne Dysthyme Störung

B. Rezidivierend, ohne Vollremission im Intervall, ohne Dysthyme Störung

C. Rezidivierend, mit Vollremission im Intervall, eine Dysthyme Störung überlagernd (codiere auch 300.4)

D. Rezidivierend, ohne Vollremission im Intervall, eine Dysthyme Störung überlagernd (codiere auch 300.4)

Die Grafik zeigt vier typische Verlaufskurven. A zeigt den Verlauf einer Rezidivierenden Major Depression ohne vorhergehende Dysthyme Störung und Mit Vollständiger Remission im Intervall. Dieser Verlaufstyp hat die beste Prognose. B zeigt den Verlauf einer Rezidivierenden Major Depression ohne vorausgehende Dysthyme Störung, jedoch mit ausgeprägten Restsymptomen im letzten Intervall, d. h., es wird maximal eine Teilremission erreicht. C zeigt das seltene (weniger als 3 % der Fälle von Major Depression) Muster einer Rezidivierenden Major Depression mit vorausgehender Dysthymer Störung und Mit Vollständiger Remission im letzten Intervall. D bezeichnet den Verlauf einer Rezidivierenden Major Depression mit vorausgehender Dysthymer Störung und ohne Vollremission zwischen den beiden letzten Episoden. Dieses Muster wird üblicherweise als Double Depression bezeichnet (siehe S. 407) und findet sich bei der Major Depression in ungefähr 20 bis 25 % der Fälle.

Im allgemeinen persistiert ein Muster unvollständiger Remissionen zwischen den Episoden auch in späteren Intervallen. In solchen Fällen scheint auch die Anzahl der Episoden von

Major Depression größer zu sein als bei Personen mit vollständiger Remission im Intervall. Wenn eine Dysthyme Störung der ersten Episode einer Major Depression vorausgeht, besteht eine hohe Wahrscheinlichkeit für spätere unvollständige Remissionen zwischen den Episoden. Die beschriebenen Verlaufszusatzcodierungen können auch bei der Bipolar I Störung oder Bipolar II Störung auf den Zeitraum zwischen den beiden letzten affektiven Episoden angewendet werden.

Kriterien für die Zusatzcodierung des Langzeitverlaufs

Bestimme, ob:
(kann bei Rezidivierender Major Depression, Bipolar I Störung und Bipolar II Störung angewendet werden)
Mit Vollremission im Intervall: Wenn zwischen den beiden zuletzt aufgetretenen affektiven Episoden eine vollständige Remission erreicht wurde.
Ohne Vollremission im Intervall: Wenn zwischen den beiden zuletzt aufgetretenen affektiven Episoden keine vollständige Remission erreicht wurde.

Zusatzcodierung (ICD-9-CM) für Mit Saisonalem Muster

Die Zusatzcodierung Mit Saisonalem Muster kann auf Depressive Episoden bei Bipolar I Störung, Bipolar II Störung oder Rezidivierender Major Depression angewandt werden. Das wesentliche Merkmal dieses Typus ist es, daß die Episoden einer Major Depression zu bestimmten Jahreszeiten auftreten und remittieren. In den meisten Fällen beginnen die Episoden im Herbst oder Winter und remittieren im Frühling. Seltener treten Rezidivierende Depressive Episoden im Sommer auf. Dieses Muster von jahreszeitlichem Episodenbeginn und -ende muß sich in den letzten zwei Jahren gezeigt haben. In diesem Zeitraum dürfen keine Episoden ohne jahreszeitlichen Bezug aufgetreten sein. Darüber hinaus muß die Gesamtzahl saisonaler depressiver Episoden deutlich über die Gesamtzahl nicht-saisonaler depressiver Episoden im Langzeitverlauf hinausgehen. Diese Zusatzcodierung wird nicht angewendet, wenn sich das jahreszeitliche Muster besser durch saisonal bedingte psychosoziale Belastungsfaktoren erklären läßt (z. B. saisonbedingte Arbeitslosigkeit oder Schuljahres-Rhythmus). Episoden einer Major Depression mit Saisonalem Muster sind oft gekennzeichnet durch ausgeprägte Energielosigkeit, Hypersomnie, vermehrtes Essen, Gewichtszunahme und Heißhunger auf Süßigkeiten oder Kohlenhydrate. Ob ein saisonales Muster häufiger bei der Rezidivierenden Major Depression oder bei den Bipolaren Störungen auftritt, ist nicht geklärt. Möglicherweise ist die saisonale Abhängigkeit bei der Bipolar II Störung häufiger als bei der Bipolar I Störung. In manchen Fällen kann auch das Auftreten Manischer oder Hypomaner Episoden mit einer bestimmten Jahreszeit verknüpft sein. Intensives Licht im sichtbaren Bereich, wie es in der Lichttherapie eingesetzt wird, kann möglicherweise ein „Kippen" in Manische oder Hypomane Episoden auslösen.

Die Prävalenz eines saisonalen Musters vom Wintertyp scheint vom Breitengrad, Alter und Geschlecht abzuhängen. Höhere Breitengrade gehen mit höherer Prävalenz einher. Das Alter ist ebenfalls ein starker Prädiktor für saisonale Abhängigkeit, wobei jüngere Menschen ein erhöhtes Risiko für Episoden von Winter-Depressionen haben. Der Frauenanteil liegt bei saisonalem Muster zwischen 60 und 90 %, wobei jedoch nicht geklärt ist, ob weibliches Geschlecht ein zusätzlicher Risikofaktor über das Risiko für Rezidivierende Major Depression hinaus ist. Die beschriebene Zusatzcodierung wird auf jahreszeitliches Auftreten voll ausgeprägter Episoden einer Major Depression angewendet, aber einige Studien lassen darauf schließen, daß damit auch Rezidivierende Winter-Depressionen beschrieben werden können, die nicht die vollständigen Kriterien einer Episode einer Major Depression erfüllen.

Kriterien für die Zusatzcodierung Mit Saisonalem Muster

Bestimme, ob:
Mit Saisonalem Muster (*kann auf Depressive Episoden bei Bipolar I Störung, Bipolar II Störung oder Rezidivierender Major Depression angewendet werden*).

A. Es besteht ein regelmäßiger zeitlicher Zusammenhang zwischen dem Auftreten von Depressiven Episoden bei Bipolar I oder II Störung oder Rezidivierender Major Depression und einer bestimmten Jahreszeit (z. B. regelmäßiges Auftreten einer Episode einer Major Depression im Herbst oder im Winter).

Beachte: Fälle mit offensichtlichem Einfluß von saisonal bedingten psychosozialen Belastungsfaktoren werden nicht gewertet (z. B. regelmäßige Arbeitslosigkeit im Winter).

B. Vollständige Remission (oder ein Wechsel von Depression zu Manie oder Hypomanie) treten ebenfalls zu einer bestimmten Jahreszeit auf (z. B. die Depression remittiert regelmäßig im Frühling).

C. In den vergangenen zwei Jahren sind zwei Episoden einer Major Depression mit saisonaler Abhängigkeit gemäß den Kriterien A und B aufgetreten; in diesem Zeitraum sind keine nicht-saisonabhängigen Episoden einer Major Depression aufgetreten.

D. Die Gesamtzahl der saisonabhängigen Episoden einer Major Depression (wie oben beschrieben), geht im Langzeitverlauf der betroffenen Person deutlich über die Gesamtzahl der nicht-saisonabhängigen Episoden einer Major Depression hinaus.

Zusatzcodierung (ICD-9-CM) für Mit Rapid Cycling

Die Zusatzcodierung Mit Rapid Cycling kann auf die Bipolar I Störung oder die Bipolar II Störung angewendet werden. Das wesentliche Merkmal einer Bipolaren Störung mit Rapid Cycling ist das Auftreten von vier oder mehr affektiven Episoden in den vergangenen 12 Monaten. Diese Episoden können in beliebiger Kombination und Reihenfolge auftreten. Sie müssen die Zeit- und Symptomkriterien für eine Manische, Gemischte oder Hypomane Episode oder eine Episode einer Major Depression erfüllen und voneinander entweder durch eine Vollremission oder durch den Wechsel zu einer Episode entgegengesetzter Polarität abgegrenzt sein. Manische, Hypomane und Gemischte Episoden gelten untereinander als homopolar (wenn beispielsweise eine Gemischte Episode unmittelbar auf eine Manische Episode folgt, gilt dies für die Beurteilung eines Rapid Cycling nur als eine Episode). Die Episoden bei Rapid Cycling unterscheiden sich von Episoden ohne Rapid Cycling nur durch die größere Häufigkeit. Episoden, die unmittelbar durch eine Substanz (z. B. Kokain, Kortikosteroide) verursacht werden oder auf einen medizinischen Krankheitsfaktor zurückzuführen sind, werden nicht berücksichtigt.

In Kliniken für affektive Störungen tritt Rapid Cycling bei ungefähr 5 bis 15 % der Bipolaren Störungen auf. Gegenüber der gleichen Geschlechterverteilung bei der Gesamtgruppe der Bipolaren Störungen sind bei Rapid-Cycling-Verläufen 70 bis 90 % Frauen. Dabei haben die affektiven Episoden keinen Bezug zum Menstruationszyklus und treten gleichermaßen bei prä- und postmenopausalen Frauen auf. Rapid Cycling kann mit Schilddrüsen-Unterfunktion, bestimmten neurologischen Krankheiten (z. B. Multiple Sklerose), mit Geistiger Behinderung, Schädel-Hirn-Traumata oder antidepressiver Behandlung zusammenhängen. Es kann zu jedem Zeitpunkt im Verlauf einer Bipolaren Störung auftreten und, insbesondere wenn ein Zusammenhang mit der Einnahme von Antidepressiva besteht, auch wieder verschwinden. Die Entwicklung von Rapid Cycling geht mit einer schlechteren Langzeitprognose einher.

Kriterien für die Zusatzcodierung Mit Rapid Cycling

Bestimme, ob:
Mit Rapid Cycling (*kann auf Bipolar I Störungen oder Bipolar II Störungen angewendet werden*).

Mindestens vier Episoden einer affektiven Störung in den vergangenen 12 Monaten, die die Kriterien für eine Manische, Gemischte oder Hypomane Episode oder eine Episode einer Major Depression erfüllen.

Beachte: Die Episoden sind entweder durch eine zweimonatige Remission voneinander abgegrenzt oder durch einen Wechsel zu einer Episode mit entgegengesetzter Polarität (z. B. von Depressiver Episode zu Manischer Episode).

Angststörungen

In diesem Kapitel werden die folgenden Störungen beschrieben: Panikstörung ohne Agoraphobie, Panikstörung mit Agoraphobie, Agoraphobie ohne Panikstörung in der Vorgeschichte, Spezifische Phobie, Soziale Phobie, Zwangsstörung, Posttraumatische Belastungsstörung, Akute Belastungsstörung, Generalisierte Angststörung, Angststörung Aufgrund eines Medizinischen Krankheitsfaktors, Substanzinduzierte Angststörung und die Nicht Näher Bezeichnete Angststörung. Da Panikattacken und Agoraphobie im Kontext mehrerer dieser Störungen auftreten, werden die Kriterien für Panikattacken und Agoraphobie am Anfang des Kapitels separat vorgestellt.

Als **Panikattacke** wird ein abgrenzbarer Zeitraum bezeichnet, in dem starke Besorgnis, Angstgefühle oder Schrecken plötzlich einsetzen und häufig mit dem Gefühl drohenden Unheils einhergehen. Während dieser Attacken treten Symptome auf wie Kurzatmigkeit, Palpitationen, Brustschmerzen oder körperliches Unbehagen, Erstickungsgefühle oder Atemnot und die Angst, „verrückt zu werden" oder die Kontrolle zu verlieren.

Als **Agoraphobie** wird die Angst vor oder das Vermeiden von Plätzen oder Situationen bezeichnet, in denen eine Flucht schwer möglich (oder peinlich) wäre, oder in denen im Falle einer Panikattacke oder panikartiger Symptome keine Hilfe zu erwarten wäre.

Panikstörung ohne Agoraphobie ist durch wiederholt auftretende unerwartete Panikattacken gekennzeichnet, über die langanhaltende Besorgnis besteht. Als **Panikstörung mit Agoraphobie** wird das gemeinsame Vorliegen von wiederholt auftretenden unerwarteten Panikattacken und Agoraphobie bezeichnet.

Als **Agoraphobie ohne Panikstörung in der Vorgeschichte** wird das Vorliegen von Agoraphobie und panikartigen Symptomen ohne unerwartete Panikattacken in der Vorgeschichte bezeichnet.

Als **Spezifische Phobie** wird eine klinisch bedeutsame Angst beschrieben, die durch die Konfrontation mit einem bestimmten gefürchteten Objekt oder einer bestimmten Situation ausgelöst wird und häufig zu Vermeidungsverhalten führt.

Soziale Phobie bezeichnet klinisch bedeutsame Angst, die durch die Konfrontation mit bestimmten Arten sozialer oder Leistungssituationen ausgelöst wird und oft zu Vermeidungsverhalten führt.

Die **Zwangsstörung** ist durch Zwangsgedanken (die zu deutlicher Angst und Unbehagen führen,) und/oder Zwangshandlungen (die dazu dienen, die Angst zu neutralisieren) gekennzeichnet.

Berater der deutschen Ausgabe:
Prof. Dr. Jürgen Margraf, Dresden
Dr. Silvia Schneider, Dresden
Prof. Dr. Hans-Ulrich Wittchen, München

Übersetzer:
Dr. Silvia Schneider, Dresden
Prof. Dr. Jürgen Margraf, Dresden
Dipl.-Psych. Antonia Vossen, München
Dipl.-Psych. Eva-Maria Pfütze, München

Die **Posttraumatische Belastungsstörung** ist durch das Wiedererleben einer sehr traumatischen Erfahrung gekennzeichnet. Sie geht einher mit Symptomen eines erhöhten Arousals und der Vermeidung von Reizen, die mit dem Trauma assoziiert sind.

Die **Akute Belastungsstörung** ist durch Symptome gekennzeichnet, die der Posttraumatischen Belastungsstörung gleichen und die als direkte Folgewirkung einer extrem traumatischen Erfahrung auftreten.

Die **Generalisierte Angststörung** ist durch eine mindestens 6 Monate anhaltende ausgeprägte Angst und Besorgnis charakterisiert.

Eine **Angststörung Aufgrund eines Medizinischen Krankheitsfaktors** ist durch vorherrschende Angstsymptome gekennzeichnet, die als direkte körperliche Folge eines medizinischen Krankheitsfaktors angesehen werden.

Eine **Substanzinduzierte Angststörung** ist durch ausgeprägte Angstsymptome gekennzeichnet, die als direkte körperliche Folge einer Droge, eines Medikaments oder einer Exposition gegenüber einem Toxin angesehen werden.

Nicht Näher Bezeichnete Angststörung erlaubt die Codierung von Störungen, bei denen Angst und phobisches Vermeiden ausgeprägt sind, die jedoch die Kriterien für eine bestimmte Angststörung dieses Kapitels nicht erfüllen (oder bei denen Angstsymptome vorhanden sind, über die unzureichende oder widersprüchliche Informationen vorliegen).

Da die Störung mit Trennungsangst (gekennzeichnet durch Angst in Verbindung mit der Trennung von engen Bezugspersonen) normalerweise in der Kindheit beginnt, wird sie im Kapitel „Störungen, die Gewöhnlich Zuerst im Kleinkindalter, in der Kindheit oder der Adoleszenz Diagnostiziert werden" aufgeführt (siehe S. 150). Phobische Vermeidung, die auf genitale Sexualkontakte mit einem Sexualpartner beschränkt ist, wird als Störung mit Sexueller Aversion klassifiziert und im Kapitel „Sexuelle und Geschlechtsidentitätsstörungen" diskutiert (siehe S. 566).

Panikattacke

Merkmale

Da Panikattacken im Kontext mehrerer verschiedener Angststörungen vorkommen, werden die Erläuterungen und die Kriterien zu Panikattacken in diesem Kapitel separat aufgeführt. Das Hauptmerkmal einer Panikattacke ist eine abgrenzbare Periode intensiver Angst und Unbehagens, begleitet von mindestens 4 von 13 somatischen oder kognitiven Symptomen. Die Attacke setzt plötzlich ein und erreicht schnell ihre maximale Ausprägung (normalerweise innerhalb von 10 Minuten oder weniger). Sie wird oft begleitet von einem Gefühl drohender Gefahr oder drohenden Unheils und einem starken Drang zu fliehen.

Die 13 somatischen oder kognitiven Symptome sind Palpitationen, Schwitzen, Zittern oder Beben, ein Gefühl der Atemnot oder Kurzatmigkeit, Erstickungsgefühle, Brustschmerzen oder körperliches Unwohlsein, Übelkeit oder abdominelle Beschwerden, Schwindel oder Benommenheit, Derealisation oder Depersonalisation, Angst, die Kontrolle zu verlieren oder „verrückt zu werden", Todesangst, Parästhesien und Kälteschauer oder Hitzewallungen. Attacken, bei denen alle anderen Kriterien erfüllt sind, jedoch weniger als 4 somatische oder kognitive Symptome vorliegen, werden als Attacken mit unvollständiger Symptomatik bezeichnet.

Personen, die wegen unerwarteter Panikattacken Behandlung aufsuchen, beschreiben ihre Angst üblicherweise als intensiv und berichten, daß sie dachten, sie seien dem Tod nahe, würden die Kontrolle verlieren, eine Herzattacke bzw. einen Herzschlag erleiden oder sie würden „verrückt". Sie berichten auch typischerweise von einem starken Drang, den Ort zu verlassen, an dem die Attacke auftritt. Bei wiederholt auftretenden Attacken kann die starke Angst etwas abnehmen. Kurzatmigkeit ist ein häufiges Symptom bei Panikattacken, die im Zusammenhang mit einer Panikstörung mit oder ohne Agoraphobie auftreten. Erröten kommt bei situationsgebundenen Panikattacken im Rahmen sozialer Angst oder Prüfungsangst vor. Die für Panikattacken typische Angst unterscheidet sich von generalisierter Angst dadurch, daß sie anfallsweise auftritt, innerhalb kurzer Zeit einen Gipfel erreicht und typischerweise ausgeprägter ist.

Panikattacken können bei verschiedenen Angststörungen auftreten (z. B. Panikstörung, Soziale Phobie, Spezifische Phobie, Posttraumatische Belastungsstörung, Akute Belastungsstörung). Um die differentialdiagnostische Bedeutung einer Panikattacke einzuschätzen, ist es wichtig, den Kontext zu berücksichtigen, in dem die Panikattacke auftritt. Es gibt drei charakteristische Typen von Panikattacken, bei denen ein unterschiedlicher Zusammenhang zwischen dem Einsetzen der Attacke und dem Vorhandensein oder Fehlen situativer Auslöser besteht: **unerwartete (nicht ausgelöste) Panikattacken**, bei denen das Einsetzen der Panikattacke nicht von situativen Auslösern abhängt (d. h. tritt spontan, „wie aus heiterem Himmel", auf); **situationsgebundene (ausgelöste) Panikattacken**, die fast immer direkt bei der Konfrontation mit dem situativen Reiz oder Auslöser oder dessen Vorstellung auftreten (z. B. führt der Anblick einer Schlange oder eines Hundes jedesmal sofort zu einer Panikattacke) und **situationsbegünstigte Panikattacken**, deren Auftreten bei der Konfrontation mit einem situativen Reiz oder Auslöser wahrscheinlicher ist, die aber nicht immer mit dem Reiz assoziiert sind und nicht notwendigerweise sofort nach der Konfrontation auftreten (z. B. wenn Attacken häufig beim Autofahren auftreten, die Person jedoch auch Autofahren ohne Panikattacken erlebt oder wenn es erst eine halbe Stunde nach Beginn der Autofahrt zu einer Panikattacke kommt).

Das Auftreten unerwarteter Panikattacken ist notwendig für die Diagnose einer Panikstörung (mit oder ohne Agoraphobie). Situationsgebundene Panikattacken sind charakteristisch für Soziale und Spezifische Phobien. Situationsbegünstigte Panikattacken sind besonders häufig bei Panikstörungen, können aber manchmal auch bei Spezifischen oder Sozialen Phobien auftreten. Die Differentialdiagnose bei Panikattacken wird durch die Tatsache erschwert, daß nicht immer eindeutige Ausschlußkriterien bestimmter Typen von Panikattacken für spezielle Diagnosen vorliegen. Beispielsweise berichten Personen mit Panikstörung vor allem im späteren Verlauf der Störung häufig über situationsgebundene Panikattacken, obwohl bei einer Panikstörung definitionsgemäß zumindest einige der Panikattacken unerwartet sein müssen. Diagnostische Probleme bei uneindeutigen Fällen werden in den Abschnitten „Differentialdiagnose" der einzelnen Störungskapitel diskutiert, in denen Panikattacken vorkommen.

Kriterien für Panikattacke

Beachte: Eine Panikattacke ist keine codierbare Störung. Codiert wird die spezifische Diagnose, innerhalb der die Panikattacken auftreten (z. B. 300.21 (F40.01) Panikstörung mit Agoraphobie (S. 463)).

Fortsetzung nächste Seite

> Fortsetzung
>
> Eine klar abgrenzbare Episode intensiver Angst und Unbehagens, bei der mindestens 4 der nachfolgend genannten Symptome abrupt auftreten und innerhalb von 10 Minuten einen Höhepunkt erreichen:
> (1) Palpitationen, Herzklopfen oder beschleunigter Herzschlag,
> (2) Schwitzen,
> (3) Zittern oder Beben,
> (4) Gefühl der Kurzatmigkeit oder Atemnot,
> (5) Erstickungsgefühle,
> (6) Schmerzen oder Beklemmungsgefühle in der Brust,
> (7) Übelkeit oder Magen-Darm-Beschwerden,
> (8) Schwindel, Unsicherheit, Benommenheit oder der Ohnmacht nahe sein,
> (9) Derealisation (Gefühl der Unwirklichkeit) oder Depersonalisation (sich losgelöst fühlen),
> (10) Angst, die Kontrolle zu verlieren oder verrückt zu werden,
> (11) Angst zu sterben,
> (12) Parästhesien (Taubheit oder Kribbelgefühle),
> (13) Hitzewallungen oder Kälteschauer.

Agoraphobie

Merkmale

Da Agoraphobie im Kontext von Panikstörung mit Agoraphobie und Agoraphobie ohne Panikstörung in der Vorgeschichte vorkommt, werden die Erläuterungen und die Kriterien der Agoraphobie in diesem Kapitel separat aufgeführt. Das Hauptmerkmal der Agoraphobie ist die Angst, sich an Orten oder in Situationen zu befinden, in denen im Falle des Auftretens einer Panikattacke (siehe S. 454) oder panikartiger Symptome (z. B. Angst, einen plötzlichen Schwindelanfall oder eine plötzliche Durchfallattacke zu erleiden) eine Flucht schwierig (oder peinlich) oder keine Hilfe verfügbar wäre (**Kriterium A**). Die Angst führt üblicherweise zu einer anhaltenden Vermeidung vieler Situationen, wie z. B. außerhalb des Hauses oder zu Hause alleine sein; in einer Menschenmenge sein; Reisen im Auto, im Bus oder Flugzeug; sich auf einer Brücke oder im Aufzug zu befinden. Manche Personen sind zwar in der Lage, sich den gefürchteten Situationen auszusetzen, stehen diese Erlebnisse jedoch nur mit großer Angst durch. In Begleitung ist die Person häufig besser in der Lage, sich einer gefürchteten Situation auszusetzen (**Kriterium B**). Die Vermeidung bestimmter Situationen kann die Möglichkeiten der Person beeinträchtigen, zur Arbeit zu fahren oder Haushaltspflichten zu übernehmen (z. B. Lebensmittel einkaufen oder mit den Kindern zum Arzt gehen). Die Angst oder das Vermeidungsverhalten werden nicht durch eine andere psychische Störung besser erklärt (**Kriterium C**). Die Differentialdiagnose zur Abgrenzung der Agoraphobie von Sozialer und Spezifischer Phobie und von Störung mit Trennungsangst kann schwierig sein, weil diese Störungen alle durch die Vermeidung spezifischer Situationen charakterisiert sind. Diagnostische Probleme bei uneindeutigen Fällen werden in den Abschnitten „Differentialdiagnose" der einzelnen Störungskapitel diskutiert, in denen das Vermeidungsverhalten ein Haupt- oder Nebenmerkmal ist.

Kriterien für Agoraphobie

Beachte: Agoraphobie ist keine codierbare Störung. Codiert wird die spezifische Störung, bei der Agoraphobie auftritt (z. B. 300.21 (F40.01) Panikstörung mit Agoraphobie, S. 463 oder 300.22 (F40.00) Agoraphobie ohne Panikstörung in der Vorgeschichte, S. 466).

A. Angst, an Orten zu sein, von denen eine Flucht schwierig (oder peinlich) sein könnte oder wo im Falle einer unerwarteten oder durch die Situation begünstigten Panikattacke oder panikartiger Symptome Hilfe nicht erreichbar sein könnte. Agoraphobische Ängste beziehen sich typischerweise auf charakteristische Muster von Situationen: z. B. alleine außer Haus zu sein, in einer Menschenmenge zu sein, in einer Schlange zu stehen, auf einer Brücke zu sein, Reisen im Bus, Zug oder Auto.

Beachte: Alternativ müssen die Diagnosen Spezifische Phobie, wenn das Vermeidungsverhalten nur auf eine oder wenige spezifische Situationen begrenzt ist, oder Soziale Phobie, wenn die Vermeidung auf soziale Situationen beschränkt ist, in Betracht gezogen werden.

B. Die Situationen werden vermieden (z. B. das Reisen wird eingeschränkt), oder sie werden nur mit deutlichem Unbehagen oder mit Angst vor dem Auftreten einer Panikattacke oder panikähnlicher Symptome durchgestanden bzw. können nur in Begleitung aufgesucht werden.

C. Die Angst oder das phobische Vermeidungsverhalten werden nicht durch eine andere psychische Störung besser erklärt, wie Soziale Phobie (z. B. die Vermeidung ist aus Angst vor Peinlichkeiten auf soziale Situationen beschränkt), Spezifische Phobie (z. B. die Vermeidung ist beschränkt auf einzelne Situationen, wie z. B. Fahrstuhl), Zwangsstörung (z. B. Vermeidung von Schmutz aus zwanghafter Angst vor Kontamination), Posttraumatische Belastungsstörung (z. B. Vermeidung von Reizen, die mit einer schweren belastenden Situation assoziiert sind) oder Störung mit Trennungsangst (z. B. es wird vermieden, das Zuhause oder die Angehörigen zu verlassen).

Panikstörung

Diagnostische Merkmale

Das Hauptmerkmal der Panikstörung ist das Auftreten wiederholter, unerwarteter Panikattacken (siehe S. 454), gefolgt von mindestens einem Monat mit anhaltender Besorgnis, eine weitere Panikattacke zu erleiden, mit Sorgen über mögliche Begleiterscheinungen oder Konsequenzen der Panikattacken oder mit deutlichen Verhaltensveränderungen aufgrund der Attacken (**Kriterium A**). Die Panikattacken sind nicht auf die direkte körperliche Wirkung einer Substanz (z. B. Koffeinintoxikation) oder eines medizinischen Krankheitsfaktors (z. B. Schilddrüsenüberfunktion) zurückzuführen (**Kriterium C**). Außerdem werden die Panikattacken nicht durch eine andere psychische Störung besser erklärt (z. B. Spezifische oder Soziale Phobie, Zwangsstörung, Posttraumatische Belastungsstörung oder Störung mit Trennungsangst) (**Kriterium D**). In Abhängigkeit davon, ob die Kriterien für Agoraphobie ebenfalls erfüllt sind (siehe S. 457), wird entweder 300.21 (F40.01) Panikstörung mit Agoraphobie oder 300.01 (F41.0) Panikstörung ohne Agoraphobie diagnostiziert (**Kriterium B**).

Eine unerwartete (spontane, nicht ausgelöste) Panikattacke ist dadurch definiert, daß sie nicht mit einem situativen Auslöser assoziiert ist (d. h. tritt wie „aus heiterem Himmel" auf). Für die Diagnose müssen mindestens zwei unerwartete Panikattacken aufgetreten sein, die meisten Personen hatten jedoch deutlich mehr. Personen mit Panikstörung haben häufig auch situationsbegünstigte Panikattacken (d. h. solche, die bei Konfrontation mit einem situativen Auslöser wahrscheinlicher sind, aber nicht immer damit zusammenhängen). Situationsgebundene Attacken (d. h. solche, die fast immer direkt bei Konfrontation mit dem situativen Auslöser auftreten) können ebenfalls auftreten, sind aber weniger häufig.

Die Häufigkeit und die Schwere der Panikattacken variieren stark. Zum Beispiel erleben manche Personen Attacken mit mäßiger Frequenz (z. B. eine pro Woche), die eine Zeitlang über mehrere Monate regelmäßig auftreten. Andere berichten über viele Jahre von kurzen Ausbrüchen häufigerer Attacken (z. B. eine Woche lang täglich), die durch wochen- oder monatelange Phasen ohne oder mit wenigen Attacken (z. B. zwei jeden Monat) unterbrochen werden. Attacken mit unvollständiger Symptomatik (d. h. Attacken, die mit „vollständigen" Panikattacken identisch sind außer, daß die plötzliche Angst und Furcht von weniger als 4 von 13 zusätzlichen Symptomen begleitet wird) sind sehr häufig bei Personen mit Panikstörung. Obwohl die Unterscheidung zwischen Attacken mit vollständiger oder unvollständiger Symptomatik einigermaßen willkürlich ist, korrelieren vollständige Panikattacken mit einer größeren Krankheitsschwere. Die meisten Personen, die Attacken mit unvollständiger Symptomatik haben, hatten irgendwann im Verlauf der Störung bereits vollständige Panikattacken.

Personen mit Panikstörung zeigen charakteristische Überlegungen und Ursachenzuschreibungen im Hinblick auf die Begleiterscheinungen und Konsequenzen der Panikattacken. Manche befürchten, daß die Attacken darauf hindeuten, daß sie an einer nicht diagnostizierten, lebensbedrohlichen Krankheit (z. B. Herzkrankheit, Schlaganfall) leiden. Trotz wiederholter medizinischer Untersuchungen und Beruhigung, haben sie weiterhin die Befürchtung und Überzeugung, daß sie an einer lebensbedrohlichen Krankheit leiden. Andere befürchten, die Panikattacken seien ein Hinweis darauf, daß sie „verrückt" oder die Kontrolle verlieren würden oder emotional krank seien. Manche Personen mit wiederholten Panikattacken nehmen aufgrund der Attacken bedeutende Verhaltensänderungen vor (z. B. kündigen sie ihre Arbeit), verleugnen jedoch entweder, Angst vor weiteren Attacken zu haben oder sich Sorgen über die Folgen der Panikattacken zu machen. Die Besorgnis über die nächste Attacke oder deren Begleiterscheinungen ist häufig mit der Entwicklung von Vermeidungsverhalten verbunden, das die Kriterien für Agoraphobie erfüllen kann (siehe S. 457). In diesem Fall wird Panikstörung mit Agoraphobie diagnostiziert.

Zugehörige Merkmale und Störungen

Zugehörige Beschreibungsmerkmale und psychische Störungen. Neben der Sorge über die Panikattacken und deren Begleiterscheinungen berichten viele Personen mit Panikstörung auch über fortwährende oder immer wieder auftretende Angstgefühle, die sich nicht auf eine bestimmte Situation oder ein bestimmtes Ereignis beziehen. Andere beginnen, sich große Sorgen über die Ergebnisse von Routinetätigkeiten oder von bestimmten Ereignissen zu machen, vor allem solchen, die mit Gesundheit oder der Trennung von nahestehenden Personen zu tun haben. Zum Beispiel erwarten Personen mit Panikstörung häufig einen katastrophalen Ausgang eines leichten körperlichen Symptoms oder einer Nebenwirkung eines Medikaments (z. B. denken sie, daß Kopfweh einen Gehirntumor oder akute Bluthochdruckkrisen anzeigt). Solche Personen sind auch viel weniger tolerant gegenüber Nebenwirkungen von Medikamenten und benötigen im allgemeinen fortwährende Beruhigung, damit sie ihre Medikamente nehmen. Bei Personen, bei denen die Panikstörung nicht behandelt oder falsch diagnostiziert wurde, kann die Überzeugung, an einer nicht erkannten lebensbedrohlichen Krankheit zu leiden, zu einer chronischen beeinträchtigenden Angst und zu einer übermäßigen Inanspruchnahme medizinischer Versorgungseinrichtungen führen. Dieses Verhalten kann emotional und finanziell sehr belastend sein.

In manchen Fällen fällt der Beginn oder die Verschlechterung der Panikstörung mit dem Verlust oder dem Zerbrechen wichtiger persönlicher Beziehungen (z. B. zu Hause auszuziehen, Scheidung) zusammen. Demoralisation ist eine verbreitete Folge: Viele Personen verlieren den Mut, schämen sich und sind unglücklich darüber, daß sie Schwierigkeiten haben, ihre normalen Routinearbeiten zu verrichten. Diese Schwierigkeiten führen sie häufig auf fehlende „Stärke" oder einen „schwachen Charakter" zurück. Diese Demoralisation kann sich auf Bereiche ausweiten, die nichts mit panikbezogenen Problemen zu tun haben. Es kommt vor, daß diese Personen aufgrund von Arztbesuchen oder dem Aufsuchen von Notfallambulanzen häufig bei der Arbeit oder in der Schule fehlen, was zu Arbeitslosigkeit oder zu Schulentlassung führen kann.

Major Depression kommt häufig (50–65 %) bei Personen mit Panikstörung vor. Bei fast einem Drittel der Personen mit beiden Störungen geht die Depression der Panikstörung voraus. Bei den verbleibenden zwei Dritteln tritt die Depression zur selben Zeit oder nach dem Beginn der Panikstörung auf. Eine Subgruppe, von denen manche in der Folge eine Störung im Zusammenhang mit Psychotropen Substanzen entwickeln, behandeln ihre Angst mit Alkohol oder Medikamenten. Komorbidität mit anderen Angststörungen ist ebenfalls häufig, vor allem in klinischen Einrichtungen und bei Personen mit schwerer Agoraphobie (Soziale Phobie wurde bei 15–30 % der Personen mit Panikstörung berichtet, Zwangsstörung bei 8–10 %, Spezifische Phobie bei 10–20 % und Generalisierte Angststörung bei 25 %). Störung mit Trennungsangst in der Kindheit wird ebenfalls mit Panikstörung in Zusammenhang gebracht.

Zugehörige Laborbefunde. Es gibt keine eindeutigen Laborbefunde, die zur Diagnostik der Panikstörung dienen könnten. Jedoch zeigten sich eine Reihe von Laborauffälligkeiten bei Gruppen von Personen mit Panikstörung im Vergleich zu Kontrollpersonen. Manche Personen mit Panikstörung zeigen Zeichen einer kompensierten respiratorischen Alkalosis (z. B. verminderte Kohlendioxid- und verminderte Bikarbonatkonzentration mit annähernd normalem pH-Wert). Panikattacken als Reaktion auf eine Natriumlaktatinfusion oder Kohlendioxidinhalation kommen bei Panikstörungen häufiger vor als bei anderen Angststörungen.

Zugehörige körperliche Untersuchungsbefunde und medizinische Krankheitsfaktoren. Vorübergehende, Tachykardie und leichtes Ansteigen des systolischen Blutdrucks können bei manchen Panikattacken vorkommen. Auch wenn in manchen Studien berichtet wird, daß Mitralklappenprolaps und Schilddrüsenerkrankungen bei Personen mit Panikstörung häufiger sind als in der Allgemeinbevölkerung, fanden sich in anderen Studien keine überzufällig häufigen Unterschiede.

Besondere kulturelle und Geschlechtsmerkmale

In manchen Kulturen schließen Panikattacken starke Angst vor Zauberkraft und Magie ein. Panikstörungen wie sie hier beschrieben werden, wurden in epidemiologischen Studien in der ganzen Welt gefunden. Darüber hinaus können einige Beschreibungen, die im „Glossar kulturabhängiger Syndrome" aufgeführt sind (s. Anhang F) mit der Panikstörung zusammenhängen. In manchen kulturellen oder ethnischen Gruppen sind die Frauen von der Teilnahme am öffentlichen Leben ausgeschlossen, was von der Agoraphobie unterschieden werden muß. Panikstörung ohne Agoraphobie wird bei Frauen zweimal häufiger diagnostiziert und Panikstörung mit Agoraphobie dreimal häufiger als bei Männern.

Prävalenz

Epidemiologische Studien weltweit zeigen Lebenszeitprävalenzen für die Panikstörung (mit oder ohne Agoraphobie) zwischen 1,5.% und 3,5.%. Ein-Jahres-Prävalenzraten liegen zwischen 1.% und 2.%. Annähernd ein Drittel bis zur Hälfte der Personen, bei denen in Bevölkerungsstichproben eine Panikstörung diagnostiziert wurde, haben auch eine Agoraphobie, wohingegen in klinischen Stichproben ein viel höherer Anteil von Agoraphobie zu finden ist.

Verlauf

Das Ersterkrankungsalter für die Panikstörung variiert beträchtlich, liegt aber typischerweise zwischen der späten Adoleszenz und Mitte 30. Wahrscheinlich ist von einer bimodalen Verteilung auszugehen, mit einem Gipfel in der späten Adoleszenz und einem zweiten niedrigeren Gipfel Mitte 30. Bei wenigen Personen liegt der Beginn in der Kindheit und ein Beginn nach dem 45. Lebensjahr kann auftreten, ist aber untypisch. Retrospektive Berichte von Personen in klinischen Einrichtungen legen nahe, daß der typische Verlauf chronisch, aber schwankend ist. Bei manchen Personen tritt die Störung episodisch auf mit dazwischenliegenden Jahren der Remission, andere haben eine anhaltende schwere Symptomatik. Obwohl eine Agoraphobie sich zu jedem Zeitpunkt entwickeln kann, beginnt sie meist während des ersten Jahres, in dem rezidivierende Panikattacken auftreten. Der Verlauf der Agoraphobie und dessen Zusammenhang mit dem Verlauf der Panikattacken sind unterschiedlich. In manchen Fällen kann eine Abnahme oder Remission der Panikattacken mit einer Abnahme des agoraphobischen Vermeidungsverhaltens und der Angst einhergehen. In anderen Fällen verläuft die Agoraphobie chronisch, unabhängig vom Vorhandensein oder Fehlen von Panikattacken. Manche Personen berichten, daß sie die Häufigkeit der Panikattacken durch das Vermeiden bestimmter Situationen vermindern können. Untersuchungen zum natürlichen Langzeitverlauf von Personen aus Behandlungseinrichtungen (die eventuell bevorzugt Personen mit schlechter Prognose auswählen) ergaben, daß 6–10 Jahre nach der Behandlung ungefähr 30 % der Personen symptomfrei, 40–50 % mit gebesserter Symptomatik waren und bei den verbleibenden 20–30 % die Symptomatik gleich geblieben war oder sich geringfügig verschlechtert hatte.

Familiäres Verteilungsmuster

Biologische Verwandte ersten Grades von Personen mit Panikstörung haben ein fünf- bis siebenfach erhöhtes Risiko, eine Panikstörung zu entwickeln. In klinischen Stichproben haben jedoch die Hälfte bis zu drei Viertel der Personen mit Panikstörung keine betroffenen biologischen Verwandten ersten Grades. Zwillingsstudien sprechen für einen genetischen Beitrag bei der Entwicklung einer Panikstörung.

Differentialdiagnose

Die Panikstörung wird nicht diagnostiziert, wenn die Panikattacken als eine direkte körperliche Folge eines medizinischen Krankheitsfaktors angesehen werden. Dies wird als **Angststörung Aufgrund eines Medizinischen Krankheitsfaktors** diagnostiziert (siehe S. 500). Medizinische Krankheitsfaktoren, die eine Panikattacke auslösen können, sind beispielsweise Hyperthyreose, Hyperparathyreose, Phäochromozytom, vestibuläres Syndrom, Anfallsleiden und Herzerkrankungen (z. B. Arrhythmien, supraventrikuläre Tachykardie). Geeignete Labortests (z. B. Kalziumspiegel im Blutserum für Hyperparathyreose) oder körperliche Untersuchungen (z. B. auf Herzerkrankungen) können helfen, die ätiologische Rolle eines medizinischen Krankheitsfaktors zu klären. Die Panikstörung wird nicht diagnostiziert, wenn die Panikattacken als eine direkte körperliche Folge einer Substanz (d. h. Droge, Medikament) angesehen werden. Hier wird eine **Substanzinduzierte Angststörung** diagnostiziert (siehe S. 503). Eine Intoxikation mit Stimulanzien des Zentralen Nervensystems (z. B. Kokain, Amphetamine, Koffein) oder Cannabis oder der Entzug von zentralnervös hemmenden Substanzen (z. B. Alkohol, Barbiturate) können eine Panikattacke herbeiführen. Wenn die Panikattacken jedoch auch außerhalb des Substanzgebrauchs fortbestehen (z. B. lange nachdem die Wirkung der Intoxikation mit oder des Entzugs von einer Substanz aufgehört hat) sollte die Diagnose einer Panikstörung in Betracht gezogen werden. Merkmale wie Beginn der Störung nach dem 45. Lebensjahr oder Vorhandensein atypischer Symptome während der Panikattacke (wie z. B. Schwindelgefühle, Bewußtlosigkeit, Verlust der Kontrolle über Blase und Darm, Kopfweh, undeutliche Sprache oder Amnesie) weisen auf die Möglichkeit hin, daß die Symptome der Panikattacke durch einen medizinischen Krankheitsfaktor oder eine Substanz verursacht wurden.

Die Panikstörung muß von anderen psychischen Störungen unterschieden werden (z. B. **anderen Angststörungen** oder **Psychotischen Störungen**), bei denen auch Panikattacken auftreten. Die Panikstörung ist per Definition durch wiederkehrende, unerwartete (spontane, reizungebundene, „wie aus heiterem Himmel" auftretende) Panikattacken gekennzeichnet. Wie weiter oben schon erwähnt (siehe S. 454), gibt es drei Typen von Panikattacken – unerwartete, situationsgebundene und situationsbegünstigte Panikattacken. Für die Diagnose einer Panikstörung ist das Auftreten unerwarteter Panikattacken am Anfang oder im späteren Verlauf der Störung ein notwendiges Merkmal. Hingegen sind Panikattacken, die im Kontext anderer Angststörungen auftreten, meist situationsgebunden oder situationsbegünstigt (z. B. bei **Sozialer Phobie** durch soziale Situationen ausgelöst; bei **Spezifischer Phobie** durch ein Objekt oder eine Situation ausgelöst; bei **Zwangsstörung** ausgelöst durch die Konfrontation mit einem Objekt der Zwangsvorstellung (z. B. Konfrontation mit Schmutz, bei zwanghafter Angst vor Kontamination); bei **Posttraumatischer Belastungsstörung** durch Reize ausgelöst, die an den Belastungsfaktor erinnern).

Eine weiteres differenzierendes Merkmal zwischen Panikstörung mit Agoraphobie und anderen Störungen mit Vermeidungsverhalten ist der Angstinhalt. Agoraphobische Vermeidung hängt mit der Angst vor Panikattacken zusammen, wohingegen das Vermeidungsverhalten bei anderen Störungen mit spezifischen Situationen zusammenhängt (z. B. Angst vor Bewertung, Demütigung und Peinlichkeiten bei Sozialer Phobie; Angst vor Höhen, Aufzügen oder Brücken bei Spezifischer Phobie; Angst vor Trennung bei **Störung mit Trennungsangst**; Verfolgungsangst bei der **Wahnhaften Störung**).

Die Unterscheidung der Spezifischen Phobie, Situativer Typus, von der Panikstörung mit Agoraphobie ist besonders schwierig, weil beide Störungen Panikattacken und die Vermeidung ähnlicher Situationen beinhalten (z. B. Autofahren, Fliegen, Straßenverkehr, geschlossene Plätze). Typischerweise beginnt die Panikstörung mit Agoraphobie mit dem Auftreten unerwarteter Panikattacken. Die in der Folge auftretende Vermeidung verschiedenster Situationen ist dadurch begründet, daß diese Situationen als Auslöser für Panikattacken angesehen werden. Die Spezifische Phobie, Situativer Typus, ist typischerweise durch die Vermeidung bestimmter Situationen gekennzeichnet, ohne daß wiederkehrende, unerwartete Panikattacken auftreten. In manchen Fällen ist eine eindeutige Zuordnung nicht möglich, und es muß eine klinische Entscheidung getroffen werden, welche Diagnose am besten das Symptombild beschreibt. Vier Faktoren können bei dieser Entscheidung hilfreich sein: der Inhalt der Angst, die Art und Anzahl der Panikattacken, die Anzahl der vermiedenen Situationen und das Ausmaß der Angst zwischen den Attacken. Z. B. bekommt eine Person, die bisher keine Angst vor Aufzügen hatte und diese nicht gemieden hat, eine Panikattacke im Aufzug und fürchtet daraufhin, zur Arbeit zu gehen, da sie den Aufzug benutzen müßte, um in den 24. Stock zu kommen. Wenn diese Person im folgenden nur im Aufzug Panikattacken bekommt, ist die Diagnose einer Spezifischen Phobie angemessen (selbst wenn der Inhalt der Angst die Panikattacke ist). Wenn die Person jedoch auch in anderen Situationen Panikattacken erlebt und deshalb beginnt, andere Situationen zu vermeiden oder in einer Situation ständig befürchtet, eine Panikattacke zu erleiden, ist die Diagnose einer Panikstörung mit Agoraphobie angemessen. Des weiteren unterstützt das Vorhandensein einer anhaltenden Angst vor dem Auftreten einer Panikattacke, auch ohne die Erwartung, einer phobischen Situation ausgesetzt zu werden, die Diagnose einer Panikstörung mit Agoraphobie. Wenn bei der Person weitere unerwartete Panikattacken in anderen Situationen auftreten, ohne daß sich hierdurch Vermeidungsverhalten oder anhaltende starke Angst in diesen Situationen entwickeln, ist die Diagnose einer Panikstörung ohne Agoraphobie angemessen. Wenn der Inhalt der Vermeidung nicht mit der Angst vor dem Auftreten einer Panikattacke zusammenhängt, sondern die Angst vor anderen Katastrophen betrifft (z. B. Unfall, weil das Aufzugskabel reißt), sollte die zusätzliche Diagnose einer Spezifischen Phobie in Betracht gezogen werden.

Ebenso kann die Unterscheidung der Sozialen Phobie und der Panikstörung mit Agoraphobie schwierig sein, vor allem wenn das Vermeidungsverhalten nur auf soziale Situationen beschränkt ist. Die Berücksichtigung des Inhalts der Angst und der Art der Panikattacken kann bei der Entscheidung, welche Diagnose zutreffend ist, hilfreich sein. Z. B. erleidet eine Person, die bisher keine Angst hatte, in der Öffentlichkeit zu sprechen, während eines Vortrags eine Panikattacke und beginnt in der Folge, sich vor Vorträgen zu fürchten. Wenn diese Person daraufhin nur in sozialen Leistungssituationen Panikattacken bekommt (selbst wenn der Inhalt der Angst die Angst vor einer Panikattacke ist), kann die Diagnose einer Sozialen Phobie angemessen sein. Wenn die Person jedoch weitere Panikattacken in anderen Situationen erlebt, ist die Diagnose einer Panikstörung mit Agoraphobie angemessen. Personen mit Sozialer Phobie fürchten die Bewertung durch andere Menschen und haben selten eine Panikattacke, wenn sie alleine sind, wohingegen Personen mit Panikstörung mit Agoraphobie mehr Angst in Situationen haben können, in denen sie ohne Begleitung einer vertrauten Person sind. Außerdem sind nächtliche Panikattacken, durch die eine Person aus dem Schlaf aufwacht, charakteristisch für die Panikstörung.

Wenn die Kriterien sowohl für eine Panikstörung als auch für eine andere Angst- oder Affektive Störung erfüllt sind, sollten beide Störungen diagnostiziert werden. Treten die unerwarteten Panikattacken jedoch ausschließlich im Kontext einer anderen Störung auf (z. B. Major Depression oder Generalisierte Angststörung), werden aber nicht einen Monat lang oder länger von der Furcht vor weiteren Panikattacken, von mit diesen zusammenhängender

Besorgnis oder Verhaltensänderungen begleitet, dann wird die Panikstörung nicht zusätzlich diagnostiziert. Da Personen mit Panikstörung versuchen können, ihre Symptome selbst medikamentös zu behandeln, sind komorbide Störungen im Zusammenhang mit Psychotropen Substanzen nicht selten (am häufigsten im Zusammenhang mit Cannabis, Alkohol und Kokain).

Diagnostische Kriterien für 300.01 (F41.0) Panikstörung ohne Agoraphobie

A. Sowohl (1) als auch (2):
  (1) wiederkehrende unerwartete Panikattacken (siehe S. 455),
  (2) bei mindestens einer der Attacken folgte mindestens ein Monat mit mindestens einem der nachfolgend genannten Symptome:
    (a) anhaltende Besorgnis über das Auftreten weiterer Panikattacken,
    (b) Sorgen über die Bedeutung der Attacke oder ihre Konsequenzen (z. B. die Kontrolle zu verlieren, einen Herzinfarkt zu erleiden, verrückt zu werden),
    (c) deutliche Verhaltensänderung infolge der Attacken.

B. Es liegt keine Agoraphobie vor (siehe S. 457).

C. Die Panikattacken gehen nicht auf die direkte körperliche Wirkung einer Substanz (z. B. Droge, Medikament) oder eines medizinischen Krankheitsfaktors (z. B. Hyperthyreose) zurück.

D. Die Panikattacken werden nicht durch eine andere psychische Störung besser erklärt, wie z. B. Soziale Phobie (Panikattacken nur bei Konfrontation mit gefürchteten sozialen Situationen), Spezifische Phobie (Panikattacken nur bei Konfrontation mit spezifischer phobischer Situation), Zwangsstörung (Panikattacken nur bei Konfrontation mit Schmutz bei zwanghafter Angst vor Kontamination), Posttraumatische Belastungsstörung (Panikattacken nur als Reaktion auf Reize, die mit einer schweren, belastenden Situation assoziiert sind) oder Störung mit Trennungsangst (Panikattacken als Reaktion auf die Abwesenheit von zu Hause oder engen Angehörigen).

Diagnostische Kriterien für 300.21 (F40.01) Panikstörung mit Agoraphobie

A. Sowohl (1) als auch (2):
  (1) wiederkehrende unerwartete Panikattacken (siehe S. 455),
  (2) auf mindestens eine der Attacken folgte mindestens ein Monat mit mindestens einem der nachfolgend genannten Symptome:
    (a) anhaltende Besorgnis über das Auftreten weiterer Panikattacken,
    (b) Sorgen über die Bedeutung der Attacke oder ihre Konsequenzen (z. B. die Kontrolle zu verlieren, einen Herzinfarkt zu erleiden, verrückt zu werden),
    (c) deutliche Verhaltensänderung infolge der Attacken.

B. Es liegt eine Agoraphobie vor (siehe S. 457).

C. Die Panikattacken gehen nicht auf die direkte körperliche Wirkung einer Substanz (z. B. Droge, Medikament) oder eines medizinischen Krankheitsfaktors (z. B. Hyperthyreose) zurück.

Fortsetzung nächste Seite

Fortsetzung

D. Die Panikattacken werden nicht durch eine andere psychische Störung besser erklärt, wie z. B. Soziale Phobie (Panikattacken nur bei Konfrontation mit gefürchteten sozialen Situationen), Spezifische Phobie (Panikattacken nur bei Konfrontation mit spezifischer phobischer Situation), Zwangsstörung (Panikattacken nur bei Konfrontation mit Schmutz bei zwanghafter Angst vor Kontamination), Posttraumatische Belastungsstörung (Panikattacken nur als Reaktion auf Reize, die mit einer schweren, belastenden Situation assoziiert sind) oder Störung mit Trennungsangst (Panikattacken als Reaktion auf die Abwesenheit von zu Hause oder von engen Angehörigen).

300.22 (F40.00) Agoraphobie ohne Panikstörung in der Vorgeschichte

Diagnostische Merkmale

Die Hauptmerkmale der Agoraphobie ohne Panikstörung in der Vorgeschichte sind denen der Panikstörung mit Agoraphobie ähnlich, mit der Ausnahme, daß sich die Angst auf das Auftreten stark beeinträchtigender oder extrem peinlicher panikähnlicher Symptome oder eher auf Panikattacken mit unvollständiger Symptomatik als mit vollständiger Symptomatik bezieht. Personen mit dieser Störung haben eine Agoraphobie (siehe S. 456) (**Kriterium A**). Die „panikähnlichen Symptome" schließen alle 13 Symptome mit ein, die bei Panikattacken aufgelistet sind (siehe S. 454) sowie andere beeinträchtigende oder peinliche Symptome (z. B. Verlust der Blasenkontrolle). Ein Beispiel könnte sein, daß eine Person Angst hat, das Haus zu verlassen, da sie befürchtet, benommen und schwindlig zu werden und hilflos am Boden zu liegen. Die Diagnose wird nur gestellt, wenn die Kriterien für eine Panikstörung nie ganz erfüllt wurden (**Kriterium B**) und wenn die Symptome nicht auf die direkte körperliche Wirkung einer Substanz (z. B. Droge, Medikament) oder eines medizinischen Krankheitsfaktors zurückzuführen sind (**Kriterium C**). Wenn ein mit ihr zusammenhängender medizinischer Krankheitsfaktor besteht (z. B. Herzfehler), ist die Angst, aufgrund der Symptomentwicklung beeinträchtigt oder bloßgestellt zu werden (z. B. ohnmächtig werden), deutlich ausgeprägter, als es normalerweise bei dem medizinischen Krankheitsfaktor zu erwarten wäre (**Kriterium D**).

Besondere kulturelle und Geschlechtsmerkmale

In manchen Kulturen sind Frauen vom öffentlichen Leben ausgeschlossen. Das muß von der Agoraphobie unterschieden werden. Die Störung wird bei Frauen weit häufiger diagnostiziert als bei Männern.

Prävalenz

In klinischen Einrichtungen weisen fast alle Personen mit Agoraphobie (über 95 %) aktuell (oder in der Vorgeschichte) auch die Diagnose einer Panikstörung auf. Dagegen werden in epidemiologischen Studien höhere Prävalenzraten für Agoraphobie ohne Panikstörung in der

Vorgeschichte als für Panikstörung mit Agoraphobie berichtet. Jedoch scheinen Probleme bei der Erhebung der Häufigkeitsrate in den epidemiologischen Studien für die erhöhten Werte verantwortlich zu sein. So wurden jüngst Personen, bei denen in einer epidemiologischen Studie eine Agoraphobie ohne Panikstörung in der Vorgeschichte diagnostiziert wurde, durch Untersucher nochmals mit standardisierten Interviews nachuntersucht. Bei der Mehrzahl dieser Personen wurden Spezifische Phobien und keine Agoraphobie diagnostiziert.

Verlauf

Über den Verlauf der Agoraphobie ohne Panikstörung in der Vorgeschichte ist vergleichsweise wenig bekannt. Einzelne Fallberichte legen nahe, daß in manchen Fällen die Agoraphobie über Jahre anhält und mit erheblicher Beeinträchtigung verbunden ist.

Differentialdiagnose

Agoraphobie ohne Panikstörung in der Vorgeschichte wird von der **Panikstörung mit Agoraphobie** durch das Fehlen wiederkehrender, unerwarteter Panikattacken in der Vorgeschichte abgegrenzt. Das Vermeidungsverhalten bei der Agoraphobie ohne Panikstörung in der Vorgeschichte resultiert aus der Angst vor der Beeinträchtigung und Peinlichkeit durch unvorhersehbare, plötzliche, panikähnliche Symptome und nicht aus Angst vor vollständigen Panikattacken wie bei der Panikstörung mit Agoraphobie. Die Diagnose Panikstörung mit Agoraphobie ist jedoch angemessen, wenn die Panikattacken mit der Zeit verschwinden, die Agoraphobie jedoch weiterhin bestehen bleibt.

Auch andere Gründe für das Vermeidungsverhalten müssen von Agoraphobie ohne Panikstörung in der Vorgeschichte abgegrenzt werden. Bei der **Sozialen Phobie** vermeiden Personen soziale oder Leistungssituationen, in denen sie Angst haben, sich in einer Weise zu verhalten, die beschämend oder demütigend wäre. Bei einer **Spezifischen Phobie** vermeidet die Person bestimmte gefürchtete Objekte oder Situationen. Bei der **Major Depression** vermeidet die Person möglicherweise aufgrund von Apathie, Energieverlust und Anhedonie das Haus zu verlassen. Verfolgungsängste (wie bei der **Wahnhaften Störung**) oder Angst vor Kontamination (wie bei der **Zwangsstörung**) können ebenfalls zu ausgeprägtem Vermeidungsverhalten führen. Bei der **Störung mit Trennungsangst** vermeiden Kinder Situationen, in denen sie von zu Hause oder von engen Angehörigen getrennt sein könnten.

Personen mit medizinischen Krankheitsfaktoren vermeiden möglicherweise Situationen aufgrund **realistischer Befürchtungen** über eine Beeinträchtigung (z. B. Schwindel bei einer Person mit vorübergehenden ischämischen Attacken) oder Peinlichkeit (z. B. Durchfall bei einer Person mit Morbus Crohn). Die Diagnose einer Agoraphobie ohne Panikstörung in der Vorgeschichte sollte nur dann gestellt werden, wenn die Angst oder das Vermeidungsverhalten deutlich ausgeprägter sind, als es bei diesem medizinischen Krankheitsfaktor zu erwarten wäre.

> **Diagnostische Kriterien für 300.22 (F40.00)
> Agoraphobie ohne Panikstörung in der Vorgeschichte**
>
> A. Es liegt eine Agoraphobie (siehe S. 457) vor, die sich auf die Angst vor dem Auftreten panikähnlicher Symptome bezieht (z. B. Benommenheit oder Durchfall).
>
> B. Die Kriterien für eine Panikstörung (siehe S. 463) waren nie erfüllt.
>
> C. Das Störungsbild geht nicht auf die direkte körperliche Wirkung einer Substanz (z. B. Droge, Medikament) oder eines medizinischen Krankheitsfaktors zurück.
>
> D. Falls ein medizinischer Krankheitsfaktor vorliegt, so ist die unter Kriterium A beschriebene Angst deutlich ausgeprägter, als dies normalerweise bei diesem medizinischen Krankheitsfaktor zu erwarten wäre.

300.29 (F40.2) Spezifische Phobie (*vormals* Einfache Phobie)

Diagnostische Merkmale

Das Hauptmerkmal der Spezifischen Phobie ist eine ausgeprägte und anhaltende Angst vor klar erkennbaren, eng umschriebenen Objekten oder Situationen (**Kriterium A**). Die Konfrontation mit dem phobischen Stimulus ruft fast immer eine unmittelbare Angstreaktion hervor (**Kriterium B**). Diese Reaktion kann die Form einer situationsgebundenen oder einer situationsbegünstigten Panikattacke annehmen (siehe S. 454). Obwohl Jugendliche und Erwachsene mit dieser Störung ihre Angst als übertrieben und unbegründet einschätzen (**Kriterium C**), muß dies bei Kindern nicht der Fall sein. In den meisten Fällen wird der phobische Stimulus vermieden, manchmal wird er jedoch unter starker Angst ertragen (**Kriterium D**). Die Diagnose sollte nur dann gestellt werden, wenn Vermeidung, Angst oder ängstliche Erwartungshaltung bezüglich der Konfrontation mit dem phobischen Stimulus alltägliche Routinearbeiten, die berufliche Funktionsfähigkeit oder das Sozialleben der Person deutlich beeinträchtigen oder wenn die Person stark unter der Phobie leidet (**Kriterium E**). Bei Personen unter 18 Jahren müssen die Symptome mindestens sechs Monate angehalten haben, bevor eine Spezifische Phobie diagnostiziert wird (**Kriterium F**). Die Angstgefühle, die Panikattacken oder das Vermeidungsverhalten können nicht besser durch eine andere psychische Störung erklärt werden (z. B. Zwangsstörung, Posttraumatische Belastungsstörung, Störung mit Trennungsangst, Soziale Phobie, Panikstörung mit Agoraphobie oder Agoraphobie ohne Panikstörung in der Vorgeschichte) (**Kriterium G**).

Die Person erlebt ausgeprägte, anhaltende und unangemessene oder unbegründete Angst, wenn sie mit einem bestimmten Objekt oder einer bestimmten Situation konfrontiert wird oder erwartet, konfrontiert zu werden. Der Inhalt der Angst kann ein erwarteter Schaden aufgrund bestimmter Aspekte des Objekts oder der Situation sein (z. B. eine Person fürchtet zu fliegen, da sie sich über einen Flugzeugabsturz sorgt, fürchtet Hunde aus Angst, gebissen zu werden, oder fürchtet Autofahren aus Angst, von anderen Autos auf der Straße angefahren zu werden). Personen mit Spezifischen Phobien können auch befürchten, bei der Konfrontation mit dem gefürchteten Objekt die Kontrolle zu verlieren, eine Panikattacke zu erleben und ohnmächtig zu werden. Zum Beispiel können Personen, die Angst vor Blut und Verletzungen haben, sich auch sorgen, in Ohnmacht zu fallen; Personen, die Höhen fürchten, sich auch sorgen, schwindlig zu werden; und Personen, die enge, abgeschlossene Situationen fürchten, sich auch sorgen, die Kontrolle zu verlieren und zu schreien.

Die Angst tritt fast immer direkt bei der Konfrontation mit dem phobischen Stimulus auf (z. B. wird eine Person mit einer Spezifischen Phobie vor Katzen fast immer sofort eine Angstreaktion zeigen, wenn sie zu einer Begegnung mit einer Katze gezwungen wird). Der Ausprägungsgrad der Angst oder Furcht hängt meist von der Nähe zum phobischen Stimulus ab (z. B. die Angst wird stärker, wenn die Katze sich nähert und schwächer, wenn die Katze sich entfernt) und dem Ausmaß der Einschränkung, vor dem phobischen Stimulus zu flüchten (die Angst wird stärker, wenn sich der Fahrstuhl der Mitte von zwei Stockwerken nähert und schwächer, wenn sich die Tür im nächsten Stockwerk öffnet). Das Ausmaß der Angst steht jedoch nicht immer im vorhersagbaren Zusammenhang mit dem phobischen Stimulus (z. B. eine Person, die Höhen fürchtet, kann unterschiedlich starke Angstreaktionen beim Überqueren derselben Brücke zu unterschiedlichen Gelegenheiten erleben). Manchmal treten als Reaktion auf den phobischen Stimulus vollständige Panikattacken auf. Dies ist insbesondere dann der Fall, wenn die betroffene Person in der Situation bleiben muß oder annimmt, daß eine Flucht aus der Situation nicht möglich ist. Da ausgeprägte Erwartungsängste auftreten, wenn das Aufsuchen einer phobischen Situation unumgänglich ist, werden solche Situationen typischerweise vermieden. Seltener zwingt sich die Person, die Situation durchzuhalten, dies wird jedoch unter starker Angst erlebt.

Erwachsene mit dieser Störung erkennen, daß ihre Phobie übermäßig und unbegründet ist. Bei Personen, die einen Fahrstuhl vermeiden, da sie absolut davon überzeugt sind, daß der Fahrstuhl sabotiert wurde, und die diese Angst nicht als übermäßig und unbegründet erkennen, wird anstelle einer Spezifischen Phobie eine Wahnhafte Störung diagnostiziert. Darüber hinaus sollte die Diagnose nicht gegeben werden, wenn die Angst in dem gegebenen Kontext begründet ist (z. B. Angst, in einem Jagdgebiet oder einer kriminellen Wohngegend angeschossen zu werden). Die Einsicht, daß die Angst übermäßig und unbegründet ist, wächst mit dem Lebensalter an und ist für die Diagnose bei Kindern nicht notwendig.

Angst vor umschriebenen Objekten oder Situationen ist weit verbreitet, insbesondere bei Kindern. In vielen Fällen ist jedoch das Ausmaß der Beeinträchtigung durch die Phobie nicht ausgeprägt genug, um die Diagnose zu rechtfertigen. Falls die Phobie die Funktionsfähigkeit nicht deutlich beeinträchtigt oder keine starke Belastung für die Person darstellt, sollte die Diagnose nicht gestellt werden. Zum Beispiel würde eine Person, die Angst vor Schlangen äußert, wenn sie mit Schlangen direkt konfrontiert wird, nicht die Diagnose Spezifische Phobie erhalten, wenn sie in einer Gegend lebt, in der keine Schlangen existieren, wenn sie durch die Angst vor Schlangen nicht in ihren Aktivitäten eingeschränkt wird und sich durch die Angst vor Schlangen nicht beeinträchtigt fühlt.

Subtypen

Die folgenden Subtypen sollten spezifiziert werden, um den Inhalt der Angst oder der Vermeidung im Rahmen der Spezifischen Phobie zu kennzeichnen:
— **Tier-Typus**: Dieser Subtypus sollte verwendet werden, wenn die Angst durch Tiere oder Insekten ausgelöst wird. Dieser Subtypus beginnt im allgemeinen im Kindesalter.
— **Umwelt-Typus**: Dieser Subtypus sollte verwendet werden, wenn die Angst durch natürliche Umweltphänomene wie beispielsweise Stürme, Höhen oder Wasser ausgelöst wird. Dieser Subtypus beginnt im allgemeinen im Kindesalter.

- **Blut-Spritzen-Verletzungs-Typus:** Dieser Subtypus sollte verwendet werden, wenn die Angst durch den Anblick von Blut oder einer Verletzung oder durch eine Injektion oder eine andere invasive medizinische Prozedur ausgelöst wird. Dieser Subtypus tritt familiär deutlich gehäuft auf und ist oft durch eine starke vasovagonale Reaktion gekennzeichnet.
- **Situativer Typus:** Dieser Subtypus sollte verwendet werden, wenn die Angst durch spezifische Situationen wie öffentliche Verkehrsmittel, Tunnel, Brücken, Fahrstühle, Fliegen, Autofahren oder eingeschlossene Räume ausgelöst wird. Dieser Subtypus hat eine bimodale Altersverteilung für den Störungsbeginn mit einem Gipfel in der Kindheit und einem weiteren Gipfel Mitte der zwanziger Lebensjahre. Dieser Subtypus ähnelt bezüglich der Merkmale Geschlechterverteilung, familiäre Häufung und Alter bei Störungsbeginn der Panikstörung mit Agoraphobie.
- **Anderer Typus:** Dieser Subtypus sollte verwendet werden, wenn die Angst durch andere Reize ausgelöst wird. Diese Reize können die Angst vor oder die Vermeidung von Situationen, die zu Ersticken, Erbrechen oder dem Erwerb einer Krankheit führen könnten, eine „Fallphobie" (d.h. die Person hat Angst zu fallen, wenn Mauern oder andere Stützen fehlen) sowie die Angst von Kindern vor lauten Geräuschen oder verkleideten Personen einschließen.

Die Rangreihe der Häufigkeiten dieser Subtypen von am häufigsten bis zu am wenigsten häufig ist bei Erwachsenen in klinischen Einrichtungen: Situativer, Umwelt-, Blut-Spritzen-Verletzung- und Tier-Typus. In vielen Fällen liegen mehrere Subtypen einer Spezifischen Phobie vor. Das Vorliegen eines spezifischen Subtypus einer Phobie erhöht die Wahrscheinlichkeit, eine weitere Phobie des gleichen Subtypus zu haben (z.B. Angst vor Katzen *und* Schlangen). Wenn mehr als ein Subtypus vorliegt, sollten alle notiert werden (z.B. Spezifische Phobie, Tier- und Umwelt-Typus).

Zugehörige Merkmale und Störungen

Zugehörige Beschreibungsmerkmale und psychische Störungen. Die Spezifische Phobie kann je nach Art der Phobie zur Einschränkung der normalen Lebensführung oder Beeinträchtigung bestimmter beruflicher Aufgaben führen. Zum Beispiel kann die berufliche Weiterentwicklung durch die Vermeidung von Flugreisen gefährdet sein oder soziale Aktivitäten können aus Angst vor überfüllten oder eingeschlossenen Plätzen eingeschränkt werden. Spezifische Phobien treten häufig gemeinsam mit anderen Angststörungen auf, stehen aber in diesen Fällen selten im Mittelpunkt der klinischen Aufmerksamkeit. Die Spezifische Phobie ist gewöhnlich mit weniger Belastung und weniger Funktionsbeeinträchtigung verbunden als die komorbide Hauptdiagnose. Eine besonders häufige Komorbidität findet sich bei der Spezifischen Phobie und der Panikstörung mit Agoraphobie.

Zugehörige körperliche Untersuchungsbefunde und medizinische Krankheitsfaktoren. Eine vasovagale Ohnmachtsreaktion ist für den Blut-Spritzen-Verletzungs-Typus der Spezifischen Phobie charakteristisch. Ungefähr 75 % der Betroffenen berichten über eine Anamnese von Ohnmachtsanfällen in solchen Situationen. Die physiologische Reaktion ist charakterisiert durch eine kurze, initiale Beschleunigung der Herzfrequenz gefolgt von einer Verlangsamung der Herzfrequenz und einem Abfall des Blutdrucks, was im Kontrast zu der üblichen Beschleunigung der Herzfrequenz bei anderen Formen der Spezifischen Phobie steht. Bestimmte medizinische Krankheitsfaktoren können sich infolge des phobischen Vermeidungsverhalten verschlechtert haben. Zum Beispiel können Spezifische Phobien des Blut-Spritzen-Verletzungs-Typus negative Konsequenzen für die Zahn- oder körperliche Gesundheit mit sich bringen, da die Person die notwendige medizinische Hilfe vermeidet. Ähnlich kann auch die Angst vor Ersticken negative Konsequenzen für die Gesundheit haben, wenn die Nahrung auf Substanzen beschränkt wird, die leicht hinunterzuschlucken sind, oder wenn oral einzunehmende Medikamente vermieden werden.

Besondere kulturelle, Alters- und Geschlechtsmerkmale

Sowohl der Inhalt der Angst als auch ihre Prävalenz unterscheiden sich je nach kultureller und ethnischer Zugehörigkeit. Zum Beispiel existieren in vielen Kulturen Ängste vor magischen oder spirituellen Dingen, die nur dann als Spezifische Phobie eingeordnet werden sollten, wenn die Angst in diesem kulturellen Kontext übertrieben ist und zu einer deutlichen Beeinträchtigung oder Belastung führt.

Kinder drücken Angst möglicherweise in Form von Schreien, Wutanfällen, Erstarren oder Anklammern aus. Kinder beurteilen häufig ihre Angst nicht als übertrieben oder unbegründet und berichten selten, daß sie sich durch ihre Phobie belastet fühlen. Ängste vor Tieren und anderen Dingen in der natürlichen Umwelt sind in der Kindheit besonders häufig und treten üblicherweise vorübergehend auf. Die Diagnose einer Spezifischen Phobie ist erst dann gerechtfertigt, wenn die Furcht in klinisch bedeutsamer Weise zu Beeinträchtigungen führt (z. B. mangelnde Bereitschaft, zur Schule zu gehen aus Angst, auf der Straße auf einen Hund zu treffen).

Die Geschlechterverteilung variiert bei den verschiedenen Typen von Spezifischen Phobien. Etwa 75–90 % der Personen mit einer Spezifischen Phobie des Tier- und Umwelt-Typus sind weiblich (mit Ausnahme der Angst vor Höhen, bei der der prozentuale Anteil von Frauen zwischen 55 % und 70 % liegt). Auch beim Situativen Typus sind ungefähr 75–90 % der betroffenen Personen weiblich. Ungefähr 55–70 % der Personen mit dem Blut-Spritzen-Verletzungs-Typus sind weiblich.

Prävalenz

Obwohl Phobien in der Allgemeinbevölkerung sehr häufig sind, führen sie selten zu so hoher Beeinträchtigung oder Belastung, daß die Diagnose einer Spezifischen Phobie gerechtfertigt wäre. Die berichteten Prävalenzen hängen davon ab, welche Schwelle für die Bestimmung der Beeinträchtigung und Belastung festgelegt wird und wieviele Typen von Phobien in die Studien eingehen. In Bevölkerungsstichproben werden 1-Jahres-Prävalenzraten in Höhe von ca. 9 % berichtet, mit Lebenszeitprävalenzraten, die zwischen 10–11,3 % liegen.

Verlauf

Das durchschnittliche Alter bei Beginn der Störung variiert in Abhängigkeit vom Typus der Spezifischen Phobie. Das Alter bei Beginn der Spezifischen Phobie, Situativer Typus, scheint bimodal verteilt zu sein, mit einem Gipfel in der Kindheit und einem zweiten Gipfel Mitte der zwanziger Lebensjahre. Die Spezifische Phobie, Umwelt-Typus (z. B. Höhenphobie), scheint vor allem in der Kindheit zu beginnen, obwohl sich viele neue Fälle von Höhenphobie im frühen Erwachsenenalter entwickeln. Das Alter bei Beginn der Spezifischen Phobie,

Tier-Typus, und der Spezifischen Phobie, Blut-Spritzen-Verletzungs-Typus, liegt typischerweise ebenfalls in der Kindheit.

Prädisponierende Faktoren für den Beginn der Spezifischen Phobie schließen traumatische Erlebnisse ein (wie etwa von einem Tier angegriffen zu werden oder in einem engen Raum eingesperrt zu sein) sowie unerwartete Panikattacken in der später phobischen Situation, Beobachtung anderer, die einem Trauma ausgesetzt sind oder die Angstreaktionen zeigen (jemanden zu beobachten, der von einer Höhe fällt, oder der in Anwesenheit eines bestimmten Tieres ängstlich wird) und Instruktionen durch andere (z. B. wiederholte Warnungen der Eltern über die Gefährlichkeit bestimmter Tiere oder durch Medien vermittelte Berichte über Flugzeugunfälle). Die gefürchteten Objekte oder Situationen können Dinge umfassen, die aktuell oder zu einem bestimmten Zeitpunkt im Verlauf der Evolutionsgeschichte eine Gefahr für den Menschen bedeuteten. Phobien, die sich aufgrund einer traumatischen Erfahrung oder einer unerwarteten Panikattacke entwickeln, neigen dazu, sich besonders akut zu entwickeln. Phobien, die durch ein Trauma ausgelöst werden, zeigen keinen charakteristischen Altersbeginn (z. B. kann sich die Angst vor Ersticken, die häufig nach einem Erstickungsanfall oder einem Unfall, der fast zum Ersticken geführt hätte, auftritt, in jedem Alter entwickeln). Phobien, die bis ins Erwachsenenalter anhalten, remittieren nur selten (ca. 20 % der Fälle).

Familiäres Verteilungsmuster

Vorläufige Befunde weisen darauf hin, daß abhängig von der Art der Phobie eine familiäre Häufung zu finden ist (z. B. biologische Verwandte ersten Grades von Personen mit Spezifischer Phobie, Tier-Typus, haben ein höheres Risiko, ebenfalls eine Tierphobie zu entwickeln, obwohl es sich dabei nicht um das gleiche Tier handeln muß und biologische Verwandte ersten Grades von Personen mit Spezifischer Phobie, Situativer Typus, haben ein höheres Risiko, ebenfalls Spezifische Phobien des Situativen Typus zu entwickeln). Ängste vor Blut und Verletzung haben eine besonders hohe familiäre Häufung.

Differentialdiagnose

Spezifische Phobien unterscheiden sich von den meisten anderen Angststörungen im Ausmaß der Angst außerhalb der phobischen Situationen. Typischerweise zeigen Personen mit Spezifischer Phobie, anders als Personen mit **Panikstörung mit Agoraphobie**, keine überdauernde Angst, da ihre Angst auf spezifische, umschriebene Objekte oder Situationen beschränkt ist. Dennoch kann generalisierte Erwartungsangst auftreten, wenn die Konfrontation mit dem phobischen Stimulus wahrscheinlicher wird (z. B. wenn eine Person mit Angst vor Schlangen in ein Wüstengebiet umzieht) oder wenn bestimmte Lebensereignisse eine unmittelbare Konfrontation mit dem phobischen Stimulus bedeuten (z. B. wenn eine Person mit Flugangst durch bestimmte Umstände gezwungen wird zu fliegen).

Die Unterscheidung von Spezifischer Phobie, Situativer Typus, von der Panikstörung mit Agoraphobie kann manchmal schwierig sein, da beide Störungen Panikattacken und die Vermeidung ähnlicher Situationen beinhalten können (z. B. Autofahren, Fliegen, öffentliche Verkehrsmittel und enge, geschlossene Räume). Typischerweise ist die Panikstörung mit Agoraphobie charakterisiert durch ein initiales Einsetzen unerwarteter Panikattacken und der anschließenden Vermeidung zahlreicher Situationen, von denen angenommen wird, daß sie

Auslöser der Panikattacken sein könnten. Die Spezifische Phobie, Situativer Typus, ist typischerweise durch situatives Vermeidungsverhalten in Abwesenheit von wiederkehrenden unerwarteten Panikattacken charakterisiert. Manche Symptombilder fallen zwischen diese beiden Prototypen und erfordern eine klinische Beurteilung für die Auswahl der angemessensten Diagnose. Vier Faktoren können bei dieser Einschätzung hilfreich sein: der Angstinhalt, die Art und Anzahl der Panikattacken, die Anzahl der Situationen, die vermieden werden, und das Ausmaß der allgemeinen Ängstlichkeit. Zum Beispiel erlebt eine Person, die bislang Fahrstühle nicht gefürchtet oder vermieden hat, im Fahrstuhl eine Panikattacke und entwickelt in der Folge Angst, zur Arbeit zu gehen, da sie hierzu einen Fahrstuhl benutzen müßte, um in ihr Büro im 24. Stock zu gelangen. Wenn diese Person in der Folge Panikattacken ausschließlich im Fahrstuhl erlebt (auch wenn der Fokus der Angst auf den Panikattacken liegt), dann sollte die Diagnose einer Spezifischen Phobie gestellt werden. Falls aber die Person unerwartete Panikattacken in anderen Situationen erlebt und anfängt, aus Angst vor weiteren Panikattacken andere Situationen zu vermeiden oder zu fürchten, dann ist die Diagnose einer Panikstörung mit Agoraphobie angemessen. Darüber hinaus spricht das Vorliegen einer anhaltenden Erwartungsangst bezüglich des Auftretens einer Panikattacke, obwohl die Konfrontation mit einer phobischen Situation nicht erwartet wird, ebenfalls für die Diagnose einer Panikstörung mit Agoraphobie. Falls die Person zusätzlich unerwartete Panikattacken in anderen Situationen hat, aber kein zusätzliches Vermeidungsverhalten oder angstvolles Durchstehen entwickelt, dann ist die Diagnose einer Panikstörung ohne Agoraphobie angemessen.

Manchmal ist die gleichzeitige Diagnose einer Spezifischen Phobie und einer Panikstörung mit Agoraphobie gerechtfertigt. In diesen Fällen ist es hilfreich, den Inhalt der Besorgnis bezüglich der phobischen Situation zu betrachten. Zum Beispiel rechtfertigt das Vermeiden von Alleinsein aus Angst, eine unerwartete Panikattacke zu haben, die Diagnose einer Panikstörung mit Agoraphobie (falls die anderen Kriterien erfüllt sind). Hingegen kann das zusätzliche Vermeiden von Flugzeugreisen aus Angst vor schlechten Wetterbedingungen und einem Flugzeugabsturz die zusätzliche Diagnose einer Spezifischen Phobie rechtfertigen.

Spezifische Phobie und **Soziale Phobie** können auf der Basis des Angstinhalts voneinander abgegrenzt werden. Zum Beispiel kann die Angst, in einem Restaurant zu essen, aus der Angst vor negativer Bewertung durch andere (d. h. Soziale Phobie) oder der Angst zu Ersticken (d. h. Spezifische Phobie) resultieren. Im Unterschied zum Vermeidungsverhalten bei der Spezifischen Phobie folgt das Vermeidungsverhalten bei der **Posttraumatischen Belastungsstörung** einem lebensbedrohlichen Belastungsfaktor und wird von weiteren Merkmalen begleitet (z. B. Wiedererleben des Traumas und eingeschränkter Affekt). Bei der **Zwangsstörung** steht das Vermeidungsverhalten mit dem Zwangsinhalt in Verbindung (z. B. Schmutz, Verunreinigung). Bei Personen mit einer **Störung mit Trennungsangst** wird die Diagnose Spezifische Phobie nicht gegeben, wenn das Vermeidungsverhalten ausschließlich auf Trennungssituationen bei Personen begrenzt ist, zu denen das Individuum eine besonders enge Bindung hat. Darüber hinaus haben Kinder mit einer Störung mit Trennungsangst häufig auch übertriebene Angst vor Menschen oder Ereignissen (z. B. vor Räubern, Einbrechern, Entführern, Autounfällen, Flugzeugfliegen), die den Bestand der Familie bedrohen könnten. Die gesonderte Diagnose einer Spezifischen Phobie ist selten gerechtfertigt.

Die Unterscheidung zwischen **Hypochondrie** und einer Spezifischen Phobie, Anderer Typus, (z. B. Vermeidung von Situationen, in denen man sich eine Krankheit zuziehen könnte) hängt vom Vorhandensein oder Fehlen einer Krankheitsüberzeugung ab. Personen mit Hypochondrie leben in der ständigen Angst, eine Krankheit zu haben, während Personen mit einer Spezifischen Phobie fürchten, sich eine Krankheit zuzuziehen (aber nicht glauben, zur Zeit an einer Krankheit zu leiden). Bei Personen mit **Anorexia Nervosa** und **Bulimia Nervosa** wird die Diagnose einer Spezifischen Phobie nicht gegeben, wenn das Vermeidungsverhalten ausschließlich auf die Vermeidung von Nahrungsmitteln und mit Nahrungsmitteln verbundenen Reizen beschränkt ist. Bei einer Person mit **Schizophrenie** oder einer **anderen Psychotischen Störung** kann es vorkommen, daß aufgrund von Wahnvorstellungen bestimmte Aktivitäten vermieden werden, ohne dabei die Angst als übertrieben oder unbegründet einzuschätzen.

Ängste sind insbesondere in der Kindheit weit verbreitet, rechtfertigen aber nur dann die Diagnose einer Spezifischen Phobie, wenn eine bedeutsame Einschränkung der sozialen, schulischen oder beruflichen Funktionsfähigkeit oder ein deutliches Leiden aufgrund der Phobie vorliegt.

Diagnostische Kriterien für 300.29 (F40.2) Spezifische Phobie

A. Ausgeprägte und anhaltende Angst, die übertrieben oder unbegründet ist und die durch das Vorhandensein oder die Erwartung eines spezifischen Objekts oder einer spezifischen Situation ausgelöst wird (z. B. Fliegen, Höhen, Tiere, eine Spritze bekommen, Blut sehen).

B. Die Konfrontation mit dem phobischen Reiz ruft fast immer eine unmittelbare Angstreaktion hervor, die das Erscheinungsbild einer situationsgebundenen oder einer situationsbegünstigten Panikattacke annehmen kann.
Beachte: Bei Kindern kann sich die Angst in Form von Weinen, Wutanfällen, Erstarren oder Anklammern ausdrücken.

C. Die Person erkennt, daß die Angst übertrieben oder unbegründet ist. **Beachte:** Bei Kindern darf dieses Merkmal fehlen.

D. Die phobischen Situationen werden gemieden bzw. nur unter starker Angst oder starkem Unbehagen ertragen.

E. Das Vermeidungsverhalten, die ängstliche Erwartungshaltung oder das Unbehagen in den gefürchteten Situationen schränkt deutlich die normale Lebensführung der Person, ihre berufliche (oder schulische) Leistung oder sozialen Aktivitäten oder Beziehungen ein, oder die Phobie verursacht erhebliches Leiden für die Person.

F. Bei Personen unter 18 Jahren hält die Phobie über mindestens sechs Monate an.

G. Die Angst, Panikattacken oder das phobische Vermeidungsverhalten, die mit dem spezifischen Objekt oder der spezifischen Situation assoziiert sind, werden nicht besser durch eine andere psychische Störung erklärt, wie z. B. Zwangsstörung (z. B. Angst vor Schmutz bei Personen, die die Vorstellung haben, kontaminiert zu werden), Posttraumatische Belastungsstörung (z. B. Vermeidung von Reizen, die mit dem Trauma assoziiert sind) oder Störung mit Trennungsangst (z. B. Vermeidung von Schulbesuchen), Soziale Phobie (z. B. Vermeidung sozialer Situationen aus Angst vor Peinlichkeiten), Panikstörung mit Agoraphobie oder Agoraphobie ohne Panikstörung in der Vorgeschichte.

Fortsetzung nächste Seite

> Fortsetzung
>
> *Bestimme* den Typus:
> **Tier-Typus,**
> **Umwelt-Typus** (z. B. Höhen, Stürme, Wasser),
> **Blut-Spritzen-Verletzungs-Typus,**
> **Situativer Typus** (z. B. Flugzeuge, Fahrstühle, enge, geschlossene Räume),
> **Anderer Typus** (z. B. phobische Vermeidung von Situationen, die zum Ersticken, Erbrechen, oder zum Erwerb einer Krankheit führen könnten; bei Kindern, Vermeidung von lauten Geräuschen oder kostümierten Figuren).

300.23 (F40.1) Soziale Phobie (Soziale Angststörung)

Diagnostische Merkmale

Das Hauptmerkmal der Sozialen Phobie ist eine ausgeprägte und anhaltende Angst vor sozialen oder Leistungssituationen, in denen Peinlichkeiten auftreten können (**Kriterium A**). Die Konfrontation mit der sozialen oder Leistungssituation ruft fast immer eine unmittelbare Angstreaktion hervor (**Kriterium B**). Diese Reaktion kann die Form einer situationsgebundenen oder einer situationsbegünstigten Panikattacke annehmen (siehe S. 454). Obwohl Jugendliche und Erwachsene mit dieser Störung ihre Angst als übertrieben und unbegründet einschätzen (**Kriterium C**), muß dies bei Kindern nicht der Fall sein. In den meisten Fällen wird die soziale oder Leistungssituation vermieden, manchmal wird sie jedoch unter starker Angst ertragen (**Kriterium D**). Die Diagnose sollte nur dann gestellt werden, wenn die Vermeidung, Angst oder ängstliche Erwartungshaltung bezüglich der Konfrontation mit der sozialen oder Leistungssituation alltägliche Routinearbeiten, die berufliche Funktionsfähigkeit oder das Sozialleben der Person deutlich beeinträchtigen oder wenn die Person stark unter der Phobie leidet (**Kriterium E**). Bei Personen unter 18 Jahren müssen die Symptome mindestens sechs Monate angehalten haben, bevor eine Soziale Phobie diagnostiziert wird (**Kriterium F**). Die Angst oder Vermeidung gehen nicht auf die direkte körperliche Wirkung einer Substanz oder eines medizinischen Krankheitsfaktors zurück und können nicht besser durch eine andere psychische Störung (z. B. Panikstörung, Störung mit Trennungsangst, Körperdysmorphe Störung, Tiefgreifende Entwicklungsstörung oder Schizoide Persönlichkeitsstörung) erklärt werden (**Kriterium G**). Falls eine andere psychische Störung oder ein medizinischer Krankheitsfaktor vorliegen (z. B. Stottern, Parkinson Syndrom, Anorexia Nervosa), sollten die Angst oder die Vermeidung nicht auf die Besorgnis über deren soziale Auswirkungen beschränkt sein (**Kriterium H**).

In den gefürchteten sozialen oder Leistungssituationen entwickeln Personen mit Sozialer Phobie Angst, sich zu blamieren, und befürchten, daß andere sie als ängstlich, schwach, „verrückt" oder dumm beurteilen. Sie können öffentliches Sprechen fürchten, da sie sich sorgen, daß andere das Zittern ihrer Hände oder Stimme bemerken könnten, oder sie können extreme Angst entwickeln, wenn sie sich mit anderen unterhalten, da sie befürchten, nicht wortgewandt zu wirken. Sie können Essen, Trinken oder Schreiben in der Öffentlichkeit vermeiden, aus Angst sich zu blamieren, wenn andere sehen, daß ihre Hand zittert. Personen mit Sozialer Phobie nehmen fast immer Angstsymptome (z. B. Herzklopfen, Zittern, Schwitzen, Magen-Darm-Beschwerden, Durchfall, Muskelverspannungen, Erröten, „durcheinander sein") in den gefürchteten sozialen Situationen wahr, wobei diese in schweren Fällen die

Kriterien für eine Panikattacke erfüllen können (siehe S. 454). Erröten kann eher typisch für Soziale Phobie sein.

Erwachsene mit Sozialer Phobie erkennen, daß ihre Angst übertrieben und unbegründet ist. Bei Kindern muß dies nicht der Fall sein. Zum Beispiel sollte die Diagnose Wahnhafte Störung statt Soziale Phobie gegeben werden, wenn die Person Essen in der Öffentlichkeit meidet, da sie überzeugt ist, daß sie von der Polizei beobachtet wird und nicht erkennt, daß die Angst übertrieben und unbegründet ist. Darüber hinaus wird die Diagnose nicht gestellt, wenn die Angst begründet ist (z. B. die Angst, in der Klasse aufgerufen zu werden, wenn man nicht vorbereitet ist).

Typischerweise vermeidet die Person mit Sozialer Phobie die gefürchtete Situation. Weniger häufig zwingt sich die Person, die soziale oder Leistungssituation auszuhalten, wobei sie intensive Angst empfindet. Deutliche Erwartungsangst kann auch in Antizipation einer sozialen oder Leistungssituation auftreten, die erst in ferner Zukunft stattfinden (z. B. sich für mehrere Wochen jeden Tag über ein bevorstehendes soziales Ereignis sorgen). Es kann ein Teufelskreis entstehen aus Erwartungsangst, die zu angstverschärfenden Kognitionen und Angstsymptomen in solchen gefürchteten Situationen führt, die zu einer tatsächlichen oder wahrgenommenen schlechten Leistung in der gefürchteten Situation führt. Dies wiederum ruft Verlegenheit und eine erhöhte Erwartungsangst bezüglich solcher gefürchteten Situationen hervor und so weiter.

Die Angst oder Vermeidung muß deutlich die normale Lebensführung, die berufliche oder schulische Funktionsfähigkeit oder soziale Aktivitäten oder Beziehungen einschränken, oder die Phobie verursacht erhebliches Leiden. Zum Beispiel würde eine Person, die Angst vor öffentlichem Sprechen hat, nicht die Diagnose Soziale Phobie erhalten, falls diese Situation nicht regelmäßig im Beruf oder in der Ausbildung auftritt und wenn die Person nicht ausgesprochen darunter leidet. Die Angst, sich in sozialen Situationen zu blamieren, ist weit verbreitet, wobei meist das Ausmaß der Belastung und Beeinträchtigung nicht ausreichend ist, um die Diagnose einer Sozialen Phobie zu rechtfertigen. Vorübergehende soziale Ängste oder Vermeidung sind insbesondere in der Kindheit und Adoleszenz besonders häufig (z. B. eine Jugendliche kann für eine kurze Zeit das Essen in Gegenwart von Jungen vermeiden, später aber wieder normales Verhalten zeigen). Bei Personen, die jünger als 18 Jahre sind, ist nur dann die Diagnose einer Sozialen Phobie gerechtfertigt, wenn die Symptome länger als sechs Monate anhalten.

Zusatzcodierung

— **Generalisiert.** Diese Zusatzcodierung kann benutzt werden, wenn die Ängste viele verschiedene soziale Situationen betreffen (z. B. Gespräch beginnen oder aufrechterhalten, Teilnahme an kleinen Gruppen, Verabredungen, mit Autoritätspersonen sprechen, an Parties teilnehmen). Personen mit Sozialer Phobie, Generalisiert, fürchten meist sowohl öffentliche Leistungssituationen als auch soziale Interaktionen. Da Personen mit Sozialer Phobie das volle Ausmaß ihrer sozialen Ängste häufig nicht spontan berichten, ist es für den Untersucher hilfreich, die Person mit Hilfe einer Liste zu sozialen und Leistungssituationen zu befragen. Personen, deren klinisches Erscheinungsbild nicht die Definition für Generalisiert erfüllt, stellen eine heterogene Gruppe dar, die sowohl Personen mit Angst vor einer einzigen Leistungssituation als auch solche mit Angst vor mehreren, aber nicht vor fast allen sozialen Situationen einschließt. Personen mit Sozialer Phobie, Generalisiert, können häufiger Defizite in sozialen Fertigkeiten entwickeln und zeigen schwere Beeinträchtigung in sozialen und beruflichen Funktionsbereichen.

Zugehörige Merkmale und Störungen

Zugehörige Beschreibungsmerkmale und psychische Störungen. Merkmale, die häufig mit Sozialer Phobie einhergehen, sind Überempfindlichkeit gegenüber Kritik, negativer Bewertung oder Ablehnung; Schwierigkeiten, sich selbst zu behaupten, und geringes Selbstbewußtsein oder Minderwertigkeitsgefühle. Personen mit Sozialer Phobie fürchten auch häufig die indirekte Bewertung durch andere, z. B. an einem Test teilzunehmen. Sie können mangelnde soziale Fertigkeiten (z. B. wenig Augenkontakt) oder beobachtbare Anzeichen von Angst (z. B. kalte, feuchte Hände, Zittern, zittrige Stimme) aufweisen. Personen mit Sozialer Phobie schneiden in der Schule wegen der Prüfungsangst oder Vermeidung der Teilnahme am Unterricht häufig schlechter ab. Sie erbringen möglicherweise schlechtere Leistungen bei der Arbeit aufgrund der Angst vor oder der Vermeidung von Sprechen vor anderen oder in der Öffentlichkeit oder mit Autoritätspersonen und Kollegen. Das soziale Netz von Personen mit Sozialer Phobie ist häufig klein, und sie heiraten wahrscheinlich seltener. In besonders schweren Fällen verlassen die Betroffenen die Schule, sind arbeitslos oder bekommen keine Arbeit, da sie nicht in der Lage sind, Bewerbungsgespräche zu führen, haben keine Freunde oder hängen an unbefriedigenden Beziehungen, verzichten vollständig auf Verabredungen oder ziehen sich in ihre Herkunftsfamilie zurück.

Eine Soziale Phobie kann mit einer Panikstörung mit Agoraphobie, Agoraphobie ohne Panikstörung in der Vorgeschichte, Zwangsstörung, Affektiven Störungen, Störungen im Zusammenhang mit Psychotropen Substanzen und Somatisierungsstörung einhergehen und geht diesen Störungen häufig voraus. In klinischen Stichproben liegt oft eine Vermeidend-Selbstunsichere Persönlichkeitsstörung bei Personen mit Sozialer Phobie, Generalisiert, vor.

Zugehörige Laborbefunde. Im Vergleich zu Personen mit Panikstörung entwickeln Personen mit Sozialer Phobie in Reaktion auf Laktat-Infusion oder CO_2-Inhalation seltener eine Panikattacke. Diese Befunde unterstützen die Differenzierung von Sozialer Phobie und Panikstörung, obwohl keiner dieser Befunde als pathognomonisch für diese Störungen betrachtet werden kann.

Besondere kulturelle, Alters- und Geschlechtsmerkmale

Das klinische Erscheinungsbild und die daraus resultierende Beeinträchtigung kann sich zwischen verschiedenen Kulturen in Abhängigkeit von den sozialen Anforderungen unterscheiden. In bestimmten Kulturen (z. B. Japan und Korea) können Personen mit Sozialer Phobie eine anhaltende und übertriebene Angst davor entwickeln, in sozialen Situationen bei anderen Personen Ärgernis zu erregen, anstelle von verlegen zu sein. Diese Befürchtungen können sich zur extremen Angst davor entwickeln, daß Erröten, Augenkontakt oder der eigene Körpergeruch andere Menschen abstoßen könnte (*taijin kyofusho* in Japan).

Bei Kindern können Angstreaktionen wie Weinen, Wutanfälle, Erstarren, Anklammern oder in der Nähe von vertrauten Personen bleiben und gehemmte Interaktionen bis zu Mutismus auftreten. Kleine Kinder können extrem ängstlich in neuen sozialen Situationen sein, vor dem Kontakt mit anderen zurückweichen, sich weigern, an Gruppenspielen teilzunehmen, sich typischerweise bei sozialen Aktivitäten im Hintergrund halten und versuchen, in der Nähe von vertrauten Erwachsenen zu bleiben. Anders als bei Erwachsenen haben Kinder mit Sozialer Phobie normalerweise nicht die Option, alle gefürchteten Situationen zu vermeiden und sind möglicherweise nicht in der Lage, den Grund ihrer Angst zu benennen. Es kann ein Abfall in den Schulleistungen, Schulverweigerung oder Vermeidung von altersangemessenen sozialen Aktivitäten und Verabredungen auftreten. Um die Diagnose bei Kindern zu stellen, muß gewährleistet sein, daß das Kind in der Lage ist, soziale Beziehungen mit vertrauten Personen aufzunehmen, und die soziale Angst muß auch bei Gleichaltrigen und nicht nur gegenüber Erwachsenen auftreten. Da die Störung früh beginnt und einen chronischen Verlauf nimmt, zeigt sich die Beeinträchtigung der Kinder eher in Form von Nichterreichen eines erwarteten Funktionsniveaus als in einem Abfall von einem optimalen Funktionsniveau. Im Unterschied dazu kann die Störung zu einer Verschlechterung der sozialen und schulischen Leistung führen, wenn der Beginn in der Adoleszenz liegt.

Epidemiologische und Bevölkerungsstudien weisen darauf hin, daß die Soziale Phobie bei Frauen häufiger ist als bei Männern. In den meisten klinischen Stichproben ist jedoch die Geschlechterverteilung entweder gleich oder die Männer überwiegen.

Prävalenz

Epidemiologische und Bevölkerungsstudien berichten für die Soziale Phobie Lebenszeitprävalenzen, die zwischen 3 % und 13 % liegen. Die berichteten Prävalenzen hängen möglicherweise von der Schwelle, die für die Bestimmung der Belastung und Beeinträchtigung festgelegt wird, und der Anzahl der Arten von sozialen Situationen, die jeweils untersucht wurde, ab. In einer Studie berichteten 20 % der Befragten über ausgeprägte Ängste bei öffentlichem Sprechen und Leistungen, aber nur 2 % gaben eine hinreichende Beeinträchtigung oder Belastung an, um die Diagnose einer Sozialen Phobie zu rechtfertigen. In der Allgemeinbevölkerung fürchten die meisten Personen mit Sozialer Phobie öffentliches Sprechen, während etwas weniger als die Hälfte Angst vor dem Sprechen mit Fremden oder Angst, neue Menschen kennenzulernen, angibt. Andere soziale Ängste (z. B. Essen, Trinken oder Schreiben vor anderen oder das Aufsuchen öffentlicher Toiletten) scheinen seltener zu sein. In klinischen Stichproben fürchtet der weitaus größte Teil der Personen mit Sozialer Phobie mehr als eine Art von sozialer Situation. Soziale Phobie ist selten der Grund für die Aufnahme in eine stationäre Behandlung. In ambulanten Einrichtungen betrug der Anteil der Personen mit Sozialer Phobie an der Gesamtzahl der Personen mit Angststörungen zwischen 10 % und 20 %, wobei die Raten je nach Ort stark schwankten.

Verlauf

Die Soziale Phobie beginnt typischerweise im Alter von ungefähr 15 Jahren, manchmal entwickelt sie sich aus einer Anamnese sozialer Hemmung oder Schüchternheit in der Kindheit. Manche Personen berichten über einen Beginn in der frühen Kindheit. Der Beginn kann sofort im Anschluß an ein belastendes oder peinliches Erlebnis oder schleichend sein. Der Verlauf der Sozialen Phobie ist meist kontinuierlich. Die Dauer ist häufig lebenslang, obwohl während der Adoleszenz der Schweregrad abnehmen oder die Störung remittieren kann. Das Ausmaß der Beeinträchtigung kann mit Belastungsfaktoren und Anforderungen fluktuieren, zum Beispiel kann die Soziale Phobie bei einer Person mit Angst vor Verabredungen abnehmen, wenn diese Person heiratet und entsprechend wieder auftreten, wenn der Ehepartner stirbt. Eine Beförderung in eine berufliche Position, in der öffentliches Sprechen erforderlich ist, kann bei einer Person, die zuvor niemals in der Öffentlichkeit sprechen mußte, zu einer Verschlechterung der Sozialen Phobie führen.

Familiäres Verteilungsmuster

Im Vergleich zur Allgemeinbevölkerung scheint die Soziale Phobie bei biologischen Angehörigen ersten Grades von Personen mit dieser Störung häufiger aufzutreten.

Differentialdiagnose

Personen mit Panikattacken und sozialer Vermeidung stellen manchmal ein schwieriges diagnostisches Problem dar. Typischerweise ist die **Panikstörung mit Agoraphobie** durch einen Beginn mit unerwarteten Panikattacken und anschließender Vermeidung zahlreicher Situationen charakterisiert, die als Auslöser für Panikattacken angesehen werden. Obwohl bei der Panikstörung soziale Situationen aufgrund der Furcht, während einer Panikattacke beobachtet zu werden, vermieden werden können, ist die Panikstörung durch wiederkehrende, unerwartete Panikattacken gekennzeichnet, die nicht ausschließlich auf soziale Situationen beschränkt sind, und die Soziale Phobie wird nicht diagnostiziert, wenn die Angst sich nur auf die Furcht bezieht, während einer Panikattacke beobachtet zu werden. Typischerweise ist die Soziale Phobie durch die Vermeidung sozialer Situationen bei Fehlen von wiederkehrenden, unerwarteten Panikattacken charakterisiert. Falls Panikattacken auftreten, treten sie in Form situationsgebundener oder situationsbegünstigter Panikattacken auf (z. B. werden bei einer Person mit der Angst, sich beim öffentlichen Sprechen zu blamieren, nur beim öffentlichen Sprechen oder in anderen sozialen Situationen Panikattacken ausgelöst). Manche Symptombilder fallen zwischen diese beiden Prototypen und erfordern eine klinische Einschätzung darüber, welches der beiden Störungsbilder die angemessenste Diagnose darstellt. Zum Beispiel erlebt eine Person, die bisher keine Angst vor öffentlichem Sprechen hatte, während eines Vortrages eine Panikattacke und beginnt, Vorträge zu fürchten. Wenn diese Person in der Folge Panikattacken ausschließlich in sozialen Leistungssituationen erlebt (auch wenn der Fokus der Angst auf den Panikattacken liegt), dann sollte die Diagnose einer Sozialen Phobie gestellt werden. Wenn jedoch die Person weiterhin unerwartete Panikattacken erlebt, dann ist die Diagnose Panikstörung mit Agoraphobie angemessen. Falls die Kriterien sowohl für Soziale Phobie als auch für Panikstörung erfüllt sind, werden beide Diagnosen gestellt, zum Beispiel wenn eine Person, die ihr ganzes Leben soziale Situationen gefürchtet und vermieden hat (Soziale Phobie), später Panikattacken in nicht-sozialen Situationen und eine Vielzahl von zusätzlichem Vermeidungsverhalten (Panikstörung mit Agoraphobie) entwickelt.

Die Vermeidung von Situationen aufgrund der Angst vor einer möglichen Demütigung ist bei der Sozialen Phobie sehr ausgeprägt, kann aber manchmal auch bei der **Panikstörung mit Agoraphobie** und **Agoraphobie ohne Panikstörung in der Vorgeschichte** auftreten. Die bei der Sozialen Phobie vermiedenen Situationen sind auf solche begrenzt, die möglicherweise eine Bewertung durch andere beinhalten. Ängste bei der Agoraphobie ohne Panikstörung in der Vorgeschichte beinhalten typischerweise charakteristische Situationsklassen, die die

Bewertung durch andere beinhalten können oder auch nicht beinhalten können (z. B. allein außer Hause sein oder alleine zu Hause sein; auf einer Brücke oder in einem Fahrstuhl sein; reisen mit dem Bus, Zug, Auto oder Flugzeug). Die Bedeutung einer Begleitperson kann ebenfalls für die Unterscheidung von Sozialer Phobie und Agoraphobie (mit und ohne Panikstörung) hilfreich sein. Typischerweise ziehen es Personen mit agoraphobischer Vermeidung vor, in der gefürchteten Situation von einer Vertrauensperson begleitet zu werden, während Personen mit Sozialer Phobie ausgeprägte Erwartungsangst haben können, aber normalerweise keine Panikattacken haben, wenn sie alleine sind. Eine Person mit Sozialer Phobie, die überfüllte Geschäfte fürchtet, fühlt sich mit oder ohne Begleitung beobachtet und würde ohne die zusätzliche Belastung aufgrund der wahrgenommenen Beobachtung durch die Begleitperson sogar weniger ängstlich sein.

Kinder mit **Störung mit Trennungsangst** können soziale Situationen vermeiden, da sie fürchten, von ihrer Bezugsperson getrennt zu werden, durch vorzeitige Rückkehr nach Hause bloßgestellt zu werden oder in einer ihrem Entwicklungsstand nicht angemessenen Weise die Anwesenheit eines Elternteils zu benötigen. Kinder mit Störung mit Trennungsangst fühlen sich normalerweise in sozialen Situationen zu Hause wohl, während Kinder mit Sozialer Phobie auch Anzeichen von Unwohlsein zeigen, wenn gefürchtete soziale Situationen zu Hause auftreten.

Obwohl die Angst vor Peinlichkeit oder Demütigung bei der **Generalisierten Angststörung** oder **Spezifischen Phobie** auftreten kann (z. B. Verlegenheit wegen der Ohnmacht bei Blutabnahme), ist dies nicht der im Vordergrund stehende Inhalt der Befürchtungen oder der Angst der Person. Kinder mit Generalisierter Angststörung haben ausgeprägte Sorgen bezüglich der Qualität ihrer Leistungen, aber diese treten auch auf, wenn sie nicht von anderen beurteilt werden, während bei der Sozialen Phobie die mögliche Beurteilung durch andere der Auslöser für die Angst ist.

Bei einer **Tiefgreifenden Entwicklungsstörung** und **Schizoider Persönlichkeitsstörung** werden soziale Situationen vermieden, da kein Interesse an Kontakten mit anderen Menschen besteht. Dagegen haben Personen mit Sozialer Phobie Fähigkeit zu und Interesse an sozialen Beziehungen mit vertrauten Personen. Insbesondere bei Kindern ist für die Diagnose einer Sozialen Phobie Voraussetzung, daß sie über mindestens *eine* altersangemessene soziale Beziehung mit Personen außerhalb der unmittelbaren Familie verfügen (z. B. ein Kind, das sich in sozialen Versammlungen mit Gleichaltrigen unwohl fühlt und diese Situationen vermeidet, das aber ein aktives Interesse an Beziehungen mit Gleichaltrigen hat und über eine freundschaftliche Beziehung mit einem vertrauten gleichaltrigen Freund verfügt).

Die **Vermeidend-Selbstunsichere Persönlichkeitsstörung** teilt eine Reihe von Merkmalen mit der Sozialen Phobie und überlappt sich stark mit der Sozialen Phobie, Generalisiert. Bei Personen mit Sozialer Phobie, Generalisiert, sollte die Zusatzdiagnose Vermeidend-Selbstunsichere Persönlichkeitsstörung in Betracht gezogen werden.

Soziale Angst und Vermeidung von sozialen Situationen sind **zugehörige Merkmale zahlreicher anderer psychischer Störungen** (z. B. Major Depression, Dysthyme Störung, Schizophrenie, Körperdysmorphe Störung). Wenn die Symptome der sozialen Angst oder Vermeidung nur im Verlauf einer anderen psychischen Störung auftreten und entschieden wird, daß sie besser durch diese Störung erklärt werden, wird die Zusatzdiagnose Soziale Phobie nicht gestellt.

Personen mit Sozialer Phobie können ein Risiko für eine Verschlechterung ihrer sozialen Angst und Vermeidung im Zusammenhang mit medizinischen Krankheitsfaktoren oder psychischen Störungen mit potentiell peinlichen Symptomen (z. B. Zittern bei Parkinsonsyndrom, abnormes Eßverhalten bei Anorexia Nervosa, Übergewicht, Schielen oder Gesichtsnarben) haben. Wenn jedoch die soziale Angst und Vermeidung auf die Sorgen bezüglich des medizinischen Krankheitsfaktors oder der psychischen Störung beschränkt sind, wird die Diagnose Soziale Phobie konventionellerweise nicht gestellt. Wenn die soziale Vermeidung klinisch bedeutsam ist, kann die separate Diagnose **Nicht Näher Bezeichnete Angststörung** gegeben werden.

Prüfungsangst, Lampenfieber und **Schüchternheit** in sozialen Situationen mit fremden Personen sind weit verbreitet und sollten nicht als Soziale Phobie diagnostiziert werden, es sei denn die Angst oder Vermeidung führt zu einer klinisch bedeutsamen Beeinträchtigung und starker Belastung. Kinder zeigen im allgemeinen soziale Angst, insbesondere wenn sie mit fremden Personen Kontakt haben. Die Diagnose Soziale Phobie sollte bei Kindern nicht gestellt werden, es sei denn, daß die soziale Angst auch gegenüber Gleichaltrigen auftritt und über mindestens 6 Monate anhält.

Diagnostische Kriterien für 300.23 (F40.1) Soziale Phobie

A. Eine ausgeprägte und anhaltende Angst vor einer oder mehreren sozialen oder Leistungssituationen, in denen die Person mit unbekannten Personen konfrontiert ist oder von anderen Personen beurteilt werden könnte. Der Betroffene befürchtet, ein Verhalten (oder Angstsymptome) zu zeigen, das demütigend oder peinlich sein könnte.
Beachte: Bei Kindern muß gewährleistet sein, daß sie im Umgang mit bekannten Personen über die altersentsprechende soziale Kompetenz verfügen, und die Angst muß gegenüber Gleichaltrigen und nicht nur in der Interaktion mit Erwachsenen auftreten.

B. Die Konfrontation mit der gefürchteten sozialen Situation ruft fast immer eine unmittelbare Angstreaktion hervor, die das Erscheinungsbild einer situationsgebundenen oder einer situationsbegünstigten Panikattacke annehmen kann.
Beachte: Bei Kindern kann sich die Angst durch Weinen, Wutanfälle, Erstarren oder Zurückweichen von sozialen Situationen mit unvertrauten Personen ausdrücken.

C. Die Person erkennt, daß die Angst übertrieben oder unbegründet ist.
Beachte: Bei Kindern darf dieses Kriterium fehlen.

D. Die gefürchteten sozialen oder Leistungssituationen werden vermieden oder nur unter intensiver Angst oder Unwohlsein ertragen.

E. Das Vermeidungsverhalten, die ängstliche Erwartungshaltung oder das starke Unbehagen in den gefürchteten sozialen oder Leistungssituationen beeinträchtigen deutlich die normale Lebensführung der Person, ihre berufliche (oder schulische) Leistung oder soziale Aktivitäten oder Beziehungen, oder die Phobie verursacht erhebliches Leiden.

F. Bei Personen unter 18 Jahren hält die Phobie über mindestens 6 Monate an.

Fortsetzung nächste Seite

Fortsetzung

G. Die Angst oder Vermeidung geht nicht auf die direkte körperliche Wirkung einer Substanz (z. B. Droge, Medikament) oder eines medizinischen Krankheitsfaktors zurück und kann nicht besser durch eine andere psychische Störung (z. B. Panikstörung mit oder ohne Agoraphobie, Störung mit Trennungsangst, Körperdysmorphe Störung, Tiefgreifende Entwicklungsstörung oder Schizoide Persönlichkeitsstörung) erklärt werden.

H. Falls ein medizinischer Krankheitsfaktor oder eine andere psychische Störung vorliegen, so stehen diese nicht in Zusammenhang mit der unter Kriterium A beschriebenen Angst, z. B. nicht Angst vor Stottern, Zittern bei Parkinsonscher Erkrankung oder, bei Anorexia Nervosa oder Bulimia Nervosa, ein abnormes Eßverhalten zu zeigen.

Bestimme, ob:
Generalisiert: Wenn die Angst fast alle sozialen Situationen betrifft (ziehe auch die zusätzliche Diagnose einer Vermeidend-Selbstunsicheren Persönlichkeitsstörung in Betracht).

300.3 (F42.x) Zwangsstörung

Diagnostische Merkmale

Das Hauptmerkmal der Zwangsstörung sind wiederkehrende Zwangsgedanken oder Zwangshandlungen (**Kriterium A**), die schwer genug sind, um zeitaufwendig zu sein (sie benötigen mehr als 1 Stunde am Tag) oder ausgeprägtes Leiden oder deutliche Beeinträchtigungen zu verursachen (**Kriterium C**). Zu irgendeinem Zeitpunkt der Störung hat die Person erkannt, daß die Zwangsgedanken oder Zwangshandlungen übertrieben oder unbegründet sind (**Kriterium B**). Falls eine andere Achse I-Störung vorliegt, so ist der Inhalt der Zwangsgedanken oder Zwangshandlungen nicht auf diese beschränkt (**Kriterium D**). Das Störungsbild geht nicht auf die direkte körperliche Wirkung einer Substanz (z. B. Droge, Medikament) oder eines medizinischen Krankheitsfaktors zurück (**Kriterium E**).

Zwangsgedanken sind anhaltende Ideen, Gedanken, Impulse oder Vorstellungen, die als aufdringlich und unangemessen wahrgenommen werden und ausgeprägte Angst oder Leiden verursachen. Die aufdringliche und unangemessene Qualität der Zwangsgedanken werden als „ich-dyston" eingeordnet. Dies heißt, daß die Person den Inhalt der Zwangsgedanken als fremd, nicht ihrer Kontrolle unterliegend und nicht als Gedanken, die sie zu denken erwartet hätte, erlebt. Die Person kann jedoch erkennen, daß die Zwangsgedanken Produkt ihres eigenen Geistes und nicht von außen auferlegt sind (wie bei Gedankeneingebung).

Die häufigsten Zwangsgedanken sind wiederkehrende Gedanken, sich zu kontaminieren (z. B. durch Händeschütteln infiziert oder verschmutzt zu werden), wiederkehrende Zweifel (z. B. zu überlegen, ob man etwas getan hat wie jemanden bei einem Verkehrsunfall verletzt oder eine Tür nicht abgeschlossen zu haben), das Bedürfnis, Dinge in einer ganz bestimmten Ordnung zu haben (z. B. starkes Unwohlsein, wenn Dinge ungeordnet oder asymmetrisch sind), aggressive oder schreckliche Impulse (z. B. das eigene Kind zu verletzen oder Obszönitäten in der Kirche auszurufen) und sexuelle Vorstellungen (z. B. eine wiederkehrende pornographische Vorstellung). Die Gedanken, Impulse oder Vorstellungen sind nicht einfach nur ausgeprägte Sorgen über reale Lebensprobleme (z. B. Sorgen über derzeitig vorliegende Lebensprobleme wie Finanzen, Arbeit oder Schulprobleme) und stehen in der Regel nicht mit realen Lebensproblemen in Beziehung.

Die Person mit Zwangsgedanken versucht im allgemeinen, die Gedanken oder Impulse zu ignorieren oder zu unterdrücken oder mit anderen Gedanken oder Aktivitäten (Zwangshandlungen) zu neutralisieren. Zum Beispiel versucht eine Person, die von Zweifel geplagt wird, ob sie den Ofen ausgestellt hat, diese zu neutralisieren, indem sie immer wieder prüft, ob der Ofen aus ist, um sich so zu beruhigen.

Zwangshandlungen sind sich wiederholende Verhaltensweisen (z. B. Händewaschen, Ordnen, Prüfen) oder geistige Handlungen (z. B. Beten, Zählen, Wörter leise wiederholen), deren Ziel es ist, Angst oder Unwohlsein zu verhindern oder zu reduzieren und nicht, Wohlbefinden oder Befriedigung hervorzurufen. In den meisten Fällen fühlt sich die Person gezwungen, die Zwangshandlung auszuführen, um das Unwohlsein, das die Zwangsgedanken begleitet, zu reduzieren oder die befürchteten Ereignisse oder Situationen zu verhindern. Zum Beispiel versuchen Personen mit dem Zwangsgedanken, kontaminiert zu sein, ihre psychische Belastung durch Händewaschen bis die Haut wund ist zu reduzieren; Personen, die von Zwangsgedanken, die Tür unverschlossen hinterlassen zu haben, geplagt werden, fühlen sich gezwungen, das Schloß nach wenigen Minuten wieder zu prüfen. Personen, die durch unerwünschte blasphemische Gedanken belastet werden, können eine Entlastung empfinden, wenn sie für jeden Gedanken hundert Mal bis 10 rückwärts und vorwärts zählen. Manchmal führen Personen nach idiosynkratisch elaborierten Regeln rigide oder stereotype Handlungen aus, ohne dabei angeben zu können, warum sie dies tun. Per Definition sind Zwangshandlungen entweder deutlich übertrieben oder stehen in keinem sinnvollen Zusammenhang zu dem, was sie zu neutralisieren oder zu verhindern versuchen. Die häufigsten Zwangshandlungen sind Waschen und Putzen, Zählen, Nachprüfen, Erbitten oder Fordern von Versicherungen, Wiederholen von Handlungen sowie Ordnen.

Per Definition erkennen Erwachsene mit Zwangsstörung zu irgendeinem Zeitpunkt, daß die Zwangsgedanken oder Zwangshandlungen übertrieben oder unbegründet sind. Dieses Kriterium muß bei Kindern nicht erfüllt sein, da sie möglicherweise nicht über die für diese Erkenntnis notwendigen kognitiven Voraussetzungen verfügen. Aber auch bei Erwachsenen findet sich eine große Bandbreite für das Ausmaß der Einsicht in die Begründetheit der Zwangsgedanken oder Zwangshandlungen. Manche Personen sind unsicher über die Vernünftigkeit ihrer Zwangsgedanken oder Zwangshandlungen und jede gegebene Einsicht einer Person kann über die Zeit und je nach Situation schwanken. Zum Beispiel kann die Person in einer „sicheren Situation" (z. B. im Büro des Therapeuten) die Kontamination-Zwangsgedanken als unbegründet erkennen, aber nicht mehr, wenn sie aufgefordert wird, Geld in die Hand zu nehmen. In Zeiten, in denen die Person die Zwangsgedanken oder Zwangshandlungen als unbegründet erkennt, wünscht sie sich oder versucht sie, ihnen zu widerstehen. Wenn versucht wird, der Zwangshandlung zu widerstehen, hat die Person das Gefühl wachsender Angst oder Anspannung, die meist abnimmt, wenn der Zwangshandlung nachgegeben wird. Im Verlauf der Störung, nachdem den Zwangsgedanken oder Zwangshandlung wiederholt nicht widerstanden werden konnte, gibt die Person ihnen nach und integriert die Zwangshandlungen in die alltägliche Routine.

Die Zwangsgedanken oder Zwangshandlungen müssen erhebliche Belastung verursachen, zeitaufwendig sein (mehr als 1 Stunde am Tag in Anspruch nehmen) oder die normale Tagesroutine, berufliche Funktionsfähigkeit oder die üblichen sozialen Aktivitäten oder Beziehungen mit anderen deutlich beeinträchtigen. Zwangsgedanken oder Zwangshandlungen können sinnvolle und befriedigende Verhaltensweisen verdrängen und das allgemeine Funktionsniveau schwer beeinträchtigen.

Zusatzcodierung

— **Mit Wenig Einsicht:** Diese Zusatzcodierung kann herangezogen werden, wenn die Person im Verlauf der derzeitigen Episode die meiste Zeit nicht erkennt, daß die Zwangsgedanken oder Zwangshandlungen übertrieben oder unbegründet sind.

Zugehörige Merkmale und Störungen

Zugehörige Beschreibungsmerkmale und psychische Störungen. Häufig werden Situationen vermieden, die den Inhalt der Zwangsgedanken betreffen, wie Dreck oder Verunreinigung. Zum Beispiel wird eine Person mit Zwangsgedanken über Schmutz öffentliche Toiletten oder Händeschütteln mit fremden Personen vermeiden. Hypochondrische Sorgen mit wiederholten Arztbesuchen zur Beruhigung sind häufig. Schuldgefühle, ein pathologisches Gefühl von Verantwortung und Schlafstörungen können auftreten. Es kann ein exzessiver Gebrauch von Alkohol oder Sedativa, Hypnotika oder anxiolytischen Medikamenten vorliegen. Die Ausübung der Zwangshandlung kann zum hauptsächlichen Lebensinhalt werden, was zur schweren Beeinträchtigung der Ehe, des Berufes oder des Soziallebens führt. Die alles beherrschende Vermeidung kann dazu führen, daß die Person an das Haus gefesselt ist.

Die Zwangsstörung kann gemeinsam mit Major Depression oder Angststörungen (Spezifischer Phobie, Soziale Phobie, Panikstörung), Eßstörungen und Zwanghafter Persönlichkeitsstörung auftreten. Eine Zwangsstörung tritt häufig bei Personen mit Tourette-Störung auf. Die Schätzungen betragen etwa zwischen 35–50 %. Die Inzidenz von Tourette-Störung bei Zwangsstörung ist niedriger, mit Schätzungen, die zwischen 5 % und 7 % liegen. 20–30 % der Personen mit Zwangsstörung berichten über derzeitige oder frühere Tics.

Zugehörige Laborbefunde. Es wurden keine Laborbefunde gefunden, die zur Diagnostik der Zwangsstörung eingesetzt werden könnten. Es wurden jedoch eine Reihe von Laborbefunden beobachtet, die bei Personengruppen mit Zwangsstörung im Vergleich zu Kontrollpersonen abweichen. Es gibt Hinweise darauf, daß bestimmte Serotoninagonisten die Symptomatik bei manchen Personen mit dieser Störung verschlimmern. Personen mit dieser Störung können ein erhöhtes vegetatives Arousal zeigen, wenn sie im Labor mit Dingen konfrontiert werden, die Zwangsgedanken auslösen. Die physiologische Reaktivität nimmt nach der Ausführung von Zwangshandlungen ab.

Zugehörige körperliche Untersuchungsbefunde und medizinische Krankheitsfaktoren. Dermatologische Probleme, die durch exzessives Händewaschen mit Wasser oder ätzenden Waschsubstanzen verursacht werden, sind zu beobachten.

Besondere kulturelle, Alters- und Geschlechtsmerkmale

Ein kulturell vorgeschriebenes Ritual ist nicht an sich ein Hinweis auf eine Zwangsstörung, ausgenommen, es übersteigt kulturelle Normen, tritt zu Zeiten und Orten auf, die von anderen Angehörigen der gleichen Kultur als unangemessen beurteilt werden, und es beeinträchtigt die soziale Funktionsfähigkeit. Wichtige Lebensveränderungen und Trauer können zu einer Verstärkung von Ritualen führen, die für den Untersucher, der nicht mit dem kulturellen Kontext vertraut ist, als Zwangsgedanken erscheinen können.

Erscheinungsbilder von Zwangsstörung bei Kindern sind im allgemeinen denen bei Erwachsenen ähnlich. Waschen, Prüfen und Ordnungsrituale sind bei Kindern besonders häufig. Kinder suchen im allgemeinen keine Hilfe, und die Symptome müssen nicht ich-dyston sein. Häufiger wird das Problem von den Eltern erkannt, die das Kind zur Behandlung bringen. Ein allmählicher Abfall in den Schulleistungen sekundär zu der eingeschränkten Konzentrationsfähigkeit wurden berichtet. Wie Erwachsene auch, neigen die Kinder dazu, die Rituale eher zu Hause als in Anwesenheit von Gleichaltrigen, Lehrern oder Fremden auszuüben.

Diese Störung ist bei Männern und Frauen gleich häufig.

Prävalenz

Obwohl früher angenommen wurde, daß die Zwangsstörung in der Allgemeinbevölkerung relativ selten vorkommt, schätzen jüngst durchgeführte epidemiologische Studien die Lebenszeitprävalenz auf 2,5 % und die 1-Jahres-Prävalenz auf 1,5–2,1 % ein.

Verlauf

Obwohl die Zwangsstörung üblicherweise in der Adoleszenz oder im frühen Erwachsenenalter beginnt, kann sie auch in der Kindheit beginnen. Der Gipfel des Erstauftretensalters der Störung liegt bei Männern früher als bei Frauen: zwischen 6 und 15 Jahren bei Männern und zwischen 20 und 29 Jahren bei Frauen. In den meisten Fällen ist der Beginn schleichend, aber auch ein akuter Beginn wurde in manchen Fällen beschrieben. Die Mehrzahl der Personen hat einen chronischen, schwankenden Verlauf mit Symptomverschlechterungen, die mit Belastungsfaktoren zusammenhängen können. Ungefähr 15 % zeigen eine progrediente Verschlechterung in der beruflichen und sozialen Funktionsfähigkeit. Ungefähr 5 % haben einen episodischen Verlauf mit wenigen oder keinen Symptomen zwischen den Episoden.

Familiäres Verteilungsmuster

Die Konkordanzrate für die Zwangsstörung ist bei monozygoten Zwillingen höher als bei dizygoten Zwillingen. Die Häufigkeit der Zwangsstörung bei biologischen Verwandten ersten Grades mit Zwangsstörung und bei biologischen Verwandten ersten Grades mit Tourette-Störung ist höher als in der Allgemeinbevölkerung.

Differentialdiagnose

Die Zwangsstörung muß von einer **Angststörung Aufgrund eines Medizinischen Krankheitsfaktors** unterschieden werden. Die Diagnose lautet Angststörung Aufgrund eines Medizinischen Krankheitsfaktors, wenn die Zwangsgedanken oder Zwangshandlungen als direkte körperliche Folge eines spezifischen medizinischen Krankheitsfaktors beurteilt werden (siehe S. 500). Diese Einschätzung basiert auf Anamnese, Laborbefunden oder körperlicher Untersuchung. Eine **Substanzinduzierte Angststörung** unterscheidet sich von Zwangsstörungen durch die Tatsache, daß eine Substanz (z. B. Droge, Medikament oder Exposition gegenüber einem Toxin) als ätiologisch relevant für die Zwangsgedanken oder Zwangshandlungen beurteilt wird (siehe S. 503).

Wiederkehrende und aufdringliche Gedanken, Impulse, Vorstellungen oder Verhaltensweisen können im Kontext zahlreicher anderer psychischer Störungen auftreten. Die Zwangsstörung wird nicht diagnostiziert, wenn der Inhalt der Gedanken oder Aktivitäten ausschließlich mit der anderen psychischen Störung zusammenhängt (z. B. starkes Beschäftigtsein mit dem Erscheinungsbild bei der **Körperdysmorphen Störung**, starkes Beschäftigtsein mit den gefürchteten Objekten oder Situationen bei **Spezifischer** oder **Sozialer Phobie**, Haareausziehen bei **Trichotillomanie**). Die zusätzliche Diagnose einer Zwangsstörung kann gerechtfertigt sein, wenn Zwangsgedanken oder Zwangshandlungen vorliegen, deren Inhalt nicht in Zusammenhang mit der anderen psychischen Störung steht.

Anhaltendes Grübeln über mögliche unangenehme Umstände oder mögliche alternative Tätigkeiten sind bei einer **Episode einer Major Depression** häufig und werden eher als stimmungskongruenter Aspekt der Depression, denn als Zwangsgedanke betrachtet. Zum Beispiel würde das Grübeln darüber, wertlos zu sein, bei einer depressiven Person nicht als Zwangsgedanke beurteilt werden, da solches Grübeln nicht ich-dyston ist.

Die **Generalisierte Angststörung** ist durch übertriebene Besorgnis charakterisiert. Diese Sorgen werden von Zwangsgedanken durch die Tatsache unterschieden, daß sie von der Person als übertriebene Sorgen über reale Lebensumstände betrachtet werden. Zum Beispiel würde die übertriebene Sorge darüber, den Arbeitsplatz zu verlieren, eine Sorge und nicht einen Zwangsgedanken ausmachen. Dagegen beinhalten Zwangsgedanken typischerweise nicht reale Lebensprobleme, und die Zwangsgedanken werden von der Person als unangemessen betrachtet (z. B. die sich aufdrängende belastende Idee, daß „God" rückwärts buchstabiert „dog" ist).

Falls die wiederkehrenden belastenden Gedanken sich ausschließlich auf die Furcht, eine ernsthafte Erkrankung zu bekommen oder zu haben (basierend auf der Fehlinterpretation körperlicher Symptome) beziehen, sollte anstelle der Zwangsstörung eine **Hypochondrie** diagnostiziert werden. Wenn jedoch die Sorge, eine Krankheit zu haben, von Ritualen wie übertriebenes Waschen oder Überprüfen im Zusammenhang mit der Sorge, die Krankheit zu bekommen oder sie an andere weiterzugeben, begleitet wird, dann kann die zusätzliche Diagnose Zwangsstörung sinnvoll sein. Falls die Sorgen sich hauptsächlich auf die Furcht, sich eine Krankheit zuzuziehen (anstatt eine Krankheit zu haben) bezieht und keine Rituale involviert sind, dann kann die **Spezifische Phobie** die angemessenere Diagnose sein.

Die Fähigkeit der Person zu erkennen, daß die Zwangsgedanken oder Zwangshandlungen übertrieben oder unbegründet sind, bewegt sich auf einem Kontinuum. Bei manchen Personen mit Zwangsstörung kann die Realitätsprüfung verloren gegangen sein, und die Zwangsgedanken können ein wahnhaftes Ausmaß annehmen (z. B. der Glaube, den Tod einer Person verursacht zu haben, da er erwünscht war). In solchen Fällen kann das Vorliegen psychotischer Merkmale durch die Zusatzdiagnose **Wahnhafte Störung** oder **Nicht Näher Bezeichnete Psychotische Störung** gekennzeichnet werden. Die Zusatzcodierung Mit Wenig Einsicht kann in solchen Fällen hilfreich sein, die auf der Grenze zwischen Zwangsgedanken und Wahn liegen (z. B. eine Person, deren ausgeprägte Beschäftigung mit Kontamination zwar übertrieben, aber doch weniger intensiv als bei einer Wahnhaften Störung ist, und durch die tatsächlich universelle Verbreitung von Keimen gerechtfertigt wird).

Die grüblerischen zwanghaften Gedanken und bizarren stereotypen Verhaltensweisen, die bei der **Schizophrenie** auftreten, werden von Zwangsgedanken und Zwangshandlungen durch die Tatsache unterschieden, daß sie nicht ich-dyston und nicht Gegenstand von Realitätsprüfungen sind. Manche Personen entwickeln jedoch Symptome von sowohl Zwangsstörung als auch Schizophrenie, was beide Diagnosen rechtfertigt.

Tics (bei **Ticstörung**) und stereotype Bewegungen (bei **Stereotyper Bewegungsstörung**) müssen von Zwangshandlungen unterschieden werden. Ein *Tic* ist eine plötzliche, schnelle, wiederkehrende, nicht-rhythmische stereotype motorische Bewegung oder Lautäußerung (z. B. Augenblinzeln, Zunge herausstrecken, Räuspern). Eine *stereotype Bewegung* ist eine wiederholte, scheinbar nicht-funktionale motorische Verhaltensweise (z. B. Kopfschlagen, Körperschaukeln, sich selbst beißen). Im Unterschied zu einer Zwangshandlung sind Tics und stereotype Bewegungen typischerweise weniger komplex und dienen nicht dazu, einen Zwangsgedanken zu neutralisieren. Manche Personen entwickeln Symptome von sowohl Zwangsstörung als auch einer Ticstörung (insbesondere Tourette-Störung), was beide Diagnosen rechtfertigt.

Manche Tätigkeiten wie Essen (z. B. **Eßstörungen**), Sexualverhalten (z. B. **Paraphilien**), Glücksspielen (z. B. **Pathologisches Spielen**) oder Drogenkonsum (z. B. **Alkoholabhängigkeit** oder -**Mißbrauch**) werden als „zwanghaft" bezeichnet, wenn sie exzessiv ausgeübt werden. Diese Tätigkeiten werden jedoch nicht als Zwangshandlungen, wie sie in diesem Manual beschrieben werden, verstanden, da die Person normalerweise ein Wohlbefinden durch diese Tätigkeiten erreicht und nur wegen der schädigenden Konsequenzen wünscht, ihnen zu widerstehen.

Obwohl die **Zwanghafte Persönlichkeitsstörung** und die Zwangsstörung ähnliche Namen haben, sind die klinischen Ausprägungen dieser Störungen recht unterschiedlich. Die Zwanghafte Persönlichkeitsstörung ist nicht durch das Vorliegen von Zwangsgedanken oder Zwangshandlungen gekennzeichnet und umfaßt stattdessen ein durchgängiges Muster des starken Beschäftigtseins mit Ordentlichkeit, Perfektionismus und Kontrolle, und sie muß im frühen Erwachsenenalter beginnen. Wenn eine Person Symptome von sowohl Zwangsstörung als auch Zwanghafter Persönlichkeitsstörung zeigt, können beide Diagnosen gegeben werden.

Aberglaube und **wiederholte, prüfende Verhaltensweisen** kommen im Alltag häufig vor. Die Diagnose einer Zwangsstörung sollte nur dann in Betracht gezogen werden, wenn sie besonders zeitaufwendig sind oder in klinisch bedeutsamer Weise Beeinträchtigungen oder Leiden verursachen.

Diagnostische Kriterien für 300.3 (F42.x) Zwangsstörung

A. Entweder Zwangsgedanken oder Zwangshandlungen:
Zwangsgedanken, wie durch (1), (2), (3) und (4) definiert:
(1) wiederkehrende und anhaltende Gedanken, Impulse oder Vorstellungen, die zeitweise während der Störung als aufdringlich und unangemessen empfunden werden und die ausgeprägte Angst und großes Unbehagen hervorrufen,

Fortsetzung nächste Seite

Fortsetzung

    (2) die Gedanken, Impulse oder Vorstellungen sind nicht nur übertriebene Sorgen über reale Lebensprobleme,
    (3) die Person versucht, diese Gedanken, Impulse oder Vorstellungen zu ignorieren oder zu unterdrücken oder sie mit Hilfe anderer Gedanken oder Tätigkeit zu neutralisieren,
    (4) die Person erkennt, daß die Zwangsgedanken, -impulse oder -vorstellungen ein Produkt des eigenen Geistes sind (nicht von außen auferlegt wie bei Gedankeneingebung).

    Zwangshandlungen, wie durch (1) und (2) definiert:
    (1) wiederholte Verhaltensweisen (z. B. Händewaschen, Ordnen, Kontrollieren) oder gedankliche Handlungen (z. B. Beten, Zählen, Wörter leise Wiederholen), zu denen sich die Person als Reaktion auf einen Zwangsgedanken oder aufgrund von streng zu befolgenden Regeln gezwungen fühlt,
    (2) die Verhaltensweisen oder die gedanklichen Handlungen dienen dazu, Unwohlsein zu verhindern oder zu reduzieren oder gefürchteten Ereignissen oder Situationen vorzubeugen; diese Verhaltensweisen oder gedanklichen Handlungen stehen jedoch in keinem realistischen Bezug zu dem, was sie zu neutralisieren oder zu verhindern versuchen, oder sie sind deutlich übertrieben.

B. Zu irgendeinem Zeitpunkt im Verlauf der Störung hat die Person erkannt, daß die Zwangsgedanken oder Zwangshandlungen übertrieben oder unbegründet sind.
Beachte: Dies muß bei Kindern nicht der Fall sein.

C. Die Zwangsgedanken oder Zwangshandlungen verursachen erhebliche Belastung, sind zeitaufwendig (benötigen mehr als 1 Stunde pro Tag) oder beeinträchtigen deutlich die normale Tagesroutine der Person, ihre beruflichen (oder schulischen) Funktionen oder die üblichen Aktivitäten und Beziehungen.

D. Falls eine andere Achse I-Störung vorliegt, so ist der Inhalt der Zwangsgedanken oder Zwangshandlungen nicht auf diese beschränkt (z. B. starkes Beschäftigtsein mit Essen bei Vorliegen einer Eßstörung, Haareausziehen bei Vorliegen einer Trichotillomanie, Sorgen über das Erscheinungsbild bei Vorliegen einer Körperdysmorphen Störung, starkes Beschäftigtsein mit Drogen bei Vorliegen einer Störung im Zusammenhang mit Psychotropen Substanzen, starkes Beschäftigtsein mit einer schweren Krankheit bei Vorliegen einer Hypochondrie, starkes Beschäftigtsein mit sexuellen Bedürfnissen oder Phantasien bei Vorliegen einer Paraphilie, Grübeln über Schuld bei Vorliegen einer Major Depression).

E. Das Störungsbild geht nicht auf die direkte körperliche Wirkung einer Substanz (z. B. Droge, Medikament) oder eines medizinischen Krankheitsfaktors zurück.

Bestimme, ob:
Mit Wenig Einsicht: Wenn die Person während der meisten Zeit der gegenwärtigen Episode nicht erkennt, daß die Zwangsgedanken und Zwangshandlungen übermäßig oder unbegründet sind. (Beachte: ICD-10 unterscheidet an der 4. Stelle Zwangsstörungen danach, ob eher Zwangsgedanken, -handlungen oder eine Mischung vorliegt. Für jede dieser Unterformen ist eine gesonderte Diagnoseschlüsselung angegeben.)

309.81 (F43.1) Posttraumatische Belastungsstörung

Diagnostische Merkmale

Das Hauptmerkmal der Posttraumatischen Belastungsstörung ist die Entwicklung charakteristischer Symptome nach der Konfrontation mit einem extrem traumatischen Ereignis. Das traumatische Ereignis beinhaltet das direkte persönliche Erleben einer Situation, die mit dem Tod oder der Androhung des Todes, einer schweren Verletzung oder einer anderen Bedrohung der körperlichen Unversehrtheit zu tun hat oder die Beobachtung eines Ereignisses, das mit dem Tod, der Verletzung oder der Bedrohung der körperlichen Unversehrtheit einer anderen Person zu tun hat oder das Miterleben eines unerwarteten oder gewaltsamen Todes, schweren Leids, oder Androhung des Todes oder einer Verletzung eines Familienmitgliedes oder einer nahestehenden Person (**Kriterium A1**). Die Reaktion der Person auf das Ereignis muß intensive Angst, Hilflosigkeit oder Entsetzen umfassen (bei Kindern kann die Reaktion verwirrtes oder agitiertes Verhalten umfassen) (**Kriterium A2**). Charakteristische Symptome, die aus der Konfrontation mit der extrem traumatischen Situation resultieren, sind das anhaltende Wiedererleben des traumatischen Ereignisses (**Kriterium B**), andauernde Vermeidung von Reizen, die mit dem Trauma assoziiert sind, und eine Abflachung der allgemeinen Reagibilität (**Kriterium C**) sowie anhaltende Symptome erhöhten Arousals (**Kriterium D**). Das vollständige Symptombild muß länger als einen Monat anhalten (**Kriterium E**), und die Störung muß in klinisch bedeutsamer Weise Leiden oder Beeinträchtigungen in sozialen, beruflichen oder anderen wichtigen Funktionsbereichen verursachen (**Kriterium F**).

Traumatische Erfahrungen, die direkt erlebt wurden, umfassen folgende Erlebnisse (sind aber nicht auf diese begrenzt): kriegerische Auseinandersetzungen, gewalttätige Angriffe auf die eigene Person (Vergewaltigung, körperlicher Angriff, Raubüberfall, Straßenüberfall), Entführung, Geiselnahme, Terroranschlag, Folterung, Kriegsgefangenschaft, Gefangenschaft in einem Konzentrationslager, Natur- oder durch Menschen verursachte Katastrophen, schwere Autounfälle oder die Diagnose einer lebensbedrohlichen Krankheit. Bei Kindern sind auch ihrem Entwicklungsstand unangemessene sexuelle Erfahrungen ohne angedrohte oder tatsächliche Gewalt oder Verletzung als sexuell traumatische Erfahrung zu werten. Beobachtete Ereignisse umfassen, ohne auf diese begrenzt zu sein: die Beobachtung einer schweren Verletzung oder eines unnatürlichen Todes bei einer anderen Person durch gewalttätigen Angriff, Unfall, Krieg oder Katastrophe oder der unerwartete Anblick eines toten Körpers oder toten Körperteils. Ereignisse, die bei anderen Menschen auftraten und von denen man erfahren hat, umfassen, ohne auf diese beschränkt zu sein: gewalttätige persönliche Angriffe, schwere Unfälle oder schwere Verletzungen, die einem Familienmitglied oder einer nahestehenden Person zugestoßen sind, vom plötzlichen, unerwarteten Todes eines Familienmitglieds oder einer nahestehenden Person zu hören oder zu erfahren, daß das eigene Kind an einer lebensbedrohenden Krankheit leidet. Die Störung kann besonders schwer und langandauernd sein, wenn der Belastungsfaktor durch Menschen verursacht wurde (z. B. Folterung oder Vergewaltigung). Je intensiver und direkter der Belastungsfaktor erlebt wurde, desto wahrscheinlicher scheint die Ausbildung der Störung zu sein.

Das traumatische Ereignis kann auf verschiedene Arten wiedererlebt werden. Im allgemeinen hat die Person wiederholte und aufdringliche Erinnerungen an das Ereignis (**Kriterium B1**) oder hat wiederkehrende, quälende Träume, in denen das Erlebnis nachgespielt wird (**Kriterium B2**). In Ausnahmefällen erlebt die Person dissoziative Zustände, die von wenigen Sekunden bis zu mehreren Stunden oder Tagen anhalten, während derer sie einzelne Bestandteile des Ereignisses wiedererlebt und sich verhält, als würde sie das Ereignis im Moment erleben (**Kriterium B3**). Intensives psychisches Leiden (**Kriterium B4**) oder physiologische Reaktionen (**Kriterium B5**) treten häufig auf, wenn die Person mit Ereignissen konfrontiert wird, die sie an Aspekte des traumatischen Ereignisses erinnern oder die diese symbolisieren (z. B. Jahrestag des Ereignisses; kaltes Wetter mit Schnee oder uniformierte Wächter bei Überlebenden von Todeslagern in kalten Gebieten; heißes, feuchtes Wetter bei Veteranen des Krieges im Südpazifik; das Betreten des Aufzugs für eine Frau, die im Aufzug vergewaltigt wurde).

Die Reize, die mit dem Trauma zu tun haben, werden ständig vermieden. Die Person versucht im allgemeinen, Gedanken, Gefühle oder Gespräche über das traumatische Ereignis (**Kriterium C1**) und Aktivitäten, Situationen oder Personen, die die Erinnerung an das Ereignis wachrufen, absichtlich zu vermeiden (**Kriterium C2**). Die Vermeidung des Erinnerns kann die Unfähigkeit mit einschließen, sich an einen wichtigen Aspekt des traumatischen Ereignisses zu erinnern (**Kriterium C3**). Verminderte Reaktionsbereitschaft auf die Umwelt, was auch als „psychische Abgestumpftheit" oder „emotionale Anästhesie" bezeichnet wird, setzt üblicherweise sehr bald nach dem traumatischen Erlebnis ein. Die Person berichtet über deutlich vermindertes Interesse oder verminderte Teilnahme an Aktivitäten, die ihr zuvor Freude bereitet haben (**Kriterium C4**), ein Gefühl der Isolierung und Entfremdung von anderen (**Kriterium C5**) oder eine deutlich reduzierte Fähigkeit, Gefühle zu empfinden (vor allem, wenn es Intimität, Zärtlichkeit und Sexualität betrifft) (**Kriterium C6**). Betroffene Personen haben das Gefühl einer eingeschränkten Zukunft (z. B. wird nicht erwartet, Karriere zu machen, Kinder zu haben, zu heiraten oder ein normales Lebensalter zu erreichen) (**Kriterium C7**).

Die Person zeigt anhaltende Angstsymptome oder Symptome eines erhöhten Arousals, die vor dem Trauma nicht bestanden. Dies können Symptome sein wie Ein- oder Durchschlafschwierigkeiten, die durch wiederholte Alpträume, in denen das traumatische Erlebnis wiedererlebt wird, hervorgerufen werden können (**Kriterium D1**), Hypervigilanz (**Kriterium D4**) und übertriebene Schreckreaktion (**Kriterium D5**). Manche Personen berichten über Reizbarkeit oder Wutausbrüche (**Kriterium D2**) oder Schwierigkeiten, sich zu konzentrieren oder Aufgaben zu vollenden (**Kriterium D3**).

Zusatzcodierungen

Die folgenden Zusatzcodierungen dienen dazu, den Beginn und die Dauer der Symptome der Posttraumatischen Belastungsstörung zu bestimmen:
— **Akut:** Diese Zusatzcodierung sollte verwendet werden, wenn die Dauer der Symptome weniger als 3 Monate beträgt.
— **Chronisch:** Diese Zusatzcodierung sollte verwendet werden, wenn die Symptome 3 Monate oder länger andauern.
— **Mit Verzögertem Beginn:** Diese Zusatzcodierung gibt an, daß mindestens 6 Monate zwischen dem traumatischen Ereignis und dem Beginn der Symptome vergangen sind.

Zugehörige Merkmale und Störungen

Zugehörige Beschreibungsmerkmale und psychische Störungen: Personen mit Posttraumatischer Belastungsstörung berichten über qualvolle Schuldgefühle, überlebt zu haben, während andere nicht überlebten oder wegen Handlungen, die sie tun mußten, um zu überleben. Die phobische Vermeidung von Situationen oder Aktivitäten, die an das ursprüngliche Trauma erinnern oder dieses symbolisieren, kann zu Konflikten in zwischenmenschlichen Beziehungen führen, zu Ehekonflikten, Scheidung oder Verlust des Arbeitsplatzes. Das folgende Symptommuster kann begleitend auftreten und findet sich häufiger in Zusammenhang mit einem zwischenmenschlichen Belastungsfaktor (z. B. sexueller oder körperlicher Mißbrauch in der Kindheit, körperliche Züchtigung, Geiselnahme, Kriegsgefangenschaft, Konzentrationslager, Folterung): verminderte affektive Schwingungsfähigkeit; selbstschädigendes und impulsives Verhalten; dissoziative Symptome; somatische Beschwerden; Gefühle der Insuffizienz, Scham, Verzweiflung oder Hoffnungslosigkeit; sich dauerhaft geschädigt fühlen; Verlust zuvor bewahrter Überzeugungen; Feindseligkeit; sozialer Rückzug; ständiges Gefühl des Bedrohtseins; beeinträchtigte Beziehung zu anderen oder Veränderung der Persönlichkeit im Vergleich zu früher.

Es besteht ein erhöhtes Risiko für Panikstörung, Agoraphobie, Zwangsstörung, Soziale Phobie, Spezifische Phobie, Major Depression, Somatisierungsstörung und Störungen durch Psychotrope Substanzen. Es ist nicht bekannt, in welchem Ausmaß diese Störungen der Posttraumatischen Belastungsstörung vorausgehen oder folgen.

Zugehörige Laborbefunde. Ein erhöhtes Arousal kann durch die Untersuchung vegetativer Funktionen festgestellt werden (z. B. Herzrate, Elektromyographie, Hautwiderstand).

Zugehörige körperliche Untersuchungsbefunde und medizinische Krankheitsfaktoren. Medizinische Krankheitsfaktoren können als Folge des Traumas auftreten (z. B. Kopfverletzungen oder Verbrennungen).

Besondere kulturelle und Altersmerkmale

Personen, die erst kürzlich aus Gebieten mit bedeutenden sozialen Unruhen und Konflikten emigriert sind, zeigen höhere Raten von Posttraumatischer Belastungsstörung. Bei diesen Personen kann es vorkommen, daß sie sich auch aufgrund ihres politisch besonders gefährdeten Immigrantenstatus besonders damit zurückhalten, über ihre Erlebnisse mit Folter und Trauma zu berichten. Diese Menschen benötigen eine besondere Untersuchungsweise der traumatischen Erlebnisse und der damit einhergehenden Symptome.

Bei kleinen Kindern können sich die quälenden Träume von dem Ereignis innerhalb mehrerer Wochen zu generalisierten Alpträumen von Monstern, davon, andere zu retten oder von einer Bedrohung der eigenen Person oder anderer Personen verändern. Kleine Kinder nehmen meist nicht wahr, daß sie das Vergangene wiedererleben; das Wiedererleben des Traumas zeigt sich eher durch wiederholtes Durchspielen des Erlebten (z. B. ein Kind, das einen schweren Autounfall miterlebt hat, spielt immer wieder Zusammenstöße mit Spielzeugautos). Da es für Kinder schwierig sein kann, über vermindertes Interesse an bedeutsamen Aktivitäten oder eine Einengung des Affekts zu berichten, sollten diese Symptome sorgfältig anhand von Berichten der Eltern, Lehrer und anderer Beobachter überprüft werden. Bei Kindern kann sich das Gefühl einer eingeschränkten Zukunft in dem Glauben äußern, daß das Leben zu kurz sei, um erwachsen zu werden. Außerdem kann es zur „Omenbildung" kommen – das heißt, der Glaube an die Fähigkeit, unangenehme zukünftige Ereignisse vorauszusehen. Bei Kindern können auch körperliche Symptome wie Bauchweh oder Kopfweh auftreten.

Prävalenz

Studien in der Allgemeinbevölkerung ergeben eine Lebenszeitprävalenz für die Posttraumatische Belastungsstörung von 1–14 %, wobei die Schwankungen mit der Auswahl der Erfassungsmethode und der untersuchten Stichprobe zusammenhängen. Studien an Risikopopulationen (z. B. Kriegsveteranen, Opfer von Vulkanausbrüchen oder krimineller Gewalt) zeigten Prävalenzraten zwischen 3–58 %.

Verlauf

Eine Posttraumatische Belastungsstörung kann in jedem Alter einschließlich der Kindheit auftreten. Die Symptome beginnen normalerweise innerhalb der ersten 3 Monate nach dem Trauma, obwohl sich die Ausbildung der Symptome aber auch um Monate oder sogar Jahre verzögern kann. Häufig erfüllt die Störung als unmittelbare Reaktion auf das Trauma anfänglich die Kriterien einer Akuten Belastungsstörung (siehe S. 493). Die Symptome der Störung und das verhältnismäßige Vorherrschen des Wiedererlebens, des Vermeidungsverhaltens und der Symptome der Übererregbarkeit können sich über die Zeit hinweg verändern. Die Symptomdauer ist unterschiedlich, wobei in der Hälfte der Fälle innerhalb von 3 Monaten eine vollständige Remission eintritt, bei vielen anderen die Symptome länger als 12 Monate nach dem Trauma noch bestehen bleiben.

Die Schwere, Dauer und Nähe der Person bei Konfrontation mit dem traumatischen Ereignis sind die wichtigsten Faktoren, die die Wahrscheinlichkeit bestimmen, mit der die Störung sich entwickelt. Es gibt Hinweise, daß soziale Unterstützung, Familienanamnese, Kindheitserfahrungen, Persönlichkeitsvariablen und vorbestehende psychische Störungen die Ausbildung einer Posttraumatischen Belastungsstörung beeinflussen können. Die Störung kann sich auch bei Personen entwickeln, bei denen zuvor keine besondere Anfälligkeit vorhanden war, besonders dann, wenn es sich um eine besonders extreme Belastung handelt.

Differentialdiagnose

Bei einer Posttraumatischen Belastungsstörung muß der Belastungsfaktor sehr extrem sein (d. h. lebensbedrohlich). Im Gegensatz dazu kann es sich bei der **Anpassungsstörung** um einen Belastungsfaktor jeglicher Schwere handeln. Die Diagnose einer Anpassungsstörung ist sowohl dann angemessen, wenn die Reaktion auf einen extremen Belastungsfaktor nicht die Kriterien einer Posttraumatischen Belastungsstörung (oder einer anderen bestimmten psychischen Störung) erfüllt, als auch in Fällen, in denen das Symptommuster einer Posttraumatischen Belastungsstörung als Reaktion auf eine nicht besonders extreme Belastung auftritt (z. B. Verlassenwerden vom Ehepartner oder Verlust des Arbeitsplatzes).

Nicht alle psychopathologischen Auffälligkeiten, die bei Personen auftreten, die eine extrem belastende Situation erlebten, sollten notwendigerweise als Posttraumatische Belastungsstörung bezeichnet werden. **Symptome von Vermeidung, von Empfindungslosigkeit und erhöhtem Arousal, die schon vor der Konfrontation mit dem Belastungsfaktor vorhanden waren**, erfüllen nicht die Kriterien einer Posttraumatischen Belastungsstörung und erfordern die Erwägung anderer Diagnosen (z. B. eine Affektive Störung oder eine andere Angststörung). Wenn das Symptommuster als Reaktion auf den starken Belastungsfaktor die Kriterien für eine **andere psychische Störung** erfüllt (z. B. Kurze Psychotische Störung, Konversionsstörung, Major Depression) sollten darüber hinaus diese Diagnosen anstelle oder zusätzlich zu einer Posttraumatischen Belastungsstörung gegeben werden.

Die **Akute Belastungsstörung** wird von der Posttraumatischen Belastungsstörung dadurch unterschieden, daß bei der Akuten Belastungsstörung das Symptommuster innerhalb von 4 Wochen nach dem traumatischen Ereignis auftreten muß und innerhalb dieser 4-Wochen-Periode remittiert. Wenn die Symptome länger als einen Monat anhalten und die Kriterien einer Posttraumatischen Belastungsstörung erfüllen, wird die Diagnose von Akuter Belastungsstörung in Posttraumatische Belastungsstörung umgeändert.

Bei der **Zwangsstörung** bestehen wiederkehrende aufdringliche Gedanken, die aber als unangemessen empfunden werden und nicht in Zusammenhang mit einem erlebten traumatischen Ereignis stehen. Flashback-Episoden bei Posttraumatischer Belastungsstörung müssen unterschieden werden von Illusionen, Halluzinationen und anderen Wahrnehmungsstörungen, die bei **Schizophrenie, anderen Psychotischen Störungen, Affektiven Störungen mit Psychotischen Merkmalen, Delir, Substanzinduzierten Störungen und Psychotischen Störungen Aufgrund eines Medizinischen Krankheitsfaktors** auftreten.

Simulation sollte ausgeschlossen werden, wenn finanzielle Entschädigung, versicherungsrechtliche oder forensische Entscheidungen eine Rolle spielen.

Diagnostische Kriterien für 309.81 (F43.1) Posttraumatische Belastungsstörung

A. Die Person wurde mit einem traumatischen Ereignis konfrontiert, bei dem die beiden folgenden Kriterien vorhanden waren:
   (1) die Person erlebte, beobachtete oder war mit einem oder mehreren Ereignissen konfrontiert, die tatsächlichen oder drohenden Tod oder ernsthafte Verletzung oder eine Gefahr der körperlichen Unversehrtheit der eigenen Person oder anderer Personen beinhalteten.
   (2) Die Reaktion der Person umfaßte intensive Furcht, Hilflosigkeit oder Entsetzen.
   Beachte: Bei Kindern kann sich dies auch durch aufgelöstes oder agitiertes Verhalten äußern.

B. Das traumatische Ereignis wird beharrlich auf mindestens eine der folgenden Weisen wiedererlebt:
   (1) wiederkehrende und eindringliche belastende Erinnerungen an das Ereignis, die Bilder, Gedanken oder Wahrnehmungen umfassen können.
   Beachte: Bei kleinen Kindern können Spiele auftreten, in denen wiederholt Themen oder Aspekte des Traumas ausgedrückt werden.
   (2) Wiederkehrende, belastende Träume von dem Ereignis.
   Beachte: Bei Kindern können stark beängstigende Träume ohne wiedererkennbaren Inhalt auftreten,
   (3) Handeln oder Fühlen, als ob das traumatische Ereignis wiederkehrt (beinhaltet das Gefühl, das Ereignis wiederzuerleben, Illusionen, Halluzinationen und dissoziative Flashback-Episoden, einschließlich solcher, die beim Aufwachen oder bei Intoxikationen auftreten).
   Beachte: Bei kleinen Kindern kann eine traumaspezifische Neuinszenierung auftreten.

Fortsetzung nächste Seite

Fortsetzung
- (4) Intensive psychische Belastung bei der Konfrontation mit internalen oder externalen Hinweisreizen, die einen Aspekt des traumatischen Ereignisses symbolisieren oder an Aspekte desselben erinnern.
- (5) Körperliche Reaktionen bei der Konfrontation mit internalen oder externalen Hinweisreizen, die einen Aspekt des traumatischen Ereignisses symbolisieren oder an Aspekte desselben erinnern.

C. Anhaltende Vermeidung von Reizen, die mit dem Trauma verbunden sind, oder eine Abflachung der allgemeinen Reagibilität (vor dem Trauma nicht vorhanden). Mindestens drei der folgenden Symptome liegen vor:
- (1) bewußtes Vermeiden von Gedanken, Gefühlen oder Gesprächen, die mit dem Trauma in Verbindung stehen,
- (2) bewußtes Vermeiden von Aktivitäten, Orten oder Menschen, die Erinnerungen an das Trauma wachrufen,
- (3) Unfähigkeit, einen wichtigen Aspekt des Traumas zu erinnern,
- (4) deutlich vermindertes Interesse oder verminderte Teilnahme an wichtigen Aktivitäten,
- (5) Gefühl der Losgelöstheit oder Entfremdung von anderen,
- (6) eingeschränkte Bandbreite des Affekts (z. B. Unfähigkeit, zärtliche Gefühle zu empfinden),
- (7) Gefühl einer eingeschränkten Zukunft (z. B. erwartet nicht, Karriere, Ehe, Kinder oder normal langes Leben zu haben).

D. Anhaltende Symptome erhöhten Arousals (vor dem Trauma nicht vorhanden). Mindestens zwei der folgenden Symptome liegen vor:
- (1) Schwierigkeiten ein- oder durchzuschlafen,
- (2) Reizbarkeit oder Wutausbrüche,
- (3) Konzentrationsschwierigkeiten,
- (4) übermäßige Wachsamkeit (Hypervigilanz),
- (5) übertriebene Schreckreaktion.

E. Das Störungsbild (Symptome unter Kriterium B, C und D) dauert länger als 1 Monat.

F. Das Störungsbild verursacht in klinisch bedeutsamer Weise Leiden oder Beeinträchtigungen in sozialen, beruflichen oder anderen wichtigen Funktionsbereichen.

Bestimme, ob:
Akut: Wenn die Symptome weniger als 3 Monate andauern.
Chronisch: Wenn die Symptome mehr als 3 Monate andauern.

Bestimme, ob:
Mit Verzögertem Beginn: Wenn der Beginn der Symptome mindestens 6 Monate nach dem Belastungsfaktor liegt.

308.3 (F43.0) Akute Belastungsstörung

Diagnostische Merkmale

Das Hauptmerkmal der Akuten Belastungsstörung ist das Auftreten von charakteristischen Angstsymptomen, dissoziativen und anderen Symptomen innerhalb 1 Monats nach der Konfrontation mit einem extrem traumatischen Ereignis (**Kriterium A**). Eine genauere Erörterung der verschiedenen möglichen Belastungsfaktoren findet sich bei der Beschreibung der Posttraumatischen Belastungsstörung (siehe S. 487). Entweder während oder nach dem Ereignis erlebt die Person mindestens drei der folgenden dissoziativen Symptome: ein subjektives Gefühl der Empfindungslosigkeit, des Losgelöstseins von anderen oder das Fehlen emotionaler Reaktionsfähigkeit; eine Beeinträchtigung der bewußten Wahrnehmung der Umwelt; Derealisation; Depersonalisation oder dissoziative Amnesie (**Kriterium B**). Nach dem Trauma wird dieses ständig wiedererlebt (**Kriterium C**), und die Person zeigt eine deutliche Vermeidung von Reizen, die an das Trauma erinnern (**Kriterium D**), und weist deutliche Angstsymptome sowie Symptome eines erhöhten Arousals auf (**Kriterium E**). Die Störung muß in klinisch bedeutsamer Weise Leiden verursachen, die normale Funktionsfähigkeit deutlich beeinträchtigen und die Person daran hindern, notwendige Tätigkeiten auszuführen (**Kriterium F**). Das Störungsbild dauert mindestens 2 Tage und hält nicht länger als 4 Wochen nach dem traumatischen Ereignis an (**Kriterium G**). Das Störungsbild geht nicht auf die direkte körperliche Wirkung einer Substanz (z. B. Droge, Medikament) oder eines medizinischen Krankheitsfaktors zurück, wird nicht besser durch eine Kurze Psychotische Störung erklärt und ist nicht nur eine Verschlechterung einer schon vorher bestehenden psychischen Störung (**Kriterium H**).

Als Reaktion auf das traumatische Ereignis entwickelt die Person dissoziative Symptome. Personen mit Akuter Belastungsstörung haben eine beeinträchtigte emotionale Reaktionsfähigkeit, es ist für sie oft schwierig oder unmöglich, sich an Aktivitäten zu erfreuen, die ihnen vorher Vergnügen bereitet haben, und sie haben häufig Schuldgefühle, wenn sie normalen Alltagsaufgaben nachgehen. Sie können Konzentrationsschwierigkeiten haben, sich von ihrem Körper losgelöst fühlen, die Welt als unwirklich und traumartig erleben, oder sie haben zunehmende Schwierigkeiten, sich an bestimmte Details des traumatischen Ereignisses zu erinnern (Dissoziative Amnesie). Außerdem liegt mindestens ein Symptom aus jedem der Symptomcluster, die bei der Posttraumatischen Belastungsstörung vorhanden sein müssen, vor. Erstens wird das traumatische Ereignis ständig wiedererlebt (z. B. wiederholte Erinnerungen, Vorstellungen, Gedanken, Träume, Illusionen, Flashback-Episoden, das Gefühl, das Ereignis wiederzuerleben, oder eine Belastung bei der Konfrontation mit Reizen, die an das Ereignis erinnern). Zweitens werden Reize, die an das Trauma erinnern (z. B. Orte, Personen oder Aktivitäten), vermieden. Schließlich wird auf Reize, die an das Trauma erinnern, mit Übererregbarkeit reagiert (z. B. Schlafstörungen, Reizbarkeit, schlechte Konzentrationsfähigkeit, Hypervigilanz, eine übertriebene Schreckreaktion und motorische Unruhe).

Zugehörige Merkmale und Störungen

Zugehörige Beschreibungsmerkmale und psychische Störungen. Bei einer Akuten Belastungsstörung können Symptome der Verzweiflung und der Hoffnungslosigkeit erlebt werden und schwer und beständig genug sein, um die Kriterien einer Episode einer Major Depression zu erfüllen. In diesem Fall kann die zusätzliche Diagnose einer Major Depression gerechtfertigt sein. Wenn bei dem traumatischen Ereignis Personen zu Tode gekommen sind oder schwer verletzt wurden, kann es sein, daß die Überlebenden an Schuldgefühlen leiden, überlebt zu haben oder nicht genug Hilfe geleistet zu haben. Personen mit der Störung fühlen sich häufig unangemessen stark für die Folgen des Ereignisses verantwortlich. Probleme können entstehen, wenn die Person grundlegende Gesundheits- und Sicherheitsbedürfnisse, die mit den Nachwirkungen des Traumas einhergehen, nicht beachtet. Personen mit dieser Störung haben ein erhöhtes Risiko für die Ausbildung einer Posttraumatischen Belastungsstörung. Impulsives und risikoträchtiges Verhalten kann nach dem Trauma auftreten.

Zugehörige körperliche Untersuchungsbefunde und medizinische Krankheitsfaktoren. Medizinische Krankheitsfaktoren können als Folge des Traumas auftreten (z. B. Kopfverletzungen, Verbrennungen).

Besondere kulturelle Merkmale

Obwohl einige Ereignisse wahrscheinlich ubiquitär als traumatisch erlebt werden, hängen die Schwere und das Muster der Reaktion vom kulturspezifischen Umgang mit Verlusterlebnissen ab. Es gibt auch spezifische kulturell vorgegebene Bewältigungsmöglichkeiten, die für bestimmte Kulturen charakteristisch sind. Zum Beispiel werden dissoziative Symptome in Kulturen ausgeprägter sein, in denen solche Verhaltensweisen gutgeheißen werden. Eine weitere Erörterung kultureller Faktoren in Zusammenhang mit traumatischen Erlebnissen findet sich auf Seite 489.

Prävalenz

Die Prävalenz der Akuten Belastungsstörung in einer Population, die mit einer schweren traumatischen Belastung konfrontiert war, hängt von der Schwere und Dauer des traumatischen Ereignisses ab und wie unmittelbar das belastende Ereignis erlebt wurde.

Verlauf

Symptome der Akuten Belastungsstörung werden während oder direkt nach dem Trauma erlebt, dauern mindestens 2 Tage an und klingen innerhalb von 4 Wochen nach dem Ende des Traumas ab, oder die Diagnose muß geändert werden. Wenn die Symptome länger als 1 Monat anhalten und die Kriterien einer Posttraumatischen Belastungsstörung erfüllt sind, kann die Diagnose einer Posttraumatischen Belastungsstörung angemessen sein. Die Schwere, Dauer und Nähe der Person bei Konfrontation mit dem traumatischen Ereignis sind die wichtigsten Faktoren, die die Wahrscheinlichkeit bestimmen, mit der die Akute Belastungsstörung entwickelt wird. Es gibt Hinweise darauf, daß soziale Unterstützung, Familienanamnese, Kindheitserfahrungen, Persönlichkeitsvariablen und schon vorher bestehende psychische Störungen die Ausbildung einer Akuten Belastungsstörung beeinflussen. Die Störung kann bei Personen auftreten, bei denen vorher keine besondere Anfälligkeit vorhanden war. Dies ist insbesondere dann der Fall, wenn die belastende Situation besonders extrem ist.

Differentialdiagnose

Manche Symptombilder, die nach der Konfrontation mit einer extremen Belastung auftreten, treten bei fast allen Menschen auf und erfordern meist keine Diagnose. Eine Akute Belastungsstörung sollte nur in Betracht gezogen werden, wenn die Symptome mindestens 2 Tage andauern und in klinisch bedeutsamer Weise Leiden oder Beeinträchtigungen in sozialen, beruflichen oder anderen wichtigen Funktionsbereichen verursachen oder die Fähigkeit der Person beeinträchtigen, notwendige Aufgaben zu bewältigen (z. B. notwendige Unterstützung zu erlangen oder zwischenmenschliche Ressourcen zu erschließen, indem Familienmitgliedern über das Trauma berichtet wird).

Die Akute Belastungsstörung muß unterschieden werden von einer **Psychischen Störung Aufgrund eines Medizinischen Krankheitsfaktors** (z. B. Kopfverletzung) (siehe S. 210) und von einer **Substanzinduzierten Störung** (z. B. in Zusammenhang mit Alkoholintoxikation) (siehe S. 221), die häufig Folge einer Konfrontation mit einer extremen Belastung sein können. Bei manchen Personen können psychotische Symptome als Folge einer extremen Belastung auftreten. In solchen Fällen wird eine **Kurze Psychotische Störung** anstatt Akuter Belastungsstörung diagnostiziert. Wenn eine **Episode einer Major Depression** sich nach dem Trauma ausbildet, sollte die Diagnose einer Depressiven Störung zusätzlich zur Diagnose einer Akuten Belastungsstörung erwogen werden. Eine Akute Belastungsstörung sollte nicht gesondert diagnostiziert werden, wenn die Symptome lediglich die **Verschlechterung einer bereits vorher bestehenden psychischen Störung** darstellen.

Per Definition ist die Diagnose einer Akuten Belastungsstörung nur angemessen, wenn die Symptome innerhalb eines Monats nach der extremen Belastung auftreten. Da bei der **Posttraumatischen Belastungsstörung** die Symptome länger als 1 Monat anhalten müssen, kann die Diagnose innerhalb des ersten Monats nicht gestellt werden. Bei Personen mit Akuter Belastungsstörung, deren Symptome länger als 1 Monat anhalten, sollte die Diagnose einer Posttraumatischen Belastungsstörung erwogen werden. Bei Personen, die eine extreme Belastung erlebt haben, deren Symptommuster die Kriterien der Akuten Belastungsstörung jedoch nicht erfüllt, sollte die Diagnose einer **Anpassungsstörung** in Betracht gezogen werden.

Simulation sollte ausgeschlossen werden, wenn finanzielle Entschädigung, versicherungsrechtliche oder forensische Entscheidungen eine Rolle spielen.

Diagnostische Kriterien für 308.3 (F43.0) Akute Belastungsstörung

A. Die Person wurde mit einem traumatischen Ereignis konfrontiert, bei dem die beiden folgenden Kriterien erfüllt waren:
   (1) Die Person erlebte, beobachtete oder war mit einem oder mehreren Ereignissen konfrontiert, die den tatsächlichen oder drohenden Tod oder eine ernsthafte Verletzung oder Gefahr der körperlichen Unversehrtheit der eigenen Person oder anderer Personen beinhalteten.
   (2) Die Reaktion der Person umfaßte intensive Furcht, Hilflosigkeit oder Entsetzen.

B. Entweder während oder nach dem extrem belastenden Ereignis zeigte die Person mindestens drei der folgenden dissoziativen Symptome:

Fortsetzung nächste Seite

> Fortsetzung
>
> (1) subjektives Gefühl von emotionaler Taubheit, von Losgelöstsein oder Fehlen emotionaler Reaktionsfähigkeit,
> (2) Beeinträchtigung der bewußten Wahrnehmung der Umwelt (z. B. „wie betäubt sein"),
> (3) Derealisationserleben,
> (4) Depersonalisationserleben,
> (5) dissoziative Amnesie (z. B. Unfähigkeit, sich an einen wichtigen Aspekt des Traumas zu erinnern).
>
> C. Das traumatische Ereignis wird ständig auf mindestens eine der folgenden Arten wiedererlebt: wiederkehrende Bilder, Gedanken, Träume, Illusionen, Flashback-Episoden, oder das Gefühl, das Trauma wiederzuerleben oder starkes Leiden bei Reizen, die an das Trauma erinnern.
>
> D. Deutliche Vermeidung von Reizen, die an das Trauma erinnern (z. B. Gedanken, Gefühle, Gespräche, Aktivitäten, Orte oder Personen).
>
> E. Deutliche Symptome von Angst oder erhöhtem Arousal (z. B. Schlafstörungen, Reizbarkeit, Konzentrationsschwierigkeiten, Hypervigilanz, übertriebene Schreckreaktion, motorische Unruhe).
>
> F. Die Störung verursacht in klinisch bedeutsamer Weise Leiden oder Beeinträchtigungen in sozialen, beruflichen oder anderen wichtigen Funktionsbereichen oder beeinträchtigt die Fähigkeit der Person, notwendige Aufgaben zu bewältigen, z. B. notwendige Unterstützung zu erhalten oder zwischenmenschliche Ressourcen zu erschließen, indem Familienmitgliedern über das Trauma berichtet wird.
>
> G. Die Störung dauert mindestens 2 Tage und höchstens 4 Wochen und tritt innerhalb von 4 Wochen nach dem traumatischen Ereignis auf.
>
> H. Das Störungsbild geht nicht auf die direkte körperliche Wirkung einer Substanz (z. B. Droge, Medikament) oder eines medizinischen Krankheitsfaktors zurück, wird nicht besser durch eine Kurze Psychotische Störung erklärt und beschränkt sich nicht auf die Verschlechterung einer bereits vorher bestehenden Achse I- oder Achse II-Störung.

300.02 (F41.1) Generalisierte Angststörung
(schließt Störung mit Überängstlichkeit im Kindesalter ein)

Diagnostische Merkmale

Die Hauptmerkmale der Generalisierten Angststörung sind ausgeprägte, über mindestens 6 Monate an der Mehrzahl der Tage auftretende Angst und Sorge (furchtsame Erwartung) in bezug auf eine Reihe von Ereignissen oder Tätigkeiten. (**Kriterium A**). Die Person empfindet es als schwierig, die Sorgen zu kontrollieren (**Kriterium B**). Die Angst und die Sorgen werden von mindestens drei zusätzlichen Symptomen einer Liste begleitet, die Ruhelosigkeit, leichte Ermüdbarkeit, Konzentrationsschwierigkeiten, Reizbarkeit, Muskelverspannungen und Schlafprobleme einschließt (bei Kindern muß nur ein weiteres Symptom vorliegen) (**Kriterium C**). Der Inhalt der Angst und Sorge ist nicht auf Aspekte einer anderen Achse I-Störung beschränkt wie: eine Panikattacke zu haben (wie bei der Panikstörung), sich in der Öffentlichkeit zu blamieren (wie bei der Sozialen Phobie), sich zu verschmutzen (wie bei der Zwangsstörung), von Zuhause oder engen Angehörigen entfernt sein (wie bei der Störung mit Trennungsangst), an Gewicht zuzunehmen (wie bei der Anorexia Nervosa), viele körperliche Symptome zu haben (wie bei der Somatisierungsstörung) oder eine ernsthafte Krankheit zu haben (wie bei der Hypochondrie) und die Angst und Sorge tritt nicht ausschließlich im Verlauf einer Posttraumatischen Belastungsstörung auf (**Kriterium D**). Obwohl Personen mit Generalisierter Angststörung ihre Sorgen nicht immer als „übertrieben" wahrnehmen müssen, schildern sie subjektives Leiden aufgrund der ständigen Sorge, der Schwierigkeiten, die Sorgen kontrollieren zu können, oder sie erleben im Zusammenhang damit Beeinträchtigungen in sozialen, beruflichen oder anderen wichtigen Funktionsbereichen (**Kriterium E**). Das Störungsbild geht nicht auf die direkte körperliche Wirkung einer Substanz (z. B. Droge, Medikament, Exposition gegenüber einem Toxin) oder eines medizinischen Krankheitsfaktors zurück und tritt nicht ausschließlich im Verlauf einer Affektiven Störung, einer Psychotischen Störung oder einer Tiefgreifenden Entwicklungsstörung auf (**Kriterium F**).

Intensität, Dauer oder Häufigkeit der Angst und Sorge sind deutlich übertrieben im Vergleich zu der tatsächlichen Wahrscheinlichkeit oder Auswirkung des gefürchteten Ereignisses. Die Person findet es schwierig zu verhindern, daß die grüblerischen Gedanken die Aufmerksamkeit auf bevorstehende Aufgaben beeinträchtigen und hat Schwierigkeiten, die Sorgen zu stoppen. Erwachsene mit Generalisierter Angststörung sorgen sich häufig über alltägliche Lebensumstände wie mögliche berufliche Verpflichtungen, Finanzen, Gesundheit von Familienmitgliedern, schlimme Ereignisse, die ihren Kindern passieren könnten, oder Kleinigkeiten (wie Aufgaben im Haushalt, Autoreparaturen oder Verspätungen bei einer Verabredung). Kinder mit Generalisierter Angststörung tendieren zu ausgeprägten Sorgen über ihre Kompetenz oder die Qualität ihrer Leistungen. Im Verlauf der Störung kann sich der Inhalt der Sorge verschieben.

Zugehörige Merkmale und Störungen

Zusammen mit Muskelanspannungen können Zittern, Zucken, wacklige Gefühle, Muskelschmerzen und Verspannungen auftreten. Viele Personen mit Generalisierter Angststörung erleben auch körperliche Symptome (z. B. kalte, feuchte Hände, trockenen Mund, Schwitzen, Übelkeit oder Durchfall, häufiges Urinieren, Schwierigkeiten zu schlucken oder einen „Kloß im Hals") und eine übertriebene Schreckreaktion. Auch depressive Symptome sind häufig.

Die Generalisierte Angststörung tritt sehr häufig gemeinsam mit einer Affektiven Störung auf (z. B. Major Depression oder Dysthyme Störung), mit anderen Angststörungen (z. B. Panikstörung, Soziale Phobie, Spezifische Phobie) und mit Störungen im Zusammenhang mit Psychotropen Substanzen (z. B. Alkohol- oder Sedativa-, Hypnotika- oder Anxiolytika-Abhängigkeit oder -Mißbrauch). Andere Krankheitsfaktoren, die mit Streß zusammenhängen können (z. B. Reizkolon, Kopfschmerzen), begleiten häufig die Generalisierte Angststörung.

Besondere kulturelle, Alters- und Geschlechtsmerkmale

Es bestehen beachtliche kulturelle Unterschiede im Ausdruck von Angst (z. B. wird Angst in manchen Kulturen vor allem durch körperliche Symptome ausgedrückt, in anderen durch kognitive Symptome). Es ist wichtig, den kulturellen Kontext bei der Beurteilung, ob die Besorgnis übertrieben ist, zu berücksichtigen.

Bei Kindern und Jugendlichen mit Generalisierter Angststörung betreffen die Ängste und Sorgen oft die Qualität ihrer Leistung oder Kompetenz in der Schule oder im Sport, auch wenn ihre Leistung nicht von anderen beurteilt wird. Es können übertriebene Sorgen darüber vorliegen, pünktlich zu sein. Es können auch Sorgen über Katastrophenereignisse wie Erdbeben oder Atomkrieg auftreten. Kinder mit dieser Störung können überangepaßt, perfektionistisch und selbstunsicher sein und dazu neigen, Aufgaben aufgrund übermäßiger Unzufriedenheit mit nicht vollkommen perfekten Leistungen zu wiederholen. Sie sind typischerweise übereifrig, auf der Suche nach Anerkennung und benötigen übermäßige Bestätigung im Hinblick auf ihre Leistungen und ihre anderen Sorgen.

In klinischen Einrichtungen wird diese Störung etwas häufiger bei Frauen als bei Männern diagnostiziert (etwa 55–60 % der Personen mit diesem Störungsbild sind Frauen). In epidemiologischen Studien beträgt der Anteil von Frauen etwa 2/3.

Prävalenz

In der Allgemeinbevölkerung beträgt die 1-Jahres-Prävalenz für die Generalisierte Angststörung ungefähr 3 % und die Lebenszeitprävalenz 5 %. In Kliniken mit dem Schwerpunkt Angststörungen haben etwa 12 % der Personen eine Generalisierte Angststörung.

Verlauf

Viele Personen mit Generalisierter Angststörung berichten, daß sie sich in ihrem ganzen Leben ängstlich und nervös gefühlt haben. Obwohl mehr als die Hälfte derer, die sich in Behandlung begeben, berichten, daß der Beginn in der Kindheit oder Adoleszenz lag, ist ein Beginn nach dem 20. Lebensjahr nicht ungewöhnlich. Der Verlauf ist chronisch, aber mit Schwankungen und verschlechtert sich häufig in Belastungssituationen.

Familiäres Verteilungsmuster

Angst als ein Persönlichkeitsmerkmal („trait") zeigt einen familiären Zusammenhang. Inkonsistente Befunde liegen über beobachtete familiäre Verteilungsmuster für die Generalisierte Angststörung vor, wobei die meisten Studien keine spezifische familiäre Häufung fanden.

Differentialdiagnose

Die Generalisierte Angststörung muß von einer **Angststörung Aufgrund eines Medizinischen Krankheitsfaktors** unterschieden werden. Die Diagnose lautet Angststörung Aufgrund eines Medizinischen Krankheitsfaktors, wenn die Angstsymptome als direkte körperliche Folge eines spezifischen medizinischen Krankheitsfaktors (z. B. Phäochromozytom, Schilddrüsenüberfunktion) beurteilt werden (siehe S. 500). Diese Einschätzung basiert auf Anamnese, Laborbefunden oder körperlicher Untersuchung. Eine **Substanzinduzierte Angststörung** wird von der Generalisierten Angststörung durch die Tatsache unterschieden, daß eine Substanz

(z. B. Droge, Medikament oder Exposition gegenüber einem Toxin) als ätiologisch relevant für die Angststörung beurteilt wird (siehe S. 503). Zum Beispiel würde eine schwere Angststörung, die nur bei einem starken Kaffeekonsum auftritt, als Koffeininduzierte Angststörung, Mit Generalisierter Angst, diagnostiziert werden.

Wenn eine andere Achse I-Störung vorliegt, sollte die zusätzliche Diagnose einer Generalisierten Angststörung nur dann gegeben werden, wenn der Inhalt der Angst und Sorge nicht in Zusammenhang mit der anderen Störung steht, d. h. die ausgeprägte Sorge ist nicht darauf beschränkt, eine Panikattacke zu haben (wie bei der **Panikstörung**), sich in der Öffentlichkeit zu blamieren (wie bei der **Sozialen Phobie**), verschmutzt zu sein (wie bei der **Zwangsstörung**), zuzunehmen (wie bei der **Anorexia Nervosa**), eine ernsthafte Erkrankung zu haben (wie bei der **Hypochondrie**), viele körperliche Beschwerden zu haben (wie bei der **Somatisierungsstörung**) oder Sorgen über das Wohlergehen enger Angehöriger zu haben oder von ihnen oder von Zuhause entfernt zu sein (wie bei der **Störung mit Trennungsangst**). Zum Beispiel bezieht sich die Angst bei der Sozialen Phobie auf zukünftige soziale Situationen, in denen die Person etwas leisten muß oder von anderen beurteilt wird, während Personen mit Generalisierter Angststörung unabhängig davon, ob sie beurteilt werden oder nicht, Angst empfinden.

Mehrere Merkmale unterscheiden die ausgeprägten Sorgen der Generalisierten Angststörung von den **Zwangsgedanken** bei einer Zwangsstörung. Zwangsgedanken sind nicht einfach nur übertriebene Sorgen über reale Alltagsprobleme, sondern sind eher ich-dystone aufdringliche Gedanken, die häufig zusätzlich zu den Gedanken die Form eines Dranges oder von Impulsen und Vorstellungen annehmen. Schließlich werden die meisten Zwangsgedanken von Zwangshandlungen begleitet, die die mit den Zwangsgedanken verbundene Angst reduzieren.

Eine **Posttraumatische Belastungsstörung** ist immer mit Angst verbunden. Generalisierte Angststörung wird nicht diagnostiziert, wenn die Angst ausschließlich im Verlauf der Posttraumatischen Belastungsstörung auftritt. Angst kann auch bei einer **Anpassungsstörung** vorliegen, aber diese Restkategorie sollte nur dann benutzt werden, wenn die Kriterien für irgendeine andere Angststörung (Generalisierte Angststörung eingeschlossen) nicht erfüllt sind. Darüber hinaus tritt die Angst bei der Anpassungsstörung als Folge einer Belastungssituation auf und hält nicht länger als 6 Monate nach dem Auftreten der Belastungssituation oder ihrer Konsequenzen an. Generalisierte Angst ist ein häufiges zugehöriges Merkmal von **Affektiven Störungen** und **Psychotischen Störungen** und sollte nicht gesondert diagnostiziert werden, wenn sie ausschließlich im Verlauf dieser Störungen auftritt.

Mehrere Merkmale unterscheiden die Generalisierte Angststörung von **nichtpathologischer Angst**. Erstens sind die Sorgen, die mit Generalisierter Angststörung verbunden sind, schwierig zu kontrollieren, und beeinträchtigen typischerweise deutlich die Funktionsfähigkeit, während Alltagssorgen als kontrollierbarer wahrgenommen werden und auf später aufgeschoben werden können. Zweitens sind die Sorgen, die mit Generalisierter Angststörung verbunden sind, beherrschender, ausgeprägter, belastender und von längerer Dauer und treten häufig ohne Auslöser auf. Über je mehr Lebensumstände sich die Person übermäßig sorgt, desto wahrscheinlicher trifft die Diagnose zu. Drittens werden Alltagssorgen seltener von körperlichen Symptomen begleitet (z. B. schwerer Müdigkeit, Ruhelosigkeit, ständig „auf dem Sprung sein", Reizbarkeit), obwohl dies bei Kindern nicht zutreffen muß.

> **Diagnostische Kriterien für 300.02 (F41.1) Generalisierte Angststörung**
>
> A. Übermäßige Angst und Sorge (furchtsame Erwartung) bezüglich mehrerer Ereignisse oder Tätigkeiten (wie etwa Arbeit oder Schulleistungen), die während mindestens 6 Monaten an der Mehrzahl der Tage auftraten.
> B. Die Person hat Schwierigkeiten, die Sorgen zu kontrollieren.
> C. Die Angst und Sorge sind mit mindestens drei der folgenden 6 Symptome verbunden (wobei zumindest einige der Symptome in den vergangenen 6 Monaten an der Mehrzahl der Tage vorlagen)
>   **Beachte:** Bei Kindern genügt ein Symptom.
>   (1) Ruhelosigkeit oder ständiges „auf dem Sprung sein",
>   (2) leichte Ermüdbarkeit,
>   (3) Konzentrationsschwierigkeiten oder Leere im Kopf,
>   (4) Reizbarkeit,
>   (5) Muskelspannung,
>   (6) Schlafstörungen (Ein- oder Durchschlafschwierigkeiten oder unruhiger, nicht erholsamer Schlaf).
> D. Die Angst und Sorgen sind nicht auf Merkmale einer Achse I-Störung beschränkt, z. B. die Angst und Sorgen beziehen sich nicht darauf, eine Panikattacke zu haben (wie bei Panikstörung), sich in der Öffentlichkeit zu blamieren (wie bei Sozialer Phobie), verunreinigt zu werden (wie bei Zwangsstörung), von zu Hause oder engen Angehörigen weit entfernt zu sein (wie bei Störung mit Trennungsangst), zuzunehmen (wie bei Anorexia Nervosa), viele körperliche Beschwerden zu haben (wie bei Somatisierungsstörung) oder eine ernsthafte Krankheit zu haben (wie bei Hypochondrie), und die Angst und die Sorge treten nicht ausschließlich im Verlauf einer Posttraumatischen Belastungsstörung auf.
> E. Die Angst, Sorge oder körperlichen Symptome verursachen in klinisch bedeutsamer Weise Leiden oder Beeinträchtigungen in sozialen, beruflichen oder anderen wichtigen Funktionsbereichen.
> F. Das Störungsbild geht nicht auf die direkte körperliche Wirkung einer Substanz (z. B. Droge, Medikament) oder eines medizinischen Krankheitsfaktors (wie z. B. Schilddrüsenüberfunktion) zurück und tritt nicht ausschließlich im Verlauf einer Affektiven Störung, einer Psychotischen Störung oder einer Tiefgreifenden Entwicklungsstörung auf.

293.89 (F06.4) Angststörung Aufgrund eines Medizinischen Krankheitsfaktors

Diagnostische Merkmale

Das Hauptmerkmal einer Angststörung Aufgrund eines Medizinischen Krankheitsfaktors ist eine klinisch bedeutsame Angst, von der angenommen wird, daß sie auf die direkte körperliche Wirkung eines medizinischen Krankheitsfaktors zurückgeht. Symptome, die auftreten können sind ausgeprägte, generalisierte Angstsymptome, Panikattacken oder Zwangsgedanken oder Zwangshandlungen (**Kriterium A**). Es müssen Belege aus Anamnese, körperlicher Untersuchung oder Laborbefunden vorliegen, daß das Störungsbild die direkte körperliche

Folge eines medizinischen Krankheitsfaktors ist (**Kriterium B**). Das Störungsbild kann nicht besser durch eine andere psychische Störung wie Anpassungsstörung Mit Angst erklärt werden, bei der der Belastungsfaktor der medizinische Krankheitsfaktor ist (**Kriterium C**). Die Diagnose wird nicht gestellt, wenn die Angstsymptome nur im Verlauf eines Delirs auftreten (**Kriterium D**). Die Angstsymptome müssen in klinisch bedeutsamer Weise Leiden oder Beeinträchtigungen in sozialen, beruflichen oder anderen wichtigen Funktionsbereichen verursachen (**Kriterium E**).

Bei der Feststellung, ob die Angstsymptome durch einen medizinischen Krankheitsfaktor verursacht sind, muß der Untersucher zunächst das Vorhandensein des medizinischen Krankheitsfaktors feststellen. Weiterhin muß der Untersucher feststellen, daß die Angstsymptome durch einen physiologischen Wirkmechanismus in ätiologischem Zusammenhang mit dem medizinischen Krankheitsfaktor stehen. Eine sorgfältige und umfassende Untersuchung vielfältiger Faktoren ist für diese Entscheidung notwendig. Obwohl es keine eindeutigen Richtlinien für die Entscheidung gibt, ob der Zusammenhang zwischen den Angstsymptomen und dem medizinischen Krankheitsfaktor ätiologisch ist, können mehrere Überlegungen in diesem Bereich hilfreich sein. Ein Hinweis ist das Vorhandensein einer zeitlichen Überlappung zwischen dem Beginn, der Verschlechterung oder der Remission des medizinischen Krankheitsfaktors und der Angstsymptome. Ein zweiter Hinweis ist das Vorhandensein von Merkmalen, die untypisch für eine primäre Angststörung sind (z. B. untypisches Alter bei Beginn oder im Verlauf oder Fehlen in der Familienanamnese). Belege aus der Literatur, die nahelegen, daß ein direkter Zusammenhang zwischen dem in Frage kommenden medizinischen Krankheitsfaktor und der Entwicklung der Angstsymptome bestehen kann, können einen sinnvollen Rahmen für die Untersuchung der speziellen Fragestellung geben. Außerdem muß der Untersucher auch entscheiden, ob die Störung nicht besser durch eine primäre Angststörung, eine Substanzinduzierte Angststörung oder andere primäre psychische Störungen (z. B. Anpassungsstörung) erklärt werden kann. Diese Einschränkungen werden ausführlicher im Kapitel „Psychische Störungen Aufgrund eines Medizinischen Krankheitsfaktors" beschrieben (siehe S. 210).

Zusatzcodierungen

Die folgenden Zusatzcodierungen können benutzt werden, um anzugeben, welche Symptomatik bei der Angststörung Aufgrund eines Medizinischen Krankheitsfaktors vorherrscht:
— **Mit Generalisierter Angst:** Diese Zusatzcodierung sollte benutzt werden, wenn übertriebene Angst oder Sorge über eine Reihe von Ereignissen oder Tätigkeiten im klinischen Beschwerdebild vorherrschen.
— **Mit Panikattacken:** Diese Zusatzcodierung sollte benutzt werden, wenn Panikattacken (siehe S. 454) im klinischen Beschwerdebild vorherrschen.
— **Mit Zwangssymptomen:** Diese Zusatzcodierung sollte benutzt werden, wenn Zwangsgedanken oder Zwangshandlungen im klinischen Beschwerdebild vorherrschen.

Codierungsregeln

Bei der Codierung der Diagnose Angststörung Aufgrund eines Medizinischen Krankheitsfaktors sollte der Untersucher zunächst das Vorhandensein der Angststörung, dann den festgestellten medizinischen Krankheitsfaktor, der als Ursache für die Störung bestimmt wurde, und schließlich die entsprechende Zusatzcodierung, die das vorherrschende Beschwerdebild angibt, auf Achse I notieren (z. B. 293.89 Angststörung Aufgrund von Hyperthyreose, Mit Generalisierter Angst). Die ICD-9-CM-Codierung für den medizinischen Krankheitsfaktor sollte ebenfalls auf Achse III notiert werden (z. B. 242.9 Hyperthyreose). Anhang G enthält eine Liste ausgewählter medizinischer Krankheitsfaktoren der ICD-9-CM-Diagnosecodierungen sowie der ICD-10-Nummern.

Zugehörige medizinische Krankheitsfaktoren

Eine Reihe von medizinischen Krankheitsfaktoren können Angstsymptome verursachen. Zu diesen zählen endokrinologische Krankheitsfaktoren (z. B. Schilddrüsenüberfunktion und -unterfunktion, Phäochromozytom, Hypoglykämie, Nebennierenrindenüberfunktion), kardiovaskuläre Krankheitsfaktoren (z. B. angeborener Herzfehler, Lungenembolie, Arrhythmien), Atemwegserkrankungen (chronische obstruktive Atemwegserkrankung, Lungenentzündung, Hyperventilationssyndrom), Stoffwechselerkrankungen (z. B. Vitamin-B_{12}-Mangel, Porphyrie) und neurologische Krankheitsfaktoren (z. B. Neoplasmen, vestibuläres Syndrom, Enzephalitis). Die zugehörigen körperlichen Untersuchungsbefunde, Laborbefunde und das Muster der Prävalenz oder des Störungsbeginns spiegeln den ätiologischen medizinischen Krankheitsfaktor wider.

Differentialdiagnose

Eine gesonderte Diagnose Angststörung Aufgrund eines Medizinischen Krankheitsfaktors wird nicht gegeben, wenn die Angststörung ausschließlich im Verlauf eines **Delirs** auftritt. Falls das Beschwerdebild eine Mischung unterschiedlicher Symptome (z. B. Affektive und Angstsymptome) umfaßt, hängt die spezifische Psychische Störung Aufgrund eines Medizinischen Krankheitsfaktors davon ab, welche Symptome im klinischen Beschwerdebild vorherrschen.

Falls Hinweise auf einen kürzlichen oder anhaltenden Substanzgebrauch (einschl. psychotrope Substanzen), einen Entzug von einer Substanz oder eine Exposition gegenüber einem Toxin vorliegen, sollte eine **Substanzinduzierte Angststörung** in Betracht gezogen werden. Es kann hilfreich sein, ein Drogenscreening im Urin oder Blut oder eine andere angemessene Laboruntersuchung vorzunehmen. Wenn die Symptome während oder kurz nach (d. h. innerhalb 4 Wochen nach) Substanzintoxikation, Entzug oder Medikamenteneinnahme auftreten, kann dies besonders auf eine Substanzinduzierte Angststörung hinweisen, abhängig von Typ, Dauer und Menge der Substanz, die eingenommen wurde. Falls der Untersucher feststellt, daß die Störung sowohl durch einen medizinischen Krankheitsfaktor als auch durch einen Substanzgebrauch verursacht ist, können beide Diagnosen (d. h. Angststörung Aufgrund eines Medizinischen Krankheitsfaktors und Substanzinduzierte Angststörung) gestellt werden.

Die Angststörung Aufgrund eines Medizinischen Krankheitsfaktors muß von einer **primären Angststörung** (insbesondere Panikstörung, Generalisierte Angststörung und Zwangsstörung) und von einer **Anpassungsstörung Mit Angst** oder **Mit Angst und Depressiver Stimmung, Gemischt** (z. B. fehlangepaßte Reaktion auf Belastung durch einen medizinischen Krankheitsfaktor) unterschieden werden. Bei primären psychischen Störungen kann kein spezifischer und direkter kausaler physiologischer Wirkmechanismus nachgewiesen werden, der mit einem medizinischen Krankheitsfaktor zusammenhängt. Später Störungsbeginn und das Fehlen einer Angststörung in der eigenen oder der Familienanamnese weisen auf die Notwendigkeit einer sorgfältigen Untersuchung hin, um die Diagnose Angststörung Aufgrund eines Medizinischen Krankheitsfaktors auszuschließen. Außerdem können Angstsymptome ein **zugehöriges Merkmal einer anderen psychischen Störung** sein (z. B. Schizophrenie, Anorexia Nervosa).

Nicht Näher Bezeichnete Angststörung wird diagnostiziert, wenn der Untersucher nicht feststellen kann, ob die Angststörung primär, substanzinduziert oder durch einen medizinischen Krankheitsfaktor verursacht ist.

Diagnostische Kriterien für 293.89 (F06.4) Angststörung Aufgrund von ...
[Bestimme den Medizinischen Krankheitsfaktor]

A. Ausgeprägte Angst, Panikattacken, Zwangsgedanken oder Zwangshandlungen, die im Vordergrund des klinischen Beschwerdebildes stehen.

B. Hinweise aus Anamnese, körperlicher Untersuchung oder Laboruntersuchungen zeigen, daß das Störungsbild eine direkte körperliche Folge eines medizinischen Krankheitsfaktors ist.

C. Das Störungsbild kann nicht besser durch eine andere psychische Störung erklärt werden (z. B. Anpassungsstörung Mit Angst, bei der der Belastungsfaktor ein schwerer medizinischen Krankheitsfaktor ist).

D. Das Störungsbild tritt nicht ausschließlich im Verlauf eines Delirs auf.

E. Das Störungsbild verursacht in klinisch bedeutsamer Weise Leiden oder Beeinträchtigungen in sozialen, beruflichen oder anderen wichtigen Funktionsbereichen.

Bestimme, ob:
Mit Generalisierter Angst: Wenn übermäßige Angst oder Sorge über eine Reihe von Ereignissen oder Tätigkeiten im klinischen Beschwerdebild vorherrschen.
Mit Panikattacken: Wenn Panikattacken (siehe S. 455) im klinischen Beschwerdebild vorherrschen.
Mit Zwangssymptomen: Wenn Zwangsgedanken oder Zwangshandlungen im klinischen Beschwerdebild vorherrschen.

Codierhinweis: Notiere den Namen des medizinischen Krankheitsfaktors auf Achse I, z. B. 293.89 Angststörung Aufgrund von Phäochromozytom, Mit Generalisierter Angst; codiere den medizinischen Krankheitsfaktor auch auf Achse III (s. Anhang G für die Codierung).

Substanzinduzierte Angststörung (F1x.8)

Diagnostische Merkmale

Die Hauptmerkmale einer Substanzinduzierten Angststörung sind ausgeprägte Angstsymptome (**Kriterium A**), die auf die direkte körperliche Wirkung einer Substanz (z. B. Droge, Medikament, Exposition gegenüber einem Toxin) zurückgeführt werden (**Kriterium B**). Abhängig von der Art der Substanz und dem Kontext, in dem die Symptome auftreten (d. h.

während einer Intoxikation oder eines Entzugs) kann die Störung ausgeprägte Angst, Panikattacken, Phobien, Zwangsgedanken oder Zwangshandlungen umfassen. Obwohl das klinische Erscheinungsbild der Substanzinduzierten Angststörung dem der Panikstörung, der Generalisierten Angststörung, der Sozialen Phobie oder der Zwangsstörung ähneln kann, müssen die Kriterien für eine dieser Störungen nicht vollständig erfüllt sein. Das Störungsbild darf nicht besser durch eine andere, nicht substanzinduzierte psychische Störung (z. B. andere Angststörung) erklärt werden können (**Kriterium C**). Die Diagnose wird nicht gestellt, wenn die Angstsymptome nur im Verlauf eines Delirs auftreten (**Kriterium D**). Die Symptome müssen in klinisch bedeutsamer Weise Leiden oder Beeinträchtigungen in sozialen, beruflichen oder anderen wichtigen Funktionsbereichen verursachen (**Kriterium E**). Die Diagnose sollte nur dann anstelle der Diagnose Substanzintoxikation oder Substanzentzug gestellt werden, wenn die Angstsymptome im Vergleich zu den bei Intoxikations- oder Entzugssyndromen üblichen Angstsymptomen deutlich ausgeprägter sind und wenn die Angstsymptome schwer genug sind, um für sich allein genommen klinische Beachtung zu rechtfertigen. Eine ausführlichere Erläuterung der Störungen im Zusammenhang mit Psychotropen Substanzen findet sich auf Seite 221.

Eine Substanzinduzierte Angststörung wird von einer primären Angststörung unterschieden, indem der Störungsbeginn, Verlauf und andere Faktoren betrachtet werden. Bei Drogen müssen sich aus Anamnese, körperlicher Untersuchung oder Laborbefunden Hinweise für eine Intoxikation oder einen Entzug ergeben. Substanzinduzierte Angststörungen entstehen nur in Verbindung mit Intoxikations- oder Entzugszuständen, während primäre Angststörungen dem Beginn eines Substanzgebrauchs vorausgehen können oder in Zeiten anhaltender Abstinenz auftreten können. Da Entzugssymptome bei manchen Substanzen (z. B. manche Benzodiazepine) relativ verzögert auftreten können, kann der Beginn von Angstsymptomen innerhalb von bis zu 4 Wochen nach Beendigung des Substanzgebrauchs liegen. Ein anderer Gesichtspunkt ist das Vorhandensein von Merkmalen, die untypisch für eine primäre Angststörung sind (z. B. untypisches Alter bei Störungsbeginn oder untypischer Verlauf). Zum Beispiel können der Beginn einer Panikstörung nach einem Lebensalter von 45 Jahren (was selten ist) oder das Vorhandensein von untypischen Symptomen während einer Panikattacke (z. B. primärer Schwindel, Verlust von Gleichgewichts-, Bewußtseins- oder Blasen-/Darmkontrolle, Kopfschmerzen, undeutliche Sprache oder Amnesie) auf eine substanzinduzierte Ursache hinweisen. Im Gegensatz dazu umfassen Merkmale, die darauf hindeuten, daß die Angstsymptome besser durch eine primäre Angststörung erklärt werden können, folgendes: Anhalten der Angstsymptome über eine deutliche Zeitspanne (d. h. über einen Monat) nach dem Ende der Substanzintoxikation oder des akuten Entzugs hinaus; Entwicklung von Symptomen, die deutlich ausgeprägter sind, als dies aufgrund von Art oder Menge der eingenommenen Substanz oder aufgrund der Dauer der Einnahme erwartet werden würde; oder eine frühere, rezidivierende primäre Angststörung in der Vorgeschichte.

Zusatzcodierungen

Die folgenden Zusatzcodierungen können benutzt werden, um das vorherrschende Symptombild anzugeben:
— **Mit Generalisierter Angst:** Diese Zusatzcodierung kann benutzt werden, wenn ausgeprägte Angst oder Sorge über eine Reihe von Ereignissen oder Tätigkeiten im klinischen Beschwerdebild vorherrschen.

– **Mit Panikattacken:** Diese Zusatzcodierung kann benutzt werden, wenn Panikattacken (siehe S. 454) im klinischen Beschwerdebild vorherrschen.
– **Mit Zwangssymptomen:** Diese Zusatzcodierung kann benutzt werden, wenn Zwangsgedanken oder Zwangshandlungen im klinischen Beschwerdebild vorherrschen.
– **Mit Phobischen Symptomen:** Diese Zusatzcodierung kann benutzt werden, wenn phobische Symptome im klinischen Beschwerdebild vorherrschen.

Der Kontext, in dem die Angstsymptome sich entwickelt haben, kann durch eine der folgenden Zusatzcodierungen angegeben werden:
– **Mit Beginn Während der Intoxikation:** Diese Zusatzcodierung sollte benutzt werden, wenn die Kriterien für eine Substanzintoxikation erfüllt sind und sich die Symptome während des Intoxikationssyndroms entwickelten.
– **Mit Beginn Während des Entzugs:** Diese Zusatzcodierung sollte benutzt werden, wenn die Kriterien für einen Entzug von einer Substanz erfüllt sind und sich die Symptome während oder kurz nach dem Entzugssyndrom entwickelten.

Codierungsregeln

Der Name der Diagnose der Substanzinduzierten Angststörung beginnt mit der spezifischen Substanz (z. B. Alkohol, Methylphenidat, Thyroxin), die vermutlich die Angstsymptome verursacht. Der Diagnosecode wird aus einer Liste von Substanzklassen herausgesucht, die bei den Kriterien aufgeführt ist. Für Substanzen, die nicht in eine der aufgeführten Klassen passen (z. B. Thyroxin), sollte die Codierung „Andere Substanz" benutzt werden. Außerdem können Medikamente, die in einer therapeutischen Dosis verschrieben wurden, durch einen passenden E-Code auf Achse I (s. Anhang G) angegeben werden. Dem Namen der Störung (F1x.8) (z. B. Koffeininduzierte Angststörung) folgt die nähere Kennzeichnung des vorherrschenden Symptombildes und des Kontextes, in dem sich die Symptome entwickelten (z. B. 292.89 (F15.8) Koffeininduzierte Angststörung, Mit Panikattacken, Mit Beginn Während der Intoxikation). Wenn festgestellt wird, daß mehrere Substanzen eine bedeutsame Rolle für die Entwicklung der Angstsymptome spielen, sollte jede einzeln aufgeführt werden (z. B. 292.89 (F14.8) Kokaininduzierte Angststörung, Mit Generalisierter Angst, Mit Beginn Während der Intoxikation; 292.8 (F10.8) Akoholinduzierte Angststörung, Mit Generalisierter Angst, Mit Beginn Während des Entzugs). Falls eine Substanz als ätiologischer Faktor festgestellt wurde, die spezifische Substanz oder Substanzklasse aber unbekannt ist, sollte die Kategorie 292.89 (F19.8) Durch eine Unbekannte Substanz Induzierte Angststörung benutzt werden.

Spezifische Substanzen

Angststörungen können in Zusammenhang mit einer **Intoxikation** durch die folgenden Substanzklassen auftreten: Alkohol, Amphetamin und verwandte Substanzen; Koffein, Cannabis, Kokain, Halluzinogene, Inhalantien, Phencyclidin und verwandte Substanzen, und andere oder unbekannte Substanzen. Angststörungen können in Zusammenhang mit einem **Entzug** von folgenden Substanzklassen auftreten: Alkohol, Kokain, Sedativa, Hypnotika und Anxiolytika und andere oder unbekannte Substanzen.

Einige der Medikamente, über die berichtet wird, daß sie Angstsymptome hervorrufen, schließen Anästhetika und Analgetika, Sympathikomimetika oder andere Bronchodilatantien,

Anticholinergika, Insulin, Schilddrüsenpräparate, orale Kontrazeptiva, Antihistaminika, Antiparkinsonmittel, Kortikosteroide, Antihypertensiva und Herz-Kreislaufmittel, Antikonvulsiva, Lithiumsalze, antipsychotische Medikamente und antidepressive Medikamente. Schwermetalle und Toxine (z. B. flüchtige Stoffe wie Benzin oder Farben, organophosphatische Insektizide, Nervengas, Kohlenmonoxyd, Kohlendioxyd) können ebenfalls Angstsymptome hervorrufen.

Differentialdiagnose

Angstsymptome treten bei **Substanzintoxikation** und **Substanzentzug** häufig auf. Die Diagnose der substanzspezifischen Intoxikation oder des substanzspezifischen Entzugs reicht gewöhnlich aus, um das Erscheinungsbild zu kategorisieren. Die Diagnose einer Substanzinduzierten Angststörung sollte anstelle der Diagnose Substanzintoxikation oder Substanzentzug dann gestellt werden, wenn man zu dem Urteil kommt, daß die Angstsymptome im Vergleich zu den bei Intoxikations- oder Entzugssyndromen üblichen deutlich ausgeprägter sind, und wenn sie schwer genug sind, um für sich allein genommen klinische Beachtung zu rechtfertigen. Zum Beispiel sind Angstsymptome ein charakteristisches Merkmal eines Alkoholentzugs. Alkoholinduzierte Angststörung sollte nur dann anstelle von Alkoholentzug diagnostiziert werden, wenn die Angstsymptome stärker sind als solche, die üblicherweise bei Alkoholentzug auftreten, und schwer genug sind, um separater Bestandteil der klinischen Aufmerksamkeit und Behandlung zu sein. Falls substanzinduzierte Angstsymptome ausschließlich im Verlauf eines **Delirs** auftreten, werden die Angstsymptome als ein zugehöriges Merkmal des Delirs betrachtet und nicht zusätzlich diagnostiziert. Bei **substanzinduzierten Beschwerdebildern, die eine Mischung verschiedener Symptomtypen beinhalten** (z. B. affektive, psychotische und Angstsymptome), hängt der spezifische Typ der Substanzinduzierten Störung von der Art der Symptome ab, die das klinische Beschwerdebild prägen.

Eine Substanzinduzierte Angststörung wird von einer **primären Angststörung** dadurch unterschieden, daß man zu dem Urteil kommt, daß eine Substanz die Symptome verursacht (siehe S. 503).

Eine Substanzinduzierte Angststörung, die durch Medikamente zur Behandlung einer psychischen Störung oder eines medizinischen Krankheitsfaktors verursacht ist, muß während der Einnahme des Medikamentes beginnen (oder während des Entzugs, falls ein Entzugssyndrom mit dem Medikament verbunden ist). Sobald die Behandlung abgesetzt wird, remittieren die Symptome üblicherweise innerhalb von Tagen oder mehrerer Wochen (abhängig von der Halbwertszeit der Substanz und dem Vorhandensein eines Entzugssyndroms). Wenn die Symptome länger als 4 Wochen anhalten, sollten andere Ursachen für die Angstsymptome in Erwägung gezogen werden.

Da Personen mit einem medizinischen Krankheitsfaktor häufig Medikamente gegen diese Erkrankung einnehmen, muß der Untersucher entscheiden, ob die Angstsymptome eher durch die körperliche Wirkung des medizinischen Krankheitsfaktors als durch die Medikation verursacht werden. In diesem Fall würde **Angststörung Aufgrund eines Medizinischen Krankheitsfaktors** diagnostiziert werden. Die Anamnese liefert häufig erste Hinweise für eine solche Entscheidung. Manchmal kann eine Veränderung der Behandlung des medizinischen Krankheitsfaktors (z. B. Umstellen oder Absetzen des Medikamentes) notwendig sein, um empirisch zu bestimmen, ob das Medikament von kausaler Bedeutung ist. Falls der Untersucher sichergestellt hat, daß die Störung sowohl durch einen medizinischen Krankheitsfaktor als auch durch eine Substanzeinnahme verursacht ist, sollten beide Diagnosen (d. h. Angststörung Aufgrund eines Medizinischen Krankheitsfaktors und Substanzinduzierte Angststörung) gestellt werden. Wenn nicht genügend Hinweise vorliegen, um zu entscheiden, ob die Angstsymptome durch eine Substanz (einschl. Medikament) oder durch einen medizinischen Krankheitsfaktor verursacht oder primär sind (d. h. weder durch eine Substanz noch durch einen medizinischen Krankheitsfaktor verursacht), dann ist eine **Nicht Näher Bezeichnete Angststörung** indiziert.

Diagnostische Kriterien für Substanzinduzierte Angststörung (F1x.8)

A. Ausgeprägte Angst, Panikattacken, Zwangsgedanken oder Zwangshandlungen, die im Vordergrund des klinischen Beschwerdebildes stehen.

B. Hinweise aus Anamnese, körperlicher Untersuchung oder Laboruntersuchungen auf (1) oder (2):
  (1) die Symptome unter Kriterium A traten während oder innerhalb von 1 Monat nach einer Substanzintoxikation oder einem -Entzug auf,
  (2) eine Medikamenteneinnahme steht in ätiologischem Zusammenhang mit der Störung.

C. Das Störungsbild wird nicht besser durch eine Angststörung erklärt, die nicht substanzinduziert ist. Folgende Hinweise sprechen für eine Angststörung, die nicht substanzinduziert ist: Die Symptome gehen dem Beginn des Substanzgebrauchs (oder der Medikamenteneinnahme) voraus; die Symptome halten nach dem Nachlassen akuter Entzugssymptome oder schwerer Intoxikation deutlich länger an (z. B. über einen Monat) oder sind deutlich ausgeprägter als dies bei der Art oder Menge der eingenommenen Substanz oder bei der Dauer der Einnahme erwartet werden würde; oder es bestehen andere Hinweise auf das Vorhandensein einer unabhängigen nicht-substanzinduzierten Angststörung (z. B. Anamnese von rezidivierenden, nicht substanzbezogenen Episoden).

D. Das Störungsbild tritt nicht ausschließlich im Verlauf eines Delirs auf.

E. Das Störungsbild verursacht in klinisch bedeutsamer Weise Leiden oder Beeinträchtigungen in sozialen, beruflichen oder anderen wichtigen Funktionsbereichen.

Beachte: Diese Diagnose soll nur dann anstelle der Diagnose einer Substanzintoxikation oder eines Substanzentzugs gestellt werden, wenn die Angstsymptome deutlich ausgeprägter sind, als normalerweise beim Intoxikations- oder Entzugssyndrom zu erwarten, und wenn die Angstsymptome schwer genug sind, um für sich allein genommen klinische Beachtung zu rechtfertigen.

Codiere [Spezifische Substanz]-Induzierte Angststörung
(291.8 (F10.8) Alkohol; 292.89 (F15.8) Amphetamin (oder verwandte Substanzen); 292.89 (F15.8) Koffein; 292.89 (F12.8) Cannabis; 292.89 (F14.8) Kokain; 292.89 (F16.8) Halluzinogene; 292.89 (F18.8) Inhalantien; 292.89 (F19.8) Phencyclidin (oder verwandte Substanzen); 292.89 (F13.8) Sedativa, Hypnotika oder Anxiolytika; 292.89 (F19.8) Andere [oder Unbekannte] Substanzen.

Fortsetzung nächste Seite

> Fortsetzung
>
> *Bestimme,* ob:
> **Mit Generalisierter Angst:** Wenn ausgeprägte Angst oder Sorge über eine Reihe von Ereignissen oder Tätigkeiten im klinischen Beschwerdebild vorherrschen.
> **Mit Panikattacken:** Wenn Panikattacken (siehe S. 455) im klinischen Beschwerdebild vorherrschen.
> **Mit Zwangssymptomen:** Wenn Zwangsgedanken oder Zwangshandlungen im klinischen Beschwerdebild vorherrschen.
> **Mit Phobischen Symptomen:** Wenn phobische Symptome im klinischen Beschwerdebild vorherrschen.
>
> *Bestimme,* ob:
> **Mit Beginn Während der Intoxikation:** Wenn die Kriterien einer Substanzintoxikation erfüllt sind und die Symptome während des Intoxikationssyndroms auftraten.
> **Mit Beginn Während des Entzugs:** Wenn die Kriterien für Substanzentzug erfüllt sind und die Symptome während oder kurz nach dem Entzugssyndrom auftraten.

300.00 (F41.9; F40.9) Nicht Näher Bezeichnete Angststörung

Diese Kategorie beinhaltet Störungen mit ausgeprägter Angst oder phobischer Vermeidung, die nicht die Kriterien für irgendeine Angststörung, Anpassungsstörung mit Angst oder Anpassungsstörung mit Angst und Depressiver Stimmung, Gemischt erfüllen. Beispiele sind:
1. Störung mit Angst und Depression, Gemischt: klinisch bedeutsame Symptome von Angst und Depression, die jedoch nicht die Kriterien für eine spezifische Affektive Störung oder eine spezifische Angststörung erfüllen (siehe S. 813 für Vorgeschlagene Forschungskriterien).
2. Klinisch bedeutsame sozialphobische Symptome, die sich aus der mit einer Erkrankung an einem medizinischen Krankheitsfaktor oder an einer psychischen Störung (z. B. Parkinsonsche Erkrankung, Hauterkrankungen, Stottern, Anorexia Nervosa, Körperdysmorphe Störung) verbundenen sozialen Beeinträchtigung ergeben.
3. Situationen, in denen der Untersucher zu dem Urteil kam, daß eine Angststörung vorliegt, aber nicht entscheiden kann, ob diese primär ist, auf einen medizinischen Krankheitsfaktor zurückgeht oder durch eine Substanz induziert ist.

Somatoforme Störungen

Das gemeinsame Merkmal der Somatoformen Störungen ist das Vorhandensein von körperlichen Symptomen, die einen medizinischen Krankheitsfaktor nahelegen (deshalb der Begriff somatoform) und die durch einen medizinischen Krankheitsfaktor, durch die direkte Wirkung einer Substanz oder durch eine andere psychische Störung (z. B. Panikstörung) nicht vollständig erklärt werden können. Die Symptome müssen in klinisch bedeutsamer Weise Leiden oder Beeinträchtigungen in sozialen, beruflichen oder anderen wichtigen Funktionsbereichen verursachen. Im Gegensatz zur Vorgetäuschten Störung und zur Simulation sind die körperlichen Symptome nicht absichtlich erzeugt (d. h. unter willentlicher Kontrolle). Somatoforme Störungen unterscheiden sich von Psychischen Faktoren, die einen Medizinischen Krankheitsfaktor Beeinflussen, dadurch, daß kein diagnostizierbarer medizinischer Krankheitsfaktor vorliegt, der die körperlichen Beschwerden vollständig erklären kann. Das Zusammenfassen dieser Störungen in einem eigenen Kapitel erfolgt aufgrund der klinischen Nützlichkeit (z. B. der Notwendigkeit, verborgene medizinische Krankheitsfaktoren oder substanzinduzierte Ätiologien für die körperlichen Symptome auszuschließen) und weniger aufgrund von Annahmen bezüglich einer gemeinsamen Ätiologie oder gemeinsamer Mechanismen. Man findet diese Störungsbilder häufig im allgemeinmedizinischen Bereich.

Dieses Kapitel umfaßt die folgenden Somatoformen Störungen:
— Die **Somatisierungsstörung** (historisch auch als Hysterie oder Briquet-Syndrom bezeichnet) ist eine polysymptomatische Störung, die vor dem 30. Lebensjahr beginnt, über mehrere Jahre anhält und charakterisiert ist durch eine Kombination von Schmerz, gastrointestinalen, sexuellen und pseudoneurologischen Symptomen.
— Die **Undifferenzierte Somatoforme Störung** ist charakterisiert durch nicht erklärbare körperliche Beschwerden, die mindestens sechs Monate bestehen und unterhalb der Schwelle für die Diagnose einer Somatisierungsstörung liegen.
— Die **Konversionsstörung** umfaßt nicht erklärbare Symptome oder Ausfälle der willkürlichen motorischen oder sensorischen Funktionen, die eine neurologische oder sonstige somatische Störung nahelegen. Es wird angenommen, daß psychische Faktoren eng mit den Symptomen oder Ausfällen zusammenhängen.
— Die **Schmerzstörung** ist charakterisiert durch Schmerzen, die im Mittelpunkt der klinischen Aufmerksamkeit stehen. Zusätzlich wird psychischen Faktoren eine wichtige Rolle bezüglich Beginn, Schweregrad, Exazerbation oder Aufrechterhaltung der Schmerzen beigemessen.
— **Hypochondrie** ist die übermäßige Beschäftigung mit der Angst oder Überzeugung, eine ernsthafte Krankheit zu haben, was auf einer Fehlinterpretation von körperlichen Symptomen oder körperlichen Funktionen durch die betroffene Person beruht.
— Die **Körperdysmorphe Störung** ist gekennzeichnet durch die übermäßige Beschäftigung mit einem eingebildeten oder überbewerteten Mangel oder einer Entstellung des körperlichen Aussehens.

Berater der deutschen Ausgabe:
Doz. Dr. Winfried Rief, Prien
Prof. Dr. Hans-Ulrich Wittchen, München
Dr. Wolfgang Hiller, Prien

Übersetzer:
Doz. Dr. Winfried Rief, Prien
Dipl.-Psych. Rose Shaw, Prien

– Die **Nicht Näher Bezeichnete Somatoforme Störung** wird aufgeführt, um Störungen mit somatoformen Symptomen zu codieren, die nicht die Kriterien für eine der spezifischen Somatoformen Störungen erfüllen.

300.81 (F45.0) Somatisierungsstörung

Diagnostische Merkmale

Das Hauptmerkmal der Somatisierungsstörung ist ein Muster von rezidivierenden, multiplen, klinisch bedeutsamen somatischen Beschwerden. Die somatischen Beschwerden werden als klinisch bedeutsam gewertet, wenn sie zu medizinischer Behandlung führen (z. B. Einnahme von Medikamenten) oder deutliche Beeinträchtigungen in sozialen, beruflichen oder anderen wichtigen Funktionsbereichen verursachen. Die somatischen Beschwerden müssen vor dem 30. Lebensjahr beginnen und über eine Zeitspanne von mehreren Jahren andauern (**Kriterium A**). Die multiplen somatischen Beschwerden können nicht vollständig durch einen bekannten medizinischen Krankheitsfaktor oder die direkte Wirkung einer Substanz erklärt werden. Treten die Beschwerden bei Vorhandensein eines medizinischen Krankheitsfaktors auf, so gehen sie oder die daraus resultierenden sozialen oder beruflichen Beeinträchtigungen weit über das Maß hinaus, das durch Vorgeschichte, körperliche Untersuchungen oder Laborbefunde erwartet würde (**Kriterium C**). Es müssen in der Anamnese Schmerzen vorgelegen haben, die mindestens vier Körperbereiche (z. B. Kopf, Abdomen, Rücken, Gelenke, Extremitäten, Brust, Rektum) oder Funktionsbereiche (z. B. Menstruation, Geschlechtsverkehr, Wasserlassen) betraffen (**Kriterium B1**). In der Anamnese müssen auch mindestens zwei gastrointestinale Symptome außer den Schmerzen vorliegen (**Kriterium B2**). Die meisten Betroffenen mit dieser Störung beschreiben Übelkeit und Blähungen. Erbrechen, Durchfall und Unverträglichkeit von Speisen sind seltener. Gastrointestinale Beschwerden führen oftmals zu häufigen Röntgenuntersuchungen und abdominellen chirurgischen Eingriffen, die sich im Nachhinein als unnötig erweisen. In der Vorgeschichte muß auch mindestens ein Symptom im sexuellen oder reproduktiven Bereich außer Schmerz vorliegen (**Kriterium B3**). Bei Frauen kann es sich hierbei um unregelmäßige Menstruationsblutungen, verstärkte Menstruationen oder Erbrechen während der gesamten Schwangerschaft handeln. Bei Männern können Symptome wie Erektions- oder Ejakulationsstörungen auftreten. Sowohl Frauen als auch Männer können von sexueller Gleichgültigkeit betroffen sein. Schließlich muß in der Vorgeschichte auch mindestens ein Symptom außer Schmerz vorgelegen haben, das einen neurologischen Krankheitsfaktor nahelegt (Konversionssymptome mit Koordinations- oder Gleichgewichtsstörungen, Lähmungen oder umschriebene Muskelschwächen, Schluckschwierigkeiten oder Kloßgefühl im Hals, Aphonie, Harnverhaltung, Halluzinationen, Verlust der Berührungs- oder Schmerzempfindungen, Sehen von Doppelbildern, Blindheit, Taubheit oder (Krampf-)Anfälle; dissoziative Symptome wie Amnesie; Bewußtseinsverlust, nicht nur einfache Ohnmacht) (**Kriterium B4**). Die Symptome der einzelnen Gruppen sind in der vermuteten Rangordnung der berichteten Häufigkeiten aufgeführt. Schließlich sind die ungeklärten Symptome bei der Somatisierungsstörung nicht bewußt vorgetäuscht oder selbst erzeugt (wie bei der Vorgetäuschten Störung oder Simulation) (**Kriterium D**).

Zugehörige Merkmale und Störungen

Zugehörige Beschreibungsmerkmale und psychische Störungen. Menschen mit Somatisierungsstörung beschreiben ihre Beschwerden in der Regel mit ausmalenden, übertreibenden Begriffen, wobei aber spezifische Tatsacheninformationen häufig fehlen. Sie sind oftmals inkonsistent in den Angaben zur Vorgeschichte, so daß ein checklistengeleitetes Vorgehen im diagnostischen Gespräch weniger effektiv sein kann als eine genaue Durchsicht der Unterlagen von medizinischen Vorbehandlungen und stationären Aufenthalten, die ein Muster von häufigen somatischen Beschwerden belegen. Die Patienten sind oft bei mehreren Ärzten gleichzeitig in Behandlung, was zu komplizierten und manchmal gewagten Kombinationen von Behandlungsmaßnahmen führen kann. Ausgeprägte Angstsymptome und depressive Stimmung sind sehr häufig und können den Grund dafür darstellen, daß sich die Patienten in psychiatrische Einrichtungen begeben. Impulsives und antisoziales Verhalten, Suiziddrohungen und -versuche sowie Eheschwierigkeiten können vorliegen. Das Leben dieser Betroffenen ist oft so chaotisch und kompliziert wie ihre medizinische Vorgeschichte, vor allem bei zusätzlich bestehenden Persönlichkeitsstörungen. Die häufige Einnahme von Medikamenten kann zu Nebenwirkungen und Störungen im Zusammenhang mit Psychotropen Substanzen führen. Diese Personen unterziehen sich zahlreichen medizinischen Untersuchungen, diagnostischen Verfahren, chirurgischen Eingriffen und stationären Behandlungen, die zu einem mit solchen Eingriffen verbundenen erhöhten Morbiditätsrisiko führen. Major Depression, Panikstörung oder Störungen im Zusammenhang mit Psychotropen Substanzen gehen häufig mit der Somatisierungsstörung einher. Die Histrionische, Antisoziale und Borderline Persönlichkeitsstörung sind die am häufigsten mit ihr verbundenen Persönlichkeitsstörungen.

Zugehörige Laborbefunde. Das Auffallende an Laboruntersuchungen ist das Fehlen von Befunden, die die subjektiven Beschwerden erklären könnten.

Zugehörige körperliche Untersuchungsbefunde und medizinische Krankheitsfaktoren. Das Auffallende an körperlichen Untersuchungen ist das Fehlen von objektiven Befunden, die die zahlreichen subjektiven Beschwerden der Personen mit Somatisierungsstörung erklären könnten. Die betroffenen Personen bekommen manchmal die Diagnose einer sogenannten funktionellen Störung (z. B. Colon irritabile). Da für diese Syndrome jedoch bislang keine klaren objektiven Befunde oder spezifische Laborbefunde vorliegen, können ihre Symptome auch für die Diagnose Somatisierungsstörung gewertet werden.

Besondere kulturelle und Geschlechtsmerkmale

Art und Häufigkeit der somatischen Symptome können sich zwischen verschiedenen Kulturen unterscheiden. Zum Beispiel kommen die folgenden pseudoneurologischen Symptome in Afrika und Südasien häufiger vor als in Nordamerika: Brennen in den Händen und Füßen, die nicht-wahnhafte Empfindung von Würmern im Kopf oder krabbelnden Ameisen unter der Haut. Symptome, die sich auf die männliche Fortpflanzungsfähigkeit beziehen, können in Kulturen häufiger vorkommen, in denen Besorgnis über Sperma-Verlust verbreitet ist (z. B. *Dhat*-Syndrom in Indien). Entsprechend sollte der Überblick über die Symptome an die Kultur angepaßt werden. Die Symptome, die in diesem Manual aufgeführt sind, erwiesen sich in den Vereinigten Staaten am relevantesten für die Diagnose. Es sollte berücksichtigt werden, daß die Rangliste der Häufigkeiten aus Studien abgeleitet wurde, die in den Vereinigten Staaten durchgeführt wurden.

Die Somatisierungsstörung kommt in den Vereinigten Staaten nur selten bei Männern vor, jedoch legt die berichtete höhere Häufigkeit bei griechischen und puertoricanischen Männern nahe, daß kulturelle Faktoren das Geschlechterverhältnis beeinflussen.

Prävalenz

Für die Somatisierungsstörung haben verschiedene Studien ausgesprochen unterschiedliche Lebenszeitprävalenzraten gefunden, die bei Frauen bei 0,2–2 % liegen und bei Männern unter 0,2 %. Die Unterschiede in den Häufigkeitsangaben können davon abhängen, ob der Interviewer ein Arzt ist, welche Erhebungsmethode verwandt wurde und welche demographischen Variablen in den untersuchten Stichproben vorliegen. Bei nichtärztlichen Interviewern wird die Somatisierungsstörung sehr viel seltener diagnostiziert.

Verlauf

Die Somatisierungsstörung ist eine chronische, jedoch fluktuierende Störung, die selten vollständig remittiert. Es vergeht kaum ein Jahr, ohne daß die betroffene Person aufgrund unklarer körperlicher Beschwerden ärztliche Behandlung aufsucht. Die diagnostischen Kriterien werden typischerweise bis zum 25. Lebensjahr erreicht, jedoch sind die ersten Symptome häufig schon während der Adoleszenz vorhanden. Bei Frauen können Menstruationsprobleme die ersten Symptome darstellen. Es besteht oftmals eine Beziehung zwischen sexuellen Symptomen und ehelicher Unzufriedenheit.

Familiäres Verteilungsmuster

Bei Frauen mit Somatisierungsstörung findet sich bei 10–20 % der weiblichen biologischen Verwandten 1. Grades ebenfalls eine Somatisierungsstörung. Die männlichen Verwandten von Frauen mit dieser Störung weisen ein erhöhtes Risiko für die Antisoziale Persönlichkeitsstörung und für Störungen im Zusammenhang mit Psychotropen Substanzen auf. Adoptionsstudien weisen darauf hin, daß sowohl genetische als auch Umweltfaktoren das Risiko für eine Antisoziale Persönlichkeitsstörung, Störungen im Zusammenhang mit Psychotropen Substanzen oder Somatisierungsstörung erhöhen. Sowohl biologische als auch Adoptiveltern mit einer dieser Störungen führen zu einem erhöhten Risiko zur Entwicklung entweder einer Antisozialen Persönlichkeitsstörung, einer Störung im Zusammenhang mit Psychotropen Substanzen oder einer Somatisierungsstörung.

Differentialdiagnose

Das Symptombild einer Somatisierungsstörung ist häufig unspezifisch und kann mit einer Vielzahl von **medizinischen Krankheitsfaktoren** überlappen. Es gibt drei Merkmale, die eher die Diagnose einer Somatisierungsstörung nahelegen als die eines medizinischen Krankheitsfaktors: 1. Beteiligung mehrerer Organsysteme, 2. früher Beginn und chronischer Verlauf, ohne daß erkennbare körperliche Symptome oder strukturelle Veränderungen entwickelt werden und 3. Fehlen von abnormen Laborbefunden, die für den vermuteten medizinischen Krankheitsfaktor charakteristisch wären. Es müssen weiterhin medizinische Krankheitsfaktoren ausgeschlossen werden, die durch vage, multiple und verwirrende somatische Symptome gekennzeichnet sind (z. B. Hyperparathyreoidismus, akute intermittierende Porphyrie, Multiple Sklerose, systemischer Lupus erythematodes). Zusätzlich schützt eine Somatisierungsstörung nicht davor, andere davon unabhängige medizinische Krankheitsfaktoren zu haben. Objektive Befunde sollen ohne übermäßiges Vertrauen auf die subjektiven Beschwerdeschilderungen erhoben werden. Das erstmalige Auftreten multipler körperlicher Symptome im höheren Alter ist fast immer auf einen medizinischen Krankheitsfaktor zurückzuführen.

Schizophrenie mit multiplen körperbezogenen Wahnideen muß von den nicht wahnhaften somatischen Beschwerden bei Personen mit einer Somatisierungsstörung abgegrenzt werden. In seltenen Fällen besteht bei Personen mit einer Somatisierungsstörung auch eine Schizophrenie; in diesem Fall sind beide Diagnosen zu stellen. Weiterhin können Halluzinationen auch als pseudoneurologische Symptome auftreten und müssen von den typischen Halluzinationen bei Schizophrenie unterschieden werden (siehe S. 329).

Die Unterscheidung zwischen **Angststörungen** und der Somatisierungsstörung kann sehr schwierig sein. Bei der **Panikstörung** sind ebenfalls multiple somatische Beschwerden vorhanden, jedoch treten diese in erster Linie während einer Panikattacke auf. Jedoch können Panikstörung und Somatisierungsstörung auch gleichzeitig vorliegen; wenn die somatischen Symptome auch zu Zeiten außerhalb von Panikattacken auftreten, können beide Diagnosen gestellt werden. Personen mit einer **Generalisierten Angststörung** können eine Vielzahl von körperlichen Beschwerden haben, die mit ihren generalisierten Ängsten in Verbindung stehen, aber der Schwerpunkt der Ängste und Sorgen ist nicht auf diese körperlichen Beschwerden beschränkt. Personen mit **Affektiven Störungen**, vor allem **Depressiven Störungen**, können körperliche Beschwerden schildern, am häufigsten Kopfschmerzen, gastrointestinale Störungen oder unklare Schmerzen. Personen mit einer Somatisierungsstörung haben körperliche Beschwerden, die immer wieder über die meiste Zeit ihres Lebens auftreten, unabhängig von ihrer aktuellen Stimmung, während die körperlichen Beschwerden bei Depressiven Störungen ausschließlich auf Episoden mit depressiven Verstimmungen begrenzt sind. Auch klagen Personen mit Somatisierungsstörung oftmals über depressive Beschwerden. Wenn die Kriterien sowohl für die Somatisierungsstörung als auch für eine Affektive Störung erfüllt sind, können beide Störungen diagnostiziert werden.

Definitionsgemäß haben alle Personen mit einer Somatisierungsstörung in der Vorgeschichte Schmerzsymptome, sexuelle Symptome und Konversions- oder dissoziative Symptome. Wenn diese Symptome ausschließlich im Verlauf einer Somatisierungsstörung auftreten, sollte daher die Diagnose einer **Schmerzstörung in Verbindung mit Psychischen Faktoren**, einer **Sexuellen Funktionsstörung**, einer **Konversionsstörung** oder einer **Dissoziativen Störung** nicht zusätzlich gestellt werden. **Hypochondrie** wird nicht diagnostiziert, wenn die übermäßige Beschäftigung mit Ängsten, eine schwere Krankheit zu haben, ausschließlich im Verlauf einer Somatisierungsstörung auftritt.

Die Kriterien für eine Somatisierungsstörung in diesem Manual sind etwas restriktiver als die Originalkriterien für das **Briquet-Syndrom**. Somatoforme klinische Bilder, die nicht die Kriterien einer Somatisierungsstörung erfüllen, sollten als **Undifferenzierte Somatoforme Störung** klassifiziert werden, wenn die Dauer des Syndroms sechs Monate oder länger beträgt, oder als **Nicht Näher Bezeichnete Somatoforme Störung** für klinische Bilder von kürzerer Dauer.

Bei der **Vorgetäuschten Störung mit Vorwiegend Körperlichen Zeichen und Symptomen** und bei der **Simulation** können die körperlichen Symptome bewußt erzeugt sein, um die

Krankenrolle einzunehmen bzw. einen sonstigen Vorteil daraus zu gewinnen. Bewußt erzeugte Symptome sollten nicht für die Diagnose einer Somatisierungsstörung gewertet werden. Das Vorhandensein von einigen vorgetäuschten oder simulierten Symptomen, verbunden mit anderen nicht bewußt erzeugten Symptomen ist jedoch nicht selten. Bei solchen gemischten Fällen sollten sowohl die Somatisierungsstörung als auch die Vorgetäuschte Störung oder die Simulation diagnostiziert werden.

Diagnostische Kriterien für 300.81 (F45.0) Somatisierungsstörung

A. Eine Vorgeschichte mit vielen körperlichen Beschwerden, die vor dem 30. Lebensjahr begannen, über mehrere Jahre auftraten und zum Aufsuchen einer Behandlung oder zu deutlichen Beeinträchtigungen in sozialen, beruflichen oder anderen wichtigen Funktionsbereichen führten.

B. Jedes der folgenden Kriterien muß erfüllt gewesen sein, wobei die einzelnen Symptome irgendwann im Verlauf der Störung aufgetreten sein müssen:
 (1) *vier Schmerzsymptome*: eine Vorgeschichte von Schmerzsymptomen, die mindestens vier verschiedene Körperbereiche oder Funktionen betreffen (z.B. Kopf, Abdomen, Rücken, Gelenke, Extremitäten, Brust, Rektum, während der Menstruation, während des Geschlechtsverkehrs oder während des Wasserlassens),
 (2) *zwei gastrointestinale Symptome*: eine Vorgeschichte von mindestens zwei gastrointestinalen Symptomen außer Schmerzen (z.B. Übelkeit, Völlegefühl, Erbrechen außer während einer Schwangerschaft, Durchfall, Unverträglichkeit von verschiedenen Speisen),
 (3) *ein sexuelles Symptom*: eine Vorgeschichte von mindestens einem Symptom im Bereich Sexualität oder Fortpflanzung außer Schmerzen (z.B. sexuelle Gleichgültigkeit, Erektions- oder Ejakulationsstörungen, unregelmäßige Menstruationen, sehr starke Menstruationsblutungen, Erbrechen während der gesamten Schwangerschaft),
 (4) *ein pseudoneurologisches Symptom*: eine Vorgeschichte von mindestens einem Symptom oder Defizit (nicht begrenzt auf Schmerz), das einen neurologischen Krankheitsfaktor nahelegt (Konversionssymptome wie z.B. Koordinations- oder Gleichgewichtsstörungen, Lähmungen oder lokalisierte Muskelschwäche, Schluckschwierigkeiten oder Kloßgefühl im Hals, Aphonie, Harnverhaltung, Halluzinationen, Verlust der Berührungs- oder Schmerzempfindung, Sehen von Doppelbildern, Blindheit, Taubheit, (Krampf-)Anfälle; dissoziative Symptome wie z.B. Amnesie oder Bewußtseinsverluste, jedoch nicht einfache Ohnmacht).

C. Entweder (1) oder (2):
 (1) Nach adäquater Untersuchung kann keines der Symptome von Kriterium B vollständig durch einen bekannten medizinischen Krankheitsfaktor oder durch die direkte Wirkung einer Substanz (z.B. Droge, Medikament) erklärt werden.
 (2) Falls das Symptom mit einem medizinischen Krankheitsfaktor in Verbindung steht, so gehen die körperlichen Beschwerden oder daraus resultierende soziale oder berufliche Beeinträchtigungen über das hinaus, was aufgrund von Anamnese, körperlicher Untersuchung oder den Laborbefunden zu erwarten wäre.

D. Die Symptome sind nicht absichtlich erzeugt oder vorgetäuscht (wie bei der Vorgetäuschten Störung oder Simulation).

300.81 (F45.1) Undifferenzierte Somatoforme Störung

Diagnostische Merkmale

Das Hauptmerkmal der Undifferenzierten Somatoformen Störung sind eine oder mehrere körperliche Beschwerde(n) (**Kriterium A**), die sechs Monate oder länger andauern (**Kriterium D**). Die häufigsten Beschwerden sind chronische Müdigkeit, Appetitlosigkeit oder gastrointestinale oder urogenitale Symptome. Diese Symptome können nicht vollständig durch einen bekannten medizinischen Krankheitsfaktor oder durch die direkte Wirkung einer Substanz erklärt werden (z. B. Folge einer Verletzung, Einnahme von Substanzen, Nebenwirkungen von Medikamenten) oder die körperlichen Beschwerden bzw. die resultierende Beeinträchtigung gehen weit über das Ausmaß hinaus, das aufgrund der Anamnese, körperlichen Untersuchung oder der Laborbefunde zu erwarten wäre (**Kriterium B**). Die Symptome müssen in klinisch bedeutsamer Weise Leiden oder Beeinträchtigungen in sozialen, beruflichen oder anderen wichtigen Funktionsbereichen verursachen (**Kriterium C**). Die Diagnose wird nicht gestellt, wenn die Symptome besser durch eine andere psychische Störung erklärt werden können (z. B. eine andere Somatoforme Störung, Sexuelle Funktionsstörung, Affektive Störung, Angststörung, Schlafstörung oder eine Psychotische Störung) (**Kriterium E**). Die Symptome werden nicht absichtlich erzeugt oder vorgetäuscht (wie bei der Vorgetäuschten Störung oder der Simulation) (**Kriterium F**).

Die Undifferenzierte Somatoforme Störung ist eine Restkategorie für solche dauerhaften somatoformen Erscheinungsbilder, die die Kriterien für eine Somatisierungsstörung oder eine andere Somatoforme Störung nicht vollständig erfüllen. Zu den möglichen Symptomen zählen die Beispiele, die für die Somatisierungsstörung aufgelistet wurden. Es kann sich um ein einzelnes umschriebenes Symptom handeln wie beispielsweise Übelkeit oder aber, was häufiger der Fall ist, um multiple körperliche Symptome. Die chronischen, nicht erklärbaren körperlichen Beschwerden führen häufig zur Konsultation von Ärzten, vor allem von Hausärzten.

Besondere kulturelle, Alters- und Geschlechtsmerkmale

Medizinisch nicht erklärbare Symptome und Sorgen um körperliche Krankheit können eine kulturell geprägte Ausdrucksform von Belastung sein, die eingesetzt wird, um Sorgen um eine Vielzahl persönlicher oder sozialer Probleme auszudrücken, ohne notwendigerweise auf psychopathologische Auffälligkeiten hinzuweisen. Die größte Häufung nicht erklärbarer körperlicher Beschwerden tritt bei jungen Frauen mit niedrigem sozialen Status auf, jedoch sind solche Symptome nicht auf ein bestimmtes Alter, Geschlecht oder auf eine bestimmte soziokulturelle Gruppe beschränkt. „Neurasthenie", ein Syndrom, das in vielen Teilen der Welt beschrieben wird und durch Müdigkeit und Schwäche charakterisiert ist, wird nach DSM-IV als Undifferenzierte Somatoforme Störung klassifiziert, wenn die Symptome für mehr als sechs Monate bestanden haben.

Verlauf

Der Verlauf einzelner nicht erklärbarer körperlicher Beschwerden ist nicht vorhersagbar. Die Verdachtsdiagnose eines medizinischen Krankheitsfaktors oder einer anderen psychischen Störung wird häufig gestellt.

Differentialdiagnose

Siehe auch Abschnitt „Differentialdiagnose" im Abschnitt Somatisierungsstörung (S. 512). Die Undifferenzierte Somatoforme Störung unterscheidet sich von der **Somatisierungsstörung** durch die für letztere erforderliche Vielzahl von Symptomen über einen Zeitraum von mehreren Jahren und eines Beginns vor dem 30. Lebensjahr. Personen mit einer Somatisierungsstörung sind typischerweise inkonsistent in ihren Anamnesebeschreibungen, so daß sie bei einer Untersuchung so viele Symptome beschreiben, daß die Kriterien für die Somatisierungsstörung vollständig erfüllt sind, während sie zu einem anderen Zeitpunkt von weniger Symptomen berichten, so daß die Kriterien nicht mehr erfüllt sind. Wenn die körperlichen Beschwerden weniger als sechs Monate bestanden haben, sollte die Diagnose einer **Nicht Näher Bezeichneten Somatoformen Störung** gestellt werden. Eine Undifferenzierte Somatoforme Störung wird nicht diagnostiziert, wenn die Symptome besser durch eine andere psychische Störung erklärt werden können. Andere psychische Störungen, bei denen häufig nicht erklärbare körperliche Symptome auftreten, sind **Major Depression, Angststörungen** und **Anpassungsstörung**. Im Gegensatz zu der Undifferenzierten Somatoformen Störung sind die körperlichen Beschwerden bei **Vorgetäuschten Störungen** oder der **Simulation** absichtlich erzeugt oder vorgetäuscht. Bei der Vorgetäuschten Störung besteht das Motiv darin, die Krankenrolle einzunehmen und medizinische Beachtung und Betreuung zu erhalten, während bei der Simulation äußere Anreize im Vordergrund stehen wie beispielsweise finanzielle Entschädigung, Vermeidung von Pflichten, gerichtliche Verfolgung oder der Erhalt von Drogen.

Diagnostische Kriterien für 300.81 (F45.1*) Undifferenzierte Somatoforme Störung

A. Eine oder mehrere körperliche Beschwerde(n) (z. B. Müdigkeit, Appetitlosigkeit, gastrointestinale oder urologische Beschwerden).

B. Entweder (1) oder (2):
  (1) Nach adäquater Untersuchung können die Symptome nicht vollständig durch einen bekannten medizinischen Krankheitsfaktor oder durch die direkte Wirkung einer Substanz (z. B. Droge, Medikament) erklärt werden.
  (2) Falls das Symptom mit einem medizinischen Krankheitsfaktor in Verbindung steht, so gehen die körperlichen Beschwerden oder daraus resultierende soziale oder berufliche Beeinträchtigungen über das hinaus, was aufgrund von Anamnese, körperlicher Untersuchung oder Laborbefunden zu erwarten wäre.

C. Die Symptome verursachen in klinisch bedeutsamer Weise Leiden oder Beeinträchtigungen in sozialen, beruflichen oder anderen wichtigen Funktionsbereichen.

D. Die Dauer der Störung beträgt mindestens sechs Monate.

E. Das Störungsbild wird nicht durch eine andere psychische Störung (z. B. eine andere Somatoforme Störung, Sexuelle Funktionsstörung, Affektive Störung, Angststörung, Schlafstörung oder eine Psychotische Störung) besser erklärt.

F. Das Symptom wird nicht absichtlich erzeugt oder vorgetäuscht (wie bei der Vorgetäuschten Störung oder der Simulation).

* (erwäge bei Codierung nach ICD-10 auch F48)

300.11 (F44.xx) Konversionsstörung

Diagnostische Merkmale

Das Hauptmerkmal der Konversionsstörung ist das Vorhandensein von Symptomen oder Ausfällen, die willkürliche motorische oder sensorische Funktionen betreffen und einen neurologischen oder anderen medizinischen Krankheitsfaktor nahelegen (**Kriterium A**). Aufgrund der Beobachtung, daß der Beginn oder eine Verschlechterung der Symptome bzw. Ausfälle auf Konflikte oder andere Belastungsfaktoren folgt (**Kriterium B**), wird ein Zusammenhang zwischen den Symptomen bzw. Ausfällen und psychischen Faktoren vermutet. Die Symptome werden nicht absichtlich erzeugt oder vorgetäuscht wie bei der Vorgetäuschten Störung oder Simulation (**Kriterium C**). Die Konversionsstörung wird nicht diagnostiziert, wenn die Symptome oder Ausfälle durch einen neurologischen oder anderen medizinischen Krankheitsfaktor oder durch die direkte Wirkung einer Substanz vollständig erklärt werden können, oder wenn sie als kulturell sanktionierte Verhaltens- und Erlebensform gelten können (**Kriterium D**). Das Problem muß im klinischen Sinne bedeutsam sein, was sich durch ausgeprägtes Leiden ausdrückt oder durch Beeinträchtigungen in sozialen, beruflichen oder anderen wichtigen Funktionsbereichen oder durch die Tatsache, daß es eine medizinische Abklärung erfordert (**Kriterium E**). Die Diagnose ist nicht zu stellen, wenn sich die Symptome auf Schmerzen oder auf sexuelle Dysfunktionen beschränken, wenn sie ausschließlich im Verlauf einer Somatisierungsstörung auftreten oder sich besser durch eine andere psychische Störung erklären lassen (**Kriterium F**).

Konversionssymptome betreffen die willkürlichen motorischen oder sensorischen Funktionen und werden daher als „pseudoneurologisch" bezeichnet. Zu den motorischen Symptomen oder Ausfällen zählen Koordinations- oder Gleichgewichtsstörungen, Lähmungen oder umschriebene Muskelschwäche, Aphonie, Schluckschwierigkeiten oder Kloßgefühl im Hals sowie Harnverhaltung. Sensorische Symptome oder Ausfälle umfassen den Verlust der Berührungs- oder Schmerzempfindung, das Sehen von Doppelbildern, Blindheit, Taubheit sowie Halluzinationen. Zu den Symptomen zählen auch (Krampf-)Anfälle. Je geringer das medizinische Wissen der betroffenen Person ist, desto weniger plausibel sind die auftretenden Symptome. Differenziertere Personen zeigen subtile Symptome und Ausfälle, die neurologischen oder anderen medizinischen Krankheitsfaktoren sehr stark ähneln können.

Die Diagnose einer Konversionsstörung sollte nur dann gestellt werden, wenn aufgrund einer gründlichen medizinischen Untersuchung eine neurologische oder sonstige somatische Verursachung ausgeschlossen werden kann. Da eine medizinische Krankheit eventuell erst nach mehreren Jahren als verursachend für eine vermeintliche Konversionsstörung erkannt werden kann, sollte die Diagnose als vorsichtige und vorläufige Diagnose angesehen werden. In früheren Studien wurde bei ca. einem Viertel bis zur Hälfte von Personen mit diagnostizierten Konversionssymptomen später eine somatische Ursache gefunden. Nach neueren Studien sind solche Fehldiagnosen seltener, eventuell aufgrund einer erhöhten Bewußtheit über die Störung sowie verbesserten Wissens und diagnostischen Techniken. Andere nicht erklärbare körperliche Symptome (vor allem Konversionssymptome) oder dissoziative Symptome in der Vorgeschichte zeigen eine erhöhte Wahrscheinlichkeit an, daß ein offensichtliches Konversionssymptom nicht auf einen medizinischen Krankheitsfaktor zurückzuführen ist, besonders wenn in der Vergangenheit die Kriterien einer Somatisierungsstörung erfüllt waren.

Konversionssymptome entsprechen typischerweise nicht den bekannten anatomischen Bahnen und physiologischen Mechanismen, sondern ergeben sich aus der Vorstellung, die sich die betreffende Person von einer Erkrankung macht. So kann sich eine „Paralyse" in der Unfähigkeit äußern, eine bestimmte Bewegung auszuführen oder einen ganzen Körperteil zu bewegen anstelle eines Ausfalls, der dem Muster der motorischen Innervation entspricht. Konversionssymptome sind häufig inkonsistent. Eine „gelähmte" Extremität wird unabsichtlich während des Ankleidens oder wenn die Aufmerksamkeit auf etwas anderes gerichtet ist bewegt. Wenn der „gelähmte" Arm über den Kopf gehoben und dann fallengelassen wird, behält er kurz seine Position bei und fällt dann zur Seite, anstatt auf den Kopf zu fallen. Es zeigen sich eine uneingestandene Kraft in antagonistischen Muskeln, normaler Muskeltonus und intakte Reflexe. Ein Elektromyogramm wird normal sein. Schluckschwierigkeiten können bei Flüssigkeiten ebenso ausgeprägt sein wie bei festen Speisen. Die „Konversionsanaesthesie" eines Fußes oder einer Hand kann dem sogenannten „Socken-/Handschuh-Muster" folgen mit gleichmäßigem Verlust (kein Gradient von proximal nach distal) aller Sinnesmodalitäten (d.h. Berührung, Temperatur und Schmerz), der an einer klaren anatomischen Begrenzung einsetzt anstatt bestimmten Dermatomen zu entsprechen. Ein Konversions-„Anfall" kann von Krampf zu Krampf verschieden sein und im EEG zeigt sich keine paroxysmale Aktivität.

Selbst unter sorgfältiger Berücksichtigung dieser Leitlinien muß vorsichtig vorgegangen werden. Das Wissen über anatomische und physiologische Mechanismen ist unvollständig und verfügbare Methoden der objektiven Diagnostik haben ihre Grenzen. Eine Vielzahl neurologischer Störungen kann als Konversionsstörung fehldiagnostiziert werden, darunter vor allem Multiple Sklerose, Myasthenia gravis sowie idiopathische oder substanzinduzierte Dystonien. Andererseits schließt das Vorhandensein einer neurologischen Störung die Diagnose einer Konversionsstörung nicht aus. Immerhin ein Drittel der Personen mit Konversionsstörung haben eine gegenwärtige oder frühere neurologische Störung. Eine Konversionsstörung kann bei Vorhandensein eines neurologischen oder anderen medizinischen Krankheitsfaktors diagnostiziert werden, wenn die Symptome durch Art und Schweregrad des neurologischen oder sonstigen medizinischen Krankheitsfaktors nicht vollständig erklärt werden können.

Traditionell wurde die Bezeichnung „Konversion" aus der Hypothese abgeleitet, daß die körperlichen Symptome der betroffenen Person eine symbolische Lösung eines unbewußten psychischen Konfliktes repräsentieren, die angstreduzierend wirkt und dazu dient, den Konflikt außerhalb des Bewußtseins zu halten („primärer Krankheitsgewinn"). Der oder die Betroffene kann durch die Symptome auch einen „sekundären Krankheitsgewinn" erzielen, indem äußerliche Vorteile entstehen oder unangenehme Pflichten oder Verantwortlichkeiten umgangen werden können. Wenn die DSM-IV-Kriterien der Konversionsstörung auch nicht notwendigerweise implizieren, daß den Symptomen solche Konstrukte zugrundeliegen, so schreiben sie dennoch vor, daß psychische Faktoren mit dem Auftreten oder der Exazerbation der Symptome in Beziehung stehen. Da psychische Faktoren in Verbindung mit medizinischen Krankheitsfaktoren so allgegenwärtig sind, kann die ursächliche Zuordnung eines spezifischen psychischen Faktors zu dem Symptom oder Ausfall schwierig sein. Ein enger zeitlicher Zusammenhang zwischen einem Konflikt oder Belastungsfaktor und dem Auftreten oder der Exazerbation eines Symptoms kann bei dieser Zuordnung jedoch hilfreich sein, insbesondere, wenn der oder die Betroffene unter ähnlichen Umständen bereits in der Vergangenheit Konversionssymptome entwickelt hat.

Obwohl der oder die Betroffene mit dem Konversionssymptom unter Umständen einen sekundären Krankheitsgewinn erzielt, werden die Symptome, anders als bei der Simulation oder der Vorgetäuschten Störung, nicht absichtlich erzeugt, um Vorteile zu erzielen. Auch die Feststellung, ob ein Symptom absichtlich erzeugt oder vorgetäuscht wird, kann schwierig sein. Im allgemeinen muß dies aufgrund einer sorgfältigen Untersuchung des Kontextes erfolgen, in dem das Symptom sich entwickelt, besonders in bezug auf potentielle externe Belohnungen oder die Einnahme einer Krankenrolle. Es kann nützlich sein, die Angaben der betroffenen Person durch andere Informationsquellen zu ergänzen (z. B. Bezugspersonen oder Krankengeschichten).

Die Diagnose einer Konversionsstörung wird nicht gestellt, wenn die Symptomatik als kulturell sanktionierte Verhaltens- und Erlebensform erklärt werden kann. Beispielsweise würden „Visionen" oder „Anfälle", die als Teil religiöser Rituale auftreten, in denen derartige Verhaltensweisen erwartet und verstärkt werden, nicht die Diagnose einer Konversionsstörung rechtfertigen, es sei denn, das Symptom würde das in diesem Kontext erwartete Ausmaß überschreiten und ungewöhnliches Leiden oder Beeinträchtigungen hervorrufen. Bei der „epidemischen Hysterie" entwickeln sich in einer umschriebenen Gruppe von Personen gemeinsame Symptome als Folge einer „Exposition" gegenüber einem gemeinsamen Auslöser. Die Diagnose einer Konversionsstörung sollte nur dann gestellt werden, wenn die Person klinisch bedeutsames Leiden oder Beeinträchtigungen erlebt.

Subtypen

Die folgenden Subtypen werden aufgrund der Art der dargebotenen Symptome oder Defizite beschrieben:
— **Mit Motorischen Symptomen oder Ausfällen**: Dieser Subtypus umfaßt Symptome wie Koordinations- oder Gleichgewichtsstörungen, Paralyse oder umschriebene Muskelschwäche, Schluckschwierigkeiten oder Kloßgefühl im Hals, Aphonie und Harnverhaltung.
— **Mit Sensorischen Symptomen oder Ausfällen**: Dieser Subtypus umfaßt Symptome wie Verlust der Berührungs- oder Schmerzempfindung, Sehen von Doppelbildern, Blindheit, Taubheit und Halluzinationen.
— **Mit Anfällen oder Krämpfen**: Dieser Subtypus umfaßt (Krampf-)Anfälle oder Krämpfe mit Beteiligung der Willkürmotorik und -sensorik.
— **Mit Gemischtem Erscheinungsbild**: Dieser Subtypus wird verwendet, wenn Symptome aus mehr als einer Kategorie vorhanden sind.

Zugehörige Merkmale und Störungen

Zugehörige Beschreibungsmerkmale und psychische Störungen. Bei Personen mit Konversionsstörung kann sich *la belle indifférence* (d. h. ein relativer Mangel an Betroffenheit gegenüber der Art oder Bedeutung des Symptoms) zeigen oder sie können sich auf dramatische oder histrionische Art und Weise darstellen. Da die Betroffenen häufig suggestibel sind, können die Symptome durch äußere Reize modifiziert oder beseitigt werden; es sollte allerdings sorgfältig beachtet werden, daß dies nicht spezifisch für die Konversionsstörung ist und auch bei medizinischen Krankheitsfaktoren auftreten kann. Die Symptome entwickeln sich häufig als Folge extremer psychosozialer Belastung (z. B. Kriegshandlungen oder plötzlicher Tod einer wichtigen Bezugsperson). Im Verlauf der Behandlung kann die Abhängigkeit und das Einnehmen der Krankenrolle verfestigt werden. Weitere körperliche Beschwerden, die keine Konversionssymptome darstellen, sind häufig. Damit in Beziehung stehende psychische Störungen sind Dissoziative Störungen, Major Depression und die Histrionische, Antisoziale und Dependente Persönlichkeitsstörung.

Zugehörige Laborbefunde. Mit der Konversionsstörung gehen keine spezifischen abnormen Laborbefunde einher. Tatsächlich ist es ja das Fehlen erwarteter Befunde, das die Diagnose einer Konversionsstörung nahelegt und stützt. Laborbefunde, die mit einem medizinischen Krankheitsfaktor übereinstimmen, schließen die Diagnose einer Konversionsstörung jedoch nicht aus, weil diese lediglich voraussetzt, daß ein Symptom durch eine solche Erkrankung nicht vollständig erklärt werden kann.

Zugehörige körperliche Untersuchungsbefunde und medizinische Krankheitsfaktoren. Die Symptome der Konversionsstörung stimmen typischerweise nicht mit bekannten anatomischen Bahnen und physiologischen Mechanismen überein. Daher sind zu erwartende objektive Symptome (z. B. Reflexveränderungen) selten vorhanden. Der oder die Betroffene kann jedoch Symptome entwickeln, die solchen ähneln, wie er sie bei anderen oder sich selbst beobachtet hat (z. B. kann eine Person mit Epilepsie „Anfälle" simulieren, wie sie sie bei anderen gesehen hat oder wie ihre eigenen Anfälle ihr beschrieben worden sind). Im allgemeinen sind einzelne Konversionssymptome selbstlimitierend und führen nicht zu körperlichen Veränderungen oder Behinderungen. In seltenen Fällen kann es zu körperlichen Veränderungen wie Atrophie oder Kontrakturen als Resultat von Inaktivität oder als Folgeerscheinungen diagnostischer oder therapeutischer Maßnahmen kommen. Es ist jedoch wichtig anzumerken, daß Konversionssymptome bei Personen mit neurologischen Krankheitsfaktoren auftreten können.

Besondere kulturelle, Alters- und Geschlechtsmerkmale

Es wurde berichtet, daß die Konversionsstörung häufiger in ländlichen Populationen, bei Personen mit niedrigerem sozioökonomischen Status und bei weniger mit medizinischen und psychologischen Konzepten Vertrauten auftritt. In Entwicklungsregionen werden höhere Auftretensraten von Konversionssymptomen berichtet, wobei im allgemeinen die Inzidenz mit zunehmendem Entwicklungsstand abnimmt. Das Umfallen, verbunden mit einem Verlust oder einer Veränderung des Bewußtseins, ist ein Merkmal einer Vielzahl kulturspezifischer Syndrome. Die Form der Konversionssymptome spiegelt lokale kulturelle Vorstellungen von akzeptablen und glaubhaften Möglichkeiten wider, Leiden auszudrücken. Veränderungen, die Konversionssymptomen (sowie dissoziativen Symptomen) ähneln, sind weit verbreitete Bestandteile bestimmter, kulturell sanktionierter religiöser und Heilungsrituale. Der Untersucher muß entscheiden, ob derartige Symptome sich vollständig durch den jeweiligen sozialen Kontext erklären lassen und ob sie in klinisch bedeutsamer Weise Leiden, Beeinträchtigungen oder die Unfähigkeit der betroffenen Person zur Ausübung ihrer Rolle nach sich ziehen.

Konversionssymptome bei Kindern unter zehn Jahren beschränken sich gewöhnlich auf Gehschwierigkeiten oder Anfälle. Die Konversionsstörung scheint bei Frauen häufiger aufzutreten als bei Männern, wobei das Verhältnis zwischen 2:1 und 10:1 angegeben wird. Besonders bei Frauen treten Symptome auf der linken Körperseite sehr viel häufiger auf als auf der rechten. Bei Frauen (selten bei Männern), die Konversionssymptome aufweisen, kann sich später das Vollbild der Somatisierungsstörung entwickeln. Besonders bei Männern gibt es Hinweise für eine Verbindung zur Antisozialen Persönlichkeitsstörung. Bei Männern tritt die Konversionsstörung häufig im Zusammenhang mit Arbeitsunfällen oder dem Militär auf, wobei die sorgfältige Abgrenzung zur Simulation notwendig ist.

Prävalenz

Angaben zur Prävalenz der Konversionsstörung schwanken sehr stark und liegen zwischen 11/100.000 und 300/100.000 in Stichproben der Allgemeinpopulation. Es wurde berichtet, daß bei 1–3 % der ambulanten Patienten, die an psychiatrische Versorgungseinrichtungen überwiesen werden, diese Symptomatik bei der Behandlung im Vordergrund steht.

Verlauf

Das Alter bei Beginn der Konversionsstörung liegt üblicherweise zwischen der späten Kindheit und dem frühen Erwachsenenalter, seltener vor dem 10. oder nach dem 35. Lebensjahr. Bekannt wurden aber auch Fälle mit Beginn erst nach dem 80. Lebensjahr. Tritt eine vermutliche Konversionsstörung erstmalig im mittleren oder höheren Alter auf, so ist die Wahrscheinlichkeit eines zugrundeliegenden, nicht erkannten neurologischen oder sonstigen medizinischen Krankheitsfaktors hoch. Der Beginn der Konversionsstörung ist üblicherweise akut, die Symptomatik kann sich aber auch graduell verstärken. Typischerweise sind die einzelnen Konversionssymptome von kurzer Dauer. Bei stationären Patienten mit Konversionssymptomen remittieren diese in den meisten Fällen innerhalb von zwei Wochen. Ein Wiederauftreten ist häufig und findet bei einem Fünftel bis einem Viertel der Betroffenen innerhalb eines Jahres statt, wobei bereits ein einmaliges Wiederauftreten zukünftige weitere Episoden voraussagt. Zu den Faktoren, die auf eine günstige Prognose hinweisen, gehören akuter Beginn, klar identifizierbare Belastungen zum Zeitpunkt des Beginns, ein kurzes Zeitintervall zwischen dem Beginn der Symptomatik und der Behandlung sowie überdurchschnittliche Intelligenz. Die Symptome Paralyse, Aphonie und Blindheit gehen mit einer günstigen Prognose einher, Tremor und Anfälle dagegen nicht.

Familiäres Verteilungsmuster

Die wenigen vorhandenen Daten deuten darauf hin, daß Konversionssymptome häufiger bei Verwandten von Personen mit Konversionsstörungen vorkommen. Es wurde ein erhöhtes Risiko für eine Konversionsstörung bei monozygoten, nicht aber dizygoten Zwillingspaaren beschrieben.

Differentialdiagnose

Die wichtigste diagnostische Aufgabe bei der Evaluation potentieller Konversionssymptome ist der Ausschluß **verborgener neurologischer** oder **anderer medizinischer Krankheitsfaktoren** sowie **substanz- (einschl. medikamenten-)induzierter Ätiologien**. Eine angemessene Überprüfung möglicher medizinischer Krankheitsfaktoren (z. B. Multiple Sklerose, Myasthenia gravis) sollte eine sorgfältige Untersuchung der aktuellen Beschwerden umfassen sowie die gesamte medizinische Vorgeschichte, neurologische und allgemeine ärztliche Untersuchungen und angemessene Laboruntersuchungen, einschließlich der Überprüfung des Konsums von Alkohol und anderen Substanzen.

Eine **Schmerzstörung** oder eine **Sexuelle Funktionsstörung** werden anstelle einer Konversionsstörung diagnostiziert, wenn sich die Symptome auf Schmerz bzw. sexuelle Dysfunktionen beschränken. Die Diagnose einer Konversionsstörung sollte nicht zusätzlich gestellt werden, wenn die Konversionssymptome ausschließlich im Verlauf einer **Somatisierungsstörung** auftreten. Die Diagnose der Konversionsstörung wird auch in solchen Fällen nicht diagnostiziert, wenn die Symptome besser durch eine **andere psychische Störung** erklärt werden können (z. B. katatone Symptome oder körperbezogener Wahn bei **Schizophrenie** oder **anderen Psychotischen Störungen** oder **Affektiven Störung** oder Schluckschwierigkeiten während einer **Panikattacke**). Bei der **Hypochondrie** ist die Person übermäßig beschäftigt mit der „ernsthaften Krankheit", die den pseudoneurologischen Symptomen zugrundeliegt, während bei der Konversionsstörung das Symptombild im Vordergrund steht und ‚*la belle indifférence*' vorliegen kann. Bei der **Körperdysmorphen Störung** liegt der Schwerpunkt eher auf der übermäßigen Beschäftigung mit einem eingebildeten oder leichten Mangel in der äußeren Erscheinung als auf einer Veränderung der willkürlichen motorischen oder sensorischen Funktionen. Die Konversionsstörung hat einige Merkmale mit **Dissoziativen Störungen** gemein. Beide Störungen umfassen Symptome, die eine neurologische Dysfunktion nahelegen und können ähnliche Auslöser haben. Wenn, was häufig vorkommt, sowohl Konversions- als auch dissoziative Symptome bei derselben Person auftreten, sollten beide Diagnosen gestellt werden.

Es ist umstritten, ob Halluzinationen („Pseudo-Halluzinationen") zu den Symptomen der Konversionsstörung gezählt werden können. Im Gegensatz zu **Halluzinationen, die im Kontext einer Psychotischen Störung** auftreten (z. B. Schizophrenie oder eine andere Psychotische Störung, eine Psychotische Störung Aufgrund eines Medizinischen Krankheitsfaktors, eine Störung im Zusammenhang mit Psychotropen Substanzen oder eine Affektive Störung mit Psychotischen Merkmalen), treten Halluzinationen bei der Konversionsstörung normalerweise mit intakter Krankheitseinsicht bei Fehlen anderer psychotischer Symptome auf. Es ist häufig mehr als eine Sinnesmodalität betroffen (z. B. Halluzinationen, die optische, akustische und taktile Komponenten umfassen) und es liegt oft ein naiver, phantastischer oder kindischer Inhalt vor. Sie besitzen häufig eine psychologische Bedeutung und werden von der Person als interessante Geschichte beschrieben.

Bei **Vorgetäuschten Störungen** und bei **Simulation** werden die Symptome absichtlich erzeugt. Bei der Vorgetäuschten Störung besteht die Motivation darin, die Krankenrolle einzunehmen und medizinische Untersuchungen und Behandlungen zu bekommen, während bei der Simulation offensichtlichere Ziele im Vordergrund stehen wie finanzielle Entschädigung, Vermeidung von Pflichten, Entgehen polizeilicher Verfolgung oder Erhalt von Drogen. Solche Ziele können dem „sekundären Krankheitsgewinn" bei der Konversionsstörung ähneln, wobei das Unterscheidungsmerkmal der Konversionssymptome in der fehlenden bewußten Absicht bei der Erzeugung von Symptomen liegt.

Diagnostische Kriterien für 300.11 (F44.xx) Konversionsstörung

A. Ein oder mehrere Symptome oder Ausfälle der willkürlichen motorischen oder sensorischen Funktionen, die einen neurologischen oder sonstigen medizinischen Krankheitsfaktor nahelegen.

B. Ein Zusammenhang zwischen psychischen Faktoren und dem Symptom oder Ausfall wird angenommen, da Konflikte oder andere Belastungsfaktoren dem Beginn oder der Exazerbation des Symptoms oder des Ausfalls vorausgehen.

Fortsetzung nächste Seite

Fortsetzung

C. Das Symptom oder der Ausfall wird nicht absichtlich erzeugt oder vorgetäuscht (wie bei der Vorgetäuschten Störung oder Simulation).

D. Das Symptom oder der Ausfall kann nach adäquater Untersuchung nicht vollständig durch einen medizinischen Krankheitsfaktor, durch die direkte Wirkung einer Substanz oder als kulturell sanktionierte Verhaltens- oder Erlebensformen erklärt werden.

E. Das Symptom oder der Ausfall verursacht in klinisch bedeutsamer Weise Leiden oder Beeinträchtigungen in sozialen, beruflichen oder anderen wichtigen Funktionsbereichen, oder es rechtfertigt eine medizinische Abklärung.

F. Das Symptom oder der Ausfall ist nicht auf Schmerz oder eine sexuelle Funktionsstörung begrenzt, tritt nicht ausschließlich im Verlauf einer Somatisierungsstörung auf und kann nicht besser durch eine andere psychische Störung erklärt werden.

Bestimme den Typus des Symptoms oder Ausfalls:
Mit Motorischen Symptomen oder Ausfällen,
Mit Sensorischen Symptomen oder Ausfällen,
Mit Anfällen oder Krämpfen,
Mit Gemischtem Erscheinungsbild.

Schmerzstörung

Diagnostische Merkmale

Das Hauptmerkmal dieser Störung sind Schmerzen, die im Vordergrund des klinischen Bildes stehen und die schwer genug sind, um klinische Beachtung zu rechtfertigen (**Kriterium A**). Die Schmerzen verursachen bedeutsames Leiden oder Beeinträchtigungen in sozialen, beruflichen oder anderen wichtigen Funktionsbereichen (**Kriterium B**). Psychischen Faktoren wird eine wichtige Rolle für Beginn, Schweregrad, Exazerbation oder Aufrechterhaltung der Schmerzen beigemessen (**Kriterium C**). Die Schmerzen werden nicht absichtlich erzeugt oder vorgetäuscht wie bei der Vorgetäuschten Störung oder der Simulation (**Kriterium D**). Die Diagnose der Schmerzstörung wird nicht gestellt, wenn der Schmerz besser durch eine Affektive, Angst- oder Psychotische Störung erklärt werden kann oder wenn das Erscheinungsbild der Schmerzen die Kriterien für Dyspareunie erfüllt (**Kriterium E**). Beispiele für Beeinträchtigungen, die aus den Schmerzen resultieren, sind: Unfähigkeit zu arbeiten oder die Schule zu besuchen, häufige Inanspruchnahme des Gesundheitswesens, der Schmerz wird das Zentralthema im Leben der betroffenen Person, erheblicher Medikamentenkonsum und Beziehungsprobleme wie Ehestreitigkeiten und eine Störung des normalen Lebensstils der Familie. Die psychischen Faktoren, die eine Rolle spielen, können eine andere Störung auf Achse I oder II darstellen (diese wird dann ebenfalls diagnostiziert) oder sie liegen unterhalb der Schwelle für eine solche Störung (z. B. Reaktionen auf einen psychosozialen Belastungsfaktor).

Subtypen und Zusatzcodierungen

Die Schmerzstörung wird entsprechend dem Subtypus codiert, der die Ätiologie und Aufrechterhaltung des Schmerzes am besten charakterisiert:

307.80 (F45.4) Schmerzstörung in Verbindung mit Psychischen Faktoren. Dieser Subtypus wird verwendet, wenn psychischen Faktoren die wichtigste Rolle für Beginn, Schweregrad, Exazerbation oder Aufrechterhaltung der Schmerzen beigemessen wird. Bei diesem Subtypus spielen medizinische Krankheitsfaktoren entweder keine oder eine minimale Rolle für Auftreten oder Aufrechterhaltung der Schmerzen. Dieser Subtypus wird nicht diagnostiziert, wenn die Kriterien einer Somatisierungsstörung erfüllt sind.

307.89 (F45.4) Schmerzstörung in Verbindung mit sowohl Psychischen Faktoren wie einem Medizinischen Krankheitsfaktor. Dieser Subtypus wird verwendet, wenn sowohl psychischen Faktoren als auch einem medizinischen Krankheitsfaktor eine wichtige Rolle für Beginn, Schweregrad, Exazerbation oder Aufrechterhaltung der Schmerzen beigemessen wird. Die anatomische Region der Schmerzen oder des medizinischen Krankheitsfaktors wird auf Achse III codiert (siehe „Codierungsregeln").

Schmerzstörung in Verbindung mit einem Medizinischen Krankheitsfaktor. Dieser Subtypus wird nicht als psychische Störung angesehen und auf Achse III codiert. Sie ist an dieser Stelle aufgeführt, um die Differentialdiagnose zu erleichtern. Die Schmerzen sind Folge eines medizinischen Krankheitsfaktors und psychischen Faktoren wird entweder keine oder nur eine minimale Rolle für Auftreten und Aufrechterhaltung der Schmerzen beigemessen. Der ICD-9-CM-Code für diese Untergruppe wird aufgrund der Lokalisation der Schmerzen oder des zugrundeliegenden medizinischen Krankheitsfaktors ausgewählt, wenn ein solcher gefunden wurde (siehe „Codierungsregeln").

Für die Subtypen 307.80 und 307.89 können folgende Zusatzcodierungen für die Dauer der Schmerzen verwendet werden:
— **Akut.** Diese Zusatzcodierung wird verwendet, wenn die Schmerzen weniger als sechs Monate andauern.
— **Chronisch.** Diese Zusatzcodierung wird verwendet, wenn die Schmerzen sechs Monate oder länger andauern.

Codierungsregeln

Die Diagnosenummer für die Schmerzstörung wird aufgrund der oben beschriebenen Subtypen ausgewählt. Der Code ist 307.80 für die Schmerzstörung in Verbindung mit Psychischen Faktoren. Bei der Schmerzstörung in Verbindung mit sowohl Psychischen Faktoren wie einem Medizinischen Krankheitsfaktor wird auf Achse I 307.89 codiert und auf Achse III der zugrundeliegende medizinische Krankheitsfaktor oder die Lokalisation der Schmerzen (z. B. 307.89 Schmerzstörung in Verbindung mit sowohl Psychischen Faktoren wie einem Medizinischen Krankheitsfaktor auf Achse I; 357.2 diabetische Polyneuropathie auf Achse III). Bei der Schmerzstörung in Verbindung mit einem Medizinischen Krankheitsfaktor wird die Diagnosenummer aufgrund des zugrundeliegenden medizinischen Krankheitsfaktors vergeben, wenn ein solcher gefunden wurde (siehe Anhang G), oder aufgrund der anatomischen Lokalisation der Schmerzen, wenn der zugrundeliegende medizinische Krankheitsfaktor noch nicht klar angegeben werden konnte – beispielsweise Lumbago (724.2), Ischialgie (724.3), Becken (625.9), Kopfschmerz (784.0), Gesicht (784.0), Brustkorb (786.50), Gelenke (719.4), Knochen (733.90), Abdomen (789.0), Brust (611.71), Niere (788.0), Ohr (388.70), Auge (379.91), Hals (784.1), Zähne (525.9) und urologisch (788.0).

Zugehörige Merkmale und Störungen

Zugehörige Beschreibungsmerkmale und psychische Störungen. Schmerz kann verschiedene Aspekte des täglichen Lebens schwer beeinträchtigen. Arbeitslosigkeit, Invalidität und familiäre Probleme werden häufig bei Personen mit chronischen Formen der Schmerzstörung angetroffen. Es können sich iatrogene Abhängigkeit oder Mißbrauch von Opiaten und von Benzodiazepinen entwickeln. Personen, deren Schmerzen mit einer schweren Depression einhergehen oder mit einer unheilbaren Krankheit, vor allem Krebs, in Verbindung stehen, scheinen ein erhöhtes Suizidrisiko aufzuweisen. Personen mit wiederkehrenden akuten oder chronischen Schmerzen sind manchmal davon überzeugt, daß es irgendwo einen Arzt oder sonstigen professionellen Helfer gibt, der ihre Schmerzen „heilen" kann. Sie investieren unter Umständen beträchtliche Mengen an Zeit und Geld, um ein unerreichbares Ziel zu verfolgen. Die Schmerzen können zu Inaktivität und sozialer Isolation führen, was wiederum zusätzliche psychische Probleme zur Folge haben kann (z. B. Depressionen) sowie eine Reduktion der körperlichen Belastbarkeit, die sich in Müdigkeit und weiteren Schmerzen niederschlägt. Die Schmerzstörung scheint mit anderen psychischen Störungen zusammenzuhängen, besonders Affektiven und Angststörungen. Chronische Schmerzen scheinen am häufigsten mit Depressiven Störungen zusammenzuhängen, während akute Schmerzen häufiger mit Angststörungen in Verbindung zu stehen scheinen. Diese anderen psychischen Störungen können der Schmerzstörung vorausgehen (und möglicherweise einen prädisponierenden Faktor darstellen), gleichzeitig mit der Schmerzstörung auftreten oder aus ihr hervorgehen. Sowohl akute als auch chronische Formen der Schmerzstörung gehen häufig mit Schlaflosigkeit einher.

Zugehörige Laborbefunde. Bei der Schmerzstörung in Verbindung mit sowohl Psychischen Faktoren wie einem Medizinischen Krankheitsfaktor können durch entsprechende Labortests pathologische Befunde ermittelt werden, die mit den Schmerzen zusammenhängen (z. B. Nachweis einer lumbalen Diskushernie in einer Kernspintomographie (NMR) bei einer Person mit radikulär ausstrahlendem Kreuzschmerz). Ein medizinischer Krankheitsfaktor kann allerdings auch dann bestehen, wenn objektive Befunde nicht vorliegen. Umgekehrt kann das Vorhandensein solcher Befunde bei gleichzeitigen Schmerzen zufällig sein.

Zugehörige körperliche Untersuchungsbefunde und medizinische Krankheitsfaktoren. Bei der Schmerzstörung in Verbindung mit sowohl Psychischen Faktoren wie einem Medizinischen Krankheitsfaktor können aufgrund der körperlichen Untersuchung pathologische Befunde ermittelt werden, die mit den Schmerzen zusammenhängen. Die Schmerzstörung kann mit vielen medizinischen Krankheitsfaktoren zusammenhängen. Zu den häufigsten mit Schmerzen einhergehenden medizinischen Krankheitsfaktoren zählen verschiedene Störungen des Bewegungsapparates (z. B. Bandscheibenprolaps, Osteoporose, Arthritis, rheumatoide Arthritis, myofasziale Syndrome), Neuropathien (z. B. diabetische Neuropathien, post-herpetische Neuralgie) und Malignome (z. B. Knochenmetastasen, Tumorinfiltration von Nerven). Versuche zur Behandlung der Schmerzen können zu zusätzlichen Problemen führen, von denen einige wiederum mehr Schmerzen verursachen können (so können nicht-steroidale Antirheumatika zu gastrointestinalen Beschwerden führen oder Operationen zu Adhäsionen).

Besondere kulturelle, Alters- und Geschlechtsmerkmale

Zwischen verschiedenen ethnischen und kulturellen Gruppen können Unterschiede darin bestehen, wie auf schmerzhafte Reize reagiert wird und wie Schmerzreaktionen ausgedrückt werden. Da jedoch bereits starke individuelle Unterschiede bestehen, sind diese Faktoren für die Diagnostik und Behandlung von Personen mit Schmerzstörungen von begrenztem Nutzen.

Die Schmerzstörung kann in jedem Lebensalter auftreten. Unter bestimmten chronischen Schmerzzuständen, vor allem Kopfschmerzen und Schmerzen des Bewegungsapparates, scheinen Frauen häufiger zu leiden als Männer.

Prävalenz

Die Schmerzstörung scheint relativ häufig zu sein. Es wird beispielsweise geschätzt, daß jährlich 10–15 % der Erwachsenen in den Vereinigten Staaten allein aufgrund von Rückenschmerzen in ihrer Arbeitsfähigkeit eingeschränkt sind.

Verlauf

Die meisten akuten Schmerzen remittieren nach relativ kurzer Zeit. Bezüglich des Beginns chronischer Schmerzen besteht große Variabilität. In den meisten Fällen dauert das Symptom bereits seit vielen Jahren an, bevor die betroffene Person mit einer psychiatrischen Einrichtung in Kontakt kommt. Wichtige Faktoren, die anscheinend die Remission der Schmerzstörung beeinflussen, sind die Aufrechterhaltung planmäßiger Aktivitäten (z. B. Arbeit) trotz der Schmerzen und ein Widerstand dagegen, den Schmerz zum bestimmenden Faktor in der Lebensführung werden zu lassen.

Familiäres Verteilungsmuster

Bei biologischen Verwandten 1. Grades von Personen mit Schmerzstörung können Depressive Störungen, Alkoholabhängigkeit und chronische Schmerzen häufiger auftreten.

Differentialdiagnose

Schmerzsymptome sind auch Bestandteil der diagnostischen Kriterien der **Somatisierungsstörung**. Wenn Schmerzen, bei denen psychische Faktoren eine Rolle spielen, ausschließlich im Verlauf einer Somatisierungsstörung auftreten, wird die zusätzliche Diagnose einer Schmerzstörung in Verbindung mit Psychischen Faktoren nicht gestellt. Ebenso wird keine zusätzliche Diagnose einer Schmerzstörung gestellt, wenn das Erscheinungsbild der Schmerzen die Kriterien für **Dyspareunie** erfüllt (d. h. Schmerzen beim Geschlechtsverkehr). Schmerzsymptome können bei Personen mit **Konversionsstörung** auftreten, diese ist aber per definitionem nicht auf Schmerzsymptome beschränkt. Schmerzsymptome sind häufig auch begleitende Merkmale **anderer psychischer Störungen** (z. B. Depressive Störungen, Angststörungen, Psychotische Störungen). Die zusätzliche Diagnose einer Schmerzstörung sollte nur dann erwogen werden, wenn der Schmerz für sich allein genommen klinische Beachtung erfordert, zu klinisch bedeutsamem Leiden oder zu Beeinträchtigungen führt und über das bei der anderen psychischen Störung üblicherweise auftretende Ausmaß hinausgeht.

Schmerzsymptome können bei der **Vorgetäuschten Störung** oder bei **Simulation** absichtlich erzeugt oder vorgetäuscht werden. Bei der Vorgetäuschten Störung besteht das Motiv darin, die Krankenrolle einzunehmen und medizinische Untersuchung und Behandlung zu erhalten, während bei der Simulation offensichtlichere Ziele im Vordergrund stehen wie finanzielle Vorteile, Vermeidung von Pflichten im Zusammenhang mit Militärdienst oder Inhaftierung, Umgehung gerichtlicher Verfolgung oder Erhalt von Drogen.

Beziehung zur Taxonomie, die von der „International Association for the Study of Pain" vorgeschlagen wurde

Das Subkomitee für Taxonomie der „International Association for the Study of Pain" hat ein Fünf-Achsen-System vorgeschlagen, um chronische Schmerzen zu kategorisieren: 1) anatomische Regionen, 2) Organsystem, 3) zeitliche Charakteristika der Schmerzen und Auftretensmuster, 4) die Angaben des Patienten über die Intensität und die seit Beginn der Schmerzen vergangene Zeit und 5) Ätiologie. Dieses Fünf-Achsen-System bezieht sich schwerpunktmäßig auf die körperlichen Manifestationen der Schmerzen. Möglichkeiten zur Berücksichtigung psychischer Faktoren sind sowohl auf der zweiten Achse gegeben, wo die Beteiligung einer psychischen Störung codiert werden kann, als auch auf der fünften Achse, wo zu den möglichen Ätiologien „psychophysiologisch" und „psychologisch" zählen.

Diagnostische Kriterien für Schmerzstörung

A. Schmerzen in einer oder mehreren anatomischen Region(en) stehen im Vordergrund des klinischen Bildes und sind von ausreichendem Schweregrad, um klinische Beachtung zu rechtfertigen.

B. Der Schmerz verursacht in klinisch bedeutsamer Weise Leiden oder Beeinträchtigungen in sozialen, beruflichen oder anderen wichtigen Funktionsbereichen.

C. Psychischen Faktoren wird eine wichtige Rolle für Beginn, Schweregrad, Exazerbation oder Aufrechterhaltung der Schmerzen beigemessen.

D. Das Symptom oder der Ausfall wird nicht absichtlich erzeugt oder vorgetäuscht (wie bei der Vorgetäuschten Störung oder Simulation).

E. Der Schmerz kann nicht besser durch eine Affektive, Angst- oder Psychotische Störung erklärt werden und erfüllt nicht die Kriterien für Dyspareunie.

Codiere wie folgt:
307.80 (F45.4) Schmerzstörung in Verbindung mit Psychischen Faktoren: Psychischen Faktoren wird die Hauptrolle für Beginn, Schweregrad, Exazerbation oder Aufrechterhaltung der Schmerzen beigemessen. (Wenn ein medizinischer Krankheitsfaktor vorhanden ist, spielt dieser keine große Rolle für Beginn, Schweregrad, Exazerbation oder Aufrechterhaltung der Schmerzen.) Diese Art der Schmerzstörung wird nicht diagnostiziert, wenn die Kriterien der Somatisierungsstörung auch erfüllt sind.

Fortsetzung nächste Seite

> Fortsetzung
>
> *Bestimme*, ob:
> **Akut:** Dauer weniger als sechs Monate.
> **Chronisch:** Dauer sechs Monate oder länger.
>
> **307.89 (F45.4) Schmerzstörung in Verbindung mit sowohl Psychischen Faktoren wie einem Medizinischen Krankheitsfaktor:** Sowohl psychischen Faktoren als auch einem medizinischen Krankheitsfaktor wird eine wichtige Rolle für Beginn, Schweregrad, Exazerbation oder Aufrechterhaltung der Schmerzen beigemessen. Der damit zusammenhängende medizinische Krankheitsfaktor oder die anatomische Region des Schmerzes (s. u.) wird auf Achse III codiert.
>
> *Bestimme*, ob:
> **Akut:** Dauer weniger als sechs Monate.
> **Chronisch:** Dauer sechs Monate oder länger.
>
> **Beachte:** Die folgende Kategorie wird nicht zu den psychischen Störungen gezählt und an dieser Stelle nur aufgeführt, um die Differentialdiagnose zu erleichtern.
>
> **Schmerzstörung in Verbindung mit Medizinischen Krankheitsfaktoren:** Ein medizinischer Krankheitsfaktor spielt die Hauptrolle für Beginn, Schweregrad, Exazerbation oder Aufrechterhaltung der Schmerzen. (Wenn psychische Faktoren vorhanden sind, wird ihnen keine Hauptrolle für Beginn, Schweregrad, Exazerbation oder Aufrechterhaltung der Schmerzen beigemessen.) Der diagnostische Code für die Schmerzen wird aufgrund des zugrundeliegenden medizinischen Krankheitsfaktors ausgewählt, wenn ein solcher gefunden wurde (s. Anhang), oder aufgrund der anatomischen Lokalisation der Schmerzen, wenn der zugrundeliegende medizinische Krankheitsfaktor noch nicht klar angegeben werden konnte – z. B. Lumbago (724.2), Ischialgie (724.3), Becken (625.9), Kopfschmerz (784.0), Gesicht (784.0), Brustkorb (786.50), Gelenke (719.4), Knochen (733.90), Abdomen (789.0), Brust (611.71), Niere (788.0), Ohr (388.70), Auge (379.91), Hals (784.1), Zähne (525.9) und urologisch (788.0).

300.7 (F45.2) Hypochondrie

Diagnostische Merkmale

Das Hauptmerkmal dieser Störung ist eine übermäßige Beschäftigung mit der Angst oder der Überzeugung, eine ernsthafte Krankheit zu haben, was auf einer Fehlinterpretation von einem oder mehreren körperlichen Zeichen oder Symptomen basiert (**Kriterium A**). Durch eine gründliche körperliche Untersuchung kann kein medizinischer Krankheitsfaktor identifiziert werden, der die Sorgen der betroffenen Person über die Krankheit oder über die körperlichen Zeichen oder Symptome stützen würde (es kann jedoch gleichzeitig ein anderer medizinischer Krankheitsfaktor bestehen). Die ungerechtfertigte Angst oder die Überzeugung, eine Krankheit zu haben, bleibt trotz der ärztlichen Rückversicherung, daß keine derartige Krankheit vorliegt, bestehen (**Kriterium B**). Die Überzeugung nimmt jedoch kein wahnhaftes Ausmaß an (d. h. die Person kann die Möglichkeit akzeptieren, daß sie das Ausmaß der befürchteten Krankheit womöglich übertreibt oder daß vielleicht gar keine Krankheit vorliegt). Die Überzeugung beschränkt sich auch nicht auf eine umschriebene Sorge über das äußere Erscheinungsbild wie bei der Körperdysmorphen Störung (**Kriterium C**).

Die übermäßige Beschäftigung mit körperlichen Symptomen verursacht in klinisch bedeutsamer Weise Leiden oder Beeinträchtigungen in sozialen, beruflichen oder anderen wichtigen Funktionsbereichen (**Kriterium D**) und dauert mindestens sechs Monate an (**Kriterium E**). Die übermäßige Beschäftigung kann nicht besser durch eine Generalisierte Angststörung, Zwangsstörung, Panikstörung, eine Episode einer Major Depression, Trennungsangst oder durch eine andere Somatoforme Störung erklärt werden (**Kriterium F**).

Die Beschäftigung mit den Krankheitsängsten kann sich auf Körperfunktionen (z. B. Herzschlag, Schwitzen oder Peristaltik), körperliche Bagatellbeschwerden (z. B. eine kleine Wunde oder gelegentliches Husten) oder auch auf vage und mehrdeutige körperliche Empfindungen (z. B. „müdes Herz", „schmerzende Venen") beziehen. Die betroffene Person führt diese Symptome oder Empfindungen auf die vermutete Krankheit zurück und ist sehr besorgt über ihre Bedeutung, Zuordnung und Ätiologie. Die Sorgen können verschiedene Organsysteme zu verschiedenen Zeiten oder auch gleichzeitig betreffen. In anderen Fällen kann sich die Besorgnis auf ein bestimmtes Organ oder eine einzelne Krankheit beziehen (z. B. Angst, eine Herzerkrankung zu haben). Wiederholte körperliche Untersuchungen, diagnostische Tests und Rückversicherungen vom Arzt tragen wenig dazu bei, die Sorge über einen medizinischen Krankheitsfaktor zu mildern. Beispielsweise wird eine Person, die glaubt, eine Herzerkrankung zu haben, sich durch das wiederholte Ausbleiben von pathologischen Befunden bei körperlichen Untersuchungen, im EKG oder sogar in einer Herzangiographie nicht beruhigen lassen. Personen mit Hypochondrie können durch das Lesen oder Hören über Krankheiten, durch einen Krankheitsfall im Bekanntenkreis oder durch Beobachtungen, Empfindungen oder Vorgänge im eigenen Körper stark beunruhigt werden. Die Sorgen um die befürchtete Krankheit werden häufig zu einem zentralen Merkmal des Selbstbildes, einem ständigen Gesprächsthema sowie zu einer Reaktionsform auf Lebensbelastungen.

Zusatzcodierung

Mit Geringer Einsicht. Diese Zusatzcodierung wird verwendet, wenn die Person während der meisten Zeit der derzeitigen Episode nicht erkennt, daß die Befürchtung, eine ernsthafte Krankheit zu haben, übertrieben oder unbegründet ist.

Zugehörige Merkmale und Störungen

Zugehörige Beschreibungsmerkmale und psychische Störungen. Bei der Hypochondrie wird die körperliche Anamnese häufig sehr ausführlich und detailliert geschildert. Besuche verschiedener Ärzte („doctor-shopping") und eine Verschlechterung der Arzt-Patient-Beziehungen mit Frustration und Ärger auf beiden Seiten sind häufig. Personen mit dieser Störung glauben oft, daß sie nicht die richtige Behandlung erhalten, und sie können sich der Überweisung zu Einrichtungen der Versorgung und Behandlung psychischer Störungen heftig widersetzen. Komplikationen können sich aus den wiederholten diagnostischen Prozeduren ergeben, die bestimmte Risiken mit sich bringen und kostenträchtig sind. Da die Betroffenen jedoch in der Vorgeschichte vielfältige körperliche Beschwerden ohne klare organische Grundlage hatten, kann es zu oberflächlichen Untersuchungen kommen und medizinische Krankheitsfaktoren können so übersehen werden. Soziale Beziehungen werden belastet, weil die betroffene Person überwiegend mit dem eigenen Zustand beschäftigt ist und häufig eine besondere Behandlung und Beachtung erwartet. Das Familienleben kann gestört sein, wenn es sich nur noch um das körperliche Wohlbefinden der Person mit Hypochondrie dreht. Sofern sich die betroffene Person nur außerhalb der Arbeitszeit mit ihren hypochondrischen Gedanken beschäftigt, müssen keine negativen Konsequenzen für die Arbeitsfähigkeit auftreten. Häufiger beeinträchtigt die übermäßige Beschäftigung mit den Befürchtungen jedoch die Leistung und führt zu Fehlzeiten am Arbeitsplatz. In schweren Fällen kann die Hypochondrie zu kompletter Invalidität führen.

Ernsthafte Erkrankungen, besonders in der Kindheit, und zurückliegende Erfahrungen mit einer Krankheit bei einem Familienangehörigen stehen in Zusammenhang mit dem Auftreten von Hypochondrie. Psychosoziale Belastungen, speziell der Tod einer nahestehenden Person, stellen vermutlich in einigen Fällen Auslöser der Hypochondrie dar. Personen mit Hypochondrie haben häufig noch andere psychische Störungen (insbesondere Angst- und Depressive Störungen).

Zugehörige Laborbefunde. Durch Laborbefunde werden die Befürchtungen der Person nicht bestätigt.

Zugehörige körperliche Untersuchungsbefunde und medizinische Krankheitsfaktoren. Durch körperliche Untersuchungsbefunde werden die Befürchtungen der Person nicht bestätigt.

Besondere kulturelle und Geschlechtsmerkmale

Ob die trotz angemessener ärztlicher Untersuchungen und Rückversicherungen weiterbestehende übermäßige Beschäftigung mit Krankheit angemessen ist oder nicht, muß in Relation zum kulturellen Hintergrund und zum Erklärungsmodell der betroffenen Person beurteilt werden. Die Diagnose der Hypochondrie sollte nur mit Vorsicht gestellt werden, wenn die Krankheitsvorstellungen der Person durch traditionelle „Heiler" verstärkt worden sind, die mit den medizinischen Untersuchungen und Rückversicherungen nicht übereinstimmen. Die Störung kommt bei Männern und Frauen gleichermaßen häufig vor.

Prävalenz

Die Prävalenz der Hypochondrie in der Allgemeinbevölkerung ist unbekannt. Die Prävalenz in Allgemeinarztpraxen wird zwischen 4 % und 9 % angegeben.

Verlauf

Die Hypochondrie kann in jedem Alter beginnen, jedoch meist im frühen Erwachsenenalter. Der Verlauf ist gewöhnlich chronisch mit wechselnder Intensität der Symptome, jedoch kommt es manchmal zu vollständigen Remissionen. Günstige prognostische Indikatoren scheinen akuter Beginn, zusätzliche medizinische Krankheitsfaktoren, das Fehlen einer Persönlichkeitsstörung und das Fehlen von sekundärem Krankheitsgewinn zu sein. Aufgrund ihrer Chronizität wird die Hypochondrie von einigen als Störung betrachtet, die überwiegend „trait-ähnliche" Charakteristika hat (d.h. eine langandauernde, übermäßige Beschäftigung mit körperlichen Beschwerden und Aufmerksamkeitslenkung auf körperliche Symptome).

Differentialdiagnose

Die wichtigste differentialdiagnostische Überlegung bei Hypochondrie ist ein zugrundeliegender **medizinischer Krankheitsfaktor**, so z. B. frühe Stadien neurologischer Erkrankungen (z. B. Multiple Sklerose oder Myasthenia gravis), endokriner Erkrankungen (z. B. Schilddrüsen- oder Nebenschilddrüsen-Erkrankungen), Erkrankungen, die mehrere Organsysteme betreffen (z. B. systemischer Lupus erythematodes) und verborgene Malignome. Obwohl das Vorliegen eines medizinischen Krankheitsfaktors die Möglichkeit einer gleichzeitig bestehenden Hypochondrie nicht ausschließt, stellt eine vorübergehende starke Beschäftigung mit einem aktuellen medizinischen Krankheitsfaktor keine Hypochondrie dar. **Körperliche Symptome** (z. B. abdominelle Schmerzen) sind **bei Kindern** häufig und sollten nur dann als Hypochondrie diagnostiziert werden, wenn das Kind sich längere Zeit mit der Vorstellung beschäftigt, es habe eine ernsthafte Krankheit. Bei älteren Personen kann Beschäftigung mit dem Körper und Angst vor Hinfälligkeit häufig auftreten. Es ist jedoch wahrscheinlicher, daß der Beginn von **Gesundheitssorgen im hohen Alter** realistisch ist oder eine Affektive Störung eher als eine Hypochondrie widerspiegelt.

Eine Hypochondrie wird nur dann diagnostiziert, wenn die Gesundheitssorgen nicht besser durch eine **Generalisierte Angststörung, Zwangsstörung, Panikstörung,** eine **Episode einer Major Depression, Störung mit Trennungsangst** oder eine **andere Somatoforme Störung** erklärt werden kann. Bei Personen mit Hypochondrie können quälende Gedanken über das Vorliegen einer Krankheit und auch damit zusammenhängende Zwangshandlungen (z. B. Bitte um Rückversicherung) auftreten. Die zusätzliche Diagnose einer Zwangsstörung wird nur dann gestellt, wenn sich die Zwangsgedanken oder -handlungen nicht auf die Krankheit beschränken (z. B. Schlösser kontrollieren). Bei der **Körperdysmorphen Störung** ist die Besorgnis auf die eigene äußere Erscheinung beschränkt. Im Gegensatz zu einer **Spezifischen** („Krankheits-")**Phobie**, bei der die betroffene Person Angst davor hat, mit einer Krankheit infiziert zu sein, ist die Hypochondrie durch die Überzeugung gekennzeichnet, diese Krankheit tatsächlich zu haben.

Die Überzeugung, krank zu sein, erreicht bei der Hypochondrie nicht wahnhafte Ausmaße (d. h. die betroffene Person kann die Möglichkeit akzeptieren, daß die befürchtete Krankheit nicht vorliegt), im Gegensatz zu Körperbezogenem Wahn, der bei **Psychotischen Störungen** auftreten kann (z. B. Schizophrenie, Wahnhafte Störung mit Körperbezogenem Wahn sowie Major Depression mit Psychotischen Merkmalen).

Diagnostische Kriterien für 300.7 (F45.2) Hypochondrie

A. Übermäßige Beschäftigung mit der Angst oder der Überzeugung, eine ernsthafte Krankheit zu haben, was auf einer Fehlinterpretation körperlicher Symptome durch die betroffene Person beruht.

B. Die Beschäftigung mit den Krankheitsängsten bleibt trotz angemessener medizinischer Abklärung und Rückversicherung durch den Arzt bestehen.

C. Die Überzeugung unter Kriterium A ist nicht von wahnhaftem Ausmaß (wie bei der Wahnhaften Störung mit Körperbezogenem Wahn) und ist nicht auf eine umschriebene Sorge über die äußere Erscheinung beschränkt (wie bei der Körperdysmorphen Störung).

Fortsetzung nächste Seite

> Fortsetzung
>
> D. Die Beschäftigung mit den Krankheitsängsten verursacht in klinisch bedeutsamer Weise Leiden oder Beeinträchtigungen in sozialen, beruflichen oder anderen wichtigen Funktionsbereichen.
>
> E. Die Dauer der Störung beträgt mindestens sechs Monate.
>
> F. Die Beschäftigung mit den Krankheitsängsten kann nicht besser durch eine Generalisierte Angststörung, Zwangsstörung, Panikstörung, Episode einer Major Depression, Störung mit Trennungsangst oder durch eine andere Somatoforme Störung erklärt werden.
>
> *Bestimme,* ob:
> **Mit Geringer Einsicht:** Wenn die betroffene Person während der meisten Zeit der derzeitigen Episode nicht erkennt, daß die Befürchtung, eine ernsthafte Erkrankung zu haben, übertrieben oder unbegründet ist.

300.7 (F45.2) Körperdysmorphe Störung

Diagnostische Merkmale

Das Hauptmerkmal der Körperdysmorphen Störung (ursprünglich unter der Bezeichnung Dysmorphophobie bekannt) ist die übermäßige Beschäftigung mit einem Mangel oder einer Entstellung im körperlichen Aussehen (**Kriterium A**). Dieser Mangel ist entweder eingebildet oder, wenn eine leichte körperliche Anomalie vorhanden ist, ist die Sorge der betroffenen Person deutlich übertrieben (**Kriterium A**). Die übermäßige Beschäftigung mit dem Mangel muß deutliches Leiden oder Beeinträchtigungen in sozialen, beruflichen oder anderen wichtigen Funktionsbereichen verursachen (**Kriterium B**). Die Beschäftigung mit dem Mangel kann nicht besser durch eine andere psychische Störung erklärt werden (z. B. durch Unzufriedenheit mit Körperform und -umfang bei Anorexia Nervosa) (**Kriterium C**).

Die häufigsten Klagen beziehen sich auf eingebildete oder leichte Schönheitsfehler von Gesicht oder Kopf wie z. B. Haarausfall, Akne, Falten, Narben, Gefäßzeichnungen, Blässe oder Rötung der Haut, Schwellungen, Gesichtsasymmetrien oder -disproportionalität oder starke Gesichtsbehaarung. Andere häufig vorkommende Beschäftigungen mit dem Aussehen beziehen sich auf Form, Größe oder andere Aspekte von Nase, Augen, Augenlidern, Augenbrauen, Ohren, Mund, Lippen, Zähnen, Kiefer, Kinn, Wangen oder Kopf. Die Sorgen können sich jedoch auf jedes andere Körperteil beziehen (z. B. Genitalien, Brüste, Gesäß, Bauch, Arme, Hände, Füße, Beine, Hüften, Schultern, Rücken, größere Körperregionen oder Körpergröße). Die übermäßige Beschäftigung kann mehrere Körperteile gleichzeitig betreffen. Obwohl die Beschwerden häufig spezifisch sind (z. B. eine „krumme" Lippe oder ein Höcker auf der Nase), können sie aber auch sehr vage sein (z. B. ein „abfallendes" Gesicht oder „unpassend" feste Augen). Weil ihnen ihre Sorgen oft peinlich sind, vermeiden es Personen mit Körperdysmorpher Störung häufig, ihre „Entstellung" detailliert zu beschreiben und beziehen sich stattdessen eher auf ihre generelle Häßlichkeit.

Die meisten betroffenen Personen leiden stark unter ihrer vermeintlichen Deformierung, beschreiben ihre Besorgnis als „äußerst schmerzlich", „quälend" oder „vernichtend". Die meisten haben Schwierigkeiten damit, ihre Befürchtungen zu kontrollieren, und sie versuchen es wenig oder gar nicht, ihnen zu widerstehen. Als Folge verbringen sie häufig mehrere Stunden am Tag mit Gedanken über ihre „Entstellung", dies kann so weit gehen, daß diese Gedanken ihr Alltagsleben bestimmen. Üblicherweise treten schwerwiegende Beeinträchtigungen in mehreren Lebensbereichen auf. Gefühle der Verlegenheit über ihre „Entstellung" können bei den Betroffenen dazu führen, daß berufliche oder soziale Situationen vermieden werden.

Zugehörige Merkmale und Störungen

Das Überprüfen der „Entstellung" in Spiegeln oder anderen verfügbaren reflektierenden Oberflächen (z. B. Schaufenstern, Autos, Uhrengläsern) kann mehrere Stunden täglich in Anspruch nehmen. Einige Personen verwenden eine bestimmte Beleuchtung oder Vergrößerungsgläser, um ihre „Entstellung" genau zu beschauen. Extremes Pflegeverhalten kann auftreten (z. B. exzessives Kämmen der Haare, Haarentfernung, ritualisiertes Auftragen von Make-up oder Zupfen an der Haut). Das Überprüfen und Pflegen wird zwar von vielen betroffenen Personen ausgeführt, um Angst zu reduzieren, jedoch führt dies oft zu noch intensiverer Beschäftigung und zu einer weiteren Zunahme der damit zusammenhängenden Angst. Daher vermeiden manche Personen Spiegel, manche verdecken sie oder entfernen sie aus ihrer Umgebung. Andere scheinen zwischen Perioden des intensiven Überprüfens im Spiegel und Vermeidung abzuwechseln. Häufig wird um beruhigende Rückversicherungen bezüglich der „Entstellung" gebeten, die jedoch, wenn überhaupt, nur zu vorübergehender Erleichterung führt. Personen mit dieser Störung vergleichen ihren „häßlichen" Körperteil häufig mit dem anderer Personen. Beziehungsideen im Zusammenhang mit der eingebildeten Entstellung sind ebenfalls häufig. Personen mit dieser Störung glauben oft, daß andere ganz besonders auf den vermeintlichen Schönheitsfehler achten (könnten) und sich vielleicht darüber unterhalten oder lustig machen. Manchmal versuchen sie, den „Schönheitsfehler" zu überdecken (z. B. lassen sie sich einen Bart wachsen, um Narben im Gesicht zu verbergen; tragen einen Hut, um vermeintlichen Haarausfall zu überdecken oder stopfen ihre Shorts aus, um einen „kleinen" Penis zu vergrößern). Manche Personen machen sich übermäßige Sorgen darüber, daß der „häßliche" Körperteil in seinen Funktionen gestört sein könnte oder daß er extrem zerbrechlich und in ständiger Gefahr sei, beschädigt zu werden.

Die Vermeidung von gewohnten Aktivitäten kann zu extremer sozialer Isolation führen. In manchen Fällen verlassen die Betroffenen nur noch nachts, wenn niemand sie sehen kann, das Haus oder bleiben, manchmal über Jahre, ans Haus gefesselt. Es kann bei diesen Personen passieren, daß sie die Schulausbildung vorzeitig abbrechen, Vorstellungsgespräche vermeiden, Arbeitsstellen annehmen, die unterhalb ihres Leistungsniveaus liegen oder überhaupt nicht arbeiten. Oft haben sie wenige Freunde, vermeiden Verabredungen und andere soziale Begegnungen, haben Eheprobleme oder lassen sich wegen ihrer Symptome scheiden. Das Leiden und die Funktionsstörung, die mit der Störung verbunden sind, können zu wiederholten Krankenhausaufenthalten führen sowie zu suizidalen Gedanken, Suizidversuchen und vollendetem Suizid. Personen mit Körperdysmorpher Störung suchen häufig medizinische, zahnärztliche oder chirurgische Behandlung auf, um ihre eingebildeten Defekte zu beseitigen. Solche Behandlungen können die Störung verstärken und zu intensiveren oder neuen Befürchtungen führen, die dann weitere erfolglose Behandlungen nach sich ziehen, so daß die betroffenen Personen eventuell über künstliche Nasen, Ohren, Brüste oder Hüften verfügen, mit denen sie nach wie vor unzufrieden sind. Die Körperdysmorphe Störung kann mit Major Depression, Wahnhafter Störung, Sozialer Phobie und Zwangsstörung einhergehen.

Besondere kulturelle und Geschlechtsmerkmale

Kulturelle Einstellungen zu äußerer Erscheinung und zur Wichtigkeit einer guten äußeren Selbstdarstellung können die Beschäftigung mit einer eingebildeten körperlichen Deformation beeinflussen oder verstärken. Es liegen vorläufige Hinweise dafür vor, daß die Körperdysmorphe Störung bei Männern und Frauen etwa gleich häufig diagnostiziert wird.

Prävalenz

Es fehlen zuverlässige Angaben, doch ist die Körperdysmorphe Störung möglicherweise häufiger, als früher angenommen wurde.

Verlauf

Die Körperdysmorphe Störung beginnt üblicherweise im frühen Erwachsenenalter, wird jedoch häufig erst nach mehreren Jahren diagnostiziert, weil viele Betroffene mit dieser Störung ihre Symptome nur zögerlich zugeben. Der Beginn kann graduell oder abrupt sein. Die Störung zeigt häufig einen recht kontinuierlichen Verlauf mit wenigen symptomfreien Intervallen, obwohl die Intensität der Symptome im Verlauf ab- und zunehmen kann. Der Körperteil, auf den sich die Sorgen beziehen, kann entweder der gleiche bleiben oder wechseln.

Differentialdiagnose

Im Gegensatz zu einer **normalen Beschäftigung mit der äußeren Erscheinung** nimmt das starke Eingenommensein von Gedanken über das eigene Aussehen bei der Körperdysmorphen Störung übermäßig viel Zeit in Anspruch und führt zu starkem Leiden oder deutlichen Beeinträchtigungen in sozialen, beruflichen oder anderen wichtigen Funktionsbereichen. Die Körperdysmorphe Störung kann jedoch in Einrichtungen, in denen kosmetische Eingriffe erfolgen, in ihrer Häufigkeit unterschätzt werden.

Die Diagnose der Körperdysmorphen Störung sollte nicht gestellt werden, wenn die übermäßige Beschäftigung besser durch **eine andere psychische Störung** erklärt werden kann. Die Körperdysmorphe Störung sollte nicht diagnostiziert werden, wenn sich die übermäßige Beschäftigung bei der **Anorexia Nervosa** auf Sorgen über „Dicksein" beschränkt oder auf Unbehagen oder ein Gefühl der Unangemessenheit bezüglich der primären und sekundären Geschlechtsmerkmale bei einer **Störung der Geschlechtsidentität** oder auch auf stimmungskongruentes Grübeln über das Aussehen ausschließlich während einer **Episode einer Major Depression**. Personen mit einer **Vermeidend-Selbstunsicheren Persönlichkeitsstörung** oder einer **Sozialen Phobie** machen sich manchmal Sorgen über einen peinlichen wirklichen Mangel in der äußeren Erscheinung, diese Sorge steht jedoch meist nicht im Mittelpunkt, nimmt nicht übermäßig viel Zeit in Anspruch und verursacht weniger Leiden und Beeinträchtigungen. Personen mit einer Körperdysmorphen Störung haben zwar häufig Zwangsgedanken über ihr Äußeres und eventuell damit zusammenhängende Zwangshandlungen (z. B. Überprüfen im Spiegel), die separate Diagnose einer **Zwangsstörung** wird jedoch nur dann gestellt, wenn sich die Zwangsgedanken oder -handlungen nicht nur auf Sorgen um das Aussehen beschränken.

Personen mit einer Körperdysmorphen Störung können zusätzlich die Diagnose einer **Wahnhaften Störung mit Körperbezogenem Wahn** bekommen, wenn ihre Beschäftigung mit einem vermeintlichen Defekt im Aussehen wahnhaftes Ausmaß annimmt.

Koro ist ein kulturspezifisches Syndrom, das hauptsächlich in Südostasien auftritt und mit der Körperdysmorphen Störung in Beziehung stehen könnte. Dieses Syndrom ist durch die Befürchtung gekennzeichnet, daß der Penis schrumpfen und in den Unterbauch verschwinden werde, was zum Tode führe. Koro unterscheidet sich von der Körperdysmorphen Störung durch eine normalerweise kurze Dauer, andere begleitende Merkmale (vor allem akute Angst und Todesangst), positive Reaktion auf Rückversicherung sowie durch die Tatsache, daß es manchmal als Epidemie auftritt.

Diagnostische Kriterien für 300.7 (F45.2) Körperdysmorphe Störung

A. Übermäßige Beschäftigung mit einem eingebildeten Mangel oder einer Entstellung in der äußeren Erscheinung. Wenn eine leichte körperliche Anomalie vorliegt, so ist die Besorgnis der betroffenen Person stark übertrieben.

B. Die übermäßige Beschäftigung verursacht in klinisch bedeutsamer Weise Leiden oder Beeinträchtigungen in sozialen, beruflichen oder anderen wichtigen Funktionsbereichen.

C. Die übermäßige Beschäftigung wird nicht durch eine andere psychische Störung (z. B. die Unzufriedenheit mit Körperform und -umfang bei Anorexia Nervosa) besser erklärt.

300.81 (F45.9) Nicht Näher Bezeichnete Somatoforme Störung

Diese Kategorie umfaßt Störungen mit somatoformen Symptomen, die nicht die Kriterien für eine spezifische Somatoforme Störung erfüllen. Beispiele sind:
1. Scheinschwangerschaft: Die fälschliche Überzeugung, schwanger zu sein, die von objektiven Zeichen einer Schwangerschaft begleitet ist, zu denen folgende zählen können: Vergrößerung des Bauches (obwohl der Nabel nicht prominent wird), reduzierte Regelblutung, Amenorrhoe, subjektive Wahrnehmung von Bewegungen des Fötus, Übelkeit, Brustvergrößerung und -sekretionen sowie Wehen am erwarteten Entbindungstag. Endokrine Veränderungen können zwar vorhanden sein, das Syndrom kann jedoch nicht durch einen medizinischen Krankheitsfaktor, der zu endokrinen Veränderungen führt, erklärt werden (z. B. ein Tumor mit Hormonsekretion).
2. Eine Störung mit nichtpsychotischen hypochondrischen Symptomen von weniger als sechs Monaten Dauer.
3. Eine Störung mit nicht erklärbaren körperlichen Beschwerden (z. B. Müdigkeit oder körperliche Schwäche) von weniger als sechs Monaten Dauer, die nicht auf eine andere psychische Störung zurückzuführen sind.

Vorgetäuschte Störungen

Vorgetäuschte Störungen sind durch körperliche oder psychische Symptome charakterisiert, die absichtlich erzeugt oder vorgetäuscht werden, um eine Krankenrolle einzunehmen. Die Einschätzung, daß ein bestimmtes Symptom absichtlich erzeugt wird, basiert sowohl auf direkten Anzeichen wie auch auf dem Ausschluß anderer Ursachen für das Symptom. Beispiel: Eine Person, die an Hämaturie leidet, verfügt über Antikoagulantien, bestreitet aber, diese eingenommen zu haben, obwohl Blutuntersuchungen ihre Einnahme nachweisen. Sofern keine Anzeichen für eine versehentliche Einnahme vorliegen, lautet eine vernünftige Schlußfolgerung, daß die Person die Medikamente absichtlich eingenommen hat. Es sollte beachtet werden, daß das Vorhandensein von vorgetäuschten Symptomen das gleichzeitige Bestehen echter physischer oder psychischer Symptome nicht ausschließt.

Vorgetäuschte Störungen sind von der Simulation zu unterscheiden. Bei der Simulation erzeugt die Person die Symptome ebenfalls willentlich, aber sie verfolgt ein Ziel, das bei Kenntnis der äußeren Umstände offensichtlich erkennbar ist. Zum Beispiel würde das absichtliche Erzeugen von Symptomen, um einer Rechtspflicht, einem Prozeß oder der Einberufung zum Militär zu entgehen, als Simulation klassifiziert werden. Es handelt sich auch um Simulation, wenn z. B. eine Person, die zur Behandlung einer psychischen Störung in einer Klinik ist, eine Verschlechterung ihrer Erkrankung vorgibt, um die Verlegung in eine weniger angenehme Einrichtung zu vermeiden. Im Gegensatz dazu besteht bei der Vorgetäuschten Störung die Motivation in einem psychischen Bedürfnis, die Krankenrolle einzunehmen, wie aus dem Fehlen äußerer Anreize für das Verhalten hervorgeht. Simulation kann unter gewissen Umständen als Anpassung gesehen werden (z.B in einer Situation als Geisel), während die Diagnose einer Vorgetäuschten Störung definitionsgemäß immer psychopathologische Erscheinungen beinhaltet.

Vorgetäuschte Störung

Das Hauptmerkmal der Vorgetäuschten Störung ist das absichtliche Erzeugen physischer oder psychischer Zeichen oder Symptome (**Kriterium A**). Sie können ganz erfunden sein (z. B. Beschwerden über akute Bauchschmerzen, ohne daß es einen solchen Schmerz gibt); sie können selbsterzeugt sein (z. B. bei Abszessen durch Speichelinjektionen in die Haut); es kann sich um eine Übertreibung oder Verschlimmerung eines bestehenden medizinischen Krankheitsfaktors handeln (z. B. das Vortäuschen eines Grand mal-Anfalles bei einer Vorgeschichte mit einer Anfallserkrankung) oder es liegt irgendeine Kombination oder Variation

---

Berater der deutschen Ausgabe:
PD Dr. Michael Zaudig, Windach
Prof. Dr. Henning Saß, Aachen

Übersetzer:
Dipl.-Psych. Sabine Gruschwitz, Windach
Dr. Dipl-Psych. Rolf-Dieter Trautmann-Sponsel, Windach
Dipl.-Psych. Franziska Karlbauer, Windach
Dr. Charl Thora, Windach
PD Dr. Michael Zaudig, Windach

der Genannten vor. Die Motivation für das Verhalten liegt im Einnehmen einer Krankenrolle (**Kriterium B**). Es fehlen äußere Anreize für das Verhalten, wie z. B. ökonomischer Gewinn, Vermeidung legaler Verantwortung oder Verbesserung physischen Wohlbefindens wie bei der Simulation (**Kriterium C**).

Personen mit einer Vorgetäuschten Störung tragen ihre Geschichte meist mit großem dramatischen Geschick vor, äußern sich aber sehr vage und unbestimmt, wenn sie nach Einzelheiten gefragt werden. Es kann zu solch pathologischem Lügen hinsichtlich jeder Einzelheit der Geschichte oder Symptomatik kommen, daß der Zuhörer getäuscht wird (Pseudologia phantastica). Die Betroffenen haben häufig ausgezeichnete Kenntnisse bezüglich medizinischer Termini und Klinikroutinen. Klagen über Schmerzen und Forderungen nach Analgetika kommen sehr häufig vor. Wenn die intensive Behandlung der anfänglichen Hauptbeschwerden keine Veränderung erbringt, klagen sie häufig über weitere physische oder psychische Probleme und erzeugen noch mehr vorgetäuschte Symptome. Personen mit dieser Störung unterziehen sich teilweise begierig vielfältigen invasiven Untersuchungen und Operationen. Während ihres Klinikaufenthaltes erhalten sie in der Regel nur sehr selten Besuch. Zu irgendeinem Zeitpunkt kann es dann zur Aufdeckung der vorgetäuschten Symptome kommen, wenn z. B. die Person von jemandem wiedererkannt wird, der sie schon bei früheren Aufenthalten traf oder wenn andere Krankenhäuser verschiedenste frühere Klinikaufenthalte aufgrund einer vorgetäuschten Symptomatik bestätigen. Wird der Betroffene mit dem Nachweis konfrontiert, daß seine Symptome vorgetäuscht sind, wird er dies gewöhnlich zurückweisen oder gegen ärztlichen Rat überstürzt die Klinik verlassen. Sehr häufig wird er schon bald danach in einem anderen Krankenhaus aufgenommen, wobei die zahlreichen Klinikaufenthalte oft über verschiedene Städte, Bundesstaaten und Länder gestreut sind.

Subtypen

Die Vorgetäuschte Störung wird entsprechend dem Subtypus mit der vorherrschenden Symptomatik codiert:
— **300.16 (F68.1) Mit Vorwiegend Psychischen Zeichen und Symptomen.** Dieser Subtypus beschreibt ein Symptombild mit vorwiegend psychischen Zeichen und Symptomen. Charakteristisch hierfür ist das absichtliche Erzeugen oder Vortäuschen psychischer (oft psychotischer) Symptome, die eine psychische Störung vermuten lassen. Das Ziel der Person besteht offensichtlich darin, eine Krankenrolle einzunehmen und kann nicht besser durch die äußeren Umstände des Betroffenen erklärt werden (im Gegensatz zur Simulation). Dieser Subtypus kann bei einer weitgestreuten Symptomatologie verwendet werden, die häufig nicht mit einem typischen Syndrom übereinstimmt, einen ungewöhnlichen Verlauf nimmt und in unüblicher Weise auf die Behandlung anspricht. Es kann auch zu einer Verschlechterung der Symptomatik kommen, wenn die Person bemerkt, daß sie beobachtet wird. Betroffene mit diesem Subtypus der Vorgetäuschten Störung können beispielsweise Depressionen und suizidale Absichten nach dem Tod eines Ehepartners angeben (der Tod wird von anderen Informanten nicht bestätigt) sowie Erinnerungslücken (für kurz und länger zurückliegende Ereignisse), Halluzinationen (akustische und optische) und dissoziative Symptome. Die Person kann äußerst suggestibel sein und viele der Symptome bestätigen, die während einer Untersuchung abgefragt werden. Umgekehrt kann sie sich auch sehr negativistisch und unkooperativ bei einer Befragung verhalten. Die Symptomdarbietung entspricht gewöhnlich der Vorstellung des Betroffenen von einer

psychischen Störung und braucht nicht mit einer bekannten diagnostischen Kategorie übereinzustimmen.
- **300.19 (F68.1) Mit Vorwiegend Körperlichen Zeichen und Symptomen.** Dieser Subtypus beschreibt eine Symptomdarbietung, die vorwiegend aus Zeichen und Symptomen eines scheinbaren medizinischen Krankheitsfaktors besteht. Die Betroffenen können ihr ganzes Leben damit verbringen, sich entweder um die Einweisung oder das Verbleiben in Kliniken zu bemühen (auch bekannt als Münchhausen-Syndrom). Häufige klinische Bilder sind heftige Schmerzen im rechten unteren Quadranten des Bauches mit Erbrechen und Übelkeit, Benommenheit und Ohnmacht, massive Hämoptyse, generalisierte Hautausschläge und Abszesse, Fieber unbestimmter Genese, Blutungen nach Einnahme von Antikoagulantien und „lupusähnliche" Syndrome. Alle Organsysteme kommen in Frage und die dargebotenen Symptome werden nur durch die medizinischen Kenntnisse des Betroffenen, seine Spitzfindigkeit und Vorstellungskraft begrenzt.
- **300.19 (F68.1) Mit sowohl Psychischen wie Körperlichen Zeichen und Symptomen.** Dieser Subtypus beschreibt eine Symptomdarbietung mit sowohl psychischen wie körperlichen Zeichen und Symptomen, wobei keines der beiden vorherrscht.

Zugehörige Merkmale und Störungen

Bei der Vorgetäuschten Störung mit Vorwiegend Psychischen Zeichen und Symptomen kann es zur annäherungsweise richtigen Beantwortung von Fragen kommen (z. B. 8 multipliziert mit 8 ergibt 65). Die Person kann auch heimlich psychotrope Substanzen einnehmen, um Symptome einer psychischen Störung vorzutäuschen. Beispiele hierfür wären die Einnahme von Stimulantien, um Ruhelosigkeit oder Schlaflosigkeit hervorzurufen, von Halluzinogenen zur Erzeugung eines veränderten Wahrnehmungszustandes, von Analgetika, um Euphorie zu erzeugen, von Hypnotika, um eine Lethargie zu induzieren. Auch Kombinationen der genannten Substanzen können sehr ungewöhnliche Bilder hervorrufen. Personen mit einer Vorgetäuschten Störung mit Vorwiegend Körperlichen Zeichen und Symptomen können auch eine Substanzabhängigkeit aufweisen, vor allem von verschriebenen Analgetika und Sedativa. Zahlreiche Klinikaufenthalte führen häufig zu iatrogen verursachten medizinischen Krankheitsfaktoren, z. B. wenn sich infolge unnötiger Operationen Narbengewebe bildet oder wenn ungünstige Arzneimittelreaktionen auftreten. Bei der chronischen Form der Störung haben die Betroffenen einen wie ein „Grillrost" vernarbten Unterbauch als Folge zahlreicher chirurgischer Eingriffe. Die Vorgetäuschte Störung verhindert sehr häufig eine stabile Arbeitssituation sowie die Aufrechterhaltung familiärer Bindungen und zwischenmenschlicher Beziehungen. Zu den möglicherweise prädisponierenden Faktoren zählen eine psychische Störung oder ein medizinischer Krankheitsfaktor in der Kindheit oder Adoleszenz, die zu intensiven medizinischen Behandlungen oder Klinikaufenthalten führte, ein Groll gegen den medizinischen Berufsstand, Beschäftigung im medizinischen Bereich, das Vorliegen einer schweren Persönlichkeitsstörung, eine sehr wichtige Beziehung zu einem Arzt in der Vergangenheit.

Prävalenz

Es gibt nur wenig Informationen zur Prävalenz der Vorgetäuschten Störung. Auch wenn sie nur sehr selten diagnostiziert wird, so wird sie möglicherweise häufig nicht erkannt. Auf der anderen Seite wird die chronische Form der Störung vielleicht überschätzt, weil die Betroffenen verschiedene Ärzte in verschiedenen Kliniken häufig unter unterschiedlichen Namen aufsuchen. Die Störung ist wahrscheinlich bei Männern häufiger als bei Frauen.

Verlauf

Der Verlauf der Vorgetäuschten Störung kann sich auf eine oder zwei kurze Episoden beschränken, ist aber gewöhnlich chronisch. Der Beginn liegt üblicherweise im frühen Erwachsenenalter, häufig nach einem Klinikaufenthalt aufgrund eines medizinischen Krankheitsfaktors oder einer anderen psychischen Störung. Bei der chronischen Form dieser Störung kann es zu lebenslang fortgeführten Klinikeinweisungen kommen.

Differentialdiagnose

Eine Vorgetäuschte Störung muß von einem **echten medizinischen Krankheitsfaktor** oder einer **echten psychischen Störung** unterschieden werden. Die Möglichkeit, daß hinter einer offensichtlichen psychischen Störung oder einem medizinischen Krankheitsfaktor eine Vorgetäuschte Störung steht, besteht dann, wenn eine Kombination der folgenden Symptome vorliegt: eine untypische oder besonders dramatische Darbietung, die nicht zu einem bekannten medizinischen Krankheitsfaktor oder einer psychischen Störung paßt, Symptome oder Verhaltensweisen, die nur auftreten, wenn die Person beobachtet wird, Pseudologia phantastica, destruktives Verhalten auf Station (z. B. mangelnde Bereitschaft, sich den Klinikregeln und -vorschriften zu unterwerfen, häufige Diskussionen mit Pflegern und Ärzten), sehr gute Kenntnisse medizinischer Termini und der Klinikroutine, heimlicher Substanzgebrauch, Hinweise für zahlreiche medizinische Eingriffe (z. B. Berichte über Operationen, Angaben über elektrokonvulsive Therapie), in der Anamnese zahlreiche Reisen, wenn überhaupt, nur wenige Besucher während des Klinikaufenthaltes; ein sehr wechselhafter klinischer Verlauf mit schnellen Entwicklungen von „Komplikationen" oder neuen „pathologischen" Erscheinungen, wenn die ersten Untersuchungen negative Ergebnisse erbringen.

Bei den **Somatoformen Störungen** bestehen ebenfalls körperliche Beschwerden, die nicht vollständig auf einen medizinischen Krankheitsfaktor zurückzuführen sind, aber die Symptome werden nicht absichtlich erzeugt. Die **Simulation** unterscheidet sich von der Vorgetäuschten Störung dahingehend, daß dort die Motivation für die Symptomerzeugung in einem äußeren Anreiz liegt, während dieser bei der Vorgetäuschten Störung fehlt. Personen mit Simulation streben manchmal eine Klinikaufnahme an, indem sie Symptome erzeugen, um Entschädigungen zu erhalten, der Polizei zu entgehen oder einfach „ein Bett für die Nacht zu erhalten". Jedoch ist das Ziel im allgemeinen offensichtlich und die Betroffenen können das Symptom fallenlassen, wenn es für sie nicht mehr von Nutzen ist.

Diagnostische Kriterien für Vorgetäuschte Störung

A. Absichtliches Erzeugen oder Vortäuschen körperlicher oder psychischer Symptome.
B. Die Motivation für das Verhalten liegt in der Einnahme einer Krankenrolle.

Fortsetzung nächste Seite

Fortsetzung

C. Es gibt keine äußeren Anreize für das Verhalten (wie ökonomischer Nutzen, Vermeidung von legaler Verantwortung oder Verbesserung des körperlichen Wohlbefindens wie bei der Simulation).

Codiere entsprechend dem Subtypus:
300.16 (F68.1) Mit Vorwiegend Psychischen Zeichen und Symptomen: wenn psychische Zeichen und Symptome in der Symptomdarbietung überwiegen.
300.19 (F68.1) Mit Vorwiegend Körperlichen Zeichen und Symptomen: wenn körperliche Zeichen und Symptome in der Symptomdarbietung überwiegen.
300.19 (F68.1) Mit sowohl Psychischen wie Körperlichen Zeichen und Symptomen: wenn sowohl psychische wie körperliche Zeichen und Symptome gezeigt werden, aber keines der beiden in der Symptomdarbeitung überwiegt.

300.19 (F68.1) Nicht Näher Bezeichnete Vorgetäuschte Störung

Diese Kategorie beinhaltet Störungen mit vorgetäuschten Symptomen, die nicht die Kriterien der Vorgetäuschten Störung erfüllen. Ein Beispiel ist die Vorgetäuschte Störung by proxy: das absichtliche Erzeugen oder Vortäuschen körperlicher oder psychischer Zeichen oder Symptome bei einer anderen Person, die unter der Aufsicht des Betroffenen steht, mit dem indirekten Ziel, die Krankenrolle einzunehmen (siehe S. 814, Vorgeschlagene Forschungskriterien).

Dissoziative Störungen

Das Hauptmerkmal der Dissoziativen Störungen ist eine Unterbrechung der normalerweise integrativen Funktionen des Bewußtseins, des Gedächtnisses, der Identität oder der Wahrnehmung der Umwelt. Die Störung kann plötzlich oder allmählich auftreten und sowohl vorübergehend wie chronisch verlaufen. Dieses Kapitel enthält folgende Störungen:
— Die **Dissoziative Amnesie** ist charakterisiert durch die Unfähigkeit, sich an wichtige persönliche Informationen zu erinnern, die zumeist traumatischer oder belastender Natur sind. Das Ausmaß der Störung ist zu umfassend, um durch gewöhnliche Vergeßlichkeit erklärt zu werden.
— Die **Dissoziative Fugue** ist gekennzeichnet durch plötzliches, unerwartetes Weggehen von zu Hause oder vom gewohnten Arbeitsplatz, verbunden mit der Unfähigkeit, sich an seine Vergangenheit zu erinnern, mit Verwirrung über die eigene Identität oder mit der Annahme einer neuen Identität.
— Die **Dissoziative Identitätsstörung** (vormals Multiple Persönlichkeitsstörung) ist charakterisiert durch das Vorhandensein von zwei oder mehr unterscheidbaren Identitäten oder Persönlichkeitszuständen, die wiederholt die Kontrolle über das Verhalten der Person übernehmen. Begleitet wird dies durch die Unfähigkeit, sich an wichtige persönliche Informationen zu erinnern, die zu umfassend ist, um durch gewöhnliche Vergeßlichkeit erklärt zu werden.
— Bei der **Depersonalisationsstörung** kommt es zu einem ständigen oder wiederholt auftretenden Gefühl von Losgelöstsein von den eigenen geistigen Prozessen oder dem Körper; eine intakte Realitätskontrolle bleibt bestehen.
— Die **Nicht Näher Bezeichnete Dissoziative Störung** beinhaltet Störungen, deren vorherrschendes Merkmal ein dissoziatives Symptom ist, die jedoch nicht die Kriterien einer spezifischen Dissoziativen Störung erfüllen.

Dissoziative Symptome kommen auch in den Kriterien für die Akute Belastungsstörung, die Posttraumatische Belastungsstörung und die Somatoforme Störung vor. Die zusätzliche Diagnose einer Dissoziativen Störung wird jedoch nicht vergeben, wenn die dissoziativen Symptome ausschließlich im Verlauf dieser Störungen vorkommen. In einigen Klassifikationen wird die Konversionsreaktion als dissoziatives Phänomen betrachtet. Im DSM-IV befindet sich die Konversionsstörung im Kapitel der Somatoformen Störungen, um zu betonen, daß auch neurologische oder andere medizinische Krankheitsfaktoren bei der Differentialdiagnose in Erwägung zu ziehen sind.

Bei der Beurteilung einer Dissoziativen Störung sind insbesondere auch transkulturelle Aspekte wichtig, da dissoziative Zustände in vielen Gesellschaften ein häufiger und akzeptierter

Berater der deutschen Ausgabe:
PD Dr. Michael Zaudig, Windach
Prof. Dr. Henning Saß, Aachen

Übersetzer:
Dipl.-Psych. Sabine Gruschwitz, Windach
Dr. Dipl.-Psych. Rolf-Dieter Trautmann-Sponsel, Windach
PD Dr. Michael Zaudig, Windach
Dr. Charl Thora, Windach
Dipl.-Psych. Franziska Karlbauer, Windach

Ausdruck kultureller Aktivitäten oder religiöser Erfahrungen sind. Dissoziation sollte nicht unbedingt immer als pathologisch beurteilt werden und führt häufig auch nicht zu bedeutsamem Leiden, zu Beeinträchtigungen oder zum Wunsch nach Hilfe. Auf der anderen Seite gibt es jedoch auch einige kulturell festgelegte Syndrome, die durch Dissoziation charakterisiert sind, die Leiden und Beeinträchtigungen verursachen und als pathologische Ausprägungen anerkannt werden (siehe S. 816 und S. 895).

300.12 (F44.0) Dissoziative Amnesie
(*vormals* Psychogene Amnesie)

Diagnostische Merkmale

Das Hauptmerkmal der Dissoziativen Amnesie ist die Unfähigkeit, sich an wichtige persönliche Informationen zu erinnern, die zumeist traumatischer oder belastender Natur sind; diese ist zu umfassend, um durch gewöhnliche Vergeßlichkeit erklärt zu werden (**Kriterium A**). Die Störung umfaßt eine reversible Beeinträchtigung des Gedächtnisses, bei der Erinnerungen an persönliche Erfahrungen nicht in eine verbale Form gebracht werden können (oder, wenn dies teilweise möglich ist, können sie nicht vollständig im Bewußtsein festgehalten werden). Die Störung tritt nicht ausschließlich im Verlauf einer Dissoziativen Identitätsstörung, Dissoziativen Fugue, Posttraumatischen Belastungsstörung, Akuten Belastungsstörung oder Somatisierungsstörung auf und geht nicht zurück auf die direkte körperliche Wirkung einer Substanz oder eines neurologischen oder anderen medizinischen Krankheitsfaktors (**Kriterium B**). Die Symptome müssen in klinisch bedeutsamer Weise Leiden oder Beeinträchtigungen in sozialen, beruflichen oder anderen wichtigen Funktionsbereichen verursachen (**Kriterium C**).

Die Dissoziative Amnesie äußert sich zumeist als eine rückblickend berichtete Lücke oder eine Anzahl von Lücken in der Erinnerung an Aspekte der persönlichen Lebensgeschichte. Diese Lücken stehen zumeist in Verbindung mit traumatischen oder extrem belastenden Ereignissen. Manche Personen können eine Amnesie für Episoden von Selbstverletzung, gewalttätigen Ausbrüchen oder für Suizidversuche entwickeln. Daß sich die Dissoziative Amnesie als eine floride Episode mit plötzlichem Beginn äußert, ist weniger häufig. Diese akute Form gibt es wahrscheinlicher in Kriegszeiten oder als Antwort auf eine Naturkatastrophe.

Verschiedene Formen von Gedächtnisstörungen werden bei der dissoziativen Amnesie beschrieben. Bei der *lokalisierten Amnesie* kann die Person sich nicht mehr an Ereignisse während eines umschriebenen Zeitabschnittes erinnern, gewöhnlich an die ersten Stunden nach einem höchst belastenden Ereignis (z. B. kann es sein, daß der unverletzt Überlebende eines Autounfalls, bei dem ein Familienmitglied getötet wurde, nicht in der Lage ist, sich an irgend etwas zu erinnern, was vom Zeitpunkt des Unfalls bis zwei Tage danach geschah). Bei der *selektiven Amnesie* kann sich die Person an einige, aber nicht an alle Ereignisse während eines umschriebenen Zeitabschnittes erinnern (z. B. kann ein Kriegsveteran sich nur an einige Teile einer Reihe gewalttätiger Gefechtsereignisse erinnern). Drei andere Formen der Amnesie – generalisiert, kontinuierlich und systematisiert – sind eher selten. Bei der *generalisierten Amnesie* umfaßt die Unfähigkeit, sich zu erinnern, das gesamte Leben der Person. Betroffene mit dieser seltenen Störung werden gewöhnlich der Polizei, Notfallambulanzen oder dem Konsiliardienst von städtischen Krankenhäusern vorgestellt. Die *kontinuierliche Amnesie* ist definiert durch die Unfähigkeit, sich an Ereignisse von einem bestimmten Zeitpunkt an bis in die Gegenwart hinein zu erinnern. Bei der *systematisierten Amnesie* kommt es zu einem Verlust des Gedächtnisses für bestimmte Kategorien von Informationen, wie beispielsweise alle Erinnerungen an die eigene Familie oder an eine bestimmte Person. Betroffene, welche die drei letztgenannten Formen der Amnesie aufweisen, werden letzten Endes häufig doch die Diagnose einer komplexeren Form von Dissoziativen Störungen erhalten (z. B. eine Dissoziative Identitätsstörung).

Zugehörige Merkmale und Störungen

Zugehörige Beschreibungsmerkmale und psychische Störungen. Einige Personen mit Dissoziativer Amnesie berichten von depressiven Symptomen, Depersonalisation, Trancezuständen, Analgesie und spontaner Altersregression. Es kann wie beim Ganser-Syndrom zu einer nur annähernd richtigen Beantwortung von Fragen kommen (z. B. 2 plus 2 ist 5). Andere Probleme im Zusammenhang mit dieser Störung können sexuelle Funktionsstörungen sein, Beeinträchtigungen im Beruf oder in zwischenmenschlichen Beziehungen, Selbstverletzungen, aggressive Impulse sowie Suizidimpulse und -handlungen. Personen mit einer Dissoziativen Amnesie können auch Symptome aufweisen, die die Kriterien für eine Konversionsstörung, Affektive Störung oder Persönlichkeitsstörung erfüllen.

Zugehörige Laborbefunde. Personen mit einer Dissoziativen Amnesie zeigen in standardisierten Tests häufig eine hohe Hypnotisierbarkeit.

Besondere Altersmerkmale

Die Dissoziative Amnesie ist besonders schwer bei Kindern zu beurteilen, da sie sich mit Unaufmerksamkeit, Angst, oppositionellem Verhalten, Lernstörungen, psychotischen Störungen und einer entwicklungsbedingten, angemessenen Kindheitsamnesie (d. h. die schwächer werdende Erinnerung an Ereignisse, die vor dem 5. Lebensjahr stattfanden) vermischen kann. Es können Reihenuntersuchungen oder Bewertungen durch mehrere verschiedene Untersucher (z. B. Lehrer, Therapeuten, Sozialarbeiter) nötig sein, um die exakte Diagnose einer Dissoziativen Amnesie bei Kindern zu stellen.

Prävalenz

In den letzten Jahren gab es in den Vereinigten Staaten eine Zunahme von Berichten über Fälle von Dissoziativer Amnesie, die das Vergessen frühkindlicher Traumata beinhaltet. Diese Zunahme führte zu sehr unterschiedlichen Interpretationen. Einige glauben, daß die größere Beachtung der Diagnose unter Klinikern dazu führte, daß mehr Fälle identifiziert wurden, die vorher ohne Diagnose blieben. Andere nehmen an, daß das Syndrom bei Personen mit hoher Suggestibilität überdiagnostiziert wird.

Verlauf

Die Dissoziative Amnesie kann in jeder Altersgruppe vorkommen, von kleinen Kindern bis zu Erwachsenen. Die hauptsächliche Symptomatik ist bei den meisten Personen eine rückblickend berichtete Lücke in der Erinnerung. Die angegebene Dauer des Ereignisses, für das die Amnesie besteht, kann von Minuten bis zu Jahren reichen. Es kann sowohl eine einzige Episode von Amnesie vorkommen als auch zwei oder mehr Episoden. Personen, die bereits eine Episode einer Dissoziativen Amnesie erlebten, können prädisponiert sein, Amnesie auch für spätere traumatische Umstände zu entwickeln. Eine akute Amnesie kann spontan abklingen, wenn die Person von den traumatischen Umständen entfernt wird, mit denen die Amnesie verknüpft war (z. B. kann ein Soldat mit einer lokalisierten Amnesie spontan die Erinnerung wiedergewinnen, wenn er vom Kriegsfeld entfernt wird, wo er mehrere Tage intensive Kampferfahrungen machen mußte). Einige Personen mit einer chronischen Amnesie können dissoziierte Erinnerungen auch schrittweise wiedergewinnen. Andere wiederum entwickeln eine chronische Form der Amnesie.

Differentialdiagnose

Die Dissoziative Amnesie ist von einer **Amnestischen Störung Aufgrund eines Medizinischen Krankheitsfaktors** zu unterscheiden, bei der die Amnesie als direkte körperliche Folge eines spezifischen neurologischen oder anderen medizinischen Krankheitsfaktors angesehen wird (z. B. ein Schädeltrauma oder Epilepsie) (siehe S. 202). Diese Schlußfolgerung erfolgt aufgrund von Vorgeschichte, Laboruntersuchungen oder der körperlichen Untersuchung. Bei der **Amnestischen Störung Aufgrund einer Hirnverletzung** ist die Erinnerungsstörung, obwohl umschrieben, häufig retrograd und umfaßt einen Zeitabschnitt vor dem Trauma. Es gibt gewöhnlich ein eindeutiges körperliches Trauma, eine Periode von Bewußtlosigkeit oder den klinischen Nachweis einer Gehirnverletzung. Im Gegensatz dazu ist bei der Dissoziativen Amnesie die Erinnerungsstörung fast immer anterograd (z. B. ist der Gedächtnisverlust auf den Zeitabschnitt nach dem Trauma beschränkt). Die seltenen Fälle von Dissoziativer Amnesie mit einer retrograden Amnesie können durch den diagnostischen Einsatz von Hypnose unterschieden werden; hierbei spricht die sofortige Wiederherstellung des verlorenen Gedächtnisses für eine dissoziative Grundlage der Störung. Bei **Anfallsleiden** setzt die Gedächtnisstörung plötzlich ein, es kann zu motorischen Auffälligkeiten kommen, und wiederholte EEGs zeigen typische Abweichungen. Beim **Delir** und bei der **Demenz** ist der Gedächtnisverlust bezüglich persönlicher Informationen eingebettet in ein weit umfassenderes Muster kognitiver, sprachlicher, affektiver, aufmerksamkeitsbezogener, wahrnehmungs- und verhaltensbezogener Störungen. Im Gegensatz dazu bezieht sich bei der Dissoziativen Amnesie der Gedächtnisverlust primär auf autobiographische Informationen, die kognitiven Fähigkeiten sind im allgemeinen erhalten. Die Amnesie im Zusammenhang mit einem medizinischen Krankheitsfaktor ist in der Regel nicht reversibel.

Gedächtnisverlust in Verbindung mit der Verwendung von Drogen oder Medikamenten muß ebenfalls von der Dissoziativen Amnesie unterschieden werden. Die **Persistierende Substanzinduzierte Amnestische Störung** sollte dann diagnostiziert werden, wenn ein andauernder Gedächtnisverlust besteht, der im Zusammenhang mit der direkten körperlichen Wirkung einer Substanz steht (d. h. eine Droge oder ein Medikament) (siehe S. 204). Während bei der Dissoziativen Amnesie die Fähigkeit zum Behalten neuer Gedächtnisinhalte erhalten bleibt, ist bei der Persistierenden Substanzinduzierten Amnestischen Störung das Kurzzeitgedächtnis gestört (z. B. können Ereignisse nur unmittelbar nach ihrem Auftreten erinnert werden, nach einigen Minuten nicht mehr). Gedächtnisverlust in Verbindung mit einer **Substanzintoxikation** (d. h. „blackouts") kann von der Dissoziativen Amnesie unterschieden werden durch den Zusammenhang zwischen dem Gedächtnisverlust und dem massiven Substanzgebrauch sowie der Tatsache, daß die Amnesie gewöhnlich nicht reversibel ist.

Das dissoziative Symptom der Amnesie ist ein charakteristisches Merkmal sowohl der **Dissoziativen Fugue** als auch der **Dissoziativen Identitätsstörung**. Sollte die Dissoziative Amnesie daher ausschließlich im Verlauf einer der beiden genannten Störungen auftreten, wird die eigenständige Diagnose der Dissoziativen Amnesie nicht gestellt. Da Depersonalisation ein zugehöriges Merkmal der Dissoziativen Amnesie ist, wird keine eigene Diagnose einer **Depersonalisationsstörung** gestellt, falls die Depersonalisation ausschließlich im Verlauf der Dissoziativen Amnesie auftritt.

Bei der **Posttraumatischen Belastungsstörung** und der **Akuten Belastungsstörung** kann es zur Amnesie bezüglich des traumatischen Ereignisses kommen. Gleichzeitig kommen dissoziative Symptome wie Amnesie auch in den Kriterien für die **Somatisierungsstörung** vor. Die Dissoziative Amnesie wird nicht diagnostiziert, wenn sie ausschließlich im Verlauf einer dieser Störungen auftritt.

Es gibt keine Untersuchungen oder bestimmte Vorgehensweisen, um die Dissoziative Amnesie eindeutig von der **Simulation** zu unterscheiden. Personen mit einer Dissoziativen Amnesie erreichen jedoch gewöhnlich hohe Werte bei standardisierten Messungen bezüglich Hypnotisierbarkeit und dissoziativer Fähigkeiten. Simulierte Amnesie findet man häufiger bei Personen, die akute, floride Symptome in einem Kontext zeigen, in dem ein potentieller sekundärer Gewinn offensichtlich wird – z. B. finanzielle oder rechtliche Probleme oder der Wunsch, den Kriegsdienst zu vermeiden. Jedoch kann auch echte Amnesie mit solchen Belastungsfaktoren verknüpft sein.

Die Beurteilung der Genauigkeit von wiedergewonnener Erinnerung ist mit Vorsicht vorzunehmen, da die Informanten häufig hoch suggestibel sind. Es gab eine beträchtliche Kontroverse bezüglich Amnesie in Verbindung mit körperlichem oder sexuellem Mißbrauch, vor allem dann, wenn dieser in der frühen Kindheit stattgefunden hat. Einige Untersucher nehmen an, daß solche Ereignisse bisher unterschätzt wurden, vor allem da die Opfer oft Kinder sind und die Täter dazu neigen, ihre Taten zu leugnen oder zu vertuschen. Auf der anderen Seite gibt es Untersucher, die eine Überschätzung befürchten, vor allem aufgrund der geringen Reliabilität von Kindheitserinnerungen. Es gibt derzeit noch keine sichere Methode, um den Wahrheitsgehalt solcher Erinnerungen zu überprüfen, wenn es keine bestätigenden Beweise gibt.

Die Dissoziative Amnesie muß ebenfalls unterschieden werden von einem Gedächtnisverlust im Rahmen eines **Altersbedingten Kognitiven Abbaus** und von **nicht pathologischen Formen der Amnesie**, wie alltäglicher Gedächtnisverlust, posthypnotische Amnesie, infantile und Kindheitsamnesie und Amnesie für Schlafen und Träumen. Die Dissoziative Amnesie kann von normalen Erinnerungslücken durch die unfreiwillige Unfähigkeit zur Erinnerung unterschieden werden sowie durch das Vorhandensein von bedeutsamem Leiden oder Beeinträchtigungen.

> **Diagnostische Kriterien für 300.12 (F44.0) Dissoziative Amnesie**
>
> A. Das vorherrschende Störungsbild zeigt sich in einer oder mehreren Episoden, in denen eine Unfähigkeit besteht, sich an wichtige persönliche Informationen zu erinnern, die zumeist traumatischer oder belastender Natur sind; diese ist zu umfassend, um durch gewöhnliche Vergeßlichkeit erklärt zu werden.
>
> B. Die Störung tritt nicht ausschließlich im Verlauf einer Dissoziativen Identitätsstörung, Dissoziativen Fugue, Posttraumatischen Belastungsstörung, Akuten Belastungsstörung oder Somatisierungsstörung auf und geht nicht zurück auf die direkte körperliche Wirkung einer Substanz (z. B. Droge, Medikament) oder eines neurologischen oder anderen medizinischen Krankheitsfaktors (z. B. eine Amnestische Störung Aufgrund eines Schädel-Hirn-Traumas).
>
> C. Die Symptome verursachen in klinisch bedeutsamer Weise Leiden oder Beeinträchtigungen in sozialen, beruflichen oder anderen wichtigen Funktionsbereichen.

300.13 (F44.1) Dissoziative Fugue
(*vormals* Psychogene Fugue)

Diagnostische Merkmale

Das Hauptmerkmal der Dissoziative Fugue ist ein plötzliches, unerwartetes Weggehen von zu Hause oder vom gewohnten Arbeitsplatz, verbunden mit der Unfähigkeit, sich an seine gesamte oder an Teile der Vergangenheit zu erinnern (**Kriterium A**). Dies ist mit Verwirrung über die eigene Identität oder mit der Annahme einer neuen Identität verbunden (**Kriterium B**). Die Störung tritt nicht ausschließlich im Verlauf einer Dissoziativen Identitätsstörung auf und geht nicht auf die direkte körperliche Wirkung einer Substanz oder eines medizinischen Krankheitsfaktors zurück (**Kriterium C**). Die Symptome müssen in klinisch bedeutsamer Weise Leiden oder Beeinträchtigungen in sozialen, beruflichen oder anderen wichtigen Funktionsbereichen verursachen (**Kriterium D**).

Das Weggehen kann von kurzen Ausflügen von nicht zu langer zeitlicher Dauer (d. h. Stunden oder Tage) reichen, bis zu weitreichenden, in der Regel unauffälligen Wanderungen über eine lange Zeitspanne (z. B. Wochen oder Monate), wobei einige Personen zahlreiche nationale Grenzen überschreiten und Tausende von Meilen reisen. Während einer Fugue erscheinen die Personen in der Regel psychopathologisch unauffällig und erregen keine Aufmerksamkeit. Klinisch auffällig werden sie dann gewöhnlich ab einem gewissen Punkt aufgrund der Amnesie für frühere Ereignisse oder eines Mangels an Bewußtheit für die eigene Identität. Kehrt die Person zu dem Zustand vor der Fugue zurück, so kann es zu einem Gedächtnisverlust für die Ereignisse während der Fugue kommen.

Meist kommt es bei der Fugue nicht zur Herausbildung einer neuen Identität. Wird jedoch eine solche angenommen, so ist sie gewöhnlich durch geselligere und weniger zurückhaltende Züge als die frühere Identität gekennzeichnet. Die Person kann einen neuen Namen annehmen, eine neue Wohnung beziehen und sich in komplexen sozialen Aktivitäten engagieren und gut integriert sein, so daß das Vorhandensein einer psychischen Störung nicht zu vermuten ist.

Zugehörige Merkmale und Störungen

Zugehörige Beschreibungsmerkmale und psychische Störungen. Nach der Rückkehr zu dem Zustand vor der Fugue kann eine Amnesie für traumatische Erlebnisse in der Vergangenheit der Person beobachtet werden (z. B. nach Beendigung einer langen Fugue weist ein Soldat eine Amnesie für seit Jahren zurückliegende Kriegserlebnisse auf, bei denen sein bester Freund getötet wurde). Es kann zu Depression, Dysphorie, Trauer, Scham, Schuldgefühlen, psychischer Belastung, Konflikten sowie suizidalen und aggressiven Impulsen kommen. Die Person kann wie beim Ganser-Syndrom annäherungsweise richtige Antworten auf Fragen geben (z. B. 2 plus 2 ergibt 5). Ausmaß und Dauer der Fugue beeinflussen das Ausmaß weiterer Probleme, wie Verlust des Arbeitsplatzes oder schwerwiegende Auseinandersetzungen im persönlichen oder familiären Bereich. Personen mit einer Dissoziativen Fugue können eine Affektive Störung, eine Posttraumatische Belastungsstörung oder eine Störung im Zusammenhang mit Psychotropen Substanzen aufweisen.

Besondere kulturelle Merkmale

Personen mit verschiedenen kulturell definierten „Lauf"-Syndromen (z. B. *pibloktoq* bei den Ureinwohnern des nördlichen Polarkreises, *grisi siknis* bei den Miskito in Honduras und Nicaragua, „Wahnsinns"-Hexerei der Navajo und einige Formen von *amok* in Westpazifischen Kulturen) können auch Symptome aufweisen, die die diagnostischen Kriterien der Dissoziativen Fugue erfüllen. Diese Zustände sind charakterisiert durch einen plötzlichen Beginn mit einem hohen Aktivitätsniveau, einen tranceähnlichen Zustand, potentiell gefährliches Verhalten in Form von rennen oder fliehen, nachfolgende Erschöpfung, Schlaf und eine Amnesie für diese Episode (s. a. Dissoziative Trancestörung in Anhang B, S. 816).

Prävalenz

Es wird von einer Prävalenzrate von 0,2 % für die Dissoziative Fugue in der Allgemeinbevölkerung ausgegangen. Die Prävalenz kann im Zusammenhang mit besonders belastenden Ereignissen wie Kriegszeiten oder Naturkatastrophen ansteigen.

Verlauf

Der Beginn der Dissoziativen Fugue steht in der Regel im Zusammenhang mit besonders traumatischen, belastenden oder überwältigenden Lebensereignissen. Die meisten Fälle werden bei Erwachsenen beschrieben. Am häufigsten wird von einzelnen Episoden berichtet, die Stunden bis Monate andauern. Die Besserung verläuft gewöhnlich sehr schnell, in manchen Fällen kann jedoch eine anhaltende Dissoziative Amnesie bestehen bleiben.

Differentialdiagnose

Die Dissoziative Fugue muß von Symptomen unterschieden werden, die als **direkte körperliche Folgeerscheinung eines bestimmten medizinischen Krankheitsfaktors** zu sehen sind (z. B. eine Kopfverletzung) (siehe S. 210). Diese Beurteilung erfolgt aufgrund der Anamnese,

Laboruntersuchungen oder der körperlichen Untersuchung. Bei Personen mit **komplex-partiellen Anfällen** sind ebenfalls Wanderungen und nur teilweise zielgerichtetes Verhalten während der Anfälle und des postiktalen Zustands zu beobachten, für die eine nachfolgende Amnesie besteht. Eine epileptische Fugue ist jedoch gewöhnlich durch eine Aura, motorische Auffälligkeiten, stereotypes Verhalten, Wahrnehmungsveränderungen, einen postiktalen Zustand oder Abweichungen im EEG zu erkennen. Dissoziative Symptome als direkte Folge der körperlichen Wirkung eines medizinischen Krankheitsfaktors sollten als **Nicht Näher Bezeichnete Psychische Störung Aufgrund eines Medizinischen Krankheitsfaktors** diagnostiziert werden. Die Dissoziative Fugue muß ebenfalls von Symptomen, die durch die **direkte körperliche Wirkung einer Substanz** verursacht sind, unterschieden werden (siehe S. 239).

Wenn die Symptome der Fugue ausschließlich im Verlauf einer **Dissoziativen Identitätsstörung** auftreten, sollte die Dissoziative Fugue nicht als eigenständige Diagnose vergeben werden. Die **Dissoziative Amnesie** und die **Depersonalisationsstörung** werden ebenfalls nicht diagnostiziert, wenn die Amnesie oder Depersonalisationssymptome nur im Verlauf der Dissoziativen Fugue auftreten. Umherwandern und zielgerichtetes Reisen im Rahmen einer **Manischen Episode** muß ebenfalls von der Dissoziativen Fugue unterschieden werden. Wie bei dieser können Personen während einer Manischen Episode über eine Amnesie für einige Lebensabschnitte berichten, vor allem in Hinblick auf das Verhalten während euthymer oder depressiver Zustände. Während einer Manischen Episode ist das Reisen mit Größenideen und anderen manischen Symptomen verbunden, und die Personen erregen durch ihr unangemessenes Verhalten häufig Aufmerksamkeit. Es kommt auch nicht zur Annahme einer wechselnden Identität.

Auch bei der **Schizophrenie** kann es zu umherziehendem Verhalten kommen. Bei Personen mit dieser Störung kann es aufgrund der desorganisierten Sprache schwierig sein, Erinnerungen an Ereignisse während der Perioden der Wanderschaft zu beurteilen. Bei der Dissoziativen Fugue kommt es jedoch nicht zu den psychopathologischen Auffälligkeiten wie bei der Schizophrenie (z. B. Wahn, Negativsymptomatik).

Personen mit einer Dissoziativen Fugue erreichen gewöhnlich hohe Werte in standardisierten Meßverfahren für Hypnotisierbarkeit und dissoziative Fähigkeiten. Es gibt jedoch keine Tests oder andere Verfahren, die mit Sicherheit wirkliche dissoziative Symptome von simulierten unterscheiden. **Simulation** von Zuständen der Fugue kann bei Personen auftreten, die Situationen entgehen wollen, die mit rechtlichen, finanziellen oder persönlichen Schwierigkeiten verbunden sind, genauso wie bei Soldaten, die Kampfhandlungen oder unangenehme militärische Pflichten vermeiden wollen (obwohl mit solchen Belastungen auch eine echte Dissoziative Fugue verbunden sein kann). Die Simulation dissoziativer Symptome kann auch während einer Befragung unter Hypnose oder unter Barbituraten aufrechterhalten werden. Besonders im forensischen Zusammenhang sollte der Untersucher immer sorgfältig die Diagnose einer Simulation mitbeachten, wenn eine Fugue zu beurteilen ist. Kriminelles Verhalten, das bizarr erscheint und wenig aktuellen Gewinn bringt, kann mit einer wirklichen dissoziativen Störung zusammenpassen.

Diagnostische Kriterien für 300.13 (F44.1) Dissoziative Fugue

A. Das vorherrschende Störungsbild ist ein plötzliches, unerwartetes Weggehen von zu Hause oder vom gewohnten Arbeitsplatz, verbunden mit der Unfähigkeit, sich an seine Vergangenheit zu erinnern.

Fortsetzung nächste Seite

> Fortsetzung
>
> B. Verwirrung über die eigene Identität oder die Annahme einer neuen Identität (teilweise oder vollständig).
>
> C. Die Störung tritt nicht ausschließlich im Verlauf einer Dissoziativen Identitätsstörung auf und geht nicht auf die direkte körperliche Wirkung einer Substanz (z. B. Droge, Medikament) oder eines medizinischen Krankheitsfaktors zurück (z. B. Temporallappen-Epilepsie).
>
> D. Die Symptome verursachen in klinisch bedeutsamer Weise Leiden oder Beeinträchtigungen in sozialen, beruflichen oder anderen wichtigen Funktionsbereichen.

300.14 (F44.81) Dissoziative Identitätsstörung (*vormals* Multiple Persönlichkeitsstörung)

Diagnostische Merkmale

Das Hauptmerkmal der Dissoziativen Identitätsstörung ist das Vorhandensein von zwei oder mehr unterscheidbaren Identitäten oder Persönlichkeitszuständen (**Kriterium A**), die wiederholt die Kontrolle über das Verhalten der Person übernehmen (**Kriterium B**). Es besteht eine Unfähigkeit, sich an wichtige persönliche Informationen zu erinnern; diese ist zu umfassend, um durch gewöhnliche Vergeßlichkeit erklärt zu werden (**Kriterium C**).

Die Störung geht nicht auf die direkte körperliche Wirkung einer Substanz oder eines medizinischen Krankheitsfaktors zurück (**Kriterium D**). Bei Kindern können die Symptome nicht durch imaginierte Spielkameraden oder andere Phantasiespiele erklärt werden.

Die Dissoziative Identitätsstörung spiegelt die Unfähigkeit wider, verschiedene Aspekte der Identität, des Gedächtnisses und des Bewußtseins zu integrieren. Jeder der Persönlichkeitszustände kann eine unterschiedliche persönliche Geschichte, ein unterschiedliches Selbstbild und eine unterscheidbare Identität mit verschiedenen Namen haben. Gewöhnlich existiert eine primäre Identität, die den Namen der Person trägt. Diese ist in der Regel passiv, abhängig, hat Schuldgefühle und ist depressiv. Die wechselnden Identitäten haben häufig verschiedene Namen und Charaktereigenschaften, die im Gegensatz zur primären Identität stehen (z. B. sind sie feindselig, kontrollierend und selbstzerstörerisch). Einzelne Identitäten können unter speziellen Umständen auftauchen und sich im berichteten Alter, Geschlecht, der Sprache, dem Allgemeinwissen oder dem vorherrschenden Affekt unterscheiden. Wechselnde Identitäten werden so erlebt, als ob sie für bestimmte Abschnitte auf Kosten der anderen die Kontrolle übernehmen; sie können das Wissen über die anderen leugnen, diesen gegenüber sehr kritisch sein oder sogar im offenen Konflikt mit ihnen stehen. Gelegentlich weisen eine oder mehrere mächtige Identitäten den anderen Zeit zu. Aggressive oder feindselige Identitäten können zeitweise Aktivitäten unterbrechen oder die anderen in unangenehme Situationen bringen.

Personen mit dieser Störung haben häufig Lücken in der Erinnerung der persönlichen Geschichte, sowohl für frühere wie aktuellere Ereignisse. Die Amnesie ist häufig ungleichmäßig. Die passiven Identitäten haben eine eher eingeschränkte Erinnerung, während die feindseligeren, kontrollierenden oder „Beschützer"-Identitäten vollständigere Erinnerungen aufweisen. Es ist möglich, daß eine Identität, die gerade keine Kontrolle ausübt, versucht, durch die Produktion akustischer oder visueller Halluzinationen einen Zugang zum Bewußtsein zu erlangen (z. B. eine Stimme, die Instruktionen gibt). Beweise für Amnesie können auch durch Berichte von anderen aufgedeckt werden, die Verhalten bemerken, das von der Person geleugnet wird (z. B. das Finden von Kleidungsstücken zu Hause, ohne daß die Person sich erinnern kann, diese gekauft zu haben). Es kann nicht nur zu einem Gedächtnisverlust für immer wiederkehrende Zeitabschnitte kommen, sondern auch zu einem gesamten Verlust der biographischen Erinnerung an einen umfassenden Zeitraum in der Kindheit. Die Übergänge zwischen den Identitäten werden häufig durch psychosoziale Belastungen ausgelöst. Es dauert gewöhnlich nur Sekunden, um von einer Identität zur anderen zu wechseln; seltener kann dieser Übergang auch graduell vonstatten gehen. Die Anzahl der berichteten Identitäten kann von 2 bis mehr als 100 reichen. Die Hälfte der berichteten Fälle beziehen sich auf Personen mit 10 oder weniger Identitäten.

Zugehörige Merkmale und Störungen

Zugehörige Beschreibungsmerkmale und psychische Störungen. Personen mit einer Dissoziativen Identitätsstörung berichten häufig über die Erfahrung schweren körperlichen und sexuellen Mißbrauchs vor allem während der Kindheit. Über die Genauigkeit solcher Berichte herrschen kontroverse Meinungen, da Kindheitserinnerungen Verzerrungen unterliegen und Personen mit dieser Störung die Tendenz zu hoher Hypnotisierbarkeit haben und sehr empfänglich gegenüber Suggestionen sind. Auf der anderen Seite neigen die Verantwortlichen für den körperlichen oder sexuellen Mißbrauch dazu, ihr Verhalten zu leugnen oder zu vertuschen. Personen mit einer Dissoziativen Identitätsstörung können posttraumatische Symptome haben (z. B. Alpträume, flashbacks und Alarmreaktionen) oder eine Posttraumatische Belastungsstörung aufweisen. Es kann zu Selbstverletzungen sowie suizidalem und aggressivem Verhalten kommen. Einige Personen erleben ein sich wiederholendes Muster von Beziehungen, in denen es zu körperlichem und sexuellem Mißbrauch kommt. Verschiedene Identitäten können Konversionssymptome (z. B. Pseudoanfälle) oder ungewöhnliche Fähigkeiten der Kontrolle von Schmerzen oder anderen körperlichen Symptomen zeigen. Personen mit dieser Störung haben möglicherweise auch Symptome, die die Kriterien für eine Affektive Störung, eine Störung im Zusammenhang mit Psychotropen Substanzen, eine Sexuelle Störung, eine Eßstörung oder eine Schlafstörung erfüllen. Selbstverletzendes Verhalten, Impulsivität und plötzliche, intensive Wechsel in Beziehungen können auch die gleichzeitige Diagnose einer Borderline Persönlichkeitsstörung nahelegen.

Zugehörige Laborbefunde. Personen mit einer Dissoziativen Identitätsstörung erreichen hohe Werte bei Messungen der Hypnotisierbarkeit und der dissoziativen Fähigkeiten. Es gibt Berichte über Veränderungen in den physiologischen Funktionen bei verschiedenen Identitätszuständen (z. B. Unterschiede in der visuellen Schärfe, der Schmerztoleranz, in Symptomen von Asthma, in der Sensibilität gegenüber Allergenen und der Reaktion von Glukose im Blut auf Insulin).

Zugehörige körperliche Untersuchungsbefunde und medizinische Krankheitsfaktoren. Es können Narben von selbstinduzierten Verletzungen oder körperlichem Mißbrauch vorhanden sein. Personen mit dieser Störung können auch unter Migräne und anderen Arten von Kopfschmerzen leiden sowie unter Reizkolon und Asthma.

Besondere kulturelle, Alters- und Geschlechtsmerkmale

Aufgrund der in letzter Zeit berichteten hohen Rate dieser Störung in den Vereinigten Staaten wurde vermutet, daß dies ein kulturspezifisches Syndrom sein könnte. Insbesondere bei Kindern ist sehr viel Sorgfalt aufzuwenden, um diese Diagnose zu stellen, da die Ausprägungen weniger deutlich als bei Jugendlichen und Erwachsenen sein können. Die Dissoziative Identitätsstörung wird drei- bis neunmal häufiger bei erwachsenen Frauen als bei erwachsenen Männern diagnostiziert. In der Kindheit kann das Mann zu Frau-Verhältnis ausgeglichener sein, aber dazu gibt es noch wenig Daten. Frauen haben tendenziell mehr Identitäten als Männer, im Durchschnitt 15 oder mehr, während Männer durchschnittlich höchstens 8 Identitäten aufweisen.

Prävalenz

Der starke Anstieg der berichteten Fälle von Dissoziativen Identitätsstörungen in den Vereinigten Staaten in den letzten Jahren gab Anlaß zu verschiedenen Interpretationen. Einige glauben, daß die größere Bewußtheit für die Diagnose bei Untersuchern dazu führte, daß mehr Fälle identifiziert wurden, die vorher ohne Diagnose blieben. Im Gegensatz dazu steht die Annahme, daß das Syndrom bei Personen mit hoher Suggestibilität überdiagnostiziert wurde.

Verlauf

Es scheint, als hätte die Dissoziative Identitätsstörung einen fluktuierenden klinischen Verlauf mit der Tendenz zur Chronizität und zum Wiederauftreten. Die durchschnittliche Zeitspanne vom Auftreten der ersten Symptome bis zur Diagnose beträgt 6–7 Jahre. Sowohl ein phasenhafter wie ein kontinuierlicher Verlauf wurden bisher beschrieben. Die Störung kann bei Personen, die älter als Ende vierzig sind, weniger manifest werden, kann aber in Phasen vermehrter Belastung, bei traumatischen Ereignissen oder im Zusammenhang mit Substanzmißbrauch wieder auftreten.

Familiäres Verteilungsmuster

Verschiedene Studien legen nahe, daß die Dissoziative Identitätsstörung bei biologischen Verwandten ersten Grades von Betroffenen häufiger vorkommt als in der Allgemeinbevölkerung.

Differentialdiagnose

Die Dissoziative Identitätsstörung muß unterschieden werden von **Symptomen, die durch die direkte körperliche Wirkung eines medizinischen Krankheitsfaktors verursacht werden** (z. B. Anfälle) (siehe S. 210). Diese Beurteilung basiert auf Anamnese, Laboruntersuchungen oder der körperlichen Untersuchung. Die Dissoziative Identitätsstörung sollte auch unterschieden werden von **dissoziativen Symptomen aufgrund von komplex-partiellen Anfällen**, auch wenn diese beiden Störungen gleichzeitig auftreten können. Anfallszustände sind in der Regel kurz (30 Sekunden bis 5 Minuten) und beinhalten nicht die komplexen und andauernden Strukturen der Identität und des Verhaltens wie bei der Dissoziativen Identitätsstörung. Es gibt hier auch seltener eine Vorgeschichte mit körperlichem und sexuellem Mißbrauch. EEG-Untersuchungen, speziell unter Schlafentzug und mit nasopharyngealer Ableitung können die Differentialdiagnose unterstützen.

Symptome, die durch die **direkte körperliche Wirkung einer Substanz verursacht werden**, unterscheiden sich von der Dissoziativen Identitätsstörung durch die Tatsache, daß eine Substanz (z. B. eine Droge oder ein Medikament) ursächlich mit der Störung im Zusammenhang steht (siehe S. 239).

Die Diagnose einer Dissoziativen Identitätsstörung hat Vorrang vor der **Dissoziativen Amnesie, der Dissoziativen Fugue** und **der Depersonalisationsstörung.** Personen mit Symptomen der Trance und der Besessenheitstrance, die die Diagnose einer **Nicht Näher Bezeichneten Dissoziativen Störung** erhalten, beschreiben typischerweise, daß externe Geister oder Wesen in ihren Körper eingedrungen sind und die Kontrolle übernommen haben. Sie sind aufgrund dieser Symptome von Personen mit einer Dissoziativen Identitätsstörung zu unterscheiden.

Es gibt eine Kontroverse über die Differentialdiagnose zwischen der Dissoziativen Identitätsstörung und einer Reihe **anderer psychischer Störungen** wie **Schizophrenie** und **andere Psychotische Störungen, Bipolare Störung, Mit Rapid Cycling, Angststörungen, Somatisierungsstörungen** und **Persönlichkeitsstörungen.** Einige Untersucher glauben, daß die Dissoziative Identitätsstörung bisher zu selten diagnostiziert wurde (z. B. kann das Vorhandensein von mehr als einem dissoziierten Persönlichkeitszustand als Wahn fehlinterpretiert werden, und die Kommunikation von einer Identität zur anderen kann als auditive Halluzination bewertet werden. Beides kann zu einer Verwechslung mit einer Psychotischen Störung führen. Wechsel zwischen verschiedenen Identitätszuständen können für zyklische Affektschwankungen gehalten werden, was zu einer Verwechslung mit einer Bipolaren Störung führen kann). Im Gegensatz dazu befürchten andere Untersucher, daß die Dissoziative Identitätsstörung in Relation zu anderen psychischen Störungen überdiagnostiziert werden könnte, dies vor allem aufgrund des Interesses der Medien an dieser Störung und der Suggestibilität der Betroffenen. Faktoren, die die Diagnose einer Dissoziativen Identitätsstörung unterstützen, sind das Vorhandensein einer klar begrenzten dissoziativen Symptomatik mit plötzlichen Wechseln zwischen den Identitätszuständen, eine reversible Amnesie und hohe Werte bei Messungen von Dissoziation und Hypnotisierbarkeit bei Personen, die keine charakteristischen Zeichen einer anderen psychischen Störung aufweisen.

Die Dissoziative Identitätsstörung muß von der **Simulation** unterschieden werden, vor allem in Situationen, in denen es um einen finanziellen oder forensischen Nutzen geht. Bei der **Vorgetäuschten Störung** gibt es in der Regel ein Muster von hilfesuchendem Verhalten.

Diagnostische Kriterien für 300.14 (F44.81) Dissoziative Identitätsstörung

A. Die Anwesenheit von zwei oder mehr unterscheidbaren Identitäten oder Persönlichkeitszuständen (jeweils mit einem eigenen, relativ überdauernden Muster der Wahrnehmung von, der Beziehung zur und dem Denken über die Umgebung und das Selbst).

Fortsetzung nächste Seite

> Fortsetzung
>
> B. Mindestens zwei dieser Identitäten oder Persönlichkeitszustände übernehmen wiederholt die Kontrolle über das Verhalten der Person.
>
> C. Eine Unfähigkeit, sich an wichtige persönliche Informationen zu erinnern, die zu umfassend ist, um durch gewöhnliche Vergeßlichkeit erklärt zu werden.
>
> D. Die Störung geht nicht auf die direkte körperliche Wirkung einer Substanz (z. B. blackouts oder ungeordnetes Verhalten während einer Alkoholintoxikation) oder eines medizinischen Krankheitsfaktors zurück (z. B. komplex-partielle Anfälle).
>
> **Beachte:** Bei Kindern sind die Symptome nicht durch imaginierte Spielkameraden oder andere Phantasiespiele zu erklären.

300.6 (F48.1) Depersonalisationsstörung

Diagnostische Merkmale

Die Hauptmerkmale der Depersonalisationsstörung sind andauernde oder immer wiederkehrende Episoden von Depersonalisation, charakterisiert durch ein Gefühl des Losgelöstseins oder der Entfremdung vom eigenen Selbst (**Kriterium A**). Die Person kann sich wie ein Roboter fühlen oder als ob sie in einem Traum oder in einem Film leben würde. Möglicherweise empfindet die Person so, als wäre sie ein außenstehender Beobachter der eigenen geistigen Prozesse, des eigenen Körpers oder einzelner Körperteile. Verschiedene Arten von sensorischer Unempfindlichkeit, Mangel an emotionalen Reaktionen und das Gefühl, das eigene Handeln einschließlich der Sprache nicht völlig beherrschen zu können, sind häufig vorhanden. Personen mit einer Depersonalisationsstörung halten eine intakte Realitätsprüfung aufrecht (z. B. das Bewußtsein darüber, daß es sich nur um ein Gefühl handelt und daß sie nicht wirklich ein Roboter sind) (**Kriterium B**). Depersonalisation ist eine häufige Erfahrung, und die Diagnose sollte nur gestellt werden, wenn die Symptome schwer genug sind, um in bedeutsamer Weise Leiden oder Beeinträchtigungen in verschiedenen Funktionsbereichen zu verursachen (**Kriterium C**). Da Depersonalisation ein häufiges Merkmal bei vielen anderen psychischen Störungen ist, sollte die eigenständige Diagnose einer Depersonalisationsstörung nicht gestellt werden, wenn diese ausschließlich im Verlauf einer anderen psychischen Störung auftritt (z. B. Schizophrenie, Panikstörung, Akute Belastungsstörung oder eine andere Dissoziative Störung). Die Störung geht nicht auf die direkte körperliche Wirkung einer Substanz oder eines medizinischen Krankheitsfaktors zurück (**Kriterium D**).

Zugehörige Merkmale und Störungen

Zugehörige Beschreibungsmerkmale und psychische Störungen. Häufig haben Personen mit einer Depersonalisationsstörung Schwierigkeiten, ihre Symptome zu beschreiben, und sie befürchten, daß diese Erlebnisse bedeuten, daß sie „verrückt" seien. Derealisation kann gleichzeitig vorhanden sein und wird als ein Gefühl erlebt, als ob die Umgebung fremd oder unwirklich sei. Die Person kann eine ihr unheimlich erscheinende Veränderung der Größe oder Form von Objekten wahrnehmen (Makropsie oder Mikropsie), und andere Leute können unvertraut oder roboterhaft erscheinen. Andere häufige zugehörige Merkmale sind u. a. Angstsymptome, depressive Symptome, Zwangsgedanken, hypochondrische Befürchtungen und eine Störung im Zeiterleben. In einigen Fällen kann der für die Depersonalisation charakteristische Gefühlsverlust verwechselt werden mit demjenigen bei einer Major Depression, kann aber auch gleichzeitig vorhanden sein. Hypochondrie und Störungen im Zusammenhang mit Psychotropen Substanzen können ebenfalls gemeinsam mit einer Depersonalisationsstörung auftreten. Depersonalisation und Derealisation sind sehr häufig Symptome von Panikattacken. Daher sollte die Diagnose einer Depersonalisationsstörung nur gestellt werden, wenn Depersonalisation und Derealisation nicht ausschließlich während solcher Attacken auftreten.

Zugehörige Laborbefunde. Personen mit einer Depersonalisationsstörung können in standardisierten Tests eine hohe Suggestibilität und eine hohe Fähigkeit zur Dissoziation aufweisen.

Besondere kulturelle Merkmale

Willkürlich herbeigeführte Erfahrungen von Depersonalisation oder Derealisation sind Teil von meditativen und Trance-Praktiken, wie sie in vielen Religionen und Kulturen vorkommen und sollten nicht mit einer Depersonalisationsstörung verwechselt werden.

Prävalenz

Die Lebenszeit-Prävalenz einer Depersonalisationsstörung in der Allgemeinbevölkerung und im klinischen Bereich ist unbekannt. Zu irgendeinem Zeitpunkt in ihrem Leben erleben etwa die Hälfte aller Erwachsenen eine einzelne, kurze Episode von Depersonalisation, der üblicherweise eine schwere Belastung vorausgeht. Eine vorübergehende Erfahrung von Depersonalisation entwickelt sich in ungefähr einem Drittel der Fälle, in denen Personen lebensbedrohlichen Gefahren ausgesetzt sind und bei annähernd 40 % der Patienten, die wegen einer psychischen Störung stationär behandelt werden.

Verlauf

Personen mit einer Depersonalisationsstörung kommen üblicherweise im Erwachsenenalter oder der Jugendzeit in Behandlung, obwohl die Störung unbemerkt im Kindesalter begonnen haben kann. Da die Depersonalisation selten als Beschwerde präsentiert wird, zeigen Personen mit wiederkehrender Depersonalisation oft andere Symptome wie Angst, Panik oder Depression. Episoden von Depersonalisation können sehr kurz sein (Sekunden), können aber auch lange andauern (Jahre). Depersonalisation im Gefolge von lebensbedrohlichen Situationen (z. B. Krieg, schwere Unfälle, Opfer eines Gewaltverbrechens) entwickelt sich üblicherweise plötzlich bei Einsetzen des Traumas. Der Verlauf kann chronisch sein, gekennzeichnet durch Remissionen und Exazerbationen. Meist treten die Exazerbationen im Zusammenhang mit tatsächlichen oder so wahrgenommenen Belastungsereignissen auf.

Differentialdiagnose

Die Depersonalisationsstörung muß von **Symptomen unterschieden werden, die auf die körperliche Folge eines bestimmten medizinischen Krankheitsfaktors** zurückgehen (z. B.

Epilepsie) (siehe S. 210). Diese Unterscheidung basiert auf Anamnese, Laborbefunden oder körperlicher Untersuchung. **Depersonalisation, die durch die direkte körperliche Wirkung einer Substanz verursacht ist**, wird von einer Depersonalisationsstörung dadurch unterschieden, daß eine Substanz (z. B. eine Droge oder ein Medikament) als ursächlich für die Depersonalisation angesehen wird (siehe S. 239). Eine **akute Intoxikation** oder der **Entzug** von Alkohol und einer Vielzahl weiterer Substanzen kann zu einer Depersonalisation führen. Auf der anderen Seite kann eine Substanzeinnahme die Symptome einer bereits bestehenden Depersonalisationsstörung intensivieren. Daher sollte für die exakte Diagnosestellung einer Depersonalisationsstörung bei Personen mit einer Vorgeschichte einer alkohol- oder substanzinduzierten Depersonalisation der Längsschnitt-Verlauf des Substanzmißbrauchs und der Depersonalisationssymptome berücksichtigt werden.

Die Depersonalisationsstörung sollte nicht als eigenständige Diagnose gestellt werden, wenn die Symptome nur im Verlauf einer Panikattacke auftreten, die Teil einer **Panikstörung, einer Sozialen** oder **Spezifischen Phobie** oder einer **Posttraumatischen** oder **Akuten Belastungsstörung** ist. Im Gegensatz zur **Schizophrenie** wird bei einer Depersonalisationsstörung eine intakte Realitätsprüfung aufrechterhalten. Der Gefühlsverlust, der mit einer Depersonalisation verbunden ist (z. B. emotionale Starre), kann wie bei einer **Depression** erscheinen. Allerdings ist die Gefühllosigkeit bei Personen mit einer Depersonalisationsstörung mit anderen Erscheinungsmerkmalen verknüpft (z. B. ein Empfinden des Losgelöstseins vom eigenen Selbst) und tritt auch auf, wenn die Person nicht depressiv ist.

Diagnostische Kriterien für 300.6 (F48.1) Depersonalisationsstörung

A. Andauernde oder wiederkehrende Erfahrungen, sich von den eigenen geistigen Prozessen oder vom eigenen Körper losgelöst oder sich wie ein außenstehender Beobachter der eigenen geistigen Prozesse oder des eigenen Körpers zu fühlen (z. B. sich fühlen, als sei man in einem Traum).

B. Während der Depersonalisationserfahrung bleibt die Realitätsprüfung intakt.

C. Die Depersonalisation verursacht in klinisch bedeutsamer Weise Leiden oder Beeinträchtigungen in sozialen, beruflichen oder anderen wichtigen Funktionsbereichen.

D. Das Depersonalisationserleben tritt nicht ausschließlich im Verlauf einer anderen psychischen Störung auf wie Schizophrenie, Panikstörung, Akute Belastungsstörung oder eine andere Dissoziative Störung, und geht nicht auf die direkte körperliche Wirkung einer Substanz (z. B. Droge, Medikament) oder eines medizinischen Krankheitsfaktors zurück (z. B. Temporallappen-Epilepsie).

300.15 (F44.9) Nicht Näher Bezeichnete Dissoziative Störung

Diese Kategorie ist für Störungen gedacht, bei denen das vorherrschende Merkmal ein dissoziatives Symptom ist (d. h. eine Unterbrechung von integrativen Funktionen des Bewußtseins, des Gedächtnisses, der Identität oder der Wahrnehmung der Umgebung), das nicht die Kriterien für irgendeine spezifische Dissoziative Störung erfüllt. Beispiele sind u. a.:
1. Fälle, die einer Dissoziativen Identitätsstörung ähneln, die jedoch nicht sämtliche Kriterien für diese Störung erfüllen. Beispiele sind a) es existieren nicht zwei oder mehr abgrenzbare

Persönlichkeitszustände oder b) Amnesie für wichtige persönliche Informationen tritt nicht auf.
2. Derealisation bei Erwachsenen, die nicht von Depersonalisation begleitet wird.
3. Zustände von Dissoziation bei Personen, die einem langen und intensiven Prozeß von Zwangsmaßnahmen zur Veränderung von Einstellungen ausgesetzt waren (z. B. „Gehirnwäsche", Gedankenbeeinflussung oder Indoktrination in Gefangenschaft).
4. Dissoziative Trance-Störung (F44.3): einzelne oder wiederkehrende Störungen des Bewußtseins, der Identität oder des Gedächtnisses, die in bestimmten Gebieten oder Kulturen verbreitet sind. Dissoziative Trance beinhaltet eine eingeschränkte Bewußtheit von unmittelbaren Umgebungsbedingungen oder stereotypes Verhalten oder Bewegungen, die erfahren werden als seien sie außerhalb der eigenen Kontrolle. Besessenheitstrance beinhaltet das Ersetzen der normalen Erfahrung persönlicher Identität durch eine neue Identität, die auf den Einfluß eines Geistes, einer Macht, einer Gottheit oder einer anderen Person zurückgeführt wird und mit stereotypen „unwillkürlichen" Bewegungen oder Amnesie verbunden ist. Beispiele sind *Amok* (Indonesien), *Bebainan* (Indonesien), *Latah* (Malaysia), *Pibloktoq* (Arktis), *Ataque de nervios* (Lateinamerika) und Besessenheit (Indien). Die Dissoziative oder Trance-Störung ist kein normaler Teil akzeptierter kollektiver, kultureller oder religiöser Praktiken (siehe S. 816 für Vorgeschlagene Forschungskriterien).
5. Bewußtseinsverlust, Stupor oder Koma, die nicht auf eine körperliche Erkrankung zurückgeführt werden können.
6. Ganser-Syndrom (F44.80): das Geben von annäherungsweise richtigen Antworten auf Fragen (z. B. „2 plus 2 ist 5"), wenn dies nicht mit einer Dissoziativen Amnesie oder Dissoziativen Fugue einhergeht.

Sexuelle und Geschlechtsidentitätsstörungen

Dieser Abschnitt beinhaltet die Sexuellen Funktionsstörungen, die Paraphilien und die Geschlechtsidentitätsstörungen. Die **Sexuellen Funktionsstörungen** sind gekennzeichnet durch eine Auffälligkeit des sexuellen Verlangens und der psychophysiologischen Veränderungen, die den sexuellen Reaktionszyklus charakterisieren und die deutliches Leiden und zwischenmenschliche Schwierigkeiten verursachen. Zu den Sexuellen Funktionsstörungen gehören Störungen der Sexuellen Appetenz (d. h. Störung mit Verminderter Sexueller Appetenz, Störung mit Sexueller Aversion), Störungen der Sexuellen Erregung (d. h. Störung der Sexuellen Erregung bei der Frau, Erektionsstörung beim Mann), Orgasmusstörungen (d. h. Weibliche Orgasmusstörung, Männliche Orgasmusstörung, Ejaculatio Praecox), Störungen mit Sexuell Bedingten Schmerzen (d. h. Dyspareunie, Vaginismus), Sexuelle Funktionsstörungen Aufgrund eines Medizinischen Krankheitsfaktors, Substanzinduzierte Sexuelle Funktionsstörungen und Nicht Näher Bezeichnete Sexuelle Funktionsstörungen.

Die **Paraphilien** sind gekennzeichnet durch wiederkehrende intensive sexuell dranghafte Bedürfnisse, Phantasien oder Verhaltensweisen, die sich auf ungewöhnliche Objekte, Aktivitäten oder Situationen beziehen, und verursachen in klinisch bedeutsamer Weise Leiden oder Beeinträchtigungen in sozialen, beruflichen oder anderen wichtigen Funktionsbereichen. Zu den Paraphilien gehören Exhibitionismus, Fetischismus, Frotteurismus, Pädophilie, Sexueller Masochismus, Sexueller Sadismus, Transvestitischer Fetischismus, Voyeurismus und Nicht Näher Bezeichnete Paraphilie.

Geschlechtsidentitätsstörungen sind gekennzeichnet durch ein starkes und anhaltendes Zugehörigkeitsgefühl zum anderen Geschlecht, verbunden mit einem dauerhaften Unbehagen im eigenen Geburtsgeschlecht.

Die **Nicht Näher Bezeichnete Sexuelle Störung** wurde aufgenommen, um Störungen der sexuellen Funktionsweise codieren zu können, die mit den anderen spezifischen Kategorien nicht klassifizierbar sind. Es ist wichtig darauf hinzuweisen, daß Ansichten über Devianz, Standards der sexuellen Interaktion und Konzepte über die angemessene Geschlechtsrolle kulturabhängig variieren können.

Sexuelle Funktionsstörungen

Eine Sexuelle Funktionsstörung ist gekennzeichnet durch ein Störungsbild im Ablauf des sexuellen Reaktionszyklus oder durch Schmerzen im Zusammenhang mit Geschlechtsverkehr. Der sexuelle Reaktionszyklus kann in folgende Phasen eingeteilt werden:
1. *Appetenz*: Diese Phase besteht in Phantasien über sexuelle Aktivitäten und einem Verlangen, sich sexuell zu betätigen.

Berater der deutschen Ausgabe:
Prof. Dr. Dr. Klaus M. Beier, Berlin
Prof. Dr. Henning Saß, Aachen

Übersetzer:
Prof. Dr. Dr. Klaus M. Beier, Berlin
Dr. Hartmut A. G. Bosinski, Kiel

2. *Erregung*: Diese Phase besteht in einem subjektiven Gefühl sexueller Lust und den begleitenden physiologischen Veränderungen. Die wichtigsten Veränderungen betreffen beim Mann das Anschwellen und die Erektion des Penis, bei der Frau die Vasokongestion im Becken, die vaginale Lubrikation und Erweiterung sowie ein Anschwellen der äußeren Genitalien.
3. *Orgasmus*: Diese Phase besteht in einem Höhepunkt der sexuellen Lust mit Lösung der sexuellen Spannung und rhythmischer Kontraktion der perinealen Muskulatur sowie der Reproduktionsorgane. Beim Mann entsteht das Gefühl der Unvermeidbarkeit einer Ejakulation, welchem der Samenerguß folgt. Bei der Frau kommt es zu subjektiv nicht immer wahrgenommenen Kontraktionen des äußeren Drittels der Vaginalwand. Bei beiden Geschlechtern kommt es zu rhythmischen Kontraktionen des M. sphincter ani.
4. *Entspannung*: Diese Phase besteht in einem Gefühl muskulärer Entspannung und allgemeinen Wohlbefindens. In dieser Phase kommt es bei Männern zu einer unterschiedlich lang anhaltenden physiologisch bedingten Refraktärzeit, in der weder erneute Erektion noch Orgasmus möglich sind. Im Gegensatz dazu können Frauen fast unmittelbar auf weitere Stimulation reagieren.

Störungen der sexuellen Reaktionen können in einer oder mehreren dieser Phasen auftreten. Sofern mehr als eine Sexuelle Funktionsstörung vorliegt, werden alle codiert. Die diagnostischen Kriterien enthalten keine Spezifizierung der minimalen Häufigkeit oder der Variationsbreite von Bedingungsgefüge oder Art und Weise sexueller Handlungen oder Kontakte, in denen die sexuelle Funktionsstörung auftreten muß. Dies muß vom Untersucher unter Berücksichtigung solcher Faktoren wie Lebensalter und Erfahrung der Person, Häufigkeit und Dauer des Symptoms, subjektives Leiden und Wirkung auf andere Funktionsbereiche beurteilt werden. Die Bezeichnungen „anhaltend oder wiederkehrend" in den diagnostischen Kriterien weisen auf die Notwendigkeit einer solchen klinischen Beurteilung hin. Wenn die sexuelle Stimulation entweder hinsichtlich des Fokus, der Intensität oder der Dauer inadäquat ist, wird die Diagnose Sexuelle Funktionsstörung mit Beeinträchtigung der Erregung oder des Orgasmus nicht gestellt.

Subtypen

Subtypen sind vorgesehen, um den Beginn, den Kontext sowie ätiologische Faktoren von Sexuellen Funktionsstörungen bestimmen zu können. Liegen mehrere Sexuelle Funktionsstörungen vor, können die entsprechenden Subtypen für jede einzelne aufgezeichnet werden. Diese Subtypen beziehen sich nicht auf die Diagnose einer Sexuellen Funktionsstörung Aufgrund eines Medizinischen Krankheitsfaktors oder einer Substanzinduzierten Sexuellen Funktionsstörung.

Einer der folgenden Subtypen kann genutzt werden, um die Art des Beginns der Sexuellen Funktionsstörung zu bezeichnen:
— **Lebenslanger Typus.** Dieser Subtypus wird angewendet, wenn die sexuelle Funktionsstörung mit Beginn der sexuellen Funktionsfähigkeit aufgetreten ist.
— **Erworbener Typus.** Dieser Subtypus wird nur angewendet, wenn die sexuelle Funktionsstörung sich nach einer Zeit normaler Funktionsfähigkeit entwickelt hat.

Einer der folgenden Subtypen kann genutzt werden, um den Kontext zu bezeichnen, in dem die Sexuelle Funktionsstörung auftritt:

- **Generalisierter Typus.** Dieser Subtypus wird angewendet, wenn die sexuelle Funktionsstörung nicht begrenzt ist auf bestimmte Situationen, Partner oder Arten der Stimulation.
- **Situativer Typus.** Dieser Subtypus wird angewendet, wenn die sexuelle Funktionsstörung nur in bestimmten Situationen, bei bestimmten Partnern oder Arten der Stimulation auftritt. Obgleich in den meisten Fällen die Funktionsstörungen während der sexuellen Aktivität mit einem Partner auftreten, kann es in manchen Fällen auch zweckmäßig sein, Funktionsstörungen zu erfassen, die bei der Masturbation auftreten.

Einer der folgenden Subtypen kann genutzt werden, um die ätiologischen Faktoren der Sexuellen Funktionsstörung zu bezeichnen:
- **Aufgrund Psychischer Faktoren.** Dieser Subtypus wird angewendet, wenn psychische Faktoren als hauptsächlich maßgeblich angesehen werden für den Beginn, die Schwere, Exazerbation oder die Aufrechterhaltung einer Sexuellen Funktionsstörung und medizinische Krankheitsfaktoren sowie Substanzen keine Rolle in der Ätiologie der Sexuellen Funktionsstörungen spielen.
- **Aufgrund Kombinierter Faktoren.** Dieser Subtypus wird angewendet, wenn 1. psychische Faktoren für den Beginn, die Schwere, Exazerbation oder Aufrechterhaltung der Sexuellen Funktionsstörung eine Rolle spielen, und 2. ein medizinischer Krankheitsfaktor oder Substanzgebrauch ebenfalls dazu beitragen, aber die Funktionsstörung hierdurch nicht ausreichend erklärt werden kann. Wenn ein medizinischer Krankheitsfaktor oder Substanzgebrauch (einschließlich der Nebenwirkungen von Medikamenten) die Sexuelle Funktionsstörung ausreichend erklären können, wird eine Sexuelle Funktionsstörung Aufgrund eines Medizinischen Krankheitsfaktors (siehe S. 584) und/oder Substanzinduzierte Sexuelle Funktionsstörung (siehe S. 588) diagnostiziert.

Besondere kulturelle, Alters- und Geschlechtsmerkmale

Die klinische Beurteilung, ob eine Sexuelle Funktionsstörung vorliegt, sollte die ethnische, kulturelle und religiöse Zugehörigkeit der Person sowie auch ihren sozialen Hintergrund berücksichtigen, weil diese das sexuelle Verlangen, die Erwartungen und Einstellungen bezüglich der Ausgestaltung von Sexualität beeinflussen können. So wird beispielsweise in manchen Gesellschaften dem sexuellen Verlangen der Frau kaum Bedeutung beigemessen, insbesondere dann, wenn Fertilität als deren wichtigste Aufgabe angesehen wird. Der Altersprozeß kann mit einer Abnahme der sexuellen Interessen und der sexuellen Funktionsfähigkeit (insbesondere bei Männern) verbunden sein, jedoch bestehen bezüglich des Alterseffektes große individuelle Unterschiede.

Prävalenz

Es gibt nur wenige systematische epidemiologische Daten über die Prävalenz der verschiedenen Sexuellen Funktionsstörungen und diese zeigen eine außerordentlich große Variabilität, möglicherweise als Ausdruck unterschiedlicher diagnostischer Verfahren, der verwendeten Definitionen und der Charakteristika der einbezogenen Stichproben.

Differentialdiagnose

Wenn die Sexuelle Funktionsstörung als ausschließlich durch die körperliche Wirkung eines bestimmten medizinischen Krankheitsfaktors verursacht angesehen wird, so lautet die Diagnose **Sexuelle Funktionsstörung Aufgrund eines Medizinischen Krankheitsfaktors** (siehe S. 584). Diese Bestimmung basiert auf der Vorgeschichte, den Laborbefunden oder der körperlichen Untersuchung. Wird die Sexuelle Funktionsstörung als ausschließlich durch die körperliche Wirkung einer Droge, eines Medikaments oder der Exposition gegenüber einem Toxin verursacht angesehen, wird die Diagnose einer **Substanzinduzierten Sexuellen Funktionsstörung** gestellt (siehe S. 588). Der Untersucher sollte sich sorgfältig über Art und Ausmaß des Substanzgebrauches, einschließlich Medikamente, Aufschluß verschaffen. Symptome, die während oder kurz nach (d. h. innerhalb der darauf folgenden 4 Wochen) einer Substanzintoxikation oder einem Medikamentengebrauch auftreten, können besonders auf eine Substanzinduzierte Sexuelle Funktionsstörung hinweisen, abhängig vom Typ oder der Menge der benutzten Substanz sowie der Anwendungsdauer.

Wenn der Untersucher zu dem Schluß gekommen ist, daß die sexuelle Funktionsstörung sowohl aufgrund eines medizinischen Krankheitsfaktors als auch durch Substanzgebrauch entstanden ist, können beide Diagnosen (also Sexuelle Funktionsstörung Aufgrund eines Medizinischen Krankheitsfaktors und Substanzinduzierte Sexuelle Funktionsstörung) gegeben werden. Die Hauptdiagnose einer Sexuellen Funktionsstörung mit dem Subtypus **Aufgrund Kombinierter Faktoren** wird dann gestellt, wenn eine Kombination aus psychischen Faktoren mit entweder einem medizinischen Krankheitsfaktor oder einer Substanz als ätiologisch bedeutsam angesehen wird und nur einer der genannten ätiologischen Faktoren nicht ausreichen würde, um die Funktionsstörung zu erklären. Wenn der Untersucher die ätiologische Rolle psychischer Faktoren, eines medizinischen Krankheitsfaktors und eines Substanzgebrauches nicht bestimmen kann, wird die Diagnose **Nicht Näher Bezeichnete Sexuelle Funktionsstörung** gegeben.

Wenn eine andere Störung auf Achse I die Funktionsstörung besser erklärt (z. B. wenn eine Verminderung sexuellen Verlangens ausschließlich im Zusammenhang mit einer Episode einer Major Depression auftritt), sollte keine sexuelle Funktionsstörung diagnostiziert werden. Wenn allerdings die Störung der sexuellen Funktionsfähigkeit der Störung auf Achse I vorausging oder wenn sie für sich allein genommen klinische Relevanz aufweist, kann die zusätzliche Diagnose einer Sexuellen Funktionsstörung gegeben werden. Häufig tritt eine Sexuelle Funktionsstörung (z. B. Störung der Sexuellen Erregung) gemeinsam mit anderen Sexuellen Funktionsstörungen auf (z. B. Störung mit Verminderter Sexueller Appetenz). In solchen Fällen sollten alle Diagnosen gestellt werden. Eine **Persönlichkeitsstörung** kann gleichzeitig mit einer Sexuellen Funktionsstörung bestehen. In derartigen Fällen ist die sexuelle Funktionsstörung auf Achse I zu codieren und die Persönlichkeitsstörung auf Achse II. Wenn andere klinische Auffälligkeiten, wie etwa **Zwischenmenschliche Probleme**, mit der Störung sexueller Funktionen verbunden sind, sollte die Sexuelle Funktionsstörung diagnostiziert und die andere klinische Auffälligkeit ebenfalls auf der Achse I eingetragen werden. Gelegentliche Schwierigkeiten mit der sexuellen Appetenz, der Erregung oder dem Orgasmus, die nicht anhaltend oder wiederkehrend auftreten oder die nicht mit ausgeprägtem Leiden oder einer Beeinträchtigung zwischenmenschlicher Beziehungen verbunden sind, gelten nicht als Sexuelle Funktionsstörungen.

Störungen der Sexuellen Appetenz

302.71 (F52.0) Störung mit Verminderter Sexueller Appetenz

Diagnostische Merkmale

Das Hauptmerkmal einer Störung mit Verminderter Sexueller Appetenz ist ein Mangel oder Fehlen sexueller Phantasien und sexuellen Verlangens (**Kriterium A**). Die Störung muß deutliches Leiden oder zwischenmenschliche Schwierigkeiten verursachen (**Kriterium B**). Die Funktionsstörung kann nicht besser durch eine andere Störung auf Achse I (ausgenommen einer anderen Sexuellen Funktionsstörung) erklärt werden und geht nicht ausschließlich auf die direkte körperliche Wirkung einer Substanz (einschließlich Medikamente) oder eines medizinischen Krankheitsfaktors zurück (**Kriterium C**). Geringe sexuelle Appetenz kann global sein und alle Formen sexueller Betätigung einschließen, oder kann situativ und begrenzt auf einen einzigen Partner oder eine spezielle sexuelle Aktivität (z. B. Geschlechtsverkehr, aber nicht Masturbation) sein. Es besteht eine geringe Motivation zum Aufsuchen von Stimuli und eine nur geringe Frustration, wenn keine Gelegenheit für sexuelle Aktivität besteht. Die Person übernimmt gewöhnlich nicht die Initiative für eine sexuelle Aktivität oder nimmt nur widerwillig daran teil, wenn diese vom Partner initiiert wird. Obwohl die Häufigkeit sexueller Erfahrungen in der Regel gering ist, kann Druck durch den Partner oder durch nicht-sexuelle Bedürfnisse (z. B. nach körperlichem Behagen und Nähe) zu einer Zunahme der Häufigkeit sexueller Begegnungen führen. Aufgrund des Mangels an normativen alters- und geschlechtsbezogenen Daten zur Häufigkeit und dem Ausmaß sexueller Appetenz, ist die Diagnose angewiesen auf die klinische Beurteilung, die auf den Charakteristika der Person, den zwischenmenschlichen Gegebenheiten, dem Lebenskontext und der kulturellen Einbindung basiert. Möglicherweise muß der Untersucher beide Partner beurteilen, wenn Diskrepanzen der sexuellen Appetenz Grund für die Konsultation sind. Anscheinend „geringe Appetenz" des einen Partners kann vielmehr einen übermäßigen Wunsch nach sexueller Betätigung des anderen Partners widerspiegeln. Oder aber beide Partner haben ein Niveau sexueller Appetenz innerhalb der normalen Variationsbreite, aber an verschiedenen Enden des Kontinuums.

Subtypen

Subtypen sind vorgesehen, um den Beginn (**Lebenslang** oder **Erworben**), den Kontext (**Generalisiert** oder **Situativ**) sowie ätiologische Faktoren (**Aufgrund Psychischer Faktoren, Aufgrund Kombinierter Faktoren**) für die Störung mit Verminderter Sexueller Appetenz zu bestimmen (siehe hierzu die Erläuterungen auf S. 560).

Zugehörige Merkmale und Störungen

Geringes sexuelles Interesse ist häufig verbunden mit Schwierigkeiten der sexuellen Erregung oder des Orgasmus. Der Mangel an sexueller Appetenz kann die primäre Funktionsstörung darstellen oder eine Folge emotionalen Leidens sein, welches durch Störungen der Erregungs- oder Orgasmusfähigkeit ausgelöst wurde. Bei einigen Personen mit geringer sexueller Appetenz bleibt die Fähigkeit zu ausreichender sexueller Erregung und Orgasmus als Reaktion auf sexuelle Stimulierung erhalten. Medizinische Krankheitsfaktoren können aufgrund von Schwäche, Schmerzen, Schwierigkeiten mit der eigenen Körperlichkeit oder Sorgen um das Überleben unspezifische beeinträchtigende Auswirkungen auf die sexuelle Appetenz haben. Depressive Störungen sind häufig mit geringer sexueller Appetenz verbunden, und der Beginn einer Depression kann dem Mangel sexueller Appetenz vorausgehen, gleichzeitig damit auftreten oder diesem folgen. Personen, die unter einer Störung mit Verminderter Sexueller Appetenz leiden, können Schwierigkeiten haben, stabile sexuelle Beziehungen auszubilden, und es kann zur Unzufriedenheit innerhalb von oder zum Auseinanderbrechen von ehelichen Beziehungen kommen.

Verlauf

Die lebenslange Form der Störung mit Verminderter Sexueller Appetenz beginnt in der Pubertät. Häufiger entwickelt sich die Störung im Erwachsenenalter im Anschluß an eine Phase adäquaten sexuellen Interesses im Zusammenhang mit psychischem Leiden, kritischen Lebensereignissen oder zwischenmenschlichen Schwierigkeiten. Der Verlust sexueller Appetenz kann kontinuierlich oder episodisch sein, abhängig von psychosozialen oder Beziehungsfaktoren. Ein episodisches Muster des Verlustes von sexueller Appetenz findet sich bei manchen Personen, die Schwierigkeiten im Umgang mit Intimität und damit verbundenen Erwartungsvorstellungen haben.

Differentialdiagnose

Eine Störung mit Verminderter Sexueller Appetenz muß unterschieden werden von einer **Sexuellen Funktionsstörung Aufgrund eines Medizinischen Krankheitsfaktors**. Wenn die Funktionsstörung als ausschließlich durch die körperliche Wirkung eines bestimmten medizinischen Krankheitsfaktors verursacht angesehen wird, so wäre die angemessene Diagnose Sexuelle Funktionsstörung Aufgrund eines Medizinischen Krankheitsfaktors (siehe S. 584). Diese Bestimmung basiert auf der Vorgeschichte, den Laborbefunden oder der körperlichen Untersuchung. Bestimmte medizinische Krankheitsfaktoren wie etwa neurologische, hormonelle oder Stoffwechselstörungen können in spezifischer Weise die physiologischen Substrate der sexuellen Appetenz stören. Abweichungen des gesamten und bioverfügbaren Testosterons und Prolaktins können hormonelle Störungen anzeigen, die für den Verlust der sexuellen Appetenz verantwortlich sind. Wenn sowohl eine Störung mit Verminderter Sexueller Appetenz als auch ein medizinischer Krankheitsfaktor gegeben sind, aber die sexuelle Funktionsstörung nicht ausschließlich als auf die körperliche Wirkung eines medizinischen Krankheitsfaktors zurückgehend angesehen wird, dann wird die Diagnose Störung mit Verminderter Sexueller Appetenz Aufgrund Kombinierter Faktoren gestellt.

Im Unterschied zur Störung mit Verminderter Sexueller Appetenz wird eine **Substanzinduzierte Sexuelle Funktionsstörung** diagnostiziert, wenn die Funktionsstörung als ausschließlich auf die direkte körperliche Wirkung einer Substanz zurückgehend angesehen wird (z. B. antihypertensives Medikament, Droge) (siehe S. 588). Wenn sowohl eine Störung mit Verminderter Sexueller Appetenz als auch Substanzgebrauch gegeben sind, man aber zu dem Urteil kommt, daß die sexuelle Funktionsstörung nicht ausschließlich auf die direkte körperliche Wirkung des Substanzgebrauches zurückgeht, dann muß die Diagnose Störung mit Verminderter Sexueller Appetenz Aufgrund Kombinierter Faktoren gestellt werden. Wenn die geringe sexuelle Appetenz als ausschließlich auf die körperliche Wirkung sowohl eines medizinischen Krankheitsfaktors als auch eines Substanzgebrauchs zurückgehend angesehen wird, wird sowohl die Diagnose Sexuelle Funktionsstörung Aufgrund eines Medizinischen Krankheitsfaktors als auch Substanzinduzierte Sexuelle Funktionsstörung gestellt.

Eine Störung mit Verminderter Sexueller Appetenz kann auch in Verbindung mit einer anderen Sexuellen Funktionsstörung auftreten (z. B. einer Erektionsstörung beim Mann). Wenn dies der Fall ist, sollten beide Diagnosen festgehalten werden. Die zusätzliche Diagnose einer Störung mit Verminderter Sexueller Appetenz wird in der Regel nicht gestellt, wenn die geringe sexuelle Appetenz besser durch eine **andere Störung auf Achse I** (z. B. eine Major Depression, Zwangsstörung, Posttraumatische Belastungsstörung) erklärt werden kann. Die zusätzliche Diagnose kann angemessen sein, wenn die geringe Appetenz der Störung auf Achse I vorausgeht oder für sich allein genommen klinische Beachtung rechtfertigt. **Gelegentliche Probleme mit der sexuellen Appetenz**, die nicht anhaltend oder wiederkehrend auftreten oder nicht mit deutlichem Leiden oder zwischenmenschlichen Schwierigkeiten einhergehen, sind nicht als Störung mit Verminderter Sexueller Appetenz anzusehen.

**Diagnostische Kriterien für 302.71 (F52.0)
Störung mit Verminderter Sexueller Appetenz**

A. Anhaltender oder wiederkehrender Mangel an (oder Fehlen von) sexuellen Phantasien und des Verlangens nach sexueller Aktivität. Der Untersucher beurteilt den Mangel oder das Fehlen unter Berücksichtigung von Faktoren, die die sexuelle Funktionsfähigkeit beeinflussen, wie Lebensalter und Lebensumstände der Person.

B. Das Störungsbild verursacht deutliches Leiden oder zwischenmenschliche Schwierigkeiten.

C. Die sexuelle Funktionsstörung kann nicht besser durch eine andere Störung auf Achse I (ausgenommen eine andere Sexuelle Funktionsstörung) erklärt werden und geht nicht ausschließlich auf die direkte körperliche Wirkung einer Substanz (z. B. Droge, Medikament) oder eines medizinischen Krankheitsfaktors zurück.

Bestimme den Typus:
**Lebenslanger Typus,
Erworbener Typus.**

Bestimme den Typus:
**Generalisierter Typus,
Situativer Typus.**

Bestimme:
**Aufgrund Psychischer Faktoren,
Aufgrund Kombinierter Faktoren.**

302.79 (F52.10) Störung mit Sexueller Aversion

Diagnostische Merkmale

Das Hauptmerkmal der Störung mit Sexueller Aversion ist die Aversion gegenüber oder die aktive Vermeidung genitalen Kontaktes mit einem Sexualpartner (**Kriterium A**). Das Störungsbild muß deutliches Leiden oder zwischenmenschliche Schwierigkeiten verursachen (**Kriterium B**).

Die Funktionsstörung kann nicht besser durch eine andere Störung auf Achse I (ausgenommen eine andere sexuelle Funktionsstörung) erklärt werden (**Kriterium C**). Die Person berichtet über Angst, Furcht oder Ekel, wenn sie mit der Möglichkeit zu sexueller Aktivität mit einem Partner konfrontiert wird. Die Aversion gegen genitalen Kontakt kann sich auf einen bestimmten Aspekt der sexuellen Erfahrung beziehen (z. B. genitale Sekretionen, vaginale Penetration). Manche Personen empfinden eine generalisierte Abscheu gegenüber allen sexuellen Stimuli einschließlich Küssen und Berührungen. Die Intensität der individuellen Reaktion gegenüber dem aversiv empfundenen Stimulus kann von mäßiger Angst und dem Fehlen jeder Lust bis zu extremem psychischen Leiden reichen.

Subtypen

Subtypen sind vorgesehen, um den Beginn (**Lebenslang** oder **Erworben**), den Kontext (**Generalisiert** oder **Situativ**) sowie ätiologische Faktoren (**Aufgrund Psychischer Faktoren, Aufgrund Kombinierter Faktoren**) für die Störung mit Sexueller Aversion zu bestimmen (siehe hierzu die Erläuterungen auf S. 560).

Zugehörige Merkmale und Störungen

Manche Personen, die unter einer schweren Störung mit Sexueller Aversion leiden, können, wenn sie mit sexuellen Situationen konfrontiert werden, Panikattacken mit extremer Angst, Gefühlen des Schreckens, der Ohnmacht, Übelkeit, Herzklopfen, Schwindel und Atembeschwerden erleben. Es können deutliche Störungen der zwischenmenschlichen Beziehungen bestehen (z. B. eheliche Unzufriedenheit). Die Personen können sexuelle Situationen oder mögliche Sexualpartner durch verdeckte Strategien vermeiden (z. B. frühes Zubettgehen, Reisen, das Vernachlässigen der äußeren Erscheinung, Substanzgebrauch, Über-Engagement in beruflichen, sozialen oder familiären Aktivitäten).

Differentialdiagnose

Eine Störung mit Sexueller Aversion kann auch in Verbindung mit anderen Sexuellen Funktionsstörungen (z. B. Dyspareunie) auftreten. Wenn dies der Fall ist, sollten beide Diagnosen festgehalten werden. Eine zusätzliche Diagnose einer Störung mit Sexueller Aversion wird in der Regel nicht gestellt, wenn die sexuelle Aversion besser durch eine **andere Störung auf Achse I** (z. B. Major Depression, Zwangsstörung, Posttraumatische Belastungsstörung) erklärt werden kann. Die zusätzliche Diagnose kann gegeben werden, wenn die Aversion der Störung auf Achse I vorausgeht oder für sich allein genommen klinische Beachtung rechtfertigt. Obwohl die sexuelle Aversion genau genommen die Kriterien einer **Spezifischen Phobie** erfüllen kann, wird diese zusätzliche Diagnose nicht gegeben. **Gelegentliche sexuelle Aversion**, die nicht anhaltend oder wiederkehrend auftritt oder nicht mit deutlichem Leiden oder zwischenmenschlichen Schwierigkeiten einhergeht, ist nicht als Störung mit Sexueller Aversion anzusehen.

Diagnostische Kriterien für 302.79 (F52.10) Störung mit Sexueller Aversion

A. Anhaltende oder wiederkehrende extreme Aversion gegenüber und Vermeidung von jeglichem (oder fast jeglichem) genitalen Kontakt mit einem Sexualpartner.

B. Das Störungsbild verursacht deutliches Leiden oder zwischenmenschliche Schwierigkeiten.

C. Die sexuelle Funktionsstörung kann nicht besser durch eine andere Störung auf Achse I (ausgenommen eine andere Sexuelle Funktionsstörung) erklärt werden.

Bestimme den Typus:
Lebenslanger Typus,
Erworbener Typus.

Bestimme den Typus:
Generalisierter Typus,
Situativer Typus.

Bestimme:
Aufgrund Psychischer Faktoren,
Aufgrund Kombinierter Faktoren.

Störungen der Sexuellen Erregung

302.72 (F52.2) Störung der Sexuellen Erregung bei der Frau

Diagnostische Merkmale

Das Hauptmerkmal der Störung der Sexuellen Erregung bei der Frau ist eine anhaltende oder wiederkehrende Unfähigkeit, eine adäquate Lubrikation und ein Anschwellen der äußeren Genitalien bei sexueller Erregung zu erlangen oder bis zur Beendigung der sexuellen Aktivität aufrecht zu erhalten (**Kriterium A**). Die physiologische Reaktion auf Erregung besteht in einer Vasokongestion im Becken, der vaginalen Lubrikation und Erweiterung sowie einem Anschwellen der äußeren Genitalien. Das Störungsbild muß deutliches Leiden oder zwischenmenschliche Schwierigkeiten verursachen (**Kriterium B**). Die Funktionsstörung kann nicht besser durch eine andere Störung auf Achse I (ausgenommen einer anderen Sexuellen Funktionsstörung) erklärt werden und geht nicht ausschließlich auf die direkte körperliche Wirkung einer Substanz (einschließlich Medikamente) oder eines medizinischen Krankheitsfaktors zurück (**Kriterium C**).

Subtypen

Subtypen sind vorgesehen, um den Beginn (**Lebenslang** oder **Erworben**), den Kontext (**Generalisiert** oder **Situativ**) sowie ätiologische Faktoren (**Aufgrund Psychischer Faktoren, Aufgrund Kombinierter Faktoren**) für die Störung der Sexuellen Erregung bei der Frau zu bestimmen (siehe hierzu die Erläuterungen auf Seite 560).

Zugehörige Merkmale und Störungen

Einige Daten deuten darauf hin, daß die Störung der Sexuellen Erregung bei der Frau häufig begleitet ist von Störung der Sexuellen Appetenz und Weiblicher Orgasmusstörung. Eine Störung der Sexuellen Erregung bei der Frau kann zu geringem oder gar keinem subjektiven Empfinden von sexueller Erregung führen. Die Störung kann zu schmerzhaftem Geschlechtsverkehr, einer Vermeidung sexueller Situationen und einer Beeinträchtigung von ehelichen oder sexuellen Beziehungen führen.

Differentialdiagnose

Die Störung der Sexuellen Erregung bei der Frau muß von einer **Sexuellen Funktionsstörung Aufgrund eines Medizinischen Krankheitsfaktors** unterschieden werden. Wenn die Sexuelle Funktionsstörung als ausschließlich auf die körperliche Wirkung eines bestimmten medizinischen Krankheitsfaktors zurückgehend angesehen wird (z. B. Reduktion des Östrogenspiegels in der Meno- oder Postmenopause, atrophische Vaginitis, Diabetes mellitus, Strahlentherapie im Becken) (siehe S. 584), so wäre die angemessene Diagnose Sexuelle Funktionsstörung Aufgrund eines Medizinischen Krankheitsfaktors. Eine verminderte Lubrikation ist auch in Verbindung mit der Laktation berichtet worden. Die Beurteilung basiert auf der Vorgeschichte, den Laborbefunden oder der körperlichen Untersuchung. Wenn sowohl eine Störung der Sexuellen Erregung der Frau als auch ein medizinischer Krankheitsfaktor gegeben sind, aber die sexuelle Funktionsstörung als nicht ausschließlich auf die direkte körperliche Wirkung eines medizinischen Krankheitsfaktors zurückgehend angesehen wird, wird die Diagnose Störung der Sexuellen Erregung der Frau Aufgrund Kombinierter Faktoren gestellt.

Im Unterschied zur Störung der Sexuellen Erregung der Frau wird eine **Substanzinduzierte Sexuelle Funktionsstörung** diagnostiziert, wenn die Funktionsstörung als ausschließlich auf die direkte körperliche Wirkung einer Substanz zurückgehend angesehen wird (z. B. verminderte Lubrikation aufgrund von Antihypertensiva oder Antihistaminika) (siehe S. 588). Wenn sowohl eine Störung der Sexuellen Erregung bei der Frau als auch Substanzgebrauch gegeben sind, aber die sexuelle Funktionsstörung nicht als ausschließlich auf die direkte körperliche Wirkung des Substanzgebrauches zurückgehend angesehen wird, dann muß die Diagnose Störung der Sexuellen Erregung bei der Frau Aufgrund Kombinierter Faktoren gestellt werden.

Wenn die Schwierigkeiten der sexuellen Erregung als ausschließlich auf die körperliche Wirkung sowohl eines medizinischen Krankheitsfaktors als auch eines Substanzgebrauchs zurückgehend angesehen werden, wird sowohl die Diagnose Sexuelle Funktionsstörung Aufgrund eines Medizinischen Krankheitsfaktors als auch Substanzinduzierte Sexuelle Funktionsstörung gestellt.

Eine Störung der Sexuellen Erregung bei der Frau kann auch in Verbindung mit einer anderen Sexuellen Funktionsstörung auftreten (z. B. Weibliche Orgasmusstörung). Wenn dies der Fall ist, sollten beide Diagnosen festgehalten werden. Die zusätzliche Diagnose einer Störung der Sexuellen Erregung bei der Frau wird in der Regel nicht gestellt, wenn die Schwierigkeiten der sexuellen Erregung besser durch eine **andere Störung auf Achse I** (z. B. Major Depression, Zwangsstörung, Posttraumatische Belastungsstörung) erklärt werden können. Die zusätzliche Diagnose kann angemessen sein, wenn die Schwierigkeiten der sexuellen Erregung der Störung auf Achse I vorausgehen oder für sich allein genommen klinische Relevanz aufweisen. **Gelegentliche Schwierigkeiten bei der sexuellen Erregung,** die nicht anhaltend oder wiederkehrend auftreten und nicht mit deutlichem Leiden oder zwischenmenschlichen Schwierigkeiten verbunden sind, werden nicht als Störung der Sexuellen Erregung bei der Frau angesehen. Die Diagnose Störung der Sexuellen Erregung bei der Frau ist ebenso nicht angemessen, falls die Erregungsschwierigkeiten auf eine in Intensität, Dauer und Art ungeeignete sexuelle Stimulierung zurückgehen.

**Diagnostische Kriterien für 302.72 (F52.2)
Störung der Sexuellen Erregung bei der Frau**

A. Anhaltende oder wiederkehrende Unfähigkeit, Lubrikation und Anschwellung der äußeren Genitale als Zeichen genitaler Erregung zu erlangen oder bis zur Beendigung der sexuellen Aktivität aufrecht zu erhalten.

B. Das Störungsbild verursacht deutliches Leiden oder zwischenmenschliche Schwierigkeiten.

C. Die sexuelle Funktionsstörung kann nicht besser durch eine andere Störung auf Achse I (ausgenommen eine andere Sexuelle Funktionsstörung) erklärt werden und geht nicht ausschließlich auf die direkte körperliche Wirkung einer Substanz (z. B. Droge, Medikament) oder eines medizinischen Krankheitsfaktors zurück.

Bestimme den Typus:
Lebenslanger Typus,
Erworbener Typus.

Bestimme den Typus:
Generalisierter Typus,
Situativer Typus.

Bestimme:
Aufgrund Psychischer Faktoren,
Aufgrund Kombinierter Faktoren.

302.72 (F52.2) Erektionsstörung beim Mann

Diagnostische Merkmale

Das Hauptmerkmal der Erektionsstörung beim Mann ist eine anhaltende oder wiederkehrende Unfähigkeit, eine adäquate Erektion zu erreichen oder bis zur Beendigung der sexuellen Aktivität aufrecht zu erhalten (**Kriterium A**). Das Störungsbild muß deutliches Leiden oder zwischenmenschliche Schwierigkeiten verursachen (**Kriterium B**). Die Funktionsstörung kann nicht besser durch eine andere Störung auf Achse I (ausgenommen einer anderen Sexuellen Funktionsstörung) erklärt werden und geht nicht ausschließlich auf die direkte körperliche Wirkung einer Substanz (einschließlich Medikamente) oder eines medizinischen Krankheitsfaktors zurück (**Kriterium C**).

Es gibt verschiedene Formen von Erektionsstörungen. Manche Personen berichten, daß die Unfähigkeit, eine Erektion zu erlangen, bereits zu Beginn eines sexuellen Kontaktes auftritt. Andere wiederum beklagen, daß nach anfänglich vollständiger Erektion die Tumeszenz zurückgehe, wenn sie eine Penetration versuchen würden. Wieder andere geben an, daß die Erektion zunächst auch für die Penetration ausreiche, die Tumeszenz dann aber vor oder während der Aufnahme koitaler Stoßbewegungen zurückgehe. Manche Männer berichten, daß sie eine Erektion nur während der Selbstbefriedigung oder beim Aufwachen erreichen können. Auch durch Masturbation erzeugte Erektionen können zurückgehen, aber dies ist nicht häufig.

Subtypen

Subtypen sind vorgesehen, um den Beginn (**Lebenslang** oder **Erworben**), den Kontext (**Generalisiert** oder **Situativ**) sowie ätiologische Faktoren (**Aufgrund Psychischer Faktoren, Aufgrund Kombinierter Faktoren**) für die Erektionsstörung beim Mann zu bestimmen (siehe hierzu die Erläuterungen auf S. 560).

Zugehörige Merkmale und Störungen

Die Erektionsschwierigkeiten bei der Erektionsstörung beim Mann sind häufig verbunden mit sexueller Angst, Versagensangst, Sorgen hinsichtlich der sexuellen Interaktion sowie mit einem abnehmenden subjektiven Gefühl sexueller Befriedigung und Lust. Eine Erektionsstörung kann zum Scheitern bestehender ehelicher oder sexueller Beziehungen führen und der Grund für den Nicht-Vollzug der Ehe und Infertilität sein. Diese Störung kann mit einer Störung mit Verminderter Sexueller Appetenz sowie mit einer Ejaculatio Praecox einhergehen. Personen mit Affektiven Störungen und Störungen im Zusammenhang mit Psychotropen Substanzen berichten häufig über Probleme mit der sexuellen Erregung.

Verlauf

Die verschiedenen Formen der Erektionsstörung beim Mann zeigen unterschiedliche Verläufe, wobei insbesondere das Alter bei Beginn der Störung deutlich variiert. Die wenigen Personen, bei denen noch niemals die Qualität der Erektion ausreiche, um eine sexuelle Aktivität mit einem Partner abzuschließen, zeigen typischerweise einen chronischen, lebenslangen Verlauf der Störung. Der erworbene Verlaufstypus kann hingegen in 15–30 % der Fälle spontan remittieren. Situativ auftretende Erektionsstörungen können vom Partnertyp oder der Intensität oder der Qualität der Beziehung abhängen und sind episodisch und häufig wiederkehrend.

Differentialdiagnose

Die Erektionsstörung beim Mann muß unterschieden werden von einer **Sexuellen Funktionsstörung Aufgrund eines Medizinischen Krankheitsfaktors**. Wenn die sexuelle Funktionsstörung als ausschließlich auf die körperliche Wirkung eines bestimmten medizinischen Krankheitsfaktors (z. B. Diabetes mellitus, multiple Sklerose, Nierenversagen, periphere Neuropathie, periphere Gefäßerkrankung, Rückenmarksverletzung, Verletzung des autonomen Nervensystems durch chirurgische Eingriffe oder Strahlentherapie) (siehe S. 584) zurückgehend angesehen wird, so wäre die angemessene Diagnose Sexuelle Funktionsstörung Aufgrund eines Medizinischen Krankheitsfaktors. Die Bestimmung basiert auf der Vorgeschichte (z. B. ungenügende Gliedversteifung bei der Masturbation), den Laborbefunden oder der körperlichen Untersuchung. Messungen der nächtlichen penilen Tumeszenz können zeigen, ob Erektionen während des Schlafes auftreten und helfen, zwischen primärer Erektionsstörung und einer Erektionsstörung beim Mann Aufgrund eines Medizinischen Krankheitsfaktors zu unterscheiden. Untersuchungen des penilen Blutdrucks, Pulswellenbestimmung oder Dopplersonographie können einen vaskulär bedingten Verlust der Erektionsfähigkeit anzeigen. Invasive Untersuchungsverfahren wie der pharmakologische Schwellkörper-Injektionstest oder eine Angiographie können Störungen der arteriellen Strömungsverhältnisse aufzeigen. Eine Kavernosographie ermöglicht Aussagen über die venöse Gefäßsituation. Wenn sowohl eine Erektionsstörung beim Mann als auch ein medizinischer Krankheitsfaktor gegeben sind, aber die sexuelle Funktionsstörung als nicht ausschließlich auf die körperliche Wirkung eines medizinischen Krankheitsfaktors zurückgehend angesehen wird, dann wird die Diagnose Erektionsstörung beim Mann Aufgrund Kombinierter Faktoren gestellt.

Eine **Substanzinduzierte Sexuelle Funktionsstörung** wird von der Erektionsstörung beim Mann durch die Tatsache unterschieden, daß jene als ausschließlich auf die direkte körperliche Wirkung einer Substanz zurückgehend angesehen wird (z. B. durch Antihypertensiva, Antidepressiva, Neuroleptika, Drogen) (siehe S. 588). Wenn sowohl eine Erektionsstörung beim Mann als auch Substanzgebrauch gegeben sind, aber die erektile Funktionsstörung nicht als ausschließlich auf die direkte körperliche Wirkung des Substanzgebrauches zurückgehend angesehen wird, dann muß die Diagnose Erektionsstörung beim Mann Aufgrund Kombinierter Faktoren gestellt werden.

Wenn die Schwierigkeiten der sexuellen Erregung als ausschließlich auf die körperliche Wirkung sowohl eines medizinischen Krankheitsfaktors als auch eines Substanzgebrauchs zurückgehend angesehen werden, soll sowohl die Diagnose Sexuelle Funktionsstörung Aufgrund eines Medizinischen Krankheitsfaktors als auch Substanzinduzierte Sexuelle Funktionsstörung gestellt werden.

Eine Erektionsstörung beim Mann kann zudem in Verbindung mit einer anderen Sexuellen Funktionsstörung auftreten (z. B. Ejaculatio Praecox). Wenn dies der Fall ist, sollten beide Diagnosen festgehalten werden. Die zusätzliche Diagnose einer Erektionsstörung beim Mann wird in der Regel nicht gestellt, wenn die Schwierigkeiten der sexuellen Erregung besser durch eine **andere Störung auf Achse I** (z. B. Major Depression, Zwangsstörung) erklärt werden können. Die zusätzliche Diagnose kann angemessen sein, wenn die erektilen Schwierigkeiten der Störung auf Achse I vorausgehen oder für sich allein genommen klinische Relevanz aufweisen. **Gelegentliche Schwierigkeiten bei der Erektion**, die nicht anhaltend oder wiederkehrend auftreten und nicht mit deutlichem Leiden oder zwischenmenschlichen Schwierigkeiten verbunden sind, sollten nicht als Erektionsstörung beim Mann angesehen werden. Die Diagnose Erektionsstörung beim Mann ist ebenso nicht angemessen, wenn die

Erektionsstörung auf eine in Intensität, Dauer und Art ungeeignete sexuelle Stimulierung zurückgehen. Ältere Männer benötigen möglicherweise eine stärkere Stimulierung und mehr Zeit, um zu einer ausreichenden Erektion zu gelangen. Diese physiologischen Veränderungen sollten nicht als Erektionsstörung beim Mann angesehen werden.

> **Diagnostische Kriterien für 302.72 (F52.2) Erektionsstörung beim Mann**
>
> A. Anhaltende oder wiederkehrende Unfähigkeit, eine adäquate Erektion zu erlangen oder bis zur Beendigung der sexuellen Aktivität aufrecht zu erhalten.
>
> B. Das Störungsbild verursacht deutliches Leiden oder zwischenmenschliche Schwierigkeiten.
>
> C. Die sexuelle Funktionsstörung kann nicht besser durch eine andere Störung auf Achse I (ausgenommen eine andere Sexuelle Funktionsstörung) erklärt werden und geht nicht ausschließlich auf die direkte körperliche Wirkung einer Substanz (z. B. Droge, Medikament) oder eines medizinischen Krankheitsfaktors zurück.
>
> *Bestimme* den Typus:
> **Lebenslanger Typus,**
> **Erworbener Typus.**
>
> *Bestimme* den Typus:
> **Generalisierter Typus,**
> **Situativer Typus.**
>
> *Bestimme*:
> **Aufgrund Psychischer Faktoren,**
> **Aufgrund Kombinierter Faktoren.**

Orgasmusstörungen

302.73 (F52.3) Weibliche Orgasmusstörung (*vormals* Gehemmter Orgasmus bei der Frau)

Diagnostische Merkmale

Das Hauptmerkmal der Weiblichen Orgasmusstörung ist eine anhaltende oder wiederkehrende Verzögerung oder ein Fehlen des Orgasmus nach einer normalen sexuellen Erregungsphase (**Kriterium A**). Frauen zeigen eine große Variabilität hinsichtlich Art oder Intensität der Stimulation, die zum Orgasmus führt. Die Diagnose einer Weiblichen Orgasmusstörung sollte auf der klinischen Einschätzung basieren, daß die Orgasmusfähigkeit der betreffenden Frau geringer ist als für ihr Alter, ihre sexuellen Erfahrungen und die Art der vorangegangenen sexuellen Stimulation zu erwarten wäre. Das Störungsbild muß deutliches Leiden oder zwischenmenschliche Schwierigkeiten verursachen (**Kriterium B**). Die Funktionsstörung kann nicht besser durch eine andere Störung auf Achse I (ausgenommen einer anderen Sexuellen Funktionsstörung) erklärt werden und geht nicht ausschließlich auf die direkte körperliche Wirkung einer Substanz (einschließlich Medikamente) oder eines medizinischen Krankheitsfaktors zurück (**Kriterium C**).

Subtypen

Subtypen sind vorgesehen, um den Beginn (**Lebenslang** oder **Erworben**), den Kontext (**Generalisiert** oder **Situativ**) sowie ätiologische Faktoren (**Aufgrund Psychischer Faktoren, Aufgrund Kombinierter Faktoren**) für die Weibliche Orgasmusstörung zu bestimmen (siehe hierzu die Erläuterungen auf S. 560).

Zugehörige Merkmale und Störungen

Es konnten keine Zusammenhänge zwischen spezifischen Mustern von Persönlichkeitszügen oder psychopathologischen Auffälligkeiten und Orgasmusstörungen bei Frauen gefunden werden. Die Weibliche Orgasmusstörung kann sich auf das Gefühl für die eigene Körperlichkeit, das Selbstwertgefühl oder die Zufriedenheit in einer Beziehung auswirken. Kontrollierte Studien haben gezeigt, daß die Orgasmusfähigkeit nicht mit der Scheidengröße oder der Stärke der Beckenbodenmuskulatur korreliert. Obwohl Frauen mit Rückenmarksläsionen, Entfernung der Scheide oder vaginaler Exzision und Rekonstruktion berichtet haben, einen Orgasmus erreichen zu können, sind Orgasmusstörungen bei Frauen mit den genannten Erkrankungen die Regel. Allgemein scheinen jedoch chronische medizinische Krankheitsfaktoren wie Diabetes oder Krebserkrankungen im Beckenraum die Erregungsphase im sexuellen Reaktionszyklus zu beeinträchtigen, wobei aber die Orgasmusfähigkeit relativ intakt bleibt.

Verlauf

Weil die Orgasmusfähigkeit bei Frauen mit dem Alter ansteigt, kann die Weibliche Orgasmusstörung bei jungen Frauen häufiger sein. Die meisten Weiblichen Orgasmusstörungen treten eher lebenslang als erworben auf. Wenn eine Frau einmal gelernt hat, wie sie zum Höhepunkt kommen kann, dann ist es ungewöhnlich, daß sie diese Fähigkeit wieder verliert, wenn nicht die sexuelle Kommunikation verarmt oder ein Beziehungskonflikt, eine traumatische Erfahrung (z. B. Vergewaltigung), eine Affektive Störung oder ein medizinischer Krankheitsfaktor auftritt. Wenn die Orgasmusstörung ausschließlich in bestimmten Situationen vorkommt, dann sind oft auch Schwierigkeiten der sexuellen Appetenz und der sexuellen Erregung zusätzlich zur Orgasmusstörung gegeben. Bei vielen Frauen steigt die Orgasmusfähigkeit, wenn sie Erfahrungen mit verschiedenen Möglichkeiten der Stimulation gemacht haben und mehr Wissen über ihren eigenen Körper erlangt haben.

Differentialdiagnose

Eine weibliche Orgasmusstörung muß unterschieden werden von einer **Sexuellen Funktionsstörung Aufgrund eines Medizinischen Krankheitsfaktors**. Wenn die sexuelle Funktionsstörung als ausschließlich auf die körperliche Wirkung eines bestimmten medizinischen Krankheitsfaktors zurückgehend angesehen wird, so wäre die angemessene Diagnose Sexuelle Funktionsstörung Aufgrund eines Medizinischen Krankheitsfaktors (z. B. Rückenmarksläsion) (siehe S. 584).

Diese Bestimmung basiert auf der Vorgeschichte, den Laborbefunden oder der körperlichen Untersuchung. Wenn sowohl eine Weibliche Orgasmusstörung als auch ein medizinischer Krankheitsfaktor gegeben sind, aber die sexuelle Funktionsstörung als nicht ausschließlich auf die körperliche Wirkung eines medizinischen Krankheitsfaktors zurückgehend angesehen wird, dann sollte die Diagnose Weibliche Orgasmusstörung Aufgrund Kombinierter Faktoren gestellt werden.

Im Unterschied zur Weiblichen Orgasmusstörung wird eine **Substanzinduzierte Sexuelle Funktionsstörung** diagnostiziert, wenn die Funktionsstörung als ausschließlich auf die direkte körperliche Wirkung einer Substanz zurückgehend angesehen wird (z. B. Antidepressiva, Benzodiazepine, Neuroleptika, Antihypertensiva, Opiate) (siehe S. 588). Wenn sowohl eine Weibliche Orgasmusstörung als auch Substanzgebrauch gegeben sind, aber die sexuelle Funktionsstörung als nicht ausschließlich auf die direkte körperliche Wirkung des Substanzgebrauchs zurückgehend angesehen wird, dann muß die Diagnose Weibliche Orgasmusstörung Aufgrund Kombinierter Faktoren gestellt werden.

Wenn die sexuelle Funktionsstörung als ausschließlich auf die direkte körperliche Wirkung sowohl eines medizinischen Krankheitsfaktors als auch eines Substanzgebrauchs zurückgehend angesehen wird, sollte sowohl die Diagnose Sexuelle Funktionsstörung Aufgrund eines Medizinischen Krankheitsfaktors als auch Substanzinduzierte Sexuelle Funktionsstörung gestellt werden.

Eine Weibliche Orgasmusstörung kann zudem in Verbindung mit einer anderen Sexuellen Funktionsstörung auftreten (z. B. einer Störung der Sexuellen Erregung bei der Frau). Wenn dies der Fall ist, sollten beide Diagnosen festgehalten werden. Die zusätzliche Diagnose einer Weiblichen Orgasmusstörung wird in der Regel nicht gestellt, wenn die Orgasmusschwierigkeiten besser durch eine **andere Störung auf Achse I** (z. B. eine Major Depression) erklärt werden können. Die zusätzliche Diagnose kann angemessen sein, wenn die Orgasmusstörung der Störung auf Achse I vorausgeht oder aber für sich allein genommen klinische Relevanz aufweist. **Gelegentliche Orgasmusprobleme**, die nicht anhaltend oder wiederkehrend auftreten oder nicht mit deutlichem Leiden oder zwischenmenschlichen Schwierigkeiten verbunden sind, werden nicht als Weibliche Orgasmusstörung angesehen. Die Diagnose Weibliche Orgasmusstörung ist ebenso nicht angemessen, wenn die Orgasmusschwierigkeiten auf eine in Intensität, Dauer und Art ungeeignete sexuelle Stimulierung zurückgehen.

Diagnostische Kriterien für 302.73 (F52.3) Weibliche Orgasmusstörung

A. Eine anhaltende oder wiederkehrende Verzögerung oder ein Fehlen des Orgasmus nach einer normalen sexuellen Erregungsphase. Frauen zeigen eine große Variabilität hinsichtlich Art oder Intensität der Stimulation, die zum Orgasmus führt. Die Diagnose einer Weiblichen Orgasmusstörung sollte auf der klinischen Einschätzung basieren, daß die Orgasmusfähigkeit der betreffenden Frau geringer ist als für ihr Alter, ihre sexuellen Erfahrungen und die Art der vorangegangenen sexuellen Stimulation zu erwarten wäre.

B. Das Störungsbild verursacht deutliches Leiden oder zwischenmenschliche Schwierigkeiten.

Fortsetzung nächste Seite

Fortsetzung

C. Die Orgasmusstörung kann nicht besser durch eine andere Störung auf Achse I (ausgenommen eine andere Sexuelle Funktionsstörung) erklärt werden und geht nicht ausschließlich auf die direkte körperliche Wirkung einer Substanz (z. B. Droge, Medikament) oder eines medizinischen Krankheitsfaktors zurück.

Bestimme den Typus:
Lebenslanger Typus,
Erworbener Typus.

Bestimme den Typus:
Generalisierter Typus,
Situativer Typus.

Bestimme:
Aufgrund Psychischer Faktoren,
Aufgrund Kombinierter Faktoren.

302.74 (F52.3) Männliche Orgasmusstörung (*vormals* Gehemmter Orgasmus beim Mann)

Diagnostische Merkmale

Das Hauptmerkmal einer Männlichen Orgasmusstörung ist eine anhaltende oder wiederkehrende Verzögerung oder ein Fehlen des Orgasmus nach einer normalen sexuellen Erregungsphase. Für die Einschätzung, ob der Orgasmus verzögert auftritt, sollte der Untersucher das Alter der Person berücksichtigen und inwieweit die sexuelle Stimulierung hinsichtlich Intensität, Dauer und Art ausreichend gewesen ist (**Kriterium A**). Das Störungsbild muß deutliches Leiden oder zwischenmenschliche Schwierigkeiten verursachen (**Kriterium B**). Die Funktionsstörung kann nicht besser durch eine andere Störung auf Achse I (ausgenommen eine andere Sexuelle Funktionsstörung) erklärt werden und geht nicht ausschließlich auf die direkte körperliche Wirkung einer Substanz (einschließlich Medikamente) oder eines medizinischen Krankheitsfaktors zurück (**Kriterium C**). Bei der häufigsten Form der Männlichen Orgasmusstörung kann der Mann den Orgasmus nicht während des Geschlechtsverkehrs erreichen, obwohl manuelle oder orale Stimulierung durch den Partner zur Ejakulation führen kann. Einige Männer mit Männlicher Orgasmusstörung können koital zum Orgasmus gelangen, aber nur nach einer sehr ausgedehnten und intensiven nicht-koitalen Stimulierung. Einige können ausschließlich bei der Masturbation ejakulieren. Eine noch kleinere Untergruppe hat den Orgasmus ausschließlich beim Erwachen aus einem erotischen Traum erlebt.

Subtypen

Subtypen sind vorgesehen, um den Beginn (**Lebenslang** oder **Erworben**), den Kontext (**Generalisiert** oder **Situativ**) sowie ätiologische Faktoren (**Aufgrund Psychischer Faktoren, Aufgrund Kombinierter Faktoren**) für die Männliche Orgasmusstörung zu bestimmen (siehe hierzu die Erläuterungen auf S. 560).

Zugehörige Merkmale und Störungen

Viele koital anorgastische Männer geben an, am Anfang einer sexuellen Interaktion noch erregende Gefühle zu haben, aber dann die koitalen Stoßbewegungen zunehmend mehr als Pflicht denn als Lust zu empfinden. Ein Muster paraphiler sexueller Erregung kann vorkommen. Wenn der Mann seine Schwierigkeiten, einen koitalen Orgasmus zu erlangen, vor seiner Frau verbirgt, kann es bei dem Paar zu einer Infertilität unbekannter Ursache kommen. Das Störungsbild kann auch zu Problemen innerhalb bestehender ehelicher oder sexueller Beziehungen führen. Männer können üblicherweise zum Höhepunkt gelangen, auch wenn vaskuläre oder neurologische Faktoren die Rigidität des Penis beeinflussen. Sowohl das Orgasmusgefühl als auch die Kontraktionsfähigkeit der quergestreiften Beckenmuskulatur beim Orgasmus bleiben intakt bei Männern, denen im Rahmen von Radikaloperationen bei Krebserkrankungen im Bereich des Beckens Prostata und Samenbläschen entfernt wurden. Zu einem Orgasmus kann es auch kommen, ohne daß eine Ejakulation auftritt (z. B. bei Schädigungen der sympathischen Ganglien durch chirurgische Eingriffe oder als Folge einer Neuropathie des autonomen Nervensystems).

Differentialdiagnose

Die Männliche Orgasmusstörung muß unterschieden werden von einer **Sexuellen Funktionsstörung Aufgrund eines Medizinischen Krankheitsfaktors**. Wenn die Sexuelle Funktionsstörung als ausschließlich auf die direkte körperliche Wirkung eines bestimmten medizinischen Krankheitsfaktors zurückgehend angesehen wird, so wäre die angemessene Diagnose Sexuelle Funktionsstörung Aufgrund eines Medizinischen Krankheitsfaktors (z. B. Hyperprolaktinämie) (siehe S. 584). Diese Bestimmung basiert auf der Vorgeschichte, den Laborbefunden oder der körperlichen Untersuchung. Eine Prüfung der sensorischen Schwellenwerte kann Hinweise geben auf eine reduzierte Empfindsamkeit der Haut des Penis aufgrund neurologischer Faktoren (z. B. traumatische Rückenmarksläsionen, sensorische Neuropathien). Wenn sowohl eine Männliche Orgasmusstörung als auch ein medizinischer Krankheitsfaktor gegeben sind, aber die sexuelle Funktionsstörung als nicht ausschließlich auf die körperliche Wirkung des medizinischen Krankheitsfaktors zurückgehend angesehen wird, dann sollte die Diagnose Männliche Orgasmusstörung Aufgrund Kombinierter Faktoren gestellt werden.

Im Unterschied zur Männlichen Orgasmusstörung wird eine **Substanzinduzierte Sexuelle Funktionsstörung** diagnostiziert, wenn die Funktionsstörung ausschließlich auf die direkte körperliche Wirkung einer Substanz zurückgehend angesehen wird (z. B. Alkohol, Opiate, Antihypertensiva, Antidepressiva, Neuroleptika) (siehe S. 588). Wenn sowohl eine Männliche Orgasmusstörung als auch Substanzgebrauch gegeben sind, aber die sexuelle Funktionsstörung als nicht ausschließlich auf direkte körperliche Wirkung des Substanzgebrauchs zurückgehend angesehen wird, dann muß die Diagnose Männliche Orgasmusstörung Aufgrund Kombinierter Faktoren gestellt werden.

Wenn die Orgasmusstörung als ausschließlich auf die direkte körperliche Wirkung sowohl eines medizinischen Krankheitsfaktors als auch eines Substanzgebrauchs zurückgehend angesehen wird, sollte sowohl die Diagnose Sexuelle Funktionsstörung Aufgrund eines Medizinischen Krankheitsfaktors als auch Substanzinduzierte Sexuelle Funktionsstörung gestellt werden.

Eine Männliche Orgasmusstörung kann zudem in Verbindung mit einer anderen Sexuellen Funktionsstörung auftreten (z. B. einer Erektionsstörung beim Mann). Wenn dies der Fall ist, sollten beide Diagnosen festgehalten werden. Die zusätzliche Diagnose einer Männlichen Orgasmusstörung wird in der Regel nicht gestellt, wenn die Orgasmusschwierigkeiten besser durch eine **andere Störung auf Achse I** (z. B. eine Major Depression) erklärt werden können. Die zusätzliche Diagnose kann angemessen sein, wenn die Orgasmusstörung der Störung auf Achse I vorausgeht oder aber für sich allein genommen klinische Relevanz aufweist. Verschiedene Formen von Sexuellen Funktionsstörungen (z. B. Ejakulation ohne lustvolles Orgasmusgefühl, Orgasmus ohne Samenerguß oder mit einer matt-sickernden anstelle einer spritzenden Ejakulation) sollten als **Nicht Näher Bezeichnete Sexuelle Funktionsstörung** diagnostiziert werden und nicht als Männliche Orgasmusstörung.

Gelegentliche Schwierigkeiten zum Orgasmus zu gelangen, die nicht anhaltend oder wiederkehrend auftreten und nicht mit deutlichem Leiden oder zwischenmenschlichen Schwierigkeiten verbunden sind, werden nicht als Männliche Orgasmusstörung angesehen. Mit zunehmendem Alter kann für Männer eine längere Dauer der Stimulierung erforderlich sein, um zum Orgasmus zu gelangen. Der Untersucher muß darüber hinaus ermitteln, ob die Stimulation zur Herbeiführung des Orgasmus geeignet war.

Diagnostische Kriterien für 302.74 (F52.3) Männliche Orgasmusstörung

A. Eine anhaltende oder wiederkehrende Verzögerung oder ein Fehlen des Orgasmus nach einer normalen sexuellen Erregungsphase während einer sexuellen Aktivität, die der Untersucher unter Berücksichtigung des Lebensalters der Person hinsichtlich Intensität, Dauer und Art als adäquat ansieht.

B. Das Störungsbild verursacht deutliches Leiden oder zwischenmenschliche Schwierigkeiten.

C. Die Orgasmusstörung kann nicht besser durch eine andere Störung auf Achse I (ausgenommen eine andere Sexuelle Funktionsstörung) erklärt werden und geht nicht ausschließlich auf die direkte körperliche Wirkung einer Substanz (z. B. Droge, Medikament) oder eines medizinischen Krankheitsfaktors zurück.

Bestimme den Typus:
Lebenslanger Typus,
Erworbener Typus.

Bestimme den Typus:
Generalisierter Typus,
Situativer Typus.

Bestimme:
Aufgrund Psychischer Faktoren,
Aufgrund Kombinierter Faktoren.

302.75 (F52.4) Ejaculatio Praecox

Diagnostische Merkmale

Das Hauptmerkmal einer Ejaculatio Praecox ist ein anhaltendes oder wiederkehrendes Einsetzen des Orgasmus und der Ejakulation bereits bei minimaler sexueller Stimulation vor, bei oder kurz nach der Penetration und bevor die Person es wünscht (**Kriterium A**). Der Untersucher muß Faktoren berücksichtigen, welche die Länge der Erregungsphase beeinflussen, wie etwa das Alter des Betroffenen, die Unvertrautheit mit dem Sexualpartner oder mit der Situation sowie die aktuelle Häufigkeit sexueller Aktivitäten. Die Mehrheit der Männer mit dieser Störung können den Orgasmus während der Selbstbefriedigung erkennbar länger herauszögern als während des Koitus. Die Einschätzung der Partner über die Dauer der sexuellen Aktivität von ihrem Beginn bis zur Ejakulation sowie auch ihre Ansicht darüber, ob die Ejaculatio Praecox ein Problem darstellt, kann außerordentlich unterschiedlich ausfallen. Das Störungsbild muß mit deutlichem Leiden oder zwischenmenschlichen Schwierigkeiten verbunden sein (**Kriterium B**). Die Ejaculatio Praecox geht nicht ausschließlich auf die direkte Wirkung einer Substanz (z. B. Opiatentzug) zurück (**Kriterium C**).

Subtypen

Subtypen sind vorgesehen, um den Beginn (**Lebenslang** oder **Erworben**), den Kontext (**Generalisiert** oder **Situativ**) sowie ätiologische Faktoren (**Aufgrund Psychischer Faktoren, Aufgrund Kombinierter Faktoren**) für die Ejaculatio Praecox zu bestimmen (siehe hierzu die Erläuterungen auf S. 560).

Zugehörige Merkmale und Störungen

Wie andere Sexuelle Funktionsstörungen kann auch die Ejaculatio Praecox zu Spannungen in einer Beziehung führen. Einige unverheiratete Männer zögern, neue Partner zu suchen, weil sie Angst haben, wegen der Störung in Verlegenheit geraten zu können. Dies kann zu einer sozialen Isolation beitragen.

Verlauf

Die Mehrheit der jungen Männer lernen mit zunehmendem Alter und sexueller Erfahrung, den Orgasmus herauszuzögern, aber einige haben weiterhin einen vorzeitigen Samenerguß und suchen dann möglicherweise wegen dieser Schwierigkeiten Hilfe. Einige Männer sind in der Lage, die Ejakulation herauszuzögern, wenn sie sich in einer längerdauernden Partnerschaft befinden, aber die Ejaculatio Praecox tritt dann wieder auf, wenn sie eine neue Partnerin haben. Typischerweise wird die Ejaculatio Praecox bei jungen Männern beobachtet und tritt hier bei den ersten Versuchen koitaler Intimität in Erscheinung. Andererseits gibt es Männer, die ihre Fähigkeit, den Orgasmus zu verzögern, nach einer Phase adäquater sexueller Funktionsweise verlieren. Liegt der Beginn der Störung nach einer Phase adäquater sexueller Funktion, dann zeigt der Lebenszusammenhang oft eine verminderte Häufigkeit sexueller Aktivität, eine starke Angst vor sexuellen Begegnungen mit einer neuen Partnerin oder einen Verlust der Ejakulationskontrolle in Verbindung mit Schwierigkeiten, Erektionen zu erreichen oder aufrecht zu erhalten. Einige Männer, die den regelmäßigen Konsum von Alkohol eingestellt haben, können eine Ejaculatio Praecox entwickeln, weil sie sich auf den Alkohol verlassen haben, um den Orgasmus zu verzögern, anstatt Verhaltensstrategien zu erlernen.

Differentialdiagnose

Die Ejaculatio Praecox muß unterschieden werden von einer **erektilen Funktionsstörung, die sich im Zusammenhang mit einem medizinischen Krankheitsfaktor** entwickelt hat (siehe S. 584). Einige Personen mit einer erektilen Funktionsstörung geben ihre üblichen Strategien der Orgasmuskontrolle auf. Andere benötigen eine verlängerte nicht-koitale Stimulation um ein Ausmaß der Erektion zu erzielen, das zum Einführen ausreicht. Bei diesen Personen kann die sexuelle Erregung so hoch sein, daß die Ejakulation unmittelbar auftritt. **Gelegentliche Schwierigkeiten mit einer Ejaculatio Praecox**, die nicht anhaltend oder wiederkehrend auftreten und nicht mit deutlichem Leiden oder zwischenmenschlichen Schwierigkeiten verbunden sind, reichen nicht aus, um die Diagnose Ejaculatio Praecox zu stellen. Der Untersucher sollte darüber hinaus das Alter der Person, seine gesamte sexuelle Erfahrung, die aktuelle sexuelle Aktivität und Unvertrautheit mit dem Partner berücksichtigen. Wenn Schwierigkeiten mit einer Ejaculatio Praecox ausschließlich aufgrund eines Substanzgebrauches auftreten (z. B. Opiatentzug), kann die Diagnose **Substanzinduzierte Sexuelle Funktionsstörung** gestellt werden (siehe S. 588).

Diagnostische Kriterien für 302.75 (F52.4) Ejaculatio Praecox

A. Anhaltendes oder wiederkehrendes Auftreten einer Ejakulation bei minimaler sexueller Stimulation vor, bei oder kurz nach der Penetration und bevor die Person es wünscht. Der Untersucher muß Faktoren berücksichtigen, welche die Länge der Erregungsphase beeinflussen, wie das Alter des Betroffenen, die Unvertrautheit mit dem Sexualpartner oder mit der Situation sowie die aktuelle Häufigkeit sexueller Aktivitäten.

B. Das Störungsbild verursacht deutliches Leiden oder zwischenmenschliche Schwierigkeiten.

C. Die Ejaculatio Praecox geht nicht ausschließlich auf die direkte Wirkung einer Substanz zurück (z. B. Opiatentzug).

Bestimme den Typus:
Lebenslanger Typus,
Erworbener Typus.

Bestimme den Typus:
Generalisierter Typus,
Situativer Typus.

Bestimme:
Aufgrund Psychischer Faktoren,
Aufgrund Kombinierter Faktoren.

Störungen mit Sexuell Bedingten Schmerzen

302.76 (F52.6) Dyspareunie
(nicht aufgrund eines medizinischen Krankheitsfaktors)

Diagnostische Merkmale

Das Hauptmerkmal der Dyspareunie sind genitale Schmerzen, die mit dem Geschlechtsverkehr einhergehen (**Kriterium A**). Obwohl dies meist während des Koitus erlebt wird, kann es auch vor oder nach dem Geschlechtsverkehr zu Schmerzen kommen. Die Störung kann sowohl bei Männern als auch bei Frauen auftreten. Bei Frauen kann der Schmerz während des Einführens des Penis als oberflächlich und während der penilen Stoßbewegungen als tief beschrieben werden. Die Intensität der Symptome kann von leichtem Unbehagen bis zu starken Schmerzen reichen. Das Störungsbild muß deutliches Leiden oder zwischenmenschliche Schwierigkeiten verursachen (**Kriterium B**). Das Störungsbild ist nicht ausschließlich durch Vaginismus oder eine zu geringe Lubrikation der Scheide verursacht, läßt sich nicht besser durch eine andere Störung auf Achse I (ausgenommen eine andere Sexuelle Funktionsstörung) erklären und geht nicht ausschließlich auf die direkte körperliche Wirkung einer Substanz (z. B. Droge, Medikament) oder eines medizinischen Krankheitsfaktors zurück (**Kriterium C**).

Subtypen

Subtypen sind vorgesehen um den Beginn (**Lebenslang** oder **Erworben**), den Kontext (**Generalisiert** oder **Situativ**) sowie ätiologische Faktoren (**Aufgrund Psychischer Faktoren, Aufgrund Kombinierter Faktoren**) für die Dyspareunie zu bestimmen (siehe hierzu die Erläuterungen auf S. 560).

Zugehörige Merkmale und Störungen

Dyspareunie wird bei psychiatrisch/psychotherapeutischen Konsultationen selten als im Vordergrund stehende Beschwerde genannt. So suchen Personen mit Dyspareunie typischerweise Behandlung im Rahmen von allgemeinmedizinischen Konsultationen. Die körperliche Untersuchung bei Personen mit dieser Störung zeigt üblicherweise keine auffälligen Genitalbefunde. Die wiederholt gemachte Erfahrung von genitalen Schmerzen während des Koitus kann dazu führen, daß sexuelle Aktivitäten vermieden, bestehende sexuelle Beziehungen aufgegeben oder nur noch zurückhaltend neue Partnerschaften gesucht werden.

Verlauf

Die begrenzte Menge verfügbarer Informationen legt die Annahme nahe, daß der Verlauf der Dyspareunie eher chronisch ist.

Differentialdiagnose

Dyspareunie muß unterschieden werden von einer **Sexuellen Funktionsstörung Aufgrund eines Medizinischen Krankheitsfaktors** (siehe S. 584). Wenn die Sexuelle Funktionsstörung als ausschließlich auf die direkte körperliche Wirkung eines bestimmten medizinischen Krankheitsfaktors zurückgehend angesehen wird (z. B. unzureichende Lubrikation der Scheide; pathologische Prozesse im Becken wie vaginale oder Harntraktinfektionen, vaginales Narbengewebe, Endometriose oder Adhäsionen; postmenopausale vaginale Atrophien; temporärer Östrogenmangel während der Laktation; Reizungen oder Entzündungen des Harntraktes; gastrointestinale Krankheitsfaktoren), so wäre die angemessene Diagnose Sexuelle Funktionsstörung Aufgrund eines Medizinischen Krankheitsfaktors. Diese Bestimmung basiert auf der Vorgeschichte, den Laborbefunden oder der körperlichen Untersuchung. Wenn sowohl eine Dyspareunie als auch ein medizinischer Krankheitsfaktor gegeben sind, aber die sexuelle Funktionsstörung als nicht ausschließlich auf die direkte körperliche Wirkung eines medizinischen Krankheitsfaktors zurückgehend angesehen wird, dann ist die Diagnose Dyspareunie Aufgrund Kombinierter Faktoren zu stellen.

Im Unterschied zur Dyspareunie wird eine **Substanzinduzierte Sexuelle Funktionsstörung** diagnostiziert, wenn die Funktionsstörung ausschließlich als auf die direkte körperliche Wirkung einer Substanz zurückgehend angesehen wird (siehe S. 588). Ein schmerzhafter Orgasmus wurde berichtet in Verbindung mit der Einnahme von Fluphenazin, Thioridazin und Amoxapin. Wenn sowohl eine Dyspareunie als auch Substanzgebrauch gegeben sind, aber die sexuelle Funktionsstörung als nicht ausschließlich auf die direkte körperliche Wirkung des Substanzgebrauches zurückgehend angesehen wird, dann muß die Diagnose Dyspareunie Aufgrund Kombinierter Faktoren gestellt werden.

Wenn die sexuell bedingten Schmerzen als ausschließlich auf die direkte körperliche Wirkung sowohl eines medizinischen Krankheitsfaktors als auch auf Substanzgebrauch zurückgehend angesehen werden, soll sowohl die Diagnose Sexuelle Funktionsstörung Aufgrund eines Medizinischen Krankheitsfaktors als auch Substanzinduzierte Sexuelle Funktionsstörung gestellt werden.

Dyspareunie wird nicht diagnostiziert, wenn die Störung ausschließlich verursacht ist durch Vaginismus oder eine zu geringe Lubrikation. Die zusätzliche Diagnose einer Dyspareunie wird in der Regel nicht gestellt, wenn die sexuelle Funktionsstörung besser durch **eine andere Störung auf Achse I** (z. B. eine Somatisierungsstörung) erklärt werden kann. Die zusätzliche Diagnose kann angemessen sein, wenn die sexuell bedingten Schmerzen der Störung auf Achse I vorausgehen oder für sich allein genommen klinische Relevanz aufweisen.

Eine Dyspareunie kann zudem in Verbindung mit einer anderen Sexuellen Funktionsstörung auftreten (ausgenommen Vaginismus), und wenn die Kriterien für beide gegeben sind, sollten auch beide codiert werden. **Gelegentliche beim Geschlechtsverkehr auftretende Schmerzen**, die nicht anhaltend oder wiederkehrend auftreten oder nicht mit deutlichem Leiden oder zwischenmenschlichen Schwierigkeiten verbunden sind, werden nicht als Dyspareunie angesehen.

> **Diagnostische Kriterien für 302.76 (F52.6) Dyspareunie**
>
> A. Wiederkehrende oder anhaltende genitale Schmerzen in Verbindung mit dem Geschlechtsverkehr, entweder bei einem Mann oder bei einer Frau.
>
> B. Das Störungsbild verursacht deutliches Leiden oder zwischenmenschliche Schwierigkeiten.
>
> C. Das Störungsbild ist nicht ausschließlich durch Vaginismus oder eine zu geringe Lubrikation verursacht, läßt sich nicht besser durch eine andere Störung auf Achse I (ausgenommen eine andere Sexuelle Funktionsstörung) erklären und geht nicht ausschließlich auf die direkte körperliche Wirkung einer Substanz (z. B. Droge, Medikament) oder eines medizinischen Krankheitsfaktors zurück.
>
> *Bestimme* den Typus:
> **Lebenslanger Typus,**
> **Erworbener Typus.**
>
> *Bestimme* den Typus:
> **Generalisierter Typus,**
> **Situativer Typus.**
>
> *Bestimme*:
> **Aufgrund Psychischer Faktoren,**
> **Aufgrund Kombinierter Faktoren.**

306.51 (F52.5) Vaginismus (nicht aufgrund eines medizinischen Krankheitsfaktors)

Diagnostische Merkmale

Das Hauptmerkmal des Vaginismus ist eine wiederkehrende oder anhaltende unwillkürliche Kontraktion der perinealen Muskulatur im äußeren Drittel der Vagina, wenn eine vaginale Penetration mit dem Penis, dem Finger, einem Tampon oder einem Spekulum versucht wird (**Kriterium A**). Das Störungsbild muß deutliches Leiden oder zwischenmenschliche Schwierigkeiten verursachen (**Kriterium B**). Das Störungsbild kann nicht besser durch eine andere Störung auf Achse I (ausgenommen eine andere Sexuelle Funktionsstörung) erklärt werden und geht nicht ausschließlich auf die direkte körperliche Wirkung eines medizinischen Krankheitsfaktors zurück (**Kriterium C**). Bei einigen Frauen kann sogar die Erwartung einer vaginalen Einführung zu muskulären Spasmen führen. Die Kontraktion kann von leicht, verbunden mit einer gewissen Verengung und Unbehagen, bis schwer und penetrationsverhindernd reichen.

Subtypen

Subtypen sind vorgesehen, um den Beginn (**Lebenslang** oder **Erworben**), den Kontext (**Generalisiert** oder **Situativ**) sowie ätiologische Faktoren (**Aufgrund Psychischer Faktoren, Aufgrund Kombinierter Faktoren**) für Vaginismus zu bestimmen (siehe hierzu die Erläuterungen auf S. 560).

Zugehörige Merkmale und Störungen

Die sexuellen Reaktionen (z. B. Appetenz, Lust, Orgasmusfähigkeit) können unbeeinträchtigt sein, solange eine Penetration nicht versucht oder erwartet wird. Die körperliche Verengung aufgrund der muskulären Kontraktion verhindert gewöhnlich den Koitus. Dieser Zustand kann deshalb die Ausbildung sexueller Beziehungen begrenzen und zum Abbruch bestehender Partnerschaften führen. Fälle von Ehen ohne vollzogenen Geschlechtsverkehr und Infertilität wurden in Verbindung mit diesem Störungsbild beschrieben. Die Diagnose wird häufig während einer gynäkologischen Routineuntersuchung gestellt, wenn bei der Untersuchung des Beckens offensichtliche Kontraktionen der Vagina auftreten. In manchen Fällen kann die Intensität der Verkrampfung so schwerwiegend oder langdauernd sein, daß Schmerzen entstehen. Andererseits kann Vaginismus bei manchen Frauen nur während sexueller Aktivitäten, nicht aber während einer gynäkologischen Untersuchung auftreten. Das Störungsbild wird häufiger bei jüngeren als bei älteren Frauen beobachtet, bei Frauen mit negativen Einstellungen zur Sexualität und bei Frauen, die früher sexuell mißbraucht oder traumatisiert worden sind.

Verlauf

Ein lebenslang auftretender Vaginismus beginnt gewöhnlich plötzlich und manifestiert sich erstmals während der ersten Versuche vaginaler Penetration durch einen Partner oder während der ersten gynäkologischen Untersuchung. Wenn sich das Störungsbild erst ausgebildet hat, dann ist der Verlauf üblicherweise chronisch, wenn nicht durch eine Behandlung eine Verbesserung herbeigeführt wird. Ein erworbener Vaginismus kann auch plötzlich als Reaktion auf ein sexuelles Trauma oder einen medizinischen Krankheitsfaktor auftreten.

Differentialdiagnose

Vaginismus muß unterschieden werden von einer **Sexuellen Funktionsstörung Aufgrund eines Medizinischen Krankheitsfaktors** (siehe S. 584). Wenn die Funktionsstörung als ausschließlich auf die direkte körperliche Wirkung eines bestimmten medizinischen Krankheitsfaktors zurückgehend angesehen wird (z. B. Endometriose oder vaginale Infektionen), so wäre die angemessene Diagnose Sexuelle Funktionsstörung Aufgrund eines Medizinischen Krankheitsfaktors. Diese Bestimmung basiert auf der Vorgeschichte, den Laborbefunden oder der körperlichen Untersuchung. Vaginismus kann eine verbleibende Schwierigkeit nach der Heilung eines medizinischen Krankheitsfaktors sein. Wenn sowohl Vaginismus als auch ein medizinischer Krankheitsfaktor gegeben sind, aber die vaginalen Spasmen als nicht ausschließlich auf die direkte körperliche Wirkung eines medizinischen Krankheitsfaktors zurückgehend angesehen werden, dann wird die Diagnose Vaginismus Aufgrund Kombinierter Faktoren gestellt.

Vaginismus kann zudem in Verbindung mit einer anderen Sexuellen Funktionsstörung auftreten (z. B. einer Störung mit Verminderter Sexueller Appetenz). Wenn das der Fall ist, sollten auch beide Diagnosen festgehalten werden. Obwohl mit dem Geschlechtsverkehr einhergehende Schmerzen zusammen mit Vaginismus auftreten können, wird die zusätzliche Diagnose **Dyspareunie** nicht gegeben. Die zusätzliche Diagnose Vaginismus wird üblicherweise nicht gestellt, wenn die vaginalen Spasmen besser durch **eine andere Störung auf**

Achse I (z. B. Somatisierungsstörung) erklärt werden können. Die zusätzliche Diagnose kann gegeben werden, wenn die vaginalen Spasmen der Störung auf Achse I vorausgehen oder für sich allein genommen klinische Relevanz aufweisen.

Diagnostische Kriterien für 306.51 (F52.5) Vaginismus

A. Wiederkehrende oder anhaltende unwillkürliche Spasmen der Muskulatur des äußeren Drittels der Vagina, die den Geschlechtsverkehr beeinträchtigen.

B. Das Störungsbild verursacht deutliches Leiden oder zwischenmenschliche Schwierigkeiten.

C. Das Störungsbild kann nicht besser durch eine andere Störung auf Achse I (z. B. Somatisierungsstörung) erklärt werden und geht nicht ausschließlich auf die direkte körperliche Wirkung eines medizinischen Krankheitsfaktors zurück.

Bestimme den Typus:
Lebenslanger Typus,
Erworbener Typus.

Bestimme den Typus:
Generalisierter Typus,
Situativer Typus.

Bestimme:
Aufgrund Psychischer Faktoren,
Aufgrund Kombinierter Faktoren.

Sexuelle Funktionsstörung Aufgrund eines Medizinischen Krankheitsfaktors

Diagnostische Merkmale

Das Hauptmerkmal einer Sexuellen Funktionsstörung Aufgrund eines Medizinischen Krankheitsfaktors ist das Bestehen einer klinisch bedeutsamen sexuellen Funktionsstörung, die als ausschließlich auf die direkte körperliche Wirkung eines medizinischen Krankheitsfaktors zurückgehend angesehen wird. Die sexuelle Funktionsstörung kann Schmerzen in Verbindung mit Geschlechtsverkehr, eine verminderte sexuelle Appetenz, eine Erektionsstörung beim Mann oder andere Formen Sexueller Funktionsstörungen (z. B. eine Orgasmusstörung) beinhalten und muß deutliches Leiden oder zwischenmenschliche Schwierigkeiten verursachen (**Kriterium A**). Die Vorgeschichte, Laborbefunde oder die körperliche Untersuchung muß Hinweise erbracht haben, daß die Funktionsstörung vollständig durch die direkte körperliche Wirkung eines medizinischen Krankheitsfaktors erklärt wird (**Kriterium B**). Das Störungsbild kann nicht besser durch eine andere psychische Störung (z. B. eine Major Depression) erklärt werden (**Kriterium C**).

Um zu bestimmen, ob eine sexuelle Funktionsstörung ausschließlich auf einen medizinischen Krankheitsfaktor zurückgeht, muß der Untersucher zunächst das Vorhandensein eines medizinischen Krankheitsfaktors feststellen. Weiterhin muß der Untersucher feststellen, daß die sexuelle Funktionsstörung durch einen physiologischen Mechanismus in ätiologischem Zusammenhang mit dem medizinischen Krankheitsfaktor steht. Für diese Beurteilung ist eine sorgfältige und umfassende Untersuchung vielfältiger Faktoren notwendig. Obwohl es keine unfehlbaren Richtlinien gibt, um zu bestimmen, ob ein ätiologischer Zusammenhang zwischen der sexuellen Funktionsstörung und dem medizinischen Krankheitsfaktor besteht, können mehrere Überlegungen als Hilfestellungen in diesem Bereich herangezogen werden. Eine Überlegung betrifft die Frage nach einem zeitlichen Zusammenhang zwischen dem Beginn, der Exazerbation oder der Rückbildung eines medizinischen Krankheitsfaktors und der sexuellen Funktionsstörung. Eine zweite Überlegung betrifft das Vorhandensein von Merkmalen, die für eine primäre Sexuelle Funktionsstörung atypisch sind (z. B. atypisches Alter bezüglich des Beginns oder des Verlaufes). Hinweise aus der Literatur, die auf einen direkten Zusammenhang zwischen einem fraglichen medizinischen Krankheitsfaktor und der Entwicklung einer sexuellen Funktionsstörung hinweisen, können für die Beurteilung im Einzelfall einen sinnvollen Rahmen abgeben. Darüber hinaus muß der Untersucher einschätzen, ob das Störungsbild nicht besser durch eine primäre Sexuelle Funktionsstörung, eine Substanzinduzierte Sexuelle Funktionsstörung oder eine andere primäre psychische Störung (z. B. eine Major Depression) erklärt werden kann. Die Kriterien für diese Unterscheidungen sind detailliert im Kapitel „Psychische Störungen Aufgrund eines Medizinischen Krankheitsfaktors" (siehe S. 210) erläutert.

Im Unterschied dazu wird die Diagnose Sexuelle Funktionsstörung mit dem Subtypus „Aufgrund Kombinierter Faktoren" dann gestellt, wenn eine Kombination von psychischen Faktoren mit entweder einem medizinischen Krankheitsfaktor oder einer Substanz als ätiologisch maßgeblich angesehen wird, während nur einer dieser ätiologischen Faktoren nicht genügen würde, um die Funktionsstörung ausreichend zu erklären.

Subtypen

Die Auswahl des diagnostischen Codes und der Bezeichnung für eine Sexuelle Funktionsstörung Aufgrund eines Medizinischen Krankheitsfaktors basiert auf der im Vordergrund stehenden Sexuellen Funktionsstörung. Die nachfolgend aufgeführten Bezeichnungen sollten anstelle einer allgemeinen Rubrik „Sexuelle Funktionsstörung Aufgrund eines Medizinischen Krankheitsfaktors" genutzt werden:
— **625.8 (N94.8) Störung mit Verminderter Sexueller Appetenz bei der Frau Aufgrund von...** *[Benenne den Medizinischen Krankheitsfaktor].* Diese Bezeichnung wird verwendet, wenn bei einer Frau der Mangel oder das Fehlen sexueller Appetenz das im Vordergrund stehende Merkmal ist.
— **608.89 (N50.8) Störung mit Verminderter Sexueller Appetenz beim Mann Aufgrund von...** *[Benenne den Medizinischen Krankheitsfaktor].* Diese Bezeichnung wird verwendet, wenn bei einem Mann der Mangel oder das Fehlen sexueller Appetenz das im Vordergrund stehende Merkmal ist.
— **607.84 (N48.4) Erektionsstörung beim Mann Aufgrund von...** *[Benenne den Medizinischen Krankheitsfaktor].* Diese Bezeichnung wird verwendet, wenn die Erektionsstörung das im Vordergrund stehende Merkmal ist.
— **625.0 (N94.1) Dyspareunie bei der Frau Aufgrund von...** *[Benenne den Medizinischen Krankheitsfaktor].* Diese Bezeichnung wird verwendet, wenn bei einer Frau Schmerzen in Verbindung mit Geschlechtsverkehr das im Vordergrund stehende Merkmal sind.
— **608.89 (N50.8) Dyspareunie beim Mann Aufgrund von...** *[Benenne den Medizinischen Krankheitsfaktor].* Diese Bezeichnung wird verwendet, wenn bei einem Mann Schmerzen in Verbindung mit Geschlechtsverkehr das im Vordergrund stehende Merkmal sind.

- **625.8 (N94.8) Andere Sexuelle Funktionsstörung bei der Frau Aufgrund von...** *[Benenne den Medizinischen Krankheitsfaktor].* Diese Bezeichnung wird verwendet, wenn bei einer Frau andere Merkmale (z. B. eine Orgasmusstörung) im Vordergrund stehen oder keines vorherrscht.
- **608.89 (N50.8) Andere Sexuelle Funktionsstörung beim Mann Aufgrund von...** *[Benenne den Medizinischen Krankheitsfaktor].* Diese Bezeichnung wird verwendet, wenn bei einem Mann andere Merkmale (z. B. eine Orgasmusstörung) im Vordergrund stehen oder keines vorherrscht.

Codierungsregeln

Bei der Codierung der Diagnose einer Sexuellen Funktionsstörung Aufgrund eines Medizinischen Krankheitsfaktors sollte der Untersucher sowohl die spezifische Beschreibung der Funktionsstörung (entsprechend der oben angegebenen Liste) als auch den festgestellten medizinischen Krankheitsfaktor, der als ursächlich für die Funktionsstörung eingeschätzt wurde, auf der Achse I angeben (z. B. 607.84 Erektionsstörung beim Mann Aufgrund eines Diabetes Mellitus). Der ICD-9-CM-Code für den medizinischen Krankheitsfaktor wird darüber hinaus auf Achse III vermerkt (z. B. 250.0 Diabetes mellitus) (siehe Anhang G für die Liste ausgewählter diagnostischer Codes für medizinische Krankheitsfaktoren entsprechend dem ICD-9-CM).

Zugehörige medizinische Krankheitsfaktoren

Eine Vielzahl von medizinischen Krankheitsfaktoren kann eine sexuelle Funktionsstörung verursachen, einschließlich neurologische Erkrankungen (z. B. Multiple Sklerose, Rückenmarksverletzungen, Neuropathie, Temporallappenläsionen), endokrinologische Erkrankungen (z. B. Diabetes mellitus, Hypothyreose, Über- oder Unterfunktion der Nebennierenrinde, Hyperprolaktinämie, hypogonadale Symptombilder, hypophysäre Dysfunktion), vaskuläre Erkrankungen und Erkrankungen des Urogenitaltrakts (z. B. Erkrankungen des Hodens, Peyroniesche Krankheit [Induratio penis plastica], Harnröhreninfektionen, postoperative Komplikationen nach Prostatektomie, genitale Verletzungen oder Infektionen, atrophische Vaginitis, Infektionen von Vagina und externen Genitalien, postoperative Komplikationen wie z. B. Episiotomienarben, verkürzte Vagina, Cystitis, Endometriose, Uterusprolaps, Infektionen oder Neoplasmen im Beckenraum). Neuere klinische Erfahrungen lassen vermuten, daß Sexuelle Funktionsstörungen Aufgrund eines Medizinischen Krankheitsfaktors im allgemeinen generalisiert auftreten. Die zugehörigen Befunde der körperlichen Untersuchung, Laborbefunde oder das Muster der Prävalenz oder des Beginns der Störung spiegeln den verursachenden medizinischen Krankheitsfaktor wider.

Differentialdiagnose

Eine Sexuelle Funktionsstörung Aufgrund eines Medizinischen Krankheitsfaktors wird nur diagnostiziert, wenn die sexuelle Funktionsstörung vollständig durch die direkte Wirkung eines medizinischen Krankheitsfaktors erklärt wird. Wenn auch psychische Faktoren eine Rolle für den Beginn, den Schweregrad, die Exazerbation oder die Dauer einer sexuellen Funktionsstörung spielen, dann lautet die Diagnose **primäre Sexuelle Funktionsstörung** (mit dem Subtypus **Aufgrund Kombinierter Faktoren**). Bei der Bestimmung, ob die sexuelle Funktionsstörung primär ist oder ausschließlich auf die direkte körperliche Wirkung eines medizinischen Krankheitsfaktors zurückgeht, ist die umfassende psychosexuelle und medizinische Anamneseerhebung die wichtigste Komponente für die Urteilsbildung. Bei Männern können Untersuchungen wie die nächtliche penile Tumeszenzmessung, die Erhebung des Gefäßstatus und die Injektion von gewebeaktiven Substanzen für die Diagnosestellung hilfreich sein. Eine sorgfältige gynäkologische Untersuchung ist wichtig, um bei Frauen die Diagnose stellen zu können, insbesondere wenn Störungen mit Sexuell Bedingten Schmerzen bei Frauen vorliegen. Neurologische Beurteilungen und endokrinologische Untersuchungen können sowohl bei Männern als auch bei Frauen hilfreich sein.

Gibt es Hinweise für einen aktuell bestehenden oder längerfristigen Substanzgebrauch (einschließlich Medikamente), einen Substanzentzug oder eine Exposition gegenüber einem Toxin und kann die sexuelle Funktionsstörung vollständig durch die körperliche Wirkung dieser Substanz erklärt werden, dann sollte eine **Substanzinduzierte Sexuelle Funktionsstörung** diagnostiziert werden. Der Untersucher sollte ausführlich Art und Ausmaß des Substanzgebrauches, einschließlich Medikamente, erheben. Symptome, die während oder kurz nach (d. h. innerhalb der darauffolgenden 4 Wochen) einer Substanzintoxikation oder einem Medikamentengebrauch auftreten, können besonders auf eine Substanzinduzierte Sexuelle Funktionsstörung hinweisen, abhängig vom Typ oder der Menge der benutzten Substanz sowie auch der Anwendungsdauer. Wenn der Untersucher zu dem Schluß gekommen ist, daß die sexuelle Funktionsstörung sowohl auf einen medizinischen Krankheitsfaktor als auch auf Substanzgebrauch zurückgeht, können beide Diagnosen (also Sexuelle Funktionsstörung Aufgrund eines Medizinischen Krankheitsfaktors und Substanzinduzierte Sexuelle Funktionsstörung) gegeben werden.

Verminderte sexuelle Appetenz, Störungen der Erregung und – weniger häufig – des Orgasmus können ebenso als Symptome einer **Major Depression** auftreten. Bei einer Major Depression können keine spezifischen und direkten kausalen pathophysiologischen Mechanismen in Verbindung mit einem medizinischen Krankheitsfaktor angegeben werden. Die Sexuelle Funktionsstörung Aufgrund eines Medizinischen Krankheitsfaktors muß unterschieden werden von **der Abnahme des sexuellen Interesses und der sexuellen Leistungsfähigkeit, die den Altersprozeß begleiten können**.

Diagnostische Kriterien für Sexuelle Funktionsstörung Aufgrund von...
[Benenne den Medizinischen Krankheitsfaktor]

A. Eine klinisch bedeutsame sexuelle Funktionsstörung, die zu deutlichen Leiden oder zwischenmenschlichen Schwierigkeiten führt, steht im Vordergrund des klinischen Bildes.

B. Die Vorgeschichte, Laborbefunde oder die körperliche Untersuchung haben Nachweise erbracht, daß die Funktionsstörung vollständig durch die direkte körperliche Wirkung eines medizinischen Krankheitsfaktors erklärt werden kann.

C. Das Störungsbild kann nicht besser durch eine andere psychische Störung (z. B. eine Major Depression) erklärt werden.

Fortsetzung nächste Seite

> Fortsetzung
>
> *Wähle* Code und Bezeichnung aufgrund der im Vordergrund stehenden sexuellen Funktionsstörung:
>
> **625.8 (N94.8) Störung mit Verminderter Sexueller Appetenz bei der Frau Aufgrund von...** [*Benenne den Medizinischen Krankheitsfaktor*]: Wenn der Mangel oder das Fehlen sexueller Appetenz das im Vordergrund stehende Merkmal ist.
>
> **608.89 (N50.8) Störung mit Verminderter Sexueller Appetenz beim Mann Aufgrund von...** [*Benenne den Medizinischen Krankheitsfaktor*]: Wenn der Mangel oder das Fehlen sexueller Appetenz das im Vordergrund stehende Merkmal ist.
>
> **607.84 (N48.4) Erektionsstörung beim Mann Aufgrund von...** [*Benenne den Medizinischen Krankheitsfaktor*]: Wenn eine Erektionsstörung beim Mann das im Vordergrund stehende Merkmal ist.
>
> **625.0 (N94.1) Dyspareunie bei der Frau Aufgrund von...** [*Benenne den Medizinischen Krankheitsfaktor*]: Wenn Schmerzen in Verbindung mit Geschlechtsverkehr das im Vordergrund stehende Merkmal sind.
>
> **608.89 (N50.8) Dyspareunie beim Mann Aufgrund von...** [*Benenne den Medizinischen Krankheitsfaktor*]: Wenn Schmerzen in Verbindung mit Geschlechtsverkehr das im Vordergrund stehende Merkmal sind.
>
> **625.8 (N94.8) Andere Sexuelle Funktionsstörung bei der Frau Aufgrund von...** [*Benenne den Medizinischen Krankheitsfaktor*]: Wenn andere Merkmale (z. B. eine Orgasmusstörung) im Vordergrund stehen oder keines vorherrscht.
>
> **608.89 (N50.8) Andere Sexuelle Funktionsstörung beim Mann Aufgrund von...** [*Benenne den Medizinischen Krankheitsfaktor*]: Wenn andere Merkmale (z. B. eine Orgasmusstörung) im Vordergrund stehen oder keines vorherrscht.
>
> **Codierungshinweis:** Anzugeben ist der Name des medizinischen Krankheitsfaktors auf der Achse I (z. B. 607.84 Erektionsstörung beim Mann Aufgrund eines Diabetes Mellitus; codiere auch den medizinischen Krankheitsfaktor auf Achse III (siehe Anhang G für die Codierungen).

Substanzinduzierte Sexuelle Funktionsstörung

Diagnostische Merkmale

Das Hauptmerkmal einer Substanzinduzierten Sexuellen Funktionsstörung ist eine klinisch bedeutsame sexuelle Funktionsstörung, die zu deutlichem Leiden oder zwischenmenschlichen Schwierigkeiten führt (**Kriterium A**). Abhängig von der betreffenden Substanz kann die Funktionsstörung mit einer Beeinträchtigung der sexuellen Appetenz, der sexuellen Erregung, des Orgasmus oder aber mit sexuell bedingten Schmerzen einhergehen. Die Funktionsstörung muß als ausschließlich auf die direkte körperliche Wirkung einer Substanz (d. h. Droge, Medikament, Exposition gegenüber einem Toxin) zurückgehend angesehen werden (**Kriterium B**). Das Störungsbild darf nicht besser durch eine sexuelle Funktionsstörung erklärt werden können, die nicht substanzinduziert ist (**Kriterium C**). Diese Diagnose soll nur dann anstelle der Diagnose Substanzintoxikation gestellt werden, wenn die sexuellen Symptome deutlich über diejenigen hinausgehen, die üblicherweise mit dem Intoxikationssyndrom verbunden sind, und wenn die sexuellen Symptome schwer genug sind, um für sich allein genommen klinische Beachtung zu rechtfertigen. Zur detaillierten Diskussion der Störungen im Zusammenhang mit Psychotropen Substanzen siehe Seite 221.

Eine Substanzinduzierte Sexuelle Funktionsstörung wird unterschieden von einer primären Sexuellen Funktionsstörung durch die Beachtung des Beginns und des Verlaufs. Bei Drogen müssen Nachweise einer Intoxikation durch die Vorgeschichte, die körperliche Untersuchung oder die Laborbefunde gegeben sein. Substanzinduzierte Sexuelle Funktionsstörungen entstehen ausschließlich in Verbindung mit Intoxikation, während primäre Sexuelle Funktionsstörungen dem Beginn des Substanzgebrauchs vorangehen können oder während Phasen einer durchgehaltenen Abstinenz von der entsprechenden Substanz auftreten. Faktoren, die darauf hindeuten, daß die Funktionsstörung besser erklärt werden kann durch eine primäre Sexuelle Funktionsstörung, umfassen das Persistieren der Funktionsstörung für einen beträchtlichen Zeitraum (d. h. länger als einen Monat) nach Abschluß der Substanzintoxikation; die Entwicklung einer Funktionsstörung, die viel ausgeprägter ist, als in Anbetracht von Art und Menge der verwendeten Substanz oder Dauer des Gebrauches zu erwarten wäre; oder eine Vorgeschichte vorangegangener, wiederholt aufgetretener primärer Sexueller Funktionsstörungen.

Zusatzcodierungen

Die folgenden Zusatzcodierungen für Substanzinduzierte Sexuelle Funktionsstörungen wurden ausgewählt nach dem im Vordergrund stehenden sexuellen Störungsbild. Obschon das klinische Bild der sexuellen Funktionsstörung einer der spezifischen primären Sexuellen Funktionsstörungen ähnlich sein kann, müssen nicht alle Kriterien für eine dieser Störungen erfüllt sein.

— **Mit Beeinträchtigter Appetenz.** Diese Zusatzcodierung wird verwendet, wenn das Fehlen oder der Mangel der sexuellen Appetenz das im Vordergrund stehende Merkmal ist.
— **Mit Beeinträchtigter Erregung.** Diese Zusatzcodierung wird verwendet, wenn eine beeinträchtigte sexuelle Erregung (z. B. eine erektile Dysfunktion, eine beeinträchtigte Lubrikation) das im Vordergrund stehende Merkmal ist.
— **Mit Beeinträchtigtem Orgasmus.** Diese Zusatzcodierung wird verwendet, wenn ein beeinträchtigter Orgasmus das im Vordergrund stehende Merkmal ist.
— **Mit Sexuell Bedingten Schmerzen.** Diese Zusatzcodierung wird verwendet, wenn Schmerzen in Verbindung mit Geschlechtsverkehr das im Vordergrund stehende Merkmal sind.

Substanzinduzierte Sexuelle Funktionsstörungen haben typischerweise ihren Beginn während einer Substanzintoxikation, und dies kann vermerkt werden als **Mit Beginn Während der Intoxikation.**

Codierungsregeln

Die Bezeichnung der Substanzinduzierten Sexuellen Funktionsstörung (F1x.8) beginnt mit dem Namen der spezifischen Substanz (z. B. Alkohol, Fluoxetin), von der angenommen wird, daß sie die sexuelle Funktionsstörung verursacht. Der diagnostische Code wird aus den Substanzklassen gewählt, wie sie in der entsprechenden Kriterienliste aufgeführt sind. Für Substanzen, die keiner dieser Klassen zugehörig sind (z. B. Fluoxetin), sollte der Code „Andere Substanz" verwendet werden. Zusätzlich können Medikamente, die in therapeutischen

Dosen verordnet wurden, unter Verwendung des entsprechenden E-Codes auf Achse I vermerkt werden (siehe Anhang G). Der Bezeichnung des Störungsbildes folgt die Spezifizierung der im Vordergrund stehenden klinischen Symptomatik (z. B. 292.89 (F14.8) Kokaininduzierte Sexuelle Funktionsstörung, Mit Beeinträchtigter Erregung). Wenn angenommen wird, daß mehr als eine Substanz eine bedeutsame Rolle bei der Entwicklung der sexuellen Funktionsstörung gespielt haben, sollte jede getrennt aufgeführt werden (z. B. 291.8 (F10.8) Alkoholinduzierte Sexuelle Funktionsstörung, Mit Beeinträchtigter Erregung; 292.89 (F19.8) Fluoxetininduzierte Sexuelle Funktionsstörung, Mit Beeinträchtigtem Orgasmus). Wenn eine Substanz als ätiologischer Faktor angenommen wird, jedoch die spezifische Substanz oder die Substanzklasse unbekannt sind, dann kann die Kategorie 292.89 (F19.8) Durch Unbekannte Substanz Induzierte Sexuelle Funktionsstörung verwendet werden.

Spezifische Substanzen

Sexuelle Funktionsstörungen können in Verbindung mit einer **Intoxikation** durch die folgenden Substanzklassen auftreten:
Alkohol; Amphetamin und amphetaminähnliche Substanzen; Kokain; Opiate; Sedativa, Hypnotika und Anxiolytika; andere oder unbekannte Substanzen. Akute Intoxikation mit oder chronischer Mißbrauch von Drogen wurden als Ursache für ein vermindertes sexuelles Interesse und Erregungsstörungen bei beiden Geschlechtern beschrieben. Eine Verminderung des sexuellen Interesses (beider Geschlechter), Störungen der sexuellen Erregung (beider Geschlechter) und Orgasmusstörungen (häufiger bei Männern) können auch verursacht werden durch ärztlich verordnete Medikamente einschließlich Antihypertensiva, Histamin-H2-Rezeptor-Antagonisten, Antidepressiva, Neuroleptika, Anxiolytika, steroidale Anabolika und Antiepileptika. Schmerzen beim Orgasmus wurden berichtet im Zusammenhang mit der Einnahme von Fluphenazin, Thioridazin und Amoxapin. Priapismus wurde gesehen bei der Anwendung von Chlorpromazin, Trazodon und Clozapin sowie in der Folge von Schwellkörperinjektionen mit Papaverin oder Prostaglandin. Serotonin-Antagonisten können eine Verminderung der sexuellen Appetenz oder Störungen der Erregung verursachen. Medikamente wie Antihypertensiva oder steroidale Anabolika können auch eine depressive oder gereizte Stimmung zusätzlich zu einer sexuellen Funktionsstörung begünstigen, so daß dann die zusätzliche Diagnose einer Substanzinduzierten Affektiven Störung gerechtfertigt sein kann. Neuere klinische Daten machen es sehr wahrscheinlich, daß Substanzinduzierte Sexuelle Funktionsstörungen typischerweise generalisiert verlaufen.

Differentialdiagnose

Sexuelle Funktionsstörungen treten bei **Substanzintoxikation** häufig auf. Die Diagnose der substanzspezifischen Intoxikation wird üblicherweise genügen, um das Symptombild kategorisieren zu können. Die Diagnose einer Substanzinduzierten Sexuellen Funktionsstörung sollte nur dann anstelle der Diagnose einer Substanzintoxikation gestellt werden, wenn die Funktionsstörung deutlich über diejenigen Symptome hinausgeht, die üblicherweise mit dem Intoxikationssyndrom einhergehen und wenn die Symptome schwer genug sind, um für sich allein genommen klinische Beachtung zu rechtfertigen. Wenn psychische Faktoren ebenfalls eine Rolle beim Beginn, für die Ausprägung, die Exazerbation oder Aufrechterhaltung einer sexuellen Funktionsstörung spielen, dann lautet die Diagnose primäre Sexuelle Funktionsstörung (mit dem Subtypus Aufgrund Kombinierter Faktoren).

Eine Substanzinduzierte Sexuelle Funktionsstörung wird von einer **primären Sexuellen Funktionsstörung** durch die Tatsache unterschieden, daß die Symptome vollständig durch die direkte Wirkung der Substanz erklärt werden können (siehe S. 588).

Eine Substanzinduzierte Sexuelle Funktionsstörung aufgrund eines verschriebenen Medikaments im Zusammenhang mit einer psychischen Störung oder einem medizinischen Krankheitsfaktor muß ihren Anfang genommen haben, während die Person die Medikamente erhielt (z. B. Antihypertensiva). Ist die Behandlung einmal abgesetzt, so wird sich die sexuelle Funktionsstörung innerhalb von Tagen oder mehreren Wochen (abhängig von der Halbwertszeit der Substanz) zurückbilden. Wenn die sexuelle Funktionsstörung bestehen bleibt, so sollten andere Gründe für ihre Verursachung in Betracht gezogen werden. Nebenwirkungen von verordneten Medikamenten, welche sich auf die sexuelle Funktion auswirken, können dazu führen, daß die Compliance der betroffenen Personen gegenüber der Medikation abnimmt, sofern diese die Bedeutung sexueller Begegnungen höher veranschlagen als den Nutzen der Medikation.

Weil Personen mit einem medizinischen Krankheitsfaktor häufig wegen dieser Krankheiten Medikamente nehmen, muß der Untersucher abschätzen, ob die sexuelle Funktionsstörung möglicherweise eher durch die körperliche Folge des medizinischen Krankheitsfaktors verursacht worden ist als durch das Medikament; in diesem Fall lautet die Diagnose **Sexuelle Funktionsstörung Aufgrund eines Medizinischen Krankheitsfaktors**. Meist enthält bereits die Anamnese die wichtigste Grundlage für eine solche Beurteilung. Manchmal ist auch eine Änderung der Behandlung eines medizinischen Krankheitsfaktors erforderlich (z. B. Umstellen oder Absetzen einer Medikation), um auf diesem Wege in Erfahrung zu bringen, ob bei der Person das Medikament als Ursache anzusehen ist. Wenn der Untersucher zu dem Urteil kommt, daß die Funktionsstörung sowohl auf einen medizinischen Krankheitsfaktor als auch auf Substanzgebrauch zurückgeht, werden beide Diagnosen (d. h. Sexuelle Funktionsstörung Aufgrund eines Medizinischen Krankheitsfaktors und Substanzinduzierte Sexuelle Funktionsstörung) gegeben. Wenn die Befundlage nicht ausreicht, um zu bestimmen, ob die Sexuelle Funktionsstörung auf eine Substanz (einschließlich eines Medikaments) oder auf einen medizinischen Krankheitsfaktor zurückgeht oder ob sie primär ist (d. h. weder aufgrund eines Substanzgebrauches noch aufgrund eines medizinischen Krankheitsfaktors), würde die richtige Eintragung **Nicht Näher Bezeichnete Sexuelle Funktionsstörung** lauten.

Diagnostische Kriterien für Substanzinduzierte Sexuelle Funktionsstörung

A. Eine klinisch bedeutsame sexuelle Funktionsstörung, die zu deutlichem Leiden oder zwischenmenschlichen Schwierigkeiten führt, steht im Vordergrund des klinischen Bildes.

B. Die Vorgeschichte, die körperliche Untersuchung oder Laborbefunde haben Nachweise dafür erbracht, daß die sexuelle Funktionsstörung vollständig durch eine Substanzeinnahme erklärt wird, was sich entweder durch (1) oder durch (2) manifestiert:
  (1) die Symptome nach Kriterium A sind während oder innerhalb eines Monats nach einer Substanzintoxikation entstanden,
  (2) die eingenommenen Medikamente stehen in ätiologischem Zusammenhang mit dem Störungsbild.

Fortsetzung nächste Seite

> Fortsetzung
>
> C. Das Störungsbild kann nicht besser durch eine Sexuelle Funktionsstörung erklärt werden, die nicht substanzinduziert ist. Folgende Merkmale können belegen, daß die Symptome besser durch eine Sexuelle Funktionsstörung erklärt werden können, die nicht substanzinduziert ist: die Symptome sind vor dem Beginn des Substanzgebrauches oder der Substanzabhängigkeit (oder der Medikamenteneinnahme) aufgetreten; die Symptome persistieren für eine beträchtliche Zeit (d. h. über einen Monat) im Anschluß an das Ende der Intoxikation oder sind viel ausgeprägter als in Anbetracht der Art, Menge oder der Dauer des Substanzgebrauches zu erwarten wäre; oder es gibt Hinweise für das Vorhandensein einer unabhängigen, nicht-substanzinduzierten Sexuellen Funktionsstörung (z. B. wiederholte nicht-substanzinduzierte Episoden in der Vorgeschichte).
>
> **Beachte:** Diese Diagnose soll nur dann anstelle der Diagnose einer Substanzintoxikation gestellt werden, wenn die sexuelle Funktionsstörung deutlich über diejenigen Symptome hinausgeht, die üblicherweise mit dem Intoxikationssyndrom verbunden sind und wenn die Funktionsstörung schwer genug ist, um für sich allein genommen klinische Beachtung zu rechtfertigen.
>
> *Codiere* [Spezifische Substanz]-Induzierte Sexuelle Funktionsstörung:
> (291.8 (F10.8) Alkohol; 292.89 (F15.8) Amphetamin [oder Amphetaminähnliche Substanz]; 292.89 (F14.8) Kokain; 292.89 (F11.8) Opiat; 292.89 (F13.8) Sedativum, Hypnotikum oder Anxiolytikum; 292.89 (F19.8) Andere [oder Unbekannte] Substanz).
>
> *Bestimme,* ob:
> **Mit Beeinträchtigter Appetenz,**
> **Mit Beeinträchtigter Erregung,**
> **Mit Beeinträchtigtem Orgasmus,**
> **Mit Sexuell Bedingten Schmerzen.**
>
> *Bestimme,* ob:
> **Mit Beginn Während der Intoxikation:** Wenn die Kriterien für eine Intoxikation durch die Substanz erfüllt sind und die Symptome sich während des Intoxikationssyndroms entwickelt haben.

302.70 (F52.9) Nicht Näher Bezeichnete Sexuelle Funktionsstörung

Diese Kategorie enthält Sexuelle Funktionsstörungen, welche nicht die Kriterien für eine spezifische Sexuelle Funktionsstörung erfüllen. Beispiele schließen ein
1. keine (oder beträchtlich verminderte) subjektiven erotischen Gefühle bei ansonsten normalem Ablauf von Erregung und Orgasmus,
2. Situationen, für die der Untersucher zu dem Schluß gekommen ist, daß eine sexuelle Funktionsstörung vorliegt, aber nicht in der Lage ist festzustellen, ob diese primär, aufgrund eines medizinischen Krankheitsfaktors oder substanzinduziert aufgetreten ist.

Paraphilien

Diagnostische Merkmale

Die Hauptmerkmale einer Paraphilie sind wiederkehrende intensive sexuell erregende Phantasien, sexuell dranghafte Bedürfnisse oder Verhaltensweisen, die sich im allgemeinen auf 1. nichtmenschliche Objekte, 2. das Leiden oder die Demütigung von sich selbst oder seines Partners oder 3. Kinder oder andere nicht einwilligende oder nicht einwilligungsfähige Personen beziehen und die über einen Zeitraum von mindestens 6 Monaten auftreten (**Kriterium A**). Für manche Personen sind paraphile Phantasien oder Stimuli obligat für die sexuelle Erregung und stets in die sexuelle Aktivität einbezogen. In anderen Fällen treten die paraphilen Neigungen nur episodisch auf (beispielsweise in Phasen stärkerer Belastung), während diese Personen zu anderen Zeiten ohne paraphile Phantasien oder Stimuli sexuell funktionsfähig sind. Das Verhalten, die sexuell dranghaften Bedürfnisse oder Phantasien führen in klinisch bedeutsamer Weise zu Leiden oder Beeinträchtigungen in sozialen, beruflichen oder anderen wichtigen Funktionsbereichen (**Kriterium B**).

Paraphile Vorstellungen können mit einem nicht einwilligenden oder nicht einwilligungsfähigen Partner in einer Weise ausagiert werden, die diesen schädigen können (wie beim Sexuellen Sadismus oder bei der Pädophilie). Es kann geschehen, daß die Person festgenommen oder inhaftiert wird. Sexualdelikte gegen Kinder bilden einen bedeutenden Anteil aller angezeigten Sexualstraftaten, und Personen mit Exhibitionismus, Pädophilie sowie Voyeurismus stellen den Hauptanteil der festgenommenen Sexualdelinquenten. In einigen Situationen kann das Umsetzen paraphiler Vorstellungen auch zu Selbstverletzungen führen (wie beim Sexuellen Masochismus). Soziale und sexuelle Beziehungen können beeinträchtigt werden, wenn andere die ungewöhnlichen sexuellen Verhaltensweisen als schändlich oder abstoßend empfinden oder der Sexualpartner es ablehnt, sich an den ungewöhnlichen sexuellen Neigungen zu beteiligen. In einigen Fällen kann das ungewöhnliche Verhalten (z. B. exhibitionistische Handlungen oder das Sammeln von fetischistisch besetzten Objekten) die hauptsächliche sexuelle Aktivität im Leben des Betroffenen werden. Diese Personen werden selten von selbst vorstellig und kommen meist erst dann mit Einrichtungen der psychiatrischen/psychotherapeutischen Versorgung in Kontakt, wenn ihr Verhalten sie mit der Gesellschaft oder ihrem Sexualpartner in Konflikt gebracht hat.

Die hier beschriebenen Paraphilien sind Manifestationsformen, die in früheren Klassifikationen detailliert dargestellt wurden. Sie schließen ein: Exhibitionismus (Zur-Schau-Stellung der Genitalien), Fetischismus (Gebrauch unbelebter Objekte), Frotteurismus (Berühren bzw. Sich-Reiben an einer nicht einwilligenden Person), Pädophilie (Hauptinteresse auf präpubertäre Kinder), Sexueller Masochismus (Gedemütigt-werden oder Leiden), Sexueller Sadismus (Demütigung oder Verursachen von Leiden), Transvestitischer Fetischismus (Tragen von Kleidung des anderen Geschlechts) und Voyeurismus (Beobachten sexueller Aktivitäten). Eine Restkategorie Nicht Näher Bezeichnete Paraphilie enthält weitere Paraphilien, die seltener vorkommen. Nicht selten weisen Personen mehr als eine Paraphilie auf.

Codierungsregeln

Die jeweiligen Paraphilien werden nach dem jeweils charakteristischen paraphilen Hauptinteresse differenziert. Sofern allerdings die sexuellen Neigungen der Person die diagnostischen

Kriterien für mehr als eine Paraphilie erfüllen, sollten alle diagnostiziert werden. Diagnostische Codes und Bezeichnungen sind folgende: 302.4 (F65.2) Exhibitionismus, 302.81 (F65.0) Fetischismus, 302.89 (F65.8) Frotteurismus, 302.2 (F65.4) Pädophilie, 302.83 (F65.5) Sexueller Masochismus, 302.84 (F65.5) Sexueller Sadismus, 302.82 (F65.3) Voyeurismus, 302.3 (F65.1) Transvestitischer Fetischismus und 302.9 (F65.9) Nicht Näher Bezeichnete Paraphilien.

Zugehörige Merkmale und Störungen

Zugehörige Beschreibungsmerkmale und psychische Störungen. Der bevorzugte Reiz kann selbst innerhalb einer bestimmten Paraphilie äußerst spezifisch sein. Personen, die keinen bereitwilligen Partner zur Umsetzung ihrer Phantasien haben, können die Dienste von Prostituierten in Anspruch nehmen oder aber ihre Phantasien im Rahmen eines sexuellen Übergriffes an einem Opfer ausleben. Personen mit einer Paraphilie können einen Beruf wählen, ein Hobby entwickeln oder ehrenamtlich in einem Bereich arbeiten, der sie häufiger in Kontakt mit dem gewünschten Reiz bringt (z. B. der Verkauf von Damenschuhen oder -unterwäsche [Fetischismus], die Arbeit mit Kindern [Pädophilie] oder das Fahren eines Notfallwagens [Sexueller Sadismus]). Sie können selektiv Photographien, Filme oder Textmaterialien betrachten, lesen, erwerben oder sammeln, die den von ihnen bevorzugten paraphilen Stimulus zum Thema haben. Viele Personen mit derartigen Störungen behaupten, daß ihr Verhalten ihnen kein Leiden verursacht und daß ihr einziges Problem soziale Belastungen seien, die aus den Reaktionen anderer auf ihr Verhalten resultieren würden. Andere berichten von extremem Schuldgefühlen, Scham und Depression aufgrund des praktizierten ungewöhnlichen Sexualverhaltens, welches gesellschaftlich nicht akzeptabel oder von ihnen selbst als unmoralisch angesehen wird. Oft ist die Fähigkeit zur gegenseitig emotional getragenen sexuellen Interaktion beeinträchtigt, und es können Sexuelle Funktionsstörungen bestehen. Auffälligkeiten der Persönlichkeit sind ebenfalls häufig und können so schwerwiegend sein, daß die Diagnose einer Persönlichkeitsstörung gerechtfertigt ist. Symptome einer Depression können sich bei Personen mit Paraphilien entwickeln und von einem Anstieg der Häufigkeit und der Intensität der paraphilen Verhaltensweisen begleitet sein.

Zugehörige Laborbefunde. In der Forschung wurde die Penisplethysmographie eingesetzt, um durch Messung der sexuellen Erregung einer Person in Reaktion auf visuelle und auditive Reize verschiedene Paraphilien beurteilen zu können. Die Reliabilität und Validität dieser Vorgehensweise für die klinische Beurteilung ist nicht ausreichend etabliert und klinische Erfahrungen legen die Vermutung nahe, daß die Untersuchten durch Manipulation psychischer Vorstellungen die Meßergebnisse beeinflussen können.

Zugehörige medizinische Krankheitsfaktoren. Häufiger ungeschützter Sexualverkehr kann zu einer Infektion mit oder der Übertragung von einer sexuell übertragbaren Krankheit führen. Sadistische oder masochistische Praktiken können zu geringfügigen bis hin zu lebensbedrohlichen Verletzungen führen.

Besondere kulturelle und Geschlechtsmerkmale

Die Diagnose von Paraphilien in verschiedenen Kulturen und Religionen wird kompliziert durch die Tatsache, daß unter bestimmten kulturellen Bedingungen etwas als abweichend betrachtet wird, was unter anderen Bedingungen akzeptabler sein kann. Mit Ausnahme des sexuellen Masochismus, bei dem das Geschlechtsverhältnis auf 20 Männer pro 1 Frau geschätzt wird, werden andere Paraphilien bei Frauen praktisch nie diagnostiziert, wenn auch über Einzelfälle in der Literatur berichtet wurde.

Prävalenz

Obwohl Paraphilien in allgemeinen klinischen Einrichtungen selten diagnostiziert werden, legt der große kommerzielle Markt für paraphile Pornographie und Zubehör die Vermutung nahe, daß die Prävalenz in der Gesellschaft wahrscheinlich höher ist. In den auf die Behandlung von Paraphilien spezialisierten Einrichtungen finden sich am häufigsten Pädophilie, Voyeurismus und Exhibitionismus. Sexueller Masochismus und Sexueller Sadismus werden wesentlich seltener gesehen. Etwa die Hälfte der Personen mit Paraphilien, die klinisch erfaßt werden, sind verheiratet.

Verlauf

Bestimmte Phantasien und Verhaltensweisen, die mit Paraphilien assoziiert sind, können in der Kindheit oder in der frühen Adoleszenz beginnen, aber zu einer klareren Ausformung kommt es meist während der Adoleszenz oder im frühen Erwachsenenalter. Die Ausgestaltung oder Revision von paraphilien Phantasien kann lebenslang andauern. Per definitionem gehört zu dieser Störung, daß die begleitenden Phantasien und dranghaften Bedürfnisse wiederholt auftreten. Viele Betroffene berichten, daß die Phantasien praktisch immer vorhanden sind, aber daß es Perioden gibt, in denen die Häufigkeit der Phantasien und die Intensität der dranghaften Bedürfnisse sich deutlich unterscheiden. Die Störungen neigen dazu, chronisch und lebenslang zu verlaufen, aber sowohl die Phantasien als auch die Verhaltensweisen nehmen oft mit zunehmendem Alter bei Erwachsenen ab. Die Verhaltensweisen können als Reaktion auf psychosoziale Belastungsfaktoren, in Abhängigkeit zu anderen psychischen Störungen oder mit wachsender Möglichkeit, die paraphilen Wünsche ausleben zu können, zunehmen.

Differentialdiagnose

Eine Paraphilie muß unterschieden werden vom **nicht pathologischen Einsatz sexueller Phantasien, Verhaltensweisen oder Objekte zur Stimulierung der sexuellen Erregung** bei Personen ohne eine Paraphilie. Phantasien, Verhaltensweisen oder Objekte gelten nur dann als paraphil, wenn sie in klinisch bedeutsamer Weise zu Leiden oder Beeinträchtigungen führen (z. B. wenn sie unverzichtbar sind, zu einer sexuellen Funktionsstörung führen, die Einbeziehung einer nicht einwilligenden oder nicht einwilligungsfähigen Person erfordern, zu juristischen Schwierigkeiten führen, soziale Beziehungen gefährden).
Bei **Geistiger Behinderung, Demenz, Persönlichkeitsveränderung Aufgrund eines Medizinischen Krankheitsfaktors, Substanzintoxikation,** einer **Manischen Episode** oder **Schizophrenie** kann es zu einer Abnahme von Urteilsvermögen, sozialen Fertigkeiten oder der Impulskontrolle kommen, was – in seltenen Fällen – zu einem ungewöhnlichen sexuellen Verhalten führt. Dies kann dadurch von einer Paraphilie unterschieden werden, daß das ungewöhnliche Sexualverhalten nicht dem bevorzugten oder obligaten Verhaltensmuster der

Person entspricht, die sexuellen Symptome ausschließlich im Verlauf dieser psychischen Störungen auftreten, die ungewöhnlichen sexuellen Handlungen eher vereinzelt als wiederholt vorkommen und die Betreffenden beim ersten Auftreten meist schon älter sind.

Die jeweiligen Paraphilien werden nach ihrem charakteristischen paraphilen Hauptinteresse differenziert. Sofern allerdings die sexuellen Neigungen der Person die diagnostischen Kriterien für mehr als eine Paraphilie erfüllen, sollten alle diagnostiziert werden. **Exhibitionismus** muß unterschieden werden vom **öffentlichen Urinieren**, was manchmal als Erklärung für das Verhalten angegeben wird. **Fetischismus** und **Transvestitischer Fetischismus** beziehen häufig Bestandteile der weiblichen Bekleidung mit ein. Beim Fetischismus liegt das Hauptinteresse der sexuellen Erregung auf dem Kleidungsstück selbst (z. B. ein Damenslip), während beim Transvestitischen Fetischismus die sexuelle Erregung aus dem Anziehen der Kleidung des anderen Geschlechts resultiert. Das Tragen der Kleidung des anderen Geschlechts, wie es beim Transvestitischen Fetischismus vorkommt, kann auch beim **Sexuellen Masochismus** auftreten. Beim Sexuellen Masochismus ist es die Demütigung, dazu gezwungen zu werden, die Kleidung des anderen Geschlechts tragen zu müssen und nicht die Bekleidung selbst, die sexuell erregend wirkt.

Das Tragen der Kleidung des anderen Geschlechts kann verbunden sein mit einem Gefühl des Unbehagens im eigenen Geschlecht (d. h. Geschlechtsdysphorie). Wenn ein solches Unbehagen auftritt, jedoch nicht alle Kriterien der Geschlechtsidentitätsstörung erfüllt werden, wird die Diagnose des **Transvestitischen Fetischismus, Mit Geschlechtsdysphorie** gestellt. Die zusätzliche Diagnose **Geschlechtsidentitätsstörung** sollte bei Personen gestellt werden, bei denen alle Kriterien für die Geschlechtsidentitätsstörung erfüllt sind.

302.4 (F65.2) Exhibitionismus

Beim Exhibitionismus besteht das paraphile Hauptinteresse im Zur-Schau-Stellen der eigenen Genitalien vor Fremden. Manchmal masturbiert der Betroffene, während er sich zeigt (oder sein Zeigen phantasiert). Falls die Person das dranghafte Bedürfnisse ausagiert, wird im allgemeinen kein Versuch zu weiteren sexuellen Handlungen mit dem Fremden unternommen. In einigen Fällen ist der Person ein Verlangen bewußt, den Beobachter zu überraschen oder zu schockieren. In anderen Fällen hat die Person die ihn sexuell erregende Phantasie, daß der Beobachter sexuell erregt wird. Der Beginn der Störung liegt gewöhnlich vor dem 18. Lebensjahr, obwohl sie auch in einem späteren Alter einsetzen kann. In höheren Altersgruppen kommt es nur selten zu Festnahmen, was die Vermutung nahelegt, daß die Schwere der Störung nach dem 40. Lebensjahr zurückgeht.

Diagnostische Kriterien für 302.4 (F65.2) Exhibitionismus

A. Über einen Zeitraum von mindestens 6 Monaten wiederkehrende intensive sexuell erregende Phantasien, sexuell dranghafte Bedürfnisse oder Verhaltensweisen, die das Zur-Schau-Stellen der eigenen Genitalien gegenüber einem nichtsahnenden Fremden beinhalten.

B. Die Phantasien, sexuell dranghaften Bedürfnisse oder Verhaltensweisen verursachen in klinisch bedeutsamer Weise Leiden oder Beeinträchtigungen in sozialen, beruflichen oder anderen wichtigen Funktionsbereichen.

302.81 (F65.0) Fetischismus

Das paraphile Hauptinteresse beim Fetischismus beinhaltet den Gebrauch von unbelebten Objekten (den „Fetisch"). Häufiger verbreitete fetischistische Objekte sind Damenslip, Büstenhalter, Strümpfe, Schuhe, Stiefel oder andere Kleidungsstücke. Die Person mit Fetischismus masturbiert häufig, während sie den Fetisch festhält, ihn reibt oder an ihm riecht oder bittet ihren Sexualpartner, beim sexuellen Kontakt das jeweilige Objekt zu tragen. Üblicherweise ist der Fetisch zur Erlangung sexueller Erregung erforderlich oder wird stark bevorzugt, und wenn er nicht verfügbar ist, kann es zu einer Erektionsstörung beim Mann kommen. Diese Paraphilie wird nicht diagnostiziert, wenn sich die Fetische beschränken auf Teile der weiblichen Kleidung, die zum Tragen der Kleidung des anderen Geschlechts verwendet werden, wie beim Transvestitischen Fetischismus, oder wenn das Objekt zum Zwecke der genitalen Stimulation hergestellt wurde (z. B. ein Vibrator). Die Störung beginnt üblicherweise in der Adoleszenz, obgleich der Fetisch schon früher in der Kindheit besondere Bedeutung erlangt haben kann. Hat sich ein Fetischismus ausgebildet, dann neigt er zu chronischem Verlauf.

Diagnostische Kriterien für 302.81 (F65.0) Fetischismus

A. Über einen Zeitraum von mindestens 6 Monaten wiederkehrende intensive sexuell erregende Phantasien, sexuell dranghafte Bedürfnisse oder Verhaltensweisen, die den Gebrauch von unbelebten Objekten (z. B. weibliche Unterwäsche) beinhalten.

B. Die Phantasien, sexuell dranghaften Bedürfnisse oder Verhaltensweisen verursachen in klinisch bedeutsamer Weise Leiden oder Beeinträchtigungen in sozialen, beruflichen oder anderen wichtigen Funktionsbereichen.

C. Die fetischistischen Objekte beschränken sich nicht auf Teile der weiblichen Kleidung, die zum Tragen der Kleidung des anderen Geschlechts verwendet werden (wie beim Transvestitischen Fetischismus) oder auf Geräte, die zum Zwecke der genitalen Stimulation hergestellt wurden (z. B. ein Vibrator).

302.89 (F65.8) Frotteurismus

Das paraphile Hauptinteresse beim Frotteurismus beinhaltet das Berühren und Sich-Reiben an einer nicht einwilligenden Person. In der Regel werden diese Handlungen an überfüllten Orten unternommen, von wo der Betreffende leichter einer Festnahme entgehen kann (z. B. stark frequentierte Gehwege oder öffentliche Verkehrsmittel). Er reibt seine Genitalien an den Oberschenkeln und dem Gesäß des Opfers oder streichelt deren Genitalien oder Brüste mit seinen Händen. Dabei phantasiert er meist eine exklusive, fürsorgliche Beziehung zu dem Opfer. Dennoch erkennt er die Notwendigkeit, nach dem Berühren des Opfers einer Entdeckung zu entgehen, um eine mögliche strafrechtliche Verfolgung zu vermeiden. Die Paraphilie beginnt gewöhnlich mit der Adoleszenz. Die meisten frotteuristischen Handlungen finden statt, wenn die Person zwischen 15 und 25 Jahre alt ist, danach kommt es zu einer allmählichen Abnahme der Häufigkeit.

> **Diagnostische Kriterien für 302.89 (F65.8) Frotteurismus**
>
> A. Über einen Zeitraum von mindestens 6 Monaten wiederkehrende intensive sexuell erregende Phantasien, sexuell dranghafte Bedürfnisse oder Verhaltensweisen, die das Berühren und Sich-Reiben an einer nicht einwilligenden Person beinhalten.
>
> B. Die Phantasien, sexuell dranghaften Bedürfnisse oder Verhaltensweisen verursachen in klinisch bedeutsamer Weise Leiden oder Beeinträchtigung in sozialen, beruflichen oder anderen wichtigen Funktionsbereichen.

302.2 (F65.4) Pädophilie

Das paraphile Hauptinteresse bei Pädophilie beinhaltet sexuelle Handlungen mit einem präpubertären Kind (in der Regel 13 Jahre oder jünger). Die Person mit Pädophilie muß 16 Jahre oder älter sein und mindestens 5 Jahre älter als das Kind. Für Personen in der späten Adoleszenz mit Pädophilie wurde kein genauer Altersunterschied spezifiziert, und es muß eine klinische Beurteilung erfolgen, bei der die sexuelle Reife des Kindes und die Altersdifferenz in Rechnung zu stellen sind. Personen mit einer Pädophilie berichten meist, daß sie sich von Kindern einer bestimmten Altersspanne sexuell angezogen fühlen. Einige bevorzugen Jungen, andere Mädchen und einige werden sowohl von Jungen als auch von Mädchen erregt. Jene, die sich von Mädchen angezogen fühlen, bevorzugen gewöhnlich 8–10jährige, wohin gegen jene, die sich von Jungen angezogen fühlen, in der Regel geringfügig ältere Kinder vorziehen. Pädophilie unter Einbeziehung weiblicher Opfer wird häufiger angezeigt als Pädophilie unter Einbeziehung männlicher Opfer. Einige Personen mit Pädophilie sind ausschließlich sexuell auf Kinder orientiert („Ausschließlicher Typus"), während andere zuweilen auch auf Erwachsene orientiert sind („Nicht Ausschließlicher Typus"). Personen mit Pädophilie, die ihre dranghaften Bedürfnisse mit Kindern ausführen, können ihre Aktivität auf das Entkleiden und Anschauen des Kindes, das Entblößen der eigenen Person, das Masturbieren in Gegenwart des Kindes oder das sanfte Berühren und Streicheln des Kindes begrenzen. Andere führen jedoch Fellatio oder Cunnilingus bei dem Kind aus oder dringen mit ihren Fingern, fremden Gegenständen oder dem Penis in die Vagina, den Mund oder den Anus des Kindes ein und wenden zur Erreichung dieser Ziele in unterschiedlichem Maße Gewalt an. Begründet werden diese Aktivitäten im allgemeinen mit Ausreden oder Rationalisierungen dahingehend, daß diese „erzieherischen Wert" für das Kind hätten, das Kind daraus „sexuelle Lust" gewinne oder dieses selbst „sexuell provozierend" gewesen sei – Themen, die auch in pädophiler Pornographie üblich sind.

Die von der Störung Betroffenen können ihre Aktivitäten auf eigene Kinder, Stiefkinder oder Verwandte beschränken oder können Kinder außerhalb ihrer Familie zum Opfer machen. Einige Personen mit Pädophilie bedrohen das Kind, um eine Entdeckung zu verhindern. Andere, insbesondere diejenigen, welche häufig Kinder viktimisieren, entwickeln aufwendige Vorgehensweisen, um Zugang zu Kindern zu erhalten; diese können darin bestehen, das Vertrauen der Mutter eines Kindes zu gewinnen, eine Frau mit einem attraktiven Kind zu heiraten, mit anderen Personen mit einer Pädophilie Kinder auszutauschen oder, in seltenen Fällen, Pflegekinder aus nicht industrialisierten Ländern aufzunehmen oder Kinder von Fremden zu entführen. Außer in Fällen, in denen die Störung einhergeht mit Sexuellem Sadismus, kann die Person aufmerksam auf die Bedürfnisse des Kindes eingehen, um dadurch dessen Zuneigung, Interesse und Loyalität zu gewinnen und um das Kind daran zu hindern, die sexuellen Aktivitäten zur Anzeige zu bringen. Die Störung beginnt gewöhnlich in der Adoleszenz, obwohl einige Personen mit Pädophilie angeben, daß sie sich bis ins mittlere Alter nicht durch Kinder erregt gefühlt hätten. Die Häufigkeit des pädophilen Verhaltens schwankt oft in Abhängigkeit von psychosozialen Belastungsfaktoren. Der Verlauf ist üblicherweise chronisch, insbesondere bei jenen, die auf Jungen orientiert sind. Die Rückfallquote für Personen mit einer Pädophilie, die eine Neigung zu Jungen haben, ist ungefähr zweimal so hoch wie für jene, die Mädchen bevorzugen.

Diagnostische Kriterien der 302.2 (F65.4) Pädophilie

A. Über einen Zeitraum von mindestens 6 Monaten wiederkehrende intensive sexuell erregende Phantasien, sexuell dranghafte Bedürfnisse oder Verhaltensweisen, die sexuelle Handlungen mit einem präpubertären Kind oder Kindern (in der Regel 13 Jahre oder jünger) beinhalten.

B. Die Phantasien, sexuell dranghaften Bedürfnisse oder Verhaltensweisen verursachen in klinisch bedeutsamer Weise Leiden oder Beeinträchtigungen in sozialen, beruflichen oder anderen wichtigen Funktionsbereichen.

C. Die Person ist mindestens 16 Jahre alt und mindestens 5 Jahre älter als das Kind oder die Kinder nach Kriterium A.

Beachte: Spätadoleszente, die sich in einer fortdauernden sexuellen Beziehung mit einem 12–13jährigen Partner befinden, sind nicht einzubeziehen.

Bestimme, ob:
Sexuell Orientiert auf Jungen,
Sexuell Orientiert auf Mädchen,
Sexuell Orientiert auf Jungen und Mädchen.

Bestimme, ob:
Beschränkt auf Inzest.

Bestimme den Typus:
Ausschließlicher Typus (nur auf Kinder orientiert),
Nicht Ausschließlicher Typus.

302.83 (F65.5) Sexueller Masochismus

Das paraphile Hauptinteresse beim Sexuellen Masochismus beinhaltet den (realen, nicht simulierten) Akt der Demütigung, des Geschlagen- bzw. Gefesseltwerdens oder sonstigen Leidens. Einige Personen fühlen sich durch ihre masochistischen Phantasien beunruhigt, die sie möglicherweise nur während des Geschlechtsverkehrs oder der Masturbation entfalten, aber nach denen sie ansonsten nicht handeln. In solchen Fällen beinhalten die masochistischen Phantasien gewöhnlich die Vorstellung, vergewaltigt zu werden, während man von anderen festgehalten oder gefesselt wird, so daß keine Fluchtmöglichkeit besteht. Andere setzen die masochistischen sexuell dranghaften Bedürfnisse an sich selbst (z. B. eigenes Fesseln, Stechen mit Nadeln, Zufügen elektrischer Schocks oder Selbstverstümmelung) oder mit einem Partner in die Tat um. Zu den masochistischen Handlungen, die mit einem Partner ausgeübt werden, können zählen: Unterwerfung (physische Knechtschaft), Verbinden der Augen (sensorische Knechtschaft), den Hintern versohlt bekommen, verprügelt zu werden, Ohrfeigen zu bekommen, ausgepeitscht werden, Elektroschocks, Schnittwunden zugefügt bekommen, „Nadeln und Stechen" (Infibulation) und gedemütigt werden (wie z. B. mit Urin oder mit Fäkalien beschmutzt zu werden, gezwungen zu sein, wie ein Hund zu kriechen und zu bellen oder zum Gegenstand von Beschimpfungen zu werden). Erzwungenes Tragen der Kleidung des anderen Geschlechts kann aufgrund seines demütigenden Charakters gewünscht werden. Die Person kann das Verlangen empfinden, sich wie ein hilfloses Kleinkind behandeln zu lassen und gewindelt zu werden („Infantilismus"). Eine besonders gefährliche Erscheinungsform des Sexuellen Masochismus, genannt „Hypoxyphilie", ist dadurch gekennzeichnet, daß sexuelle Erregung durch verminderte Sauerstoffaufnahme hervorgerufen wird; dies kann mit Hilfe einer Brustkompression, Schlinge, eines Knebels, eines Plastikbeutels, einer Maske, aber auch chemisch (häufig durch ein flüchtiges Nitrit, das aufgrund einer peripheren Vasodilatation eine vorübergehende Minderung der Sauerstoffversorgung im Gehirn verursacht) erreicht werden. Diese, die Sauerstoffaufnahme herabsetzenden Handlungen, können alleine oder mit einem Partner durchgeführt werden. Aufgrund von Fehlfunktionen der Ausrüstung, Irrtümern beim Anbringen der Schlinge oder des Knebels oder anderen Fehlern, treten mitunter nicht beabsichtigte Todesfälle auf. Daten aus den Vereinigten Staaten, England, Australien und Kanada weisen daraufhin, daß 1–2 derartige hypoxyphiliebedingte Todesfälle pro 1 Million Einwohner jedes Jahr entdeckt und angezeigt werden. Einige Männer mit Sexuellem Masochismus weisen auch Fetischismus, Transvestitischen Fetischismus oder Sexuellen Sadismus auf. Masochistische sexuelle Phantasien treten wahrscheinlich schon während der Kindheit auf. Das Alter, in dem masochistische Aktivitäten mit Partnern das erste Mal auftreten, variiert, liegt aber gewöhnlich im frühen Erwachsenenalter. Sexueller Masochismus verläuft meist chronisch und die Person neigt zur Wiederholung derselben masochistischen Handlung. Einige Personen mit Sexuellem Masochismus können viele Jahre lang masochistische Handlungen ausführen, ohne deren potentielle Gefährlichkeit zu erhöhen. Andere hingegen steigern im Laufe der Zeit oder in Phasen starker Belastung die Schwere der masochistischen Handlungen, die so eventuell zu Verletzungen oder auch zum Tode führen können.

Diagnostische Kriterien für 302.83 (F65.5) Sexueller Masochismus

A. Über einen Zeitraum von mindestens 6 Monaten wiederkehrende intensive sexuell erregende Phantasien, sexuell dranghafte Bedürfnisse oder Verhaltensweisen, welche einen (realen, nicht simulierten) Akt der Demütigung, des Geschlagen- bzw. Gefesseltwerdens oder sonstigen Leidens beinhalten.

B. Die Phantasien, sexuell dranghaften Bedürfnisse oder Verhaltensweisen verursachen in klinisch bedeutsamer Weise Leiden oder Beeinträchtigungen in sozialen, beruflichen oder anderen wichtigen Funktionsbereichen.

302.84 (F65.5) Sexueller Sadismus

Das paraphile Hauptinteresse beim Sexuellen Sadismus beinhaltet (reale, nicht simulierte) Handlungen, welche für die Person durch psychisches oder physisches Leiden des Opfers (einschließlich Demütigung) sexuell erregend sind. Einige Personen mit dieser Paraphilie fühlen sich durch ihre sadistischen Phantasien beunruhigt, die sie nur während der sexuellen

Aktivität entfalten, aber nach denen sie ansonsten nicht handeln; in solchen Fällen beinhalten die sadistischen Phantasien gewöhnlich die völlige Kontrolle über ein Opfer, das den bevorstehenden sadistischen Akt fürchtet. Andere führen die sadistischen sexuell dranghaften Bedürfnisse mit einem Partner aus, der bereitwillig Schmerz und Demütigung erleidet (und Sexuellen Masochismus aufweisen kann). Wieder andere mit Sexuellem Sadismus setzen ihre sadistischen sexuell dranghaften Bedürfnisse mit nicht einwilligenden oder nicht einwilligungsfähigen Opfern um. In allen diesen Fällen ist es das Leiden des Opfers, das als sexuell erregend erlebt wird. Sadistische Phantasien oder Handlungen können Aktivitäten beinhalten, die eine Dominanz des Betroffenen über sein Opfer zum Ausdruck bringen (z. B. das Opfer zum Kriechen zu zwingen oder es in einem Käfig zu halten). Sie können ebenso beinhalten: Züchtigung, Verbinden der Augen, den Hintern versohlen, Verprügeln, Ohrfeigen, Auspeitschen, Zufügen von Elektroschocks, Schnittwunden, Stichwunden, Kneifen, Verbrennen, Vergewaltigen, Würgen, Foltern, Verstümmeln oder Töten. Sadistische sexuelle Phantasien treten wahrscheinlich schon während der Kindheit auf. Das Alter, in dem sadistische Aktivitäten mit Partnern das erste Mal auftreten, variiert, liegt aber gewöhnlich im frühen Erwachsenenalter. Sexueller Sadismus verläuft meist chronisch. Wenn Sexueller Sadismus mit nicht einwilligenden oder nicht einwilligungsfähigen Partnern praktiziert wird, kommt es meist zu Wiederholungen bis die Person mit Sexuellem Sadismus festgenommen wird. Manche Personen mit Sexuellem Sadismus können viele Jahre lang sadistische Handlungen ausführen ohne das Bedürfnis zu entwickeln, die Intensität der körperlichen Schädigung zu steigern. Gewöhnlich nimmt jedoch die Schwere der sadistischen Handlungen mit der Zeit zu. Wenn es sich um einen ausgeprägten Sexuellen Sadismus handelt und insbesondere wenn dieser mit Antisozialer Persönlichkeitsstörung verbunden ist, können Personen mit Sexuellem Sadismus ihre Opfer ernstlich verletzen oder töten.

Diagnostische Kriterien für 302.84 (F65.5) Sexuellen Sadismus

A. Über einen Zeitraum von mindestens 6 Monaten wiederkehrende intensive sexuell erregende Phantasien, sexuell dranghafte Bedürfnisse oder Verhaltensweisen, welche (reale, nicht simulierte) Handlungen beinhalten, in denen das psychische oder physische Leiden (einschließlich Demütigung) des Opfers für die Person sexuell erregend ist.

B. Die Phantasien, sexuell dranghaften Bedürfnisse oder Verhaltensweisen verursachen in klinisch bedeutsamer Weise Leiden oder Beeinträchtigungen in sozialen, beruflichen oder anderen wichtigen Funktionsbereichen.

302.3 (F65.1) Transvestitischer Fetischismus

Das paraphile Hauptinteresse beim Transvestitischen Fetischismus besteht im Tragen der Kleidung des anderen Geschlechts. In der Regel besitzt ein Mann mit dieser Störung eine Kollektion weiblicher Kleidung, die er intermittierend zum Tragen der Kleidung des anderen Geschlechts benutzt. Wenn er die Kleidung des anderen Geschlechts trägt, masturbiert er meist und stellt sich dabei vor, sowohl das männliche Subjekt als auch das weibliche Objekt seiner sexuellen Phantasie zu sein. Diese Störung ist nur bei heterosexuellen Männern beschrieben worden. Transvestitischer Fetischismus kann nicht diagnostiziert werden, wenn das Tragen der Kleidung des anderen Geschlechts ausschließlich im Verlauf einer Geschlechtsidentitätsstörung auftritt. Transvestitische Phänomene reichen von gelegentlichem, heimlichen Tragen weiblicher Kleidungsstücke bis zur extensiven Teilnahme an einer transvestitischen Subkultur. Einige Männer tragen einzelne Stücke weiblicher Kleidung (z. B. Unterwäsche oder Trikotage) unter ihrer Männerkleidung. Andere Männer mit Transvestitischem Fetischismus kleiden sich auch ganz als Frauen und tragen Make-up. Das Ausmaß, in dem die mit Frauenkleidung angezogene Person erfolgreich als Frau wirkt, hängt ab von Manierismen, Körperbau und dem Geschick beim Tragen der Kleidung des anderen Geschlechts. Wenn er nicht die Kleidung des anderen Geschlechts trägt, ist der Mann mit Transvestitischem Fetischismus meist unauffällig männlich. Obgleich seine grundsätzliche Orientierung heterosexuell ist, hat er eher wenige Sexualpartner und kann auch gelegentliche homosexuelle Kontakte gehabt haben. Ein zugehöriges Merkmal kann das Vorhandensein von Sexuellem Masochismus sein. Die Störung beginnt typischerweise mit dem Tragen der Kleidung des anderen Geschlechts in der Kindheit oder der frühen Adoleszenz. In vielen Fällen wird das Tragen der Kleidung des anderen Geschlechts bis zum Erwachsenenalter nicht öffentlich vorgenommen. Die anfängliche Erfahrung kann im partiellen oder vollständigen Tragen der Kleidung des anderen Geschlechts bestehen; partielles Tragen der Kleidung des anderen Geschlechts geht häufig in vollständiges Tragen der Kleidung des anderen Geschlechts über. Ein bevorzugtes Kleidungsstück kann als solches erotische Wirkung erlangen und gewohnheitsmäßig zuerst bei der Masturbation, später beim Geschlechtsverkehr benutzt werden. Bei manchen Personen kann die Motivation zum Tragen der Kleidung des anderen Geschlechts im Laufe der Zeit wechseln, zeitweise oder permanent, wobei die sexuelle Erregung als Reaktion auf das Tragen der Kleidung des anderen Geschlechts geringer wird oder ganz verschwindet. In solchen Fällen kann das Tragen der Kleidung des anderen Geschlechts zur Angst- und Depressionsabwehr eingesetzt werden oder trägt zu einer inneren Beruhigung bei. Bei anderen Personen kann ein Gefühl des Unbehagens im eigenen Geschlecht (d. h. Geschlechtsdysphorie) auftreten, insbesondere in Belastungssituationen mit oder ohne depressive Symptome. Bei einer kleinen Anzahl von Personen wird die Geschlechtsdysphorie zu einem festen Bestandteil des klinischen Bildes und begleitet von dem Bedürfnis, sich ständig als Frau zu kleiden und entsprechend zu leben sowie um eine hormonelle oder operative Geschlechtsumwandlung nachzusuchen. Personen mit Transvestitischem Fetischismus begeben sich oft in Behandlung, wenn eine Geschlechtsdysphorie hinzukommt. Die Spezifizierung Mit Geschlechtsdysphorie wurde eingeführt, um dem Untersucher zu ermöglichen, das Vorhandensein einer Geschlechtsdysphorie als Teil des Transvestitischen Fetischismus festzuhalten.

Diagnostische Kriterien für 302.3 (F65.1) Transvestitischer Fetischismus

A. Über einen Zeitraum von mindestens 6 Monaten wiederkehrende intensive sexuell erregende Phantasien, sexuell dranghafte Bedürfnisse oder Verhaltensweisen, welche das Tragen der Kleidung des anderen Geschlechts beinhalten.

B. Die Phantasien, sexuell dranghaften Bedürfnisse oder Verhaltensweisen verursachen in klinisch bedeutsamer Weise Leiden oder Beeinträchtigungen in sozialen, beruflichen oder anderen wichtigen Funktionsbereichen.

Bestimme, ob:
Mit Geschlechtsdysphorie: Falls die Person ein anhaltendes Unbehagen über die eigene Geschlechtsrolle oder -identität aufweist.

302.82 (F65.3) Voyeurismus

Das paraphile Hauptinteresse beim Voyeurismus beinhaltet die Beobachtung nichtsahnender Personen, üblicherweise Fremder, die nackt sind, sich gerade ausziehen oder sexuelle Handlungen ausführen. Das Zuschauen („Spannen") geschieht, um sexuelle Erregung zu bekommen, wobei im allgemeinen keine sexuelle Aktivität mit der beobachteten Person gesucht wird. Während der voyeuristischen Aktivität oder auch später und als Reaktion auf die Erinnerung an das, was die Person gesehen hat, kann es zum Orgasmus kommen, der üblicherweise durch Masturbation herbeigeführt wird. Oftmals stellen sich die Personen vor, mit der beobachteten Person sexuellen Kontakt zu haben, aber in der Realität kommt es hierzu nur selten. Bei der schweren Form stellt das Spannen die einzige Form sexueller Aktivität dar. In der Regel beginnt das voyeuristische Verhalten vor dem 15. Lebensjahr. Der Verlauf ist meist chronisch.

Diagnostische Kriterien für 302.82 (F65.3) Voyeurismus

A. Über einen Zeitraum von mindestens 6 Monaten wiederkehrende intensive sexuell erregende Phantasien, sexuell dranghafte Bedürfnisse oder Verhaltensweisen, welche die Beobachtung einer nichtsahnenden Person, die nackt ist, sich gerade entkleidet oder sexuelle Handlungen ausführt, beinhalten.

B. Die Phantasien, sexuell dranghaften Bedürfnisse oder Verhaltensweisen verursachen in klinisch bedeutsamer Weise Leiden oder Beeinträchtigungen in sozialen, beruflichen oder anderen wichtigen Funktionsbereichen.

302.9 (F65.9) Nicht Näher Bezeichnete Paraphilie

Diese Kategorie wurde aufgenommen, um Paraphilien codieren zu können, welche nicht die Kriterien für eine der spezifischen Kategorien erfüllen. Beispiele beinhalten, ohne darauf beschränkt zu sein: Telefonische Scatologie (obszöne Telefonanrufe), Nekrophilie (Leichen), Partialismus (ausschließliches Interesse an einem Körperteil), Zoophilie (Tiere), Koprophilie (Fäkalien), Klysmaphilie (Klistierspritzen) und Urophilie (Urin).

Geschlechtsidentitätsstörungen

Geschlechtsidentitätsstörung

Diagnostische Merkmale

Die Geschlechtsidentitätsstörung hat zwei Bestandteile, die beide vorhanden sein müssen, um die Diagnose zu stellen. Es muß der Befund eines starken und andauernden Zugehörigkeitsgefühls zum anderen Geschlecht vorliegen, d. h. das Verlangen oder auch das Bestehen darauf, dem anderen Geschlecht anzugehören (**Kriterium A**). Dieses Zugehörigkeitsgefühl zum anderen Geschlecht bedeutet nicht lediglich das Verlangen nach irgendwelchen kulturellen Vorteilen, die als mit der Zugehörigkeit zum anderen Geschlecht verbunden empfunden werden. Beim Betreffenden muß auch der Befund eines andauernden Unbehagens im Geburtsgeschlecht oder das Gefühl, daß die Geschlechtsrolle dieses Geschlechts für ihn nicht die richtige ist, vorliegen (**Kriterium B**). Die Diagnose wird nicht gestellt, falls die Person gleichzeitig ein somatisches Intersex-Syndrom aufweist (z. B. Androgenresistenz-Syndrom oder Adrenogenitales Syndrom) (**Kriterium C**). Um die Diagnose zu stellen, muß nachgewiesen sein, daß in klinisch bedeutsamer Weise Leiden oder Beeinträchtigungen in sozialen, beruflichen oder anderen wichtigen Funktionsbereichen bestehen (**Kriterium D**).

Bei Jungen manifestiert sich das Zugehörigkeitsgefühl zum anderen Geschlecht in einem ausgeprägten Eingenommensein von traditionell weiblichen Aktivitäten. Sie können eine Neigung zum Tragen von Mädchen- oder Frauenbekleidung zeigen oder, wenn ihnen diese nicht zur Verfügung steht, derartige Bekleidung aus anderen verfügbaren Materialien improvisieren. Handtücher, Schürzen oder Schals werden oft zur Imitation von langem Haar oder Frauenröcken benutzt. Typische Spiele sowie Freizeitbeschäftigungen von Mädchen üben eine starke Anziehungskraft auf diese Knaben aus. Besondere Freude bereiten ihnen „Vater-Mutter(-Kind)-Spiele", das Zeichnen von Bildern schöner Mädchen und Prinzessinnen sowie Fernsehsendungen mit ihren weiblichen Lieblingscharakteren. Stereotypisierte weibliche Puppen, wie etwa Barbie, sind häufig ihr Lieblingsspielzeug, und Mädchen sind ihre bevorzugten Spielgefährten. Beim „Vater-Mutter(-Kind)-Spiel" nehmen diese Knaben weibliche Rollen ein, üblicherweise die „Mutterrolle", und sind oft völlig vereinnahmt von weiblichen Phantasiefiguren. Sie vermeiden Rauf- und Tobespiele und Wettkampfsportarten und zeigen geringes Interesse an Autos und anderem nicht-aggressivem, aber typischem Jungenspielzeug. Sie können den Wunsch äußern, ein Mädchen zu sein oder behaupten, daß sie zur Frau heranwachsen werden. Sie können darauf bestehen, im Sitzen zu urinieren und so tun, als ob sie keinen Penis haben, indem sie diesen zwischen die Beine klemmen. Seltener kommt es vor, daß Jungen mit Geschlechtsidentitätsstörung behaupten, daß sie ihren Penis oder ihre Hoden abstoßend finden, daß sie diese entfernen wollen oder daß sie eine Vagina haben oder wünschen, eine solche zu haben.

Mädchen mit Geschlechtsidentitätsstörung zeigen intensive negative Reaktionen auf elterliche Erwartungen oder Bestrebungen, die darauf abzielen, von ihnen das Tragen von Kleidern oder anderer weiblicher Accessoires zu verlangen. Einige können sich weigern, die Schule oder gesellige Anlässe, wo eine derartige Aufmachung gefordert wird, zu besuchen. Sie bevorzugen Jungenbekleidung und kurze Haare, werden oft durch Fremde fälschlich für Jungen gehalten und können darum bitten, mit einem Jungennamen angesprochen zu werden. Ihre Phantasiehelden sind zumeist starke männliche Figuren wie Batman oder Superman. Diese Mädchen bevorzugen Jungen als Spielgefährten, mit denen sie das Interesse an Kampfsportarten, Rauf- und Tobespielen und traditionellen Jungenspielen teilen. Sie zeigen geringes Interesse an Puppen oder jeglicher Form weiblicher Aufmachung oder weiblicher Rollenspielaktivitäten. Mädchen mit dieser Störung können sich gelegentlich weigern, in der sitzenden Position zu urinieren. Sie behaupten vielleicht, daß sie einen Penis haben oder dieser noch wachsen wird, und sie sagen, daß sie keine Brust haben oder nicht menstruieren wollen. Sie können darauf bestehen, daß sie zum Mann heranwachsen werden. Diese Mädchen zeigen typischerweise ein ausgeprägtes Zugehörigkeitsgefühl zum anderen Geschlecht in Rollenspielen, Träumen und Phantasien.

Erwachsene mit Geschlechtsidentitätsstörung sind von ihrem Wunsch, als Angehöriger des anderen Geschlechts zu leben, vereinnahmt. Diese Vereinnahmung kann sich manifestieren als intensiver Wunsch, die soziale Rolle des anderen Geschlechts auszufüllen oder die körperlichen Merkmale des anderen Geschlechts durch hormonelle oder chirurgische Behandlung zu erlangen. Erwachsenen mit dieser Störung ist es unangenehm, von anderen als Angehörige ihres ursprünglichen Geschlechts betrachtet zu werden oder sich in die Gesellschaft als solche einfügen zu müssen. In verschiedenem Ausmaß nehmen sie das Verhalten, die Kleidung und die Manierismen des anderen Geschlechts an. In der Privatsphäre können diese Personen viel Zeit mit dem Tragen der Kleidung des anderen Geschlechts und mit der Aufmachung als Angehöriger des anderen Geschlechts zubringen. Viele versuchen, in der Öffentlichkeit als Angehörige des anderen Geschlechts aufzutreten. Durch das Tragen der Kleidung des anderen Geschlechts und hormonelle Behandlung (bei Männern zusätzlich durch elektrolytische Epilation) gelingt es vielen Personen mit dieser Störung, in der Öffentlichkeit überzeugend als Angehöriger des anderen Geschlechts aufzutreten. Die sexuelle Aktivität dieser Personen mit Partnern des gleichen biologischen Geschlechts sind allgemein gehemmt durch den Wunsch, daß diese ihre Genitalien weder sehen noch berühren sollen. Bei einigen Männern, die später im Leben vorstellig werden (oft nach einer Ehe), ist die sexuelle Aktivität mit einer Frau von der Phantasie begleitet, daß der Betroffene ein lesbischer Partner sei oder daß seine Partnerin ein Mann und er selbst eine Frau sei.

Abhängig vom individuellen Entwicklungsniveau können bei Jugendlichen die klinischen Merkmale entweder denen des Kindesalters oder denen des Erwachsenenalters ähneln, und die Kriterien sollten dementsprechend angewendet werden. Bei jüngeren Jugendlichen kann eine akkurate Diagnosestellung aufgrund der Zurückhaltung des Jugendlichen schwieriger sein. Diese Schwierigkeit kann noch größer sein, wenn sich der Jugendliche bezüglich seines Zugehörigkeitsgefühls zum anderen Geschlecht unsicher ist oder wenn er das Gefühl hat, daß dies für die Familie inakzeptabel ist. Die Vorstellung Jugendlicher kann erfolgen, weil Eltern oder Lehrer über die soziale Isolation oder über Hänseleien und Ablehnung durch Altersgenossen besorgt sind. Unter solchen Umständen sollte die Diagnose jenen Jugendlichen vorbehalten sein, die in ihrer Aufmachung als sich völlig dem anderen Geschlecht zugehörig fühlend erscheinen und die ein Verhalten zeigen, welches die Annahme eines deutlichen Zugehörigkeitsgefühls zum anderen Geschlecht nahelegt (z. B. Rasieren der Beine bei männlichen Personen). Die diagnostische Abklärung kann bei Kindern und Jugendlichen die Verlaufsbeobachtung über eine ausgedehnte Zeitspanne erforderlich machen.

Leiden oder Behinderung der Patienten mit Geschlechtsidentitätsstörung manifestiert sich über die Lebensspanne auf verschiedene Weise. Bei jüngeren Kindern manifestiert sich das Leiden im geäußerten Kummer über ihr Geburtsgeschlecht. Die Vereinnahmung durch die Wünsche nach Zugehörigkeit zum anderen Geschlecht gerät häufig in Konflikt mit ganz gewöhnlichen Tätigkeiten. Bei älteren Kindern führt das Versagen beim Entwickeln geschlechtsangemessener Fertigkeiten und adäquater Beziehungen zu Altersgenossen ihres biologischen Geschlechts häufig zu Isolation und Leiden, und einige Kinder können sich weigern, die Schule zu besuchen, weil sie dort gehänselt werden oder weil dort Druck auf sie ausgeübt wird, die für ihr Geburtsgeschlecht typische Kleidung zu tragen. Bei Jugendlichen und Erwachsenen gerät die Vereinnahmung durch Wünsche nach Zugehörigkeit zum anderen Geschlecht häufig in Konflikt mit ganz gewöhnlichen Tätigkeiten. Beziehungsschwierigkeiten sind verbreitet und die Leistungsfähigkeit in der Schule und bei der Arbeit kann gestört sein.

Zusatzcodierungen

Für Personen nach Abschluß der sexuellen Entwicklung können die folgenden Zusatzcodierungen, basierend auf der sexuellen Orientierung der Person, festgehalten werden:
Sexuell Orientiert auf Männer, Sexuell Orientiert auf Frauen, Sexuell Orientiert auf beide Geschlechter, Sexuell Orientiert weder auf Männer noch auf Frauen. Die Gruppe der Männer mit Geschlechtsidentitätsstörung umfaßt in beträchtlichem Maße alle vier Zusatzcodierungen. Praktisch alle Frauen mit Geschlechtsidentitätsstörung erhalten die gleiche Zusatzcodierung – Sexuell Orientiert auf Frauen –, obwohl es einige Ausnahmefälle gibt, die Frauen betreffen, welche Sexuell Orientiert auf Männer sind.

Codierungsregeln

Der zugewiesene diagnostische Code hängt vom aktuellen Alter der Person ab:
Wenn die Störung in der Kindheit auftritt, wird der Code 302.6 (F64.2) verwendet; für einen Jugendlichen und Erwachsenen wird der Code 302.85 (F64.0) verwendet.

Zugehörige Merkmale und Störungen

Zugehörige Beschreibungsmerkmale und psychische Störungen. Viele Personen mit Geschlechtsidentitätsstörung sind im Verlauf zunehmend sozial isoliert. Isolation und Ächtung tragen zu einem niedrigen Selbstwertgefühl bei und können zu Schulaversion oder zu Schulabbruch führen. Ächtung und Hänseleien durch Altersgenossen sind besonders verbreitete Folgeerscheinungen für Jungen mit der Störung. Jungen mit Geschlechtsidentitätsstörung zeigen oft ausgeprägte weibliche Manierismen und Sprachmuster. Das Störungsbild kann so beherrschend sein, daß das psychische Leben einiger Patienten sich einzig um jene Aktivitäten dreht, die das Leiden an der Geschlechtszugehörigkeit mindern. Sie sind häufig vereinnahmt von der Beschäftigung mit ihrem Erscheinungsbild, insbesondere in der frühen Phase des Wechsels zu einem Leben im anderen Geschlecht. Die Beziehung zu einem Elternteil oder zu beiden Eltern können ebenfalls ernsthaft gestört sein. Einige Männer mit Geschlechtsidentitätsstörung greifen zur Selbstbehandlung mit Hormonen und können auch sehr selten eine Kastration oder eine Penektomie an sich selbst vornehmen. Insbesondere in großstädtischen Ballungsgebieten prostituieren sich einige Männer mit dieser Störung, was für sie ein hohes Risiko für eine HIV-Infektion mit sich bringt. Häufig treten Suizidversuche und Störungen im Zusammenhang mit Psychotropen Substanzen auf.

Kinder mit Geschlechtsidentitätsstörung können gleichzeitig eine Störung mit Trennungsangst, Generalisierte Angststörung und Symptome der Depression bieten. Besonderes bei Jugendlichen besteht ein Risiko für Depression, Suizidgedanken und Suizidversuche. Bei Erwachsenen können Angst und depressive Symptome vorhanden sein. Einige erwachsene Männer haben eine Vorgeschichte sowohl von Transvestitischem Fetischismus als auch anderer Paraphilien. In Spezialkliniken für die Behandlung dieser Patientengruppe wurden gleichzeitig bestehende Persönlichkeitsstörungen bei Männern häufiger festgestellt als bei Frauen.

Zugehörige Laborbefunde. Es gibt keinen spezifischen diagnostischen Test für Geschlechtsidentitätsstörung. Bei normalem körperlichem Untersuchungsbefund ist eine Geschlechtschromosomenanalyse und die Bestimmung der Sexualhormone üblicherweise nicht indiziert.

Psychologische Tests können unter Umständen das Zugehörigkeitsgefühl zum oder Verhaltensmuster des anderen Geschlechts aufdecken.

Zugehörige körperliche Untersuchungsbefunde und medizinische Krankheitsfaktoren. Patienten mit Geschlechtsidentitätsstörung weisen einen normalen Genitalstatus auf (im Gegensatz zum unsicheren Genitalbefund oder zum Hypogonadismus, den man bei somatischen Intersex-Syndromen findet). Jugendliche oder erwachsene Männer mit Geschlechtsidentitätsstörung können eine durch Hormoneinnahme bedingte Brustvergrößerung, Zeichen der vorübergehenden oder dauerhaften Enthaarung durch Epilation und andere körperliche Veränderungen als Ergebnis von Eingriffen wie zum Beispiel einer Rhinoplastik bzw. einem Reduktionseingriff am Schildknorpel (chirurgische Reduktion des Adamsapfels) aufweisen. Verformte Brüste oder Hautausschläge auf der Brust können bei Frauen beobachtet werden, die Brustbinden tragen. Postchirurgische Komplikationen können bei genetischen Frauen überschießende Narbenbildung im Brustwandbereich einschließen und bei genetischen Männern Vaginalstrikturen, rektovaginale Fisteln, Urethralstenosen und eine Harnstrahldeviation. Bei erwachsenen Frauen mit Geschlechtsidentitätsstörung kann das polyzystische Ovarialsyndrom häufiger als üblich auftreten.

Besondere Alters- und Geschlechtsmerkmale

Frauen mit Geschlechtsidentitätsstörungen erfahren allgemein eine geringere Ächtung aufgrund ihres Interesses für die Zugehörigkeit zum anderen Geschlecht und haben meist weniger unter der Ablehnung durch Altersgenossen zu leiden, zumindest bis zur Adoleszenz. In klinischen Stichproben von Kindern kommen ungefähr fünf Jungen auf jedes Mädchen, das mit dieser Störung überwiesen wird. In klinischen Erwachsenenstichproben übersteigt die Zahl der Männer die der Frauen ca. um das Zwei- oder Dreifache. Bei Kindern kann die größere Zahl der Überweisungen von Jungen Ausdruck dafür sein, daß ein dem anderen Geschlecht zugehöriges Verhalten bei Jungen ein größeres Makel ist als bei Mädchen.

Prävalenz

Neuere epidemiologische Studien, welche die Angabe von Prävalenzdaten zur Geschlechtsidentitätsstörung ermöglichen, liegen nicht vor. Daten aus kleineren europäischen Ländern mit Zugriff auf die Gesamtbevölkerungsstatistik und auf alle Überweisungen legen die Annahme nahe, daß ca. 1 von 30.000 erwachsenen Männern und 1 von 100.000 erwachsenen Frauen um eine Geschlechtsumwandlungsoperation nachsuchen.

Verlauf

Bei klinisch vorgestellten Kindern liegt der Beginn von Interessen und Aktivitäten, die ein Zugehörigkeitsgefühl zum anderen Geschlecht ausdrücken, üblicherweise zwischen dem 2. und dem 4. Lebensjahr, und einige Eltern berichten, daß ihr Kind schon immer derartige, dem anderen Geschlecht zugehörende Interessen zeigte. Nur eine sehr kleine Anzahl der Kinder mit Geschlechtsidentitätsstörung zeigen im Verlauf weiterhin Symptome, die dann den Kriterien der Geschlechtsidentitätsstörung in der späteren Jugendzeit oder im Erwachsenenalter entsprechen. Typischerweise werden die Kinder um den Zeitpunkt der Einschulung herum vorgestellt aufgrund der Besorgnis der Eltern, daß etwas, was sie für eine „Phase" hielten, offenbar nicht vorübergeht. Die meisten Kinder mit Geschlechtsidentitätsstörung zeigen im Laufe der Zeit, elterlicher Interventionen oder Reaktionen ihrer Altersgenossen weniger offensichtliche Verhaltensweisen des anderen Geschlechts. Ungefähr drei Viertel der Jungen, die in der Kindheit eine Geschlechtsidentitätsstörung hatten, geben in der späten Adoleszenz oder im Erwachsenenalter an, daß sie eine homosexuelle oder bisexuelle Orientierung haben, jedoch ohne gleichzeitige Geschlechtsidentitätsstörung. Von den restlichen geben die meisten eine heterosexuelle Orientierung an, ebenfalls ohne gleichzeitige Geschlechtsidentitätsstörung. Die diesbezüglichen Prozentsätze zur sexuellen Orientierung bei Mädchen sind nicht bekannt. Einige Jugendliche können ein deutlicheres Zugehörigkeitsgefühl zum anderen Geschlecht entwickeln und um eine Geschlechtsumwandlungsoperation nachsuchen oder können einen chronischen Verlauf der Geschlechtsrollenkonfusion oder eines Gefühls des Unbehagens im eigenen Geschlecht (d. h. Geschlechtsdysphorie) aufweisen.

Bei erwachsenen Männern gibt es zwei verschiedene Verlaufsformen der Entwicklung einer Geschlechtsidentitätsstörung. Die erste Form ist die Fortsetzung einer bereits in der Kindheit oder frühen Adoleszenz beginnenden Geschlechtsidentitätsstörung. Diese Patienten werden typischerweise in der späten Adoleszenz oder im Erwachsenenalter vorstellig. Bei der anderen Verlaufsform treten die offeneren Anzeichen eines Zugehörigkeitsgefühls zum anderen Geschlecht später und gradueller auf, bei einer klinischen Vorstellung im frühen bis mittleren Erwachsenenalter, üblicherweise im Gefolge, manchmal aber auch gleichzeitig mit, Transvestitischem Fetischismus. Die Gruppe mit späterem Beginn der Störung kann im Ausmaß des Zugehörigkeitsgefühls zum anderen Geschlecht wechselhafter sein, bezüglich der Geschlechtsumwandlungsoperation unentschiedener, mit größerer Wahrscheinlichkeit sexuell auf Frauen orientiert, und die Wahrscheinlichkeit, daß sie nach einer Geschlechtsumwandlungsoperation zufrieden sind, kann bei ihnen geringer sein. Männer mit Geschlechtsidentitätsstörung, die sexuell auf Männer orientiert sind, werden eher in der Adoleszenz oder im jungen Erwachsenenalter mit der Vorgeschichte einer lebenslang bestehenden Geschlechtsdysphorie vorstellig. Im Gegensatz dazu werden diejenigen, die sexuell auf Frauen, auf beide Geschlechter oder weder auf Frauen noch auf Männer orientiert sind, tendenziell später vorstellig und haben typischerweise eine Vorgeschichte von Transvestitischem Fetischismus. Wenn die Geschlechtsidentitätsstörung im Erwachsenenalter auftritt, verläuft sie eher chronisch, Spontanremissionen sind jedoch berichtet worden.

Differentialdiagnose

Geschlechtsidentitätsstörung kann von der einfachen **Unangepaßtheit an stereotype Geschlechtsrollen** unterschieden werden durch das Ausmaß der und das Beherrschtsein durch Wünsche, Interessen und Aktivitäten, die ein Zugehörigkeitsgefühl zum anderen Geschlecht ausdrücken. Diese Störung ist nicht dazu bestimmt, die Unangepaßtheit eines Kindes an stereotype Geschlechtsrollen zu beschreiben, wie zum Beispiel beim „Wildfang-Verhalten" von Mädchen oder beim „Memmen-Verhalten" von Jungen. Vielmehr beschreibt sie ein tiefgehend gestörtes Gefühl der Identität der Betroffenen bezüglich ihres Männlich-Seins oder Weiblich-Seins. Einem Verhalten bei Kindern, das lediglich die kulturellen Stereotype von Männlichkeit oder Weiblichkeit nicht erfüllt, sollte die Diagnose nicht gestellt werden, solange nicht das Vollbild einschließlich ausgeprägtem Leiden oder Beeinträchtigungen vorhanden ist.

Transvestitischer Fetischismus tritt bei heterosexuellen (oder bisexuellen) Männern auf, bei denen das Tragen der Kleidung des anderen Geschlechts dem Zweck der sexuellen Erregung dient. Außer diesem Tragen der Kleidung des anderen Geschlechts haben die meisten Personen mit Transvestitischem Fetischismus in der Kindheit keine Vorgeschichte von Verhaltensweisen, die ein Zugehörigkeitsgefühl zum anderen Geschlecht ausdrücken. Bei Männern, die sowohl alle Kriterien der Geschlechtsidentitätsstörung als auch des Transvestitischen Fetischismus erfüllen, sollten beide Diagnosen gestellt werden. Falls bei einer Person mit Transvestitischem Fetischismus Geschlechtsdysphorie auftritt, jedoch nicht alle Kriterien der Geschlechtsidentitätsstörung erfüllt werden, kann die Zusatzcodierung Mit Geschlechtsdysphorie verwendet werden.

Die Kategorie **Nicht Näher Bezeichnete Geschlechtsidentitätsstörung** kann bei Personen verwendet werden, die ein Geschlechtsidentitätsproblem bei einem **gleichzeitigen angeborenen somatischen Intersex-Syndrom** (z. B. Androgenresistenz-Syndrom oder adrenogenitales Syndrom) haben.

Bei **Schizophrenie** kann in seltenen Fällen der Wahngedanke auftreten, dem anderen Geschlecht anzugehören. Das Insistieren einer Person mit Geschlechtsidentitätsstörung darauf, daß sie dem anderen Geschlecht angehöre, wird nicht als Wahngedanke bezeichnet, weil stets gemeint ist, daß die Person sich wie ein Angehöriger des anderen Geschlechts fühlt und nicht glaubt, diesem Geschlecht tatsächlich anzugehören. In sehr seltenen Fällen können jedoch Schizophrenie und eine schwere Geschlechtsidentitätsstörung gleichzeitig vorhanden sein.

Diagnostische Merkmale für Geschlechtsidentitätsstörung

A. Eine starkes und andauerndes Zugehörigkeitsgefühl zum anderen Geschlecht (d. h. nicht lediglich das Verlangen nach irgendwelchen kulturellen Vorteilen, die als mit der Zugehörigkeit zum anderen Geschlecht verbunden empfunden werden).

Bei Kindern manifestiert sich das Störungsbild durch vier (oder mehr) der folgenden Merkmale:

(1) wiederholt geäußertes Verlangen oder Bestehen darauf, dem anderen Geschlecht anzugehören,

(2) bei Jungen Neigung zum Tragen der Kleidung des anderen Geschlechts oder Imitation weiblicher Aufmachung; bei Mädchen das Bestehen darauf, nur eine dem männlichen Stereotyp entsprechende Bekleidung zu tragen,

(3) starke und andauernde Neigung zum Auftreten als Angehöriger des anderen Geschlechts in Phantasie- und Rollenspielen oder anhaltende Phantasien über die eigene Zugehörigkeit zum anderen Geschlecht,

(4) intensives Verlangen nach Teilnahme an Spielen und Freizeitbeschäftigungen, die für das andere Geschlecht typisch sind,

(5) ausgeprägte Bevorzugung von Spielgefährten des anderen Geschlechts.

Bei Jugendlichen und Erwachsenen manifestiert sich das Störungsbild durch Symptome wie geäußertes Verlangen nach Zugehörigkeit zum anderen Geschlecht, häufiges Auftreten als Angehöriger des anderen Geschlechts, das Verlangen, wie ein Angehöriger des anderen Geschlechts zu leben oder behandelt zu werden oder die Überzeugung, die typischen Gefühle und Reaktionsweisen des anderen Geschlechtes aufzuweisen.

Fortsetzung nächste Seite

Fortsetzung

B. Anhaltendes Unbehagen im Geburtsgeschlecht oder Gefühl der Person, daß die Geschlechtsrolle des eigenen Geschlechts für sie nicht die richtige ist.

Bei Kindern ist das Störungsbild durch eines der folgenden Merkmale gekennzeichnet: Bei Jungen die Behauptung, daß der Penis oder die Hoden abstoßend seien oder verschwinden werden, oder die Behauptung, daß es besser wäre, keinen Penis zu haben, oder eine Aversion gegen Rauf- und Tobespiele und eine Ablehnung von typischem Jungenspielzeug, Jungenspielen und Jungenbeschäftigungen; bei Mädchen Ablehnung des Urinierens im Sitzen, die Behauptung, daß sie einen Penis haben oder ihnen ein solcher wachsen wird, oder die Behauptung, daß sie keine Brust bekommen möchten oder nicht menstruieren möchten, oder eine ausgeprägte Aversion gegen normative weibliche Bekleidung.

Bei Jugendlichen und Erwachsenen manifestiert sich das Störungsbild durch Symptome wie das Eingenommensein von Gedanken darüber, die primären und sekundären Geschlechtsmerkmale loszuwerden (z. B. Nachsuchen um Hormone, Operation oder andere Maßnahmen, welche körperlich die Geschlechtsmerkmale so verändern, daß das Aussehen des anderen Geschlechts simuliert wird) oder der Glaube, im falschen Geschlecht geboren zu sein.

C. Das Störungsbild ist nicht von einem somatischen Intersex-Syndrom begleitet.

D. Das Störungsbild verursacht in klinisch bedeutsamer Weise Leiden oder Beeinträchtigungen in sozialen, beruflichen oder anderen wichtigen Funktionsbereichen.

Codiere basierend auf dem aktuellen Alter:
302.6 (F64.2) **Geschlechtsidentitätsstörung bei Kindern**,
302.85 (F64.0) **Geschlechtsidentitätsstörung bei Jugendlichen oder Erwachsenen.**

Bestimme, ob (für Personen nach Abschluß der sexuellen Entwicklung):
Sexuell Orientiert auf Männer,
Sexuell Orientiert auf Frauen,
Sexuell Orientiert auf beide Geschlechter,
Sexuell Orientiert weder auf Männer noch auf Frauen.

302.6 (F64.9) Nicht Näher Bezeichnete Geschlechtsidentitätsstörung

Diese Kategorie wurde aufgenommen, um Störungen der Geschlechtsidentität zu codieren, die nicht als eine spezifische Geschlechtsidentitätsstörung zu klassifizieren sind. Beispiele umfassen
1. Intersex-Syndrome (z. B. Androgenresistenz-Syndrom oder Adrenogenitales Syndrom) und begleitende Geschlechtsdysphorie,
2. vorübergehende belastungsbedingte Neigung zum Tragen der Kleidung des anderen Geschlechts,
3. andauernde Vereinnahmung durch Gedanken über Kastration oder Penektomie ohne ein Verlangen danach, die Geschlechtsmerkmale des anderen Geschlechts zu erlangen.

302.9 (F52.9) Nicht Näher Bezeichnete Sexuelle Störung

Diese Kategorie wurde aufgenommen, um eine sexuelle Auffälligkeit zu codieren, welche nicht die Kriterien für eine spezifische Sexuelle Störung erfüllt und weder eine Sexuelle Funktionsstörung noch eine Paraphilie ist. Beispiele umfassen
1. ausgeprägtes Gefühl des Ungenügens bezüglich des Sexualaktes oder andere Persönlichkeitszüge im Zusammenhang mit selbstauferlegten Maßstäben für Männlichkeit oder Weiblichkeit,
2. Leiden an einem Muster von wiederholten sexuellen Beziehungen einschließlich der wechselhaften Abfolge von Partnern, die von der Person nur als Dinge, die man benutzt, erlebt werden,
3. andauerndes und ausgeprägtes Leiden an der sexuellen Orientierung.

Eßstörungen

Eßstörungen sind gekennzeichnet durch schwere Störungen des Eßverhaltens. Dieses Kapitel umfaßt zwei spezifische Diagnosen: Anorexia Nervosa und Bulimia Nervosa. **Anorexia Nervosa** wird charakterisiert durch die Weigerung, ein Minimum des normalen Körpergewichts zu halten. **Bulimia Nervosa** ist durch wiederholte Episoden von Freßanfällen gekennzeichnet, die von unangemessenen, einer Gewichtszunahme gegensteuernden Maßnahmen gefolgt werden wie selbstinduziertem Erbrechen, Mißbrauch von Laxantien, Diuretika oder anderen Medikamenten, Fasten oder exzessiver körperlicher Betätigung. Eine Störung der Wahrnehmung von Figur und Gewicht ist ein wesentliches Merkmal sowohl der Anorexia Nervosa als auch der Bulimia Nervosa. Zur Codierung von Störungen, die nicht die Kriterien für eine spezifische Eßstörung erfüllen, ist auch eine Kategorie für Nicht Näher Bezeichnete Eßstörungen vorgesehen.

Einfache Adipositas ist in der International Classification of Diseases (ICD) als medizinischer Krankheitsfaktor aufgeführt, erscheint jedoch nicht in DSM-IV, da bislang nicht nachgewiesen worden ist, daß sie regelmäßig mit einem psychologischen oder einem Verhaltenssyndrom einhergeht. Wenn jedoch Anzeichen bestehen, daß psychologische Faktoren in der Ätiologie oder im Verlauf eines bestimmten Falles von Adipositas von Bedeutung sind, kann dies angegeben werden, indem das Vorhandensein von Psychologischen Faktoren, die einen Medizinischen Krankheitsfaktor Beeinflussen vermerkt wird (siehe S. 210).

Fütter- und Eßstörungen, die gewöhnlich im Säuglings- oder Kleinkindalter erstmals diagnostiziert werden (z.B. Pica, Ruminationsstörung und Fütterstörung im Säuglings- oder Kleinkindalter) werden im Abschnitt Fütter- und Eßstörungen im Säuglings- oder Kleinkindalter behandelt (siehe S. 137).

307.1 (F50.0, F50.01) Anorexia Nervosa

Diagnostische Merkmale

Die Hauptmerkmale der Anorexia Nervosa sind die Weigerung des Patienten, ein Minimum des normalen Körpergewichts zu halten, große Angst vor Gewichtszunahme und eine erhebliche Störung der Wahrnehmung der eigenen Figur und des Körperumfanges. Darüber hinaus liegt bei postmenarchalen Frauen eine Amenorrhoe vor. (Die Bezeichnung *Anorexia* ist irreführend, da Appetitlosigkeit nur selten auftritt.)

Der Betroffene hält ein Körpergewicht aufrecht, welches unter dem Minimum des für Alter und Größe normalen Gewichts liegt (**Kriterium A**). Wenn sich die Anorexia Nervosa bei einer Person während der Kindheit oder der frühen Adoleszenz entwickelt, kann auch anstelle

---

Berater der deutschen Ausgabe:
Prof. Dr. Manfred Fichter, Prien
Prof. Dr. Rolf Meermann, Bad Pyrmont
Prof. Dr. Hans-Ulrich Wittchen, München

Übersetzer:
Dipl.-Psych. Birgit Wendt, München
Prof. Dr. Manfred Fichter, Prien
Dipl.-Psych. Eva-Maria Pfütze, München

eines Gewichtsverlustes eine zu erwartende Gewichtszunahme ausbleiben (bei Zunahme der Körpergröße).

Das Kriterium A liefert eine Richtlinie für die Entscheidung, wann eine Person die Bedingung, untergewichtig zu sein, erfüllt. Es verlangt, daß das Körpergewicht der Person weniger als 85 % des Gewichts betragen muß, das als normal für das Alter und die Größe der Person angesehen wird (wird üblicherweise mit Hilfe einer der publizierten Ausgaben der Metropolitan Life Insurance Tabellen oder der pädiatrischen Wachstumstabellen ermittelt). Eine alternative und etwas strengere Richtlinie (wird in den ICD-10 Forschungsdiagnosekriterien benutzt) erfordert, daß der Body Mass Index (BMI) der Person (berechnet als Gewicht in Kilogramm/Körpergröße in Meter^2) gleich oder kleiner als 17,5 kg/m^2 ist. Diese Grenzwerte sind jedoch lediglich Richtlinienvorschläge für den Untersucher, da es nicht sinnvoll wäre, einen einzigen, auf alle Personen eines bestimmten Alters und Größe anzuwendenden Standard für das Minimum des Normalgewichts festzulegen. Bei der Bestimmung des minimalen Normalgewichts sollte der Untersucher nicht nur diese Richtlinien anwenden, sondern auch den individuellen Körperbau und die Gewichtsentwicklung der Person miteinbeziehen.

Gewöhnlich wird der Gewichtsverlust vorrangig durch eine Reduktion der Gesamtnahrungsaufnahme erreicht. Obwohl die Patienten zunächst nur Nahrungsmittel aus ihrem Ernährungsplan ausschließen, die sie als hochkalorisch betrachten, führt dieses Verhalten am Ende meist zu einer sehr rigiden Diät, die manchmal nur noch auf einige wenige Nahrungsmittel beschränkt ist. Weitere Methoden zur Gewichtsreduktion sind das „Purging"-Verhalten (d. h. selbstinduziertes Erbrechen oder der Mißbrauch von Laxantien oder Diuretika) und gesteigerte oder übermäßige körperliche Betätigung.

Personen mit dieser Störung haben große Angst vor einer Gewichtszunahme oder vor dem Dickwerden (**Kriterium B**). Diese intensive Angst vor dem Dickwerden wird gewöhnlich durch den Gewichtsverlust nicht gemindert. Tatsächlich wächst die Besorgnis über eine Gewichtszunahme häufig trotz stetigen Gewichtsverlustes sogar noch.

Das Erleben und die Bedeutung des Körpergewichts und der Figur sind bei diesen Personen gestört (**Kriterium C**). Manche Personen fühlen sich insgesamt als übergewichtig. Andere erkennen, daß sie dünn sind, sind aber dennoch besorgt, daß gewisse Körperpartien, besonders der Bauch, das Gesäß und die Hüften, „zu dick" seien. Sie können ein breites Spektrum von Verhaltensweisen anwenden, um ihre Figur oder ihr Körpergewicht einzuschätzen, darunter übermäßiges Wiegen, zwanghaftes Abmessen von Körperpartien und ständiges Benutzen eines Spiegels, um als vermeintlich dick wahrgenommene Körperpartien zu untersuchen. Der Selbstwert von Personen mit Anorexia Nervosa ist in hohem Maße abhängig von ihrer Figur und ihrem Körpergewicht. Ein Gewichtsverlust wird als beeindruckende Leistung und als Zeichen von außergewöhnlicher Selbstdisziplin angesehen, wohingegen eine Gewichtszunahme als ein inakzeptables Versagen der Selbstkontrolle wahrgenommen wird. Obwohl einige der Patienten mit dieser Störung zugeben können, daß sie dünn sind, verleugnen sie typischerweise die schweren medizinischen Konsequenzen ihres mangelernährten Zustandes.

Bei postmenarchalen Frauen ist Amenorrhoe (aufgrund einer extrem niedrigen Östrogenausschüttung, die wiederum durch eine verminderte Hypophysenausschüttung des Follikel-Stimulierenden-Hormons [FSH] und des Luteinisierenden Hormons [LH] verursacht wird) ein Indikator der physiologischen Dysfunktion bei Anorexia Nervosa (**Kriterium D**). Die Amenorrhoe ist gewöhnlich Folge des Gewichtsverlusts, sie kann diesem jedoch bei einer Minderheit von Personen auch vorausgehen. Bei präpubertären Frauen kann die Menarche durch die Krankheit verzögert werden.

Betroffene werden häufig durch Familienmitglieder fachlicher Behandlung zugeführt, nachdem ein starker Gewichtsverlust aufgetreten (oder eine erwartete Gewichtszunahme ausgeblieben) ist. Wenn Betroffene von sich aus Hilfe suchen, dann meistens wegen ihrer subjektiven Sorge über somatische und psychische Folgen des Hungerns. Selten klagt eine Person mit Anorexia Nervosa über den Gewichtsverlust an sich. Personen mit Anorexia Nervosa fehlt häufig die Krankheitseinsicht oder sie verleugnen hartnäckig das Problem und sind daher eventuell keine verläßlichen Berichterstatter hinsichtlich ihrer Krankheitsgeschichte. Daher ist es oftmals notwendig, Informationen von Eltern oder anderen außenstehenden Quellen zu erheben, um das Ausmaß des Gewichtsverlusts und anderer Krankheitsmerkmale bewerten zu können.

Subtypen

Die folgenden Subtypen können verwendet werden, um das Vorhandensein oder Fehlen von regelmäßigen Freßanfällen oder „Purging"-Verhalten während der bestehenden Episode von Anorexia Nervosa anzuzeigen:
— **Restriktiver Typus.** Dieser Subtypus beschreibt Manifestationen, bei denen der Gewichtsverlust in erster Linie durch Diäten, Fasten oder übermäßige körperliche Betätigung erreicht wird. Während der bestehenden Episode haben diese Personen keine regelmäßigen „Freßanfälle" oder „Purging"-Verhalten gehabt.
— **„Binge-Eating/Purging"-Typus.** Dieser Subtypus wird verwendet, wenn die Person während der bestehenden Episode regelmäßig „Freßanfälle" hat oder „Purging"-Verhalten zeigt (oder beides). Die meisten Personen mit Anorexia Nervosa, die Freßanfälle haben, zeigen auch „Purging"-Verhalten in Form von selbstinduziertem Erbrechen oder dem Mißbrauch von Laxantien, Diuretika oder Klistieren. Einige der dieser Unterform zugeordneten Personen haben keine Freßanfälle, zeigen aber regelmäßig nach dem Konsum kleiner Nahrungsmengen ein „Purging"-Verhalten. Die meisten Personen vom „Binge-Eating/Purging"-Typus scheinen dieses Verhalten mindestens einmal wöchentlich zu zeigen, aber es liegen keine ausreichenden Daten vor, um die Spezifizierung einer minimalen Häufigkeit zu rechtfertigen.

Zugehörige Merkmale und Störungen

Zugehörige Beschreibungsmerkmale und psychische Störungen. Bei ausgeprägtem Untergewicht entwickeln viele Personen mit Anorexia Nervosa depressive Symptome wie depressive Stimmung, sozialer Rückzug, Reizbarkeit, Schlaflosigkeit und vermindertes sexuelles Interesse. Diese Personen können Symptombilder aufweisen, die die Kriterien einer Major Depression erfüllen. Da diese Merkmale auch bei Personen beobachtet werden, die nicht an Anorexia Nervosa leiden, aber ebenfalls hungern, könnten viele dieser depressiven Merkmale sekundär zu den körperlichen Folgeerscheinungen der Mangelernährung sein. Symptome von affektiven Störungsbildern müssen daher nach der teilweisen oder vollständigen Gewichtsnormalisierung neu beurteilt werden.

Auffallend häufig sind Merkmale von Zwangsverhalten, die sowohl auf Nahrung als auch nicht auf Nahrung bezogen sein können. Viele Personen mit Anorexia Nervosa sind von Gedanken an Nahrung beherrscht. Einige sammeln Rezepte oder horten Nahrungsmittel. Beobachtungen von Verhaltensweisen, die mit anderen Formen des Hungerns einhergehen, deuten darauf hin, daß nahrungsbezogenes Zwangsverhalten durch die Unterernährung ausgelöst oder verstärkt werden könnte. Wenn Personen mit Anorexia Nervosa Zwangsgedanken oder Zwangsverhaltensweisen zeigen, die sich nicht auf Nahrung, Figur oder Körpergewicht beziehen, könnte die zusätzliche Diagnose einer Zwangsstörung gerechtfertigt sein.

Weitere Merkmale, die manchmal mit Anorexia Nervosa einhergehen können, sind Vorbehalte, in der Öffentlichkeit zu essen, Gefühle der Ineffektivität, starkes Bedürfnis die eigene Umwelt zu kontrollieren, rigides Denken, begrenzte soziale Spontanität und allzu beschränkte Initiative sowie reduzierter emotionaler Ausdruck.

Verglichen mit Personen des Restriktiven Typus der Anorexia Nervosa, haben Personen des „Binge-Eating/Purging"-Typus wahrscheinlich mehr Impuls-Kontroll-Probleme, neigen eher zu Alkohol- und anderem Drogenmißbrauch, zeigen eine größere Affektlabilität und scheinen sexuell aktiver zu sein.

Zugehörige Laborbefunde. Obwohl einige Personen mit Anorexia Nervosa keine auffälligen Laborbefunde aufweisen, kann die Mangelernährung, die diese Störung kennzeichnet, die meisten wichtigen Organe beeinträchtigen und eine Vielzahl von Störungsbildern hervorrufen. Das induzierte Erbrechen und der Mißbrauch von Laxantien, Diuretika und Klistieren können ebenfalls eine Reihe von Störungen verursachen, die zu auffälligen Laborbefunden führen.

Hämatologie: Leukopenie und leichte Anämie sind häufig, Thrombozytopenie ist selten.

Labor: Die Dehydrierung kann durch erhöhten Blut-Harnstoff-Stickstoff widergespiegelt werden. Häufig tritt eine Hypercholesterinämie auf. Die Leberfunktionswerte können erhöht sein. Gelegentlich werden Hypomagnesiämie, Hypozinkämie, Hypophosphatämie und Hyperamylasämie gefunden. Induziertes Erbrechen kann zu metabolischer Alkalose (erhöhtes Serum-Bicarbonat), zu Hypochlorämie und zu Hypokaliämie führen, und Laxantienmißbrauch kann metabolische Azidose verursachen. Der Serum-Thyroxin(T4)-Spiegel ist gewöhnlich im niedrigen bis normalen Bereich; der Trijodthyronin(T3)-Spiegel ist herabgesetzt. Ein erhöhter ACTH-Spiegel und eine Überempfindlichkeit auf eine Vielzahl von neuroendokrinen Reizen treten häufig auf.

Bei Frauen finden sich niedrige Serum-Östrogen-Spiegel, wohingegen Männer niedrige Serum-Testosteron-Spiegel haben. Es läßt sich eine Rückentwicklung des Hypothalamus-Hypophysen-Geschlechtsorgan-Systems bei beiden Geschlechtern beobachten, bei der das 24-Stunden-Muster der Ausschüttung des Luteinisierenden Hormons (LH) dem ähnelt, welches normalerweise bei präpubertären und pubertären Personen beobachtet wird.

Elektrokardiographie: Sinus-Bradykardien werden beobachtet und selten Arrhythmien.

Elektroenzephalographie: Diffuse Anomalien, die eine metabolische Enzephalopathie widerspiegeln, können von bedeutsamen Flüssigkeits- und Elektrolytstörungen herrühren.

Enzephalographie (Computertomographie): Ein Anstieg des Verhältnisses Liquorraum zu Gehirnvolumen ist oft als Folge des Hungerns zu beobachten.

Energiegrundumsatz: Dieser ist häufig signifikant reduziert.

Zugehörige körperliche Untersuchungsbefunde und medizinische Krankheitsfaktoren. Viele der körperlichen Zeichen und Symptome der Anorexia Nervosa sind dem Hungern zuzuschreiben. Außer über Amenorrhoe können die Betroffenen über Obstipation, Bauchschmerzen, Kälteunverträglichkeit, Lethargie und übermäßige Energie klagen. Der offensichtlichste

Befund der körperlichen Untersuchung ist der der Auszehrung. Es können auch eine signifikante Hypotension, eine Hypothermie und Hauttrockenheit auftreten. Einige Personen entwickeln Lanugo, eine feine, flaumige Körperbehaarung, an ihrem Torso. Viele Patienten mit Anorexia Nervosa leiden unter Bradykardie. Einige entwickeln periphere Ödeme, besonders während der Gewichtsnormalisierung oder bei Beendigung des Laxantien- und Diuretikamißbrauchs. In seltenen Fällen können Petechien, gewöhnlich an den Extremitäten, eine hämorrhagische Diathese anzeigen. Einige Personen weisen gelbliche Hautverfärbungen auf, verbunden mit Hypercarotinämie. Eine Hypertrophie der Speicheldrüsen, besonders der Ohrspeicheldrüse, kann vorhanden sein. Bei Personen, die Erbrechen induzieren, kann es zur Erosion des Zahnschmelzes kommen, und einige können Narben oder Schwielen auf dem Handrücken durch den Kontakt mit den Zähnen haben, wenn mit der Hand das Erbrechen herbeigeführt wird.

Die Mangelernährung der Anorexia Nervosa und das „Purging"-Verhalten, das manchmal mit ihr einhergeht, können zu bedeutsamen damit verbundenen medizinischen Krankheitsfaktoren führen. Zu diesen zählen die Entwicklung einer normochromen, normozytischen Anämie, eine verschlechterte Nierenfunktion (verbunden mit chronischer Dehydrierung und Hyperkaliämie), kardiovaskuläre Störungen (extrem niedriger Blutdruck, Arrhythmien), Zahnprobleme und Osteoporose (infolge geringer Kalziumeinnahme und -resorption, reduzierter Östrogenausschüttung und erhöhter Cortisolausschüttung).

Besondere kulturelle, Alters- und Geschlechtsmerkmale

Anorexia Nervosa scheint weit häufiger in industrialisierten Gesellschaften vorzukommen, in denen es einen Überfluß an Nahrung gibt, und in denen, speziell für Frauen, Attraktivität an Schlankheit gebunden ist. Die Störung tritt vermutlich in den Vereinigten Staaten, Kanada, Europa, Australien, Japan, Neuseeland und Südafrika am häufigsten auf, aber nur wenige Studien haben systematisch die Prävalenz in anderen Kulturen untersucht. Immigranten aus Kulturen, in denen die Störung selten ist, die in Kulturen emigrieren, in denen die Störung verbreiteter ist, können Anorexia Nervosa entwickeln, wenn sie das Schlankheitsideal übernehmen. Kulturelle Faktoren können auch die Erscheinungsform der Störung beeinflussen. Zum Beispiel kann in einigen Kulturen die gestörte Körperwahrnehmung nicht ausgeprägt sein und die vorgebrachte Begründung für die Einschränkung der Nahrungsaufnahme kann einen anderen Inhalt haben, wie ein Unwohlsein im Epigastrium oder eine Abneigung gegen Nahrung.

Anorexia Nervosa beginnt selten vor der Pubertät, aber es gibt Vermutungen, daß die Schwere der mit ihr einhergehenden psychischen Störungen bei präpubertären Personen, die diese Krankheit entwickeln, größer ist. Es gibt allerdings auch Hinweise, daß bei Beginn der Krankheit in der frühen Adoleszenz (in einem Alter zwischen 13 und 18 Jahren), die Patienten eine günstigere Prognose haben könnten. Mehr als 80 % der Fälle von Anorexia Nervosa betreffen Frauen.

Prävalenz

Prävalenzstudien an Frauen in der späten Adoleszenz und im jungen Erwachsenenalter ergaben, daß etwa 0,5–1,0 % von ihnen alle Kriterien der Anorexia Nervosa erfüllen. Personen, die beinahe die Kriterien für diese Störung erfüllen (d. h. mit Nicht Näher Bezeichneter

Eßstörung) werden weit häufiger angetroffen. Es gibt nur wenige Daten über die Prävalenz dieser Störung bei Männern. Die Inzidenz der Anorexia Nervosa scheint in den letzten Jahrzehnten gestiegen zu sein.

Verlauf

Das Durchschnittsalter bei Beginn der Anorexia Nervosa liegt bei 17 Jahren, wobei einige Daten auf einen doppelten Häufigkeitsgipfel im Alter von 14 und 18 Jahren hindeuten. Der Beginn dieser Störung tritt selten bei Frauen im Alter über 40 Jahre auf. Der Beginn der Krankheit ist oft mit einem belastenden Lebensereignis verbunden, wie z. B. dem Verlassen des Elternhauses bei Studienbeginn. Der Verlauf und die Folgen der Anorexia Nervosa können sehr unterschiedlich sein. Einige Patienten mit Anorexia Nervosa genesen völlig nach einer einzigen Episode, andere weisen ein fluktuierendes Muster von Gewichtszunahme und Rückfall auf, andere wieder erleben einen sich chronisch über viele Jahre verschlechternden Verlauf der Krankheit. Zur Gewichtsnormalisierung und zur Behandlung des Flüssigkeits- und Elektrolytungleichgewichts kann eine Hospitalisierung erforderlich sein. Unter den in Universitätskliniken eingewiesenen Betroffenen beträgt die Langzeitmortalität bei Anorexia Nervosa 10 %. Die häufigsten Todesursachen sind Verhungern, Suizid oder Elektrolytungleichgewicht.

Familiäres Verteilungsmuster

Für biologisch Verwandte ersten Grades von Betroffenen dieser Störung besteht ein erhöhtes Risiko, an Anorexia Nervosa zu erkranken. Ein erhöhtes Risiko für Affektive Störungen wurde ebenfalls bei biologisch Verwandten ersten Grades von Personen mit Anorexia Nervosa gefunden, besonders bei Verwandten von Betroffenen des „Binge-Eating/Purging"-Typus. Untersuchungen von Anorexia Nervosa bei Zwillingen ergaben, daß die Konkordanzrate für eineiige Zwillinge signifikant höher als für zweieiige Zwillinge ist.

Differentialdiagnose

Andere mögliche Ursachen für einen erheblichen Gewichtsverlust sollten bei der Differentialdiagnose der Anorexia Nervosa in Betracht gezogen werden, besonders wenn die Symptome atypisch sind (wie z. B. der Beginn der Erkrankung im Alter von über 40 Jahren). Bei **medizinischen Krankheitsfaktoren** (z. B. gastrointestinalen Erkrankungen, Hirntumoren, verborgenen Malignitäten und dem erworbenen Immunabwehrschwächesyndrom [AIDS]), kann ein erheblicher Gewichtsverlust auftreten, aber die von diesen Störungen Betroffenen haben zumeist kein gestörtes Körperbild und wünschen keinen weiteren Gewichtsverlust. Das **mesenteriale Arterienverschluß-Syndrom** (charakterisiert durch postprandiales Erbrechen als Folge eines intermittierenden Pylorrusverschlusses) sollte von der Anorexia Nervosa unterschieden werden, obwohl sich dieses Syndrom infolge der körperlichen Auszehrung manchmal auch bei Personen mit Anorexia Nervosa entwickeln kann. Bei der **Major Depression** kann es ebenfalls zu erheblichen Gewichtsverlusten kommen, aber die meisten Betroffenen mit einer Major Depression streben weder einen übermäßigen Gewichtsverlust an noch haben sie große Angst vor einer Gewichtszunahme. Bei der **Schizophrenie** kann ein bizarres Eßverhalten vorliegen und gelegentlich kann es auch zu einem erheblichen Gewichtsverlust kommen, aber die Betroffenen zeigen selten Angst vor einer Gewichtszunahme und auch keine Körperwahrnehmungsstörung, wie sie für die Vergabe der Diagnose Anorexia Nervosa erforderlich ist.

Einige der Merkmale der Anorexia Nervosa sind Teil der Kriterien für die **Soziale Phobie**, die **Zwangsstörung** und die **Körperdysmorphe Störung**. Wie bei der Sozialen Phobie können Betroffene sich gedemütigt fühlen oder verlegen sein, wenn sie beim Essen in der Öffentlichkeit gesehen werden; wie bei der Zwangsstörung können sie unter nahrungsbezogenen Zwangshandlungen und Zwangsgedanken leiden; wie bei der Körperdysmorphen Störung können ihre Gedanken ständig um einen imaginären Mangel an ihrer körperlichen Erscheinung kreisen. Wenn die sozialen Ängste einer Person mit Anorexia Nervosa sich allein auf das Eßverhalten beschränken, sollte die Diagnose Soziale Phobie nicht vergeben werden, das Vorhandensein von nicht auf das Eßverhalten bezogenen sozialen Ängsten (z. B. die Angst, in der Öffentlichkeit zu sprechen) kann hingegen die zusätzliche Diagnose einer Sozialen Phobie rechtfertigen. Ebenso sollte die zusätzliche Diagnose einer Zwangsstörung nur dann in Betracht gezogen werden, wenn die Person auch nicht nahrungsbezogene Zwangshandlungen und Zwangsgedanken (z. B. eine übermäßige Angst vor Ansteckung) aufweist, und die zusätzliche Diagnose einer Körperdysmorphen Störung sollte nur vergeben werden, wenn die Störung sich nicht auf die Figur und den Körperumfang bezieht (z. B. die Überzeugung, die eigene Nase sei zu groß).

Bei **Bulimia Nervosa** erleiden die Betroffenen wiederholt Episoden von „Freßanfällen", zeigen unangemessenes Verhalten, um eine Gewichtszunahme zu vermeiden (z. B. selbstinduziertes Erbrechen) und befassen sich übermäßig mit ihrer Figur und ihrem Gewicht. Im Gegensatz zu Personen des „Binge-Eating/Purging"-Typus bei Anorexia Nervosa sind Personen mit Bulimia Nervosa in der Lage, ihr Körpergewicht um oder über einem Minimum des normalen Körpergewichtes zu halten.

Diagnostische Kriterien für 307.1 (F50.00; F50.01) Anorexia Nervosa

A. Weigerung, das Minimum des für Alter und Körpergröße normalen Körpergewichts zu halten (z. B. der Gewichtsverlust führt dauerhaft zu einem Körpergewicht von weniger als 85 % des zu erwartenden Gewichts; oder das Ausbleiben einer während der Wachstumsperiode zu erwartenden Gewichtszunahme führt zu einem Körpergewicht von weniger als 85 % des zu erwartenden Gewichts).

B. Ausgeprägte Ängste vor einer Gewichtszunahme oder davor, dick zu werden, trotz bestehenden Untergewichts.

C. Störung in der Wahrnehmung der eigenen Figur und des Körpergewichts, übertriebener Einfluß des Körpergewichts oder der Figur auf die Selbstbewertung, oder Leugnen des Schweregrades des gegenwärtigen geringen Körpergewichts.

D. Bei postmenarchalen Frauen das Vorliegen einer Amenorrhoe, d. h. das Ausbleiben von mindestens drei aufeinanderfolgenden Menstruationszyklen (Amenorrhoe wird auch dann angenommen, wenn bei einer Frau die Periode nur nach Verabreichung von Hormonen, z. B. Östrogen, eintritt).

Fortsetzung nächste Seite

> Fortsetzung
> *Bestimme* den Typus:
> **Restriktiver Typus (F50.00):** Während der aktuellen Episode der Anorexia Nervosa hat die Person keine regelmäßigen „Freßanfälle" gehabt oder hat kein „Purging"-Verhalten (das heißt selbstinduziertes Erbrechen oder Mißbrauch von Laxantien, Diuretika oder Klistieren) gezeigt.
> **„Binge-Eating/Purging"-Typus (F50.01):** Während der aktuellen Episode der Anorexia Nervosa hat die Person regelmäßig Freßanfälle gehabt und hat Purgingverhalten (das heißt selbstinduziertes Erbrechen oder Mißbrauch von Laxantien, Diuretika oder Klistieren) gezeigt.

307.51 (F50.2) Bulimia Nervosa

Diagnostische Merkmale

Die Hauptmerkmale der Bulimia Nervosa sind „Freßattacken" und unangemessene, einer Gewichtszunahme gegensteuernde Maßnahmen. Darüber hinaus ist die Selbstbewertung von Personen mit Bulimia Nervosa übermäßig von der Figur und dem Körpergewicht abhängig. Um die Diagnose zu stellen, müssen die „Freßanfälle" und das unangemessene Kompensationsverhalten im Durchschnitt drei Monate lang mindestens zweimal pro Woche vorgekommen sein (**Kriterium C**).

Ein „Freßanfall" ist definiert als der Verzehr einer bestimmten Nahrungsmenge in einem bestimmten Zeitraum, wobei die Nahrungsmenge erheblich größer ist als die Menge, die die meisten Menschen in einem vergleichbaren Zeitraum und unter vergleichbaren Bedingungen essen würden (**Kriterium A1**). Der Untersucher sollte hierbei den Kontext des Essens berücksichtigen – was bei einer gewöhnlichen Mahlzeit als übermäßiges Essen angesehen würde, kann bei einem Fest- oder Feiertagsessen als normal gelten. Der „bestimmte Zeitraum" bezieht sich auf einen eng begrenzten Zeitabschnitt, meistens weniger als zwei Stunden. Ein einzelner „Freßanfall" muß nicht auf eine bestimmte Umgebung beschränkt sein. Zum Beispiel kann eine Person den „Freßanfall" in einem Restaurant beginnen und ihn dann auf dem Heimweg fortsetzen. Über den ganzen Tag verteiltes, kontinuierliches Naschen kleiner Nahrungsmengen ist nicht als „Freßanfall" zu werten.

Obwohl die Art der Nahrung, die während eines „Freßanfalls" konsumiert wird, unterschiedlich sein kann, beinhaltet sie doch üblicherweise süße, hochkalorische Nahrungsmittel wie Eis oder Kuchen. Jedoch scheinen Freßanfälle eher durch den Konsum einer abnormen Menge an Nahrungsmitteln charakterisiert zu sein, als durch ein Verlangen nach bestimmten Nährstoffen wie beispielsweise Kohlehydraten. Obwohl Personen mit Bulimia Nervosa während eines „Freßanfalls" mehr Kalorien zu sich nehmen als es Personen ohne Bulimia Nervosa bei einer Mahlzeit tun, ist das Verhältnis von aus Proteinen, Fetten und Kohlehydraten stammenden Kalorien ähnlich.

Personen mit Bulimia Nervosa schämen sich in der Regel ihrer Eßprobleme und versuchen, ihre Symptome zu verbergen. „Freßattacken" finden meist heimlich statt oder so unauffällig wie möglich. Eine „Freßattacke" kann, muß jedoch nicht im voraus geplant sein und ist üblicherweise (jedoch nicht immer) durch einen raschen Nahrungskonsum gekennzeichnet. Die „Freßattacke" wird häufig fortgesetzt, bis sich bei der Person ein unangenehmes oder gar schmerzhaftes Völlegefühl einstellt. „Freßattacken" werden typischerweise ausgelöst durch dysphorische Stimmungszustände, zwischenmenschliche Belastungssituationen, intensives Hungergefühl nach diätischer Einschränkung oder durch auf das Körpergewicht, die Figur oder die Nahrung bezogene Gefühle. Durch die „Freßattacken" kann sich eine Dysphorie vorübergehend bessern, im Anschluß kommt es jedoch häufig zu vernichtender Selbstkritik und depressiver Stimmung.

Eine „Freßattacke" wird ebenfalls von Kontrollverlustgefühlen begleitet (**Kriterium A2**). Eine Person kann sich während eines Freßanfalls in einem ekstatischen Zustand befinden, besonders in frühen Stadien des Krankheitsverlaufs. Manche Betroffene beschreiben eine dissoziative Qualität während oder nach den Freßanfällen. In späteren Stadien der Bulimia Nervosa berichten die Betroffenen, daß ihre „Freßattacken" nicht länger durch ein ausgeprägtes Gefühl von Kontrollverlust charakterisiert sind, sondern eher durch Verhaltensindikatoren für eine reduzierte Kontrolle, wie beispielsweise die Schwierigkeit, einer „Freßattacke" zu widerstehen oder sie zu beenden, nachdem sie bereits begonnen hat. Die Beeinträchtigung der Kontrolle, die mit „Freßattacken" bei Bulimia Nervosa verbunden ist, ist nicht absolut: Zum Beispiel kann eine Person einen Freßanfall fortsetzen, während das Telefon klingelt, sie wird ihn aber beenden, wenn ein Mitbewohner oder Ehepartner unerwartet den Raum betritt.

Ein weiteres wesentliches Merkmal der Bulimia Nervosa ist die wiederholte Anwendung von unangemessenen, einer Gewichtszunahme gegensteuernden Maßnahmen (**Kriterium B**). Viele Personen mit Bulimia Nervosa wenden mehrere Methoden an bei ihren Versuchen, die Folgen der „Freßattacken" zu kompensieren. Die am häufigsten benutzte Methode ist das selbstinduzierte Erbrechen nach einer „Freßattacke". Die Methode des „Purging"-Verhaltens wird von 80–90 % der Personen mit Bulimia Nervosa angewandt, die sich in Eßstörungskliniken vorstellen. Das Erbrechen bewirkt eine sofortige Erleichterung des körperlichen Unbehagens und eine Reduktion der Angst vor einer Gewichtszunahme. In einigen Fällen wird das Erbrechen zum Selbstzweck, und der Betroffene hat nur deshalb eine „Freßattacke", um zu erbrechen, oder er erbricht sich bereits nach dem Verzehr kleiner Nahrungsmengen. Personen mit Bulimia Nervosa können eine Vielzahl von Methoden benutzen, um das Erbrechen zu induzieren, darunter den Gebrauch der Finger oder anderer Gegenstände, um den Würgereflex auszulösen. Die Betroffenen entwickeln allgemein großes Geschick beim Induzieren des Erbrechens und sind am Ende sogar manchmal in der Lage, nach Wunsch zu erbrechen. Selten konsumieren Betroffene Ipecacuanha-Sirup, um Erbrechen zu induzieren. Weiteres „Purging"-Verhalten ist der Mißbrauch von Laxantien und Diuretika. Etwa ein Drittel der Personen mit Bulimia Nervosa mißbraucht nach „Freßattacken" Laxantien. In seltenen Fällen mißbrauchen Personen mit dieser Störung Klistiere nach den „Freßattacken", aber dies ist in der Regel nicht die einzige angewendete gegensteuernde Maßnahme.

In dem Versuch, die Folgen von „Freßattacken" zu kompensieren, hungern Personen mit Bulimia Nervosa einen Tag oder länger, oder sie betätigen sich übermäßig körperlich. Körperliche Betätigung wird dann als übermäßig betrachtet, wenn sie mit anderen wichtigen Aktivitäten kollidiert, wenn sie zu unangemessenen Zeiten oder in unangemessener Umgebung ausgeübt wird, oder wenn der Betroffene die körperliche Betätigung trotz Verletzung oder medizinischer Komplikationen fortsetzt. In seltenen Fällen nehmen Personen mit dieser Störung Schilddrüsenhormone ein, um eine Gewichtszunahme zu vermeiden. Bei Personen mit Diabetes mellitus und Bulimia Nervosa kann es vorkommen, daß sie die Insulineinnahme reduzieren oder unterlassen, um die Metabolisierung der während der Freßattacke aufgenommenen Nahrung zu verlangsamen.

Personen mit Bulimia Nervosa schreiben Figur und Körpergewicht eine übermäßige Bedeutung in ihrer Selbstbewertung zu, und diese Faktoren sind meist für die Bestimmung des Selbstwertgefühls entscheidend (**Kriterium D**). In ihrer Angst vor einer Gewichtszunahme, ihrem Wunsch, an Gewicht zu verlieren, und in ihrer Unzufriedenheit mit ihrem Körper können Personen mit Bulimia Nervosa und Personen mit Anorexia Nervosa einander sehr ähnlich sein. Jedoch sollte die Diagnose der Bulimia Nervosa nicht vergeben werden, wenn die Störung nur während einer Anorexia-Nervosa-Episode auftritt (**Kriterium E**).

Subtypen

Mit den folgenden Subtypen kann das Vorhandensein oder Fehlen des regelmäßigen „Purging"-Verhaltens als Mittel zur Kompensation von Freßanfällen bestimmt werden. (Die Subtypen der Bulima Nervosa können nicht nach ICD-10 verschlüsselt werden.):
— „**Purging**"-**Typus**: Dieser Subtypus beschreibt Manifestierungen, bei denen die Person während der aktuellen Episode regelmäßig selbstinduziert erbricht oder Laxantien, Diuretika oder Klistiere mißbraucht.
— „**Nicht-Purging**"-**Typus**: Dieser Subtypus beschreibt Manifestierungen, bei denen die Person andere unangemessene, einer Gewichtszunahme gegensteuernde Maßnahmen zeigt, wie beispielsweise Fasten oder übermäßige körperliche Betätigung, aber während der aktuellen Episode nicht regelmäßig selbstinduziert erbricht oder Laxantien, Diuretika oder Klistiere mißbraucht.

Zugehörige Merkmale und Störungen

Zugehörige Beschreibungsmerkmale und psychische Störungen. Das Gewicht von Personen mit Bulimia Nervosa liegt zumeist im normalen Bereich, obwohl einige leicht untergewichtig oder übergewichtig sein können. Die Störung kommt, jedoch selten, auch bei moderat bis pathologisch übergewichtigen Personen vor. Es gibt Anzeichen, daß Personen mit Bulimia Nervosa vor dem Beginn der Eßstörung mit höherer Wahrscheinlichkeit als Gleichaltrige übergewichtig sind. Zwischen den „Freßattacken" schränken Personen mit Bulimia Nervosa gewöhnlich ihre Gesamtkalorienaufnahme ein und wählen bevorzugt kalorienreduzierte (Light-)Nahrungsmittel, wobei sie Nahrungsmittel meiden, von denen sie annehmen, daß sie dick machen oder eine „Freßattacke" auslösen.

Bei Personen mit Bulimia Nervosa treten vermehrt depressive Symptome (z. B. geringes Selbstwertgefühl) oder Affektive Störungen auf (besonders Dysthyme Störung und Major Depression). Bei den meisten Betroffenen beginnen die affektiven Störungen beim oder nach dem Auftreten der Bulimia Nervosa, und die Betroffenen führen die affektiven Störungen häufig auf die Bulimia Nervosa zurück. Bei einigen Betroffenen geht jedoch die affektive Störung eindeutig dem Auftreten der Bulimia Nervosa voraus. Auch Angstsymptome (z. B. Angst vor sozialen Situationen) oder Angststörungen können häufiger auftreten. Diese affektiven und Angststörungen remittieren häufig nach erfolgreicher Behandlung der Bulimia Nervosa. Substanzmißbrauch oder -Abhängigkeit, besonders von Alkohol und Stimulantien, finden sich bei etwa einem Drittel der Personen mit Bulimia Nervosa. Die Einnahme von Stimulantien beginnt häufig als ein Versuch, den Appetit und das Gewicht zu kontrollieren. Zwischen einem Drittel und der Hälfte der Personen mit Bulimia Nervosa haben wahrscheinlich auch Persönlichkeitszüge, die die Kriterien für eine oder mehrere Persönlichkeitsstörungen erfüllen (am häufigsten ist die Borderline Persönlichkeitsstörung).

Vorläufige Ergebnisse deuten darauf hin, daß Personen mit Bulimia Nervosa vom „Purging"-Typus mehr depressive Symptome und größere Besorgnis um Figur und Gewicht zeigen als Personen mit Bulimia Nervosa vom „Nicht-Purging"-Typus.

Zugehörige Laborbefunde. Häufiges „Purging"-Verhalten, egal welcher Art, kann Flüssigkeits- und Elektrolytanormalitäten erzeugen, besonders häufig Hypokaliämie, Hyponatriämie und Hypochlorämie. Der Verlust von Magensäure durch das Erbrechen kann eine metabolische Alkalose (erhöhtes Serum-Bicarbonat), und häufiges Induzieren einer Diarrhoe durch Laxantienmißbrauch kann eine metabolische Azidose erzeugen. Einige Personen mit Bulimia Nervosa haben leicht erhöhte Serum-Amylase-Werte, die wahrscheinlich eine Erhöhung des Speichel-Isoenzyms widerspiegeln.

Zugehörige körperliche Untersuchungsbefunde und medizinische Krankheitsfaktoren. Häufiges Erbrechen führt im Laufe der Zeit eventuell zu einem erheblichen und dauerhaften Zahnschmelzabbau, insbesondere an den lingualen Oberflächen der Vorderzähne. Diese Zähne bekommen Zacken und wirken ungepflegt. Die Häufigkeit von Löchern in den Zähnen kann ebenfalls erhöht sein. Bei manchen Betroffenen sind die Speicheldrüsen, vor allem die Ohrspeicheldrüse, erheblich vergrößert. Bei Personen, die Erbrechen induzieren, indem sie mit der Hand den Würgereflex auslösen, können Narben oder Schwielen auf dem Handrücken auftreten durch wiederholte Wunden, die durch die Zähne erzeugt wurden. Bei Personen, die regelmäßig mit Hilfe von Ipecacuanha-Sirup Erbrechen induzieren, wird von schweren Herz- und Skelettmyopathien berichtet.

Menstruationsunregelmäßigkeiten und Amenorrhoe kommen bei Frauen mit Bulimia Nervosa gelegentlich vor; ob derartige Störungen auf Gewichtsschwankungen, Mangelernährung oder emotionalen Streß zurückzuführen sind, ist unklar. Personen mit chronischem Laxantienmißbrauch können davon abhängig werden, auf diese Art ihre Darmtätigkeit anzuregen. Die aus dem „Purging"-Verhalten resultierenden Störungen im Flüssigkeits- und Elektrolythaushalt sind in manchen Fällen so ausgeprägt, daß sie zu ernsthaften medizinischen Problemen werden. Seltene, aber potentiell fatale Komplikationen sind Risse des Ösophagus oder des Gastrointestinaltraktes und Herzarrhythmien. Verglichen mit Personen des „Nicht-Purging"-Typus der Bulimia Nervosa, ist die Wahrscheinlichkeit bei Personen des „Purging"-Typus größer, daß sie deutlich mehr physiologische Probleme haben wie z. B. Störungen des Flüssigkeits- und Elektrolythaushalts.

Besondere kulturelle, Alters- und Geschlechtsmerkmale

Bulimia Nervosa scheint in den meisten Industrieländern wie den Vereinigten Staaten, Kanada, Europa, Australien, Japan, Neuseeland und Südafrika etwa gleich häufig vorzukommen. Nur wenige Studien haben die Prävalenz von Bulimia Nervosa in anderen Kulturen untersucht. Klinische Studien zu Bulimia Nervosa in den Vereinigten Staaten zeigen, daß die Personen, die unter dieser Störung leiden, vornehmlich Weiße sind, aber es gibt auch Berichte über das Auftreten der Störung bei Angehörigen anderer ethnischer Gruppen.

Sowohl bei klinischen als auch bei Stichproben aus der Gesamtbevölkerung sind mindestens 90 % der von Bulimia Nervosa Betroffenen weiblich. Einige Daten deuten darauf hin, daß

Männer mit Bulimia Nervosa häufiger vor Beginn der Krankheit an Adipositas gelitten haben als Frauen mit Bulimia Nervosa.

Prävalenz

Die Prävalenz von Bulimia Nervosa bei Frauen in der Adoleszenz und im jungen Erwachsenenalter beträgt etwa 1–3 %. Bei Männern scheint die Prävalenz der Störung etwa bei einem Zehntel dieses Wertes zu liegen.

Verlauf

Bulimia Nervosa beginnt meist in der späten Adoleszenz oder im frühen Erwachsenenalter. Die „Freßattacken" beginnen oftmals während oder nach einer Diät. Das gestörte Eßverhalten besteht bei einem hohen Prozentsatz von klinischen Fällen zumindest seit einigen Jahren. Der Verlauf kann chronisch oder intermittierend sein, wobei Remissionsphasen sich mit dem Wiederauftreten von „Freßattacken" abwechseln. Das Langzeitergebnis von Bulimia Nervosa ist unbekannt.

Familiäres Verteilungsmuster

Mehrere Studien ergaben eine erhöhte Häufigkeit von Bulimia Nervosa, Affektiven Störungen und von Substanzmißbrauch und -Abhängigkeit bei biologischen Verwandten ersten Grades von Personen mit Bulimia Nervosa. Eine Tendenz zur Fettleibigkeit in der Familie der Betroffenen existiert möglicherweise, konnte bislang jedoch nicht endgültig nachgewiesen werden.

Differentialdiagnose

Für Personen, bei denen die „Freßattacken" nur während der Anorexia Nervosa auftreten, wird die Diagnose **Anorexia Nervosa, „Binge-Eating/Purging"-Typus** vergeben, und die zusätzliche Diagnose Bulimia Nervosa sollte hier nicht vergeben werden. Bei einer Person, die zwar „Freßattacken" hat und „Purging"-Verhalten zeigt, aber ansonsten nicht mehr alle Kriterien der Anorexia Nervosa „Binge-Eating/Purging"-Typus erfüllt (z. B. wenn das Gewicht normal ist oder die Menstruation wieder regelmäßig ist), ist es eine Frage der klinischen Einschätzung, ob Anorexia Nervosa, „Binge-Eating/Purging"-Typus, Teilremittiert, oder Bulimia Nervosa die angemessene Diagnose ist.

Bei bestimmten neurologischen oder anderen medizinischen Krankheitsfaktoren wie z. B. dem **Kleine-Levin-Syndrom** tritt gestörtes Eßverhalten auf, es fehlen jedoch die charakteristischen psychologischen Merkmale der Bulimia Nervosa, wie die übermäßige Besorgnis hinsichtlich der Figur und des Körpergewichts. Übermäßiges Essen ist bei der **Major Depression, Mit Atypischen Merkmalen** häufig, die hiervon Betroffenen zeigen jedoch kein unangemessenes Kompensationsverhalten und keine übermäßige Besorgnis hinsichtlich der Figur und des Körpergewichts. Wenn die Kriterien für beide Störungen erfüllt sind, sollten beide Diagnosen vergeben werden. Das Freßanfall-Verhalten ist im Kriterium für impulsives Verhalten enthalten, das Teil der Definition der **Borderline Persönlichkeitsstörung** ist. Wenn die Kriterien für beide Störungen vollständig erfüllt sind, können beide Diagnosen vergeben werden.

Diagnostische Kriterien für 307.51 (F50.2) Bulimia Nervosa

A. Wiederholte Episoden von „Freßattacken". Eine „Freßattacken"-Episode ist gekennzeichnet durch beide der folgenden Merkmale:
   (1) Verzehr einer Nahrungsmenge in einem bestimmten Zeitraum (z. B. innerhalb eines Zeitraums von 2 Stunden), wobei diese Nahrungsmenge erheblich größer ist, als die Menge, die die meisten Menschen in einem vergleichbaren Zeitraum und unter vergleichbaren Bedingungen essen würden.
   (2) Das Gefühl, während der Episode die Kontrolle über das Eßverhalten zu verlieren (z. B. das Gefühl, weder mit dem Essen aufhören zu können, noch Kontrolle über Art und Menge der Nahrung zu haben).

B. Wiederholte Anwendung von unangemessenen, einer Gewichtszunahme gegensteuernden Maßnahmen, wie z. B. selbstinduziertes Erbrechen, Mißbrauch von Laxantien, Diuretika, Klistieren oder anderen Arzneimitteln, Fasten oder übermäßige körperliche Betätigung.

C. Die „Freßattacken" und das unangemessene Kompensationsverhalten kommen drei Monate lang im Durchschnitt mindestens zweimal pro Woche vor.

D. Figur und Körpergewicht haben einen übermäßigen Einfluß auf die Selbstbewertung.

E. Die Störung tritt nicht ausschließlich im Verlauf von Episoden einer Anorexia Nervosa auf.

Bestimme den Typus:
„**Purging**"-**Typus**: Die Person induziert während der aktuellen Episode der Bulimia Nervosa regelmäßig Erbrechen oder mißbraucht Laxantien, Diuretika oder Klistiere.
„**Nicht-Purging**"-**Typus**: Die Person hat während der aktuellen Episode der Bulimia Nervosa andere unangemessene, einer Gewichtszunahme gegensteuernde Maßnahmen gezeigt wie beispielsweise Fasten oder übermäßige körperliche Betätigung, hat aber nicht regelmäßig Erbrechen induziert oder Laxantien, Diuretika oder Klistiere mißbraucht.

307.50 Nicht Näher Bezeichnete Eßstörung

Die Kategorie Nicht Näher Bezeichnete Eßstörung dient der Einordnung von Eßstörungen, die die Kriterien für eine spezifische Eßstörung nicht erfüllen. Beispiele sind:
1. Bei einer Frau sind sämtliche Kriterien der Anorexia Nervosa erfüllt, außer daß die Frau regelmäßig Menstruationen hat (**F50.1**).
2. Sämtliche Kriterien der Anorexia Nervosa sind erfüllt, nur liegt das Körpergewicht der Person trotz erheblichen Gewichtsverlustes noch im Normalbereich (**F50.1**).
3. Sämtliche Kriterien der Bulimia Nervosa sind erfüllt, jedoch sind die „Freßattacken" und das unangemessene Kompensationsverhalten weniger häufig als zweimal pro Woche für eine Dauer von weniger als drei Monaten (**F50.3**).

4. Die regelmäßige Anwendung unangemessener, einer Gewichtszunahme gegensteuernder Maßnahmen durch eine normalgewichtige Person nach dem Verzehr kleiner Nahrungsmengen (z. B. selbstinduziertes Erbrechen nach dem Verzehr von zwei Keksen) (F50.3).
5. Wiederholtes Kauen und Ausspucken großer Nahrungsmengen, ohne sie herunterzuschlucken (F50.8).
6. „Binge-Eating Störung": Wiederholte Episoden von „Freßattacken" ohne die für Bulimia Nervosa charakteristischen regelmäßigen, einer Gewichtszunahme gegensteuernden Maßnahmen (siehe S. 819 für Vorgeschlagene Forschungskriterien) (F50.9).

Schlafstörungen

Die Schlafstörungen sind entsprechend ihrer vermuteten Ätiologie in 4 Hauptkapitel unterteilt. **Primäre Schlafstörungen** sind solche, denen keine der unten aufgeführten Ursachen zugrundeliegt (d. h. eine andere psychische Störung, ein medizinischer Krankheitsfaktor oder eine Substanz). Primäre Schlafstörungen entstehen vermutlich aufgrund endogener Störungen schlaf-wach-generierender oder die zeitliche Abfolge steuernder Mechanismen, oft verkompliziert durch konditionierende Faktoren. Die Primären Schlafstörungen sind weiter unterteilt in **Dyssomnien** (charakterisiert durch Beeinträchtigungen von Dauer, Qualität und zeitlicher Abfolge des Schlafes) sowie **Parasomnien** (charakterisiert durch abnormes Verhalten oder physiologische Ereignisse, die in Zusammenhang mit Schlaf, bestimmten Schlafstadien oder dem Übergang vom Schlaf zum Wachsein auftreten).

Eine **Schlafstörung in Zusammenhang mit einer Anderen Psychischen Störung** schließt ausgeprägte Beschwerden über gestörten Schlaf ein, der aus einer diagnostizierbaren psychischen Störung resultiert (oft einer Affektiven Störung oder einer Angststörung). Er ist schwer genug, um für sich allein genommen klinische Beachtung zu rechtfertigen. Vermutlich wirken sich die pathophysiologischen Mechanismen, die für die psychische Störung verantwortlich sind, auch auf die Schlaf-Wach-Regulation aus.

Eine **Schlafstörung Aufgrund eines Medizinischen Krankheitsfaktors** schließt ausgeprägte Beschwerden über gestörten Schlaf ein, der auf die direkte körperliche Wirkung eines medizinischen Krankheitsfaktors auf das Schlaf-Wach-System zurückgeht.

Eine **Substanzinduzierte Schlafstörung** schließt ausgeprägte Beschwerden über gestörten Schlaf ein, der auf den gleichzeitigen Gebrauch oder das kurz zurückliegende Absetzen einer Substanz (einschließlich Medikamente) zurückgeht.

Die systematische Untersuchung von Personen, die sich mit ausgeprägten Beschwerden über gestörten Schlaf vorstellen, umfaßt die Beurteilung des spezifischen Typus der Schlafbeschwerden sowie die Beachtung begleitender psychischer Störungen, medizinischer Krankheitsfaktoren und Substanzen (einschließlich Medikamente), die für die Schlafstörung verantwortlich sein können.

Fünf verschiedene Schlafstadien können durch eine Polysomnographie registriert werden: der Rapid Eye Movement (REM)-Schlaf sowie vier Stadien des Non Rapid Eye Movement (NREM)-Schlafes (Stadien 1, 2, 3 und 4). Stadium 1 des NREM-Schlafes ist der Übergang vom Wachsein zum Schlaf und umfaßt ungefähr 5 % der Zeit, die gesunde Erwachsene schlafend verbringen. Stadium 2 des NREM-Schlafes, das durch bestimmte EEG-Wellen (Schlafspindeln und K-Komplexe) gekennzeichnet ist, umfaßt ungefähr 50 % der gesamten

Berater der deutschen Ausgabe:
Prof. Matthias Berger, Freiburg
Prof. Jürgen-Christian Krieg, Marburg

Übersetzer:
Dr. Hermann Ebel, Aachen
Dr. Armin Kreischer, Aachen
Dr. Ammar Owega, Aachen
Dr. Ingrid Kamps, Aachen
Dr. Bernhard Thelen, Aachen

Schlafzeit. Die Stadien 3 und 4 des NREM-Schlafes (auch zusammengefaßt als Tiefschlaf oder Slow Wave Sleep bekannt) sind die tiefsten Schlafphasen und umfassen ungefähr 10–20 % der Gesamtschlafdauer. Der REM-Schlaf, in dem die überwiegende Menge der typischen Traumgeschichten auftreten, umfaßt ungefähr 20–25 % der Gesamtschlafdauer.

Diese Schlafstadien haben eine charakteristische zeitliche Abfolge während der Nacht. Die NREM-Stadien 3 und 4 treten meist im ersten Drittel bis zur ersten Hälfte der Nacht auf und nehmen als Reaktion auf einen Schlafentzug an Dauer zu. REM-Schlaf tritt während der Nacht ungefähr alle 80–100 Minuten im Wechsel mit NREM-Schlaf zyklisch auf. REM-Schlafperioden werden gegen Morgen länger. Der menschliche Schlaf verändert sich auch im Verlauf der Lebensspanne in charakteristischer Weise. Nach relativer Stabilität mit einem hohen Tiefschlafanteil in der Kindheit und der frühen Jugend verschlechtern sich Schlafkontinuität und -tiefe mit zunehmenden Alter. Diese Verschlechterung äußert sich in einer Zunahme von Wachheit und von Stadium 1-Schlaf sowie in einer Abnahme der Schlafstadien 3 und 4. Angesichts dessen ist in jedem Fall das Lebensalter bei der Diagnose einer Schlafstörung zu berücksichtigen.

Die Polysomnographie umfaßt die Ableitung vieler elektrophysiologischer Parameter während des Schlafes und schließt im allgemeinen Messungen der elektroenzephalographischen (EEG), elektrookulographischen und elektromyographischen Aktivität ein. Zusätzliche polysomnographische Messungen können den Luftstrom von Nase und Mund, die respiratorische Leistung, thorakale und abdominale Atembewegungen, Sauerstoffsättigung und die Kohlendioxidkonzentration in der ausgeatmeten Luft registrieren; diese Messungen dienen der Überprüfung der Atmung während des Schlafes und der Feststellung, ob und in welcher Schwere eine Schlafapnoe vorliegt. Die Messung der peripheren elektromyographischen Aktivität kann dazu dienen, abnorme Bewegungsmuster während des Schlafes zu erfassen. Die meisten polysomnographischen Untersuchungen werden während der üblichen Schlafenszeit der Personen – d. h. während der Nacht – durchgeführt. Allerdings werden auch tagsüber polysomnographische Untersuchungen durchgeführt, um die Tagesmüdigkeit zu quantifizieren. Das am häufigsten am Tage eingesetzte Verfahren ist der Multiple Sleep Latency Test (MSLT = Multipler Schlaflatenz-Test), bei dem die Person angewiesen wird, sich in einem dunklen Raum hinzulegen und sich nicht gegen ein Einschlafen zu wehren. Dieses Protokoll wird 5 mal während des Tages wiederholt. Die Schlaflatenz (die bis zum Einschlafen benötigte Zeitdauer) wird bei jeder Untersuchung gemessen und als Index der physiologischen Schläfrigkeit gewertet. Auch die umgekehrte Form des MSLT findet Anwendung: Im Repeated Test of Sustained Wakefulness (RTSW) wird die Person in einen stillen abgedunkelten Raum gebracht und angewiesen, wach zu bleiben. Dieses Vorgehen wird einige Male während des Tages wiederholt. Auch hier wird die Schlaflatenz gemessen, jedoch wird sie hier als Index für die individuelle Fähigkeit, wach zu bleiben, benutzt.

Im Text dieses Kapitels wird durchgehend die standardisierte Terminologie für polysomnographische Messungen verwendet. *Schlafkontinuität* bezieht sich auf die Gesamtbalance von Schlaf und Wachsein während des Nachtschlafes. „Bessere" Schlafkontinuität bedeutet einen wenig unterbrochenen Schlaf mit wenig Wachsein; „schlechtere" Schlafkontinuität bedeutet einen unterbrochenen Schlaf mit mehr Wachsein. Spezifische Schlafkontinuitätsmaße sind: *Schlaflatenz* – die bis zum Einschlafen benötigte Zeitdauer (ausgedrückt in Minuten). *Intermittierendes Wachsein* – die Summe der Wachzeiten nach anfänglichem Schlafbeginn (ausgedrückt in Minuten) und *Schlafeffizienz* – das Verhältnis von tatsächlich schlafend zur gesamten im Bett verbrachten Zeit (ausgedrückt in Prozent, wobei höhere Werte eine bessere Schlafkontinuität anzeigen). Mit *Schlafarchitektur* ist der Anteil und die Verteilung spezifischer Schlafstadien gemeint. Messungen der Schlafarchitektur registrieren die absolute Dauer des REM-Schlafes und jedes NREM-Schlaf-Stadiums (in Minuten), den relativen Anteil von REM-Schlaf und von NREM-Schlaf-Stadien (in Prozent der gesamten Schlafzeit) sowie die Latenz zwischen dem Schlafbeginn und der ersten REM-Periode (REM-Latenz).

Der Text für jede der hier aufgeführten Schlafstörungen enthält einen Abschnitt, der den jeweiligen Bezug zu entsprechenden Störungen gemäß der *International Classification of Sleep Disorders* (ICSD), Diagnostic and Coding Manual, publiziert 1990 von der American Sleep Disorders Association (deutschsprachige Version: E. Schramm, D. Riemann (Hrsg.) ICSD. PVU, Weinheim), herstellt.

Primäre Schlafstörungen

Dyssomnien

Dyssomnien sind primäre Ein- oder Durchschlafstörungen oder eine ausgeprägte Müdigkeit, charakterisiert durch Veränderungen in Dauer, Qualität und zeitlicher Abfolge des Schlafs. Dieses Kapitel enthält die Primäre Insomnie, die Primäre Hypersomnie, die Narkolepsie, die Atmungsgebundene Schlafstörung, die Schlafstörung mit Störung des Zirkadianen Rhythmus und die Nicht Näher Bezeichnete Dyssomnie.

307.42 (F51.0) Primäre Insomnie

Diagnostische Merkmale

Hauptmerkmal der Primären Insomnie ist die Beschwerde über Ein- bzw. Durchschlafschwierigkeiten oder über nicht erholsamen Schlaf mit einer Dauer von mindestens einem Monat (**Kriterium A**), die in klinisch bedeutsamer Weise zu Leiden oder Beeinträchtigungen in sozialen, beruflichen oder in anderen wesentlichen Funktionsbereichen führt (**Kriterium B**). Die Störung des Schlafes tritt nicht ausschließlich im Verlauf einer anderen Schlafstörung (**Kriterium C**) oder einer anderen psychischen Störung (**Kriterium D**) auf und geht nicht auf die direkte körperliche Wirkung einer Substanz oder eines medizinischen Krankheitsfaktors (**Kriterium E**) zurück.

Personen mit Primärer Insomnie berichten meist über eine Kombination von Einschlafschwierigkeiten und zwischenzeitlicher Wachheit während des Schlafs. Klagen über einen lediglich nicht erholsamen Schlaf mit dem Gefühl, der Schlaf sei ruhelos, oberflächlich oder von schlechter Qualität, sind seltener. Die Primäre Insomnie geht oft mit einem erhöhten nächtlichen physiologischen oder psychologischen Arousal in Kombination mit einer Fehlkonditionierung des Schlafverhaltens einher. Ein deutliches Beschäftigtsein mit der Schlafstörung und den durch den fehlenden Schlaf verursachten Beeinträchtigungen führt zur Entstehung eines Teufelskreises; je mehr die Person bemüht ist zu schlafen, desto frustrierter und belasteter wird sie, und um so weniger ist sie in der Lage zu schlafen. In einem Bett zu liegen, in dem man häufig schlaflose Nächte verbracht hat, kann Mißerfolgserwartung und konditioniertes Arousal erzeugen. Umgekehrt kann es sein, daß die Person leichter einschläft, wenn sie dies nicht versucht (z. B. während des Fernsehens, Lesens oder Autofahrens). Einige Personen mit erhöhtem Arousal und Fehlkonditionierung berichten, daß sie außerhalb ihres eigenen Schlafzimmers und ihrer üblichen Gewohnheiten besser schlafen. Chronische Insomnie kann zu einer Verminderung des Wohlbefindens am Tage führen (z. B. Verschlechterung von Stimmung und Motivation; Herabsetzung von Aufmerksamkeit, Antrieb und Konzentration; sowie Zunahme von Müdigkeit und Unbehagen). Obwohl Personen oft subjektiv über Müdigkeit während des Tages klagen, zeigen polysomnographische Studien im allgemeinen keine Zunahme der physiologischen Anzeichen von Müdigkeit.

Zugehörige Merkmale und Störungen

Zugehörige Beschreibungsmerkmale und psychische Störungen. Viele Personen mit einer Primären Insomnie haben eine Vorgeschichte mit „oberflächlichem" oder leicht gestörtem Schlaf, bevor sie die anhaltenden Schlafschwierigkeiten entwickeln. Andere begleitende Faktoren können eine übermäßige ängstliche Beschäftigung mit dem Allgemeinbefinden und eine erhöhte Empfindlichkeit gegenüber den Auswirkungen eines leichten Schlafdefizits bei Tage sein. Ängstliche oder depressive Symptome, die nicht die Kriterien für eine bestimmte psychische Störung erfüllen, können vorhanden sein. Es können sich zwischenmenschliche, soziale und berufliche Probleme als Folge einer übermäßigen Beschäftigung mit dem Schlaf, einer erhöhten Reizbarkeit während des Tages und einer schlechten Konzentration entwickeln. Unaufmerksamkeits- und Konzentrationsprobleme können auch zu Unfällen führen. Personen mit einer Primären Insomnie können psychische Störungen in der Vorgeschichte aufweisen, insbesondere Affektive Störungen und Angststörungen. Andererseits stellt die chronische Schlafstörung, die die Primäre Insomnie charakterisiert, einen Risikofaktor (oder möglicherweise ein Frühsymptom) für eine nachfolgende Affektive Störung oder eine Angststörung dar. Personen mit Primärer Insomnie nehmen manchmal in unangemessener Weise Medikamente ein: Hypnotika oder Alkohol, um den Nachtschlaf herbeizuführen, Anxiolytika, um Spannungen oder Angst zu bekämpfen und Koffein oder andere Stimulantien, um starke Müdigkeit zu bekämpfen. Aus dieser Art des Substanzgebrauches kann sich in einigen Fällen Mißbrauch oder Abhängigkeit entwickeln.

Zugehörige Laborbefunde. Die Polysomnographie kann eine schlechte Schlafkontinuität ermitteln (z. B. eine verlängerte Schlaflatenz, eine Zunahme nächtlicher Wachzeiten und eine verminderte Schlafeffizienz) sowie eine Zunahme des Schlafstadiums 1, eine Abnahme der Stadien 3 und 4, eine Erhöhung des Muskeltonus oder eine Zunahme der Alpha-Aktivität während des Schlafes. Diese Merkmale müssen im Zusammenhang mit den entsprechenden Altersnormen interpretiert werden. Einige Personen berichten über besseren Schlaf im Labor als zu Hause, was auf eine Konditionierung als Ursache der Schlafbeschwerden hinweist. Auch andere psychophysiologische Untersuchungen können ein hohes Arousal nachweisen (z. B. Erhöhung des Muskeltonus oder überschießende physiologische Reaktionen auf Streß). Weiterhin können Personen mit Primärer Insomnie erhöhte Werte auf Fragebögen zur psychischen Selbsteinschätzung oder zur Persönlichkeit aufweisen (z. B. auf Profilen, die eine mäßig ausgeprägte chronische Depression und Angst, einen „internalisierenden" Stil der Konfliktlösung und eine somatisierende Selbstbeobachtung anzeigen).

Zugehörige körperliche Untersuchungsbefunde und medizinische Krankheitsfaktoren. Personen mit Primärer Insomnie können ermüdet oder abgespannt erscheinen, zeigen aber bei der körperlichen Untersuchung keine anderen charakteristischen Auffälligkeiten. Es kann eine erhöhte Inzidenz für psychophysiologische Symptome, die in Zusammenhang mit Streß stehen, festgestellt werden (z. B. Spannungskopfschmerz, erhöhter Muskeltonus, Magenbeschwerden).

Besondere Alters- und Geschlechtsmerkmale

Die Datenübersicht zeigt durchgehend, daß Beschwerden über Insomnie mit zunehmendem Alter und bei Frauen häufiger auftreten. Junge Erwachsene klagen häufiger über Schwierigkeiten beim Einschlafen, während Erwachsene in der Lebensmitte und im Alter mit höherer Wahrscheinlichkeit Schwierigkeiten haben durchzuschlafen und früh erwachen. Trotz einer höheren Prävalenz von Insomniebeschwerden bei älteren Frauen zeigen polysomnographische Studien bei diesen paradoxerweise, daß Schlafkontinuität und Tiefschlaf (Slow Wave Sleep) besser erhalten sind als bei älteren Männern. Der Grund für diese Diskrepanz zwischen Selbsteinschätzung und Labordaten ist nicht bekannt.

Prävalenz

Die tatsächliche Prävalenz der Primären Insomnie in der Allgemeinbevölkerung ist unbekannt. Epidemiologische Studien zeigen eine 1-Jahres-Prävalenz für Insomnie-Beschwerden bei 30–40 % der Erwachsenen (jedoch wurde der prozentuale Anteil der Personen, deren Schlafstörungen die Kriterien für eine Primäre Insomnie erfüllen würden, dabei nicht untersucht). In Fachkliniken für Schlafstörungen erhalten ungefähr 15–25 % der Personen mit chronischer Insomnie die Diagnose einer Primären Insomnie.

Verlauf

Die Faktoren, die eine Primäre Insomnie auslösen, können sich von denen unterscheiden, die sie aufrechterhalten. Die meisten Fälle beginnen recht plötzlich in einer Zeit psychischer, sozialer oder krankheitsbedingter Belastung. Aufgrund der Entwicklung einer erhöhten Arousalbereitschaft und einer Fehlkonditionierung hält die Primäre Insomnie oft noch lange nach Beseitigung der ursprünglich auslösenden Faktoren an. Beispielsweise kann eine Person mit einer schmerzhaften Verletzung, die lange Zeit im Bett verbringt und Schwierigkeiten zu schlafen hat, diese negativen Erfahrungen mit Schlaf assoziieren. Negative Assoziationen, ein erhöhtes Arousal und konditioniertes Erwachen können dann auch über den Genesungszeitraum hinaus anhalten und zu einer Primären Insomnie führen. Ein ähnliches Bild kann sich bei einer Insomnie ergeben, die im Zusammenhang mit akuter psychischer Belastung oder einer psychischen Störung entsteht. Beispielsweise kann eine Insomnie, die während der Episode einer Major Depression auftritt, zum Mittelpunkt der Aufmerksamkeit werden und eine Fehlkonditionierung nach sich ziehen, wobei die Insomnie noch lange nach Rückbildung der depressiven Episode bestehen bleiben kann. In einigen Fällen kann sich eine Primäre Insomnie schrittweise ohne einen eindeutigen Belastungsfaktor entwickeln.

Die Primäre Insomnie beginnt üblicherweise im jungen Erwachsenen- oder mittleren Lebensalter und ist in der Kindheit oder Adoleszenz selten. In Ausnahmefällen kann die Insomnie bis in die Kindheit zurückverfolgt werden. Der Verlauf der Primären Insomnie ist unterschiedlich. Er kann auf eine Periode von einigen Monaten beschränkt sein, vor allem bei Auslösung durch eine psychosoziale oder körperliche Belastung, die später wegfällt. Der typischere Verlauf besteht aus einer Anfangsphase mit fortschreitender Verschlechterung über Wochen bis Monate, gefolgt von einer chronischen Phase anhaltender Schlafschwierigkeiten, die viele Jahre dauern kann. Einige Personen erleben einen episodischen Verlauf mit Perioden besseren oder schlechteren Schlafes, die als Reaktion auf Lebensereignisse wie Urlaub oder Stress auftreten.

Familiäres Verteilungsmuster

Eine Prädisposition für leichten und unterbrochenen Schlaf hat einen familiären Bezug. Genetische und/oder Familienstudien wurden bisher noch nicht durchgeführt.

Differentialdiagnose

Die „normale" Schlafdauer variiert beträchtlich in der Allgemeinbevölkerung. Einige Personen, die wenig Schlaf brauchen („Kurzschläfer"), sind möglicherweise über ihre Schlafdauer besorgt. **Kurzschläfer** unterscheiden sich von Personen mit einer Primären Insomnie dadurch, daß sie keine Schwierigkeiten haben einzuschlafen sowie durch das Fehlen charakteristischer Symptome der Primären Insomnie (z. B. intermittierendes Wachsein, Müdigkeit, Konzentrationsprobleme oder Reizbarkeit).

Tagesschläfrigkeit, die ein charakteristisches Merkmal der **Primären Hypersomnie** darstellt, kann auch bei der Primären Insomnie auftreten, ist jedoch bei der Primären Insomnie nicht so ausgeprägt. Wenn die Tagesschläfrigkeit als Folge einer Insomnie bewertet wird, wird die zusätzliche Diagnose einer Primären Hypersomnie nicht gestellt.

Der Jet Lag- und der Schichtarbeits-Typus einer **Schlafstörung mit Störung des Zirkadianen Rhythmus** lassen sich von der Primären Insomnie aufgrund des Berichtes über eine kürzlich unternommene Reise mit Zeitzonenwechsel oder Schichtarbeit in der Vorgeschichte unterscheiden. Personen mit einer Schlafstörung mit Störung des Zirkadianen Rhythmus vom Typus mit Verzögerter Schlafphase berichten, daß eine Einschlafinsomnie nur dann auftritt, wenn sie versuchen, zu allgemein üblichen Zeiten zu schlafen, sie berichten jedoch nicht über Ein- oder Durchschlafstörungen, wenn sie zu von ihnen bevorzugten Zeiten schlafen.

Eine **Narkolepsie** kann, besonders bei älteren Menschen, Insomniebeschwerden hervorrufen. Allerdings ist Insomnie selten die vordringliche Beschwerde bei einer Narkolepsie, die sich von der Primären Insomnie durch Symptome wie auffällige Tagesschläfrigkeit, Kataplexie, Schlaflähmung und schlafbezogene Halluzinationen unterscheidet.

Eine **Atmungsgebundene Schlafstörung**, vor allem die zentrale Schlafapnoe, kann mit Beschwerden über chronische Insomnie und Beeinträchtigungen während des Tages einhergehen. Eine sorgfältige Anamnese kann periodische Atempausen während des Schlafes oder eine Crescendo-Decrescendo-Atmung (Cheyne-Stokes-Atmung) aufdecken. Eine Anamnese mit einer ZNS-Schädigung oder ZNS-Erkrankung läßt darüber hinaus eine Atmungsgebundene Schlafstörung vermuten. Die Polysomnographie kann das Vorliegen von Apnoe-Ereignissen sichern. Die meisten Personen mit Atmungsgebundenen Schlafstörungen haben eine obstruktive Apnoe, die von der Primären Insomnie durch eine Anamnese mit lautem Schnarchen, Atempausen während des Schlafes und übermäßiger Tagesschläfrigkeit unterschieden werden kann.

Parasomnien sind charakterisiert durch Beschwerden über ungewöhnliches Verhalten oder Ereignisse während des Schlafes, die manchmal zu zwischenzeitlichem Erwachen führen können. Allerdings sind es gerade diese Verhaltensauffälligkeiten und weniger die Insomnie, die das klinische Bild bei der Parasomnie bestimmen.

Die Primäre Insomnie muß unterschieden werden von **psychischen Störungen, die eine Insomnie als Haupt- oder Nebenmerkmal enthalten** (z. B. Major Depression, Generalisierte Angststörung, Schizophrenie). Die Diagnose einer Primären Insomnie wird nicht gestellt, wenn die Insomnie ausschließlich im Verlauf einer anderen psychischen Störung auftritt. Eine sorgfältige Untersuchung zur Feststellung einer anderen psychischen Störung ist wichtig, bevor die Diagnose einer Primären Insomnie in Betracht gezogen werden sollte. Die Diagnose einer Primären Insomnie kann beim Vorliegen einer anderen, gleichzeitig bestehenden oder zurückliegenden psychischen Störung dann gestellt werden, wenn man zu dem Urteil kommt, daß die Insomnie nicht durch die psychische Störung erklärt werden kann oder wenn die Insomnie und die psychische Störung einen voneinander unabhängigen Verlauf aufweisen. Hingegen kann, wenn die Insomnie als eine Manifestation und ausschließlich im Verlauf einer anderen psychischen Störung (z. B. Affektive Störung, Angststörung, Somatoforme Störung oder Psychotische Störung) auftritt, die Diagnose einer **Insomnie im Zusammenhang mit einer Anderen Psychischen Störung** angemessener sein. Diese Diagnose sollte nur in Betracht gezogen werden, wenn die Insomnie die im Vordergrund stehende Beschwerde darstellt und schwer genug ist, um für sich allein genommen klinische Beachtung zu rechtfertigen; anderenfalls ist eine gesonderte Diagnose nicht nötig.

Die Primäre Insomnie muß unterschieden werden von der **Schlafstörung Aufgrund eines Medizinischen Krankheitsfaktors, Insomnie-Typus**. Die Diagnose sollte dann Schlafstörung Aufgrund eines Medizinischen Krankheitsfaktors lauten, wenn die Insomnie als direkte körperliche Folge eines bestimmten medizinischen Krankheitsfaktors eingeschätzt wird (z. B. Phäochromozytom, Hyperthyreose) (siehe S. 679). Diese Beurteilung basiert auf der Anamnese, auf Laborergebnissen oder der körperlichen Untersuchung. Die **Substanzinduzierte Schlafstörung, Insomnie-Typus** wird von der Primären Insomnie dadurch unterschieden, daß man zu dem Urteil kommt, daß eine Substanz (d. h. Droge, Medikament oder Exposition gegenüber einem Toxin) mit der Insomnie ätiologisch in Zusammenhang steht (siehe S. 683). Beispielsweise wäre eine Insomnie, die nur im Zusammenhang mit starkem Kaffeekonsum auftritt, als Koffeininduzierte Schlafstörung, Insomnie-Typus, Mit Beginn Während der Intoxikation, zu diagnostizieren.

Beziehung zur Internationalen Klassifikation der Schlafstörungen

Die Primäre Insomnie schließt eine Anzahl von Insomnie-Diagnosen gemäß der Internationalen Klassifikation der Schlafstörungen (ICSD) ein, einschließlich Psychophysiologische Insomnie, Fehlwahrnehmung des Schlafzustandes, Idiopathische Insomnie und einige Fälle von Inadäquater Schlafhygiene. Die Psychophysiologische Insomnie ähnelt am meisten der Primären Insomnie insbesondere in Hinblick auf Arousal und konditionierende Faktoren. Fehlwahrnehmung des Schlafzustandes ist ein Störungsbild, das durch Beschwerden über Schlaflosigkeit mit deutlicher Diskrepanz zwischen subjektiven und objektiven Einschätzungen des Schlafs charakterisiert ist. Die Idiopathische Insomnie schließt Fälle mit einem Beginn in der Kindheit und einem lebenslangen Verlauf ein, vermutlich als Folge einer veränderten zentralnervösen Kontrolle des Schlaf-Wach-Systems. Inadäquate Schlafhygiene bezieht sich auf Schlaflosigkeit, die aus Verhaltensweisen resultieren, die das Arousal erhöhen oder die

Schlaforganisation zerstören (z. B. Arbeit bis spät in die Nacht, exzessiver Tagesschlaf oder Schlaf zu irregulären Zeiten).

Diagnostische Kriterien für 307.42 (F51.0) Primäre Insomnie

A. Die im Vordergrund stehende Beschwerde besteht in Ein- und Durchschlafschwierigkeiten oder in nicht erholsamem Schlaf seit mindestens einem Monat.

B. Die Schlafstörung (oder die damit verbundene Tagesmüdigkeit) verursacht in klinisch bedeutsamer Weise Leiden oder Beeinträchtigungen in sozialen, beruflichen oder anderen wichtigen Funktionsbereichen.

C. Das Störungsbild tritt nicht ausschließlich im Verlauf einer Narkolepsie, einer Atmungsgebundenen Schlafstörung, einer Schlafstörung mit Störung des Zirkadianen Rhythmus oder einer Parasomnie auf.

D. Das Störungsbild tritt nicht ausschließlich im Verlauf einer anderen psychischen Störung auf (z. B. Major Depression, Generalisierte Angststörung, Delir).

E. Das Störungsbild geht nicht auf die direkte körperliche Wirkung einer Substanz (z. B. Droge, Medikament) oder eines medizinischen Krankheitsfaktors zurück.

307.44 (F51.1) Primäre Hypersomnie

Diagnostische Merkmale

Hauptmerkmal der Primären Hypersomnie ist eine übermäßige Schläfrigkeit seit wenigstens 1 Monat, die entweder durch verlängerte Schlafepisoden oder durch fast täglich auftretende Episoden von Tagesschlaf belegt wird (**Kriterium A**). Die übermäßige Schläfrigkeit muß schwer genug sein, um in klinisch bedeutsamer Weise zu Beeinträchtigungen in sozialen, beruflichen oder anderen wichtigen Funktionsbereichen zu führen (**Kriterium B**). Die übermäßige Schläfrigkeit tritt nicht ausschließlich im Verlauf einer anderen Schlafstörung (**Kriterium C**) oder psychischen Störung (**Kriterium D**) auf und ist nicht die direkte Folge der körperlichen Wirkung einer Substanz oder eines medizinischen Krankheitsfaktors (**Kriterium E**).

Bei Personen mit einer Primären Hypersomnie kann die Dauer der Hauptschlafepisode (bei den meisten Personen der nächtliche Schlaf) 8–12 Stunden betragen, oft gefolgt von Schwierigkeiten beim morgendlichen Erwachen. Die tatsächliche Qualität des nächtlichen Schlafes ist normal. Die übermäßige Schläfrigkeit während der üblicherweise wach verbrachten Stunden äußert sich in gewollten oder ungewollten Schlafepisoden. Objektive Messungen zeigen eine erhöhte physiologische Schläfrigkeit. Die Schlafepisoden während des Tages sind tendenziell relativ lang (oft 1 Stunde oder mehr), werden als nicht erholsam erlebt und führen häufig nicht zu verbesserter Vigilanz. Betroffene empfinden es üblicherweise so, daß sich die Schläfrigkeit über eine gewisse Zeitspanne hinweg entwickelt, seltener erleben sie eine plötzliche „Schlafattacke". Die ungewollten Schlafepisoden treten üblicherweise bei Unterstimulation und in Situationen mit geringer Aktivität auf (z. B. beim Hören von Vorträgen, beim Lesen, beim Fernsehen oder Fahren langer Strecken).

Die Hypersomnie kann in bedeutsamer Weise zu Belastungen und Funktionsstörungen bei der Arbeit und in sozialen Beziehungen führen. Der verlängerte nächtliche Schlaf und die Schwierigkeiten aufzuwachen können zu Problemen bei der Einhaltung morgendlicher Verpflichtungen führen. Unbeabsichtigte Schlafepisoden während des Tages können unangenehm und sogar gefährlich sein, beispielsweise wenn ein Betroffener beim Auftreten einer solchen Episode gerade Auto fährt oder eine Maschine bedient. Die niedrige Wachheit einer Person, die gegen Schläfrigkeit ankämpft, kann zu geringer Effizienz, schlechter Konzentration und mangelnder Gedächtnisleistung bei Alltagsaktivitäten führen. Die Schläfrigkeit, die oft als Langeweile oder Faulheit mißdeutet wird, kann auch soziale und familiäre Beziehungen stören.

Zusatzcodierungen

Rezidivierend. Diese Zusatzcodierung wird benutzt, wenn Perioden übermäßiger Schläfrigkeit vorhanden sind, die wenigstens 3 Tage andauern, wobei sie einige Male im Jahr seit mindestens 2 Jahren auftreten.

Die meisten Personen mit Primärer Hypersomnie haben einheitliche und anhaltende Symptome. Dagegen sollte Rezidivierend vermerkt werden, wenn die Beschwerden periodisch für einige Tage bis zu einigen Wochen auftreten, wobei die symptomatischen Perioden einige Male im Jahr wiederkehren. Zwischen den Perioden übermäßiger Schläfrigkeit sind Schlafdauer und Wachheit am Tage normal. Bei der als Kleine-Levin-Syndrom bekannten Rezidivierenden Form der Primären Hypersomnie können die Betroffenen 18–20 Stunden schlafend oder im Bett verbringen. Die wiederkehrenden Perioden von Schläfrigkeit sind verbunden mit anderen charakteristischen klinischen Merkmalen, die auf eine Enthemmung hinweisen. Kritiklose, übermäßige Sexualität einschließlich unangemessener sexueller Annäherungen und öffentlicher Selbstbefriedigung kann bei Männern (und seltener bei Frauen) beobachtet werden. Auch zwanghaftes übermäßiges Essen mit rascher Gewichtszunahme läßt sich beobachten. Reizbarkeit, Depersonalisation, Depression, Verwirrtheit und gelegentliche Halluzinationen wurden bei einigen Personen beschrieben, ebenso können impulsive Verhaltensweisen auftreten. Andere wiederkehrende Formen einer Hypersomnie lassen sich auch bei Fehlen dieser Merkmale beobachten. Beispielsweise berichten einige Frauen über regelmäßig auftretende Perioden einer Hypersomnie zu bestimmten Zeiten ihres menstruellen Zyklus.

Zugehörige Merkmale und Störungen

Zugehörige Beschreibungsmerkmale und psychische Störungen. Bei der Primären Hypersomnie ist der Schlaf eher kontinuierlich, aber nicht erholsam. Personen mit dieser Störung schlafen schnell ein und haben eine gute Schlafeffizienz, jedoch können sie Schwierigkeiten haben, am Morgen aufzuwachen, wobei sie manchmal verwirrt, streitbar oder ataktisch erscheinen. Dieses verzögerte Wachwerden am Übergang vom Schlafen zum Wachsein wird oft als „Schlaftrunkenheit" bezeichnet.

Durch die anhaltende Tagesschläfrigkeit kann es zu automatisierten Handlungsabläufen (gewöhnlich von sehr mechanischer, wenig komplexer Art) kommen, die der Betroffene ausführt, fast ohne sich später daran erinnern zu können. Beispielsweise kann die Person feststellen, daß sie von da aus, wo sie zu sein glaubte, einige Meilen gefahren ist, ohne sich des „automatischen" Fahrens in den vorangegangenen Minuten bewußt zu sein.

Obwohl genaue Daten hinsichtlich der Komorbidität mit psychischen Störungen nicht zur Verfügung stehen, haben viele Personen mit einer Primären Hypersomnie Symptome einer Depression, die die Kriterien für eine Major Depression erfüllen. Dies kann auch mit den psychosozialen Folgen übermäßiger Schläfrigkeit zusammenhängen. Auch weisen Personen mit einer Hypersomnie ein Risiko für eine Störung im Zusammenhang mit Psychotropen Substanzen auf, insbesondere in Verbindung mit einer Selbstbehandlung mit Stimulantien.

Zugehörige Laborbefunde. Bei der Primären Hypersomnie zeigt die nächtliche Polysomnographie eine normale bis verlängerte Schlafdauer, eine kurze Schlaflatenz, eine normale bis erhöhte Schlafkontinuität sowie eine normale Verteilung des Rapid Eye Movement (REM)- und des Non Rapid Eye Movement (NREM)-Schlafes. Einige Personen mit dieser Störung können eine Zunahme des Tiefschlafes zeigen. REM-Phasen am Schlafbeginn (das Auftreten von REM-Schlaf innerhalb von 20 Minuten nach Schlafbeginn), Atmungsgebundene Schlafstörungen und häufige, den Schlaf unterbrechende Extremitätenbewegungen sind nicht vorhanden. Der Multiple Sleep Latency Test (MSLT) weist eine übermäßige physiologische Tagesschläfrigkeit nach, üblicherweise in Form von mittleren Schlaflatenzwerten von 5–10 Minuten. Während der Schlafepisoden am Tag tritt kein REM-Schlaf auf. Die nächtliche Polysomnographie und der MSLT zeigen keine Ergebnisse, die für andere Ursachen einer Hypersomnie charakteristisch sind.

Bei der Rezidivierenden Kleine-Levin-Form der Primären Hypersomnie zeigen die üblichen EEG-Untersuchungen, die während der Hypersomnie-Perioden durchgeführt wurden, eine allgemeine Verlangsamung des Hintergrundrhythmus und paroxysmales Auftreten von Theta-Aktivität. Die nächtliche Polysomnographie zeigt eine Zunahme der Gesamtschlafdauer und eine kurze REM-Schlaflatenz. MSLT-Studien bestätigen eine erhöhte physiologische Schläfrigkeit mit Schlaflatenzen von im allgemeinen weniger als 10 Minuten. Während symptomatischer Perioden können REM-Perioden zu Schlafbeginn beobachtet werden.

Zugehörige körperliche Untersuchungsbefunde und medizinische Krankheitsfaktoren. Personen mit einer Primären Hypersomnie erscheinen oft sehr müde und können sogar im Wartezimmer des Arztes einschlafen. Einige Personen mit einer Primären Hypersomnie haben eine Familienanamnese mit Hypersomnie sowie Symptome einer Dysfunktion des vegetativen Nervensystems einschließlich wiederkehrender vaskulärer Kopfschmerzen, Reagibilität des peripheren Gefäßsystems (Raynaud-Phänomen) und Ohnmachten. Personen mit der Rezidivierenden Form des Kleine-Levin-Syndroms können unspezifische neurologische Untersuchungsbefunde aufweisen einschließlich abgeschwächter Muskeleigenreflexe, Dysarthrie und Nystagmus.

Besondere Alters- und Geschlechtsmerkmale

Gewollte kurze „Nickerchen" nehmen mit dem Alter zu, jedoch ist dieses normale Phänomen von der Primären Hypersomnie verschieden. Das Kleine-Levin-Syndrom betrifft Männer ca. 3 mal häufiger als Frauen.

Prävalenz

Die tatsächliche Prävalenz der Primären Hypersomnie in der Allgemeinbevölkerung ist unbekannt. Ungefähr 5–10 % der Personen, die sich in Kliniken für Schlafstörungen mit erhöhter Tagesschläfrigkeit vorstellen, erhalten die Diagnose Primäre Hypersomnie. Die Rezidivierende Form der Primären Hypersomnie, bekannt als Kleine-Levin-Syndrom, ist selten. Untersuchungen in der Allgemeinbevölkerung fanden bei 0,5–5 % der Erwachsenen Beschwerden über Tagesschläfrigkeit ohne Berücksichtigung bestimmter Ursachen oder Diagnosen.

Verlauf

Die Primäre Hypersomnie beginnt üblicherweise zwischen dem 15. und dem 30. Lebensjahr mit allmählicher Progredienz über Wochen bis Monate. Bei den meisten Betroffenen ist der nicht behandelte weitere Verlauf chronisch und stabil. Das Kleine-Levin-Syndrom beginnt ebenfalls während der Adoleszenz und kann mit periodischem Verlauf über Jahrzehnte fortbestehen, bildet sich jedoch oft während des mittleren Lebensalters zurück.

Familiäres Verteilungsmuster

Die Untergruppe von Personen mit einer vegetativen Funktionsstörung haben mit größerer Wahrscheinlichkeit als andere Personen mit Primärer Hypersomnie Familienangehörige mit einer Primären Hypersomnie. Das Kleine-Levin-Syndrom zeigt keine familiäre Häufung.

Differentialdiagnose

Die „normale" Schlafdauer variiert in der Allgemeinbevölkerung beträchtlich. **„Langschläfer"** (d. h. Personen, die eine längere als die durchschnittliche Schlafdauer benötigen) haben keine übermäßige Tagesschläfrigkeit, keine Schlaftrunkenheit oder automatische Handlungsabläufe, wenn sie ihre erforderliche nächtliche Schlafdauer bekommen. Wenn soziale oder berufliche Anforderungen zu einem kürzeren nächtlichen Schlaf führen, können tagsüber Symptome auftreten. Demgegenüber kommen bei der Primären Hypersomnie Symptome ausgeprägter Müdigkeit unabhängig von der nächtlichen Schlafdauer vor.

Eine **unzureichende nächtliche Schlafdauer** kann Symptome von Tagesschläfrigkeit hervorrufen, die denen der Primären Hypersomnie sehr ähnlich sind. Eine durchschnittliche Schlafdauer von weniger als 7 Stunden pro Nacht legt stark die Vermutung eines unzulänglichen nächtlichen Schlafes nahe; eine mittlere Schlafdauer von mehr als 9 Stunden während einer 24-Stunden-Periode läßt dagegen an eine Primäre Hypersomnie denken. Personen mit unzulänglichem nächtlichem Schlaf „erholen" sich üblicherweise durch eine längere Schlafdauer an Tagen, an denen sie keine sozialen oder beruflichen Verpflichtungen haben oder während der Ferien. Im Gegensatz zur Primären Hypersomnie ist es bei unzureichendem nächtlichem Schlaf unwahrscheinlich, daß er unvermindert über Jahrzehnte fortdauert. Die Diagnose einer Primären Hypersomnie sollte nicht gestellt werden, wenn fraglich ist, ob die nächtliche Schlafdauer angemessen ist. Ein 10–14 Tage dauernder diagnostischer und therapeutischer Versuch, die Schlafdauer auszudehnen, kann oft die Diagnose klären.

Tagesschläfrigkeit, die ein charakteristisches Merkmal der Primären Hypersomnie darstellt, kann auch bei der **Primären Insomnie** auftreten, jedoch ist die Schläfrigkeit bei Personen mit Primärer Insomnie weniger ausgeprägt. Wenn man zu dem Urteil kommt, daß die Tagesschläfrigkeit auf eine Insomnie zurückgeht, wird die zusätzliche Diagnose einer Primären Hypersomnie nicht gestellt.

Primäre Hypersomnie und **Narkolepsie** sind sich ähnlich im Hinblick auf das Ausmaß der Tagesschläfrigkeit, das Alter bei Beginn und den stabilen Langzeitverlauf, können aber anhand unterschiedlicher klinischer und Labormerkmale voneinander abgegrenzt werden. Personen mit Primärer Hypersomnie haben üblicherweise einen längeren und weniger unterbrochenen nächtlichen Schlaf, größere Schwierigkeiten beim Aufwachen, länger anhaltende Tagesschläfrigkeit (im Gegensatz zu den eher vereinzelt auftretenden „Schlafattacken" bei der Narkolepsie), längere und weniger erholsame Schlafepisoden während des Tages und eine geringere oder gar nicht vorhandene Traumaktivität während der „Nickerchen" am Tag. Demgegenüber haben Personen mit Narkolepsie Kataplexien und wiederholte Einstreuungen von REM-Schlaf-Elementen beim Übergang zwischen Schlaf und Wachsein (z. B. schlafbezogene Halluzinationen und Schlaflähmung). Der MSLT zeigt bei Betroffenen mit Narkolepsie üblicherweise kürzere Schlaflatenzen (das bedeutet, größere physiologische Schläfrigkeit) wie auch häufige REM-Perioden beim Schlafbeginn.

Personen mit Primärer Hypersomnie und **Atmungsgebundener Schlafstörung** können ähnliche Muster übermäßiger Müdigkeit aufweisen. Der Verdacht auf eine Atmungsgebundene Schlafstörung besteht, wenn in der Anamnese lautes Schnarchen, Atempausen während des Schlafes, eine Hirnverletzung oder eine kardiovaskuläre Erkrankung vorliegen und wenn die körperliche Untersuchung Fettleibigkeit, oropharyngeale anatomische Abweichungen, Bluthochdruck oder Herzinsuffizienz nachweist. Polysomnographische Studien können das Auftreten von Apnoe-Ereignissen bei einer Atmungsgebundenen Schlafstörung (und ihr Fehlen bei der Primären Hypersomnie) sichern.

Eine **Schlafstörung mit Störung des Zirkadianen Rhythmus** ist häufig durch Tagesschläfrigkeit gekennzeichnet. Bei Personen mit einer Schlafstörung des zirkadianen Rhythmus findet sich in der Anamnese ein gestörter Schlaf-Wach-Rhythmus (mit verschobenen oder unregelmäßigen Zeiten). **Parasomnien** führen selten zu verlängertem, ungestörtem nächtlichen Schlaf oder Tagesschläfrigkeit, wie es für die Primäre Hypersomnie charakteristisch ist.

Die Primäre Hypersomnie muß von **psychischen Störungen, die Hypersomnie als Haupt- oder Nebenmerkmal einschließen,** unterschieden werden. Insbesondere können Beschwerden von Tagesschläfrigkeit bei einer **Episode einer Major Depression mit Atypischen Merkmalen** und in der depressiven Phase einer **Bipolaren Störung** auftreten. Die Diagnose einer Primären Hypersomnie wird nicht gestellt, wenn die Hypersomnie ausschließlich im Verlauf einer anderen psychischen Störung auftritt. Eine sorgfältige Untersuchung im Hinblick auf das Vorhandensein anderer psychischer Störungen ist wesentlich, bevor man die Diagnose einer Primären Hypersomnie in Betracht zieht. Die Diagnose einer Primären Hypersomnie kann bei Vorhandensein einer anderen, gleichzeitig bestehenden oder vergangenen psychischen Störung gestellt werden, wenn diese psychische Störung nicht als Erklärung für die Hypersomnie bewertet wird oder wenn die Hypersomnie und die psychische Störung einen voneinander unabhängigen Verlauf aufweisen (z. B. bei einer Person mit chronischer Hypersomnie, die später eine Major Depression entwickelt). Wenn demgegenüber die Hypersomnie als Manifestation und ausschließlich im Verlauf einer anderen psychischen Störung auftritt, kann die Diagnose einer Hypersomnie im Zusammenhang mit einer Anderen Psychischen Störung passender sein. Diese Diagnose sollte nur erwogen werden, wenn die Hypersomnie die im Vordergrund stehende Beschwerde darstellt und schwer genug ist, um für sich allein genommen klinische Beachtung zu rechtfertigen. Anderenfalls ist keine gesonderte Diagnose erforderlich.

Die Primäre Hypersomnie muß unterschieden werden von der **Schlafstörung Aufgrund eines Medizinischen Krankheitsfaktors, Hypersomnie-Typus.** Die Diagnose lautet auf Schlafstörung Aufgrund eines Medizinischen Krankheitsfaktors, wenn die Hypersomnie als direkte körperliche Folge eines bestimmten medizinischen Krankheitsfaktors bewertet wird (z. B. Hirntumor) (siehe S. 679). Die Beurteilung basiert auf Anamnese, Laborergebnissen oder der körperlichen Untersuchung. Die **Substanzinduzierte Schlafstörung, Hypersomnie-Typus,** wird von der Primären Hypersomnie dadurch unterschieden, daß man zu dem Urteil kommt, daß eine Substanz (d. h. Droge, Medikament oder Exposition gegenüber einem Toxin) ätiologisch mit der Hypersomnie zusammenhängt (siehe S. 683). Beispielsweise würde eine Hypersomnie, die nur im Zusammenhang mit einem Kokainentzug auftritt, als Kokaininduzierte Schlafstörung, Hypersomnie-Typus, Mit Beginn Während des Entzugs, diagnostiziert werden.

Beziehung zur Internationalen Klassifikation der Schlafstörungen

Die Primäre Hypersomnie entspricht der Diagnose einer Idiopathischen Hypersomnie gemäß der Internationalen Klassifikation der Schlafstörungen (ICSD). Die ICSD schließt zusätzlich eine gesonderte Kategorie für die Wiederkehrende Hypersomnie ein, die der Rezidivierenden Form der Primären Hypersomnie entspricht.

Diagnostische Kriterien für 307.44 (F51.1) Primäre Hypersomnie

A. Die vorherrschende Beschwerde ist übermäßige Schläfrigkeit seit mindestens einem Monat (oder weniger, wenn rezidivierend), die sich entweder durch verlängerte Schlafepisoden oder durch fast täglich auftretende Schlafepisoden am Tage äußert.

B. Die übermäßige Schläfrigkeit verursacht in klinisch bedeutsamer Weise Leiden oder Beeinträchtigungen in sozialen, beruflichen oder anderen wichtigen Funktionsbereichen.

C. Die übermäßige Schläfrigkeit kann nicht besser durch eine Insomnie erklärt werden, tritt nicht ausschließlich im Verlauf einer anderen Schlafstörung auf (z. B. Narkolepsie, Atmungsgebundene Schlafstörung, Schlafstörung des Zirkadianen Rhythmus oder Parasomnie) und kann nicht durch eine unzureichende Schlafdauer erklärt werden.

D. Die Störung tritt nicht ausschließlich im Verlauf einer anderen psychischen Störung auf.

E. Das Störungsbild geht nicht auf die direkte körperliche Wirkung einer Substanz (z. B. Droge, Medikament) oder eines medizinischen Krankheitsfaktors zurück.

Bestimme, ob:
Rezidivierend: wenn Perioden übermäßiger Schläfrigkeit mindestens 3 Tage anhalten und einige Male im Jahr seit wenigstens 2 Jahren auftreten.

347 (G47.4) Narkolepsie

Diagnostische Merkmale

Hauptmerkmale der Narkolepsie sind wiederholte unwiderstehbare Anfälle von erholsamem Schlaf, Kataplexie und wiederkehrende Einstreuungen von Elementen des Rapid Eye Movement (REM)-Schlafs in die Übergangsperiode vom Schlaf zum Wachsein. Die Schläfrigkeit der Person nimmt üblicherweise nach einer Schlafattacke ab, kehrt jedoch einige Stunden später zurück. Die Schlafattacken müssen über einen Zeitraum von mindestens drei Monaten täglich auftreten, um die Diagnose zu begründen (**Kriterium A**), obwohl die meisten Personen Schlafattacken über viele Jahre beschreiben, bevor sie sich in Behandlung begeben. Zusätzlich zur Schläfrigkeit erleben Personen mit Narkolepsie eines oder beide der im folgenden beschriebenen Symptome: Kataplexie (d. h. Episoden von plötzlichem, beidseitigem, reversiblem Verlust des Muskeltonus, die für Sekunden bis Minuten anhalten und gewöhnlich durch eine starke Emotion ausgelöst werden) (**Kriterium B1**) oder wiederholte Einstreuungen von Elementen des Rapid Eye Movement (REM)-Schlafs in die Übergangsperiode zwischen Schlafen und Wachsein, was sich in einer Lähmung der Willkürmuskulatur oder traumähnlichen Halluzinationen manifestiert (**Kriterium B2**). Viele Schlafexperten gestatten die Diagnosestellung auch bei Fehlen von Kataplexie oder fehlendem Auftreten von REM-Schlaf-Elementen, wenn die Person pathologische Schläfrigkeit und zwei oder mehr REM-Perioden am Schlafbeginn während eines Multiple Sleep Latency Tests (MSLT) zeigt. Die Symptome dürfen nicht auf die direkte körperliche Wirkung einer Substanz (einschließlich eines Medikaments) oder eines medizinischen Krankheitsfaktors zurückgehen (**Kriterium C**). Obwohl die Narkolepsie in der ICD dem Kapitel der neurologischen Erkrankungen zugeordnet ist, wurde sie in dieses Kapitel aufgenommen, um die Differentialdiagnose von Personen mit übermäßiger Schläfrigkeit zu erleichtern. Sie wird auf Achse I codiert.

Episoden von Schläfrigkeit bei Narkolepsie werden meist als unwiderstehbar beschrieben und führen zu unbeabsichtigtem Schlaf in unangemessenen Situationen (z. B. während des Autofahrens, während einer Konferenz oder im Verlauf eines Gespräches). Unterstimulation und Situationen mit niedriger Aktivität verschlimmern üblicherweise das Ausmaß der Schläfrigkeit (z. B. Einschlafen während des Lesens, des Fernsehens oder beim Hören von Vorlesungen). Die Schlafepisoden dauern im allgemeinen 10–20 Minuten, können aber bis zu einer Stunde andauern, wenn sie nicht unterbrochen werden. Häufig wird über Träumen berichtet. Die Personen haben verschiedene Möglichkeiten zur Abwehr dieser Schlafattacken. Manche Personen legen absichtlich kurze „Nickerchen" ein, um ihre Schläfrigkeit zu regulieren. Personen mit unbehandelter Narkolepsie haben üblicherweise 2–6 Schlafepisoden (gewollt und ungewollt) pro Tag. Die Schlafepisoden überlagern häufig einen eher normalen Wachheitsgrad, obwohl manche Personen ein konstantes Ausmaß an Schläfrigkeit beschreiben.

Kataplexie stellt sich oft erst mehrere Jahre nach dem Beginn der Tagesschläfrigkeit ein und tritt bei ungefähr 70 % der Personen mit der Störung auf. Der Verlust des Muskeltonus bei Kataplexie kann subtil sein, etwa indem er zu einem hängenden Unterkiefer oder herabsinkenden Augenlidern, Kopf oder Arm führt, was für Beobachter nicht bemerkbar ist. Kataplexie kann aber auch dramatischer sein, indem die Person Gegenstände, die sie gerade trägt, fallenläßt, in den Knien nachgibt oder sogar zu Boden stürzt. Atem- und Augenmuskulatur sind nicht betroffen. Die Muskelschwäche dauert üblicherweise nur Sekunden, es können aber auch Zeiträume von bis zu einer halben Stunde vorkommen. Den Episoden folgt eine völlige Rückkehr der normalen Muskelkraft. Bewußtsein und Wachheit sind während einer kataplektischen Episode voll erhalten. Die Personen können die Ereignisse genau beschreiben, sie weisen vor oder nach der Attacke keine Verwirrtheit auf. Ab und zu können längerdauernde kataplektische Episoden auch in eine Schlafepisode übergehen. Kataplexie wird häufig durch einen starken emotionalen Reiz (z. B. Wut, Überraschung, Lachen) ausgelöst. Schlafentzug erhöht üblicherweise Häufigkeit und Schwere der kataplektischen Episoden.

Annähernd 20–40 % der Personen mit Narkolepsie erleben zusätzlich heftige traumähnliche Bilder kurz bevor sie einschlafen (hypnagoge Halluzinationen) oder kurz nachdem sie aufwachen (hypnopompe Halluzinationen). Die meisten schlafbezogenen Halluzinationen sind optischer Art und beziehen Elemente der aktuellen Umgebung ein. Z. B. beschreiben Personen Gegenstände, die aus Rissen in der Wand erscheinen oder Dinge, die sich innerhalb eines Bildes an der Wand bewegen. Die Halluzinationen können auch akustisch sein (z. B. das Hören von Eindringlingen in der Wohnung) oder kinetisch (z. B. Sensationen des Fliegens). Ungefähr 30–50 % der Personen mit Narkolepsie erleben auch eine Schlaflähmung beim Einschlafen oder Erwachen. Die Personen berichten, daß sie in dieser Situation zwar wach seien, aber unfähig, sich zu bewegen oder zu sprechen. Darüber hinaus können sie über das Gefühl, nicht atmen zu können, klagen, obwohl das Zwerchfell unbeeinträchtigt ist und die Atmung weitergeht. Die schlafbezogenen Halluzinationen und die Schlaflähmung können auch gleichzeitig auftreten, was zu dem oftmals furchterregenden Erlebnis führt, ungewöhnliche Dinge zu sehen oder zu hören, bei gleichzeitiger Unfähigkeit, sich zu bewegen. Sowohl die schlafbezogenen Halluzinationen als auch die Schlaflähmung dauern von Sekunden bis zu einigen Minuten und hören spontan auf. Beide Phänomene (die lebhaften geistigen Bilder und die Skelettmuskelatonie) werden als Folge dissoziierter Elemente von REM-Schlaf, die in das Wachsein einstreuen, aufgefaßt.

Zugehörige Merkmale und Störungen

Zugehörige Beschreibungsmerkmale und psychische Störungen. Manche Personen mit Narkolepsie erleben eine allgemeine Tagesschläfrigkeit zwischen den einzelnen Schlafattacken. Sie geben an, zu jeder Zeit in jeder Situation einschlafen zu können. Automatisches Verhalten, bei dem sich die Person ohne volles Bewußtsein beschäftigt, kann als Folge einer starken Schläfrigkeit auftreten. Die Personen können in einer Episode automatischen Verhaltens mit dem Auto fahren, sich unterhalten oder sogar arbeiten. Während des nächtlichen Schlafs können häufige, intensive und lebhafte Träume auftreten. Personen mit Narkolepsie weisen oftmals einen unterbrochenen Nachtschlaf aufgrund von spontanem Erwachen oder periodischen Bewegungen der Extremitäten auf. In seltenen Fällen können die Personen auch als vordringliche Beschwerde eine Insomnie – seltener eine Hypersomnie – aufweisen.

Es kann sein, daß Personen mit Narkolepsie nur zurückhaltend an sozialen Aktivitäten teilnehmen, weil sie befürchten, einzuschlafen oder eine kataplektische Episode zu erleben. Sie können auch versuchen, kataplektischen Anfällen vorzubeugen, indem sie ihre Emotionen streng unter Kontrolle halten. Dies kann zu einem allgemeinen Mangel an Ausdruckskraft führen, der soziale Beziehungen behindert. Eine Narkolepsie kann die alltägliche Leistungsfähigkeit durch die wiederholten nicht kontrollierbaren Schlafattacken, das automatisierte Verhalten und die kataplektische Episoden schwer beeinträchtigen. Personen mit Narkolepsie laufen Gefahr, sich selber oder andere unabsichtlich zu verletzen, wenn sie in gefährlichen Situationen einschlafen (z. B. beim Autofahren oder beim Bedienen von Maschinen).

Eine gleichzeitig bestehende psychische Störung oder eine andere psychische Störung in der Vorgeschichte findet sich bei ca. 40 % der Personen mit Narkolepsie. Die am häufigsten gleichzeitig auftretenden Störungen sind Affektive Störungen (in erster Linie Major Depression und Dysthymie), gefolgt von Störungen im Zusammenhang mit Psychotropen Substanzen und Generalisierter Angststörung. In der Vorgeschichte scheinen bei Personen mit Narkolepsie Parasomnien wie z. B. Schlafwandeln, Bruxismus (Zusammenpressen der Kiefer und Mahlen der Zähne) und Bettnässen häufiger aufzutreten.

Zugehörige Laborbefunde. Im tagsüber durchgeführten Multiple Sleep Latency Test (MSLT) finden sich durchschnittliche Einschlaflatenzen von weniger als 5 Minuten und das Auftreten von REM-Schlaf bei mindestens zwei Kurzschlafphasen in einem MSLT mit 5 Kurzschlafphasen. Auch werden häufig Einschlaflatenzen von weniger als 10 Minuten und REM-Perioden bei Schlafbeginn in nächtlichen polysomnographischen Untersuchungen gefunden. Weitere Befunde in polysomnographischen Untersuchungen sind häufiges flüchtiges Arousal, verminderte Schlafeffizienz, vermehrter Schlaf des Stadium 1, vermehrter REM-Schlaf und eine Zunahme der Häufigkeit von Augenbewegungen innerhalb der REM-Perioden (REM-Dichte). Häufig werden periodische Extremitätenbewegungen und Episoden von Schlafapnoe festgestellt, wobei jedoch letztere seltener auftreten als bei den Atmungsgebundenen Schlafstörungen.

Die Humane Leukozyten-Antigen-(HLA)-Typisierung der Personen mit Narkolepsie zeigt das Vorliegen von HLA-DR2 (auch bekannt als DQw6) und DQw1 (auch bekannt als DRw15) bei 90–100 % der Betroffenen. Jedoch finden sich diese HLA-Antigene auch bei 10–35 % der Normalbevölkerung.

Zugehörige körperliche Untersuchungsbefunde und medizinische Krankheitsfaktoren. Personen mit Narkolepsie erscheinen bei der Erhebung der Anamnese und bei der Untersuchung häufig schläfrig und können sogar im Warteraum oder im Untersuchungsraum einschlafen. Während kataplektischer Episoden können die Personen im Stuhl zusammensacken und eine undeutliche Aussprache oder herabhängende Augenlider haben.

Prävalenz

Epidemiologische Studien ergaben für die Narkolepsie eine Prävalenz von 0,02–0,16 % in der Erwachsenenbevölkerung mit gleicher Häufigkeit bei Frauen und Männern.

Verlauf

Tagesschläfrigkeit ist fast immer das erste Symptom der Narkolepsie und wird im allgemeinen in der Adoleszenz klinisch auffällig. Jedoch kann bei genauer Erhebung der Vorgeschichte eine gewisse Schläfrigkeit bereits während des Vorschul- und frühen Schulalters vorgelegen haben. Ein Beginn nach dem 40. Lebensjahr ist ungewöhnlich. In ungefähr der Hälfte der Fälle führen akute psychosoziale Belastungsfaktoren oder akute Veränderungen im Schlaf-Wach-Rhythmus zum Ausbruch. Kataplexie kann sich gleichzeitig mit der Schläfrigkeit entwickeln, tritt üblicherweise jedoch erst Monate, Jahre oder sogar Jahrzehnte nach dem Beginn der Schläfrigkeit auf. Die schlafbezogenen Halluzinationen und die Schlaflähmung sind eher variable Symptome der Störung und treten bei einigen Personen nicht auf. Der unterbrochene Nachtschlaf entwickelt sich üblicherweise im späteren Verlauf der Störung, meist wenn die Personen in den 40er und 50er Lebensjahren sind.

Die übermäßige Schläfrigkeit bei Narkolepsie bleibt im zeitlichen Verlauf stabil. Die Entwicklung anderer Schlafstörungen (z. B. periodische Extremitätenbewegungen oder Atmungsgebundene Schlafstörung), kann das Ausmaß der Schläfrigkeit verschlimmern, während die Behandlung mit stimulierenden Medikamenten sie verbessern kann. Auch die Kataplexie hat einen stabilen Verlauf, wenn auch manche Personen nach mehreren Jahren eine Verringerung oder sogar einen vollständigen Rückgang der Symptome beschreiben. In gleicher Weise können die schlafbezogenen Halluzinationen und die Schlaflähmung remittieren, während die Tagesschläfrigkeit und die Schlafanfälle fortbestehen.

Familiäres Verteilungsmuster

Daten von HLA-Studien und Familienstudien sprechen sehr dafür, daß genetische Faktoren bei der Entwicklung der Narkolepsie eine Rolle spielen. Der Vererbungsmodus konnte bisher nicht herausgefunden werden, ist aber wahrscheinlich multifaktoriell. Etwa 5–15 % der biologischen Verwandten 1. Grades von Personen mit Narkolepsie weisen die Störung auf. Ungefähr 25–50 % der biologischen Verwandten 1. Grades von Personen mit Narkolepsie haben andere Störungen, die durch übermäßige Schläfrigkeit charakterisiert sind (wie z. B. eine Primäre Hypersomnie).

Differentialdiagnose

Narkolepsie muß unterschieden werden von normalen Veränderungen des Schlafs, von Schlafmangel, von anderen primären Schlafstörungen und von Schlafstörungen im Zusammenhang mit einer Anderen Psychischen Störung, Hypersomnie-Typus. Viele Personen verspüren eine gewisse Schläfrigkeit während des Tages, insbesondere in den Nachmittagsstunden, in denen ein Ansteigen der physiologischen Schläfrigkeit auftritt. Solche Personen haben jedoch keine unwiderstehbaren Schlafepisoden zu anderen Tageszeiten und können gegen ihre Schläfrigkeit durch vermehrte psychische und physische Anstrengungen „ankämpfen". Im allgemeinen erleben sie keine Kataplexie, schlafbezogene Halluzinationen oder Schlaflähmung.

Schlafmangel jeder Ursache erzeugt Tagesschläfrigkeit. Narkolepsie sollte nur dann diagnostiziert werden, wenn eine Person einen normalen Schlaf-Wach-Rhythmus mit einer ausreichenden Menge an Nachtschlaf aufweist. Schlafentzug und unregelmäßiger Schlafrhythmus können in seltenen Fällen zu schlafbezogenen Halluzinationen oder Schlaflähmung führen, jedoch nicht zu Kataplexie.

Das Ausmaß der Tagesschläfrigkeit kann bei Personen mit Narkolepsie und **Primärer Hypersomnie** ähnlich sein. Im Vergleich zu Personen mit Narkolepsie beschreiben Personen mit Primärer Hypersomnie im allgemeinen einen verlängerten und einen weniger unterbrochenen Nachtschlaf. Die Tagesschläfrigkeit bei der Primären Hypersomnie besteht aus verlängerten, nicht erholsamen Schlafperioden, die weniger Dringlichkeit als die Schlaf-„Attakken" bei der Narkolepsie haben und die weniger häufig mit Träumen verbunden sind. Personen mit Primärer Hypersomnie entwicken keine Kataplexie, keine schlafbezogenen Halluzinationen oder Schlaflähmung. Bei Personen mit Primärer Hypersomnie zeigt die nächtliche Polysomnographie einen weniger unterbrochenen Schlaf und eine normale REM-Latenz; der MSLT zeigt keine REM-Phasen bei Schlafbeginn.

Personen mit **Atmungsgebundener Schlafstörung** leiden häufig an übermäßiger Schläfrigkeit, die in ihrer Ausprägung derjenigen von Personen mit Narkolepsie gleicht. Weiterhin entwickeln viele Personen mit Narkolepsie ein gewisses Ausmaß an Schlafapnoe. Die Atmungsgebundene Schlafstörung wird von der Narkolepsie unterschieden durch lautes Schnarchen in der Vorgeschichte, durch Atempausen, die den nächtlichen Schlaf unterbrechen, durch längere, nicht erholsame Episoden von Tagesschlaf und durch das Fehlen akzessorischer Symptome wie Kataplexie. Die Polysomnographie kann Atempausen (Apnoen) bei Personen mit Atmungsgebundener Schlafstörung aufzeigen. Apnoen treten bei Personen mit Narkolepsie seltener auf und sind mit geringeren Sauerstoffsättigungen verbunden. Wenn eine Person einen eindeutigen Verlauf von Narkolepsie zusammen mit bestätigenden polysomnographischen Befunden (REM-Schlaf bei Schlafbeginn) aufweist und außerdem Hinweise auf eine Atmungsgebundene Schlafstörung in der Polysomnographie vorliegen, so können beide Diagnosen gestellt werden. Hat eine Person REM zum Schlafbeginn und Schlafapnoe-Aktivität während der Polysomnographie, aber nicht das volle klinische Bild der Narkolepsie, dann sollte lediglich die Diagnose der Atmungsgebundenen Schlafstörung gestellt werden.

Personen mit **Hypersomnie in Zusammenhang mit einer Anderen Psychischen Störung** können übermäßige Schläfrigkeit und intensive Träume angeben. Besonders Episoden einer Major Depression mit Atypischen Merkmalen und die Bipolare Störung, Letzte Episode Depressiv, gehen oft mit einem erheblichen Bedarf an Tagesschlaf einher. Jedoch weisen Personen mit Affektiven Störungen üblicherweise einen verlängerten Nachtschlaf auf im Gegensatz zu dem kurzen, unterbrochenen Schlaf bei Narkolepsie. „Nickerchen" während des Tages sind bei Personen mit Affektiven Störungen nicht erholsam. Weiterhin fehlen bei diesen Personen die akzessorischen Symptome, die für die Narkolepsie charakteristisch sind (z. B. Kataplexie), obwohl Personen mit einer Major Depression mit Psychotischen Merkmalen sich über Halluzinationen im Übergang zum Schlaf und zu anderen Zeiten beklagen können. Polysomnographische Untersuchungen von Personen mit Affektiven Störungen können eine kurze REM-Latenz ergeben, üblicherweise jedoch nicht so kurz wie bei der Narkolepsie. Auch die nächtliche Schlaflatenz ist bei Personen mit Affektiven Störungen länger. Schließlich zeigt die MSLT-Untersuchung während des Tages bei Personen mit affektiven Störungen eine sehr viel geringere physiologische Schläfrigkeit und seltenere REM-Phasen am Schlafbeginn. Somit scheint die „Schläfrigkeit" bei diesen Personen eher eine Manifestation der psychomotorischen Verlangsamung und Antriebslosigkeit zu sein.

Die Einnahme oder der Entzug von Substanzen (einschließlich Medikamenten) kann Symptome der Narkolepsie hervorrufen. Cholinergika (einschließlich cholinesterasehemmender Pestizide) können die Schlafkontinuität unterbrechen und den REM-Schlaf vermehren. Ähnliche Effekte können beim plötzlichen Absetzen von anticholinerg wirksamen Substanzen, einschließlich trizyklischer Antidepressiva, entstehen. Reserpin und Methyldopa können den REM-Schlaf vermehren und Schläfrigkeit erzeugen. Das Absetzen von Stimulantien kann schwere Somnolenz hervorrufen. Die Diagnose **Substanzinduzierte Schlafstörung, Hypersomnie-Typus**, kann gerechtfertigt sein, wenn die Symptome als Folge der direkten körperlichen Wirkung einer Substanz bewertet werden (siehe S. 683). Andererseits sollte die Diagnose einer Narkolepsie nicht gestellt werden, wenn die Person solche Substanzen einnimmt oder kürzlich abgesetzt hat.

Narkolepsie muß von einer **Schlafstörung Aufgrund eines Medizinischen Krankheitsfaktors, Hypersomnie-Typus**, abgegrenzt werden. Die Diagnose lautet Schlafstörung Aufgrund eines

Medizinischen Krankheitsfaktors, wenn die Symptome als direkte körperliche Folge eines bestimmten medizinischen Krankheitsfaktors angesehen werden (z. B. Hirnverletzung oder hypothalamischer Tumor) (siehe S. 679).

Beziehung zur Internationalen Klassifikation der Schlafstörungen

Die Diagnose der Narkolepsie gemäß der Internationalen Klassifikation der Schlafstörungen (ICSD) schließt dieselben Hauptmerkmale wie die DSM-IV Diagnose ein.

Diagnostische Kriterien für 347 (G47.4) Narkolepsie

A. Unwiderstehbare Attacken von erholsamem Schlaf, die über mindestens 3 Monate hinweg täglich auftreten.

B. Mindestens eins der folgenden Merkmale ist gegeben:
(1) Kataplexie (d. h. kurze Episoden von plötzlichem beidseitigem Verlust des Muskeltonus, meist in Zusammenhang mit einer starken Emotion),
(2) Wiederholte Einstreuungen von Elementen des Rapid Eye Movement (REM)-Schlafs in die Übergangsperiode zwischen Schlaf und Wachsein, was sich in hypnopompen oder hypnagogen Halluzinationen oder einer Schlaflähmung zu Beginn oder am Ende einer Schlafepisode ausdrückt.

C. Das Störungsbild geht nicht auf die direkte körperliche Wirkung einer Substanz (z. B. Droge, Medikament) oder eines medizinischen Krankheitsfaktors zurück.

780.59 (G47.3) Atmungsgebundene Schlafstörung

Diagnostische Merkmale

Das Hauptmerkmal der Atmungsgebundenen Schlafstörung ist eine Unterbrechung des Schlafs, die zu einer übermäßigen Schläfrigkeit oder zu Insomnie führt, wobei man zu dem Urteil kommt, daß sie auf Abnormitäten der Atmung während des Schlafs (z. B. Schlaf-Apnoe oder zentrale alveoläre Hypoventilation) zurückgeht (**Kriterium A**). Die Störung des Schlafs darf nicht durch eine andere psychische Störung besser erklärt werden können und geht nicht auf die direkte körperliche Wirkung einer Substanz (einschließlich Medikament) oder eines medizinischen Krankheitsfaktors zurück, der die Schlafsymptome durch einen anderen Mechanismus als die gestörte Atmung hervorruft (**Kriterium B**).

Übermäßige Schläfrigkeit ist die am häufigsten angegebene Beschwerde von Personen mit Atmungsgebundener Schlafstörung. Die Schläfrigkeit ist durch häufiges Aufwachen aus dem Nachtschlaf bedingt, wenn die Person versucht, normal zu atmen. Die Schläfrigkeit tritt besonders in entspannenden Situationen auf, z. B. wenn die Person liest oder fernsieht. Die Unfähigkeit der Person, die Schläfrigkeit zu kontrollieren, kann bei langweiligen Konferenzen oder beim Besuch von Kino, Theater oder Konzerten auftreten. Ist die Schläfrigkeit extrem, kann es sein, daß die Person bei einer Unterhaltung, beim Essen, im Gehen oder beim Autofahren einschläft. Die „Nickerchen" sind eher nicht erholsam und können von einem dumpfen Kopfschmerz beim Erwachen begleitet sein. Allerdings können bemerkenswerte

Unterschiede in der Intensität der Schläfrigkeit vorkommen. Die Auswirkung der Schläfrigkeit kann durch die Personen heruntergespielt werden, indem sie vorgibt, stolz darauf zu sein, zu jeder Zeit an jedem Ort schlafen zu können.

Seltener als Tagesschläfrigkeit geben Personen mit Atmungsgebundener Schlafstörung Insomnie, häufiges Erwachen oder nicht erholsamen Schlaf als Beschwerden an. Einige Personen können Beschwerden beim Atmen in Rückenlage oder beim Schlafen schildern.

Abweichende Atmungsereignisse während des Schlafs bei der Atmungsgebundenen Schlafstörung schließen Apnoen (Episoden des Atemstillstandes), Hypopnoen (abweichend langsame oder flache Atmung) und Hypoventilation (abweichende Sauerstoff- und Kohlendioxidwerte im Blut) ein. Es werden 3 Arten der Atmungsgebundenen Schlafstörung beschrieben: das obstruktive Schlaf-Apnoe-Syndrom, das zentrale Schlaf-Apnoe-Syndrom und das zentrale alveoläre Hypoventilations-Syndrom.

Das *obstruktive Schlaf-Apnoe-Syndrom* ist die häufigste Form der Atmungsgebundenen Schlafstörung. Es ist gekennzeichnet durch wiederholte Episoden von Obstruktionen der oberen Atemwege (Apnoe und Hypopnoe) im Schlaf. Der zentrale Antrieb für Atmung und Atembewegungen von Thorax und Abdomen ist erhalten. Üblicherweise tritt es bei übergewichtigen Personen auf und führt zur Beschwerde über eine übermäßige Schläfrigkeit. Das obstruktive Schlaf-Apnoe-Syndrom ist gekennzeichnet durch lautes Schnarchen oder kurzes nach Luft japsen, die mit Atempausen abwechseln, die üblicherweise 20–30 Sekunden dauern. Das Schnarchen ist Folge des Atmens durch einen teilweise blockierten Respirationstrakt. Die Atempausen sind bedingt durch eine obstruktive Apnoe, wobei der Stillstand der Atmung durch einen vollständigen Verschluß der Atemwege verursacht wird. Typischerweise besteht das laute Schnarchen seit vielen Jahren, oft seit der Kindheit, eine Verschlimmerung kann die Personen jedoch zu einer Untersuchung bringen. Das Schnarchen ist im allgemeinen laut genug, um den Schlaf anderer in der Nähe zu stören. Der Atemstillstand, der manchmal bis zu 60–90 Sekunden dauern und mit einer Zyanose verbunden sein kann, kann den Bettpartner beunruhigen. Das Ende eines Apnoeereignisses kann mit lautem „Wiederbelebungs"-Schnarchen, Japsen, Stöhnen oder Murmeln oder Bewegungen des ganzen Körpers verbunden sein. Der Bettpartner kann aufgrund des Schnarchens, Japsens und der Bewegungen des Betroffenen in ein anderes Bett oder einen anderen Raum umziehen müssen. Die meisten der betroffenen Personen sind sich ihres lauten Schnarchens, der Atemschwierigkeiten und des häufigen Aufwachens nicht bewußt. Manche Personen allerdings, insbesondere ältere, sind sich ihrer Schlafstörung sehr bewußt und stellen sich mit Beschwerden über häufiges Erwachen und wenig erfrischenden Schlaf vor.

Das *zentrale Schlaf-Apnoe-Syndrom* ist charakterisiert durch zeitweisen Atemstillstand während des Schlafs (Apnoe und Hypopnoe) ohne Obstruktion der Atemwege. Somit ist im Gegensatz zur obstruktiven Apnoe die zentrale Apnoe nicht mit aufrechterhaltenen thorakalen und abdominalen Atembewegungen verbunden und tritt häufiger bei älteren Personen als Folge kardialer oder neurologischer Erkrankungen auf, die die Atmungsregulation betreffen. Die Personen beklagen sehr oft eine Insomnie aufgrund wiederholten Erwachens, das sie teilweise mit Atemschwierigkeiten in Verbindung bringen können. Personen mit zentraler Schlaf-Apnoe weisen ein leicht ausgeprägtes Schnarchen auf, doch ist dies nicht die Hauptbeschwerde.

Das *zentrale alveoläre Hypoventilations-Syndrom* ist gekennzeichnet durch eine Beeinträchtigung der Atmungskontrolle, die zu einer abnorm erniedrigten arteriellen Sauerstoffentsättigung führt, die durch den Schlaf weiter verschlechtert wird (Hypoventilation ohne Apnoe oder Hypopnoe). Die Lungen der Personen mit dieser Störung haben normale mechanische

Eigenschaften. Diese Form tritt am häufigsten bei sehr übergewichtigen Personen auf und kann mit Beschwerden über entweder exzessive Schläfrigkeit oder Insomnie verbunden sein.

Zugehörige Merkmale und Störungen

Zugehörige Beschreibungsmerkmale und psychische Störungen. Eine Person mit Atmungsgebundener Schlafstörung kann über nächtliche thorakale Beschwerden, Würgen, Erstickungs- und Erdrosselungsgefühle oder starke Angst in Verbindung mit Apnoe oder Hypoventilation klagen. Die mit den Atemschwierigkeiten einhergehenden Körperbewegungen können heftig sein, Personen mit Atmungsgebundener Schlafstörung werden oft als unruhige Schläfer beschrieben. Personen mit dieser Störung fühlen sich üblicherweise beim Aufwachen nicht erholt, und es kann sein, daß sie angeben, sich morgens müder als vor dem Zubettgehen zu fühlen. Sie können auch Schlaftrunkenheit angeben (d. h. extreme Schwierigkeiten aufzuwachen, Verwirrtheit und unangemessenes Verhalten). Ausgeprägte Mundtrockenheit ist häufig und führt oft dazu, daß die Personen während der Nacht oder nach dem morgendlichen Erwachen Wasser trinken. Nykturie tritt mit Zunahme der Symptome häufiger auf. Dumpfe generalisierte morgendliche Kopfschmerzen können für 1–2 Stunden nach dem Erwachen anhalten.

Die Schläfrigkeit kann zu Gedächtnisstörungen, verminderter Konzentration, Reizbarkeit und Persönlichkeitsveränderungen führen. Affektive Störungen (insbesondere Major Depression und Dysthyme Störung), Angststörungen (insbesondere Panikstörung) und Demenz gehen im allgemeinen mit einer Atmungsgebundenen Schlafstörung einher. Die Personen können außerdem eine verminderte Libido und Erektionsfähigkeit aufweisen. Eine erektile Funktionsstörung wird beim obstruktiven Schlaf-Apnoe-Syndrom selten als Beschwerde vorgebracht. Kinder mit Atmungsgebundener Schlafstörung können Entwicklungsverzögerungen und Lernschwierigkeiten aufweisen. Übermäßige Tagesschläfrigkeit kann zu Unfällen führen (z. B. durch Einschlafen beim Autofahren), auch kann sie schwere soziale und berufliche Beeinträchtigungen verursachen, die zum Verlust des Arbeitsplatzes, zu Ehe- und Familienproblemen und zu schlechten schulischen Leistungen führen.

Zugehörige Laborbefunde. Jedes der Hauptsyndrome der Atmungsgebundenen Schlafstörungen verursacht spezifische Veränderungen. Beim obstruktiven Schlaf-Apnoe-Syndrom zeigt die nächtliche Polysomnographie Apnoe-Episoden von mehr als 10 Sekunden Dauer (üblicherweise 20–40 Sekunden) mit seltenen Episoden von bis zu mehreren Minuten Dauer. Hypopnoen sind durch eine Verminderung des Luftstroms charakterisiert. Beide Ereignisse gehen mit einer verminderten Sauerstoffsättigung einher. Das zentrale Schlafapnoe-Syndrom kann eine Cheyne-Stokes-Atmung beinhalten (d. h. ein periodisches Atemmuster bestehend aus einer Apnoe, einer 10–60 Sekunden andauernden Hyperventilationsepisode nach der Apnoe und einer allmählichen Abnahme der Ventilation, die in einer weiteren Apnoe gipfelt). Beim zentralen alveolären Hypoventilations-Syndrom treten Perioden verminderter Atmung auf, die bis zu mehreren Minuten dauern, mit anhaltender arterieller Sauerstoffentsättigung und erhöhten Kohlendioxidspiegeln. Andere Merkmale der nächtlichen Polysomnographie bei Personen mit Atmungsgebundener Schlafstörung sind kurze Schlafdauer, häufiges Erwachen, vermehrter Stadium 1-Schlaf und eine verminderte Menge von Tiefschlaf- und Rapid Eye Movement (REM)-Schlaf. Das Aufwachen, das am Ende der Apnoe- und der Hypoventilationsereignisse auftritt, kann sehr kurz sein (einige Sekunden).

Apnoen, Hypopnoen und Hypoventilation können andere Störungsbilder hervorrufen: Sauerstoffentsättigung, EKG-Abweichungen, pulmonale und arterielle Hypertonie und vorübergehendes Aufwachen am Ende einer Episode der Atmungsstörung. Bei Personen mit einer Atmungsgebundenen Schlafstörung treten während des Schlafs gewöhnlich kardiale Arrhythmien auf, die Sinusarrhythmien, ventrikuläre Extrasystolen, einen atrioventrikulären Block oder Sinusstillstand beinhalten können. Eine Bradykardie gefolgt von einer Tachykardie wird im allgemeinen bei Apnoephasen beobachtet. Häufiges nächtliches Erwachen und Sauerstoffensättigung können zu exzessiver Schläfrigkeit führen, die durch den multiplen Schlaf-Latenz-Test (MSLT) oder andere Tests der Tagesschläfrigkeit festgestellt werden kann. Die mittlere Schlaflatenz im MSLT beträgt meist weniger als 10 Minuten, sie kann bei weniger als 5 Minuten liegen (normal sind 10–20 Minuten).

Arterielle Blutgasbestimmungen zeigen Normalwerte, wenn die Person wach ist. Manche Personen mit schwerem obstruktivem Schlaf-Apnoe-Syndrom oder zentralem alveolärem Hypoventilations-Syndrom weisen jedoch im Wachzustand eine Hypoxämie oder Hyperkapnie auf. Röntgenaufnahmen des Schädels, kernspintomographische (MRI), computertomographische (CT) und fiberoptische endoskopische Untersuchungen können eine Obstruktion der oberen Luftwege zeigen. Untersuchungen des Herzens können eine verschlechterte Funktion des rechten Ventrikels belegen. Ebenso können Personen infolge der wiederholten nächtlichen Hypoxämie erhöhte Hämoglobin- oder Hämatokritwerte aufweisen.

Zugehörige körperliche Untersuchungsbefunde und medizinische Krankheitsfaktoren. Die Mehrzahl der Personen mit obstruktivem Schlaf-Apnoe-Syndrom und zentralem alveolären Hypoventilations-Syndrom ist übergewichtig und bemerkt eine Zunahme der Schwere der Symptome mit steigendem Körpergewicht. Die Verengung der oberen Luftwege kann Folge der übermäßigen Menge an Weichteilgewebe sein. Das obstruktive Schlaf-Apnoe-Syndrom, das bei Personen mit normalem Körpergewicht oder bei Untergewichtigen auftritt, läßt auf eine Obstruktion der oberen Luftwege aufgrund einer definierbaren, lokalisierbaren strukturellen Abweichung schließen, wie z. B. eine maxillomandibuläre Mißbildung oder eine adenotonsilläre Vergrößerung. Die Personen können auch im Wachzustand eine geräuschvolle Atmung haben. Beim obstruktiven Schlafapnoe-Syndrom kann bei der Bemühung, das Atmen während des Schlafs wieder in Gang zu setzen, ein gastrooesophagealer Reflux mit schwerem Sodbrennen auftreten. Personen mit zentralem Schlaf-Apnoe-Syndrom sind seltener übergewichtig oder haben seltener nachweisbare Obstruktionen der oberen Luftwege.

Bei der Atmungsgebundenen Schlafstörung tritt im allgemeinen eine leichte arterielle Hypertonie mit erhöhtem diastolischem Druck auf. Manche Personen, insbesondere diejenigen mit chronisch-obstruktiver Lungenerkrankung oder alveolärer Hypoventilation, haben durchgehend niedrige Sauerstoffsättigungswerte während des Schlafs und sind prädisponiert, eine pulmonale Hypertonie in Verbindung mit einem Rechtsherzfehler, Leberstauung und Knöchelödemen zu entwickeln.

Personen mit Atmungsgebundener Schlafstörung können eine zugrundeliegende Abweichung in der zentralnervösen Kontrolle der oberen Atemwegsmuskulatur oder der Atmung während des Schlafs haben. Störungen, die die zentralnervöse Kontrolle der Atmung in Mitleidenschaft ziehen, manifestieren sich üblicherweise als zentrales Schlaf-Apnoe-Syndrom. Einige Personen mit neurologischen Erkrankungen haben eine spezifische, die Kontrolle der Pharyngealmuskulatur beeinträchtigende Läsion, die zum obstruktiven Schlaf-Apnoe-Syndrom führen kann.

Eine Atmungsgebundene Schlafstörung kann mit systemischen medizinischen Krankheitsfaktoren oder neurologischen Erkrankungen zusammenhängen. Z. B. kann die obstruktive

Schlaf-Apnoe Folge einer Zungenvergrößerung aufgrund einer Akromegalie sein, von lingualem Schilddrüsengewebe oder Zysten oder von Stimmbandlähmung, wie sie beim Shy-Drager-Syndrom vorkommt. Verschlechterte Herzfunktion infolge verminderten kardialen Ausstoßes kann zu einer zentralen Schlaf-Apnoe führen ebenso wie neurologische Erkrankungen, die die Hirnstammkontrolle der Atmung beeinträchtigen wie z. B. Syringobulbie oder Hirnstammtumoren.

Besondere Alters- und Geschlechtsmerkmale

Bei jüngeren Kindern sind die Zeichen und Symptome einer Atmungsgebundenen Schlafstörung (fast ausschließlich des obstruktiven Schlaf-Apnoe-Syndroms) weniger deutlich als bei Erwachsenen und die Diagnose ist schwerer zu stellen. Bei Kindern ist die Polysomnographie besonders hilfreich bei der Diagnosesicherung. Schnarchen, das charakteristisch für das obstruktive Schlaf-Apnoe-Syndrom bei Erwachsenen ist, muß nicht vorhanden sein. Im allgemeinen treten aufgeregtes Aufwachen und ungewöhnliche Schlafpositionen, wie das Schlafen auf den Händen und Knien, auf. Auch nächtliches Bettnässen kommt vor und sollte den Verdacht auf ein obstruktives Schlaf-Apnoe-Syndrom lenken, wenn es bei einem Kind wieder auftritt, das nachts bereits trocken war. Kinder können auch übermäßige Tagesschläfrigkeit zeigen, jedoch ist diese nicht so verbreitet oder ausgeprägt wie bei Erwachsenen. Auch Mundatmung am Tage, Schwierigkeiten beim Schlucken und schlechte Sprachartikulation sind allgemeine Merkmale bei Kindern. Bei der körperlichen Untersuchung können eine Trichterbrust und vorstehende Rippen auffallen. Besteht eine adenotonsilläre Vergrößerung, fällt das typische „adenoide Gesicht" auf mit teilnahmslosem Ausdruck, periorbitalem Ödem und Mundatmung.

Das obstruktive Schlaf-Apnoe-Syndrom ist am häufigsten bei übergewichtigen Männern im mittleren Lebensalter und bei präpubertären Kindern mit vergrößerten Tonsillen. Das zentrale alveoläre Hypoventilations-Syndrom ist bei korpulenten jungen Männern häufiger. Altern führt zu einer Zunahme der Häufigkeit sowohl obstruktiver als auch zentraler Apnoe-Ereignisse, sogar bei asymptomatischen gesunden Menschen. Weil ein gewisser Grad von Apnoe mit zunehmendem Alter normal sein kann, müssen polysomnographische Befunde vor diesem Hintergrund interpretiert werden. Andererseits sollten signifikante klinische Symptome von Insomnie und Hypersomnie unabhängig vom Alter der Person untersucht werden und die Diagnose einer Atmungsgebundenen Schlafstörung sollte gestellt werden, wenn eine Atemstörung die Symptome am besten erklärt.

Bei Erwachsenen beträgt das Verhältnis zwischen Männern und Frauen beim obstruktiven Schlaf-Apnoe-Syndrom ungefähr 8:1. Bei präpubertären Kindern besteht keine Geschlechtsdifferenz. Bei Erwachsenen scheinen mehr zentrale Apnoe-Ereignisse bei Männern als bei Frauen aufzutreten, nach der Menopause ist diese Differenz weniger deutlich.

Prävalenz

Die Prävalenz der Atmungsgebundenen Schlafstörung in Verbindung mit obstruktiver Schlafapnoe wird auf 1–10 % in der Erwachsenenbevölkerung geschätzt, kann aber bei älteren Menschen höher sein. Die Prävalenz der Atmungsgebundenen Schlafstörung variiert auch beträchtlich in Abhängigkeit von der Schwelle für die Häufigkeit der Apnoe-Ereignisse.

Verlauf

Das obstruktive Schlaf-Apnoe-Syndrom kann in jedem Alter auftreten. Die meisten Personen stellen sich jedoch zur Untersuchung vor, wenn sie zwischen 40 und 60 Jahre alt sind (wobei Frauen eine obstruktive Schlaf-Apnoe mit höherer Wahrscheinlichkeit nach der Menopause entwickeln). Zentrale Schlaf-Apnoe wird häufiger bei älteren Personen mit Erkrankungen des zentralen Nervensystems oder mit Herzerkrankungen gesehen. Das zentrale alveoläre Hypoventilations-Syndrom und das zentrale Schlaf-Apnoe-Syndrom kann sich in jedem Lebensalter entwickeln.

Die Atmungsgebundene Schlafstörung weist einen schleichenden Beginn, ein graduelles Fortschreiten und einen chronischen Verlauf auf. Meistens besteht die Störung, wenn sie diagnostiziert wird, bereits seit einigen Jahren. Spontanes Abklingen des obstruktiven Schlaf-Apnoe-Syndroms wurde bei Gewichtsverlust berichtet. Üblicherweise jedoch ist der Verlauf progredient und kann letztlich zu vorzeitigem Tod aufgrund kardiovaskulärer Erkrankung oder Arrhythmie führen. Das zentrale Schlaf-Apnoe-Syndrom hat ebenso einen chronischen, nicht remittierenden Verlauf, obwohl die Behandlung der zugrundeliegenden medizinischen Krankheitsfaktoren die Atemstörung verbessern kann. Erwachsene mit zentralem alveolären Hypoventilations-Syndrom zeigen einen langsam progredienten Verlauf.

Familiäres Verteilungsmuster

Eine Tendenz zur familiären Häufung des obstruktiven Schlaf-Apnoe-Syndroms wurde beschrieben.

Differentialdiagnose

Die Atmungsgebundene Schlafstörung muß von anderen Ursachen für Schläfrigkeit wie Narkolepsie, Primäre Hypersomnie und der Schlafstörung mit Störung des Zirkadianen Rhythmus abgegrenzt werden.

Die Atmungsgebundene Schlafstörung kann von der **Narkolepsie** durch das Fehlen von Kataplexie, von schlafbezogenen Halluzinationen und von Schlaflähmung und durch das Vorhandensein von lautem Schnarchen, nach Luft japsen während des Schlafes oder beobachteten Apnoen oder flacher Atmung im Schlaf unterschieden werden. Episoden von Tagesschlaf bei Narkolepsie sind charakteristischerweise kürzer, erholsamer und häufiger mit Träumen verbunden. Die Atmungsgebundene Schlafstörung zeigt in nächtlichen polysomnographischen Untersuchungen charakteristische Apnoen oder Hypoventilation, bei der Narkolepsie zeigen sich multiple Einschlaf-REM-Phasen im MSLT. Bei manchen Personen bestehen Narkolepsie und Atmungsgebundene Schlafstörung gleichzeitig. Die Atmungsgebundene Schlafstörung kann von **Primärer Hypersomnie** und von **Schlafstörungen mit Störung des Zirkadianen Rhythmus** aufgrund des Vorliegens von klinischen oder Laborbefunden der obstruktiven Schlaf-Apnoe, der zentralen Schlaf-Apnoe oder des zentralen alveolären Hypoventilations-Syndroms unterschieden werden. Die exakte Differentialdiagnose zwischen Primärer Hypersomnie und Atmungsgebundener Schlafstörung kann polysomnographische Studien erforderlich machen.

Hypersomnie im Zusammenhang mit einer Episode einer Major Depression kann von der Atmungsgebundenen Schlafstörung durch Vorhandensein oder Fehlen von anderen charakteristischen Symptomen unterschieden werden (z. B. gedrückte Stimmung und Interessenverlust bei einer Episode einer Major Depression, Schnarchen und nach Luft japsen während des Schlafs bei Atmungsgebundener Schlafstörung).

Personen mit Atmungsgebundener Schlafstörung müssen auch von ansonsten **asymptomatisch schnarchenden Erwachsenen** unterschieden werden. Diese Unterscheidung kann getroffen werden aufgrund der Hauptbeschwerde von Insomnie oder Hypersomnie, der größeren Intensität des Schnarchens und dem Vorhandensein der charakteristischen Vorgeschichte, der Zeichen und Symptome einer Atmungsgebundenen Schlafstörung. Bei Personen, die über Insomnie klagen, kann die **Primäre Insomnie** von der Atmungsgebundenen Schlafstörung durch das Fehlen von Beschwerden (oder Berichten von Bettpartnern) über Atemschwierigkeiten während des Schlafs und durch das Fehlen von Vorgeschichte, Zeichen und Symptomen, die charakteristisch für die Atmungsgebundene Schlafstörung sind, abgegrenzt werden.

Bei **nächtlichen Panikattacken** können nach Luft japsen oder Erstickungsgefühle während des Schlafs als Symptome auftreten, die klinisch nur schwer von der Atmungsgebundenen Schlafstörung unterschieden werden können. Jedoch unterscheiden sich nächtliche Panikattacken durch die geringere Häufigkeit von Episoden, das heftige vegetative Arousal und das Fehlen übermäßiger Schläfrigkeit von der Atmungsgebundenen Schlafstörung. Die Polysomnographie bei Personen mit nächtlichen Panikattacken zeigt nicht das typische Muster von Apnoen, Hypoventilation und Sauerstoffentsättigung, das für die Atmungsgebundene Schlafstörung charakteristisch ist.

Die Diagnose der Atmungsgebundenen Schlafstörung ist beim Vorliegen **eines medizinischen Krankheitsfaktors**, der Insomnie oder Hypersomnie durch eine verschlechterte Ventilation während des Schlafs verursacht, gerechtfertigt. Z. B. sollte eine Person mit tonsillärer Hypertrophie, die Schlafschwierigkeiten in Verbindung mit Schnarchen und obstruktiven Schlaf-Apnoen hat, die Diagnose einer Atmungsgebundenen Schlafstörung auf Achse I und einer tonsillären Hypertrophie auf Achse III erhalten. Im Gegensatz dazu ist eine Schlafstörung Aufgrund eines Medizinischen Krankheitsfaktors angezeigt, wenn die medizinische oder die neurologische Erkrankung schlafgebundene Symptome durch einen anderen Mechanismus als eine Atmungsstörung hervorruft. Z. B. können Personen mit Arthritis oder renaler Insuffizienz an Insomnie oder Hypersomnie leiden, dies resultiert jedoch nicht aus einer gestörten Atmung während des Schlafs.

Die **Einnahme und der Entzug von Substanzen** (einschließlich Medikamenten) kann Insomnie oder Hypersomnie ähnlich wie bei der Atmungsgebundenen Schlafstörung hervorrufen. Die sorgfältige Erhebung der Vorgeschichte reicht üblicherweise aus, um die betreffende Substanz zu identifizieren, und Nachuntersuchungen zeigen eine Verbesserung der Schlafstörung nach Absetzen der Substanz. In anderen Fällen kann der Gebrauch einer Substanz (z. B. Alkohol, Barbiturate oder Benzodiazepine) eine Atmungsgebundene Schlafstörung verschlechtern. Eine Person mit Symptomen und Zeichen, die mit denen der Atmungsgebundenen Schlafstörung übereinstimmen, sollte die Diagnose erhalten, auch wenn gleichzeitig ein Substanzgebrauch vorliegt, der den Zustand verschlechtert.

Beziehung zur Internationalen Klassifikation der Schlafstörungen

Die Atmungsgebundene Schlafstörung ist mit 3 spezifischeren Syndromen gemäß der Internationalen Klassifikation der Schlafstörungen (ICSD) gleichgesetzt: Obstruktives Schlaf-Apnoe-Syndrom, Zentrales Schlaf-Apnoe-Syndrom und Zentrales Alveoläres Hypoventilations-Syndrom.

Diagnostische Kriterien für 780.59 (G47.3) Atmungsgebundene Schlafstörung

A. Schlafunterbrechungen, die als Folge einer schlafgebundenen Atmungserkrankung (z. B. obstruktives oder zentrales Schlaf-Apnoe-Syndrom oder zentrales alveoläres Hypoventilations-Syndrom) beurteilt werden und die zu übermäßiger Schläfrigkeit oder Insomnie führen.

B. Das Störungsbild kann nicht besser durch eine andere psychische Erkrankung erklärt werden und geht nicht auf die direkte körperliche Wirkung einer Substanz (z. B. Droge, Medikament) oder eines anderen medizinischen Krankheitsfaktors (der nicht eine atmungsgebundene Störung ist) zurück.

Codierhinweis: codiere Atmungsgebundene Schlafstörung auch auf Achse III.

307.45 (F51.2) Schlafstörung mit Störung des Zirkadianen Rhythmus (*vormals* Störung des Schlaf-Wach-Rhythmus)

Diagnostische Merkmale

Das Hauptmerkmal der Schlafstörung mit Störung des Zirkadianen Rhythmus ist ein beständiges oder wiederkehrendes Muster von Schlafunterbrechungen, die sich aus einer Diskrepanz zwischen dem endogenen zirkadianen Schlaf-Wach-System der Person auf der einen Seite und den exogenen Anforderungen bezüglich Zeitpunkt und Dauer des Schlafes auf der anderen Seite ergeben (**Kriterium A**). Im Gegensatz zu anderen primären Schlafstörungen resultiert die Schlafstörung mit Störung des Zirkadianen Rhythmus nicht aus den Mechanismen, die Schlaf und Wachheit an sich bedingen. Als Folge dieser zirkadianen Diskrepanz klagen Menschen mit dieser Störung zu bestimmten Zeitpunkten während des Tages über Insomnie oder zu anderen Zeitpunkten über übermäßige Schläfrigkeit, was zu Beeinträchtigungen in sozialen, beruflichen oder anderen wichtigen Funktionsbereichen oder zu deutlichem subjektiven Leiden führt (**Kriterium B**). Die Schlafprobleme können nicht besser durch andere Schlafstörungen oder andere psychische Störungen erklärt werden (**Kriterium C**) und gehen nicht auf die direkte körperliche Wirkung einer Substanz oder eines medizinischen Krankheitsfaktors zurück (**Kriterium D**).

Die Diagnose Schlafstörung mit Störung des Zirkadianen Rhythmus sollte den Fällen vorbehalten sein, in denen eine Person in Zusammenhang mit der Schlafstörung deutliche Beeinträchtigungen im sozialen oder beruflichen Bereich oder deutliches Leiden aufweist. Personen unterscheiden sich sehr in ihrer Fähigkeit, sich an zirkadiane Änderungen und Erfordernisse anzupassen. Viele, wenn nicht die meisten Menschen mit zirkadian bedingten Symptomen einer Schlafstörung suchen keine Behandlung und weisen keine ausreichend schwerwiegenden Symptome auf, um eine Diagnose zu rechtfertigen. Diejenigen, die sich aufgrund dieser Störung in Behandlung begeben, sind meist über die Schwere oder Beständigkeit ihrer Symptome besorgt. Es ist z. B. bei Schichtarbeitern nicht ungewöhnlich, daß sie sich in Behandlung begeben, nachdem sie bei ihrer beruflichen Tätigkeit oder beim Autofahren eingeschlafen sind.

Die Diagnose Schlafstörung mit Störung des Zirkadianen Rhythmus beruht primär auf der klinischen Vorgeschichte, einschließlich der Muster von Arbeit, Schlaf, „Nickerchen" und „Freizeit". Die Anamnese sollte auch vorangegangene Versuche, mit den Symptomen zurechtzukommen, berücksichtigen, wie z. B. beim Typus mit Verzögerter Schlafphase die Versuche, den Schlaf-Wach-Rhythmus vorzuverlagern. Prospektive Schlaf-Wach-Tagebücher oder Schlaftabellen sind oft eine nützliche Hilfe zur Diagnosestellung.

Subtypen

Typus mit Verzögerter Schlafphase. Diese Form der Schlafstörung mit Störung des Zirkadianen Rhythmus resultiert aus einem endogenen Schlaf-Wach-Zyklus, der bezüglich der Anforderungen der Gesellschaft verzögert ist. Messungen der endogenen zirkadianen Rhythmen (z. B. innere Körpertemperatur) geben diese Verzögerung wieder. Von Personen mit diesem Subtypus („Nachteulen") wird vermutet, daß sie eine abnorm verminderte Fähigkeit zur Vorverlagerung der Schlaf-Wach-Zeiten besitzen (d. h. Schlaf und Wachheit auf frühere Zeiten zu verlegen). Diese Menschen sind folglich „gefangen" in gewohnt späten Schlafenszeiten und nicht in der Lage, diese auf einen früheren Zeitraum vorzuverlagern. Die zirkadiane Phase des Schlafes ist stabil: Werden die Personen ihrem eigenen Rhythmus überlassen (z. B. an Wochenenden oder Urlaub), so schlafen sie ein und erwachen zu einheitlichen, wenn auch verspäteten Zeitpunkten. Die betroffenen Personen klagen über die Schwierigkeit, zu konventionell akzeptablen Zeitpunkten einzuschlafen; sind sie jedoch eingeschlafen, verläuft der Schlaf normal. Gleichzeitig bereitet das Erwachen zu konventionell akzeptablen Zeitpunkten Schwierigkeiten (z. B. sind mehrere Wecker nicht dazu in der Lage, die Person zu wecken). Da viele Menschen mit dieser Störung ein chronisches Schlafdefizit haben, kann während der erwünschten Wachperiode Schläfrigkeit auftreten.

Jet-Lag-Typus. Bei diesem Typus der Schlafstörung mit Störung des Zirkadianen Rhythmus ist der endogene zirkadiane Schlaf-Wach-Zyklus normal und das Störungsbild ergibt sich aus dem Konflikt zwischen dem vom zirkadianen System gesteuerten Schlaf-Wach-Muster und dem Schlaf-Wach-Muster, das durch eine neue Zeitzone erforderlich wird. Personen mit diesem Typus klagen über eine Diskrepanz zwischen gewünschten und erforderlichen Schlaf- und Wach-Zeiten. Die Schwere der Diskrepanz ist proportional zur Anzahl der durchreisten Zeitzonen, mit maximaler Schwierigkeit bei einer Durchreise von 8 oder mehr Zeitzonen in weniger als 24 Stunden. Reisen nach Osten (vorverlagerte Schlaf-Wach-Zeiten) sind üblicherweise für die meisten Menschen schwieriger zu tolerieren als Reisen nach Westen (verzögerte Schlaf-Wach-Zeiten).

Schichtarbeits-Typus. Bei diesem Typus der Schlafstörung mit Störung des Zirkadianen Rhythmus ist der endogene zirkadiane Schlaf-Wach-Zyklus normal und die Komplikation ergibt sich aus dem Konflikt zwischen dem vom zirkadianen System gesteuerten Schlaf-Wach-Muster und dem erwünschten Schlaf-Wach-Muster, das durch die Schichtarbeit erforderlich ist. Rotierende Schichtzeiten bringen die meisten Komplikationen mit sich, weil sie Schlaf und Wachsein in abweichende zirkadiane Positionen zwingen und jegliche gleichmäßige Anpassung verhindern. Nachtschichtarbeiter und rotierende Schichtarbeiter haben üblicherweise eine kürzere Schlafdauer und häufigere Störungen in der Schlafkontinuität als Früh-Spät-Schichtarbeiter. Umgekehrt kann auch Schläfrigkeit während der erwünschten Wachperiode auftreten, d. h. während der nächtlichen Schichtarbeit. Die Abweichung des zirkadianen Rhythmus beim Schichtarbeits-Typus wird außerdem durch nicht ausreichende Schlafenszeit, soziale und familiäre Verpflichtungen und umweltbedingte Störungen (z. B. Telefon, Straßenverkehr) während der beabsichtigten Schlafenszeit verschlimmert.

Unpezifischer Typus. Dieser Typus der Schlafstörung mit Störung des Zirkadianen Rhythmus ist angezeigt, wenn ein anderes Muster einer zirkadianen Schlafstörung vorliegt (z. B. vorverlagerte Schlafphase, ein nicht 24stündiger Schlaf-Wach-Rhythmus oder irregulärer Schlaf-Wach-Rhythmus). Ein „vorverlagertes Schlafphase-Muster" ergibt sich analog zum Typus mit Verzögerter Schlafphase, aber in die entgegengesetzte Richtung: Die Personen beklagen sich über eine Unfähigkeit, am Abend wach zu bleiben und spontanes Erwachen in den frühen Morgenstunden. Das „Nicht-24-Stunden-Schlaf-Wach-Muster" bezeichnet einen freilaufenden Zyklus: der Schlaf-Wach-Rhythmus folgt der endogenen zirkadianen Rhythmik von ungefähr 24–25 Stunden, trotz des Vorhandenseins von 24-Stunden-Zeitgebern aus der Umgebung. Im Gegensatz zum stabilen Schlaf-Wach-Muster des Typus mit Verzögerter oder vorverlagerter Schlafphase, verzögert sich bei diesen Personen der Schlaf-Wach-Rhythmus bezogen auf die 24-Stunden-Spanne fortschreitend, was ein wechselndes Schlaf-Wach-Muster an aufeinanderfolgenden Tagen zur Folge hat. „Irreguläre Schlaf-Wach-Muster" bezeichnen das Fehlen eines identifizierbaren Schlaf-Wach-Musters.

Zugehörige Merkmale und Störungen

Zugehörige Beschreibungsmerkmale und psychische Störungen. Beim Typus mit Verzögerter Schlafphase gehen die Personen an Wochenenden oder in der Freizeit häufig später schlafen und erwachen später, wobei sich die Einschlaf- und Aufwachschwierigkeiten vermindern. Üblicherweise werden viele Schwierigkeiten im schulischen, beruflichen und sozialen Bereich genannt, die durch die Unfähigkeit, zur sozial erwünschten Zeit aufzuwachen, entstehen. Im Falle eines früheren Erwachens gegenüber dem durch den zirkadianen Rhythmus bestimmten Zeitpunkt kann es zu „Schlaftrunkenheit" kommen (d. h. extreme Aufwachschwierigkeiten, Verwirrung und unangemessenes Verhalten). Auch die Leistungsfähigkeit wird oft erst nach einer verzögerten Phase erreicht mit einem Leistungsgipfel in den späten Abendstunden.

Der Jet-Lag- und der Schichtarbeits-Typus kann bei Menschen, die als „Morgenmenschen" zu bezeichnen sind, häufiger sein. Die Leistung ist während der erwünschten Wachstunden oft beeinträchtigt, entsprechend dem Muster, das durch die zugrundeliegenden endogenen zirkadianen Rhythmen vorherzusagen wäre. Der Jet-Lag wird häufig von unspezifischen Symptomen begleitet (z. B. Kopfschmerzen, Erschöpfung, Magenverstimmung), die in Zusammenhang mit Reisebedingungen wie Schlafmangel, Alkohol- und Koffeinkonsum sowie einem sinkenden Umgebungsluftdruck in Flugzeugkabinen stehen. Dysfunktionen in beruflichen, familiären und sozialen Rollen werden häufig bei Menschen beobachtet, die Schwierigkeiten haben, mit der Schichtarbeit zurechtzukommen. Menschen mit einer Schlafstörung mit Störung des Zirkadianen Rhythmus können in der Anamnese Alkohol-, Sedativa-, Hypnotika- oder Stimulanzienkonsum aufweisen als Folge von Versuchen, ihre unangemessen gelagerten Schlaf-Wach-Phasen unter Kontrolle zu bringen. Die Einnahme solcher Substanzen kann wiederum die Schlafstörung mit Störung des Zirkadianen Rhythmus verschlimmern.

Der Typus mit Verzögerter Schlafphase ist mit schizoiden, schizotypischen und vermeidend-selbstunsicheren Persönlichkeitszügen in Verbindung gebracht worden, insbesondere bei Heranwachsenden. Das „Nicht-24-Stunden-Schlaf-Wach-Muster" und das „Irreguläre Schlaf-Wach-Muster" sind ebenfalls mit diesen Merkmalen in Zusammenhang gebracht worden. Jet-Lag- und Schichtarbeits-Typus können eine Manische oder eine Episode einer Major Depression oder einer Psychotischen Störung auslösen oder verschlimmern.

Zugehörige Laborbefunde. Schlafuntersuchungen liefern unterschiedliche Ergebnisse, abhängig davon, zu welchem Zeitpunkt sie durchgeführt wurden. Bei Menschen mit dem Typus der Verzögerten Schlafphase sind Untersuchungen, die zu den bevorzugten Schlafenszeiten durchgeführt wurden, grundsätzlich altersentsprechend normal. Wenn die Untersuchungen jedoch zu sozial normalen Schlafenszeiten durchgeführt wurden, weisen sie eine verlängerte Schlaf-Latenz auf, das spontane Erwachen tritt relativ spät zur sozialen Konvention auf, und bei manchen Personen liegt eine etwas kurze REM-Schlaflatenz vor. Die Schlafkontinuität ist altersentsprechend normal. Laborprozeduren, die dazu bestimmt sind, die Phase des endogenen zirkadianen Schrittmachers (z. B. Körperkerntemperatur) zu messen, zeigen die erwartete Phasenverzögerung in der zeitlichen Abstimmung der Spitzenzeit und des Tiefpunkts.

Werden Personen vom Schichtarbeits-Typus während ihrer gewohnten Schlafstunden innerhalb der Arbeitswoche untersucht, weisen sie gewöhnlich normale oder kurze Schlaflatenzen auf, eine reduzierte Schlafdauer und vermehrte Störungen in der Schlafkontinuität im Vergleich zu altersentsprechenden Personen mit normalen nächtlichen Schlafmustern. In vielen Fällen findet sich eine spezifische Reduktion von Stadium 2- und REM-Schlaf. Untersuchungen zur Schlaftendenz wie der Multiple Sleep Latency Test (MSLT) weisen auf ein hohes Maß an Schläfrigkeit während der erwünschten Wachzeiten (z. B. während der Nachtschicht) hin. Werden die Personen nach einer Anpassungsperiode an einen normalen Tag-Nacht-Rhythmus untersucht, weisen sie einen normalen nächtlichen Schlaf und ein normales Maß an Tagesschläfrigkeit auf.

Laboruntersuchungen eines simulierten Jet-Lags von 6 Stunden zeigen eine verlängerte Schlaflatenz, eine beeinträchtigte Schlafeffizienz, eine Reduktion von REM-Schlaf und eine geringfügige Reduktion von Tiefschlaf. Diese Befunde kehren innerhalb von ein bis zwei Wochen auf die ursprünglichen Werte zurück.

Zugehörige körperliche Untersuchungsbefunde und medizinische Krankheitsfaktoren. Für die Schlafstörung mit Störung des Zirkadianen Rhythmus werden keine spezifischen körperlichen Befunde beschrieben. Schichtarbeiter können verhärmt und verschlafen wirken und ein Übermaß an kardiovaskulären und gastrointestinalen Störungen einschließlich Gastritis und peptische Ulcera aufweisen. Die Rolle von Koffein- und Alkoholkonsum sowie von veränderten Eßgewohnheiten sind in diesen Fällen noch nicht ausreichend untersucht worden. Das „Nicht-24-Stunden-Schlaf-Wach-Muster" kommt häufig bei blinden Menschen vor. Eine Schlafstörung mit Störung des Zirkadianen Rhythmus kann bereits vorhandene medizinische Krankheitsfaktoren verschlimmern.

Besondere Altersmerkmale

Schichtarbeits- und Jet-Lag-Symptome sollen häufigen Berichten zufolge bei Menschen mittleren Alters oder bei älteren Menschen schwerwiegender sein oder leichter zu induzieren als bei jungen Erwachsenen. Das „Vorverlagerte Schlafphasen-Muster" nimmt ebenfalls mit dem

Alter zu. Diese Ergebnisse resultieren möglicherweise aus einer altersabhängigen Verschlechterung des Nachtschlafes und einer Verkürzung der endogenen zirkadianen Periode.

Prävalenz

Die Prävalenz ist bisher für keinen Typus der Schlafstörung mit Störung des Zirkadianen Rhythmus ausreichend erhoben worden. Umfragen legen eine Prävalenz von bis zu 7 % für den Typus mit Verzögerter Schlafphase bei Heranwachsenden und bis zu 60 % für den Schichtarbeits-Typus bei Nachtschichtarbeitern nahe.

Verlauf

Falls keine Intervention erfolgt, dauert der Typus mit Verzögerter Schlafphase üblicherweise über Jahre oder Jahrzehnte hinweg an, kann sich jedoch aufgrund der Tendenz des endogenen zirkadianen Rhythmus, sich im Alter vorzuverlagern, selbst „korrigieren". Die Behandlung mit progressiver Phasenverzögerung des Schlaf-Wach-Rhythmus kann oftmals die Schlafstunden wenigstens zeitweise normalisieren, jedoch bleibt eine beständige Vulnerabilität für einen Rückfall in verspätete Schlafstunden bestehen.

Der Schichtarbeits-Typus bleibt generell so lange bestehen, wie die Person in diesem bestimmten Zeitplan arbeitet. Eine Rückbildung der Symptome tritt normalerweise innerhalb von 2 Wochen nach der Rückkehr zu einem normalen täglich wiederkehrenden Schlaf-Wach-Rhythmus auf.

Experimentelle Daten und Feldstudien bezüglich Jet-Lag belegen, daß das zirkadiane System etwa einen Tag pro durchreister Zeitzone benötigt, um sich der neuen lokalen Zeit entsprechend zu resynchronisieren. Verschiedene zirkadiane Rhythmen (wie Körperkerntemperatur, Hormonspiegel, Vigilanz und Schlafmuster) können sich mit unterschiedlicher Geschwindigkeit wieder anpassen.

Differentialdiagnose

Die Schlafstörung mit Störung des Zirkadianen Rhythmus muß von **normalen Schlafmustern** und **normalen Anpassungserscheinungen im Anschluß an eine Rhythmusänderung** unterschieden werden. Der Schlüssel zu solcher Unterscheidung liegt in der Beständigkeit der Störung sowie dem Vorhandensein und Ausmaß sozialer oder beruflicher Beeinträchtigungen. Zum Beispiel weisen viele Heranwachsende und junge Erwachsene verzögerte Schlaf-Wach-Rhythmen auf, ohne daß jedoch Leiden oder Beeinträchtigungen schulischer oder beruflicher Belange auftreten. Fast jeder, der Zeitzonen durchreist, wird vorübergehend einen unterbrochenen Schlaf aufweisen. Die Diagnose Jet-Lag-Typus sollte denjenigen Personen vorbehalten sein, die häufig Reiseanforderungen ausgesetzt sind und über damit einhergehende schwere Schlaf- und Arbeitsstörungen klagen.

Der Typus mit Verzögerter Schlafphase muß von einem **Muster mit gewollter Verzögerung der Schlafenszeiten** unterschieden werden. Einige Menschen, die freiwillig den Schlafbeginn verzögern, um an sozialen oder beruflichen Aktivitäten teilzuhaben, können sich daraufhin über erschwertes Aufwachen beklagen. Wenn es ihnen möglich ist, schlafen diese Menschen zu früheren Zeitpunkten leicht ein und haben nach einer Periode erholsamen Schlafs keine besonderen Schwierigkeiten, morgens zu erwachen. In solchen Fällen ist das vorwiegende Problem eher ein Schlafentzug als eine Schlafstörung mit Störung des Zirkadianen Rhythmus. Andere Menschen (besonders Kinder und Heranwachsende) könnten die Schlafstunden willentlich verschieben, um schulischen oder familiären Anforderungen auszuweichen. Das Muster von Aufwachschwierigkeiten verschwindet, wenn erwünschte Aktivitäten in den Morgenstunden eingeplant werden. Ähnlich können sich jüngere Kinder, die mit ihren Eltern Grenzsetzungskämpfe ausfechten, als Typus mit Verzögerter Schlafphase darstellen.

Jet-Lag- und Schichtarbeits-Typus müssen hauptsächlich von anderen primären Schlafstörungen wie der **Primären Insomnie** und der **Primären Hypersomnie** unterschieden werden. Ein Jet-Lag oder Schichtarbeit mit ungestörtem Schlaf bei anderen Zeitplänen in der Vorgeschichte reicht für gewöhnlich als Nachweis aus, um diese anderen Störungen auszuschließen. In einigen Fällen können andere primäre Schlafstörungen wie eine Atmungsgebundene Schlafstörung oder periodische Extremitätenbewegungen während des Schlafes den Schichtarbeits- oder den Jet-Lag-Typus komplizieren. Diese Möglichkeit sollte in Betracht gezogen werden, wenn die Rückkehr zu einem normalen Tag-Nacht-Zeitplan keine Besserung der schlafrelevanten Symptome bringt. Andere Typen der Schlafstörung mit Störung des Zirkadianen Rhythmus wie „Nicht-24-Stunden-Schlaf-Wach-Muster" und „Irreguläres Schlaf-Wach-Muster" sind vom Typus mit Verzögerter Schlafphase durch die stabil verzögerten Schlaf-Wach-Stunden zu unterscheiden, die für letzteren charakteristisch sind.

Muster mit verzögertem oder vorverlagertem Schlaf, die ausschließlich im Verlauf einer anderen psychischen Störung auftreten, werden nicht gesondert diagnostiziert (z. B. das Muster des frühen morgendlichen Erwachens bei der Major Depression oder das Muster des verzögerten Schlafes bei Schizophrenie).

Substanzen (einschließlich Medikamente) können einen verzögerten Schlafbeginn oder ein verzögertes Erwachen am Morgen verursachen. Zum Beispiel kann der Konsum von Koffein oder Nikotin am Abend den Schlafbeginn und die Einnahme hypnotischer Medikamente in der Mitte der Nacht den Zeitpunkt des Erwachens verzögern. Die Diagnose **Substanzinduzierte Schlafstörung** kann in Betracht gezogen werden, wenn die Schlafstörung als direkte Folge der körperlichen Wirkung eines regelmäßigen Substanzgebrauches eingeschätzt wird und wenn sie für sich allein genommen klinische Beachtung rechtfertigt (siehe S. 683). Medizinische Krankheitsfaktoren verursachen selten starre Verzögerungen oder Vorverlagerungen im Schlaf-Wach-Rhythmus und stellen eigentlich keine Schwierigkeiten bei der Differentialdiagnose dar.

Beziehung zur Internationalen Klassifikation der Schlafstörungen

Die Internationale Klassifikation der Schlafstörungen (ICSD) enthält Kategorien für das Verzögerte Schlafphasesyndrom, die Schlafstörungen durch Schichtarbeit und Zeitzonenwechselsyndrom (Jet-Lag) sowie spezifische Kategorien für 3 andere Schlafstörungen mit Störung des Zirkadianen Rhythmus (Irreguläres Schlaf-Wach-Muster, Vorverlagertes Schlafphasesyndrom und Nicht-24-Stunden-Schlaf-Wach-Syndrom).

> **Diagnostische Kriterien für 307.45 (F51.2)**
> **Schlafstörung mit Störung des Zirkadianen Rhythmus**
>
> A. Ein anhaltendes oder wiederkehrendes Muster von Schlafunterbrechungen, das zu übermäßiger Schläfrigkeit oder Insomnie führt, die aus einer Diskrepanz zwischen dem umweltbedingten Schlaf-Wach-Zeitplan der Person und ihrem eigenen zirkadianen Schlaf-Wach-Muster resultiert.
> B. Das Schlafstörungsbild verursacht in klinisch bedeutsamer Weise Leiden oder Beeinträchtigungen in sozialen, beruflichen oder anderen wichtigen Funktionsbereichen.
> C. Das Störungsbild tritt nicht ausschließlich im Verlauf einer anderen Schlafstörung oder psychischen Störung auf.
> D. Das Störungsbild geht nicht auf die direkte körperliche Wirkung einer Substanz (z. B. Droge, Medikament) oder eines medizinischen Krankheitsfaktors zurück.
>
> *Bestimme den Typus:*
> **Typus mit Verzögerter Schlafphase**: ein durchgängiges Muster von verspätetem Schlafbeginn und späten Aufwachzeiten, das mit der Unfähigkeit, zu erwünschten früheren Zeiten einzuschlafen und aufzuwachen einhergeht.
> **Jet-Lag-Typus**: Schläfrigkeit und Wachheit, die zu unangemessenen Tageszeiten relativ zur lokalen Zeit auftreten und sich nach wiederholten Reisen durch mehr als eine Zeitzone ergeben.
> **Schichtarbeits-Typus**: Insomnie während der Hauptschlafperiode oder übermäßige Schläfrigkeit während der Hauptwachperiode verbunden mit nächtlicher Schichtarbeit oder häufig wechselnder Schichtarbeit.
> **Unspezifischer Typus**

307.47 (F51.9) Nicht Näher Bezeichnete Dyssomnie

Die Kategorie Nicht Näher Bezeichnete Dyssomnie gilt für Insomnien, Hypersomnien oder Störungen des Zirkadianen Rhythmus, die die Kriterien für keine spezifische Dyssomnie erfüllen. Beispiele sind:
1. Beschwerden über klinisch bedeutsame Insomnie oder Hypersomnie, die auf Umweltfaktoren zurückzuführen sind (z. B. Lärm, Licht, ständige Störungen).
2. Übermäßige Schläfrigkeit, die fortlaufendem Schlafentzug zuzuschreiben ist.
3. Idiopathisches „Restless-Legs-Syndrom": Unangenehme Empfindungen (z. B. Unbehagen, Kribbelgefühle, Unruhe), die zu dem intensiven Drang führen, die Beine zu bewegen. Diese Empfindungen setzen typischerweise abends vor dem Schlafbeginn ein und werden durch Bewegung der Beine oder Umhergehen zeitweilig gemildert, um direkt wieder zu beginnen, wenn die Beine unbewegt sind. Die Empfindungen können den Schlafbeginn hinauszögern oder die Person aus dem Schlaf erwachen lassen.
4. Idiopathische, periodische Extremitätenbewegungen („nächtlicher Myoklonus"): wiederholte niedrigamplitudige, kurze Extremitätenzuckungen, besonders in den unteren Extremitäten. Diese Bewegungen beginnen kurz vor dem Einschlafen und nehmen während der Stadien 3 oder 4 des Non-REM-Schlafs und während des REM-Schlafes ab. Die Bewegungen treten gewöhnlich im Rhythmus von 20–60 Sekunden auf, was wiederholtes kurzes Aufwachen zur Folge hat. Die Personen sind sich der tatsächlichen Bewegungen

im allgemeinen nicht bewußt, können jedoch über Insomnie, häufiges Erwachen oder Tagesschläfrigkeit klagen, wenn die Anzahl der Bewegungen sehr groß ist.
5. Situationen, in denen der Untersucher zu dem Schluß gekommen ist, daß eine Dyssomnie vorliegt, jedoch nicht bestimmen kann, ob sie primärer Art ist oder durch einen medizinischen Krankheitsfaktor bzw. durch eine Substanz induziert ist.

Parasomnien

Parasomnien sind Störungen, die durch abweichende Verhaltens- oder physiologische Ereignisse gekennzeichnet sind, die im Zusammenhang mit Schlaf, bestimmten Schlafstadien oder dem Übergang vom Schlaf zum Wachsein auftreten. Im Unterschied zu Dyssomnien liegen bei den Parasomnien keine Störungen der Mechanismen vor, die die Schlaf-Wach-Stadien hervorrufen oder die zeitliche Abstimmung von Schlaf oder Wachsein bewirken. Vielmehr zeichnen sich Parasomnien durch die Aktivierung physiologischer Systeme zu unpassenden Zeiten während des Schlaf-Wach-Zyklus aus. Diese Störungen betreffen insbesondere eine Aktivierung des autonomen Nervensystems, des motorischen Systems oder kognitiver Prozesse im Schlaf oder in der Übergangsphase vom Schlaf zum Wachsein. Verschiedene Parasomnien treten zu verschiedenen Zeiten während des Schlafes auf und bestimmte Parasomnien erscheinen häufig in bestimmten Schlafstadien. Personen mit Parasomnien stellen sich im allgemeinen eher mit Beschwerden über ein ungewöhnliches Verhalten während des Schlafes als mit Beschwerden über Insomnie oder starke Tagesschläfrigkeit vor. Dieses Kapitel schließt die Schlafstörung mit Alpträumen, den Pavor Nocturnus, die Schlafstörung mit Schlafwandeln und die Nicht Näher Bezeichnete Parasomnie ein.

307.47 (F51.5) Schlafstörung mit Alpträumen
(*vormals* Schlafstörung mit Angstträumen)

Diagnostische Merkmale

Hauptmerkmal der Schlafstörung mit Alpträumen ist das wiederholte Auftreten furchterregender Träume, die zum Erwachen aus dem Schlaf führen (**Kriterium A**). Nach dem Erwachen ist der Betroffene rasch orientiert und wach (**Kriterium B**). Die furchterregenden Träume oder Schlafunterbrechungen durch das Erwachen verursachen bei dem Betroffenen in bedeutsamer Weise Leiden oder führen zu sozialen oder beruflichen Beeinträchtigungen (**Kriterium C**). Diese Störung wird nicht diagnostiziert, wenn die Alpträume ausschließlich im Verlauf einer anderen psychischen Störung auftreten oder wenn sie auf die direkte körperliche Wirkung einer Substanz (z. B. Droge, Medikament) oder eines medizinischen Krankheitsfaktors zurückgehen (**Kriterium D**).

Alpträume treten typischerweise als eine lange detaillierte Traumsequenz auf, welche in hohem Maße angstauslösend oder erschreckend ist. Dabei konzentrieren sich die Trauminhalte meist auf eine massive körperliche Gefahr für die Person (z. B. Verfolgung, Angriff oder Verletzung). In anderen Fällen kann die vermeintliche Gefahr subtiler sein und persönliches Versagen oder Peinlichkeiten betreffen. Alpträume, die nach traumatischen Erfahrungen auftreten, können die ursprüngliche Gefahr oder die bedrohliche Situation wiederholen, obwohl Alpträume meist keine aktuellen Ereignisse wiedergeben. Patienten mit dieser Störung können beim Erwachen üblicherweise den Traumverlauf und -inhalt detailliert beschreiben. Manchmal berichten Patienten über mehrere Alpträume innerhalb einer Nacht, oft mit demselben Thema. Alpträume treten fast immer während der Rapid Eye Movement (REM)-Schlafphase auf. Da REM-Phasen sich periodisch während des Nachtschlafes wiederholen (etwa alle 90–110 Minuten), können Alpträume zu jeder Zeit während des Schlafes auftreten. Da aber die REM-Schlafphasen üblicherweise in der zweiten Nachthälfte länger werden und das Träumen dann intensiver wird, ist auch das Auftreten von Alpträumen in der späteren Nacht wahrscheinlicher.

Alpträume enden üblicherweise mit einem Erwachen, das einhergeht mit raschem Erlangen der vollen Wachheit und einem anhaltenden Gefühl von Furcht oder Angst. Dies führt oft zu Schwierigkeiten beim Wiedereinschlafen. Alpträume verursachen häufiger bedeutsames subjektives Leiden als erkennbare soziale oder berufliche Beeinträchtigungen. Wenn aber häufig nächtliches Erwachen auftritt oder die Person den Schlaf aus Angst vor neuen Alpträumen vermeidet, kann sie starke Schläfrigkeit, schlechte Konzentration, Depression, Angst oder erhöhte Reizbarkeit erleben, die die Leistungsfähigkeit am Tag stören.

Zugehörige Merkmale und Störungen

Zugehörige Beschreibungsmerkmale und psychische Störungen. Personen mit einer Schlafstörung mit Alpträumen können beim Erwachen ein leichtes vegetatives Arousal (z. B. Schwitzen, Tachykardie, Tachypnoe) aufweisen. Häufig treten bei Personen mit einer Schlafstörung mit Alpträumen auch Depression und Angst auf, die jedoch nicht die Kriterien einer spezifischen Diagnose erfüllen. Körperbewegungen oder Sprechen sind nicht typisch für die Schlafstörung mit Alpträumen, da während des REM-Schlafes der Tonus der Skelettmuskulatur normalerweise aufgehoben ist. Wenn Sprechen, Schreien oder Umsichschlagen auftreten, so erscheinen diese meist als kurze Phänomene am Ende eines Alptraums. Diese Verhaltensweisen treten auch mit hoher Wahrscheinlichkeit bei solchen Alpträumen auf, die mit einer Posttraumatischen Belastungsstörung einhergehen, da derartige Alpträume auch während des Non-REM-Schlafs auftreten können.

Zugehörige Laborbefunde. Polysomnographische Ableitungen zeigen plötzliches Erwachen aus dem REM-Schlaf, das mit dem Bericht des Betroffenen über einen Alptraum übereinstimmt. Das Erwachen tritt gewöhnlich während der zweiten Nachthälfte auf. Meist haben diese REM-Schlafphasen mehr als 10 Minuten angedauert und sie weisen eine überdurchschnittliche Anzahl von Augenbewegungen auf. Herz- und Atemfrequenz können vor dem Erwachen ansteigen oder größere Schwankungen aufweisen. Alpträume nach traumatischen Ereignissen (z. B. bei Patienten mit Posttraumatischer Belastungsstörung) können sowohl während einer Non-REM-Schlafphase, vor allem im Stadium 2, wie auch während einer REM-Schlafphase auftreten. Andere polysomnographische Merkmale einschließlich Schlafkontinuität und Schlafarchitektur sind bei dieser Störung nicht charakteristisch verändert.

Besondere kulturelle, Alters- und Geschlechtsmerkmale

Die Bedeutsamkeit, die Alpträumen zugeschrieben wird, kann in Abhängigkeit vom kulturellen Hintergrund variieren. In manchen Kulturen können Alpträume z. B. mit spirituellen oder übernatürlichen Phänomenen in Zusammenhang gebracht werden, die in anderen Kulturen als Hinweis auf seelische oder körperliche Störungen angesehen werden. Da Alpträume in der Kindheit häufig auftreten, sollte die Diagnose nur dann gestellt werden, wenn ein anhaltendes bedeutsames Leiden besteht oder Beeinträchtigungen vorliegen, die für sich allein genommen klinische Beachtung rechtfertigen. Die Schlafstörung mit Alpträumen kommt bei Kindern, die schweren psychosozialen Belastungsfaktoren ausgesetzt sind, häufig vor. Wenn auch spezifische Trauminhalte das Alter der von Alpträumen Betroffenen widerspiegeln können, so sind doch die eigentlichen Merkmale der Störung über alle Altersgruppen gleich. Frauen berichten häufiger über Alpträume als Männer, mit einem Verhältnis von annähernd 2–4:1. Es ist jedoch nicht klar, in welchem Ausmaß dieser Unterschied tatsächlich eine Diskrepanz in der Häufigkeit von Alpträumen widerspiegelt, wenn man dem ein unterschiedliches Berichtsverhalten entgegensetzt.

Prävalenz

10–50 % der Kinder zwischen 3 und 5 Jahren haben Alpträume von ausreichender Intensität, um ihre Eltern zu beunruhigen. Bei Erwachsenen klagen nicht weniger als 50 % zumindest gelegentlich über einen Alptraum. Die tatsächliche Prävalenz von Alpträumen ist jedoch unbekannt.

Verlauf

Alpträume beginnen oft zwischen dem 3. und 6. Lebensjahr. Bei hoher Häufigkeit (z. B. mehrere in der Woche), können die Träume sowohl für die Kinder als auch für die Eltern Anlaß zu Besorgnis und Belastung werden. Die meisten Kinder, die ein Alptraumproblem entwickeln, legen dies wieder ab. Nur bei einer Minderheit dauern die Alpträume mit hoher Auftretenshäufigkeit bis ins Erwachsenenleben an und werden dann praktisch zu einem lebenslangen Störungsbild. Es wurde eine Tendenz zur Besserung der Störung in späteren Lebensjahrzehnten beschrieben.

Differentialdiagnose

Die Schlafstörung mit Alpträumen sollte vom **Pavor Nocturnus** unterschieden werden. Beide Störungen schließen das vollständige oder partielle Erwachen mit Ängstlichkeit und vegetativem Arousal ein, können aber anhand einiger klinischer Merkmale unterschieden werden. Alpträume treten typischerweise später in der Nacht während des REM-Schlafes auf und führen zu lebhaften Traumbildern, komplettem Erwachen, leichtem vegetativem Arousal und detaillierter Erinnerung an das Traumerlebnis. Der Pavor Nocturnus tritt typischerweise im ersten Drittel der Nacht während der Stadien 3 oder 4 des Non-REM-Schlafes auf und zieht entweder keine Traumerinnerungen nach sich oder es werden allenfalls einzelne Bilder ohne die Qualität einer zusammenhängenden Geschichte, die für Alpträume typisch ist, berichtet. Der Pavor Nocturnus führt zu partiellem Erwachen, bei dem die Personen verwirrt, desorientiert und nur teilweise ansprechbar sind und dabei ein deutliches vegetatives Arousal aufweisen. Im Gegensatz zur Schlafstörung mit Alpträumen hat die Person mit einem Pavor Nocturnus eine Amnesie für das Erlebnis beim morgendlichen Erwachen.

Die **Atmungsgebundene Schlafstörung** kann zum Erwachen mit vegetativem Arousal führen, ist aber nicht von Erinnerungen an angstauslösende Träume begleitet. Personen mit **Narko-**

lepsie klagen häufig über Alpträume, allerdings läßt sich diese durch das Vorhandensein von übermäßiger Schläfrigkeit und Kataplexie von der Schlafstörung mit Alpträumen abgrenzen. Auch **Panikattacken**, die während des Schlafes auftreten, können zu plötzlichem Erwachen mit vegetativem Arousal und Ängstlichkeit führen, die Person beschreibt jedoch keine angstauslösenden Träume und kann erkennen, daß die Symptome mit anderen Panikattacken übereinstimmen. Das Auftreten komplexer motorischer Aktivität im Verlauf von angstauslösenden Träumen sollte unmittelbar an andere Schlafstörungen denken lassen, wie z. B. „REM-Schlaf-Verhaltensstörungen" (siehe **Nicht Näher Bezeichnete Parasomnien**).

Verschiedene, das autonome Nervensystem beeinträchtigende Medikamente können Alpträume auslösen. Dazu gehören L-Dopa und andere dopaminerge Agonisten, Beta-Blocker und andere antihypertensive Medikamente, Amphetamin, Kokain und andere Stimulantien und antidepressive Medikamente. Umgekehrt kann das Absetzen von Medikamenten, die den REM-Schlaf unterdrücken, wie z. B. antidepressive Medikamente oder Alkohol, zu einem von Alpträumen begleiteten REM-Schlaf-„Rebound" führen. Sind diese Alpträume schwer genug, um für sich allein genommen klinische Beachtung zu rechtfertigen, sollte die Diagnose einer **Substanzinduzierten Schlafstörung, Parasomnie-Typus**, erwogen werden (siehe S. 683). Die Diagnose Schlafstörung mit Alpträumen sollte auch dann nicht gestellt werden, wenn die beunruhigenden Träume als direkte körperliche Folge eines medizinischen Krankheitsfaktors auftreten (z. B. Entzündung des zentralen Nervensystems, vaskuläre Läsionen des Hirnstamms, Delir Aufgrund eines Medizinischen Krankheitsfaktors). Wenn die Alpträume schwer genug sind, um für sich allein genommen klinische Beachtung zu rechtfertigen, sollte eine **Schlafstörung Aufgrund eines Medizinischen Krankheitsfaktors, Parasomnie Typus**, erwogen werden (siehe S. 679). Obwohl während eines **Delirs** häufig Alpträume auftreten, wird die Diagnose Schlafstörung mit Alpträumen hier nicht gesondert vergeben.

Alpträume erscheinen häufig als Symptom **anderer psychischer Störungen** (z. B. Posttraumatische Belastungsstörung, Schizophrenie, Affektive Störungen, andere Angststörungen, Anpassungsstörungen oder Persönlichkeitsstörungen). Treten die Alpträume ausschließlich im Verlauf einer anderen psychischen Störung auf, wird die Diagnose Schlafstörung mit Alpträumen nicht gegeben.

Viele Menschen erleben einen gelegentlichen einzelnen Alptraum. Eine Schlafstörung mit Alpträumen sollte nur diagnostiziert werden, wenn Häufigkeit und Schwere der Alpträume in bedeutsamer Weise zu Leiden oder Beeinträchtigungen führen.

Beziehung zur Internationalen Klassifikation von Schlafstörungen

Die Schlafstörung mit Alpträumen stimmt mit der Diagnose Alpträume in der Internationalen Klassifikation von Schlafstörungen (ICSD) überein.

Diagnostische Kriterien für 307.47 (F51.5) Schlafstörung mit Alpträumen

A. Wiederholtes Erwachen aus der Hauptschlafphase oder aus „Nickerchen" mit detaillierter Erinnerung an ausgedehnte und extrem furchterregende Träume, die üblicherweise eine Bedrohung des Überlebens, der Sicherheit oder des Selbstwertes beinhalten. Im allgemeinen tritt das Erwachen in der zweiten Hälfte der Schlafperiode auf.

Fortsetzung nächste Seite

> Fortsetzung
>
> B. Die Person ist beim Erwachen aus dem furchterregenden Traum rasch orientiert und wach (im Gegensatz zur Verwirrung und Desorientiertheit beim Pavor Nocturnus oder bei einigen Formen von Epilepsie).
> C. Die Traumerfahrung oder die durch das Erwachen bedingte Schlafstörung verursacht in klinisch bedeutsamer Weise Leiden oder Beeinträchtigungen in sozialen, beruflichen oder anderen wichtigen Funktionsbereichen.
> D. Die Alpträume treten nicht ausschließlich im Verlauf einer anderen psychischen Störung (z. B. Delir, Posttraumatische Belastungsstörung) auf und gehen nicht auf die direkte körperliche Wirkung einer Substanz (z. B. Droge, Medikament) oder eines medizinischen Krankheitsfaktors zurück.

307.46 (F51.4) Pavor Nocturnus

Diagnostische Merkmale

Das Hauptmerkmal des Pavor Nocturnus ist das wiederholte Auftreten von Angstzuständen aus dem Schlaf heraus, d. h. plötzliches Hochschrecken aus dem Schlaf, das gewöhnlich mit einem panischen Schrei oder Ausruf einsetzt (**Kriterium A**). Die Pavor Nocturnus-Attacken beginnen üblicherweise während des 1. Drittels der Hauptschlafperiode und dauern 1–10 Minuten. Die Episoden werden von vegetativem Arousal und Verhaltensweisen bei starker Angst begleitet (**Kriterium B**). Während einer Episode ist die Person nur schwer zu wecken oder zu beruhigen (**Kriterium C**). Wenn die Person nach einer Episode aufwacht, kann sie sich nicht an einen Traum, sondern allenfalls an Fragmente oder einzelne Bilder erinnern. Beim Erwachen am folgenden Morgen hat sie eine Amnesie für das Ereignis (**Kriterium D**). Die Pavor Nocturnus-Episoden müssen in klinisch bedeutsamer Weise Leiden oder Beeinträchtigungen in sozialen, beruflichen oder anderen wichtigen Funktionsbereichen verursachen (**Kriterium E**). Ein Pavor Nocturnus sollte nicht diagnostiziert werden, wenn die wiederholten Ereignisse auf die direkte körperliche Wirkung einer Substanz (z. B. Droge, Medikament) oder eines medizinischen Krankheitsfaktors zurückgehen (**Kriterium F**). Diese Schlafstörung wird auch „Nachtangst" oder „Inkubus" genannt.

Während einer typischen Episode setzt die Person sich plötzlich rufend oder schreiend mit einem angstvollen Gesichtsausdruck im Bett auf und zeigt vegetative Zeichen starker Angst (z. B. Tachykardie, schnelle Atmung, Hautrötung, Schwitzen, Pupillenerweiterung, erhöhter Muskeltonus). Die Person reagiert dabei üblicherweise nicht auf Bemühungen anderer, sie zu wecken oder zu beruhigen. Wenn sie dann aufwacht, ist sie für mehrere Minuten durcheinander und desorientiert und berichtet über ein vages Gefühl von Schrecken, meist ohne konkreten Trauminhalt. Auch wenn fragmentarisch lebhafte Traumbilder auftreten können, wird nicht über eine zusammenhängende Traumsequenz berichtet (wie bei Alpträumen). Meist erwacht die Person nicht vollständig, fällt wieder in den Schlaf und hat beim Erwachen am nächsten Morgen eine Amnesie für diese Episode. Einige Personen können am nächsten Morgen eine vage Vorstellung über eine während der letzten Nacht abgelaufene „Episode" haben, sie werden aber keine detaillierten Erinnerungen aufweisen. Üblicherweise tritt pro Nacht nur eine Episode auf, gelegentlich können jedoch auch mehrere Episoden innerhalb einer Nacht auftreten.

Um die Diagnose stellen zu können, muß die Person in klinisch bedeutsamer Weise Leiden oder Beeinträchtigungen erleben. Die Episoden können bei dem Betroffenen ein Gefühl der Peinlichkeit hervorrufen und somit soziale Beziehungen belasten. So werden einige Personen Situationen vermeiden, in denen andere die Störung bemerken könnten, so z. B. beim Zelten oder beim Übernachten bei Freunden oder beim Schlafen in einem gemeinsamen Bett.

Zugehörige Merkmale und Störungen

Zugehörige Beschreibungsmerkmale und psychische Störungen. Die Episode wird im allgemeinen von Schreien, Kreischen, Weinen oder unzusammenhängenden Lautäußerungen begleitet. Dabei kann es sein, daß sich die Person aktiv dagegen wehrt, festgehalten oder berührt zu werden oder sogar differenziertere motorische Aktivitäten (wie z. B. rhythmisches Schwingen, Boxen, Sich-aus-dem Bett-Erheben oder Flüchten) zeigt. Diese Verhaltensweisen scheinen Versuche zur Selbstverteidigung oder Flucht vor einer Bedrohung zu sein und können zu körperlicher Verletzung führen. Es können sich Episoden ereignen, bei denen Merkmale des Pavor Nocturnus und des Schlafwandelns gleichzeitig auftreten. Der Gebrauch von Alkohol oder Sedativa, Schlafentzug, Störungen des Schlaf-Wach-Rhythmus, Müdigkeit sowie körperliche oder emotionale Belastungen können die Wahrscheinlichkeit von Episoden erhöhen.

Kinder mit Pavor Nocturnus haben keine höhere Inzidenz anderer psychischer oder seelischer Störungen als die Allgemeinbevölkerung. Bei Erwachsenen mit dieser Störung treten jedoch häufiger psychopathologische Veränderungen auf. Bei Personen mit einer Achse I-Störung, vor allem mit einer Posttraumatischen Belastungsstörung und Generalisierter Angststörung, kann Pavor Nocturnus mit erhöhter Häufigkeit auftreten. Auch Persönlichkeitsstörungen können bei Personen mit Pavor Nocturnus auftreten, insbesondere die Dependente, Schizoide oder die Borderline-Persönlichkeitsstörung. Es fanden sich erhöhte Werte für Depression und Angst in Persönlichkeitsinventaren.

Zugehörige Laborbefunde. Der Pavor Nocturnus beginnt während des Non-REM-Tiefschlafes, der durch eine langsame EEG-Aktivität (Delta-Wellen) charakterisiert ist. Diese EEG-Aktivität ist vor allem während der Schlafstadien 3 und 4 des Non-REM-Schlafs zu finden, der im 1. Drittel des Nachtschlafs gehäuft auftritt. Daher kommt auch der Pavor Nocturnus fast ausschließlich im 1. Drittel der Nacht vor. Episoden können jedoch jederzeit während des Tiefschlafs auftreten, sogar im Verlauf von „Nickerchen" am Tag. Der Beginn dieser Episoden wird üblicherweise eingeleitet durch eine sehr hochamplitudige Delta-Wellen-Aktivität im EEG, einer Zunahme des Muskeltonus und ein zwei- bis vierfaches Ansteigen der Herzfrequenz, häufig bis über 120/min. Während einer Episode kann das Polysomnogramm durch Bewegungsartefakte gestört sein. Auch ohne diese Artefakte zeigt das EEG während einer Episode typischerweise Theta- oder Alpha-Wellen als Zeichen partiellen Erwachens. Personen mit Pavor Nocturnus können auch ein plötzliches Erwachen aus dem tiefen Non-REM-Schlaf aufweisen, so daß sich die Episoden von Pavor Nocturnus nicht voll ausbilden. Solche Episoden können plötzliche Tachykardie einschließen.

Zugehörige körperliche Untersuchungsbefunde und medizinische Krankheitsfaktoren. Fieber und Schlafentzug können die Häufigkeit von Pavor Nocturnus-Episoden erhöhen.

Besondere kulturelle, Alters- und Geschlechtsmerkmale

In Untersuchungen haben sich keine eindeutigen Hinweise auf kulturabhängige Unterschiede hinsichtlich der Manifestation von Pavor Nocturnus ergeben, obwohl kulturelle Unterschiede hinsichtlich der Bedeutung und der Ursachenzuschreibung des Pavor Nocturnus wahrscheinlich sind. Ältere Kinder und Erwachsene bieten eine detailliertere Darstellung der mit dem Pavor Nocturnus einhergehenden angstauslösenden Bilder als kleinere Kinder, die eher eine komplette Amnesie haben oder nur vage Angstinhalte schildern. Bei Kindern tritt der Pavor Nocturnus häufiger bei Jungen als bei Mädchen auf, bei Erwachsenen ist die Verteilung für beide Geschlechter gleich.

Prävalenz

Es gibt nur begrenzte Daten über Pavor Nocturnus in der Allgemeinbevölkerung. Die Prävalenz für Pavor Nocturnus-Episoden wurde (im Gegensatz zur Pavor Nocturnus-Störung, bei der wiederholtes Auftreten sowie Leiden und Beeinträchtigung vorliegt) auf 1–6 % bei Kindern und weniger als 1 % bei Erwachsenen geschätzt.

Verlauf

Der Pavor Nocturnus beginnt bei Kindern gewöhnlich zwischen dem 4. und dem 12. Lebensjahr und remittiert spontan während der Adoleszenz. Bei Erwachsenen beginnt er meist zwischen dem 20. und dem 30. Lebensjahr und verläuft dann häufig chronisch, wobei die Episoden in Häufigkeit und Intensität schwanken. Die Häufigkeit der Episoden variiert sowohl intra- wie interindividuell. Meist treten die Episoden im Abstand von Tagen oder Wochen auf, können sich jedoch auch in aufeinanderfolgenden Nächten ereignen.

Familiäres Verteilungsmuster

Patienten mit Pavor Nocturnus berichten häufig über eine positive Familienanamnese von entweder Nachtangst oder Schlafwandeln. Einigen Studien zufolge besteht eine zehnfach erhöhte Prävalenz für die Störung unter biologischen Verwandten 1. Grades. Der exakte Vererbungsmodus ist unbekannt.

Differentialdiagnose

Viele Menschen leiden irgendwann im Leben an isolierten Episoden von Nachtangst. Der Unterschied zwischen einzelnen Episoden von Angst im Schlaf und dem klinischen Bild des Pavor Nocturnus besteht in wiederholtem Auftreten, in der Intensität, in klinisch bedeutsamer Beeinträchtigung oder Leiden und in der potentiellen Selbst- oder Fremdverletzungsgefahr.

Der Pavor Nocturnus muß von anderen Störungen unterschieden werden, die vollständiges oder teilweises Erwachen während der Nacht oder ungewöhnliches Verhalten während des Schlafs verursachen. Die wichtigsten Differentialdiagnosen für den Pavor Nocturnus sind die Schlafstörung mit Alpträumen, die Schlafstörung mit Schlafwandeln, andere Parasomnien (siehe Nicht Näher Bezeichnete Parasomnien), die Atmungsgebundene Schlafstörung und epileptische Anfälle während des Schlafs. Im Gegensatz zu Patienten mit Pavor Nocturnus erwachen Patienten mit einer **Schlafstörung mit Alpträumen** üblicherweise rasch und vollständig, schildern lebhafte zusammenhängende Traumgeschichten, die die Episoden begleiten, und erleben diese Episoden meist später in der Nacht. Das Ausmaß vegetativen Arousals und motorischer Aktivität ist nicht so groß wie beim Pavor Nocturnus und die Erinnerungen sind vollständiger. Nachtangst erscheint gewöhnlich während des Tiefschlafs, wohingegen Alpträume während des REM-Schlafs auftreten. Eltern von Kindern mit Pavor Nocturnus können die Berichte von angsterfüllten und fragmentarischen Bildern als Alptraum mißdeuten.

Es kann schwierig sein, die **Schlafstörung mit Schlafwandeln** von solchen Fällen des Pavor Nocturnus zu unterscheiden, bei denen motorische Aktivität im Vordergrund steht. Tatsächlich treten diese beiden Störungen häufig gemeinsam auf und sind in der Familienanamnese gewöhnlich gemeinsam zu finden. Der Prototyp des Pavor Nocturnus zeigt ein Vorherrschen von vegetativem Arousal und Angst mit einem geringeren Grad an motorischer Aktivität, welche häufig abrupt und ungeordnet erscheint. Der Prototyp der Schlafstörung mit Schlafwandeln zeigt dagegen wenig vegetatives Arousal oder geringe Angst mit einem höheren Anteil an geordneter motorischer Aktivität.

Nicht Näher Bezeichnete Parasomnien umfassen verschiedene Formen, die dem Pavor Nocturnus ähnlich sein können. Das häufigste Beispiel ist die „REM-Schlaf-Verhaltensstörung", die gleichfalls subjektive Angst, heftige motorische Aktivität und die Möglichkeit der Verletzung mit sich führt. Da diese Störung während des REM-Schlafes auftritt, sind mit ihr auch lebhafte Traumbilder verbunden, unmittelbareres und vollständigeres Erwachen sowie motorische Aktivität, die dem Trauminhalt deutlich folgt. „Nächtliche Paroxysmale Dystonie" schließt ebenfalls Erwachen aus dem Schlaf mit motorischer Aktivität ein, doch dauert die Aktivität länger an, ist rhythmischer und stereotyper und nicht mit subjektiven Schilderungen oder Anzeichen von Furcht verbunden.

Hypnagoge Halluzinationen, welche sporadisch sowohl bei ansonsten asymptomatischen Personen auftreten als auch regelmäßiger bei solchen mit **Narkolepsie**, können auch mit Angst einhergehen. Deren Auftreten zu Beginn des Schlafes, die lebhaften Bilder und der subjektive Eindruck von Wachsein unterscheiden solche Episoden vom Pavor Nocturnus.

Selten kann auch einmal ein Patient mit einer **Atmungsgebundenen Schlafstörung** Episoden mit angstvollem und panischem Erwachen haben, die denen beim Pavor Nocturnus ähnlich sind. Begleitsymptome wie Schnarchen und Fettleibigkeit sowie respiratorische Symptome wie nachgewiesene Apnoephasen, Unfähigkeit zu Atmen oder Erstickungsanfälle unterscheiden die Atmungsgebundene Schlafstörung vom Pavor Nocturnus. Eine einzelne Nachtangst-Episode kann auch während eines Tiefschlaf-„Rebounds" auftreten, der der unmittelbaren Behandlung eines obstruktiv bedingten Schlafapnoesyndroms folgt (z. B. in der Folge einer CPAP-Beatmung).

Auch **Epileptische Anfälle** während des Schlafes können Angstgefühle und stereotype Verhaltensweisen hervorrufen, die von Verwirrtheit und erschwertem Erwachen gefolgt sind. Die meisten nächtlichen Anfälle treten während Schlaf-Wach-Übergangsphasen auf, können aber auch während des Tiefschlafs auftreten. Inkontinenz und tonisch-klonische Bewegungen lassen jedoch auf eine Anfallserkrankung schließen, wobei Frontal- und Temporallappenanfälle auch mit komplexeren Verhaltensweisen verbunden sein können. Das EEG von Patienten mit nächtlichen epileptischen Anfällen zeigt oft nur einen interiktalen Befund, eine Schlaf-EEG-Ableitung kann jedoch zur letztendlichen Differentialdiagnostik erforderlich sein. Schlafunterbrechungen bei Anfällen sollten als **Schlafstörungen Aufgrund eines Medizinischen Krankheitsfaktors, Parasomnie-Typus,** diagnostiziert werden (siehe S. 679). Andere Schlafstörungen Aufgrund Medizinischer Krankheitsfaktoren als schlafgebundene epileptische Anfälle verursachen selten Episoden ungewöhnlichen Verhaltens während der Nacht. Tritt abweichendes Verhalten während der Nacht bei einem mittelalten oder älteren Erwachsenen zum ersten Mal auf, so sollte unmittelbar an eine nicht sichtbare Hirnverletzung oder an eine zentralnervöse Erkrankung wie Hirntumor oder Infektion gedacht werden.

Der Pavor Nocturnus kann außerdem durch Medikamente wie zentralnervös dämpfende Mittel provoziert oder induziert werden. Wenn die Episoden als direkte körperliche Folge einer Medikamenten- oder Substanzeinnahme bewertet werden, sollte die Störung als **Substanzinduzierte Schlafstörung, Parasomnie-Typus,** klassifiziert werden (siehe S. 683).

Auch eine **Panikstörung** kann ein plötzliches Erwachen aus dem tiefen Non-REM-Schlaf mit begleitender starker Angst verursachen, jedoch erzeugen solche Episoden ein rasches und vollständiges Erwachen ohne die für den Pavor Nocturnus typischen Symptome der Verwirrtheit, Amnesie oder motorischen Aktivität. Personen, die Panikattacken während des Schlafes erleben, berichten, daß die Symptome praktisch identisch mit denen der Panikattacken während des Tages sind. Auch das Vorhandensein einer Agoraphobie kann dabei helfen, diese beiden Störungen zu unterscheiden.

Beziehung zur Internationalen Klassifikation der Schlafstörungen

Der Pavor Nocturnus ist praktisch identisch mit dem Pavor Nocturnus gemäß der Internationalen Klassifikation von Schlafstörungen (ICSD). Verwirrtes Aufwachen, welches als unabhängige Störung oder im Zusammenhang mit dem Pavor Nocturnus auftreten kann, wird auch in der ICSD beschrieben. Dabei wird das verwirrte Aufwachen als kurzes Erwachen aus dem Tiefschlaf mit Verwirrtheit, jedoch ohne Angst oder Bewegung charakterisiert.

Diagnostische Kriterien für 307.46 (F51.4) Pavor Nocturnus

A. Wiederholte Episoden von plötzlichem Hochschrecken aus dem Schlaf, die gewöhnlich im ersten Drittel der Hauptschlafperiode auftreten und mit einem panischen Schrei beginnen.

B. Starke Angst und Anzeichen vegetativen Arousals wie Tachykardie, schnelles Atmen und Schwitzen während jeder Episode.

C. Fast keine Reaktion auf die Bemühungen anderer, den Betroffenen während der Episode zu beruhigen.

D. Es wird kein detaillierter Traum erinnert, und es besteht eine Amnesie für die Episode.

E. Die Episoden verursachen in klinisch bedeutsamer Weise Leiden oder Beeinträchtigungen in sozialen, beruflichen oder anderen wichtigen Funktionsbereichen.

F. Das Störungsbild geht nicht auf die direkte körperliche Wirkung einer Substanz (z. B. Droge oder Medikament) oder eines medizinischen Krankheitsfaktors zurück.

307.46 (F51.3) Schlafstörung mit Schlafwandeln

Diagnostische Merkmale

Hauptmerkmal der Schlafstörung mit Schlafwandeln sind wiederholte Episoden komplexen motorischen Verhaltens im Schlaf, das ein Aufstehen aus dem Bett und Umhergehen einschließt. Schlafwandel-Episoden beginnen während des Tiefschlafs und treten daher meist im 1. Drittel der Nacht auf (**Kriterium A**). Während der Episoden zeigt die Person verminderte Wachheit und Ansprechbarkeit, ein ausdrucksloses Starren und fast keine Reaktion auf Ansprache oder Weckversuche durch andere (**Kriterium B**). Wenn sie während der Episode geweckt wird (oder am folgenden Morgen aufwacht), weist die Person eine eingeschränkte Erinnerung an die Ereignisse während der Episode auf (**Kriterium C**). Nach der Episode kann zunächst eine kurze Periode der Verwirrung oder erschwerten Orientierung vorliegen, danach kommt es dann zum vollständigen Erlangen der kognitiven Funktionen und zu angemessenem Verhalten (**Kriterium D**). Das Schlafwandeln muß in klinisch bedeutsamer Weise Leiden oder Beeinträchtigungen in sozialen, beruflichen oder in anderen wichtigen Funktionsbereichen verursachen (**Kriterium E**). Eine Schlafstörung mit Schlafwandeln sollte nicht diagnostiziert werden, wenn das Verhalten auf die direkte körperliche Wirkung einer Substanz (z. B. Droge, Medikament) oder eines medizinischen Krankheitsfaktors zurückgeht (**Kriterium F**).

Schlafwandel-Episoden können verschiedenste Verhaltensweisen einschließen. Bei leichten Episoden (manchmal als „Verwirrtes Aufwachen" bezeichnet) kann es vorkommen, daß der Betroffene sich einfach nur im Bett aufsetzt, umherschaut oder an der Decke oder dem Bettzeug zupft. Im typischeren Fall verläßt der Betroffene tatsächlich das Bett, geht an Schränke, aus dem Zimmer hinaus, steigt Treppen hinauf und hinab oder verläßt sogar das Haus. Manche gehen zur Toilette, essen oder sprechen während der Episoden. Auch Weglaufen und verzweifelte Versuche, einer scheinbaren Gefahr zu entkommen, können auftreten. Die meisten während des Schlafwandelns auftretenden Verhaltensweisen sind routinemäßiger Art und wenig komplex. Es wurden jedoch auch Fälle berichtet, bei denen Betroffene Türen aufschlossen und sogar Maschinen bedienten. Vor allem wenn es in der Kindheit auftritt, kann das Schlafwandeln auch abweichendes Verhalten einschließen (z. B. in einen Schrank zu urinieren). Die meisten Episoden dauern mehrere Minuten bis zu 1/2 Stunde.

Schlafwandel-Episoden können mit spontanem Aufwachen enden, dem eine kurze Periode der Verwirrtheit folgt, oder der Betroffene kehrt ins Bett zurück und setzt seinen Schlaf bis zum Morgen hin fort. Nicht selten erwacht er am nächsten Morgen an einem anderen Ort oder mit Hinweisen darauf, daß er in der Nacht Handlungen ausgeführt hat, für die jedoch eine komplette Amnesie besteht. An manche Episoden kann sich eine vage Erinnerung an fragmentarische Traumbilder anschließen, üblicherweise jedoch nicht an zusammenhängende Traumgeschichten.

Während der Schlafwandel-Episoden kann es vorkommen, daß die Betroffenen sprechen oder anderer Leute Fragen beantworten. Dabei artikulieren sie jedoch schlecht, und ein echter Dialog ist selten. Gelegentlich folgen die Betroffenen den Aufforderungen anderer, ihre Aktivitäten einzustellen und ins Bett zurückzugehen. Dieses Verhalten wird jedoch mit einer deutlich reduzierten Wachheit ausgeführt und das Aufwecken eines Betroffenen während einer solchen Episode ist üblicherweise sehr schwierig. Wird er geweckt, ist der Betroffene zunächst für mehrere Minuten verwirrt, um anschließend seine vollständige Wachheit wiederzuerlangen.

Um die Diagnose zu stellen, muß der Betroffene in klinisch bedeutsamer Weise Leiden oder Beeinträchtigungen aufweisen. Betroffene vermeiden möglicherweise Situationen, in denen ihr Verhalten sich anderen offenbaren könnte (z. B. Kinder vermeiden es, ihre Freunde zu besuchen oder ins Sommerlager zu fahren; Erwachsene vermeiden es, neben einem Partner zu schlafen, in Ferien zu fahren oder außer Haus zu übernachten). Daraus können soziale Isolation oder berufliche Schwierigkeiten entstehen.

Zugehörige Merkmale und Störungen

Zugehörige Beschreibungsmerkmale und psychische Störungen. Innere Reize (z. B. eine gefüllte Blase) oder externe Reize (z. B. Lärm) können ebenso wie psychosoziale Belastungsfaktoren, der Konsum von Alkohol oder Sedativa die Wahrscheinlichkeit des Auftretens von Schlafwandel-Episoden erhöhen. Manche Schlafwandler schildern außerdem Episoden mit nächtlichem Essen, meist mit völliger oder teilweiser Amnesie. Sie finden vielleicht erst am nächsten Morgen Hinweise darauf, daß sie gegessen haben. Es kann sein, daß sich die Personen während des Schlafwandelns verletzen, indem sie sich an Gegenständen stoßen, Treppen steigen, das Haus verlassen oder sogar aus dem Fenster klettern. Das Verletzungsrisiko während des Schlafwandelns ist um so größer, wenn die Episoden Merkmale des Pavor Nocturnus einschließen und der Betroffene gleichzeitig versucht, zu fliehen oder um sich schlägt. Patienten mit einer Schlafstörung mit Schlafwandeln und Pavor Nocturnus können während ihrer Episoden auch andere verletzen.

Andere mit dem Non Rapid Eye Movement (NREM)-Schlaf verbundene Parasomnien (z. B. Pavor Nocturnus) können auch bei Patienten mit einer Schlafstörung mit Schlafwandeln auftreten. Bei Kindern geht diese Störung üblicherweise nicht mit anderen psychischen Störungen einher, bei Erwachsenen können jedoch gleichzeitig Persönlichkeitsstörungen, Affektive Störungen oder Angststörungen auftreten.

Zugehörige Laborbefunde. In polysomnographischen Untersuchungen, die neben den routinemäßigen Aufzeichnungen auch audiovisuelle Ableitungen aufnehmen, können Schlafwandelepisoden nachgewiesen werden. Die Episoden beginnen innerhalb der ersten Stunden des Tiefschlafes (gewöhnlich Non-REM-Stadium 3 oder 4). Bei manchen Betroffenen (z. B. älteren Erwachsenen) können solche Episoden auch während des Non-REM-Schlafes im Stadium 2 vorkommen. Vor einer Episode zeigt das EEG häufig rhythmische („hypersynchrone") hochamplitudige Delta-Wellen-Aktivität, die während des Aufwachens anhält. Am Beginn einer Episode können auch EEG-Anzeichen des Aufwachens, wie die Alpha-Aktivität, auftreten. Gewöhnlich ist jedoch das EEG durch Bewegungsartefakte während der aktuellen Episode gestört. Herzfrequenz und Atemfrequenz können zu Beginn der Episode ansteigen. Diese Befunde können sowohl bei einer ausgeprägten Schlafwandel-Episode wie auch bei einem leichten Ereignis (z. B. Verwirrtes Aufwachen) beobachtet werden. Andere polysomnographische Befunde können eine erhöhte Anzahl von Übergängen aus Schlafstadium 3 und 4 und eine reduzierte Schlafeffizienz einschließen.

Zugehörige körperliche Untersuchungsbefunde und medizinische Krankheitsfaktoren. Fieber oder Schlafentzug können die Häufigkeit von Schlafwandel-Episoden erhöhen. Ein obstruktives Schlafapnoesyndrom und andere Störungen, die schwere Unterbrechungen des Tiefschlafs hervorrufen, können auch mit Schlafwandel-Episoden einhergehen. Ein Zusammenhang zwischen Migräne und Schlafwandel-Episoden wurde berichtet.

Besondere kulturelle, Alters- und Geschlechtsmerkmale

Es gibt keine Untersuchungen, die eindeutige Hinweise auf kulturabhängige Unterschiede in der Manifestation der Schlafstörung mit Schlafwandeln liefern, wobei sich die Bedeutsamkeit und die Ursachen, die dem Schlafwandeln zugeschrieben werden, wahrscheinlich zwischen verschiedenen Kulturen unterscheiden. Gewaltsame Handlungen während des Schlafwandelns treten eher bei Erwachsenen auf. Die Schlafstörung mit Schlafwandeln kommt bei beiden Geschlechtern gleich häufig vor.

Prävalenz

10–30 % aller Kinder hatten mindestens eine Episode von Schlafwandeln, die Prävalenz der Schlafstörung mit Schlafwandeln (gekennzeichnet durch wiederholte Episoden und Leiden oder Beeinträchtigungen) ist jedoch deutlich niedriger, möglicherweise im Bereich von 1–5 %. Epidemiologische Untersuchungen berichten über eine Prävalenz von Schlafwandel-Episoden (nicht der Schlafstörung mit Schlafwandeln) von 1–7 % bei Erwachsenen.

Verlauf

Schlafwandeln kann zu jeder Zeit nach dem Laufenlernen auftreten, im allgemeinen erscheinen die Episoden jedoch zum ersten Mal im Alter zwischen 4 und 8 Jahren. Die Spitze des Auftretens liegt etwa bei 12 Jahren. Selten treten solche Episoden zum ersten Mal bei Erwachsenen auf. Der Beginn der Schlafstörung mit Schlafwandeln im Erwachsenenalter sollte unmittelbar eine Untersuchung auf eine spezifische Ätiologie, wie z. B. eine Substanzeinnahme oder eine neurologische Erkrankung nach sich ziehen. Schlafwandeln bei Kindern hört üblicherweise spontan während der frühen Adoleszenz auf, in der Regel im Alter von 15 Jahren. Seltener zeigen die Episoden einen wiederkehrenden Verlauf mit Rückfällen im frühen Erwachsenenalter, nachdem die Episoden im späten Kindesalter ganz aufgehört hatten. Bei Erwachsenen nimmt die Schlafstörung mit Schlafwandeln häufig einen chronischen oder zu- und abnehmenden Verlauf. Episoden von Schlafwandeln können als isolierte Ereignisse bei Menschen jeden Alters auftreten, wobei ein wiederholtes Auftreten über einen Zeitraum von mehreren Jahren die häufigere Form darstellt.

Familiäres Verteilungsmuster

Die Schlafstörung mit Schlafwandeln tritt unter Familienmitgliedern gehäuft auf. Eine Familienanamnese mit Schlafwandeln oder Nachtängsten wurde bei bis zu 80 % der Patienten mit Schlafwandeln berichtet. Annähernd 10–20 % der Patienten mit Schlafwandeln haben einen biologischen Verwandten 1. Grades, der auch schlafwandelt. Das Risiko für Schlafwandeln wird zusätzlich erhöht, wenn beide Elternteile die Störung in der Anamnese aufweisen (bis zu 60 % der Nachkommen). Eine genetische Übertragung wird angenommen, der exakte Vererbungsmodus ist jedoch nicht bekannt.

Differentialdiagnose

Viele Kinder haben isolierte oder unregelmäßige Episoden von Schlafwandeln mit oder ohne auslösende Ereignisse. Die exakte Grenze zwischen **nicht klinisch bedeutsamen Episoden des Schlafwandelns** und der Schlafstörung mit Schlafwandeln ist fließend. Häufige Episoden, Verletzungen, eher aktives oder gefährliches Verhalten, soziale Beeinträchtigungen als Ergebnis des Schlafwandelns führen möglicherweise die Eltern betroffener Kinder dahin, Hilfe zu suchen und rechtfertigen die Diagnose einer Schlafstörung mit Schlafwandeln. Episoden, die von der Kindheit bis in die späte Adoleszenz hinein auftreten oder bei Erwachsenen zum ersten Mal erscheinen, rechtfertigen wahrscheinlich eher die Diagnose einer Schlafstörung mit Schlafwandeln.

Es kann klinisch schwierig sein, die Schlafstörung mit Schlafwandeln vom **Pavor Nocturnus** zu unterscheiden, wenn der Betroffene versucht, vor angsterregenden Reizen zu „fliehen". In beiden Fällen zeigt der Betroffene Bewegungen, erschwertes Aufwachen und eine Amnesie für das Ereignis. Ein Initialschrei, Anzeichen starker Angst und Panik und vegetatives Arousal sind eher für den Pavor Nocturnus charakteristisch. Die Schlafstörung mit Schlafwandeln und der Pavor Nocturnus können bei derselben Person auftreten und sollten in solchen Fällen auch beide diagnostiziert werden.

Eine **Atmungsgebundene Schlafstörung**, vor allem das obstruktive Schlafapnoesyndrom, kann ebenfalls verwirrtes Aufwachen und nachfolgende Amnesie hervorrufen. Die Atmungsgebundene Schlafstörung ist jedoch gleichzeitig durch charakteristische Symptome wie Schnarchen, Atempausen und Tagesschläfrigkeit charakterisiert. Bei einigen Personen kann die Atmungsgebundene Schlafstörung auch Episoden von Schlafwandeln auslösen.

„REM-Schlaf-Verhaltensstörung" ist eine weitere Parasomnie (siehe **Nicht Näher Bezeichnete Parasomnien**), die von der Schlafstörung mit Schlafwandeln nur schwer zu unterscheiden ist. Die REM-Schlaf-Verhaltensstörung ist charakterisiert durch Episoden von auffälligen komplexen Bewegungen, die häufig mit Selbstverletzung einhergehen. Im Gegensatz zur Schlafstörung mit Schlafwandeln, tritt die REM-Schlaf-Verhaltensstörung während der REM-Schlafphase und meist in fortgeschrittener Nacht auf. Betroffene wachen leicht auf und berichten über Trauminhalte, die zu ihren Verhaltensweisen passen. Eine Vielzahl anderer Verhaltensweisen mit teilweisem Aufwachen kann auftreten. Verwirrtes Aufwachen gleicht den Episoden beim Schlafwandeln in jeder Hinsicht mit Ausnahme des tatsächlichen Aufstehens aus dem Bett. „Schlaftrunkenheit" ist ein Zustand, in dem der Betroffene einen prolongierten Übergang vom Schlafen zum Wachwerden am Morgen zeigt. Hier kann es schwierig sein, die Person zu wecken, die sich solchen Bemühungen heftig widersetzen kann. Symptome wie Umhergehen oder andere komplexe Verhaltensweisen helfen auch hier, die Schlafstörung mit Schlafwandeln zu unterscheiden. Allerdings können sowohl verwirrtes Aufwachen als auch Schlaftrunkenheit bei Personen mit einer Schlafstörung mit Schlafwandeln ebenfalls auftreten.

Schlafbezogene Epilepsie kann Episoden ungewöhnlichen Verhaltens, die nur während des Schlafes auftreten, hervorrufen. Dabei ist der Betroffene nicht ansprechbar und hat eine Amnesie für die Episode. Üblicherweise treten jedoch bei der schlafbezogenen Epilepsie stereotypere, sich wiederholende, weniger komplexe Verhaltensweisen auf als bei der Schlafstörung mit Schlafwandeln. In den meisten Fällen weisen Patienten mit einer schlafbezogenen Epilepsie ähnliche Episoden auch außerhalb des Schlafs auf. Das EEG zeigt epilepsietypische Merkmale einschließlich paroxysmaler Dysrhythmie während der Episoden und interiktale Merkmale zu anderen Zeiten. Der Nachweis von Anfällen im Schlaf schließt jedoch das gleichzeitige Vorkommen von Schlafwandel-Episoden nicht aus. Eine schlafbezogene Epilepsie sollte als **Schlafstörung Aufgrund von Epilepsie, Parasomnie-Typus**, diagnostiziert werden (siehe S. 679).

Schlafwandeln kann durch Substanzen oder Medikamente (z. B. Antipsychotika, trizyklische Antidepressiva, Chloralhydrat) ausgelöst werden. In solchen Fällen sollte eine **Substanzinduzierte Schlafstörung, Parasomnie-Typus**, diagnostiziert werden (siehe S. 683).

Dissoziative Fugues weisen oberflächliche Ähnlichkeiten zur Schlafstörung mit Schlafwandeln auf. Fugues treten jedoch selten bei Kindern auf, beginnen typischerweise im Wachzustand, dauern Stunden bis Tage und sind nicht durch Störungen des Bewußtseins charakterisiert. Obwohl Schlafwandeln im Rahmen einer **Vorgetäuschten Störung** auch simuliert werden kann, ist es doch schwierig, eine solche Störung unter unmittelbarer Beobachtung zu imitieren.

Beziehung zur Internationalen Klassifikation der Schlafstörungen

Die Schlafstörung mit Schlafwandeln ist praktisch identisch mit den Merkmalen des Schlafwandelns gemäß der Internationalen Klassifikation von Schlafstörungen (ICSD). In der ICSD sind zwei weitere Störungen enthalten, die sehr ähnliche Merkmale wie das Schlafwandeln haben können: die Syndrome Verwirrtes Aufwachen und Nächtliches Essen (oder Trinken).

Diagnostische Kriterien für 307.46 (F51.3) Schlafstörung mit Schlafwandeln

A. Wiederholte Episoden von Aufstehen aus dem Bett und Umhergehen im Schlaf, die in der Regel während des 1. Drittels der Hauptschlafphase auftreten.

B. Während des Schlafwandelns hat die Person ein ausdrucksloses, starres Gesicht, reagiert kaum auf Bemühungen anderer, mit ihr zu kommunizieren und kann nur mit größter Schwierigkeit geweckt werden.

C. Beim Aufwachen (entweder aus der Schlafwandel-Episode oder am nächsten Morgen) hat die Person eine Amnesie für die Episode.

D. Innerhalb weniger Minuten nach dem Aufwachen aus einer Schlafwandel-Episode besteht keine Beeinträchtigung der geistigen Funktionen oder des Verhaltens mehr (wenn auch anfänglich ein kurzer Zeitraum von Verwirrtheit oder Desorientiertheit auftreten kann).

E. Das Schlafwandeln verursacht in klinisch bedeutsamer Weise Leiden oder Beeinträchtigungen in sozialen, beruflichen oder anderen wichtigen Funktionsbereichen.

F. Das Störungsbild geht nicht auf die direkte körperliche Wirkung einer Substanz (z. B. Droge, Medikament) oder eines medizinischen Krankheitsfaktors zurück.

307.47 (F51.8) Nicht Näher Bezeichnete Parasomnien

Die Kategorie Nicht Näher Bezeichnete Parasomnien ist Störungsbildern vorbehalten, die mit abweichenden Verhaltens- oder physiologischen Ereignissen während des Schlafs oder im Übergang vom Schlafen zum Wachsein einhergehen, die jedoch nicht die Kriterien einer spezifischeren Parasomnie erfüllen. Dazu gehören
1. REM-Schlaf-Verhaltensstörung: Motorische Aktivität, oft gewaltsamer Art, die während der REM-Schlafphase auftritt. Im Gegensatz zum Schlafwandeln treten solche Episoden meist später in der Nacht auf und gehen mit einer lebhaften Traumerinnerung einher.
2. Schlafparalyse: Unfähigkeit, willkürliche Bewegungen während des Übergangs vom Wachsein zum Schlafen auszuführen. Die Episoden können zum Schlafbeginn (hypnagog) oder beim Aufwachen (hypnopomp) auftreten. Die Episoden sind meist mit extremer Angst, in manchen Fällen sogar mit Todesangst verbunden. Schlafparalyse tritt üblicherweise als Begleitsymptom der Narkolepsie auf und sollte in solchen Fällen nicht gesondert codiert werden.
3. Fälle, in denen der Untersucher das Vorliegen einer Parasomnie erkennt, jedoch nicht festlegen kann, ob es sich um eine primäre handelt, ob sie im Zusammenhang mit einem medizinischen Krankheitsfaktor steht oder ob sie durch eine Substanz induziert wurde.

Schlafstörungen in Zusammenhang mit einer Anderen Psychischen Störung

307.42 (F51.0) Insomnie in Zusammenhang mit einer Anderen Psychischen Störung

307.44 (F51.1) Hypersomnie in Zusammenhang mit einer Anderen Psychischen Störung

Diagnostische Merkmale

Das Hauptmerkmal der Insomnie in Zusammenhang mit einer Anderen Psychischen Störung und der Hypersonmie in Zusammenhang mit einer Anderen Psychischen Störung ist das Vorkommen einer Insomnie oder einer Hypersomnie, die als zeitlich oder kausal mit einer anderen psychischen Störung zusammenhängend beurteilt wird. Insomnie oder Hypersomnie als direkte körperliche Folge einer Substanz wird an dieser Stelle nicht berücksichtigt. Solche Formen würden als Substanzinduzierte Schlafstörung diagnostiziert werden (siehe S. 683). Insomnie in Zusammenhang mit einer Anderen Psychischen Störung ist gekennzeichnet durch Beschwerden über Einschlafschwierigkeiten, häufiges Erwachen in der Nacht oder ein ausgesprochenes Gefühl von nichterholsamem Schlaf, das seit mindestens einem Monat anhält und mit deutlicher Müdigkeit oder eingeschränkter Leistungsfähigkeit am Tage einhergeht (**Kriterium A**). Hypersomnie in Zusammenhang mit einer Anderen Psychischen Störung ist gekennzeichnet durch Beschwerden über verlängerten nächtlichen Schlaf oder wiederholte Schlafepisoden am Tage seit mindestens einem Monat (**Kriterium A**). Sowohl bei Insomnie wie bei Hypersomnie in Zusammenhang mit einer Anderen Psychischen Störung verursachen die Schlafsymptome in bedeutsamer Weise Leiden oder Beeinträchtigungen in sozialen, beruflichen oder anderen wichtigen Funktionsbereichen (**Kriterium B**). Die Insomnie oder Hypersomnie kann nicht besser durch eine andere Schlafstörung (z. B. Narkolepsie, Atmungsgebundene Schlafstörung oder eine Parasomnie) erklärt werden, und die Hypersomnie kann nicht besser durch eine inadäquate Schlafdauer erklärt werden (**Kriterium D**). Die Schlafstörung geht nicht auf die direkte körperliche Wirkung einer Substanz (z. B. Droge, Medikament) oder eines medizinischen Krankheitsfaktors zurück (**Kriterium E**).

Schlafstörungen sind ein häufiges Merkmal anderer psychischer Störungen. Eine zusätzliche Diagnose Insomnie oder Hypersomnie in Zusammenhang mit einer Anderen Psychischen Störung wird nur erteilt, wenn die Schlafstörung im Beschwerdebild vorherrscht und schwer genug ist, um für sich allein genommen klinische Beachtung zu rechtfertigen (**Kriterium C**). Menschen mit diesem Typus der Insomnie oder Hypersomnie konzentrieren sich gewöhnlich auf ihre Schlafstörungen und nicht auf die kennzeichnenden Symptome der mit diesen zusammenhängenden psychischen Störung, deren Vorhandensein nur nach besonderer und beharrlicher Befragung zum Vorschein kommen kann. Nicht selten werden sie die Symptome der psychischen Störung der Tatsache zuschreiben, daß sie schlecht schlafen.

Viele psychische Störungen schließen zu manchen Zeitpunkten Insomnie oder Hypersomnie als vorherrschendes Problem ein. Menschen mit einer Major Depression beklagen sich häufig über Schwierigkeiten, ein- oder durchzuschlafen oder auch über frühes morgendliches Erwachen, ohne wieder einschlafen zu können. Hypersomnie im Zusammenhang mit einer Affektiven Störung geht häufiger mit einer Bipolaren Affektiven Störung, Letzte Episode Depressiv, oder einer Major Depression mit Atypischen Merkmalen einher. Menschen mit Generalisierter Angststörung berichten häufig über Einschlafschwierigkeiten und können mit angstvollem Grübeln mitten in der Nacht erwachen. Einige Personen mit einer Panikstörung haben nächtliche Panikattacken, die zu Insomnie führen können. Eine bedeutsame Insomnie wird häufig bei der Exazerbation einer Schizophrenie und anderen Psychotischen Störungen beobachtet, stellt aber selten die vorherrschende Beschwerde dar. Andere mit Insomnie einhergehende psychische Störungen sind Anpassungsstörungen, Somatoforme Störungen und Persönlichkeitsstörungen.

Codierungsregeln

Die Bezeichnung der Diagnose auf Achse I beginnt mit dem Typus der Schlafstörung (z. B. Insomnie oder Hypersomnie), gefolgt von der Bezeichnung der spezifischen mit ihr einhergehenden Achse I- oder Achse II-Störung (z. B. 307.42 Insomnie in Zusammenhang mit einer Major Depression). Die spezifisch dazugehörende psychische Störung sollte ebenfalls entweder auf Achse I oder auf Achse II codiert werden.

Zugehörige Merkmale und Störungen

Zugehörige Beschreibungsmerkmale und psychische Störungen. Da per definitionem die Kriterien für die begleitende psychische Störung erfüllt sind, schließen die zugehörigen Merkmale der Insomnie oder Hypersomnie in Zusammenhang mit einer Anderen Psychischen Störung die Haupt- und Nebenmerkmale der mit ihr verbundenen psychischen Störung ein.

Personen mit Insomnie in Zusammenhang mit einer Anderen Psychischen Störung können denselben Typus des konditionierten Arousals und der Fehlkonditionierung aufweisen wie Personen mit Primärer Insomnie. Zum Beispiel stellen sie eine gesteigerte Ängstlichkeit fest, sobald sich die Schlafenszeit nähert, verbesserten Schlaf, sobald sie sich außerhalb der gewohnten Schlafumgebung befinden, und eine Tendenz, zuviel Zeit im Bett zu verbringen. Auch weisen sie manchmal vielfältige oder unangemessene medikamentöse Behandlungen ihrer Insomnie-Beschwerden in der Vorgeschichte auf. Personen mit Hypersomnie in Zusammenhang mit einer Anderen Psychischen Störung betonen häufig Symptome von Müdigkeit, „bleierne Lähmung" oder einen kompletten Energieverlust. Durch sorgfältige Befragung stellt sich manchmal heraus, daß die Personen stärker an diesen müdigkeitsbedingten Symptomen leiden als an reiner Schläfrigkeit. Sie können auch eine Vorgeschichte mit unangemessenem Konsum stimulierender Medikamente, einschließlich Koffein, aufweisen.

Zugehörige Laborbefunde. Charakteristische (jedoch nicht diagnostische) polysomnographische Ergebnisse in der Episode einer Major Depression beinhalten 1. Schlafkontinuitätsstörung wie verlängerte Schlaflatenz, vermehrtes intermittierendes Wachsein und frühmorgendliches Erwachen; 2. reduzierte Non-REM-Schlafstadien 3 und 4 (Tiefschlaf) mit einer Verschiebung der Tiefschlafaktivität weg von der ersten NREM-Periode; 3. verringerte REM-Latenz (d. h. verkürzte Dauer der ersten NREM-Periode); 4. vermehrte REM-Dichte (d. h. die Anzahl der tatsächlichen Augenbewegungen während des REM) und 5. verlängerte Dauer des REM-Schlafes früh in der Nacht. Schlafabnormalitäten können bei 40–60 % der ambulant und bei bis zu 90 % der stationär behandelten Patienten mit einer Episode einer Major Depression sichtbar sein. Die Befunde lassen vermuten, daß die meisten dieser Abnormalitäten nach klinischer Remission bestehen bleiben und dem Beginn der ersten Episode einer Major Depression vorausgehen können.

Polysomnographische Befunde bei Manischen Episoden sind denen vergleichbar, die bei einer Episode einer Major Depression gefunden wurden. Bei der Schizophrenie ist der REM-Schlaf im Frühstadium einer akuten Exazerbation vermindert, mit einem graduellen Rückgang zu normalen Werten, wenn sich der klinische Zustand verbessert. Die REM-Latenz kann verkürzt sein. Bei der Schizophrenie ist die absolute Schlafdauer oft deutlich vermindert und während einer Exazerbation ist der Tiefschlaf üblicherweise verringert. Personen mit einer Panikstörung können paroxysmales Erwachen beim Erreichen der NREM-Schlafstadien 3 und 4 haben; dieses Erwachen wird durch Tachykardie, Tachypnoe sowie kognitive und emotionale Symptome mit Panikattacken begleitet. Die meisten anderen psychischen Störungen erzeugen nicht-spezifische Schlafstörungsmuster (z. B. verlängerte Schlaflatenz oder häufiges Aufwachen).

Zugehörige körperliche Untersuchungsbefunde und medizinische Krankheitsfaktoren. Personen mit Insomnie oder Hypersomnie in Zusammenhang mit einer Anderen Psychischen Störung können bei einer Routineuntersuchung müde, erschöpft oder abgespannt wirken. Die medizinischen Krankheitsfaktoren, die mit diesen Schlafstörungen in Verbindung stehen, sind dieselben, die mit der zugrundeliegenden psychischen Störung zusammenhängen.

Besondere kulturelle, Alters- und Geschlechtsmerkmale

In manchen Kulturen werden Schlafbeschwerden im Vergleich zu psychischen Störungen als weniger stigmatisierend betrachtet. Daher begeben sich in einigen Kulturkreisen Personen wahrscheinlich eher mit Beschwerden von Insomnie oder Hypersomnie als wegen anderer Symptome (wie Depression oder Angst) in Behandlung.

Kinder und Heranwachsende mit einer Major Depression weisen in der Regel weniger subjektive Schlafstörungen und weniger polysomnographische Veränderungen auf als ältere Erwachsene. Im allgemeinen ist Hypersomnie ein häufigeres Merkmal von Depressiven Störungen bei Adoleszenten und jungen Erwachsenen, wogegen Insomnie häufiger bei älteren Erwachsenen vorkommt.

Schlafstörungen in Zusammenhang mit einer Anderen Psychischen Störung kommen häufiger bei Frauen als bei Männern vor. Diese Differenz ist wahrscheinlich eher auf die erhöhte Prävalenz von Affektiven Störungen und Angststörungen bei Frauen zurückzuführen als auf einen besonderen Unterschied in der Anfälligkeit für Schlafprobleme.

Prävalenz

Schlafprobleme kommen ausgesprochen häufig bei allen Arten von psychischen Störungen vor, jedoch gibt es keine genauen Schätzungen des Prozentsatzes von Patienten, die sich in erster Linie aufgrund von Schlafunterbrechungen in Behandlung begeben. Insomnie in Zusammenhang mit einer Anderen Psychischen Störung ist die häufigste Diagnose (35–50 %) bei Personen, die zur Untersuchung einer chronischen Insomnie in ein Schlafstörungszentrum gehen. Hypersomnie in Zusammenhang mit einer Anderen Psychischen Störung ist eine viel seltenere Diagnose (weniger als 5 %) bei Personen, die in Schlafstörungszentren wegen Hypersomnie untersucht werden.

Verlauf

Der Verlauf von Schlafstörungen in Zusammenhang mit einer Anderen Psychischen Störung folgt in der Regel dem Verlauf der zugrundeliegenden psychischen Störung. Die Schlafstörung kann als eines der frühesten Symptome bei Personen in Erscheinung treten, die später eine mit ihr zusammenhängende psychische Störung entwickeln. Symptome der Insomnie oder Hypersomnie fluktuieren oft erheblich. Bei vielen Menschen mit Depressionen, besonders bei solchen, die medikamentös behandelt werden, kann sich die Schlafstörung rasch verbessern, oft schneller als andere Symptome der zugrundeliegenden psychischen Störung. Andererseits haben andere Menschen trotz der Besserung der übrigen Symptome ihrer Major Depression ständig oder immer wieder auftretend eine Insomnie. Patienten mit einer Bipolaren Störung haben häufig typische, jeweils von der Art der gegenwärtigen Episode abhängende, schlafrelevante Symptome. Während Manischer Episoden erleben die Patienten eine Hyposomnie, obwohl sie sich selten über die Unfähigkeit zu schlafen beklagen. Auf der anderen Seite leiden diese Personen erheblich an einer Hypersomnie während der Episode einer Major Depression. Personen mit Psychotischen Störungen weisen sehr häufig eine deutliche Verschlechterung des Schlafes im frühen Verlauf einer akuten Exazerbation auf. Sobald jedoch die psychotischen Symptome abnehmen, berichten sie über eine Verbesserung.

Differentialdiagnose

Insomnie oder Hypersomnie in Zusammenhang mit einer Anderen Psychischen Störung sollte nicht bei jeder Person mit einer psychischen Störung, die gleichzeitig schlafbezogene Symptome aufweist, diagnostiziert werden. Die Diagnose Insomnie oder Hypersomnie in Zusammenhang mit einer Anderen Psychischen Störung sollte nur gestellt werden, wenn die Schlafsymptome schwerwiegend sind und für sich allein genommen klinische Beachtung rechtfertigen. Eine unabhängige Schlafstörungsdiagnose ist bei den meisten Patienten mit einer **Major Depression**, die Schwierigkeiten schildern, mitten in der Nacht wieder einzuschlafen oder durchzuschlafen, nicht gerechtfertigt. Jedoch kann die zusätzliche Diagnose Insomnie in Zusammenhang mit einer Anderen Psychischen Störung gerechtfertigt sein, wenn die Person primär über Schlafstörungen klagt oder wenn die Insomnie überproportional im Vergleich zu anderen Symptomen vorliegt.

Die Unterscheidung von **Primärer Insomnie** oder **Primärer Hypersomnie** zu Insomnie oder Hypersomnie in Zusammenhang mit einer Anderen Psychischen Störung kann bei Personen, die sowohl klinisch signifikante Schlafstörungen als auch andere Symptome einer psychischen Störung aufweisen, besonders schwierig sein. Die Diagnose Insomnie oder Hypersomnie in Zusammenhang mit einer Anderen Psychischen Störung basiert auf 3 Feststellungen: 1. Die Insomnie oder Hypersomnie muß als Störung bewertet werden, die auf die psychische Störung zurückzuführen ist (z. B. die Insomnie oder Hypersomnie erscheint ausschließlich im Verlauf der psychischen Störung). 2. Die Insomnie oder Hypersomnie muß die Hauptbeschwerde darstellen und schwer genug sein, um für sich allein genommen klinische Beachtung zu rechtfertigen. 3. Die Symptomkonstellation sollte alle Kriterien einer anderen psychischen Störung erfüllen. Die Diagnose einer Primären Insomnie oder Primären Hypersomnie ist angemessen, wenn (wie es häufig der Fall ist) die Insomnie oder die Hypersomnie von Symptomen (z. B. Angst, depressive Stimmung) begleitet werden, die die Kriterien für eine spezifische psychische Störung nicht erfüllen. Die Diagnose einer Primären Insomnie ist gleichfalls bei Menschen mit chronischer Insomnie angemessen, die später eine Affektive Störung oder eine Angststörung entwickeln. Bleiben die Symptome der Insomnie oder Hypersomnie lange Zeit nach völligem Verschwinden der übrigen Symptome der zugehörigen psychischen Störung bestehen, so würde man die Diagnose von Insomnie oder Hypersomnie in Zusammenhang mit einer Anderen Psychischen Störung in Primäre Insomnie oder Primäre Hypersomnie ändern.

Insomnie oder Hypersomnie in Zusammenhang mit einer Anderen Psychischen Störung werden nicht diagnostiziert, wenn sich die Erkrankung besser durch eine **andere Schlafstörung** erklären läßt (z. B. Narkolepsie, Atmungsgebundene Störung oder eine Parasomnie).

Insomnie oder Hypersomnie in Zusammenhang mit einer Anderen Psychischen Störung muß unterschieden werden von einer **Schlafstörung Aufgrund eines Medizinischen Krankheitsfaktors**. Die Diagnose lautet Schlafstörung Aufgrund eines Medizinischen Krankheitsfaktors, wenn die Schlafstörung als direkte körperliche Folge eines bestimmten medizinischen Krankheitsfaktors angesehen wird (z. B. Phäochromozytom, Hyperthyreose). Diese Festlegung basiert auf der Anamnese, den Laborbefunden und der körperlichen Untersuchung (siehe S. 679 für weitergehende Erläuterung). Eine **Substanzinduzierte Schlafstörung** wird von Insomnie oder Hypersomnie in Zusammenhang mit einer Anderen Psychischen Störung dadurch unterschieden, daß eine Substanz (Droge, Medikament) als ätiologisch mit der Schlafstörung zusammenhängend angesehen wird (siehe S. 683 für weitergehende Erläuterung). Zum Beispiel würde eine Insomnie, die nur im Kontext mit starkem Kaffeekonsum auftritt, als Koffeininduzierte Schlafstörung, Insomnietypus, diagnostiziert werden.

Schlafstörungen in Zusammenhang mit einer Anderen Psychischen Störung müssen sowohl von **normalen Schlafmustern** als auch von anderen Schlafstörungen unterschieden werden. Obwohl Beschwerden über gelegentliche Insomnie oder Hypersomnie in der Allgemeinbevölkerung verbreitet sind, werden sie üblicherweise nicht von den anderen Zeichen und Symptomen einer psychischen Störung begleitet. Vorübergehende Schlafstörungen sind eine verbreitete Reaktion auf belastende Lebensereignisse und rechtfertigen in der Regel keine Diagnose. Eine separate Diagnose der Insomnie oder Hypersomnie in Zusammenhang mit einer Anpassungsstörung sollte nur in Betracht gezogen werden, wenn die Schlafstörung besonders schwerwiegend und anhaltend ist.

Beziehung zur Internationalen Klassifikation der Schlafstörungen

Die Internationale Klassifikation der Schlafstörungen (ICSD) enthält vergleichbare Diagnosen für Schlafstörungen in Zusammenhang mit einer Anderen Psychischen Störung und führt hier insbesondere Psychosen, Affektive Störungen, Angststörungen, Panikstörung und Alkoholismus auf.

Diagnostische Kriterien für 307.42 (F51.0) Insomnie in Zusammenhang mit ...
[Benenne die Achse I- oder Achse II-Störung]

A. Die Hauptbeschwerden sind Ein- oder Durchschlafschwierigkeiten oder nicht erholsamer Schlaf für mindestens einen Monat in Verbindung mit Müdigkeit während des Tages oder eingeschränkter Leistungsfähigkeit am Tage.

B. Die Schlafstörung (oder die Folgeerscheinungen am Tage) verursacht in klinisch bedeutsamer Weise Leiden oder Beeinträchtigungen in sozialen, beruflichen oder anderen wichtigen Funktionsbereichen.

C. Man kommt zu dem Urteil, daß die Insomnie in Zusammenhang mit einer anderen auf Achse I oder Achse II codierten Störung (z.B. Major Depression, Generalisierte Angststörung, Anpassungsstörung mit Angst) steht, sie ist jedoch schwer genug, um für sich allein genommen klinische Beachtung zu rechtfertigen.

D. Das Störungsbild kann nicht durch eine andere Schlafstörung (z.B. Narkolepsie, Atmungsgebundene Schlafstörung, eine Parasomnie) besser erklärt werden.

E. Das Störungsbild geht nicht auf die direkte körperliche Wirkung einer Substanz (z.B. Droge, Medikament) oder eines medizinischen Krankheitsfaktors zurück.

Diagnostische Kriterien für 307.44 (F51.1) Hypersomnie in Zusammenhang mit ...
[Benenne die Achse I- oder Achse II-Störung]

A. Die Hauptbeschwerde ist übermäßige Schläfrigkeit für mindestens einen Monat, die sich entweder durch verlängerte Schlafepisoden oder durch fast täglich auftretende Schlafepisoden während des Tages deutlich bemerkbar macht.

Fortsetzung nächste Seite

Fortsetzung

B. Die übermäßige Schläfrigkeit verursacht in klinisch bedeutsamer Weise Leiden oder Beeinträchtigungen in sozialen, beruflichen oder anderen wichtigen Funktionsbereichen.

C. Man kommt zu dem Urteil, daß die Hypersomnie in Zusammenhang mit einer anderen auf Achse I oder Achse II codierten Störung (z. B. Major Depression, Dysthyme Störung) steht, sie ist jedoch schwer genug, um für sich allein genommen klinische Beachtung zu rechtfertigen.

D. Das Störungsbild kann nicht besser durch eine andere Schlafstörung (z. B. Narkolepsie, Atmungsgebundene Schlafstörung, eine Parasomnie) oder durch eine unzureichende Menge an Schlaf erklärt werden.

E. Das Störungsbild geht nicht auf die direkte körperliche Wirkung einer Substanz (z. B. Droge, Medikament) oder eines medizinischen Krankheitsfaktors zurück.

Andere Schlafstörungen

780.xx (G47.x) Schlafstörung Aufgrund eines Medizinischen Krankheitsfaktors

Diagnostische Merkmale

Hauptmerkmal der Schlafstörung Aufgrund eines Medizinischen Krankheitsfaktors ist eine vorherrschende Beeinträchtigung des Schlafes, die für sich allein genommen schwer genug ist, um klinische Beachtung zu rechtfertigen (**Kriterium A**) und die auf einen medizinischen Krankheitsfaktor zurückzuführen ist. Die Symptome können Insomnie, Hypersomnie, eine Parasomnie oder eine Kombination aus diesen darstellen. Aus der Anamnese, der körperlichen Untersuchung oder aus Zusatzuntersuchungen muß hervorgehen, daß die Schlafstörung die direkte körperliche Folge eines medizinischen Krankheitsfaktors ist (**Kriterium B**). Das Störungsbild kann nicht besser durch eine andere psychische Störung, wie etwa eine Anpassungsstörung, erklärt werden, bei der der Auslöser ein ernster medizinischer Krankheitsfaktor ist (**Kriterium C**). Die Diagnose wird nicht gestellt, wenn die Schlafstörung ausschließlich im Verlauf eines Delirs auftritt (**Kriterium D**). Vereinbarungsgemäß werden Schlafsymptome aufgrund von Atmungsgebundenen Schlafstörungen (z. B. Schlafapnoesyndrom) oder aufgrund einer Narkolepsie nicht unter diese Kategorie gefaßt (**Kriterium E**). Die Schlafsymptome müssen in klinisch bedeutsamer Weise Leiden oder Beeinträchtigungen in sozialen, beruflichen oder anderen wichtigen Funktionsbereichen verursachen (**Kriterium F**).

Um zu entscheiden, ob die Schlafstörung Folge eines medizinischen Krankheitsfaktors ist, muß der Untersucher zunächst das Vorliegen eines medizinischen Krankheitsfaktors feststellen. Weiterhin muß der Untersucher feststellen, daß die Schlafstörung ätiologisch mit dem medizinischen Krankheitsfaktor durch einen physiologischen Wirkmechanismus zusammenhängt. Eine sorgfältige und umfassende Erhebung vielfältiger Faktoren ist notwendig, um zu dieser Beurteilung zu kommen. Obwohl es keine allgemeingültigen Richtlinien für die Festlegung gibt, ob eine ätiologische Beziehung zwischen der Schlafstörung und dem medizinischen Krankheitsfaktor besteht, können einige Überlegungen als Hilfestellungen in diesem Bereich dienen. Eine Überlegung betrifft das Bestehen eines zeitlichen Zusammenhanges zwischen Beginn, Verschlechterung oder Remission des medizinischen Krankheitsfaktors und der Schlafstörung. Eine zweite Überlegung betrifft das Vorhandensein von Merkmalen, die atypisch für primäre Schlafstörungen sind (z. B. ein untypisches Alter bei Beginn oder Verlauf oder Fehlen in der Familienanamnese). Anhaltspunkte in der Literatur, die nahelegen, daß ein direkter Zusammenhang zwischen dem in Frage kommenden medizinischen Krankheitsfaktor und der Entwicklung einer Schlafstörung besteht, können bei der Einschätzung einer bestimmten Situation hilfreich sein. Weiterhin muß der Untersucher auch zu dem Urteil kommen, daß das Störungsbild nicht besser durch eine primäre Schlafstörung, eine Substanzinduzierte Schlafstörung oder andere primäre psychische Störungen (z. B. eine Anpassungsstörung) erklärt werden kann. Diese Beurteilung wird ausführlicher in dem Kapitel: „Psychische Störungen Aufgrund eines Medizinischen Krankheitsfaktors" erläutert (siehe S. 210).

Subtypen

Die unten aufgelisteten Subtypen können verwendet werden, um anzuzeigen, welche der folgenden Symptombilder vorherrschen. Das klinische Erscheinungsbild der spezifischen Schlafstörung Aufgrund eines Medizinischen Krankheitsfaktors kann dem der analogen primären Schlafstörung gleichen. Die Kriterien für die analoge primäre Schlafstörung müssen jedoch nicht unbedingt vollständig erfüllt sein, um die Diagnose einer Schlafstörung Aufgrund eines Medizinischen Krankheitsfaktors zu stellen.

— **Insomnie-Typus.** Dieser Subtypus bezieht sich auf die Schlafbeschwerden, die vorwiegend durch Ein- und Durchschlafschwierigkeiten oder ein Gefühl von nicht erholsamem Schlaf charakterisiert sind.
— **Hypersomnie-Typus.** Dieser Subtypus wird benutzt, wenn die vorherrschenden Beschwerden ein übermäßig langer Nachtschlaf oder übermäßige Schläfrigkeit während der wachen Stunden sind.
— **Parasomnie-Typus.** Dieser Subtypus bezieht sich auf ein Schlafstörungsbild, das vorwiegend durch abweichendes Verhalten charakterisiert ist, das in Zusammenhang mit dem Schlaf oder Übergang zum/vom Schlaf steht.
— **Mischtypus.** Dieser Subtypus sollte benutzt werden, um ein Schlafproblem aufgrund eines medizinischen Krankheitsfaktors zu kennzeichnen, das durch vielfältige Schlafsymptome charakterisiert ist, bei dem jedoch kein Symptom klar vorherrscht.

Codierungsregeln

Zur Erfassung der Diagnose einer Schlafstörung Aufgrund eines Medizinischen Krankheitsfaktors sollte der Untersucher sowohl die spezifische Phänomenologie der Störung mit dem entsprechenden Subtypus, als auch den spezifischen medizinischen Krankheitsfaktor, der als Ursache der Achse I-Störung bewertet wurde, angeben (z. B. 780.52 Schlafstörung Aufgrund von Hyperthyreodismus, Insomnie-Typus). Der ICD-9-CM-Code für den medizinischen Krankheitsfaktor sollte zusätzlich auf Achse III vermerkt werden (z. B. 242.9 Hyperthyreoidismus). (Siehe Anhang G mit einer Auflistung ausgewählter ICD-9-CM-Diagnose-Codierungen für medizinische Krankheitsfaktoren).

Zugehörige Merkmale und Störungen

Zugehörige Untersuchungsbefunde. Die Untersuchungsergebnisse entsprechen dem zugrundeliegenden medizinischen Krankheitsfaktor. Es gibt keine polysomnographischen Ergebnisse, die spezifisch für die gesamte Gruppe der Schlafstörungen Aufgrund eines Medizinischen Krankheitsfaktors sind. Die meisten medizinischen Krankheitsfaktoren verursachen eine Verringerung der Gesamtschlafdauer, häufigeres Aufwachen, eine Abnahme des Tiefschlafs und (weniger übereinstimmend) eine Verringerung des Rapid Eye Movement (REM)-Schlafs oder der REM-Phasen-Dichte. Einige medizinische Krankheitsfaktoren bieten spezifischere polysomnographische Ergebnisse. Z. B. klagen Personen mit Fibromyalgiesyndrom über nichterholsamen Schlaf und haben während des Non Rapid Eye Movement (NREM)-Schlafs häufig ein umschriebenes Muster von Alpha-Aktivität im EEG. Schlafbezogene epileptische Anfälle äußern sich in spezifischen EEG-Entladungen, die dem zugrundeliegenden Anfallstypus entsprechen.

Zugehörige körperliche Untersuchungsbefunde und medizinische Krankheitsfaktoren. Bei Personen mit einer Schlafstörung Aufgrund eines Medizinischen Krankheitsfaktors erwartet man die typischen körperlichen Untersuchungsbefunde des zugrundeliegenden medizinischen Krankheitsfaktors. Schlafstörungen können von einer Vielzahl medizinischer und neurologischer Krankheitsfaktoren verursacht werden. Hier sind eingeschlossen (aber nicht darauf begrenzt): degenerative neurologische Krankheiten (z. B. Morbus Parkinson, Chorea Huntington), zerebrovaskuläre Erkrankungen (z. B. Schlaflosigkeit nach Gefäßläsionen des oberen Hirnstamms), endokrine Erkrankungen (z. B. Hypo- oder Hyperthyreose, Hypo- oder Hypercortisolismus), virale und bakterielle Infektionen (z. B. Hypersomnie aufgrund einer viralen Enzephalitis), Husten aufgrund einer pulmonalen Erkrankung, die keine Atmungsgebundene Schlafstörung ist, (z. B. chronische Bronchitis) und Schmerzen aufgrund von Erkrankungen des Bewegungsapparates (z. B. rheumatoide Arthritis, Fibromyalgie).

Differentialdiagnose

Schlafstörungen Aufgrund eines Medizinischen Krankheitsfaktors müssen unterschieden werden von zu erwartenden Unterbrechungen des Schlafmusters, von primären Schlafstörungen, von Schlafstörungen in Zusammenhang mit Anderen Psychischen Störungen und von Substanzinduzierten Schlafstörungen. Viele Menschen haben **Schlafunterbrechungen im Verlauf eines medizinischen oder neurologischen Krankheitsfaktors**. In der Mehrzahl der Fälle erfordern solche Beschwerden nicht die zusätzliche Diagnose einer Schlafstörung. Die Diagnose einer Schlafstörung Aufgrund eines Medizinischen Krankheitsfaktors sollte eher solchen Fällen vorbehalten sein, bei denen die Schlafstörung ein vorherrschendes klinisches Merkmal darstellt, atypische Symptome vorliegen oder die Personen so sehr unter den Schlafsymptomen oder den damit einhergehenden Beeinträchtigungen leiden, daß eine spezifische Behandlung dieses Störungsbildes notwendig ist.

Schlafstörungen Aufgrund eines Medizinischen Krankheitsfaktors sind durch Symptome charakterisiert, die denen der **primären Schlafstörungen** sehr ähnlich sind. Die Differentialdiagnose beruht nicht auf spezifischen Symptomen, sondern auf Vorhandensein oder Fehlen von medizinischen Krankheitsfaktoren, die als ätiologisch mit den Schlafbeschwerden zusammenhängend beurteilt werden. Auch in den besonderen Fällen der **Narkolepsie** und der **Atmungsgebundenen Schlafstörung** wird als zugrundeliegende Ätiologie der Schlafstörungen ein medizinischer Krankheitsfaktor angenommen. Jedoch tritt in diesen beiden spezifischen

Fällen der medizinische Krankheitsfaktor nicht unabhängig von den Schlafsymptomen auf. Aus diesem Grund sind diese beiden Störungen im Kapitel „Primäre Schlafstörungen" mit aufgeführt.

Die Unterscheidung einer Schlafstörung Aufgrund eines Medizinischen Krankheitsfaktors von einer **Substanzinduzierten Schlafstörung** kann sehr schwierig sein. In vielen Fällen nehmen Personen mit einem bedeutsamen medizinischen Krankheitsfaktor Medikamente zur Behandlung ein: Diese Medikamente können wiederum schlafbezogene Symptome hervorrufen. Z. B. kann eine Person Schlafunterbrechungen durch eine Asthmaerkrankung haben. Diese Person wird vielleicht gleichzeitig mit Theophyllin-Präparaten behandelt, die in manchen Fällen ihrerseits eine Schlafstörung verursachen können. Die Unterscheidung einer Schlafstörung Aufgrund eines Medizinischen Krankheitsfaktors von einer Substanzinduzierten Schlafstörung beruht oft auf chronologischen Aspekten, dem Ansprechen auf eine Therapie, dem Absetzen der Medikation oder dem Langzeitverlauf. In manchen Fällen sind die gleichzeitigen Diagnosen Schlafstörung Aufgrund eines Medizinischen Krankheitsfaktors und Substanzinduzierte Schlafstörung angemessen. In den Fällen, in denen eine Droge als Ursache für die Schlafstörung angenommen wird, kann ein Drogenscreening im Blut oder Urin helfen, dieses Problem von einer Schlafstörung Aufgrund eines Medizinischen Krankheitsfaktors zu unterscheiden.

Wenn der Untersucher nicht bestimmen kann, ob die Schlafstörung primär ist, im Rahmen einer anderen psychischen Störung auftritt, durch einen medizinischen Krankheitsfaktor verursacht oder durch eine Substanz induziert ist, lautet die angemessene Diagnose Nicht Näher Bezeichnete Dyssomnie oder Nicht Näher Bezeichnete Parasomnie.

Beziehung zur Internationalen Klassifikation der Schlafstörungen

Die Internationale Klassifikation der Schlafstörungen (ICSD) enthält das allgemeine Kapitel „Medizinische/Psychiatrische Schlafstörungen". Es werden spezifische Diagnosen für Schlafstörungen, die im Zusammenhang mit neurologischen Störungen (mit einer Liste von 7 Beispielen) und Schlafstörungen, die im Zusammenhang mit anderen medizinischen Störungen (mit einer Liste von 7 Beispielen) stehen, aufgeführt. Obwohl nur 14 medizinische/neurologische Störungen im ICSD gesondert angegeben werden, kann der Untersucher einfach durch Anwenden des entsprechenden ICD-9-CM-Codes eine Schlafstörung im Zusammenhang mit jeder anderen medizinischen Störung diagnostizieren.

Diagnostische Kriterien für 780.xx (G47.x) Schlafstörung Aufgrund von ...
[Benenne den Medizinischen Krankheitsfaktor]

A. Eine vorherrschende Beeinträchtigung des Schlafes, die schwer genug ist, um für sich allein genommen klinische Beachtung zu rechtfertigen.

B. Es gibt Hinweise aus der Anamnese, dem körperlichen Untersuchungsbefund oder aus Laborbefunden, daß das Schlafstörungsbild die direkte körperliche Folge eines medizinischen Krankheitsfaktors ist.

C. Die Störung kann nicht durch eine andere psychische Störung (z. B. eine Anpassungsstörung, bei der der Belastungsfaktor eine schwerwiegende organische Erkrankung ist) besser erklärt werden.

Fortsetzung nächste Seite

> Fortsetzung
>
> D. Die Störung tritt nicht ausschließlich im Verlauf eines Delirs auf.
>
> E. Die Störung erfüllt nicht die Kriterien für eine Atmungsgebundene Schlafstörung oder Narkolepsie.
>
> F. Die Schlafstörung verursacht in klinisch bedeutsamer Weise Leiden oder Beeinträchtigungen in sozialen, beruflichen oder anderen wichtigen Funktionsbereichen.
>
> *Bestimme* den Typus
> .52 (.0) **Insomnie-Typus:** Wenn die vorherrschende Schlafstörung Insomnie ist.
> .54 (.1) **Hypersomnie-Typus:** Wenn die vorherrschende Schlafstörung Hypersomnie ist.
> .59 (.8) **Parasomnie-Typus:** Wenn die vorherrschende Schlafstörung eine Parasomnie ist.
> .59 (.8) **Mischtypus:** Bei Vorliegen von mehr als einer Schlafstörung, von denen keine vorherrscht.
>
> **Codierungshinweis:** Der medizinische Krankheitsfaktor ist auf Achse I zu erfassen, z. B. 780.52 Schlafstörung Aufgrund einer Chronisch-Obstruktiven Lungenerkrankung, Insomnie-Typus. Der medizinische Krankheitsfaktor ist auch auf Achse III zu erfassen (Codierung siehe Anhang G).

Substanzinduzierte Schlafstörung

Diagnostische Merkmale

Das Hauptmerkmal der Substanzinduzierten Schlafstörung ist ein ausgeprägtes Störungsbild des Schlafes, das schwer genug ist, um für sich allein genommen klinische Beachtung zu rechtfertigen (**Kriterium A**) und das als Folge der direkten körperlichen Wirkung einer Substanz (z. B. Droge, Medikament, Exposition gegenüber einem Toxin) bewertet wird (**Kriterium B**). Abhängig von der betreffenden Substanz kann einer von 4 Typen von Schlafstörungsbildern erfaßt werden. Insomnie- und Hypersomnie-Typen sind am häufigsten und der Parasomnie-Typus ist hierbei seltener zu finden. Ein Gemischter Typus kann dann erfaßt werden, wenn mehr als ein Schlafstörungstypus vorliegt und keiner vorherrscht. Die Schlafstörung darf nicht durch eine andere, nicht substanzinduzierte psychische Störung (z. B. eine andere Schlafstörung), besser zu erklären sein (**Kriterium C**). Die Diagnose wird nicht gestellt, wenn das Schlafstörungsbild ausschließlich im Verlauf eines Delirs auftritt (**Kriterium D**). Die Symptome müssen in klinisch bedeutsamer Weise Leiden oder Beeinträchtigungen in sozialen, beruflichen oder anderen Funktionsbereichen hervorrufen (**Kriterium E**). Diese Diagnose sollte anstelle der Diagnose einer Substanzintoxikation oder eines Substanzentzuges nur dann gestellt werden, wenn die Symptome über die hinausgehen, die normalerweise mit Intoxikations- und Entzugssyndromen einhergehen, und wenn die Symptome schwer genug sind, um für sich allein genommen klinische Beachtung zu rechtfertigen. Für eine detaillierte Erörterung der Störungen im Zusammenhang mit Psychotropen Substanzen siehe Seite 221.

Eine Substanzinduzierte Schlafstörung wird von einer primären Schlafstörung und von Insomnie oder Hypersomnie in Zusammenhang mit einer Anderen Psychischen Störung durch Berücksichtigung von Beginn und Verlauf unterschieden. Bei Drogen müssen Hinweise aus der Anamnese, der körperlichen Untersuchung oder Laborbefunden über Intoxikation oder Entzug vorliegen. Eine Substanzinduzierte Schlafstörung tritt nur in Verbindung mit Intoxikations- oder Entzugszuständen auf, wogegen primäre Schlafstörungen dem Beginn der Substanzeinnahme vorausgehen oder während eines Zeitraumes andauernder Abstinenz auftreten können. Weil das Entzugsstadium für einige Substanzen (z. B. einige Benzodiazepine) relativ langdauernd sein kann, kann der Beginn der Schlafstörung bis zu 4 Wochen nach Beendigung der Substanzeinnahme auftreten. Weiterhin ist das Vorliegen von Merkmalen zu beachten, die untypisch für primäre Schlafstörungen sind (z. B. untypisches Alter bei Beginn oder im Verlauf). Im Gegensatz dazu legen folgende Faktoren es nahe, daß das Schlafstörungsbild besser durch eine primäre Schlafstörung zu erklären ist: ein Andauern der Schlafstörung über mehr als 4 Wochen nach Beendigung der Intoxikation oder des akuten Entzuges hinaus, eine Entwicklung von Symptomen, die weit über das hinausgehen, was bezüglich Typus, Menge und Anwendungsdauer der Substanz zu erwarten wäre, oder eine frühere primäre Schlafstörung in der Anamnese.

Subtypen und Zusatzcodierungen

Die unten aufgelisteten Subtypen können verwandt werden, um anzuzeigen, welches der folgenden Symptombilder vorherrscht. Das klinische Auftreten der spezifischen Substanzinduzierten Schlafstörung kann dem der analogen primären Schlafstörung ähneln. Die Kriterien für die analoge primäre Schlafstörung müssen jedoch nicht vollständig erfüllt sein, um die Diagnose Substanzinduzierte Schlafstörung zu vergeben.

- **Insomnie-Typus.** Dieser Subtypus bezieht sich auf Schlafbeschwerden, die vorwiegend durch Ein- und Durchschlafschwierigkeiten oder ein Gefühl von nichterholsamem Schlaf charakterisiert sind.
- **Hypersomnie-Typus.** Dieser Subtypus wird benutzt, wenn die vorherrschenden Beschwerden einen übermäßig langen Nachtschlaf oder übermäßige Schläfrigkeit während der wachen Stunden betreffen.
- **Parasomnie-Typus.** Dieser Subtypus bezieht sich auf ein Schlafstörungsbild, das vorwiegend durch abweichendes Verhalten charakterisiert ist, das in Zusammenhang mit dem Schlaf oder Übergang zum/vom Schlaf steht.
- **Mischtypus.** Dieser Subtypus sollte benutzt werden, um ein substanzinduziertes Schlafproblem zu kennzeichnen, das durch vielfältige Schlafsymptome charakterisiert ist, bei dem jedoch kein Symptom klar vorherrscht.

Der Kontext der Schlafsymptomentwicklung kann durch die Verwendung einer der folgenden Zusatzcodierungen angezeigt werden:
- **Mit Beginn Während der Intoxikation.** Diese Zusatzcodierung sollte benutzt werden, wenn die Kriterien für eine Substanzintoxikation erfüllt sind und die Symptome sich während des Intoxikationssyndroms entwickeln.
- **Mit Beginn Während des Entzuges.** Diese Zusatzcodierung sollte benutzt werden, wenn die Kriterien eines Substanzentzuges erfüllt sind und die Symptome sich während oder kurz nach einem Entzugssyndrom entwickeln.

Codierungsregeln

Der Name der Substanzinduzierten Schlafstörung beginnt mit Nennung der spezifischen Substanz (z. B. Alkohol, Methylphenidat, Thyroxin), von der angenommen wird, daß sie die Schlafstörung verursacht. Der diagnostische Code wird aus den aufgelisteten Substanzklassen ausgewählt, die in der Kriterienliste für die Substanzinduzierte Schlafstörung angegeben sind. Für Substanzen, die in keine der Klassen passen (z. B. Thyroxin), sollte der Code für „Andere Substanzen" verwandt werden. Außerdem kann bei Medikamenten, die in therapeutischen Dosierungen verordnet werden, das spezifische Medikament durch Auflisten des passenden E-Codes (siehe Anhang G) angezeigt werden. Dem Namen der Störung (z. B. Koffeininduzierte Schlafstörung) folgt der Subtypus, der das vorherrschende der vorhandenen Symptome beschreibt und die Zusatzcodierung, die den Kontext aufzeigt, in dem die Symptome sich entwickelt haben (z. B. 292.89 Koffeininduzierte Schlafstörung, Insomnie-Typus, Mit Beginn Während der Intoxikation). Wenn mehr als einer Substanz eine bedeutsame Rolle für die Entwicklung der Schlafstörungen zugeschrieben wird, sollte jede Substanz separat aufgeführt werden (z. B. 292.89 Kokaininduzierte Schlafstörung, Insomnie-Typus, Mit Beginn Während der Intoxikation; 281.8 Alkoholinduzierte Schlafstörung, Insomnie-Typus, Mit Beginn Während des Entzuges). Falls man zu dem Urteil kommt, daß eine Substanz der ätiologische Faktor ist, diese spezifische Substanz oder die Substanzklasse aber unbekannt ist, kann die Kategorie 292.89 Durch eine Unbekannte Substanz Induzierte Schlafstörung benutzt werden.

Spezifische Substanzen

Eine Substanzinduzierte Schlafstörung tritt oft während einer **Intoxikation** mit einer der folgenden Substanzklassen auf: Alkohol, Amphetamin und verwandte Substanzen, Koffein, Kokain, Opiate sowie Sedativa, Hypnotika und Anxiolytika. Auch bei anderen Substanztypen werden, wenn auch seltener, Schlafstörungen beobachtet. Eine Substanzinduzierte Schlafstörung kann auch in Verbindung mit einem **Entzug** von folgenden Klassen von Substanzen auftreten: Alkohol, Amphetamin und verwandte Stimulantien, Kokain, Opiate sowie Sedativa, Hypnotika und Anxiolytika. Jede Substanzinduzierte Schlafstörung ruft EEG-Schlafmuster hervor, die mit der Störung einhergehen, aber nicht als diagnostisches Mittel angesehen werden können. Das EEG-Schlafprofil unter Einfluß der jeweiligen Substanz ist zusätzlich vom Stadium der Einnahme abhängig, nämlich ob eine Intoxikation, eine chronische Einnahme oder ein Entzug infolge des Absetzens der Substanz vorliegt.

Alkohol. Die Alkoholinduzierte Schlafstörung tritt typischerweise als Insomnie-Typus auf. Während der akuten Intoxikation hat Alkohol üblicherweise einen unmittelbar sedierenden Effekt mit erhöhter Schläfrigkeit und reduzierter Wachheit für 3–4 Stunden. Dies wird begleitet von einem Anstieg der Stadien 3 und 4 des Non Rapid Eye Movement (NREM)-Schlafes und reduziertem Rapid Eye Movement (REM)-Schlaf in den Schlaf-EEG-Aufzeichnungen. Diesem anfänglichen Effekt folgt eine gesteigerte Wachheit, ruheloser Schlaf und oft lebhafte und ängstlich gefärbte Träume für den Rest der Schlafperiode. EEG-Schlafstudien zeigen, daß die Schlafstadien 3 und 4 in der zweiten Hälfte des Schlafes nach Alkoholkonsum vermindert sind, Wachheit zunimmt und der REM-Schlaf gesteigert ist. Durch Alkohol kann sich eine Atmungsgebundene Schlafstörung verschlechtern, da die Zahl der obstruktiven Apnoeereignisse ansteigen kann. Bei fortgesetztem gewohnheitsmäßigem Konsum hat Alkohol immer noch für einige Stunden einen kurzlebigen sedierenden Effekt, gefolgt von Unterbrechungen der Schlafkontinuität für einige Stunden.

Während des Alkoholentzuges ist der Schlaf schwer gestört. Die Person hat typischerweise eine extrem unterbrochene Schlafkontinuität, begleitet von einem Anstieg in Menge und Intensität der REM-Schlafphasen. Dies ist oft von gesteigertem lebhaften Träumen begleitet und bildet im extremsten Fall einen Teil des Alkoholentzugsdelirs. Auch nach einem akuten Entzug können Personen, die chronisch Alkohol konsumiert haben, für Wochen bis Jahre weiter unter leichtem, unterbrochenem Schlaf leiden. EEG-Schlafstudien bestätigen bei diesen Personen ein anhaltendes Tiefschlafdefizit und eine anhaltende Störung der Schlafkontinuität.

Amphetamine und verwandte Stimulantien. Die Amphetamininduzierte Schlafstörung ist charakterisiert durch Insomnie während der Intoxikation und durch Hypersomnie während des Entzuges. Durch Amphetamin wird während der Periode der akuten Intoxikation die Gesamtmenge an Schlaf reduziert, die Schlaflatenz erhöht und die Schlafkontinuität gestört. Es treten vermehrt Körperbewegungen auf und der REM-Schlaf ist reduziert. Es zeigt sich eine Tendenz zu vermindertem Tiefschlaf. Während des Entzugs von einem chronischen Amphetaminkonsum weisen die Personen typischerweise eine Hypersomnie auf, wobei sowohl der nächtliche Schlaf verlängert ist als auch während des Tages übermäßige Schläfrigkeit auftritt. REM- und Tiefschlaf können einen „rebound" auf Werte oberhalb der Ausgangswerte haben. Auch Multiple Schlaflatenztests (MSLTs) können in der Entzugsphase eine vermehrte Tagesschläfrigkeit zeigen.

Koffein. Die Koffeininduzierte Schlafstörung ruft üblicherweise eine Insomnie hervor, obwohl einige Personen im Zusammenhang mit einem Entzug Beschwerden der Hypersomnie und Tagesschläfrigkeit haben können (siehe S. 797). Koffein übt einen dosisabhängigen Effekt aus, wobei eine steigende Dosis zu vermehrter Schlaflosigkeit und verminderter Schlafkontinuität führt. Polysomnographisch kann sich eine verlängerte Schlaflatenz, gesteigerte Schlaflosigkeit und eine Abnahme von Tiefschlaf zeigen. Einheitliche Auswirkungen auf den REM-Schlaf sind nicht beschrieben. Abrupter Entzug von chronischem Koffeinkonsum kann Hypersomnie hervorrufen. Einige Personen können auch zwischen den Tagesdosen von Koffein Hypersomnie erleben, wenn der unmittelbare stimulierende Effekt abnimmt.

Kokain. Wie andere Stimulantien ruft Kokain üblicherweise während der akuten Intoxikation Insomnie hervor und während des Entzuges Hypersomnie. Während der akuten Intoxikation kann die Gesamtmenge an Schlaf drastisch reduziert sein, mit nur kurzen Zeiten von stark unterbrochenem Schlaf. Umgekehrt ist ein Entzug nach einem Kokain-Exzeß oft von einer extrem verlängerten Schlafdauer begleitet.

Opiate. Bei akutem, kurzzeitigem Konsum rufen Opiate üblicherweise einen Anstieg von Schläfrigkeit und subjektiver Schlaftiefe hervor. Bei akuter Verabreichung von Opiaten ist üblicherweise der REM-Schlaf bei geringen absoluten Veränderungen von Wachheit und Gesamtschlafdauer reduziert. Mit fortschreitender Verabreichung gewöhnen sich die meisten Personen an den sedierenden Effekt der Opiate und können zunehmend an Insomnie leiden. Dies spiegelt sich in polysomnographischen Untersuchungen in vermehrter Schlaflosigkeit und verkürzter Schlafzeit wider. Opiatentzug ist üblicherweise von Hypersomniebeschwerden begleitet, obwohl dieser Befund nur in wenigen objektiven Studien belegt wurde.

Sedativa, Hypnotika und Anxiolytika. Medikamente dieser Klasse (z. B. Barbiturate, Benzodiazepine, Meprobamat, Glutethimid und Methyprylon) haben ähnliche, aber nicht identische Auswirkungen auf den Schlaf. Unterschiede in Wirkdauer und Halbwertszeit können die Schlafbeschwerden und die objektiven Schlafmaße beeinflussen. Im allgemeinen rufen eher Barbiturate und die älteren Nicht-Barbiturate/Nicht-Benzodiazepine in konsistenter Weise Gewöhnung, Abhängigkeit und schweren Entzug hervor, jedoch können diese Phänomene auch bei Benzodiazepinen festgestellt werden.

Während der akuten Intoxikation rufen sedativ-hypnotische Medikamente den erwarteten Anstieg der Schläfrigkeit und eine Abnahme der Wachheit hervor. Diese subjektiven Effekte während der akuten Verabreichung werden in polysomnographischen Untersuchungen ebenso bestätigt, wie eine Abnahme des REM-Schlafs und eine Zunahme von Schlafspindeln. Chronischer Gebrauch (besonders von Barbituraten und den älteren Nicht-Barbituraten/Nicht-Benzodiazepinen) kann Gewöhnung mit daraus resultierender Rückkehr der Insomnie verursachen. Wenn die Person dann die Dosis steigert, kann Hypersomnie am Tage auftreten. Sedativ-hypnotische Medikamente können eine Atmungsgebundene Schlafstörung verschlimmern, indem sie Häufigkeit und Schwere von obstruktiven Schlafapnoeereignissen steigern.

Das plötzliche Absetzen bei chronischem Sedativa/Hypnotika-Gebrauch kann zu einer Entzugsinsomnie führen. Zusätzlich zur verkürzten Schlafdauer kann der Entzug gesteigerte Angst, Tremor und Ataxie hervorrufen. Barbiturate und die älteren Nicht-Barbiturate/Nicht-Benzodiazepine gehen auch mit einem häufigen Auftreten von Entzugskrampfanfällen einher, die bei Benzodiazepinen viel seltener beobachtet werden. Üblicherweise rufen Sedativa/Hypnotika mit kurzer Wirkdauer häufig Beschwerden einer Entzugsinsomnie hervor, wohingegen solche mit längerer Wirkdauer häufiger von Tageshypersomnie in der Einnahmephase begleitet sind. Doch kann jedes Sedativum/Hypnotikum potentiell entweder Tagessedierung oder Entzugsinsomnie hervorrufen. Der Entzug von sedativ-hypnotischen Substanzen kann in polysomnographischen Untersuchungen nachgewiesen werden, die eine reduzierte Schlafdauer, vermehrte Schlafunterbrechungen und einen REM-Schlaf-„Rebound" zeigen.

Andere Substanzen. Auch andere Substanzen können Schlafbeeinträchtigungen hervorrufen. Geläufige Beispiele sind Medikamente, die auf das zentrale oder das vegetative Nervensystem wirken (einschließlich adrenerge Agonisten und Antagonisten, dopaminerge Agonisten und Antagonisten, cholinerge Agonisten und Antagonisten, serotonerge Agonisten und Antagonisten, Antihistaminika und Kortikosteroide). Solche Medikamente werden zur Behandlung von Bluthochdruck und kardialen Arrhythmien, chronisch obstruktiven Lungenerkrankungen, gastrointestinalen Motilitätsproblemen oder von Entzündungsprozessen verschrieben.

Differentialdiagnose

Im Zusammenhang mit Substanzintoxikationen oder Substanzentzug finden sich häufig Schlafbeeinträchtigungen. Eine Substanzinduzierte Schlafstörung sollte nur dann anstelle von **Intoxikation** bzw. **Entzug** diagnostiziert werden, wenn man zu dem Urteil kommt, daß das Schlafstörungsbild über das hinausgeht, was normalerweise in Zusammenhang mit einem Intoxikations- oder Entzugssyndrom auftritt und wenn das Störungsbild schwer genug ist, um für sich allein genommen klinische Beachtung zu rechtfertigen. Z. B. ist Insomnie ein charakteristisches Merkmal bei Sedativa-, Hypnotika- oder Anxiolytikaentzug. Eine Sedativum-, Hypnotikum- oder Anxiolytikuminduzierte Schlafstörung sollte nur dann anstelle von Sedativum-, Hypnotikum- oder Anxiolytikum-Entzug diagnostiziert werden, wenn die Insomnie schwerer ist, als die, die normalerweise beim Sedativum-, Hypnotikum- oder Anxiolytikum-Entzug auftritt und wenn sie besondere Beachtung und Behandlung erfordert. Wenn das substanzinduzierte Schlafstörungsbild ausschließlich im Verlauf eines **Delirs** auftritt, ist es als ein Nebenmerkmal des Delirs anzusehen und nicht gesondert zu diagnostizieren. Bei **substanzinduzierten klinischen Bildern, die eine Mischung verschiedener Arten von Symptomen** (z. B. Schlaf, Affekt und Angst) **enthalten**, hängt der zu diagnostizierende Typus der Substanzinduzierten Störung davon ab, welche Art von Symptomen im klinischen Bild vorherrscht.

Eine Substanzinduzierte Schlafstörung ist von einer **primären Schlafstörung** und von einer **Insomnie** oder **Hypersomnie in Zusammenhang mit einer Anderen Psychischen Störung** dadurch zu unterscheiden, daß man zu dem Urteil kommt, daß eine Substanz ätiologisch mit den Symptomen in Beziehung steht (siehe S. 673).

Eine Substanzinduzierte Schlafstörung aufgrund der verordneten medikamentösen Behandlung einer psychischen Störung oder eines medizinischen Krankheitsfaktors muß einsetzen, während die Person das Medikament einnimmt (oder während eines Entzuges, wenn ein Entzugssyndrom mit dem Medikament einhergeht). Wenn die Behandlung abgesetzt wird, sollte sich die Schlafstörung gewöhnlich innerhalb von Tagen oder einigen Wochen zurückbilden (abhängig von der Halbwertszeit der Substanz und dem Vorliegen eines Entzugssyndroms). Wenn die Symptome über 4 Wochen hinaus bestehen bleiben, sollten auch andere Ursachen für die Schlafstörung erwogen werden. Nicht selten nehmen Personen mit primären Schlafstörungen Medikamente oder Drogen, um ihre Symptome zu lindern. Wenn der Untersucher zu dem Urteil kommt, daß die Substanz eine erhebliche Rolle bei der Verschlechterung der Schlafstörung spielt, kann die zusätzliche Diagnose einer Substanzinduzierten Schlafstörung gerechtfertigt sein.

Auch eine Substanzinduzierte Schlafstörung und eine **Schlafstörung Aufgrund eines Medizinischen Krankheitsfaktors** können schwer zu unterscheiden sein. Beide können ähnliche Symptome von Insomnie, Hypersomnie oder (seltener) Parasomnie hervorrufen. Außerdem werden viele Personen mit solchen medizinischen Krankheitsfaktoren, die Schlafbeschwerden verursachen, mit Medikamenten behandelt, die Schlafstörungen hervorrufen können. Die zeitliche Aufeinanderfolge der Symptome ist der wichtigste Faktor bei der Unterscheidung dieser beiden Ursachen für die Schlafstörung. Z. B. würde ein Schlafstörungsbild, das eindeutig der Anwendung eines Medikamentes zur Behandlung eines medizinischen Krankheitsfaktors vorausgeht, die Diagnose einer Schlafstörung Aufgrund eines Medizinischen Krankheitsfaktors nahelegen. Umgekehrt würden Schlafsymptome, die erst nach der Verabreichung eines bestimmten Medikaments oder einer Substanz auftreten, eine Substanzinduzierte Schlafstörung nahelegen. In ähnlicher Weise legt ein Schlafstörungsbild, das während der medikamentösen Behandlung eines medizinischen Krankheitsfaktors auftritt, sich jedoch nach Absetzen des Medikaments verbessert, die Diagnose einer Substanzinduzierten Schlafstörung nahe. Wenn der Untersucher sichergestellt hat, daß die Schlafstörung sowohl auf einen medizinischen Krankheitsfaktor als auch auf einen Substanzgebrauch zurückzuführen ist, werden beide Diagnosen gestellt (d.h. Schlafstörung Aufgrund eines Medizinischen Krankheitsfaktors und Substanzinduzierte Schlafstörung). Wenn keine ausreichenden Hinweise für die Entscheidung vorliegen, ob die Schlafstörung auf eine Substanz (einschließlich eines Medikaments) oder auf einen medizinischen Krankheitsfaktor zurückzuführen, oder ob sie primär ist (d.h. weder aufgrund einer Substanz noch aufgrund eines medizinischen Krankheitsfaktors), ist die Diagnose **Nicht Näher Bezeichnete Parasomnie** oder **Nicht Näher Bezeichnete Dyssomnie** angezeigt.

Diagnostische Kriterien für die Substanzinduzierte Schlafstörung

A. Eine ausgeprägte Schlafstörung, die schwer genug ist, um für sich allein genommen klinische Beachtung zu rechtfertigen.

Fortsetzung nächste Seite

Fortsetzung
B. Es gibt Belege aus der Anamnese, dem körperlichen Untersuchungsbefund oder Laborbefunden für (1) oder (2):
   (1) Die Symptome aus Kriterium A entwickelten sich während einer Intoxikation oder eines Entzuges oder innerhalb eines Monats danach.
   (2) Die Medikamenteneinnahme steht in ätiologischem Zusammenhang mit der Schlafstörung.
C. Das Störungsbild kann nicht durch eine Schlafstörung, die nicht substanzinduziert ist, besser erklärt werden. Hinweise darauf, daß die Symptome durch eine Schlafstörung, die nicht substanzinduziert ist, besser erklärt werden können, können folgendes einschließen: Die Symptome gehen dem Substanzgebrauch (oder der Medikamenteneinnahme) voraus, die Symptome dauern über einen beträchtlichen Zeitraum (z. B. etwa einen Monat) über das Ende des akuten Entzuges oder der schweren Intoxikation hinaus an oder sie gehen erheblich über das hinaus, das aufgrund von Art und Menge der eingenommenen Substanz oder der Anwendungsdauer zu erwarten wäre, oder es gibt andere Hinweise für das Vorhandensein einer unabhängigen, nicht substanzinduzierten Schlafstörung (z. B. rezidivierende, nicht substanzgebundene Episoden in der Anamnese).
D. Das Störungsbild tritt nicht ausschließlich im Verlauf eines Delirs auf.
E. Das Schlafstörungsbild verursacht in klinisch bedeutsamer Weise Leiden oder Beeinträchtigungen in sozialen, beruflichen oder anderen wichtigen Funktionsbereichen.

Beachte: Diese Diagnose sollte nur dann anstelle der Diagnose einer Substanzintoxikation oder eines Substanzentzuges gestellt werden, wenn die Schlafsymptome über diejenigen hinausgehen, die normalerweise mit dem Intoxikations- oder Entzugssyndrom einhergehen, und wenn die Symptome schwer genug sind, um für sich allein genommen klinische Beachtung zu rechtfertigen.

Codiere [Spezifische Substanz-]induzierte Schlafstörung:
(291.8 (F10.8) Alkohol, 292.89 (F15.8) Amphetamin, 292.89 (F15.8) Koffein, 292.89 (F14.8) Kokain, 292.89 (F11.8) Opiat; 292.89 (F13.8) Sedativum, Hypnotikum oder Anxiolytikum; 292.89 (F19.8) Andere [oder Unbekannte] Substanz.

Bestimme den Typus:
Insomnie-Typus. Wenn das vorherrschende Schlafstörungsbild eine Insomnie ist.
Hypersomnie-Typus. Wenn das vorherrschende Schlafstörungsbild eine Hypersomnie ist.
Parasomnie-Typus. Wenn das vorherrschende Schlafstörungsbild eine Parasomnie ist.
Gemischter Typus. Wenn mehr als ein Schlafstörungsbild vorliegt und keines vorherrscht.

Bestimme, ob (siehe Tabelle auf Seite 222 bzgl. der Anwendbarkeit für die Substanz)
Mit Beginn Während der Intoxikation: Wenn die Kriterien für eine Intoxikation mit der Substanz erfüllt sind und die Symptome sich während des Intoxikationssyndroms entwickeln.
Mit Beginn Während des Entzuges: Wenn die Kriterien für einen Entzug von der Substanz erfüllt sind und die Symptome sich während oder kurz nach einem Entzugssyndrom entwickeln.

Störungen der Impulskontrolle, Nicht Andernorts Klassifiziert

Dieses Kapitel umfaßt solche Störungen der Impulskontrolle, die nicht als Bestandteil von Störungsbildern in anderen Kapiteln des Manuals klassifiziert sind (so können z. B. Störungen im Zusammenhang mit Psychotropen Substanzen, Paraphilien, die Antisoziale Persönlichkeitsstörung, Störung des Sozialverhaltens, Schizophrenie und Affektive Störungen Merkmale aufweisen, die Probleme der Impulskontrolle einschließen). Das Hauptmerkmal von Störungen der Impulskontrolle ist das Versagen, dem Impuls, Trieb oder der Versuchung zu widerstehen, eine Handlung auszuführen, die für die Person selbst oder für andere schädlich ist. Bei den meisten in diesem Kapitel beschriebenen Störungen fühlt der Betroffene zunehmende Spannung oder Erregung, bevor er die Handlung durchführt, und erlebt dann Vergnügen, Befriedigung oder ein Gefühl der Entspannung während der Durchführung der Handlung. Nach der Handlung können Reue, Selbstvorwürfe oder Schuldgefühle auftreten oder nicht. Dieses Kapitel beinhaltet die folgenden Störungen:

— **Intermittierende Explosible Störung** ist charakterisiert durch umschriebene Episoden des Versagens, aggressiven Impulsen zu widerstehen, die zu schweren Gewalttätigkeiten oder zur Zerstörung von Eigentum führen.
— **Kleptomanie** ist charakterisiert durch das wiederholte Versagen, Impulsen zu widerstehen, Gegenstände, die nicht für den persönlichen Bedarf oder wegen ihres Geldwertes benötigt werden, zu stehlen.
— **Pyromanie** ist charakterisiert durch wiederholtes Legen von Feuer zum Vergnügen, zur Befriedigung oder zur Entspannung.
— **Pathologisches Spielen** ist charakterisiert durch wiederholtes und andauerndes fehlangepaßtes Glücksspielverhalten.
— **Trichotillomanie** ist charakterisiert durch wiederholtes Ausreißen des eigenen Haars zum Vergnügen, zur Befriedigung oder zur Entspannung, was zu einem merklichen Haarausfall führt.
— Die **Nicht Näher Bezeichnete Störung der Impulskontrolle** wurde eingeschlossen, um alle diejenigen Störungen der Impulskontrolle zu codieren, die nicht die Kriterien einer bestimmten Störung der Impulskontrolle, wie oben aufgeführt oder in anderen Kapiteln dieses Manuals beschrieben, erfüllen.

312.34 (F63.8) Intermittierende Explosible Störung

Diagnostische Merkmale

Das Hauptmerkmal der Intermittierenden Explosiblen Störung ist das Auftreten umschriebener Episoden des Versagens, aggressiven Impulsen zu widerstehen, die zu schweren Ge-

Berater der deutschen Ausgabe:
Prof. Dr. Henning Saß, Aachen
Dr. Sabine Herpertz, Aachen

Übersetzer:
Dr. Bertram von der Stein, Aachen
Dipl.-Psych. Isabel Houben, Aachen

walttätigkeiten oder zur Zerstörung von Eigentum führen (**Kriterium A**). Das Ausmaß der Aggressivität während der Episode steht in grobem Mißverhältnis zu irgendeinem provozierenden oder auslösenden psychosozialen Belastungsfaktor (**Kriterium B**). Die Diagnose der Intermittierenden Explosiblen Störung wird erst dann gestellt, wenn andere psychische Störungen, die Episoden aggressiven Verhaltens verursachen können, ausgeschlossen wurden (z. B. Antisoziale oder Borderline Persönlichkeitsstörung, eine Psychotische Störung, eine Manische Episode, Störung des Sozialverhaltens oder Aufmerksamkeitsdefizit-/Hyperaktivitätsstörung) (**Kriterium C**). Die aggressiven Episoden gehen nicht auf die direkte körperliche Wirkung einer Substanz (z. B. Droge, Medikament) oder eines medizinischen Krankheitsfaktors (z. B. Kopftrauma, Alzheimersche Krankheit) zurück (**Kriterium C**). Der Betroffene kann die aggressiven Episoden als „Anfälle" oder „Attacken" beschreiben, wobei dem explosiblen Verhalten ein Gefühl von Spannung oder Erregung vorangeht und ein Gefühl der Entspannung unmittelbar folgt. Später kann der Betroffene Bestürzung, Reue oder Bedauern fühlen oder sich seines aggressiven Verhaltens schämen.

Zugehörige Merkmale und Störungen

Zugehörige Beschreibungsmerkmale und psychische Störungen. Zwischen den explosiblen Episoden können Anzeichen von allgemeiner Impulsivität oder Aggressivität vorhanden sein. Betroffene mit narzißtischen, zwanghaften, paranoiden oder schizoiden Zügen können besonders anfällig für explosible Wutausbrüche sein, wenn sie unter Streß stehen. Die Störung kann zum Verlust des Arbeitsplatzes, zum Schulverweis, zur Scheidung, zu Schwierigkeiten in zwischenmenschlichen Beziehungen, zu Unfällen (z. B. mit Fahrzeugen), zur Hospitalisierung (z. B. wegen der Verletzungen durch Kämpfe und Unfälle) oder zu Freiheitsentzügen führen.

Zugehörige Laborbefunde. Es können unspezifische EEG-Befunde (z. B. Verlangsamung) oder Hinweise auf Abweichungen in neuropsychologischen Tests (z. B. Schwierigkeiten bei der Buchstabenumkehrung) vorkommen. Im Liquor cerebrospinalis einiger impulsiver und zu Wutausbrüchen neigender Patienten wurden Anzeichen eines veränderten Serotonin-Stoffwechsels entdeckt; die genauere Beziehung dieser Untersuchungsergebnisse zur Intermittierenden Explosiblen Störung ist jedoch unklar.

Körperliche Untersuchungsbefunde und medizinische Krankheitsfaktoren. Es können unspezifische oder „weiche" Befunde neurologischer Untersuchungen vorliegen (z. B. Reflexasymmetrien oder Spiegelbewegungen). Entwicklungsschwierigkeiten, die auf eine cerebrale Dysfunktion schließen lassen, können vorhanden sein (z. B. verzögertes Sprechen oder schlechte Koordination). Es kann eine Vorgeschichte von neurologischen Krankheitsfaktoren (z. B. Kopfverletzungen, Phasen von Bewußtlosigkeit oder fieberhafte Gehirnkrämpfe in der Kindheit) vorliegen. Wenn der Untersucher das aggressive Verhalten als direkte körperliche Folge eines diagnostizierbaren medizinischen Krankheitsfaktors beurteilt, sollte stattdessen die entsprechende Psychische Störung Aufgrund eines Medizinischen Krankheitsfaktors diagnostiziert werden (z. B. Persönlichkeitsveränderung Aufgrund einer Kopfverletzung, Aggressiver Typus; Demenz vom Alzheimer Typ, Mit Frühem Beginn, Unkompliziert, Mit Verhaltensstörungen).

Besondere kulturelle und Geschlechtsmerkmale

Amok wird durch eine Episode akuten, ungezügelten gewalttätigen Verhaltens charakterisiert, für die die Betroffenen eine Amnesie angeben. Obwohl Amok traditionellerweise in südostasiatischen Ländern vorkommt, wurden Fälle auch aus Kanada und den USA berichtet. Anders als die Intermittierende Explosible Störung tritt Amok typischerweise eher als einzelne Episode und nicht als ein Muster aggressiven Verhaltens auf und geht oft mit ausgeprägten dissoziativen Merkmalen einher. Episodisches gewalttätiges Verhalten tritt häufiger bei Männern als bei Frauen auf.

Prävalenz

Zuverlässige Informationen fehlen, aber die Intermittierende Explosible Störung ist offenbar selten.

Verlauf

Es gibt nur wenige Informationen über das Alter bei Beginn der Intermittierenden Explosiblen Störung, aber es scheint zwischen der späten Adoleszenz und dem dritten Lebensjahrzehnt zu liegen. Der Beginn kann abrupt und ohne Prodromalphase sein.

Differentialdiagnose

Aggressives Verhalten kann im Kontext vieler anderer psychischer Störungen auftreten. Die Diagnose der Intermittierenden Explosiblen Störung sollte erst erwogen werden, nachdem alle anderen Störungen, die mit aggressiven Impulsen oder aggressivem Verhalten einhergehen, ausgeschlossen worden sind. Wenn das aggressive Verhalten ausschließlich im Verlauf eines **Delirs** auftritt, wird die Diagnose Intermittierende Explosible Störung nicht vergeben. Desgleichen wird die Diagnose Intermittierende Explosible Störung nicht gestellt, wenn sich das Verhalten im Rahmen einer **Demenz** entwickelt. Die entsprechende Diagnose ist dann Demenz, ergänzt um den kennzeichnenden Zusatz Mit Verhaltensstörung. Die Intermittierende Explosible Störung sollte unterschieden werden von einer **Persönlichkeitsveränderung Aufgrund eines Medizinischen Krankheitsfaktors, Aggressiver Typus**, die diagnostiziert wird, wenn man zu dem Urteil kommt, daß das Muster der aggressiven Episoden auf die direkte körperliche Wirkung eines diagnostizierbaren medizinischen Krankheitsfaktors zurückgeht (z. B. wenn eine Person, die durch einen Autounfall eine Gehirnverletzung erlitten hat, nachfolgend eine Persönlichkeitsveränderung zeigt, die durch aggressive Ausbrüche charakterisiert ist). Eine gründliche Anamnese und sorgfältige neurologische Untersuchung sind hilfreich bei der Beurteilung. Hierbei ist zu beachten, daß unspezifische Abweichungen bei der neurologischen Untersuchung (z. B. „weiche Zeichen") und unspezifische Veränderungen des EEGs mit der Diagnose der Intermittierenden Explosiblen Störung vereinbar sind und diese Diagnose nur dann ausschließen, wenn sie auf einen diagnostizierbaren medizinischen Krankheitsfaktor hinweisen.

Aggressive Ausbrüche können auch in Verbindung mit **Substanzintoxikation** oder **Substanzentzug** auftreten, insbesondere bei Alkohol, Phencyclidin, Kokain und anderen Stimulantien,

Barbituraten und Inhalantien. Der Untersucher sollte eine genaue Befragung über Art und Ausmaß des Substanzgebrauchs durchführen; ein Drogenscreening in Blut oder Urin kann informativ sein.

Die Intermittierende Explosible Störung sollte von aggressivem oder unberechenbarem Verhalten unterschieden werden, das bei einer **Störung Mit Oppositionellem Trotzverhalten, Störung des Sozialverhaltens, Antisozialer Persönlichkeitsstörung** oder **Borderline Persönlichkeitsstörung,** einer **Manischen Episode** oder **Schizophrenie** auftreten kann. Wenn das aggressive Verhalten besser als diagnostisches oder Nebenmerkmal einer anderen psychischen Störung erklärt werden kann, wird die Diagnose einer Intermittierenden Explosiblen Störung nicht gestellt. Aggressives Verhalten kann natürlich auch auftreten, wenn keine psychische Störung vorliegt. **Zweckgerichtetes Verhalten** unterscheidet sich von der Intermittierenden Explosiblen Störung durch das Vorhandensein einer Motivation und eines Nutzens bei der aggressiven Handlung. In forensischen Situationen können Personen eine Intermittierende Explosible Störung **vortäuschen,** um sich der Verantwortung für ihr Verhalten zu entziehen.

Diagnostische Kriterien für 312.34 (F63.8) Intermittierende Explosible Störung

A. Mehrere umschriebene Episoden des Versagens, aggressiven Impulsen zu widerstehen, die zu schweren Gewalttätigkeiten oder zu Zerstörung von Eigentum führen.

B. Das Ausmaß der Aggressivität, das während der Episoden gezeigt wird, steht in grobem Mißverhältnis zu irgendeinem auslösenden psychosozialen Belastungsfaktor.

C. Die aggressiven Episoden können nicht besser durch eine andere psychische Störung erklärt werden (z. B. Antisoziale Persönlichkeitsstörung, Borderline Persönlichkeitsstörung, eine Psychotische Störung, eine Manische Episode, Störung des Sozialverhaltens oder Aufmerksamkeitsdefizit-/Hyperaktivitätsstörung) und gehen nicht auf die direkte körperliche Wirkung einer Substanz (z. B. Droge, Medikament) oder eines medizinischen Krankheitsfaktors (z. B. Kopfverletzung, Alzheimersche Krankheit) zurück.

312.32 (F63.2) Kleptomanie

Diagnostische Merkmale

Das Hauptmerkmal dieser Störung ist das wiederholte Versagen, Impulsen zum Stehlen von Gegenständen zu widerstehen, die weder zum persönlichen Gebrauch noch wegen ihres Geldwertes benötigt werden (**Kriterium A**). Der Betroffene erlebt vor dem Diebstahl ein zunehmendes subjektives Spannungsgefühl (**Kriterium B**) und während des Diebstahls Vergnügen, Befriedigung oder Entspannung (**Kriterium C**). Der Diebstahl wird nicht als Ausdruck von Wut oder Rache und nicht als Reaktion auf Wahnphänomene oder Halluzinationen begangen (**Kriterium D**) und kann nicht besser durch eine Störung des Sozialverhaltens, eine Manische Episode oder eine Antisoziale Persönlichkeitsstörung erklärt werden (**Kriterium E**). Die Gegenstände werden gestohlen, obwohl sie typischerweise von geringem Wert für den Betroffenen sind, der es sich leisten könnte, sie zu bezahlen, und der sie oft verschenkt oder wegwirft. Manchmal sammelt der Betroffene die gestohlenen Gegenstände oder gibt sie heimlich zurück. Auch wenn Personen mit dieser Störung üblicherweise das

Stehlen vermeiden, wenn eine unmittelbare Festnahme befürchtet werden muß (z. B. vor den Augen eines Polizisten), wird der Diebstahl gewöhnlich nicht vorausgeplant und das Risiko der Festnahme wird nicht in vollem Umfang berücksichtigt. Das Stehlen geschieht ohne Hilfe oder Mitwirkung anderer.

Zugehörige Merkmale und Störungen

Personen mit Kleptomanie erleben den Impuls zum Stehlen als ich-dyston und sind sich darüber im klaren, daß die Handlung falsch und sinnlos ist. Die Person fürchtet häufig, gefaßt zu werden und fühlt sich oft deprimiert oder schuldig wegen der Diebstähle. Affektive Störungen (insbesondere Major Depression), Angststörungen, Eßstörungen (besonders Bulimia Nervosa) und Persönlichkeitsstörungen können mit Kleptomanie einhergehen. Die Störung kann zu juristischen, familiären, beruflichen und persönlichen Schwierigkeiten führen.

Prävalenz

Kleptomanie ist eine seltene Störung, die bei weniger als 5 % aller entdeckten Ladendiebe vorliegen dürfte. Die Störung scheint bei Frauen viel häufiger aufzutreten als bei Männern.

Verlauf

Es gibt nur wenig systematische Informationen über den Verlauf von Kleptomanie, aber drei typische Verläufe sind beschrieben worden: sporadisch mit kurzen Episoden und langen Zeitspannen der Remission; episodisch mit langandauernden Perioden des Stehlens und Perioden der Remission; chronisch mit einem gewissen Maß an Fluktuation. Die Störung kann trotz wiederholter Verurteilungen wegen Ladendiebstahls jahrelang fortdauern.

Differentialdiagnose

Kleptomanie sollte von **gewöhnlichen Diebstahlsvergehen oder Ladendiebstahl** unterschieden werden. Gewöhnlicher Diebstahl (geplant oder impulsiv) wird absichtlich begangen und ist durch den Gebrauchs- oder Geldwert des gestohlenen Gegenstands motiviert. Manche Personen, besonders Heranwachsende, stehlen als Mutprobe, als Akt der Rebellion oder als Übergangsritus. Die Störung wird nicht diagnostiziert, wenn nicht auch andere charakteristische Merkmale der Kleptomanie vorhanden sind. Kleptomanie kommt überaus selten vor, während Ladendiebstahl relativ häufig ist. Bei der **Simulation** werden die Symptome der Kleptomanie nachgeahmt, um einer Strafverfolgung zu entgehen. **Antisoziale Persönlichkeitsstörung** und **Störung des Sozialverhaltens** unterscheiden sich von Kleptomanie durch ein allgemeines Muster antisozialen Verhaltens. Kleptomanie sollte auch unterschieden werden von beabsichtigtem oder fahrlässigem Stehlen, das während einer **Manischen Episode**, als Reaktion auf Wahnphänomene oder Halluzinationen (z. B. bei **Schizophrenie**) oder im Rahmen einer **Demenz** auftreten kann.

> **Diagnostische Kriterien für 312.32 (F63.2) Kleptomanie**
>
> A. Wiederholtes Versagen, Impulsen zum Stehlen von Gegenständen zu widerstehen, die weder zum persönlichen Gebrauch noch wegen ihres Geldwertes benötigt werden.
> B. Zunehmendes Gefühl von Spannung unmittelbar vor Begehen des Diebstahls.
> C. Vergnügen, Befriedigung oder Entspannung beim Begehen des Diebstahls.
> D. Das Stehlen wird nicht begangen, um Wut oder Rache auszudrücken und erfolgt nicht als Reaktion auf Wahnphänomene oder Halluzinationen.
> E. Das Stehlen kann nicht besser durch eine Störung des Sozialverhaltens, eine Manische Episode oder eine Antisoziale Persönlichkeitsstörung erklärt werden.

312.33 (F63.1) Pyromanie

Diagnostische Merkmale

Das Hauptmerkmal dieser Störung ist das Auftreten mehrerer Episoden des gewollten und absichtsvollen Legens von Feuer (**Kriterium A**). Die Betroffenen erleben Spannung oder affektive Erregung, bevor sie ein Feuer legen (**Kriterium B**). Feuer und damit verbundene Begleitumstände (z. B. entsprechende Utensilien, die Verwendung, die Folgen) bewirken Faszination, Interesse, Neugier und Anziehung (**Kriterium C**). Personen mit dieser Störung sind oft regelmäßige „Zuschauer" bei Bränden in ihrer Nachbarschaft, können falschen Alarm geben und haben Freude an Institutionen, Ausrüstung und Personal, die mit Feuer zusammenhängen. Sie können ihre Zeit bei der örtlichen Feuerwehr verbringen, Feuer legen, um mit der Feuerwehr in Verbindung zu sein oder sogar selbst der Feuerwehr beitreten. Die Betroffenen erleben Vergnügen, Befriedigung oder Entspannung, während sie den Brand legen, seine Wirkung beobachten oder an seinen Folgen beteiligt sind (**Kriterium D**). Das Feuer wird nicht für einen finanziellen Gewinn, als Ausdruck einer soziopolitischen Ideologie, zum Verdecken einer Straftat, um Wut oder Rache auszudrücken, um die Lebensumstände zu verbessern oder als Reaktion auf Wahnphänomene oder Halluzinationen gelegt (**Kriterium E**). Das Feuerlegen ist keine Folge eines verminderten Urteilsvermögens (wie z. B. bei Demenz, Geistiger Behinderung oder Substanzintoxikation). Die Diagnose wird nicht gestellt, wenn das Feuerlegen besser durch eine Störung des Sozialverhaltens, eine Manische Episode oder eine Antisoziale Persönlichkeitsstörung erklärt werden kann (**Kriterium F**).

Zugehörige Merkmale und Störungen

Personen mit Pyromanie können umfangreiche Vorbereitungen treffen, um ein Feuer zu legen. Sie können den Folgen des Brandes für Leben oder Besitz gleichgültig gegenüberstehen oder aus der entstandenen Zerstörung von Eigentum Befriedigung ziehen. Das Verhalten kann zur Schädigung von Eigentum, zu Strafverfolgung, zu Verletzungen oder Tod des Brandstifters oder anderer Personen führen.

Besondere Alters- und Geschlechtsmerkmale

Obwohl Brandstiftungen hauptsächlich ein Problem bei Kindern und Heranwachsenden sind (über 40 % aller Personen, die in den USA wegen Brandstiftung festgenommen werden, sind unter 18 Jahren), scheint Pyromanie in der Kindheit selten vorzukommen. Bei Jugendlichen tritt Brandstiftung gewöhnlich in Verbindung mit einer Störung des Sozialverhaltens, Aufmerksamkeitsdefizit-/Hyperaktivitätsstörung oder Anpassungsstörung auf. Pyromanie ist bei Männern weitaus häufiger als bei Frauen, insbesondere bei solchen mit geringeren sozialen Fertigkeiten und Lernschwierigkeiten.

Prävalenz

Pyromanie kommt offensichtlich selten vor.

Verlauf

Es gibt zu wenig Daten, um ein typisches Alter für den Beginn von Pyromanie festzulegen. Die Beziehung zwischen Brandstiftung im Kindesalter und Pyromanie im Erwachsenenalter ist noch nicht gesichert. Bei Personen mit Pyromanie treten die Brandstiftungsereignisse episodisch auf und können an Häufigkeit ab- und zunehmen. Der Langzeitverlauf ist unbekannt.

Differentialdiagnose

Bevor die Diagnose einer Pyromanie gestellt wird, müssen andere Gründe für die Brandstiftung ausgeschlossen werden. Absichtliches Feuerlegen kann vorkommen aus **Profitgründen**, als **Sabotage** oder als **Racheakt**, um ein **Verbrechen zu verdecken**, als politische **Kundgebung** (z. B. als terroristischer Akt oder Protesthandlung) oder um **Aufmerksamkeit oder Anerkennung zu erlangen** (z. B. Feuerlegen, um es dann zu entdecken und die Situation zu retten). Feuerlegen kann auch im Rahmen von **entwicklungsbedingtem Experimentieren in der Kindheit** (z. B. Spielen mit Streichhölzern, Feuerzeugen oder Feuer) vorkommen. Einige Personen mit psychischen Störungen benutzen Feuerlegen, um ein Verlangen, einen Wunsch oder ein Bedürfnis mitzuteilen, oft mit dem Ziel einer Veränderung bezüglich Art oder Ort der Behandlung. Diese Form des Feuerlegens ist als „kommunikative Brandstiftung" beschrieben worden und muß sorgfältig von Pyromanie unterschieden werden. Die Diagnose Pyromanie wird nicht gesondert gestellt, wenn die Brandstiftung im Rahmen einer **Störung des Sozialverhaltens**, einer **Manischen Episode** oder einer **Antisozialen Persönlichkeitsstörung** oder als Reaktion auf Wahnphänomene oder Halluzinationen (z. B. bei **Schizophrenie**) auftritt. Die Diagnose Pyromanie sollte auch nicht gestellt werden, wenn das Feuerlegen auf vermindertes Urteilsvermögen bei **Demenz**, **Geistiger Behinderung** oder **Substanzintoxikation** zurückzuführen ist.

> **Diagnostische Kriterien für 312.33 (F63.1) Pyromanie**
>
> A. Gewolltes und absichtsvolles Feuerlegen bei mehr als einer Gelegenheit.
>
> B. Spannungsgefühl oder affektive Erregung vor der Handlung.
>
> C. Faszination, Interesse, Neugier und Anziehung in Hinblick auf Feuer und damit zusammenhängende Situationen (z. B. entsprechende Utensilien, Gebräuche, Folgen).
>
> D. Vergnügen, Befriedigung oder Entspannung beim Feuerlegen, beim Zuschauen oder beim Beteiligtsein an den Folgen.
>
> E. Das Feuerlegen geschieht nicht wegen des finanziellen Profits, als Ausdruck einer soziopolitischen Ideologie, zum Verdecken einer Straftat, um Wut oder Rache auszudrücken, um die Lebensumstände zu verbessern, als Reaktion auf Wahnphänomene oder Halluzinationen oder infolge verminderter Urteilsfähigkeit (z. B. bei Demenz, Geistiger Behinderung oder Substanzintoxikation).
>
> F. Das Feuerlegen kann nicht besser durch eine Störung des Sozialverhaltens, eine Manischen Episode oder eine Antisoziale Persönlichkeitsstörung erklärt werden.

312.31 (F63.0) Pathologisches Spielen

Diagnostische Merkmale

Das Hauptmerkmal des Pathologischen Spielens ist das andauernde und wiederkehrende fehlangepaßte Spielverhalten (**Kriterium A**), das persönliche, familiäre und berufliche Zielsetzungen stört. Die Diagnose wird nicht gestellt, wenn das Spielverhalten besser durch eine Manische Episode erklärt werden kann (**Kriterium B**).

Der Betroffene kann stark vom Glücksspielen eingenommen sein (z. B. gedankliches Nacherleben vergangener Spielerfahrungen, Planen der nächsten Spielunternehmungen oder Nachdenken über Wege, Geld für das Spielen zu beschaffen) (**Kriterium A1**). Die meisten Personen mit Pathologischem Spielen berichten, daß sie eher „Action" (ein erregter, euphorischer Zustand) suchen als das Geld. Es können immer höhere Wetteinsätze oder größere Risiken notwendig werden, um fortlaufend das erwünschte Ausmaß an Erregung herzustellen (**Kriterium A2**). Personen mit Pathologischem Spielen setzen oft ihre Spielgewohnheit fort, obwohl es wiederholte Bemühungen gibt, das Verhalten zu kontrollieren, einzuschränken oder zu beenden (**Kriterium A3**). Es kann während des Versuchs, das Spielen einzuschränken oder zu beenden, zu Unruhe oder Reizbarkeit kommen (**Kriterium A4**). Der Betroffene kann spielen, um damit vor Problemen zu fliehen oder um eine dysphorische Stimmung zu erleichtern (z. B. Gefühle von Hilflosigkeit, Schuld, Angst, Depression) (**Kriterium A5**). Es kann sich ein Verhaltensmuster entwickeln, mit dem den Verlusten „hinterhergejagt" wird, wobei das dringende Bedürfnis zum Weiterspielen entsteht (oft mit höheren Wetteinsätzen oder dem Eingehen größerer Risiken), um einen Verlust oder eine Verlustserie auszugleichen. Der Betroffene kann dabei seine bisherigen Spielstrategien aufgeben und versuchen, alle seine Verluste auf einen Streich wettzumachen. Im Grunde kann sich jeder Spieler ab und zu so verhalten; den Pathologischen Spieler jedoch charakterisiert, daß er über einen längeren Zeitraum „dem Verlust hinterherjagt" (**Kriterium A6**). Der Betroffene kann Familienangehörige, Therapeuten oder andere belügen, um über das Ausmaß seiner Verstrickung in das Spielen hinwegzutäuschen (**Kriterium A7**). Wenn der Kreditrahmen ausgeschöpft ist, kann die Person zu antisozialem Verhalten (z. B. Fälschung, Betrug, Diebstahl, Unterschlagung) greifen, um an Geld zu kommen (**Kriterium A8**). Der Betroffene kann eine wichtige Beziehung, seinen Arbeitsplatz oder eine Ausbildungs- oder Aufstiegschance wegen des Spielens gefährdet oder verloren haben (**Kriterium A9**). Der Betroffene kann auch Verhalten von „Ausnutzen" entwickeln, indem er seine Familie oder andere bittet, ihm aus seiner verzweifelten finanziellen Lage, die durch das Spielen entstanden ist, herauszuhelfen (**Kriterium A10**).

Zugehörige Merkmale und Störungen

Bei Personen mit Pathologischem Spielen können bestimmte Deformierungen des Denkens vorliegen (z. B. Verleugnen, Mißtrauen, übertriebene Zuversichtlichkeit oder ein Gefühl von Macht und Kontrolle). Viele Personen mit Pathologischem Spielen sind der Ansicht, Geld sei sowohl die Ursache als auch die Lösung all ihrer Probleme. Personen mit Pathologischem Spielen sind häufig sehr konkurrenzbewußt, energisch, ruhelos und leicht zu langweilen. Sie können übermäßig besorgt um die Zustimmung anderer und dabei großzügig bis hin zur Extravaganz sein. Wenn sie nicht gerade spielen, können sie entweder „Workaholics" sein oder „Saisonarbeiter", die erst kurz vor Ablauf einer Frist damit anfangen, hart zu arbeiten. Sie sind oft anfällig für die Entwicklung medizinischer Krankheitsfaktoren, die mit Streß einhergehen (z. B. Hypertonie, Magengeschwür, Migräne). Bei Personen mit Pathologischem Spielen ist ein erhöhtes Auftreten von Affektiven Störungen, Aufmerksamkeitsdefizit-/Hyperaktivitätsstörung, Substanzmißbrauch oder -Abhängigkeit sowie von Antisozialen, Narzißtischen und Borderline Persönlichkeitsstörungen beschrieben worden. 20 % der wegen Pathologischen Spielens in Behandlung befindlichen Personen sollen Selbstmordversuche begangen haben.

Besondere kulturelle und Geschlechtsmerkmale

Es gibt kulturelle Unterschiede in der Prävalenz und der Form des Glücksspielens (z. B. Pai-go, Hahnenkämpfe, Pferderennen, Aktienbörse). Ungefähr ein Drittel aller von Pathologischem Spielen Betroffenen sind weiblich. Frauen mit dieser Störung neigen eher dazu, deprimiert zu sein und das Spielen als eine Fluchtmöglichkeit zu benutzen. Frauen sind in Behandlungsprogrammen für Pathologisches Spielen unterrepräsentiert und stellen nur 2–4 % der Mitglieder der Anonymen Spieler. Das mag eine Folge der stärkeren Stigmatisierung von Frauen mit Glücksspiel sein.

Prävalenz

Die wenigen vorhandenen Daten legen nahe, daß die Prävalenz des Pathologischen Spielens in der Erwachsenenbevölkerung bei 1–3 % liegt.

Verlauf

Pathologisches Spielen beginnt bei Männern typischerweise im frühen Erwachsenenalter, bei Frauen in späteren Lebensjahren. Einige Betroffene „erwischt" es bei ihrer allerersten Wette;

bei den meisten ist der Verlauf der Störung am Beginn eher schleichend. Es kann vorkommen, daß jemand jahrelang in sozial akzeptierter Weise spielt und daß dann plötzlich, ausgelöst durch häufigeres Spielen oder einen Belastungsfaktor, die Störung beginnt. Das Muster des Spielverhaltens kann regelmäßig oder episodisch sein, der Verlauf der Störung ist typischerweise chronisch. Im allgemeinen kommt es zu einem Anstieg der Häufigkeit des Spielens, der Höhe der Wetteinsätze, dem Eingenommensein vom Spielen und dem Beschaffen von Geld für das Glücksspiel. Der Drang zum Spielen und das Spielverhalten sind im allgemeinen in Zeiten von Belastung oder Depression gesteigert.

Familiäres Verteilungsmuster

Pathologisches Spielen und Alkoholabhängigkeit treten bei den Eltern von Personen mit Pathologischem Spielen häufiger als in der Allgemeinbevölkerung auf.

Differentialdiagnose

Pathologisches Spielen muß von sozialem und professionellem Spielen unterschieden werden. **Soziales Spielen** findet typischerweise mit Freunden oder Kollegen in einem zeitlich beschränkten Rahmen mit vorher festgelegten, annehmbaren Verlusten statt. Bei **professionellem Spielen** sind die Risiken begrenzt und Disziplin steht im Vordergrund. Bei einigen Personen können in Verbindung mit ihrem Spielen Probleme auftreten (z. B. kurzfristiges „Hinterherjagen" und Kontrollverlust), die aber nicht vollständig die Kriterien des Pathologischen Spielens erfüllen.

Verlust der Urteilsfähigkeit und exzessives Spielen können auch während einer **Manischen Episode** auftreten. Die zusätzliche Diagnose Pathologisches Spielen sollte jedoch nur dann gestellt werden, wenn das Glücksspielverhalten nicht besser durch eine Manische Episode erklärt werden kann (z. B. eine Anamnese mit fehlangepaßtem Glücksspielverhalten in Zeiten außerhalb der Manischen Episode). Auf der anderen Seite kann das Verhalten einer Person mit Pathologischem Spielen während eines Spielexzesses einer Manischen Episode gleichen. Sobald solche Personen jedoch nicht mehr spielen, verlieren sich diese maniformen Merkmale wieder. Auch bei Personen mit **Antisozialer Persönlichkeitsstörung** können Probleme mit Spielen auftreten; wenn die Kriterien beider Störungen erfüllt sind, können beide diagnostiziert werden.

Diagnostische Kriterien für 312.31 (F63.0) Pathologisches Spielen

A. Andauerndes und wiederkehrendes fehlangepaßtes Spielverhalten, was sich in mindestens fünf der folgenden Merkmale ausdrückt:
(1) ist stark eingenommen vom Glücksspiel (z. B. starkes Beschäftigtsein mit gedanklichem Nacherleben vergangener Spielerfahrungen, mit Verhindern oder Planen der nächsten Spielunternehmungen, Nachdenken über Wege, Geld zum Spielen zu beschaffen),
(2) muß mit immer höheren Einsätzen spielen, um die gewünschte Erregung zu erreichen,

Fortsetzung nächste Seite

> Fortsetzung
>
> (3) hat wiederholt erfolglose Versuche unternommen, das Spielen zu kontrollieren, einzuschränken oder aufzugeben,
> (4) ist unruhig und gereizt beim Versuch, das Spielen einzuschränken oder aufzugeben,
> (5) spielt, um Problemen zu entkommen oder um eine dysphorische Stimmung (z. B. Gefühle von Hilflosigkeit, Schuld, Angst, Depression) zu erleichtern,
> (6) kehrt, nachdem er/sie beim Glücksspiel Geld verloren hat, oft am nächsten Tag zurück, um den Verlust auszugleichen (dem Verlust „hinterherjagen"),
> (7) belügt Familienmitglieder, den Therapeuten oder andere, um das Ausmaß der Verstrickung in das Spielen zu vertuschen,
> (8) hat illegale Handlungen wie Fälschung, Betrug, Diebstahl oder Unterschlagung begangen, um das Spielen zu finanzieren,
> (9) hat eine wichtige Beziehung, seinen Arbeitsplatz, Ausbildungs- oder Aufstiegschancen wegen des Spielens gefährdet oder verloren,
> (10) verläßt sich darauf, daß andere Geld bereitstellen, um die durch das Spielen verursachte hoffnungslose finanzielle Situation zu überwinden.
>
> B. Das Spielverhalten kann nicht besser durch eine Manische Episode erklärt werden.

312.39 (F63.3) Trichotillomanie

Diagnostische Merkmale

Das Hauptmerkmal der Trichotillomanie ist das wiederholte Ausreißen des eigenen Haars, was einen deutlichen Haarausfall zur Folge hat (**Kriterium A**). Stellen, an denen Haar ausgerissen wird, können alle behaarten Körperregionen betreffen (einschließlich Achsel-, Scham- und Perianalbehaarung), am häufigsten sind es jedoch die Kopfbehaarung, Augenbrauen und -wimpern. Das Ausreißen von Haar kann entweder in kurzen, über den Tag verteilten Episoden oder aber in selteneren, dafür oft Stunden andauernden Perioden geschehen. Belastende Situationen verstärken häufig das Verhalten, aber vermehrtes Haareausreißen kommt auch in Zeiten der Entspannung und Ablenkung vor (z. B. beim Lesen eines Buches oder beim Fernsehen). Unmittelbar vor dem Haareausreißen ist ein zunehmendes Gefühl der Spannung vorhanden (**Kriterium B**). Bei manchen geht die Spannung nicht notwendigerweise der Handlung voraus, sondern sie tritt beim Versuch auf, dem Drang zu widerstehen. Während des Haareausreißens erleben die Betroffenen Befriedigung, Vergnügen oder ein Gefühl der Entspannung (**Kriterium C**). Einige Personen verspüren ein juckreizähnliches Gefühl auf der Kopfhaut, welches durch das Ausreißen der Haare gelindert wird. Die Diagnose wird nicht gestellt, wenn das Haareausreißen besser durch eine andere psychische Störung (z. B. als Reaktion auf Wahnphänomene oder Halluzinationen) oder einen medizinischen Krankheitsfaktor (z. B. Entzündungen der Haut oder andere dermatologische Veränderungen) erklärt werden kann (**Kriterium D**). Die Störung muß in bedeutsamer Weise Leiden oder Beeinträchtigungen in sozialen, beruflichen oder anderen wichtigen Funktionsbereichen verursachen (**Kriterium E**).

Zugehörige Merkmale und Störungen

Zugehörige Beschreibungsmerkmale und psychische Störungen. Untersuchen und Abzwirbeln der Haarwurzel, Hindurchziehen der Strähne zwischen den Zähnen oder Trichophagie (Essen von Haaren) kann zusammen mit Trichotillomanie auftreten. Das Haareausreißen geschieht normalerweise nicht im Beisein anderer, abgesehen von direkten Angehörigen, und es kann vorkommen, daß deshalb soziale Situationen vermieden werden. Die Betroffenen verleugnen normalerweise das Haareausreißen und vertuschen oder tarnen den selbstverursachten Haarausfall. Einige Betroffene haben den Drang zum Ausreißen von Haar bei anderen und suchen manchmal Gelegenheiten, dies heimlich zu tun. Es kommt vor, daß Haustieren, Puppen und anderen behaarten Gegenständen (z. B. Pullovern oder Teppichen) Haare ausgerissen werden. Nägelkauen, Kratzen, Nagen und Hautabschürfen können mit Trichotillomanie einhergehen. Betroffene können auch unter Affektiven Störungen, Angststörungen oder Geistiger Behinderung leiden.

Zugehörige Laborbefunde. Es liegen bestimmte histologische Ergebnisse vor, die als charakteristisch für Trichotillomanie gelten und die bei der Diagnosestellung helfen können, wenn Verdacht auf Trichotillomanie besteht, der Betroffene aber die Symptome leugnet. Eine Biopsie der betroffenen Körperregionen kann kurze und abgebrochene Haare aufzeigen. Bei einer histologischen Untersuchung werden im selben Areal sowohl normale als auch zerstörte Follikel gefunden und ebenso eine erhöhte Anzahl katagener Haare. Einige Haarfollikel können Anzeichen von Verletzung zeigen (Unebenheiten der äußeren Haarwurzelhülle). Betroffene Follikel können leer sein oder stark pigmentierte Keratinpfropfen enthalten. Das Fehlen von Entzündungen unterscheidet den Haarausfall durch Trichotillomanie von der Alopezia areata.

Zugehörige körperliche Untersuchungsbefunde und medizinische Krankheitsfaktoren. Schmerz wird nicht durchgängig als Begleiterscheinung des Haareausreißens berichtet; an der betroffenen Stelle können Jucken und Stechen auftreten. Die Muster des Haarausfalls variieren stark voneinander. Denkbar sind sowohl Stellen mit totaler Haarlosigkeit als auch Stellen, bei denen lediglich die Haardichte deutlich reduziert ist. Auf dem Kopf kann bevorzugt das Haar am Scheitel oder an den parietalen Regionen ausgerissen werden. Die Oberfläche der Kopfhaut zeigt normalerweise keine Anzeichen von Abschürfungen. Es kann ein Muster fast vollständiger Kahlheit mit nur einem schmalen Haarkranz am äußeren Kopfrand, besonders im Nackenbereich, vorliegen („Tonsurtrichotillomanie"). Augenbrauen und -wimpern können vollständig fehlen. Bei der Untersuchung kann eine sehr lichte Schambehaarung auffallen. An den Extremitäten oder am Rumpf können kahle Stellen vorhanden sein. Bei Trichophagie können Haarbälle entstehen, die Anämie, Schmerzen im Abdomen, Haematemesis, Übelkeit, Erbrechen, Verstopfung und sogar Darmperforationen verursachen können.

Besondere kulturelle, Alters- und Geschlechtsmerkmale

Bei Kindern tritt Trichotillomanie bei beiden Geschlechtern gleich häufig auf. Bei Erwachsenen scheint Trichotillomanie bei Frauen wesentlich häufiger vorzukommen als bei Männern. Dies kann entweder die tatsächliche Geschlechterverteilung dieser Störung widerspiegeln oder Unterschiede in der Behandlungsbereitschaft aufgrund kultureller oder geschlechtsspezifischer Einstellungen zum äußeren Erscheinungsbild (z. B. ist regulärer Haarausfall bei Männern eher akzeptiert).

Prävalenz

Es stehen keine systematischen Informationen über die Prävalenz von Trichotillomanie zur Verfügung. In der Vergangenheit wurde davon ausgegangen, daß Trichotillomanie eine seltene Störung ist, inzwischen wird jedoch angenommen, daß sie häufiger auftritt. Neuere Umfragen unter College-Studenten ergaben, daß 1–2 % von ihnen an Trichotillomanie leiden oder litten.

Verlauf

Vorübergehende Perioden des Haareausreißens in der frühen Kindheit können als gutartige „Angewohnheit" angesehen werden, die von selbst wieder aufhört. Dennoch berichten viele Betroffene, die im Erwachsenenalter an Trichotillomanie leiden, von einem erstmaligen Auftreten in der frühen Kindheit. Das Alter bei Beginn liegt vor dem jungen Erwachsenenalter mit Spitzen um das 5.–8. und das 13. Lebensjahr. Einige Betroffene zeigen über Jahrzehnte hinweg Symptome, bei anderen kann die Störung wochen-, monats- oder jahresweise auftreten und wieder zurückgehen. Die Stellen, an denen Haar ausgerissen wird, können von Mal zu Mal variieren.

Differentialdiagnose

Bei Betroffenen, die das Haareausreißen verleugnen, sollten **andere Gründe für den Haarausfall** in Betracht gezogen werden (z. B. Alopezia areata, männliche Glatzenbildung, chronischer diskoider Lupus erythematodes, Lichen planopilaris, Folliculitis decalvans, Pseudopelade Bocq und Mucinosis follicularis). Eine gesonderte Diagnose Trichotillomanie wird nicht gestellt, wenn das Verhalten besser durch eine **andere psychische Störung** erklärt werden kann (z. B. als Reaktion auf Wahnphänomene oder Halluzinationen bei Schizophrenie). Das wiederholte Haareausreißen bei Trichotillomanie muß von einem Zwang, wie er bei **Zwangsstörung** vorkommt, unterschieden werden. Bei der Zwangsstörung werden die wiederholten Handlungen als Reaktion auf eine Zwangsvorstellung oder aufgrund von Regeln, die rigide befolgt werden müssen, ausgeführt. Die zusätzliche Diagnose **Stereotype Bewegungsstörung** wird nicht gestellt, wenn sich das Ausführen der wiederholten Handlungen auf das Haareausreißen beschränkt. Der selbst herbeigeführte Haarausfall bei der Trichotillomanie muß von der **Vorgetäuschten Störung mit Vorwiegend Körperlichen Zeichen und Symptomen** unterschieden werden, bei der der Wunsch des Betroffenen, die Krankenrolle einzunehmen, die Handlung motiviert.

Viele Menschen drehen und spielen an ihren Haaren, insbesondere in Zeiten erhöhter Ängstlichkeit; dieses Verhalten läßt jedoch normalerweise nicht die Diagnose Trichotillomanie zu. Einige Personen können Merkmale von Trichotillomanie aufweisen; die resultierende Haarschädigung kann jedoch so gering sein, daß sie praktisch nicht zu sehen ist. In einer solchen Situation sollte die Diagnose nur erwogen werden, wenn der Betroffene darunter deutlich leidet. Bei Kindern sind begrenzte Phasen des Haareausreißens normal und sollten als vorübergehende „Angewohnheit" betrachtet werden. Deshalb soll bei Kindern die Diagnose der Störung erst dann gestellt werden, wenn das Verhalten über mehrere Monate hinweg anhält.

> **Diagnostische Kriterien für 312.39 (F63.3) Trichotillomanie**
>
> A. Wiederholtes Ausreißen des eigenen Haars, was zu deutlichem Haarausfall führt.
> B. Ein zunehmendes Spannungsgefühl unmittelbar vor dem Haareausreißen oder beim Versuch, der Handlung zu widerstehen.
> C. Vergnügen, Befriedigung oder Entspannung während des Haareausreißens.
> D. Das Verhalten kann nicht besser durch eine andere psychische Störung oder einen medizinischen Krankheitsfaktor (z. B. eine dermatologische Erkrankung) erklärt werden.
> E. Die Störung verursacht in klinisch bedeutsamer Weise Leiden oder Beeinträchtigungen in sozialen, beruflichen oder anderen wichtigen Funktionsbereichen.

312.30 (F63.9) Nicht Näher Bezeichnete Störung der Impulskontrolle

Diese Kategorie ist für Störungen der Impulskontrolle vorgesehen, die weder die Kriterien irgendeiner spezifischen Störung der Impulskontrolle erfüllen noch die einer anderen psychischen Störung, die Merkmale einer Störung der Impulskontrolle aufweist und anderenorts im Manual beschrieben ist (z. B. Substanzabhängigkeit, eine Paraphilie).

Anpassungsstörungen

Diagnostische Merkmale

Das Hauptmerkmal einer Anpassungsstörung ist die Entwicklung von klinisch bedeutsamen emotionalen oder verhaltensmäßigen Symptomen als Reaktion auf einen oder mehrere identifizierbare psychosoziale Belastungsfaktoren. Die Symptome müssen sich innerhalb von 3 Monaten nach Beginn der Belastung(en) entwickeln (**Kriterium A**). Sie werden klinisch bedeutsam, wenn es entweder zu einem deutlichen Leiden kommt, welches über das aufgrund der Belastung zu erwartende hinausgeht, oder zu bedeutsamen Beeinträchtigungen in sozialen oder beruflichen (schulischen) Funktionsbereichen (**Kriterium B**). Diese Kategorie sollte nicht verwendet werden, wenn das Störungsbild die Kriterien für eine andere spezifische Störung auf Achse I erfüllt (z. B. eine spezifische Angst- oder Affektive Störung) oder wenn sie nur eine Verschlimmerung einer bereits bestehenden Störung auf Achse I oder II darstellt (**Kriterium C**). Dennoch kann eine Anpassungsstörung bei gleichzeitig vorliegender Störung auf Achse I oder Achse II diagnostiziert werden, sofern letztere die Symptomatik, die als Reaktion auf die Belastung aufgetreten ist, nicht erklären kann. Die Diagnose einer Anpassungsstörung sollte nicht gestellt werden, wenn die Symptome in einer Einfachen Trauer bestehen (**Kriterium D**). Definitionsgemäß muß eine Anpassungsstörung 6 Monate nach Beendigung der Belastung (oder deren Folgen) vorbei sein (**Kriterium E**). Die Symptome können jedoch auch längere Zeit andauern (d. h. länger als 6 Monate), wenn sie als Reaktion auf eine chronische Belastung auftreten (z. B. ein chronischer, behindernder medizinischer Krankheitsfaktor) oder auf eine Belastung mit langanhaltenden Folgen (z. B. finanzielle und emotionale Schwierigkeiten, die sich aus einer Scheidung ergeben).

Bei dem Belastungsfaktor kann es sich um ein einzelnes Ereignis handeln (z. B. Beendigung einer Liebesbeziehung), oder es können mehrere Belastungsfaktoren vorliegen (z. B. erhebliche Schwierigkeiten am Arbeitsplatz und in der Ehe). Die Belastungen können wiederkehrend (z. B. verbunden mit saisonalen Geschäftskrisen) oder kontinuierlich sein (z. B. Leben in einer kriminellen Umgebung). Die Belastungen können eine einzige Person betreffen, eine ganze Familie oder eine größere Gruppe oder Gemeinde (wie z. B. bei Naturkatastrophen). Einige Belastungen können im Zusammenhang mit spezifischen Lebensphasen stehen (z. B. Schulbeginn, Verlassen des Elternhauses, Heirat, Elternschaft, Nichterreichen beruflicher Ziele, Rente/Pensionierung).

Berater der deutschen Ausgabe:
PD Dr. Michael Zaudig, Windach

Übersetzer:
Dipl.-Psych. Sabine Gruschwitz, Windach
Dr. Dipl.-Psych. Rolf-Dieter Trautmann-Sponsel, Windach
PD Dr. Michael Zaudig, Windach
Dipl.-Psych. Franziska Karlbauer, Windach
Dr. Charl Thora, Windach

Subtypen und Zusatzcodierungen

Anpassungsstörungen werden entsprechend dem Subtypus codiert, der das vorherrschende Symptombild am besten charakterisiert:
- **309.0 (F43.20) Mit Depressiver Stimmung.** Dieser Subtypus sollte verwendet werden, wenn die vorherrschenden Symptome depressive Stimmung, Weinerlichkeit oder Gefühle von Hoffnungslosigkeit sind.
- **309.24 (F43.28) Mit Angst.** Dieser Subtypus sollte verwendet werden, wenn die vorherrschenden Symptome Nervosität, Sorgen oder Ängstlichkeit oder bei Kindern Trennungsangst von einer wesentlichen Bezugsperson sind.
- **309.28 (F43.22) Mit Angst und Depressiver Stimmung, Gemischt.** Dieser Subtypus sollte verwendet werden, wenn eine Kombination von Depression und Angst im Vordergrund steht.
- **309.3 (F43.24) Mit Störungen des Sozialverhaltens.** Dieser Subtypus sollte verwendet werden, wenn die vorherrschende Symptomatik eine Störung des Sozialverhaltens ist, bei der es zur Verletzung von Rechten anderer kommt oder von wesentlichen altersgemäßen sozialen Normen und Regeln (z. B. Schuleschwänzen, Vandalismus, rücksichtsloses Fahren, Schlägereien, Mißachtung von rechtlichen Verpflichtungen).
- **309.4 (F43.25) Mit Emotionalen Störungen und Störungen des Sozialverhaltens, Gemischt.** Dieser Subtypus sollte verwendet werden, wenn sowohl emotionale Symptome vorliegen (z. B. Depression, Angst) als auch eine Störung des Sozialverhaltens (siehe obigen Subtypus).
- **309.9 (F43.9) Unspezifisch.** Dieser Subtypus sollte verwendet werden für unangepaßte Reaktionen (z. B. körperliche Beschwerden, sozialer Rückzug oder Störungen im Arbeits- oder Schulbereich) auf psychosoziale Belastungsfaktoren, die sich nicht als eine der spezifischen Subtypen der Anpassungsstörung klassifizieren lassen.

Die Dauer der Symptome einer Anpassungsstörung kann durch folgende Zusatzcodierung angezeigt werden:
- **Akut.** Diese Zusatzcodierung kann bei Symptomen verwendet werden, die weniger als 6 Monate andauern.
- **Chronisch.** Diese Zusatzcodierung kann verwendet werden bei Symptomen, die 6 Monate oder länger andauern. Definitionsgemäß können die Symptome nicht länger als 6 Monate nach Beendigung der Belastung oder deren Folgen andauern. Die Zusatzcodierung chronisch trifft daher dann zu, wenn die Störung länger als 6 Monate andauert als Reaktion auf eine chronische Belastung oder auf eine solche mit anhaltenden Folgen.

Codierungsregeln

Die vorherrschenden Symptome einer Anpassungsstörung sollten dadurch kenntlich gemacht werden, daß aus der obigen Liste der Begriff und die Codierung gewählt werden, gefolgt, falls gewünscht, von der Zusatzcodierung Akut oder Chronisch (z. B. 309.0 (F43.20) Anpassungsstörung mit Depressiver Stimmung, Akut). Bei einer multiaxialen Diagnostik kann die Art der Belastung auf Achse IV kenntlich gemacht werden (z. B. Scheidung).

Zugehörige Merkmale und Störungen

Das subjektive Leiden oder die Beeinträchtigungen in verschiedenen Funktionsbereichen, die mit einer Anpassungsstörung verbunden sind, drücken sich häufig aus in einer verminderten Leistung bei der Arbeit oder in der Schule und in vorübergehenden Veränderungen in sozialen Beziehungen. Anpassungsstörungen gehen mit einem erhöhten Risiko von Suizidversuchen und Suiziden einher. Eine Anpassungsstörung kann zu Verlaufskomplikationen eines medizinischen Krankheitsfaktors führen (z. B. durch mangelnde Compliance mit den empfohlenen medizinischen Maßnahmen oder verlängerte Aufenthaltsdauer im Krankenhaus).

Besondere kulturelle, Alters- und Geschlechtsmerkmale

Bei der klinischen Beurteilung, ob die Reaktion der Person auf die Belastung unangepaßt ist oder ob die damit verbundene Beeinträchtigung über das hinausgeht, was erwartet werden kann, muß der kulturelle Kontext der Person berücksichtigt werden. Die Art der Belastung, deren Bedeutung und die damit verbundene Erfahrung sowie die Bewertung der Reaktion darauf kann je nach Kulturkreis unterschiedlich sein. Anpassungsstörungen können in jeder Altersgruppe auftreten; Männer und Frauen sind gleich häufig betroffen.

Prävalenz

Anpassungsstörungen kommen häufig vor, obwohl die epidemiologischen Daten je nach untersuchter Population und den eingesetzten Untersuchungsmethoden stark variieren. Von den Patienten, die sich in ambulanter psychotherapeutischer/psychiatrischer Behandlung befinden, haben etwa 5–20 % als Hauptdiagnose eine Anpassungsstörung. Personen, die sich in ungünstigen Lebensumständen befinden, erleben mehr Belastungsfaktoren und haben möglicherweise ein höheres Risiko für diese Störung.

Verlauf

Definitionsgemäß beginnt eine Anpassungsstörung innerhalb von 3 Monaten nach Beginn der Belastung und dauert nicht länger als 6 Monate, nachdem die Belastung oder deren Folgen beendet sind. Wenn der Belastungsfaktor in einem akuten Ereignis besteht (z. B. Kündigung des Arbeitsplatzes), beginnt die Störung normalerweise sofort (oder innerhalb weniger Tage) und die Dauer ist relativ kurz (z. B. nicht mehr als wenige Monate). Dauern die Belastung oder deren Folgen an, kann auch die Anpassungsstörung bestehen bleiben.

Differentialdiagnose

Die Anpassungsstörung ist eine Restkategorie, die verwendet wird, um klinische Bilder zu beschreiben, die eine Reaktion auf einen identifizierbaren Belastungsfaktor darstellen und die nicht die Kriterien für eine andere spezifische Störung auf Achse I erfüllen. Wenn beispielsweise eine Person als Reaktion auf eine Belastung Symptome aufweist, die die Kriterien für eine Major Depression erfüllen, kann die Diagnose einer Anpassungsstörung nicht angewendet werden. Eine Anpassungsstörung kann nur dann zusätzlich zu einer anderen Störung auf Achse I diagnostiziert werden, wenn letztere die spezifischen Symptome, die als Reaktion auf die Belastung aufgetreten sind, nicht erklärt. Zum Beispiel kann eine Person nach Verlust des Arbeitsplatzes eine Anpassungsstörung mit Depressiver Stimmung entwickeln und kann zur selben Zeit die Diagnose einer Zwangsstörung haben.

Da **Persönlichkeitsstörungen** häufig unter Belastung exazerbieren, wird üblicherweise die Diagnose einer Anpassungsstörung nicht zusätzlich vergeben. Wenn allerdings Symptome, die nicht typisch für die entsprechende Persönlichkeitsstörung sind, als Reaktion auf eine Belastung auftreten (z. B. eine Person mit einer Paranoiden Persönlichkeitsstörung entwickelt eine depressive Stimmung als Reaktion auf einen Arbeitsplatzverlust), kann die zusätzliche Diagnose einer Anpassungsstörung angemessen sein.

Die Diagnose einer Anpassungsstörung erfordert das Vorhandensein eines identifizierbaren Belastungsfaktors. Liegt ein solcher nicht vor und es zeigt sich ein atypisches klinisches Bild oder die Kriterien für eine spezifische Störung werden nicht erfüllt, so ist eine **Nicht Näher Bezeichnete Störung** (z. B. Nicht Näher Bezeichnete Angststörung) zu diagnostizieren. Wenn die Symptome einer Anpassungsstörung länger als 6 Monate andauern, obwohl keine Belastungsfaktoren oder deren Folgen mehr vorliegen, dann sollte die Diagnose geändert werden, in der Regel in eine aus der entsprechenden „Nicht Näher Bezeichnet"-Kategorie einer anderen psychischen Störung.

Anpassungsstörung, **Posttraumatische Belastungsstörung** und **Akute Belastungsstörung** erfordern alle das Vorhandensein eines psychosozialen Belastungsfaktors. Die Posttraumatische Belastungsstörung und die Akute Belastungsstörung sind charakterisiert durch das Vorhandensein einer extremen Belastung und einer spezifischen Konstellation von Symptomen. Im Gegensatz dazu kann eine Anpassungsstörung durch einen Belastungsfaktor jedweder Schwere ausgelöst werden und kann vielfältige Symptome beinhalten.

Bei **Psychischen Faktoren, die einen Medizinischen Krankheitsfaktor Beeinflussen**, führen spezifische psychische Symptome, Verhaltensweisen oder andere Faktoren zu einer Verschlimmerung des medizinischen Krankheitsfaktors, erschweren dessen Behandlung oder erhöhen auf andere Weise das Risiko, daß sich ein medizinischer Krankheitsfaktor entwickelt. Bei einer Anpassungsstörung verhält es sich umgekehrt (d. h. die psychischen Symptome entwickeln sich als Reaktion auf die Belastung, die mit der Erkrankung an oder der Diagnose eines medizinischen Krankheitsfaktors verbunden sind). Bei manchen Personen kann beides vorliegen.

Einfache Trauer wird grundsätzlich anstelle einer Anpassungstörung diagnostiziert, wenn die Reaktion eine zu erwartende Antwort auf den Tod einer geliebten Person darstellt. Die Diagnose einer Anpassungsstörung kann jedoch angemessen sein, wenn die Reaktion über das hinausgeht, was man erwarten würde, oder wenn sie länger als üblich andauert. Eine Anpassungsstörung sollte auch unterschieden werden von anderen **nichtpathologischen Reaktionen auf Belastungsfaktoren**, die nicht zu deutlichem, über das zu erwartende Maß hinausgehenden Leiden führen und die keine bedeutsamen Beeinträchtigungen in sozialen oder beruflichen Funktionsbereichen verursachen.

Diagnostische Kriterien für Anpassungsstörungen

A. Die Entwicklung von emotionalen oder verhaltensmäßigen Symptomen als Reaktion auf einen identifizierbaren Belastungsfaktor, die innerhalb von 3 Monaten nach Beginn der Belastung auftreten.

B. Diese Symptome oder Verhaltensweisen sind insofern klinisch bedeutsam, als sie
   (1) zu deutlichem Leiden führen, welches über das hinausgeht, was man bei Konfrontation mit diesem Belastungsfaktor erwarten würde,
   (2) zu bedeutsamen Beeinträchtigungen in sozialen oder beruflichen (schulischen) Funktionsbereichen führen.

C. Das belastungsabhängige Störungsbild erfüllt nicht die Kriterien für eine andere spezifische Störung auf Achse I und stellt nicht nur eine Verschlechterung einer vorbestehenden Störung auf Achse I oder Achse II dar.

D. Die Symptome sind nicht Ausdruck einer Einfachen Trauer.

E. Wenn die Belastung (oder deren Folgen) beendet ist, dann dauern die Symptome nicht länger als weitere 6 Monate an.

Bestimme, ob:
Akut: Wenn die Störung weniger als 6 Monate anhält.
Chronisch: Wenn die Störung länger als 6 Monate andauert.

Anpassungsstörungen werden entsprechend dem Subtypus codiert, der am besten die vorherrschenden Symptome charakterisiert. Die spezifischen Belastungsfaktoren können auf Achse IV codiert werden.

309.0 (F43.20) **Mit Depressiver Stimmung**
309.24 (F43.28) **Mit Angst**
309.28 (F43.22) **Mit Angst und Depressiver Stimmung, Gemischt**
309.3 (F43.24) **Mit Störungen des Sozialverhaltens**
309.4 (F43.25) **Mit Emotionalen Störungen und Störungen des Sozialverhaltens, Gemischt**
309.9 (F43.9) **Unspezifisch**

Persönlichkeitsstörungen

Zu Beginn dieses Kapitels steht eine allgemeine Definition von Persönlichkeitsstörungen, die auf jede der zehn spezifischen Formen von Persönlichkeitsstörungen zutrifft. Eine Persönlichkeitsstörung stellt ein überdauerndes Muster von innerem Erleben und Verhalten dar, das merklich von den Erwartungen der soziokulturellen Umgebung abweicht, tiefgreifend und unflexibel ist, seinen Beginn in der Adoleszenz oder im frühen Erwachsenenalter hat, im Zeitverlauf stabil ist und zu Leid oder Beeinträchtigungen führt. Die einzelnen Persönlichkeitsstörungen, die dieses Kapitel umfaßt, werden im folgenden aufgelistet:
— Bei der **Paranoiden Persönlichkeitsstörung** findet sich ein Muster von Mißtrauen und Argwohn und zwar in dem Sinne, daß die Motive anderer als böswillig ausgelegt werden.
— Bei der **Schizoiden Persönlichkeitsstörung** findet sich ein Muster von Distanziertheit in sozialen Beziehungen und von eingeschränkter Bandbreite emotionaler Ausdrucksmöglichkeiten.
— Bei der **Schizotypischen Persönlichkeitsstörung** findet sich ein Muster von starkem Unbehagen in nahen Beziehungen, von Verzerrungen des Denkens und der Wahrnehmung und von Eigentümlichkeiten des Verhaltens.
— Bei der **Antisozialen Persönlichkeitsstörung** findet sich ein Muster von Mißachtung und Verletzung der Rechte anderer.
— Bei der **Borderline Persönlichkeitsstörung** findet sich ein Muster von Instabilität in zwischenmenschlichen Beziehungen, im Selbstbild und in den Affekten sowie von deutlicher Impulsivität.
— Bei der **Histrionischen Persönlichkeitsstörung** findet sich ein Muster von übermäßiger Emotionalität und von Heischen nach Aufmerksamkeit.
— Bei der **Narzißtischen Persönlichkeitsstörung** findet sich ein Muster von Großartigkeitsgefühlen, einem Bedürfnis nach Bewundertwerden sowie mangelnder Empathie.
— Bei der **Vermeidend-Selbstunsicheren Persönlichkeitsstörung** findet sich ein Muster von sozialer Hemmung, Unzulänglichkeitsgefühlen und Überempfindlichkeit gegenüber negativer Bewertung.
— Bei der **Dependenten Persönlichkeitsstörung** findet sich ein Muster von unterwürfigem und anklammerndem Verhalten, das in Beziehung zu einem übermäßigen Bedürfnis nach Umsorgtwerden steht.
— Bei der **Zwanghaften Persönlichkeitsstörung** findet sich ein Muster von ständiger Beschäftigung mit Ordnung, Perfektionismus und Kontrolle.
— Die **Nicht Näher Bezeichnete Persönlichkeitsstörung** ist für zwei Situationen vorgesehen:

Berater der deutschen Ausgabe:
Prof. Dr. Henning Saß, Aachen

Übersetzer:
Dr. Sabine Herpertz, Aachen
Dr. Tatjana Voß, Aachen
Dr. Annette Hundsalz, Aachen
Dr. Hermann Ebel, Aachen
Dr. Christine Menges, Aachen
Dr. Kerstin Paulußen, Aachen
Dipl.-Psych. Wolfgang Kopfhammer, Aachen

1. Das gegebene Persönlichkeitsmuster erfüllt die allgemeinen Kriterien einer Persönlichkeitsstörung und weist Persönlichkeitszüge mehrerer verschiedener Formen auf, die Kriterien irgendeiner spezifischen Persönlichkeitsstörung sind jedoch nicht erfüllt.
2. Das gegebene Persönlichkeitsmuster erfüllt die allgemeinen Kriterien einer Persönlichkeitsstörung, die in Frage kommende spezifische Form ist jedoch nicht in die Klassifikation aufgenommen (z. B. die passiv-aggressive Persönlichkeitsstörung).

Die Persönlichkeitsstörungen sind auf der Basis von deskriptiven Ähnlichkeiten in drei Hauptgruppen (Cluster) geordnet. Das Cluster A enthält die Paranoide, die Schizoide und die Schizotypische Persönlichkeitsstörung. Personen mit diesen Störungen erscheinen oft als sonderbar oder exzentrisch. Cluster B beinhaltet die Antisoziale, die Borderline, die Histrionische und die Narzißtische Persönlichkeitsstörung. Personen mit diesen Störungen erscheinen oft als dramatisch, emotional oder launisch. Cluster C beinhaltet die Vermeidend-Selbstunsichere, die Dependente und die Zwanghafte Persönlichkeitsstörung. Personen mit diesen Störungen erscheinen oft ängstlich oder furchtsam. Zu beachten ist, daß die Einteilung in Cluster trotz ihrer Nützlichkeit für einige Forschungs- und Lehrfragen erhebliche Einschränkungen aufweist und nicht übereinstimmend validiert wurde. Darüber hinaus weisen Personen häufig Persönlichkeitsstörungen aus mehreren Clustern auf.

Diagnostische Merkmale

Persönlichkeitszüge stellen überdauernde Muster des Wahrnehmens, der Beziehungsgestaltung und des Denkens über die Umwelt und über sich selbst dar. Sie kommen in einem breiten Spektrum sozialer und persönlicher Situationen und Zusammenhänge zum Ausdruck. Nur dann, wenn Persönlichkeitszüge unflexibel und unangepaßt sind und in bedeutsamer Weise zu Funktionsbeeinträchtigungen oder subjektivem Leiden führen, bilden sie eine Persönlichkeitsstörung. Das wesentliche Merkmal einer Persönlichkeitsstörung ist ein andauerndes Muster von innerem Erleben und Verhalten, das merklich von den Erwartungen der soziokulturellen Umgebung abweicht und sich in mindestens zwei der folgenden Bereiche bemerkbar macht: Denken, Affektivität, Beziehungsgestaltung oder Impulskontrolle (**Kriterium A**). Dieses überdauernde Muster ist in einem weiten Bereich persönlicher und sozialer Situationen unflexibel und tiefgreifend (**Kriterium B**). Es führt in klinisch bedeutsamer Weise zu Leiden oder zu Beeinträchtigungen in sozialen, beruflichen oder anderen wichtigen Funktionsbereichen (**Kriterium C**). Das Muster ist stabil und langdauernd und sein Beginn kann zumindest bis zur Adoleszenz oder bis zum frühen Erwachsenenalter zurückverfolgt werden (**Kriterium D**). Das Muster kann nicht besser als Manifestation oder Folgeerscheinung einer anderen psychischen Störung erklärt werden (**Kriterium E**) und geht nicht auf die direkte körperliche Wirkung einer Substanz (z. B. Droge, Medikament, Exposition gegenüber einem Toxin) oder eines medizinischen Krankheitsfaktors (z. B. ein Kopftrauma) zurück (**Kriterium F**). Für jede der Persönlichkeitsstörungen werden spezifische diagnostische Kriterien vorgegeben. Die Items der Kriterienkataloge werden für jede einzelne Persönlichkeitsstörung in der Rangfolge abnehmender diagnostischer Wichtigkeit aufgelistet, sofern relevante Daten zur diagnostischen Effizienz vorliegen.

Die Diagnose einer Persönlichkeitsstörung erfordert die Beurteilung langdauernder Verhaltensmuster, und die speziellen Persönlichkeitszüge müssen seit dem frühen Erwachsenenalter in Erscheinung getreten sein. Die für die einzelnen Störungen charakteristischen Persönlichkeitszüge müssen von solchen Merkmalen unterschieden werden, die infolge situativer Belastungen oder im Rahmen vorübergehender psychischer Zustände (z. B. Affektive oder

Angststörungen, Substanzintoxikationen) auftreten. Es sollte deshalb die Stabilität der Persönlichkeitszüge über die Zeit und verschiedene Situationen hinweg beurteilt werden. Obwohl ein einmaliges Interview bei manchen Patienten für die Diagnosestellung ausreicht, wird es oft notwendig sein, mehrere Interviews und diese über einen Zeitraum verteilt zu führen. Die Beurteilung kann auch dadurch erschwert sein, daß die für eine Persönlichkeitsstörung charakteristischen Merkmale von der betroffenen Person selbst nicht für problematisch gehalten werden (Persönlichkeitszüge sind oft ich-synton). Diese Schwierigkeit kann durch die Einholung zusätzlicher Informationen aus Fremdanamnesen behoben werden.

Codierungsregeln

Persönlichkeitsstörungen werden auf der Achse II codiert. Wenn, wie es häufig der Fall ist, das Verhaltensmuster der betreffenden Person die Kriterien mehr als einer Persönlichkeitsstörung erfüllt, sollten die relevanten Persönlichkeitsstörungsdiagnosen in der Reihenfolge ihrer Wichtigkeit aufgelistet werden. Wenn als Hauptdiagnose oder Konsultationsgrund keine Achse I-Störung vorliegt, so sollte der Untersucher anzeigen, welche Persönlichkeitsstörung die Hauptdiagnose oder den Konsultationsgrund darstellt, indem er „Hauptdiagnose" oder „Konsultationsgrund" in Klammern hinzufügt. In den meisten Fällen bildet die Hauptdiagnose oder der Konsultationsgrund auch den Schwerpunkt der klinischen Aufmerksamkeit oder der Behandlung. Die Nicht Näher Bezeichnete Persönlichkeitsstörung bietet die geeignete Kategorie für solche „gemischten" Störungsbilder, deren Merkmale nicht die geforderten Kriterien einer der gegebenen Persönlichkeitsstörungen erfüllen, sondern vielmehr Züge verschiedener Persönlichkeitsstörungen tragen, die zu klinisch relevanten Beeinträchtigungen führen.

Spezifische unangepaßte Persönlichkeitszüge, die nicht die Schwelle einer Persönlichkeitsstörung erreichen, können ebenfalls auf der Achse II aufgelistet werden. In einem solchen Fall sollte kein spezifischer Code benutzt werden, sondern es könnte „Achse II: V71.09 Keine Diagnose auf Achse II, histrionische Persönlichkeitszüge" protokolliert werden. Der Gebrauch bestimmter Abwehrmechanismen kann ebenfalls auf Achse II festgehalten werden. So könnte beispielsweise ein entsprechender Vermerk lauten: „Achse II: 301.6 Dependente Persönlichkeitsstörung; häufiger Gebrauch von Verleugnung." Ein Glossar mit spezifischen Abwehrmechanismen sowie eine Skala zur Erfassung der Abwehrfunktionen ist im Anhang B angefügt (siehe S. 842).

Wenn bei einer Person mit einer chronischen Achse I-Störung (z. B. Schizophrenie) bereits vorher eine Persönlichkeitsstörung bestand (z. B. Schizotypisch, Schizoid, Paranoid), sollte die Persönlichkeitsstörung auf Achse II protokolliert werden, wobei „Prämorbid" in Klammern hinzugefügt werden sollte. Zum Beispiel: Achse I: 295.30 (F20.0x) Schizophrenie vom Paranoiden Typus; Achse II: 301.20 (F60.1) Schizoide Persönlichkeitsstörung (Prämorbid).

Besondere kulturelle, Alters- und Geschlechtsmerkmale

Die Beurteilung der Persönlichkeitsfunktionen muß den ethnischen, kulturellen und sozialen Hintergrund der betroffenen Person berücksichtigen. Persönlichkeitsstörungen sollten nicht mit Problemen verwechselt werden, die in Zusammenhang mit soziokulturellen Anpassungsvorgängen nach Einwanderung stehen oder mit Problemen, die sich durch die Bekenntnis zu Sitten, Bräuchen oder politischen Werten der Ursprungskultur ergeben. Wenn man also eine Person aus einer anderen soziokulturellen Herkunft beurteilt, so ist hier die Erhebung einer Fremdanamnese durch Angehörige, die mit diesem Hintergrund vertraut sind, besonders wichtig.

Die Persönlichkeitsstörungskategorien können in Ausnahmefällen auf solche Kinder und Heranwachsende angewandt werden, deren unangepaßte Persönlichkeitszüge tiefgreifend und andauernd und wahrscheinlich nicht auf eine bestimmte Entwicklungsphase oder eine Episode einer Achse I-Störung begrenzt sind. Es sollte allerdings berücksichtigt werden, daß Züge einer Persönlichkeitsstörung, so wie sie in der Kindheit erscheinen, oft nicht unverändert bis ins Erwachsenenleben bestehen bleiben. Persönlichkeitszüge müssen mindestens ein Jahr andauern, bevor bei einer Person unter 18 Jahren die Diagnose einer Persönlichkeitsstörung gestellt werden kann. Eine Ausnahme stellt die Diagnose der Antisozialen Persönlichkeitsstörung dar, da sie nicht bei Personen unter 18 Jahren vergeben werden darf (siehe S. 729). Obwohl per definitionem der Beginn einer Persönlichkeitsstörung spätestens im frühen Erwachsenenalter liegen muß, können die betroffenen Personen erst relativ spät im Leben klinisch auffällig werden. So kann eine Persönlichkeitsstörung nach dem Verlust wichtiger unterstützender Bezugspersonen (z. B. Partner) oder bis dahin stabilisierender sozialer Situationen (z. B. Beruf) exazerbieren. Allerdings erfordert die Entwicklung einer Persönlichkeitsveränderung im mittleren Erwachsenenalter oder im späteren Leben eine sorgfältige diagnostische Beurteilung, um die Möglichkeit einer Persönlichkeitsveränderung Aufgrund eines Medizinischen Krankheitsfaktors oder einer Substanzinduzierten Störung nicht zu übersehen.

Bestimmte Persönlichkeitsstörungen (z. B. Antisoziale Persönlichkeitsstörung) werden häufiger bei Männern, andere häufiger bei Frauen (z. B. Borderline, Histrionische und Dependente Persönlichkeitsstörung) diagnostiziert. Obwohl diese Unterschiede in der Prävalenz vielleicht echte Geschlechtsunterschiede im Vorliegen solcher Muster widerspiegeln, muß der Untersucher doch vorsichtig sein, daß bestimmte Persönlichkeitsstörungen nicht aufgrund von sozialen Stereotypien über typische Geschlechtsrollen und geschlechtsspezifische Verhaltensweisen bei Frauen oder Männern zu häufig bzw. zu selten diagnostiziert werden.

Verlauf

Die Merkmale einer Persönlichkeitsstörung treten gewöhnlich in der Adoleszenz oder im frühen Erwachsenenalter in Erscheinung. Die Persönlichkeitsstörung stellt definitionsgemäß ein überdauerndes Muster des Denkens, Fühlens oder Verhaltens dar, das relativ stabil im Zeitverlauf ist. Einige Persönlichkeitsstörungstypen (besonders die Antisoziale und die Borderline Persönlichkeitsstörung) tendieren dahin, mit fortschreitendem Alter weniger offensichtlich zu sein oder sogar zu remittieren, während dies für andere Störungstypen weniger zutrifft (z. B. die Zwanghafte und die Schizotypische Persönlichkeitsstörung).

Differentialdiagnose

Viele der spezifischen Kriterien für Persönlichkeitsstörungen beschreiben Merkmale (wie Argwohn, Abhängigkeit oder Gleichgültigkeit), die auch charakteristisch für Episoden **psychischer Störungen der Achse I** sind. Eine Persönlichkeitsstörung sollte nur dann diagnostiziert werden, wenn die charakteristischen Merkmale schon vor dem Erwachsenenalter aufgetreten sind, typisch für die überdauernden Funktionen einer Person sind und nicht ausschließlich während Episoden einer Achse I-Störung auftreten. Es mag besonders schwierig (und nicht sehr nützlich) sein, Persönlichkeitsstörungen von solchen Achse I-Störungen zu unterscheiden (wie z. B. Dysthyme Störung), die einen frühen Beginn und einen chronischen, relativ stabilen Verlauf aufweisen. Einige Persönlichkeitsstörungen können auf dem Hintergrund von phänomenologischen oder biologischen Ähnlichkeiten oder familiärer Häufung in einer „Spektrum"-Beziehung zu bestimmten Achse I-Störungen stehen (wie z. B. die Schizotypische Persönlichkeitsstörung zur Schizophrenie oder die Vermeidend-Selbstunsichere Persönlichkeitsstörung zur Sozialen Phobie).

Bezüglich der drei Persönlichkeitsstörungen, die möglicherweise in Beziehung zu den **Psychotischen Störungen** stehen (d. h. die Paranoide, die Schizoide und die Schizotypische Persönlichkeitsstörung), gilt als Ausschlußkriterium, daß das Verhaltensmuster nicht ausschließlich im Verlauf einer Schizophrenie, einer Affektiven Störung mit Psychotischen Merkmalen oder einer anderen Psychotischen Störung aufgetreten sein darf. Falls eine Person mit einer chronischen Psychotischen Störung auf Achse I (z. B. Schizophrenie) eine dieser Störung vorausgegangene Persönlichkeitsstörung aufweist, so sollte die Persönlichkeitsstörung ebenfalls codiert werden, und zwar auf der Achse II, gefolgt von „Prämorbid" in Klammern.

Der Untersucher muß vorsichtig sein, wenn er innerhalb einer Episode einer **Affektiven Störung** oder einer **Angststörung** eine Persönlichkeitsstörung diagnostizieren will, weil diese Zustände Querschnittssymptome aufweisen können, die Persönlichkeitsmerkmale nachahmen und so eine retrospektive Beurteilung überdauernder Verhaltensmerkmale erschweren können. Wenn Persönlichkeitsveränderungen im Anschluß an eine extreme Belastungssituation auftreten und andauern, so sollte die Diagnose einer **Posttraumatischen Belastungsstörung** erwogen werden (siehe S. 487). Wenn eine Person eine **Störung im Zusammenhang mit Psychotropen Substanzen** aufweist, so sollte sich die Diagnose einer Persönlichkeitsstörung nicht alleine auf Verhaltensweisen stützen, die als Folge einer Intoxikation oder eines Entzugs auftreten können oder die mit Aktivitäten einhergehen können, die der Aufrechterhaltung der Abhängigkeit dienen (z. B. antisoziales Verhalten). Wenn überdauernde Persönlichkeitsveränderungen als Folge direkter körperlicher Wirkungen eines medizinischen Krankheitsfaktors (wie z. B. Hirntumor) auftreten, so sollte die Diagnose einer **Persönlichkeitsveränderung Aufgrund eines Medizinischen Krankheitsfaktors** (siehe S. 216) erwogen werden.

Persönlichkeitsstörungen müssen von **Persönlichkeitszügen, die nicht die Schwelle einer Persönlichkeitsstörung erreichen**, unterschieden werden. Persönlichkeitszüge werden nur dann als Persönlichkeitsstörung diagnostiziert, wenn sie unflexibel, unangepaßt und überdauernd sind und in bedeutsamer Weise funktionelle Beeinträchtigungen oder subjektives Leiden verursachen.

Allgemeine Diagnostische Kriterien einer Persönlichkeitsstörung

A. Ein überdauerndes Muster von innerem Erleben und Verhalten, das merklich von den Erwartungen der soziokulturellen Umgebung abweicht. Dieses Muster manifestiert sich in mindestens 2 der folgenden Bereiche:
   1) Kognition (also die Art, sich selbst, andere Menschen und Ereignisse wahrzunehmen und zu interpretieren),

Fortsetzung nächste Seite

> Fortsetzung
>
> ((2) Affektivität (also die Variationsbreite, die Intensität, die Labilität und Angemessenheit emotionaler Reaktionen),
> (3) Gestaltung zwischenmenschlicher Beziehungen,
> (4) Impulskontrolle.
>
> B. Das überdauernde Muster ist unflexibel und tiefgreifend in einem weiten Bereich persönlicher und sozialer Situationen.
>
> C. Das überdauernde Muster führt in klinisch bedeutsamer Weise zu Leiden oder Beeinträchtigungen in sozialen, beruflichen oder anderen wichtigen Funktionsbereichen.
>
> D. Das Muster ist stabil und langdauernd, und sein Beginn ist zumindest bis in die Adoleszenz oder ins frühe Erwachsenenalter zurückzuverfolgen.
>
> E. Das überdauernde Muster läßt sich nicht besser als Manifestation oder Folge einer anderen psychischen Störung erklären.
>
> F. Das überdauernde Muster geht nicht auf die direkte körperliche Wirkung einer Substanz (z. B. Droge, Medikament) oder eines medizinischen Krankheitsfaktors (z. B. Hirnverletzung) zurück.

Dimensionale Modelle von Persönlichkeitsstörungen

Der diagnostische Ansatz dieses Manuals repräsentiert die kategoriale Sichtweise, daß nämlich Persönlichkeitsstörungen qualitativ unterscheidbare klinische Syndrome darstellen. Die dimensionale Perspektive stellt eine alternative Möglichkeit zum kategorialen Ansatz dar. Sie faßt Persönlichkeitsstörungen als unangepaßte Varianten von Persönlichkeitszügen mit fließenden Übergängen sowohl zur Normalität als auch zueinander auf. Es wurden verschiedene Versuche unternommen, fundamentale Persönlichkeitsdimensionen zu identifizieren, die dem Gesamtkonstrukt sowohl der normalen als auch der pathologischen Persönlichkeit zugrundeliegen. Eines dieser Modelle umfaßt die fünf folgenden Dimensionen: Neurotizismus, Introversion versus Extraversion, Verschlossenheit versus Offenheit gegenüber Erfahrungen, Feindseligkeit versus Verträglichkeit und Gewissenhaftigkeit. Ein anderer Ansatz beschreibt eher spezifische Bereiche der Dysfunktion von Persönlichkeit und umfaßt 15 bis 40 Dimensionen (z. B. affektive Reaktivität, soziale Ängstlichkeit, kognitive Verzerrung, Impulsivität, Unaufrichtigkeit, Selbstbezogenheit). Andere Dimensionen, die untersucht wurden, waren Streben nach Neuem, Abhängigkeit von Belohnung, Schadensvermeidung, Dominanz, Suchen nach Verbindung, Befangenheit, Beharrlichkeit, positive versus negative Emotionalität, Suche nach Vergnügen versus Schmerzvermeidung, passive Anpassung versus aktive Gestaltung, Sich-in-den-Vordergrund-stellen versus Versorgung anderer. Die DSM-IV-Persönlichkeitsstörungscluster (sonderbar-exzentrisch, dramatisch-emotional, ängstlich-furchtsam) könnten auch als Dimensionen angesehen werden, die verschiedene Spektren der Persönlichkeit auf einem Kontinuum mit psychischen Störungen der Achse I beschreiben. Die Beziehung der verschiedenen dimensionalen Modelle zu den diagnostischen Persönlichkeitsstörungskategorien und zu verschiedenen Aspekten dysfunktionaler Persönlichkeit ist Gegenstand aktueller Forschung.

Cluster A-Persönlichkeitsstörungen

301.00 (F60.0) Paranoide Persönlichkeitsstörung

Diagnostische Merkmale

Das Hauptmerkmal der Paranoiden Persönlichkeitsstörung ist ein Muster tiefgreifenden Mißtrauens und Argwohns gegenüber anderen Menschen, deren Motive als böswillig ausgelegt werden. Der Beginn liegt im frühen Erwachsenenalter und die Störung zeigt sich in verschiedenen Situationen.

Personen mit dieser Störung vermuten, daß andere Menschen sie ausbeuten, schädigen oder täuschen werden, selbst wenn kein Beweis existiert, der diese Erwartung rechtfertigt (**Kriterium A1**). Sie vermuten auf der Grundlage von wenigen oder keinen Beweisen, daß andere sich gegen sie verschwören und sie plötzlich zu jeder Zeit grundlos attackieren könnten. Oft haben sie das Gefühl, daß sie von einer anderen Person tief und unwiderruflich verletzt wurden, ohne daß es dafür einen objektiven Beweis gibt. Sie sind eingenommen von ungerechtfertigten Zweifeln bzgl. der Loyalität oder Glaubwürdigkeit ihrer Freunde und Partner, deren Handlungen minutiös auf Beweise feindseliger Absicht hin überprüft werden (**Kriterium A2**). Jede wahrgenommene Abweichung von Glaubwürdigkeit oder Loyalität dient zur Unterstützung der vorbestehenden Annahmen. Sie sind so erstaunt, wenn ein Freund oder Partner sich loyal verhält, so daß sie dem nicht trauen und es nicht glauben können. Wenn sie in Schwierigkeiten geraten, erwarten sie, daß Freunde oder Partner sie entweder attackieren oder ignorieren.

Menschen mit dieser Störung widerstrebt es, sich anderen anzuvertrauen oder zu ihnen in engen Kontakt zu treten, da sie befürchten, die mitgeteilten Informationen könnten gegen sie verwandt werden (**Kriterium A3**). Sie lehnen die Beantwortung persönlicher Fragen etwa mit der Bemerkung ab, dies gehe niemanden etwas an. Sie lesen in harmlose Bemerkungen oder Ereignisse abwertende und bedrohliche Bedeutungen hinein (**Kriterium A4**). Ein Individuum mit dieser Störung kann z. B. einen echten Fehler eines Kassierers als vorsätzlichen Versuch des Wechselgeldbetrugs mißinterpretieren oder eine beiläufige humorvolle Bemerkung eines Arbeitskollegen als ernstgemeinten Angriff auf seine Person ansehen (z. B. wird ein Kompliment über eine neue Anschaffung als Kritik von Eigennützigkeit mißinterpretiert oder ein Kompliment über eine Leistung als Versuch, mehr und bessere Leistungen zu erzwingen). Hilfsangebote werden als Kritik daran angesehen, selbst nicht gut genug zu sein.

Menschen mit dieser Störung tragen lange nach und sind unwillig, empfundene Kränkungen, Verletzungen oder Herabsetzungen zu verzeihen (**Kriterium A5**). Leichtere Vernachlässigung ruft schwere Feindseligkeiten hervor, und die feindlichen Gefühle bestehen für lange Zeit. Da sie konstant auf die schlecht gemeinten Intentionen anderer achten, meinen sie oft, daß ihr Charakter oder ihre Reputation angegriffen worden seien oder daß sie in einer anderen Art mißachtet worden seien. Sie starten schnell einen Gegenangriff und reagieren zornig auf empfundene Verletzungen (**Kriterium A6**). Menschen mit dieser Störung können pathologisch eifersüchtig sein und verdächtigen oft ohne jede Berechtigung Ehe- oder Sexualpartner, untreu zu sein (**Kriterium A7**). Sie sammeln triviale und beiläufige „Beweise" zur Unterstützung ihrer eifersüchtigen Gedanken. Sie möchten eine intime Partnerschaft vollständig kontrollieren, um zu vermeiden, daß sie betrogen werden, und oft befragen oder bezweifeln sie ihren Ehepartner oder Partner hinsichtlich dessen, wo er gewesen ist, seiner Handlungen, Intentionen oder Treue.

Die Paranoide Persönlichkeitsstörung sollte nicht diagnostiziert werden, wenn das Verhaltensmuster ausschließlich im Verlauf einer Schizophrenie, einer Affektiven Störung mit Psychotischen Merkmalen oder einer anderen Psychotischen Störung auftritt oder wenn es auf die direkte körperliche Wirkung eines neurologischen (z. B. Temporallappenepilepsie) oder sonstigen medizinischen Krankheitsfaktors zurückgeht (**Kriterium B**).

Zugehörige Merkmale und Störungen

Es ist schwierig, mit Menschen mit einer Paranoiden Persönlichkeitsstörung auszukommen, und oft haben sie Probleme mit engen Beziehungen. Ihr außergewöhnliches Mißtrauen und ihre Feindseligkeit können sich in offensiver Streitbarkeit, in wiederholtem Klagen oder durch stille, aber offensichtlich feindselige Reserviertheit ausdrücken. Da sie überaus wachsam hinsichtlich möglicher Bedrohungen sind, können sie in einer vorsichtigen, heimlichen oder abweisenden Art und Weise reagieren, auch erscheinen sie oft als „kalt" und ohne zärtliche Gefühle. Obwohl sie zunächst objektiv, rational und nüchtern erscheinen, zeigen sie doch häufiger einen schwankenden Affektbereich mit vorwiegend feindlichen, sturen und sarkastischen Ausdrucksweisen. Ihre kämpferische und mißtrauische Art kann feindliche Reaktionen bei anderen provozieren, was dann zur Bestätigung der anfänglichen Erwartungen dient.

Da Personen mit einer Paranoiden Persönlichkeitsstörung anderen Menschen mißtrauen, haben sie ein sehr großes Bedürfnis, sich selbst zu genügen, ferner einen starken Sinn für Autonomie. Sie benötigen zusätzlich ein hohes Maß an Kontrolle über ihre Mitmenschen. Die Betroffenen sind oft rigide, kritisch gegenüber anderen und zur Zusammenarbeit unfähig, haben aber andererseits große Schwierigkeiten, Kritik an ihrer eigenen Person zu akzeptieren. Sie können andere für ihre eigenen Unzulänglichkeiten verantwortlich machen. Wegen ihres schnellen Gegenangriffs als Reaktion auf wahrgenommene Bedrohungen können sie streitsüchtig sein und häufig in rechtliche Auseinandersetzungen verwickelt werden. Menschen mit dieser Störung versuchen, ihre vorgefaßten negativen Meinungen über andere Personen oder über Situationen, mit denen sie zu tun haben, zu bestätigen, indem sie anderen böswillige Absichten, die ihren eigenen, projizierten Ängsten entsprechen, unterstellen. Sie können kaum verhüllte und unrealistisch grandiose Phantasien aufweisen und verfügen über ein feines Gespür für Macht und Rang. Sie neigen dazu, negative Stereotypien über andere zu entwickeln, insbesondere gegenüber Menschen aus anderen Bevölkerungsgruppen. Angezogen von simplizistischen Vorstellungen über die Welt hüten sie sich vor zweideutigen Situationen. Sie werden häufig als „Fanatiker" angesehen oder gründen eng verflochtene Sekten und Gruppen mit anderen, die ihre paranoiden Wertesysteme teilen.

Insbesondere als Reaktion auf Streß können Personen mit dieser Störung sehr kurze psychotische Episoden (von Minuten bis Stunden Dauer) entwickeln. Unter gewissen Umständen kann die Paranoide Persönlichkeitsstörung als prämorbider Vorläufer einer Wahnhaften Störung oder einer Schizophrenie auftreten. Menschen mit dieser Störung können eine Major Depression entwickeln und weisen ein erhöhtes Risiko für eine Agoraphobie oder Zwangsstörung auf. Oft kommen Alkohol- und anderer Substanzmißbrauch oder -Abhängigkeit vor. Die häufigsten gleichzeitig auftretenden Persönlichkeitsstörungen sind die Schizotypische, Narzißtische, Vermeidend-Selbstunsichere und die Borderline Persönlichkeitsstörung.

Besondere kulturelle, Alters- und Geschlechtsmerkmale

Manche Verhaltensweisen, die durch soziokulturelle Gebräuche oder spezifische Lebensumstände hervorgerufen werden, können irrtümlich als paranoid bezeichnet und sogar durch den Prozeß der klinischen Untersuchung verstärkt werden. Angehörige von Randgruppen, Einwanderer, politische oder Wirtschaftsflüchtlinge oder Menschen mit einem fremden ethnischen Hintergrund können wachsame oder abwehrende Verhaltensweisen an den Tag legen, denen eine Unvertrautheit (z. B. durch Sprachbarrieren oder Unkenntnis von Regeln und Gesetzen) oder eine Reaktion auf empfundene Ablehnung bzw. Gleichgültigkeit der Gesellschaft zugrunde liegen. Diese Verhaltensweisen wiederum können im Gegenzug Zorn und Enttäuschung bei denjenigen, die mit diesen Personen zu tun haben, erzeugen und so einen Teufelskreis von gegenseitigem Mißtrauen hervorrufen, der nicht mit der Paranoiden Persönlichkeitsstörung verwechselt werden sollte. Einige ethnische Gruppen zeigen kulturbedingte Verhaltensweisen, die als paranoid mißinterpretiert werden können.

Die Paranoide Persönlichkeitsstörung kann sich zunächst in der Kindheit und der Adoleszenz in Form von Einzelgängertum, spärlichen Beziehungen zu Gleichaltrigen, sozialer Angst, geringem Schulerfolg, Überempfindlichkeit und eigenwilliger Denk- und Sprechweise oder außergewöhnlichen Phantasien zeigen. Diese Kinder können als „merkwürdig" oder „exzentrisch" erscheinen und Hänseleien hervorrufen. Im klinischen Bereich tritt die Störung häufiger bei Männern auf.

Prävalenz

Die Prävalenz der Paranoiden Persönlichkeitsstörung wird mit 0,5–2,5 % in der Gesamtbevölkerung, 10–30 % bei stationären und 2–10 % bei ambulanten Patienten psychiatrischer Kliniken angegeben.

Familiäres Verteilungsmuster

Es gibt Hinweise für eine höhere Prävalenz der Paranoiden Persönlichkeitsstörung bei Angehörigen von Patienten mit einer chronischen Schizophrenie und für Angehörige von Patienten mit einer Wahnhaften Störung vom Typus mit Verfolgungswahn.

Differentialdiagnose

Die Paranoide Persönlichkeitsstörung kann von einer **Wahnhaften Störung vom Typus mit Verfolgungswahn**, einer **Schizophrenie vom Paranoiden Typus** und einer **Affektiven Störung mit Psychotischen Merkmalen** unterschieden werden, da all diese Störungen durch eine Zeitspanne anhaltender psychotischer Symptome (z. B. Wahnphänomene und Halluzinationen) gekennzeichnet sind. Um zusätzlich die Diagnose einer Paranoiden Persönlichkeitsstörung zu stellen, muß die Persönlichkeitsstörung vor dem Beginn der psychotischen Symptome vorhanden gewesen sein und nach Remission der psychotischen Symptome andauern. Bei einem Individuum mit einer chronischen Psychotischen Störung der Achse I (z. B. Schizophrenie), der eine Paranoide Persönlichkeitsstörung vorangegangen ist, sollte die Paranoide Persönlichkeitsstörung auf Achse II notiert werden, gefolgt von der Angabe „Prämorbid" in Klammern.

Die Paranoide Persönlichkeitsstörung muß von einer **Persönlichkeitsveränderung Aufgrund eines Medizinischen Krankheitsfaktors** unterschieden werden, bei der die Merkmale auf eine direkte Wirkung des medizinischen Krankheitsfaktors auf das Zentralnervensystem zurückgehen. Sie muß ebenso unterschieden werden von **Symptomen, die sich in Zusammenhang mit einem chronischen Substanzgebrauch entwickeln** können (z. B. Nicht Näher Bezeichnete Störung im Zusammenhang mit Kokain). Schließlich muß sie auch von **paranoiden Zügen, die mit der Entwicklung einer körperlichen Behinderung verbunden sind** (z. B. Schwerhörigkeit), unterschieden werden.

Andere Persönlichkeitsstörungen können mit der Paranoiden Persönlichkeitsstörung verwechselt werden, da sie bestimmte Merkmale gemeinsam haben. Daher ist es wichtig, die Persönlichkeitsstörungen aufgrund der Unterschiede in ihren charakteristischen Eigenschaften voneinander abzugrenzen. Wenn jedoch eine Person Persönlichkeitsmerkmale aufweist, die die Kriterien für eine oder mehrere Persönlichkeitsstörungen neben der Paranoiden Persönlichkeitsstörung erfüllen, so können alle diagnostiziert werden. Die Paranoide Persönlichkeitsstörung und die **Schizotypische Persönlichkeitsstörung** teilen die Eigenschaften Mißtrauen, zwischenmenschliche Reserviertheit und paranoide Vorstellungen, aber die Schizotypische Persönlichkeitsstörung schließt Symptome magischen Denkens, ungewöhnlicher Wahrnehmungserfahrungen sowie eigentümlichen Denkens und Sprechens mit ein. Personen mit Verhaltensweisen, die die Merkmale einer **Schizoiden Persönlichkeitsstörung** erfüllen, werden häufig als seltsam, exzentrisch, kalt und distanziert wahrgenommen, zeigen aber in der Regel keine paranoiden Vorstellungen. Die Tendenz von Menschen mit einer Paranoiden Persönlichkeitsstörung, auf kleine Reize mit Ärger zu reagieren, sieht man auch bei der **Borderline** und der **Histrionischen Persönlichkeitsstörung**. Diese Störungen sind dagegen nicht unbedingt mit einem alles durchdringenden Mißtrauen verbunden. Menschen mit einer **Vermeidend-Selbstunsicheren Persönlichkeitsstörung** können ebenfalls zögern, anderen zu vertrauen, aber eher aus der Angst, verlegen zu werden oder als unzulänglich zu gelten, als aus Angst vor der böswilligen Intention anderer. Obwohl antisoziales Verhalten bei Personen mit einer Paranoiden Persönlichkeitsstörung vorkommen kann, ist es im Gegensatz zur **Antisozialen Persönlichkeitsstörung** in der Regel nicht durch das Streben nach persönlichem Gewinn oder den Wunsch, andere auszubeuten, motiviert, sondern vielmehr Ausdruck eines Rachewunsches. Auch Personen mit einer **Narzißtischen Persönlichkeitsstörung** können gelegentlich mit Mißtrauen, sozialem Rückzug oder Entfremdung reagieren, doch beruht dies insbesondere auf Ängsten, daß andere ihre kleinen Schwächen oder Unzulänglichkeiten erkennen.

Paranoide Persönlichkeitszüge können adäquat sein, insbesondere in einer bedrohlichen Umgebung. Die Paranoide Persönlichkeitsstörung sollte nur diagnostiziert werden, wenn die Verhaltensweisen unflexibel, unangepaßt und überdauernd sind und in bedeutsamer Weise funktionelle Beeinträchtigungen oder subjektives Leiden verursachen.

Diagnostische Kriterien für 301.00 (F60.0) Paranoide Persönlichkeitsstörung

A. Tiefgreifendes Mißtrauen und Argwohn gegenüber anderen, so daß deren Motive als böswillig ausgelegt werden. Der Beginn liegt im frühen Erwachsenenalter und zeigt sich in verschiedenen Situationen. Mindestens 4 der folgenden Kriterien müssen erfüllt sein:

Fortsetzung nächste Seite

Fortsetzung

    (1) verdächtigt andere ohne hinreichenden Grund, ihn/sie auszunutzen, zu schädigen oder zu täuschen,
    (2) ist stark eingenommen von ungerechtfertigten Zweifeln an der Loyalität und Vertrauenswürdigkeit von Freunden oder Partnern,
    (3) vertraut sich nur zögernd anderen Menschen an, aus ungerechtfertigter Angst, die Informationen könnten in böswilliger Weise gegen ihn/sie verwandt werden,
    (4) liest in harmlose Bemerkungen oder Vorkommnisse eine versteckte, abwertende oder bedrohliche Bedeutung hinein,
    (5) ist lange nachtragend, d. h. verzeiht Kränkungen, Verletzungen oder Herabsetzungen nicht,
    (6) nimmt Angriffe auf die eigene Person oder das Ansehen wahr, die anderen nicht so vorkommen, und reagiert schnell zornig oder startet rasch einen Gegenangriff,
    (7) verdächtigt wiederholt ohne jede Berechtigung den Ehe- oder Sexualpartner der Untreue.

B. Tritt nicht ausschließlich im Verlauf einer Schizophrenie, einer Affektiven Störung mit Psychotischen Merkmalen oder einer anderen Psychotischen Störung auf und geht nicht auf die direkte körperliche Wirkung eines medizinischen Krankheitsfaktors zurück.

Beachte: Wenn die Kriterien vor dem Auftreten einer Schizophrenie erfüllt waren, ist „prämorbid" hinzuzufügen. Beispiel: „Paranoide Persönlichkeitsstörung (Prämorbid)".

301.20 (F60.1) Schizoide Persönlichkeitsstörung

Diagnostische Merkmale

Das Hauptmerkmal der Schizoiden Persönlichkeitsstörung ist ein tiefgreifendes Muster von Zurückhaltung gegenüber sozialen Beziehungen und einer eingeschränkten Bandbreite des Gefühlsausdrucks in zwischenmenschlichen Situationen. Das Muster beginnt im frühen Erwachsenenalter und zeigt sich in verschiedenen Situationen.

Personen mit einer Schizoiden Persönlichkeitsstörung scheint der Wunsch nach Intimität zu fehlen, sie erscheinen gleichgültig gegenüber Gelegenheiten, enge Beziehungen aufzubauen und scheinen nicht viel Befriedigung aus der Tatsache zu ziehen, daß sie Teil einer Familie oder einer sozialen Gruppe sind (**Kriterium A1**). Sie verbringen ihre Zeit lieber allein als in Gesellschaft anderer Menschen. Sie erscheinen oft sozial isoliert oder als Einzelgänger und wählen fast immer Einzelunternehmungen oder Hobbies, die keine Interaktion mit anderen Menschen beinhalten (**Kriterium A2**). Sie bevorzugen mechanische oder abstrakte Aufgaben wie Computer- oder mathematische Spiele. Sie können geringes Interesse an sexuellen Kontakten mit einer anderen Person aufweisen (**Kriterium A3**). Sie finden, wenn überhaupt, nur an wenigen Aktivitäten Gefallen (**Kriterium A4**). Sie haben gewöhnlich wenig Freude an sinnlichen, körperlichen oder zwischenmenschlichen Kontakten, wie z. B. ein Strandspaziergang bei Sonnenuntergang oder Sexualität. Diese Menschen haben keine engen Freunde oder Vertraute, außer vielleicht einen Verwandten ersten Grades (**Kriterium A5**).

Personen mit einer Schizoiden Persönlichkeitsstörung erscheinen oftmals gleichgültig gegenüber Lob oder Kritik anderer und scheinen sich keine Gedanken darüber zu machen, was andere über sie denken könnten (**Kriterium A6**). Es kann sein, daß sie die üblichen Feinheiten sozialer Interaktion nicht wahrnehmen und oft unpassend auf soziale Hinweisreize reagieren, so daß sie sozial unbeholfen, oberflächlich oder in sich selbst versunken erscheinen. Sie zeigen meist eine „glatte" Oberfläche ohne sichtliche emotionale Reaktivität und erwidern selten Gesten oder Gesichtsausdrücke wie z. B. ein Lächeln oder Nicken (**Kriterium A7**). Sie geben von sich an, daß sie selten starke Gefühle wie Wut oder Freude empfinden. Sie zeigen meist einen eingeengten Affekt und erscheinen kalt und zurückgezogen. In den sehr seltenen Umständen, in denen sich diese Menschen zumindest zeitweise dabei wohlfühlen, aus sich herauszugehen, können sie allerdings einräumen, daß sie schmerzliche Gefühle empfinden, insbesondere in bezug auf soziale Interaktionen.

Die Schizoide Persönlichkeitsstörung sollte nicht diagnostiziert werden, wenn das Verhaltensmuster ausschließlich im Verlauf einer Schizophrenie, einer Affektiven Störung mit Psychotischen Merkmalen, einer anderen Psychotischen Störung, einer Tiefgreifenden Entwicklungsstörung auftritt oder wenn es auf die direkte körperliche Wirkung eines neurologischen (z. B. Temporallappenepilepsie) oder eines anderen medizinischen Krankheitsfaktors zurückgeht (**Kriterium B**).

Zugehörige Merkmale und Störungen

Personen mit einer Schizoiden Persönlichkeitsstörung haben häufig, selbst auf direkte Provokation hin, ausgesprochene Schwierigkeiten damit, Wut auszudrücken, was zu dem Eindruck beiträgt, daß sie gefühlsarm sind. Ihr Leben wirkt manchmal richtungslos und es erscheint, als ob sie sich in ihren Zielen „treiben lassen". Die Betroffenen verhalten sich in unangenehmen Situationen oft passiv und haben Schwierigkeiten, adäquat auf wichtige Lebensereignisse zu reagieren. Als Folge ihres Mangels an sozialen Fertigkeiten und ihres fehlenden Wunsches nach sexuellen Erfahrungen haben sie nur wenige Freundschaften, verabreden sich unregelmäßig und heiraten selten. Die beruflichen Leistungen können beeinträchtigt sein, besonders, wenn Engagement in zwischenmenschlichen Beziehungen gefordert wird. Andererseits können Personen mit dieser Störung in manchen Fällen zu hohen beruflichen Leistungen dort fähig sein, wo sie ihre Tätigkeit in sozialer Isolation ausführen. Als Reaktion auf Streß können die Betroffenen kurze psychotische Episoden entwickeln (von Minuten bis Stunden Dauer). In einigen Fällen kann die Schizoide Persönlichkeitsstörung als der prämorbide Vorläufer einer Wahnhaften Störung oder einer Schizophrenie auftreten. Personen mit dieser Störung können manchmal eine Major Depression entwickeln. Die Schizoide Persönlichkeitsstörung tritt am häufigsten zusammen mit der Schizotypischen, der Paranoiden und der Vermeidend-Selbstunsicheren Persönlichkeitsstörung auf.

Besondere kulturelle, Alters- und Geschlechtsmerkmale

Personen aus verschiedenen Kulturbereichen legen manchmal ein Abwehrverhalten und zwischenmenschliche Stile an den Tag, die fälschlich als schizoid bezeichnet werden. Dies gilt z. B. für Menschen vom Land, die in die Großstadt gezogen sind und dort mit einer über Monate hinweg andauernden „emotionalen Erstarrung" reagieren. Dies manifestiert sich in einzelgängerischen Unternehmungen, eingeschränkter Affektivität und anderen Defiziten in der Kommunikation. Einwanderer aus anderen Ländern werden manchmal fälschlich als kalt, feindselig oder gleichgültig wahrgenommen.

Die Schizoide Persönlichkeitsstörung kann sich zuerst in der Kindheit und Adoleszenz in Form von Einzelgängertum, wenigen Freundschaften mit Gleichaltrigen und schlechten Schulleistungen darbieten, die diese Kinder bzw. Jugendlichen als andersartig erscheinen und zum Objekt von Hänseleien werden lassen.

Die Schizoide Persönlichkeitsstörung wird etwas häufiger bei Männern diagnostiziert und kann bei diesen eine größere Beeinträchtigung verursachen.

Prävalenz

Die Schizoide Persönlichkeitsstörung kommt im klinischen Bereich selten vor.

Familiäres Verteilungsmuster

Die Schizoide Persönlichkeitsstörung kann eine höhere Prävalenz bei Verwandten von Menschen mit einer Schizophrenie oder einer Schizotypischen Persönlichkeitsstörung haben.

Differentialdiagnose

Die Schizoide Persönlichkeitsstörung kann von der **Wahnhaften Störung**, der **Schizophrenie** oder der **Affektiven Störung mit Psychotischen Merkmalen** abgegrenzt werden, weil alle diese Störungen durch eine Periode anhaltender psychotischer Symptome (z. B. Wahn und Halluzinationen) charakterisiert sind. Um zusätzlich die Diagnose einer Schizoiden Persönlichkeitsstörung zu stellen, müssen die Verhaltensauffälligkeiten vor dem Beginn der psychotischen Symptome vorhanden gewesen sein und nach deren Remission andauern. Wenn eine Person an einer chronischen Psychotischen Störung der Achse I leidet (z. B. Schizophrenie), der eine Schizoide Persönlichkeitsstörung vorausging, sollte die Schizoide Persönlichkeitsstörung auf Achse II codiert werden, mit dem Zusatz „Prämorbid" in Klammern.

Es kann sehr schwierig sein, Personen mit einer Schizoiden Persönlichkeitsstörung von leichteren Formen einer **Autistischen Störung** oder einer **Asperger-Störung** zu unterscheiden. Leichtere Formen dieser beiden Erkrankungen können durch eine stärker beeinträchtigte soziale Interaktion sowie stereotype Verhaltensweisen und Interessen unterschieden werden.

Die Schizoide Persönlichkeitsstörung muß von einer **Persönlichkeitsveränderung Aufgrund eines Medizinischen Krankheitsfaktors** unterschieden werden, bei der die Persönlichkeitszüge als Folge der direkten Wirkung eines medizinischen Krankheitsfaktors auf das Zentralnervensystem auftreten. Sie muß weiterhin von **Symptomen, die sich in Zusammenhang mit einem chronischen Substanzgebrauch entwickeln** (z. B. „Nicht Näher Bezeichnete Störung im Zusammenhang mit Kokain"), unterschieden werden.

Andere Persönlichkeitsstörungen können mit der Schizoiden Persönlichkeitsstörung verwechselt werden, da sie bestimmte Merkmale gemeinsam haben. Daher ist es wichtig, zwischen den verschiedenen Störungen anhand der Unterschiede in ihren charakteristischen Merkmalen zu differenzieren. Falls eine Person Merkmale trägt, die die Kriterien für eine oder mehr als eine Persönlichkeitsstörung zusätzlich zur Schizoiden Persönlichkeitsstörung erfüllen, können alle diese diagnostiziert werden. Obwohl die Eigenschaften „soziale Isolation" und „eingeengte Affektivität" bei der Schizoiden, Schizotypischen und Paranoiden Persönlichkeitsstörung vorkommen, kann die Schizoide Persönlichkeitsstörung von der **Schizotypischen Persönlichkeitsstörung** anhand der fehlenden kognitiven Einschränkungen und Wahrnehmungsverzerrungen und von der **Paranoiden Persönlichkeitsstörung** anhand des fehlenden Mißtrauens und der fehlenden paranoiden Ideen unterschieden werden. Die soziale Isolation bei der Schizoiden Persönlichkeitsstörung unterscheidet sich von derjenigen bei der **Vermeidend-Selbstunsicheren Persönlichkeitsstörung**, die zurückgeht auf die Angst, verlegen zu werden oder als unzulänglich zu gelten und auf die übertriebene Erwartung, zurückgewiesen zu werden. Im Gegensatz dazu besitzen Menschen mit einer Schizoiden Persönlichkeitsstörung einen stärkeren Rückzug von sozialer Intimität und ein begrenztes Verlangen danach. Auch Personen mit einer **Zwanghaften Persönlichkeitsstörung** können soziales Rückzugsverhalten zeigen, das auf einer Hingabe an die Arbeit oder einem Unbehagen gegenüber Gefühlen beruht, grundsätzlich besitzen sie jedoch die Fähigkeit zur Intimität.

Menschen, die Einzelgänger sind, können ebenfalls Persönlichkeitszüge aufweisen, die sich als schizoid ansehen lassen. Aber nur, wenn diese Züge unflexibel und unangepaßt sind und in bedeutsamer Weise funktionelle Beeinträchtigungen oder subjektives Leiden verursachen, stellen sie eine Schizoide Persönlichkeitsstörung dar.

Diagnostische Kriterien für 301.20 (F60.1) Schizoide Persönlichkeitsstörung

A. Ein tiefgreifendes Muster, das durch Distanziertheit in sozialen Beziehungen und eine eingeschränkte Bandbreite des Gefühlsausdrucks im zwischenmenschlichen Bereich gekennzeichnet ist. Die Störung beginnt im frühen Erwachsenenalter und tritt in den verschiedensten Situationen auf. Mindestens 4 der folgenden Kriterien müssen erfüllt sein:
  (1) hat weder den Wunsch nach engen Beziehungen noch Freude daran, einschließlich der Tatsache, Teil einer Familie zu sein,
  (2) wählt fast immer einzelgängerische Unternehmungen,
  (3) hat, wenn überhaupt, wenig Interesse an sexuellen Erfahrungen mit einem anderen Menschen,
  (4) wenn überhaupt, dann bereiten nur wenige Tätigkeiten Freude,
  (5) hat keine engen Freunde oder Vertraute, außer Verwandten ersten Grades,
  (6) erscheint gleichgültig gegenüber Lob und Kritik von Seiten anderer,
  (7) zeigt emotionale Kälte, Distanziertheit oder eingeschränkte Affektivität.

B. Tritt nicht ausschließlich im Verlauf einer Schizophrenie, einer Affektiven Störung mit Psychotischen Merkmalen, einer anderen Psychotischen Störung oder einer Tiefgreifenden Entwicklungsstörung auf und geht nicht auf die direkte körperliche Wirkung eines medizinischen Krankheitsfaktors zurück.

Beachte: Falls die Kriterien vor dem Beginn einer Schizophrenie erfüllt waren, ist „Prämorbid" hinzuzufügen, z. B. „Schizoide Persönlichkeitsstörung (Prämorbid)".

301.22 (F21) Schizotypische Persönlichkeitsstörung

Diagnostische Merkmale

Das Hauptmerkmal der Schizotypischen Persönlichkeitsstörung ist ein tiefgreifendes Muster sozialer und zwischenmenschlicher Defizite, das durch akutes Unbehagen in und mangelnde Fähigkeit zu engen Beziehungen sowie durch Verzerrungen des Denkens und Wahrnehmens und eigentümliches Verhalten gekennzeichnet ist. Die Störung beginnt im frühen Erwachsenenalter und zeigt sich in verschiedenen Situationen.

Personen mit einer Schizotypischen Persönlichkeitsstörung haben häufig Beziehungsideen (d. h. falsche Interpretation zufälliger Vorkommnisse und äußerer Ereignisse, als ob sie eine besondere und ungewöhnliche Bedeutung speziell für diese Person besäßen) (**Kriterium A1**). Diese Beziehungsideen sollten von einem Beziehungswahn unterschieden werden, wo an den Ideen mit wahnhafter Überzeugung festgehalten wird. Diese Menschen können abergläubisch oder von „paranormalen" Phänomenen eingenommen sein, die sich jenseits der Norm ihrer kulturellen Untergruppe befinden (**Kriterium A2**). Es kann sein, daß sie das Gefühl haben, über die besondere Kraft zu verfügen, Dinge vorherzusehen oder die Gedanken anderer Menschen zu lesen. Sie können glauben, daß sie magische Kontrolle über andere besitzen, die direkt eingesetzt werden kann (z. B. glauben sie, die Tatsache, daß der Ehepartner mit dem Hund hinausgeht, sei unmittelbar darauf zurückzuführen, daß sie eine Stunde zuvor gedacht haben, dies solle geschehen) oder andererseits indirekt durch die Einhaltung magischer Rituale (z. B. dreimal an einem speziellen Objekt vorbeigehen, um ein bestimmtes schädigendes Ergebnis zu verhindern). Wahrnehmungsveränderungen können vorhanden sein (z. B. das Gefühl, eine andere Person sei anwesend, oder die Überzeugung, eine Stimme zu hören, die den eigenen Namen murmelt) (**Kriterium A3**). Die Sprache kann ungewöhnliche oder idiosynkratische Ausdrücke oder Konstruktionen enthalten. Sie wirkt oft aufgelockert, weitschweifig oder vage, aber ohne wirkliche „Entgleisungen" oder Inkohärenz (**Kriterium A4**). Die Antworten können entweder „überkonkret" oder „überabstrakt" sein, und Worte oder Konstruktionen werden manchmal in unüblicher Weise gebraucht (z. B. kann die Person sagen, daß sie nicht „redbar" bei der Arbeit war).

Menschen mit dieser Störung sind häufig mißtrauisch und können paranoide Vorstellungen haben (z. B. glauben, daß ihre Arbeitskollegen beabsichtigen, ihr Ansehen beim Chef zu schädigen) (**Kriterium A5**). Sie verfügen gewöhnlich nicht über die ganze Bandbreite differenzierter Empfindungen und zwischenmenschlicher Kommunikationsformen, die für erfolgreiche Beziehungen benötigt werden, und scheinen daher in einer inadäquaten, steifen oder verschlossenen Art zu interagieren (**Kriterium A6**). Diese Personen werden aufgrund ihrer ungewöhnlichen Manierismen oft als merkwürdig oder eigentümlich angesehen. Sie tragen häufig ungepflegte Kleidung, die nicht zusammenpaßt, und verhalten sich unaufmerksam gegenüber den gängigen sozialen Konventionen (z. B. vermeidet der Betroffene Augenkontakt, trägt fleckige und schlecht passende Kleidung und ist nicht in der Lage, in spöttisches Geplänkel mit Arbeitskollegen einzustimmen) (**Kriterium A7**).

Personen mit einer Schizotypischen Persönlichkeitsstörung erleben zwischenmenschliche Kontakte als problematisch und empfinden es als unangenehm, mit anderen Menschen in Beziehung zu stehen. Obwohl sie ihre Unzufriedenheit über fehlende Freundschaften auszudrücken vermögen, zeigt ihr Verhalten ein vermindertes Bedürfnis nach intimen Kontakten. Als Folge haben sie nur wenige enge Freunde oder Vertraute, abgesehen von Verwandten ersten Grades (**Kriterium A8**). Sie sind in sozialen Situationen ängstlich, insbesondere, wenn unbekannte Personen beteiligt sind (**Kriterium A9**). Sie können mit anderen Menschen interagieren, wenn sie es müssen, ziehen es aber vor, alleine zu bleiben, da sie fühlen, daß sie anders als die anderen sind und einfach nicht dazugehören. Ihre soziale Angst verschwindet nicht leicht, auch wenn sie länger in einer Umgebung bleiben oder mit den anderen Menschen vertraut geworden sind, da ihre Angst mit einem Mißtrauen gegenüber den Absichten ihrer Mitmenschen verbunden ist. Ein Betroffener mit einer Schizotypischen Persönlichkeitsstörung wird z. B. bei einer Einladung zum Abendessen nicht im Laufe der Zeit entspannter, sondern eher angespannter und mißtrauischer werden.

Die Schizotypische Persönlichkeitsstörung sollte nicht diagnostiziert werden, wenn das Verhaltensmuster nur im Verlauf einer Schizophrenie, einer Affektiven Störung mit Psychotischen Merkmalen, einer anderen Psychotischen Störung oder einer Tiefgreifenden Entwicklungsstörung auftritt (**Kriterium B**).

Zugehörige Merkmale und Störungen

Menschen mit einer Schizotypischen Persönlichkeitsstörung suchen häufiger eine Behandlung der verbundenen Symptome wie Angst, Depression oder andere dysphorische Affekten als eine Behandlung der Persönlichkeitsstörung per se. Insbesondere als Reaktion auf Belastung können Personen mit dieser Störung vorübergehende psychotische Episoden (von Minuten bis Stunden Dauer) erleben, deren Dauer nicht ausreicht, um die Zusatzdiagnose einer Kurzen Psychotischen Störung oder einer Schizophreniformen Störung zu rechtfertigen. In einigen Fällen können sich klinisch signifikante psychotische Symptome entwickeln, die die Kriterien für eine Kurze Psychotische Störung, eine Schizophreniforme Störung, eine Wahnhafte Störung oder eine Schizophrenie erfüllen. Mehr als die Hälfte der Betroffenen können in ihrer Vorgeschichte wenigstens eine Episode einer Major Depression aufweisen. 30–50 % der Personen mit dieser diagnostizierten Störung erfüllen gleichzeitig die Diagnose einer Major Depression, wenn sie stationär aufgenommen werden. Die Störung tritt mit beträchtlicher Häufigkeit gemeinsam mit der Schizoiden, der Paranoiden, der Vermeidend-Selbstunsicheren und der Borderline Persönlichkeitsstörung auf.

Besondere kulturelle, Alters- und Geschlechtsmerkmale

Kognitive und Wahrnehmungsverzerrungen müssen vor dem Hintergrund des kulturellen Milieus des Betroffenen bewertet werden. Festgefügte, kulturell geprägte Verhaltensweisen, insbesondere in bezug auf religiöse Glaubensinhalte und Rituale können auf den uninformierten Außenseiter schizotypisch wirken (z. B. Voodoo-Kult, das Sprechen in anderen Zungen, Leben nach dem Tod, Schamanentum, Gedankenlesen, sechster Sinn, Teufelsauge und magische Glaubensinhalte in bezug auf Krankheit und Gesundheit).

Die Schizotypische Persönlichkeitsstörung kann sich anfangs in der Kindheit und Adoleszenz durch Einsamkeit, wenige Freundschaften mit Gleichaltrigen, soziale Angst, schlechte Schulleistungen, Übersensibilität, außergewöhnliche Denk- oder Sprechweise und bizarre Phantasien äußern. Die Kinder erscheinen merkwürdig oder eigentümlich und ziehen Hänseleien auf sich. Die Schizotypische Persönlichkeitsstörung tritt bei Männern etwas häufiger auf.

Prävalenz

Die Schizotypische Persönlichkeitsstörung soll Untersuchungen zufolge bei 3 % der Gesamtbevölkerung auftreten.

Verlauf

Die Schizotypische Persönlichkeitsstörung hat einen relativ stabilen Verlauf, wobei nur eine geringe Anzahl der Betroffenen eine Schizophrenie oder eine andere Psychotische Störung entwickelt.

Familiäres Verteilungsmuster

Die Schizotypische Persönlichkeitsstörung scheint familiär gehäuft aufzutreten und ist bei Verwandten ersten Grades schizophrener Patienten häufiger als in der Normalbevölkerung anzutreffen. Es scheint auch eine leichte Häufung von Schizophrenie oder anderen Psychotischen Störungen bei den Angehörigen von Probanden mit einer Schizotypischen Persönlichkeitsstörung zu geben.

Differentialdiagnose

Die Schizotypische Persönlichkeitsstörung kann von einer **Wahnhaften Störung**, einer **Schizophrenie** und einer **Affektiven Störung mit Psychotischen Merkmalen** unterschieden werden, weil all diese Erkrankungen durch eine Periode anhaltender psychotischer Symptome (z. B. Wahnphänomene und Halluzinationen) charakterisiert sind. Um die zusätzliche Diagnose einer Schizotypischen Persönlichkeitsstörung zu stellen, muß die Persönlichkeitsstörung vor dem Beginn der psychotischen Symptomatik begonnen haben und nach Remission der psychotischen Anteile andauern. Wenn eine Person eine chronische Psychotische Störung der Achse I (z. B. Schizophrenie) aufweist, der eine Schizotypische Persönlichkeitsstörung vorausging, sollte die Schizotypische Persönlichkeitsstörung auf Achse II mit dem Zusatz „Prämorbid" in Klammern kodiert werden.

Es kann große Schwierigkeiten bereiten, Kinder mit einer Schizotypischen Persönlichkeitsstörung von der heterogenen Gruppe einsamer, auffälliger Kinder abzugrenzen, deren Verhalten durch soziale Isolation, Exzentrik oder Sprachungewöhnlichkeiten geprägt ist und zu deren Diagnosen wahrscheinlich leichtere Formen einer **Autistischen Störung**, einer **Asperger-Störung**, einer **Expressiven** bzw. **Kombinierten Rezeptiv-Expressiven Sprachstörung** gehören würden. **Kommunikationsstörungen** können durch Vorrang und Schwere der Sprachstörung und die kompensatorischen Versuche des Kindes, mit anderen Mitteln (z. B. Gesten) zu kommunizieren, abgegrenzt werden sowie durch die in speziellen Sprachuntersuchungen gefundenen charakteristischen Merkmale der gestörten Sprache. Leichte Formen einer Autistischen oder Asperger-Störung werden durch noch größere Defizite im Bereich von sozialer Wahrnehmung, emotionaler Resonanzfähigkeit und durch stereotype Verhaltensweisen und Interessen unterschieden.

Die Schizotypische Persönlichkeitsstörung muß von einer **Persönlichkeitsveränderung Aufgrund eines Medizinischen Krankheitsfaktors** unterschieden werden, bei der die Persönlichkeitszüge auf eine direkte Wirkung des medizinischen Krankheitsfaktors auf das Zentralnervensystem zurückgehen. Weiterhin muß sie von **Symptomen, die sich in Zusammenhang mit einem chronischen Substanzgebrauch entwickeln** (z. B. „Nicht Näher Bezeichnete Störung im Zusammenhang mit Kokain"), unterschieden werden.

Andere Persönlichkeitsstörungen können mit der Schizotypischen Persönlichkeitsstörung verwechselt werden, da sie bestimmte Merkmale gemeinsam haben. Daher ist es wichtig, zwischen den verschiedenen Störungen anhand der Unterschiede in den charakteristischen Merkmalen zu differenzieren. Falls eine Person jedoch Persönlichkeitsmerkmale aufweist, die die Kriterien von einer oder mehr als einer Persönlichkeitsstörung zusätzlich zur Schizotypischen Persönlichkeitsstörung erfüllen, können diese alle diagnostiziert werden. Obwohl die **Paranoide** und **Schizoide Persönlichkeitsstörung** auch durch Distanziertheit und eingeschränkten Affekt charakterisiert sind, kann die Schizotypische Persönlichkeitsstörung von diesen beiden Diagnosen durch das Vorliegen von Verzerrungen des Denkens und Wahrnehmens und die ausgeprägte Exzentrik und Merkwürdigkeit unterschieden werden. Enge Freundschaften sind sowohl bei der Schizotypischen Persönlichkeitsstörung als auch bei der **Vermeidend-Selbstunsicheren Persönlichkeitsstörung** nur begrenzt vorhanden, aber während bei der Vermeidend-Selbstunsicheren Persönlichkeitsstörung ein aktives Verlangen nach Beziehungen durch die Angst vor Zurückweisung beeinträchtigt ist, liegt bei der Schizotypischen Persönlichkeitsstörung ein fehlender Wunsch nach Beziehungen und ein durchgängiges Rückzugsverhalten vor. Personen mit einer **Narzißtischen Persönlichkeitsstörung** können ebenfalls Mißtrauen, sozialen Rückzug oder Entfremdung erleben, aber bei der Narzißtischen Persönlichkeitsstörung entspringen diese Eigenschaften ursprünglich der Angst vor der Aufdeckung von Unzulänglichkeiten und Schwächen. Personen mit einer **Borderline Persönlichkeitsstörung** können auch vorübergehende psychoseähnliche Symptome aufweisen, die sich aber zumeist eng mit affektiven Veränderungen als Reaktion auf Belastungen entwickeln (z. B. intensive Wut, Angst oder Enttäuschung) und üblicherweise eher dissoziativ sind (z. B. Derealisation oder Depersonalisation). Im Gegensatz dazu haben Personen mit einer Schizotypischen Persönlichkeitsstörung eher anhaltende psychoseähnliche Symptome, die sich unter Belastung verschlechtern können, bei denen es aber weniger wahrscheinlich ist, daß sie unveränderlich mit ausgeprägten affektiven Symptomen verbunden sind. Obwohl soziale Isolation auch bei einer Borderline Persönlichkeitsstörung auftreten kann, ist sie hier meist sekundär auf wiederholte zwischenmenschliche Konflikte aufgrund von Wutausbrüchen und häufigen Stimmungswechseln zurückzuführen und weniger ein Ergebnis eines anhaltenden Fehlens von sozialen Kontakten und dem Wunsch nach Intimität. Weiterhin zeigen Personen mit einer Schizotypischen Persönlichkeitsstörung gewöhnlich nicht die impulsiven oder manipulativen Verhaltensweisen von solchen mit einer Borderline Persönlichkeitsstörung. Allerdings gibt es eine hohe Rate von gleichzeitigem Vorkommen der beiden Störungen, so daß die Unterscheidung nicht immer klar ist. **Schizotypische Merkmale während der Adoleszenz** können eher als Ausdruck vorübergehender emotionaler Auffälligkeit angesehen werden denn als anhaltende Persönlichkeitsstörung.

> **Diagnostische Kriterien für 301.22 (F21) Schizotypische Persönlichkeitsstörung**
>
> A. Ein tiefgreifendes Muster sozialer und zwischenmenschlicher Defizite, das durch akutes Unbehagen in und mangelnde Fähigkeit zu engen Beziehungen gekennzeichnet ist. Weiterhin treten Verzerrungen der Wahrnehmung oder des Denkens und eigentümliches Verhalten auf. Die Störung beginnt im frühen Erwachsenenalter und zeigt sich in verschiedenen Situationen. Mindestens fünf der folgenden Kriterien müssen erfüllt sein:
> (1) Beziehungsideen (jedoch kein Beziehungswahn),
> (2) seltsame Überzeugungen oder magische Denkinhalte, die das Verhalten beeinflussen und nicht mit den Normen der jeweiligen subkulturellen Gruppe übereinstimmen (z. B. Aberglaube, Glaube an Hellseherei, Telepathie oder an den „sechsten Sinn"; bei Kindern und Heranwachsenden bizarre Phantasien und Beschäftigungen),
> (3) ungewöhnliche Wahrnehmungserfahrungen einschließlich körperbezogener Illusionen,
> (4) seltsame Denk- und Sprechweise (z. B. vage, umständlich, metaphorisch, übergenau, stereotyp),
> (5) Argwohn oder paranoide Vorstellungen,
> (6) inadäquater oder eingeschränkter Affekt,
> (7) Verhalten oder äußere Erscheinung sind seltsam, exzentrisch oder merkwürdig,
> (8) Mangel an engen Freunden oder Vertrauten außer Verwandten ersten Grades,
> (9) ausgeprägte soziale Angst, die nicht mit zunehmender Vertrautheit abnimmt und die eher mit paranoiden Befürchtungen als mit negativer Selbstbeurteilung zusammenhängt.
>
> B. Tritt nicht ausschließlich im Verlauf einer Schizophrenie, einer Affektiven Störung mit Psychotischen Merkmalen, einer anderen Psychotischen Störung oder einer Tiefgreifenden Entwicklungsstörung auf.
>
> **Beachte:** Wenn die Kriterien vor dem Beginn einer Schizophrenie erfüllt waren, ist „Prämorbid" hinzuzufügen, z. B. „Schizotypische Persönlichkeitsstörung (Prämorbid)".

Cluster B-Persönlichkeitsstörungen

301.7 (F60.2) Antisoziale Persönlichkeitsstörung

Diagnostische Merkmale

Das Hauptmerkmal der Antisozialen Persönlichkeitsstörung ist ein tiefgreifendes Muster von Mißachtung und Verletzung der Rechte anderer, das in der Kindheit oder frühen Adoleszenz beginnt und bis in das Erwachsenenalter fortdauert.

Dieses Verhaltensmuster wird auch als Psychopathie, Soziopathie oder dissoziale Persönlichkeitsstörung bezeichnet. Weil Täuschung und Manipulation zentrale Merkmale der Antisozialen Persönlichkeitsstörung sind, kann es besonders hilfreich sein, neben Informationen aus der systematischen klinischen Untersuchung auch Informationen aus anderen Quellen miteinzubeziehen.

Die Diagnose einer Antisozialen Persönlichkeitsstörung wird dann gestellt, wenn der Betroffene mindestens 18 Jahre alt ist (**Kriterium B**) und wenn schon vor Vollendung des 15. Lebensjahres Anzeichen für eine Störung des Sozialverhaltens vorlagen (**Kriterium C**). Diese Störung des Sozialverhaltens ist gekennzeichnet durch ein Verhaltensmuster wiederholter und andauernder Verletzungen der Grundrechte anderer Menschen bzw. der dem jeweiligen Alter entsprechenden gesellschaftlichen Normen und Regeln. Die für eine Störung des Sozialverhaltens typischen Verhaltensweisen lassen sich in vier Kategorien einteilen: Aggression gegen Menschen und Tiere, Zerstörung fremden Eigentums, Betrug bzw. Diebstahl oder aber schwerwiegende Gesetzesübertretungen. Diese Kategorien sind auf Seite 123 genauer beschrieben.

Antisoziale Verhaltensmuster bestehen bis ins Erwachsenenalter fort. Personen mit Antisozialer Persönlichkeitsstörung können sich in bezug auf gesetzmäßiges Verhalten nicht an gesellschaftliche Normen anpassen (**Kriterium A1**). Sie begehen wiederholt Handlungen, die einen Grund für eine Festnahme darstellen (wobei unerheblich ist, ob sie tatsächlich verhaftet werden), z. B. Zerstörung fremden Eigentums, Belästigung anderer Personen, Diebstahl oder Ausübung illegaler Tätigkeiten. Personen mit dieser Störung mißachten die Wünsche, Rechte oder Gefühle ihrer Mitmenschen. Sie täuschen und manipulieren wiederholt und mit der Absicht, einen persönlichen Vorteil oder persönliches Vergnügen zu erlangen (z. B. Geld, Sex oder Macht) (**Kriterium A2**). Es kann sein, daß sie ständig lügen, Decknamen benutzen, betrügen oder simulieren. Ein Muster von Impulsivität kann sich durch das Versagen, vorausschauend zu planen, ausdrücken (**Kriterium A3**). Entscheidungen erfolgen aus dem Augenblick heraus, ohne Vorausschau und ohne Berücksichtigung der Folgen für sich selbst und für andere. Dies kann zu einem unvermittelten Wechsel des Arbeitsplatzes, der Wohnung oder des Partners führen. Personen mit Antisozialer Persönlichkeitsstörung neigen zu reizbarem und aggressivem Verhalten und sind häufig an Überfällen oder Schlägereien beteiligt (einschließlich Verprügeln des Ehepartners oder der Kinder) (**Kriterium A4**). Aggressive Handlungen, die zum Schutz der eigenen oder anderer Personen dienen sollen, werden bei der Feststellung dieses Kriteriums jedoch nicht mitberücksichtigt. Personen mit Antisozialer Persönlichkeitsstörung verhalten sich rücksichtslos gegenüber sich selbst oder anderen (**Kriterium A5**). Dies kann sich z. B. in ihrem Fahrverhalten äußern (wiederholte Raserei, Trunkenheit am Steuer, Häufung von Autounfällen). Bei einem Teil der Betroffenen kommt es zur Ausübung bestimmter Sexualpraktiken oder zur Einnahme von Drogen, die ein hohes Risiko für schädliche Auswirkungen in sich bergen. Bei der Versorgung von Kindern kann es zur Vernachlässigung kommen, die bis zur Gefährdung des Kindes gehen kann.

Personen mit Antisozialer Persönlichkeitsstörung haben auch eine ausgeprägte und andauernde Tendenz zu verantwortungslosem Handeln (**Kriterium A6**). Verantwortungsloses Arbeitsverhalten kann sich z. B. dadurch äußern, daß es trotz vorhandener Arbeitsangebote zu längerfristigen Zeiten der Arbeitslosigkeit kommt oder daß mehrfach Arbeitsverhältnisse aufgegeben werden, ohne daß eine realistische Aussicht auf einen neuen Arbeitsplatz besteht. Typischerweise kommt es auch wiederholt zum Fernbleiben von der Arbeitsstelle, ohne daß dies durch eigene Krankheit oder durch Krankheit von Familienangehörigen begründet ist. Finanzielle Verantwortungslosigkeit zeigt sich zum Beispiel durch Versäumnisse in der Rückzahlung von Schulden oder durch unregelmäßige Unterhaltszahlungen für Kinder bzw. andere abhängige Personen. Personen mit Antisozialer Persönlichkeitsstörung zeigen wenig Gewissensbisse in bezug auf die Folgen ihrer Handlungen (**Kriterium A7**). Sie reagieren z. B. gleichgültig oder bieten vordergründige Rationalisierungen an, wenn sie jemanden verletzt, mißhandelt oder bestohlen haben (z. B. „das Leben ist eben unfair", „Verlierer verdienen zu verlieren" oder „das wäre ihm sowieso passiert"). Manchmal geben sie ihren Opfern die

Schuld, dumm oder hilflos zu sein bzw. kein besseres Schicksal zu verdienen; teilweise bagatellisieren sie auch die schädlichen Auswirkungen ihrer Handlungen oder zeigen einfach völlige Gleichgültigkeit. Für ihr Verhalten leisten sie üblicherweise weder Schadenersatz noch Wiedergutmachung. Sie mögen glauben, daß alle anderen nur dazu da sind, die eigene Person zu unterstützen, und daß man vor nichts haltmachen sollte, um nicht selbst herumgeschubst zu werden.

Das antisoziale Verhalten darf nicht ausschließlich im Verlauf einer Schizophrenie oder einer Manischen Episode auftreten (**Kriterium D**).

Zugehörige Merkmale und Störungen

Personen mit Antisozialer Persönlichkeitsstörung fehlt häufig Mitgefühl; sie neigen dazu, abgebrüht und zynisch zu sein und die Gefühle, Rechte und Leiden ihrer Mitmenschen zu mißachten. Sie können eine übersteigerte und arrogante Selbsteinschätzung haben (z. B. glauben sie, daß gewöhnliche Arbeit unter ihrer Würde sei oder sie lassen eine realistische Sorge um ihre gegenwärtigen Belange oder um ihre Zukunft vermissen) und übertrieben selbstbewußt, eigensinnig oder frech sein. Sie können einen glatten, oberflächlichen Charme entfalten und recht schlagfertig und redegewandt sein (beispielsweise versuchen sie, durch die Verwendung von Fachausdrücken oder von Jargon andere, die mit dem Thema nicht vertraut sind, zu beeindrucken). Fehlendes Mitgefühl, übersteigerte Selbsteinschätzung und oberflächlicher Charme sind Eigenschaften, die üblicherweise durch traditionelle Konzepte der Psychopathie erfaßt sind. Sie können in Gefängnissen bzw. forensisch-psychiatrischen Einrichtungen, wo kriminelle, delinquente oder aggressive Handlungen ganz unspezifisch auftreten, besonders kennzeichnend für eine Antisoziale Persönlichkeitsstörung sein. Die Personen zeigen häufig auch ein unverantwortliches und rücksichtsloses Verhalten in ihren sexuellen Beziehungen. In ihrer Vergangenheit finden sich meist zahlreiche Partnerwechsel; möglicherweise haben sie noch nie eine monogame Beziehung geführt. Als Elternteil können sie unverantwortlich handeln, was zum Beispiel dadurch erkennbar ist, daß die Kinder unterernährt sind oder aufgrund unzureichender Hygiene erkranken bzw. daß sie in bezug auf Ernährung und Unterkunft von Nachbarn oder weiter entfernt wohnenden Verwandten abhängig sind. Auch durch die Unfähigkeit, in ihrer Abwesenheit einen Babysitter für ein Kleinkind zu finden oder durch wiederholte Verschwendung des Haushaltsgeldes kann sich unverantwortliches Verhalten der betroffenen Eltern ausdrücken. Manche der Personen mit Antisozialer Persönlichkeitsstörung werden unehrenhaft aus der Armee entlassen, können nicht für sich selbst aufkommen, verarmen, werden möglicherweise sogar obdachlos oder verbringen viele Jahre in Strafanstalten. Die Wahrscheinlichkeit eines frühzeitigen, gewaltsamen Todes ist bei diesen Personen größer als in der Allgemeinbevölkerung (z. B. Tod durch Suizid, Unfall, Mord bzw. Totschlag).

Personen mit Antisozialer Persönlichkeitsstörung können unter Dysphorie leiden, wozu auch Klagen über innere Anspannung, die Unfähigkeit, Langeweile zu ertragen und depressive Verstimmungen gehören. Es können zusätzlich Angststörungen, Depressive Störungen, Störungen im Zusammenhang mit Psychotropen Substanzen, Somatisierungsstörungen, Pathologisches Spielen und andere Störungen der Impulskontrolle bei ihnen auftreten. Personen mit Antisozialer Persönlichkeitsstörung haben oft auch Persönlichkeitsmerkmale, die die Kriterien für andere Persönlichkeitsstörungen erfüllen, insbesondere die der Borderline, der Histrionischen und der Narzißtischen Persönlichkeitsstörung. Die Wahrscheinlichkeit, im Erwachsenenalter eine Antisoziale Persönlichkeitsstörung zu entwickeln, ist erhöht, wenn das

Kind schon frühzeitig (vor dem 10. Lebensjahr) eine Störung des Sozialverhaltens und begleitend eine Aufmerksamkeitsdefizit-/Hyperaktivitätsstörung aufwies. Kindesmißbrauch oder -vernachlässigung, unsichere oder unregelmäßige elterliche Präsenz bzw. ein inkonsequenter Erziehungsstil können die Wahrscheinlichkeit vergrößern, daß sich eine Störung des Sozialverhaltens zu einer Antisozialen Persönlichkeitsstörung ausweitet.

Besondere kulturelle, Alters- und Geschlechtsmerkmale

Die Antisoziale Persönlichkeitsstörung scheint mit einem niedrigen sozioökonomischen Status und einer städtischen Umgebung einherzugehen. Es wurden Bedenken geäußert, daß die Diagnose gelegentlich zu Unrecht bei Personen gestellt wird, in deren Lebensraum das antisoziale Verhalten Teil einer schützenden Überlebensstrategie sein kann. Es ist deshalb hilfreich für den Untersucher, bei der Bewertung antisozialer Züge den sozialen und wirtschaftlichen Zusammenhang zu betrachten, in dem das Verhalten auftritt.

Definitionsgemäß kann eine Antisoziale Persönlichkeitsstörung nicht vor Vollendung des 18. Lebensjahres diagnostiziert werden. Sie tritt bei Männern weitaus häufiger auf als bei Frauen. In diesem Zusammenhang wurde jedoch zu bedenken gegeben, daß die Antisoziale Persönlichkeitsstörung bei Frauen möglicherweise zu selten diagnostiziert wird, insbesondere aufgrund der starken Gewichtung aggressiver Momente in der Definition der Störung des Sozialverhaltens.

Prävalenz

Die Gesamtprävalenz der Antisozialen Persönlichkeitsstörung beträgt bei Stichprobenuntersuchungen in der Allgemeinbevölkerung ca. 3 % für Männer und ca. 1 % für Frauen. Prävalenzschätzungen innerhalb klinischer Einrichtungen schwanken zwischen 3 % und 30 % in Abhängigkeit von den Hauptcharakteristika der untersuchten Populationen. Noch höhere Prävalenzraten finden sich in Suchtbehandlungzentren, in Gefängnissen oder in forensischen Einrichtungen.

Verlauf

Die Antisoziale Persönlichkeitsstörung hat einen chronischen Verlauf; sie kann jedoch mit zunehmendem Lebensalter, besonders ab dem 4. Lebensjahrzehnt, weniger augenfällig werden bzw. nachlassen. Obwohl diese Besserung besonders im Hinblick auf das Begehen krimineller Handlungen deutlich wird, ist eine Abnahme im gesamten Spektrum des antisozialen Verhaltens und des Substanzmißbrauchs wahrscheinlich.

Familiäres Verteilungsmuster

Die Antisoziale Persönlichkeitsstörung tritt bei biologischen Verwandten ersten Grades der betroffenen Personen häufiger auf als in der Allgemeinbevölkerung. Dabei scheint bei Verwandten von Frauen mit dieser Störung die Auftretenswahrscheinlichkeit höher zu sein als bei Verwandten von Männern mit dieser Störung. Tritt in einer Familie eine Antisoziale

Persönlichkeitsstörung auf, so besteht bei den Verwandten des Betroffenen auch ein erhöhtes Risiko für eine Somatisierungsstörung und für eine Störung im Zusammenhang mit Psychotropen Substanzen, wobei die Männer häufiger eine Antisoziale Persönlichkeitsstörung und Störungen im Zusammenhang mit Psychotropen Substanzen aufweisen, bei Frauen hingegen häufiger Somatisierungsstörungen auftreten. In jedem Fall ist in diesen Familien, verglichen mit der Gesamtbevölkerung, die Auftretenswahrscheinlichkeit aller genannten Störungen für beide Geschlechter erhöht. Adoptionsstudien haben gezeigt, daß hierfür sowohl genetische als auch Umweltfaktoren von Bedeutung sind. Sowohl bei adoptierten als auch bei leiblichen Kindern von Eltern mit Antisozialer Persönlichkeitsstörung besteht ein erhöhtes Risiko für das Auftreten einer Antisozialen Persönlichkeitsstörung, einer Somatisierungsstörung und für Störungen in Zusammenhang mit Psychotropen Substanzen. Zur Adoption freigegebene Kinder ähneln zwar ihren leiblichen Eltern mehr als ihren Adoptiveltern; dennoch beeinflußt die Umgebung der Adoptivfamilie das Risiko für die Entwicklung einer Persönlichkeitsstörung und verwandter psychopathologischer Veränderungen.

Differentialdiagnose

Die Diagnose einer Antisozialen Persönlichkeitsstörung wird bei Personen unter 18 Jahren nicht gestellt. Sie wird außerdem nur dann gestellt, wenn bereits vor Vollendung des 15. Lebensjahres Symptome einer Störung des Sozialverhaltens vorlagen. Bei Personen über 18 Jahren wird eine Störung des Sozialverhaltens nur dann diagnostiziert, wenn die Kriterien für eine Antisoziale Persönlichkeitsstörung nicht erfüllt sind.

Wenn bei einem Erwachsenen das antisoziale Verhalten mit einer **Störung in Zusammenhang mit Psychotropen Substanzen** verbunden ist, wird eine Antisoziale Persönlichkeitsstörung nicht diagnostiziert, es sei denn, daß die Anzeichen für eine Antisoziale Persönlichkeitsstörung bereits in der Kindheit vorhanden waren und bis in das Erwachsenenalter fortdauerten. Wenn der Drogenkonsum ebenso wie das antisoziale Verhalten bereits in der Kindheit begonnen haben und bis ins Erwachsenenalter andauern, sollten sowohl eine Störung in Zusammenhang mit Psychotropen Substanzen als auch eine Antisoziale Persönlichkeitsstörung diagnostiziert werden, sofern die Kriterien für beide Diagnosen erfüllt sind, auch wenn einige antisoziale Handlungen Folge der Störung im Zusammenhang mit Psychotropen Substanzen sein könnten (z. B. illegaler Drogenverkauf oder Beschaffungskriminalität). Antisoziales Verhalten, das ausschließlich im Verlauf einer **Schizophrenie** oder einer **Manischen Episode** auftritt, sollte nicht als Antisoziale Persönlichkeitsstörung diagnostiziert werden.

Andere Persönlichkeitsstörungen können mit der Antisozialen Persönlichkeitsstörung verwechselt werden, da sie einige Merkmale gemeinsam haben. Es ist deshalb wichtig, zwischen den verschiedenen Störungen anhand der Unterschiede in ihren charakteristischen Merkmalen zu unterscheiden. Wenn jedoch eine Person Merkmale aufweist, die die Kriterien für eine oder mehrere andere Persönlichkeitsstörungen neben der Antisozialen Persönlichkeitsstörung erfüllen, so können alle diese diagnostiziert werden. Personen mit Antisozialer und **Narzißtischer Persönlichkeitsstörung** teilen die Neigung zu hartem, aalglattem, oberflächlichem, ausbeuterischem und wenig einfühlsamem Wesen. Die Narzißtische Persönlichkeitsstörung schließt jedoch nicht die Charakteristika der Impulsivität, Aggressivität und des Betrügens mit ein. Hinzu kommt, daß Personen mit Antisozialer Persönlichkeitsstörung nicht in gleichem Maße die Bewunderung und den Neid anderer benötigen und daß Personen mit Narzißtischer Persönlichkeitsstörung gewöhnlich keine Störung des Sozialverhaltens in der Kindheit oder kriminelles Verhalten im Erwachsenenalter aufweisen. Personen mit Antisozialer und **Histrionischer Persönlichkeitsstörung** haben beide eine Tendenz zu einem impulsiven, oberflächlichen, nach Erregung suchenden, rücksichtslosen, verführerischen und manipulierenden Verhalten, wobei Personen mit Histrionischer Persönlichkeitsstörung zu größerer Übertriebenheit in ihrem Gefühlsausdruck neigen und nicht typischerweise antisoziales Verhalten zeigen. Personen mit Histrionischer und **Borderline Persönlichkeitsstörung** manipulieren, um Zuwendung zu erhalten, wohingegen solche mit einer Antisozialen Persönlichkeitsstörung auf Profit, Macht oder einen materiellen Nutzen aus sind. Menschen mit Antisozialer Persönlichkeitsstörung neigen zu geringerer emotionaler Instabilität und größerer Aggressivität als solche mit einer Borderline Persönlichkeitsstörung. Obwohl antisoziales Verhalten auch bei einigen Personen mit **Paranoider Persönlichkeitsstörung** vorhanden sein kann, liegt dies üblicherweise nicht – wie bei der Antisozialen Persönlichkeitsstörung – im Streben nach einem persönlichen Vorteil oder Nutzen begründet, sondern ist viel häufiger Ausdruck eines Vergeltungswunsches.

Die Antisoziale Persönlichkeitsstörung muß abgegrenzt werden von kriminellem Verhalten mit Bereicherungsabsicht, das nicht von den charakteristischen Persönlichkeitsmerkmalen dieser Störung begleitet ist. Die Bezeichnung **Antisoziales Verhalten im Erwachsenenalter** (aufgeführt im Kapitel „Andere Klinisch Relevante Probleme", siehe S. 770) kann verwendet werden, um kriminelles, aggressives oder anderes antisoziales Verhalten zu beschreiben, das zwar klinische Beachtung erfährt, jedoch die Kriterien für eine Antisoziale Persönlichkeitsstörung nicht vollständig erfüllt. Nur wenn die antisozialen Persönlichkeitszüge unflexibel, unangepaßt und überdauernd sind und in bedeutsamer Weise funktionelle Beeinträchtigungen oder subjektives Leiden verursachen, stellen sie eine Antisoziale Persönlichkeitsstörung dar.

Diagnostische Kriterien für 301.7 (F60.2) Antisoziale Persönlichkeitsstörung

A. Es besteht ein tiefgreifendes Muster von Mißachtung und Verletzung der Rechte anderer, das seit dem 15. Lebensjahr auftritt. Mindestens 3 der folgenden Kriterien müssen erfüllt sein:
  (1) Versagen, sich in bezug auf gesetzmäßiges Verhalten gesellschaftlichen Normen anzupassen, was sich in wiederholtem Begehen von Handlungen äußert, die einen Grund für eine Festnahme darstellen,
  (2) Falschheit, die sich in wiederholtem Lügen, dem Gebrauch von Decknamen oder dem Betrügen anderer zum persönlichen Vorteil oder Vergnügen äußert,
  (3) Impulsivität oder Versagen, vorausschauend zu planen,
  (4) Reizbarkeit und Aggressivität, die sich in wiederholten Schlägereien oder Überfällen äußert,
  (5) rücksichtslose Mißachtung der eigenen Sicherheit bzw. der Sicherheit anderer,
  (6) durchgängige Verantwortungslosigkeit, die sich im wiederholten Versagen zeigt, eine dauerhafte Tätigkeit auszuüben oder finanziellen Verpflichtungen nachzukommen,
  (7) fehlende Reue, die sich in Gleichgültigkeit oder Rationalisierung äußert, wenn die Person andere Menschen gekränkt, mißhandelt oder bestohlen hat.

B. Die Person ist mindestens 18 Jahre alt.

C. Eine Störung des Sozialverhaltens (siehe S. 129) war bereits vor Vollendung des 15. Lebensjahres erkennbar.

D. Das Antisoziale Verhalten tritt nicht ausschließlich im Verlauf einer Schizophrenie oder einer Manischen Episode auf.

301.83 (F60.31) Borderline Persönlichkeitsstörung

Diagnostische Merkmale

Das Hauptmerkmal der Borderline Persönlichkeitsstörung ist ein tiefgreifendes Muster von Instabilität in zwischenmenschlichen Beziehungen, im Selbstbild und in den Affekten sowie von deutlicher Impulsivität. Sie beginnt im frühen Erwachsenenalter und zeigt sich in verschiedenen Situationen.

Menschen mit einer Borderline Persönlichkeitsstörung bemühen sich verzweifelt, tatsächliches oder erwartetes Verlassenwerden zu vermeiden (**Kriterium 1**). Die Wahrnehmung drohender Trennung oder Zurückweisung oder der Verlust äußerer Struktur kann zu grundlegenden Veränderungen des Selbstbildes, der Affekte, des Denkens und des Verhaltens führen. Die betroffenen Individuen sind sehr empfindlich gegenüber Einflüssen aus ihrer Umgebung. Sie erleben intensive Ängste vor Verlassenwerden und unangemessene Wut schon dann, wenn sie mit einer realistischen zeitlich begrenzten Trennung oder mit unvermeidbaren Änderungen von Plänen konfrontiert sind (z. B. plötzliche Verzweiflung infolge des Hinweises des Therapeuten auf das Ende der Stunde; Angst oder Wut, wenn eine wichtige Bezugsperson sich nur wenige Minuten verspätet oder eine Verabredung absagen muß). Sie neigen dazu zu glauben, daß dieses „Verlassenwerden" bedeutet, daß sie „böse" seien. Diese Ängste vor dem Verlassenwerden stehen in Zusammenhang mit einer Unfähigkeit, alleine zu sein bzw. mit einem Bedürfnis, andere Menschen bei sich zu haben. Ihr verzweifeltes Bemühen, Verlassenwerden zu vermeiden, mag impulsive Handlungen wie Selbstverletzungs- oder suizidales Verhalten einschließen, die eigens im Kriterium 5 beschrieben sind.

Personen mit einer Borderline Persönlichkeitsstörung zeigen ein Muster instabiler, aber intensiver Beziehungen (**Kriterium 2**). Sie neigen dazu, mögliche Bezugspersonen oder Liebhaber bei der ersten oder zweiten Begegnung zu idealisieren. Sie fordern viel gemeinsame Zeit ein und teilen sich bereits am Anfang einer Beziehung in intimen Einzelheiten mit. Jedoch können sie plötzlich von einer Idealisierung in eine Entwertung anderer Menschen umschlagen und meinen, daß der andere sich nicht genügend kümmere, nicht genügend gebe, nicht genügend „da" sei. Personen mit Borderline Persönlichkeitsstörung können einfühlsam und fürsorglich sein, jedoch nur in der Erwartung, daß der andere ihnen dann auch zur Erfüllung ihrer Wünsche und Bedürfnisse zur Verfügung steht. Die Betroffenen neigen zu plötzlichen und dramatischen Änderungen in ihrer Sichtweise von anderen, die einmal als wohltätig unterstützend, dann als grausam bestrafend erlebt werden. Solche Wechsel spiegeln häufig eine Enttäuschung über Bezugspersonen wider, die wegen ihrer fürsorglichen Qualitäten zunächst idealisiert wurden oder mit deren Ablehnung oder Rückzug gerechnet wird.

Es findet sich häufig eine Identitätsstörung, die durch ein deutlich und andauernd instabiles Selbstbild oder instabile Selbstwahrnehmung charakterisiert ist (**Kriterium 3**). Im Selbstbild finden sich plötzliche dramatische Wechsel, die in Veränderungen von Zielsetzungen, Wertvorstellungen und Berufswünschen zum Ausdruck kommen. Es können sich unvermutet Veränderungen von Meinungen und Planungen hinsichtlich des Berufsweges, der sexuellen Orientierung, hinsichtlich Wertvorstellungen und der Art der Freunde einstellen. Die Betroffenen wechseln u. U. unvermittelt von der Rolle eines bedürftigen hilfesuchenden Bittstellers in die eines hochnäsigen Rächers vergangener Behandlungsfehler. In ihrem Selbstbild sind diese Individuen gewöhnlich böse oder sündig, zwischenzeitlich können sie aber auch das Gefühl haben, überhaupt nicht zu existieren. Solche Vorstellungen treten üblicherweise in Situationen auf, in denen die betroffene Person einen Mangel an wichtigen Beziehungen, an Versorgtsein und Unterstützung erlebt. Personen mit Borderline Persönlichkeitsstörung zeigen eine schlechtere Leistung unter unstrukturierten Arbeits- oder Lernbedingungen.

Die Betroffenen zeigen Impulsivität bei mindestens zwei potentiell selbstschädigenden Aktivitäten (**Kriterium 4**) z. B. Glückspiele, unverantwortliche Geldausgaben, Freßanfälle, Substanzmißbrauch, risikoreiches Geschlechtsverhalten oder rücksichtsloses Fahren. Personen mit Borderline Persönlichkeitsstörung neigen zu wiederholten Suizidhandlungen, Selbstmordandeutungen oder -drohungen oder auch zu Selbstverletzungsverhalten (**Kriterium 5**). Vollendete Suizide kommen bei 8–10 % der Betroffenen vor, Selbstverletzungshandlungen (wie z. B. Schneiden oder Brennen), Selbstmorddrohungen und -versuche sind sehr verbreitet. Wiederholte Suizidalität ist oft der Grund, daß diese Personen Hilfe suchen. Den selbstschädigenden Handlungen gehen gewöhnlich Erlebnisse drohender Trennung oder Zurückweisung voraus oder aber Erwartungen, mehr Eigenverantwortung zu übernehmen. Selbstverletzungen können im Rahmen von dissoziativen Erfahrungen auftreten. Sie haben oft ein Gefühl von Entlastung zur Folge, indem sie die Fähigkeit bestätigen, fühlen zu können, oder aber indem sie dazu dienen, für das Gefühl von Schlechtsein zu büßen.

Personen mit Borderline Persönlichkeitsstörung können eine affektive Instabilität zeigen, die auf eine ausgeprägte Reaktivität der Stimmung zurückzuführen ist (z. B. schwere episodische Dysphorie, Erregbarkeit oder Angst, wobei diese Verstimmungen gewöhnlich einige Stunden, selten länger als einige Tage andauern) (**Kriterium 6**). Die dysphorische Grundstimmung von Personen mit Borderline Persönlichkeitsstörung wird häufig durch Perioden der Wut, Angst oder Verzweiflung unterbrochen, selten auch durch Perioden des Wohlbefindens oder der Zufriedenheit. Möglicherweise spiegeln diese Episoden die extreme Reaktivität der betroffenen Personen gegenüber zwischenmenschlichen Belastungen wider. Personen mit Borderline Persönlichkeitsstörung können durch chronische Gefühle von Leere gequält sein (**Kriterium 7**). Da sie leicht gelangweilt sind, sind sie u. U. ständig auf der Suche danach, etwas zu tun. Menschen mit Borderline Persönlichkeitsstörung zeigen häufig unangemessen heftigen Zorn oder haben Schwierigkeiten, ihre Wut zu kontrollieren (**Kriterium 8**). Sie können extremen Sarkasmus, anhaltende Verbitterung oder verbale Ausbrüche an den Tag legen. Diese Wut bricht häufig dann aus, wenn eine Bezugsperson oder ein Partner als vernachlässigend, verweigernd, nicht fürsorglich oder zurückweisend erlebt wird. Den Äußerungen von Wut folgen häufig Scham und Schuldgefühle, die ihrerseits zu dem Gefühl beitragen können, schlecht zu sein. Unter starker Belastung können vorübergehend paranoide Vorstellungen oder dissoziative Symptome (z. B. Depersonalisation) auftreten (**Kriterium 9**). Diese sind gewöhnlich von geringem Ausmaß oder kurzer Dauer und rechtfertigen deshalb keine zusätzliche Diagnose. Solche Episoden treten ganz überwiegend als Reaktion auf tatsächliches oder erwartetes Verlassenwerden auf. Die Symptome sind gewöhnlich vorübergehend, dauern Minuten oder Stunden. Die tatsächliche oder wahrgenommene Rückkehr der Bezugsperson kann zur Rückbildung der Symptome führen.

Zugehörige Merkmale und Störungen

Personen mit Borderline Persönlichkeitsstörung neigen dazu, sich genau zu dem Zeitpunkt selbst zu untergraben, wenn ein Ziel gerade verwirklicht werden könnte (Schulabgang kurz vor Abschluß; schwere Regression nach einem Gespräch, in dem gute Therapiefortschritte herausgestellt wurden; eine gute Beziehung wird genau dann abgebrochen, als sich abzeichnet, daß sie von Dauer sein könnte). Einige Betroffene entwickeln in Zeiten starker Belastung psychoseähnliche Symptome (z. B. Halluzinationen, Verzerrung des Körperbildes, Beziehungsideen, hypnagoge Phänomene). Sie fühlen sich u. U. sicherer im Kontakt mit Übergangsobjekten (d. h. mit einem Haustier oder leblosem Eigentum) als in zwischenmenschlichen Beziehungen. Sehr früher Tod durch Selbstmord kommt bei Personen mit dieser Persönlichkeitsstörung besonders dann vor, wenn gleichzeitig Affektive Störungen oder Störungen im Zusammenhang mit Psychotropen Substanzen bestehen. Körperliche Behinderungen können die Folge selbstschädigender Verhaltensweisen oder gescheiterter Selbstmordversuche sein. Wiederholter Stellenverlust, Ausbildungsunterbrechungen und gescheiterte Ehen sind in dieser Personengruppe häufig. In den Kindheitsgeschichten dieser Menschen sind körperlicher und sexueller Mißbrauch, Vernachlässigung, feindselige Konflikte sowie früher Verlust oder frühe Trennung von den Eltern häufiger zu finden. Häufige begleitende Achse I-Störungen sind: Affektive Störungen, Störungen im Zusammenhang mit Psychotropen Substanzen, Eßstörungen (besonders Bulimie), Posttraumatische Belastungsstörung und Aufmerksamkeitsdefizit-/Hyperaktivitätsstörung. Die Borderline Persönlichkeitsstörung kommt auch häufig gleichzeitig mit anderen Persönlichkeitsstörungen vor.

Besondere kulturelle, Alters- und Geschlechtsmerkmale

Das Verhaltensmuster, so wie man es bei der Borderline Persönlichkeitsstörung findet, konnte unter verschiedenen kulturellen Bedingungen überall in der Welt beobachtet werden. Adoleszenten und junge Erwachsene mit Identitätsproblemen können vorübergehend Verhaltensweisen zeigen, die irrtümlicherweise den Eindruck einer Borderline Persönlichkeitsstörung abgeben (insbesondere, wenn gleichzeitig ein Substanzkonsum vorliegt). Solche Fälle sind gekennzeichnet durch emotionale Instabilität, „Sinnkrisen", Unsicherheit, ängstigende Entscheidungskonflikte, Unsicherheit in der sexuellen Orientierung oder widersprüchlichen sozialen Druck auf Berufsentscheidungen. Die Borderline Persönlichkeitsstörung wird überwiegend (ungefähr 75 %) bei Frauen diagnostiziert.

Prävalenz

Die Prävalenz der Borderline Persönlichkeitsstörung wird auf ca. 2 % in der Allgemeinbevölkerung, auf ca. 10 % bei ambulanten und ungefähr 20 % bei stationären psychiatrischen Patienten geschätzt. In klinischen Populationen mit Persönlichkeitsstörungen liegt sie im Bereich von 30–60 %.

Verlauf

Der Verlauf der Borderline Persönlichkeitsstörung ist recht unterschiedlich. Am häufigsten wird ein Muster chronischer Instabilität im jungen Erwachsenenalter mit Phasen schwerwiegenden affektiven und impulsiven Kontrollverlustes und einer häufigen Nutzung von Einrichtungen des allgemeinen Gesundheitswesens und spezieller psychiatrischer Institutionen beobachtet. Sowohl störungsbedingte Beeinträchtigungen als auch die Suizidgefahr sind in den jungen Erwachsenenjahren am größten und nehmen dann allmählich mit fortschreitendem Alter ab. Ab dem 30. oder 40. Lebensjahr erlangt die Mehrzahl der Personen mit dieser Störung eine größere Stabilität in ihren Beziehungen und beruflichen Funktionen.

Familiäres Verteilungsmuster

Die Borderline Persönlichkeitsstörung ist fünfmal häufiger bei erstgradigen biologischen Verwandten als in der Allgemeinbevölkerung zu finden. Ein erhöhtes familiäres Risiko liegt auch für Störungen im Zusammenhang mit Psychotropen Substanzen, Antisoziale Persönlichkeitsstörung und für Affektive Störungen vor.

Differentialdiagnose

Die Borderline Persönlichkeitsstörung kommt oft gemeinsam mit **Affektiven Störungen** vor; sind die Kriterien beider Störungen erfüllt, so können auch beide diagnostiziert werden. Der Querschnittsbefund der Borderline Persönlichkeitsstörung kann aussehen wie eine Episode einer Affektiven Störung; deshalb sollte der Untersucher die zusätzliche Diagnose einer Borderline Persönlichkeitsstörung meiden, wenn sie alleine auf einem Querschnittsbild beruht, ohne daß gesichert wurde, daß das Verhaltensmuster sowohl einen frühen Beginn als auch einen langdauernden Verlauf aufweist.

Andere Persönlichkeitsstörungen können mit der Borderline Persönlichkeitsstörung verwechselt werden, weil sie bestimmte gemeinsame Merkmale aufweisen. Es ist daher wichtig, zwischen den verschiedenen Störungen anhand von Unterschieden in den charakteristischen Merkmalen zu unterscheiden. Wenn eine Person allerdings Persönlichkeitszüge aufweist, die die Kriterien einer oder mehrerer weiterer Persönlichkeitsstörungen neben der Borderline Persönlichkeitsstörung erfüllen, so können alle diese diagnostiziert werden. Obwohl die **Histrionische Persönlichkeitsstörung** auch durch Streben nach Aufmerksamkeit, manipulatives Verhalten und plötzliche Stimmungswechsel gekennzeichnet ist, unterscheidet sich die Borderline Persönlichkeitsstörung durch Autodestruktivität, wütende Beziehungsabbrüche und chronische Gefühle von Leere und Einsamkeit. Paranoide Ideen oder Illusionen können sowohl bei der Borderline Persönlichkeitsstörung als auch bei der **Schizotypischen Persönlichkeitsstörung** vorkommen. Bei der Borderline Persönlichkeitsstörung sind diese Symptome jedoch mehr vorübergehender Natur, treten reaktiv auf interpersonelle Ereignisse hin auf und zeigen eine günstige Entwicklung unter äußerer Strukturierung. Ähnlich wie die Borderline Persönlichkeitsstörung können sich auch die **Paranoide** und die **Narzißtische Persönlichkeitsstörung** durch wütende Reaktionen auf geringfügige Reize auszeichnen, die Störungen können aber anhand einer relativen Stabilität des Selbstbildes und auch anhand relativ selten auftretender Autodestruktivität, Impulsivität und Befürchtungen, verlassen zu werden, unterschieden werden. Die **Antisoziale Persönlichkeitsstörung** und die Borderline Persönlichkeitsstörung haben manipulatives Verhalten gemeinsam; der Unterschied besteht darin, daß Personen mit Antisozialer Persönlichkeitsstörung manipulieren, um Profit, Macht oder andere materielle Gewinne zu erzielen, während Personen mit Borderline Persönlichkeitsstörung darauf abzielen, mehr Zuwendung von Seiten ihrer Bezugspersonen zu erhalten. Sowohl die **Dependente Persönlichkeitsstörung** als auch die Borderline Persönlichkeitsstörung sind durch Angst vor Verlassenwerden charakterisiert. Während aber Personen mit Borderline Persönlichkeitsstörung auf ein solches Erlebnis mit Gefühlen emotionaler Leere oder Wut oder aber mit Forderungen reagieren, legen Personen mit Dependenter Persönlichkeitsstörung ein Verhalten wachsender Beschwichtigung und Unterwerfung an den Tag und versuchen, eine Ersatzbeziehung zu finden, die ihnen stattdessen Versorgung und Unterstützung bieten kann. Die beiden Persönlichkeitsstörungen können auch anhand eines typischen Musters instabiler, aber intensiver Beziehungen bei Personen mit Borderline Persönlichkeitsstörung unterschieden werden.

Die Borderline Persönlichkeitsstörung muß von einer **Persönlichkeitsveränderung Aufgrund eines Medizinischen Krankheitsfaktors** unterschieden werden, bei der die Eigenschaften aufgrund der direkten Wirkung eines medizinischen Krankheitsfaktors auf das Zentralnervensystem auftreten. Auch **Symptome, die sich im Zusammenhang mit einem chronischen Substanzgebrauch entwickeln** (z. B. Nicht Näher Bezeichnete Störung im Zusammenhang mit Kokain), müssen abgegrenzt werden.

Die Borderline Persönlichkeitsstörung sollte auch von einem **Identitätsproblem** unterschieden werden (siehe S. 772), wobei diese Kategorie für Identitätsunsicherheiten reserviert ist, die sich auf bestimmte Entwicklungsphasen (z. B. Adoleszenz) beziehen und deren Schweregrad nicht das Ausmaß einer psychischen Störung erreicht.

Diagnostische Kriterien für 301.83 (F60.31) Borderline Persönlichkeitsstörung

Ein tiefgreifendes Muster von Instabilität in zwischenmenschlichen Beziehungen, im Selbstbild und in den Affekten sowie von deutlicher Impulsivität. Der Beginn liegt im frühen Erwachsenenalter und manifestiert sich in den verschiedenen Lebensbereichen. Mindestens 5 der folgenden Kriterien müssen erfüllt sein:
(1) verzweifeltes Bemühen, tatsächliches oder vermutetes Verlassenwerden zu vermeiden.
    Beachte: Hier werden keine suizidalen oder selbstverletzenden Handlungen berücksichtigt, die in Kriterium 5 enthalten sind.
(2) Ein Muster instabiler, aber intensiver zwischenmenschlicher Beziehungen, das durch einen Wechsel zwischen den Extremen der Idealisierung und Entwertung gekennzeichnet ist.
(3) Identitätsstörung: ausgeprägte und andauernde Instabilität des Selbstbildes oder der Selbstwahrnehmung.
(4) Impulsivität in mindestens zwei potentiell selbstschädigenden Bereichen (Geldausgaben, Sexualität, Substanzmißbrauch, rücksichtsloses Fahren, „Freßanfälle").
    Beachte: Hier werden keine suizidalen oder selbstverletzenden Handlungen berücksichtigt, die in Kriterium 5 enthalten sind.
(5) Wiederholte suizidale Handlungen, Selbstmordandeutungen oder -drohungen oder Selbstverletzungsverhalten.
(6) Affektive Instabilität infolge einer ausgeprägten Reaktivität der Stimmung (z. B. hochgradige episodische Dysphorie, Reizbarkeit oder Angst, wobei diese Verstimmungen gewöhnlich einige Stunden und nur selten mehr als einige Tage andauern).
(7) Chronische Gefühle von Leere.
(8) Unangemessene, heftige Wut oder Schwierigkeiten, die Wut zu kontrollieren (z. B. häufige Wutausbrüche, andauernde Wut, wiederholte körperliche Auseinandersetzungen).
(9) Vorübergehende, durch Belastungen ausgelöste paranoide Vorstellungen oder schwere dissoziative Symptome.

301.50 (F60.4) Histrionische Persönlichkeitsstörung

Diagnostische Merkmale

Das Hauptmerkmal der Histrionischen Persönlichkeitsstörung ist eine tiefgreifende und übertriebene Emotionalität und ein übermäßiges Streben nach Aufmerksamkeit. Der Beginn liegt im frühen Erwachsenenalter, und die Störung zeigt sich in verschiedenen Situationen.

Betroffene mit einer Histrionischen Persönlichkeitsstörung fühlen sich unwohl oder nicht gebührend beachtet, wenn sie nicht im Mittelpunkt der Aufmerksamkeit stehen (**Kriterium 1**). Oft sind sie lebhaft und dramatisch und neigen dazu, die Aufmerksamkeit auf sich zu ziehen, und können neue Bekannte anfangs durch ihren Enthusiasmus, ihre scheinbare Offenheit oder Kokettheit bezaubern. Diese Qualitäten erschöpfen sich aber, da diese Personen ständig danach verlangen, im Mittelpunkt zu stehen. Sie übernehmen gerne die Rolle der Stimmungskanone. Wenn sie nicht im Mittelpunkt stehen, können sie etwas Dramatisches tun (wie z. B. Geschichten erfinden, eine Szene machen), um die Aufmerksamkeit wieder auf sich zu lenken. Dieses Bedürfnis zeigt sich oft in ihrem Verhalten beim Arzt (z. B. in Schmeicheleien, Geschenken, dramatischen Beschreibungen ihrer somatischen und psychischen Symptome, an deren Stelle bei jedem Arztbesuch neue Symptome treten).

Das Auftreten und Verhalten von Betroffenen mit dieser Störung ist in sexueller Hinsicht oft unangepaßt provokant oder verführerisch (**Kriterium 2**). Dieses Verhalten richtet sich nicht nur auf Personen, an denen der Betroffene ein sexuelles oder gefühlsmäßiges Interesse hat, sondern es zeigt sich auch in einer Vielzahl sozialer oder beruflicher Beziehungen jenseits dessen, was in dem jeweiligen sozialen Zusammenhang angemessen ist. Der emotionale Ausdruck kann oberflächlich sein und rasch wechseln (**Kriterium 3**). Betroffene mit dieser Störung setzen ständig ihre körperliche Erscheinung ein, um die Aufmerksamkeit auf sich zu ziehen (**Kriterium 4**). Sie sind überaus darum besorgt, andere durch ihr Auftreten zu beeindrucken, und verwenden übermäßig viel Zeit, Energie und Geld für Kleidung und Körperpflege. Im Hinblick auf ihre Erscheinung sind sie einerseits auf Komplimente aus, andererseits sind sie leicht und heftig durch kritische Kommentare bezüglich ihres Aussehens oder durch eine Fotografie, die sie unattraktiv wiedergibt, zu verärgern.

Diese Personen haben einen übertrieben impressionistischen, wenig detaillierten Sprachstil (**Kriterium 5**). Deutliche Standpunkte werden in dramatischer Weise ausgedrückt, allerdings sind die Begründungen gewöhnlich vage und diffus ohne sie rechtfertigende Fakten und Details. Beispielsweise kann ein Betroffener mit einer Histrionischen Persönlichkeitsstörung feststellen, daß eine bestimmte Person ein wunderbarer Mensch ist, ohne in der Lage zu sein, irgendwelche Beispiele für gute Eigenschaften anzuführen, die diese Meinung stützen könnten. Personen mit dieser Störung sind charakterisiert durch Selbst-Dramatisierung, Theatralik und einen übertriebenen Gefühlsausdruck (**Kriterium 6**). Freunde und Bekannte können sie durch übertriebene, öffentliche Zurschaustellung von Gefühlen in Verlegenheit bringen (z. B. wenn sie flüchtige Bekannte mit übertriebener Begeisterung umarmen, bei wenig sentimentalen Anlässen unkontrolliert schluchzen oder Wutausbrüche bekommen). Dennoch scheinen ihre Gefühle zu schnell an- und ausschaltbar, als daß sie wirklich tief empfunden sein könnten, was andere zu dem Verdacht bringen kann, daß diese Gefühle nur vorgetäuscht sind.

Personen mit Histrionischer Persönlichkeitsstörung sind in hohem Maße suggestibel (**Kriterium 7**). Ihre Standpunkte und Gefühle können leicht von anderen und von Modeerscheinungen beeinflußt werden. Sie können überaus vertrauensselig sein, insbesondere gegenüber wichtigen Autoritätspersonen, denen sie „Zauberkräfte" bei der Lösung ihrer Probleme zutrauen. Sie neigen dazu, Aussagen aufgrund von Vermutungen zu machen und übernehmen rasch Überzeugungen. Betroffene mit dieser Störung sehen zwischenmenschliche Beziehungen viel persönlicher, als sie es in Wirklichkeit sind, wobei sie nahezu jeden Bekannten als „mein lieber, lieber Freund" bezeichnen oder Ärzte, die sie nur ein oder zweimal unter beruflichen Umständen getroffen haben, mit Vornamen anreden (**Kriterium 8**). Häufig flüchten sie sich in romantische Phantasien.

Zugehörige Merkmale und Störungen

Personen mit einer Histrionischen Persönlichkeitsstörung können Schwierigkeiten haben, in emotionalen oder sexuellen Beziehungen echte emotionale Tiefe zu erreichen. Ohne sich dessen bewußt zu sein, spielen sie in ihren zwischenmenschlichen Beziehungen oft eine Rolle (z. B. das „Opfer" oder die „Prinzessin"). Sie können auf der einen Seite versuchen, ihre Partner durch emotionale Manipulation oder Verführung zu kontrollieren, während sie andererseits eine deutliche Abhängigkeit von diesen zur Schau stellen. Betroffene mit dieser Störung haben oft beeinträchtigte Beziehungen zu gleichgeschlechtlichen Freunden, da ihr sexuell provokanter zwischenmenschlicher Stil offenbar eine Bedrohung für die Beziehungen ihrer Freunde darzustellen scheint. Ebenso können sich diese Personen mit ihrer Erwartung nach ständiger Aufmerksamkeit von ihren Freunden entfremden. Oft reagieren sie deprimiert und gekränkt, wenn sie nicht im Mittelpunkt stehen. Sie können ständig auf der Suche nach Neuigkeiten, Stimulation und Aufregung sein und neigen dazu, durch die alltägliche Routine gelangweilt zu sein. Diese Personen sind oft intolerant oder frustriert in bezug auf Situationen, in denen sie nicht gleich eine Bestätigung erhalten. Ihr Handeln ist häufig auf unmittelbare Befriedigung ausgerichtet. Obwohl sie eine Arbeitsstelle oder ein Projekt oft mit großem Enthusiasmus beginnen, kann ihr Interesse schnell nachlassen. Länger bestehende Freundschaften werden vernachlässigt, um Platz zu schaffen für die Aufregung durch neue Beziehungen.

Das tatsächliche Suizidrisiko ist nicht bekannt. Aufgrund klinischer Erfahrung weisen Betroffene mit dieser Störung ein erhöhtes Risiko für suizidale Handlungen und Suizidandrohungen auf, um Aufmerksamkeit zu erlangen und bessere Fürsorge zu erzwingen. Die Histrionische Persönlichkeitsstörung wurde mit erhöhten Raten der Somatisierungsstörung, Konversionsstörung und Major Depression in Verbindung gebracht. Eine Borderline, Narzißtische, Antisoziale und Dependente Persönlichkeitsstörung treten oft zusätzlich auf.

Besondere kulturelle, Alters- und Geschlechtsmerkmale

Normen für zwischenmenschliches Verhalten, persönliche Erscheinung und emotionalen Ausdruck unterscheiden sich erheblich zwischen einzelnen Kulturen, Geschlechtern und Altersgruppen. Bevor man die verschiedenen, auf eine Histrionische Persönlichkeitsstörung hinweisenden Eigenschaften (z. B. Emotionalität, verführerisches Verhalten, dramatischer zwischenmenschlicher Stil, Suche nach Neuem, Geselligkeit, Charme, Beeindruckbarkeit und Somatisierungstendenz) betrachtet, ist es wichtig festzustellen, ob sie klinisch bedeutsame Beeinträchtigungen oder Leiden verursachen. Im klinischen Bereich wurde diese Störung häufiger bei Frauen diagnostiziert; dennoch ist die Geschlechterverteilung nicht signifikant verschieden von der Geschlechterverteilung von Frauen innerhalb des entsprechenden klinischen Bereiches. Demgegenüber berichten einige Studien, die strukturierte Untersuchungsinstrumente benutzten, ähnliche Prävalenzraten bei Männern und Frauen. Möglicherweise ist der verhaltensmäßige Ausdruck der Histrionischen Persönlichkeitsstörung durch Geschlechtsrollen-Stereotypen beeinflußt. Beispielsweise kleidet und verhält sich ein Mann mit dieser Störung in einer Weise, die oft als „Macho" bezeichnet wird, und versucht, durch Prahlen mit seinen athletischen Leistungen die Aufmerksamkeit auf sich zu lenken, während eine Frau sich z. B. ausgesprochen feminin kleidet und darüber spricht, wie stark sie ihren Tanzlehrer beeindrucke.

Prävalenz

Die beschränkten Daten von Studien an der Allgemeinbevölkerung sprechen für eine Prävalenz der Histrionischen Persönlichkeitsstörung von ungefähr 2–3 %. Raten von ungefähr 10–15 % wurden von stationären und ambulanten Patienten in psychiatrischen Kliniken berichtet, wenn strukturierte Interviews benutzt wurden.

Differentialdiagnose

Andere Persönlichkeitsstörungen können mit der Histrionischen Persönlichkeitsstörung verwechselt werden, weil sie bestimmte Merkmale gemeinsam haben. Daher ist es wichtig, diese Störungen anhand von Unterschieden in ihren charakteristischen Merkmalen voneinander abzugrenzen. Dennoch können, wenn eine Person Persönlichkeitsmerkmale aufweist, die die Kriterien für eine oder mehrere Persönlichkeitsstörungen neben der Histrionischen Persönlichkeitsstörung erfüllen, alle diese diagnostiziert werden. Obwohl die **Borderline Persönlichkeitsstörung** ebenfalls durch die Suche nach Aufmerksamkeit, manipulatives Verhalten und rasch wechselnde Emotionen gekennzeichnet ist, unterscheidet sie sich durch Selbstschädigung, Wutausbrüche gegenüber engen Vertrauenspersonen, ein chronisches Gefühl der Leere sowie Identitätsstörungen. Betroffene mit **Antisozialer Persönlichkeitsstörung** und Histrionischer Persönlichkeitsstörung haben beide die Tendenz, impulsiv, oberflächlich, aufregungsuchend, rücksichtslos, verführerisch und manipulativ zu sein; jedoch neigen Personen mit Histrionischer Persönlichkeitsstörung dazu, in ihren Emotionen übertriebener zu sein, und lassen sich nicht charakteristischerweise auf antisoziale Verhaltensweisen ein. Personen mit Histrionischer Persönlichkeitsstörung sind manipulativ, um Zuwendung zu erhalten, während Personen mit Antisozialer Persönlichkeitsstörung manipulativ sind, um Profit, Macht oder eine andere materielle Belohnung zu erhalten. Obwohl Personen mit **Narzißtischer Persönlichkeitsstörung** nach der Aufmerksamkeit anderer Menschen verlangen, möchten sie gewöhnlich für ihre „Überlegenheit" gelobt werden, während Personen mit Histrionischer Persönlichkeitsstörung bereit sind, für zerbrechlich oder dependent gehalten zu werden, wenn dies dazu dient, Aufmerksamkeit zu erlangen. Personen mit Narzißtischer Persönlichkeitsstörung können die Innigkeit ihrer Beziehungen mit anderen Menschen übertreiben, doch neigen sie eher dazu, den „VIP"-Status oder das Vermögen ihrer Freunde zu betonen. Bei der **Dependenten Persönlichkeitsstörung** ist die Person übermäßig abhängig vom Lob und von der Führung durch andere, wobei jedoch nicht die auffälligen, übertriebenen emotionalen Merkmale der Histrionischen Persönlichkeitsstörung auftreten.

Die Histrionische Persönlichkeitsstörung muß unterschieden werden von einer **Persönlichkeitsveränderung Aufgrund eines Medizinischen Krankheitsfaktors**, bei denen die Eigenschaften auf die direkte Wirkung des medizinischen Krankheitsfaktors auf das Zentralnervensystem zurückgehen. Die Histrionische Persönlichkeitsstörung muß ebenso unterschieden werden von **Symptomen, die sich in Verbindung mit einem chronischen Substanzgebrauch entwickeln** (z. B. Nicht Näher Bezeichnete Störung im Zusammenhang mit Kokain).

Viele Personen können histrionische Persönlichkeitszüge zeigen. Nur wenn diese Züge unflexibel, unangepaßt und überdauernd sind und in bedeutsamer Weise funktionelle Beeinträchtigungen oder subjektives Leiden verursachen, stellen sie eine Histrionische Persönlichkeitsstörung dar.

Diagnostische Kriterien für 301.50 (F60.4) Histrionische Persönlichkeitsstörung

Ein tiefgreifendes Muster übermäßiger Emotionalität oder Strebens nach Aufmerksamkeit. Der Beginn liegt im frühen Erwachsenenalter und die Störung zeigt sich in verschiedenen Situationen. Mindestens 5 der folgenden Kriterien müssen erfüllt sein:
(1) fühlt sich unwohl in Situationen, in denen er/sie nicht im Mittelpunkt der Aufmerksamkeit steht,
(2) die Interaktion mit anderen ist oft durch ein unangemessen sexuell verführerisches oder provokantes Verhalten charakterisiert,
(3) zeigt rasch wechselnden und oberflächlichen Gefühlsausdruck,
(4) setzt durchweg die körperliche Erscheinung ein, um die Aufmerksamkeit auf sich zu lenken,
(5) hat einen übertrieben impressionistischen, wenig detaillierten Sprachstil,
(6) zeigt Selbstdramatisierung, Theatralik und übertriebenen Gefühlsausdruck,
(7) ist suggestibel, d. h. leicht beeinflußbar durch andere Personen oder Umstände,
(8) faßt Beziehungen enger auf, als sie tatsächlich sind.

301.81 (F60.8) Narzißtische Persönlichkeitsstörung

Diagnostische Merkmale

Das Hauptmerkmal der Narzißtischen Persönlichkeitsstörung ist ein tiefgreifendes Muster von Großartigkeit, dem Bedürfnis nach Bewunderung und Mangel an Einfühlungsvermögen. Der Beginn liegt im frühen Erwachsenenalter, und die Störung zeigt sich in verschiedenen Situationen.

Personen mit dieser Störung nehmen sich in übertriebenem Maße selbst wichtig (**Kriterium 1**). Sie überschätzen regelmäßig ihre Fähigkeiten und übertreiben ihre Leistungen, wodurch sie häufig prahlerisch und großspurig erscheinen. Sie können ungeniert annehmen, daß andere ihren Bemühungen den gleichen Wert zuschreiben und sind dann möglicherweise überrascht, wenn das erwartete und ihrer Meinung nach verdiente Lob ausbleibt. Häufig impliziert die übertriebene Einschätzung ihrer eigenen Leistungen eine Unterschätzung (Abwertung) der Beiträge anderer. Oft sind sie stark eingenommen von Phantasien grenzenlosen Erfolgs, Macht, Glanz, Schönheit oder idealer Liebe (**Kriterium 2**). Es kann geschehen, daß sie über „schon seit langem fällige" Bewunderung und Ehre nachsinnen und sich in vorteilhafter Weise mit berühmten oder privilegierten Menschen vergleichen.

Personen mit Narzißtischer Persönlichkeitsstörung glauben, daß sie überlegen, besonders oder einzigartig sind und erwarten von anderen, sie so anzusehen (**Kriterium 3**). Möglicherweise glauben sie, daß sie nur von solchen Menschen verstanden werden und auch nur mit solchen verkehren sollten, die besonders oder von hohem Ansehen sind, und schreiben denjenigen, mit denen sie verkehren, die Eigenschaften „einzigartig", „perfekt" oder „begabt" zu. Individuen mit dieser Störung glauben, daß ihre Bedürfnisse außergewöhnlich sind und sich der Kenntnis gewöhnlicher Menschen entziehen. Ihr eigenes Selbstwertgefühl wird durch den idealisierten Wert, den sie denjenigen zumessen, mit denen sie verkehren, erhöht (d. h. „gespiegelt"). Es liegt nahe, daß sie darauf bestehen, nur von „Top"-Personen (Arzt, Anwalt, Friseur, Ausbilder) behandelt zu werden oder nur den „besten" Institutionen angegliedert zu werden, werten aber den Ruf derer ab, von denen sie enttäuscht wurden.

Betroffene mit dieser Störung verlangen im allgemeinen nach übermäßiger Bewunderung (**Kriterium 4**). Ihr Selbstwertgefühl ist fast immer sehr brüchig. Sie sind meist sehr darum besorgt, wie gut sie funktionieren und wie positiv andere von ihnen denken. Dies nimmt häufig die Form eines Bedürfnisses nach ständiger Aufmerksamkeit und Bewunderung an. Sie können erwarten, daß ihre Ankunft mit großem Hallo begrüßt wird, und sind erstaunt, wenn andere ihnen ihren Besitz nicht neiden. Sie können, häufig mit viel Charme, ständig auf Komplimente aus sein. Das Anspruchsdenken der betroffenen Personen wird deutlich in ihrer übertriebenen Erwartung an eine besonders bevorzugte Behandlung (**Kriterium 5**). Sie erwarten, daß man ihnen entgegenkommt, und sind erstaunt oder wütend, wenn dies nicht geschieht. So meinen sie zum Beispiel, daß sie sich nicht in einer Schlange anstellen müssen oder daß ihre Angelegenheiten so wichtig sind, daß andere sich ihnen fügen sollten und sind dann verärgert, wenn andere es versäumen, ihnen „bei ihrer sehr wichtigen Arbeit" zu helfen. Diese Anspruchshaltung kann in Verbindung mit einem Mangel an Sensibilität gegenüber den Wünschen und Bedürfnissen anderer Menschen zu deren bewußter oder unabsichtlicher Ausnutzung führen (**Kriterium 6**). Sie erwarten, alles zu bekommen, was sie sich wünschen oder zu brauchen meinen, ungeachtet dessen, was dieses für andere bedeutet. Die betroffenen Individuen können zum Beispiel große Zuneigung von anderen erwarten und können sie überbeanspruchen ohne Rücksicht auf die Auswirkungen auf deren Leben. Sie neigen dazu, Freundschaften oder Partnerschaften nur dann einzugehen, wenn die Wahrscheinlichkeit besteht, daß die andere Person ihren Absichten dient oder aber ihr Selbstwertgefühl stärkt. Häufig reißen sie besondere Privilegien und Mittel an sich, die sie aufgrund ihrer Besonderheit zu verdienen glauben.

Menschen mit Narzißtischer Persönlichkeitsstörung haben im allgemeinen einen Mangel an Empathie und haben Schwierigkeiten, die Wünsche, subjektiven Erfahrungen und Gefühle anderer zu erkennen (**Kriterium 7**). Sie können annehmen, daß andere sich ganz und gar um ihr Wohl sorgen. Sie neigen dazu, ihre eigenen Angelegenheiten unangemessen detailliert zu besprechen, während es ihnen nicht gelingt zu erkennen, daß andere auch Gefühle und Bedürfnisse haben. Häufig sind sie verächtlich und ungeduldig gegenüber anderen, die über ihre eigenen Probleme und Angelegenheiten sprechen. Die betroffenen Individuen werden sich möglicherweise der Kränkung, die sie mit ihren Bemerkungen verursachen, nicht bewußt (indem sie z. B. einer/einem früheren Geliebten überschwenglich mitteilen: „Ich habe jetzt die Beziehung meines Lebens gefunden" oder indem sie gegenüber einem Kranken mit ihrer Gesundheit prahlen). Wenn die Bedürfnisse, Wünsche oder Gefühle anderer erkannt werden, werden sie gern als Zeichen von Schwäche oder Verletzlichkeit abgetan. Diejenigen, die in

Beziehung zu Individuen mit Narzißtischer Persönlichkeitsstörung stehen, stellen typischerweise eine emotionale Kälte und einen Mangel an gegenseitigem Interesse fest.

Die Betroffenen sind oft neidisch auf andere oder glauben, andere seien neidisch auf sie (**Kriterium 8**). Es kommt vor, daß sie anderen ihre Erfolge oder ihren Besitz nicht gönnen, weil sie meinen, selbst diese Leistungen, Bewunderung oder Privilegien eher zu verdienen. Sie können die Beiträge anderer barsch abwerten, insbesondere dann, wenn jene Anerkennung oder Lob für ihre Leistungen erhalten haben. Arrogante, überhebliche Verhaltensweisen charakterisieren diese Personen. Häufig legen sie eine snobistische, verächtliche oder herablassende Haltung an den Tag (**Kriterium 9**). Eine Person mit dieser Störung kann sich z. B. über die „Unverschämtheit" oder „Blödheit" eines unbeholfenen Kellners beklagen oder eine medizinische Untersuchung mit einer herablassenden Bewertung des Arztes beenden.

Zugehörige Merkmale und Störungen

Die Verletzlichkeit des Selbstwertgefühls läßt Menschen mit Narzißtischer Persönlichkeitsstörung sehr sensibel auf „Verletzungen" durch Kritik oder Niederlagen reagieren. Auch wenn sie es nicht nach außen hin zeigen, kann Kritik die Personen quälen und Gefühle der Erniedrigung, Degradierung, Wertlosigkeit und Leere bei ihnen zurücklassen. Sie können mit Verachtung, Wut oder trotzigen Gegenangriffen reagieren. Solche Erfahrungen führen häufig zu gesellschaftlichem Rückzug oder einem Anschein von Demut, der die Großartigkeit verdecken oder schützen kann. Die zwischenmenschlichen Beziehungen sind aufgrund von Problemen, die sich aus dem Anspruchsdenken, dem Verlangen nach Bewunderung und der entsprechenden Mißachtung von Empfindsamkeiten anderer ergeben, typischerweise beeinträchtigt. Obwohl maßloser Ehrgeiz und Selbstvertrauen zu großen Leistungen führen können, kann die Leistungsfähigkeit durch Überempfindlichkeit gegen Kritik oder Niederlagen unterbrochen werden. Die berufliche Leistungsfähigkeit kann manchmal sehr niedrig sein und spiegelt dann mangelnde Risikobereitschaft in Wettbewerbssituationen oder anderen Situationen, in denen Niederlagen möglich sind, wider. Anhaltende Gefühle von Scham oder Demütigung und die damit verbundene Selbstkritik können mit gesellschaftlichem Rückzug, depressiver Stimmung und Dysthymer Störung oder Major Depression einhergehen. Im Gegensatz dazu können anhaltende Perioden von Großartigkeit mit einer hypomanen Stimmung verbunden sein. Die Narzißtische Persönlichkeitsstörung wird auch mit Anorexia Nervosa und Störungen im Zusammenhang mit Psychotropen Substanzen (insbesondere im Zusammenhang mit Kokain) in Verbindung gebracht. Histrionische, Borderline, Antisoziale und Paranoide Persönlichkeitsstörungen können mit der Narzißtischen Persönlichkeitsstörung einhergehen.

Besondere Alters- und Geschlechtsmerkmale

Narzißtische Züge können besonders häufig bei Heranwachsenden auftreten und bedeuten nicht unbedingt, daß die Person künftig eine Narzißtische Persönlichkeitsstörung entwickeln wird. Personen mit Narzißtischer Persönlichkeitsstörung können besondere Schwierigkeiten haben, sich auf die mit dem Alterungsprozeß einhergehenden physischen und beruflichen Einschränkungen einzustellen. 50–75 % der Personen mit der Diagnose Narzißtische Persönlichkeitsstörung sind männlich.

Prävalenz

Schätzungen über die Prävalenz der Narzißtischen Persönlichkeitsstörung reichen von 2–16 % in klinischen Populationen und liegen unter 1 % in der allgemeinen Bevölkerung.

Differentialdiagnose

Andere Persönlichkeitsstörungen können mit der Narzißtischen Persönlichkeitsstörung verwechselt werden, weil sie bestimmte Merkmale gemeinsam haben. Daher ist es wichtig, die Störungen auf der Grundlage der Unterschiede in ihren charakteristischen Merkmalen zu unterscheiden. Wenn jedoch eine Person Persönlichkeitsmerkmale aufweist, die die Kriterien einer oder mehrerer Persönlichkeitsstörungen zusätzlich zur Narzißtischen Persönlichkeitsstörung erfüllen, können alle diese diagnostiziert werden. Das nützlichste Merkmal zur Unterscheidung der Narzißtischen Persönlichkeitsstörung von **Histrionischer, Antisozialer** und **Borderline Persönlichkeitsstörung**, deren jeweilige Interaktionsstile Koketterie, Herzlosigkeit bzw. Bedürftigkeit sind, ist das Großartigkeitsmerkmal der Narzißtischen Persönlichkeitsstörung. Auch die relative Stabilität des Selbstbildes sowie der relative Mangel an Destruktivität gegenüber sich selbst, an Impulsivität und an der Sorge, verlassen zu werden, sind zur Unterscheidung zwischen Narzißtischer Persönlichkeitsstörung und Borderline Persönlichkeitsstörung hilfreich. Übermäßiger Stolz auf die eigenen Leistungen, ein relativer Mangel an Emotionalität und Verachtung für die Empfindsamkeiten anderer sind hilfreich, um die Narzißtische Persönlichkeitsstörung von der Histrionischen Persönlichkeitsstörung zu unterscheiden. Obwohl Menschen mit Borderline, Histrionischer und Narzißtischer Persönlichkeitsstörung nach viel Aufmerksamkeit verlangen können, brauchen die von der Narzißtischen Persönlichkeitsstörung Betroffenen insbesondere Aufmerksamkeit im Sinne von Bewunderung. Personen mit Antisozialer und solche mit Narzißtischer Persönlichkeitsstörung haben beide die Neigung, unsentimental, glatt, oberflächlich, ausbeuterisch und unempathisch zu sein. Die Narzißtische Persönlichkeitsstörung schließt jedoch nicht unbedingt die Eigenschaften Impulsivität, Aggression und Täuschung ein. Darüber hinaus haben Menschen mit Antisozialer Persönlichkeitsstörung möglicherweise kein solches Bedürfnis nach Bewunderung und neigen nicht so sehr dazu, andere zu beneiden. Außerdem fehlt Menschen mit Narzißtischer Persönlichkeitsstörung gewöhnlich die Vorgeschichte einer Verhaltensstörung in der Kindheit oder kriminellen Verhaltens im Erwachsenenalter. Sowohl bei der Narzißtischen Persönlichkeitsstörung als auch bei der **Zwanghaften Persönlichkeitsstörung** kann die Person einen Hang zu Perfektionismus bekunden und glauben, daß andere weniger gründlich sind. Im Gegensatz zur gleichzeitig auftretenden Selbstkritik bei den von Zwanghafter Persönlichkeitsstörung Betroffenen glauben Personen mit Narzißtischer Persönlichkeitsstörung meist, tatsächlich Perfektion erlangt zu haben. Argwohn und gesellschaftlicher Rückzug unterscheiden gewöhnlich Personen mit **Schizotypischer** oder **Paranoider Persönlichkeitsstörung** von denen mit Narzißtischer Persönlichkeitsstörung. Wenn diese Eigenschaften bei Individuen mit Narzißtischer Persönlichkeitsstörung vorhanden sind, gehen sie in erster Linie auf die Angst zurück, daß Unvollkommenheit oder Mängel aufgedeckt werden könnten. Großartigkeit kann als Teil von **Manischen** oder **Hypomanen Episoden** auftreten, aber die Verbindung mit Stimmungswechseln oder Funktionsbeeinträchtigungen ist hilfreich, um diese Episoden von der Narzißtischen Persönlichkeitsstörung zu differenzieren.

Die Narzißtische Persönlichkeitsstörung muß unterschieden werden von einer **Persönlichkeitsveränderung Aufgrund eines Medizinischen Krankheitsfaktors**, bei der die Eigenschaften auf die direkte Wirkung eines medizinischen Krankheitsfaktors auf das Zentralnervensystem zurückgehen. Sie muß ebenfalls unterschieden werden von **Symptomen, die sich im Zusammenhang mit einem chronischen Substanzgebrauch entwickeln können** (z. B. Nicht Näher Bezeichnete Störung im Zusammenhang mit Kokain).

Viele äußerst erfolgreiche Menschen weisen Persönlichkeitszüge auf, die als narzißtisch angesehen werden könnten. Nur wenn diese Eigenschaften unflexibel, unangepaßt und überdauernd sind und in bedeutsamer Weise funktionelle Beeinträchtigungen oder subjektives Leiden verursachen, stellen sie eine Narzißtische Persönlichkeitsstörung dar.

Diagnostische Kriterien für 301.81 (F60.8) Narzißtische Persönlichkeitsstörung

Ein tiefgreifendes Muster von Großartigkeit (in Phantasie oder Verhalten), Bedürfnis nach Bewunderung und Mangel an Empathie. Der Beginn liegt im frühen Erwachsenenalter und zeigt sich in verschiedenen Situationen. Mindestens 5 der folgenden Kriterien müssen erfüllt sein:

(1) hat ein grandioses Gefühl der eigenen Wichtigkeit (übertreibt z. B. die eigenen Leistungen und Talente; erwartet, ohne entsprechende Leistungen als überlegen anerkannt zu werden),
(2) ist stark eingenommen von Phantasien grenzenlosen Erfolgs, Macht, Glanz, Schönheit oder idealer Liebe,
(3) glaubt von sich, „besonders" und einzigartig zu sein und nur von anderen besonderen oder angesehenen Personen (oder Institutionen) verstanden zu werden oder nur mit diesen verkehren zu können,
(4) verlangt nach übermäßiger Bewunderung,
(5) legt ein Anspruchsdenken an den Tag, d. h. übertriebene Erwartungen an eine besonders bevorzugte Behandlung oder automatisches Eingehen auf die eigenen Erwartungen,
(6) ist in zwischenmenschlichen Beziehungen ausbeuterisch, d. h. zieht Nutzen aus anderen, um die eigenen Ziele zu erreichen,
(7) zeigt einen Mangel an Empathie: ist nicht willens, die Gefühle und Bedürfnisse anderer zu erkennen oder sich mit ihnen zu identifizieren,
(8) ist häufig neidisch auf andere oder glaubt, andere seien neidisch auf ihn/sie,
(9) zeigt arrogante, überhebliche Verhaltensweisen oder Haltungen.

Cluster C-Persönlichkeitsstörungen

301.82 (F60.6) Vermeidend-Selbstunsichere Persönlichkeitsstörung

Diagnostische Merkmale

Das Hauptmerkmal der Vermeidend-Selbstunsicheren Persönlichkeitsstörung ist ein tiefgreifendes Muster von sozialer Gehemmtheit, Insuffizienzgefühlen und Überempfindlichkeit gegenüber negativer Beurteilung. Der Beginn liegt im frühen Erwachsenenalter und die Störung zeigt sich in verschiedenen Situationen.

Aus Angst vor Kritik, Mißbilligung oder Zurückweisung vermeiden Menschen mit Vermeidend-Selbstunsicherer Persönlichkeitsstörung häufig schulische oder berufliche Aktivitäten, die engere zwischenmenschliche Kontakte mit sich bringen (**Kriterium 1**). Angebote einer beruflichen Beförderung können abgelehnt werden, weil die neuen Verpflichtungen mit der kritischen Beurteilung durch Mitarbeiter verbunden sein könnten. Die Betroffenen vermeiden neue Freundschaften, sofern sie sich nicht sicher sind, kritiklos akzeptiert und gemocht zu werden (**Kriterium 2**). Von anderen Menschen wird solange angenommen, daß sie kritisch und ablehnend eingestellt sind, bis sie überzeugend das Gegenteil bewiesen haben. Personen mit dieser Störung meiden Gruppenaktivitäten, sofern nicht wiederholt großzügige Angebote der Unterstützung und Akzeptanz unterbreitet werden. Obwohl die Betroffenen fähig sind, innige Beziehungen einzugehen, wenn sie sich der unkritischen Annahme sicher sind, fällt es ihnen oft schwer, zwischenmenschliche Nähe aufzubauen. Aus Angst, bloßgestellt, beschämt oder lächerlich gemacht zu werden, können sie gehemmt sein, Schwierigkeiten haben, über sich selbst zu sprechen und intime Gefühle zurückhalten (**Kriterium 3**).

Weil Personen mit dieser Störung ganz davon eingenommen sind, daß sie in sozialen Situationen kritisiert oder abgelehnt werden, können sie eine deutlich verminderte Wahrnehmungsschwelle für solches Verhalten haben (**Kriterium 4**). Verhält sich ein anderer nur leicht ablehnend oder kritisch, können sie sich äußerst verletzt fühlen. Aus der Angst, jegliche Beachtung könnte erniedrigend oder zurückweisend sein, neigen sie zu schüchternem, stillem, gehemmtem und „unsichtbarem" Verhalten. Da sie erwarten, daß alles, was sie äußern, von anderen für falsch gehalten wird, kann es sein, daß sie überhaupt nichts sagen. Sie reagieren heftig bei geringsten Hinweisen auf Spott oder Hohn. Trotz des Verlangens, aktiv am gesellschaftlichen Leben teilzunehmen, fürchten sie sich davor, ihr Wohlergehen in die Hände anderer zu legen. Menschen mit Vermeidend-Selbstunsicherer Persönlichkeitsstörung verhalten sich in neuen zwischenmenschlichen Situationen gehemmt, weil sie sich als unzulänglich empfinden und geringe Selbstachtung besitzen (**Kriterium 5**). Zweifel an sozialer Kompetenz und persönlicher Ausstrahlung werden besonders in Situationen deutlich, bei denen Interaktionen mit Fremden gefordert sind. Die Betroffenen halten sich für gesellschaftlich unbeholfen, persönlich unattraktiv oder anderen gegenüber unterlegen (**Kriterium 6**). Sie nehmen außergewöhnlich ungern persönliche Risiken auf sich oder neue Unternehmungen in Angriff, weil dies sich als beschämend erweisen könnte (**Kriterium 7**). Sie neigen dazu, die möglichen Gefahren alltäglicher Situationen zu überschätzen. Aus dem Bedürfnis nach Gewißheit und Sicherheit kann eine eingeschränkte Lebensweise resultieren. So kann ein von dieser Störung Betroffener ein Vorstellungsgespräch absagen, aus Angst, in Verlegenheit zu geraten, da er nicht passend gekleidet ist. Geringfügige körperliche Symptome oder andere Probleme können zur Begründung herangezogen werden, neuen Aktivitäten aus dem Weg zu gehen.

Zugehörige Merkmale und Störungen

Menschen mit Vermeidend-Selbstunsicherer Persönlichkeitsstörung schätzen die Handlungen und Äußerungen der Menschen, mit denen sie Kontakt haben, oft aufmerksam ab. Ihr ängstliches und angespanntes Benehmen kann bei anderen Spott und Hohn hervorrufen, was wiederum ihre Selbstzweifel bestätigt. Sie sind sehr besorgt, daß sie auf Kritik mit Erröten oder Weinen reagieren. Von anderen werden sie als „schüchtern", „ängstlich", „einsam" und „isoliert" beschrieben. Die mit dieser Störung verbundenen Hauptprobleme treten bei der Bewältigung sozialer und beruflicher Aufgaben auf. Die geringe Selbstachtung und Überempfindlichkeit gegenüber Ablehnung ist mit eingeschränkten zwischenmenschlichen

Kontakten verbunden. Die Betroffenen können relativ isoliert sein und haben in der Regel kein ausgedehntes unterstützendes soziales Netzwerk, das bei der Bewältigung von Krisen helfen könnte. Sie wünschen sich Liebe und Anerkennung und können von idealisierten Beziehungen zu anderen träumen. Das vermeidende Verhalten kann sich nachteilig auf die beruflichen Aufgaben auswirken, da die Betroffenen versuchen, solche sozialen Situationen zu vermeiden, die wichtig sein könnten, um die grundlegenden beruflichen Anforderungen zu erfüllen oder ein Weiterkommen zu erreichen.

Affektive Störungen und Angststörungen (insbesondere die Soziale Phobie vom Generalisierten Typus) werden häufig gemeinsam mit der Vermeidend-Selbstunsicheren Persönlichkeitsstörung diagnostiziert. Die Vermeidend-Selbstunsichere Persönlichkeitsstörung wird auch oft gemeinsam mit der Dependenten Persönlichkeitsstörung diagnostiziert, weil Menschen mit Vermeidend-Selbstunsicherer Persönlichkeitsstörung eine enge Bindung und Abhängigkeit zu den wenigen Menschen, mit denen sie befreundet sind, entwickeln. Die Diagnose Vermeidend-Selbstunsichere Persönlichkeitsstörung wird ebenfalls oft zusammen mit der Borderline Persönlichkeitsstörung und den Cluster A Persönlichkeitsstörungen (Paranoide, Schizoide oder Schizotypische Persönlichkeitsstörung) gestellt.

Besondere kulturelle, Alters- und Geschlechtsmerkmale

In verschiedenen kulturellen und ethnischen Gruppen können Unterschiede bestehen, bis zu welchem Ausprägungsgrad Zurückhaltung und Vermeidungsverhalten als normal angesehen werden. Vermeidendes Verhalten kann darüber hinaus infolge von Einwanderung und den damit verbundenen Problemen der kulturellen Anpassung auftreten. Diese Diagnose sollte mit großer Zurückhaltung bei Kindern und Jugendlichen verwendet werden, bei denen schüchternes und vermeidendes Verhalten im Rahmen der normalen Entwicklung auftritt. Die Vermeidend-Selbstunsichere Persönlichkeitsstörung scheint bei Männern und Frauen gleich häufig aufzutreten.

Prävalenz

Die Prävalenz der Vermeidend-Selbstunsicheren Persönlichkeitsstörung liegt in der Gesamtbevölkerung zwischen 0,5 % und 1 %. Die Vermeidend-Selbstunsichere Persönlichkeitsstörung soll bei etwa 10 % der ambulanten Patienten in psychiatrischen Kliniken auftreten.

Verlauf

Das vermeidende Verhalten beginnt häufig während des Kleinkindalters oder der Kindheit mit Scheu, Isolation, Angst vor fremden Menschen und vor neuen Situationen. Obwohl Schüchternheit während der Kindheit ein häufiger Vorbote der Vermeidend-Selbstunsicheren Persönlichkeitsstörung ist, nimmt sie bei der Mehrzahl der Menschen mit zunehmendem Alter ab. Im Gegensatz dazu kann bei Personen, die eine Vermeidend-Selbstunsichere Persönlichkeitsstörung entwickeln, beobachtet werden, daß sie während der Jugend und im frühen Erwachsenenalter, wenn soziale Beziehungen zu anderen Menschen besonders wichtig werden, zunehmend schüchtern und selbstunsicher werden. Es gibt Hinweise darauf, daß die Vermeidend-Selbstunsichere Persönlichkeitsstörung bei Erwachsenen weniger ausgeprägt auftritt oder mit dem Alter nachläßt.

Differentialdiagnose

Zwischen der Vermeidend-Selbstunsicheren Persönlichkeitsstörung und der **Sozialen Phobie, Generalisierter Typus** scheinen so große Überschneidungen zu bestehen, daß sie alternative Konzeptualisierungen der gleichen oder ähnlicher Zustände darstellen könnten. Vermeidung kennzeichnet des weiteren sowohl die Vermeidend-Selbstunsichere Persönlichkeitsstörung als auch die **Panikstörung mit Agoraphobie**, beide treten oft gemeinsam auf. Bei der Panikstörung mit Agoraphobie tritt vermeidendes Verhalten typischerweise nach einer Panikattacke auf und kann abhängig von deren Häufigkeit und Intensität variieren. Im Gegensatz dazu tritt vermeidendes Verhalten bei der Vermeidend-Selbstunsicheren Persönlichkeitsstörung früh, ohne ersichtliche Vorboten und mit stabilem Verlauf auf.

Andere Persönlichkeitsstörungen können mit der Vermeidend-Selbstunsicheren Persönlichkeitsstörung verwechselt werden, da bestimmte gemeinsame Merkmale vorliegen. Daher ist es wichtig, diese Störungen aufgrund der Unterschiede in ihren charakteristischen Merkmalen abzugrenzen. Wenn allerdings eine Person Persönlichkeitsmerkmale aufweist, die die Kriterien einer oder mehrerer Persönlichkeitsstörungen zusätzlich zu denen der Vermeidend-Selbstunsicheren Persönlichkeitsstörung erfüllen, können alle diese diagnostiziert werden. Sowohl die Vermeidend-Selbstunsichere Persönlichkeitsstörung, als auch die **Dependente Persönlichkeitsstörung** sind durch Insuffizienzgefühle, Überempfindlichkeit gegenüber Kritik und dem Bedürfnis nach Bestätigung gekennzeichnet. Bei der Vermeidend-Selbstunsicheren Persönlichkeitsstörung besteht das hauptsächliche Interesse darin, Erniedrigung und Zurückweisung zu vermeiden, während bei der Dependenten Persönlichkeitsstörung der Schwerpunkt darauf liegt, umsorgt zu werden. Es ist dennoch sehr wahrscheinlich, daß die Vermeidend-Selbstunsichere Persönlichkeitsstörung und die Dependente Persönlichkeitsstörung gemeinsam vorkommen. Personen mit **Schizoider** oder **Schizotypischer Persönlichkeitsstörung** sind wie Personen mit Vermeidend-Selbstunsicherer Persönlichkeitsstörung durch soziale Isolation gekennzeichnet. Im Gegensatz zu Personen mit Schizoider oder Schizotypischer Persönlichkeitsstörung, die mit ihrer sozialen Isolation zufrieden sind, sie sogar bevorzugen können, wünschen sich Personen mit Vermeidend-Selbstunsicherer Persönlichkeitsstörung Beziehungen zu anderen Menschen und leiden sehr unter ihrer Einsamkeit. Sowohl die **Paranoide Persönlichkeitsstörung** als auch die Vermeidend-Selbstunsichere Persönlichkeitsstörung sind durch die Abneigung, anderen Menschen zu vertrauen, gekennzeichnet. Bei der Vermeidend-Selbstunsicheren Persönlichkeitsstörung jedoch beruht diese Abneigung mehr auf der Angst, in Verlegenheit zu geraten oder als unzulänglich angesehen zu werden, denn auf der Furcht vor böswilligen Absichten anderer Menschen.

Die Vermeidend-Selbstunsichere Persönlichkeitsstörung muß von einer **Persönlichkeitsveränderung Aufgrund eines Medizinischen Krankheitsfaktors** unterschieden werden, bei der die Eigenschaften auf die direkte Wirkung eines medizinischen Krankheitsfaktors auf das Zentralnervensystem zurückgehen. Sie muß ebenso von **Symptomen, die sich in Verbindung mit einem chronischen Substanzgebrauch entwickeln** (z. B. Nicht Näher Bezeichnete Störung im Zusammenhang mit Kokain), unterschieden werden.

Viele Personen zeigen vermeidende Persönlichkeitszüge. Nur wenn diese Persönlichkeitszüge unflexibel, unangepaßt und überdauernd sind und in bedeutsamer Weise funktionelle Beeinträchtigungen oder subjektives Leiden verursachen, stellen sie eine Vermeidend-Selbstunsichere Persönlichkeitsstörung dar.

> **Diagnostische Kriterien für 301.82 (F60.6)**
> **Vermeidend-Selbstunsichere Persönlichkeitsstörung**
>
> Ein tiefgreifendes Muster von sozialer Gehemmtheit, Insuffizienzgefühlen und Überempfindlichkeit gegenüber negativer Beurteilung. Der Beginn liegt im frühen Erwachsenenalter, und die Störung manifestiert sich in verschiedenen Situationen. Mindestens 4 der folgenden Kriterien müssen erfüllt sein:
> (1) vermeidet aus Angst vor Kritik, Mißbilligung oder Zurückweisung berufliche Aktivitäten, die engere zwischenmenschliche Kontakte mit sich bringen,
> (2) läßt sich nur widerwillig mit Menschen ein, sofern er/sie sich nicht sicher ist, daß er/sie gemocht wird,
> (3) zeigt Zurückhaltung in intimeren Beziehungen, aus Angst beschämt oder lächerlich gemacht zu werden,
> (4) ist stark davon eingenommen, in sozialen Situationen kritisiert oder abgelehnt zu werden,
> (5) ist aufgrund von Gefühlen der eigenen Unzulänglichkeit in neuen zwischenmenschlichen Situationen gehemmt,
> (6) hält sich für gesellschaftlich unbeholfen, persönlich unattraktiv oder anderen gegenüber unterlegen,
> (7) nimmt außergewöhnlich ungern persönliche Risiken auf sich oder irgendwelche neuen Unternehmungen in Angriff, weil dies sich als beschämend erweisen könnte.

301.6 (F60.7) Dependente Persönlichkeitsstörung

Diagnostische Merkmale

Das Hauptmerkmal der Dependenten Persönlichkeitsstörung ist ein tiefgreifendes und überstarkes Bedürfnis nach Fürsorge, das zu unterwürfigem und anklammerndem Verhalten und Trennungsängsten führt. Der Beginn liegt im Erwachsenenalter, und die Störung manifestiert sich in verschiedenen Situationen. Die abhängigen und unterwürfigen Verhaltensweisen sind darauf angelegt, Fürsorge hervorzurufen und resultieren aus der Selbstwahrnehmung, ohne die Hilfe anderer nicht lebensfähig zu sein.

Menschen mit Dependenter Persönlichkeitsstörung haben große Schwierigkeiten, alltägliche Entscheidungen zu treffen (z. B. welche Hemdenfarbe zur Arbeit anzuziehen ist, ob ein Regenschirm mitzunehmen ist), ohne ausgiebig Rat und Bestätigung von anderen einzuholen (**Kriterium 1**). Die Betroffenen neigen dazu, sich passiv zu verhalten und anderen (meist einer einzelnen anderen Person) zu erlauben, die Initiative und die Verantwortung für die wichtigsten Lebensbereiche zu übernehmen (**Kriterium 2**). Erwachsene mit dieser Störung benötigen typischerweise ein Elternteil oder den Ehepartner, um über den Wohnort, den auszuübenden Beruf oder die Auswahl von Freunden in der Nachbarschaft zu entscheiden. Bei Heranwachsenden mit dieser Störung kommt es vor, daß sie den Eltern die Entscheidung darüber, was sie anziehen, mit wem sie Umgang haben, wie sie ihre Freizeit gestalten und welche Schule oder Hochschule sie besuchen sollen, überlassen. Dieses Bedürfnis, anderen die Verantwortung zu überlassen, überschreitet alters- und situationsangemessene Wünsche nach Unterstützung durch andere (z. B. die typischen Bedürfnisse von Kindern, älteren oder behinderten Menschen). Die Dependente Persönlichkeitsstörung kann bei einem Menschen auftreten, der an einem ernsten medizinischen Krankheitsfaktor oder einer Behinderung leidet. In solchen Fällen müssen aber die Schwierigkeiten, Verantwortung zu übernehmen, über diejenigen hinausgehen, die normalerweise mit dieser Erkrankung oder Behinderung verbunden sind.

Aus Angst, Unterstützung und Zustimmung zu verlieren, haben Menschen mit Dependenter Persönlichkeitsstörung Schwierigkeiten, anderen Personen gegenüber, besonders solchen, von denen sie abhängig sind, eine andere Meinung zu vertreten (**Kriterium 3**). Die Betroffenen fühlen sich alleine so lebensunfähig, daß sie eher Dingen zustimmen, die sie für falsch halten, als das Risiko einzugehen, die Hilfe derer, bei denen sie nach Führung suchen, zu verlieren. Sie werden nicht in angemessener Weise zornig auf Personen, deren Unterstützung und Akzeptanz sie benötigen, aus Angst, sich von diesen zu entfremden. Wenn die von einer Person geäußerten Befürchtungen hinsichtlich der Folgen einer Meinungsverschiedenheit realistisch sind (z. B. die realistische Angst vor Bestrafung durch einen mißhandelnden Ehepartner), sollte das Verhalten nicht als Hinweis auf eine Dependente Persönlichkeitsstörung angesehen werden.

Menschen mit dieser Störung haben Schwierigkeiten, Unternehmungen selbst zu beginnen oder Dinge unabhängig durchzuführen (**Kriterium 4**). Sie besitzen kein Selbstvertrauen und glauben, daß sie Unterstützung benötigen, um eine Aufgabe beginnen oder durchführen zu können. Sie überlassen anderen die Initiative, weil sie regelhaft glauben, daß andere Menschen die Dinge besser können. Die Betroffenen sind davon überzeugt, daß sie unfähig sind, eigenständig zu leben. Sie stellen sich selbst als unbeholfen und ständiger Hilfe bedürftig dar. Allerdings sind sie in der Lage, effektiv zu arbeiten, wenn sicher ist, daß ein anderer die Aufsicht führt und das Tun gutheißt. Es kann Angst, leistungsfähiger zu sein oder zu erscheinen, auftreten, da sie denken, dann verlassen zu werden. Weil sie sich darauf verlassen, daß andere ihre Probleme lösen, erwerben sie häufig nicht die Fähigkeit, unabhängig zu leben, so daß die Abhängigkeit sich fortsetzt.

Die Betroffenen können alles Erdenkliche tun, um die Versorgung und Zuwendung anderer zu gewinnen, bis dahin, daß sie sogar freiwillig Tätigkeiten übernehmen, die für sie unangenehm sind, wenn sie dadurch die Fürsorge erhalten, die sie benötigen (**Kriterium 5**). Sie sind bereit, sich dem Willen anderer zu unterwerfen, selbst wenn die Forderungen unzumutbar sind. Ihr Bedürfnis, eine wichtige Bindung zu erhalten, führt häufig zu unausgeglichenen und verzerrten Beziehungen. Sie können sich ungewöhnlich selbstaufopfernd verhalten oder verbalen, physischen oder sexuellen Mißbrauch zulassen. (Dabei sollte beachtet werden, daß dieses Verhalten nur dann als Kennzeichen für das Vorliegen einer Dependenten Persönlichkeitsstörung angesehen werden sollte, wenn dem Betroffenen unzweifelhaft alternative Verhaltensweisen zur Verfügung stehen). Personen mit dieser Störung fühlen sich aus übertriebener Angst, nicht für sich selbst sorgen zu können, alleine unwohl und hilflos (**Kriterium 6**). Sie werden sich für sie wichtigen Menschen „anhängen", nur um zu verhindern, daß sie allein sind, auch wenn sie an der Unternehmung nicht interessiert oder beteiligt sind.

Wenn eine enge Beziehung endet (z. B. eine Liebesbeziehung zerbricht oder eine versorgende Bezugsperson verstirbt), werden Menschen mit Dependenter Persönlichkeitsstörung dringend eine andere Beziehung suchen, um die Fürsorge und Unterstützung, die sie benötigen, zu sichern (**Kriterium 7**). Ihre Überzeugung, ohne eine enge Beziehung nicht lebensfähig zu sein, führt dazu, daß sich die Betroffenen rasch und unkritisch an eine andere Person binden. Menschen mit dieser Störung sind oft von der Angst eingenommen, verlassen zu werden und für sich selbst sorgen zu müssen (**Kriterium 8**). Sie glauben, so sehr von Ratschlägen und der Hilfe eines wichtigen Menschen abhängig zu sein, daß sie sich darum sorgen, von dieser Person verlassen zu werden, obwohl kein Grund für solche Befürchtungen vorliegt. Um als Beleg für dieses Kriterium zu gelten, müssen die Ängste übermäßig und unrealistisch sein. Wenn z. B. ein älterer krebskranker Mann zu seinem Sohn zieht, um dort versorgt zu werden, so stellt dies ein den Lebensumständen dieses Mannes angemessenes abhängiges Verhalten dar.

Zugehörige Merkmale und Störungen

Für Menschen mit Dependenter Persönlichkeitsstörung sind Pessimismus und Selbstzweifel charakteristisch. Sie neigen dazu, ihre Fähigkeiten und Vorzüge zu unterschätzen, auch mögen sie sich ständig als „dumm" bezeichnen. Kritik und Mißbilligung werten sie als Beweis ihrer Wertlosigkeit, Selbstvertrauen geht verloren. Gewöhnlich suchen sie bei anderen übermäßigen Schutz und Dominanz. Die berufliche Leistungsfähigkeit kann beeinträchtigt sein, wenn die Art der Tätigkeit Selbständigkeit erfordert. Sie vermeiden verantwortungsvolle Positionen und sind ängstlich, wenn sie Entscheidungen treffen müssen. Die sozialen Beziehungen sind meist auf die wenigen Personen beschränkt, von denen der Betroffene abhängig ist. Ein erhöhtes Risiko für Affektive Störungen, Angststörungen und für eine Anpassungsstörung kann bestehen. Die Dependente Persönlichkeitsstörung tritt häufig gemeinsam mit anderen Persönlichkeitsstörungen auf, insbesondere der Borderline, Vermeidend-Selbstunsicheren und Histrionischen Persönlichkeitsstörung. Ein chronischer medizinischer Krankheitsfaktor oder eine Störung mit Trennungsangst können bei Kindern und Heranwachsenden prädisponierend für die Entwicklung dieser Störung sein.

Besondere kulturelle, Alters- und Geschlechtsmerkmale

In unterschiedlichen alters- und soziokulturellen Gruppen können grundlegende Unterschiede bestehen, bis zu welchem Ausprägungsgrad abhängiges Verhalten als angemessen angesehen wird. Alter und kulturelle Faktoren müssen bei der Beurteilung des diagnostischen Schwellenwertes eines jeden Kriteriums berücksichtigt werden. Abhängiges Verhalten sollte nur dann als kennzeichnend für diese Störung angesehen werden, wenn es die kulturellen Normen des Betroffenen eindeutig überschreitet oder unrealistische Besorgnis widerspiegelt. Für einige Gesellschaftsformen sind Passivität, Höflichkeit und rücksichtsvolles Verhalten kennzeichnend und können fälschlich als Merkmale der Dependenten Persönlichkeitsstörung aufgefaßt werden. Entsprechend kann in der Gesellschaft dependentes Verhalten beim männlichen oder weiblichen Geschlecht unterschiedlich gefördert oder mißbilligt werden. Die Diagnose sollte, wenn überhaupt, mit größter Vorsicht bei Kindern und Jugendlichen verwendet werden, bei denen abhängiges Verhalten entwicklungsgemäß angepaßt sein kann. Im klinischen Bereich wurde diese Störung häufiger bei Frauen diagnostiziert; allerdings ist die Geschlechterverteilung dieser Störung nicht signifikant verschieden von der Geschlechterverteilung von Frauen im entsprechenden klinischen Bereich. Ferner berichten einige Studien, bei denen strukturierte Erhebungen angewendet werden, vergleichbare Prävalenzen bei Männern und Frauen.

Prävalenz

Die Dependente Persönlichkeitsstörung zählt zu den in psychiatrischen Kliniken am häufigsten diagnostizierten Persönlichkeitsstörungen.

Differentialdiagnose

Die Dependente Persönlichkeitsstörung muß von Abhängigkeit, die als Folge einer Achse I-Störung (z. B. **Affektive Störungen, Panikstörung** oder **Agoraphobie**) und als Folge eines **medizinischen Krankheitsfaktors** auftritt, unterschieden werden. Die Dependente Persönlichkeitsstörung ist gekennzeichnet durch einen frühen Beginn, chronischen Verlauf und ein Verhaltensmuster, welches nicht ausschließlich während einer Achse I- oder Achse III-Störung auftritt.

Andere Persönlichkeitsstörungen können mit der Dependenten Persönlichkeitsstörung verwechselt werden, da sie bestimmte gemeinsame Merkmale haben. Deshalb ist es wichtig, zwischen diesen Störungen aufgrund der Unterschiede in den charakteristischen Merkmalen zu unterscheiden. Wenn allerdings ein Mensch Persönlichkeitsmerkmale aufweist, die die Kriterien einer oder mehrerer Persönlichkeitsstörungen zusätzlich zu denen der Dependenten Persönlichkeitsstörung erfüllen, können alle diese diagnostiziert werden. Obwohl viele Persönlichkeitsstörungen durch abhängige Züge gekennzeichnet sind, kann die Dependente Persönlichkeitsstörung durch das überwiegend unterwürfige, reaktive und anklammernde Verhalten unterschieden werden. Sowohl die Dependente Persönlichkeitsstörung als auch die **Borderline Persönlichkeitsstörung** sind durch die Angst, verlassen zu werden, charakterisiert. Allerdings reagiert ein Mensch mit einer Borderline Persönlichkeitsstörung darauf mit Gefühlen der emotionalen Leere, Wut und Forderungen. Die Person mit Dependenter Persönlichkeitsstörung hingegen verhält sich zunehmend beschwichtigend und unterwürfig und sucht dringend eine Ersatzbeziehung, um Fürsorge und Unterstützung zu sichern. Die Borderline Persönlichkeitsstörung kann darüber hinaus durch ein typisches Muster instabiler und intensiver zwischenmenschlicher Beziehungen von der Dependenten Persönlichkeitsstörung unterschieden werden. Menschen mit **Histrionischer Persönlichkeitsstörung** haben wie Menschen mit Dependenter Persönlichkeitsstörung das starke Bedürfnis nach Bestätigung und Anerkennung und können kindlich und anklammernd erscheinen. Im Gegensatz zur Dependenten Persönlichkeitsstörung, die durch bescheidenes und gefügiges Verhalten gekennzeichnet ist, zeichnet sich die Histrionische Persönlichkeitsstörung allerdings durch schillerndes Auftreten in Gesellschaft und lebhaftes Verlangen nach Aufmerksamkeit aus. Sowohl die Dependente Persönlichkeitsstörung als auch die **Vermeidend-Selbstunsichere Persönlichkeitsstörung** sind durch Insuffizienzgefühle, Überempfindlichkeit gegenüber Kritik und dem Bedürfnis nach Bestätigung gekennzeichnet. Personen mit Vermeidend-Selbstunsicherer Persönlichkeitsstörung haben allerdings so starke Angst vor Erniedrigung und Zurückweisung, daß sie sich so lange zurückziehen, bis sie sich sicher sind, akzeptiert zu werden. Im Gegensatz dazu suchen und bewahren Menschen mit Dependenter Persönlichkeitsstörung eher Verbindungen zu wichtigen Menschen, als ihnen aus dem Weg zu gehen oder sich zurückzuziehen.

Die Dependente Persönlichkeitsstörung muß von einer **Persönlichkeitsveränderung Aufgrund eines Medizinischen Krankheitsfaktors** unterschieden werden, bei der die Persönlichkeitsmerkmale auf die direkte Wirkung eines medizinischen Krankheitsfaktors auf das Zentralnervensystem zurückgehen. Ferner müssen **Symptome, die sich in Zusammenhang mit Substanzgebrauch entwickeln können** (z. B. Nicht Näher Bezeichnete Störung im Zusammenhang mit Kokain), unterschieden werden.

Viele Menschen weisen selbstunsichere Persönlichkeitsmerkmale auf. Nur wenn diese Merkmale unflexibel, unangepaßt und überdauernd sind und in bedeutsamer Weise funktionelle Beeinträchtigungen oder subjektives Leiden verursachen, stellen sie eine Dependente Persönlichkeitsstörung dar.

Diagnostische Kriterien für 301.6 (F60.7) Dependente Persönlichkeitsstörung

Ein tiefgreifendes und überstarkes Bedürfnis, versorgt zu werden, das zu unterwürfigem und anklammerndem Verhalten und Trennungsängsten führt. Der Beginn liegt im frühen Erwachsenenalter, und die Störung zeigt sich in verschiedenen Situationen. Mindestens 5 der folgenden Kriterien müssen erfüllt sein:

(1) hat Schwierigkeiten, alltägliche Entscheidungen zu treffen, ohne ausgiebig den Rat und die Bestätigung anderer einzuholen,

(2) benötigt andere, damit diese die Verantwortung für seine/ihre wichtigsten Lebensbereiche übernehmen,

(3) hat Schwierigkeiten, anderen Menschen gegenüber eine andere Meinung zu vertreten, aus Angst, Unterstützung und Zustimmung zu verlieren. **Beachte**: hier bleiben realistische Ängste vor Bestrafung unberücksichtigt,

(4) hat Schwierigkeiten, Unternehmungen selbst zu beginnen oder Dinge unabhängig durchzuführen (eher aufgrund von mangelndem Vertrauen in die eigene Urteilskraft oder die eigenen Fähigkeiten als aus mangelnder Motivation oder Tatkraft),

(5) tut alles Erdenkliche, um die Versorgung und Zuwendung anderer zu erhalten bis hin zur freiwilligen Übernahme unangenehmer Tätigkeiten,

(6) fühlt sich alleine unwohl oder hilflos aus übertriebener Angst, nicht für sich selbst sorgen zu können,

(7) sucht dringend eine andere Beziehung als Quelle der Fürsorge und Unterstützung, wenn eine enge Beziehung endet,

(8) ist in unrealistischer Weise von Ängsten eingenommen, verlassen zu werden und für sich selbst sorgen zu müssen.

301.4 (F60.5) Zwanghafte Persönlichkeitsstörung

Diagnostische Merkmale

Das Hauptmerkmal einer Zwanghaften Persönlichkeitsstörung ist die starke Beschäftigung mit Ordnung, Perfektion sowie psychischer und zwischenmenschlicher Kontrolle, dies auf Kosten von Flexibilität, Aufgeschlossenheit und Effizienz. Dieses Verhaltensmuster entwickelt sich im frühen Erwachsenenalter und zeigt sich in verschiedenen Situationen.

Menschen mit einer Zwanghaften Persönlichkeitsstörung versuchen, ihr Kontrollbedürfnis mit Hilfe sorgfältiger Beachtung von Regeln, nebensächlichen Details, Verfahrensfragen, Listen, Skalen oder Formalismen zu realisieren, und zwar in einem solchen Ausmaß, daß der eigentliche Grund für die Aktivität aus dem Blickfeld gerät (**Kriterium 1**). Sie sind übertrieben sorgsam und neigen zu Wiederholungen, wobei sie Details außergewöhnliche Beachtung schenken und wiederholt hinsichtlich möglicher Fehler überprüfen. Sie übersehen dabei die Tatsache, daß sich andere Menschen durch die mit diesem Verhalten verbundenen

Verzögerungen und Unannehmlichkeiten sehr belästigt fühlen können. So wird beispielsweise ein Betroffener, der eine Liste von zu erledigenden Dingen verlegt hat, unangemessen lange nach dieser Liste suchen, statt sie kurz aus dem Gedächtnis neu zu erstellen und dann die Erledigungen durchzuführen. Zeit wird zu knapp bemessen, die wichtigsten Aufgaben werden bis zum letzten Moment verschoben. Perfektionismus und selbst auferlegte hohe Leistungsmaßstäbe verursachen bei diesen Menschen in beträchtlichem Maße Funktionsbeeinträchtigungen und Leid. So können sie sich in dem Bemühen, eine Aufgabe absolut perfekt zu erledigen, so sehr in die Detailarbeit vertiefen, daß die eigentliche Arbeit nie zum Abschluß kommt (**Kriterium 2**). Zum Beispiel verzögert sich die endgültige Niederschrift eines Berichtes durch zahllose zeitintensive Verbesserungen, die alle nur knapp an die vermeintliche Perfektheit heranreichen. Vorgegebene Fristen werden versäumt, Aspekte des persönlichen Lebens, die nicht zum momentanen Schwerpunkt der Aktivität gehören, geraten in Unordnung.

Menschen mit einer Zwanghaften Persönlichkeitsstörung widmen sich gänzlich der Arbeit und Produktivität bis zur Aufgabe von Freizeitbeschäftigungen und Freundschaften (**Kriterium 3**). Dieses Verhalten ist nicht durch ökonomische Notwendigkeiten verursacht. Oft haben diese Menschen das Gefühl, keine Zeit zu haben, sich einen Abend oder einen Wochenendtag für einen Ausflug oder nur zur Entspannung frei zu nehmen. Sie können eine angenehme Tätigkeit, z. B. in Ferien fahren, solange vor sich herschieben, bis diese nicht mehr stattfinden kann. Wenn sie sich doch einmal Zeit für Freizeitaktivitäten oder Urlaub nehmen, so fühlen sie sich sehr unbehaglich, wenn sie nicht an irgend etwas weiterarbeiten können, damit „keine Zeit verschwendet wird". Möglicherweise kommt es zu großen Anstrengungen bei der Hausarbeit (z. B. fortgesetztes exzessives Putzen, so daß „man vom Boden essen könnte"). Freizeit mit Freunden läuft meist in organisierter Form ab (z. B. sportliche Betätigung). Hobbys oder Beschäftigungen mit Erholungswert werden als ernstzunehmende Aufgabe aufgefaßt, deren Erfüllung sorgfältige Organisation und harte Arbeit abverlangt. Betont wird stets die perfekte Leistung. Die betroffenen Menschen verwandeln Spiel in eine strukturierte Pflichtaufgabe (z. B. wird ein kleines Kind ermahnt, weil es seine Spielringe nicht in der richtigen Reihenfolge über einen Pfosten wirft; einem mit seinem Dreirad herumkurvenden Kind wird gesagt, es solle auf einer geraden Linie fahren; ein Baseball-Spiel wird in eine strenge „Schulstunde" umfunktioniert).

Menschen mit einer Zwanghaften Persönlichkeitsstörung sind häufig außerordentlich gewissenhaft, voller Skrupel und unflexibel in bezug auf Moral- und Wertvorstellungen (**Kriterium 4**). Sie zwingen sich und andere Menschen zur Befolgung rigider moralischer Prinzipien und strikter Leistungsstandards. Dabei sind sie hinsichtlich eigener Fehler erbarmungslos selbstkritisch. Menschen mit dieser Persönlichkeitsstörung sind auf hartnäckige Weise autoritätsgläubig und abhängig von Regeln, und sie bestehen auf deren wortwörtlicher Befolgung, wobei es keine mildernden Umstände oder Ausnahmen gibt. Z. B. wird solch ein Mensch seinem Freund keinen Groschen zum Telefonieren leihen, weil „man nie Gläubiger oder Schuldner sein soll" oder weil es „schlecht" für den Charakter sein könnte. Diese Eigenschaften sollten allerdings nicht auf der kulturellen oder religiösen Orientierung des Betroffenen beruhen.

Es kommt vor, daß Menschen mit dieser Störung nicht in der Lage sind, wertlose oder abgenützte Dinge wegzuwerfen, selbst wenn diese keinerlei Gefühlswert besitzen (**Kriterium 5**). Häufig machen sie sich zu „Packeseln". Sie erachten es als Verschwendung, etwas wegzuwerfen, denn sie denken, „man weiß nie, wann man etwas noch einmal brauchen könnte", und sie geraten außer Fassung, wenn jemand versucht, die Dinge loszuwerden, die sie selbst aufbewahrt haben. Ihre Ehepartner oder auch andere Mitbewohner beklagen sich unter Umständen über den zunehmenden Platzbedarf für alte Gegenstände, Zeitungen, beschädigte Geräte usw.

Menschen mit Zwanghafter Persönlichkeitsstörung delegieren ungern Aufgaben und arbeiten nur widerstrebend mit anderen Menschen zusammen (**Kriterium 6**). Stur und unvernünftig beharren sie darauf, daß alles auf ihre Art erledigt wird und daß andere ihren Arbeitsstil übernehmen. Oft geben sie anderen detaillierte Instruktionen zur Arbeit (z. B. über die einzig richtige Art und Weise des Rasenmähens, des Geschirrspülens, des Hundezwingerbaus usw.), und auf kreative Verbesserungsvorschläge anderer reagieren sie überrascht und irritiert. Obwohl sie mit ihrer Arbeit in Verzug sind, lehnen sie Hilfe ab, weil es ihnen keiner recht machen kann.

Menschen mit dieser Störung sind oft geizig und knauserig und haben einen weit unter ihren finanziellen Möglichkeiten liegenden Lebensstandard, weil sie glauben, ihre Ausgaben im Hinblick auf künftige Katastrophen drastisch einschränken zu müssen (**Kriterium 7**). Diese Menschen sind charakterisiert durch Rigidität und Eigensinn (**Kriterium 8**). Sie sind so sehr beschäftigt mit dem einzig „richtigen" Weg, die Dinge zu tun, daß es ihnen schwerfällt, die Ideen anderer mitzuverfolgen. Sie planen bis ins kleinste Detail voraus und wollen dabei von Veränderungen nichts wissen. Völlig in die eigene Sichtweise verstrickt, ist es ihnen nahezu unmöglich, die Gesichtspunkte anderer zu berücksichtigen. Freunde und Kollegen können durch diese durchgehende Starrheit frustriert werden. Sogar wenn Menschen mit einer Zwanghaften Persönlichkeitsstörung erkennen, daß Kompromisse auch in ihrem eigenen Interesse sein könnten, werden sie diese doch eigensinnig zurückweisen, indem sie auf „Prinzipien" verweisen.

Zugehörige Merkmale und Störungen

Wenn Regelwerk und eingefahrene Vorgehensweisen keine hinreichenden Antworten vorgeben, dann wird Entscheidungsfindung ein zeitraubender und oft schmerzhafter Prozeß. Menschen mit Zwanghafter Persönlichkeitsstörung haben möglicherweise so große Entscheidungsschwierigkeiten hinsichtlich der Priorität von Aufgaben oder der Festlegung auf die beste Vorgehensweise bei ihrer Bewältigung, daß sie nichts wirklich beginnen. Sie neigen zu fassungslosen oder verärgerten Reaktionen auf Situationen, in denen sie die Kontrolle über die Abläufe und Personen ihrer Umgebung nicht aufrecht erhalten können; dabei kommt die Verärgerung typischerweise nicht direkt zum Ausdruck. Beispielsweise kann sich jemand über schlechte Bedienung in einem Restaurant ärgern; doch statt sich bei der Geschäftsleitung zu beschweren, grübelt er über die Höhe des Trinkgeldes nach. Bei anderen Gelegenheiten wird Ärger über anscheinend geringfügigere Anlässe mit unangemessener Entrüstung geäußert. Menschen mit dieser Störung verfolgen mit besonderer Aufmerksamkeit ihren relativen Status bezüglich Dominanz oder Unterlegenheit in sozialen Beziehungen, und sie verhalten sich gegenüber Respektspersonen auffallend unterwürfig, leisten aber heftigen Widerstand gegen eine Autorität, die von ihnen nicht anerkannt wird.

Gewöhnlich drücken Menschen mit dieser Störung ihre Empfindungen auf sehr kontrollierte oder umständlich-geschraubte Weise aus und fühlen sich in Gegenwart von gefühlsbetonten Menschen sehr unwohl. Der alltägliche Kontakt mit diesen Menschen läuft förmlich und ernst ab, und in Situationen, in denen andere lächeln und glücklich sind, verhalten sich die Betroffenen unnahbar (z. B. bei der Begrüßung eines geliebten Menschen auf dem Flughafen). Sorgsam halten sie sich zurück, bis sie hinreichend sicher sein können, daß sie sich perfekt ausdrücken werden. Sie stützen sich auf Logik und Intellekt, und affektives Verhalten anderer wird nicht toleriert. Es fällt ihnen schwer, zärtliche Gefühle auszudrücken, selten können sie anerkennende Komplimente machen. Diese Menschen erleben es oft als berufliche Schwierigkeit und Belastung, wenn sie mit neuen Situationen konfrontiert werden, die ihnen Flexibilität und Kompromißbereitschaft abverlangen.

Obwohl einige Studien eine Verbindung zur Zwangsstörung nahelegen (diese wird im Kapitel „Angststörungen" behandelt, Seite 480), so scheint doch die Mehrheit der Menschen mit einer Zwangsstörung kein Verhaltensmuster zu zeigen, das den Kriterien einer Zwanghaften Persönlichkeitsstörung entspricht. Viele Merkmale der letztgenannten Störung überlappen sich mit Persönlichkeitszügen des „Typ A" (z. B. Feindseligkeit, Konkurrenzstreben und Zeitdruck), und diese finden sich besonders bei Menschen mit erhöhtem Myokardinfarktrisiko. Zwischen Zwanghafter Persönlichkeitsstörung sowie Affektiven und Angststörungen kann ein Zusammenhang bestehen.

Besondere kulturelle und Geschlechtsmerkmale

Bei der diagnostischen Beurteilung eines Menschen in Hinblick auf eine Zwanghafte Persönlichkeitsstörung sollte der Untersucher jene Verhaltensweisen ausklammern, die Ausdruck von solchen Sitten und Gebräuchen sowie zwischenmenschlichen Umgangsformen sind, welche von der Bezugsgruppe des Betroffenen kulturell anerkannt werden. Bestimmte Kulturen legen besonderen Wert auf Arbeit und Produktivität; das daraus resultierende Verhalten der Mitglieder dieser Kultur sollte nicht als Anzeichen einer Zwanghaften Persönlichkeitsstörung vermerkt werden. In kontrollierten Studien wird diese Störung doppelt so oft bei Männern diagnostiziert.

Prävalenz

Kontrollierte Studien legen folgende Prävalenzschätzungen zur Zwanghaften Persönlichkeitsstörung nahe: etwa 1 % für die Normalbevölkerung, etwa 3–10 % der in psychiatrischen Kliniken gesehenen Patienten.

Differentialdiagnose

Trotz der Namensähnlichkeit läßt sich die **Zwangsstörung** anhand des Vorliegens echter Zwangsvorstellungen und Zwangshandlungen üblicherweise leicht von der Zwanghaften Persönlichkeitsstörung unterscheiden. Die Diagnose einer Zwangsstörung sollte vor allem gestellt werden bei extremer Sammelwut (wenn z. B. die Anhäufungen wertloser Objekte eine erhöhte Brandgefahr darstellen und den Durchgang durch ein Haus erschweren). Liegen Kriterien für beide Störungen vor, so sollten auch beide Diagnosen gestellt werden.

Andere Persönlichkeitsstörungen können mit einer Zwanghaften Persönlichkeitsstörung verwechselt werden, weil bestimmte Merkmale gemeinsam vorliegen. Daher ist es wichtig, eine Unterscheidung dieser Störungen auf der Basis der charakteristischen Merkmale vorzunehmen. Wenn allerdings eine Person Persönlichkeitsmerkmale aufweist, die die Kriterien einer oder mehrerer Persönlichkeitsstörungen zusätzlich zur Zwanghaften Persönlichkeitsstörung erfüllen, dann können alle diese diagnostiziert werden. Menschen mit einer **Narzißtischen**

Persönlichkeitsstörung können sich ebenfalls zu einem Perfektionsstreben bekennen, und andere Menschen können ihnen nichts recht machen, doch glauben diese Personen eher daran, etwas wirklich perfekt erledigt zu haben, während jene mit einer Zwanghaften Persönlichkeitsstörung gewöhnlich selbstkritisch sind. Menschen mit Narzißtischer oder **Antisozialer Persönlichkeitsstörung** fehlt Großzügigkeit, doch sind sie sich selbst gegenüber nachsichtig, während Personen mit einer Zwanghaften Persönlichkeitsstörung sowohl sich selbst als auch anderen Menschen gegenüber kleinlich sind. Sowohl die **Schizoide Persönlichkeitsstörung** als auch die Zwanghafte Persönlichkeitsstörung können charakterisiert sein durch auffälligen Formalismus und soziale Distanziertheit. Bei einer Zwanghaften Persönlichkeitsstörung rührt dies vom Unbehagen vor Gefühlen und von exzessiver Hinwendung zur Arbeit her, während im Fall der Schizoiden Persönlichkeitsstörung die Fähigkeit zu Intimität grundlegend fehlt.

Die Zwanghafte Persönlichkeitsstörung muß unterschieden werden von einer **Persönlichkeitsveränderung Aufgrund eines Medizinischen Krankheitsfaktors**, bei der die Eigenschaften auf die direkte Wirkung eines medizinischen Krankheitsfaktors auf das Zentralnervensystem zurückgehen. Des weiteren sind **Symptome, die sich in Zusammenhang mit einem chronischen Substanzgebrauch entwickeln können** (z. B. Nicht Näher Bezeichnete Störung im Zusammenhang mit Kokain), zu unterscheiden.

Zwanghafte Persönlichkeitszüge in gemäßigter Ausprägung können sehr angemessen sein, besonders in Situationen, die gute Leistung erfordern. Nur wenn diese Züge unflexibel, unangepaßt und überdauernd sind und in bedeutsamer Weise funktionelle Beeinträchtigungen und subjektives Leiden verursachen, stellen sie eine Zwanghafte Persönlichkeitsstörung dar.

Diagnostische Kriterien für 301.4 (F60.5) Zwanghafte Persönlichkeitsstörung

Ein tiefgreifendes Muster von starker Beschäftigung mit Ordnung, Perfektion und psychischer sowie zwischenmenschlicher Kontrolle auf Kosten von Flexibilität, Aufgeschlossenheit und Effizienz. Die Störung beginnt im frühen Erwachsenenalter und zeigt sich in verschiedenen Situationen. Mindestens 4 der folgenden Kriterien müssen zutreffen:
(1) beschäftigt sich übermäßig mit Details, Regeln, Listen, Ordnung, Organisation oder Plänen, so daß der wesentliche Gesichtspunkt der Aktivität dabei verlorengeht,
(2) zeigt einen Perfektionismus, der die Aufgabenerfüllung behindert (z. B. kann ein Vorhaben nicht beendet werden, da die eigenen überstrengen Normen nicht erfüllt werden),
(3) verschreibt sich übermäßig der Arbeit und Produktivität unter Ausschluß von Freizeitaktivitäten und Freundschaften (nicht auf offensichtliche finanzielle Notwendigkeit zurückzuführen),
(4) ist übermäßig gewissenhaft, skrupulös und rigide in Fragen von Moral, Ethik und Werten (nicht auf kulturelle und religiöse Orientierung zurückzuführen),
(5) ist nicht in der Lage, verschlissene oder wertlose Dinge wegzuwerfen, selbst wenn sie nicht einmal Gefühlswert besitzen,
(6) delegiert nur widerwillig Aufgaben an andere oder arbeitet nur ungern mit anderen zusammen, wenn diese nicht genau die eigene Arbeitsweise übernehmen,
(7) ist geizig sich selbst und anderen gegenüber; Geld muß im Hinblick auf befürchtete künftige Katastrophen gehortet werden,
(8) zeigt Rigidität und Halsstarrigkeit.

301.9 (F60.9) Nicht Näher Bezeichnete Persönlichkeitsstörung

Diese Kategorie umfaßt Störungen der Persönlichkeitsfunktionen, die nicht die Kriterien einer spezifischen Persönlichkeitsstörung erfüllen. Ein Beispiel ist das Vorhandensein von Merkmalen mehr als einer spezifischen Persönlichkeitsstörung, welche die Kriterien für eine einzelne Persönlichkeitsstörung nicht vollständig erfüllen („gemischte Persönlichkeit"), die jedoch zusammengefaßt in klinisch bedeutsamer Weise Leiden und Beeinträchtigungen in mindestens einem wichtigen Funktionsbereich (z. B. sozial oder beruflich) verursachen. Diese Kategorie kann auch benutzt werden, wenn dem Untersucher eine spezifische Persönlichkeitsstörung diagnostisch zutreffend erscheint, die nicht in der vorliegenden Klassifikation enthalten ist, beispielsweise die depressive Persönlichkeitsstörung und die passiv-aggressive Persönlichkeitsstörung (siehe S. 821 bzw. S. 823 für die vorgeschlagenen Forschungskriterien).

Andere Klinisch Relevante Probleme

Dieses Kapitel beinhaltet andere relevante Erkrankungen oder Probleme, die im Vordergrund der klinischen Aufmerksamkeit stehen können. Sie können mit den psychischen Störungen, die zuvor in diesem Manual beschrieben wurden, wie folgt zusammenhängen:
1. das Problem steht im Mittelpunkt der Diagnostik oder Behandlung, ohne daß die Person eine psychische Störung hat (z. B. ein Partnerschaftskonflikt, bei dem keiner der beteiligten Personen die Kriterien für eine psychische Störung erfüllt; in diesem Fall wird nur der Partnerschaftkonflikt codiert;
2. die Person hat unabhängig vom Problem eine psychische Störung (z. B. ein Partnerschaftskonflikt und einer der beteiligten Partner hat zufällig eine spezifische Phobie; in diesem Fall kann beides codiert werden;
3. die Person hat eine psychische Störung, die im Zusammenhang mit dem Problem steht; dieses ist jedoch schwer genug, um für sich allein genommen klinische Beachtung zu rechtfertigen (z. B. ein Partnerschaftskonflikt, der ausreichend problematisch ist, um im Mittelpunkt der Behandlung zu stehen, und der mit einer Major Depression bei einem der Partner einhergeht; in diesem Fall kann beides codiert werden).

Die Zustände und Probleme in diesem Kapitel werden auf Achse I codiert.

Psychologische Faktoren, die Medizinische Krankheitsfaktoren Beeinflussen

316 (F54) Psychologischer Faktor, der einen Medizinischen Krankheitsfaktor Beeinflußt

Diagnostische Merkmale

Das Hauptmerkmal dieser Kategorie ist das Vorhandensein eines oder mehrerer spezifischer psychologischer oder verhaltensbezogener Faktoren, die einen medizinischen Krankheitsfaktor negativ beeinflussen. Dies kann auf verschiedene Arten geschehen: Die Faktoren können zum einen den Verlauf des medizinischen Krankheitsfaktors beeinflussen (was aus einem engen zeitlichen Zusammenhang zwischen den Faktoren und der Entwicklung, Exazerbation

---

Berater der deutschen Ausgabe:
PD Dr. Michael Zaudig, Windach
Prof. Dr. Oskar Berndt Scholz, Bonn
Dr. Volker Arolt, Lübeck

Übersetzer:
Dr. Dipl.-Psych. Rolf-Dieter Trautmann-Sponsel, Windach
Dipl.-Psych. Sabine Gruschwitz, Windach
PD Dr. Michael Zaudig, Windach
Dr. Charl Thora, Windach
Dipl.-Psych. Franziska Karlbauer, Windach

oder der verzögerten Genesung des medizinischen Krankheitsfaktors geschlossen werden kann). Sie können zum anderen die Behandlung des medizinischen Krankheitsfaktors behindern oder ein zusätzliches Gesundheitsrisiko für die Person darstellen (z. B. fortgesetztes übermäßiges Essen bei einer Person mit gewichtsabhängigem Diabetes). Sie können auch durch Auslösen körperlicher Streßreaktionen Symptome eines medizinischen Krankheitsfaktors herbeiführen oder verschlimmern (z. B. Brustschmerzen bei koronarer Herzkrankheit oder Bronchospasmus bei Asthma).

Die psychologischen oder verhaltensbezogenen Faktoren, die medizinische Krankheitsfaktoren beeinflussen können, beinhalten Achse I-Störungen, Achse II-Störungen, psychische Symptome oder Persönlichkeitszüge, die nicht die vollständigen Kriterien für eine bestimmte psychische Störung erfüllen sowie gesundheitsgefährdendes Verhalten oder körperliche Reaktionen auf umweltbezogene oder soziale Belastungsfaktoren.

Psychologische oder verhaltensbezogene Faktoren spielen eine mögliche Rolle im Erscheinungsbild oder bei der Behandlung fast aller medizinischen Krankheitsfaktoren. Diese Kategorie sollte jedoch für solche Situationen vorbehalten bleiben, bei denen die psychologischen Faktoren einen klinisch bedeutsamen Einfluß auf den Verlauf oder den Ausgang des medizinischen Krankheitsfaktors haben oder einen höheren Risikofaktor für einen ungünstigen Ausgang darstellen. Der Zusammenhang zwischen diesen Faktoren und dem medizinischen Krankheitsfaktor sollte hinreichend belegt sein, auch wenn eine direkte Kausalität oder die zugrundeliegenden Mechanismen nicht direkt erkennbar sind. Psychologische oder verhaltensbezogene Faktoren können den Verlauf fast jeder Art von Erkrankung beeinflussen, einschließlich kardiovaskuläre, dermatologische, endokrinologische, gastrointestinale, neoplastische, neurologische und rheumatische Erkrankungen sowie Atemwegs- und Nierenerkrankungen.

Die Diagnose Psychologische Faktoren, die einen Medizinischen Krankheitsfaktor Beeinflussen wird auf Achse I codiert, der begleitende medizinische Krankheitsfaktor auf Achse III (s. Anhang G für die diagnostischen Codierungen der medizinischen Krankheitsfaktoren). Zur genaueren Bestimmung der Art des psychologischen Faktors wird dieser aus der folgenden Liste gewählt. Wenn mehr als ein Faktor vorhanden ist, sollte der ausgeprägteste gekennzeichnet werden.

Psychische Störung, die ... *[Benenne den Medizinischen Krankheitsfaktor]* **Beeinflußt.** Eine spezifische Störung auf Achse I oder Achse II beinflußt in bedeutsamer Weise den Verlauf oder die Behandlung eines medizinischen Krankheitsfaktors (z. B. eine Major Depression verschlechtert die Prognose bei einem Herzinfarkt, bei einer Niereninsuffizienz oder bei einer Hämodialyse; eine Schizophrenie erschwert die Behandlung eines Diabetes mellitus). Zusätzlich zur Codierung dieses Zustandes auf Achse I ist die spezifische psychische Störung auch auf Achse I oder II zu codieren.

Psychische Symptome, die ... *[Benenne den Medizinischen Krankheitsfaktor]* **Beeinflussen.** Symptome, die nicht die vollständigen Kriterien für eine Achse I-Störung erfüllen, beeinflussen in bedeutsamer Weise den Verlauf oder die Behandlung eines medizinischen Krankheitsfaktors (z. B. Symptome von Angst oder Depression beeinflussen den Verlauf oder Schweregrad eines Colon irritabile oder einer peptischen Ulkuserkrankung oder komplizieren den postoperativen Verlauf).

Persönlichkeitsmerkmale oder Bewältigungsstile, die ... *[Benenne den Medizinischen Krankheitsfaktor]* **Beeinflussen.** Ein Persönlichkeitsmerkmal oder ein unangemessener Bewältigungsstil beeinflussen erheblich den Verlauf oder die Behandlung eines medizinischen Krankheitsfaktors. Es kann sich dabei um Persönlichkeitsmerkmale handeln, die die Kriterien für eine Achse II-Störung nicht erfüllen, oder um solche, die einen Risikofaktor für bestimmte Erkrankungen darstellen (z. B. „Typ A", angespanntes, feindseliges Verhalten für koronare Herzkrankheit). Problematische Persönlichkeitsmerkmale und unangemessene Bewältigungsstile können darüber hinaus die Compliance beeinträchtigen.

Gesundheitsgefährdendes Verhalten, das ... *[Benenne den Medizinischen Krankheitsfaktor]* **Beeinflußt.** Gesundheitsgefährdendes Verhalten (z. B. sitzende Tätigkeit, risikobehaftete Sexualpraktiken, übermäßiges Essen, exzessiver Alkohol- und Medikamentenkonsum) beeinflußt in bedeutsamer Weise den Verlauf oder die Behandlung eines medizinischen Krankheitsfaktors. Wenn das unangemessene Verhalten im Rahmen einer Achse I-Störung auftritt (z. B. übermäßiges Essen bei Bulimia Nervosa, Alkoholkonsum im Rahmen einer Alkoholabhängigkeit), sollte stattdessen die Diagnose Psychische Störung, die einen Medizinischen Krankheitsfaktor Beeinflußt verwendet werden.

Körperliche Streßreaktion, die ... *[Benenne den Medizinischen Krankheitsfaktor]* **Beeinflußt.** Körperliche Streßreaktionen beeinflussen erheblich den Verlauf oder die Behandlung eines medizinischen Krankheitsfaktors (führen z. B. zu Brustschmerzen oder zu einer Arrhythmie bei einem Patienten mit koronarer Herzkrankheit).

Andere oder Unspezifische Faktoren, die ... *[Benenne den Medizinischen Krankheitsfaktor]* **Beeinflussen.** Ein oben nicht aufgeführter oder unspezifischer psychologischer oder verhaltensbezogener Faktor beeinflußt in bedeutsamer Weise den Verlauf oder die Behandlung eines medizinischen Krankheitsfaktors.

Differentialdiagnose

Ein zeitlicher Zusammenhang zwischen Symptomen einer psychischen Störung und einem medizinischen Krankheitsfaktor ist auch charakteristisch für eine **Psychische Störung Aufgrund eines Medizinischen Krankheitsfaktors**, aber die angenommene Kausalität verläuft entgegengesetzt. Bei einer Psychischen Störung Aufgrund eines Medizinischen Krankheitsfaktors wird angenommen, daß der medizinische Krankheitsfaktor die psychische Störung durch einen direkten physiologischen Wirkmechanismus verursacht. Bei den Psychologischen Faktoren, die einen Medizinischen Krankheitsfaktor Beeinflussen wird im Gegensatz dazu angenommen, daß die psychologischen oder verhaltensbezogenen Faktoren den Verlauf des medizinischen Krankheitsfaktors beeinflussen.

Störungen durch Substanzkonsum (z. B. Alkoholabhängigkeit, Nikotinabhängigkeit) verschlechtern die Prognose vieler medizinischer Krankheitsfaktoren. Wenn bei einer Person eine Störung Durch Substanzkonsum vorliegt, die einen medizinischen Krankheitsfaktor ungünstig beeinflußt oder verursacht, kann zusätzlich zu der Diagnose Störung Durch Substanzkonsum die Diagnose Psychische Störung, die einen Medizinischen Krankheitsfaktor Beeinflußt auf Achse I vergeben werden. Bei einem Substanzkonsum, der einen medizinischen Krankheitsfaktor beeinflußt, aber nicht die Kriterien für eine Störung durch Substanz erfüllt, kann die Diagnose Gesundheitsgefährdendes Verhalten, das einen Medizinischen Krankheitsfaktor Beeinflußt vergeben werden.

Somatoforme Störungen sind charakterisiert durch das gleichzeitige Vorhandensein sowohl psychologischer Faktoren als auch körperlicher Symptome, aber es gibt keinen medizinischen Krankheitsfaktor, der die körperlichen Symptome vollständig erklärt. Im Gegensatz dazu handelt es sich bei den Psychologischen Faktoren, die einen Medizinischen Krankheitsfaktor Beeinflussen um Faktoren, die einen diagnostizierbaren medizinischen Krankheitsfaktor ungünstig beeinflussen. Psychologische Faktoren, die Schmerzsyndrome beeinflussen, fallen nicht in diese Kategorie, sondern werden codiert als **Schmerzsstörung in Verbindung mit Psychischen Faktoren** oder als **Schmerzstörung in Verbindung mit sowohl Psychischen Faktoren wie einem Medizinischen Krankheitsfaktor.**

Wenn die mangelnde Compliance für die Behandlung eines medizinischen Krankheitsfaktors auf psychologische Faktoren zurückgeht, jedoch in den Vordergrund der klinischen Aufmerksamkeit rückt, sollte **Nichtbefolgen von Behandlungsanweisungen** (siehe S. 769) codiert werden.

**316 ... *[Spezifischer Psychologischer Faktor]*, der ...
[Benenne den Medizinischen Krankheitsfaktor] Beeinflußt**

A. Ein medizinischer Krankheitsfaktor (codiert auf Achse III) ist vorhanden.

B. Psychologische Faktoren beeinflussen in ungünstiger Weise den medizinischen Krankheitsfaktor auf eine der folgenden Arten:
(1) die Faktoren beeinflussen den Verlauf des medizinischen Krankheitsfaktors, was aus einem engen zeitlichen Zusammenhang zwischen den psychologischen Faktoren und der Entwicklung, Exazerbation oder der verzögerten Genesung des medizinischen Krankheitsfaktors geschlossen werden kann,
(2) die Faktoren beeinträchtigen die Behandlung des medizinischen Krankheitsfaktors,
(3) die Faktoren stellen ein zusätzliches Gesundheitsrisiko für die Person dar,
(4) körperliche Streßreaktionen lösen Symptome eines medizinischen Krankheitsfaktors aus oder verschlimmern diese.

Wähle die Bezeichnung entsprechend der Art der psychologischen Faktoren [wenn mehr als ein Faktor vorhanden ist, benenne den ausgeprägtesten]:
Psychische Störung, die ... *[Benenne den Medizinischen Krankheitsfaktor]* **Beeinflußt**
(z. B. eine Major Depression verzögert die Genesung eines Herzinfarkts),
Psychische Symptome, die ... *[Benenne den Medizinischen Krankheitsfaktor]* **Beeinflußt**
(z. B. depressive Symptome verzögern den postoperativen Verlauf; Angstsymptomatik, die ein Asthma verschlimmert),
Persönlichkeitsmerkmale oder Bewältigungsstile, die ... *[Benenne den Medizinischen Krankheitsfaktor]* **Beeinflussen** (z. B. Verleugnung der Notwendigkeit einer Operation bei einem Krebspatienten; Typ-A-Verhalten, das zu einer kardiovaskulären Erkrankung beiträgt),
Gesundheitsgefährdendes Verhalten, das ... *[Benenne den Medizinischen Krankheitsfaktor]* **Beeinflußt** (z. B. übermäßiges Essen, Bewegungsmangel, risikobehaftete Sexualpraktiken),
Körperliche Streßreaktion, die ... *[Benenne den Medizinischen Krankheitsfaktor]* **Beeinflußt** (z. B. streßbedingte Verschlimmerungen eines Ulcus, einer Hypertonie, einer Arrhythmie oder eines Spannungskopfschmerzes),
Andere oder Unspezifische Psychologische Faktoren, die ... *[Benenne den Medizinischen Krankheitsfaktor]* **Beeinflussen** (z. B. zwischenmenschliche, kulturelle oder religiöse Faktoren).

Medikamenteninduzierte Bewegungsstörungen

Die folgenden Medikamenteninduzierten Bewegungsstörungen sind aufgeführt wegen ihrer Bedeutung 1) für die medikamentöse Behandlung von psychischen Störungen oder medizinischen Krankheitsfaktoren und 2) für die Differentialdiagnose zu Achse I-Störungen (z. B. Angststörung versus Neuroleptikainduzierte Akathisie; Katatonie versus Malignes Neuroleptisches Syndrom). Obwohl diese Störungen als „medikamenteninduziert" bezeichnet werden, bereitet es oft Probleme, eine kausale Beziehung zwischen der Medikation und der Entwicklung der Bewegungsstörung festzustellen, besonders weil einige dieser Bewegungsstörungen auch ohne Medikation auftreten. Der Begriff Neuroleptikum wird in diesem Manual in einem weiten Sinne gebraucht und bezieht sich auf alle Medikamente mit dopaminantagonistischen Eigenschaften. Diese umfassen die sog. „typischen" antipsychotischen Wirkstoffe (z. B. Chlorpromazin, Haloperidol, Fluphenazin), „atypische" antipsychotische Wirkstoffe (z. B. Clozapin) und Medikamente, die Dopamin-Rezeptoren blockieren, die jedoch zur Behandlung von Symptomen wie Übelkeit und Gastroparese eingesetzt werden (z. B. Prochlorperazin, Promethazin, Trimethobenzamid, Thiethylperazin und Metoclopramid) und Amoxapin, das als Antidepressivum auf dem Markt ist. Medikamenteninduzierte Bewegungsstörungen werden auf Achse I codiert.

332.1 (G21.1) Neuroleptikainduzierter Parkinsonismus

Parkinson-Tremor, Muskelrigidität oder Akinese, die innerhalb weniger Wochen nach Beginn oder Erhöhung einer Neuroleptika-Dosis aufgetreten sind (oder nach Reduktion einer Medikation zur Behandlung extrapyramidaler Symptome) (siehe S. 826 für vorgeschlagene Forschungskriterien).

333.92 (G21.0) Malignes Neuroleptisches Syndrom

Schwere Muskelrigidität, erhöhte Temperatur und andere damit zusammenhängende Befunde (z. B. Schweißausbrüche, Dysphagie, Inkontinenz, Wechsel der Bewußtseinslage von Verwirrtheit bis Koma, Mutismus, erhöhter oder labiler Blutdruck, erhöhte CPK), die sich in Verbindung mit einer neuroleptischen Medikation entwickeln (siehe S. 829 für vorgeschlagene Forschungskriterien).

333.7 (G24.0) Neuroleptikainduzierte Akute Dystonie

Abnorme Position oder Verkrampfungen der Kopfmuskulatur, der Muskulatur des Halses, der Gliedmaßen oder des Rumpfes, die sich innerhalb weniger Tage nach dem Beginn oder der Erhöhung der Dosis einer neuroleptischen Medikation entwickeln (oder nach der Reduktion einer Medikation zur Behandlung von extrapyramidalen Symptomen) (siehe S. 832 für vorgeschlagene Forschungkriterien).

333.99 (G21.1) Neuroleptikainduzierte Akute Akathisie

Subjektive Klagen über Ruhelosigkeit, die von beobachtbaren Bewegungen (z. B. unruhige Bewegungen der Beine, Trippeln von einem Fuß auf den anderen, ständiges Umhergehen, Unfähigkeit, zu sitzen oder still zu stehen) begleitet sind, die sich innerhalb weniger Tage nach dem Beginn oder der Erhöhung der Dosis einer neuroleptischen Medikation (oder nach Reduktion einer Medikation zur Behandlung extrapyramidaler Symptome) entwickeln (siehe S. 835 für vorgeschlagene Forschungskriterien).

333.82 (G24.0) Neuroleptikainduzierte Tardive Dyskinesie

Unwillkürliche, choreiforme, athetoide oder rhythmische Bewegungen (von mindestens einigen Wochen Dauer) der Zunge, der Kiefer oder der Extremitäten, die sich im Zusammenhang mit einer neuroleptischen Medikation über einen Zeitraum von mindestens einigen Monaten (bei älteren Personen kann dieser Zeitraum auch kürzer sein) entwickeln (siehe S. 837 für vorgeschlagene Forschungskriterien).

333.1 (G25.1) Medikamenteninduzierter Haltetremor

Feines Zittern, das auftritt, wenn der Patient versucht, eine bestimmte Haltung einzunehmen, und das sich im Zusammenhang mit einer Medikamenteneinnahme (z. B. Lithium, Antidepressiva, Valproinsäure) entwickelt (siehe S. 840 für vorgeschlagene Forschungskriterien).

333.90 (G25.9) Nicht Näher Bezeichnete Medikamenteninduzierte Bewegungsstörung

Diese Kategorie dient zur Kennzeichnung von Medikamenteninduzierten Bewegungsstörungen, die durch die oben genannten spezifischen Störungen nicht erfaßt werden. Beispiele wären 1) Parkinsonismus, akute Akathisie, akute Dystonie oder dyskinetische Bewegungen, die mit einer anderen Medikation als Neuroleptika in Zusammenhang stehen; 2) ein Störungsbild, das einem malignen neuroleptischen Syndrom ähnelt und mit einer anderen als einer neuroleptischen Medikation in Zusammenhang steht; oder 3) tardive Dystonie.

Andere Medikamenteninduzierte Störungen

995.2 (T88.7) Nicht Näher Bezeichnete Ungünstige Wirkungen einer Medikation

Diese Kategorie kann verwendet werden, um Nebenwirkungen einer Medikation (andere als Bewegungsstörungen) zu codieren, wenn diese im Vordergrund der klinischen Aufmerksamkeit stehen. Beispiele sind schwere Hypertonie, Herzrhythmusstörungen und Priapismus.

Zwischenmenschliche Probleme

Der Abschnitt Zwischenmenschliche Probleme beinhaltet Interaktionsmuster zwischen zwei Personen oder innerhalb einer Gruppe, die entweder zu einer klinisch bedeutsamen Beeinträchtigung der Funktionsfähigkeit oder zu Symptomen bei einem oder mehreren Mitgliedern oder zu Funktionsbeeinträchtigungen der Gruppe selbst führen. Da die im folgenden aufgeführten zwischenmenschlichen Probleme häufig im Vordergrund der klinischen Aufmerksamkeit stehen, wurden sie in dieses Manual aufgenommen. Diese Probleme können zum einen eine psychische Störung oder einen medizinischen Krankheitsfaktor bei einem oder mehreren Mitgliedern der Gruppe verschlimmern oder die Behandlung erschweren, sie können zum anderen auch das Ergebnis einer psychischen Störung oder eines medizinischen Krankheitsfaktors sein. Sie können unabhängig von anderen bestehenden klinischen Problemen sein oder auch alleine, ohne andere Auffälligkeiten, auftreten. Wenn diese Probleme den Schwerpunkt der klinischen Aufmerksamkeit bilden, so sollten sie auf Achse I aufgeführt werden. Sind sie vorhanden, stehen aber nicht im Vordergrund der klinischen Aufmerksamkeit, können sie auf Achse IV codiert werden. Die entsprechende Kategorie wird für alle Mitglieder der Gruppe, die wegen dieses Problemes behandelt werden, verwendet.

V61.9 (Z63.7) Zwischenmenschliches Problem im Zusammenhang mit einer Psychischen Störung oder einem Medizinischen Krankheitsfaktor

Diese Kategorie sollte verwendet werden, wenn im Vordergrund der klinischen Aufmerksamkeit ein gestörtes Interaktionsmuster steht, das mit einer psychischen Störung oder einem medizinischen Krankheitsfaktor bei einem Familienmitglied einhergeht.

V61.20 (Z63.8) Eltern-Kind-Problem

Diese Kategorie sollte verwendet werden, wenn im Vordergrund der klinischen Aufmerksamkeit ein Interaktionsmuster zwischen Eltern und Kind steht (z. B. gestörte Kommunikation, überprotektives Verhalten, unangemessene Disziplinierung), das mit einer klinisch bedeutsamen Beeinträchtigung der individuellen oder familiären Funktionen einhergeht oder im Zusammenhang mit der Entwicklung klinisch bedeutsamer Symptome bei den Eltern oder dem Kind steht.

V61.1 (Z63.0) Partnerschaftsproblem

Diese Kategorie sollte verwendet werden, wenn im Vordergrund der klinischen Aufmerksamkeit ein Interaktionsmuster zwischen den (Ehe-)Partnern steht, das durch verschiedene Arten gestörter Kommunikation charakterisiert ist (z. B. Kritik, unrealistische Erwartungen, Rückzug eines Partners) und mit einer klinisch bedeutsamen Beeinträchtigung der individuellen oder familiären Funktionen einhergeht oder im Zusammenhang mit der Entwicklung von Symptomen bei einem oder beiden Partnern steht.

V61.8 (F93.3) Problem zwischen Geschwistern

Diese Kategorie sollte verwendet werden, wenn im Vordergrund der klinischen Aufmerksamkeit ein Interaktionsmuster zwischen Geschwistern steht, das mit klinisch bedeutsamen Beeinträchtigungen der individuellen oder familiären Funktionen einhergeht oder im Zusammenhang mit der Entwicklung von Symptomen bei einem oder mehreren Geschwistern steht.

V62.81 (Z63.9) Nicht Näher Bezeichnetes Zwischenmenschliches Problem

Diese Kategorie sollte verwendet werden, wenn im Vordergrund der klinischen Aufmerksamkeit zwischenmenschliche Probleme stehen, die nicht den oben beschriebenen spezifischen Problemen zuzuordnen sind (z. B. Schwierigkeiten mit Mitarbeitern).

Probleme im Zusammenhang mit Mißbrauch oder Vernachlässigung

Die in diesem Abschnitt enthaltenen Kategorien sollten verwendet werden, wenn im Vordergrund der klinischen Aufmerksamkeit eine schwere Mißhandlung einer Person in Form körperlicher Mißhandlung oder sexuellen Mißbrauchs oder die Vernachlässigung eines Kindes steht. Die entsprechende V-Codierung findet Anwendung, wenn sich die klinische Aufmerksamkeit auf den oder die Verursacher des Mißbrauchs oder der Vernachlässigung richtet. Wenn das Opfer des Mißbrauchs oder der Vernachlässigung beurteilt oder behandelt wird, codiere 995.5 für Kinder und 995.81 für Erwachsene.

V61.21 (T74.1) Körperliche Mißhandlung, V61.21 (T74.2) Sexueller Mißbrauch oder V61.21 (T74.0) Vernachlässigung eines Kindes

Diese Kategorie sollte verwendet werden, wenn im Vordergrund der klinischen Aufmerksamkeit eine körperliche Mißhandlung, ein sexueller Mißbrauch oder die Vernachlässigung eines Kindes steht.

Codierhinweis: bestimme 995.5, wenn das Opfer im Mittelpunkt der klinischen Aufmerksamkeit steht.

V61.1 (T74.1) Körperliche Mißhandlung oder V61.1 (T74.2) Sexueller Mißbrauch eines Erwachsenen

Diese Kategorie sollte verwendet werden, wenn im Vordergrund der klinischen Aufmerksamkeit eine körperliche Mißhandlung (z. B. Gewalt in der Ehe, Mißhandlung eines älteren

Familienmitglieds) oder ein sexueller Mißbrauch (z. B. erzwungene sexuelle Handlungen, Vergewaltigung) eines Erwachsenen steht.

Codierhinweis: bestimme 995.81, wenn das Opfer im Vordergrund der klinischen Aufmerksamkeit steht.

Weitere Klinisch Relevante Probleme

V15.81 (Z91.1) Nichtbefolgen von Behandlungsanweisungen

Diese Kategorie kann verwendet werden, wenn im Vordergrund der klinischen Aufmerksamkeit das Nichtbefolgen wichtiger Aspekte der Behandlung einer psychischen Störung oder eines medizinischen Krankheitsfaktors steht. Die Gründe für das Nichtbefolgen können sein: Beschwerden aufgrund der Behandlung (z. B. Medikamentennebenwirkungen); Kosten der Behandlung; Entscheidungen bzgl. der Vor- und Nachteile der vorgeschlagenen Behandlung aufgrund persönlicher Werturteile oder religiöser oder kultureller Anschauungen; problematische Persönlichkeitszüge oder Bewältigungsstile (z. B. Verleugnung der Erkrankung); das Vorhandensein einer psychischen Störung (z. B. Schizophrenie, Selbstunsichere Persönlichkeitsstörung). Diese Kategorie sollte nur verwendet werden, wenn das Problem schwer genug ist, um für sich allein genommen klinische Beachtung zu rechtfertigen.

V65.2 (Z76.5) Simulation

Das Hauptmerkmal der Simulation besteht im absichtlichen Erzeugen falscher oder stark übertriebener körperlicher oder psychischer Symptome und ist durch externe Anreize motiviert, z. B. Vermeidung des Militärdienstes, Vermeidung von Arbeit, Erhalt finanzieller Entschädigung, Entgehen gerichtlicher Verfolgung oder Beschaffung von Drogen. Unter bestimmten Umständen kann Simulation auch angepaßtes Verhalten darstellen, so zum Beispiel das Vortäuschen einer Erkrankung in Kriegsgefangenschaft.

Simulation ist besonders dann zu vermuten, wenn eine Kombination der folgenden Merkmale auftritt:
1. Die Symptomdarbietung steht in forensischem Kontext (z. B. wenn die Person von einem Anwalt zur Untersuchung geschickt wird).
2. Deutliche Diskrepanz zwischen der von der Person berichteten Belastung oder Behinderung und den objektiven Befunden.
3. Mangel an Kooperation bei den diagnostischen Untersuchungen und den verordneten Behandlungsmaßnahmen.
4. Das Vorhandensein einer Antisozialen Persönlichkeitsstörung.

Simulation unterscheidet sich von der Vorgetäuschten Störung darin, daß bei der Simulation die Motivation für die Symptomdarbietung in äußeren Anreizen liegt, während es bei der Vorgetäuschten Störung solche nicht gibt. Der Hinweis auf ein intrapsychisches Bedürfnis, die Krankenrolle beizubehalten, deutet auf eine Vorgetäuschte Störung hin. Die Simulation unterscheidet sich von der Konversionsstörung oder anderen Somatoformen Störungen durch das absichtliche Erzeugen von Symptomen und durch den offensichtlichen externen Anreiz.

Bei der Simulation kann im Gegensatz zur Konversionsstörung eine Symptomlinderung durch Suggestion oder Hypnose selten erreicht werden.

V71.01 (Z72.8) Antisoziales Verhalten im Erwachsenenalter

Diese Kategorie kann verwendet werden, wenn im Vordergrund der klinischen Aufmerksamkeit antisoziales Verhalten im Erwachsenenalter steht, das nicht durch eine psychische Störung bedingt ist (z. B. Störung des Sozialverhaltens, Antisoziale Persönlichkeitsstörung oder eine Störung der Impulskontrolle). Als Beispiele sind das Verhalten mancher professioneller Diebe, Gangster oder Dealer zu nennen.

V71.02 (Z72.8) Antisoziales Verhalten in der Kindheit oder Adoleszenz

Diese Kategorie kann verwendet werden, wenn im Vordergrund der klinischen Aufmerksamkeit antisoziales Verhalten bei einem Kind oder Heranwachsenden steht, das nicht durch eine psychische Störung bedingt ist (z. B. Störung des Sozialverhaltens oder eine Störung der Impulskontrolle). Beispiele hierfür sind einzelne antisoziale Handlungen (nicht ein Muster antisozialen Verhaltens).

V62.89 (R41.8) Grenzbereich der Intellektuellen Leistungsfähigkeit

Diese Kategorie kann verwendet werden, wenn das im Vordergrund der klinischen Aufmerksamkeit stehende Problem im Zusammenhang mit einem Grenzbereich der intellektuellen Leistungsfähigkeit (IQ 71–84) zu sehen ist. Die Differentialdiagnose zwischen dem „Grenzbereich der intellektuellen Leistungsfähigkeit" und „Geistiger Behinderung" (IQ kleiner oder gleich 70) ist besonders schwierig, wenn gleichzeitig bestimmte psychische Störungen vorliegen (z. B. Schizophrenie).

Codierhinweis: auf Achse II zu codieren

780.9 (R41.8) Altersbedingter Kognitiver Abbau

Diese Kategorie kann verwendet werden, wenn im Vordergrund der klinischen Aufmerksamkeit ein objektivierbarer Abbau des kognitiven Leistungsniveaus infolge des Alterungsprozesses steht, der innerhalb der normalen, altersentsprechenden Grenzen der betroffenen Person liegt. Menschen mit diesem Zustandsbild berichten meist über Probleme, Namen oder Verabredungen zu behalten, oder können Schwierigkeiten beim Lösen komplexer Probleme haben. Diese Kategorie sollte nur dann erwogen werden, wenn ausgeschlossen wurde, daß die kognitive Beeinträchtigung nicht einer spezifischen psychischen oder neurologischen Störung zugeschrieben werden kann.

V62.82 (Z63.4) Einfache Trauer

Diese Kategorie kann verwendet werden, wenn im Vordergrund der klinischen Aufmerksamkeit die Reaktion auf den Tod eines geliebten Menschen steht. Als Teil der Reaktion auf den Verlust können manche trauernde Personen Symptome entwickeln, die charakteristisch für eine Episode einer Major Depression sind (z. B. Gefühle von Traurigkeit und damit verbundene Symptome wie Schlafstörungen, Appetitminderung und Gewichtsverlust). Die trauernde Person betrachtet typischerweise die depressive Stimmung als „normal", obwohl sie möglicherweise professionelle Hilfe aufsucht, um Symptome wie Schlaflosigkeit und Appetitlosigkeit zu lindern. Dauer und Ausdrucksform einer „normalen" Trauer sind in verschiedenen kulturellen Gruppen sehr unterschiedlich. Die Diagnose einer Major Depression wird im allgemeinen nicht vergeben, es sei denn, die Symptome sind auch 2 Monate nach dem Verlust noch vorhanden. Das Vorhandensein folgender Symptome spricht ebenfalls eher für eine Major Depression als für eine Einfache Trauer:
1. Schuldgefühle, die sich nicht auf Handlungen beziehen, die der Überlebende zum Zeitpunkt des Todes getan oder nicht getan hat;
2. Gedanken an den Tod, außer solche Gedanken des Überlebenden, daß er besser auch tot wäre oder daß er mit der verstorbenen Person zusammen hätte sterben sollen;
3. krankhafte Beschäftigung mit Gefühlen von Wertlosigkeit;
4. deutliche psychomotorische Verlangsamung;
5. verlängerte und ausgeprägte Funktionsbeeinträchtigungen und
6. andere halluzinatorische Erlebnisse als der Eindruck, die Stimme des Verstorbenen zu hören oder vorübergehend sein Gesicht zu sehen.

V62.3 (Z55.8) Schwierigkeiten in Schule oder Studium

Diese Kategorie kann verwendet werden, wenn im Vordergrund der klinischen Aufmerksamkeit Schwierigkeiten in Schule oder Studium stehen, die entweder nicht auf eine psychische Störung zurückzuführen sind, oder, wenn doch, schwer genug sind, um für sich allein genommen klinische Beachtung zu rechtfertigen. Ein Beispiel hierfür wären eine größere Anzahl mangelhafter Noten oder bedeutsamer Leistungsmängel bei einer Person mit ausreichenden intellektuellen Fähigkeiten, bei der keine Lernstörung, Kommunikationsstörung oder irgendeine andere psychische Störung vorliegt, die die Schwierigkeiten bedingen könnte.

V62.2 (Z56.7) Berufsproblem

Diese Kategorie kann verwendet werden, wenn im Vordergrund der klinischen Aufmerksamkeit ein Berufsproblem steht, das entweder nicht durch eine psychische Störung bedingt ist oder, wenn doch, schwer genug ist, um für sich allein genommen klinische Beachtung zu rechtfertigen. Beispiele hierfür sind Unzufriedenheit im Beruf und Unsicherheit im Hinblick auf die Berufswahl.

313.82 (F93.8) Identitätsproblem

Diese Kategorie kann verwendet werden, wenn im Vordergrund der klinischen Aufmerksamkeit Fragen bezüglich der Identität stehen, wie z. B. langfristige Ziele, Berufswahl, Beziehungsmuster, sexuelle Orientierung und sexuelles Verhalten, Wertvorstellungen und Gruppenzugehörigkeiten.

V62.89 (Z71.8) Religiöses oder Spirituelles Problem

Diese Kategorie kann verwendet werden, wenn im Vordergrund der klinischen Aufmerksamkeit ein religiöses oder spirituelles Problem steht. Beispiele sind belastende Erfahrungen, die den Verlust oder das Infragestellen von Glaubensvorstellungen nach sich ziehen, Probleme im Zusammenhang mit der Konvertierung zu einem anderen Glauben oder das Infragestellen spiritueller Werte, auch unabhängig von einer organisierten Kirche oder religiösen Institution.

V62.4 (Z60.3) Kulturelles Anpassungsproblem

Diese Kategorie kann verwendet werden, wenn im Vordergrund der klinischen Aufmerksamkeit ein Problem im Zusammenhang mit der Anpassung an eine andere Kultur steht (z. B. nach einer Ein- oder Auswanderung).

V62.89 (Z60.0) Problem einer Lebensphase

Diese Kategorie kann verwendet werden, wenn im Vordergrund der klinischen Aufmerksamkeit ein Problem steht, das im Zusammenhang mit einer bestimmten Entwicklungsphase oder anderen Lebensumständen zu sehen ist und entweder nicht durch eine psychische Störung bedingt ist oder, wenn doch, schwer genug ist, um für sich allein genommen klinische Beachtung zu rechtfertigen. Beispiele sind Probleme im Zusammenhang mit dem Schulbeginn, Verlassen des Elternhauses, Beginn einer neuen Berufslaufbahn und Veränderungen durch Heirat, Scheidung oder Berentung.

Zusätzliche Codierungen

300.9 (F99) Unspezifische Psychische Störung (nicht-psychotisch)

Diese Codierung kann angemessen sein:
1. wenn eine spezifische psychische Störung vorliegt, die in der DSM-IV Klassifikation nicht enthalten ist,
2. wenn keine der vorhandenen Nicht Näher Bezeichnet-Kategorien angemessen ist,
3. wenn das Vorliegen einer nicht-psychotischen psychischen Störung angenommen wird, aber nicht genügend Informationen erhältlich sind, um eine der vorhandenen Kategorien zu diagnostizieren.

In einigen Fällen kann bei zusätzlichen Informationen die Diagnose in die einer spezifischen Störung geändert werden.

V71.09 (Z03.2) Keine Diagnose oder kein Zustand auf Achse I

Wenn auf Achse I keine Diagnose oder kein Zustand vorhanden sind, sollte dies benannt werden. Eine Diagnose auf Achse II kann bestehen oder auch nicht.

799.9 (R69) Diagnose oder Zustand auf Achse I Zurückgestellt

Wenn nur ungenügende Informationen vorliegen, um eine diagnostische Entscheidung über eine Achse I-Diagnose zu treffen, sollte dies als Diagnose auf Achse I Zurückgestellt benannt werden.

V71.09 (Z03.2) Keine Diagnose auf Achse II

Wenn keine Achse II-Diagnose besteht (z. B. keine Persönlichkeitsstörung), sollte dies benannt werden. Eine Achse I-Diagnose kann vorhanden sein oder auch nicht.

799.9 (R46.8) Diagnose auf Achse II Zurückgestellt

Wenn keine ausreichenden Informationen vorliegen, um eine diagnostische Entscheidung über eine Achse II-Diagnose zu treffen, sollte dies als Diagnose auf Achse II Zurückgestellt benannt werden.

Anhang

Anhang A

Entscheidungsbäume zur Differentialdiagnose

Diese Entscheidungsbäume sollen dem Untersucher helfen, die Organisationsform und hierarchische Struktur der DSM-IV-Klassifikation zu verstehen. Jeder Entscheidungsbaum beginnt mit einer Kombination von klinischen Merkmalen. Wenn eines dieser Merkmale ein ausgeprägter Bestandteil des jeweiligen klinischen Bildes ist, kann der Untersucher anhand der vorgegebenen Reihenfolge von Fragen verschiedene Störungen aus- oder einschließen. Beachte, daß die Fragen nur annäherungsweise den diagnostischen Kriterien entsprechen und daß sie nicht dazu dienen, diese zu ersetzen.

Der Entscheidungsbaum für die Psychotischen Störungen ist der einzige, der sich gegenseitig ausschließende Störungen enthält (z. B. kann nur eine Störung aus diesem Kapitel bei einer bestimmten Person für eine bestimmte Episode diagnostiziert werden). Bei den übrigen Entscheidungsbäumen muß man die jeweiligen Kriterienlisten heranziehen, um eine Entscheidung zu treffen, wenn mehr als eine Diagnose passend erscheint.

Inhalt:
I. Differentialdiagnose für Psychische Störungen
   Aufgrund eines Medizinischen Krankheitsfaktors 778
II. Differentialdiagnose für Substanzinduzierte Störungen 780
III. Differentialdiagnose für Psychotische Störungen 782
IV. Differentialdiagnose für Affektive Störungen 784
V. Differentialdiagnose für Angststörungen 786
VI. Differentialdiagnose für Somatoforme Störungen 788

Verzeichnis der Abkürzungen:
MKF: Medizinischer Krankheitsfaktor
NNB: Nicht Näher Bezeichnet

Berater der deutschen Ausgabe: *Übersetzer:*
Prof. Dr. Henning Saß, Aachen Dipl.-Psych. Isabel Houben, Aachen
  Dipl.-Psych. Kristin Korb, Aachen

Differentialdiagnose für Psychische Störungen Aufgrund eines Medizinischen Krankheitsfaktors

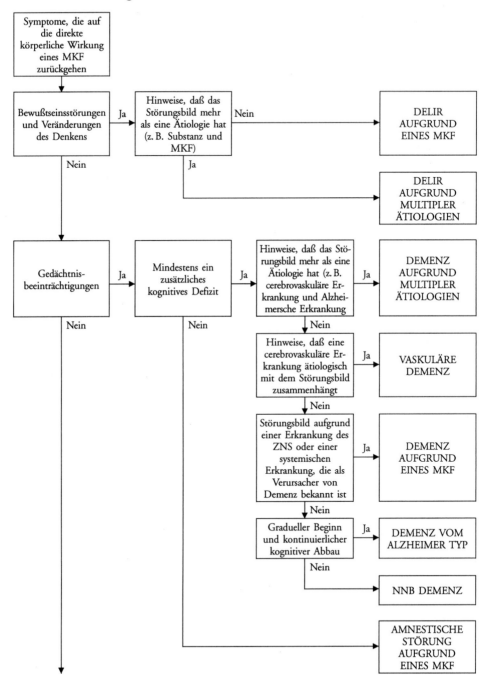

Entscheidungsbäume zur Differentialdiagnose

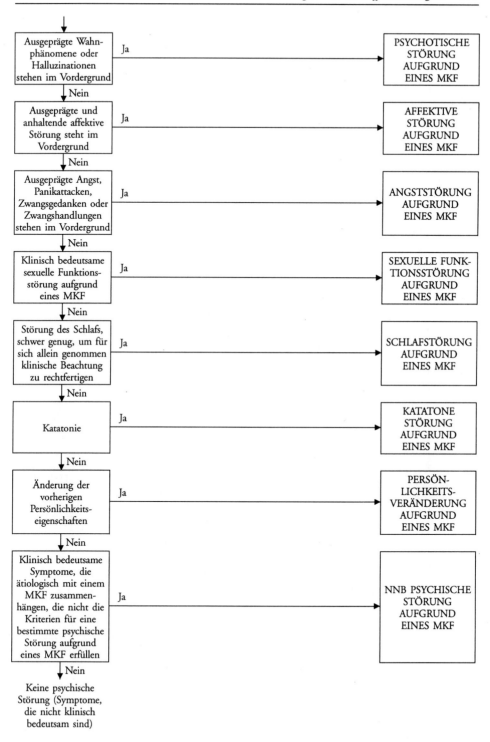

Differentialdiagnose für Substanzinduzierte Störungen
(ohne Abhängigkeit und Mißbrauch)

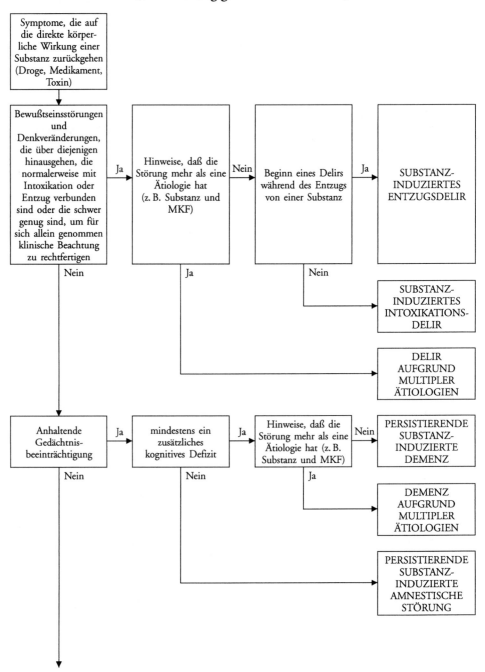

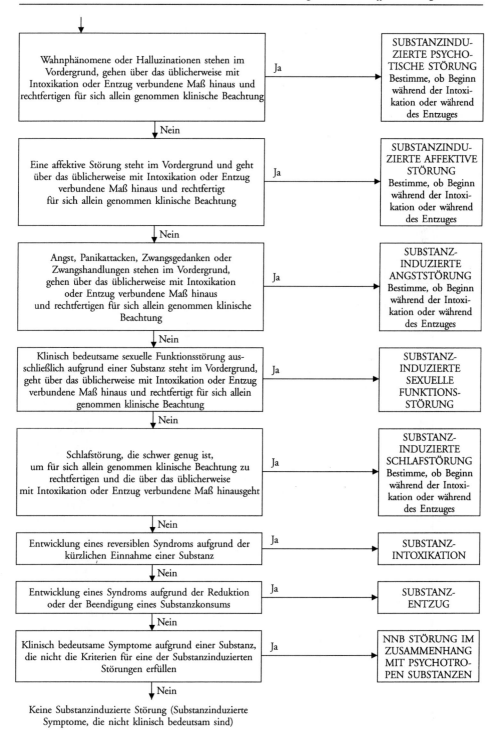

Differentialdiagnose für Psychotische Störungen

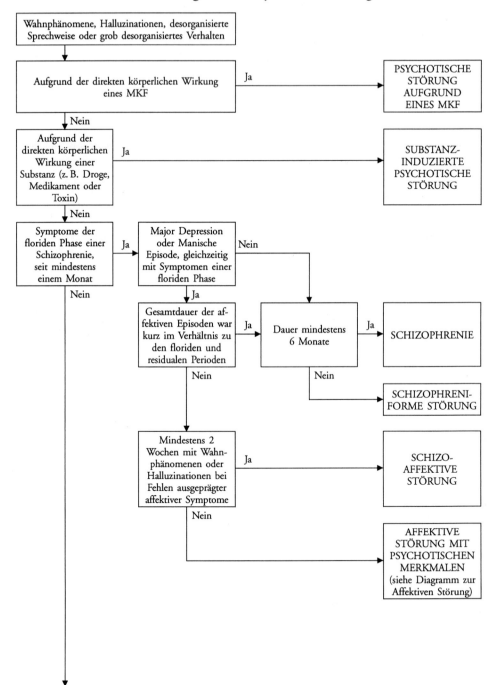

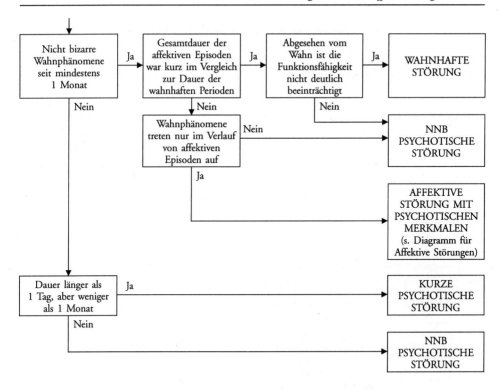

Differentialdiagnose für Affektive Störungen

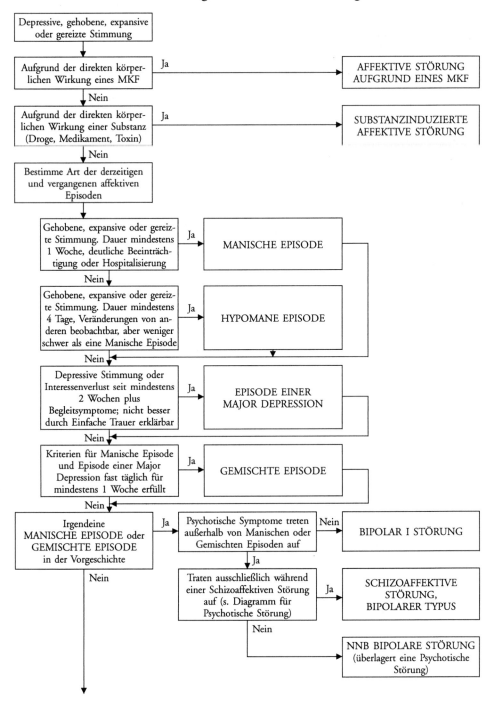

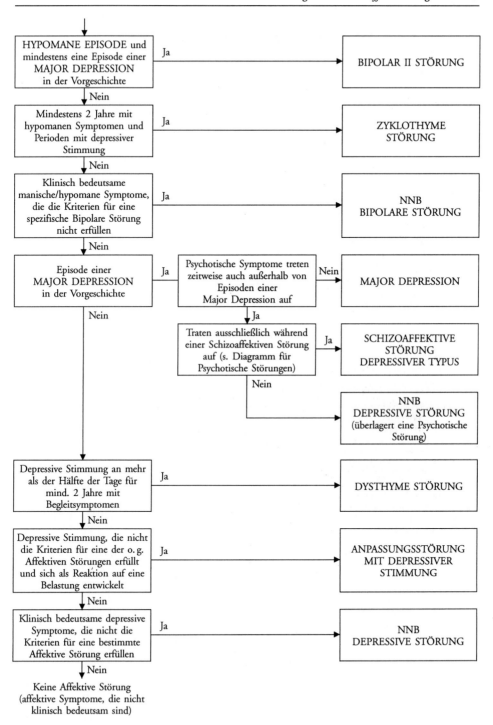

Differentialdiagnose für Angststörungen

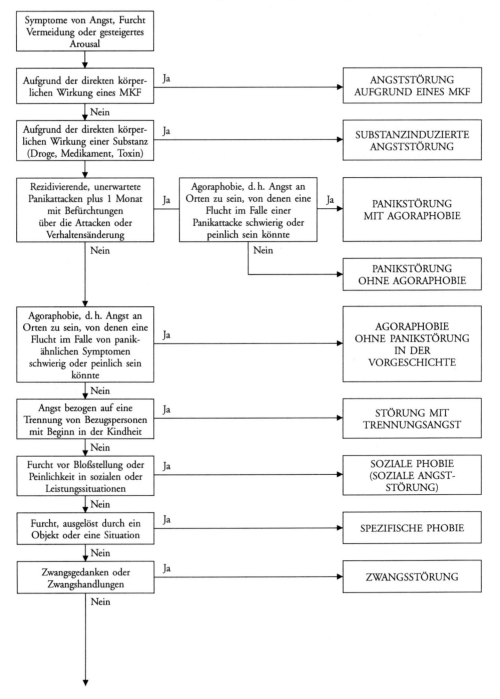

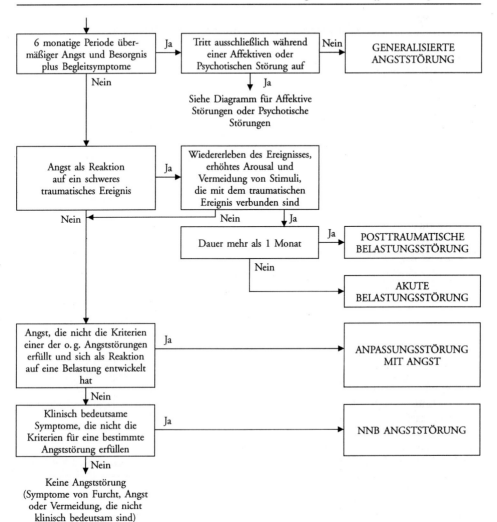

Differentialdiagnose für Somatoforme Störungen

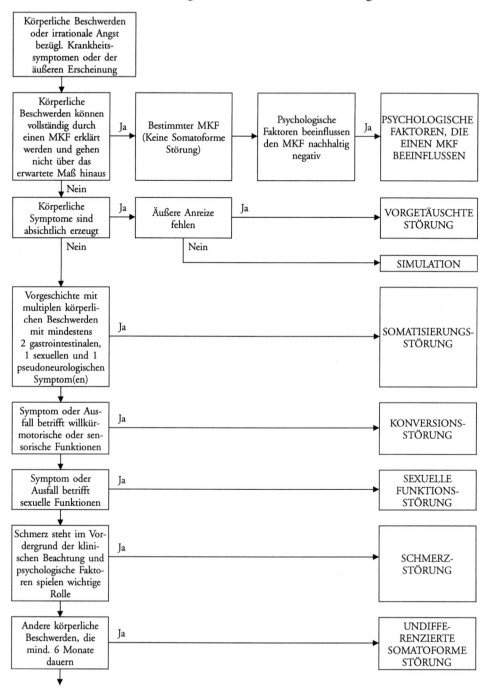

Entscheidungsbäume zur Differentialdiagnose

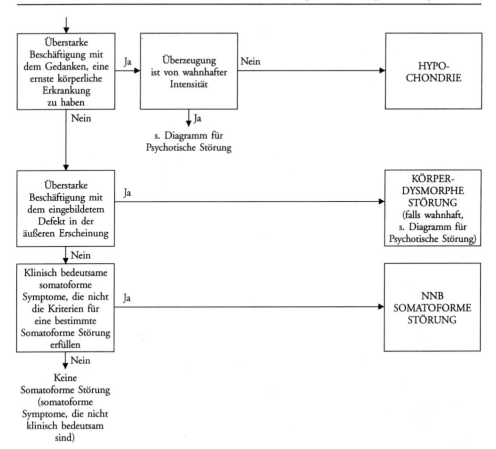

Anhang B

Kriterienlisten und Achsen, die für weitere Forschung vorgesehen sind

Dieser Anhang enthält eine Anzahl von Vorschlägen für neue Kategorien und Achsen, die für eine mögliche Aufnahme in das DSM-IV vorgeschlagen wurden. Die DSM-IV-Beratungsgremien und Arbeitsgruppen haben jeden dieser Vorschläge einer sorgfältigen empirischen Überprüfung unterzogen und zu breiter Diskussion innerhalb des Forschungsfeldes eingeladen. Die Beratungsgremien entschieden, daß die Informationen nicht ausreichen, um die Aufnahme der Vorschläge als offizielle Kategorien oder Achsen in das DSM-IV zu rechtfertigen.

Die Items, Grenzwerte und Zeitangaben, die in den Forschungskriterien enthalten sind, sollen als eine gemeinsame Sprache für Wissenschaftler und Untersucher, die an der Erforschung dieser Störungen interessiert sind, gedacht sein. Man hofft, daß eine solche Forschung hilft, den möglichen Nutzen dieser vorgeschlagenen Kategorien zu bestimmen und zu einer Verbesserung der Kriteriensets beizutragen. Die spezifischen Grenzwerte und Zeitangaben wurden durch übereinstimmende Expertenmeinungen (aufgrund von Literaturübersichten, Daten-Reanalysen und den Ergebnissen aus Felduntersuchungen, wenn diese Informationen zur Verfügung standen) festgelegt und als solche sollten sie vorläufige Geltung haben. Es wäre zu wünschen, daß Wissenschaftler möglichst alternative Items, Grenzwerte und Zeitangaben untersuchen.

Die folgenden Vorschläge sind im Anhang enthalten:
— Postkontusionelle Störung
— Leichte neurokognitive Störung
— Koffeinentzug
— Alternative Beschreibungsdimensionen für Schizophrenie
— Postpsychotische depressive Störung bei Schizophrenie
— Einfache deteriorative Störung (Schizophrenia simplex)
— Prämenstruelle dysphorische Störung
— Alternatives Kriterium B für die Dysthyme Störung
— Leichte depressive Störung
— Rezidivierende kurze depressive Störung
— Störung mit Angst und Depression, gemischt
— Vorgetäuschte Störung „by proxy"
— Dissoziative Trancestörung
— „Binge-Eating"-Störung
— Depressive Persönlichkeitsstörung

Berater der deutschen Ausgabe:
Dr. Hermann Ebel, Aachen
Dr. Ralf D. Erkwoh, Aachen
Dr. Sabine Herpertz, Aachen

Übersetzer:
Dipl.-Psych. Daniela Marx, Aachen
Dipl.-Psych. Maren Woschnik, Aachen
Dipl.-Psych. Isabel Houben, Aachen

- Passiv-aggressive Persönlichkeitsstörung (Negativistische Persönlichkeitsstörung)
- Medikamenteninduzierte Bewegungsstörungen
  - Neuroleptikainduzierter Parkinsonismus
  - Malignes Neuroleptisches Syndrom
  - Neuroleptikainduzierte Akute Dystonie
  - Neuroleptikainduzierte Akute Akathisie
  - Neuroleptikainduzierte Tardive Dyskinesie
  - Medikamenteninduzierter Haltetremor
  - Nicht Näher Bezeichnete Medikamenteninduzierte Bewegungsstörung
  (**Beachte:** Diese Kategorien sind im Kapitel „Andere Klinisch Relevante Probleme" enthalten. Der Text und die Forschungskriterien für diese Krankheitsfaktoren sind hier aufgeführt.
- Skala zur Erfassung der Abwehrmechanismen und Copingstile
  GARF; Skala zur globalen Erfassung des Funktionsniveaus von Beziehungen
  SOFAS; Skala zur Erfassung des Sozialen und Beruflichen Funktionsniveaus

Postkontusionelle Störung

Merkmale

Das Hauptmerkmal ist eine erworbene, mit bestimmten Verhaltensauffälligkeiten einhergehende Beeinträchtigung der kognitiven Funktionen, die Folge einer geschlossenen Kopfverletzung ist und schwer genug sein muß, um zu einer bedeutsamen Gehirnkontusion zu führen. Die Manifestation der Gehirnkontusion umfaßt einen Verlust des Bewußtseins, posttraumatische Amnesie und seltener das posttraumatische Einsetzen von Anfällen. Spezifische Ansätze zur Definition dieses Kriteriums müssen durch zukünftige Forschung noch verbessert werden. Obwohl es nur unzureichende Hinweise zur Festlegung eines Grenzwertes für die Schwere einer geschlossenen Kopfverletzung gibt, wurden spezifische Kriterien vorgeschlagen, wie z. B. zwei der folgenden 1) eine länger als 5 Minuten andauernde Bewußtlosigkeit, 2) eine Periode posttraumatischer Amnesie, die länger als 12 Stunden nach der geschlossenen Kopfverletzung andauert oder 3) ein erstmaliges Auftreten von Anfällen (oder eine deutliche Verschlechterung eines vorbestehenden Anfallsleidens) innerhalb der ersten 6 Monate nach der geschlossenen Kopfverletzung. Darüber hinaus müssen kognitive Defizite entweder bezüglich der Aufmerksamkeit (Konzentration, wechselnde Fokussierung der Aufmerksamkeit, simultanes Bearbeiten kognitiver Aufgaben) oder des Gedächtnisses (Lernen oder Wiedergeben von Informationen) dokumentiert sein. Zusätzlich zu den kognitiven Störungen müssen drei (oder mehr) Symptome vorliegen, die mindestens über drei Monate nach der geschlossenen Kopfverletzung bestehen. Dazu zählen: leichte Ermüdbarkeit, Schlafstörungen, Kopfschmerzen, Schwindel oder Schwindelgefühle, Gereiztheit oder Aggressivität bei geringer oder fehlender Provokation, Angst, Depression oder affektive Labilität, Apathie oder ein Mangel an Spontaneität und andere Persönlichkeitsveränderungen (z. B. sozial oder sexuell auffälliges Verhalten). Die kognitiven Störungen und die körperlichen und Verhaltenssymptome entwickeln sich entweder, nachdem die Kopfverletzung aufgetreten ist, oder sie stellen eine deutliche Verschlechterung bereits vorbestehender Symptome dar. Die kognitiven und das Verhalten betreffenden Folgezustände werden von einer erheblichen Beeinträchtigung in sozialen oder beruflichen Funktionsbereichen begleitet und stellen einen bedeutsamen Abfall gegenüber dem vorherigen Leistungsniveau dar. Bei Kindern im schulfähigen Alter kann eine deutliche Verschlechterung der schulischen Leistungen ab dem Trauma auftreten. Die hier vorgeschlagene Störung sollte nicht berücksichtigt werden, wenn die Symptome des Betroffenen die Kriterien einer Demenz Aufgrund eines Schädel-Hirn-Traumas erfüllen, oder wenn die Symptome besser durch eine andere psychische Störung erklärt werden können.

Zugehörige Merkmale

Zugehörige Merkmale, die als Folgen einer geschlossenen Kopfverletzung auftreten können, sind Seh- oder Hörbeeinträchtigungen und Anosmie (Verlust des Geruchssinnes). Letzteres kann mit einem Verlust des Interesses an Nahrungsmitteln einhergehen. Besondere orthopädische und neurologische Komplikationen können in Abhängigkeit von Ursache, Art und Ausmaß des Traumas auftreten. Häufig gehen Störungen im Zusammenhang mit Psychotropen Substanzen mit geschlossener Kopfverletzung einher. Die geschlossene Kopfverletzung tritt häufiger bei jungen Männern auf und wurde mit risikoreichem Verhalten in Verbindung gebracht.

Differentialdiagnose

In DSM-IV würden Betroffene, deren Erscheinungsbild diesen Forschungskriterien entspricht, die Diagnose einer **Nicht Näher Bezeichneten Kognitiven Störung** erhalten.

Wenn die Kopfverletzung zu einer Demenz führt (z. B. bei Gedächtnisstörung und mindestens einer weiteren kognitiven Beeinträchtigung), sollte die postkontusionelle Störung nicht in Betracht gezogen werden. Eine **leichte neurokognitive Störung**, ähnlich der postkontusionellen Störung, ist in diesem Anhang enthalten (siehe S. 794). Die postkontusionelle Störung kann von einer leichten neurokognitiven Störung durch das besondere Muster von kognitiven, körperlichen und Verhaltenssymptomen und das Vorhandensein einer spezifischen Ätiologie (d. h. geschlossene Kopfverletzung) unterschieden werden. Menschen mit einer **Somatisierungsstörung** und einer **Undifferenzierten Somatoformen Störung** können ähnliche Verhaltensauffälligkeiten oder körperliche Symptome ausbilden; allerdings haben diese Störungen weder eine spezifische Ätiologie (d. h. geschlossene Kopfverletzung) noch eine meßbare Beeinträchtigung der kognitiven Leistungen. Die Postkontusionelle Störung muß unterschieden werden von einer **Vorgetäuschten Störung** (dem Bedürfnis, die Krankenrolle zu spielen) und von einer **Simulation** (bei der der Wunsch nach Entschädigung dazu führen kann, daß Symptome einer geschlossenen Kopfverletzung erzeugt oder verlängert werden).

Forschungskriterien für die postkontusionelle Störung

A. Ein Schädel-Hirn-Trauma in der Vorgeschichte, das eine deutliche Gehirnkontusion verursacht hat.
Beachte: Zum Erscheinungsbild einer Gehirnkontusion zählen Bewußtseinsverlust, posttraumatische Amnesie und seltener das posttraumatische Einsetzen von Anfällen. Die spezifische Methode zur Definition dieses Kriteriums muß durch zukünftige Forschung etabliert werden.

Fortsetzung nächste Seite

Fortsetzung

B. Anhaltspunkte aus neuropsychologischen Tests oder einer quantifizierenden kognitiven Messung von Schwierigkeiten der Aufmerksamkeitsleistung (Konzentration, Wechseln der Aufmerksamkeitszentrierung, Leistung bei simultan dargebotenen kognitiven Aufgaben) oder des Gedächtnisses (Erlernen oder Wiedergeben von Informationen).

C. Drei (oder mehr) der folgenden Symptome treten unmittelbar nach dem Trauma auf und dauern bis zu 3 Monaten an:
  (1) schnelle Ermüdbarkeit,
  (2) Schlafstörungen,
  (3) Kopfschmerzen,
  (4) Schwindel oder Schwindelgefühle,
  (5) Reizbarkeit oder Aggressivität bei geringer oder fehlender Provokation,
  (6) Angst, Depression oder affektive Labilität,
  (7) Veränderungen der Persönlichkeit (z. B. soziale oder sexuelle Unangemessenheit),
  (8) Apathie oder Fehlen von Spontaneität.

D. Die Symptome der Kriterien B und C beginnen in Folge eines Schädel-Hirn-Traumas oder stellen eine erhebliche Verschlechterung von vorbestehenden Symptomen dar.

E. Die Störung verursacht in bedeutsamer Weise Beeinträchtigungen in sozialen oder beruflichen Funktionsbereichen und stellt einen deutlichen Abfall gegenüber dem vorherigen Leistungsniveau dar. Bei Kindern im schulfähigen Alter kann eine deutliche Verschlechterung der schulischen Leistungen ab dem Trauma auftreten.

F. Die Symptome erfüllen nicht die Kriterien einer Demenz Aufgrund eines Schädel-Hirn-Traumas und können nicht durch eine andere psychische Störung besser erklärt werden (z. B. Amnestische Störung Aufgrund eines Schädel-Hirn-Traumas, Persönlichkeitsveränderung Aufgrund eines Schädel-Hirn-Traumas).

Leichte neurokognitive Störung

Merkmale

Das Hauptmerkmal ist die Entwicklung einer Beeinträchtigung der neurokognitiven Leistungen, die auf einen medizinischen Krankheitsfaktor zurückzuführen ist. Definitionsgemäß ist das Ausmaß der kognitiven Beeinträchtigung und die Auswirkung auf die Alltagsfunktionen gering (z. B. ist die Person in der Lage, die kognitive Beeinträchtigung durch vermehrte Anstrengung teilweise zu kompensieren). Betroffene mit diesem Zustand zeigen ein Erstauftreten von Defiziten in mindestens zwei Bereichen der kognitiven Leistungen. Diese können sein: Störungen des Gedächtnisses (Erlernen oder Wiedergeben von Informationen), Störungen der Exekutivfunktionen (z. B. Planen, Schlußfolgern), der Aufmerksamkeit oder Geschwindigkeit der Informationsverarbeitung (z. B. Konzentration, Schnelligkeit bei Aufnahme und Analyse von Informationen) der perzeptiven motorischen Fähigkeiten (z. B. Integration visueller, taktiler oder auditiver Information mit motorischer Aktivität) oder der Sprache (z. B. Wortfindungsschwierigkeiten, reduzierter Wortfluß). Die Beschreibung einer kognitiven Beeinträchtigung muß durch die Ergebnisse neuropsychologischer Tests oder klinischer, standardisierter, kognitiver Meßverfahren bestätigt werden. Darüber hinaus verursachen die kognitiven Defizite deutliches Leiden und greifen in soziale, berufliche oder andere wichtige Funktionsbereiche ein und stellen einen Abfall gegenüber dem bisherigen Leistungsniveau dar. Das kognitive Störungsbild erfüllt nicht die Kriterien für ein Delir, eine Demenz oder eine amnestische Störung und kann nicht durch eine andere psychische Störung (z. B. eine Störung im Zusammenhang mit Psychotropen Substanzen, Major Depression) besser erklärt werden.

Zugehörige Merkmale

Die zugehörigen Merkmale hängen vom zugrundeliegenden medizinischen Krankheitsfaktor ab. Im Falle gesicherter chronischer Störungen (z. B. Hypoxämie, Elektrolytungleichgewichte) zeigt das kognitive Profil normalerweise eine generalisierte Reduktion aller kognitiven Leistungen. Einige neurologische oder andere medizinische Krankheitsfaktoren führen zu einem Muster kognitiver Beeinträchtigungen, das mehr eine „subkortikale" Hirnbeteiligung nahelegt (z. B. unverhältnismäßige Beeinträchtigung der Konzentrationsfähigkeit und der Fähigkeit zum Erlernen neuer Fakten und der Geschwindigkeit und Effektivität der Informationsverarbeitung). Diese betreffen die frühen Phasen der Huntingtonschen Erkrankung, der HIV-assoziierten neurokognitiven Störung und der Parkinsonschen Erkrankung. Andere Erkrankungen (z. B. systemischer Lupus erythematodes) gehen häufiger mit einem multifokalen oder einem lückenhaften Muster kognitiver Verluste einher. Das EEG kann eine leichte Verlangsamung der Hintergrundaktivität zeigen oder eine Störung der evozierten Potentiale. Die leichte kognitive Störung kommt häufig vor, ohne daß sich selbst bei Fällen der frühen Alzheimerschen Erkankung spezifische Abweichungen bei neuroanatomischen Untersuchungen mit Hilfe der Magnet-Resonanz- (MRI) oder Computertomographie (CT) nachweisen lassen. Abnormitäten treten gewöhnlich häufiger in funktionellen bildgebenen Verfahren auf (Single Photon Emission Computer Tomography (SPECT), Positron-Emissions Tomographie (PET), Funktionelles MRI). Der Verlauf ist abhängig von der zugrundeliegenden Ätiologie. In manchen Fällen verschlechtert sich die kognitive Beeinträchtigung langsam, so daß letztlich die Diagnose einer Demenz angemessen ist (z. B. frühe Phasen der Alzheimerschen Erkrankung, der Huntingtonschen Erkrankung und andere langsam progrediente neurodegenerative Erkrankungen). In anderen Fällen kann sich die Störung langsam bessern, wie bei der schrittweisen Erholung von Hypothyreoidismus. Manchmal können sich kognitive Störungen aufgrund von schweren Stoffwechselstörungen oder Infektionskrankheiten partiell auflösen, sind aber charakterisiert durch eine überdauernde residuale Beeinträchtigung.

Differentialdiagnose

In DSM-IV würden Betroffene, deren Erscheinungsbild diesen Forschungskriterien entspricht, die Diagnose einer **Nicht Näher Bezeichneten Kognitiven Störung** erhalten.

Obwohl es keine klare Grenze zwischen der leichten kognitiven Störung und einer **Demenz** gibt, zeigt die leichte neurokognitive Störung eine geringere kognitive Beeinträchtigung und geringere Auswirkungen auf die täglichen Aktivitäten, und eine Gedächtnisbeeinträchtigung ist keine Voraussetzung. Die leichte neurokognitive Störung kann mit einem sich langsam entwickelnden **Delir** verwechselt werden, besonders im frühen Stadium. Die leichte neurokognitive Störung kann von der **Amnestischen Störung** unter der Voraussetzung unterschieden werden, daß bei dieser eine kognitive Beeinträchtigung in mindestens zwei Bereichen besteht. Die leichte neurokognitive Störung sollte nicht in Betracht gezogen werden, wenn die Symptome eines Betroffenen die Kriterien für eine **Störung im Zusammenhang mit Psychotropen Substanzen** erfüllen (einschließlich der für medikamentöse Nebenwirkungen). In solchen Fällen sollte die angemessene Diagnose Nicht Näher Bezeichnete Störung im Zusammenhang mit Psychotropen Substanzen lauten.

Die **postkontusionelle Störung,** eine weitere Kategorie in diesem Anhang (siehe S. 792), unterscheidet sich von der leichten neurokognitiven Störung durch das Vorhandensein eines spezifischen Symptommusters und einer spezifischen Ätiologie (z. B. geschlossenes Schädel-Hirn-Trauma).

Leichte neurokognitive Störungen sind ein häufiges Nebenmerkmal einer Vielzahl **psychischer Störungen** (z. B. Major Depression). Eine leichte neurokognitive Störung sollte nur dann in Betracht gezogen werden, wenn die kognitive Beeinträchtigung besser durch die direkten Auswirkungen eines medizinischen Krankheitsfaktors als durch eine psychische Störung erklärt werden kann. Betroffene mit einem **Altersbedingten Kognitiven Abbau** können ähnliche Grade kognitiver Beeinträchtigung aufweisen, jedoch wird der Abbau eher als Teil des normalen Alterungsprozesses gesehen als einem medizinischen Krankheitsfaktor zugeschrieben. Manche Menschen haben **subjektive Beschwerden über eine Beeinträchtigung der kognitiven Leistungen,** die nicht durch neuropsychologische Tests bestätigt werden können oder als unabhängig von einem medizinischen Krankheitsfaktor angesehen werden. Diese hier vorgeschlagene Störung sollte in solchen Fällen nicht berücksichtigt werden.

Forschungskriterien für die leichte neurokognitive Störung

A. Das Vorhandensein von zwei (oder mehr) der folgenden Beeinträchtigungen der kognitiven Funktionen, die die meiste Zeit innerhalb einer Periode von mindestens 2 Wochen andauern (wie durch den Betroffenen oder eine andere zuverlässige Person berichtet wird):
 (1) Gedächtnisbeeinträchtigung, gekennzeichnet durch eine reduzierte Fähigkeit beim Erlernen oder Wiedergeben von Informationen,
 (2) Störungen von Exekutivfunktionen (z. B. Planen, Organisieren, Reihenfolgen bilden, Abstrahieren),
 (3) Störung der Aufmerksamkeit und der Informationsverarbeitungsgeschwindigkeit,
 (4) Beeinträchtigung der perzeptiven motorischen Fähigkeiten,
 (5) Beeinträchtigung der Sprache (z. B. Verstehen, Wortfindung).

B. Aufgrund der körperlichen Untersuchung oder Laborbefunden (einschließlich bildgebender Verfahren) besteht der objektive Nachweis eines neurologischen oder medizinischen Krankheitsfaktors, der als ätiologisch für die kognitive Störung beurteilt wird.

C. Aufgrund neuropsychologischer Tests oder quantifizierender kognitiver Meßverfahren besteht der Nachweis einer Abnormalität oder eines Abfalls der Leistung.

D. Die kognitiven Defizite führen zu deutlichem Leiden oder Beeinträchtigungen in sozialen, beruflichen oder anderen wichtigen Funktionsbereichen und stellen einen Abfall gegenüber dem bisherigen Leistungsniveau dar.

Fortsetzung nächste Seite

> Fortsetzung
>
> E. Die kognitive Störung erfüllt nicht die Kriterien für ein Delir, eine Demenz oder eine amnestische Störung und kann nicht durch eine andere psychische Störung besser erklärt werden (z. B. eine Störung im Zusammenhang mit Psychotropen Substanzen, Major Depression).

Koffeinentzug

Merkmale

Das Hauptmerkmal ist ein charakteristisches Entzugssyndrom, welches auf das plötzliche Absetzen oder eine Reduktion des Konsums von koffeinhaltigen Produkten nach längeranhaltendem täglichen Genuß zurückzuführen ist. Zum Syndrom gehören Kopfschmerz und eines (oder mehr) der folgenden Symptome: deutliche Ermüdung oder Schläfrigkeit, deutliche Angst oder Depression, Übelkeit oder Erbrechen. Diese Symptome treten häufiger bei Personen mit starkem Konsum (500 mg/Tag) auf, können jedoch auch bei Personen mit geringem Konsum (100 mg/Tag) auftreten. Die Symptome müssen in klinisch bedeutsamer Weise Leiden oder Beeinträchtigungen in sozialen, beruflichen oder anderen wichtigen Funktionsbereichen verursachen. Die Symptome dürfen nicht auf die direkte körperliche Wirkung eines medizinischen Krankheitsfaktors zurückzuführen sein und dürfen nicht durch eine andere psychische Störung besser erklärt werden können.

Zugehörige Merkmale

Die zugehörigen Merkmale umfassen den starken Wunsch nach Koffein und eine verschlechterte kognitive Leistung (speziell bei Vigilanzaufgaben). Die Symptome können innerhalb von 12 Stunden nach Beendigung des Koffeinkonsums beginnen, den Höhepunkt nach ca. 24–48 Stunden erreichen und bis zu einer Woche andauern. Einige Personen können eine medikamentöse Behandlung dieser Symptome anstreben ohne zu bemerken, daß diese auf den Koffeinentzug zurückzuführen sind.

Differentialdiagnose

In DSM-IV würden Betroffene, deren Erscheinungsbild diese Forschungskriterien erfüllt, die Diagnose einer **Nicht Näher Bezeichneten Störung im Zusammenhang mit Koffein** erhalten.

Für eine allgemeine Diskussion über die Differentialdiagnose von Störungen im Zusammenhang mit Psychotropen Substanzen siehe Seite 237. Die Symptome dürfen nicht auf die direkte körperliche Wirkung eines **medizinischen Krankheitsfaktors** zurückzuführen sein (z. B. Migräne, Viruserkrankung) und dürfen nicht besser durch eine **andere psychische Störung** erklärt werden können. Kopfschmerzen, Müdigkeit und Übelkeit oder Erbrechen aufgrund eines medizinischen Krankheitsfaktors oder aufgrund des **Einnahmebeginns** oder des **Absetzens von Medikamenten** können ein dem Koffeinentzug ähnliches klinisches Bild verursachen. Schläfrigkeit, Müdigkeit oder Stimmungsschwankungen durch Koffeinentzug können ähnlich wie bei **Amphetamin- oder Kokainentzug** aussehen. Der zeitliche Zusammenhang zwischen den Symptomen des Koffeinentzugs und der zeitlich abgrenzbare Verlauf der Symptome ermöglichen normalerweise die Diagnose. Wenn die Diagnosestellung unklar ist, kann eine diagnostische Gabe von Koffein hilfreich sein.

Forschungskriterien für den Koffeinentzug

A. Langandauernder täglicher Konsum von Koffein.

B. Plötzliches Absetzen des Koffeinkonsums oder Reduktion der Gesamtmenge des konsumierten Koffeins, dicht gefolgt von Kopfschmerz und einem (oder mehr) der folgenden Symptome:
   (1) deutliche Müdigkeit oder Schläfrigkeit,
   (2) deutliche Angst oder Depression,
   (3) Übelkeit oder Erbrechen.

C. Die Symptome des Kriterium B verursachen in klinisch bedeutsamer Weise Leiden oder Beeinträchtigungen in sozialen, beruflichen oder andereren wichtigen Funktionsbereichen.

D. Die Symptome gehen nicht auf die direkte körperliche Wirkung eines medizinischen Krankheitsfaktors (z. B. Migräne, Viruserkrankungen) zurück und können nicht durch eine andere psychische Störung besser erklärt werden.

Alternative Beschreibungsdimensionen für Schizophrenie

Aufgrund bestimmter Grenzen bei der klassischen Subtypisierung der Schizophrenie (siehe S. 342) wurde ein dimensionales Drei-Faktoren-Modell (psychotisch, desorganisiert und negativ) zur Beschreibung der gegenwärtigen und lebenslangen Symptomatik vorgeschlagen. Der psychotische Faktor beinhaltet Wahnphänomene und Halluzinationen. Der Faktor Desorganisation umfaßt desorganisierte Sprache, desorganisiertes Verhalten und unangemessenen Affekt. Der negative Faktor schließt die verschiedenen negativen Symptome ein. Studien weisen darauf hin, daß die Schwere der Symptome innerhalb jedes dieser drei Faktoren gemeinsam variiert, sowohl über verschiedene Sektionen als auch über die Zeit, wogegen dies weniger für die Symptome zwischen den Faktoren zutrifft. Wenn z. B. die Wahnphänomene schwerer ausgeprägt sind, sind die Halluzinationen ebenfalls schwerer ausgeprägt. Im Gegensatz dazu steht der Schweregrad der negativen oder desorganisierten Symptome weniger mit dem Schweregrad der Halluzinationen oder Wahnphänomene in Zusammenhang. Ein Modell zum Verständnis der klinischen Heterogenität von Schizophrenie schlägt vor, daß jeder dieser drei Dimensionen unterschiedliche pathophysiologische Prozesse und Behandlungsreaktionen zugrundeliegen können. In der klinischen Praxis treten verschiedene Kombinationen der Schweregrade auf den drei Dimensionen auf, und es ist relativ ungewöhnlich, daß eine Dimension vorhanden ist, wenn die beiden anderen Dimensionen vollständig fehlen. Im folgenden wird ein System zur Anwendung der drei Dimensionen in der Forschung und in klinischen Studien dargestellt.

> ### Alternative Beschreibungsdimensionen für Schizophrenie
>
> *Bestimme*: fehlend, leicht, mittelschwer, schwer für jede Dimension. Die Ausprägung dieser Dimensionen kann für sowohl die aktuelle Episode (z. B. die vergangenen 6 Monate) als auch für den lebenszeitlichen Verlauf der Störung bestimmt werden.
>
> **psychotische Dimension (Halluzinationen/Wahnphänomene)**: beschreibt, in welchem Ausmaß Halluzinationen oder Wahnphänomene bestanden haben.
> **Dimension Desorganisation**: beschreibt, in welchem Ausmaß desorganisierte Sprache, desorganisiertes Verhalten oder unangemessener Affekt bestanden haben,
> **negative (defizitäre) Dimension**: beschreibt, in welchem Ausmaß Negativsymptome (z. B. Affektverflachung, Alogie, Willensschwäche) bestanden haben.
>
> **Beachte:** Nicht eingeschlossen werden Symptome, die offenbar sekundär bei Depression, medikamentösen Nebenwirkungen oder Halluzinationen oder Wahnphänomenen auftreten.

Zwei Beispiele, die den DSM-IV Subtypus, Verlaufszusatzcodierungen und den vorgeschlagenen dimensionalen Ansatz enthalten, sind:

Beispiel 1
295.30 Schizophrenie, Paranoider Typus, kontinuierlich
Aktuell: psychotische Dimension: schwer
ohne Desorganisation
negative Dimension: mittelschwer
Lebenszeitlich: psychotische Dimension: schwer
ohne Desorganisation
negative Dimension: leicht

Beispiel 2
295.60 Schizophrenie, Residualer Typus, Episodisch mit Residualsymptomen
Aktuell: psychotische Dimension: leicht
Dimension Desorganisation: leicht
negative Dimension: leicht
Lebenszeitlich: psychotische Dimension: mittelschwer
Dimension Desorganisation: leicht
negative Dimension: leicht

Postpsychotische depressive Störung der Schizophrenie

Merkmale

Das Hauptmerkmal ist eine Episode einer Major Depression (siehe S. 380), welche eine Residualphase der Schizophrenie überlagert und ausschließlich während dieser auftritt. Die Residualphase der Schizophrenie folgt der floriden Phase (d. h. die Symptome erfüllen Kriterium A) der Schizophrenie. Sie ist gekennzeichnet durch das Andauern der negativen Symptome oder der Symptome der floriden Phase in abgeschwächter Form (z. B. seltsame Überzeugungen, ungewöhnliche Wahrnehmungserlebnisse). Die überlagernde Episode einer Major Depression muß eine depressive Verstimmung enthalten (d. h. der Verlust von Interesse oder Freude kann nicht als Ersatz für traurige oder deprimierte Stimmung dienen). Typischerweise folgt die Episode der Major Depression unmittelbar auf die Remission der Symptome der floriden Phase der psychotischen Episode. Manchmal kann sie nach einem kurzen oder ausgedehnten Intervall folgen, in dem keine psychotischen Symptome auftreten. Affektive Symptome aufgrund der direkten körperlichen Wirkung einer Droge, eines Medikaments oder eines medizinischen Krankheitsfaktors werden nicht zu der postpsychotischen depressiven Störung der Schizophrenie gezählt.

Zugehörige Merkmale

Im Vergleich zu Personen mit Schizophrenie ohne postpsychotische depressive Episoden leben diese Betroffenen eher allein und haben eine geringere soziale Unterstützung. Zu weiteren Risikofaktoren zählen eine größere Anzahl von früheren Krankenhausaufenthalten, psychotische Rückfälle in der Vorgeschichte während der Behandlung mit antipsychotischen Medikamenten, ein schleichender Beginn psychotischer Episoden, frühere Episoden einer Depression und frühere Suizidversuche. Es können kurz zurückliegende Verluste, unerwünschte Lebensereignisse und andere Belastungsfaktoren vorhanden sein. Bis zu 25 % der Personen mit Schizophrenie können diesen Zustand irgendwann im Verlauf ihrer Krankheit haben. Die Vulnerabilität scheint für Männer und Frauen gleich hoch zu sein. Die Betroffenen scheinen häufiger Rückfälle in eine psychotische Episode zu haben oder rehospitalisiert zu werden als solche ohne Depression. Betroffene mit Schizophrenie, welche zusätzlich biologische Verwandte ersten Grades mit einer Major Depression in der Vorgeschichte haben, können ein höheres Risiko für postpsychotische Depressionen haben. Diese Zustandsbild geht mit Suizidvorstellungen, Suizidversuchen und vollzogenen Suiziden einher.

Differentialdiagnose

In DSM-IV würden Betroffene, deren Erscheinungsbild diese Forschungskriterien erfüllt, die Diagnose einer **Nicht Näher Bezeichneten Depressiven Störung** erhalten.

Eine **Affektive Störung Aufgrund eines Medizinischen Krankheitsfaktors** wird von dieser Störung aufgrund der Tatsache unterschieden, daß die depressiven Symptome auf die direkte körperliche Wirkung eines medizinischen Krankheitsfaktors zurückzuführen sind (z. B. Hypothyreoidismus). **Die Substanzinduzierte Affektive Störung** wird von dieser Störung aufgrund der Tatsache unterschieden, daß die depressiven Symptome auf die direkte körperliche Wirkung einer Droge (z. B. Alkohol, Kokain) oder auf die Nebenwirkungen von Medikamenten zurückzuführen sind. Betroffene mit Schizophrenie erhalten häufig neuroleptische Erhaltungsmedikationen, die Nebenwirkungen wie Dysphorie oder Medikamenteninduzierte Bewegungsstörungen verursachen können. Diese Nebenwirkungen können mit depressiven Symptomen verwechselt werden. **Neuroleptikainduzierter Parkinsonismus** mit Akinesie (siehe S. 826) ist durch die herabgesetzte Fähigkeit zur Initiierung und Aufrechterhaltung von Bewegungen charakterisiert, was zum Fehlen von Spontaneität und zu Anhedonie führen kann. **Neuroleptikainduzierte Akute Akathisie** (siehe S. 835) kann mit Angst oder Agitiertheit verwechselt werden und mit depressiver Verstimmung oder suizidalen Vorstellungen einhergehen. Die Anpassung des Medikamententyps oder der Dosis kann bei der Reduzierung der Nebenwirkungen und der Aufklärung der Ursachen solcher Symptome helfen.

Die Differentialdiagnose zwischen postpsychotischen depressiven Symptomen und den **negativen Symptomen der Schizophrenie** (z. B. Willensschwäche, Alogie, Affektverflachung) kann besonders schwierig sein. Die negativen Symptome müssen von den anderen Symptomen der Depression unterschieden werden (z. B. Traurigkeit, Schuldgefühle, Scham, Hoffnungslosigkeit, Hilflosigkeit und geringer Selbstwert). Bei der **Schizoaffektiven Störung** und der **Affektiven Störung mit Psychotischen Merkmalen** muß es eine Periode der Überlappung zwischen der vollen psychotischen Episode und der affektiven Episode geben. Im Gegensatz dazu erfordert die hier vorgeschlagene Störung, daß die Symptome einer Episode einer Major Depression lediglich während der Residualphase der Schizophrenie auftreten dürfen.

Demoralisation kann im Verlauf der Schizophrenie auftreten, sollte aber nicht als postpsychotische Depression betrachtet werden, wenn nicht die vollen Kriterien für eine Episode einer Major Depression erfüllt sind. Die **Anpassungsstörung mit Depressiver Stimmung** wird von postpsychotischen depressiven Symptomen bei Schizophrenie unterschieden, weil die depressiven Symptome bei der Anpassungsstörung nicht die Kriterien einer Episode einer Major Depression erfüllen.

Forschungskriterien für postpsychotische depressive Störung der Schizophrenie

A. Die Kriterien für eine Episode einer Major Depression treffen zu.
Beachte: Die Episode einer Major Depression muß Kriterium A1: depressive Verstimmung enthalten. Symptome, die besser durch medikamentöse Nebenwirkungen oder negative Symptome der Schizophrenie erklärt werden können, werden nicht eingeschlossen.

B. Die Episode einer Major Depression überlagert die Residualphase der Schizophrenie und tritt lediglich während dieser auf.

C. Die Episode einer Major Depression geht nicht auf die direkte körperliche Wirkung einer Substanz oder eines medizinischen Krankheitsfaktors zurück.

Einfache deteriorative Störung (Schizophrenia simplex)

Merkmale

Das Hauptmerkmal ist die Entwicklung von ausgeprägten negativen Symptomen, die eine deutliche Veränderung von einem zuvor etablierten Ausgangszustand darstellen. Diese Symptome sind schwer genug, um in einem deutlichen Abfall der beruflichen oder schulischen Leistungen zu resultieren. Wenn positive psychotische Symptome (z. B. Halluzinationen, Wahnphänomene, desorganisierte Sprache, desorganisiertes Verhalten, katatones Verhalten) jemals vorhanden waren, waren sie nicht ausgeprägt. Dieses Muster sollte lediglich nach Ausschluß aller anderen möglichen Gründe für das Auftreten der Verschlechterung berücksichtigt werden, das heißt, daß das Erscheinungsbild nicht besser durch eine Schizotypische oder Schizoide Persönlichkeitsstörung, eine Psychotische, Affektive oder Angststörung, eine Demenz oder Geistige Behinderung erklärt werden kann, und daß die Symptome ebenfalls nicht auf die direkte körperliche Wirkung einer Substanz oder eines medizinischen Krankheitsfaktors zurückzuführen sind. Es handelt sich um eine schleichende und progrediente Entwicklung der negativen Symptome über eine Periode von mindestens einem Jahr, beginnend in der Adoleszenz oder später. Emotionale Reaktionen werden flach, hohl, oberflächlich und leer. Die Sprache verarmt an Wörtern und Bedeutungen. Es besteht eine abgrenzbare

Veränderung der „Persönlichkeit" mit deutlichem Verlust des zwischenmenschlichen Einfühlungsvermögens. Enge Beziehungen verlieren an Wärme und Wechselseitigkeit, die soziale Interaktion wird allgemein unbeholfen und Isolation und Rückzug sind die Folge. Initiative wird durch Apathie ersetzt, Ambition durch Willensschwäche. Der Verlust des Interesses erstreckt sich bis zu den alltäglichen Kleinigkeiten der Körperpflege. Der Betroffene kann vergeßlich und abwesend wirken. Berufliche und handwerkliche Fertigkeiten gehen verloren, und ein Muster von kurz dauernden, einfachen Arbeitsverhältnissen und häufige Arbeitslosigkeit ist die Folge.

Zugehörige Merkmale

Einige Merkmale der Schizoiden oder Schizotypischen Persönlichkeitsstörung können vorhanden sein. Am häufigsten sind Besonderheiten des Bekleidungsstils und des Verhaltens, Vernachlässigungen der Hygiene, Überbetonung von seltsamen Ideen, oder ungewöhnliche Wahrnehmungserlebnisse wie Illusionen. Die hier vorgeschlagene Störung kann bei Heranwachsenden und Erwachsenen beiderlei Geschlechts auftreten. Verläßliche Schätzungen der Prävalenz und Inzidenz sind nicht vorhanden, aber es ist deutlich, daß diese Störung selten ist. Der Verlauf, zumindest während der ersten Jahre, ist progredient abwärts gerichtet, mit auffälliger Verschlechterung der Leistungen. Diese Leistungseinbuße ähnelt dem charakteristischen Verlauf der Schizophrenie und unterscheidet diese Erkrankung von der Schizoiden und Schizoptypischen Persönlichkeitsstörung. Es können Symptome, die das Kriterium A der Schizophrenie erfüllen, auftreten, so daß zu diesem Zeitpunkt die Diagnose in Schizophrenie geändert wird. Für diese Fälle ist der Nachweis erbracht, daß es sich um das Muster einer lang anhaltenden prodromalen Phase der Schizophrenie gehandelt hat. In anderen Fällen verliert dieses Muster an Schwere, wie es auch bei Schizophrenie vorkommen kann. Bei der Mehrheit der Betroffenen ist der Verlauf kontinuierlich, wobei sich die Verschlechterung innerhalb der ersten wenigen Jahre nach Prodromalsymptomen entwickelt und sich dann auf einem Niveau unbedeutender und reduzierter Leistungsfähigkeit stabilisiert.

Differentialdiagnose

In DSM-IV würden Betroffene, deren Erscheinungsbild diese Forschungskriterien erfüllt, die Diagnose einer **Unspezifischen Psychischen Störung** erhalten.

Dieses Krankheitsbild sollte erst dann in Betracht kommen, wenn alle anderen möglichen Gründe für den Leistungsabfall ausgeschlossen wurden. Dieses Störungsmuster wird von den anderen Störungen, die im Kapitel „Schizophrenie und Andere Psychotische Störungen" enthalten sind, durch das Fehlen von ausgeprägten positiv psychotischen Symptomen unterschieden. Zu diesen Störungen zählen **Schizophrenie, Schizoaffektive Störung, Schizophreniforme Störung, Kurze Psychotische Störung, Wahnhafte Störung, Gemeinsame Psychotische Störung und Nicht Näher Bezeichnete Psychotische Störung**, die alle mindestens ein positives Symptom für eine gewisse Zeit voraussetzen. Die hier vorgeschlagene Störung unterscheidet sich von der **Schizoiden** und **Schizotypischen Persönlichkeitsstörung** ebenso wie von anderen Persönlichkeitsstörungen durch die Notwendigkeit einer deutlichen Persönlichkeitsveränderung und einer massiven Verschlechterung der Leistungen. Im Vergleich dazu zeigen die Persönlichkeitsstörungen ein lebenslanges Muster ohne progrediente Verschlechterung. **Affektive Störungen** können die Apathie und Anhedonie der einfachen deteriorativen Störung nachahmen, aber bei Affektiven Störungen wird ein depressiver Affekt (Traurigkeit, Hoffnungslosigkeit, Hilflosigkeit, quälende Schuldgefühle) erlebt und der Verlauf neigt dazu, episodisch zu sein. Darüber hinaus besteht bei der einfachen deteriorativen Störung eher ein Gefühl der Leere als eine quälende oder ausgeprägte depressive Verstimmung, und der Verlauf ist kontinuierlich und progredient. Die Unterscheidung von der **Dysthymen Störung** kann schwieriger sein, da bei dieser der Verlauf ebenfalls kontinuierlich sein kann und vegetative Symptome und qualvolle depressive Verstimmung nicht ausgeprägt sein müssen. Die hier vorgeschlagene Störung kann einer **chronischen Substanzabhängigkeit** ähneln und sollte nur dann in Betracht kommen, wenn die Persönlichkeitsveränderung und Verschlechterung einem ausgedehnten Substanzgebrauch vorausgehen. Eine **Persönlichkeitsveränderung Aufgrund eines Medizinischen Krankheitsfaktors** kann durch das Vorhandensein eines ursächlichen medizinischen Krankheitsfaktors unterschieden werden. Die kognitive Beeinträchtigung der einfachen deteriorativen Störung könnte mit einer **Geistigen Behinderung** oder **Demenz** verwechselt werden. Eine Geistige Behinderung wird durch den typischen Beginn im Kleinkindalter oder der Kindheit unterschieden. Demenz wird abgegrenzt durch das Vorhandensein eines ursächlichen medizinischen Krankheitsfaktors oder eines Substanzgebrauchs.

Vielleicht ist die schwierigste Differentialdiagnose die zu **keiner psychischen Störung**. Die einfache deteriorative Störung bringt eine Person häufig dazu, zum gesellschaftlichen Außenseiter zu werden. Daraus folgt jedoch nicht umgekehrt, daß Personen am Rande der Gesellschaft notwendigerweise diese vorgeschlagene Störung aufweisen. Die Definitionsmerkmale der einfachen deteriorativen Störung beziehen negative Symptome ein, die eher auf einem Kontinuum mit der Normalität zu liegen scheinen als die positiven Symptome, und die durch vielfältige Faktoren nachgeahmt werden können (siehe die diesbezügliche Diskussion im Abschnitt „Schizophrenie", S. 331). Deshalb ist besondere Vorsicht geboten, diese vorgeschlagene Störung nicht zu breit anzuwenden.

Forschungskriterien für die einfache deteriorative Störung (Schizophrenia simplex)

A. Progrediente Entwicklung von allem folgenden über eine Periode von mindestens einem Jahr:
  (1) deutlicher Abfall der beruflichen oder schulischen Leistungen,
  (2) graduelles Auftreten und Intensivierung von negativen Symptomen wie Affektverflachung, Alogie und Willensschwäche,
  (3) geringes zwischenmenschliches Einfühlungsvermögen, soziale Isolation oder sozialer Rückzug.

B. Kriterium A der Schizophrenie ist nie erfüllt gewesen.

C. Die Symptome können durch eine Schizotypische oder Schizoide Persönlichkeitsstörung, eine Psychotische Störung, eine Affektive Störung, eine Angststörung, eine Demenz, eine Geistige Behinderung nicht besser erklärt werden und gehen nicht auf die direkte körperliche Wirkung einer Substanz oder eines medizinischen Krankheitfaktors zurück.

Prämenstruelle dysphorische Störung

Merkmale

Die Hauptmerkmale sind Symptome wie deutliche depressive Verstimmung, heftige Angst, ausgeprägte affektive Labilität und verringertes Interesse an Aktivitäten. Diese Symptome sind regelmäßig während der letzten Woche der Lutealphase in den meisten Menstruationszyklen während des vergangenen Jahres aufgetreten. Die Symptome lassen bei Einsetzen der Menses (Follikelphase) innerhalb weniger Tage nach und treten nie in der Woche nach den Menses auf.

Fünf (oder mehr) der folgenden Symptome müssen die meiste Zeit während der letzten Woche der Lutealphase aufgetreten sein, mit mindestens einem der ersten vier Symptome: 1) sich traurig, hoffnungslos oder selbstherabsetzend fühlen; 2) sich angespannt, ängstlich oder gereizt fühlen; 3) deutliche Affektlabilität, durchsetzt von häufigem Weinen; 4) andauernde Reizbarkeit, Ärger und vermehrte zwischenmenschliche Konflikte; 5) abnehmendes Interesse an üblichen Aktivitäten, was mit dem Rückzug aus sozialen Beziehungen einhergehen kann; 6) Konzentrationsschwierigkeiten; 7) sich müde, lethargisch oder energielos fühlen; 8) deutliche Veränderungen des Appetits, was mit Eßattacken oder Heißhunger auf bestimmte Lebensmittel einhergehen kann; 9) Hypersomnie oder Insomnie; 10) ein subjektives Gefühl des Überwältigtseins oder außer Kontrolle zu geraten und 11) körperliche Symptome wie Brustempfindlichkeit oder -schwellung, Kopfschmerzen oder Gefühle des „Aufgedunsenseins" oder der Gewichtszunahme, mit Enge von Kleidung, Schuhen oder Ringen. Ebenfalls können Gelenk- oder Muskelschmerzen auftreten. Die Symptome können von Suizidgedanken begleitet werden.

Dieses Symptommuster muß in den meisten Monaten der vergangenen 12 Monate aufgetreten sein. Die Symptome verschwinden vollständig kurz nach dem Einsetzen der Menstruation. Das typischste Muster scheint das der Dysfunktion während der Woche vor den Menses zu sein, das in der Mitte der Menses aufhört. Atypischerweise zeigen manche Frauen Symptome auch während einiger Tage um den Zeitpunkt der Ovulation; einige Frauen mit kurzen Zyklen sind vielleicht deshalb lediglich eine Woche im Zyklus symptomfrei.

In typischen Fällen sind die Symptome von vergleichbarer Schwere (aber nicht Dauer) wie jene einer Episode einer Major Depression und müssen zu einer offensichtlichen und deutlichen Beeinträchtigung der sozialen und beruflichen Leistungsfähigkeit in der Woche vor den Menses führen. Die Beeinträchtigung der sozialen Beziehungen kann sich in Ehestreitigkeiten oder Problemen mit Freunden und Familie manifestieren. Es ist sehr wichtig, längerandauernde Probleme in der Ehe oder bei der Arbeit nicht mit der lediglich prämenstruell auftretenden Dysfunktion zu verwechseln. Es besteht ein großer Kontrast zwischen den depressiven Gefühlen und den Leistungsschwierigkeiten der Frau während dieser Tage und ihrer Stimmung und Fähigkeiten während des Rests des Monats. Diese Symptome können eine andere Störung überlagern, sind aber nicht lediglich eine Exazerbation der Symptome einer anderen Störung wie Major Depression, Panik- oder Dysthyme Störung oder einer Persönlichkeitsstörung. Das Vorhandensein des zyklischen Symptommusters muß über mindestens 2 aufeinanderfolgende Monate durch prospektive tägliche Symptomeinschätzungen bestätigt werden. Die tägliche Symptomeinschätzung muß durch die Frau selbst, kann aber auch durch jemanden, mit dem sie zusammenlebt, durchgeführt werden. Es ist wichtig, daß diese Tagebücher täglich geführt und nicht retrospektiv aus dem Gedächtnis verfaßt werden.

Zugehörige Merkmale

Frauen, die eine wiederkehrende Major Depression oder eine Bipolar I und II Störung gehabt haben oder eine Familiengeschichte mit diesen Störungen, können ein größeres Risiko für eine Störung haben, die die Forschungskriterien einer prämenstruellen dysphorischen Störung erfüllt. Frauen, die eine schwere postpartale Major Depression, eine Manie oder psychotische Episoden gehabt haben, können ebenfalls ein höheres Risiko für schwere prämenstruelle dysphorische Stimmungsveränderungen haben. Häufig gibt es eine Vorgeschichte von früheren Affektiven oder Angststörungen. Wahnphänomene und Halluzinationen wurden für die späte Lutealphase des Menstruationszyklus beschrieben, sind jedoch selten.

Obwohl Frauen mit einer Kombination von Dysmenorrhoe (schmerzhafte Menses) und prämenstrueller dysphorischer Störung sich eher in Behandlung begeben als Frauen mit nur einem dieser Zustandsbilder, haben die meisten Frauen mit einem dieser Zustandsbilder nicht das andere. Viele medizinische Krankheitsfaktoren können sich in der prämenstruellen oder Lutealphase verschlimmern (z. B. Migräne, Asthma, Allergien und Anfallsleiden). Es gibt keine spezifischen Labortests, die für die Diagnose des Störungsbildes entscheidend wären. Jedoch wurde in einigen kleineren vorläufigen Untersuchungen festgestellt, daß bestimmte Laborergebnisse (z. B. Serotonin- oder Melatonin-Ausschüttungsmuster, Schlaf-EEG-Befunde) bei Gruppen von Frauen mit der hier vorgeschlagenen Störung im Vergleich zu Kontrollpersonen abwichen.

Es wird geschätzt, daß mindestens 75 % der Frauen von leichteren oder vereinzelten prämenstruellen Veränderungen berichten. Eine begrenzte Anzahl von Studien nimmt ein Vorkommen des „prämenstruellen Syndroms" (unterschiedlich definiert) von 20–50 % an, und daß 3–5 % der Frauen Symptome erleben, die die Kriterien für die hier vorgeschlagene Störung erfüllen können. Es gibt nur sehr wenige systematische Studien über den Verlauf und die Stabilität dieses Leidens. Prämenstruelle Symptome können in jedem Alter nach der Menarche einsetzen, wobei der Beginn am häufigsten im 2. bis 3. Lebensjahrzehnt liegt. In Behandlung begeben sich üblicherweise Betroffene im Alter zwischen 30 und 40 Jahren. Die Symptome remittieren gewöhnlich mit der Menopause. Obwohl die Symptome nicht unbedingt in jedem Zyklus auftreten, treten sie doch bei der Mehrheit der Zyklen auf. In manchen Monaten können die Symptome schlimmer sein als in anderen. Die Frauen berichten übereinstimmend, daß sich ihre Symptome mit dem Alter verschlechtern, bis sie durch das Einsetzen der Menopause aufhören.

Differentialdiagnose

In DSM-IV würden Betroffene, deren Erscheinungsbild diese Forschungskriterien erfüllt, die Diagnose einer **Nicht Näher Bezeichneten Depressiven Störung** erhalten.

Die vorübergehenden Stimmungsänderungen, die viele Frauen um die Zeit ihrer Periode erleben, sollten nicht als psychische Störung eingestuft werden. Die prämenstruelle dysphorische Störung sollte nur dann in Betracht kommen, wenn die Symptome deutlich die Arbeit oder den Schulbesuch oder gewöhnliche soziale Aktivitäten und Beziehungen zu anderen beeinträchtigen (z. B. Vermeidung sozialer Aktivitäten, herabgesetzte Produktivität und Effektivität bei der Arbeit oder in der Schule). Die prämenstruelle dysphorische Störung kann von dem viel häufigeren **„prämenstruellen Syndrom"** unterschieden werden mittels Durchführung von prospektiven täglichen Einschätzungen und durch die strikten Kriterien, die unten aufgelistet sind. Es unterscheidet sich vom „prämenstruellen Syndrom" durch sein charakteristisches Muster von Symptomen, deren Schweregrad und die resultierende Beeinträchtigung.

Die prämenstruelle dysphorische Störung muß von der prämenstruellen Exazerbation einer bestehenden psychischen Störung (z. B. Affektive Störungen, Angststörungen, Somatoforme Störungen, Bulimia Nervosa, Störungen durch Substanzgebrauch und Persönlichkeitsstörungen) unterschieden werden. In derartigen Situationen (die weitaus häufiger sind als die prämenstruelle dysphorische Störung) besteht eine prämenstruelle Verschlechterung der Symptome, die Symptome bleiben aber während des Menstruationszyklus bestehen. Obwohl diese Erkrankung nicht bei Frauen in Betracht kommen sollte, die nur eine prämenstruelle Exazerbation einer anderen psychischen Störung erleben, kann sie zusätzlich zu der Diagnose einer anderen, aktuell bestehenden psychischen Störung erwogen werden, wenn die Frau Symptome und Veränderungen des Funktionsniveaus erlebt, die charakteristisch für die prämenstruelle dysphorische Störung sind und die sich deutlich von den Symptomen unterscheiden, die als Teil der aktuellen Störung erlebt werden.

Einige Betroffene mit einem **medizinischen Krankheitsfaktor** können Dysphorie oder Müdigkeit zeigen, die sich während der prämenstruellen Periode eingestellt haben. Beispiele sind Anfallsleiden, Schilddrüsen- oder andere endokrine Störungen, Krebs, systemischer Lupus erythematodes, Anämien, Endometriosen und verschiedene Infektionen. Diese medizinischen Krankheitsfaktoren können von der prämenstruellen dysphorischen Störung aufgrund der Krankheitsgeschichte, Laborbefunde oder der körperlichen Untersuchung unterschieden werden.

Forschungskriterien für die prämenstruelle dysphorische Störung

A. Während der meisten Menstruationszyklen des vergangenen Jahres bestanden fünf (oder mehr) der folgenden Symptome über die meiste Zeit während der letzten Woche der Lutealphase, bildeten sich innerhalb weniger Tage nach dem Einsetzen der Follikelphase zurück und fehlten in der Woche nach den Menses, wobei mindestens eines der Symptome (1), (2), (3) oder (4) vorhanden war:
(1) deutliche depressive Verstimmung, Gefühle der Hoffnungslosigkeit oder selbstherabsetzende Gedanken,
(2) deutliche Angst, Spannung, Gefühle, gereizt oder gespannt zu sein,
(3) deutliche Affektlabilität (z. B. sich plötzlich traurig fühlen, weinen oder gesteigerte Empfindlichkeit gegenüber Zurückweisungen),
(4) andauernde und deutliche Wut oder Reizbarkeit oder vermehrte zwischenmenschliche Konflikte,
(5) abnehmendes Interesse an üblichen Aktivitäten (z. B. Arbeit, Schule, Freunde, Hobbys),
(6) subjektives Gefühl von Konzentrationsschwierigkeiten,
(7) Lethargie, leichte Ermüdbarkeit oder deutlicher Energieverlust,
(8) deutliche Veränderungen des Appetits, Essen über den Hunger oder ein Verlangen nach bestimmten Lebensmitteln,
(9) Hypersomnie oder Insomnie,

Fortsetzung nächste Seite

> Fortsetzung
>
> (10) das subjektive Gefühl des Überwältigtseins oder außer Kontrolle zu geraten,
> (11) andere körperliche Symptome wie Brustempfindlichkeit oder -schwellung, Kopfschmerzen, Gelenk- oder Muskelschmerzen oder sich „aufgedunsen" fühlen, Gewichtszunahme.
>
> **Beachte:** Bei menstruierenden Frauen entspricht die Lutealphase der Periode zwischen der Ovulation und dem Beginn der Menses und die Follikelphase beginnt mit der Menses. Bei nicht menstruierenden Frauen (z. B. solchen, bei denen eine Hysterektomie durchgeführt wurde) ist für die zeitliche Bestimmung der Luteal- und Follikelphasen unter Umständen die Messung zirkulierender reproduktiver Hormone nötig.
>
> B. Das Störungsbild interferiert deutlich mit der Arbeits- oder Schulleistung oder gewöhnlichen sozialen Aktivitäten und Beziehungen zu anderen (z. B. Vermeidung sozialer Aktivitäten, herabgesetzte Produktivität und Effektivität bei der Arbeit oder in der Schule).
>
> C. Das Störungsbild ist nicht nur eine Exazerbation der Symptome einer anderen Störung, wie z. B. einer Major Depression, einer Panikstörung, einer Dysthymen Störung oder einer Persönlichkeitsstörung (obwohl es jede der genannten Störungen überlagern kann).
>
> D. Die Kriterien A, B und C müssen durch prospektive tägliche Einschätzungen während der letzten zwei aufeinanderfolgenden symptomatischen Zyklen bestätigt werden (die Diagnose kann provisorisch vor dieser Bestätigung gestellt werden).

Alternatives Kriterium B für die Dysthyme Störung

Es gab eine Kontroverse darüber, welche Symptome die Dysthyme Störung am besten definieren. Die Ergebnisse der Feldstudie zu den Affektiven Störungen in DSM-IV legen nahe, daß die folgende alternative Version des Kriteriums B charakteristischer für die Dysthyme Störung ist als die Version des Kriteriums B, die in DSM-III-R benutzt wurde und in DSM-IV benutzt wird. Es wurde jedoch entschieden, daß zusätzliche bestätigende Nachweise gesammelt werden müssen, bevor diese Items in die offizielle Definition der Dysthymen Störung aufgenommen werden.

> **Alternatives Forschungskriterium B für die Dysthyme Störung**
>
> B. Vorhandensein von drei (oder mehr) der folgenden Symptome während eines depressiven Zustands:
> (1) geringes Selbstwertgefühl oder Selbstvertrauen oder Gefühle der Unzulänglichkeit,
> (2) Gefühle von Pessimismus, Verzweiflung oder Hoffnungslosigkeit,
> (3) allgemeiner Verlust von Interessen oder von Freude,
> (4) sozialer Rückzug,
> (5) chronische Erschöpfung oder Müdigkeit,
>
> *Fortsetzung nächste Seite*

> Fortsetzung
> (6) Schuldgefühle, Grübeln über die Vergangenheit,
> (7) subjektive Gefühle der Reizbarkeit oder exzessiver Wut,
> (8) herabgesetzte Aktivität, Effektivität oder Produktivität,
> (9) Schwierigkeiten beim Denken, ausgedrückt durch mangelnde Konzentration, schlechtes Gedächtnis oder Unentschlossenheit.

Leichte depressive Störung

Merkmale

Das Hauptmerkmal ist mindestens eine Periode depressiver Symptome, die hinsichtlich der Dauer identisch mit Episoden einer Major Depression sind, aber mit weniger Symptomen und einer geringeren Beeinträchtigung einhergehen. Eine Episode enthält entweder eine traurige oder „depressive" Verstimmung oder einen Verlust des Interesses oder der Freude an nahezu allen Aktivitäten. Insgesamt müssen mindestens zwei aber weniger als fünf zusätzliche Symptome vorhanden sein. Vergleiche den Abschnitt für die Episode einer Major Depression (siehe S. 380) für eine detailliertere Beschreibung der charakteristischen Symptome. Zu Beginn der Episode sind die Symptome entweder neu aufgetreten oder müssen sich im Vergleich zum Zustand des Betroffenen vor der Episode deutlich verschlechtert haben. Während der Episode führen die Symptome in klinisch bedeutsamer Weise zu Leiden oder zu Beeinträchtigungen in sozialen, beruflichen und anderen wichtigen Funktionsbereichen. Einige Personen behalten ein fast normales Funktionsniveau, dies wird jedoch nur durch eine deutlich vermehrte Anstrengung erreicht.

Eine Anzahl von Störungen schließt die Erwägung der hier vorgeschlagenen Störung aus. Es hat niemals eine Major Depression, eine Manische, Gemischte oder Hypomane Episode vorgelegen, und die Kriterien für die Dysthyme oder Zyklothyme Störung werden nicht erfüllt. Dieses affektive Störungsbild tritt nicht ausschließlich im Verlauf einer Schizophrenie, Schizophreniformen Störung, Schizoaffektiven Störung, Wahnhaften Störung oder Nicht Näher Bezeichneten Psychotischen Störung auf.

Zugehörige Merkmale

Die Prävalenz dieser vorgeschlagenen Störung, wie sie hier definiert ist, ist unklar, aber sie kann relativ häufig vorkommen, besonders in psychiatrischen Erstversorgungs- und tagesklinischen Einrichtungen. Einige medizinische Krankheitsfaktoren (z. B. Schlaganfall, Krebs oder Diabetes) scheinen mit ihr in Zusammenhang zu stehen. Familienstudien weisen auf eine vermehrte Häufigkeit dieses Symptommusters bei Verwandten von Probanden mit einer Major Depression hin.

Differentialdiagnose

In DSM-IV würden Patienten, deren Erscheinungsbild diese Forschungskriterien erfüllt, die Diagnose einer **Anpassungsstörung mit Depressiver Stimmung** erhalten, wenn die depressiven Symptome sich als Reaktion auf einen psychosozialen Belastungsfaktor entwickeln; ansonsten ist die angemessene Diagnose **Nicht Näher Bezeichnete Depressive Störung**.

Eine Episode einer leichten depressiven Störung wird von einer Episode einer **Major Depression** durch die erforderliche Anzahl von Symptomen unterschieden (zwei bis vier Symptome für eine leichte depressive Störung und mindestens fünf Symptome für eine Episode einer Major Depression). Die hier vorgeschlagene Störung wird als Restkategorie betrachtet und sollte nicht benutzt werden, wenn in der Vorgeschichte eine **Episode einer Major Depression**, eine **Manische Episode, Gemischte Episode** oder **Hypomane Episode** vorliegt, oder wenn das Erscheinungsbild die Kriterien einer **Dysthymen** oder **Zyklothymen Störung** erfüllt. Erfüllen die Symptome die Forschungskriterien einer leichten depressiven Störung, so kann eine Unterscheidung von **Zeiten von Traurigkeit** schwierig sein, die ein Bestandteil des täglichen Lebens sind. Die hier vorgeschlagene Störung setzt voraus, daß die depressiven Symptome mindestens zwei Wochen lang während der meisten Zeit des Tages fast jeden Tag vorgelegen haben. Zusätzlich müssen die depressiven Symptome in klinisch bedeutsamer Weise zu Leiden oder Beeinträchtigungen führen. Depressive Symptome, die als Reaktion auf den Verlust einer geliebten Person auftreten, werden als Trauerreaktion bezeichnet (es sei denn, sie erfüllen die Kriterien einer Episode einer Major Depression, siehe S. 380). Eine **Substanzinduzierte Affektive Störung** wird von diesem Störungsbild dadurch unterschieden, daß die depressiven Symptome auf die direkte körperliche Wirkung einer Droge (z. B. Alkohol oder Kokain) oder auf die Nebenwirkungen von Medikamenten (z. B. Steroide) zurückgehen (siehe S. 432). Eine **Affektive Störung Aufgrund eines Medizinischen Krankheitsfaktors** wird von dieser Störung dadurch unterschieden, daß die depressiven Symptome auf die direkte körperliche Wirkung eines medizinischen Krankheitsfaktors zurückgehen (z. B. Hypothyreoidismus) (siehe S. 428). Weil depressive Symptome häufige Nebenmerkmale von psychotischen Störungen sind, erhalten sie keine gesonderte Diagnose, wenn sie ausschließlich während einer **Schizophrenie, Schizophreniformen Störung, Schizoaffektiven Störung, Wahnhaften Störung** oder **Nicht Näher Bezeichneten Psychotischen Störung** auftreten. Die Beziehung der hier vorgeschlagenen Störung zu einigen anderen vorgeschlagenen Kategorien aus diesem Anhang (d. h. rezidivierende kurze depressive Störung, depressive Persönlichkeitsstörung und Störung mit Angst und Depression, gemischt) und zu anderen Persönlichkeitsstörungen ist nicht bekannt, aber es kann eine erhebliche Überlappung zwischen ihnen bestehen.

Forschungskriterien für die leichte depressive Störung

A. Eine affektive Störung, wie folgt definiert:
  (1) mindestens zwei (aber weniger als fünf) der folgenden Symptome sind während derselben 2 Wochen-Periode aufgetreten und stellen eine Veränderung gegenüber früheren Funktionen dar. Mindestens eines der Symptome ist (a) oder (b):
  (a) Depressive Stimmung während der meisten Zeit des Tages, fast jeden Tag, festgestellt entweder durch subjektive Beschreibung (z. B. fühlt sich traurig oder leer) oder durch Beobachtung anderer (z. B. scheint den Tränen nahe). **Beachte:** Bei Kindern und Jugendlichen kann es gereizte Stimmung sein.
  (b) Deutlich verringertes Interesse oder Freude an allen oder fast allen Aktivitäten während der meisten Zeit des Tages, fast jeden Tag (festgestellt entweder durch subjektive Beschreibung oder durch Beobachtung anderer).

Fortsetzung nächste Seite

Fortsetzung

    (c) Bedeutsamer Gewichtsverlust, ohne eine Diät zu machen, oder Gewichtszunahme (z. B. eine Veränderung des Körpergewichtes von mehr als 5 % in einem Monat), oder zunehmender oder abnehmender Appetit nahezu jeden Tag.
    Beachte: Berücksichtige bei Kindern ein Ausbleiben der zu erwartenden Gewichtszunahme.
    (d) Insomnie oder Hypersomnie fast jeden Tag.
    (e) Psychomotorische Erregung oder Verlangsamung fast jeden Tag (beobachtbar durch andere, nicht lediglich subjektive Gefühle der Ruhelosigkeit oder Verlangsamung).
    (f) Müdigkeit oder Energieverlust fast jeden Tag.
    (g) Gefühle von Wertlosigkeit oder von exzessiver oder unangemessener Schuld (welche wahnhaft sein kann) fast jeden Tag (nicht lediglich Selbstbeschuldigung oder Schuldgefühl über das Kranksein).
    (h) Verminderte Denk- oder Konzentrationsfähigkeit bzw. Unentschlossenheit fast jeden Tag (entweder durch subjektive Angaben oder durch andere beobachtet).
    (i) Wiederkehrende Gedanken an den Tod (nicht allein die Angst zu sterben), wiederkehrende suizidale Vorstellungen ohne einen spezifischen Plan, oder ein Suizidversuch oder ein spezieller Plan, Suizid zu begehen.
(2) Die Symptome verursachen klinisch relevantes Leiden oder eine Beeinträchtigung in sozialen, beruflichen oder anderen wichtigen Funktionsbereichen.
(3) Die Symptome sind nicht auf die direkte körperliche Wirkung einer Substanz (z. B. Drogen, Medikament) oder eines medizinischen Krankheitsfaktors (z. B. Hypothyreoidismus) zurückzuführen.
(4) Die Symptome können nicht besser durch eine Trauerreaktion (d. h. eine normale Reaktion nach dem Tod eines geliebten Menschen) erklärt werden.

B. Es hat nie eine Episode einer Major Depression (siehe S. 387) bestanden, und die Kriterien für eine Dysythyme Störung werden nicht erfüllt.

C. Es hat nie eine Manische Episode (siehe S. 393), eine Gemischte Episode (siehe S. 396) oder eine Hypomane Episode (siehe S. 399) bestanden, und die Kriterien einer Zyklothymen Störung werden nicht erfüllt.
Beachte: Dieser Ausschluß trifft nicht zu, wenn alle manie-, gemischt- oder hypomanie-ähnlichen Episoden durch eine Substanz oder Behandlung induziert sind.

D. Das affektive Störungsbild tritt nicht ausschließlich während einer Schizophrenie, Schizophreniformen Störung, Schizoaffektiven Störung, Wahnhaften Störung oder Nicht Näher Bezeichneten Psychotischen Störung auf.

Rezidivierende kurze depressive Störung

Merkmale

Das Hauptmerkmal ist ein wiederholtes Auftreten von kurzen Episoden mit depressiven Symptomen, die in Anzahl und Schweregrad identisch mit denen von Episoden einer Major

Depression sind, die aber nicht die Bedingung einer zweiwöchigen Dauer erfüllen. Siehe den Text für die Episode einer Major Depression (siehe S. 380) für eine detailliertere Beschreibung der charakteristischen Symptome. Die Episoden dauern mindestens 2 Tage aber kürzer als 2 Wochen und haben in den typischsten Fällen eine Länge von etwa 2 bis 4 Tagen. Die Episoden müssen mindestens einmal im Monat für eine Periode von 12 aufeinanderfolgenden Monaten wiederkehren, und sie dürfen nicht ausschließlich mit dem Menstruationszyklus in Zusammenhang stehen. Die kurzen depressiven Episoden müssen in klinisch bedeutsamer Weise zu Leiden oder zu Beeinträchtigungen in sozialen, beruflichen oder anderen wichtigen Funktionsbereichen führen. Einige Personen behalten ein fast normales Funktionsniveau, dies wird aber nur durch eine deutlich vermehrte Anstrengung erreicht.

Eine Anzahl von Störungen schließt die Erwägung der hier vorgeschlagene Störung aus. Es hat nie eine Episode einer Major Depression, eine Manische, Gemischte oder Hypomane Episode bestanden und die Kriterien für eine Dysthyme oder Zyklothyme Störung werden nicht erfüllt. Die affektive Störung kommt nicht ausschließlich während einer Schizophrenie, Schizophreniformen Störung, Schizoaffektiven Störung, Wahnhaften Störung oder Nicht Näher Bezeichneten Psychotischen Störung vor.

Zugehörige Merkmale

Das lebenszeitliche Muster oder die gegenwärtige Komorbidität scheinen ähnlich wie bei der Major Depression zu sein. Begleitende Störungen können Störungen im Zusammenhang mit Psychotropen Substanzen und Angststörungen sein. Die Episoden können nach einem saisonalen Muster verlaufen. Die Einjahresprävalenz der hier vorgeschlagenen Störung ist mit etwa 7 % angegeben worden (obwohl dies häufig mit anderen etablierten psychischen Störungen einherging). Bei Männern und Frauen scheinen rezidivierende kurze depressive Episoden gleich häufig vorzukommen und das typischste Alter für den Beginn scheint in der Adoleszenz zu liegen. Suizidversuche sind die ernsteste Komplikation. Die Rate depressiver Störungen ist bei biologischen Verwandten ersten Grades von Personen mit rezidivierenden kurzen depressiven Episoden erhöht.

Differentialdiagnose

In DSM-IV würden Betroffene, deren Erscheinungsbild diese Forschungskriterien erfüllt, die Diagnose einer **Nicht Näher Bezeichneten Depressiven Störung** erhalten.

Eine Episode der rezidivierenden kurzen depressiven Störung wird von einer Episode einer **Major Depression** durch die Dauer der Episode unterschieden (2–13 Tage für eine kurze depressive Episode und 2 Wochen oder länger für eine Episode einer Major Depression). Die rezidivierende kurze depressive Störung ist vorgesehen als Restkategorie und sollte nicht angewendet werden, wenn eine Vorgeschichte mit einer **Episode einer Major Depression,** einer **Manischen Episode,** einer **Gemischten Episode** oder einer **Hypomanen Episode** vorliegt, oder wenn die Kriterien für eine **Zyklothyme Störung** oder **Dysthyme Störung** erfüllt sind. Die **Substanzinduzierte Affektive Störung** wird von dieser Störung dadurch unterschieden, daß die depressiven Symptome auf die direkte körperliche Wirkung einer Droge (z. B. Alkohol oder Kokain) oder die Nebenwirkungen eines Medikamentes (z. B. Steroide) zurückgehen (siehe S. 432). Eine **Affektive Störung Aufgrund eines Medizinischen Krankheitsfaktors** wird von diesem Zustand dadurch unterschieden, daß die depressiven Symptome auf die direkte körperliche Wirkung eines medizinischen Krankheitsfaktors (z. B. Hypothyreoidismus) (siehe S. 428) zurückgehen. Weil depressive Symptome häufige Nebenmerkmale psychotischer Störungen sind, erhalten sie keine separate Diagnose, wenn sie ausschließlich während einer **Schizophrenie, Schizophreniformen Störung, Schizoaffektiven Störung, Wahnhaften Störung** oder **Nicht Näher Bezeichneten Psychotischen Störung** vorkommen. Die rezidivierende kurze depressive Störung hat einige klinische Merkmale mit der **Borderline Persönlichkeitsstörung** gemeinsam (d. h. beide Störungen weisen kurze und episodische depressive Symptome auf, wie Suizidvorstellungen oder Traurigkeit). In Fällen, in denen eine Persönlichkeitsstörung und die hier vorgeschlagene Störung gemeinsam auftreten, können beide vermerkt werden (wobei die rezidivierende kurze depressive Störung als Nicht Näher Bezeichnete Depressive Störung vermerkt wird). Die Beziehung der hier vorgeschlagenen Störung zu einigen anderen vorgeschlagenen Kategorien aus diesem Anhang (d. h. leichte depressive Störung, depressive Persönlichkeitsstörung und Störung mit Angst und Depression, gemischt) und zu anderen Persönlichkeitsstörungen ist nicht bekannt, aber es kann eine erhebliche Überlappung zwischen ihnen bestehen.

Forschungskriterien für die rezidivierende kurze depressive Störung

A. Mit Ausnahme der Zeitdauer treffen die Kriterien für eine Episode einer Major Depression zu (siehe S. 387).

B. Die depressiven Perioden des Kriteriums A dauern mindestens 2 Tage aber kürzer als 2 Wochen.

C. Die depressiven Perioden treten mindestens einmal im Monat während 12 aufeinanderfolgenden Monaten auf und stehen nicht in Zusammenhang mit dem Menstruationszyklus.

D. Die Perioden der depressiven Stimmung führen in klinisch bedeutsamer Weise zu Leiden oder zu Beeinträchtigungen in sozialen, beruflichen oder anderen wichtigen Funktionsbereichen.

E. Die Symptome gehen nicht auf die direkte körperliche Wirkung einer Substanz (z. B. Droge, Medikament) oder eines medizinischen Krankheitsfaktors (z. B. Hypothyreoidismus) zurück.

F. Es hat nie eine Episode einer Major Depression bestanden (siehe S. 387) und die Kriterien für eine Dysthyme Störung sind nicht erfüllt.

G. Es hat nie eine Manische Episode (siehe S. 393), eine Gemischte Episode (siehe S. 396) oder eine Hypomane Episode (siehe S. 399) bestanden und die Kriterien einer Zyklothymen Störung sind nicht erfüllt.
Beachte: Dieser Ausschluß trifft nicht zu, wenn alle manie-, gemischt- oder hypomanie-ähnlichen Episoden durch eine Substanz oder Behandlung induziert sind.

H. Die affektive Störung tritt nicht ausschließlich während einer Schizophrenie, Schizophreniformen Störung, Schizoaffektiven Störung, Wahnhaften Störung oder Nicht Näher Bezeichneten Psychotischen Störung auf.

Störung mit Angst und Depression, gemischt

Merkmale

Das Hauptmerkmal ist eine überdauernde oder wiederkehrende dysphorische Stimmung, die mindestens einen Monat anhält. Die dysphorische Stimmung ist begleitet von zusätzlichen Symptomen, die ebenfalls mindestens einen Monat anhalten müssen und mindestens vier der folgenden Symptome umfassen: Konzentrations- oder Gedächtnisschwierigkeiten, Schlafstörung, Müdigkeit oder geringe Energie, Reizbarkeit, Besorgtheit, schnell zu Tränen gerührt sein, Überwachheit, das Schlimmste erwarten, Hoffnungslosigkeit oder Pessimismus hinsichtlich der Zukunft und geringer Selbstwert oder Gefühle von Wertlosigkeit. Die Symptome müssen in klinisch bedeutsamer Weise zu Leiden oder zu Beeinträchtigungen in sozialen, beruflichen oder andereren wichtigen Funktionsbereichen führen. Die hier vorgeschlagene Störung sollte nicht in Betracht kommen, wenn die Symptome auf die direkte körperliche Wirkung einer Substanz oder eines medizinischen Krankheitsfaktors zurückgehen, oder wenn die Kriterien einer Major Depression, Dysthymen Störung, Panikstörung oder Generalisierten Angststörung jemals erfüllt waren. Die Diagnose wird ebenfalls nicht gestellt, wenn die Kriterien für irgendeine andere Angst- oder Affektive Störung gegenwärtig erfüllt sind, auch wenn die Angst- oder Affektive Störung teilremittiert ist. Die Symptome dürfen auch nicht durch eine andere psychische Störung besser erklärt werden. Viele der anfänglichen Informationen über dieses Zustandsbild sind in Erstversorgungseinrichtungen gesammelt worden, in denen diese Störung häufig aufzutreten scheint, sie kann aber auch häufig in ambulanten psychiatrischen Einrichtungen vorkommen.

Differentialdiagnose

In DSM-IV würden Betroffene, deren Erscheinungsbild diese Forschungskriterien erfüllt, die Diagnose einer **Nicht Näher Bezeichneten Angststörung** erhalten.

Die **Substanzinduzierte Angststörung** wird von dieser Störung dadurch unterschieden, daß die Symptome der Dysphorie auf die direkte körperliche Wirkung einer Droge (z. B. Alkohol oder Kokain) oder auf die Nebenwirkungen eines Medikamentes (z. B. Steroide) zurückgehen (siehe S. 503). Eine **Angststörung Aufgrund eines Medizinischen Krankheitsfaktors** wird von dieser Störung dadurch unterschieden, daß die Symptome der Dysphorie auf die direkte körperliche Wirkung eines medizinischen Krankheitsfaktors (z. B. Phäochromozytom, Hyperthyreoidismus) zurückgehen (siehe S. 500). Die hier beschriebenen Symptome sind ein häufiges **Nebenmerkmal vieler psychischer Störungen** und sollten daher nicht gesondert diagnostiziert werden, wenn sie durch irgendeine andere psychische Störung besser erklärt werden können. Dieses Zustandsbild sollte auch nicht in Betracht gezogen werden bei Personen mit einer gegenwärtigen oder vergangenen Krankheitsgeschichte einer **Major Depression, Dysthymen Störung, Panikstörung** oder **Generalisierten Angststörung** oder mit irgendeiner anderen gegenwärtigen Affektiven oder Angststörung (einschließlich solcher in Teilremission). Dieses Erscheinungsbild wird darüber hinaus von **keiner psychischen Störung** durch die Tatsachen unterschieden, daß die Symptome überdauern oder wiederkehren, und dadurch, daß sie in klinisch bedeutsamer Weise zu Leiden oder zu Beeinträchtigungen in sozialen, beruflichen oder anderen wichtigen Funktionsbereichen führen.

Die Beziehung der hier vorgeschlagenen Störung zu den verschiedenen anderen vorgeschlagenen Kategorien, die in diesem Anhang enthalten sind (z. B. leichte depressive Störung, rezidivierende kurze depressive Störung und depressive Persönlichkeitsstörung) und zu anderen Persönlichkeitsstörungen ist nicht bekannt, aber es kann eine erhebliche Überlappung zwischen ihnen bestehen.

Forschungskriterien für Störung mit Angst und Depression, gemischt

A. Überdauernde oder wiederkehrende dysphorische Verstimmung, die mindestens einen Monat anhält.

B. Die dysphorische Verstimmung wird mindestens einen Monat lang von vier (oder mehr) der folgenden Symptome begleitet:
   (1) Konzentrationsschwierigkeiten oder „leerer Kopf",
   (2) Schlafstörung (Einschlaf- oder Durchschlafschwierigkeit oder ruheloser und unbefriedigender Schlaf),
   (3) Müdigkeit oder geringe Energie,
   (4) Reizbarkeit,
   (5) Besorgtheit,
   (6) leicht zu Tränen gerührt sein,
   (7) Überwachheit,
   (8) Erwartung des Schlimmsten,
   (9) Hoffnungslosigkeit (tiefgreifender Zukunftspessimismus),
   (10) geringer Selbstwert oder Gefühle von Wertlosigkeit.

C. Die Symptome verursachen in klinisch bedeutsamer Weise Leiden oder Beeinträchtigungen in sozialen, beruflichen oder anderen wichtigen Funktionsbereichen.

D. Die Symptome gehen nicht auf die direkte körperliche Wirkung einer Substanz (z. B. Droge, Medikament) oder eines medizinischen Krankheitsfaktors zurück.

E. Alles folgende:
   (1) Die Kriterien einer Major Depression, Dysthymen Störung, Panikstörung oder Generalisierten Angststörung sind nie erfüllt gewesen.
   (2) Die Kriterien für irgendeine andere Angst- oder Affektive Störung sind gegenwärtig nicht erfüllt (einschließlich Angst- oder Affektive Störung, Teilremittiert).
   (3) Die Symptome werden nicht durch irgendeine andere psychische Störung besser erklärt.

Vorgetäuschte Störung „by proxy" (durch Nahestehende induziert)

Merkmale

Das Hauptmerkmal ist die absichtliche Erzeugung oder Vortäuschung von körperlichen oder psychischen Zeichen oder Symptomen bei einer anderen Person, für die der Betroffene Sorge trägt. Typischerweise ist das Opfer ein kleines Kind und der Verursacher die Mutter des Kindes. Als Motivation wird ein psychisches Bedürfnis angenommen, die Krankheitsrolle durch eine Mittelsperson einzunehmen. Äußere Verhaltensanreize wie wirtschaftlicher Gewinn sind nicht vorhanden. Das Verhalten kann durch eine andere psychische Störung nicht besser erklärt werden. Der Verursacher induziert oder simuliert die Erkrankung oder den Krankheitsprozeß bei dem Opfer und stellt dann das Opfer zur medizinischen Versorgung vor. Jedes Wissen über die tatsächliche Verursachung des Problems wird abgestritten. Die Mehrheit induzierter oder simulierter Krankheitszustände betreffen das gastrointestinale, das urogenitale und das zentralnervöse System; die Simulation von psychischen Störungen beim Opfer wurde deutlich weniger häufig berichtet. Art und Schweregrad der Zeichen und Symptome werden lediglich durch die medizinischen Kenntnisse und Möglichkeiten des Verursachers beschränkt. Die Fälle sind häufig durch einen atypischen klinischen Verlauf beim Opfer und inkonsistente Laborbefunde gekennzeichnet, die mit der scheinbaren Gesundheit des Opfers nicht übereinstimmen.

Das Opfer ist üblicherweise ein Vorschulkind, obwohl auch Neugeborene, Adoleszenten und Erwachsene als Opfer herangezogen werden können. Bei älteren Kindern sollte die Möglichkeit einer Kollaboration mit dem Verursacher bei der Erzeugung von Zeichen und Symptomen erwogen werden. Der Verursacher erhält die Diagnose einer vorgetäuschten Störung „by proxy". Für das Opfer wird, falls angemessen, Körperlicher Mißbrauch eines Kindes (995.5) oder Körperlicher Mißbrauch eines Erwachsenen (995.81) festgehalten. Im Falle von freiwilliger Zusammenarbeit kann die zusätzliche Diagnose einer Vorgetäuschten Störung für den Kollaborateur angemessen sein.

Zugehörige Merkmale

Belastungsfaktoren, insbesondere Ehekonflikte, können das Verhalten auslösen. Die Verursacher können pathologisches Lügen (oder Pseudologia Phantastica) bei der Beschreibung alltäglicher Erfahrungen und bei der Vorstellung des Opfers zur medizinischen Versorgung an den Tag legen. Sie haben gewöhnlich beträchtliche Erfahrungen im Gesundheitsbereich und scheinen in einer medizinischen Umgebung aufzublühen. Trotz ihres medizinischen Wissens scheinen sie oft unzureichend von der offensichtlichen Ernsthaftigkeit des Zustandes des Opfers betroffen zu sein. Die Opfer erleiden eine gravierende Morbiditäts- und Mortalitätsrate als Folge der induzierten Zustandsbilder und haben ein höheres Risiko, selbst eine Vorgetäuschte Störung zu entwickeln, wenn sie älter werden. Der Verursacher ist üblicherweise die Mutter, und der Vater scheint gewöhnlich nicht beteiligt. Manchmal kann der Vater oder Ehemann jedoch mit der Mutter kollaborieren oder alleine handeln. Der Verursacher kann ebenso der Partner oder ein anderer Sorgetragender (z. B. der Babysitter) sein. Die Verursacher können selbst einen Mißbrauch in der Vorgeschichte erlebt haben. Somatoforme Störungen oder Persönlichkeitsstörungen können vorliegen.

Diese vorgeschlagene Störung kommt oft gemeinsam mit der Vorgetäuschten Störung vor, die üblicherweise nicht in Erscheinung tritt, solange der Verursacher eine vorgetäuschte Erkrankung bei seinem Opfer induzieren oder simulieren kann. Wenn sie mit den Konsequenzen ihres Verhaltens konfrontiert werden, können die Verursacher depressiv oder suizidal werden. Einige werden ärgerlich über Angehörige des Gesundheitswesens, bestreiten die Anschuldigungen, und versuchen, das Opfer gegen medizinischen Rat aus dem Krankenhaus zu holen. Sie suchen andere Ärzte zur Behandlung auf, dies sogar in beträchtlicher Entfernung. Die Verursacher müssen mit strafrechtlichen Anklagen rechnen, die von Mißbrauch bis zu Mord reichen. Typischerweise konzentriert sich der Verursacher auf nur ein Opfer zu einer gegebenen Zeit, obwohl andere Geschwister oder Betroffene schon Opfer gewesen sein können oder vielleicht noch werden.

Differentialdiagnose

In DSM-IV würde eine Person (d. h. der Verursacher), deren Zustandsbild diese Forschungskriterien erfüllt, die Diagnose einer **Nicht Näher Bezeichneten Vorgetäuschten Störung** erhalten. Die Vorgetäuschte Störung „by proxy" muß von einem **medizinischen Krankheitsfaktor** oder von einer **psychischen Störung** des in Behandlung gebrachten Betroffenen unterschieden werden. Die Vorgetäuschte Störung „by proxy" muß auch von körperlichem und sexuellem Mißbrauch unterschieden werden, der nicht in Zusammenhang mit dem Ziel steht, indirekt die Krankenrolle einzunehmen. Die **Simulation** unterscheidet sich von der Vorgetäuschen Störung „by proxy" dadurch, daß das Motiv zur Symptomerzeugung bei der Simulation ein äußerer Anreiz ist, während bei der Vorgetäuschten Störung äußere Anreize fehlen. Betroffene mit einer Simulation können die Hospitalisierung einer unter ihrer Fürsoge stehenden Person anstreben, indem sie Symptome als Versuch erzeugen, eine Entschädigung zu erhalten.

Forschungskriterien für die vorgetäuschte Störung „by proxy„

A. Absichtliche Erzeugung oder Vortäuschung von körperlichen oder psychischen Zeichen oder Symptomen bei einer anderen Person, für die der Betroffene Sorge trägt.

B. Das Motiv für das Verursacherverhalten ist, die Krankenrolle durch eine Mittelsperson einzunehmen.

C. Äußere Anreize für das Verhalten (wie z. B. ökonomischer Gewinn) fehlen.

D. Das Verhalten kann nicht besser durch eine andere psychische Störung erklärt werden.

Dissoziative Trancestörung

Merkmale

Das Hauptmerkmal ist ein unwillkürlicher Trancezustand, der innerhalb des Kulturkreises der Person kein normaler Bestandteil allgemeiner kultureller oder religiöser Riten ist und der in klinisch bedeutsamer Weise zu Leiden oder zu Funktionsbeeinträchtigungen führt. Diese vorgeschlagene Störung sollte nicht bei Personen erwogen werden, die sich willentlich und ohne darunter zu leiden in Zustände von Trance oder Besessenheit begeben, die im Rahmen kultureller oder religiöser Riten von der kulturellen Gruppe, der die Person angehört, allgemein akzeptiert sind. Solche willentlichen und nichtpathologischen Zustände kommen häufig vor und bilden die überwältigende Mehrheit der Zustände von Trance oder Besessenheits-Trance die in verschiedenen Kulturkreisen praktiziert werden. Jedoch können Betroffene, die sich kulturell akzeptierten Trance- oder Besessenheitszuständen unterziehen, Symptome entwickeln, die zu Leiden oder Beeinträchtigungen führen, und so für diese vorgeschlagene Störung in Betracht kommen. An bestimmten Orten auftretende Fälle von dissoziativer Trancestörung zeigen eine beträchtliche transkulturelle Variation in Hinblick auf die spezielle Art der Verhaltensweisen, die während des veränderten Zustandes gezeigt werden. Hierzu zählen das Vorhandensein oder Fehlen von dissoziativen sensorischen Veränderungen (z. B. Blindheit), die Art der Identität, die während dieser Zustände angenommen wird und der Grad der erlebten Amnesie nach dem veränderten Zustand (Beispiele siehe Anhang F, Glossar Kulturabhängiger Syndrome, S. 896).

In Trance geht der Verlust der gewohnten Identität nicht mit dem Auftreten von veränderten Identitäten einher, und die Handlungen während des Trancezustandes sind im allgemeinen nicht komplexer Art (z. B. konvulsive Bewegungen, Fallen, Laufen). In Besessenheits-Trance treten eine (oder mehr) abgrenzbare Identitäten mit charakteristischen Verhaltensweisen, Gedächtnisinhalten und Einstellungen auf, und die vom Betroffenen ausgeführten Handlungen tendieren zu mehr Komplexität (z. B. zusammenhängende Unterhaltungen, charakteristische Gesten, Gesichtsausdrücke und bestimmte Verbalisierungen, die kulturell tradiert einem Besessenheits-Agens [treibende Kraft] zugeordnet werden). Von einer vollständigen oder partiellen Amnesie wird regelmäßiger nach einer Episode von Besessenheits-Trance als nach einer Trance-Episode berichtet (obwohl Berichte von Amnesie nach Trance nicht ungewöhnlich sind). Viele Betroffene mit dieser vorgeschlagenen Störung zeigen Merkmale von lediglich einem Trance-Typ, manche aber stellen sich mit gemischter Symptomatik vor oder fluktuieren im Zeitverlauf zwischen Trancetypen entsprechend lokaler kultureller Bedingungen.

Zugehörige Merkmale

Varianten dieser Zustände wurden in fast jeder traditionellen Gesellschaft auf jedem Kontinent beschrieben. Die Prävalenz scheint mit zunehmender Industrialisierung abzunehmen, wird aber durch traditionelle ethnische Minderheiten in den industrialisierten Gesellschaften hochgehalten. Es gibt beträchtliche örtliche Unterschiede hinsichtlich Alter und Art des Beginns. Der Verlauf ist typischerweise episodisch mit variabler Dauer der akuten Episoden von Minuten bis zu Stunden. Es wurde berichtet, daß die Personen während eines Trancezustandes eine höhere Schmerzschwelle haben können, ungenießbare Materialen essen (z. B. Glas) und eine gesteigerte Muskelkraft erleben können. Die Symptome einer pathologischen Trance können als Reaktion auf Hinweisreize aus der Umgebung und durch Mithilfe anderer verstärkt oder reduziert werden. Das vermutete Agens der Besessenheit ist üblicherweise spritueller Natur (z. B. Totengeister, übernatürliche Wesen, Götter, Dämonen) und wird häufig als fordernd oder feindlich erlebt. Betroffene mit einer pathologischen Besessenheits-Trance erleben typischerweise eine begrenzte Anzahl von Agentien (eine bis fünf), die sich nacheinander, nicht gleichzeitig ausdrücken. Zu den Komplikationen zählen Suizidversuche, Selbstverstümmelung und Unfälle. Von plötzlichen Todesfällen wurde berichtet, die möglicherweise auf eine Herzarrhythmie zurückzuführen sind.

Differentialdiagnose

In DSM-IV würden Betroffene, deren Erscheinungsbild diese Forschungskriterien erfüllt, die Diagnose einer **Nicht Näher Bezeichneten Dissoziativen Störung** erhalten.

Diese Diagnose sollte nicht gestellt werden, wenn der Trancezustand als direkte körperliche Folge eines medizinischen Krankheitsfaktors (in welchem Falle die Diagnose einer **Nicht Näher Bezeichneten Psychischen Störung Aufgrund eines Medizinischen Krankheitsfaktors** gestellt werden würde, siehe S. 210) oder einer Substanz (in welchem Falle die Diagnose einer **Nicht Näher Bezeichneten Störung im Zusammenhang mit Psychotropen Substanzen** gestellt werden würde) beurteilt wird.

Die Symptome des Trancezustandes (z. B. Hören oder Sehen spiritueller Wesen und von anderen kontrolliert oder beeinflußt zu werden) können mit den Halluzinationen und Wahnphänomenen der **Schizophrenie**, der **Affektiven Störung Mit Psychotischen Merkmalen** oder der **Kurzen Psychotischen Störung** verwechselt werden. Der Trancezustand kann durch seine kulturelle Einbindung, seine kürzere Dauer und durch das Fehlen von charakteristischen Symptomen dieser anderen Störungen unterschieden werden.

Betroffene mit einer **Dissoziativen Identitätsstörung** können von solchen mit Trance- oder Besessenheitssymptomen durch die Tatsache unterschieden werden, daß letztere typischerweise äußere Geister oder Wesen beschreiben, die in ihre Körper gefahren sind und sich ihrer bemächtigt haben.

Diese vorgeschlagene Störung sollte nicht bei Personen erwogen werden, die sich willentlich und ohne Leiden oder Beeinträchtigungen im Zusammenhang mit kulturellen oder religiösen Riten in Trance- oder Besessenheitszustände begeben.

Forschungskriterien für die dissoziative Trancestörung

A. Entweder (1) oder (2):
   (1) Trance, d. h. eine zeitlich umschriebene erhebliche Veränderung des Bewußtseinszustandes oder ein Verlust des gewohnten Gefühls der eigenen Identität, ohne daß eine alternative Identität auftritt, verbunden mit mindestens einem der folgenden Symptome:
      (a) Einengung der Wahrnehmung der unmittelbaren Umgebung oder ungewöhnlich eingeengte und selektive Fokussierung auf Umgebungsreize.
      (b) Stereotype Verhaltensweisen oder Bewegungen, die als außerhalb der eigenen Kontrolle erlebt werden.
   (2) Besessenheits-Trance, eine einzelne oder eine episodische Veränderung des Bewußtseinszustandes, die dadurch charakterisiert ist, daß eine neue Identität an die Stelle der gewohnten Identität tritt. Dies wird dem Einfluß eines Geistes, einer Kraft, einer Gottheit oder einer anderen Person zugeschrieben, was durch mindestens eines der folgenden Symptome angezeigt wird:
      (a) stereotypisierte und kulturell festgelegte Verhaltensweisen oder Bewegungen, die als unter der Kontrolle des Besessenheits-Agens stehend erlebt werden.
      (b) Vollständige oder partielle Amnesie für das Ereignis.

B. Der Trance- oder Besessenheits-Trance-Zustand wird nicht als normaler Bestandteil allgemeiner kultureller oder religiöser Riten akzeptiert.

C. Der Trance- oder Besessenheits-Trance-Zustand verursacht in klinisch bedeutsamer Weise Leiden oder Beeinträchtigungen in sozialen, beruflichen oder anderen wichtigen Funktionsbereichen.

D. Der Trance- oder Besessenheits-Trance-Zustand tritt nicht ausschließlich im Verlauf einer Psychotischen Störung (einschließlich Affektive Störung mit Psychotischen Merkmalen und Kurze Psychotische Störung) oder der Dissoziativen Identitätsstörung auf und geht nicht auf die direkte körperliche Wirkung einer Substanz oder eines medizinischen Krankheitsfaktors zurück.

„Binge-Eating"-Störung

Diagnostische Merkmale

Die Hauptmerkmale sind wiederholte Episoden von „Freßanfällen"; sie gehen mit subjektiven und Verhaltens-Indikatoren für eine beeinträchtigte Kontrolle über die „Freßanfälle" sowie bedeutsamem Leiden einher. Es fehlt der regelmäßige Einsatz von unangemessenen kompensatorischen Verhaltensweisen (wie selbstinduziertes Erbrechen, Mißbrauch von Laxantien und anderen Medikamenten, Fasten und exzessive Bewegung), wie sie charakteristisch für Bulimia Nervosa sind. Die Charakteristika einer Episode von „Freßanfällen" werden im Text für Bulimia Nervosa diskutiert (siehe S. 620). Zu den Indikatoren für die beeinträchtigte Kontrolle gehören sehr schnelles Essen, essen bis zu einem unangenehmen Völlegefühl, essen von großen Nahrungsmengen, wenn kein Hunger besteht, allein essen aus Verlegenheit über die Essensmenge und Ekelgefühle, Schuldgefühle oder Deprimiertheit nachdem zuviel gegessen wurde. Das deutliche Leiden, das für die Diagnose erforderlich ist, beeinhaltet unangenehme Gefühle während und nach den „Freßanfällen" ebenso wie Sorgen über den Langzeiteffekt der wiederholten „Freßanfälle" auf das Körpergewicht und die Figur.

Episoden von „Freßanfällen" müssen im Durchschnitt mindestens an 2 Tagen in der Woche über eine Periode von mindestens 6 Monaten auftreten. Die Dauer der Episoden kann stark variieren und viele Betroffene haben Schwierigkeiten, die „Freßanfälle" in voneinander unterscheidbare Episoden einzuteilen. Dennoch haben sie üblicherweise wenig Schwierigkeiten, sich zu erinnern, ob Episoden von „Freßanfällen" an einem bestimmten Tag aufgetreten sind. Daher wird vorgeschlagen, daß eher die Anzahl der Tage, an denen die „Freßanfälle" auftreten gezählt werden, und nicht die Anzahl der Episoden von „Freßanfällen" wie dies bei der Diagnose der Bulimia Nervosa erfolgt. Zukünftige Forschung sollte sich diesem Aspekt widmen.

Die Symptome treten nicht ausschließlich während einer Anorexia Nervosa oder Bulimia Nervosa auf. Außerdem sollten, obwohl einige unangemessene kompensatorische Verhaltensweisen (z. B. „Purging-Verhalten", fasten oder exzessive körperliche Betätigung) gelegentlich auftreten können, diese nicht regelmäßig eingesetzt werden, um gegen die Folgen der „Freßanfälle" anzugehen. Wissenschaftliche Studien, die bis zum jetzigen Zeitpunkt durchgeführt wurden, unterscheiden sich in der Definition von „regelmäßigem Einsatz von unangemessenen kompensatorischen Verhaltensweisen". Einige Studien setzten „regelmäßig" mit dem Häufigkeitskriterium der Bulimia Nervosa von zweimal in der Woche gleich. Betroffene, die diese Verhaltensweisen weniger als zweimal in der Woche (allerdings einmal in der Woche) zeigen, werden dann für die Diagnose der „Binge-Eating"-Störung als geeignet angesehen. Andere Studien haben Betroffene ausgeschlossen, die den Einsatz irgendwelcher unangemessener kompensatorischer Verhaltensweisen während der Krankheitsepisode beschreiben. Zukünftige Forschung sollte sich diesem Aspekt widmen.

Zugehörige Merkmale

Einige Betroffene berichten, daß die „Freßanfälle" durch dysphorische Stimmungen wie Depression oder Angst ausgelöst werden. Andere sind nicht in der Lage, spezifische Vorgefühle zu identifizieren, können aber von einem unbestimmten Gefühl der Spannung berichten, das durch die „Freßanfälle" reduziert wird. Einige Betroffene schreiben den Episoden von

„Freßanfällen" eine dissoziative Qualität zu (Gefühle der „Taubheit" oder des „Entrücktseins"). Viele Betroffene essen den ganzen Tag hindurch ohne geplante Mahlzeiten.

Betroffene, die mit diesem Eßmuster in klinischen Einrichtungen gesehen werden, zeigen unterschiedliche Grade der Fettleibigkeit. Die meisten haben eine lange Geschichte wiederholter Diätversuche und sind verzweifelt über ihre Schwierigkeiten, die Essensaufnahme zu kontrollieren. Einige versuchen weiterhin, die Kalorieneinnahme zu beschränken, wogegen andere alle Diätversuche aufgrund wiederholter Fehlschläge aufgegeben haben. In speziellen klinischen Institutionen für Eßstörungen sind Betroffene mit diesem Eßmuster im Durchschnitt fettleibiger und weisen eine Vorgeschichte von deutlicheren Gewichtsschwankungen auf als Betroffene ohne dieses Eßmuster. In nicht-klinischen Bevölkerungsstichproben sind die meisten Betroffenen mit diesem Eßmuster übergewichtig (obwohl einige nie übergewichtig waren).

Betroffene berichten gelegentlich, daß sie durch ihr Eßverhalten oder ihr Gewicht in ihren Beziehungen zu anderen Menschen, in ihrer Arbeit und ihren Möglichkeiten, sich mit sich selbst wohl zu fühlen, beeinträchtigt sind. Im Vergleich zu Personen mit gleichem Gewicht ohne dieses Eßmuster berichten sie in höherem Maße von Selbstverabscheuung, Ekel über ihr Aussehen, Depression, Angst, somatische Beschwerden und zwischenmenschliche Empfindlichkeit. Es kann eine höhere Lebenszeit-Prävalenz für eine Major Depression, Störungen im Zusammenhang mit Psychotropen Substanzen und Persönlichkeitsstörungen vorliegen.

In Stichproben, die aus Therapieprogrammen für Eßgestörte stammen, variiert die Gesamtprävalenz zwischen etwa 15 % und 50 % (mit einem Mittel von 30 %), bei Frauen ist dieses Eßmuster etwa 1,5 mal wahrscheinlicher als bei Männern. In nicht-klinischen Bevölkerungsstichproben wurde von einer Prävalenzrate von 0,7–4 % berichtet. Der Beginn der „Freßanfälle" liegt typischerweise in der späten Adoleszenz oder in den frühen 20er Lebensjahren und tritt häufig bald nach einem diätetisch bedingten bedeutsamen Gewichtsverlust auf. Bei Betroffenen, die zur Behandlung kommen, scheint der Verlauf chronisch zu sein.

Differentialdiagnose

In DSM-IV würden Betroffene, deren Erscheinungsbild diese Forschungskriterien erfüllt, die Diagnose einer **Nicht Näher Bezeichneten Eßstörung** erhalten.

Im Vergleich zur **Bulimia Nervosa**, bei der unangemessene kompensatorische Mechanismen als Maßnahme gegen die Folgen der „Freßanfälle" eingesetzt werden, wird bei der „Binge-Eating"-Störung ein solches Verhalten nicht regelmäßig zur Kompensation der „Freßanfälle" eingesetzt. Übermäßiges Essen wird häufig während Episoden einer **Major Depression** beobachtet, beinhaltet aber üblicherweise keine „Freßanfälle". Diese Anhang-Diagnose sollte lediglich berücksichtigt werden, wenn der Betroffene während der Episoden des übermäßigen Essens sowohl das subjektive Gefühl der verminderten Kontrolle als auch drei der Nebenmerkmale des Kriteriums B beschreibt. Viele Personen leiden unter Episoden übermäßigen Essens, die keine Episoden von „Freßanfällen" darstellen.

> **Forschungskriterien für die „Binge-Eating"-Störung**
>
> A. Wiederholte Episoden von „Freßanfällen". Eine Episode von „Freßanfällen" ist durch die beiden folgenden Kriterien charakterisiert:
>   (1) Essen einer Nahrungsmenge in einem abgrenzbaren Zeitraum (z. B. in einem zweistündigen Zeitraum), die definitiv größer ist als die meisten Menschen in einem ähnlichen Zeitraum unter ähnlichen Umständen essen würden.
>   (2) Ein Gefühl des Kontrollverlustes über das Essen während der Episode (z. B. ein Gefühl, daß man mit dem Essen nicht aufhören kann bzw. nicht kontrollieren kann, was und wieviel man ißt).
>
> B. Die Episoden von „Freßanfällen" treten gemeinsam mit mindestens drei der folgenden Symptome auf:
>   (1) wesentlich schneller essen als normal,
>   (2) essen bis zu einem unangenehmen Völlegefühl,
>   (3) essen großer Nahrungsmengen, wenn man sich körperlich nicht hungrig fühlt,
>   (4) alleine essen aus Verlegenheit über die Menge, die man ißt,
>   (5) Ekelgefühle gegenüber sich selbst, Deprimiertheit oder große Schuldgefühle nach dem übermäßigen Essen.
>
> C. Es besteht deutliches Leiden wegen der „Freßanfälle".
>
> D. Die „Freßanfälle" treten im Durchschnitt an mindestens 2 Tagen in der Woche für 6 Monate auf.
>   **Beachte:** Die Methode zur Bestimmung der Häufigkeit unterscheidet sich von der, die bei Bulimia Nervosa benutzt wird; die zukünftige Forschung sollte thematisieren, ob die zu bevorzugende Methode für die Festlegung einer Häufigkeitsgrenze das Zählen der Tage darstellt, an denen die „Freßanfälle" auftreten oder das Zählen der Anzahl der Episoden von „Freßanfällen".
>
> E. Die „Freßanfälle" gehen nicht mit dem regelmäßigen Einsatz von unangemessenen kompensatorischen Verhaltensweisen einher (z. B. „Purging-Verhalten", fasten oder exzessive körperliche Betätigung) und sie treten nicht ausschließlich im Verlauf einer Anorexia Nervosa oder Bulimia Nervosa auf.

Depressive Persönlichkeitsstörung

Merkmale

Das Hauptmerkmal ist ein tiefgreifendes Muster depressiver Kognitionen und Verhaltensweisen, das im frühen Erwachsenenalter beginnt und in einer Vielzahl von Zusammenhängen auftritt. Dieses Muster tritt nicht ausschließlich während der Episoden einer Major Depression auf und kann durch eine Dysthyme Störung nicht besser erklärt werden. Die depressiven Kognitionen und Verhaltensweisen schließen ein beständiges und tiefgreifendes Gefühl der Niedergeschlagenheit, der Trübsinnigkeit, der Unbehaglichkeit, der Freudlosigkeit und des Unglücklichseins ein. Diese Personen sind übermäßig ernst, unfähig zu genießen oder zu entspannen und es fehlt ihnen der Sinn für Humor. Möglicherweise haben sie das Gefühl, daß sie es nicht verdient haben, Spaß im Leben zu haben oder glücklich zu sein. Weiterhin neigen sie zum Grübeln und Sichsorgen und kreisen beständig um ihre negativen und unglücklichen Gedanken. Die Betroffenen sehen die Zukunft ebenso negativ wie die Gegenwart; sie bezweifeln, daß sich die Dinge jemals zum Besseren wenden werden und erwarten das Schlimmste. Während sie selbst stolz darauf sind, realistisch zu sein, werden sie von anderen als pessimistisch betrachtet. Sie können sehr streng in ihrer Selbstbeurteilung sein und sind geneigt, sich für Unzulänglichkeiten und Schwächen übermäßig schuldig zu fühlen. Die Selbstachtung ist gering und besonders auf Gefühle der Unzulänglichkeit gerichtet. Personen mit dieser vorgeschlagenen Störung neigen dazu, andere ebenso streng zu beurteilen wie sich selbst. Oft richten sie ihre Aufmerksamkeit eher auf die Schwächen anderer als auf deren positive Eigenschaften und können so sehr negativistisch, kritisch und aburteilend gegen andere sein.

Zugehörige Merkmale

Oft sind diese Personen still, introvertiert, passiv und wenig durchsetzungsfähig; sie ziehen es vor, anderen zu folgen als selbst die Führung zu übernehmen. Dieses Muster tritt bei Frauen und Männern annähernd mit gleicher Häufigkeit auf. Personen mit diesem Erscheinungsbild können prädisponiert sein, eine Dysthyme Störung und möglicherweise eine Major Depression zu entwickeln. Diese Zustände sind möglicherweise auf einem Spektrum angeordnet, wobei die depressive Persönlichkeitsstörung die früh einsetzende, beständige, „trait"-ähnliche Variante der Depressiven Störungen darstellt. Vorläufige Anhaltspunkte deuten darauf hin, daß die depressive Persönlichkeitsstörung eine erhöhte Prävalenz bei Familienmitgliedern von Probanden mit einer Major Depression haben kann. Umgekehrt kann eine Major Depression mit erhöhter Häufigkeit bei Familienmitgliedern von Probanden mit einer depressiven Persönlichkeitsstörung auftreten, die selbst keine Major Depression haben.

Differentialdiagnose

Nach DSM-IV würde bei Personen, deren Erscheinungsbild sich mit diesen Forschungskriterien deckt, **eine Nicht Näher Bezeichnete Persönlichkeitsstörung** diagnostiziert werden.

Es bleibt strittig, ob die Unterscheidung von depressiver Persönlichkeitsstörung und **Dysthymer Störung** brauchbar ist. Die Forschungskriterien, die für diese vorgeschlagene Störung angegeben werden, unterscheiden sich von den diagnostischen Kriterien der Dysthymen Störung durch die Betonung kognitiver, interpersoneller und intrapsychischer Persönlichkeitsmerkmale. Diese vorgeschlagene Störung sollte nicht in Betracht gezogen werden, wenn die Symptome besser durch eine Dysthyme Störung erklärt werden können oder wenn sie ausschließlich während **Episoden einer Major Depression** auftreten. Die vorgeschlagene depressive Persönlichkeitsstörung unterscheidet sich von sogenannten normalen depressiven Persönlichkeitsmerkmalen (z. B. Unglücklichsein, Pessimismus, Selbstkritik und Neigung zu Schuldgefühlen) darin, daß das Muster tiefgreifend ist und deutliches Leiden oder Beeinträchtigungen in sozialen oder beruflichen Funktionsbereichen verursacht. Die Beziehung zwischen dieser vorgeschlagenen Störung und verschiedenen anderen in diesem Anhang enthaltenen vorgeschlagenen Kategorien (d. h. leichte (minor) depressive Störung, rezidivierende kurze depressive Störung und Störung mit Angst und Depression, gemischt) und anderen Persönlichkeitsstörungen ist nicht bekannt, aber es könnten wesentliche Überlappungen zwischen ihnen bestehen.

> **Forschungskriterien für die depressive Persönlichkeitsstörung**
>
> A. Ein tiefgreifendes Muster depressiver Kognitionen und Verhaltensweisen, das im frühen Erwachsenenalter beginnt und in einer Vielzahl von Zusammenhängen zu Tage tritt, angezeigt durch mindestens fünf der folgenden Kriterien:
>   (1) die übliche Stimmung ist durch Niedergeschlagenheit, Trübsinnigkeit, Unbehaglichkeit, Freudlosigkeit und Unglücklichsein gekennzeichnet,
>   (2) das Selbstkonzept zentriert sich um Überzeugungen der Unzulänglichkeit, Wertlosigkeit und niedriger Selbstachtung,
>   (3) ist kritisch, anklagend und herabsetzend gegen sich selbst,
>   (4) grübelt und sorgt sich,
>   (5) ist negativistisch, kritisch und verurteilend gegen andere,
>   (6) ist pessimistisch,
>   (7) neigt zu Schuldgefühlen und Gewissensbissen.
> B. Tritt nicht ausschließlich während Episoden einer Major Depression auf und kann nicht besser durch eine Dysthyme Störung erklärt werden.

Passiv-aggressive Persönlichkeitsstörung (Negativistische Persönlichkeitsstörung)

Merkmale

Das Hauptmerkmal ist ein tiefgreifendes Muster negativistischer Einstellungen und passiven Widerstands gegenüber Forderungen nach angemessener Leistung im sozialen und beruflichen Bereich. Es beginnt im frühen Erwachsenenalter und tritt in einer Vielzahl von Zusammenhängen auf. Dieses Muster kommt nicht ausschließlich während einer Episode einer Major Depression vor und kann durch eine Dysthyme Störung nicht besser erklärt werden. Die Betroffenen haben die Angewohnheit, nachtragend zu sein, zu opponieren und sich zu weigern, den Forderungen anderer an ihre Leistung nachzukommen. Die Opposition tritt am häufigsten im Arbeitsbereich auf, kann aber auch hinsichtlich des Sozialverhaltens offensichtlich werden. Der Widerstand findet seinen Ausdruck in Verzögerungstaktiken, Vergeßlichkeit, Eigensinnigkeit und absichtlicher Untüchtigkeit, besonders wenn es sich um Aufgaben handelt, die von Autoritätspersonen erteilt wurden. Diese Personen behindern die Bemühungen anderer, indem sie den eigenen Arbeitsanteil nicht erledigen. Wenn beispielsweise ein Vorgesetzter einem Untergebenen Unterlagen zur Durchsicht für eine Besprechung am nächsten Morgen gibt, so wird der Untergebene die Unterlagen eher verlegen oder verlieren als deutlich zu machen, daß die Zeit für diese Aufgabe nicht ausreicht. Diese Personen fühlen sich betrogen, mißachtet und unverstanden und beklagen sich ständig bei anderen. Wenn Schwierigkeiten auftreten, machen sie das Verhalten anderer für eigene Fehler verantwortlich. Sie sind oft mürrisch, reizbar, ungeduldig, streitsüchtig, zynisch, skeptisch und widerspenstig. Autoritätspersonen (z. B. ein Vorgesetzter bei der Arbeit, ein Lehrer in der Schule, ein Elternteil oder ein Ehepartner, der die Rolle eines Elternteils übernimmt) werden oft zum Zentrum der Unzufriedenheit. Aufgrund ihres Negativismus und der Tendenz, die Schuld anderen zuzuweisen, reagieren diese Personen schon bei kleinster Provokation mit Kritik und verbaler Feindseligkeit auf Autoritätspersonen. Weiterhin reagieren sie neidisch und nachtragend auf Kollegen, die erfolgreich sind oder positiv von Autoritätspersonen beurteilt werden. Die Betroffenen beklagen sich oft über ihr persönliches Mißgeschick. Sie haben eine negative Einstellung zur Zukunft und machen gerne Bemerkungen wie „Es zahlt sich nicht aus, gut zu sein" und „Gutes ist nicht von Dauer". Gegenüber denen, die sie als Verursacher ihrer Probleme betrachten, schwanken sie oft zwischen dem Ausdruck feindseligen Trotzes und dem Versuch der Besänftigung, indem sie um Vergebung bitten oder versprechen, in Zukunft bessere Leistungen zu erbringen.

Zugehörige Merkmale

Diese Personen sind oft offenkundig ambivalent, schwanken unentschlossen von einer Vorgehensweise zu deren Gegenteil. Sie folgen häufig einem unbeständigen Weg, welcher zu endlosen Streitigkeiten mit anderen und zu Enttäuschungen für sie selbst führt. Ein intensiver Konflikt zwischen der Abhängigkeit von anderen und dem Wunsch nach Geltendmachung eigener Rechte ist charakteristisch für diese Menschen. Ihr Selbstvertrauen ist oft trotz oberflächlichen prahlerischen Mutes gering. Für die meisten Situationen sehen sie den schlechtmöglichsten Ausgang voraus, selbst wenn alles gut geht. Diese defätistische Haltung kann zu feindseligen und negativen Reaktionen derer führen, über die sich die Betroffenen beklagen. Dieses Verhaltensmuster tritt häufig bei Personen mit Borderline, Histrionischer, Paranoider, Dependenter, Antisozialer und Vermeidend-Selbstunsicherer Persönlichkeitsstörung auf.

Differentialdiagnose

Nach DSM-IV würde bei Personen, deren Erscheinungsbild sich mit diesen Forschungskriterien deckt, eine **Nicht Näher Bezeichnete Persönlichkeitsstörung** diagnostiziert.

Bei der **Störung mit Oppositionellem Trotzverhalten** besteht ein ähnliches Muster negativistischer Einstellungen und Problemen mit Autoritätspersonen. Allerdings wird diese Störung gewöhnlich bei Kindern diagnostiziert, während die vorgeschlagene Störung nur bei Erwachsenen in Erwägung gezogen werden sollte. Dieses Muster sollte nicht in Betracht gezogen werden, wenn die Symptome besser durch eine **Dysthyme Störung** erklärt werden können oder wenn sie ausschließlich während der **Episoden einer Major Depression** auftreten. Im Alltag begegnet man häufig passiv-aggressiven Verhaltensweisen, besonders in autoritären Situationen (z. B. Beruf, Militär, Gefängnis), in denen keine anderen Formen der Selbstbehauptung toleriert werden. Nur wenn die passiv-aggressiven Persönlichkeitsmerkmale unflexibel und unangepaßt sind und zu einer bedeutsamen funktionalen Beeinträchtigung oder zu subjektivem Leiden führen, machen sie eine Störung aus.

Forschungskriterien für die passiv-aggressive Persönlichkeitsstörung

A. Ein tiefgreifendes Muster negativistischer Einstellungen und passiven Widerstands gegenüber Forderungen nach angemessener Leistung, das im frühen Erwachsenenalter beginnt und in einer Vielzahl von Zusammenhängen auftritt, angezeigt durch mindestens vier der folgenden Kriterien:

Fortsetzung nächste Seite

> Fortsetzung
>
> (1) widersetzt sich passiv der Erfüllung sozialer und beruflicher Routineaufgaben,
> (2) beklagt sich, von anderen mißverstanden und mißachtet zu werden,
> (3) ist mürrisch und streitsüchtig,
> (4) übt unangemessene Kritik an Autoritäten und verachtet sie,
> (5) bringt denen gegenüber Neid und Groll zum Ausdruck, die offensichtlich mehr Glück haben,
> (6) beklagt sich übertrieben und anhaltend über persönliches Unglück,
> (7) wechselt zwischen feindseligem Trotz und Reue.
>
> B. Tritt nicht ausschließlich während Episoden einer Major Depression auf und kann nicht besser durch eine Dysthyme Störung erklärt werden.

Medikamenteninduzierte Bewegungsstörungen

Die Berücksichtigung Medikamenteninduzierter Bewegungsstörungen ist wichtig bei der medikamentösen Behandlung psychischer Störungen oder medizinischer Krankheitsfaktoren und bei der Differentialdiagnose von Achse I-Störungen (z. B. Angststörung versus Neuroleptikainduzierte Akathisie; Katatonie versus Malignes Neuroleptisches Syndrom). Diese Krankheitsfaktoren können zu Noncompliance mit der Behandlung und zu psychosozialen und beruflichen Beeinträchtigungen führen. Medikamenteninduzierte Bewegungsstörungen sollten auf Achse I codiert werden. Obwohl diese Störungen als „medikamenteninduziert" bezeichnet werden, ist es häufig schwierig, den kausalen Zusammenhang zwischen der Medikamenteneinnahme und der Entwicklung der Bewegungsstörung einwandfrei festzustellen, besonders weil einige dieser Krankheitsfaktoren auch ohne Medikamenteneinnahme auftreten. Es werden Kriterien und Beschreibungen für diese Störungen vorgeschlagen, um die Forschung zu erleichtern und richtige Diagnosestellungen sowie Behandlungen zu verbessern. Die folgenden Medikamenteninduzierten Bewegungsstörungen sind in diesem Abschnitt enthalten: Neuroleptikainduzierter Parkinsonismus, Malignes Neuroleptisches Syndrom, Neuroleptikainduzierte Akute Dystonie, Neuroleptikainduzierte Akute Akathisie, Neuroleptikainduzierte Tardive Dyskinesie und Medikamenteninduzierter Haltetremor. Eine Kategorie für die Nicht Näher Bezeichnete Medikamenteninduzierte Bewegungsstörung ist für medikamenteninduzierte Bewegungsstörungen vorgesehen, die die Kriterien keiner der oben genannten spezifischen Störungen erfüllen. Diese Kategorie schließt Bewegungsstörungen (z. B. Parkinsonismus, akute Akathisie) ein, die mit einem anderen Medikament als einem Neuroleptikum (z. B. einem Serotonin-Reuptake-Hemmer) in Zusammenhang stehen.

Der Begriff Neuroleptikum wird in diesem Manual im weitesten Sinne benutzt, um sich auf Medikamente mit dopamin-antagonistischen Eigenschaften zu beziehen. Dazu gehören sogenannte typische antipsychotische Substanzen (z. B. Chlorpromazin, Haloperidol, Fluphenazin), atypische antipsychotische Substanzen (z. B. Clozapin), bestimmte Dopamin-Rezeptor blockierende Arzneimittel, die bei der Behandlung körperlicher Symptome wie Übelkeit verwendet werden (z. B. Prochlorperazin, Promethazin, Trimethobenzamid, Metoclopramid), sowie Amoxapin, das als Antidepressivum auf dem Markt ist.

332.1 (G21.1) Neuroleptikainduzierter Parkinsonismus

Diagnostische Merkmale

Das Hauptmerkmal des Neuroleptikainduzierten Parkinsonismus ist das Vorhandensein von Zeichen oder Symptomen eines Parkinsonismus (d. h. Tremor, Rigor oder Akinese), die sich in Verbindung mit der Einnahme von Neuroleptika entwickeln. Diese Symptome entwickeln sich gewöhnlich innerhalb weniger Wochen nach Beginn oder Dosissteigerung einer neuroleptischen Medikation oder nach Reduktion einer Medikation (z. B. einer anticholinergen Medikation), die zur Behandlung oder Prävention akuter extrapyramidaler Symptome eingesetzt wurde. Die Symptome dürfen nicht besser durch eine psychische Störung (z. B. Katatonie, negative Symptome einer Schizophrenie, psychomotorische Verlangsamung bei einer Episode einer Major Depression) erklärt werden und können nicht auf einen neurologischen oder anderen medizinischen Krankheitsfaktor (z. B. idiopathisches Parkinsonsyndrom, Morbus Wilson) zurückgeführt werden. Rigor und Akinese sind am häufigsten, während Tremor etwas weniger häufig ist. Man schätzt, daß wenigstens 50 % der ambulanten Patienten, die eine neuroleptische Langzeitbehandlung erhalten, zu irgendeinem Zeitpunkt des Behandlungsverlaufes irgendwelche parkinsonartigen Zeichen oder Symptome entwickeln. Die Symptome können sich rasch nach Beginn oder Dosissteigerung einer neuroleptischen Medikation oder mit der Zeit schleichend entwickeln. Der typischste Verlauf ist die Entwicklung von Symptomen 2–4 Wochen nach Beginn einer neuroleptischen Medikation. Die Symptome neigen dann dazu, unverändert fortzudauern oder sich allmählich über wenige Monate zurückzubilden. Die Symptome legen sich gewöhnlich mit einer Dosisreduktion (oder dem Absetzen) des Neuroleptikums, der Hinzufügung einer Antiparkinson-Medikation oder dem Wechsel zu einer neuroleptischen Medikation mit geringerer Häufigkeit dieser Nebenwirkungen.

Parkinson-Tremor ist eine gleichmäßige, rhythmisch ausschlagende Bewegung (3–6 Schläge pro Sekunde), die typischerweise langsamer ist als andere Tremorformen und die in Ruhe auftritt. Er kann intermittierend auftreten, unilateral oder bilateral sein oder davon abhängig sein, in welcher Stellung sich das Körperteil befindet (positionaler Tremor). Der Tremor kann Extremitäten, Kopf, Kiefer, Mund, Lippen („Rabbit-Syndrom") oder die Zunge befallen. Der Tremor läßt sich unterdrücken, besonders wenn der Betroffene versucht, mit dem zitternden Körperglied eine Aufgabe auszuführen. Betroffene beschreiben den Tremor als „schüttelnd" und berichten, daß er besonders bei Angst, Streß oder Müdigkeit auftritt.

Parkinson-Rigor ist definiert als übermäßige Verhärtung und Anspannung ruhender Muskelgruppen. Er kann die gesamte Skelettmuskulatur befallen oder es sind nur einzelne Muskelgruppen betroffen. Es gibt zwei Formen des Rigors: *kontinuierlicher („lead pipe") Rigor* und das *Zahnradphänomen*. Beim kontinuierlichen Rigor leistet ein Körperglied oder ein Gelenk Widerstand gegen Bewegung und fühlt sich blockiert an. Der Rigor ist kontinuierlich vorhanden (d. h. er ist gewöhnlich keinen kurzfristigen Schwankungen unterworfen). Beim Zahnradphänomen zeigt sich ein rhythmischer, ruckartiger Widerstand, der die gewöhnlich glatte Bewegung des Gelenks unterbricht, wenn das Gelenk gebeugt und gestreckt wird. Das Zahnradphänomen kann man tasten, wenn man die Hand auf das bewegte Gelenk legt. Das Zahnradphänomen tritt auf, wenn die Muskeln passiv bewegt werden, am häufigsten im Hand- und Ellenbogengelenk. Oft ist der Verlauf schwankend. Personen mit Parkinson-Rigor beklagen sich oft über allgemeine Empfindlichkeit oder Steifigkeit der Muskeln, Muskel- oder Gelenkschmerzen, Körperschmerzen oder eine schlechte Koordination bei sportlichen Aktivitäten.

Akinese ist ein Zustand verminderter spontaner motorischer Aktivität. Es handelt sich dabei um eine allgemeine Verlangsamung wie auch Schwerfälligkeit beim In-Gang-Bringen und Ausführen von Bewegungen. Normale alltägliche Verrichtungen (z. B. Körperpflege) sind eingeschränkt. Betroffene klagen oft über Lustlosigkeit, Mangel an Spontaneität und Antrieb oder über vermehrten Schlaf. Parkinson-Rigor und Akinese können sich manifestieren als Gangstörungen oder Kleinschrittigkeit, vermindertes Mitschwingen der Arme oder eine Abnahme der gesamten Spontaneität beim Gehen. Andere Anzeichen sind ein überbeugter Nacken, vornübergebeugte Schultern, ein starrer Gesichtsausdruck und kleine, schlurfende Schritte. Speichelfluß kann auftreten, der auf eine allgemeine Abnahme der motorischen Aktivität der Zungen-Schlund-Muskeln zurückzuführen ist, obgleich Speichelfluß bei neuroleptikabedingtem Parkinsonismus aufgrund der anticholinergen Eigenschaften dieser Medikamente seltener ist.

Zugehörige Merkmale

Zu Verhaltenssymptomen können Depressionen und Verschlechterungen der Negativ-Symptome einer Schizophrenie zählen. Andere zugehörige Zeichen und Symptome sind eine kleine Handschrift (Mikrographie), Hypophonie, Haltungsinstabilität, fehlende Habituierung des Glabellareflexes und Seborrhoe. Es können allgemeine medizinische Komplikationen auftreten, wenn die Parkinson-Symptome schwer sind und eine verminderte motorische Aktivität zur Folge haben (z. B. Kontrakturen, wunde Stellen durch langes Liegen und Lungenembolie). Ein eingeschränkter Schluckreflex und eine Dysphagie können lebensbedrohlich sein und als Aspirationspneumonie oder nicht erklärbarer Gewichtsverlust in Erscheinung treten. Es kann zu Harninkontinenz und Zunahme von Hüftgelenksfrakturen bei älteren Menschen kommen. Risikofaktoren für die Entwicklung eines Neuroleptikainduzierten Parkinsonismus sind vorangegangene Episoden von Neuroleptikainduziertem Parkinsonismus; höheres Alter; das zusätzliche Vorhandensein eines Delirs, einer Demenz oder einer amnestischen Störung; oder ein mitbestehender neurologischer Krankheitsfaktor. Auch Kinder weisen häufig ein erhöhtes Risiko zur Entwicklung eines Neuroleptikainduzierten Parkinsonismus auf. Des weiteren hängt das Risiko zur Entwicklung eines Neuroleptikainduzierten Parkinsonismus von der Art der neuroleptischen Medikation, der Schnelligkeit der Dosissteigerung und der absoluten Dosis ab; das Risiko ist kleiner, wenn Betroffene anticholinerge Medikamente nehmen.

Differentialdiagnose

Es ist wichtig, bei Personen, die mit neuroleptischen Medikamenten behandelt werden, zwischen Neuroleptikainduziertem Parkinsonismus und anderen Ursachen für Parkinsonsymptome zu unterscheiden. Neuroleptikainduzierter Parkinsonismus sollte von **Parkinsonsymptomen** unterschieden werden, **die auf eine andere Substanz oder ein anderes Medikament** oder **auf einen neurologischen oder anderen medizinischen Krankheitsfaktor** (z. B. Parkinson Syndrom, Morbus Wilson) zurückzuführen sind. Laborbefunde können helfen, andere Ursachen für Parkinsonsymptome einwandfrei festzustellen (z. B. positiver Urin-Schwermetall-Test, Verkalkungen der Stammganglien als Nachweis einer Hyperkalzämie, Serum-Coeruloplasmin-Werte als Nachweis eines Morbus Wilson). Tremor anderer Ursache (d. h. nicht als Folge eines Parkinsonismus), wie familiärer Tremor, nicht neuroleptisch induzierter Tremor und Tremor, der mit Substanzentzug verbunden ist, sollte von Neuroleptikainduziertem Parkinsonismus unterschieden werden. Ein Nicht-Parkinson-Tremor ist eher feiner (z. B. kleinere Amplitude) und schneller (10 Schläge pro Sekunde) und wird bei intentionalen Bewegungen (z. B. wenn der Betroffene nach einer Tasse greift) eher stärker. Tremor in Verbindung mit **Substanzentzug** geht gewöhnlich mit Hyperreflexie und erhöhter vegetativer Erregung einher. Tremor bei cerebellären Erkrankungen verschlimmert sich bei intentionalen Bewegungen und ist oft mit Nystagmus, Ataxie oder skandierender Sprache verbunden. Choreiforme Bewegungen können in Verbindung mit **Neuroleptikainduzierter Tardiver Dyskinesie** dem Parkinson-Tremor ähneln; jedoch unterscheidet sich der Parkinson-Tremor durch seine gleichmäßige Rhythmik. **Schlaganfälle** und **andere fokale Läsionen des Zentralen Nervensystems** können fokale neurologische Ausfälle wie auch Immobilität durch schlaffe oder spastische Lähmungen hervorrufen. Demgegenüber ist beim Neuroleptikainduzierten Parkinsonismus die Muskelkraft anfangs normal und die Muskeln ermüden auch später. Rigor bei Parkinsonismus muß auch vom „Klappmesser"-Phänomen unterschieden werden, das man bei Läsionen der Pyramidenbahnen und bei Trotzverhalten findet.

Einige Anzeichen dafür, daß Parkinsonsymptome nicht auf Neuroleptika zurückzuführen sind, sind eine Familienanamnese mit einer erblichen neurologischen Erkrankung, rasch progredienter Parkinsonismus, der nicht durch vorhergehende Umstellungen der psychopharmakologischen Therapie erklärt werden kann, das Vorhandensein fokaler nicht-extrapyramidaler neurologischer Krankheitszeichen (z. B. frontale Enthemmungsphänomene, Hirnnervenfunktionsstörungen oder ein positives Babinski-Zeichen) und Parkinsonzeichen oder Symptome, die nicht innerhalb von 3 Monaten nach Absetzen der neuroleptischen Medikation (oder innerhalb eines Jahres bei Gabe eines länger wirksamen Depot-Neuroleptikums) zurückgehen. Personen mit einem **Malignen Neuroleptischen Syndrom** haben sowohl eine schwere Akinese als auch Rigor, weisen aber zusätzliche körperliche und Laborbefunde (z. B. Fieber, erhöhte Kreatininphosphokinase [CPK]) auf.

Die Unterscheidung zwischen Symptomen einer **primären psychischen Störung** und Verhaltensauffälligkeiten bei Neuroleptikainduziertem Parkinsonismus kann schwierig sein. Häufig muß sich die Diagnose auf mehrere Informationsquellen (z. B. körperliche Untersuchungsbefunde, Medikamentenvorgeschichte, psychische Symptome) stützen. Die Diagnose eines Neuroleptikainduzierten Parkinsonismus darf häufig nur vorläufig erfolgen und kann manchmal nur durch den Versuch einer Dosisminderung (oder Absetzen) der neuroleptischen Medikation oder mit Hilfe der Aufnahme einer anticholinergen Behandlung bestätigt werden. Neuroleptikainduzierte Akinese und **Major Depression** haben viele überschneidende Symptome. Eine Major Depression weist eher vegetative Zeichen (z. B. morgendliches Früherwachen), Hoffnungslosigkeit und Verzweiflung auf, während Apathie eher für eine Akinese typisch ist. Katatone Zustände in Verbindung mit **Schizophrenie vom Katatonen Typus** oder **Affektiven Störungen mit Katatonen Merkmalen** können besonders schwierig von schwerer Akinese zu unterscheiden sein. Auch die **Negativsymptome einer Schizophrenie** können von einer Akinese schwer abzugrenzen sein. Rigor kann auch bei **Psychotischen Störungen, Delir, Demenz, Angststörungen** und **Konversionsstörung** auftreten. Der Widerstand bei passiver Bewegung ist beim Parkinson-Rigor im gesamten Bewegungsverlauf konstant, während er bei psychischen Störungen oder anderen neurologischen Krankheitsfaktoren mit Rigor nicht ständig vorhanden ist. Des weiteren weisen Personen mit Parkinson-Rigor im allgemeinen eine Konstellation von Zeichen und Symptomen auf, zu denen ein charakteristischer Gang und Gesichtsausdruck, Speichelfluß, verminderter Lidschlag und andere Aspekte einer Bradykinese gehören.

> **Forschungskriterien für 332.1 (G21.1) Neuroleptikainduzierter Parkinsonismus**
>
> A. Mindestens eines der folgenden Zeichen oder Symptome hat sich in Zusammenhang mit der Einnahme neuroleptischer Medikamente entwickelt:
>   (1) Parkinson-Tremor (d. h. ein grober, rhythmischer Ruhe-Tremor mit einer Frequenz von 3 bis 6 Schlägen pro Sekunde, der Extremitäten, Kopf, Mund und Zunge befällt),
>   (2) Parkinson-Rigor (d. h. Zahnradphänomen oder kontinuierlicher „lead pipe" Rigor),
>   (3) Akinese (d. h. Abnahme spontaner Mimik, Gestik, Sprache oder Körperbewegungen).
>
> B. Die Symptome des Kriteriums A entwickeln sich innerhalb weniger Wochen nach Beginn oder Dosissteigerung einer neuroleptischen Medikation oder nach Reduktion eines Medikaments, das zur Behandlung (oder Prävention) akuter extrapyramidaler Symptome (z. B. anticholinerge Substanzen) diente.
>
> C. Die Symptome des Kriteriums A können durch eine psychische Störung (z. B. katatone oder Negativ-Symptome einer Schizophrenie, psychomotorische Verlangsamung im Rahmen einer Major Depression) nicht besser erklärt werden. Anhaltspunkte dafür, daß die Symptome durch eine psychische Störung besser erklärt werden können, sind folgende: Die Symptome gehen einer neuroleptischen Medikation voraus oder lassen sich nicht mit dem Muster pharmakologischer Interventionen vereinbaren (z. B. keine Besserung nach Verringerung der neuroleptischen Dosis oder nach Verabreichung eines Anticholinergikums).
>
> D. Die Symptome des Kriteriums A gehen nicht auf eine nicht-neuroleptische Substanz oder einen neurologischen oder anderen medizinischen Krankheitsfaktor (z. B. Parkinsonsyndrom, Morbus Wilson) zurück. Anhaltspunkte dafür, daß die Symptome auf einen medizinischen Krankheitsfaktor zurückzuführen sind, sind folgende: Die Symptome gehen der Einnahme einer neuroleptischen Medikation voraus, ungeklärte fokale neurologische Krankheitszeichen sind vorhanden, oder die Symptome verschlechtern sich trotz stabiler Medikation weiter.

333.92 (G21.0) Malignes Neuroleptisches Syndrom

Diagnostische Merkmale

Das Hauptmerkmal eines Malignen Neuroleptischen Syndroms besteht im Auftreten eines schweren Muskelrigors und erhöhter Temperatur nach Einnahme von Neuroleptika. Dies wird begleitet von mindestens zwei der folgenden Symptome: Starkes Schwitzen, Dysphagie, Tremor, Inkontinenz, Bewußtseinsveränderungen von Verwirrtheit bis Koma, Mutismus, Tachykardie, erhöhter oder schwankender Blutdruck, Leukozytose und Laborhinweise auf eine Muskelschädigung (z. B. erhöhte Kreatininphosphokinase [CPK]). Diese Symptome gehen nicht auf andere Substanzen (z. B. Phencyclidin) oder auf einen neurologischen oder anderen medizinischen Krankheitsfaktor (z. B. virale Enzephalitis) zurück und können durch eine psychische Störung (z. B. Affektive Störungen Mit Katatonen Merkmalen) nicht besser erklärt werden. Begleitend können Agitiertheit oder akute dystone Reaktionen auftreten.

Die erhöhte Temperatur reicht von leichter Erhöhung (z. B. 37,2–37,8 °C) bis zu deutlichem Fieber/Hyperthermie (z. B. 41 °C). Fieber, das auf einen medizinischen Krankheitsfaktor (z. B. Infektion) zurückzuführen ist, muß als Ursache für die erhöhte Temperatur ausgeschlossen werden; Personen mit einem Malignen Neuroleptischen Syndrom entwickeln jedoch häufig andere medizinische Krankheitsfaktoren, die die bereits angestiegene Temperatur weiter erhöhen können. Die CPK ist charakteristischerweise erhöht und reicht von leichten Anstiegen bis zu extrem hohen Werten (höher als 16 000 U/l). Es sollte beachtet werden, daß leichte bis mittlere Anstiege der CPK auch bei Muskelschädigungen, die auf verschiedene Ursachen wie intramuskuläre Injektionen und Anwendung von Fixierungen zurückgehen, zu beobachten sind und auch bei Personen mit akuten Psychotischen Störungen gefunden wurden. Die Anzahl weißer Blutkörperchen ist oft hoch und liegt gewöhnlich zwischen 10 000 und 20 000. In schweren Fällen kann eine Myoglobinurie auftreten, die Vorbote eines Nierenversagens sein kann.

Erscheinungsbild und Verlauf eines Malignen Neuroleptischen Syndroms sind recht unterschiedlich. Es kann einen malignen, potentiell tödlichen Verlauf oder einen relativ benignen, selbstlimitierenden Verlauf haben. Gegenwärtig gibt es keine Möglichkeit, die Entwicklung des Syndroms im Einzelfall vorherzusagen. Ein Malignes Neuroleptisches Syndrom entwickelt sich gewöhnlich innerhalb von 4 Wochen nach Beginn einer neuroleptischen Medikation; in zwei Drittel der Fälle tritt es innerhalb der ersten Woche auf. Jedoch entwickeln einige Personen ein Malignes Neuroleptisches Syndrom, nachdem sie dieselbe Dosis eines Neuroleptikums über viele Monate eingenommen haben. Nach Absetzen der neuroleptischen Medikation verschwindet der Zustand innerhalb einer durchschnittlichen Dauer von 2 Wochen bei neuroleptischer Nicht-Depot-Medikation und innerhalb von 1 Monat bei neuroleptischer Depot-Medikation, obgleich es Fälle gibt, bei denen der Zustand weit länger als die durchschnittliche Dauer von 2 Wochen andauert. In den meisten Fällen kommt es schließlich zu einer vollständigen Rückbildung der Symptome. Eine Minderheit der Betroffenen verstirbt an der Störung. Die Häufigkeit tödlicher Ausgänge wird in der Literatur mit 10–20 % angegeben, diese Angaben könnten jedoch aufgrund unzutreffender Beobachtungen künstlich hoch sein. Mit zunehmender Kenntnis dieses Krankheitszustandes gingen die Schätzungen über die Häufigkeit eines tödlichen Ausgangs zurück. Es liegen wenige Berichte über neurologische Spätfolgen vor.

Zugehörige Merkmale

Über die meisten Fälle wurde bei Personen mit Schizophrenie, Manischen Episoden und Psychischen Störungen Aufgrund eines Medizinischen Krankheitsfaktors (z. B. Delir oder Demenz) berichtet. Frühere Episoden eines Malignen Neuroleptischen Syndroms, Agitiertheit, Dehydrierung, hohe Neuroleptika-Dosen, rasche Dosissteigerung und intramuskuläre Injektion neuroleptischer Medikamente scheinen Risikofaktoren darzustellen. In der Literatur gibt es kontroverse Angaben darüber, ob eine Behandlung mit Lithiumcarbonat die Wahrscheinlichkeit erhöht, ein Malignes Neuroleptisches Syndrom zu entwickeln. Obwohl diese Störung sowohl unter heißen als auch unter kalten Umweltbedingungen auftreten kann, scheint ein warmes und feuchtes Umgebungsklima zur Entwicklung dieses Krankheitszustandes beizutragen. Verschiedene medizinische Krankheitsfaktoren können hinzutreten und das klinische Bild komplizieren, wie Pneumonie, Nierenversagen, Herz- oder Atemstillstand, Anfälle, Sepsis, Lungenembolie und disseminierte intravasale Gerinnung.

Schätzungen zur Prävalenz dieses Krankheitszustandes reichen bei Personen, die eine neuroleptische Medikation erhielten von 0,07 % bis 1,4 %. Es wurde berichtet, daß ein Malignes Neuroleptisches Syndrom etwas häufiger bei männlichen als bei weiblichen Personen auftritt. Der Krankheitszustand kann in jedem Alter auftreten, wurde jedoch am häufigsten bei jungen Erwachsenen beobachtet. Unterschiedliche Prävalenzangaben könnten auf Inkonsistenzen bei der Definition von Einschlußkriterien, auf Verschreibungspraktiken von Neuroleptika, auf das Untersuchungsdesign und auf demographische Merkmale der untersuchten Population zurückzuführen sein. Ein Malignes Neuroleptisches Syndrom tritt bei hochpotenten Neuroleptika häufiger auf. Einige Personen, die diese Erkrankung entwickelt haben, zeigen häufig eine mangelnde Compliance bei der Einnahme der Neuroleptika. Obwohl viele Betroffene kein Wiederauftreten der Symptome erleben, wenn die neuroleptische Medikation wiederaufgenommen wird, entwickeln einige besonders dann ein Rezidiv, wenn die neuroleptische Medikation kurz nach einer Episode eines Malignen Neuroleptischen Syndroms wiedereingesetzt wird.

Differentialdiagnose

Ein Malignes Neuroleptisches Syndrom muß von den Symptomen eines **neurologischen oder anderen medizinischen Krankheitsfaktors** unterschieden werden. Eine erhöhte Temperatur, die auf einen medizinischen Krankheitsfaktor (z. B. eine Virusinfektion) zurückzuführen ist, muß von erhöhter Temperatur in Verbindung mit einem Malignen Neuroleptischen Syndrom unterschieden werden. Extrem erhöhte Temperaturen sind eher auf ein Malignes Neuroleptisches Syndrom zurückzuführen, insbesondere dann, wenn kein medizinischer Krankheitsfaktor identifizierbar ist. Zusätzlich sind beim Malignen Neuroleptischen Syndrom andere charakteristische Merkmale (z. B. schwerer Rigor) vorhanden. Zu medizinischen Krankheitsfaktoren, deren Erscheinungsbild dem Malignen Neuroleptischen Syndrom ähneln, gehören Infektionen des Zentralen Nervensystems, Status epilepticus, subkortikale Hirnschädigungen (z. B. Schlaganfall, Trauma, Neoplasmen) und systemische Krankheiten (z. B. intermittierende akute Porphyrie, Tetanus). Ein **Hitzschlag** kann ein Malignes Neuroleptisches Syndrom nachahmen, kann aber von diesem durch das Vorhandensein heißer, trockener Haut (eher als Starkes Schwitzen), niedrigen Blutdrucks (eher als schwankender oder erhöhter Blutdruck) und Schlaffheit der Extremitäten (eher als Rigor) unterschieden werden. Eine **Maligne Hyperthermie** zeigt sich mit stark erhöhter Temperatur und Rigor und tritt gewöhnlich bei genetisch anfälligen Personen auf, die halogenisierte Inhalations-Anaesthetika und depolarisierende Muskelrelaxanzien erhalten haben. Eine Maligne Hyperthermie beginnt gewöhnlich innerhalb von Minuten nach Einleitung einer Anaesthesie. Da andere medizinische Krankheitsfaktoren zusammen mit einem Malignen Neuroleptischen Syndrom auftreten oder sich daraus ergeben können, ist es wichtig festzustellen, ob die erhöhte Temperatur vor oder im Anschluß an gleichzeitig bestehende medizinischen Probleme auftrat. Plötzliches Absetzen von Antiparkinson-Medikamenten bei einer Person mit **Parkinsonsyndrom** oder **Behandlungen mit Dopaminspeicher-entleerenden Substanzen** (z. B. Reserpin, Tetrabenazin) können eine dem Malignen Neuroleptischen Syndrom ähnliche Reaktion verursachen.

Ein Malignes Neuroleptisches Syndrom muß unterschieden werden von ähnlichen Syndromen, die durch den Gebrauch **anderer psychotroper Medikamente** bedingt sind (z. B. Monoaminoxidase-Hemmer, Kombinationen von Monoaminoxidase-Hemmern und trizyklischen Substanzen, Kombinationen von Monoaminoxidase-Hemmern und serotonergen Substanzen, Kombinationen von Monoaminoxidase-Hemmern und Meperidin, Lithiumtoxizität, anticholinerges Delir, Amphetamine, Fenfluramin, Kokain und Phencyclidin) und die alle mit Hyperthermie, veränderter psychischer Verfassung und vegetativen Veränderungen einhergehen können. In solchen Fällen kann die Diagnose einer **Nicht Näher Bezeichneten Medikamenteninduzierten Bewegungsstörung** gestellt werden.

Personen mit Schizophrenie oder einer Manischen Episode, die keine neuroleptische Medikation erhalten, können manchmal extreme katatone Zustände (sogenannte **letale Katatonie**) zeigen, die ein Malignes Neuroleptisches Syndrom nachahmen und ebenfalls mit erhöhter Temperatur, vegetativer Dysfunktion und abweichenden Laborbefunden einhergehen können. Bei Personen, die bereits Neuroleptika erhalten, ist eine Vorgeschichte mit schwersten katatonen Zuständen, ohne Einnahme von Neuroleptika, wichtig für die Differentialdiagnose. Erschwerend kommt hinzu, daß eine neuroleptische Medikation die Symptome einer letalen Katatonie verschlechtern können.

Forschungskriterien für 333.92 (G21.0) Malignes Neuroleptisches Syndrom

A. Die Entwicklung einen schweren Rigors und erhöhter Temperatur in Verbindung mit neuroleptischer Medikation.

B. Zwei (oder mehr) der folgenden Kriterien:
(1) starkes Schwitzen,
(2) Dysphagie,
(3) Tremor,
(4) Inkontinenz,
(5) Bewußtseinsveränderungen von Verwirrtheit bis Koma,
(6) Mutismus,
(7) Tachykardie,
(8) erhöhter oder schwankender Blutdruck,
(9) Leukozytose,
(10) Laborhinweise für Muskelschädigung (z. B. erhöhte CPK).

C. Die Symptome unter A und B sind nicht auf andere Substanzen (z. B. Phencyclidin) oder einen neurologischen oder anderen medizinischen Krankheitsfaktor (z. B. eine Virusinfektion) zurückzuführen.

D. Die Symptome unter A und B können durch eine psychische Störung (z. B. Affektive Störung mit Katatonen Merkmalen) nicht besser erklärt werden.

333.7 (G24.0) Neuroleptikainduzierte Akute Dystonie

Diagnostische Merkmale

Das Hauptmerkmal einer Neuroleptikainduzierten Akuten Dystonie sind eine anhaltende Haltungsanomalie oder Muskelkrämpfe, die sich im Zusammenhang mit der Einnahme von Neuroleptika entwickeln. Dazu gehören eine Haltungsanomalie des Kopfes und des Nackens im Verhältnis zum Körper (z. B. Retrocollis, Torticollis); Verkrampfungen der Kiefermuskeln

(Kiefersperre, Mundaufreißen, Grimassieren); Störungen beim Schlucken (Dysphagie), Sprechen oder Atmen (potentiell lebensbedrohliche Verkrampfungen der Zungenschlundmuskulatur, Dysphonie); verwaschene oder undeutliche Sprache, die auf eine Tonuserhöhung der Zunge (Dysarthrie, Makroglossie) zurückzuführen ist; Vorstrecken der Zunge oder Funktionsstörungen der Zunge; Verdrehen der Augen nach unten, oben oder zur Seite (okulogyre Krisen); oder Haltungsanomalien der distalen Extremitäten oder des Rumpfes (Opisthotonus). Der Schweregrad der Symptome variiert ebenso deutlich wie die Beteiligung verschiedener Körperabschnitte. In den betroffenen Muskeln ist gewöhnlich ein erhöhter Tonus vorhanden. Die Zeichen oder Symptome entwickeln sich innerhalb von 7 Tagen nach Einnahmebeginn oder rascher Dosissteigerung von Neuroleptika oder nach Reduktion von Medikamenten, die zur Behandlung oder Prävention akuter extrapyramidaler Symptome (z. B. anticholinerge Substanzen) eingesetzt wurden. Die Symptome dürfen durch eine psychische Störung (z. B. katatone Symptome bei Schizophrenie) nicht besser erklärt werden und dürfen nicht auf eine nicht-neuroleptische Substanz oder auf einen neurologischen oder anderen medizinischen Krankheitsfaktor zurückzuführen sein.

Zugehörige Merkmale

Furcht und Angst begleiten oft den Beginn einer Neuroleptikainduzierten Akuten Dystonie, besonders bei Personen, die nicht wissen, daß sie eine Dystonie entwickeln können und die fälschlicherweise das Symptom als Teil ihrer psychischen Störung ansehen. Einige Personen erleben Schmerzen oder Krämpfe in betroffenen Muskeln. Noncompliance bezüglich der medikamentösen Behandlung kann das Resultat akuter dystoner Reaktionen sein. Eine Neuroleptikainduzierte Akute Dystonie tritt am häufigsten bei jungen männlichen Personen auf. Risikofaktoren für die Entwicklung einer Neuroleptikainduzierten Akuten Dystonie sind frühere dystone Reaktionen auf eine neuroleptische Behandlung und die Verabreichung hochpotenter Neuroleptika.

Differentialdiagnose

Es ist wichtig, bei Personen, die mit Neuroleptika behandelt werden, zwischen Neuroleptikainduzierter Akuter Dystonie und anderen Ursachen einer Dystonie zu unterscheiden. Anhaltspunkte dafür, daß die Symptome auf einen **neurologischen oder anderen medizinischen Krankheitsfaktor** zurückzuführen sind, sind der Verlauf (z. B. die Symptome bestehen vor Einnahme der Neuroleptika oder verschlechtern sich ohne Änderung der Medikation) und das Vorhandensein fokaler neurologischer Krankheitszeichen. **Spontan auftretende fokale oder segmentale Dystonien** halten gewöhnlich unabhängig von der Medikation mehrere Tage oder Wochen an. Andere neurologische Krankheitszustände (z. B. Temporallappenepilepsie, virale oder bakterielle Infektionen, Schädel-Hirn-Trauma oder raumfordernde Läsionen des Peripheren oder Zentralen Nervensystems) und Endokrinopathien (z. B. Hypoparathyroidismus) können auch Symptome (z. B. Tetanie) hervorrufen, die denen einer Neuroleptikainduzierten Akuten Dystonie ähneln.

Ein **Malignes Neuroleptisches Syndrom** kann Dystonien hervorrufen, unterscheidet sich aber insofern, als es auch von Fieber und generalisiertem Rigor begleitet wird. Eine Neuroleptikainduzierte Akute Dystonie sollte von einer **Dystonie aufgrund von nicht-neuroleptischen Medikamenten** (z. B. antikonvulsiven Medikamenten wie Phenytoin und Carbamazepin) unterschieden werden. In solchen Fällen kann die Diagnose einer **Nicht Näher Bezeichneten Medikamenteninduzierten Bewegungsstörung** gestellt werden.

Eine **Katatonie in Verbindung mit einer Affektiven Störung oder Schizophrenie** kann durch die zeitliche Beziehung zwischen den Symptomen und der neuroleptischen Behandlung (z. B. geht die Dystonie der Behandlung mit Neuroleptika voraus) und der Reaktion auf pharmakologische Interventionen (z. B. keine Besserung nach Senkung der neuroleptischen Dosis oder nach Gabe von Anticholinergika) unterschieden werden. Des weiteren leiden Personen mit einer Neuroleptikainduzierten Akuten Dystonie im allgemeinen unter der dystonen Reaktion und suchen gewöhnlich Hilfe. Im Gegensatz dazu sind Personen mit einer Katatonie typischerweise mutistisch und zurückgezogen und leiden nicht erkennbar unter ihrem Zustand.

Forschungskriterien für 333.7 (G24.0) Neuroleptikainduzierte Akute Dystonie

A. Mindestens eines der folgenden Zeichen oder Symptome hat sich im Zusammenhang mit der Einnahme von Neuroleptika entwickelt:
   (1) Haltungsanomalie des Kopfes und des Nackens im Verhältnis zum Körper (z. B. Retrocollis, Torticollis),
   (2) Verkrampfungen der Kiefermuskeln (Kiefersperre, Mundaufreißen, Grimassieren),
   (3) Störungen beim Schlucken (Dysphagie), Sprechen oder Atmen (Zungenschlundkrampf, Dysphonie),
   (4) verwaschene oder undeutliche Sprache, die auf eine Tonuserhöhung und Verdickung der Zunge (Dysarthrie, Makroglossie) zurückzuführen ist,
   (5) Vorstrecken der Zunge oder Zungen-Dysfunktion,
   (6) Verdrehen der Augen nach unten, oben oder zur Seite (okulogyre Krisen),
   (7) Haltungsanomalien der distalen Extremitäten oder des Rumpfes.

B. Die Anzeichen oder Symptome unter A entwickeln sich innerhalb von 7 Tagen nach Beginn oder rascher Dosissteigerung einer neuroleptischen Medikation oder nach Reduktion von Medikamenten, die zur Behandlung (oder Prävention) akuter extrapyramidaler Symptome (z. B. anticholinerge Wirkstoffe) eingesetzt werden.

C. Die Symptome unter A können durch eine psychische Störung (z. B. katatone Symptome bei Schizophrenie) nicht besser erklärt werden. Anhaltspunkte dafür, daß die Symptome durch eine psychische Störung besser erklärt werden können, könnten folgende sein: Die Symptome gehen der Behandlung mit Neuroleptika voraus oder sind nicht mit dem Muster pharmakologischer Interventionen (z. B. keine Besserung nach Senkung der Neuroleptikadosis oder nach Verabreichung von Anticholinergika) vereinbar.

D. Die Symptome unter A sind nicht auf eine nicht-neuroleptische Substanz oder auf einen neurologischen oder anderen medizinischen Krankheitsfaktor zurückzuführen. Anhaltspunkte dafür, daß die Symptome durch einen medizinischen Krankheitsfaktor besser erklärt werden können, könnten folgende sein: Die Symptome gehen der Behandlung mit Neuroleptika voraus, nicht erklärbare fokale neurologische Krankheitszeichen sind vorhanden, oder die Symptome verschlechtern sich ohne Änderung der Medikation.

333.99 (G21.1) Neuroleptikainduzierte Akute Akathisie

Diagnostische Merkmale

Die Hauptmerkmale einer Neuroleptikainduzierten Akuten Akathisie sind subjektive Beschwerden mit starker Unruhe und mindestens eine der folgenden registrierten Bewegungen: zappelige Bewegungen oder Schwingen der Beine beim Sitzen, von einem Fuß auf den anderen schaukeln oder „Auf der Stelle treten" beim Stehen, Auf- und Abgehen zur Erleichterung der Unruhe oder eine Unfähigkeit, für wenigstens mehrere Minuten still zu sitzen oder zu stehen. Bei der schwersten Form ist der Betroffene häufig unfähig, irgendeine Position länger als ein paar Sekunden beizubehalten. Die subjektiven Beschwerden umfassen ein Gefühl innerer Unruhe, am häufigsten in den Beinen; einen Zwang, die Beine zu bewegen; Unwohlsein auf die Bitte hin, die Beine nicht zu bewegen; außerdem Dysphorie und Angst. Die Symptome treten typischerweise innerhalb von 4 Wochen nach Beginn oder Dosissteigerung einer neuroleptischen Medikation auf und können gelegentlich der Reduktion einer Medikation, die zur Behandlung oder Prävention akuter extrapyramidaler Symptome (z. B. anticholinerge Substanzen) eingesetzt wird, folgen. Die Symptome können durch eine psychische Störung (z. B. Schizophrenie, Substanzentzug, Agitiertheit bei einer Episode einer Major Depression oder einer Manischen Episode, Hyperaktivität bei Aufmerksamkeitsdefizit-/Hyperaktivitätsstörung) nicht besser erklärt werden und sind nicht auf eine nicht-neuroleptische Substanz oder auf einen neurologischen oder anderen medizinischen Krankheitsfaktor (z. B. Parkinson-Syndrom, Eisenmangel-Anämie) zurückzuführen.

Zugehörige Merkmale und Störungen

Die Akathisie kann zu bedeutsamem subjektiven Leiden und dadurch zu Non-Compliance hinsichtlich der neuroleptischen Behandlung führen. Die Akathisie kann mit Dysphorie, Reizbarkeit, Aggression oder Suizidversuchen einhergehen. Eine Verschlechterung psychotischer Symptome oder unkontrolliertes Verhalten können eine Dosiserhöhung der Neuroleptika erforderlich machen, was das Problem verschlimmern kann. Eine Akathisie kann sich sehr rasch nach Aufnahme oder Erhöhung einer neuroleptischen Medikation entwickeln. Die Entwicklung einer Akathisie scheint dosisabhängig und häufiger mit bestimmten Neuroleptika verbunden zu sein. Die Akute Akathisie neigt dazu, so lange anzuhalten wie die neuroleptische Medikationen fortgesetzt wird, wenngleich die Ausprägung im Verlauf der Zeit schwanken kann. Angaben zur Prävalenz der Akathisie bei Personen, die neuroleptische Medikamente erhalten, variieren stark (20–75 %). Unterschiedliche Prävalenzangaben könnten auf Inkonsistenzen bei der Definition von Einschlußkriterien, auf Verschreibungsgewohnheiten von Neuroleptika, auf Untersuchungsdesigns und demographische Merkmale der untersuchten Populationen zurückzuführen sein.

Differentialdiagnose

Eine Neuroleptikainduzierte Akute Akathisie kann von Syndromen mit Unruhe, die auf bestimmte neurologische oder andere medizinische Krankheitsfaktoren, auf nicht-neuroleptische Substanzen oder auf Agitiertheit als Teil einer psychischen Störung (z. B. eine Manische Episode) zurückzuführen sind, klinisch nicht unterscheidbar sein. Die Akathisie beim **Par-**

kinson-Syndrom** oder bei einer **Eisenmangel-Anämie** ist der Neuroleptikainduzierten Akuten Akathisie phänomenologisch ähnlich. Das häufig plötzliche Auftreten von Unruhe bald nach Beginn oder Erhöhung einer neuroleptischen Medikation macht eine Neuroleptikainduzierte Akute Akathisie gewöhnlich unterscheidbar.

Antidepressiva in Form von Serotonin-spezifischen Wiederaufnahme-Hemmern können eine Akathisie produzieren, die hinsichtlich Symptomatik und therapeutischem Ansprechen der Neuroleptikainduzierten Akuten Akathisie zu gleichen scheint. Eine Akathisie, die auf nicht-neuroleptische Medikamente zurückzuführen ist, kann als **Nicht Näher Bezeichnete Medikamenteninduzierte Bewegungsstörung** diagnostiziert werden. Andere Zustände, die zu der Nicht Näher Bezeichneten Medikamenteninduzierten Bewegungsstörung gezählt werden, sind akute Akathisien mit nur subjektiven oder nur objektiven Beschwerden, aber nicht beidem; außerdem Akathisien, die spät im Behandlungsverlauf (z. B. 6 Monate nach Einführung oder Dosissteigerung eines Neuroleptikums) auftreten. Die **Neuroleptikainduzierte Tardive Dyskinesie** hat oft auch eine Komponente generalisierter Unruhe, die gleichzeitig mit einer Akathisie bei einer Person, die eine neuroleptische Medikation erhält, auftreten kann. Die Neuroleptikainduzierte Akute Akathisie wird von einer Neuroleptikainduzierten Tardiven Dyskinesie durch die Art der Bewegungen und ihre Beziehung zum Beginn der Medikation unterschieden. Der zeitliche Verlauf mit dem Auftreten von Symptomen nach neuroleptischen Dosisänderungen kann bei dieser Unterscheidung helfen. Eine Erhöhung der neuroleptischen Medikation wird eine Akathisie oft verschlimmern, während eine Dosissteigerung die Symptome einer Tardiven Dyskinesie zeitweise erleichtert.

Eine Neuroleptikainduzierte Akute Akathisie sollte von Symptomen unterschieden werden, die durch eine psychische Störung besser erklärt werden könnten. Personen mit **Depressiven Episoden, Manischen Episoden, Generalisierter Angststörung, Schizophrenie und anderen Psychotischen Störungen, Aufmerksamkeitsdefizit-/Hyperaktivitätsstörung, Demenz, Delir, Substanzintoxikation** (z. B. mit Kokain) oder **Substanzentzug** (z. B. von einem Opioid) können Agitiertheit zeigen, die schwierig von einer Akathisie zu unterscheiden ist. Einige dieser Personen können eine Akathisie unterscheiden aufgrund ihrer Erfahrung, daß dieser Zustand anders ist als früher erlebte Gefühle von Angst, Ruhelosigkeit und Agitiertheit, wie sie für psychische Störungen charakteristisch sind. Andere Anhaltspunkte dafür, daß Unruhe oder Agitiertheit durch eine psychische Störung besser erklärt werden können, sind der Beginn der Agitiertheit vor Einnahme des Neuroleptikums, das Ausbleiben zunehmender Unruhe mit der Dosissteigerung des Neuroleptikums und das Ausbleiben einer Besserung nach pharmakologischen Interventionen (z. B. keine Besserung nach Senkung der neuroleptischen Dosis oder nach Behandlung mit Medikamenten, die zur Behandlung der Akathisie eingesetzt wurden).

Forschungskriterien für 333.99 (G21.1) Neuroleptikainduzierte Akute Akathisie

A. Die Entwicklung subjektiver Beschwerden mit starker Unruhe nach Einnahme eines Neuroleptikums.

B. Mindestens eine der folgenden Beschwerden wird beobachtet:
(1) zappelige Bewegungen oder Schwingen der Beine,
(2) von einem Fuß auf den anderen schaukeln beim Stehen,

Fortsetzung nächste Seite

Fortsetzung

(3) Auf- und Abgehen zur Erleichterung der Unruhe,
(4) Unfähigkeit, für wenigstens einige Minuten still zu sitzen oder zu stehen.

C. Die Symptome unter A und B setzen ein innerhalb von 4 Wochen nach Beginn oder Dosissteigerung der neuroleptischen Medikation oder nach Reduktion der Medikamente, die zur Behandlung (oder Prävention) akuter extrapyramidaler Symptome (z. B. anticholinerge Wirkstoffe) eingenommen werden.

D. Die Symptome unter A können nicht besser durch eine psychische Störung (z. B. Schizophrenie, Substanzentzug, Agitiertheit bei einer Episode einer Major Depression oder einer Manischen Episode, Hyperaktivität bei Aufmerksamkeitsdefizit-/Hyperaktivitätsstörung) erklärt werden. Anhaltspunkte dafür, daß die Symptome durch eine psychische Störung besser erklärt werden können, sind folgende: Einsetzen der Symptome vor Einnahme der Neuroleptika, das Ausbleiben zunehmender Unruhe bei Steigerung der neuroleptischen Dosis und das Ausbleiben einer Besserung nach pharmakologischen Interventionen (z. B. keine Besserung nach Senkung der neuroleptischen Dosis oder nach Gabe von Medikamenten, die zur Behandlung der Akathisie eingesetzt wurden).

E. Die Symptome unter A sind nicht auf eine nicht-neuroleptische Substanz oder auf einen neurologischen oder anderen medizinischen Krankheitsfaktor zurückzuführen. Anhaltspunkte dafür, daß die Symptome auf einen medizinischen Krankheitsfaktor zurückzuführen sind, könnten sein, daß das Einsetzen der Symptome der Behandlung mit Neuroleptika vorausging oder daß die Symptome ohne Änderung der Medikation zunehmen.

333.82 (G24.0) Neuroleptikainduzierte Tardive Dyskinesie

Diagnostische Merkmale

Die Hauptmerkmale einer Neuroleptikainduzierten Tardiven Dyskinesie sind unwillkürliche Bewegungsanomalien der Zunge, des Kiefers, des Rumpfes oder der Extremitäten, die sich im Zusammenhang mit der Einnahme von Neuroleptika entwickeln. Die Bewegungen sind über einen Zeitraum von mindestens 4 Wochen vorhanden und können choreiformer (schnell, ruckartig, nonrepetitiv), athetoider (langsam, sich windend, kontinuierlich) oder rhythmischer (z. B. Stereotypien) Natur sein. Die Anzeichen oder Symptome entwickeln sich während der Einnahme eines Neuroleptikums oder innerhalb von 4 Wochen nach dem Absetzen eines oralen (oder innerhalb von 8 Wochen nach dem Absetzen eines Depot-) Neuroleptikums. Die Vorgeschichte muß eine mindestens 3monatige (oder 1monatige bei Personen im Alter von 60 Jahren oder älter) Einnahme von Neuroleptika aufweisen. Obgleich eine große Zahl epidemiologischer Untersuchungen die ätiologische Beziehung zwischen Neuroleptika-Einnahme und Tardiver Dyskinesie nachgewiesen hat, ist nicht jede Dyskinesie bei einer Person, die Neuroleptika erhält, notwendigerweise eine Neuroleptikainduzierte Tardive Dyskinesie. Die Bewegungen dürfen nicht zurückzuführen sein auf einen neurologischen oder anderen medizinischen Krankheitsfaktor (z. B. Chorea Huntington, Chorea Sydenham, spontane Dyskinesie, Hyperthyreose, Wilson-Krankheit), auf schlecht passenden Zahnersatz oder auf den Einsatz anderer Medikamente, die eine akute reversible Dyskinesie (z. B. L-

Dopa, Bromocriptin) verursachen können. Die Bewegungen sollten auch nicht besser durch eine neuroleptikainduzierte akute Bewegungsstörung (z. B. Neuroleptikainduzierte Akute Dystonie, Neuroleptikainduzierte Akute Akathisie) erklärt werden können.

Über drei Viertel der Personen mit Tardiver Dyskinesie haben orofaziale Bewegungsanomalien, bei annähernd der Hälfte sind die Gliedmaßen betroffen und bis zu einem Viertel hat eine axiale Dyskinesie des Rumpfes. Alle drei Bereiche sind bei annähernd 10 % der Personen betroffen. Andere Muskelgruppen (z. B. pharyngeal, abdominal) können einbezogen sein, dies ist aber ungewöhnlich, besonders beim Ausbleiben von Dyskinesien des orofazialen Bereiches, der Extremitäten oder des Rumpfes. Dyskinesien der Extremitäten oder des Rumpfes ohne orofaziale Mitbeteiligung sind bei jungen Personen häufiger, während orofaziale Dyskinesien typisch für ältere Personen sind.

Zugehörige Merkmale

Die Symptome einer Tardiven Dyskinesie verschlechtern sich eher durch Stimulanzien, Neuroleptika-Entzug und anticholinerge Medikamente und verschlechtern sich vorübergehend durch emotionale Erregung, Streß und durch Ablenkung während willkürlicher Bewegungen nicht betroffener Körperabschnitte. Die Bewegungsanomalien einer Dyskinesie bilden sich bei Entspannung und bei willkürlichen Bewegungen in betroffenen Körperteilen vorübergehend zurück. Während des Schlafes treten sie im allgemeinen nicht auf. Dyskinesien können, zumindest vorübergehend, durch erhöhte Dosen von Neuroleptika oder Sedativa unterdrückt werden.

Die Gesamtprävalenz der Neuroleptikainduzierten Tardiven Dyskinesie bei Personen, die eine neuroleptische Langzeitbehandlung erhalten haben, bewegt sich zwischen 20 % bis 30 %. Die Gesamtinzidenz bei jüngeren Personen schwankt zwischen 3 % bis 5 % pro Jahr. Ältere Personen scheinen eine Neuroleptikainduzierte Tardive Dyskinesie häufiger zu entwickeln, mit Prävalenzraten von bis zu 50 % und einer Inzidenz von 25 % bis 30 % nach durchschnittlich einem Jahr kumulativer Einnahme von Neuroleptika. Die Prävalenz variiert auch in Abhängigkeit vom „Setting", wobei die Tardive Dyskinesie bei stationären Patienten (besonders chronisch hospitalisierten Personen) tendenziell häufiger vorkommt. Die Tardive Dyskinesie wird bei jungen männlichen und weiblichen Personen annähernd gleich häufig diagnostiziert, während sie unter älteren Personen häufiger bei Frauen als bei Männern beobachtet wird. Affektive Störungen (besonders Major Depression), neurologische Krankheitsfaktoren, eine größere kumulative Menge neuroleptischer Medikamente und schon früher aufgetretene extrapyramidale Nebenwirkungen wurden als Risikofaktoren für eine Tardive Dyskinesie genannt. Die Unterschiede in den Prävalenzangaben könnten auf Inkonsistenzen bei der Definition von Einschlußkriterien, auf Verschreibungsgewohnheiten bei Neuroleptika, auf Untersuchungsdesigns und auf demographische Merkmale der untersuchten Population zurückzuführen sein.

Die Störung kann in jedem Alter auftreten und beginnt fast immer schleichend. Die Krankheitszeichen sind zu Beginn typischerweise minimal bis leicht und sind, außer bei genauer Beobachtung, kaum festzustellen. In der Mehrzahl der Fälle ist die Tardive Dyskinesie leicht und vor allem ein kosmetisches Problem. In schweren Fällen kann sie jedoch mit körperlichen Komplikationen einhergehen (z. B. Ulcerationen an Wangen und Zunge; Zahnverlust; Makroglossie; Schwierigkeiten beim Gehen, Schlucken oder Atmen; verwaschene Sprache; Gewichtsverlust; Depression und Suizidgedanken). Wenn eine Person mit Tardiver Dyskinesie keine Neuroleptika mehr erhält, remittiert die Dyskinesie bei einem Drittel der Fälle innerhalb von 3 Monaten und bei mehr als 50 % der Fälle in 12–18 Monaten, wenngleich diese Prozentraten bei älteren Personen niedriger sind. Wenn Personen, die Neuroleptika erhalten, regelmäßig untersucht werden, läßt sich feststellen, daß die Dyskinesie bei ungefähr der Hälfte stabil bleibt, sich bei einem Viertel verschlechtert und beim Rest verbessert. Jüngere Personen bessern sich im allgemeinen leichter; bei älteren Personen besteht eine größere Wahrscheinlichkeit, daß eine Tardive Dyskinesie mit fortgesetztem Neuroleptika-Gebrauch schwerer wird oder deutlich generalisieren kann. Man schätzt, daß nach Absetzen der neuroleptischen Medikation 5–40 % aller Fälle remittieren und zwischen 50 % und 90 % der leichten Fälle remittieren.

Differentialdiagnose

Dyskinesien, die während eines Neuroleptika-Entzugs auftreten, können bei fortgesetztem Entzug der Neuroleptika remittieren. Wenn die Dyskinesien wenigstens 4 Wochen anhalten, kann die Diagnose einer Tardiven Dyskinesie gerechtfertigt sein. Eine Neuroleptikainduzierte Tardive Dyskinesie muß von anderen Ursachen orofazialer und körperlicher Dyskinesien unterschieden werden. Diese Krankheitszustände sind **Chorea Huntington, Morbus Wilson, (rheumatische) Chorea Sydenham,** systemischer Lupus erythematodes, Hyperthyreose, Schwermetallvergiftung, schlecht passender Zahnersatz, Dyskinesien aufgrund anderer Medikamente wie **L-Dopa, Bromocriptin** oder **Amantadin** sowie **spontane Dyskinesien.** Faktoren, die bei der Unterscheidung hilfreich sein können, sind Hinweise darauf, daß die Symptome vor dem Einsatz neuroleptischer Medikamente begonnen haben oder daß fokale neurologische Krankheitszeichen vorhanden sind. Man sollte wissen, daß andere Bewegungsstörungen gemeinsam mit einer Neuroleptikainduzierten Tardiven Dyskinesie auftreten können. Da spontane Dyskinesien bei mehr als 5 % aller Menschen auftreten können und auch bei älteren Personen häufiger sind, kann es schwierig sein zu prüfen, ob Neuroleptika die Tardive Dyskinesie bei der jeweiligen Person hervorgerufen haben. Eine Neuroleptikainduzierte Tardive Dyskinesie muß von Symptomen, die auf eine neuroleptikainduzierte akute Bewegungsstörung (z. B. **Neuroleptikainduzierte Akute Dystonie** oder **Neuroleptikainduzierte Akute Akathisie**) zurückzuführen sind, unterschieden werden. Eine Neuroleptikainduzierte Akute Dystonie entwickelt sich innerhalb von 7 Tagen und eine Neuroleptikainduzierte Akute Akathisie entwickelt sich innerhalb von 4 Wochen nach Einsatz oder Dosissteigerung eines Neuroleptikums (oder nach Dosisreduktion eines Medikaments, das zur Behandlung akuter extrapyramidaler Symptome eingesetzt wurde). Demgegenüber entwickelt sich bei Personen mit einer Vorgeschichte von mindestens 3 Monaten (oder von 1 Monat bei älteren Personen) Neuroleptikumeinnahme während der Verabreichung (oder des Entzuges) eines Neuroleptikums eine Neuroleptikainduzierte Tardive Dyskinesie.

Forschungskriterien für 333.82 (G24.0) Neuroleptikainduzierte Tardive Dyskinesie

A. Unwillkürliche Bewegungen der Zunge, des Kiefers, des Rumpfes oder der Extremitäten, die sich im Zusammenhang mit der Einnahme von Neuroleptika entwickelt haben.

B. Die unwillkürlichen Bewegungen sind über einen Zeitraum von wenigstens 4 Wochen vorhanden und treten nach einem der folgenden Muster auf:

Fortsetzung nächste Seite

> Fortsetzung
>
> (1) choreiforme Bewegungen (d. h. schnell, ruckartig, nonrepetitiv),
> (2) athetoide Bewegungen (d. h. langsam, sich windend, kontinuierlich),
> (3) rhythmische Bewegungen (d. h. Stereotypien).
>
> C. Die Anzeichen oder Symptome unter A und B entwickeln sich während der Einnahme eines Neuroleptikums oder innerhalb von 4 Wochen nach Entzug eines oralen (oder innerhalb von 8 Wochen nach Entzug eines Depot-) Neuroleptikums.
>
> D. Es bestand mindestens 3 Monate lang (1 Monat im Alter von 60 Jahren oder älter) eine neuroleptische Medikation.
>
> E. Die Symptome sind nicht auf einen neurologischen oder anderen medizinischen Krankheitsfaktor (z. B. Chorea Huntington, Chorea Sydenham, spontane Dyskinesien, Hyperthyreodismus, Morbus Wilson), schlecht passenden Zahnersatz oder Medikamente, die akute reversible Dyskinesien (z. B. L-Dopa, Bromocriptin) verursachen, zurückzuführen. Anhaltspunkte dafür, daß die Symptome auf eine der genannten Ursachen zurückzuführen sind, sind folgende: Die Symptome beginnen vor der Verabreichung von Neuroleptika, oder es sind nicht erklärbare fokale neurologische Krankheitszeichen vorhanden.
>
> F. Die Symptome können nicht besser durch eine neuroleptikainduzierte akute Bewegungsstörung (z. B. Neuroleptikainduzierte Akute Dystonie, Neuroleptikainduzierte Akute Akathisie) erklärt werden.

333.1 (G25.1) Medikamenteninduzierter Haltetremor

Diagnostische Merkmale

Das Hauptmerkmal eines Medikamenteninduzierten Haltetremors ist ein feiner Haltetremor, der sich im Zusammenhang mit einer medikamentösen Behandlung entwickelt hat. Medikamente, mit denen solch ein Tremor verbunden sein könnte, sind Lithium, Beta-adrenerge Medikamente (z. B. Isoproterenol), Stimulanzien (z. B. Amphetamin), dopaminerge Medikamente, Antikonvulsiva (z. B. Valproinsäure), Neuroleptika, Antidepressiva und Methylxanthine (z. B. Koffein, Theophyllin). Bei dem Tremor handelt es sich um eine regelmäßige, rhythmisch schwingende Bewegung der Extremitäten (am häufigsten der Hände und der Finger), des Kopfes, des Mundes oder der Zunge mit einer Frequenz von 8 bis 12 Schlägen pro Sekunde. Am einfachsten ist der Tremor zu beobachten, wenn das betroffene Körperteil in einer Dauerposition (z. B. Hände ausgestreckt halten, Mund offen halten) gehalten wird. Wenn eine Person einen Tremor beschreibt, der mit dieser Definition übereinstimmt, aber der Untersucher den Tremor nicht unmittelbar beobachtet, kann es hilfreich sein zu versuchen, die Situation, in der der Tremor auftrat (z. B. aus einer Tasse mit Untertasse trinken), wiederherzustellen. Die Symptome sind nicht auf einen vorher bestehenden, nicht-pharmakologisch induzierten Tremor zurückzuführen und können nicht besser durch einen Neuroleptikainduzierten Parkinsonismus erklärt werden.

Zugehörige Merkmale

Die meiste verfügbare Information liegt über den lithiuminduzierten Tremor vor. Der Lithium-Tremor ist eine häufige, gewöhnlich benigne und gut tolerierte Nebenwirkung therapeutisch üblicher Dosierungen. Er kann jedoch bei einigen Personen zu Verlegenheit in sozialen Situationen, beruflichen Schwierigkeiten und Noncompliance führen. Wenn der Lithiumserumspiegel toxisches Niveau erreicht, kann der Tremor gröber werden und von Muskelzuckungen, Faszikulationen oder Ataxie begleitet sein. Der Nichttoxische Lithium-Tremor kann sich im Verlauf der Zeit spontan bessern. Zahlreiche Faktoren können das Risiko eines Lithium-Tremors erhöhen (z. B. höheres Lebensalter, hoher Lithiumserumspiegel, gleichzeitige antidepressive oder neuroleptische Medikation, exzessiver Koffein-Konsum, Tremor in der eigenen Vorgeschichte oder in der Familie, Alkoholabhängigkeit sowie assoziierte Angst). Die Häufigkeit von Tremorbeschwerden scheint mit zunehmender Dauer der Lithiumbehandlung abzunehmen. Faktoren, die den Tremor verschlimmern können, sind Angst, Streß, Müdigkeit, Hypoglykämie, Hyperthyreose, Phäochromozytom, Hypothermie und Alkohol-Entzug.

Differentialdiagnose

Der Medikamenteninduzierte Haltetremor sollte von einem **vorher bestehenden Tremor**, der nicht durch die Wirkungen eines Medikaments verursacht wurde, unterschieden werden. Faktoren, die festzustellen helfen, daß der Tremor vorher bestand, sind seine zeitliche Beziehung zum Beginn der Medikation, seine mangelnde Korrelation mit den Serumwerten des Medikaments und sein Fortbestehen nach Absetzen der Medikation. Wenn ein vorher bestehender, nicht-pharmakologisch induzierter Tremor vorhanden ist, der sich durch die Medikation verschlechtert, so würde dieser Tremor nicht für die diagnostische Einordnung als Medikamenteninduzierter Haltetremor in Betracht zu ziehen sein und würde als **Nicht Näher Bezeichnete Medikamenteninduzierte Bewegungsstörung** codiert werden. Die oben beschriebenen Faktoren, die zur Schwere eines Medikamenteninduzierten Haltetremors (z. B. Angst, Streß, Müdigkeit, Hypoglykämie, Hyperthyreose, Phäochromozytom, Hypothermie und Alkohol-Entzug) beitragen, können auch die Ursache eines von der Medikation unabhängigen Tremors sein.

Ein Medikamenteninduzierter Haltetremor wird nicht diagnostiziert, wenn der Tremor durch einen Neuroleptikainduzierten Parkinsonismus besser erklärt werden kann. Ein Medikamenteninduzierter Haltetremor ist in Ruhe gewöhnlich nicht vorhanden und wird stärker, wenn das betroffene Körperteil bewegt oder in einer Dauerposition gehalten wird. Im Gegensatz dazu ist der Tremor bei Neuroleptikainduziertem Parkinsonismus in der Frequenz gewöhnlich niedriger und in Ruhe ausgeprägter, außerdem wird er während intentionaler Bewegungen unterdrückt und tritt in Verbindung mit anderen Symptomen von Neuroleptikainduziertem Parkinsonismus (z. B. Akinesie, Rigor) auf.

> **Forschungskriterien für 333.1 (G25.1) Medikamenteninduzierter Haltetremor**
>
> A. Ein feiner Haltetremor, der sich im Zusammenhang mit einer medikamentösen Behandlung (z. B. Lithium, antidepressiver Medikation, Valproinsäure) entwickelt hat.
>
> B. Der Tremor (d. h. eine regelmäßige, rhythmisch schwingende Bewegung der Extremitäten, des Kopfes, des Munds oder der Zunge) hat eine Frequenz zwischen 8 und 12 Schlägen pro Sekunde.
>
> C. Die Symptome sind nicht auf einen vorher bestehenden, nicht-pharmakologisch induzierten Tremor zurückzuführen. Anhaltspunkte dafür, daß die Symptome auf einen vorher bestehenden Tremor zurückzuführen sind, können folgende sein: Der Tremor war vor dem Einsatz des Medikaments vorhanden, der Tremor korreliert nicht mit den Serumwerten des Medikaments und der Tremor besteht nach Absetzen der Medikation fort.
>
> D. Die Symptome können nicht besser durch einen Neuroleptikainduzierten Parkinsonismus erklärt werden.

333.90 (G25.9) Nicht Näher Bezeichnete Medikamenteninduzierte Bewegungsstörung

Diese Kategorie ist medikamenteninduzierten Bewegungsstörungen vorbehalten, die die Kriterien keiner der oben genannten spezifischen Störungen erfüllen. Beispiele sind 1) Parkinsonismus, akute Akathisie, akute Dystonie oder dyskinetische Bewegungen, die mit einem anderen als einem Neuroleptikum in Zusammenhang stehen; 2) ein Störungsbild, das einem Malignen Neuroleptischen Syndrom ähnelt, das aber mit einem anderen als einem Neuroleptikum in Zusammenhang steht oder 3) tardive Dystonie.

Vorgeschlagene Achsen für weitere Forschung

Skala zur Erfassung der Abwehrmechanismen und Copingstile

Abwehrmechanismen (oder Coping-Stile) sind automatische psychologische Prozesse, die die Person vor Angst und vor dem Bewußtwerden innerer oder äußerer Gefahren oder Belastungsfaktoren schützen. Betroffene sind sich des Wirkens dieser Prozesse oft nicht bewußt. Abwehrmechanismen vermitteln die Reaktion der Person auf emotionale Konflikte und auf innere und äußere Belastungsfaktoren. Es werden konzeptuell und empirisch Gruppen unterschieden, die miteinander verwandte individuelle Abwehrmechanismen umfassen und als *Abwehr-Niveaus* bezeichnet werden.

Um die Abwehr-Funktionsskala zu benutzen, sollte der Untersucher bis zu sieben der spezifischen Abwehr- oder Coping-Stile (beginnend mit den am deutlichsten in Erscheinung tretenden) auflisten und dann das bei der Person vorherrschende Abwehr-Niveau bezeichnen. Dies sollte die Abwehr- und Coping-Stile, die zum Zeitpunkt der Evaluation verwandt wurden, wiedergeben und um jegliche verfügbare Information über die Abwehr- oder Coping-

Muster der Person im kurz vor der Evaluation liegenden Zeitraum ergänzt werden. Die aufgelisteten spezifischen Abwehrmechanismen können den verschiedenen Abwehr-Niveaus entnommen werden.

Zuerst wird eine Abwehr-Funktionsachse dargestellt, gefolgt von einem Dokumentationsformular. Der Rest des Kapitels besteht aus einer Liste von Definitionen der spezifischen Abwehrmechanismen und Coping-Stile.

Abwehr-Niveaus und individuelle Abwehrmechanismen

Hochadaptives Niveau. Dieses Abwehr-Niveau führt zu optimaler Adaptation im Umgang mit Belastungsfaktoren. Diese Abwehrmechanismen maximieren gewöhnlich die Befriedigung und erlauben den bewußten Umgang mit Gefühlen, Gedanken und ihren Konsequenzen. Sie fördern außerdem ein optimales Gleichgewicht zwischen widerstreitenden Beweggründen. Beispiele für Abwehrmechanismen auf diesem Niveau sind:
— Affiliation
— Altruismus
— Antizipation
— Humor
— Selbstbehauptung
— Selbstbeobachtung
— Sublimation
— Unterdrückung

Niveau mit psychischen Hemmungen (Kompromißbildungen). Die Abwehr-Funktionen auf diesem Niveau grenzen potentiell bedrohliche Gedanken, Gefühle, Erinnerungen, Wünsche oder Ängste aus dem Bewußtsein aus. Beispiele sind:
— Affektisolation
— Dissoziation
— Intellektualisierung
— Reaktionsbildung
— Ungeschehenmachen
— Verdrängung
— Verschiebung

Niveau mit leichter Vorstellungsverzerrung. Dieses Niveau ist durch Verzerrungen des Selbstbildes, des Körperbildes oder anderer Vorstellungen, die zur Selbstwertregulierung verwendet werden können, charakterisiert. Beispiele sind:
— Entwertung
— Idealisierung
— Omnipotenz

Verleugnungs-Niveau. Dieses Niveau ist dadurch charakterisiert, daß unangenehme oder unannehmbare Belastungsfaktoren, Impulse, Vorstellungen, Affekte oder Verantwortung außerhalb des Bewußtseins gehalten werden. Sie können mit oder ohne Fehlattribution auf äußere Ursachen einhergehen. Beispiele sind:
— Projektion
— Rationalisierung
— Verleugnung

Niveau mit schwerer Vorstellungsverzerrung. Dieses Niveau ist durch grobe Verzerrung oder Fehlattribution des Selbstbildes oder des Bildes von anderen charakterisiert. Beispiele sind:
— Autistische Phantasie
— Projektive Identifikation
— Spalten des Selbstbildes und des Bildes von anderen

Handlungsniveau. Dieses Niveau ist charakterisiert durch Abwehr-Funktionen, die mit inneren oder äußeren Belastungsfaktoren mittels Handeln oder Rückzug umgehen. Beispiele sind:
— Apathischer Rückzug
— Ausagieren
— Hilfe-zurückweisendes Klagen
— Passive Aggression

Niveau mit Abwehr-Dysregulation. Dieses Niveau ist charakterisiert durch ein Versagen der Abwehr-Regulation, die der Eindämmung von Reaktionen auf Belastungsfaktoren dient, was zu einem ausgesprochenen Bruch mit der objektiven Realität führt. Beispiele sind:
— Psychotische Leugnung
— Psychotische Verzerrung
— Wahnhafte Projektion

Dokumentationsformular: Abwehr-Funktionsskala

A. Gegenwärtige Abwehr- oder Coping-Stile: Listen Sie der Reihe nach auf, beginnend mit den vorherrschenden Abwehr- oder Coping-Stilen.

1. _____
2. _____
3. _____
4. _____
5. _____
6. _____
7. _____

B. Vorherrschendes gegenwärtiges Abwehr-Niveau: _____

Beispiel

Achse I:	296.32	Major Depression, Rezidivierend, Mittelschwer
	305.40	Sedativa-, Hypnotika- oder Anxiolytika-Mißbrauch
Achse II:	301.83	Borderline Persönlichkeitsstörung
		Antisoziale Persönlichkeitsmerkmale
Achse III:	881.02	Wunden an den Handgelenken
Achse IV:		Kürzliche Verhaftung
		Rauswurf von zu Hause durch die Eltern
Achse V:		GAF = 45 (gegenwärtig)

A. Gegenwärtige Abwehr- oder Coping-Stile: Listen Sie der Reihe nach auf, beginnend mit den vorherrschenden Abwehr- oder Coping-Stilen.

1. Spaltung
2. projektive Identifikation
3. Ausagieren
4. Entwertung
5. Omnipotenz
6. Verleugnung
7. Projektion

B. Vorherrschendes gegenwärtiges Abwehr-Niveau: Schwere Vorstellungsverzerrung

Glossar spezifischer Abwehrmechanismen und Coping-Stile

Affektisolierung
Die Person begegnet emotionalen Konflikten oder inneren oder äußeren Belastungsfaktoren, indem sie bestimmte Vorstellungen von den ursprünglich mit diesen verbundenen Gefühlen trennt. Die Person verliert die Berührung mit den Gefühlen, die mit einer bestimmten Vorstellung (z. B. einem traumatischen Ereignis) verbunden sind, während sie sich der kognitiven Elemente (z. B. deskriptive Details) derselben bewußt ist.

Affiliation
Die Person begegnet emotionalen Konflikten oder inneren oder äußeren Belastungsfaktoren, indem sie sich an andere zwecks Hilfe oder Unterstützung wendet. Dies bringt mit sich, daß Probleme mit anderen geteilt werden, impliziert aber nicht den Versuch, jemand anderes für diese verantwortlich zu machen.

Altruismus
Die Person begegnet emotionalen Konflikten oder inneren oder äußeren Belastungsfaktoren, indem sie sich der Erfüllung der Bedürfnisse anderer Menschen widmet. Anders als die Selbstaufopferung, wie sie bei der Reaktionsbildung vorkommt, erhält die Person entweder ersatzweise oder durch die Reaktion anderer Befriedigung.

Antizipation
Die Person begegnet emotionalen Konflikten oder inneren oder äußeren Belastungsfaktoren, indem sie emotionale Reaktionen auf mögliche zukünftige Ereignisse im Vorhinein oder durch Vorwegnahme zukünftiger Ereignisse erlebt und indem sie realistische, alternative Reaktionen oder Lösungen in Betracht zieht.

Ausagieren
Die Person begegnet emotionalen Konflikten oder inneren oder äußeren Belastungsfaktoren eher mit Handlungen denn mit Gedanken oder Gefühlen. Diese Definition ist breiter als das ursprüngliche Konzept des Ausagierens von Übertragungsgefühlen oder -wünschen während einer Psychotherapie und soll Verhalten, das sowohl innerhalb als auch außerhalb der Übertragungsbeziehung entsteht, einschließen. Defensives Ausagieren ist nicht gleichbedeutend mit „schlechtem Benehmen", denn es muß nachgewiesen sein, daß sich das Verhalten auf emotionale Konflikte bezieht.

Autistische Phantasie
Die Person begegnet emotionalen Konflikten oder inneren oder äußeren Belastungsfaktoren mit exzessiver Tagträumerei als Ersatz für zwischenmenschliche Beziehungen, effektiveres Handeln oder Problemlösen.

Dissoziation
Die Person begegnet emotionalen Konflikten oder inneren oder äußeren Belastungsfaktoren mit einem Zusammenbruch der gewöhnlich integrierten Funktionen des Bewußtseins, der Erinnerung, der Selbstwahrnehmung und der Wahrnehmung der Umgebung oder des sensorischen/motorischen Verhaltens.

Entwertung
Die Person begegnet emotionalen Konflikten oder inneren oder äußeren Belastungsfaktoren, indem sie sich selbst oder anderen übertrieben negative Eigenschaften zuschreibt.

Hilfe-zurückweisendes Klagen
Die Person begegnet emotionalen Konflikten oder inneren oder äußeren Belastungsfaktoren, indem sie sich beklagt oder wiederholt um Hilfe bittet, was verdeckte Gefühle der Feindseligkeit oder Vorwürfe anderen gegenüber verbirgt. Dies drückt sich in einer Zurückweisung von Vorschlägen, Hinweisen oder Hilfestellungen aus, die andere anbieten. Die Klagen und Bitten können sich auf körperliche oder psychische Symptome oder Lebensprobleme beziehen.

Humor
Die Person begegnet emotionalen Konflikten oder äußeren Belastungsfaktoren, indem sie amüsante oder ironische Aspekte des Konflikts oder Belastungsfaktors herausstellt.

Idealisierung
Die Person begegnet emotionalen Konflikten oder inneren oder äußeren Belastungsfaktoren, indem sie anderen übertrieben positive Eigenschaften zuschreibt.

Intellektualisierung
Die Person begegnet emotionalen Konflikten oder inneren oder äußeren Belastungsfaktoren mit übermäßig abstraktem Denken, oder indem sie generalisiert, um störende Gefühle zu kontrollieren oder zu minimieren.

Omnipotenz
Die Person begegnet emotionalen Konflikten oder inneren oder äußeren Belastungsfaktoren, indem sie sich fühlt oder verhält, als besäße sie besondere Kräfte oder Fähigkeiten und als sei sie anderen überlegen.

Passive Aggression
Die Person begegnet emotionalen Konflikten oder inneren oder äußeren Belastungsfaktoren, indem sie indirekt oder unbewußt Aggressionen gegen andere ausdrückt. Es besteht eine Fassade aus offener Zustimmung, hinter der sich Widerstand, Ärger oder Feindseligkeit verbirgt. Passive Aggression tritt oft als Reaktion auf Forderungen nach selbständigem Handeln oder Leistungserfüllung auf oder auf einen Mangel an Befriedigung von Abhängigkeitswünschen hin. Sie kann bei Personen in untergeordneten Positionen jedoch adaptiv sein, die keine andere Möglichkeit haben, Selbstbewußtsein offener auszudrücken.

Projektion
Die Person begegnet emotionalen Konflikten oder inneren oder äußeren Belastungsfaktoren, indem sie ihre eigenen unangenehmen Gefühle, Impulse oder Gedanken fälschlicherweise jemand anderem zuschreibt.

Projektive Identifikation
Wie bei der Projektion begegnet die Person emotionalen Konflikten oder inneren oder äußeren Belastungsfaktoren, indem sie ihre eigenen unangenehmen Gefühle, Impulse oder Gedanken fälschlicherweise jemand anderem zuschreibt. Anders als bei einfacher Projektion, sagt sich die Person nicht völlig von dem los, was projiziert wird. Statt dessen bleibt sich die Person ihrer eigenen Affekte oder Impulse bewußt, fehlattribuiert sie aber als gerechtfertigte Reaktionen auf die andere Person. Nicht selten ruft die Person genau die Gefühle in anderen hervor, von denen sie zuvor fälschlicherweise geglaubt hat, sie seien vorhanden, so daß es schwierig ist zu klären, wer wem was zuerst getan hat.

Rationalisierung
Die Person begegnet emotionalen Konflikten oder inneren oder äußeren Belastungsfaktoren, indem sie die tatsächlichen Beweggründe für ihre Gedanken, Handlungen oder Gefühle

durch Ausarbeitung von Erklärungen verbirgt, die sie bestätigen oder die selbstdienliche, aber falsche Erklärungen darstellen.

Reaktionsbildung
Die Person begegnet emotionalen Konflikten oder inneren oder äußeren Belastungsfaktoren, indem sie ersatzweise Verhalten, Gedanken oder Gefühle zeigt, die ihren eigenen unannehmbaren Gedanken oder Gefühlen diametral gegenüberstehen (dies tritt gewöhnlich in Verbindung mit deren Verdrängung auf).

Selbstbehauptung
Die Person begegnet emotionalen Konflikten oder inneren oder äußeren Belastungsfaktoren, indem sie ihre Gefühle und Gedanken direkt, in nicht zwingender oder beeinflussender Weise ausdrückt.

Selbstbeobachtung
Die Person begegnet emotionalen Konflikten oder Belastungsfaktoren, indem sie ihre eigenen Gedanken, Gefühle, Beweggründe und Verhaltensweisen reflektiert und angemessen reagiert.

Spaltung
Die Person begegnet emotionalen Konflikten oder inneren oder äußeren Belastungsfaktoren, indem sie gegensätzliche Affektzustände aufsplittert, wobei sie daran scheitert, die positiven und negativen Eigenschaften der eigenen Person und anderer in ein zusammenhängendes Bild zu integrieren. Weil ambivalente Affekte nicht simultan erlebt werden können, werden ausgeglichene Sichtweisen und Erwartungen über sich selbst und andere vom emotionalen Bewußtsein ausgeschlossen. Selbst- und Objektbilder wechseln dann zwischen entgegengesetzten Polen ab: ausschließlich liebevoll, stark, wertvoll, versorgend und freundlich – oder ausschließlich schlecht, verhaßt, ärgerlich, zerstörerisch, zurückweisend oder wertlos.

Sublimation
Die Person begegnet emotionalen Konflikten oder inneren oder äußeren Belastungsfaktoren, indem sie potentiell schlecht angepaßte Gefühle oder Impulse auf sozial akzeptierbare Verhaltensweisen (z. B. Sport treiben, um ärgerliche Impulse zu kanalisieren) richtet.

Ungeschehenmachen
Die Person begegnet emotionalen Konflikten oder inneren oder äußeren Belastungsfaktoren, indem sie Worte oder Verhaltensweisen benutzt, mit denen unangenehme Gedanken, Gefühle oder Handlungen negiert oder symbolisch wiedergutgemacht werden sollen.

Unterdrückung
Die Person begegnet emotionalen Konflikten oder inneren oder äußeren Belastungsfaktoren, indem sie absichtlich vermeidet, über störende Probleme, Wünsche, Gefühle oder Erfahrungen nachzudenken.

Verdrängung
Die Person begegnet emotionalen Konflikten oder inneren oder äußeren Belastungsfaktoren, indem sie störende Wünsche, Gedanken oder Erfahrungen vom bewußten Erleben ausschließt. Die Gefühlskomponente kann bewußt bleiben und ist von den ihr zugehörigen Vorstellungen getrennt.

Verleugnung
Die Person begegnet emotionalen Konflikten oder inneren oder äußeren Belastungsfaktoren, indem sie sich weigert, einige schmerzhafte Aspekte der äußeren Realität oder eigener sub-

jektiver Erfahrung anzuerkennen. Der Begriff *psychotische Verleugnung* wird benutzt, wenn eine grobe Beeinträchtigung der Realitätsprüfung besteht.

Verschiebung
Die Person begegnet emotionalen Konflikten oder inneren oder äußeren Belastungsfaktoren, indem sie Gefühle gegenüber einem Objekt oder auch eine Reaktion auf ein Objekt auf ein anderes (gewöhnlich weniger bedrohliches) Ersatzobjekt überträgt.

Skala zur globalen Erfassung des Funktionsniveaus von Beziehungen (GARF)

Instruktionen: Die GARF-Skala kann benutzt werden, um eine Gesamtbeurteilung des Funktionsniveaus einer Familie oder anderer laufender Beziehungen auf einem hypothetischen Kontinuum, das von kompetentem, optimalem Funktionieren bis zu zerstörten, dysfunktionalen Beziehungen reicht, einzuschätzen. Sie ist analog zur Achse V (Skala zur Globalen Erfassung des Funktionsniveaus) erstellt. Die GARF-Skala erlaubt dem Untersucher, das Ausmaß, in dem eine Familie oder eine andere laufende Beziehungseinheit die affektiven oder lebenspraktischen Bedürfnisse seiner Mitglieder erfüllt, in den folgenden Bereichen einzuschätzen:
A. *Problemlösen* – Fertigkeiten beim Bewältigen von Zielen, Regeln und alltäglichen Arbeiten; Anpassungsfähigkeit bei Streß; Kommunikationsfertigkeiten; Fähigkeit zur Konfliktlösung.
B. *Organisation* – Einhaltung interpersoneller Rollen und Subsystemgrenzen; hierarchisches Funktionieren; Koalitionen und Verteilung von Macht, Kontrolle und Verantwortung.
C. *Emotionales Klima* – Tonfall und Spielraum von Gefühlen; Qualität von Fürsorge, Empathie, Engagement und Bindung/Verpflichtung; Teilen von Werten; gegenseitige affektive Verantwortlichkeit, Respekt und Rücksicht; Qualität sexuellen Funktionierens.

In den meisten Fällen sollte die GARF-Skala benutzt werden, um das Funktionieren während der derzeitigen Periode (d. h. das Funktionsniveau einer Beziehung zum Zeitpunkt der Evaluation) einzuschätzen. In einigen Situationen kann die GARF-Skala auch benutzt werden, um das Funktionieren für andere Zeiträume (d. h. das höchste Niveau des Funktionierens einer Beziehung für wenigstens ein paar Monate während des letzten Jahres) einzuschätzen.

Beachte: Benutze, wenn möglich, Zwischenwerte, zum Beispiel 45, 68, 72. Wenn die Informationen nicht ausreichen, um spezifische Einschätzungen zu machen, benutze die Mittelpunkte der fünf Bereiche, also 90, 70, 50, 30 oder 10.

81–100 *Insgesamt: Die Beziehungseinheit funktioniert nach Selbstbericht der Beteiligten und aus der Perspektive von Beobachtern zufriedenstellend.*

— Es existieren Muster und alltägliche Routinehandlungen, auf die man sich geeinigt hat und die helfen, daß die üblichen Bedürfnisse jedes Mitglieds der Familie/des Paares erfüllt werden; es besteht Flexibilität für Veränderungen auf ungewöhnliche Anforderungen oder Ereignisse hin; gelegentliche Konflikte und belastende Veränderungen werden durch problemlösende Kommunikation und Bewältigung gelöst.
— Es besteht ein geteiltes Verständnis und eine Übereinstimmung hinsichtlich Rollen und angemessenen Aufgaben; das Treffen von Entscheidungen ist in jedem Funktionsbereich

eingespielt und die einzigartigen Merkmale und das Verdienst eines jeden Subsystems werden anerkannt (z. B. Eltern/Ehepartner, Geschwister und Einzelpersonen).
— Es besteht eine der Situation angemessene, optimistische Atmosphäre in der Familie; innerhalb der Familie wird ein weiter Gefühlsbereich frei ausgedrückt und gehandhabt; und es besteht eine allgemeine Atmosphäre von Wärme, Fürsorge und gemeinsamen Werten zwischen allen Familienmitgliedern. Die sexuellen Beziehungen erwachsener Mitglieder sind zufriedenstellend.

61–80 Insgesamt: *Das Funktionieren der Beziehungseinheit ist irgendwie unbefriedigend. Über eine Zeitspanne werden viele, aber nicht alle Schwierigkeiten ohne Beschwerden gelöst.*

— Tägliche Routinehandlungen sind vorhanden, aber es bestehen einige Mühen und Schwierigkeiten beim Reagieren auf Ungewöhnliches. Einige Konflikte bleiben ungelöst, zerstören aber das Funktionieren der Familie nicht.
— Das Treffen von Entscheidungen ist gewöhnlich kompetent, aber Bemühungen um gegenseitige Kontrolle sind recht häufig stärker als notwendig oder sie sind unwirksam. Personen und Beziehungen sind klar abgegrenzt, aber manchmal wird ein einzelnes Subsystem herabgesetzt und zum Sündenbock gemacht.
— Eine Spannbreite von Gefühlen wird ausgedrückt, aber Momente emotionaler Blockierung oder Spannung sind offensichtlich. Wärme und Fürsorge sind vorhanden, aber sind durch die Reizbarkeit und Frustrationen eines Familienmitgliedes beeinträchtigt. Die sexuelle Aktivität erwachsener Mitglieder kann reduziert oder problematisch sein.

41–60 Insgesamt: *Die Beziehungseinheit hat gelegentlich Zeiten des befriedigenden und kompetenten Funktionierens miteinander, aber deutlich dysfunktionale, unbefriedigende Beziehungen überwiegen tendentiell.*

— Die Kommunikation wird häufig durch ungelöste, die tägliche Routine störende Konflikte behindert; es bestehen bedeutsame Schwierigkeiten hinsichtlich der Anpassung an familiäre Belastungen und vorübergehende Veränderungen.
— Das Treffen von Entscheidungen ist nur zeitweise kompetent und effektiv; zu diesen Zeiten ist entweder übermäßige Rigidität oder bedeutender Strukturmangel offensichtlich. Individuelle Bedürfnisse werden recht oft von einem Partner oder einer Koalition unterdrückt.
— Schmerz, ineffektiver Ärger oder emotionale Erstarrung stören die familiäre Zufriedenheit. Obgleich einige Wärme und Unterstützung für die Mitglieder besteht, ist sie gewöhnlich ungleich verteilt. Störende sexuelle Schwierigkeiten zwischen Erwachsenen sind oft vorhanden.

21–40 Insgesamt: *Die Beziehung ist offensichtlich und ernstlich dysfunktional; die Art und Weise und der Zeitraum des Zusammenseins sind selten zufriedenstellend.*

— Tägliche Routinehandlungen der Familie/des Paares erfüllen nicht die Bedürfnisse der Mitglieder; es wird unerbittlich an ihnen festgehalten oder sie werden unbekümmert ignoriert. Veränderungen im Lebensablauf, wie das Verlassen oder der Eintritt in die Beziehungseinheit, erzeugen schmerzhafte Konflikte und offensichtlich frustrierende Fehlschläge beim Problemlösen.
— Das Treffen von Entscheidungen ist tyrannisch oder recht uneffektiv. Die einzigartigen Charakteristika der Familienmitglieder werden nicht anerkannt oder durch entweder rigide oder verwirrend fließende Zusammenschlüsse ignoriert.
— Es gibt seltene Perioden der Freude am Zusammenleben; häufiges sich Distanzieren oder offene Feindseligkeit spiegeln bedeutsame Konflikte wider, die ungelöst und recht

schmerzhaft bestehen bleiben. Die sexuelle Dysfunktion unter erwachsenen Mitgliedern ist die Regel.

1–20 Insgesamt: *Die Beziehungseinheit ist zu dysfunktional geworden, um die Kontinuität von Kontakt und Bindung aufrecht zu halten.*

— Tägliche Routinehandlungen der Familie/des Paares sind vernachlässigbar (z. B. keine gemeinsamen Eß-, Einschlaf- oder Aufwachzeiten); Familienmitglieder wissen oft nicht, wo die anderen sind oder wann sie da sein werden oder nicht; die Kommunikation zwischen den Familienmitgliedern ist wenig effektiv.
— Die Mitglieder der Familie/des Paares sind nicht derart organisiert, daß persönliche oder generationsübergreifende Verantwortungen beachtet werden. Grenzen der Beziehung als Ganzes und ihrer Subsysteme können nicht identifiziert oder in Übereinstimmung gebracht werden. Familienmitglieder sind körperlich gefährdet, werden verletzt oder sexuell attackiert.
— Es herrschen durchgängig Verzweiflung und Zynismus; den emotionalen Bedürfnissen der anderen wird wenig Aufmerksamkeit geschenkt; es besteht fast kein Sinn für Bindung, Verpflichtung oder Sorge um das gegenseitige Wohlergehen.

0 Unzureichende Informationen.

Skala zur Erfassung des sozialen und beruflichen Funktionsniveaus (Social and Occupational Functioning Assessment Scale, SOFAS)

Die SOFAS ist eine neue Skala, die sich von der Skala zur Globalen Erfassung des Funktionsniveaus (Global Assessment of Functioning Scale GAF) dadurch unterscheidet, daß sie sich ausschließlich auf das soziale und berufliche Funktionsniveau der Person konzentriert und nicht direkt vom Gesamtschweregrad der psychischen Symptome der Person beeinflußt wird. Ebenfalls anders als bei der GAF-Skala wird bei der SOFAS-Einschätzung jegliche Beeinträchtigung der sozialen und beruflichen Funktionen, die auf medizinische Krankheitsfaktoren zurückzuführen ist, in Betracht gezogen. Die SOFAS wird gewöhnlich benutzt, um das Funktionieren für die derzeitige Periode (d. h. das Funktionsniveau zum Zeitpunkt der Beurteilung) einzuschätzen. Die SOFAS kann auch benutzt werden, um die Funktionen zu anderen Zeiten einzuschätzen. Zum Beispiel kann es für einige Zwecke sinnvoll sein, die Funktionen im letzten Jahr (d. h. das höchste Funktionsniveau für wenigstens ein paar Monate während des letzten Jahres) zu bewerten.

Skala zur Erfassung des Sozialen und Beruflichen Funktionsniveaus (SOFAS)

Man stelle sich die soziale und berufliche Funktionsleistung auf einem Kontinuum von ausgezeichnet bis grob beeinträchtigt vor. Sowohl Beeinträchtigungen, die auf körperliche Einschränkungen als auch solche, die auf psychische Beeinträchtigungen zurückgehen, sind einzubeziehen. Um hinzugerechnet zu werden, müssen die Beeinträchtigungen die direkte Folge psychischer und körperlicher Gesundheitsprobleme sein. Die Auswirkungen durch begrenzte Möglichkeiten und durch andere umgebungsbedingte Einschränkungen werden nicht einbezogen.

Codiere (Beachte: Benutze, wenn möglich, Zwischenwerte (z. B. 45, 68, 72)

100–91 Hervorragende Funktionsleistung in einem weiten Bereich von Aktivitäten.
90–81 Gute Funktionsleistung in allen Bereichen, beruflich und sozial effektiv.
80–71 Nur ganz geringe Beeinträchtigungen der sozialen, beruflichen oder schulischen Funktionen (z. B. gelegentliche zwischenmenschliche Konflikte, zeitweiliges Zurückbleiben im Schulunterricht).
70–61 Einige Schwierigkeiten in den sozialen, beruflichen oder schulischen Funktionen, die jedoch insgesamt gut sind. Hat einige zwischenmenschliche Beziehungen, die von Bedeutung sind.
60–51 Mittlere Schwierigkeiten in der sozialen, beruflichen oder schulischen Funktionsleistung (z. B. wenig Freunde, Konflikte mit Schulkameraden oder Arbeitskollegen).
50–41 Ernste Beeinträchtigungen der sozialen, beruflichen oder schulischen Funktionen (z. B. keine Freundschaften, kann keine Arbeitsstelle halten).
40–31 Starke Beeinträchtigungen in verschiedenen Bereichen wie Arbeit oder Schule sowie in familiären Beziehungen (z. B. ein depressiver Mann, der Freunde meidet, die Familie vernachlässigt und nicht zur Arbeit gehen kann; ein Kind, das häufig jüngere Kinder verprügelt, zu Hause aufsässig ist und die Schule schwänzt).
30–21 Fehlende Funktionsleistung in fast allen Bereichen (z. B. bleibt den ganzen Tag im Bett; hat keine Arbeit, kein Heim und keine Freundschaften).
20–11 Kann gelegentlich die minimale persönliche Hygiene nicht einhalten, kommt alleine nicht zurecht.
10– 1 Dauerhafte Unfähigkeit, die minimale persönliche Hygiene einzuhalten; kann nicht zurechtkommen, ohne anderen oder sich selbst Schaden zuzufügen oder ohne weitreichende Unterstützung von außen (z. B. Pflegedienste oder Aufsicht).
0 Unzureichende Information.

Beachte: Die Beurteilung der gesamten psychischen Funktionen auf einer Skala von 0–100 wurde von Luborsky mit der Gesundheits-Krankheits-Skala operationalisiert (Luborsky L.: Clinicians' Judgements of Mental Health. *Archives of General Psychiatry, 7,* 407–417, 1962). Die Arbeitsgruppe um Spitzer entwickelte eine Revision der Gesundheits-Krankheits-Skala, die „Globale Beurteilungsskala" (Global Assessment Scale, GAS) genannt wurde (Endicott, J., Spitzer, R. L., Fleiss, J. L. et al. (1976). The Sickness Rating Scale: A Procedure for Measuring Overall Severity of Psychiatric Disturbance. *Archives of General Psychiatry, 33,* 766–771). Die Entwicklung der SOFAS aus der GAS wird beschrieben in Goldman, H. H., Skodol, A. E, Lave, T. R. (1992). Revising Axis V for DSM-IV: A Review of Measures of Social Functioning. *American Journal of Psychiatry, 149,* 1148–1156.

Anhang C

Glossar der Fachausdrücke

Ablenkbarkeit
Unfähigkeit, die Aufmerksamkeit aufrechtzuerhalten, das heißt: Es wird aus geringstem Anlaß von einem Bereich oder Thema zum anderen gesprungen oder die Aufmerksamkeit wird zu häufig auf unwichtige oder irrelevante äußere Reize gelenkt.

Abwehrmechanismus
Ein Konstrukt, das einen automatisierten psychischen Prozeß, der das Individuum vor Angst und vor der Wahrnehmung innerer und äußerer Belastungen und Gefahren schützt. Abwehrmechanismen regulieren die Reaktion des Individuums auf emotionale Konflikte und auf äußere Belastungen. Einige Abwehrmechanismen (z. B. Projektion, Spaltung und Ausagieren) sind fast immer unangepaßt. Andere, wie Unterdrückung und Verleugnung, können in Abhängigkeit von ihrem Ausprägungsgrad, ihrer Flexibilität und dem Kontext, in dem sie auftreten, sowohl unangepaßt als auch angepaßt sein. Definitionen spezifischer Abwehrmechanismen und ihre Erfassung mit Hilfe der Abwehrfunktionsskala werden auf Seite 842 vorgestellt.

Affekt
Ein beobachtbares Verhaltensmuster als Ausdruck eines subjektiv empfundenen Gefühlszustandes (Emotion). Geläufige Beispiele für Affekt sind Traurigkeit, Freude und Wut. Im Gegensatz zu Stimmung als ausgedehnteres und überdauerndes emotionales „Klima" bedeuten Affekte eher fluktuierende Änderungen des emotionalen „Wetters". Was als normaler Bereich des Ausdrucks von Affekten angesehen wird, variiert beträchtlich sowohl innerhalb von Kulturkreisen als auch zwischen diesen. Störungen der Affekte umfassen:
— **abgestumpft**: Die Intensität des emotionalen Ausdrucks ist stark vermindert.
— **eingeschränkt oder eingeengt**: Bandbreite und Intensität des emotionalen Ausdrucks sind leicht herabgesetzt.
— **flach**: Merkmale des affektiven Ausdrucks fehlen ganz oder beinahe ganz.
— **inadäquat**: Es besteht eine deutliche Diskrepanz zwischen affektivem Ausdruck und Inhalt von Rede und Vorstellungen.
— **labil**: Abnorme Variabilität der Affekte mit wiederholten, schnellen und abrupten Wechseln im affektiven Ausdruck.

Berater der deutschen Ausgabe:
Prof. Dr. Henning Saß, Aachen

Übersetzer:
Dipl.-Psych. Isabel Houben, Aachen
Dipl.-Psych. Kristin Korb, Aachen

Agitiertheit (Psychomotorisches Arousal)

Übermäßige motorische Aktivität, die mit einem Gefühl innerer Anspannung einhergeht. Die Aktivität ist gewöhnlich unproduktiv und wiederholt sich ständig. Sie zeigt sich in Verhaltensweisen wie Hin- und Herlaufen, Zappeln, Händeringen, Zerren an den Kleidern und Nicht-stillsitzen-Können.

Agonistisches Medikament

Eine chemische Einheit, im Aufbau wie eine endogen produzierte Substanz, die auf einen Rezeptor wirkt und in der Lage ist, den maximalen Effekt, der durch eine Stimulation des Rezeptors zu erzielen ist, zu erreichen. Ein **partieller Agonist** kann nicht den maximalen Effekt erzielen, auch wenn er in einer Konzentration gegeben wird, die ausreicht, um alle verfügbaren Rezeptoren zu belegen.

Agonistisches/Antagonistisches Medikament

Eine chemische Einheit, im Aufbau wie eine endogen produzierte Substanz, die auf eine Familie von Rezeptoren (wie My-, Delta- und Kappa-Opiat-Rezeptoren) in der Weise wirkt, daß sie ein Agonist oder partieller Agonist für die eine Art von Rezeptoren und ein Antagonist für die andere Art ist.

Alogie

Eine Denkverarmung, auf die aus der Beobachtung von Rede- und Sprachverhalten geschlossen wird. Es können kurze und konkrete Antworten auf Fragen sowie eine Verminderung des spontanen Sprechens (Sprecharmut) vorkommen. Manchmal ist die Sprechweise hinsichtlich der Menge adäquat, vermittelt aber nur wenig Information, da sie überkonkret, überabstrakt, repetitiv oder stereotyp ist (Inhaltsarmut).

Amnesie

Erinnerungsverlust. Arten von Amnesie sind:
- **anterograd**: Erinnerungsverlust für Ereignisse, die nach dem Beginn der ursächlichen Erkrankung oder des ursächlichen Einflußfaktors auftreten.
- **retrograd**: Erinnerungsverlust für Ereignisse, die vor dem Beginn der ursächlichen Erkrankung oder des ursächlichen Einflußfaktors auftraten.

Angst

Die besorgte Erwartung zukünftiger Gefahr oder zukünftigen Unglücks, begleitet von einem Gefühl von Dysphorie oder somatischen Symptomen der Anspannung. Der Schwerpunkt der erwarteten Gefahr kann internal oder external sein.

Antagonistisches Medikament

Eine chemische Einheit, im Aufbau wie eine endogen produzierte Substanz, die einen Rezeptor besetzt, keinen physiologischen Effekt produziert und endogene und exogene chemische Substanzen daran hindert, an diesem Rezeptor einen Effekt hervorzurufen.

Aphasie

Eine Beeinträchtigung im Verstehen oder Übermitteln von Gedanken durch Sprache in gelesener, geschriebener oder gesprochener Form, verursacht durch eine Verletzung oder Erkrankung der Hirnareale, die für Sprache zuständig sind.

Aphonie

Die Unfähigkeit, Sprechlaute zu produzieren, die den Gebrauch des Kehlkopfes erfordern, ohne daß jedoch eine Läsion des Zentralnervensystems vorliegt.

Ataxie

Partieller oder vollständiger Verlust der Koordination willentlicher Muskelbewegungen.

Aufmerksamkeit

Die Fähigkeit, sich längerfristig auf einen bestimmten Reiz oder eine Aufgabe zu konzentrieren. Eine Aufmerksamkeitsstörung kann sich äußern in leichter Ablenkbarkeit, in Schwierigkeiten, eine Aufgabe zu Ende zu führen oder sich auf die Arbeit zu konzentrieren.

Belastungsfaktor, psychosozialer

Lebensereignisse oder Veränderungen der Lebensumstände, die zeitlich (und vielleicht kausal) mit Ausbruch, Auftreten oder Verschlechterung einer psychischen Störung in Beziehung stehen können.

Beziehungsideen

Der Eindruck, daß zufällige Begebenheiten und äußere Ereignisse eine besondere und ungewöhnliche Bedeutung speziell für den Betroffenen haben. Dieser ist vom *Beziehungswahn* zu unterscheiden, bei dem an diesem Glauben mit wahnhafter Überzeugung festgehalten wird.

Depersonalisation

Eine Veränderung der Selbstwahrnehmung oder des Selbsterlebens, so daß man sich, als sei man ein Beobachter von außen, von seinen eigenen geistigen oder körperlichen Prozessen als abgelöst empfindet (z. B. ein Gefühl, als befinde man sich in einem Traum).

Derealisation

Eine Veränderung der Wahrnehmung der äußeren Welt oder das Erleben, daß diese fremd oder irreal erscheint (z. B. Menschen sehen ungewohnt oder mechanisch aus).

Desorientiertheit

Verwirrtheit in bezug auf Tageszeit, Datum, Jahreszeit (Zeit), darauf, wo man ist (Ort) oder wer man ist (Person).

Dissoziation

Eine Unterbrechung in den normalerweise integrierten Funktionen des Bewußtseins, Gedächtnisses, der Identität oder der Wahrnehmung der Umwelt. Die Störung kann plötzlich oder allmählich, vorübergehend oder chronisch auftreten.

Dysarthrie

Mangelhafte Artikulation der Sprache aufgrund von Störungen der Muskelkontrolle.

Dyskinesie

Verzerrung von willkürlichen Bewegungen durch unwillkürliche Muskelaktivitäten.

Dyssomnie

Primäre Schlaf- oder Wachstörungen, die durch Schlaflosigkeit oder erhöhtes Schlafbedürfnis als bedeutsamste Symptome gekennzeichnet sind. Dyssomnien sind Störungen der Schlafmenge, der Schlafqualität oder des zeitlichen Ablaufs des Schlafs.

Dystonie

Gestörter Muskeltonus.

Echolalie

Krankhaftes, papageienhaftes und anscheinend sinnloses Wiederholen (wie ein Echo) von Worten oder Satzteilen, die unmittelbar vorher von einer anderen Person ausgesprochen wurden.

Echopraxie

Wiederholung der Bewegung einer anderen Person durch Imitation. Die Bewegung ist nicht gewollt oder beabsichtigt und hat eine halbautomatisierte, nicht kontrollierbare Qualität.

Entgleisung (Assoziationslockerung)

Ein Sprachmuster, das dadurch gekennzeichnet ist, daß die Vorstellungen des Betroffenen von einem Gedanken zu einem mit diesem nicht oder nur indirekt zusammenhängenden Gedanken springen. Der Betroffene wechselt eigenwillig das Thema von einem Bezugsrahmen zum anderen, indem er von einem Satz oder Teilsatz zu einem anderen springt. Dabei werden Aussagen nebeneinandergestellt, die keinen Bedeutungszusammenhang haben. Diese Störung tritt zwischen Sätzen auf, im Gegensatz zur Inkohärenz, bei der die Störung innerhalb von Sätzen auftritt. Ein plötzlicher Themenwechsel ohne Vorbereitung oder ohne offensichtlichen Zusammenhang macht noch keine Entgleisung aus.

Flashback

Ein Wiederauftreten einer Erinnerung, eines Gefühls oder einer Wahrnehmungserfahrung aus der Vergangenheit.

Geschlecht

Der biologische Status einer Person als männlich, weiblich oder unsicher. Abhängig von den Umständen wird dies aufgrund der äußeren Geschlechtsmerkmale oder eines Karyogramms bestimmt.

Geschlechtsdysphorie

Eine durchgängige Abneigung gegen einige oder alle Merkmale oder soziale Rollen, die das eigene biologische Geschlecht kennzeichnen.

Geschlechtsidentität

Die innere Gewißheit einer Person, männlich oder weiblich zu sein.

Geschlechtsrolle

Einstellungen, Verhaltensmuster und Persönlichkeitsattribute, die vom Kulturkreis, dem die Person angehört, als stereotype „männliche" oder „weibliche" soziale Rollen definiert werden.

Größenidee

Eine übersteigerte Einschätzung von Wert, Macht, Wissen, Bedeutung oder Identität der eigenen Person. In extremen Fällen kann die Größenidee wahnhaftes Ausmaß annehmen.

Halluzination

Eine Sinneswahrnehmung, die den unmittelbaren Realitätseindruck einer echten Wahrnehmung hat, die jedoch ohne äußeren Reiz auf das betroffene Sinnesorgan auftritt. Halluzinationen müssen von Illusionen, die Fehlwahrnehmungen oder Fehldeutungen eines äußeren Reizes darstellen, unterschieden werden. Die Person kann sich über die Tatsache, daß sie eine Halluzination hat, im Klaren sein, muß es aber nicht. Manche Personen mit akustischen Halluzinationen erkennen, daß sie eine falsche Sinneserfahrung haben, während andere davon überzeugt sind, daß die Quelle ihrer Sinneserfahrung eine unabhängige physikalische Realität besitzt. Der Ausdruck Halluzination wird in der Regel nicht für die falschen Wahrnehmungen im Traum, beim Einschlafen (hypnagog) oder beim Aufwachen (hypnopomp) gebraucht. Passagere halluzinatorische Erfahrungen können auch bei Personen ohne psychische Störung vorkommen.

Arten von Halluzinationen sind:
- **akustisch**. Eine Halluzination, die die Wahrnehmung von Geräuschen, meist Stimmen, betrifft. Einige Kliniker und Untersucher würden Erfahrungen, die als aus dem Kopf kommend wahrgenommen werden, nicht dazurechnen, sondern die Konzeption „echter" akustischer Halluzinationen auf solche Laute begrenzen, deren Quelle als external erlebt wird. Allerdings wird in DSM-IV nicht danach unterschieden, ob die Stimmen als von innerhalb oder außerhalb des Kopfes kommend wahrgenommen werden.
- **gustatorisch**. Eine Halluzination, die die Wahrnehmung eines (meist unangenehmen) Geschmackes betrifft.
- **körperbezogen**. Eine Halluzination, die mit der Wahrnehmung eines körperlichen Vorgangs im Organismus einhergeht (z. B. das Gefühl, elektrisiert zu sein). Körperbezogene

Halluzinationen müssen unterschieden werden von körperlichen Empfindungen, die aus einem noch nicht diagnostizierten medizinischen Krankheitsfaktor oder aus hypochondrischer Sorge um normale körperliche Vorgänge entstehen, sowie von taktilen Halluzinationen.
- **olfaktorisch**. Eine Halluzination, die mit der Wahrnehmung von Gerüchen einhergeht, z. B. von verbranntem Gummi oder verwesendem Fisch.
- **optisch**. Eine Halluzination, die das Sehen betrifft. Sie kann aus geformten Bildern, z. B. Menschen, bestehen oder aus ungeformten wie Lichtblitzen. Optische Halluzinationen sind von Illusionen zu unterscheiden, die Fehlwahrnehmungen von realen äußeren Reizen sind.
- **stimmungskongruent**. Vgl. Stimmungskongruente psychotische Merkmale.
- **stimmungsinkongruent**. Vgl. Stimmungsinkongruente psychotische Merkmale.
- **taktil**. Eine Halluzination mit der Wahrnehmung des Berührtwerdens oder daß sich etwas unter der Haut befindet. Die häufigsten taktilen Halluzinationen sind die Empfindung von elektrischen Schlägen oder Ameisenkrabbeln (das Gefühl, daß etwas auf oder unter der Haut krabbelt oder kriecht).

Hyperakusis
Schmerzhafte Empfindlichkeit für Laute.

Hypersomnie
Übersteigerte Schläfrigkeit, die sich in lang anhaltendem Nachtschlaf äußert, in der Schwierigkeit, tagsüber einen aufmerksamen Wachzustand aufrechtzuerhalten oder in unerwünschten Episoden von Tagesschlaf.

Ideenflucht
Ein nahezu ständiger Fluß beschleunigter Rede mit abrupten Sprüngen von Thema zu Thema, die meist auf verständlichen Assoziationen, ablenkenden Reizen oder Wortspielen beruhen. In schweren Fällen kann die Sprache desorganisiert und unzusammenhängend sein.

Illusion
Fehlwahrnehmung oder Fehlinterpretation eines realen äußeren Reizes, z. B. das Rauschen von Blättern wird als Stimmengewirr gehört (s. a. Halluzination).

Inkohärenz
Sprechen oder Denken, das für andere grundsätzlich unverständlich ist, weil Wörter oder Satzteile ohne logischen oder sinnvollen Zusammenhang verbunden werden. Die Störung tritt *innerhalb* von Sätzen auf, im Gegensatz zur Entgleisung, bei der die Störung *zwischen* Sätzen auftritt. Dies wird manchmal als „Wortsalat" bezeichnet, um das Ausmaß der linguistischen Desorganisation aufzuzeigen. Leichte ungrammatikalische Konstruktionen oder idiomatische Formen, die für eine bestimmtes regionales oder kulturelles Umfeld, Mangel an Bildung oder niedrige Intelligenz charakteristisch sind, sollten nicht als Inkohärenz bezeichnet werden. Der Begriff wird im allgemeinen nicht verwandt, wenn die Sprachstörung offenbar auf eine Aphasie zurückgeführt werden kann.

Insomnie

Subjektive Beschwerden über Ein- und Durchschlafstörungen oder schlechte Schlafqualität.

Arten von Insomnie sind:
— **Durchschlafstörungen**: Aufwachen mitten in der Nacht, gelegentlich gefolgt von Wiedereinschlafen, allerdings unter Schwierigkeiten.
— **Einschlafstörungen**: Schwierigkeit, einzuschlafen.
— **Morgendliches Früherwachen**: Aufwachen vor der gewohnten Weckzeit, ohne wieder einschlafen zu können.

Intersexualität

Zustand, bei dem die Person in unterschiedlichem Ausmaß eine Vermischung der Merkmale beider Geschlechter aufweist, sowohl in Hinblick auf den Körperbau, auf die Reproduktionsorgane als auch auf das Sexualverhalten.

Katalepsie

Flexibilitas cerea. Rigides Beibehalten einer Körperposition während eines ausgedehnten Zeitraumes.

Kataplexie

Episoden plötzlichen bilateralen Tonusverlustes der Muskulatur, die zum Kollabieren des Patienten führen, oft in Verbindung mit intensiven Gefühlen wie Lachen, Wut, Furcht oder Überraschung.

Katatones Verhalten

Ausgeprägte motorische Anomalien. Dazu gehören: Motorische Unbeweglichkeit (d. h. Katalepsie oder Stupor), verschiedene Formen von exzessiver motorischer Aktivität (offensichtlich ziellose Agitiertheit, die nicht von äußeren Reizen beeinflußt wird), extremer Negativismus (offensichtlich grundloser Widerstand gegen Aufforderungen, sich zu bewegen oder Versuche, bewegt zu werden) und Mutismus, Posieren oder stereotype Bewegungen sowie Echolalie und Echopraxie.

Konversionssymptom

Verlust oder Veränderung willentlicher motorischer oder sensorischer Funktionen, was einen neurologischen oder medizinischen Krankheitsfaktor vermuten läßt. Es wird angenommen, daß die Entwicklung des Symptoms mit psychischen Bedingungen zusammenhängt, und das Symptom kann durch einen neurologischen oder medizinischen Krankheitsfaktor oder die direkte Wirkung einer Substanz nicht vollkommen erklärt werden. Das Symptom ist nicht willentlich hervorgerufen oder vorgetäuscht und ist nicht kulturell sanktioniert.

Magisches Denken

Der irrtümliche Glaube einer Person, daß ihre Gedanken, Worte oder Handlungen ein bestimmtes Ereignis hervorrufen oder verhindern können, wobei allgemeingültige Regeln von Ursache und Wirkung verletzt werden. Magisches Denken kann eine Durchgangsphase in der normalen Kindheitsentwicklung sein.

Makropsie

Objekte werden visuell größer wahrgenommen als sie tatsächlich sind.

Mikropsie

Objekte werden visuell kleiner wahrgenommen als sie tatsächlich sind.

Nystagmus

Unwillkürliche rhythmische Augenbewegungen mit kleinamplitudigem, schnellem Zittern in eine Richtung und einem größeren, langsameren Rückschwung in die entgegengesetzte Richtung. Nystagmus kann horizontal, vertikal oder rotatorisch sein.

Panikattacken

Umschriebene Perioden mit plötzlich einsetzender intensiver Besorgnis, Angst oder Schrecken, häufig verbunden mit dem Gefühl drohenden Unheils. Während dieser Attacken bestehen Symptome wie Kurzatmigkeit oder Erstickungsgefühle, Palpitationen, Herzklopfen oder beschleunigter Herzschlag, Brustschmerzen oder -beschwerden, Beklemmungen und Angst, den Verstand oder die Beherrschung zu verlieren. Panikattacken können **unerwartet** sein (ohne Hinweisreiz), wobei das Einsetzen der Attacken nicht mit einem **situativen Auslöser verbunden** ist, sondern „aus heiterem Himmel" auftritt. Oder die Panikattacken können situationsgebunden sein, wobei sie fast ausnahmslos sofort bei der Konfrontation mit oder der Erwartung von einem situativen Auslöser (Hinweisreiz) auftreten. Oder es besteht eine **situative Prädisposition**, wobei die Panikattacken bei der Konfrontation mit einem situativen Auslöser mit größerer Wahrscheinlichkeit auftreten, aber nicht unveränderlich daran gebunden sind.

Paranoide Vorstellung

Vorstellung von geringerer Intensität als beim Wahn, verbunden mit Mißtrauen oder der Überzeugung, gequält, verfolgt oder schlecht behandelt zu werden.

Parasomnie

Abnorme Verhaltensweisen oder körperliche Phänomene, die während des Schlafes oder beim Übergang vom Schlaf zum Wachzustand auftreten.

Persönlichkeit

Überdauernde Muster des Wahrnehmens, der Beziehungsgestaltung und des Denkens über die Umwelt und sich selbst. *Persönlichkeitszüge* sind ausgeprägte Aspekte der Persönlichkeit, die in einem breiten Spektrum wichtiger sozialer und persönlicher Zusammenhänge zum Ausdruck kommen. Nur wenn die Persönlichkeitszüge unflexibel und schlecht angepaßt sind und entweder eine deutliche funktionale Beeinträchtigung oder subjektives Leiden hervorrufen, bilden sie eine Persönlichkeitsstörung.

Phobie

Eine anhaltende unbegründete Furcht vor einem bestimmten Gegenstand, einer Handlung oder einer Situation (dem phobischen Stimulus), die den überwältigenden Wunsch hervorruft, diesen zu vermeiden. Dies führt im allgemeinen dazu, daß der phobische Stimulus vermieden oder angstvoll ertragen wird.

Prodrom

Ein frühes Zeichen oder Symptom einer Störung.

Psychomotorische Erregung

(siehe Agitiertheit)

Psychomotorische Verlangsamung

Sichtbare allgemeine Verlangsamung der körperlichen Bewegungen und des Sprechens.

Psychotisch

Dieser Begriff hat historisch eine Vielzahl unterschiedlicher Definitionen erfahren, von denen keine übereinstimmend anerkannt wurde. Die engste Definition von *psychotisch* beschränkt sich auf Wahnphänomene oder auf ausgeprägte Halluzinationen, wobei die Halluzinationen ohne Einsicht in ihre pathologische Natur auftreten. Eine etwas weniger enge Definition würde auch solche ausgeprägten Halluzinationen mit einbeziehen, die der Betroffene als halluzinatorisches Erleben erkennt. Eine noch weitere Definition schließt andere positive Symptome der Schizophrenie ein (z. B. desorganisierte Sprache, grob desorganisiertes oder katatones Verhalten). Anders als in diesen auf Symptomen basierenden waren die in DSM-II und ICD-9 benutzten Definitionen wahrscheinlich viel zu weitreichend und zielten auf die Schwere der funktionellen Beeinträchtigung. Dabei wurde eine psychische Störung dann als *psychotisch* bezeichnet, wenn sie zu einer „Beeinträchtigung führte, die der Fähigkeit zur Bewältigung gewöhnlicher Lebensaufgaben erheblich entgegensteht". Schließlich wurde der Begriff konzeptionell definiert als ein Verlust von Ich-Grenzen oder eine weitgehende Beeinträchtigung der Realitätskontrolle. Ausgehend von ihren charakteristischen Merkmalen werden bei den verschiedenen Störungen in DSM-IV unterschiedliche Aspekte dieser verschiedenen Definitionen von psychotisch betont.

Rededrang

Eine Sprechweise, die in der Menge gesteigert, beschleunigt und kaum oder nicht zu unterbrechen ist, gewöhnlich auch laut und emphatisch. Vielfach spricht der Betroffene ohne sozialen Auslöser und redet auch dann weiter, wenn niemand zuhört.

Residualphase

Die Phase einer Krankheit, die nach der Remission der floriden Symptome oder des gesamten Syndroms auftritt.

Stereotype Bewegungen

Wiederholtes, offenbar getriebenes und nicht funktionales motorisches Verhalten (z. B. Händeschütteln oder Winken, Wiegen des Körpers, Aufschlagen des Kopfes, Bewegen von Gegenständen im Mund, Sich-selbst-Beißen, Zupfen an Haut oder Körperöffnungen, Schlagen auf den eigenen Körper).

Stimmung

Eine tiefgehende und anhaltende Emotion, die die Wahrnehmung der Umwelt färbt. Typische Beispiele für Stimmungen sind Traurigkeit, Gehobenheit, Ärger und Angst. Im Gegensatz zu Affekt als eher fluktuierende Änderungen im emotionalen „Wetter" bezieht sich Stimmung auf ein ausgedehnteres und überdauerndes „Klima". Arten von Stimmungen sind:
— **dysphorisch**: Eine unangenehme Stimmung wie Traurigkeit, Angst oder Reizbarkeit.
— **euthym**: Stimmung im „normalen" Bereich, was das Fehlen von gedrückter oder gehobener Stimmung voraussetzt.
— **expansiv**: Mangel an Zurückhaltung beim Ausdruck von Gefühlen, teilweise mit einer Überbewertung eigener Bedeutung und Wichtigkeit.
— **gehoben**: Ein übertriebenes Gefühl von Wohlbefinden oder Euphorie oder freudiger Erregung. Eine Person mit gehobener Stimmung beschreibt ein Hochgefühl oder fühlt sich als „ekstatisch", „himmelhochjauchzend", „über den Wolken schwebend".
— **reizbar**: Leicht zu verärgern und zur Wut zu reizen.

Stimmungsinkongruente psychotische Merkmale

Wahnphänomene oder Halluzinationen, deren Inhalt nicht konsistent ist mit den typischen Themen von manischer und depressiver Stimmung. Beim Vorliegen einer Depression würden die Wahnphänomene oder Halluzinationen keine Themen von persönlicher Unzulänglichkeit, Schuld, Krankheit, Tod, Nihilismus oder verdienter Strafe enthalten. Beim Vorliegen einer Manie enthält sie keine Themen von enormer Steigerung von Wert, Macht, Wissen oder Identität, einem besonderen Verhältnis zu Gott oder einer berühmten Persönlichkeit. Beispiele für stimmungsinkongruente psychotische Merkmale sind Verfolgungswahn (ohne selbstabwertenden oder grandiosen Inhalt), Gedankeneingebung, Gedankenausbreitung und Wahnphänomene der Beeinflussung und des Gemachten, deren Inhalt keinen offensichtlichen Zusammenhang mit den oben genannten Themen hat.

Stimmungskongruente psychotische Merkmale

Wahnphänomene oder Halluzinationen, deren Inhalt vollkommen konsistent ist mit den typischen Themen einer depressiven oder manischen Stimmung. Wenn die Stimmung depressiv ist, umfassen die Wahnphänomene oder Halluzinationen Themen der eigenen Unzulänglichkeit, von Schuld, Krankheit, Tod, Nihilismus oder verdienter Bestrafung. Der Inhalt der Wahnphänomene kann das Thema der Verfolgung einschließen, wenn dies auf selbstabwertenden Konzepten wie verdienter Bestrafung beruht. Ist die Stimmung manisch, so betrifft der Inhalt der Wahnphänomene oder Halluzinationen eine enorme Steigerung von Wert, Macht, Wissen oder Identität oder ein besonderes Verhältnis zu Gott oder einer berühmten Persönlichkeit. Der Wahninhalt kann das Thema der Verfolgung einschließen, wenn dies auf Konzepten des gesteigerten Selbstwerts oder der verdienten Bestrafung beruht.

Stupor

Ein Zustand des Nichtreagierens mit Bewegungslosigkeit und Mutismus.

Symptom

Subjektive Manifestation eines pathologischen Zustands. Symptome werden eher vom Betroffenen berichtet als vom Untersucher beobachtet.

Synästhesie

Ein Zustand, in dem eine Sinnesempfindung aus einer bestimmten Modalität auftritt, wenn eine andere Modalität angesprochen wurde; z. B. ein Klang erzeugt die Empfindung einer bestimmten Farbe.

Syndrom

Eine Zusammenfassung, die auf dem häufigen gemeinsamen Auftreten von Zeichen und Symptomen beruht, die Gemeinsamkeiten hinsichtlich der zugrundeliegenden Pathogenese, des Verlaufes, des familiären Musters oder der Wahl der Behandlung aufweisen.

Tic

Eine unwillkürliche, plötzliche, schnelle, wiederholte, nicht rhythmische, stereotype Bewegung oder Lautäußerung.

Transsexualismus

Schwere Geschlechtsdysphorie, einhergehend mit dem anhaltenden Bedürfnis nach den körperlichen Merkmalen und sozialen Rollen, die zum anderen Geschlecht gehören.

Überwertige Idee

Eine irrationale und anhaltende Überzeugung, an der mit weniger Intensität als beim Wahn festgehalten wird (z. B. kann die Person die Möglichkeit erkennen, daß die Überzeugung nicht wahr sein könnte). Die Überzeugung wird von den übrigen Mitgliedern der Kultur oder Subkultur des Betroffenen im allgemeinen nicht akzeptiert.

Wahn

Eine falsche Überzeugung aufgrund unrichtiger Schlußfolgerungen über die äußere Realität. Diese wird fest beibehalten trotz abweichender Ansichten fast aller anderen Personen und trotz aller unwiderlegbaren und klaren Beweise des Gegenteils. Die Überzeugung wird nicht von den Angehörigen desselben Kulturkreises oder derselben kulturellen Gruppe geteilt (ist also z. B. kein religiöser Glaubensinhalt). Wenn eine solche falsche Überzeugung ein Werturteil betrifft, wird dies nur dann als Wahn angesehen, wenn dieses Werturteil so extrem ist, daß ihm jegliche Glaubhaftigkeit fehlt. Wahnhafte Gewißheit tritt in einem Kontinuum auf und kann manchmal aus dem Verhalten der Person abgeleitet werden. Wahn und überwertige Idee (bei der eine unbegründete Überzeugung oder Vorstellung vorliegt, an der aber nicht so starr festgehalten wird wie beim Wahn) sind manchmal schwer zu unterscheiden.

Wahnphänomene werden nach ihrem Inhalt unterschieden. Die häufigsten sind:
— **Beziehungswahn.** Ein Wahn mit dem Thema, daß Ereignisse, Objekte oder andere Personen aus der unmittelbaren Umgebung des Betroffenen eine einzigartige und ungewöhnliche Bedeutung haben. Diese Wahnphänomene sind meist negativer oder beeinträchtigender Natur, können aber auch grandiosen Inhalt haben. Der Beziehungswahn ist von einer Beziehungsidee zu unterscheiden, bei der die falsche Überzeugung weder so starr festgehalten, noch so vollständig zu einer wahren Überzeugung umkonstruiert wird.
— **Bizarrer Wahn.** Beinhaltet ein Phänomen, das im kulturellen Umfeld des Betroffenen als völlig unplausibel bezeichnet würde.
— **Eifersuchtswahn.** Der Wahn, daß der Sexualpartner untreu ist.
— **Gedankenausbreitung.** Der Wahn, daß die eigenen Gedanken sich laut ausbreiten, so daß sie von anderen aufgenommen werden können.
— **Gedankeneingebung.** Der Wahn, daß bestimmte Gedanken nicht von einem selbst stammen, sondern vielmehr dem eigenen Denken eingegeben werden.
— **Größenwahn.** Ein Wahn, der übertriebenen Selbstwert, Macht, Wissen, Identität oder eine besondere Beziehung zu Gott oder einer berühmten Person beinhaltet.
— **Liebeswahn.** Der Wahn, daß eine Person, gewöhnlich von höherem Status, in den Betroffenen verliebt ist.
— **Körperbezogener Wahn.** Ein Wahn, dessen Inhalt dem Aussehen oder der Funktion des Körpers gilt.
— **Stimmungsinkongruenter Wahn.** Siehe: Stimmungsinkongruente psychotische Merkmale
— **Stimmungskongruenter Wahn.** Siehe: Stimmungskongruente psychotische Merkmale
— **Verfolgungswahn.** Hierbei ist das zentrale Thema, daß der Betroffene (oder jemand, der ihm nahesteht) angegriffen, verfolgt oder betrogen wird, daß eine Verschwörung gegen ihn besteht oder daß ihm nachgestellt wird.
— **Wahnphänomene der Beeinflussung oder des Gemachten.** Hierbei werden Empfindungen, Impulse, Gedanken oder Handlungen als nicht der eigenen Kontrolle unterliegend, sondern als von einer äußeren Macht kommend erlebt.

Willensschwäche

Die Unfähigkeit, zielgerichtete Handlungen zu beginnen und durchzuführen. Wenn die Willensschwäche schwer genug ist, um als pathologisch zu gelten, ist sie tiefgreifend und hält die Person von vielen unterschiedlichen Arten von Handlungen ab (z. B. Arbeit, intellektuelle Herausforderungen, Selbstversorgung).

Zeichen

Die objektive Manifestation eines pathologischen Zustands. Zeichen werden eher vom Untersucher beobachtet als vom Betroffenen mitgeteilt.

Anhang D

Kommentierte Auflistung der Veränderungen in DSM-IV

Dieser Anhang kommentiert Veränderungen der diagnostischen Begriffe und Kategorien von DSM-III-R zu DSM-IV. Die Störungen erscheinen in der gleichen Reihenfolge wie im DSM-IV-Manual. Die Anmerkungen schließen auch Listen derjenigen Diagnosen ein, die neu in DSM-IV eingeführt wurden; ebenso werden diejenigen DSM-III-R-Diagnosen aufgeführt, die gänzlich gestrichen wurden oder in DSM-IV in andere Kategorien eingeordnet wurden. Es ist hilfreich, das Kapitel „Zum Gebrauch des Manuals" querzulesen, um die Konventionen, die Einteilung der Textabschnitte und die Organisationsprinzipien von DSM-IV nachzuvollziehen.

Multiaxiales System. Tiefgreifende Entwicklungsstörungen, Lernstörungen, Störungen der Motorischen Fertigkeiten und Kommunikationsstörungen, die in DSM-III-R noch auf der Achse II codiert wurden, werden nun alle auf der Achse I in DSM-IV codiert; in DSM-IV verbleiben lediglich Persönlichkeitsstörungen und Geistige Behinderung auf der Achse II. Achse III wird nach wie vor zur Codierung von medizinischen Krankheitsfaktoren benutzt. (Anhang G, in dem ausgewählte medizinische Krankheitsfaktoren zusammen mit ihren ICD-Codierungen aufgelistet sind, ist in DSM-IV neu aufgenommen). Die Achse IV dient in DSM-IV dazu, psychosoziale- und Umgebungsprobleme festzuhalten, während in DSM-III-R die Achse IV zur allgemeinen Schweregradsbeurteilung von Belastungsfaktoren benutzt wurde. Die Achse V (Globalbeurteilung des psychosozialen Funktionsniveaus) ist im wesentlichen unverändert geblieben. Eine Ausnahme ist, daß die Skala nun bis zu 100 Punkten reicht, um den theoretisch höchstmöglichen Funktionsgrad zu beurteilen und zu codieren. Optional zu benutzende Skalen für die sozialen und beruflichen Funktionen unabhängig von der Symptomatik, für das Funktionsniveau von zwischenmenschlichen Beziehungen sowie für Abwehrmechanismen sind in Anhang B auf Seite 842 enthalten.

Störungen, die Gewöhnlich Zuerst im Kleinkindalter, in der Kindheit oder Adoleszenz Diagnostiziert werden

Geistige Behinderung. Die Kriterien wurden verändert, um eine größere Vergleichbarkeit mit den Definitionen der American Association of Mental Retardation herbeizuführen.

Lernstörung. In Übereinstimmung mit der klinischen Praxis wurde der Name gegenüber DSM-III-R (Schulleistungsstörungen) verändert. Das Ausschlußkriterium C wurde modifiziert, um die Diagnose von Lernstörungen auch dann stellen zu können, wenn ein sensorisches Defizit vorliegt, und zwar dann, wenn die Lernschwierigkeiten deutlich über das

---

Übersetzung und Bearbeitung der deutschen Ausgabe:
Prof. Dr. Hans-Ulrich Wittchen, München

Ausmaß hinausgehen, das üblicherweise mit dem sensorischen Defizit verbunden ist. Ferner ist das Ausschlußkriterium so verändert worden, daß Lernstörungen auch dann diagnostiziert werden können, wenn ein medizinischer (neurologischer) Krankheitsfaktor vorliegt. In DSM-IV werden Lernstörungen auf der Achse I und nicht mehr wie in DSM-III-R auf Achse II codiert.

Kommunikationsstörung. Unter diesem Begriff werden alle Störungen subsumiert, die Sprach- und Sprechstörungen umfassen. Diese wurden in DSM-III-R in zwei getrennten Abschnitten (Umschriebene Entwicklungsstörungen und Nicht Andernorts Klassifizierte Sprechstörungen) behandelt.

Expressive Sprachstörung. Diese Diagnose wird nun nicht mehr durch das Vorliegen von motorischen Sprachdefiziten, sensorischen Defiziten oder umweltbedingten Deprivationsproblemen ausgeschlossen, solange die Sprachprobleme deutlich über das üblicherweise mit derartigen Problemen verbundene Ausmaß hinausgehen. Expressive Sprachstörungen werden im Gegensatz zu DSM-III-R nun auf Achse I codiert.

Kombinierte Rezeptiv-Expressive Sprachstörung. Diese Diagnose ersetzt die DSM-III-R-Diagnose einer Entwicklungsbedingten Rezeptiven Sprachstörung, da anerkannt wird, daß rezeptive Sprachprobleme fast nie isoliert ohne expressive Sprachprobleme auftreten. Ferner ist diese Diagnose nicht länger auszuschließen, wenn motorische Sprachdefizite, sensorische Defizite oder umweltbedingte Deprivationsprobleme vorliegen, so lange die Sprachprobleme deutlich über das Ausmaß hinausgehen, das üblicherweise mit derartigen Problemen verbunden ist. Im Gegensatz zu DSM-III-R wird auch diese Störung in DSM-IV auf Achse I codiert.

Phonologische Störung. Diese Störung erhielt in DSM-III-R die Diagnose Entwicklungsbedingte Artikulationsstörung; die terminologische Veränderung wurde eingeführt, um mit dem derzeitigen klinischen Gebrauch dieser Störungsbegriffe besser übereinzustimmen. Phonologische Störungen werden nun nicht mehr durch das Vorliegen von motorischen Sprachdefiziten, sensorischen Defiziten und umweltbedingten Deprivationsproblemen ausgeschlossen, so lange die Sprachprobleme deutlich über das Ausmaß hinausgehen, das üblicherweise mit derartigen Problemen verbunden ist. Im Gegensatz zu DSM-III werden auch Phonologische Störungen nun auf Achse I codiert.

Stottern. Die kurzen DSM-III-R-Kriterien wurden hier durch eine erweiterte und spezifischere Liste von Kriterien ergänzt.

Tiefgreifende Entwicklungsstörung. Im Gegensatz zu DSM-III-R werden Tiefgreifende Entwicklungsstörungen auf Achse I codiert.

Autistische Störung. Unverändert blieben im Vergleich zu DSM-III-R die Hauptdefinitionsmerkmale (Beeinträchtigungen der sozialen Interaktion, der Kommunikation sowie stereotype Verhaltensmuster), aber die einzelnen Items und der gesamte diagnostische Algorithmus wurden modifiziert und zwar, um 1) den klinischen Gebrauch zu erleichtern, (Reduktion der Item-Anzahl von 16 auf 12 sowie Vereinfachung der Definition), 2) um die Vergleichbarkeit mit den ICD-10 Forschungskriterien zu verbessern und 3) wurde der diagnostische Schwellenwert verringert, so daß er besser mit klinischem Urteil, DSM-III und ICD-10 übereinstimmt. Weiterhin wurde das Kriterium „Alter bei Beginn" (in DSM-IV vor dem 3. Lebensjahr) im Gegensatz zu DSM-III-R wieder eingeführt, um die klinische Validität und die diagnostische Homogenität dieser Kategorie zu verbessern.

Rett-Störung, Desintegrative Störung im Kindesalter und Asperger-Störung. Diese drei Störungen wurden hinzugefügt, um die Differentialdiagnostik zu verbessern und eine höhere Spezifität bei denjenigen Personen zu erreichen, die sonst entweder mit einer Autistischen Störung oder einer Tiefgreifenden Entwicklungsstörung NNB in DSM-III-R charakterisiert worden wären.

Aufmerksamkeitsdefizit-/Hyperaktivitätsstörung. Hier werden die Aufmerksamkeitsdefizit-/Hyperaktivitätsstörung und die Undifferenzierte Aufmerksamkeitsstörung (ohne Hyperaktivität) aus DSM-III-R in einer übergreifenden Kategorie zusammengefaßt. Literaturreviews, Reanalysen von Datensätzen und die Ergebnisse der Feldstudien legen es nahe, daß diese Störungsbilder am besten als eine einzelne Störungskategorie mit unterschiedlichen vorherrschenden Symptommustern zu sehen ist. DSM-IV stellt nun **einen** Kriteriensatz mit drei Subtypen zur Verfügung: den Mischtypus, den Vorwiegend Unaufmerksamen Typus und den Vorwiegend Hyperaktiv-Impulsiven Typus. Dies erlaubt dem Untersucher, genauer zu codieren, welche Symptome bei dem jeweiligen Störungsbild überwiegen. Das Kriterium A gruppiert die einzelnen Items in drei Untergruppen: Unaufmerksamkeit, Hyperaktivität und Impulsivität. Das Kriterium C, das nun das Vorhandensein von Symptomen in zwei oder mehr Situationen erfordert (z. B. Schule, Arbeit, zu Hause), wurde hinzugefügt, um falsch-positive Diagnosen zu reduzieren.

Störung des Sozialverhaltens. Die DSM-III-R-Itemliste wurde modifiziert und erweitert (hinzugefügt wurden zwei Items: „über Nacht wegbleiben" und „andere bedrohen"). Diese Modifikationen beruhen auf den Feldstudien-Ergebnissen und definieren jetzt auch diejenigen Verhaltensweisen, die charakteristisch für Frauen mit einer Störung des Sozialverhaltens sind. Zusätzlich wurden die Items thematisch gruppiert (Aggressives Verhalten gegenüber Menschen und Tieren, Zerstörung von Eigentum, Betrug oder Diebstahl, Schwere Regelverstöße), um den Gebrauch zu vereinfachen. Neue Subtypen bezogen auf das „Alter bei Beginn" wurden in DSM-IV zusätzlich berücksichtigt, um Befunden Rechnung zu tragen, die gezeigt haben, daß ein früheres „Alter bei Beginn" eine schlechtere Prognose hat und mit einer höheren Wahrscheinlichkeit von aggressiven Verhaltensweisen und der späteren Entwicklung einer Antisozialen Persönlichkeitsstörung einhergeht.

Störung mit Oppositionellem Trotzverhalten. Auf der Grundlage der Feldstudien wurde ein Item aus dem Kriterium A gestrichen (Gebrauch obszöner Worte). Zusätzlich wurde das psychosoziale Beeinträchtigungskriterium hinzugefügt, um die Abgrenzung zum Normalverhalten zu erleichtern.

Fütter- und Eßstörungen im Säuglings- oder Kleinkindalter. Der Name dieser Kategorie wurde verändert, da die Anorexia Nervosa und die Bulimia Nervosa nun in einem gesonderten Eßstörungskapitel abgehandelt werden.

Pica. Das DSM-III-R-Kriterium, das diese Diagnose ausschloß, wenn eine Schizophrenie oder eine Tiefgreifende Entwicklungsstörung vorliegt, wurde verändert, um diese Diagnose auch bei Vorhandensein einer anderen psychischen Störung vergeben zu können, wenn die Verhaltensauffälligkeiten schwer genug sind, um für sich allein genommen klinische Beachtung zu rechtfertigen.

Ruminationsstörungen. Das Kriterium, das Gewichtsverlust bzw. das Nichterreichen einer altersgemäßen Gewichtszunahme erforderte, wurde weggelassen, da klinisch bedeutsame Beeinträchtigungen auch beobachtet werden können, wenn diese beiden Merkmale fehlen. Gleichzeitig wurde so auch die Abgrenzung von der Fütterstörung im Säuglings- und Kleinkindalter erleichtert.

Fütterstörung im Säuglings- und Kleinkindalter. Diese neue Kategorie wurde hinzugefügt, um diejenigen Kinder und Säuglinge berücksichtigen zu können, die inadäquat essen und damit verbundene Probleme bei der Gewichtszunahme oder der Gewichtskonstanz haben.

Ticstörungen. Die obere Altersgrenze für den Störungsbeginn wurde von 21 Jahren auf 18 Jahre reduziert, um eine bessere Vergleichbarkeit mit den ICD-10-Forschungskriterien zu erzielen. Ein Schweregradkriterium (klinisch bedeutsame Beeinträchtigungen oder Leiden) wurde zusätzlich aufgenommen.

Enkopresis. Das Zeitdauerkriterium wurde von sechs Monaten auf drei Monate reduziert, um die Fallfindung zu erleichtern und dem derzeitigen klinischen Gebrauch besser zu entsprechen. Diese Störung wird nun codiert je nachdem, ob Verstopfung und Überlaufinkontinenz vorliegen oder nicht.

Enuresis (Nicht aufgrund eines medizinischen Krankheitsfaktors). Die Kriterien für Frequenz und Dauer aus DSM-III-R wurden angehoben (von zweimal pro Monat auf zweimal pro Woche in drei aufeinanderfolgenden Monaten), um die Anzahl falsch-positiver Diagnosen zu reduzieren. Um falsch-negative Diagnosen zu reduzieren, wurde das Kriterium B so verändert, daß die Diagnose jetzt auch gestellt werden kann, wenn dieser Schwellenwert nicht erreicht wird, wenn jedoch klinisch bedeutsame Beeinträchtigungen oder Leiden vorliegen.

Störung mit Trennungsangst. Zwei DSM-III-R-Items (8 und 9) wurden miteinander kombiniert, da sie gleiche Inhalte ansprachen. Das Zeitdauerkriterium wurde auf vier Wochen angehoben, um mit den Forschungskriterien der ICD-10 besser vergleichbar zu sein.

Selektiver Mutismus. Verschiedene Veränderungen wurden vorgenommen, um falsch-positive Diagnosen zu reduzieren: Zeitdauerkriterium von einem Monat, Ausschluß von Kindern, die nur während des ersten Monats in der Schule zurückgezogen und ruhig sind, sowie die Notwendigkeit klinisch bedeutsamer Beeinträchtigungen. Neu eingeführt wurde ferner ein Kriterium, das die Prüfung erfordert, ob das Nicht-Sprechen nicht besser durch eine Kommunikationsstörung erklärt werden kann bzw. durch das Fehlen spezifischen Sprachwissens, das in einer bestimmten sozialen Situation erforderlich ist. Zusätzlich wurde der Name verändert von DSM-III-R Elektiver Mutismus, der weniger deskriptiv war und Motivation mit einschloß.

Reaktive Bindungsstörung im Säuglingsalter oder in der Frühen Kindheit. Hier wurde in DSM-IV die Unterteilung in einen Gehemmten bzw. Ungehemmten Typus eingeführt, um eine bessere Vergleichbarkeit mit ICD-10, die dieses Störungsbild in 2 Störungen aufteilt, zu erlauben.

Stereotype Bewegungsstörung. Diese Bezeichnung wurde gegenüber DSM-III-R (Stereotype Bewegungsstörung mit Autoaggressivem Charakter) verändert, um eine bessere Vergleichbarkeit mit ICD-10 zu erlauben. DSM-IV spezifiziert nun, daß die Vergabe einer Doppeldiagnose Geistige Behinderung und Stereotype Bewegungsstörung nur erfolgen soll, wenn das stereotype oder selbstschädigende Verhalten schwer genug ist, um zum Zentrum der Aufmerksamkeit in der Behandlung zu werden. Ferner steht bei dieser Diagnose „Mit Selbstschädigendem Verhalten" als Zusatzcodierung zur Verfügung.

Delir, Demenz, Amnestische und Andere Kognitive Störungen

In DSM-III-R waren diese Störungen als Unterkapitel der Organisch Bedingten Psychischen Störung aufgeführt. Der Terminus Organisch Bedingte Psychische Störungen wurde jedoch in DSM-IV vermieden, da er nahelegt, daß bei anderen Störungen keine organische Komponenten eine Rolle spielen.

Delir. Um die Differentialdiagnose zu erleichtern, berücksichtigt dieser Abschnitt das Delir Aufgrund eines Medizinischen Krankheitsfaktors, das Substanzdinduzierte Delir, die in DSM-III-R getrennt aufgeführt waren, sowie das Delir Aufgrund Multipler Ätiologien als neue Kategorie. Verschiedene DSM-III-R-Kriterien (z. B. Bewußtseinstrübung, Schlafstörungen, psychomotorische Veränderungen) wurden fallengelassen, weil sie häufig andere Ursachen haben oder schwierig in der klinischen Erfassung sind, insbesondere, wenn die Diagnose im Rahmen von allgemeinmedizinischen oder chirurgischen Settings zu stellen ist. Ferner sind Denkstörungen nicht länger ein notwendiges Kriterium, weil es bei vielen betroffenen Personen nicht verläßlich erfaßt werden kann.

Demenz. Ähnlich wie in DSM-III-R enthält dieses Unterkapitel die Demenz vom Alzheimer Typ und die Vaskuläre Demenz (in DSM-III-R Multiinfarkt-Demenz). Jedoch wird dieses Kapitel ergänzt durch die Möglichkeit, die Art der Demenz genauer zu codieren (Demenz aufgrund verschiedener medizinischer und neurologischer Krankheitsfaktoren, Persistierende Substanzinduzierte Demenz sowie Demenz Aufgrund Multipler Ätiologien). Diese Auflistung soll die Differentialdiagnose erleichtern. Die Definitionskriterien der Demenz wurden anders angeordnet und vereinfacht, um zu verdeutlichen, daß für die Diagnose der Demenz multiple kognitive Defizite einschließlich von Gedächtnisbeeinträchtigungen notwendig sind. Persönlichkeitsveränderungen, in DSM-III-R noch als ein diagnostisches Kennzeichen genannt, wurden in die „Zugehörigen Merkmale und Störungen" aufgenommen, da sie zu unspezifisch für die Demenz als solche sind.

Amnestische Störungen. Dieses Kapitel erlaubt die Codierung von Amnestischen Störungen Aufgrund von Medizinischen Krankheitsfaktoren sowie Persistierender Substanzinduzierter Amnestischer Störungen. Letztere waren noch gesondert in DSM-III-R an anderer Stelle klassifiziert. Auch hier soll die Umorganisation helfen, die Differentialdiagnose zu verbessern. Ferner wurde die allgemeine Definition einer Amnestischen Störung vereinfacht und die Beschreibung ihres Hauptmerkmals (Entwicklung von Gedächtnisbeeinträchtigungen) präzisiert.

Psychische Störungen Aufgrund eines Medizinischen Krankheitsfaktors, die Nicht Andernorts Klassifiziert sind

Katatone Störung Aufgrund eines Medizinischen Krankheitsfaktors. Diese Kategorie wurde aufgenommen, weil sie eine relativ häufige Erklärung für katatone Symptome ist und daher für deren Differentialdiagnostik von Bedeutung ist.

Persönlichkeitsveränderungen Aufgrund eines Medizinischen Krankheitsfaktors. Für diese Störung, die in DSM-III-R Organisch Bedingtes Persönlichkeitssyndrom genannt wurde, wurden folgende Subtypen ergänzt: Labiler, Enthemmter, Aggressiver, Apathischer und Paranoider Typus.

Störungen im Zusammenhang mit Psychotropen Substanzen

In DSM-III-R wurden diese Störungsformen an zwei unterschiedlichen Orten beschrieben: den Störungen durch Psychotrope Substanzen (Abhängigkeit und Mißbrauch) und den Durch Psychotrope Substanzen Induzierten Psychischen Störungen. Um die Anwendung zu vereinfachen, faßt DSM-IV die Störungen durch Substanzkonsum und die Substanzinduzierten Störungen in einem einzigen Kapitel zusammen.

Substanzabhängigkeit. Die neun Items der DSM-III-R-Klassifikation wurden auf sieben reduziert. Zwei Items, die Entzugskriterien in DSM-III-R ansprachen, wurden kombiniert und das DSM-III-R-Kriterium 4 (d. h. Unfähigkeit, sozialen Rollenverpflichtungen gerecht zu werden) wurde in die Mißbrauchskriterien übernommen, um die Unterscheidung zwischen Abhängigkeit und Mißbrauch zu verdeutlichen. Die nun mögliche Spezifizierung des Abhängigkeitssyndroms nach „Mit" bzw." Ohne Körperliche Abhängigkeit" wurde aufgenommen, um dem Untersucher die Codierung des Vorhandenseins von Toleranzentwicklung oder Entzugssymptomen zu ermöglichen. Das Zeitdauerkriterium wurde aus zwei Gründen fallengelassen:
1. war es redundant, aufgrund der Festlegung, daß die Einzelitems eine klinisch bedeutsame Zeitdauer erfordern und
2. wurde ein Cluster-Kriterium in DSM-IV aufgenommen, das festlegt, daß zumindest drei der sieben Kriterien während der gleichen 12-Monats-Periode aufgetreten sein müssen.

Die Codierungen der Verlaufsbeschreibung wurden erweitert und sind nun wesentlich genauer darin, Unterschiede zwischen früher und anhaltender, teilweiser und vollständiger Remission zu berücksichtigen bzw. festzuhalten, ob sie auftrat, während die Person sich in agonistischer Therapie oder in einer geschützten Umgebung befand.

Substanzmißbrauch. In DSM-III-R wurde der Substanzmißbrauch als Residualkategorie ohne eine konkrete konzeptuelle Begründung verwendet. In DSM-IV wird Substanzmißbrauch als fehlangepaßtes Muster von Substanzkonsum definiert, das zu negativen Konsequenzen führt, ohne daß eine Substanzabhängigkeit vorliegt. Die Itemliste für diese Diagnose wurde von zwei auf vier Items erweitert: „ein Versagen, wichtigen sozialen Rollenverpflichtungen nachzukommen" und „wiederholte polizeiliche und gesetzliche Probleme im Zusammenhang mit Substanzen".

Substanzintoxikation. Die allgemeine Definition der Intoxikation wurde nicht verändert, aber einige substanzspezifische Intoxikationskriterienlisten wurden verfeinert. Die Kriterienlisten für Amphetaminintoxikation und Kokainintoxikation sind nun identisch.

Idiosynkratische Alkoholintoxikation. Diese wurde als gesonderte Kategorie fallengelassen, da sich nicht nachweisen ließ, daß sie von der Alkoholintoxikation verschieden ist.

Substanzentzug. Obwohl die allgemeine Definition des Entzugs nicht verändert wurde, wurden die substanzspezifischen Entzugskriterien verfeinert. Die Kriterien für Alkoholentzug und Sedativa-, Hypnotika- und Anxiolytikaentzug sind nun identisch.

Tabulierung von Substanzinduzierten Störungen. DSM-III-R enthielt eine Tabelle, aus der der Zusammenhang zwischen bestimmten Substanzklassen und einzelnen Substanzinduzierten Syndromen hervorgehen. Basierend auf Nachweisen für die Existenz und klinische Relevanz einiger zusätzlicher Kombinationen wurde diese Tabelle in DSM-IV wesentlich erweitert. Neue Kategorien sind
1. für Alkohol: Affektive, Angst- und Schlafstörungen sowie Sexuelle Funktionsstörungen,

2. für Amphetamin: Affektive, Angst- und Schlafstörungen sowie Sexuelle Funktionsstörungen,
3. für Cannabis: Delir und Angststörungen,
4. für Halluzinogene: Delir und Angststörungen,
5. für Inhalantien: Delir, Persistierende Demenz sowie Psychotische, Affektive und Angststörungen,
6. für Koffein: Angst- und Schlafstörungen,
7. für Kokain: Affektive, Angst- und Schlafstörungen sowie Sexuelle Funktionsstörungen,
8. für Opiate: Delir und Psychotische, Affektive und Schlafstörungen sowie Sexuelle Funktionsstörungen,
9. für Phencyclidin: Angststörung,
10. für Sedativa, Hypnotika und Anxiolytika: Persistierende Demenz, Psychotische, Affektive, Angst- und Schlafstörungen sowie Sexuelle Funktionsstörungen.

Darüber hinaus werden Zusatzcodierungen vorgegeben, um anzugeben, ob die Symptome während der Intoxikation oder während des Entzugs begannen.

Schizophrenie und Andere Psychotische Störungen

DSM-IV faßt die früheren drei DSM-III-R-Kapitel für Schizophrenie, Wahnhafte Störungen und Andere Psychotische Störungen in einer Kategorie zusammen.

Schizophrenie. In DSM-IV wird das Zeitdauerkriterium für die floride Symptomatik von einer Woche (in DSM-III-R) auf einen Monat angehoben, um falsch-positive Diagnosen zu vermeiden und die Vergleichbarkeit mit ICD-10-Forschungskriterien zu erhöhen. Die Beschreibung der charakteristischen Symptome im Kriterium A wurde vereinfacht. Zusätzlich wurden Negativ-Symptome (Alogie und Willensschwäche) in das Kriterium A aufgenommen. Die Definition von Prodromal- und Residualphasen wurde vereinfacht, indem die Liste der spezifischen Symptome weggelassen wurde. Ferner wurden verschiedene Verlaufscodierungen aus der ICD-10 übernommen.

Schizoaffektive Störung. Die Kriterien wurden verändert und beziehen sich jetzt eher auf eine ununterbrochene Krankheitsepisode als auf das lebenszeitbezogene Symptommuster.

Kurze Psychotische Störung. Das ursprüngliche DSM-III-R-Konstrukt der kurzen reaktiven Psychosen wurde durch das Weglassen der Erfordernis eines schweren Belastungsfaktors erweitert, obwohl dies durch den Subtypus „Mit Deutlichem Belastungsfaktor" noch bestimmt werden kann. Die verbleibende Kategorie umfaßt nun alle psychotischen Störungsbilder, die weniger als einen Monat dauern, nicht auf eine Affektive Störung und nicht auf die direkte körperliche Wirkung einer Substanz oder eines medizinischen Krankheitsfaktors zurückzuführen sind. Zusätzlich wurde das Kriterium für die Mindestdauer der psychotischen Symptome von wenigen Stunden auf einen Tag angehoben.

Psychotische Störung Aufgrund eines Medizinischen Krankheitsfaktors. Die DSM-III-R-Bezeichnungen der Organisch Bedingten Wahnhaften Störung und Organischen Halluzinose wurden sowohl auf substanzinduzierte Zustände wie auch auf solche, die auf einen medizinischen Krankheitsfaktor zurückgehen, angewandt. DSM-IV führt nun auf der Basis ihrer Ätiologie zwei Störungen ein (Psychotische Störung Aufgrund eines Medizinischen Krankheitsfaktors sowie Substanzinduzierte Psychotische Störung [s. u.]), kombiniert allerdings die Wahnhafte Störung und die Halluzinose zu einer Diagnose, nämlich der Psychotischen Störung. Die Unterscheidung zwischen „überwiegend wahnhaften" gegenüber „überwiegend durch Halluzinationen" gekennzeichneten Zuständen kann durch eine Subtypisierung vorgenommen werden. Die Psychotische Störung Aufgrund eines Medizinischen Krankheitsfaktors wurde in das Kapitel „Schizophrenie und Andere Psychotische Störungen" aufgenommen, um dem Untersucher die Differentialdiagnose zu erleichtern.

Substanzinduzierte Psychotische Störung. Die DSM-III-R-Bezeichnungen der Organisch Bedingten Wahnhaften Störung und Organischen Halluzinose wurden sowohl auf substanzinduzierte Zustände wie auch auf solche, die auf einen medizinischen Krankheitsfaktor zurückgehen, angewandt. DSM-IV führt nun auf der Basis ihrer Ätiologie zwei Störungen ein (Psychotische Störung Aufgrund eines Medizinischen Krankheitsfaktors sowie Substanzinduzierte Psychotische Störung), kombiniert allerdings die Wahnhafte Störung und die Halluzinose zu einer Diagnose, nämlich der Psychotischen Störung. Die Unterscheidung zwischen „überwiegend wahnhaften" gegenüber „überwiegend durch Halluzinationen" gekennzeichneten Zuständen kann durch eine Subtypisierung vorgenommen werden. Die Substanzinduzierte Psychotische Störung wurde in das Kapitel „Schizophrenie und Andere Psychotische Störungen" aufgenommen, um dem Untersucher die Differentialdiagnose zu erleichtern.

Affektive Störungen

Episode einer Major Depression. DSM-IV führt zusätzlich das Kriterium C ein, um sicherzustellen, daß die Symptomatik auch klinisch bedeutsam ist. Zusätzlich versucht das neue Kriterium E die Grenzen zur Einfachen Trauer genauer zu definieren, d. h. Episoden einer Major Depression können diagnostiziert werden, wenn die Symptome länger als zwei Monate über den Tod einer nahestehenden Person hinaus anhalten.

Manische Episode. Das 1-Wochen-Kriterium, das in DSM-III-R ursprünglich fallengelassen wurde, wurde in DSM-IV wieder aufgenommen. Im Gegensatz zu DSM-III-R werden Manische Episoden, die eindeutig durch eine vorangegangene Antidepressiva-Therapie ausgelöst werden, nun als Substanzinduzierte Manische Episoden diagnostiziert, nicht als Bipolar I Störung.

Gemischte Episoden. In DSM-III-R wurden keine gesonderten Kriterien für Gemischte Episoden gegeben, sondern sie wurden lediglich als ein Subtypus der Bipolaren Störung klassifiziert. In DSM-IV wird eine eigene Kriterienliste für gemischte Episoden vorgeschlagen. Dabei wird festgelegt, daß die Symptomkriterien sowohl für die Manische wie auch die Episode einer Major Depression fast täglich für mehr als eine Woche erfüllt sind.

Hypomane Episode. Auch für die Hypomane Episode hatte DSM-III-R keine eigenen Kriterien; sie wurde abgesehen vom Schweregrad wie die Manische Episode definiert. In DSM-IV ist eine eigene Kriterienliste vorgegeben, die eine Dauer von mindestens vier Tagen für die Stimmungsveränderungen vorsieht (Veränderung gegenüber dem normalen, nicht depressiven Zustand). Zusätzlich muß eine eindeutige Veränderung im Funktionsniveau eintreten, der auch durch andere beobachtbar ist. Im Gegensatz zur Manie ist die Hypomanie dadurch definiert, daß sie nicht schwer genug ist, um deutliche Beeinträchtigungen zu verursachen bzw. Hospitalisierung zu erfordern.

Dysthyme Störung. Die DSM-III-R-Unterscheidung zwischen primären und sekundären Dysthymien wurde aufgrund der Schwierigkeit einer verläßlichen Anwendung und dem Mangel an unterstützenden Daten fallengelassen. DSM-IV fügt jedoch ein weiteres Kriterium hinzu, um die klinische Signifikanz der Symptomatik sicherzustellen.

Bipolare Störungen. Die Einteilungslogik und Terminologie für Bipolare Störungen wurde in DSM-IV verändert. Bipolare Störungen werden nun unterteilt in Bipolar I Störungen und Bipolar II Störungen. Bipolar I Störungen werden wiederum unterschieden in Einzelne Manische Episode bzw. Letzte Episode Hypoman, Manisch, Gemischt, Depressiv und Unspezifisch.

Bipolar I Störung. Einzelne Manische Episode. Diese Diagnose wurde neu aufgenommen, um die Genauigkeit zu erhöhen und eine bessere Kompatibilität mit der ICD-10-Codierungsanweisung herzustellen. Eine Dauer von mindestens zwei Monaten ohne manische Symptome ist erforderlich, um die Differentialdiagnose zur Rezidivierenden Manischen Episode zu sichern.

Bipolar I Störung. Letzte Episode Hypoman. Diese Störung ist ebenfalls neu in DSM-IV und wurde zur Erhöhung der Genauigkeit und Vergrößerung des Anwendungsbereichs eingeführt.

Bipolar I Störung. Letzte Episode Gemischt. In DSM-III-R wurde der gemischte Typus dann verwendet, wenn manische und depressive Symptome sich rasch miteinander abwechseln oder vermischt auftraten. Zusätzlich gab es das Kriterium, daß die depressiven Symptome zumindest einen vollen Tag lang andauern. Die neuen DSM-IV-Kriterien erfordern eine Mindestdauer von einer Woche für sowohl manische wie auch depressive Symptome, und beide von diesen sollten fast jeden Tag nachzuweisen sein.

Bipolar I Störung. Letzte Episode Unspezifisch. Mit dieser neu in DSM-IV aufgenommenen Diagnose soll dem Untersucher erlaubt werden, den Beginn einer erneuten affektiven Episode zu diagnostizieren, bevor die Zeitdauerkriterien vollständig erfüllt sind.

Bipolar II Störung. Diese neu aufgenommene Störung ersetzt als eigenständige Kategorie weitgehend, was noch in DSM-III-R unter Bipolare Störung NNB gefaßt wurde. Bipolar II Störungen beschreiben Zustandsbilder, in denen zumindest eine eindeutige Episode einer Major Depression und zumindest eine Hypomane Episode aufgetreten sind, aber ungleich zur Bipolar I Störung keine Manischen Episoden in der Vorgeschichte vorkamen. Diese Veränderung wurde aufgrund hinreichender Belege aus Literaturreviews sowie Reanalysen von Datensätzen, die die klinische Bedeutung dieser Störungsgruppe unterstrichen, vorgenommen, und um den diagnostischen Anwendungsbereich zu vergrößern.

Affektive Störung Aufgrund eines Medizinischen Krankheitsfaktors. Text und Kriterien für diese Störung, Ursprünglich Organisch Bedingte Affektive Störung in DSM-III-R genannt, finden sich nun in diesem Abschnitt unter den Affektiven Störungen, um die Differentialdiagnose zu erleichtern.

Substanzinduzierte Affektive Störung. Text und Kriterien für diese Störung, ursprünglich Organisch Bedingte Affektive Störung in DSM-III-R genannt, finden sich nun in diesem Abschnitt unter den Affektiven Störungen, um die Differentialdiagnose zu erleichtern.

Mit Katatonen Merkmalen. Dies ist eine neue Zusatzcodierung, die in DSM-IV eingeführt wurde, da genügend Evidenz dafür vorlag, daß viele katatone Zustandsbilder mit Affektiven Störungen verbunden sein können.

Mit Melancholischen Merkmalen. Die DSM-IV-Kriterien für diese Zusatzcodierung unterscheiden sich von den Kriterien in DSM-III-R, sind aber im wesentlichen die gleichen, wie in DSM-III. Ausnahmen sind, daß entweder ein vollkommener Verlust an Freude **oder** ein Mangel an Reagibilität auf ursprünglich angenehme Stimuli (eher als beides zugleich) auftreten. Diese Veränderung wurde aufgrund von Literaturreviews entschieden, die andeuteten, daß die DSM-III-Definition zwar möglicherweise zu eng, dennoch der DSM-III-R-Definition überlegen war.

Mit Atypischen Merkmalen. Diese Zusatzcodierung wurde neu aufgenommen, da genügend Evidenz dafür vorlag, daß dieses Störungsbild Implikationen für die Behandlungsauswahl haben könnte (Stimmungsreagibilität, Gewichtszunahme, Appetitsteigerung, erhöhe Verletzlichkeit).

Mit Postpartalem Beginn. Diese Zusatzcodierung wurde aufgenommen, da genügend Evidenz dafür vorlag, daß dieser Subtypus Implikationen für Prognose und Behandlungsauswahl haben könnte.

Zusatzcodierungen für den Langzeitverlauf. Die Verlaufszusatzcodierungen, die das Lebenszeitmuster der Major Depression, der Bipolar I oder II Störungen beschreiben, wurden eingeführt, um es dem Untersucher zu ermöglichen, das Ausmaß der Remission zwischen den Episoden zu beurteilen. Graphische Darstellungen werden gegeben, um die möglichen unterschiedlichen Verlaufsmuster zu charakterisieren.

Mit Saisonalem Muster. Für diese Zusatzcodierung wurden verschiedene Veränderungen vorgenommen, so daß die Kriterien jetzt der derzeitigen klinischen und Forschungspraxis besser entsprechen. Die Veränderungen beinhalten, daß die Anwendung dieser Zusatzcodierung ausschließlich auf Depressive Episoden beschränkt ist, die Streichung des „60-Tage-Fensters" für das Auftreten von Symptomen aus Kriterium A sowie den Einschluß wesentlich genauerer Kriterien bezüglich der Beziehung zwischen saisonalen und nicht-saisonalen Episoden.

Mit Rapid Cycling. Diese neue Zusatzcodierung wurde aufgenommen, da genügend Evidenz dafür vorlag, daß dieses Symptombild Implikationen für Prognose und Behandlungsauswahl haben kann.

Angststörungen

Panikattacke. Die Kriterien für eine Panikattacke werden in DSM-IV gesondert zu Beginn des Kapitels über Angststörungen beschrieben, um deutlich zu machen, daß Panikattacken bei einer Vielzahl von anderen Angststörungen auftreten können. Die DSM-III-R-Items und die Schwellenwerte für eine Panikattacke sind durch die Reanalysen und die Feldstudien hinreichend gestützt und bleiben die gleichen. Allerdings wurde die Reihenfolge der Items verändert und zwar entsprechend ihrer Häufigkeit.

Panikstörung ohne Agoraphobie. Aufgrund der Literaturreviews, Datenreanalysen und den Feldstudienergebnissen wurden die Schwellenwerte für Panikstörung ohne Agoraphobie verändert. Die DSM-IV-Definition verlangt nun wiederkehrende, unerwartete Panikattacken, begleitet von mindestens einem Monat mit fortdauernden Sorgen und Befürchtungen, weitere Attacken zu erleben, bzw. Besorgnis über die Implikationen der Attacken oder mit klinisch bedeutsamen Verhaltensänderungen. In DSM-III-R waren hingegen entweder vier

Attacken in einer 4-Wochen-Periode oder alternativ lediglich eine Attacke gefordert, die von einem Monat mit persistierender Angst vor einer weiteren Attacke gefolgt war.

Panikstörung mit Agoraphobie. Wie für die vorangehende Diagnose wurden die Schwellenwerte auch für die Diagnose von Panikattacken bei der Panikstörung mit Agoraphobie revidiert. Zusätzlich wurde die Definition der Agoraphobie verändert, um zu betonen, daß agoraphobe Ängste typischerweise einen charakteristischen Cluster von Situationen umfassen. Spezifische Kriterien für leichte, mittelschwere und schwere Zustandsbilder, wie sie noch in DSM-III-R angegeben wurden, wurden gestrichen (stattdessen können die allgemeinen Zusatzcodierungen für den Schweregrad, wie in „Zum Gebrauch des Manuals" [siehe S. 5] vorgestellt, benutzt werden).

Agoraphobie ohne Panikstörung in der Vorgeschichte. In DSM-III-R wurden keine Richtlinien angegeben, wie bei Vermeidungsverhalten im Zusammenhang mit einem medizinischen Krankheitsfaktor umzugehen ist. Das DSM-IV-Kriterium D gibt diesbezüglich an, daß Vermeidungsverhalten im Zusammenhang mit einem medizinischen Krankheitsfaktor die Vergabe dieser Diagnose rechtfertigt, wenn die Angst deutlich über das bei derartigen Krankheitsbedingungen übliche Ausmaß hinausgeht.

Spezifische Phobie. Um eine bessere Vergleichbarkeit zur ICD-10 herzustellen, wurde der Name dieser Kategorie von Einfache Phobie zu Spezifische Phobie verändert. Der Schwellenwert für die Angst im Kriterium A wurde angehoben. Das wesentliche Merkmal ist nun, daß die Angst deutlich und exzessiv oder unbegründet (zusätzlich zu anhaltend) ist. Aufgrund von Literaturreviews und Reanalysen von Datensätzen werden auch Zusatzcodierungen für Subtypen angegeben, um die Hauptarten von Phobien besser zu beschreiben.

Soziale Phobie. In dieser Diagnose ist nun auch die DSM-III-R-Diagnose Vermeidungsstörung im Kindesalter mit eingeschlossen. Die entsprechenden Kriterien wurden so modifiziert, daß sie auch auf die Kindheit anzuwenden sind.

Zwangsstörung. Die Unterscheidung zwischen Zwangsgedanken und Zwangshandlungen wurde deutlicher gemacht. Zwangsgedanken verursachen deutliche Angst und Leiden, wohingegen Zwangshandlungen (auch gedankliche) dazu eingesetzt werden, die Angst und das Leiden zu reduzieren oder ihm vorzubeugen. Die Einsicht, daß die Zwangsgedanken und Zwangshandlungen unbegründet sind, ist offensichtlich bei Patienten dimensional auf einem Kontinuum verteilt. Durch eine Zusatzcodierung kann der Untersucher angeben, ob die Störung vom Typus „Mit Wenig Einsicht" ist.

Posttraumatische Belastungsstörung. Aufgrund von Literaturreviews, Reanalysen von Datensätzen und den Feldstudienergebnissen wurde der Satz im DSM-III-R-Kriterium A, daß der Belastungsfaktor „außerhalb des normalen Bereichs menschlicher Erfahrungen" liegen sollte, gestrichen. Dieses Kriteriumselement erwies sich als unreliabel und ungenau (die Auftretenshäufigkeit derartiger Belastungsfaktoren in der Allgemeinbevölkerung ist nicht niedrig). Das DSM-IV-Kriterium A2 fordert stattdessen, daß die Reaktion der Person auf einen solchen Belastungsfaktor intensive Angstgefühle, Hilflosigkeit oder starken Schrecken beinhaltet. Die physiologische Reagibilität auf Hinweisreize für den Belastungsfaktor wurde von Kriterium D (erhöhtes Arousal) zu Kriterium B (Wiedererleben des Traumas) verschoben. Zusätzlich wurde ein Kriterium aufgenommen, das fordert, daß die Symptome in klinisch bedeutsamer Weise Leiden bzw. Beeinträchtigungen verursachen. Zusatzcodierungen für akute und chronische Zustände werden zusätzlich angeboten.

Akute Belastungsstörung. In dieser neuen DSM-IV Kategorie werden akute Reaktionen auf die Konfrontation mit extremen Belastungssituationen beschrieben (d. h. Streßreaktionen, die innerhalb von vier Wochen nach Eintreten der Belastung auftreten und zwischen zwei Tagen bis vier Wochen andauern). Die Aufnahme dieser Störung erfolgte, um eine bessere Vergleichbarkeit mit ICD-10 herzustellen und um die Fallidentifikation im Sinne einer Frühstadien-Identifikation von späteren Posttraumatischen Belastungsstörungen zu erleichtern.

Generalisierte Angststörung. Die frühere DSM-III-R-Diagnose von Störungen mit Überängstlichkeit in der Kindheit wird nun dieser Störungsgruppe zugeordnet. Das Kriterium A erfordert übermäßige Angst, Sorgen und Befürchtungen. Dieses Kriteriumselement ersetzt das DSM-III-R-Kriterium, daß die Sorgen und Befürchtungen unrealistisch sein müssen. Zusätzlich wird gefordert, daß die Person es schwierig finden muß, die Sorgen und Befürchtungen zu kontrollieren. Aufgrund von Datenreanalysen wurde das Kriterium C vereinfacht. Es sind nur noch sechs Items vorgegeben, die reliabler und kohärenter als die alte 18-Item-Liste sind.

Angststörung Aufgrund eines Medizinischen Krankheitsfaktors. Text und Kriterien für diese, in DSM-III-R Organisch Bedingte Angststörung genannte Störung, werden nun im Angststörungskapitel wiedergegeben, um die Differentialdiagnose zu erleichtern.

Substanzinduzierte Angststörungen. Text und Kriterien für diese, in DSM-III-R Organisch Bedingte Angststörung genannte Störung, werden nun im Angststörungskapitel wiedergegeben, um die Differentialdiagnose zu erleichtern.

Somatoforme Störungen

Somatisierungsstörung. Aufgrund von Literaturreviews, Datenreanalysen und den Feldstudienergebnissen wurde die ursprüngliche DSM-III-R-Liste mit 35 Items zusammengefaßt, vereinfacht und in vier Symptomhauptgruppen unterteilt (Schmerz, gastrointestinale, sexuelle und pseudoneurologische Symptome).

Konversionsstörung. Im Gegensatz zur breiteren DSM-III-R-Definition muß in DSM-IV das vorliegende Problem ein Symptom oder Defizit sein, das die willentlichen motorischen und sensorischen Funktionen beeinträchtigt. Andere Probleme, die Funktionsveränderungen widerspiegeln (z. B. Scheinschwangerschaft), werden als Nicht Näher Bezeichnete Somatoforme Störung klassifiziert. Eine Zusatzcodierung wird vorgegeben, um die Genauigkeit zu erhöhen und eine bessere Kompatibilität mit der ICD-10 zu erreichen (Motorisch, Sensorisch, Anfallsbezogen, Gemischt).

Schmerzstörung. Die Diagnosenbezeichnung wurde verändert (DSM-III-R Somatoforme Schmerzstörung). Die Definition wurde wesentlich erweitert, um zwei Haupttypen von Schmerzstörungen zu unterscheiden: Schmerzstörung in Verbindung mit psychischen Faktoren und Schmerzstörung in Verbindung mit sowohl Psychischen Faktoren wie einem Medizinischen Krankheitsfaktor. Als Zusatzcodierung können akute und chronische Verläufe codiert werden.

Hypochondrie. Eine Zusatzcodierung wird angeboten, mit der beurteilt werden kann, ob die Störung vom Typus „Mit Geringer Krankheitseinsicht" ist.

Körperdysmorphe Störung. Im Gegensatz zu DSM-III-R wurde das Ausschlußkriterium, daß die Überzeugungen nicht wahnhafte Intensität erreichen dürfen, fallengelassen. Das erlaubt, diese Diagnose nun auch zusammen mit der Diagnose einer Wahnhaften Störung zu stellen.

Vorgetäuschte Störungen

Vorgetäuschte Störung. Statt vormals zwei wird in DSM-IV nur noch ein Kriteriensatz für alle Vorgetäuschten Störungen angegeben. Zusätzlich wird auf der Basis des Überwiegens von Störungszeichen und Symptomen zwischen folgenden Subtypen unterschieden: Psychisch, Körperlich, Gemischt.

Dissoziative Störungen

Dissoziative Amnesie. Die DSM-III-R-Diagnose der Psychogenen Amnesie wurde verändert, um deskriptiver und besser vergleichbar mit der ICD-10 zu sein.

Dissoziative Fugue. Hier wurde der Begriff Psychogene Fugue aus DSM-III-R durch Dissoziativ ersetzt, um deskriptiver und besser vergleichbar mit der ICD-10 zu sein. Das Zusatzkriterium der Annahme einer neuen Identität wurde fallengelassen, da eine Verwirrtheit bezüglich der eigenen Identität sich als Hauptmerkmal erwiesen hat.

Dissoziative Identitätsstörung. Um deskriptiver zu sein, wurde die DSM-III-R-Diagnose der Multiplen Persönlichkeitsstörung fallengelassen und durch Dissoziative Identitätsstörung ersetzt. Das DSM-III-Kriterium „Unfähigkeit, sich an wichtige persönliche Informationen zu erinnern", wurde wieder eingeführt.

Sexuelle und Geschlechtsidentitätsstörungen

Sexuelle Funktionsstörungen. Für jede der Störungen in diesem Kapitel wird nun ein klinisches Signifikanzkriterium angegeben (d. h. daß die Funktionsstörungen deutliches Leiden bzw. zwischenmenschliche Schwierigkeiten verursachen).

Störung der Sexuellen Erregung bei der Frau. DSM-IV nimmt die DSM-III-Definition wieder auf, indem das Kriterium A2 aus DSM-III-R fallengelassen wurde (die Diagnose konnte gegeben werden, wenn subjektive Beschwerden ohne physiologische Schwierigkeiten bei der sexuellen Erregung auftraten).

Erektionsstörung beim Mann. DSM-IV nimmt die DSM-III-Definition wieder auf, indem das Kriterium A2 aus DSM-III-R fallengelassen wurde (die Diagnose konnte gegeben werden, wenn subjektive Beschwerden ohne physiologische Schwierigkeiten bei der sexuellen Erregung auftraten).

Weibliche Orgasmusstörung. Die Diagnosenbezeichnung „Gehemmter Orgasmus bei der Frau" wurde geändert und das Kriterium A wurde vereinfacht und revidiert, um dem klinischen Gebrauch besser zu entsprechen.

Männliche Orgasmusstörung. Hier wurde die Diagnosenbezeichnung „Gehemmter Orgasmus beim Mann" geändert.

Sexuelle Funktionsstörung Aufgrund eines Medizinischen Krankheitsfaktors. Diese Diagnose wurde ursprünglich im Kapitel Urogenitalsystem der ICD-9-CM und nicht in der DSM-III-R-Klassifikation berücksichtigt. Zur Erleichterung der Differentialdiagnose wurde diese Störung aufgenommen.

Substanzinduzierte Sexuelle Funktionsstörung. Diese Diagnose ist neu aufgenommen, um eine umfassende Diagnostik zu ermöglichen und die Differentialdiagnostik zu erleichtern.

Transvestitischer Fetischismus. Eine Zusatzcodierung wurde angefügt, um diejenigen Personen adäquater beschreiben zu können, die sich anhaltend unwohl in ihrer Geschlechtsrolle fühlen, ohne aber die Kriterien für eine Geschlechtsidentitätsstörung vollständig zu erfüllen.

Geschlechtsidentitätsstörung. Unter diese DSM-IV-Diagnose werden drei DSM-III-R-Diagnosen subsumiert: die Störung der Geschlechtsidentität in der Kindheit, die Störung der Geschlechtsidentität bei Jugendlichen oder Erwachsenen, Nicht-Transsexueller Typ, und der Transsexualismus. Die Kriterien lassen sich auf beide Geschlechter und alle Altersgruppen anwenden und wurden deswegen in dem Abschnitt Sexuelle und Geschlechtsidentitätsstörungen statt in der Gruppe von Störungen, die Gewöhnlich Zuerst im Kleinkindalter, in der Kindheit oder Adoleszenz Diagnostiziert werden, aufgenommen.

Eßstörungen

Anorexia Nervosa. Diese Diagnose wurde aus dem Kapitel Störungen, die Gewöhnlich Zuerst im Kleinkindalter, in der Kindheit oder Adoleszenz Diagnostiziert werden in das Kapitel Eßstörungen genommen. Beide Eßstörungsformen werden nun in einem eigenen Kapitel abgehandelt. In DSM-IV sollen nun Personen, die Binge Eating und Purging ausschließlich während einer Anorexia Nervosa aufweisen, keine zusätzliche Diagnose einer Bulimie erhalten. Sie sollten durch die Zusatzcodierung unter Anorexia Nervosa klassifiziert werden. Dabei wird zwischen Restriktivem Typus und Binge Eating/Purging-Typus unterschieden.

Bulimia Nervosa. Diese Diagnose wurde aus dem Kapitel Störungen, die Gewöhnlich Zuerst im Kleinkindalter, in der Kindheit oder Adoleszenz Diagnostiziert werden in das Kapitel Eßstörungen genommen. Ein zusätzliches Ausschlußkriterium wurde hinzugefügt, so daß diese Diagnose nicht mehr gegeben wird, wenn die entsprechenden Verhaltensweisen ausschließlich während Episoden einer Anorexia Nervosa auftreten. Zusatzcodierungen werden vorgegeben, um zwischen Purging- und Nicht-Purging-Typus zu unterscheiden.

Schlafstörungen

Die Anordnung der Störungen in diesem Kapitel wurde gegenüber DSM-III-R verändert. Die Störungen werden nun in vier Bereiche geteilt und zwar aufgrund der angenommenen Ätiologie (Primäre Schlafstörung, Schlafstörung im Zusammenhang mit einer Anderen Psychischen Störung, Schlafstörung Aufgrund eines Medizinischen Krankheitsfaktors und Substanzinduzierte Schlafstörungen) und nicht mehr aufgrund der Symptombilder. Dieses Kapitel ist kompatibel mit der Internationalen Klassifikation der Schlafstörungen.

Primäre Insomnie. Das Häufigkeitskriterium von „mindestens dreimal pro Woche" wurde fallengelassen, das 1-Monats-Zeitdauerkriterium jedoch beibehalten. Zusätzlich wurde ein klinisches Signifikanzkriterium hinzugefügt.

Primäre Hypersomnie. Hypersomnie sollte nur noch dann diagnostiziert werden, wenn das Symptombild nicht besser als Insomnie diagnostiziert werden kann. Das DSM-III-R-Einschlußkriterium von Schlaftrunkenheit (d.h. verlängerte Übergangszeit zu einem völlig wachen Zustand) als hinreichendes Kriterium für Hypersomnie wurde gestrichen. Eine Zusatzcodierung für den Rezidivierenden Subtypus wurde hinzugefügt, um das Vorliegen des Kleine-Levin-Syndroms codieren zu können.

Narkolepsie. Ursprünglich war diese Störung im Bereich Nervensystem der ICD-9-CM klassifiziert und war nicht Gegenstand der DSM-III-R. Um die Differentialdiagnose zu erleichtern, wurde sie in DSM-IV aufgenommen.

Atmungsgebundene Schlafstörung. Diese Störung wurde ebenfalls in DSM-IV aufgenommen, um die Differentialdiagnose zu erleichtern. Ursprünglich wurde sie außerhalb des Kapitels „Psychische Störungen" der ICD-9 CM klassifiziert und fehlte in DSM-III-R.

Schlafstörung mit Störung des Zirkadianen Rhythmus. Dieser Name wurde gegenüber DSM-III-R („Störung des Schlaf-Wach-Rhythmus") verändert. Zusatzcodierungen, wie die Subtypen: Typus mit Verzögerter Schlafphase, Jet Lag-Typus, Schichtarbeitstypus, Unspezifischer Typus werden aufgenommen, um dem derzeitigen klinischen Gebrauch besser zu entsprechen.

Schlafstörung mit Alpträumen. Dieser Name wurde gegenüber DSM-III-R („Schlafstörung mit Angstträumen") verändert.

Schlafstörung im Zusammenhang mit einer Anderen Psychischen Störung. In DSM-IV wird diese Diagnose zusätzlich zu einer anderen Achse I oder Achse II Diagnose nur dann codiert, wenn die Insomnie schwer genug ist, um für sich allein genommen klinische Beachtung zu rechtfertigen.

Hypersomnie im Zusammenhang mit einer Anderen Psychischen Störung. In DSM-IV wird diese Diagnose zusätzlich zu einer anderen Achse I oder Achse II Diagnose nur dann codiert, wenn die Hypersomnie schwer genug ist, um für sich allein genommen klinische Beachtung zu rechtfertigen.

Schlafstörung Aufgrund eines Medizinischen Krankheitsfaktors. In DSM-III-R wurden die Diagnosen „Insomnie ..." bzw. „Hypersomnie bei bekanntem organischen Faktor" sowohl auf Substanzinduzierte Schlafstörungen wie auch auf solche, die auf einen medizinischen Krankheitsfaktor zurückzuführen waren, angewendet. DSM-IV schlägt hier vor, aufgrund der Ätiologie zwei Störungen zu benutzen (Schlafstörung Aufgrund eines Medizinischen Krankheitsfaktors, Substanzinduzierte Schlafstörung). Zusätzlich können die Arten der Schlafstörung (Insomnie, Hypersomnie und Parasomnie, Gemischter Typus) angegeben werden. Im Gegensatz zu DSM-III-R sollte diese Diagnose in DSM-IV zusätzlich zu der Diagnose des medizinischen Krankheitsfaktors nur gestellt werden, wenn die Schlafstörung schwer genug ist, um für sich allein genommen klinische Beachtung zu rechtfertigen.

Substanzinduzierte Schlafstörung. In DSM-III-R wurden die Diagnosen „Insomnie..." bzw. „Hypersomnie bei bekanntem organischen Faktor" sowohl auf Substanzinduzierte Schlafstörungen wie auch auf solche, die auf einen allgemeinen medizinischen Krankheitsfaktor zurückzuführen waren, angewendet. DSM-IV schlägt hier vor, aufgrund der Ätiologie zwei

Störungen zu benutzen (Schlafstörung Aufgrund eines Medizinischen Krankheitsfaktors, Substanzinduzierte Schlafstörung). Zusätzlich können die Arten der Schlafstörung (Insomnie, Hypersomnie und Parasomnie, Gemischter Typus) angegeben werden. Im Gegensatz zu DSM-III-R sollte diese Diagnose in DSM-IV zusätzlich zu der Diagnose einer Substanzinduzierten Störung nur gestellt werden, wenn die Schlafstörung schwer genug ist, um für sich allein genommen klinische Beachtung zu rechtfertigen.

Störungen der Impulskontrolle

Intermittierende Explosible Störung. Das DSM-III-R-Kriterium, das diese Diagnose dann ausschloß, wenn eine generalisierte Impulsivität oder Aggressivität zwischen den einzelnen Episoden beobachtet werden kann, wurde gestrichen.

Pathologisches Spielen. Hier wurde die Kriterienliste revidiert, um die Genauigkeit zu erhöhen.

Anpassungsstörungen

DSM-III-R gab eine Grenze von sechs Monaten für die Symptome an. Dieses Kriterium wurde insofern modifiziert, als daß es nun möglich ist, diese Diagnose zu vergeben, wenn die Symptome bis zu sechs weiteren Monaten nach dem Ende eines chronischen Belastungsfaktors (oder seiner Konsequenzen) andauern. Die Zusatzcodierungen Akut oder Chronisch können in DSM-IV angegeben werden, um Symptombilder anzugeben, die weniger bzw. länger als 6 Monate andauern. Zusätzlich wurden die verschiedenen DSM-III-R-Untertypen gestrichen (körperliche Beschwerden, Rückzug, Hemmung im Arbeits- oder schulischen Bereich).

Persönlichkeitsstörungen

Aufgrund von Literaturreviews, Reanalysen von Datensätzen und aufgrund des Wunsches nach verbesserter Vergleichbarkeit mit den ICD-10-Forschungskriterien wurden eine Reihe von Items modifiziert, um die Klarheit und Genauigkeit zu verbessern und mögliche geschlechtsspezifische Fehleinschätzungen zu vermeiden.

Antisoziale Persönlichkeitsstörung. Aufgrund von Literaturreviews, Reanalysen von Datensätzen und den Ergebnissen der Feldstudien wurde der Kriteriensatz zusammengefaßt, vereinfacht und etwas geändert. Zwei Items (unverantwortliches Elternverhalten sowie die Unfähigkeit, eine monogame Beziehung aufrecht zu erhalten), wurden ganz gestrichen. Zwei Items, die konsistentes, unverantwortliches Verhalten betreffen (Unfähigkeit, konsistentes Arbeitsverhalten zu zeigen oder finanziellen Verpflichtungen nachzukommen), wurden in einem Item zusammengefaßt. Ferner wurde das Kriterium C vereinfacht, das die Beziehung zur Störung des Sozialverhaltens regelt.

Borderline Persönlichkeitsstörung. Ein zusätzliches Item für vorübergehende, durch Belastung ausgelöste paranoide Vorstellungen sowie schwere dissoziative Symptome wurde hinzugefügt.

Passiv-aggressive Persönlichkeitsstörung. Diese Störung wurde aus der Klassifikation gestrichen und in revidierter Version in den Anhang B („Kriterienlisten und Achsen, die für weitere Forschung vorgesehen sind") aufgenommen.

Andere Klinisch Relevante Probleme

Die Bezeichnung dieses Kapitels wurde gegenüber DSM-III-R („Zustände, die nicht einer Psychischen Störung zuzuschreiben sind") geändert, und eine Anzahl von zusätzlichen Bedingungen wurde aufgenommen.

Psychologische Faktoren, die einen Medizinischen Krankheitsfaktor Beeinflussen. Diese Kategorie bildet keine eigenständige Diagnose und wurde deswegen in diesen Abschnitt aufgenommen. Das Konzept wurde erweitert, um alle möglichen Faktoren zu berücksichtigen, die mit der Behandlung zusammenhängen, sowie mit Faktoren zu tun haben, die Gesundheitsrisiken für die Person bedeuten. Verschiedene Subtypen werden vorgegeben, mit denen eine Spezifikation der verschiedenen psychologischen Faktoren möglich wird.

Medikamenteninduzierte Bewegungsstörungen. Diese Störungen wurden neu aufgenommen, da sie bedeutsam für Behandlung und Differentialdiagnose sind.

Zwischenmenschliche Probleme. Diese Probleme werden nun gemeinsam benannt und zusammen aufgeführt. Zwei neue Beziehungsprobleme wurden hinzugefügt und zwar „Zwischenmenschliche Probleme in Zusammenhang mit einer Psychischen Störung oder einem Medizinischen Krankheitsfaktor" und „Probleme zwischen Geschwistern".

Probleme im Zusammenhang mit Mißbrauch oder Vernachlässigung. Diese Kategorie wurde in dieses Kapitel aufgenommen, um körperlichen Mißbrauch, sexuellen Mißbrauch sowie Vernachlässigung eines Kindes sowie körperlichen und sexuellen Mißbrauch eines Erwachsenen zu codieren. Die Kategorie wurde wegen ihrer Bedeutsamkeit im klinischen und öffentlichen Gesundheitsbereich aufgenommen.

Altersbedingter Kognitiver Abbau. Diese Kategorie wurde in DSM-IV aufgenommen, um den Anwendungsbereich zu vergrößern.

Einfache Trauer. Die Kategoriebezeichnung wurde von Unkomplizierte Trauerreaktion verändert, da eine Trauerreaktion bedeutsame Beeinträchtigungen und Komplikationen hervorrufen kann. DSM-IV schlägt verschiedene Richtlinien bezüglich der Zeitdauer und Bestimmung von Symptomen vor, um die Grenzen zwischen Trauerreaktion und Episoden einer Major Depression zu verdeutlichen.

Identitätsprobleme. Ursprünglich wurde diese Kategorie in DSM-III-R im Kapitel Störungen mit Beginn Typischerweise im Kleinkindalter, Kindheit oder Adoleszenz gruppiert.

Religiöses oder Spirituelles Problem. Diese Kategorie wurde in DSM-IV aufgenommen, um den Anwendungsbereich zu vergrößern.

Kulturelles Anpassungsproblem. Diese Kategorie wurde in DSM-IV aufgenommen, um den Anwendungsbereich zu vergrößern.

Neue Störungen, die in DSM-IV eingeführt wurden (ohne Berücksichtigung der Störungen, die unter „Andere Klinisch Relevante Probleme" diskutiert werden

- Rettstörung
- Desintegrative Störung im Kindesalter
- Asperger-Störung
- Fütter- und Eßstörung im Säuglings- oder Kleinkindalter
- Delir Aufgrund Multipler Ätiologien
- Katatone Störung Aufgrund eines Medizinischen Krankheitsfaktors
- Bipolar II Störung
- Akute Belastungsstörung
- Sexuelle Funktionsstörung Aufgrund eines Medizinischen Krankheitsfaktors
- Substanzinduzierte Sexuelle Funktionsstörung
- Narkolepsie
- Atmungsgebundene Schlafstörung

DSM-III-R-Störungen, die aus der DSM-IV-Klassifikation gestrichen wurden oder anderen Kategorien zugeordnet werden

- Poltern
- Störung mit Überängstlichkeit
- Vermeidungsverhalten in der Kindheit oder Adoleszenz
- Undifferenzierte Aufmerksamkeitsstörung
- Identitätsstörung
- Transsexualismus
- Idiosynkratische Alkoholintoxikation
- Passiv-Aggressive Persönlichkeitsstörung

Anhänge

Anhang A – Entscheidungsbäume für Differentialdiagnosen. Der DSM-III-R-Entscheidungsbaum für Organisch Bedingte Psychische Störungen wurde ersetzt durch zwei gesonderte Entscheidungsbäume, einen für Psychische Störungen Aufgrund eines Medizinischen Krankheitsfaktors und einen für Substanzinduzierte Störungen. Jeder der anderen Entscheidungsbäume wurde modifiziert. Allgemein legt DSM-IV grundsätzlich eine größere Betonung auf die Differentialdiagnose zu den Psychischen Störungen Aufgrund eines Medizinischen Krankheitsfaktors sowie zu den Substanzinduzierten Störungen.

Anhang B – Kriterien und Achsen, die für weitere Forschung vorgesehen sind. Dieser Anhang wurde wesentlich erweitert und enthält eine Vielzahl von neuen Vorschlägen:

Kriterien und Achsen, die für weitere Studien vorgesehen sind:
- Postkontusionelle Störung
- Leichte neurokognitive Störung
- Koffeinentzug
- Alternative Beschreibungsdimensionen für Schizophrenie
- Postpsychotische depressive Störung bei Schizophrenie

- Einfache deteriorative Störung (Schizophrenia simplex)
- Prämenstruelle dysphorische Störung
- Alternatives Kriterium B für die Dysthyme Störung
- Leichte depressive Störung
- Rezidivierende kurze depressive Störung
- Störung mit Angst und Depression, gemischt
- Artefaktstörung „by proxy"
- Dissoziative Trancestörung
- „Binge-Eating"-Störung
- Depressive Persönlichkeitsstörung
- Passiv-aggressive Persönlichkeitsstörung (Negativistische Persönlichkeitsstörung)
- Medikamenteninduzierte Bewegungsstörungen
- Neuroleptikainduzierter Parkinsonismus
- Malignes Neuroleptisches Syndrom
- Neuroleptikainduzierte Akute Dystonie
- Neuroleptikainduzierte Akute Akathisie
- Neuroleptikainduzierte Tardive Dyskinesie
- Medikamenteninduzierter Haltetremor
- Nicht Näher Bezeichnete Medikamenteninduzierte Bewegungsstörung
- Abwehrfunktionsskala
- Skala zur globalen Erfassung des Funktionsniveaus von Beziehungen (GARF)
- Skala zur Erfassung des Sozialen und Beruflichen Funktionsniveaus (SOFAS)

Anhang C – Glossar. Bisherige Definitionen wurden verfeinert und eine Anzahl von neuen Begriffen wurden hinzugefügt.

Anhang D – Kommentierte Auflistung von Veränderungen in DSM-IV. Dieser Anhang wurde in eine neue Form gebracht, um die Unterschiede zwischen DSM-III-R und DSM-IV zu verdeutlichen.

Anhang E – Alphabetische Auflistung der DSM-IV Diagnosen und Codierungen. Diese Auflistung wurde gegenüber DSM-III-R revidiert und durch die entsprechenden ICD-10 Nummern ergänzt.

Anhang F – Leitfaden zur Beurteilung kultureller Einflußfaktoren und ein Glossar kulturabhängiger Syndrome. Dieser Anhang soll dem Untersucher eine Hilfe sein, DSM-IV in einer multikulturellen Umgebung zu benutzen. Er ist unterteilt in zwei Abschnitte. Der erste enthält einen Leitfaden zur Beurteilung kultureller Einflußfaktoren, um dem Untersucher bei einer systematischen Evaluierung und Dokumentation der Auswirkungen des kulturellen Kontexts auf die Symptomatik zu ermöglichen. Der zweite Abschnitt enthält eine Liste „kulturabhängiger Syndrome", die Bezeichnungen von wiederkehrenden lokalspezifischen Mustern von abweichendem Verhalten und Erleben sind und die nicht notwendigerweise spezifisch auf eine DSM-IV Diagnose bezogen werden können.

Anhang G – Liste mit ausgewählten medizinischen Krankheitsfaktoren. Dieser Anhang ist neu in DSM-IV. Er enthält eine Auswahl von Diagnosen, die außerhalb des Kapitels „Psychische Störungen" in ICD-9-CM (ICD-10) codiert werden, die aber wichtig für Diagnostik und Behandlung im psychiatrischen Versorgungsbereich sind. Zusätzlich enthält der Anhang eine Liste von ICD-9-CM-Codes für ausgewählte Medikamente, die Substanzinduzierte Störungen verursachen können.

Anhang E

Alphabetische Liste der DSM-IV-Diagnosen

NNB: Nicht Näher Bezeichnet

293.83	Affektive Störung Aufgrund von... *[Benenne den Medizinischen Krankheitsfaktor]*
296.90	Affektive Störung, NNB
300.22	Agoraphobie ohne Panikstörung in der Vorgeschichte
308.3	Akute Belastungsstörung
	Alkohol –
303.90	Abhängigkeit
305.00	Mißbrauch
303.00	Intoxikation
291.8	Entzug
291.0	Intoxikationsdelir
291.0	Entzugsdelir
291.2	Persistierende Alkoholinduzierte Demenz
291.1	Persistierende Alkoholinduzierte Amnestische Störung
	-induzierte Psychotische Störung
291.5	Mit Wahn
291.3	Mit Halluzinationen
291.8	-induzierte Affektive Störung
291.8	-induzierte Angststörung
291.8	-induzierte Sexuelle Funktionsstörung
291.8	-induzierte Schlafstörung
291.9	Störung im Zusammenhang mit Alkohol, NNB
780.9	Altersbedingter Kognitiver Abbau
294.0	Amnestische Störung Aufgrund von ... *[Benenne den Medizinischen Krankheitsfaktor]*
294.8	Amnestische Störung, NNB
	Amphetamin – (oder amphetaminähnliche Substanz) –
304.40	Abhängigkeit
305.70	Mißbrauch
292.89	Intoxikation
292.0	Entzug
292.81	Intoxikationsdelir
	-induzierte Psychotische Störung
292.11	Mit Wahn
292.12	Mit Halluzinationen
292.84	-induzierte Affektive Störung
292.89	-induzierte Angststörung
292.89	-induzierte Sexuelle Funktionsstörung
292.89	-induzierte Schlafstörung
292.9	Störung im Zusammenhang mit Amphetamin, NNB

Andere (oder Unbekannte) Substanz –
304.90 Abhängigkeit
305.90 Mißbrauch
292.89 Intoxikation
292.0 Entzug
292.81 -Induziertes Delir
292.82 Persistierende – Induzierte Demenz
292.83 Persistierende – Induzierte Amnestische Störung
-Induzierte Psychotische Störung
292.11 Mit Wahn
292.12 Mit Halluzinationen
292.84 -Induzierte Affektive Störung
292.89 -Induzierte Angststörung
292.89 -Induzierte Sexuelle Funktionsstörung
292.89 -Induzierte Schlafstörung
292.9 Störung im Zusammenhang mit Anderer (oder Unbekannter) Substanz, NNB
625.8 Andere Sexuelle Funktionsstörung bei der Frau Aufgrund von...
[Benenne den Medizinischen Krankheitsfaktor]
608.89 Andere Sexuelle Funktionsstörung beim Mann Aufgrund von...
[Benenne den Medizinischen Krankheitsfaktor]
293.89 Angststörung Aufgrund von ... *[Benenne den Medizinischen Krankheitsfaktor]*
300.00 Angststörung, NNB
307.1 Anorexia Nervosa
Anpassungsstörung
309.0 Mit Depressiver Stimmung
309.24 Mit Angst
309.28 Mit Angst und Depressiver Stimmung, Gemischt
309.3 Mit Störungen des Sozialverhaltens
309.4 Mit Emotionalen Störungen und Störungen des Sozialverhaltens, Gemischt
309.9 Unspezifisch
301.7 Antisoziale Persönlichkeitsstörung
V71.01 Antisoziales Verhalten im Erwachsenenalter
V71.02 Antisoziales Verhalten in der Kindheit oder Adoleszenz
299.80 Asperger-Störung
780.59 Atmungsgebundene Schlafstörung
Aufmerksamkeitsdefizit-/Hyperaktivitätsstörung
314.01 Mischtypus
314.00 Vorwiegend Unaufmerksamer Typus
314.01 Vorwiegend Hyperaktiv-Impulsiver Typus
314.9 Aufmerksamkeitsdefizit-/Hyperaktivitätsstörung, NNB
299.00 Autistische Störung
V62.2 Berufsproblem
Bipolar I Störung, Einzelne Manische Episode
296.06 Vollremittiert
296.05 Teilremittiert
296.01 Leicht
296.02 Mittelschwer
296.03 Schwer ohne Psychotische Merkmale
296.04 Schwer mit Psychotischen Merkmalen

296.00	Unspezifisch
	Bipolar I Störung, Letzte Episode Depressiv
296.56	Vollremittiert
296.55	Teilremittiert
296.51	Leicht
296.52	Mittelschwer
296.53	Schwer ohne Psychotische Merkmale
296.54	Schwer mit Psychotischen Merkmalen
296.50	Unspezifisch
	Bipolar I Störung, Letzte Episode Gemischt
296.66	Vollremittiert
296.65	Teilremittiert
296.61	Leicht
296.62	Mittelschwer
296.63	Schwer ohne Psychotische Merkmale
296.64	Schwer mit Psychotischen Merkmalen
296.60	Unspezifisch
296.40	Bipolar I Störung, Letzte Episode Hypoman
	Bipolar I Störung, Letzte Episode Manisch
296.46	Vollremittiert
296.45	Teilremittiert
296.41	Leicht
296.42	Mittelschwer
296.43	Schwer ohne Psychotische Merkmale
296.44	Schwer mit Psychotischen Merkmalen
296.40	Unspezifisch
296.7	Bipolar I Störung, Letzte Episode Unspezifisch
296.89	Bipolar II Störung
296.80	Bipolare Störung, NNB
301.83	Borderline Persönlichkeitsstörung
307.51	Bulimia Nervosa
	Cannabis –
304.30	Abhängigkeit
305.20	Mißbrauch
292.89	Intoxikation
292.81	Intoxikationsdelir
	-induzierte Psychotische Störung
292.11	Mit Wahn
292.12	Mit Halluzinationen
292.89	-induzierte Angststörung
292.9	Störung im Zusammenhang mit Cannabis, NNB
307.22	Chronische Motorische oder Vokale Ticstörung
293.0	Delir Aufgrund von... *[Benenne den Medizinischen Krankheitsfaktor]*
780.09	Delir, NNB
290.10	Demenz Aufgrund einer Creutzfeldt-Jakobschen Erkrankung
294.9	Demenz Aufgrund einer HIV-Erkrankung
294.1	Demenz Aufgrund einer Huntingtonschen Erkrankung
294.1	Demenz Aufgrund einer Parkinsonschen Erkrankung
290.10	Demenz Aufgrund einer Pickschen Erkrankung

294.1	Demenz Aufgrund eines Schädel-Hirn-Traumas
294.1	Demenz Aufgrund von ...
	[Benenne den Nicht Oben Aufgeführten Medizinischen Krankheitsfaktor]
	Demenz vom Alzheimer Typ, Mit Frühem Beginn
290.10	Unkompliziert
290.11	Mit Delir
290.12	Mit Wahn
290.13	Mit Depressiver Verstimmung
	Demenz vom Alzheimer Typ, Mit Spätem Beginn
290.0	Unkompliziert
290.3	Mit Delir
290.20	Mit Wahn
290.21	Mit Depressiver Verstimmung
294.8	Demenz, NNB
301.6	Dependente Persönlichkeitsstörung
300.6	Depersonalisationsstörung
311	Depressive Störung, NNB
299.10	Desintegrative Störung im Kindesalter
799.9	Diagnose auf Achse II Zurückgestellt
799.9	Diagnose oder Zustand auf Achse I Zurückgestellt
300.12	Dissoziative Amnesie
300.13	Dissoziative Fugue
300.14	Dissoziative Identitätsstörung
300.15	Dissoziative Störung, NNB
302.76	Dyspareunie (nicht Aufgrund eines Medizinischen Krankheitsfaktors)
625.0	Dyspareunie bei der Frau Aufgrund von...
	[Benenne den Medizinischen Krankheitsfaktor]
608.89	Dyspareunie beim Mann Aufgrund von...
	[Benenne den Medizinischen Krankheitsfaktor]
307.47	Dyssomnie, NNB
300.4	Dysthyme Störung
V62.82	Einfache Trauer
302.75	Ejaculatio Praecox
V61.20	Eltern-Kind-Problem
787.6	Enkopresis mit Verstopfung und Überlaufinkontinenz
307.7	Enkopresis ohne Verstopfung und Überlaufinkontinenz
315.4	Entwicklungsbezogene Koordinationsstörung
307.6	Enuresis (Nicht Aufgrund eines Medizinischen Krankheitsfaktors)
302.72	Erektionsstörung beim Mann
607.84	Erektionsstörung beim Mann Aufgrund von...
	[Benenne den Medizinischen Krankheitsfaktor]
307.50	Eßstörung, NNB
302.4	Exhibitionismus
315.31	Expressive Sprachstörung
302.81	Fetischismus
302.89	Frotteurismus
307.59	Fütterstörung im Säuglings- oder Kleinkindalter
319	Geistige Behinderung mit Unspezifischem Schweregrad
297.3	Gemeinsame Psychotische Störung

300.02 Generalisierte Angststörung
V62.89 Grenzbereich der Intellektuellen Leistungsfähigkeit
Halluzinogen –
304.50 Abhängigkeit
305.30 Mißbrauch
292.89 Intoxikation
292.89 Persistierende Wahrnehmungsstörung im Zusammenhang mit Halluzinogenen (Flashbacks)
292.81 Intoxikationsdelir
-induzierte Psychotische Störung
292.11 Mit Wahn
292.12 Mit Halluzinationen
292.84 -induzierte Affektive Störung
292.89 -induzierte Angststörung
292.9 Störung im Zusammenhang mit Halluzinogenen, NNB
301.50 Histrionische Persönlichkeitsstörung
307.44 Hypersomnie im Zusammenhang mit ...
[Benenne die Achse I- oder Achse II-Störung]
300.7 Hypochondrie
313.82 Identitätsproblem
312.30 Impulskontrollstörung, NNB
Inhalantien –
304.60 Abhängigkeit
305.90 Mißbrauch
292.89 Intoxikation
292.81 Intoxikationsdelir
292.82 Persistierende Inhalantieninduzierte Demenz
-induzierte Psychotische Störung
292.11 Mit Wahn
292.12 Mit Halluzinationen
292.84 -induzierte Affektive Störung
292.89 -induzierte Angststörung
292.9 Störung im Zusammenhang mit Inhalantien, NNB
307.42 Insomnie im Zusammenhang mit ... *[Benenne die Achse I- oder Achse II-Störung]*
312.34 Intermittierende Explosible Störung
293.89 Katatone Störung Aufgrund von... *[Benenne den Medizinischen Krankheitsfaktor]*
V71.09 Keine Diagnose auf Achse II
V71.09 Keine Diagnose oder kein Zustand auf Achse I
312.32 Kleptomanie
Koffein –
305.90 Intoxikation
292.89 -induzierte Angststörung
292.89 -induzierte Schlafstörung
292.9 Störung im Zusammenhang mit Koffein, NNB
294.9 Kognitive Störung, NNB
Kokain –
304.20 Abhängigkeit
305.60 Mißbrauch
292.89 Intoxikation

292.0	Entzug
292.81	Intoxikationsdelir
	-induzierte Psychotische Störung
292.11	Mit Wahn
292.12	Mit Halluzinationen
292.84	-induzierte Affektive Störung
292.89	-induzierte Angststörung
292.89	-induzierte Sexuelle Funktionsstörung
292.89	-induzierte Schlafstörung
292.9	Störung im Zusammenhang mit Kokain, NNB
315.31	Kombinierte Rezeptiv-Expressive Sprachstörung
307.9	Kommunikationsstörung, NNB
300.11	Konversionsstörung
300.7	Körperdysmorphe Störung
V61.1	Körperliche Mißhandlung eines Erwachsenen
V61.21	Körperliche Mißhandlung eines Kindes
V62.4	Kulturelles Anpassungsproblem
298.8	Kurze Psychotische Störung
317	Leichte Geistige Behinderung
315.9	Lernstörung, NNB
315.00	Lesestörung
	Major Depression, Einzelne Episode
296.26	Vollremittiert
296.25	Teilremittiert
296.21	Leicht
296.22	Mittelschwer
296.23	Schwer ohne Psychotische Merkmale
296.24	Schwer mit Psychotischen Merkmalen
296.20	Unspezifisch
	Major Depression, Rezidivierend
296.36	Vollremittiert
296.35	Teilremittiert
296.31	Leicht
296.32	Mittelschwer
296.33	Schwer ohne Psychotische Merkmale
296.34	Schwer mit Psychotischen Merkmalen
296.30	Unspezifisch
333.92	Malignes Neuroleptisches Syndrom
302.74	Männliche Orgasmusstörung
333.90	Medikamenteninduzierte Bewegungsstörung, NNB
333.1	Medikamenteninduzierter Haltetremor
318.0	Mittelschwere Geistige Behinderung
347	Narkolepsie
301.81	Narzißtische Persönlichkeitsstörung
333.99	Neuroleptikainduzierte Akute Akathisie
333.7	Neuroleptikainduzierte Akute Dystonie
333.82	Neuroleptikainduzierte Tardive Dyskinesie
332.1	Neuroleptikainduzierter Parkinsonismus
V15.81	Nichtbefolgen von Behandlungsanweisungen

	Nikotin –
305.10	Abhängigkeit
292.0	Entzug
292.9	Störung im Zusammenhang mit Nikotin, NNB
	Opiat –
304.00	Abhängigkeit
305.50	Mißbrauch
292.89	Intoxikation
292.0	Entzug
292.81	Intoxikationsdelir
	-induzierte Psychotische Störung
292.11	Mit Wahn
292.12	Mit Halluzinationen
292.84	-induzierte Affektive Störung
292.89	-induzierte Sexuelle Funktionsstörung
292.89	-induzierte Schlafstörung
292.9	Störung im Zusammenhang mit Opiaten, NNB
302.2	Pädophilie
300.21	Panikstörung mit Agoraphobie
300.01	Panikstörung ohne Agoraphobie
301.0	Paranoide Persönlichkeitsstörung
302.9	Paraphilie, NNB
307.47	Parasomnie, NNB
V61.1	Partnerschaftsproblem
312.31	Pathologisches Spielen
307.46	Pavor Nocturnus
301.9	Persönlichkeitsstörung, NNB
310.1	Persönlichkeitsveränderung Aufgrund von…
	[Benenne den Medizinischen Krankheitsfaktor]
	Phencyclidin – (oder Phencyclidinähnliche Substanz) –
304.90	Abhängigkeit
305.90	Mißbrauch
292.89	Intoxikation
292.81	Intoxikationsdelir
	-induzierte Psychotische Störung
292.11	Mit Wahn
292.12	Mit Halluzinationen
292.84	-induzierte Affektive Störung
292.89	-induzierte Angststörung
292.9	Störung im Zusammenhang mit Phencyclidin, NNB
315.39	Phonologische Störung
307.52	Pica
304.80	Polytoxikomanie
309.81	Posttraumatische Belastungsstörung
307.44	Primäre Hypersomnie
307.42	Primäre Insomnie
V62.89	Problem einer Lebensphase
V61.8	Problem zwischen Geschwistern
293.9	Psychische Störung, NNB

Psychotische Störung Aufgrund von...
[Benenne den Medizinischen Krankheitsfaktor]
293.81   Mit Wahn
293.82   Mit Halluzinationen
298.9   Psychotische Störung, NNB
312.33   Pyromanie
313.89   Reaktive Bindungsstörung im Säuglingsalter oder in der Frühen Kindheit
315.1   Rechenstörung
V62.89   Religiöses oder Spirituelles Problem
299.80   Rett-Störung
307.53   Ruminationsstörung
295.70   Schizoaffektive Störung
301.20   Schizoide Persönlichkeitsstörung
         Schizophrenie
295.30   Paranoider Typus
295.10   Desorganisierter Typus
295.20   Katatoner Typus
295.90   Undifferenzierter Typus
295.60   Residualer Typus
295.40   Schizophreniforme Störung
301.22   Schizotypische Persönlichkeitsstörung
         Schlafstörung Aufgrund von ... [Benenne den Medizinischen Krankheitsfaktor]
780.52   Insomnie-Typus
780.54   Hypersomnie-Typus
780.59   Parasomnie-Typus
780.59   Mischtypus
307.47   Schlafstörung mit Alpträumen
307.46   Schlafstörung mit Schlafwandeln
307.45   Schlafstörung mit Störung des Zirkadianen Rhythmus
         Schmerzstörung
307.80   in Verbindung mit Psychischen Faktoren
307.89   in Verbindung mit sowohl Psychischen Faktoren
           wie einem Medizinischen Krankheitsfaktor
318.1   Schwere Geistige Behinderung
318.2   Schwerste Geistige Behinderung
V62.3   Schwierigkeiten in Schule oder Studium
         Sedativa-, Hypnotika- oder Anxiolytika –
304.10   Abhängigkeit
305.40   Mißbrauch
292.89   Intoxikation
292.0   Entzug
292.81   Intoxikationsdelir
292.81   Entzugsdelir
292.82   Persistierende -induzierte Demenz
292.83   Persistierende -induzierte Amnestische Störung
           -induzierte Psychotische Störung
292.11   Mit Wahn
292.12   Mit Halluzinationen
292.84   -induzierte Affektive Störung

292.89	-induzierte Angststörung
292.89	-induzierte Sexuelle Funktionsstörung
292.89	-induzierte Schlafstörung
292.9	Störung im Zusammenhang mit Sedativa, Hypnotika oder Anxiolytika, NNB
313.23	Selektiver Mutismus
302.70	Sexuelle Funktionsstörung, NNB
302.9	Sexuelle Störung, NNB
302.83	Sexueller Masochismus
V61.1	Sexueller Mißbrauch eines Erwachsenen
V61.21	Sexueller Mißbrauch eines Kindes
302.84	Sexueller Sadismus
V65.2	Simulation
300.81	Somatisierungsstörung
300.81	Somatoforme Störung, NNB
312.9	Sozial Störendes Verhalten, NNB
300.23	Soziale Phobie
300.29	Spezifische Phobie
316	... [spezifischer Psychologischer Faktor], der... [Benenne den Medizinischen Krankheitsfaktor] Beeinflußt
307.3	Stereotype Bewegungsstörung
	Störung der Geschlechtsidentität
302.6	Bei Kindern
302.85	Bei Jugendlichen oder Erwachsenen
302.6	Störung der Geschlechtsidentität, NNB
302.72	Störung der Sexuellen Erregung bei der Frau
315.2	Störung des Schriftlichen Ausdrucks
312.8	Störung des Sozialverhaltens
313.9	Störung im Kleinkindalter, in der Kindheit oder Adoleszenz, NNB
313.81	Störung mit Oppositionellem Trotzverhalten
302.79	Störung mit Sexueller Aversion
309.21	Störung mit Trennungsangst
302.71	Störung mit Verminderter Sexueller Appetenz
625.8	Störung mit Verminderter Sexueller Appetenz bei der Frau Aufgrund von... [Benenne den Medizinischen Krankheitsfaktor]
608.89	Störung mit Verminderter Sexueller Appetenz beim Mann Aufgrund von... [Benenne den Medizinischen Krankheitsfaktor]
307.0	Stottern
307.20	Ticstörung, NNB
299.80	Tiefgreifende Entwicklungsstörung, NNB (einschließlich Atypischer Autismus)
307.23	Tourette-Störung
302.3	Transvestitischer Fetischismus
312.39	Trichotillomanie
300.81	Undifferenzierte Somatoforme Störung
995.2	Ungünstige Wirkungen einer Medikation, NNB
300.9	Unspezifische Psychische Störung (nichtpsychotisch)
306.51	Vaginismus (nicht Aufgrund eines Medizinischen Krankheitsfaktors)
	Vaskuläre Demenz
290.40	Unkompliziert
290.41	Mit Delir

290.42   Mit Wahn
290.43   Mit Depressiver Verstimmung
301.82   Vermeidend-Selbstunsichere Persönlichkeitsstörung
V61.21   Vernachlässigung eines Kindes
         Vorgetäuschte Störung
300.16   Mit Vorwiegend Psychischen Zeichen und Symptomen
300.19   Mit Vorwiegend Körperlichen Zeichen und Symptomen
300.19   Mit sowohl Psychischen wie Körperlichen Zeichen und Symptomen
300.19   Vorgetäuschte Störung, NNB
307.21   Vorübergehende Ticstörung
302.82   Voyeurismus
297.1   Wahnhafte Störung
302.73   Weibliche Orgasmusstörung
301.4   Zwanghafte Persönlichkeitsstörung
300.3   Zwangsstörung
V61.9   Zwischenmenschliches Problem im Zusammenhang
         mit einer Psychischen Störung oder einem Medizinischen Krankheitsfaktor
V62.81   Zwischenmenschliches Problem, NNB
301.13   Zyklothyme Störung

Anhang F

Leitfaden zur Beurteilung kultureller Einflußfaktoren und ein Glossar kulturabhängiger Syndrome

Dieser Anhang ist in zwei Abschnitte unterteilt. Der erste Abschnitt enthält einen Leitfaden zur Beurteilung kultureller Einflußfaktoren, die den Untersucher bei der systematischen Bewertung des kulturellen Kontextes einer Person und beim Verfassen eines Berichts über die Auswirkungen dieses Kontexts auf die Person unterstützen soll. Der zweite Abschnitt enthält ein Glossar kulturabhängiger Syndrome.

Leitfaden zur Beurteilung kultureller Einflußfaktoren

Der folgende Leitfaden zur Beurteilung kultureller Einflußfaktoren soll die multiaxiale diagnostische Beurteilung ergänzen und den Schwierigkeiten bei der Anwendung von DSM-IV-Kriterien in einer multikulturellen Umgebung Rechnung tragen. Die kulturbezogenen Fragestellungen bieten eine systematische Betrachtung des kulturellen Hintergrundes einer Person, der Rolle, die der kulturelle Kontext im Ausdruck und der Bewertung von Symptomen und Funktionsstörungen spielt und des Einflusses, den kulturelle Unterschiede auf die Beziehung zwischen Untersucher und Betroffenem haben können.

Wie im Vorwort der Originalausgabe (siehe S. 937) festgestellt wurde, ist es wichtig, daß der Untersucher den ethnischen und kulturellen Kontext bei der Bewertung jeder der DSM-IV Achsen berücksichtigt. Zusätzlich bieten die unten vorgeschlagenen kulturbezogenen Bewertungen eine Gelegenheit, die kulturelle und soziale Bezugsgruppe des Individuums zu beschreiben und zu erfassen, inwieweit der kulturelle Kontext für die Behandlung relevant ist. Der Untersucher kann eine beschreibende Zusammenfassung zu folgenden Kategorien erstellen.

Kulturelle Identität der Person. Hier werden die ethnischen oder kulturellen Bezugsgruppen der Person erfaßt. Für Einwanderer und ethnische Minderheiten werden zusätzlich das Ausmaß der Beteiligung sowohl an der ursprünglichen als auch an der Gastkultur (sofern anwendbar) sowie Sprachfertigkeit, Sprachgebrauch und bevorzugte Sprache (einschließlich Mehrsprachigkeit) festgehalten.

Kulturelle Erklärungen die Erkrankung der Person. Erfaßt werden kann: die vorherrschende Ausdrucksform des Leidens, durch die die Symptome oder der Bedarf nach sozialer Unterstützung mitgeteilt werden (z. B. „Nerven", Besessensein von Geistern, somatische Beschwerden, unerklärbares Unglück), die Bedeutung und der wahrgenommene Schweregrad der Sym-

Berater der deutschen Ausgabe: *Übersetzer:*
Prof. Dr. Henning Saß, Aachen   Dipl.-Psych. Kristin Korb, Aachen

ptome im Verhältnis zu den Normen der kulturellen Bezugsgruppe, eine regionale Krankheitskategorie, die von der Familie der Person und ihrer Gemeinschaft benutzt wird, um diesen Zustand zu bezeichnen (siehe Glossar der kulturabhängigen Störungsbilder), die wahrgenommenen Ursachen oder Erklärungsmodelle, die die Person und ihre Bezugsgruppe zur Krankheitserklärung verwenden und schließlich die derzeitigen Gewohnheiten und die vergangenen Erfahrungen bezüglich der professionellen und volkstümlichen Behandlungsmöglichkeiten.

Kulturelle Faktoren, die die psychosoziale Umgebung und die Funktionsbereiche betreffen. Notiert werden kulturell relevante Interpretationen sozialer Belastungsfaktoren, verfügbare soziale Unterstützung sowie Funktionsniveau und Behinderung. Hier sollten Belastungen im örtlichen sozialen Umfeld, die Rolle der Religion und des Verwandtenkreises für das Gewähren von emotionaler, materieller und aufklärender Unterstützung berücksichtigt werden.

Kulturelle Elemente in der Beziehung zwischen Untersucher und Individuum. Hier werden Unterschiede in Kultur und sozialem Status zwischen der Person und dem Untersucher vermerkt sowie die Schwierigkeiten, die diese Unterschiede bei Diagnose und Behandlung verursachen können (z. B. Schwierigkeiten bei der Kommunikation in der Muttersprache der Person, bei der Erfragung von Symptomen oder im Verständnis ihrer kulturellen Bedeutung, beim Aufbau einer angemessenen Beziehung oder einer Vertrauensbasis zwischen Untersucher und Person, bei der Entscheidung, ob ein Verhalten der Norm entspricht oder eher krankhaft ist).

Gesamte kulturelle Einschätzung für Diagnose und Versorgung. Die Beurteilung endet mit einer Stellungnahme, in welcher Weise kulturelle Aspekte die umfassende Diagnose und Behandlung im einzelnen beeinflussen.

Glossar kulturabhängiger Syndrome

Der Begriff *kulturabhängige Syndrome* bezeichnet wiederholt auftretende, auf bestimmte Orte beschränkte abweichende Verhaltensweisen oder beunruhigende Erfahrungen, die mit bestimmten diagnostischen Kategorien von DSM-IV verbunden sein können oder auch nicht. Viele dieser Muster werden von den Einheimischen als „Krankheit" oder zumindest als Leiden betrachtet, und die meisten von ihnen haben regionale Bezeichnungen. Obwohl klinische Bilder, die mit den Hauptkategorien von DSM-IV übereinstimmen, weltweit angetroffen werden, sind die besonderen Symptome, der Verlauf und der soziale Umgang damit sehr oft durch regionale kulturelle Faktoren beeinflußt. Im Gegensatz dazu sind kulturabhängige Syndrome generell auf spezifische Gemeinschaften oder kulturelle Gebiete beschränkt. Dabei handelt es sich um örtlich begrenzte, volkstümliche diagnostische Kategorien, die ein kohärentes Bedeutungssystem für bestimmte, sich wiederholende, musterähnliche und störende Konstellationen von Erlebnissen und Beobachtungen bilden.

Eine eins-zu-eins-Übereinstimmung zwischen den kulturabhängigen Syndromen und den diagnostischen Einheiten von DSM ist selten. Abweichendes Verhalten, das von einem mit DSM-IV arbeitenden Untersucher verschiedenen Kategorien zugeordnet wird, kann in einer einzigen volkstümlichen Kategorie enthalten sein, während andere klinische Bilder, die ein DSM-IV-Diagnostiker einer einzelnen Kategorie zuordnet, von einem einheimischen Untersucher in mehrere aufgeteilt werden können. Zudem wurden manche Zustände und Störungen als kulturabhängige Syndrome insbesondere für industrialisierte Kulturkreise konzipiert (z. B. Anorexia Nervosa, Dissoziative Identitätsstörung), da sie in anderen Kulturen selten oder gar nicht auftreten. Außerdem sollte festgehalten werden, daß es in allen Industriegesellschaften in sich geschlossene Subkulturen und sich stark unterscheidende Einwanderergruppen gibt, die kulturabhängige Syndrome zeigen können.

In diesem Glossar werden einige der am gründlichsten untersuchten kulturabhängigen Syndrome und Ausdrucksformen des Leidens aufgeführt, die im klinischen Alltag Nordamerikas auftreten können. Die relevanten DSM-IV-Kategorien wurden für den Fall hinzugefügt, daß die vorhandenen Informationen ihre Berücksichtigung bei der diagnostischen Beurteilung nahelegen.

Amok

Eine dissoziative Episode, die durch eine Periode des Grübelns charakterisiert ist, auf die ein Ausbruch gewalttätigen, aggressiven oder menschengefährdenden Verhaltens folgt, das sich auf Personen und Objekte richtet. Eine solche Episode scheint durch eine wahrgenommene Herabsetzung oder Beleidigung ausgelöst zu werden und nur bei Männern vorzukommen. Die Episode geht oft einher mit Verfolgungsideen, Automatismen, Amnesie und Erschöpfung sowie einer anschließenden Rückkehr zum prämorbiden Status. In einigen Fällen tritt Amok während einer kurzen psychotischen Episode auf oder kann den Beginn oder die Verschlechterung eines chronisch verlaufenden psychotischen Prozesses kennzeichnen. Die ursprünglichen Berichte, in denen der Begriff benutzt wurde, stammten aus Malaysia. Ein ähnliches Verhaltensmuster tritt in Laos, auf den Philippinen, in Polynesien (*cafard* oder *cathard*), Papua Neuguinea, Puerto Rico (*mal de pelea*) und bei den Navajo-Indianern (*iich'aa*) auf.

Ataque de nervios

Ein Ausdruck für Leidensformen, über die in der Hauptsache bei Latinos aus der Karibik, aber auch bei Lateinamerikanern und in den Mittelmeerländern berichtet wird. Allgemein beschriebene Symptome sind unkontrollierbares Schreien, Weinkrämpfe, Zittern, Hitze, die vom Brustkorb in den Kopf steigt, sowie verbale oder körperliche Aggression. Bei manchen Attacken kommen dissoziatives Erleben, anfallsähnliche oder Ohnmachtsepisoden und suizidale Gesten in ausgeprägter Weise vor, fehlen aber bei anderen. Ein allgemeines Merkmal einer atacque de nervios ist das Gefühl, außer Kontrolle zu sein. Ataque de nervios ist häufig eine direkte Folge eines belastenden Ereignisses in Zusammenhang mit der Familie (z. B. die Nachricht vom Tod eines nahen Verwandten, Trennung oder Scheidung von einem Partner, Konflikte mit dem Partner oder den Kindern, Zeuge des Unfalls eines Familienmitgliedes werden). Für das Geschehen während der ataque kann Amnesie auftreten, in der Regel erreichen die Personen aber ihr normales Funktionsniveau wieder. Obwohl manche Beschreibungen der ataque stark mit der DSM-IV-Beschreibung der Panikattacke übereinstimmen, unterscheidet die Verbindung der ataque mit einem plötzlich auslösenden Ereignis und das häufige Fehlen von kennzeichnenden Symptomen akuter Angst oder Besorgnis diese deutlich von der Panikattacke. Ataque umfaßt ein Spektrum, das von normalen Leidensformen, die nicht mit einer psychischen Störung einhergehen, bis zu klinischen Bildern reicht, die mit den Diagnosen Angststörung, Affektive Störung, Dissoziative oder Somatoforme Störung verbunden sind.

Bilis und Colera (auch als *Muina* bezeichnet)

Die zugrundeliegende Ursache dieser Syndrome wird als stark erlebte Wut oder Zorn begriffen. In vielen Latinogruppen wird Wut als eine besonders starke Emotion verstanden, die direkten Einfluß auf den Körper hat und bestehende Symptome verschlimmern kann. Der Haupteffekt der Wut besteht in der Störung des Kernkörpergleichgewichts (dies wird als die Balance heißer und kalter Valenzen im Körper und zwischen materiellen und geistigen Körperanteilen verstanden). Als Symptome können akute Nervenanspannung, Kopfschmerzen, Zittern, Schreien, Magenprobleme und in schweren Fällen Bewußtlosigkeit auftreten. Als Folge einer akuten Episode kann es zu chronischer Müdigkeit kommen.

Bouffée délirante

Dieses Syndrom wird in Westafrika und auf Haiti beobachtet. Dieser französische Ausdruck bezieht sich auf einen plötzlichen Ausbruch agitierten und aggressiven Verhaltens, ausgeprägter Verwirrung und psychomotorischer Erregtheit. Gelegentlich wird dies von optischen und akustischen Halluzinationen und paranoiden Vorstellungen begleitet. Diese Episoden können einer Episode einer Kurzen Psychotischen Störung gleichen.

Brain fag

Ein Begriff, der ursprünglich in Westafrika benutzt wurde und sich auf einen Zustand bezieht, den Highschool- und Universitätsstudenten als Reaktion auf schulische Anforderungen erleben. Die Symptome umfassen Schwierigkeiten, sich zu konzentrieren, sich zu erinnern und zu denken. Die Studenten äußern oft, daß ihr Gehirn übermüdet sei. Weitere somatische Symptome sind normalerweise im Kopf- und Nackenbereich angesiedelt und umfassen Schmerz-, Druck- und Engegefühle, verschwommenes Sehen, Hitze oder Brennen. „Gehirnermüdung" oder Erschöpfung von „zu viel Denken" ist in vielen Kulturen eine Ausdrucksform von Leiden, und die daraus resultierenden Syndrome können an bestimmte Angststörungen, Depressive oder Somatoforme Störungen erinnern.

Dhat

Eine volkstümliche Diagnose in Indien, die sich auf schwere Angst und hypochondrische Befürchtungen in Zusammenhang mit der Absonderung von Sperma, weißlicher Verfärbung des Urins und Gefühlen der Schwäche und Erschöpfung bezieht. Entspricht *Jiryan* (Indien), *Sukra prameha* (Sri Lanka) und *Shen-k'uei* (China).

Falling-out oder *blacking out*

Diese Episoden treten hauptsächlich bei Personengruppen im Süden der USA und in der Karibik auf. Sie sind durch einen plötzlichen Kollaps gekennzeichnet, der manchmal ohne Vorwarnung eintritt, manchmal aber auch durch Schwindelgefühl oder „Schwimmen" im Kopf angekündigt wird. Die Augen der Person sind geöffnet, in der Regel wird aber eine Unfähigkeit, etwas zu sehen angegeben. Die Person hört und versteht, was rings um sie vorgeht, fühlt sich aber zu kraftlos, sich zu bewegen. Dies kann der Diagnose einer Konversionsstörung oder einer Dissoziativen Störung entsprechen.

Ghost sickness

Starke Beschäftigung mit dem Tod und mit Verstorbenen (manchmal in Verbindung mit Magie), die oft bei Mitgliedern verschiedener Indianerstämme beobachtet wird. Der Ghost sickness werden verschiedenste Symptome zugeschrieben einschließlich schlechter Träume, Schwäche, Gefühl der Gefahr, Appetitverlust, Ohnmachtsanfälle, Schwindelgefühle, Furcht, Angst, Halluzinationen, Bewußtlosigkeit, Verwirrung, Gefühle der Sinnlosigkeit und Erstikkungsempfindungen.

Hwa-byung (auch als *wool-hwa-byung* bekannt)

Ein in Korea geläufiges Syndrom, das wörtlich übersetzt „Zornsyndrom" heißt und der Unterdrückung von Zorn zugeschrieben wird. Symptome sind Insomnie, Müdigkeit, Panik, Angst vor dem nahen Tod, dysphorische Stimmung, Verdauungsstörungen, Appetitlosigkeit, Dyspnoe, Palpitationen, generelles Schmerzempfinden und Völlegefühl im Epigastrum.

Koro

Ein Begriff, wahrscheinlich malaiischer Herkunft, der Episoden plötzlicher und intensiver Furcht beschreibt, daß sich der Penis (bei Frauen Vulva und Brustwarzen) in den Körper zurückziehen und möglicherweise den Tod verursachen. Das Syndrom wird in Süd- und Ostasien berichtet, wo es unter einer Reihe verschiedener regionaler Begriffe wie *shuk yang*, *shook yong* und *suo yong* (chinesisch), *jinjinia bemar* (Assam) oder *rok-joo* (Thailand) bekannt ist. Gelegentlich tritt das Störungsbild auch im Westen auf. Koro tritt in örtlich begrenzten ostasiatischen Gebieten zeitweise epidemisch auf. Diese Diagnose wurde in die *Chinesische Klassifikation Psychischer Störungen*, zweite Auflage (CCMD-2), aufgenommen.

Latah

Überempfindlichkeit für plötzliches Erschrecken, oft mit Echopraxie, Echolalie, Befehlsautomatismus und dissoziativem und tranceähnlichem Verhalten. Der Begriff *latah* ist malaiischer und indonesischer Herkunft, aber das Syndrom ist weltweit verbreitet. Andere Begriffe für diesen Zustand sind *amurakh, irkunii, ikota, olan, myriachit* und *menkeiti* (Sibirische Stämme), *bah tschi, bah-tsi, baah-ji* (Thailand), *imu* (Ainu, Sakhalin, Japan) und *mali-mali* und *silok* (Philippinen). In Malaysia tritt dieses Störungsbild häufiger bei Frauen mittleren Alters auf.

Locura

Dieser Begriff wird von Latinos in den USA und in Lateinamerika benutzt, um eine schwere Form einer chronischen Psychose zu beschreiben. Dieser Zustand wird einer ererbten Vulnerabilität, dem Einfluß multipler Lebensschwierigkeiten oder einer Kombination beider Faktoren zugeschrieben. Personen mit Locura bieten Symptome wie Inkohärenz, Erregung, akustische und optische Halluzinationen, Unfähigkeit, den Regeln sozialer Interaktion zu folgen, Unberechenbarkeit und mögliche Gewalttätigkeit.

Mal de ojo

Dieser Begriff wird im Mittelmeerraum, aber auch in anderen Teilen der Welt angetroffen. *Mal de ojo* ist ein spanischer Ausdruck, der als „böser Blick" übersetzt werden kann. Kinder unterliegen einem besonders hohen Risiko. Symptome sind Schlafanfälle, Weinen ohne ersichtlichen Grund, Diarrhöe, Erbrechen und Fieber beim Kind oder Säugling. Manchmal erleben auch Erwachsene (besonders Frauen) diesen Zustand.

Nervios

Dies ist ein allgemeiner Ausdruck für Leidensformen, der bei den Latinos in den USA und in lateinamerikanischen Ländern gebraucht wird. Verschiedene andere ethnische Gruppen haben verwandte, wenn auch häufig etwas unterschiedliche Vorstellungen über die „Nerven" (wie Nevra bei den Griechen in Nordamerika). Nervios bezieht sich sowohl auf eine erhöhte Vulnerabilität für belastende Lebenserfahrungen als auch auf ein Syndrom, welches durch schwierige Lebensumstände ausgelöst wird. Nervios umfaßt ein weites Spektrum an Symptomen emotionalen Leids, somatischer Störungen sowie eine Unfähigkeit zu funktionieren. Übliche Symptome sind Kopfschmerzen und „Gehirnschmerzen", Reizbarkeit, Magenbeschwerden, Schlafstörungen, Nervosität, Weinerlichkeit, die Unfähigkeit, sich zu konzentrieren, Zittern, Kribbelempfindungen und *mareos* (Benommenheit mit gelegentlichen schwindelähnlichen Verschlimmerungen). Nervios ist meist ein anhaltendes Problem, auch wenn der Schweregrad variiert. Nervios ist ein sehr weitgefaßtes Syndrom, das einen von psychischen Störungen freien Bereich bis hin zu klinischen Bildern umspannt, die einer Anpassungs-, Angst-, Depressiven, Dissoziativen, Somatoformen oder Psychotischen Störung gleichen. Die Differentialdiagnose wird von der Konstellation der erlebten Symptome, der Art der sozialen Ereignisse, die mit Beginn und Verlauf von Nervios zusammenhängen, und dem Ausmaß der eingetretenen Beeinträchtigung abhängen.

Pibloktoq

Eine plötzliche dissoziative Episode, die von bis zu 30 Minuten dauernder extremer Aufregung begleitet wird und die häufig von konvulsiven Zuckungen und einem Koma, das bis zu 12 Stunden dauern kann, gefolgt wird. Dieses Störungsbild wird hauptsächlich bei arktischen und subarktischen Eskimogemeinden beobachtet, wobei regionale Unterschiede in der Bezeichnung auftreten können. Vor der Attacke kann die Person für eine Periode von mehreren Stunden oder Tagen in sich gekehrt oder in leichtem Ausmaß reizbar sein, für die Attacke wird typischerweise eine vollständige Amnesie berichtet. Während der Attacke kann die Person ihre Bekleidung herunterreißen, Möbel zerschlagen, Obszönitäten brüllen, Fäkalien essen, aus einer beschützenden Umgebung ausbrechen oder andere irrationale oder gefährliche Handlungen begehen.

Qi-gong psychotische Reaktion

Dieser Begriff beschreibt eine akute, zeitlich begrenzte Episode, die durch dissoziative, paranoide oder andere psychotische oder nicht psychotische Symptome charakterisiert ist, die nach der Teilnahme an dem volkstümlichen chinesischen Gesundheitsritual qi gong („Übung zur vitalen Energie") auftreten kann. Besonders empfänglich sind Personen, die sich übermäßig auf diesen Ritus einlassen sind. Die Diagnose wurde in die *Chinesische Klassifikation Psychischer Störungen*, zweite Auflage (CCMD-2) aufgenommen.

Rootwork

Ein Muster kultureller Interpretationen, in denen Krankheit auf Hexerei, Zauberei, Verhexen oder auf den bösen Einfluß einer anderen Person zurückgeführt wird. Die Symptome können generalisierte Angst und gastrointestinale Beschwerden (z. B. Übelkeit, Erbrechen, Durchfall), Schwäche, Schwindel, Angst vor Vergiftung und Angst vor Ermordung („Voodoo-Tod") umfassen. „Roots", „Verfluchung" oder „Hexerei" können auf eine Person „gelegt" oder an sie geknüpft werden und so verschiedene emotionale und psychische Probleme verursachen. Die „verhexte" Person kann sich sogar vor dem Tod fürchten, bis das „root" „weggenommen" (abgezogen) wird. Dies geschieht normalerweise durch einen „Root-Doctor" (einem traditionellen Heiler), der auch gerufen werden kann, um einen Feind zu verhexen. „Rootwork" tritt in den südlichen Staaten der USA bei Amerikanern sowohl afrikanischer als auch europäischer Herkunft und in karibischen Gesellschaften auf. Es ist auch als *mal puesto* oder *brujeria* in Latinogesellschaften bekannt.

Sangue dormido („schlafendes Blut")

Dieses Syndrom tritt bei portugiesischen Kapverdianern (und bei von dort stammenden Einwanderern in die USA) auf. Es umfaßt Schmerz, Taubheit, Tremor, Paralyse, Krämpfe, Schlaganfälle, Blindheit, Herzanfälle, Infektionen und Fehlgeburten.

Shenjing shuairuo („Neurasthenie")

In China ein Zustand, der durch körperliche und geistige Erschöpfung, Benommenheit, Kopf- oder andere Schmerzen, Konzentrationsschwierigkeiten, Schlafstörungen und Gedächtnisverlust charakterisiert ist. Andere Symptome sind gastrointestinale Probleme, sexuelle Funktionsstörungen, Reizbarkeit, leichte Aufregbarkeit und verschiedene Zeichen, die auf eine Störung des vegetativen Nervensystems hinweisen. In vielen Fällen würden die Symptome die Kriterien einer Angststörung oder einer Affektiven Störung in DSM-IV erfüllen. Diese Diagnose wurde in die *Chinesische Klassifikation Psychischer Störungen*, zweite Auflage (CCMD-2) aufgenommen.

Shen-k'uei (Taiwan); shenkui (China)

Eine chinesische Volksbezeichnung zur Beschreibung ausgeprägter Symptome von Angst oder Panik mit körperlichen Begleitbeschwerden, für die keine organische Ursache nachweisbar ist. Zu den Symptomen gehören Benommenheit, Rückenschmerzen, Erschöpfbarkeit, allgemeine Schwäche, Schlaflosigkeit, häufiges Träumen und Klage über sexuelle Funktionsstörungen (wie Ejaculatia praecox und Impotenz). Die Symptome werden einem übermäßigen Samenverlust durch häufigen Geschlechtsverkehr, Masturbation, nächtlichen Samenerguß oder durch Abfließen in „weißen trüben Urin", von dem angenommen wird, er enthalte Samen, zugeschrieben. Der übermäßige Samenverlust wird gefürchtet, wegen der Überzeugung, daß er den Verlust der vitalen Essenz bedeutet und daher lebensbedrohend werden kann.

Shin-byung

Eine in Korea volkstümliche Bezeichnung für ein Syndrom, dessen Anfangsphase durch Angst und somatische Beschwerden (allgemeine Schwäche, Schwindel, Angst, Appetitlosigkeit, Insomnie und gastrointestinale Probleme) charakterisiert ist, mit nachfolgender Dissoziation und dem Besessensein von Geistern der Vorfahren.

Spell

Ein Trancezustand, in dem die Person mit verstorbenen Verwandten oder Geistern „kommuniziert". Gelegentlich ist dieser Zustand mit kurzen Episoden einer Persönlichkeitsveränderung verknüpft. Dieses kulturspezifische Syndrom wird bei Amerikanern afrikanischer und europäischer Herkunft in den Südstaaten der USA beobachtet. „Spells" werden im Volksglauben nicht als krankhafte Ereignisse verstanden, können aber im klinischen Bereich als psychotische Episode fehlgedeutet werden.

Susto („Schrecken" oder „Seelenverlust")

Eine bei einigen Latinos in den USA, Mexiko, Mittel- und Südamerika vorkommende Volkskrankheit. Susto wird auch *espanto, pasmo, tripa ida, perdida del alma* oder *chibih* genannt. Susto ist eine einem erschreckenden Erlebnis zurückgeschriebene Erkrankung, aufgrund derer die Seele den Körper verläßt und die zu Unglücklichsein und Krankheit führt. An Susto erkrankte Personen erleben oft bedeutsame Spannungen in zentralen sozialen Rollen. Es wird geglaubt, daß Susto in extremen Fällen zum Tode führen kann. Typische Symptome sind Appetitstörungen, unzureichender oder übermäßiger Schlaf, unruhiger Schlaf oder beunruhigende Träume, Gefühle der Trauer, Mangel an Motivation, irgend etwas zu tun, sowie Gefühle geringen Selbstwerts und der Schmutzigkeit. Die somatischen Begleitsymptome von Susto sind Muskelschmerzen, Kopf- und Magenschmerzen sowie Durchfall. Bei der rituellen Heilung wird das Schwergewicht darauf gelegt, die Seele in den Körper zurückzurufen und den Betroffenen zu reinigen, um das geistige und körperliche Gleichgewicht wiederherzustellen. Verschiedene Erlebnisse von Susto können mit einer Major Depression, einer Posttraumatischen Belastungsstörung und Somatoformen Störungen verwandt sein. Ähnliche ätiologische Überzeugungen und Symptomkonstellationen treten in vielen Teilen der Welt auf.

Taijin kyofusho

Eine in Japan kulturell typische Phobie, die der Sozialen Phobie nach DSM-IV in mancher Hinsicht ähnelt. Dieses Syndrom bezieht sich auf die intensive Angst einer Person, daß ihr Körper, seine Teile oder seine Funktionen anderen Personen nicht gefallen, sie unbehaglich stimmen oder ihnen in Erscheinungsbild, Geruch, Gesichtsausdruck oder Bewegungen unangenehm sind. Dieses Störungsbild wurde in das offizielle japanische Diagnosesystem psychischer Störungen aufgenommen.

Zar

Ein in Äthiopien, Somalia, Ägypten, Sudan, Iran und in nordafrikanischen Staaten sowie in Gesellschaften des Mittleren Ostens gebräuchlicher Ausdruck für das Erleben, daß eine Person von Geistern besessen ist. Die besessene Person kann dissoziative Episoden erleben, die Schreien, Lachen, Schlagen des Kopfes gegen die Wand, Singen oder Weinen umfassen. Manche Personen zeigen Apathie und Rückzug, Verweigerung, Nahrung aufzunehmen oder täglichen Pflichten nachzukommen oder sie nehmen eine Langzeitbeziehung mit dem Geist auf. Dieses Verhalten wird in manchen Regionen nicht als krankhaft betrachtet.

Anhang G

ICD-10 und ICD-9-CM-Codierungen für ausgewählte medizinische Krankheitsfaktoren und medikamenteninduzierte Störungen

ICD-10-Codierungen

Bestimmte infektiöse und parasitäre Krankheiten (A00-B99)

A50	Kongenitale Syphilis
A50.4	späte kongenitale Neurosyphilis (juvenile Neurosyphilis)

A52	Spätsyphilis
A52.1	symptomatische Neurosyphilis
	einschließlich: Tabes dorsalis

A81	Slow-Virus-Infektionen des Zentralnervensystems
A81.0	Creutzfeldt-Jakob-Krankheit
A81.1	subakute sklerosierende Panenzephalitis
A81.2	Progressive multifokale Leukenzephalopathie

B22	durch die Human-Immundefizienz-Virus-(HIV)-Krankheit ausgelöste sonstige näher bezeichnete Krankheiten
B22.0	durch HIV-Krankheit ausgelöste Enzephalopathie
	einschließlich: Demenz bei HIV-Krankheit

Neubildungen (C00–D48)

C70	bösartige Neubildung der Meningen
C71	bösartige Neubildung des Gehirns
C72	bösartige Neubildung des Rückenmarks, der Hirnnerven und anderer Teile des zentralen Nervensystems
D33	gutartige Neubildung des Gehirns und anderer Teile des Zentralnervensystems
D42	Neubildung unsicherer Dignität und fraglicher meningealer Beteiligung
D43	Neubildung unsicherer Dignität und fraglicher Beteiligung des Gehirns und des Zentralnervensystems

Endokrine, Ernährungs- und Stoffwechselerkrankungen (E00–E90)

E00 angeborenes Jodmangelsyndrom

E01 jodmangelbedingte Schilddrüsenerkrankungen und verwandte Zustände

E02 subklinische Jodmangelhypothyreose

E03 sonstige Hypothyreoseformen
E03.2 Hypothyreose durch Arzneimittel und sonstige äußere Substanzen
E03.4 Myxödemkoma

E05 Thyreotoxikose (Hyperthyreoidismus)

E15 nichtdiabetischer hypoglykämischer Schock

E22 Überfunktion der Hypophyse
E22.0 Akromegalie und hypophysärer Riesenwuchs
E22.1 Hyperprolaktinämie
einschließlich: medikamenteninduzierte Hyperprolaktinämie

E23 Unterfunktion und sonstige Störungen der Hypophyse

E24 Cushing-Syndrom

E30 Pubertätsstörungen, nicht andernorts klassifizierbar
E30.0 verzögerte Pubertät
E30.1 vorzeitige Pubertät

E34 sonstige endokrine Störungen
E34.3 Minderwuchs, nicht andernorts klassifizierbar

E51 Thiaminmangel
E51.2 Wernicke-Enzephalopathie

E64 Folgen von Mangelernährung und sonstigen alimentären Mangelzuständen

E66 Fettsucht

E70 Störungen des Stoffwechsels aromatischer Aminosäuren
E70.0 klassische Phenylketonurie

E71 Störungen des Stoffwechsels verzweigter Aminosäuren und des Fettsäurestoffwechsels
E71.0 Ahornsirupkrankheit

E74 sonstige Störungen des Kohlehydratstoffwechsels

E80 Störungen des Porphyrin- und Bilirubinstoffwechsels

Krankheiten des Nervensystems (G00–G99)

G00 bakterielle Meningitis, nicht andernorts klassifizierbar
einschließlich: – Hämophilusmeningitis
– Pneumokokkenmeningitis
– Streptokokkenmeningitis

	– Staphylokokkenmeningitis
	– sonstige bakterielle Meningitis
G02	Meningitis bei andernorts klassifizierten infektiösen und parasitären Krankheiten
G03	Meningitis durch sonstige und nicht näher bezeichnete Ursachen
G04	Enzephalitis, Myelitis und Enzephalomyelitis
G06	intrakranielle und intraspinale Abszesse und Granulome
G06.2	extraduraler und subduraler Abszeß, nicht näher bezeichnet
G10	Huntington-Krankheit
G11	hereditäre Ataxie
G20	Parkinson-Krankheit
G21	sekundärer Parkinsonismus
G21.0	malignes neuroleptisches Syndrom
G21.1	sonstiger arzneimittelinduzierter sekundärer Parkinsonismus
G21.2	sekundärer Parkinsonismus durch sonstige äußere Substanzen
G21.3	postenzephalitisches Parkinson-Syndrom
G24	Dystonie
	einschließlich: – Dyskinesie
G24.0	Arzneimittelinduzierte Dystonie und Dyskinesie
G24.3	Torticollis spasticus
G24.8	sonstige Dystonie
	einschließlich: – Dyskinesia tarda
G25.-	sonstige extrapyramidale und Bewegungsstörungen
	einschließlich: – arzneimittelinduzierter Tremor
	– Myoklonus
	– Chorea
	– Tics
	– Restless-legs-Syndrom
G30	Alzheimer-Krankheit
G30.0	Alzheimer-Krankheit mit frühem Beginn
G30.1	Alzheimer-Krankheit mit spätem Beginn
G30.8	sonstige näher bezeichnete Alzheimer-Krankheit
G30.9	Alzheimer-Krankheit, nicht näher bezeichnet
G31	sonstige degenerative Krankheiten des Nervensystems, nicht andernorts klassifizierbar
G31.0	umschriebene Hirnathropie
	einschließlich: – Pick-Krankheit
G31.1	sonstige senile Degenerationen des Gehirns, nicht andernorts klassifizierbar
G31.2	Degenerationen des Nervensystems durch Alkohol
	einschließlich: – alkoholbedingte:
	zerebellare Ataxie
	zerebellare Degeneration
	zerebrale Degeneration und
	Enzephalopathie

Dysfunktion des autonomen
Nervensystems durch Alkohol

G31.8 sonstige näher bezeichnete degenerative Krankheiten des Nervensystems
einschließlich: – Degeneration der grauen Hirnsubstanz (Alpers-Syndrom)
– subakute nekrotisierende Enzephalopathie (Leigh)

G31.9 Degeneration des Nervensystems, nicht näher bezeichnet

G32 **sonstige degenerative Krankheiten des Nervensystems bei andernorts klassifizierten Krankheitsbildern**

G35 **Multiple Sklerose**

G37 **sonstige demyelinisierende Krankheiten des Zentralnervensystems**

G37.0 diffuse Sklerose
einschließlich: – Enzephalitis periaxialis
– Schilder-Krankheit

G40 **Epilepsien**
G40.0 lokalisationsbezogene (fokale)(partielle) idiopathische Epilepsie und epileptische Syndrome mit lokalisationsbezogenen Anfällen
einschließlich: – benigne Epilepsie des Kindesalters
   mit temporo-zentralen Spikes im EEG

G40.1 lokalisationsbezogene (fokale)(partielle) symptomatische Epilepsien und epileptische Syndrome mit einfachen Partialanfällen
einschließlich: – Anfälle ohne Störungen des Bewußtseins

G40.2 lokalisationsbezogene (fokale)(partielle) symptomatische Epilepsien und epileptische Syndrome mit komplexen Partialanfällen
einschließlich: – Anfälle mit Störungen des Bewußtseins meist mit Automatismen

G40.3 generalisierte idiopathische Epilepsie und epileptische Syndrome

G40.4 sonstige generalisierte Epilepsie und epileptische Syndrome
einschließlich: – Blitz-Nick-Salaam-Anfälle

G40.5 spezielle epileptische Syndrome
einschließlich: – epileptische Anfälle in Verbindung
   mit Alkohol, Drogen und Schlafentzug

G40.6 Grand-mal-Anfälle, nicht näher bezeichnet, mit oder ohne Petit-mal-Anfälle

G40.7 Petit-mal-Anfälle, nicht näher bezeichnet, ohne Grand-mal-Anfälle

G41.– **Status epilepticus**

G43.– **Migräne**

G44.– **sonstige Kopfschmerzen**

G45.– **transitorische zerebrale ischämische Attacken und verwandte Syndrome**

G47 **Schlafstörungen**
G47.2 Störungen des Schlaf-Wachrhythmus
G47.3 Schlafapnoe
G47.4 Narkolepsie und Kataplexie

G70 **Myasthenia gravis und sonstige Krankheiten im Bereich der neuromuskulären Synapse**

G70.0 **Myasthenia gravis**

G91.– **Hydrocephalus**

G92 toxische Enzephalopathie
G93 sonstige Krankheiten des Gehirns, nicht andernorts klassifizierbar
G93.1 anoxische Hirnschädigung, nicht andernorts klassifizierbar
G93.3 postvirales Erschöpfungssyndrom
einschließlich: – benigne myalgische Enzephalomyelitis
G93.4 Enzephalopathie, nicht näher bezeichnet
G97 Krankheiten des Nervensystems nach Operationen und medizinischen Maßnahmen, nicht andernorts klassifizierbar
G97.0 Liquorfistel nach Punktion

Krankheiten des Auges und der Augenanhangsgebilde (H00–H59)

H40 Glaukom
H41.6 Glaukom nach Arzneimittelverabreichung

Krankheiten des Ohres und des Mastoids (H60–H95)

H93 sonstige Störungen des Ohres, nicht andernorts klassifizierbar
H93.1 Tinnitus

Krankheiten des Kreislaufsystems (I00–I99)

I10 essentielle (primäre) Hypertonie

I60.- Subarachnoidalblutung

I61.- intrazerebrale Blutung

I62 sonstige nichttraumatische intrakranielle Blutung
I62.0 subdurale Blutung (akut, nichttraumatisch)
I62.1 nichttraumatische extradurale Blutung

I63.- Zerebralinfarkt

I64 Apoplexie, nicht näher als Blutung oder Infarkt bezeichnet

I65.- Verschluß und Stenose präzerebraler Arterien ohne resultierenden Zerebralinfarkt

I66.- Verschluß und Stenose zerebraler Arterien ohne resultierenden Zerebralinfarkt

I67 sonstige zerebrovaskuläre Krankheiten
I67.2 zerebrale Arteriosklerose
I67.3 progressive vaskuläre Leukenzephalopathie
einschließlich: – Morbus Binswanger
I67.4 hypertoniebedingte Enzephalopathie

I69.- Folgen zerebrovaskulärer Krankheiten

I95 Hypotonie
I95.2 Hypotonie durch Arzneimittel

Krankheiten des respiratorischen Systems (J00–J99)

J10   Grippe durch nachgewiesene Influenzaviren
J10.8   Grippe mit sonstigen Manifestationen, Viren nachgewiesen

J11   Grippe, Viren nicht nachgewiesen
J11.8   Grippe mit sonstigen Manifestationen, Viren nicht nachgewiesen

J42   chronische Bronchitis, nicht näher bezeichnet

J43.–   Emphysem

J45.–   Asthma

Krankheiten des Verdauungssystems (K00–K93)

K25   Ulcus ventriculi

K26   Ulcus duodeni

K27   Ulcus pepticum, Lokalisation nicht näher bezeichnet

K29   Gastritis und Duodenitis
K29.2   Alkoholgastritis

K30   Dyspepsie

K58.–   Reizkolon (Colon irritabile)

K59.–   sonstige funktionelle Darmstörungen

K70.–   alkoholische Lebererkrankung

K71.–   toxische Lebererkrankung
         einschließlich: – arzneimittelinduzierte
                              Lebererkrankung

K86   sonstige Krankheiten des Pankreas
K86.0   alkoholinduzierte chronische Pankreatitis

Krankheiten der Kutis und der Subkutis (L00–L99)

L20.–   Dermatitis atopica

L98   sonstige Krankheiten der Kutis und der Subkutis, nicht andernorts klassifizierbar
L98.1   Dermatitis factitia
         einschließlich: – neurotische Exkoriation

Krankheiten des Muskel-Skelett-Systems und des Bindegewebes (M00–M99)

M32.–   systemischer Lupus erythematodes

M54.–   Rückenschmerzen

Krankheiten des Urogenitalsystems (N00–N99)

N48 sonstige Krankheiten des Penis
N48.3 Priapismus
N48.4 Impotenz mit organischer Ursache

N91.– ausgebliebene, zu schwache oder zu seltene Menstruation

N94 Schmerzen und sonstige Symptome der weiblichen Genitalorgane sowie Symptome im Zusammenhang mit dem Menstruationszyklus
N94.3 Prämenstruelles Syndrom
N94.4 primäre Dysmenorrhoe
N94.5 sekundäre Dysmenorrhoe
N94.6 nicht näher bezeichnete Dysmenorrhoe

N95 Störungen vor, während und nach der Menopause
N95.1 Störungen im Zusammenhang mit der Menopause und dem Klimakterium der Frau
N95.3 Zustandsbilder bei artifizieller Menopause

Schwangerschaft, Geburt und Wochenbett (O00–O99)

O04 Abort aus medizinischer Indikation

O35 Betreuung der Mutter bei festgestellter oder vermuteter Anomalie oder Schädigung des Feten
O35.4 Betreuung der Mutter bei (vermuteter) Schädigung des Feten durch Alkohol
O35.5 Betreuung der Mutter bei (vermuteter) Schädigung des Feten durch Arzneimittel oder Drogen

O99 sonstige Krankheiten der Mutter, die andernorts klassifizierbar sind, die jedoch Schwangerschaft, Wehen, Entbindung und Wochenbett komplizieren
O99.3 psychische Störungen und Krankheiten des Nervensystems, die Schwangerschaft, Entbindung und Wochenbett komplizieren
einschließlich: – Störungen und Krankheiten aus den Kapiteln F00–F99 und G00–G99

Angeborene Mißbildungen, Deformationen und Chromosomenaberrationen (Q00–Q99)

Q02 Mikrozephalie
Q03.– Hydrocephalus congenitus
Q04.– sonstige angeborene Mißbildungen des Gehirns
Q05.– Spina bifida
Q75.– sonstige angeborene Mißbildungen der Schädel- und Gesichtsschädelknochen
Q85 Phakomatosen, nicht andernorts klassifizierbar
Q85.0 Neurofibromatose (nicht maligne)

Q85.1 tuberöse Sklerose

Q86 angeborene Mißbildungen durch unbekannte exogene Schadstoffe, nicht andernorts klassifizierbar Q86.0

Q90 Down-Syndrom
Q90.0 Trisomie 21, meiotische Nondisjunction
Q90.1 Trisomie 21, Mosaik (mitotische Nondisjunction)
Q90.2 Trisomie 21, Chromosomentranslokation
Q90.9 Down-Syndrom, nicht näher bezeichnet

Q91.– Edwards-Syndrom und Patau-Syndrom

Q93 Monosomien und Deletionen von Autosomen, nicht andernorts klassifizierbar
Q93.4 Deletion des kurzen Armes des Chromosomen 5
einschließlich: Cri-du-chat-Syndrom

Q96.– Turner-Syndrom

Q97.– sonstige Aberrationen der Gonosomen weiblichen Phänotyps, nicht andernorts klassifizierbar

Q98 sonstige Aberrationen der Gonosomen männlichen Phänotyps, nicht andernorts klassifizierbar
Q98.0 Klinefelter-Syndrom, Karyotyp 47, XXY
Q98.1 Klinefelter-Syndrom, männlicher Phänotyp mit mehr als zwei X-Chromosomen
Q98.2 Klinefelter-Syndrom, männlicher Phänotyp mit Karyotyp 46, XX
Q98.4 Klinefelter-Syndrom, nicht näher bezeichnet

Q99 sonstige Chromosomenaberrationen, nicht andernorts klassifizierbar

Symptome, Zeichen und abnorme klinische und Laborbefunde, nicht andernorts klassifiziert (R00–R99)

R55 Synkope und Kollaps

R56 Krampfanfälle, nicht andernorts klassifizierbar
R56.0 Fieberkrämpfe
R56.8 Krampfanfälle, sonstige und nicht näher bezeichnete

R62 Verzögerung der zu erwartenden normalen physiologischen Entwicklung
R62.0 verzögertes Eintreten bestimmter Entwicklungsstufen
R62.8 sonstige Verzögerungen der zu erwartenden physiologischen Entwicklung
R62.9 Verzögerung der zu erwartenden physiologischen Entwicklung, nicht näher bezeichnet

R63 Symptome, die die Nahrungs- und Flüssigkeitsaufnahme betreffen
R63.0 Anorexie
R63.1 Polydipsie
R63.4 abnorme Gewichtsabnahme
R63.5 abnorme Gewichtszunahme

R78.– Nachweis von Drogen und sonstigen Substanzen, die normalerweise nicht im Blut vorhanden sind
einschließlich: – Alkohol (R78.0)
– Opiate (R78.1)

- Kokain (R78.2)
- Halluzinogene (R78.3)
- sonstige suchterzeugende Substanzen (R78.4)
- psychotrope Medikamente (R78.5)
- pathologischer Lithiumspiegel (R78.8)

R83 abnorme Befunde im Liquor cerebrospinalis

R90.– abnorme Befunde bei diagnostischen bildgebenden Verfahren des Zentralnervensystems

R94 abnorme Ergebnisse von Funktionsprüfungen
R94.0 abnorme Ergebnisse von Funktionsprüfungen des Zentralnervensystems
einschließlich: – abnormes Elektroenzephalogramm

Verletzungen, Vergiftungen und sonstige Folgen äußerer Ursachen (S00–T98)

S06 Intrakranielle Verletzungen
S06.0 Kontusio
S06.1 traumatisches Hirnödem
S06.2 diffuse Hirnverletzung
S06.3 fokale Hirnverletzung
S06.4 epidurale Blutung
S06.5 traumatische subdurale Blutung
S06.6 traumatische subarachnoidale Blutung
S06.7 intrakranielle Verletzung mit langdauerndem Koma

Äußere Ursachen für Morbidität und Mortalität (V01–Y98)

Vorsätzliche Selbstbeschädigung (X60–X84)
einschließlich: vorsätzlich selbstzugefügte Vergiftung und Verletzung; Suizid

X60 vorsätzliche Selbstvergiftung durch und Exposition gegenüber nicht opiathaltigen Analgetika, Antipyretika und Antirheumatika

X61 vorsätzliche Selbstvergiftung durch und Exposition gegenüber Antikonvulsiva, Hypnotika, Antiparkinsonmitteln und psychotropen Substanzen, nicht andernorts klassifizierbar
einschließlich: – Antidepressiva
– Barbiturate
– Neuroleptika
– Psychostimulantien

X62 vorsätzliche Selbstvergiftung durch und Exposition gegenüber Narkotika und Psychodysleptika (Halluzinogene), nicht andernorts klassifizierbar
einschließlich: – Cannabis und Cannabinoide
– Kokain
– Codein
– Heroin

- Lysergide (LSD)
- Methadon
- Mescalin
- Morphium
- Opiate und Opioide

X63 vorsätzliche Selbstvergiftung durch und Exposition gegenüber sonstigen Arzneimitteln und Substanzen mit Wirkung auf das autonome Nervensystem

X64 vorsätzliche Selbstvergiftung durch und Exposition gegenüber sonstigen und nicht näher bezeichneten Arzneimitteln und biologisch aktiven Stoffen

X65 vorsätzliche Selbstvergiftung durch und Exposition gegenüber Alkohol

X66 vorsätzliche Selbstvergiftung durch und Exposition gegenüber Erdölprodukten, sonstigen Lösungsmitteln und deren Dämpfe

X67 vorsätzliche Selbstvergiftung durch und Exposition gegenüber sonstigen Gasen und Dämpfen
einschließlich: - Kohlenmonoxid
- Gebrauchsgase

X68 vorsätzliche Selbstvergiftung durch und Exposition gegenüber Insektiziden, Herbiziden und sonstigen Schädlingsbekämpfungsmitteln

X69 vorsätzliche Selbstvergiftung durch und Exposition gegenüber sonstigen und nicht näher bezeichneten Chemikalien und Giftstoffen
einschließlich: - aromatische Ätzgifte
- Säuren
- Ätzalkalien

X70 vorsätzliche Selbstbeschädigung durch Erhängen, Erdrosseln und Ersticken

X71 vorsätzliche Selbstbeschädigung durch Ertrinken und Untergehen

X72 vorsätzliche Selbstbeschädigung durch Faustfeuerwaffen

X73 vorsätzliche Selbstbeschädigung durch Gewehr, Schrotflinte und schwere Feuerwaffe

X74 vorsätzliche Selbstbeschädigung durch sonstige nicht näher bezeichnete Feuerwaffe

X75 vorsätzliche Selbstbeschädigung durch Explosivstoffe

X76 vorsätzliche Selbstbeschädigung durch Feuer und Flammen

X77 vorsätzliche Selbstbeschädigung durch Wasserdampf, heiße Dämpfe und heiße Gegenstände

X78 vorsätzliche Selbstbeschädigung durch scharfen Gegenstand

X79 vorsätzliche Selbstbeschädigung durch stumpfen Gegenstand

X80 vorsätzliche Selbstbeschädigung durch Sturz aus der Höhe

X81 vorsätzliche Selbstbeschädigung durch Sprung oder Sichlegen vor einen sich bewegenden Gegenstand

X82 vorsätzliche Selbstbeschädigung durch Unfall mit einem Kraftfahrzeug

X83 vorsätzliche Selbstbeschädigung auf sonstige näher bezeichnete Art und Weise
einschließlich: - Unfall mit einem Luftfahrzeug
- Stromtod

– ätzende Substanzen, ausgenommen
Vergiftung

X84   vorsätzliche Selbstbeschädigung auf nicht näher bezeichnete Weise

Tätlicher Angriff (X85–Y09)
einschließlich: Tötung; Verletzungen, die auf jegliche Art und Weise durch eine sonstige Person in Verletzungs- oder Tötungsabsicht zugefügt wurden

X93   tätlicher Angriff mit Faustfeuerwaffe

X99   tätlicher Angriff mit einem scharfen Gegenstand

Y00   tätlicher Angriff mit einem stumpfen Gegenstand

Y04   tätlicher Angriff mit körperlicher Gewalt

Y05   sexueller Mißbrauch mittels körperlicher Gewalt

Y06.– Vernachlässigung und Im-Stich-Lassen

Y07.– sonstige Mißhandlungssyndrome
einschließlich: – seelische Grausamkeit
– körperlicher Mißbrauch
– sexueller Mißbrauch
– Folterung

Arzneimittel, Drogen und biologisch aktiv Stoffe, die bei therapeutischer Verwendung schädliche Wirkungen verursachen (Y40–Y59)

Y46   Antikonvulsiva und Antiparkinsonmittel
Y46.7 Antiparkinsonmittel

Y47.– Sedativa, Hypnotika und Tranquillizer

Y49   psychotrope Substanzen, nicht andernorts klassifiziert
Y49.0 trizyklische und tetrazyklische Antidepressiva
Y49.1 monoaminooxidasehemmende Antidepressiva
Y49.2 sonstige und nicht näher bezeichnete Antidepressiva
Y49.3 Antipsychotika und Neuroleptika auf Phenothiazinbasis
Y49.4 Butyrophenon- und Thioxanthen-Neuroleptika
Y49.5 sonstige Antipsychotika und Neuroleptika
Y49.6 Psychodysleptika (Halluzinogene)
Y49.7 Psychostimulantien mit Mißbrauchspotential
Y49.8 sonstige psychotrope Substanzen, nicht andernorts klassifizierbar
Y49.9 nicht näher bezeichnete psychotrope Substanzen

Y50.– Stimulantien des Zentralnervensystems, nicht andernorts klassifizierbar

Y51.– vorwiegend auf das autonome Nervensystem wirkende Arzneimittel

Y57.– sonstige und nicht näher bezeichnete Drogen und Alkohol

Faktoren, die den Gesundheitszustand beeinflussen und zur Inanspruchnahme von Gesundheitsdiensten führen (Z00–Z99)

Z00 allgemeine Untersuchung von Personen ohne Beschwerden oder angegebene Diagnose
Z00.4 allgemeine psychiatrische Untersuchung, nicht andernorts klassifizierbar

Z02 Untersuchung aus administrativen Gründen
Z02.3 Musterungsuntersuchung
Z02.4 Untersuchung zwecks Erlangung des Führerscheins
Z02.6 Untersuchung zu Versicherungszwecken
Z02.7 zur Ausstellung einer medizinischen Bescheinigung

Z03 ärztliche Beobachtung und Begutachtung von Verdachtsfällen
Z03.2 Beobachtung bei Verdacht auf psychische Krankheit, Verhaltensstörung oder bestimmte Entwicklungsstörungen
einschließlich: – dissoziales Verhalten
– Brandstiftung
– Ladendiebstahl
– ohne manifeste psychische Störung

Z04 Untersuchung und Beobachtung aus sonstigen Gründen
einschließlich: – Untersuchung aus gerichtsmedizinischen Gründen
Z04.6 behördlich angeordnete allgemeine psychiatrische Untersuchung

Z50 Behandlung unter Anwendung von Rehabilitationsmaßnahmen
Z50.2 Rehabilitation nach Alkoholabhängigkeit
Z50.3 Rehabilitation nach Abhängigkeit von psychotropen Substanzen
Z50.4 Psychotherapie, nicht andernorts klassifizierbar
Z50.7 Beschäftigungstherapie und sprachliche Rehabilitation, nicht andernorts klassifizierbar
Z50.8 Behandlung unter Anwendung sonstiger näher bezeichneter Rehabilitationsmaßnahmen
einschließlich: – Rehabilitation nach schädlichem Gebrauch von Tabak
– Einübung von Tätigkeiten des täglichen Lebens

Z53 Rekonvaleszenz
Z53.3 Rekonvaleszenz nach Psychotherapie

Z55.– Probleme in Verbindung mit Ausbildung und Beruf

Z56.– Probleme in Verbindung mit Berufstätigkeit und Arbeitslosigkeit

Z59.– Probleme in Verbindung mit Wohnbedingungen und ökonomischen Verhältnissen

Z60 Probleme in Verbindung mit der sozialen Umgebung
Z60.0 Anpassungsprobleme bei Veränderung der Lebensumstände
Z60.1 atypische familiäre Situation
Z60.2 Alleinleben
Z60.3 Schwierigkeiten bei der kulturellen Eingewöhnung
Z60.4 soziale Zurückweisung und Ablehnung
Z60.5 Zielscheibe feindlicher Diskriminierung und Verfolgung
Z60.8 sonstige näher bezeichnete Probleme verbunden mit der sozialen Umgebung

Z61	**Probleme durch negative Kindheitserlebnisse**
Z61.0	Verlust eines nahen Angehörigen in der Kindheit
Z61.1	Herauslösen aus dem Elternhaus in der Kindheit
Z61.2	negativ veränderte Struktur der Familienbeziehungen in der Kindheit
Z61.3	Ereignisse in der Kindheit, die den Verlust des Selbstwertgefühls zur Folge haben
Z61.4	Probleme bei sexuellem Mißbrauch in der Kindheit durch eine Person innerhalb der engeren Familie
Z61.5	Probleme bei sexuellem Mißbrauch in der Kindheit durch eine Person außerhalb der engeren Familie
Z61.6	Probleme bei körperlicher Mißhandlung eines Kindes
Z61.7	persönliches ängstigendes Erlebnis in der Kindheit
Z61.8	sonstige näher bezeichnete negative Kindheitserlebnisse
Z62	**sonstige Probleme bei der Erziehung**
Z62.0	ungenügende elterliche Überwachung und Kontrolle
Z62.1	elterliche Überfürsorglichkeit
Z62.2	Heimerziehung
Z62.3	Feindseligkeit gegenüber dem Kind und ständige Schuldzuweisung an das Kind
Z62.4	emotionale Vernachlässigung eines Kindes
Z62.5	sonstige Probleme im Zusammenhang mit Vernachlässigung der Erziehung
Z62.6	unangebrachter elterlicher Druck und sonstige abnorme Erziehungsmerkmale
Z62.8	sonstige näher bezeichnete Probleme bei der Erziehung
Z63	**sonstige Probleme in der primären Bezugsgruppe, einschließlich familiärer Umstände**
Z63.0	Probleme in der Beziehung zum (Ehe)partner
Z63.1	Probleme in der Beziehung zu den Eltern oder zu angeheirateten Verwandten
Z63.2	ungenügende familiäre Unterstützung
Z63.3	Abwesenheit eines Familienangehörigen
Z63.4	Verschwinden oder Tod eines Familienangehörigen
Z63.5	Familienzerrüttung durch Trennung oder Scheidung
Z63.6	Verwandter, der häusliche Betreuung benötigt
Z63.7	sonstige belastende Lebensumstände, die Familie und Haushalt negativ beeinflussen
Z63.8	sonstige näher bezeichnete Probleme in der primären Bezugsgruppe
Z64	**Probleme bei bestimmten psychosozialen Umständen**
Z64.0	Probleme bei unerwünschter Schwangerschaft
Z64.2	Nachsuchen um und Akzeptieren körperlicher, chemischer und Ernährungsmaßnahmen, die bekanntermaßen gefährlich und schädlich sind
Z64.3	Nachsuchen um und Akzeptieren von verhaltenspsychologischen Maßnahmen, die bekanntermaßen gefährlich und schädlich sind
Z64.4	Dissonanzen mit Beratungspersonen
	einschließlich: – Bewährungshelfer
	– Sozialarbeiter
Z65	**Probleme bei sonstigen psychosozialen Umständen**
Z65.0	Zivil- oder strafrechtliche Verurteilung ohne Haftstrafe
Z65.1	Haftstrafe oder Inhaftierung
Z65.2	Entlassung aus dem Gefängnis
Z65.3	sonstige gesetzliche Maßnahmen

einschließlich: – Verhaftung
– Sorgerechts- oder Unterhaltsverfahren
– Strafverfolgung

Z65.4 Opfer von Verbrechen oder Terrorismus (einschließlich Folterung)
Z65.5 Betroffensein von Katastrophen, Krieg oder sonstigen Feindseligkeiten

Z70 Beratungsersuchen im Hinblick auf Sexualeinstellung,- verhalten und – orientierung

Z71 Personen, die Gesundheitsdienste zum Zwecke sonstiger Beratung und medizinischer Konsultation in Anspruch nehmen, nicht andernorts klassifizierbar
Z71.4 Beratung und Überwachung bei Alkoholmißbrauch
Z71.5 Beratung und Überwachung bei Mißbrauch psychotroper Substanzen
Z71.6 Beratung bei schädlichem Gebrauch von Tabak

Z72 Probleme bei der Lebensführung
Z72.0 Rauchen
Z72.1 Alkoholgenuß
Z72.2 Gebrauch psychotroper Substanzen
Z72.3 Mangel an körperlicher Bewegung
Z72.4 ungeeignete Ernährungsweise und Eßgewohnheiten
Z72.5 riskantes Sexualverhalten
Z72.6 Teilnahme an Glücksspielen und Wetten
Z72.8 sonstige näher bezeichnete Probleme bei der Lebensführung
einschließlich: – selbstschädigendes Verhalten

Z73 Probleme verbunden mit Schwierigkeiten bei der Lebensbewältigung
Z73.0 Erschöpfungssyndrom (Burn-out-Syndrom)
Z73.1 akzentuierte Persönlichkeitszüge
einschließlich: – Typ-A-Verhalten
Z73.2 Mangel an Entspannung oder Freizeit
Z73.3 Belastung, nicht andernorts klassifizierbar
Z73.4 unzulängliche soziale Fähigkeiten, nicht andernorts klassifizierbar
Z73.5 sozialer Rollenkonflikt, nicht andernorts klassifizierbar

Z75 Probleme mit medizinischen Betreuungsmöglichkeiten und sonstiger Gesundheitsbetreuung
Z75.1 Person, die auf Aufnahme in eine andere geeignete Betreuungseinrichtung wartet
Z75.2 sonstige Wartezeit auf eine Untersuchung oder Behandlung
Z75.5 Betreuung einer pflegebedürftigen Person während des Urlaubs von Angehörigen

Z76 Personen, die Gesundheitsdienste aus anderen Gründen in Anspruch nehmen
Z76.0 Ausstellung wiederholter Verordnung
Z75.5 Person, die Krankheit vortäuscht (Simulant)
einschließlich: – Personen, die eine Krankheit aus offensichtlicher Motivation vortäuschen

Z81 In der Familienanamnese Hinweise auf psychische und Verhaltensstörungen
Z81.0 in der Familienanamnese Hinweise auf Intelligenzminderung
Z81.1 in der Familienanamnese Hinweise auf schädlichen Gebrauch von Alkohol
Z81.3 in der Familienanamnese Hinweise auf schädlichen Gebrauch psychotroper Substanzen

Z81.8	in der Familienanamnese Hinweise auf andere psychische und Verhaltensstörungen
Z82	**in der Familienanamnese Hinweise auf bestimmte Behinderungen und chronische, behindernde Krankheiten**
Z82.0	in der Familienanamnese Hinweise auf Epilepsie und andere Krankheiten des Nervensystems
Z85.–	**in der Eigenanamnese bösartige Neubildungen**
Z86	**in der Eigenanamnese bestimmte sonstige Krankheiten**
Z86.0	sonstige Neubildungen
Z86.4	Mißbrauch psychotroper Substanzen
Z86.5	sonstige psychische und Verhaltensstörungen
Z86.6	Krankheiten des Nervensystems und der Sinnesorgane
Z87	**in der Eigenanamnese sonstige Erkrankungen und Bedingungen**
Z87.7	angeborene Mißbildungen, Deformitäten und Chromosomenaberrationen
Z91	**in der Eigenanamnese Risikofaktoren, nicht andernorts klassifizierbar**
Z91.1	Nichtbefolgung ärztlicher Anordnungen
Z91.4	psychisches Trauma, nicht andernorts klassifizierbar
Z91.5	Selbstbeschädigung
	einschließlich: – parasuizidale Handlungen
	– Selbstvergiftung
	– Suizidversuch

ICD-9-CM-Codierungen

HIV-Infektion

042	HIV-Infektion in Verbindung mit bestimmten anderen Erkrankungen
043	HIV-Infektion, die bestimmte andere Erkrankungen verursacht (AIDS-related complex)
044	Andere Infektionen durch HIV
042.0	AIDS mit bestimmten Infektionen
042.1	AIDS mit bestimmten anderen Infektionen
042.2	AIDS mit bestimmtem bösartigem Neoplasma
042.9	AIDS, n. n. bez.
043.0	Lymphadenopathie durch AIDS-related complex
043.1	ZNS befallen durch HIV-Infektion
043.2	Sonstige Störungen mit Beteiligung der Immunmechanismen im Zusammenhang mit AIDS-related complex
043.3	Bestimmte andere durch AIDS-related complex verursachte Erkrankungen
043.9	AIDS-related complex, n. n. bez.
044.0	Bestimmte andere durch eine HIV-Infektion verursachte akute Infektionen
044.9	HIV-Infektion, n. n. bez.

Infektionskrankheiten

006.9	Amoebiasis
112.5	Candidosis disseminata
112.3	Candidosis der Haut und Nägel
112.4	Candidosis der Lunge
112.0	Candidosis des Mundes (Soor)
112.2	Candidosis des Urogenitaltrakts
112.9	Candidosis n. n. bez. Sitz
112.1	Candidosis der Vulva und Vagina
099.41	Chlamydia trachomatis
001.9	Cholera, n. n. bez.
078.1	Condyloma acuminatum (Viruswarzen)
079.2	Coxsackievirusinfektion
041.83	Emphysembazillus (Gasbrand)
041.4	Escherichia coli-Infektion
081.9	Fleckfieber
041.3	Friedländerbakterien-Infektion
007.1	Giardiasis (Giardia lamblia)
098.2	Gonokokkeninfektion (Gonorrhö)
487.1	Grippe, unspezifisch
487.0	Grippe mit Pneumonie
041.5	Haemophilus influenzae-Infektion
054.9	Herpes simplex
053.9	Herpes Zoster
115.9	Histoplasmie
114.9	Kokzidioidmykose
117.5	Kryptokokkose
088.81	Lyme-Borreliose

084.6	Malaria
036.9	Meningokokkeninfektion
075	Mononukleose, infektiöse
072.9	Mumps
041.81	Mykoplasmainfektion
041.2	Pneumokokkeninfektion
041.6	Proteus (mirabilis)-Infektion
041.7	Pseudomonasinfektion
082.9	Rickettsiose, durch Zecken übertragene
056.9	Röteln
004.9	Ruhr, bakterielle (Shigella)
003.9	Salmonelleninfektion
135	Sarkoidose
041.10	Staphylokokkeninfektion
041.00	Streptokokkeninfektion
097.9	Syphilis (Lues)
071	Tollwut
130.9	Toxoplasmose
124	Trichinose
131.9	Trichomoniasis
002.0	Typhoides Fieber
070.1	Virushepatitis Typ A
070.3	Virushepatitis Typ B
070.51	Virushepatitis Typ C
079.99	Virusinfektion, n. n. bez.

Neoplasmen

228.02	Hämangiom des Gehirns
201.90	Morbus Hodgkin
176.9	Kaposi-Sarkom
208.01	Leukämie, akute, in Remission
208.00	Leukämie, akute
208.11	Leukämie, chronische, in Remission
208.10	Leukämie, chronische
200.10	Lymphosarkom
172.9	Malignes Melanom
225.2	Meningiom
203.00	Multiples Myelom
203.01	Multiples Myelom, in Remission
195.2	Neoplasma des Abdomens, bösartig, primär
157.9	Neoplasma der Bauchspeicheldrüse, bösartig, primär
171.9	Neoplasma des Bindegewebes, bösartig, primär
162.9	Neoplasma der Bronchien, bösartig, primär
153.9	Neoplasma des Dickdarms, bösartig, primär
197.5	Neoplasma des Dickdarms, bösartig, sekundär
152.9	Neoplasma des Dünndarms bösartig, primär
183.0	Neoplasma des Eierstocks, bösartig, primär
179	Neoplasma der Gebärmutter, bösartig, primär

191.9	Neoplasma des Gehirns, bösartig, primär
198.3	Neoplasma des Gehirns, bösartig, sekundär
225.0	Neoplasma des Gehirns, gutartig
194.0	Neoplasma der Glandulae suprarenales, bösartig, primär
188.9	Neoplasma der Harnblase, bösartig, primär
173.9	Neoplasma der Haut, bösartig, primär
186.9	Neoplasma des Hodens, bösartig, primär
170.9	Neoplasma der Knochen und Knochenmark, bösartig, primär
198.5	Neoplasma der Knochen und Knochenmark, bösartig, sekundär
155.0	Neoplasma der Leber, bösartig, primär
197.7	Neoplasma der Leber, bösartig, sekundär
162.9	Neoplasma der Lunge, bösartig, primär
197.0	Neoplasma der Lunge, bösartig, sekundär
196.9	Neoplasma der Lymphknoten, bösartig, sekundär
175.9	Neoplasma der männlichen Brust, bösartig, primär
151.9	Neoplasma des Magens, unspezifischer Bezirk, bösartig, primär
211.4	Neoplasma des Mastdarms und des Analkanals, gutartig
189.0	Neoplasma der Niere, bösartig, primär
185	Neoplasma der Prostata, bösartig, primär
154.1	Neoplasma des Rektums, bösartig, primär
193	Neoplasma der Schilddrüse, bösartig, primär
150.9	Neoplasma der Speiseröhre bösartig, primär o. n. A.
174.9	Neoplasma der weiblichen Brust, bösartig, primär
180.9	Neoplasma des Zervix uteri, bösartig, primär
237.70	Neurofibromatose (von Recklinghausen-Krankheit)
227.0	Phäochromozytom, benignes
194.0	Phäochromozytom, malignes
238.4	Polycythaemia vera

Endokrine Erkrankungen

255.2	Adrenogenitale Störung
253.0	Akromegalie und Gigantismus
255.0	Cushing-Syndrom
253.5	Diabetes insipidus
250.00	Diabetes mellitus Typ II, insulinunabhängig
250.00	Diabetes mellitus Typ I, insulinabhängig
257.9	Funktionsstörung der Hoden
256.9	Funktionsstörung der Ovarien
255.1	Hyperaldosteronismus
252.0	Hyperparathyreoidismus
252.1	Hypoparathyreoidismus
242.9	Hyperthyreoidismus
244.9	Hypothyreose, erworbene
243	Hypothyreose, kongenitale
259.2	Karzinoid-Syndrom
253.2	Minderwuchs, hypophysärer
255.4	Nebennierenrindenunterfunktion
253.2	Panhypopituitarismus

259.0 Pubertät und sexuelle Entwicklung, verzögerte
259.1 Pubertät und sexuelle Entwicklung, verfrüht
241.9 Struma, Knoten- ohne Thyreotoxikose
240.9 Struma, n. n. bez.
245.9 Thyreoiditis

Ernährungsstörungen
266.0 Ariboflavinose-Syndrom
267 Askorbinsäuremangel
265.0 Beriberi
278.0 Fettsucht
266.2 Folsäure-Mangel
261 Hunger-Marasmus
269.3 Jodmangel
269.3 Kalziummangel
260 Kwashiorkor-Syndrom
262 Protein-Energie-Mangelsyndrom, schweres
265.2 Pellagra (Niacin-Mangel)
264.9 Vitamin A-Mangel
266.1 Vitamin B_6-Mangel
266.2 Vitamin B_{12}-Mangel
268.9 Vitamin D-Mangel
269.1 Vitamin E-Mangel
269.0 Vitamin K-Mangel

Stoffwechselerkrankungen
276.3 Alkalose
277.3 Amyloidose
276.2 Azidose
271.3 Disaccharid-Intoleranz-Syndrom- und Glucose-Galaktose-Malabsorption
276.6 Flüssigkeitsüberlastung
274.9 Gicht
275.0 Hämochromatose
275.4 Hyperkalzämie
276.7 Hyperkaliämie
276.0 Hypernatriämie
275.4 Hypokalzämie
276.8 Hypokaliämie
276.1 Hyponatriämie
277.2 Lesch-Nyhan-Syndrom
270.1 Phenylketonurie
277.1 Porphyrinurie
276.9 Störung des Elektrolytgleichgewichts
276.5 Volumenverringerung (Wasserverlust)
275.1 Wilson-Syndrom

Erkrankungen des Nervensystems

324.0	Abszeß, intrakranieller
331.0	Alzheimersche Erkrankung
436	Apoplektischer Insult
437.0	Arteriosklerose, zerebral
334.3	Ataxie, zerebellar
350.2	Atypische Gesichtsschmerzen
333.4	Chorea Huntington
851.80	Contusio cerebri
572.2	Enzephalopathie, hepatische
437.2	Encephalopathia hypertensiva
348.3	Enzephalopathie, nicht näher bezeichnete
345.70	Epilepsia partialis continua (Koshewnikoff-Syndrom)
345.10	Epilepsie, generalisierte Anfälle mit Krämpfen (grand mal)
345.40	Epilepsie, partiell mit Bewußtseinsstörungen
345.50	Epilepsie, partiell ohne Bewußtseinsstörungen
345.00	Epilepsie, generalisierte Anfälle ohne Krämpfe (petit mal)
850.9	Gehirnerschütterung
432.0	Hämorrhagie, nichttraumatische extradurale
852.40	Hämorrhagie, traumatische epidurale
431	Hämorrhagie, intrazerebrale
430	Hämorrhagie, subarachnoidale
852.00	Hämorrhagie, subarachnoidale traumatische
432.1	Hämorrhagie, subdurale nichttraumatische
852.20	Hämorrhagie, subdurale traumatische
348.5	Hirnödem
331.3	Hydrocephalus communicans
331.4	Hydrocephalus occlusus
435.9	Ischämie, transitorische
046.1	Jakob-Creutzfeldtsche Erkrankung
354.0	Karpaltunnel-Syndrom
354.4	Kausalgie
346.20	Kopfschmerz, Cluster Headache
046.0	Kuru
335.20	Lateralsklerose, amyotrophische
046.3	Leukoenzephalopathie, progressive multifokale
330.1	Lipidose, zerebrale
320.9	Meningitis durch n.n.bez. Bakterien
321.0	Meningitis durch Kryptokokken
054.72	Meningitis durch Herpes-simplex-Virus
053.0	Meningitis durch Herpes Zoster
321.10	Meningitis durch Pilzkrankheiten
094.2	Meningitis, syphilitische (luische)
047.9	Meningitis durch n.n.bez. Enteroviren
346.00	Migräne, echte (Migraine accompagnée)
346.10	Migräne, vasomotorische (common migraine)
346.90	Migräne, n.n.bez.
340	Multiple (oder Poly-)Sklerose
359.1	Muskeldystrophie: Duchenne Typ

358.0	Myasthenia gravis pseudoparalytica
337.1	Neuropathie des autonomen (peripheren) Nervensystems
351.0	Parese, Fazialis- (Bell-Lähmung)
343.9	Parese, Cerebral-
343.9	Parese, Pseudobulbär-
046.2	Panenzephalitis, subakute sklerosierende
094.1	Progressive Paralyse
332.0	Primäres Parkinson-Syndrom
331.1	Picksche Erkrankung
357.9	Polyneuropathie, n. n. bez.
348.2	Pseudotumor cerebri (benigne Hirndrucksteigerung)
345.3	Status, grand mal-
345.2	Status, petit mal-
433.1	Stenose der Arteria carotis
330.1	Tay-Sachs-Syndrom
333.1	Tremor, essentieller
350.1	Trigeminusneuralgie o. n. A.
049.9	Virusenzephalitis
434.9	Zerebraler Infarkt o. n. A.

Augenerkrankungen

365.9	Glaukom
366.9	Katarakt
372.9	Konjunktivastörungen
377.30	Neuritis optica
361.9	Netzhautablösung
379.50	Nystagmus und sonstige irreguläre Augenbewegungen
377.00	Papillenödem (Stauungspapille)
369.9	Sehverlust

Hals-, Nasen- und Ohrenerkrankungen

460	Erkältung
464.0	Kehlkopfentzündung, akute (Laryngitis)
386.00	Ménière-Symptomenkomplex
461.9	Nebenhöhlenentzündung, akute (Sinusitis)
473.9	Nebenhöhlenentzündung, chronische (Sinusitis)
382.9	Otitis media
462	Rachenentzündung, akute (Pharyngitis)
477.9	Rhinitis, allergische
389.9	Taubheit
388.30	Tinnitus aureum (Ohrgeräusche)
463	Tonsillitis, akute

Herz-Kreislauferkrankungen

413.9	Angina pectoris
424.1	Aortenklappenerkrankung
446.0	Arteriitis nodosa

440.9 Arteriosklerose
414.0 Arteriosklerotische Herzerkrankung
426.10 Block, atrioventrikulärer
426.3 Block, Linksschenkel-
426.4 Block, Rechtsschenkel-
421.9 Endokarditis, bakterielle
427.60 Extrasystolie
455.6 Hämorrhoiden
427.5 Herzstillstand
416.9 Herzerkrankung, chronische pulmonale
427.9 Herzrhythmusstörung, n. n. bez.
401.9 Hypertonie, essentielle
402.91 Hypertensive Herzkrankheit mit Stauungsherz
402.90 Hypertensive Herzkrankheit ohne Stauungsherz
403.91 Hypertonischer Nierenschaden mit Insuffizienz
403.90 Hypertonischer Nierenschaden ohne Insuffizienz
458.0 Hypotonie, orthostatische
427.41 Kammerflimmern
427.42 Kammerflattern
454.9 Krampfadern der unteren Extremitäten
415.1 Lungenembolie
424.0 Mitralklappeninsuffizienz
424.0 Mitralklappenprolaps
394.0 Mitralstenose (rheumatische)
410.90 Myokardinfarkt, akuter
425.5 Myokardiopathie, alkoholische
425.4 Myokardiopathie, idiopathische
456.0 Oesophagusvarizen, blutende
456.1 Oesophagusvarizen, ohne Blutung
423.9 Perikarditis
443.9 Periphere Gefäßkrankheit
451.9 Phlebitis und Thrombophlebitis
424.3 Pulmonalklappenerkrankung (nichtrheumatisch)
397.1 Pulmonalklappenerkrankung (rheumatisch)
428.0 Stauungsinsuffizienz
427.0 Tachykardie, supraventrikuläre paroxysmale
427.2 Tachykardie, paroxysmale
427.1 Tachykardie, ventrikuläre paroxysmale
424.2 Trikuspidalklappenerkrankung (nichtrheumatisch)
397.0 Trikuspidalklappenerkrankung (rheumatisch)
427.31 Vorhofflimmern
427.32 Vorhofflattern

Atemwegserkrankungen
493.20 Asthma, chronisches obstruktives
493.90 Asthma, n. n. bez.
494 Bronchiektasie
466.0 Bronchitis, akute

491.21 Bronchitis, obstruktive chronische mit Verschluß der Atemwege
491.20 Bronchitis, obstruktive chronische ohne Verschluß der Atemwege
492.8 Emphysem
277.00 Fibrose, zystische
518.81 Insuffizienz, respiratorische
513.0 Lungenabszeß
518.0 Lungenkollaps
011.9 Lungentuberkulose
511.9 Pleuritis mit Erguß o. n. A.
505 Pneumokoniose, n. n. bez.
860.4 Pneumohämothorax, traumatisch
483.0 Pneumonie durch Mycoplasma pneumoniae
481 Pneumonie durch Pneumokokken
482.30 Pneumonie durch Streptokokken
486 Pneumonie n. n. bez.
482.9 Pneumonie, n. n. bez., bakteriell
480.9 Pneumonie, Virus-
512.8 Pneumothorax, Spontan-
860.0 Pneumothorax, traumatischer
136.3 Pneumozystosis

Erkrankungen des Verdauungssystems
540.9 Appendizitis, akute
567.9 Bauchfellentzündung
575.0 Cholezystitis, akute
575.1 Cholezystitis, chronische
556 Colitis ulcerosa
555.9 Crohn-Krankheit
560.39 Darmeinklemmung (Kotstein)
560.9 Darmverschluß
009.2 Diarrhoe, infektiöse
558.9 Diarrhoe, unspezifische
555.9 Enteritis, regionale
576.2 Gallengangsstriktur, erworbene
535.50 Gastritis und Gastroduodenitis
535.50 Gastroduodenitis und Gastritis
558.9 Gastroenteritis
571.1 Hepatitis, akute alkoholische
571.40 Hepatitis, chronische
573.3 Hepatitis, toxisch (einschl. drogeninduziert)
571.2 Leberzirrhose, alkoholische (Laennec-Leberzirrhose)
550.90 Leistenhernie
562.12 Kolondiverticulitis, mit Blutung
562.10 Kolondiverticulitis, unspezifisch
562.13 Kolondivertikulose, mit Blutung
562.11 Kolondivertikulose, unspezifisch
531.30 Magengeschwür, akutes
531.70 Magengeschwür, chronisches

578.9	Magen-Darm-Blutung
564.1	Reizdarm oder -kolon
564.0	Obstipation
530.1	Oesophagitis
530.3	Oesophagusstriktur
577.0	Pankreatitis, akute
577.1	Pankreatitis, chronische
530.1	Refluxösophagitis
530.4	Ruptur der Speiseröhre
532.30	Ulcus duodeni, akutes
532.70	Ulcus duodeni, chronisches
070.1	Virushepatitis, Typ A
070.30	Virushepatitis, Typ B
070.51	Virushepatitis, Typ C

Hauterkrankungen

704.00	Alopezie
707.0	Dekubitus, ulzeröser
693.0	Dermatitis durch eigenommene Substanzen
703.0	Eingewachsener Nagel
695.1	Erythema multiforme
701.4	Keloide
692.9	Kontaktdermatitis
696.1	Psoriasis
708.0	Urtikaria, allergische
682.9	Zellgewebsentzündung o. n. A.

Erkrankungen des Stütz-, Bewegungs- und Bindegewebssystems

716.20	Arthritis, allergische
711.90	Arthritis, infektiöse
714.0	Arthritis, rheumatisch
733.40	Aseptische Knochennekrose
710.3	Dermatomyositis
722.93	Diskopathie, lumbale intervertebrale
722.92	Diskopathie, thorakale intervertebrale
722.91	Diskopathie, zervikale intervertebrale
733.10	Fraktur, pathologische (Spontanfraktur)
710.0	Lupus erythematodes disseminatus
715.90	Osteoarthrose
730.20	Osteomyelitis
733.00	Osteoporose
710.1	Systemsklerose
737.30	Skoliose und Kyphoskoliose
710.2	Sjögren-Syndrom
720.0	Spondylitis ankylopoetica (Morbus Bechterew)

Erkrankungen des Urogenitalsystems
614.9	Beckeninfektion oder -entzündung
625.3	Dysmenorrhoe
617.9	Endometriose
218.9	Fibroid (Uterus)
596.4	Harnblasenatonie
592.1	Harnleitersteine
593.3	Harnleiterverengung
598.9	Harnröhrenverengung
599.0	Harnwegsinfekt
628.9	Infertilität, weibliche
606.9	Infertilität, Männliche
627.9	Klimakterische und postklimakterische Störung
626.9	Menstruationsstörungen und abnorme Blutungen
625.2	Mittelschmerz
580.9	Nierenentzündung, akute (Nephritis)
584.9	Niereninsuffizienz, akute
585	Niereninsuffizienz, chronische
403.91	Niereninsuffizienz, hypertonische
586	Niereninsuffizienz, unspezifisch
592.0	Nierensteine
607.3	Priapismus (schmerzhafte Erektion)
600	Prostatavergrößerung, gutartige
601.9	Prostatitis
592.9	Steine in n. n. bez. Harnorganen
618.9	Uterusprolaps
620.2	Zyste des Eierstock
595.9	Zystitis

Schwangerschafts-, Geburts- und Wochenbetterkrankungen
642.00	Eklampsie
643.0	Hyperemesis gravidarum, leicht
643.01	Hyperemesis gravidarum mit Stoffwechselstörungen
642.04	Präeklampsie, leicht
642.05	Präeklampsie, schwer

Kongenitale Fehlbildungen, Deformatitäten und Chromosomenabberationen
758.0	Down-Syndrom
760.71	Fetales Alkohol-Syndrom
749.00	Gaumenspalte
742.3	Hydrocephalus congenitus
752.5	Hodenretention
758.3	Katzenschrei-Syndrom (Antimongolismus-Syndrom)
758.7	Klinefelter-Syndrom
749.10	Lippenspalte
759.82	Marfan-Syndrom
742.1	Mikrozephalus

751.3 Morbus Hirschsprung und sonstige kongenitale Funktionsstörungen des Dickdarms
750.5 Pylorusstenose, kongenitale hypertrophe
741.90 Spina bifida (aperta) (cystica)
760.71 Toxische Auswirkungen von Alkohol auf den Fötus
760.75 Toxische Auswirkungen von Kokain auf den Fötus
760.73 Toxische Auswirkungen von Halluzinogene auf den Fötus
760.72 Toxische Auswirkungen von Narkotika auf den Fötus
760.70 Toxische Auswirkungen von andere Substanzen (einschl. verordnete Medikamente) auf den Fötus
759.5 Tuberöse Sklerose
758.6 Ullrich Turner-Syndrom
752.7 Unbestimmbares Geschlecht und Pseudohermaphroditismus

Hämatologische Erkrankungen
288.0 Agranulozytose
284.9 Anämie, aplastische
283.9 Anämie, erworbene hämolytische
283.11 Anämie, hämolytisch-urämisches Syndrom
283.10 Anämie, nicht autoimmune hämolytische
281.0 Anämie, perniziöse
283.19 Autoimmunbedingte hämolytische Anämie
280.9 Eisenmangelanämie
288.3 Eosinophilie
281.2 Folsäuremangelanämie
286.9 Koagulopathien, n. n. bez.
287.0 Purpura Schönlein-Henoch
282.60 Sichelzellanämie
282.4 Thalassämie
287.5 Thrombozytopenie

Überdosierungen
972.4 Amyl/Butyl/Nitrat
962.1 Androgene und verwandte anabolische Stoffe
971.1 Anticholinergika
969.0 Antidepressiva
967.0 Barbiturate
967.1 Chloralhydrat
967.5 Glutethimid
969.6 Halluzinogene/Cannabis
962.3 Insulin und antidiabetische Substanzen
968.5 Kokain
962.0 Kortikosteroide
967.4 Methaqualonverbindungen
970.1 Opiat-Antagonisten
965.00 Opiate
965.4 Paracetamol (Acetaminophenol)
967.2 Paraldehyd
968.3 Phencyclidin

965.1 Salizylate
962.7 Schilddrüsenhormone und Abkömmlinge
968.2 Stickoxid
970.9 Stimulantien
969.4 Tranquilizer auf Benzodiazepinbasis
969.2 Tranquilizer auf Butyrophenonbasis
969.1 Tranquilizer auf Phenothiazinbasis

Zusätzliche Codeziffern für medikamenteninduzierte Störungen

Analgetika und Antipyretika
E935.42 Aromatische Analgetika (Phenacetin)
E935.10 Methadon oder L-Polamidon
E935.20 Narkotika, sonstige (Codein, Meperidin)
E935.6 Nichtsteroidale Entzündungshemmer
E935.31 Salicylate (Aspirin)

Antikonvulsiva
E936.3 Carbamazepin
E936.1 Hydantoin-Derivate
E937.0 Phenobarbital
E936.2 Succinimide (Ethosuximid)
E936.3 Valproinsäure

Anti-Parkinson-Mittel
E936.4 Amantadin
E933.0 Diphenhydramin
E936.4 L-Dopa
E941.1 Parasympathikolytika (Anticholinergika) und Spasmolytika

Neuroleptika
E939.3 Neuroleptika, sonstige (z. B. Thioxanthene)
E939.2 Neuroleptika vom Butyrophenontyp (z. B. Haloperidol)
E939.1 Neuroleptika vom Phenothiazintyp (z. B. Chlorpromazine)

Sedativa, Hypnotika und Anxiolytika
E937.0 Barbiturate
E939.4 Benzodiazepine
E937.1 Chloralhydrat-Gruppe
E939.5 Hydroxyzinabkömmlinge
E937.2 Paraldehyd

Andere psychotrope Medikamente
E939.0 Antidepressiva
E939.6 Cannabisderivate
E940.1 Opium-Antagonisten
E937.7 Psychostimulantien (ausschl. zentrale Appetithemmer)

Herzmittel
E942.0 Antiarrhythmetika (einschl. Propanolol)
E942.6 Antihypertonika, sonstige (z. B. Clonidin, Guanethidin, Reserpin)
E942.2 Antilipämische und antiarteriosklerotische Medikamente

E942.4 Coronardilatoren) (z. B. Nitrate)
E942.3 Ganglionblocker (Pentamethonium)
E942.1 Herzglykoside (z. B. Digitalis)
E942.5 Vasodilatoren, sonstige (z. B. Hydralazin)

Primär systemisch wirkende Mittel
E933.0 Anti-Allergika und Anti-Emetika (außer Phenothiazin, Hydroxizine)
E934.2 Antikoagulantien
E933.1 Antineoplastika und Immunsuppressiva
E941.0 Cholinergika (Parasympathomimetika)
E941.1 Parasympathikolytika (Anticholinergika und Spasmolytika)
E941.2 Sympathikomimetika (Adrenergika)
E933.5 Vitamine, sonstige (außer Vitamin K)

Muskel- und Atemwegswirkstoffe
E945.7 Antiasthmatika (Aminophyllin)
E945.4 Antitussiva (Dextromethorphan)
E945.8 Auf die Atmungsorgane wirkende Medikamente, sonstige
E945.1 Muskelrelaxantien für die glatte Muskulatur (Metaproterenol)
E945.2 Skelettmuskelrelaxantien
E945.0 Wehenfördernde Mittel (Ergotaminalkaloide, Prostaglandine)

Hormone und deren Ersatzstoffe
E932.1 Androgene und Anabolica
E932.8 Antithyreotrope Substanzen
E932.0 Nebennierenrindenhormone
E932.2 Ovarialhormone (einschl. oraler Kontrazeptiva)
E932.7 Thyroxin und deren Derivate

Diuretika, Mineralien und harnsäureregulierende Mittel
E944.3 Chlorothiazide
E944.4 Diuretika, sonstige (Furosimid, Etacrynsäure)
E944.7 Harnsäureregulierende Mittel, sonstige (Probenecid)
E944.2 Kohlensäureanhydrasehemmer
E944.1 Purinderivate Diuretika
E944.0 Quecksilberdiuretika

TASK FORCE ON DSM-IV

ALLEN FRANCES, M.D.
Chairperson

HAROLD ALAN PINCUS, M.D.
Vice-Chairperson

MICHAEL B. FIRST, M.D.
Editor, Text and Criteria

Nancy Coover Andreasen, M.D., Ph.D.
David H. Barlow, Ph.D.
Magda Campbell, M.D.
Dennis P. Cantwell, M.D.
Ellen Frank, Ph.D.
Judith H. Gold, M.D.
John Gunderson, M.D.
Robert E. Hales, M.D.
Kenneth S. Kendler, M.D.
David J. Kupfer, M.D.
Michael R. Liebowitz, M.D.
Juan Enrique Mezzich, M.D.
Peter E. Nathan, Ph.D.
Roger Peele, M.D.
Darrel A. Regier, M.D., M.P.H.

A. John Rush, M.D.
Chester W. Schmidt, M.D.
Marc Alan Schuckit, M.D.
David Shaffer, M.D.
Robert L. Spitzer, M.D., *Spezial Adviser*
Gary J. Tucker, M.D.
B. Timothy Walsh, M.D.
Thomas A. Widiger, Ph.D.
   Research Coordinator
Janet B.W. Williams, D.S.W.
John C. Urbaitis, M.D., *Assembly Liaison*
James J. Hudziak, M.D.,
   Resident Fellow (1990–1993)
Junius Gonzales, M.D.,
   Resident Fellow (1988–1990)

Ruth Ross, M.A., *Science Editor*
Nancy E. Vettorello, M.U.P., *Administrative Coordinator*
Wendy Wakefield Davis, Ed.M., *Editorial Coordinator*
Cindy D. Jones, *Administrative Assistant*
Nancy Sydnor-Greenberg, M.A., *Administrative Consultant*
Myriam Kline, M.S., *Focused Field Trial Coordinator*
James W. Thompson, M.D., M.P.H., *Videotape Field Trial Coordinator*

Anxiety Disorders Work Group

Michael R. Liebowitz, M.D., *Chairperson*
David H. Barlow, Ph.D., *Vice-Chairperson*
James, C. Ballenger, M.D.

Jonathan Davidson, M.D.
Edna Foa, Ph.D.
Abby Fyer, M.D.

Delirium, Dementia, and Amnestic and Other Cognitive Disorders Work Group

Gary J. Tucker, M.D., *Chairperson*
Michael Popkin, M.D., *Vice-Chairperson*
Eric Douglas Caine, M.D.
Marshall Folstein, M.D.

Gary Lloyd Gottlieb, M.D.
Igor Grant, M.D.
Benjamin Liptzin, M.D.

Disorders Usually First Diagnosed During Infancy, Childhood, or Adolescence Work Group

David Shaffer, M.D., *Co-Chairperson*
Magda Campbell, M.D., *Co-Chairperson*
Susan J. Bradley, M.D.
Dennis P. Cantwell, M.D.
Gabrielle A. Carlson, M.D.
Donald Jay Cohen, M.D.
Barry Garfinkel, M.D.
Rachel Klein, Ph.D

Benjamin Lahey, Ph.D.
Rolf Loeber, Ph.D.
Jeffrey Newcorn, M.D.
Rhea Paul, Ph.D.
Judith H.L. Rapoport, M.D.
Sir Michael Rutter, M.D.
Fred Volkmar, M.D.
John S. Werry, M.D.

Eating Disorders Work Group

B. Timothy Walsh, M.D., *Chairperson*
Paul Garfinkel, M.D.
Katherine A. Halmi, M.D.

James Mitchell, M.D.
G. Terence Wilson, Ph.D.

Mood Disorders Work Group

A. John Rush, M.D., *Chairperson*
Martin B. Keller, M.D., *Vice-Chairperson*
Mark S. Bauer, M.D.

David Dunner, M.D.
Ellen Frank, Ph.D.
Donald F. Klein, M.D.

Multiaxial Issues Work Group

Janet B. W. Williams, D. S. W.,
  Chairperson
Howard H. Goldman, M. D., Ph. D.,
  Vice-Chairperson
Alan M. Gruenberg, M. D.

Juan Enrique Mezzich, M. D., Ph. D.
Roger, Peele, M. D.
Stephen Setterberg, M. D.
Andrew Edward Skodol II, M. D.

Personality Disorders Work Group

John Gunderson, M. D., *Chairperson*
Robert M. A. Hirschfeld, M. D.,
  Vice-Chairperson
Roger Blashfield, Ph. D.
Susan Jean Fiester, M. D.

Theodore Millon, Ph. D.
Bruce Pfohl, M. D.
Tracie Shea, Ph. D.
Larry Siever, M. D.
Thomas A. Widiger, Ph. D.

Premenstrual Dysphoric Disorder Work Group

Judith H. Gold, M. D., *Chairperson*
Jean Endicott, Ph. D.
Barbara Parry, M. D.

Sally Severino, M. D.
Nada Logan Stotland, M. D.
Ellen Frank, Ph. D., *Consultant*

Psychiatric Systems Interface Disorders (Adjustment, Dissociative, Factitious, Impulse-Control, and Somatoform Disorders and Psychological Factors Affecting Medical Conditions) Work Group

Robert E. Hales, M. D., *Chairperson*
C. Robert Cloninger, M. D.,
  Vice-Chairperson
Jonathan F. Borus, M. D.
Jack Denning Burke, Jr., M. D., M. P. H.
Joe P. Fagan, M. D.
Steven A. King, M. D.

Ronald L. Martin, M. D.
Katharine Anne Phillips, M. D.
David Spiegel, M. D.
Alan Stoudemire, M. D.
James J. Strain, M. D.
Michael G. Wise, M. D

Schizophrenia and Other Psychotic Disorders Work Group

Nancy Coover Andreasen, M. D., Ph. D.,
  Chairperson
John M. Kane, M. D., *Vice-Chairperson*

Samuel Keith, M. D.
Kenneth S. Kendler, M. D.
Thomas McGlashan, M. D.

Sexual Disorders Work Group

Chester W. Schmidt, M.D., *Chairperson*
Raul Schiavi, M.D.
Leslie Schover, Ph.D.
Taylor Seagraves, M.D.
Thomas Nathan Wise, M.D.

Sleep Disorders Work Group

David J. Kupfer, M.D., *Chairperson*
Charles F. Reynolds III, M.D.,
  Vice-Chairperson
Daniel Buysse, M.D.
Roger Peele, M.D.
Quentin Regestein, M.D.
Michael Sateia, M.D.
Michael Thorpy, M.D.

Substance-Related Disorders Work Group

Marc Alan Schuckit, M.D., *Chairperson*
John E. Helzer, M.D., *Vice-Chairperson*
Linda B. Cottler, Ph.D.
Thomas Crowley, M.D.
Peter E. Nathan, Ph.D.
George E. Woody, M.D.

Committee on Psychiatric Diagnosis and Assessment

Layton McCurdy, M.D., *Chairperson*
  (1987–1994)
Kenneth Z. Altshuler, M.D. (1987–1992)
Thomas F. Anders, M.D. (1988–1994)
Susan Jane Blumenthal, M.D.
  (1990–1993)
Leah Joan Dickstein, M.D. (1988–1991)
Lewis J. Judd, M.D. (1988–1994)
Gerald L. Klerman, M.D. (deceased)
  (1988–1991)
Stuart C. Yudofsky, M.D. (1992–1994)
Jack D. Blaine, M.D., *Consultant*
  (1987–1992)
Jerry M. Lewis, M.D., *Consultant*
  (1988–1994)
Daniel J. Luchins, M.D., *Consultant*
  (1987–1991)
Katharine Anne Phillips, M.D.,
  Consultant (1992–1994)
Cynthia Pearl Rose, M.D., *Consultant*
  (1990–1994)
Louis Alan Moench, M.D.,
  Assembly Liaison (1991–1994)
Steven K. Dobscha, M.D., *Resident*
  Fellow (1990–1992)
Mark Zimmerman, M.D., *Resident Fellow*
  (1992–1994)

Joint Committee of the Board of Trustees
and
Assembly of District Branches on Issues Related to DSM-IV

Ronald A. Shellow, M.D., *Chairperson*
Harvey Bluestone, M.D.
Leah Joan Dickstein, M.D.
Arthur John Farley, M.D.
Carol Ann Bernstein, M.D.

Einleitung der amerikanischen Originalausgabe

Dieses ist die vierte Ausgabe des *Diagnostischen und Statistischen Manuals Psychischer Störungen* der American Psychiatric Association (APA), DSM-IV. Nutzen und Glaubwürdigkeit dieses Handbuchs erfordern, daß es sich auf Forschung, Lehre und klinische Anwendung konzentriert und sich auf intensive empirische Grundlagenforschung stützt. Die Erstellung eines hilfreichen Leitfadens für die klinische Praxis besaß dabei höchste Priorität. Wir haben uns im DSM-IV um kurze Kriterienlisten, Klarheit der Sprache und explizite Aussagen über die den Kriterien zugrundeliegenden Konstrukte bemüht, um das Handbuch für den Untersucher praktikabel und nützlich zu gestalten. Ein weiteres Ziel war es, Forschungsvorhaben zu erleichtern und den Gedankenaustausch zwischen Untersuchern und Forschern zu fördern. Wir dachten aber auch an den Einsatz von DSM-IV zur Vereinfachung der klinischen Datenerhebung und als Ausbildungsinstrument in der Psychopathologie.

Eine offizielle Nomenklatur muß in einer Vielzahl unterschiedlicher Situationen verwendbar sein. DSM-IV wird von Untersuchern und Forschern der unterschiedlichsten Richtungen (z. B. biologisch, psychodynamisch, kognitiv, verhaltensorientiert, interpersonal, familien-/systemtherapeutisch) eingesetzt. Es wird von Psychiatern, anderen Ärzten, Psychologen, Sozialarbeitern, Krankenschwestern, Beschäftigungs- und Rehabilitationstherapeuten, Beratern und anderen Beschäftigten im Gesundheitswesen benutzt. DSM-IV muß in unterschiedlichen Situationen anwendbar sein – stationär und ambulant, tagesklinisch, im Konsiliardienst, in Krankenhäusern, in ärztlichen Praxen, bei der Erstversorgung und in der Allgemeinbevölkerung. Glücklicherweise sind all diese Anwendungsbereiche miteinander kompatibel.

DSM-IV war das Ergebnis von 13 Arbeitsgruppen (siehe Anhang), von denen jede die Hauptverantwortung für einen Abschnitt des Handbuchs hatte. Dieses Verfahren sollte die Teilnahme von Experten der jeweiligen Fachrichtungen erhöhen. Wir legten eine Reihe von Vorsichtsmaßnahmen fest, um sicherzustellen, daß die Empfehlungen der Arbeitsgruppen jeweils die gesamte Bandbreite verfügbarer Nachweise und Meinungen widerspiegelten und nicht nur die Ansichten einzelner Mitglieder. Nach ausführlichen Beratungen mit Experten und Untersuchern aus jedem Fachbereich wurden die Mitglieder der Arbeitsgruppen so ausgewählt, daß diese ein breites Spektrum unterschiedlicher Blickwinkel und Erfahrungen umfaßten. Die Arbeitsgruppenmitglieder wurden dahingehend instruiert, daß sie Konsens schaffen und nicht als Vertreter vorgefaßter Meinungen fungieren sollten. Zusätzlich wurde ein formaler, auf Evidenzen basierender Ablaufprozeß geschaffen, dem die Arbeitsgruppen zu folgen hatten.

Die Arbeitsgruppen berichteten dem DSM-IV-Sonderkomitee (siehe S. 933), welches aus 27 Mitgliedern bestand, von denen viele auch einer Arbeitsgruppe vorstanden. Jede der 13 Arbeitsgruppen setzte sich aus mindestens fünf Mitgliedern zusammen, deren Ergebnisse wiederum von 50–100 Beratern rezensiert wurden. Letztere wurden so ausgewählt, daß unterschiedliche klinische und wissenschaftliche Fachkenntnisse, Fachrichtungen, Denkschulen und Umgebungen repräsentiert wurden.

Die Teilnahme vieler internationaler Experten sollte sicherstellen, daß für DSM-IV der größtmögliche Fundus an Informationen zur Verfügung stand und daß es interkulturell anwendbar

Übersetzung: Prof. Dr. med. Henning Saß, Aachen
Dipl.-Psych. Isabel Houben, Aachen

sein würde. Auf Tagungen und Workshops wurde über methodische und konzeptionelle Fragen zu DSM-IV beraten. Dazu gehörte auch der Austausch zwischen den Bearbeitern von DSM-IV und ICD-10, der die Vergleichbarkeit der Systeme erhöhen sollte. Zudem wurden Methodentagungen abgehalten, die kulturelle Faktoren bei der Diagnose psychischer Störungen, geriatrische Diagnosen und psychiatrische Diagnosen bei der Erstversorgung zum Thema hatten.

Um offene und ausführliche Kommunikationswege bereizustellen, etablierte das DSM-IV-Sonderkomitee Verbindungen zu vielen anderen Organen innerhalb der American Psychiatric Association und zu mehr als 60 Organisationen und Verbänden, die an der Entwicklung von DSM-IV interessiert waren. Wir bemühten uns, aktuelle Fragen und empirische Belege so früh als möglich im Prozeß darzulegen, um mögliche Probleme und unterschiedliche Interpretationsansätze erkennen zu können. Der Informationsaustausch wurde ebenso durch Verteilung einer halbjährlich erscheinenden Zeitschrift (*DSM-IV Update*) und durch Veröffentlichung einer regelmäßigen Kolumne über DSM-IV in *Hospital and Community Psychiatry*, wie durch zahlreiche Präsentationen auf nationalen und internationalen Konferenzen und vielzählige Zeitschriftenartikel ermöglicht.

Zwei Jahre vor der Publikation des DSM-IV veröffentlichte das Sonderkomitee das *DSM-IV-Options-Book*. Dieser Band enthielt eine Gesamtzusammenfassung aller alternativen Vorschläge, die für DSM-IV in Betracht kamen und sollte zu weiteren Meinungen und zusätzlichen Daten zu diesen Überlegungen auffordern. In zahlreichen Zuschriften von interessierten Personen wurden zusätzliche Daten und Empfehlungen zu den möglichen Auswirkungen der geplanten Veränderungen in DSM-IV auf die klinische Arbeit, Forschung, Lehre und Verwaltungsarbeit mitgeteilt. Diese breite Diskussionsgrundlage ermöglichte es, Probleme im Vorfeld zu erkennen und zu versuchen, die bestmögliche Lösung auszuwählen. Ein Jahr vor der Veröffentlichung von DSM-IV wurde eine Rohfassung der vorgeschlagenen Kriterien verteilt, um eine letzte Kritik einzuholen.

Zur endgültigen Entscheidungsfindung wurden die gesamten empirischen Belege und Unterlagen zu DSM-IV durch die Arbeitsgruppen und das Sonderkomitee geprüft. Wir glauben, daß die Hauptneuerung des DSM-IV nicht in den inhaltlichen Veränderungen liegt, sondern in dem systematischen und ausführlichen Prozeß seiner Erstellung und Dokumentation. Mehr als alle anderen Begriffssysteme zu psychischen Störungen basiert DSM-IV auf empirischen Grundlagen.

Historischer Hintergrund

In der Geschichte der Medizin war der Bedarf nach einer Klassifikation psychischer Störungen von jeher deutlich. Es gab jedoch nur geringe Übereinstimmung über die Auswahl der Störungen und über die optimale Methode ihrer Organisation. Die unzähligen Begriffssysteme die in den vergangenen zwei Jahrhunderten entwickelt wurden, unterschieden sich darin, daß sie jeweils Phänomenologie, Ätiologie bzw. Verlaufsform als definierende Merkmale betonten. Manche Systeme beinhalteten nur wenige diagnostische Kriterien, andere Tausende. Darüber hinaus unterschieden sich die Kategorisierungssysteme psychischer Störungen in Hinblick darauf, ob sie im klinischen Bereich, in der Forschung oder zu statistischen Zwecken eingesetzt werden sollten. Da die Geschichte der Klassifikationssysteme zu umfangreich ist, um hier dargestellt zu werden, betrachten wir nur kurz die Aspekte, die direkt zur Entwicklung des *Diagnostischen und Statistischen Manuals Psychischer Störungen* (DSM) und zu dem Abschnitt „psychische Störungen" in den verschiedenen Ausgaben der *Internationalen Klassifikation von Krankheiten* (ICD) führten.

In den Vereinigten Staaten gab der Bedarf nach statistischem Material den Anstoß zur Entwicklung einer Klassifikation psychischer Störungen. Als erster offizieller Versuch, in den USA Daten über psychische Erkrankungen zu erheben, kann die Auszählung von Häufigkeiten der Kategorie „Idiotie/Geisteskrankheit" der Volkszählung von 1840 gelten. Bei der Volkszählung von 1880 wurden sieben Kategorien psychischer Erkrankungen unterschieden: Manie, Melancholie, Monomanie, Parese, Demenz, Dipsomanie und Epilepsie. 1917 wurde vom statistischen Ausschuß der American Psychiatrist Association (die zu diesem Zeitpunkt noch American Medico-Psychological Association hieß [der Name wurde 1921 geändert]) in Zusammenarbeit mit der National Commission on Mental Hygiene ein Entwurf zur Erhebung einheitlicher statistischer Daten in allen Nervenkliniken formuliert, der vom Volkszählungsbüro übernommen wurde. Obwohl dieses System das Augenmerk stärker auf klinischen Nutzen richtete als vorhergehende Systeme, handelte es sich hierbei doch primär um eine statistische Klassifikation. Nachfolgend entwickelten die American Psychiatric Association und die New York Academy of Medicine gemeinsam eine landesweit akzeptierte Nomenklatur, welche in die erste Ausgabe der American Medical Association's Standard Classified Nomenclature aufgenommen wurde. Diese Nomenklatur wurde hauptsächlich zur Diagnosestellung bei stationären Patienten mit schwerwiegenden psychiatrischen oder neurologischen Störungen entworfen.

Später wurde seitens der U.S. Armee ein umfassenderes Begriffssystem entwickelt (und durch die Veterans Administration modifiziert), um die klinischen Bilder der ambulant behandelten Militärangehörigen und Veteranen des II. Weltkriegs besser erfassen zu können (z. B. psychophysiologische, Persönlichkeitsstörungen, akute Störungen). Gleichzeitig veröffentlichte die Weltgesundheitsorganisation (WHO) die sechste Ausgabe der ICD, die zum ersten Mal ein Kapitel über psychische Störungen enthielt. ICD-6 war stark durch das Begriffssystem der Veterans Administration beeinflußt und enthielt 10 Kategorien für Psychosen, 9 für Psychoneurosen und 7 für Charakterstörungen, Verhaltensstörungen und Störungen der Intelligenz.

Der APA-Ausschuß für Nomenklatur und Statistik entwickelte eine Variante der ICD-6, die 1952 als erste Ausgabe des *Diagnostic and Statistical Manuals: Mental Disorders* (DSM-I) veröffentlicht wurde. DSM-I enthielt ein Glossar mit einer Beschreibung diagnostischer Kriterien und war das erste offizielle Handbuch psychischer Störungen, das den Schwerpunkt auf die klinische Anwendung legte. Der durchgängige Gebrauch des Begriffs *Reaktion* in DSM-I zeigt den Einfluß der psychobiologischen Sicht Adolf Meyers, der annahm, daß psychische Störungen die Reaktion eines Individuums auf psychische, soziale und biologische Faktoren sind.

Teilweise aufgrund der mangelnden Akzeptanz der Taxonomien psychischer Störungen in ICD-6 und ICD-7 unterstützte die WHO eine gründliche Überarbeitung aktueller diagnostischer Fragen, die von dem britischen Psychiater Stengel geleitet wurde. Stengels Arbeitsergebnisse müssen als wegbereitend für viele der neueren Entwicklungen in der diagnostische Methodik gewürdigt werden, dies gilt vor allem in Hinblick auf die Notwendigkeit klarer Definitionen als Grundlage einer reliablen klinischen Diagnosestellung. Jedoch folgten die nächsten diagnostischen Revisionen, die zu DSM-II und ICD-8 führten, den Empfehlungen Stengels nur in geringem Maß. DSM-II ähnelte DSM-I, der Begriff *Reaktion* wurde aber entfernt.

Wie im Falle von DSM-I und DSM-II wurde die Entwicklung der DSM-III mit der Entwicklung der nächsten (9ten) Version von ICD koordiniert, die 1975 veröffentlicht und 1978 eingeführt wurde. 1974 wurde die Arbeit an DSM-III aufgenommen, das 1980 veröffentlicht wurde. Mit DSM-III wurde eine Vielzahl wichtiger methodologischer Neuerungen eingeführt, wie explizite Diagnosekriterien, ein multiaxiales System und ein deskriptiver Ansatz, der auf Neutralität hinsichtlich unterschiedlicher Theorien zur Ätiologie abzielte. Diese Bemühungen wurden durch gleichzeitige umfassende empirische Arbeiten zur Konstruktion und Validierung expliziter diagnostischer Kriterien und durch die Entwicklung halbstrukturierter Interviews deutlich erleichtert. In ICD-9 waren diagnostische Kriterien und ein multiaxiales System überwiegend nicht enthalten, da die wichtigste Funktion dieses Systems darin bestand, deutlich abgegrenzte Kategorien aufzuzeigen, die die Erhebung grundlegender Statistiken zum Gesundheitszustand erleichtern sollen. Im Gegensatz dazu wurde DSM-III mit dem zusätzlichen Ziel entwickelt, ein medizinisches Begriffsinventar für Untersucher und Forscher zu bieten. Aufgrund der großen Unzufriedenheit in der gesamten Medizin mit der mangelnden Genauigkeit von ICD-9 wurde entschieden, diese für den Einsatz in den USA zu modifizieren, woraus die ICD-9-CM (Clinical Modification) resultierte.

Die Anwendungserfahrung mit DSM-III deckte eine Vielzahl von Inkonsistenzen innerhalb des Systems und eine Reihe von Fällen auf, bei denen die Kriterien nicht ganz eindeutig waren. Daher ernannte die American Psychiatric Association eine Arbeitsgruppe zur Revision der DSM-III, was 1987 zur Veröffentlichung dieser Überarbeitung und der Korrekturen in DSM-III-R führte.

Der Revisionsprozess von DSM-IV

Die 3. Ausgabe des DSM (DSM-III) war ein großer Fortschritt für die Diagnose psychischer Störungen und erleichterte die empirische Forschung ungemein. Die Entwicklung des DSM-IV profitierte von dem erheblichen, teils durch DSM-III und teils durch DSM-III-R hervorgerufen Zuwachs im Bereich der Diagnoseforschung. Zu den meisten Diagnosen gibt es mittlerweile empirische Literatur und verfügbare Datensätze, die für die Entscheidungsfindung bei der Revision des vorliegenden diagnostischen Handbuchs von Bedeutung waren. Das DSM-IV-Sonderkomitee und seine Arbeitsgruppen führten einen dreistufigen empirisch begründeten Prozeß durch, der 1. eine umfassende und systematische Sichtung der veröffentlichten Literatur, 2. die Reanalyse bereits vorhandener Datensätze und 3. ausführliche, fragestellungsorientierte Felduntersuchungen umfaßte.

Kritische Durchsicht der Literatur

Zwei Methodenkonferenzen wurden anberaumt, um für alle Arbeitsgruppen ein systematisches, umfassendes und objektives Verfahren zur Datensuche, Auswahl, Zusammenfassung und Interpretation zu entwerfen. Die Eingangsaufgabe für alle Arbeitsgruppen bestand darin, die für die einzelnen Diagnosen dringlichsten Fragen zu identifizieren und über die Art der zu ihrer Klärung benötigten empirischen Daten zu entscheiden. Ein Arbeitsgruppenmitglied oder Berater wurde dann sowohl mit der Durchführung einer umfassenden und systematischen Sichtung der relevanten und für die Klärung der Fragestellung wichtigen Literatur betraut, als auch mit der Dokumentation des DSM-IV-Begleittextes. Die Bereiche, die für die Entscheidungsfindung in Betracht kamen, schlossen klinischen Nutzen, Reliabilität, beschreibende Validität, psychometrische Leistungscharakteristika einzelner Kriterien und eine Anzahl von Validierungsvariablen ein.

In jedem Literaturreview wurden ausdrücklich aufgeführt:
1. die in Betracht kommenden Aspekte und relevanten Merkmale und deren Bedeutung für DSM-IV,
2. die Vorgehensweise bei der Literatursichtung (einschließlich der Quellen zur Identifikation relevanter Studien, der Anzahl in Betracht gezogener Studien, Aufnahme- bzw. Ausschlußkriterien aus dem Reviewverfahren und die in jeder Studie beschriebenen Variablen),
3. die Ergebnisse des Reviews (einschließlich einer beschreibenden Zusammenfassung der Studien in Hinblick auf Methode, Design, zu den Ergebnissen gehörende Korrelate, relevante Ergebnisse und darauf basierende Analysen),
4. die verschiedenen Möglichkeiten zur Klärung der Fragestellung, Vor- und Nachteile dieser Möglichkeiten, Empfehlungen und Vorschläge für zusätzliche Untersuchungen zur schlüssigeren Entscheidungsfindung.

Ziel der kritischen Literaturübersicht zu DSM-IV war, umfassende und unverzerrte Informationen zu sammeln, um sicherzustellen, daß DSM-IV die besten verfügbaren klinischen und Forschungsquellen widerspiegelt. Daher wurden systematische Computerrecherchen und kritische Literaturübersichten von umfangreichen Beratergruppen durchgeführt, um die Literatur angemessen abzudecken und die Ergebnisinterpretation zu rechtfertigen. Forscher und Untersucher, von denen kritische Einwände gegen die Ergebnisse der Literaturreviews zu erwarten waren, wurden insbesondere zu Stellungnahmen aufgefordert. Die Literaturreviews wurden mehrmals überarbeitet, um ein möglichst umfassendes und ausgewogenes Ergebnis zu erhalten. Es ist darauf hinzuweisen, daß für einige der von den DSM-Arbeitsgruppen behandelten Fragestellungen, insbesondere für solche, die eher konzeptioneller Natur waren oder für solche, bei denen nur mangelndes Datenmaterial vorhanden war, die Literaturreviews nur von eingeschränktem Nutzen waren. Trotz dieser Einschränkungen waren die Reviews nützlich für die Dokumentation der Begründungen und empirischen Grundlagen der Entscheidungen in den einzelnen Arbeitsgruppen.

Reanalyse der Datensätze

Ergab ein Literaturreview, daß für die Entscheidung zu einer aktuellen Fragestellung nur unzureichende Nachweise (oder widersprüchliche Ergebnisse) vorlagen, wurden zur zur endgültigen Entscheidungsfindung häufig zwei zusätzliche Quellen herangezogen: Datenreanalysen und Feldstudien. Analysen wichtiger unveröffentlichter Datensätze wurden der American Psychiatrist Association durch einen Zuschuß der John D. and Catherine T. MacArthur-Stiftung ermöglicht. Für die meisten der für DSM-IV durchgeführten 40 Datenreanalysen arbeiteten mehrere Untersucher an verschiedenen Untersuchungsorten zusammen. Gemeinsam unterzogen diese Wissenschaftler ihre Daten den von den DSM-IV-Arbeitsgruppen formulierten Fragestellungen bezüglich der in DSM-III-R aufgenommenen Kriterien, bzw. der Kriterien, die für DSM-IV vorgesehen waren. Dank dieser Reanalysen konnten die Arbeitsgruppen diverse Kriterienlisten erstellen, die dann in DSM-IV-Feldstudien überprüft wurden. Obwohl die in den Datenreanalysen benutzten Datensätze größtenteils aus epidemiologischen Studien, Therapieevaluationen oder anderen klinischen Studien stammten, waren sie für die nosologischen Fragen, die sich in den Arbeitsgruppen ergeben hatten, sehr bedeutsam.

Feldstudien

12 DSM-IV-Feldstudien wurden vom National Institute of Health (NIMH) in Zusammenarbeit mit dem National Institute on Drug Abuse (NIDA) und dem National Institute on Alcohol Abuse and Alcoholism (NIAAA) unterstützt. Diese Untersuchungen erlaubten den DSM-IV-Arbeitsgruppen den Vergleich alternativer Möglichkeiten und die Untersuchung der durch die vorgeschlagenen Veränderungen zu erwartenden Auswirkungen. In den Feldstudien wurden Kriterienlisten aus DSM-III, DSM-III-R, ICD-10 und die für DSM-IV vorgesehenen an 5–10 verschiedenen Untersuchungsorten pro Studie mit jeweils etwa 100 Probanden verglichen. Einige Untersuchungsorte mit repräsentativen Stichproben hinsichtlich soziokultureller und ethnischer Merkmale wurden zur Prüfung der Generalisierbarkeit der Feldstudienergebnisse und zur Abklärung der schwierigsten differentialdiagnostischen Fragen ausgewählt. Die 12 Feldstudien schlossen mehr als 70 Untersuchungsorte und 6000 Probanden ein. Es wurden Daten über Reliabilitäten und Leistungsmerkmale der gesamten Kriterienlisten und einzelner Items innerhalb der Listen erhoben. Diese Studien dienten auch dazu, die Grenze zwischen klinischer Forschung und Praxis zu überbrücken, indem untersucht wurde, wie gut Änderungsvorschläge aus der klinischen Forschung in der Praxis anwendbar sind.

Änderungskriterien

Obwohl es nicht möglich war, absolute und unfehlbare Kriterien dafür zu entwickeln, wann Änderungen vorzunehmen waren, ließen wir uns von einigen Prinzipien leiten. Die Schwelle, um Änderungen vorzunehmen, wurde in DSM-IV höher gesetzt als in DSM-III und DSM-III-R. Änderungsentscheidungen waren anhand expliziter Aussagen über ihre logischen Grundlagen und durch systematische Übersicht über die relevanten empirischen Datengrundlagen zu untermauern. Zur Erhöhung der Praktikabilität und des klinischen Nutzens von DSM-IV wurden die Kriterienlisten vereinfacht und verdeutlicht, sofern die empirischen Daten dies erlaubten. In DSM-IV wurde versucht, historische Aspekte (verkörpert durch DSM-III und DSM-III-R), Kompatibilität mit ICD-10, Belege aus der Literatur, Analyse unveröffentlichter Daten, Ergebnisse der Feldstudien und Konsens in den Fachbereichen optimal auszubalancieren. Obwohl das Ausmaß der für eine Änderung nötigen Evidenz auf ein hohes Niveau gesetzt worden war, variierte dieses zwangsläufig zwischen den verschiedenen Störungen, da sich die empirischen Grundlagen für die Entscheidungen in DSM-III und DSM-III-R ebenfalls zwischen den Störungen unterschieden. Natürlich gehörte zur Entscheidungsfindung auch eine gute Portion gesunder Menschenverstand, und große Veränderungen zur Lösung kleinerer Probleme erforderten mehr Evidenz, als kleine Änderungen zur Lösung großer Probleme.

Es wurden zahlreiche Vorschläge zur Aufnahme neuer Diagnosen in DSM-IV gemacht mit dem Argument, diese seien notwendig, um den Geltungsbereich des Systems zu verbessern und solche Personengruppen einschließen zu können, die nach DSM-III-R nicht diagnostizierbar bzw. nur einer Nicht-Näher-Bezeichnet-Kategorie zuzuordnen waren. Es wurde jedoch entschieden, daß neue Diagnosen im allgemeinen nur dann aufzunehmen seien, wenn die Notwendigkeit ihrer Aufnahme durch Forschungsergebnisse belegt war und nicht, wenn sie nur zur Anregung neuer Forschung dienen würden. Diagnosen aus ICD-10 wurden jedoch eher in Betracht gezogen als neu für DSM-IV vorgeschlagene. Ein geringfügiger Anstieg von Nutzen, Klarheit und erweitertem Geltungsbereich durch neue Diagnosen war dabei gegen eine zunehmende Schwerfälligkeit des Systems und mögliche Fehldiagnosen bzw. potentiellen Mißbrauch abzuwägen. Keine Klassifikation psychischer Störungen kann eine ausreichende Anzahl spezifischer Kategorien enthalten, um jedes beobachtbare klinische Bild abzudecken. Die nicht selten auftretenden klinischen Bilder im Grenzbereich kategorialer Definitionen werden durch die Nicht-Näher-Bezeichnet-Kategorien abgedeckt.

Das DSM-IV Sourcebook

Die wichtigste Grundlage des DSM-IV-Entscheidungsprozesses war die Dokumentation. Das DSM-IV Sourcebook, das in 5 Bänden veröffentlicht wurde, enthält als umfassendes und praktisches Referenzprotokoll alle Ergebnisse aus Klinik und Forschung, auf denen die Entscheidungen der Arbeitsgruppen und des Sonderkomitees basieren. Die ersten drei Bände des Sourcebooks enthalten Kurzfassungen der 150 Literaturreviews zu DSM-IV. Band 4 enthält die Ergebnisse der Datenreanalysen, Band 5 die Ergebnisse der Feldstudien und die abschließenden Zusammenfassungen der Entscheidungsgründe der einzelnen Arbeitsgruppen. Zusätzlich wurden durch die Bemühungen um empirische Dokumentation in DSM-IV zahlreiche Veröffentlichungen angeregt, die in Zeitschriften mit Fachgutachtern publiziert sind.

Bezug zu ICD-10

Die von der WHO entwickelte 10. Revision der *International Statistical Classification of Diseases and Related Health Problems* (ICD-10) wurde 1992 veröffentlicht und wird in den USA voraussichtlich erst in den späten '90er Jahren offiziell eingesetzt. Die jeweiligen Arbeitsgruppen von DSM-IV und ICD-10 haben eng zusammengearbeitet, was zu erheblichem wechselseitigem Einfluß führte. ICD-10 besteht aus einem amtlichen Codierungssystem und dazugehörigen klinischen und Forschungsdokumenten und -instrumenten. Die Codierungen und Bezeichnungen in DSM-IV sind nahezu vollständig kompatibel mit ICD-9-CM und ICD-10. Die klinischen und Forschungsentwürfe zu ICD-10 wurden von den DSM-IV-Arbeitsgruppen gründlich durchgearbeitet und enthielten wichtige Anstöße für die Literaturreviews und die Datenreanalysen. Entwürfe zu den diagnostischen Forschungskriterien der ICD-10 wurden als Alternativen zu DSM-III, DSM-III-R und den vorgeschlagenen Kriterienlisten für DSM-IV in die Feldstudien aufgenommen. Die zahlreichen Beratungen zwischen den Entwicklern von DSM-IV und ICD-10 waren außerordentlich nützlich für die Verbesserung der Übereinstimmung zwischen den Systemen und für die Verringerung bedeutungsloser Formulierungsunterschiede.

Definition des Begriffs psychische Störung

Obwohl dieser Band *Diagnostisches und Statistisches Handbuch Psychischer Störungen* heißt, impliziert der Begriff *psychische Störung* leider eine Unterscheidung zwischen „psychischer" und „körperlicher" Störung. Dieser reduktionistische Anachronismus stammt aus der Zeit des Leib/Seele-Dualismus. Überzeugende Nachweise aus der Literatur dokumentieren, daß psychische Störungen viel „Körperliches" und körperliche Störungen viel „Psychisches" enthalten. Das Problem, das durch den Begriff „psychische" Störung entstand, war viel klarer als seine Lösung, und leider bleibt dieser Begriff im Titel, da sich kein angemessenen Ersatz fand.

Obwohl dieses Handbuch eine Klassifikation psychischer Störungen darstellt, ist darüber hinaus zuzugeben, daß es keine Definition gibt, die die genauen Grenzen des Konzepts „psychische Störung" umreißt. Wie bei vielen anderen Konzepten in Medizin und Wissenschaft fehlt auch bei der psychischen Störung eine situationsübergreifend gültige operationale Definition. Alle medizinischen Zustände werden auf unterschiedlichen Abstraktionsniveaus definiert, wie zum Beispiel strukturelle Pathologie (Colitis Ulcerosa), Symptomatik (z. B. Migräne), Abweichung von einer physiologischen Norm (z. B. Bluthochdruck) und Ätiologie (Pneumokokkenpneumonie). Auch psychische Störungen lassen sich durch eine Vielzahl unterschiedlicher Konzepte definieren (z. B. Leiden, Kontrollstörung, Benachteiligung, Behinderung, mangelnde Flexibilität, Irrationalität, Syndrommuster, Ätiologie, statistische Abweichung). Dies alles sind nützliche Indikatoren für eine psychische Störung, aber jeweils nicht äquivalent zu dem Konzept, und unterschiedliche Situationen erfordern jeweils unterschiedliche Definitionen.

Trotz dieser Vorbehalte wird die in DSM-III und DSM-III-R gültige Definition einer *psychische Störung* auch hier vorgestellt, da sie ebenso nützlich ist wie jede andere verfügbare Definition. Ferner diente sie als Entscheidungshilfe, welche Zustände, die an der Grenze zwischen Normalität und Pathologie liegen, in DSM-IV aufzunehmen waren. In DSM-IV wird jede psychische Störung als ein klinisch bedeutsames Verhaltens- oder psychisches Syndrom oder Muster aufgefaßt, das bei einer Person auftritt und das mit momentanem Leiden (z. B. einem schmerzhaften Symptom) oder einer Beeinträchtigung (z. B. Einschränkung in einem oder in mehreren wichtigen Funktionsbereichen) oder mit einem stark erhöhten Risiko einhergeht, zu sterben, Schmerz, Beeinträchtigung oder einen tiefgreifenden Verlust an Freiheit zu erleiden. Zusätzlich darf dieses Syndrom oder Muster nicht nur eine verständliche und kulturell sanktionierte Reaktion auf ein bestimmtes Ereignis sein, wie z. B. den Tod eines geliebten Menschen. Unabhängig von dem ursprünglichen Auslöser muß gegenwärtig eine verhaltensmäßige, psychische oder biologische Funktionsstörung bei der Person zu beobachten sein. Weder normabweichendes Verhalten (z. B. politischer, religiöser oder sexueller Art) noch Konflikte des Einzelnen mit der Gesellschaft sind psychische Störungen, solange die Abweichung oder der Konflikt kein Symptom einer oben beschriebenen Funktionsstörung bei der betroffenen Person darstellt.

Ein häufig vorkommendes Fehlkonzept bei der Anwendung eines Klassifikationssystems für psychische Störungen ist die Vorstellung, daß Menschen klassifiziert werden, obwohl das, was klassifiziert wird, die Störungen sind. Aus diesem Grund werden in der DSM-IV Formulierungen wie „ein Schizophrener" oder „ein Alkoholiker" (wie sie in DSM-III und DSM-III-R noch verwendet werden) vermieden und der genauere, wenn auch umständlichere Ausdruck „eine Person mit Schizophrenie" oder „eine Person mit Alkoholabhängigkeit" benutzt.

Bemerkungen zur Anwendung von DSM-IV

Einschränkung des kategorialen Ansatzes

DSM-IV ist ein kategoriales Klassifikationssystem, das psychische Störungen anhand von Kriterienlisten mit definierenden Merkmalen in Typen aufgliedert. Die Benennung von Kategorien ist der traditionelle Weg, Informationen im täglichen Leben zu organisieren und ein grundlegender Ansatz aller medizinischen Diagnosesysteme. Ein kategorialer Klassifizierungsansatz trifft am besten zu, wenn alle Mitglieder einer diagnostischen Klasse homogen sind, wenn klare Grenzen zwischen den Kategorien existieren und wenn die vorhandenen Klassen einander vollständig ausschließen. Allerdings sollte man auch die Einschränkungen eines kategorialen Klassifikationsansatzes kennen.

In DSM-IV wird nicht angenommen, daß jede Kategorie einer psychischen Störung eine diskrete Entität mit absoluten Grenzen ist, die sie von anderen Störungen und von der Normalität trennt. Weiterhin gibt es keine Annahme darüber, daß alle Menschen, denen die gleiche Störung zugeschrieben wird, in allen wichtigen Punkten gleich sind. Die Untersucher, die DSM-IV verwenden, müssen daher beachten, daß alle Personen mit der gleichen Diagnose sogar heterogen in bezug auf die definierenden Merkmale dieser Diagnose sind und daß Grenzfälle nur schwer auf andere als auf probabilistische Weise zu diagnostizieren sind. Diese Grundannahme ermöglicht zwar eine höhere Flexibilität bei der Anwendung des Systems, verlangt jedoch in Grenzfällen auch mehr Aufmerksamkeit und erfordert die Einholung von klinischer Information zusätzlich zu der für die Diagnosestellung benötigten. DSM-IV berücksicht die Heterogenität klinischer Bilder durch die Vorgabe polythetischer Kriterienlisten, bei denen die Person nur eine Teilmenge von Items einer längeren Liste aufweisen muß (so erfordert z. B. die Diagnose der Borderline Persönlichkeitsstörung nur fünf von neun Items).

Es wurde diskutiert, ob sich DSM-IV eher an einem dimensionalen Modell orientieren soll, anstatt – wie z. B. DSM-III-R – an einem kategorialen Ansatz. Ein dimensionales Modell klassifiziert klinische Bilder eher anhand einer Quantifizierung von Attributen und nicht durch Zuordnung zu Kategorien. Dies trifft am besten zu, wenn kontinuierlich verteilte Phänomene zu beschreiben sind, die keine klaren Grenzen haben. Obwohl dimensionale Systeme die Reliabilität erhöhen und mehr Information übertragen (da sie klinische Attribute erfassen, die in einem kategorialen System unterhalb der Schwelle liegen können), weisen sie erhebliche Einschränkungen auf und waren bisher in der klinischen Praxis und zur Anregung der Forschung von geringerem Nutzen als kategoriale Systeme. Numerische dimensionale Beschreibungen sind weniger geläufig und griffig als die kategorialen Bezeichnungen psychischer Störungen. Zudem gibt es bisher noch keine Übereinkunft darüber, welche Dimensionen zu Klassifikationszwecken am besten geeignet sind. Es kann jedoch sein, daß vermehrte Forschungsaktivität und bessere Vertrautheit mit dimensionalen Systemen vielleicht dazu führen, daß sie als Methode zur Übermittlung klinischer Daten und als Forschungswerkzeug in höherem Maße akzeptiert werden.

Die Bedeutung des klinischen Urteils

DSM-IV ist eine Klassifikation psychischer Störungen, die zum Einsatz in Klinik, Forschung und Lehre entwickelt wurde. Die diagnostischen Kategorien, Kriterien und der Begleittext sollen von Personen mit ausreichender klinischer Übung und Erfahrung in der Diagnosestellung eingesetzt werden. Es muß darauf hingewiesen werden, daß DSM-IV nicht von ungeübten Personen mechanistisch angewendet werden sollte. Die spezifischen diagnostischen Kriterien der DSM-IV sollen als Richtlinien zur Unterstützung des klinischen Urteils dienen und nicht nach Art eines Kochbuches benutzt werden. So kann die klinische Beurteilungserfahrung es zum Beispiel rechtfertigen, daß einem Menschen eine bestimmte Diagnose gegeben wird, obwohl das klinische Bild dem Kriterienkatalog der Diagnose nicht vollständig entspricht, die Symptome jedoch anhaltend und ausgeprägt sind. Auf der anderen Seite können eine mangelnde Vertrautheit mit DSM-IV oder eine äußerst flexible und idiosynkratische Anwendung seiner Kriterien oder Konventionen den Nutzen des Handbuchs als allgemeines Kommunikationsmittel grundlegend beeinträchtigen.

Die Anwendung von DSM-IV im forensischen Kontext

Wenn die DSM-IV-Kategorien, Kriterien und Texterläuterungen zu forensischen Zwecken angewendet werden, gibt es bedeutsame Risiken, daß die diagnostische Information mißbraucht oder mißverstanden wird. Diese Gefahr entsteht, weil Fragen von entscheidender rechtlicher Bedeutung und die in den Diagnosen enthaltenen Informationen nur unvollkommen zusammenpassen. In den meisten Situationen reicht die klinische Diagnose einer psychischen Störung nach DSM-IV nicht aus, um das Vorliegen einer „psychischen Störung", einer „geistigen Behinderung", einer „psychischen Krankheit" bzw. eines „geistigen Defekts" im rechtlichen Sinne zu belegen. Bei der Entscheidung, ob eine Person einen bestimmten rechtlichen Sachverhalt erfüllt (z. B. für Geschäftsfähigkeit, strafrechtliche Verantwortlichkeit oder Schuldunfähigkeit) werden gewöhnlich Informationen benötigt, die über die in den DSM-IV-Diagnosen enthaltenen hinausgehen. Diese können sich auf die Funktionsbeeinträchtigungen der Person und auf den Einfluß dieser Funktionsbeeinträchtigungen auf bestimmte in Frage stehende Fähigkeiten beziehen. Insbesondere weil Beeinträchtigungen, Fähigkeiten und Unfähigkeiten sich von Kategorie zu Kategorie sehr unterscheiden können, bedeutet die Vergabe einer bestimmten Diagnose nicht, daß ein bestimmtes Ausmaß von Beeinträchtigung oder Unfähigkeit vorliegt.

Entscheidungsträger ohne klinische Erfahrung sollten auch gewarnt sein, daß eine Diagnose nicht unbedingt Rückschlüsse auf die Ursachen der psychischen Erkrankung oder der damit einhergehenden Beeinträchtigungen erlaubt. Der Einschluß einer Störung in die Klassifikation erfordert (wie in der Medizin allgemein) nicht, daß ihre Ätiologie bekannt ist. Darüber hinaus lassen sich daraus, daß das klinische Bild einer Person die Kriterien einer DSM-IV-Diagnose erfüllt, keine hinreichenden Rückschlüsse auf das Ausmaß ziehen, mit dem die Person die mit der Störung verbundenen Verhaltensweisen zu steuern vermag. Selbst wenn eingeschränkte Verhaltenssteuerung ein Merkmal der Störung ist, läßt sich aus deren Diagnose nicht schließen, daß die jeweilige Person zu einem bestimmten Zeitpunkt nicht in der Lage ist (oder war), ihr Verhalten zu steuern.

Es ist zu beachten, daß DSM-IV einen Konsens über Klassifikation und Diagnose einer psychischen Störung, so wie er zum Zeitpunkt der Erstveröffentlichung bestand, widerspiegelt. Durch Forschung oder klinische Erfahrung neu hinzukommendes Wissen wird zweifellos zu einem erweiterten Verständnis der in DSM-IV aufgenommenen Störungen, zum Auffinden neuer Störungen und zur Herausnahme einiger Störungen aus künftigen Klassifikationen führen. Die in DSM-IV vorgestellten Texte und Kriterienlisten werden Überarbeitungen im Hinblick auf sich ergebende neue Informationen erfordern.

Bei der Anwendung von DSM-IV im forensischen Kontext sollten die oben genannten Risiken und Einschränkungen berücksichtigt werden, dann können die diagnostischen Informationen den Entscheidungsträgern bei ihrer Urteilsfindung helfen. Wenn z. B. das Vorhandensein einer psychischen Störung die Grundlage für einen daraus folgenden Rechtsentscheid ist (z. B. Einweisung in den Maßregelvollzug), kann die Anwendung eines gebräuchlichen Diagnosesystems den Wert und die Reliabilität der Entscheidung verbessern. DSM-IV stellt durch die Einbeziehung der relevanten klinischen und Forschungsliteratur ein Kompendium zur Verfügung, mit dessen Hilfe diejenigen, die rechtliche Entscheidungen treffen, die wichtigsten Charakteristika von psychischen Störungen besser verstehen können. Die mit den Diagnosen verbundenen Texte dienen auch dazu, unbegründete Spekulationen über psychische Störungen und über die Leistungsfähigkeit einer bestimmten Person zu überprüfen. Schließlich kann die diagnostische Information über den Langzeitverlauf die Entscheidungsfindung verbessern, wenn der Rechtsfall sich mit den psychischen Funktionen einer Person zu einem bestimmten Zeitpunkt in der Vergangenheit oder der Zukunft beschäftigt.

Ethnische und kulturelle Betrachtungen

Bei den Vorbereitungen zu DSM-IV wurde in hohem Maße berücksichtigt, daß dieses Handbuch auf kulturell sehr unterschiedliche Populationen in den USA und weltweit angewendet wird. Untersucher müssen Personen aus vielen verschiedenen ethnischen und kulturellen Gruppen beurteilen (dabei auch solche, die erst vor kurzem eingewandert sind). Die diagnostische Beurteilung kann besonders dann schwierig werden, wenn ein Untersucher aus einer bestimmten ethnischen oder kulturellen Gruppe DSM-IV einsetzt, um eine Person aus einer anderen ethnischen oder kulturellen Gruppe zu beurteilen. Ist ein Untersucher mit den Einzelheiten des kulturellen Bezugsrahmens der Person unvertraut, kann er die für diesen Bezugsrahmen spezifischen, normalen Variationen in Glaubenssätzen, Verhalten oder Erfahrungen fälschlich als psychopathologisch einstufen. So können beispielsweise bestimmte religiöse Bräuche oder Glaubenssätze (z. B. das Sehen oder Hören eines verstorbenen Angehörigen) als Manifestationen einer psychotischen Störung fehldiagnostiziert werden. Besonders schwierig kann die Anwendung der Persönlichkeitsstörungskriterien in unterschiedlichen Kulturkreisen sein, da es hinsichtlich Selbstkonzept, Kommunikationsstilen und Coping-Mechanismen große kulturelle Unterschiede gibt.

DSM-IV enthält drei insbesondere auf kulturelle Betrachtungen bezogene Arten von Informationen:
1. eine Diskussion über kulturelle Variationen in den klinischen Bildern aller in DSM-IV beschriebenen Störungen im jeweiligen Begleittext,
2. eine Beschreibung kulturabhängiger Syndrome, die nicht in die Klassifikation nach DSM-IV aufgenommen wurden (diese sind in Anhang F aufgelistet),
3. einen Leitfaden zur Beurteilung kultureller Einflußfaktoren, der den Untersucher darin unterstützen soll, die Auswirkungen des kulturellen Kontextes einer Person systematisch zu beurteilen und einen Bericht hierüber abzufassen (siehe ebenfalls Anhang F).

Die breite internationale Anerkennung von DSM weist darauf hin, daß diese Klassifikation bei der Beschreibung psychischer Störungen, die Menschen weltweit erleben, von Nutzen ist. Dennoch scheinen Symptome und Verlauf einiger in DSM-IV beschriebenen Störungen durch kulturelle und ethnische Faktoren beeinflußt zu werden. Um die Anwendung von DSM-IV auf Menschen aus unterschiedlichen kulturellen und ethnischen Umgebungen zu erleichtern, gibt es einen neuen Abschnitt im Begleittext, der kulturabhängige Merkmale abdeckt. In diesem Abschnitt wird beschrieben, wie Inhalt und Form der Symptompräsentation durch unterschiedliche kulturelle Hintergründe beeinflußt sein können (so ist z. B. die depressive Störung in manchen Kulturen eher durch ein Vorherrschen somatischer Symptome als durch Traurigkeit charakterisiert), welche Ausdrucksformen zur Beschreibung von Leid bevorzugt werden, und es werden, sofern verfügbar, Prävalenzen angegeben.

Die zweite Art von kulturbezogener Information umfaßt „kulturabhängige Syndrome", die nur in einer oder in wenigen Gesellschaften dieser Welt beschrieben werden. DSM-IV bietet zwei Möglichkeiten, diese Störungsbilder besser zu erkennen:

Einige (z. B. *amok, ataque de nervios*) sind als eigenständige Beispiele in den Nicht-Näher-Bezeichnet-Kategorien aufgeführt. Weiterhin wurde ein Anhang mit kulturabhängigen Syndromen (Anhang F) in DSM-IV neu aufgenommen, der die Namen solcher Zustände und die Kulturkreise, in denen sie erstmals beschrieben wurden, enthält sowie eine kurze Beschreibung der zugehörigen psychopathologischen Auffälligkeiten.

Die Bereitstellung des kulturspezifischen Abschnitts im Begleittext, des Glossars kulturabhängiger Syndrome und des Leitfadens zur Beurteilung kultureller Einflußfaktoren sollen die interkulturelle Anwendbarkeit von DSM-IV verbessern. Diese neuen Merkmale sollen die Sensibilität für kulturabhängige Variationen im Ausdruck psychischer Störungen erhöhen und die möglichen Auswirkungen einer unbeabsichtigten Verzerrung durch den eigenen kulturellen Hintergrund des Untersuchers reduzieren.

Einsatz von DSM-IV bei der Behandlungsplanung

Die DSM-IV Diagnose ist nur der erste Schritt einer umfassenden Evaluation. Um einen angemessenen Behandlungsplan entwerfen zu können, muß der Untersucher unweigerlich zahlreiche zusätzliche Informationen erheben, die über die zur Diagnosestellung erforderliche hinausgeht.

Unterschied zwischen psychischer Störung und medizinischem Krankheitsfaktor

Die Begriffe *psychische Störung* und *medizinischer Krankheitsfaktor* werden im Handbuch durchgängig benutzt. Der Begriff der *psychischen Störung* wurde oben erklärt. Der Begriff *medizinischer Krankheitsfaktor* wird nur als Kürzel für Bedingungen und Störungen, die außerhalb des Kapitels „Psychische und Verhaltensstörungen" der ICD-10 genannt werden, benutzt. Es ist zu beachten, daß es sich hier um rein begriffliche Übereinkünfte handelt, die nicht zu der Annahme verführen sollen, daß es einen grundlegenden Unterschied zwischen psychischen Störungen und medizinischen Krankheitsfaktoren gibt, daß psychische Störungen in keinem Zusammenhang zu körperlichen oder biologischen Faktoren oder Prozessen stehen oder daß der medizinische Krankheitsfaktor keinen Bezug zu Verhaltens- oder psychosozialen Faktoren oder Prozessen aufweist.

Organisation des Handbuchs

Das Handbuch beginnt mit den Hinweisen zum Gebrauch (siehe S. 3), gefolgt von der DSM-IV-Klassifikation (siehe S. 31–50), die eine systematische Auflistung der offiziellen Codierungen und Kategorien enthält. Es folgt die Beschreibung des multiaxialen Diagnosesystems von DSM-IV (siehe S. 17–28). Daran schließen sich die diagnostischen Kriterien und der Begleittext zu den jeweiligen DSM-IV-Störungen an (S. 71–773) an. Schließlich enthält DSM-IV 10 Anhänge.

Liste der deutschen Bearbeiter

Gesamtredaktion: Dipl.-Psych. Isabel Houben, Aachen

Zum Gebrauch des Manuals/Die multiaxiale Beurteilung
Berater: Prof. Dr. Henning Saß, Aachen
Prof. Dr. Hans-Ulrich Wittchen, München
Übersetzer: Dipl.-Psych. Isabel Houben, Aachen
Dipl.-Psych. Kristin Korb, Aachen

Störungen, die Gewöhnlich Zuerst im Kleinkindalter, in der Kindheit oder Adoleszenz Diagnostiziert werden
Berater: Dr. Manfred Döpfner, Köln
Prof. Dr. Gerd Lehmkuhl, Köln
Prof. Dr. Martin H. Schmidt, Mannheim
Prof. Dr. Franz Petermann, Bremen
Prof. Dr. Helmut Remschmidt, Marburg
Übersetzer: Dr. Manfred Döpfner, Köln
Prof. Dr. Franz Petermann, Bremen
Prof. Dr. Gerd Lehmkuhl, Köln
Dr. Norbert R. Krischke, Bremen
Dipl.-Übersetzerin Carmella Tiller, Bremen

Delir, Demenz, Amnestische und Andere Kognitive Störungen
Berater: Prof. Hans Lauter, München
PD Dr. Michael Zaudig, Windach
Übersetzer: Dr. med. Charl Thora, Windach
Dipl.-Psych. Franziska Karlbauer, Windach
PD Dr. Michael Zaudig, Windach
Dr. Dipl.-Psych. Rolf-Dieter Trautmann-Sponsel, Windach
Dipl.-Psych. Sabine Gruschwitz, Windach

Psychische Störungen Aufgrund eines Medizinischen Krankheitsfaktors
Berater: PD Dr. Michael Zaudig, Windach
Prof. Dr. Henning Saß, Aachen
Übersetzer: Dr. Dipl.-Psych. Rolf-Dieter Trautmann-Sponsel, Windach
Dipl.-Psych. Sabine Gruschwitz, Windach
Dr. Charl Thora, Windach
PD Dr. Michael Zaudig, Windach
Dipl.-Psych. Franziska Karlbauer, Windach

Störungen im Zusammenhang mit Psychotropen Substanzen
Berater: Prof. Dr. Hans Ulrich Wittchen, München
Prof. Dr. Horst Dilling, Lübeck
Übersetzer: Dr. Barbara Dierse, Lübeck
PD Dr. Harald Jürgen Freyberger, Bonn
Dr. Ute Siebel, Lübeck
Dipl.-Psych. Andrea Vodermaier, München
Dipl.-Psych. Antonia Vossen, München
Dipl.-Psych. Alexandra Holly, München

Schizophrenie und Andere Psychotische Störungen
Berater: Prof. Dr. Joachim Klosterkötter, Aachen
Prof. Dr. Heiner Sauer, Jena
Übersetzer: Dr. Ralf Erkwoh, Aachen
Dr. Matthias Albers, Aachen
Dr. Euphrosine Gouzoulis-Mayfrank, Aachen
Dr. Thomas Lohmann, Aachen

Affektive Störungen
Berater: Dr. Cynthia D. Delmo, Mainz
Prof. Dr. Wolfgang Maier, Bonn
Prof. Dr. Martin Hautzinger, Mainz
Prof. Dr. Hans-Ulrich Wittchen, München
Prof. Dr. Siegfried Kasper, Wien
Übersetzer: Dr. Cynthia D. Delmo, Mainz
Dipl.-Psych. Regina Jung, Mainz
Dipl.-Psych. Eva Schwall, Mainz
Dipl.-Psych. Heike Schermer, Mainz
Dipl.-Psych. Rita Morgan, Mainz
Dipl.-Psych. Thomas Meyer, Mainz
Dipl.-Psych. Natascha Bischoff, Mainz
Dr. Thomas Franke, Mainz
Dipl.-Psych. Thomas Lay, Mainz
Dipl.-Psych. Thomas Urban, Mainz
Dr. Ursula Luka-Krausgrill, Mainz
Dipl.-Psych. Antonia Vossen, München
Dipl.-Psych. Peter Schuster, München

Angststörungen
Berater: Prof. Dr. Jürgen Margraf, Dresden
Dr. Silvia Schneider, Dresden
Prof. Dr. Hans-Ulrich Wittchen, München
Übersetzer: Dr. Silvia Schneider, Dresden
Prof. Dr. Jürgen Margraf, Dresden

Dipl.-Psych. Antonia Vossen, München
Dipl.-Psych. Eva-Maria Pfütze, München

Somatoforme Störungen
Berater: Doz. Dr. Winfried Rief, Prien
Prof. Dr. Hans-Ulrich Wittchen, München
Dr. Wolfgang Hiller, Prien
Übersetzer: Doz. Dr. Winfried Rief, Prien
Dipl.-Psych. Rose Shaw, Prien

Vorgetäuschte Störungen
Berater: PD Dr. Michael Zaudig, Windach
Prof. Dr. Henning Saß, Aachen
Übersetzer: Dipl.-Psych. Sabine Gruschwitz, Windach
Dr. Dipl.-Psych. Rolf-Dieter Trautmann-Sponsel, Windach
Dipl.-Psych. Franziska Karlbauer, Windach
Dr. Charl Thora, Windach
PD Dr. Michael Zaudig, Windach

Dissoziative Störungen
Berater: PD Dr. Michael Zaudig, Windach
Prof. Dr. Henning Saß, Aachen
Übersetzer: Dipl.-Psych. Sabine Gruschwitz, Windach
Dr. Dipl.-Psych. Rolf-Dieter Trautmann-Sponsel, Windach
PD Dr. Michael Zaudig, Windach
Dr. Charl Thora, Windach
Dipl.-Psych. Franziska Karlbauer, Windach

Sexuelle und Geschlechtsidentitätsstörungen
Berater: Prof. Dr. Dr. Klaus M. Beier, Berlin
Prof. Dr. Henning Saß, Aachen
Übersetzer: Prof. Dr. Dr. Klaus M. Beier, Berlin
PD Dr. Hartmut A. G. Bosinski, Kiel

Eßstörungen
Berater: Prof. Dr. Manfred Fichter, Prien
Prof. Dr. Rolf Meermann, Bad Pyrmont
Prof. Dr. Hans-Ulrich Wittchen, München
Übersetzer: Dipl.-Psych. Birgit Wendt, München
Prof. Dr. Manfred Fichter, Prien
Dipl.-Psych. Eva-Maria Pfütze, München

Schlafstörungen
Berater: Prof. Matthias Berger, Freiburg
Prof. Jürgen-Christian Krieg, Marburg
Übersetzer: Dr. Hermann Ebel, Aachen
Dr. Armin Kreischer, Aachen
Dr. Ammar Owega, Aachen
Dr. Ingrid Kamps, Aachen
Dr. Bernhard Thelen, Aachen

Störungen der Impulskontrolle, Nicht Andernorts Klassifiziert
Berater: Prof. Dr. Henning Saß, Aachen
Dr. Sabine Herpertz, Aachen
Übersetzer: Dr. Bertram von der Stein, Aachen
Dipl.-Psych. Isabel Houben, Aachen

Anpassungsstörungen
Berater: PD Dr. Michael Zaudig, Windach
Übersetzer: Dipl.-Psych. Sabine Gruschwitz, Windach
Dr. Dipl.-Psych. Rolf-Dieter Trautmann-Sponsel, Windach
PD Dr. Michael Zaudig, Windach
Dipl.-Psych. Franziska Karlbauer, Windach
Dr. Charl Thora, Windach

Persönlichkeitsstörungen
Berater: Prof. Dr. Henning Saß, Aachen
Übersetzer: Dr. Sabine Herpertz, Aachen
Dr. Tatjana Voß, Aachen
Dr. Annette Hundsalz, Aachen
Dr. Hermann Ebel, Aachen
Dr. Christine Menges, Aachen
Dr. Kerstin Paulußen, Aachen
Dipl.-Psych. Wolfgang Kopfhammer, Aachen

Andere Klinisch Relevante Probleme
Berater: PD Dr. Michael Zaudig, Windach
Prof. Dr. Oskar Berndt Scholz, Bonn
Dr. Volker Arolt, Lübeck
Übersetzer: Dr. Dipl.-Psych. Rolf-Dieter Trautmann-Sponsel, Windach
Dipl.-Psych. Sabine Gruschwitz, Windach
PD Dr. Michael Zaudig, Windach
Dr. Charl Thora, Windach
Dipl.-Psych. Franziska Karlbauer, Windach

Anhang A
Berater: Prof. Henning Saß, Aachen
Übersetzer: Dipl.-Psych. Isabel Houben, Aachen
Dipl.-Psych. Kristin Korb, Aachen

Anhang B
Berater: Dr. Hermann Ebel, Aachen
Dr. Ralf D. Erkwoh, Aachen
Dr. Sabine Herpertz, Aachen
Übersetzer: Dipl.-Psych. Daniela Marx, Aachen
Dipl.-Psych. Maren Woschnik, Aachen
Dipl.-Psych. Isabel Houben, Aachen

Angang C
Berater: Prof. Dr. Henning Saß, Aachen
Übersetzer: Dipl.-Psych. Isabel Houben, Aachen
Dipl.-Psych. Kristin Korb, Aachen

Anhang D
Berater: Prof. Dr. Hans-Ulrich Wittchen, München
Übersetzer: Prof. Dr. Hans-Ulrich Wittchen, München

Anhang F
Berater: Prof. Dr. Henning Saß, Aachen
Übersetzer: Dipl.-Psych. Kristin Korb, Aachen

Diagnostischer Index

Seitenzahlen für diagnostische Kriterien sind in Klammern zugefügt

A

Abwehrfunktionsskala 842–848
Affektive Episoden 380
    Episode einer Major Depression 380 (387)
    Gemischte Episode 394 (396)
    Hypomane Episode 396 (399)
    Manische Episode 388 (393)
Affektive Störungen 375
    siehe auch Affektive Episoden
    Aufgrund eines Medizinischen Krankheitsfaktors 428 (431)
    Bipolare Störungen 412
    Depressive Störungen 400
    NNB 436
    Substanzinduzierte Affektive Störung 432 (435)
Affektive Störungen, Zusatzcodierungen für
    Chronisch 443 (443)
    Langzeitverlauf (mit/ohne Vollremission im Intervall) 448 (450)
    Mit Atypischen Merkmalen 445 (447)
    Mit Katatonen Merkmalen 443 (444)
    Mit Melancholischen Merkmalen 444 (445)
    Mit Postpartalem Beginn 447 (448)
    Mit Rapid Cycling 451 (452)
    Mit Saisonalem Muster 450 (451)
    Schweregrad/Psychotische Merkmale/Remissionsgrad 437
        für Episode einer Major Depression 437 (438)
        für Gemischte Episode 441 (442)
        für Manische Episode 439 (440)
Agoraphobie 456 (457)
    Ohne Panikstörung in der Vorgeschichte 464 (466)
    Panikstörung mit – 457 (463)
Akathisie, Akute
    Neuroleptikainduzierte 766, 835 (836)
Akute Belastungsstörung 493 (495)
Alkohol, Störungen durch Konsum von –
    Abhängigkeit 243
    Mißbrauch 244
Alkohol, Störungen im Zusammenhang mit – 242
    NNB 252
Alkoholinduzierte Störungen
    Andere Störungen 247
    Entzug 245 (246)
    Intoxikation 244 (245)
Altersbedingter Kognitiver Abbau (770)
Alzheimer Typ, Demenz vom 182 (184)
Amnesie
    siehe Amnestische Störungen, Dissoziative Amnesie
Amnestische Störungen 198
    Aufgrund eines Medizinischen Krankheitsfaktors 202 (203)
    NNB 206
    Persistierende Substanzinduzierte Amnestische Störung 204 (206)
Amphetamin, Störungen durch Konsum von –
    Abhängigkeit 254
    Mißbrauch 255
Amphetamin, Störungen im Zusammenhang mit – 252
    NNB 260
Amphetamininduzierte Störungen
    Andere Störungen 257
    Entzug 256 (257)
    Intoxikation 255 (256)
Angststörungen 453
    Agoraphobie 456 (457)
        Ohne Panikstörung in der Vorgeschichte 464 (466)
        Panikstörung mit – 457 (463)
    Akute Belastungsstörung 493 (495)
    Aufgrund eines Medizinischen Krankheitsfaktors 500 (503)
    Generalisierte Angststörung (schließt Störung mit Überängstlichkeit in der Kindheit ein) 496 (500)
    NNB 508
    Panikattacke 454 (455)
    Panikstörung 457 (463)
        mit Agoraphobie 457 (463)
        ohne Agoraphobie 457 (463)
    Posttraumatische Belastungsstörung 487 (491)
    Soziale Phobie (Soziale Angststörung) 473 (479)
    Spezifische Phobie 466 (472)
    Störung mit Trennungsangst 150 (153)
    Substanzinduzierte Angststörung 503 (507)
    Zwangsstörung 480 (485)

Anorexia Nervosa 613 (619)
Anpassungsstörungen 705
    mit Angst 706 (709)
    mit Angst und Depressiver Stimmung, Gemischt 706 (709)
    mit Depressiver Stimmung 706 (709)
    mit Emotionalen Störungen und Störungen des Sozialverhaltens, Gemischt 706 (709)
    mit Störungen des Sozialverhaltens 706 (709)
    Unspezifisch 706 (709)
Antisoziale Persönlichkeitsstörung 729 (734)
Antisoziales Verhalten
    im Erwachsenenalter 770
    in der Kindheit oder Adoleszenz 770
Antisoziales Verhalten im Erwachsenenalter 770
Antisoziales Verhalten in der Kindheit und Adoleszenz 770
Anxiolytika, Störungen im Zusammenhang mit –
    siehe Sedativa, Hypnotika und Anxiolytika, Störungen im Zusammenhang mit
Asperger-Störung 113 (114)
Atmungsgebundene Schlafstörung 645 (652)
Atypische Merkmale, Zusatzcodierung für Affektive Episode 445 (447)
Atypischer Autismus 115
Aufmerksamkeitsdefizit-/Hyperaktivitätsstörung 115 (122)
Autistische Störung 103 (107)

B

Belastungsstörung
    siehe Akute Belastungsstörung
Berufsproblem 771
Bipolare Störungen
    Bipolar I Störung
        Einzelne Manische Episode 412 (417)
        Letzte Episode Depressiv 412 (419)
        Letzte Episode Gemischt 412 (418)
        Letzte Episode Hypoman 412 (418)
        Letzte Episode Manisch 412 (418)
        Letzte Episode Unspezifisch 412 (419)
    Bipolar II Störung (rezidivierende Episoden einer Major Depression und hypomane Episoden) 420 (424)
    NNB 427
    Zyklothyme Störung 424 (427)
„Binge-Eating"-Störung 819 (821)
Borderline Persönlichkeitsstörung 735 (739)
Bulimia Nervosa 620 (625)

C

Cannabis, Störungen durch Konsum von –
    Abhängigkeit 262
    Mißbrauch 262
Cannabis, Störungen im Zusammenhang mit – 260
    NNB 267
Cannabisinduzierte Störungen
    Andere Störungen 264
    Intoxikation 263 (264)
Chronisch, Zusatzcodierung für Affektive Episoden 443 (443)
Chronische Motorische oder Vokale Ticstörung 143 (144)
Creutzfeldt-Jakobsche Erkrankung
    Demenz Aufgrund einer – 193 (194)

D

Delir 164
    Aufgrund eines Medizinischen Krankheitsfaktors 168 (170)
    Aufgrund Multipler Ätiologien 173 (174)
    NNB 174
    Substanzinduziert 170 (172)
Delir, Demenz, Amnestische und Andere Kognitive Störungen 163
    Amnestische Störungen 198
    Delir 164
    Demenz 174
    Kognitive Störungen, NNB 207
Demenz 174
    Aufgrund Multipler Ätiologien 197 (197)
    Aufgrund Anderer Medizinischer Krankheitsfaktoren 189, 193 (194)
        Creutzfeldt-Jakobsche Erkrankung 193 (194)
        Schädel-Hirn-Trauma 190 (194)
        HIV-Erkrankung 190 (194)
        Huntingtonsche Erkrankung 191 (194)
        Parkinsonsche Erkrankung 191 (194)
        Picksche Erkrankung 192 (194)
    NNB 198
    Persistierende Substanzinduzierte Demenz 195 (196)
    Vaskuläre Demenz 186 (188)
    vom Alzheimer Typ 182 (184)
Dependente Persönlichkeitsstörung 751 (755)
Depersonalisationsstörung 555 (557)
Depressive Persönlichkeitsstörung 821 (823)
Depressive Störungen
    Dysthyme Störung 407 (410)

Major Depression
    Einzelne Episode *400 (406)*
    Rezidivierend *400 (406)*
    NNB *411*
Desintegrative Störung im Kindesalter *110 (112)*
Desorganisierter Typus der Schizophrenie *343 (343)*
Diagnose auf Achse II zurückgestellt *773*
Diagnose oder Zustand auf Achse I zurückgestellt *773*
Dissoziative Amnesie *544 (548)*
Dissoziative Fugue *548 (550)*
Dissoziative Identitätsstörung *551 (554)*
Dissoziative Störungen *543*
    Depersonalisationsstörung *555 (557)*
    Dissoziative Amnesie *544 (548)*
    Dissoziative Fugue *548 (550)*
    Dissoziative Identitätsstörung *551 (554)*
    NNB *557*
Dissoziative Trancestörung *816 (818)*
Dyspareunie
    Aufgrund eines Medizinischen Krankheitsfaktors *584 (587)*
    Nicht Aufgrund eines Medizinischen Krankheitsfaktors *580 (582)*
Dyssomnien *629*
    Atmungsgebundene Schlafstörung *645 (652)*
    Narkolepsie *640 (639)*
    NNB *658*
    Primäre Hypersomnie *634 (639)*
    Primäre Insomnie *629 (634)*
    Schlafstörung mit Störung des Zirkadianen Rhythmus *652 (658)*
Dysthyme Störung *407 (410)*
    Alternatives Forschungskriterium B *807 (807)*
Dystonie, Akut
    Neuroleptikainduziert *765, 832 (834)*

E

Einfache deteriorative Störung (Schizophrenia simplex) *801 (803)*
Einfache Phobie
    siehe Spezifische Phobie
Einfache Trauer *771*
Ejaculatio Praecox *578 (579)*
Elektiver Mutismus
    siehe Selektiver Mutismus
Eltern-Kind-Problem *767*

Enkopresis *145 (147)*
    mit Verstopfung und Überlaufinkontinenz *146 (147)*
    ohne Verstopfung und Überlaufinkontinenz *146 (147)*
Entwicklungsbezogene Artikulationsstörung
    siehe Phonologische Störung
Entwicklungsbezogene Koordinationsstörung *89 (90)*
Entwicklungsstörungen
    siehe Lernstörungen, Geistige Behinderung, Tiefgreifende Entwicklungsstörungen
Enuresis (nicht aufgrund eines medizinischen Krankheitsfaktors) *147 (149)*
Episode einer Major Depression *400 (406)*
Erektionsstörung beim Mann *569 (572)*
    Aufgrund eines Medizinischen Krankheitsfaktors *584 (587)*
Eßstörungen *613*
    siehe auch Fütter- und Eßstörungen im Säuglings- oder Kleinkindalter
    Anorexia Nervosa *613 (619)*
    Bulimia Nervosa *620 (625)*
    NNB *625*
Exhibitionismus *596 (596)*
Expressive Sprachstörung *91 (94)*

F

Fetischismus *597 (597)*
    Transvestitischer *601 (602)*
Flashbacks
    siehe Persistierende Wahrnehmungsstörung im Zusammenhang mit Halluzinogenen (Flashbacks)
Folie à deux
    siehe Gemeinsame Psychotische Störung
Frotteurismus *597 (598)*
Fugue
    siehe Dissoziative Fugue
Fütter- und Eßstörungen im Säuglings- oder Kleinkindalter *133*
    Fütterstörung im Säuglings- oder Kleinkindalter *137 (139)*
    Pica *134 (135)*
    Ruminationsstörung *135 (137)*
Fütterstörung im Säuglings- oder Kleinkindalter *137 (139)*

G

GAF-Skala

siehe Skala zur Globalen Beurteilung des Funktionsniveaus
GARF-Skala
siehe Skala zur Globalen Beurteilung des Funktionsniveaus für Beziehungen
Gehemmter Orgasmus bei der Frau
siehe Weibliche Orgasmusstörung
Gehemmter Orgasmus beim Mann
siehe Männliche Orgasmusstörung
Geistige Behinderung 73 (81)
　Leichte 75 (81)
　Mittelschwere 75 (81)
　Mit Unspezifischem Schweregrad 76 (81)
　Schwere 76 (81)
　Schwerste 76 (81)
Geistige Behinderung mit Unspezifischem Schweregrad 76 (81)
Gemeinsame Psychotische Störung 362 (364)
Gemischte Episode 394 (396)
Generalisierte Angststörung (schließt Störung mit Überängstlichkeit in der Kindheit ein) 496 (500)
Geschlechtsidentitätsstörung 603
　bei Jugendlichen oder Erwachsenen (609)
　bei Kindern (609)
　NNB 610
Grenzbereich der Intellektuellen Leistungsfähigkeit 770

H

Halluzinogene, Störungen durch Konsum von –
　Abhängigkeit 268
　Mißbrauch 269
Halluzinogene, Störungen im Zusammenhang mit – 267
　NNB 274
Halluzinogeninduzierte Störungen
　Andere Störungen 272
　Intoxikation 269 (270)
　Persistierende Wahrnehmungsstörung im Zusammenhang mit Halluzinogenen (Flashbacks) 271 (271)
Haltetremor, medikamenteninduzierter 766, 840 (842)
Histrionische Persönlichkeitsstörung 740 (743)
HIV-Erkrankung
　Demenz Aufgrund einer – 190 (194)
Huntingtonsche Erkrankung
　Demenz Aufgrund einer – 191 (194)
Hyperaktivität
　siehe Aufmerksamkeitsdefizit-/Hyperaktivitätsstörung
Hypersomnie
　im Zusammenhang mit einer Anderen Psychischen Störung 673 (678)
　Primäre 634 (639)
　Substanzinduzierte 683 (688)
Hypnotika, Störungen im Zusammenhang mit –
　siehe Sedativa, Hypnotika und Anxiolytika, Störungen im Zusammenhang mit
Hypochondrie 528 (531)
Hypomane Episode 396 (399)

I

Identitätsproblem 772
Identitätsstörung
　siehe Dissoziative Identitätsstörung, Geschlechtsidentitätsstörung
Inhalantien, Störungen durch Konsum von –
　Abhängigkeit 276
　Mißbrauch 276
Inhalantien, Störungen im Zusammenhang mit – 274
　NNB 281
Inhalantieninduzierte Störungen
　Andere Störungen 278
　Intoxikation 277 (277)
Insomnie
　im Zusammenhang mit einer Anderen Psychischen Störung 673 (678)
　Primäre 629 (634)
　Substanzinduziert 683 (688)
Intellektuelle Leistungsfähigkeit
　siehe Grenzbereich der Intellektuellen Leistungsfähigkeit
Intermittierende Explosible Störung 691 (694)

K

Katatone Merkmale, Zusatzcodierung für Affektive Episode 443 (444)
Katatone Störung
　Aufgrund eines Medizinischen Krankheitsfaktors 214 (215)
Katatoner Typus der Schizophrenie 344 (344)
Keine Diagnose auf Achse II 773
Keine Diagnose bzw. kein Zustand auf Achse I 773
Kleptomanie 694 (696)

Koffein, Störungen im Zusammenhang mit –
281
NNB 284
Koffeinentzug 797 (798)
Koffeininduzierte Störungen
Andere Störungen 283
Intoxikation 282 (282)
Kognitive Störungen
siehe auch Amnestische Störungen, Delir, Demenz
Altersbedingter Kognitiver Abbau 770
NNB 207
Kokain, Störungen durch Konsum von –
Abhängigkeit 286
Mißbrauch 287
Kokain, Störungen im Zusammenhang mit –
284
NNB 293
Kokaininduzierte Störungen
Andere Störungen 289
Entzug 288 (289)
Intoxikation 287 (288)
Kombinierte Rezeptiv-Expressive Sprachstörung 94 (97)
Kommunikationsstörungen 91
Expressive Sprachstörung 91 (94)
Kombinierte Rezeptiv-Expressive Sprachstörung 94 (97)
NNB 102
Phonologische Störung 97 (99)
Stottern 100 (101)
Konversionsstörung 517 (522)
Körperdysmorphe Störung 532 (535)
Körperliche Mißhandlung
eines Erwachsenen 768
eines Kindes 768
Kulturelles Anpassungsproblem 772
Kulturabhängige Syndrome 895–902
Kurze Psychotische Störung 358 (361)

L

Leichte depressive Störung 808 (809)
Leichte Geistige Behinderung 75 (81)
Leichte neurokognitive Störung 794 (796)
Lernstörungen 81
Lesestörung 83 (85)
NNB 89
Rechenstörung 85 (87)
Störung des Schriftlichen Ausdrucks 87 (88)
Lesestörung 83 (85)

M

Major Depression
Einzelne Episode 400 (406)
Rezidivierend 400 (406)
Malignes Neuroleptisches Syndrom 765, 829 (832)
Manische Episode 388 (393)
Männliche Orgasmusstörung 575 (577)
Medikamenteninduzierte Bewegungsstörungen 765, 825
Haltetremor 766, 840 (842)
Malignes Neuroleptisches Syndrom 765, 829 (832)
Neuroleptikainduzierte Akute Akathisie 766, 835 (836)
Neuroleptikainduzierte Akute Dystonie 765, 832 (834)
Neuroleptikainduzierter Parkinsonismus 765, 826 (829)
Neuroleptikainduzierte Tardive Dyskinesie 766, 837 (839)
NNB 766, 842
Medikamenteninduzierte Störung
NNB Ungünstige Wirkungen einer Medikation 766
Medizinischer Krankheitsfaktor
Affektive Störung Aufgrund eines – 428 (431)
Amnestische Störung Aufgrund eines – 202 (203)
Angststörung Aufgrund eines – 500 (503)
Delir Aufgrund eines – 168 (170)
Demenz Aufgrund eines – 182–194
Katatone Störung Aufgrund eines – 214 (215)
NNB Psychische Störung Aufgrund eines – 219
Persönlichkeitsveränderung Aufgrund eines – 216 (218)
Psychische Störung Aufgrund eines – 210
Psychotische Störung Aufgrund eines – 364 (367)
Schlafstörung Aufgrund eines – 679 (682)
Schmerzstörung in Verbindung mit einem – 523 (527)
Sexuelle Funktionsstörung Aufgrund eines – 584 (587)
Zwischenmenschliches Problem im Zusammenhang mit einem – 767
Melancholische Merkmale, Zusatzcodierung für Affektive Episode 444 (445)

Mißbrauch, Mißhandlung oder Vernachlässigung, Probleme im Zusammenhang mit – 768
　Körperliche Mißhandlung eines Erwachsenen 768
　Körperliche Mißhandlung eines Kindes 768
　Sexueller Mißbrauch eines Erwachsenen 768
　Sexueller Mißbrauch eines Kindes 768
　Vernachlässigung eines Kindes 768
Mittelschwere Geistige Behinderung 75 (81)
Motorische oder Vokale Ticstörung, Chronisch
　siehe Chronisch Motorische oder Vokale Ticstörung
Multiinfarktdemenz
　siehe Vaskuläre Demenz
Multiple Ätiologien
　Delir Aufgrund von 173 (174)
　Demenz Aufgrund von 197 (197)
Multiple Persönlichkeitsstörung
　siehe Dissoziative Identitätsstörung

N

Narkolepsie 640 (645)
Narzißtische Persönlichkeitsstörung 743 (747)
Neuroleptikainduzierte Störungen
　Akute Akathisie 766, 835 (836)
　Akute Dystonie 765, 832 (834)
　Malignes Neuroleptisches Syndrom 765, 829 (832)
　Parkinsonismus 765, 826 (829)
　Tardive Dyskinesie 766, 837 (839)
Psychische Störung Aufgrund eines Medizinischen Krankheitsfaktors, Nicht Näher Bezeichnete 219
Nicht Näher Bezeichnete(s)
　Affektive Störung 436
　Amnestische Störung 206
　Angststörung 508
　Aufmerksamkeitsdefizit-/Hyperaktivitätsstörung 123
　Bipolare Störung 427
　Delir 174
　Demenz 198
　Depressive Störung 411
　Dissoziative Störung 557
　Dyssomnie 658
　Eßstörung 625
　Geschlechtsidentitätsstörung 610
　Kognitive Störung 207
　Kommunikationsstörung 102
　Lernstörung 89

Medikamenteninduzierte Bewegungsstörung 766, 842
Paraphilie 603
Parasomnie 673
Persönlichkeitsstörung 760
Psychische Störung Aufgrund eines Medizinischen Krankheitsfaktors 210
Psychotische Störung 373
Sexuelle Funktionsstörung 592
Sexuelle Störung 611
Somatoforme Störung 535
Sozial Störendes Verhalten 133
Störung der Impulskontrolle 704
Störung im Kleinkindalter in der Kindheit oder Adoleszenz 162
Störung im Zusammenhang mit Alkohol 252
Störung im Zusammenhang mit Amphetamin 260
Störung im Zusammenhang mit Anderer (oder Unbekannter) Substanz 324
Störung im Zusammenhang mit Cannabis 267
Störung im Zusammenhang mit Halluzinogenen 274
Störung im Zusammenhang mit Inhalantien 281
Störung im Zusammenhang mit Koffein 284
Störung im Zusammenhang mit Kokain 293
Störung im Zusammenhang mit Nikotin 299
Störung im Zusammenhang mit Opiaten 307
Störung im Zusammenhang mit Phencyclidin 313
Störung im Zusammenhang mit Sedativa, Hypnotika oder Anxiolytika 323
Ticstörung 145
Tiefgreifende Entwicklungsstörung 115
Ungünstige Wirkungen einer Medikation 766
Vorgetäuschte Störung 541
Zwischenmenschliches Problem 768
Nichtbefolgen von Behandlungsanweisungen 769
Nikotin, Störung durch Konsum von –
　Abhängigkeit 294
Nikotin, Störungen im Zusammenhang mit – 294
NNB 299
Nikotininduzierte Störung
　Entzug 295 (296)

O

Opiate, Störungen durch Konsum von –
 Abhängigkeit *300*
 Mißbrauch *301*
Opiate, Störungen im Zusammenhang mit – *299*
 NNB *307*
Opiatinduzierte Störungen
 Andere Störungen *303*
 Entzug *302 (303)*
 Intoxikation *301 (302)*
Orgasmusstörungen
 Ejaculatio Praecox *578 (579)*
 Männliche Orgasmusstörung *575 (577)*
 Weibliche Orgasmusstörung *572 (574)*

P

Pädophilie *598 (599)*
Panikattacke *454 (455)*
Panikstörung *457 (463)*
 mit Agoraphobie *457 (463)*
 Ohne Agoraphobie *457 (463)*
Paranoide Persönlichkeitsstörung *717 (720)*
Paranoider Typus der Schizophrenie *342 (343)*
Paraphilien *593*
 Exhibitionismus *596 (596)*
 Fetischismus *597 (597)*
 Frotteurismus *597 (598)*
 NNB *603*
 Pädophilie *598 (599)*
 Sexueller Masochismus *599 (600)*
 Sexueller Sadismus *600 (601)*
 Transvestitischer Fetischismus *601 (602)*
 Voyeurismus *603 (603)*
Parasomnien *659*
 NNB *673*
 Pavor Nocturnus *663 (667)*
 Schlafstörung mit Alpträumen *659 (662)*
 Schlafstörung mit Schlafwandeln *668 (672)*
Parkinsonismus
 Neuroleptikainduzierter *765, 826 (829)*
Parkinsonsche Erkrankung
 Demenz Aufgrund einer *191 (194)*
Partnerschaftsproblem *767*
Passiv-aggressive Persönlichkeitsstörung (negativistische Persönlichkeitsstörung) *823 (824)*
Pathologisches Spielen *698 (700)*
Pavor Nocturnus *663 (667)*
Persönlichkeitsstörungen *711 (715)*
 Antisoziale Persönlichkeitsstörung *729 (734)*
 Borderline Persönlichkeitsstörung *735 (739)*
 Dependente Persönlichkeitsstörung *751 (755)*
 Histrionische Persönlichkeitsstörung *740 (743)*
 Narzißtische Persönlichkeitsstörung *743 (747)*
 NNB Persönlichkeitsstörung *760*
 Paranoide Persönlichkeitsstörung *717 (720)*
 Schizoide Persönlichkeitsstörung *721 (724)*
 Schizotypische Persönlichkeitsstörung *725 (729)*
 Vermeidend-Selbstunsichere Persönlichkeitsstörung *747 (751)*
 Zwanghafte Persönlichkeitsstörung *755 (759)*
Persönlichkeitsveränderung Aufgrund eines Medizinischen Krankheitsfaktors *216 (218)*
Phencyclidin, Störungen durch Konsum von –
 Abhängigkeit *309*
 Mißbrauch *309*
Phencyclidin, Störungen im Zusammenhang mit – *308*
 NNB *313*
Phencyclidininduzierte Störungen
 Andere Störungen *311*
 Intoxikation *310 (311)*
Phonologische Störung *97 (99)*
Pica *134 (135)*
Picksche Erkrankung
 Demenz Aufgrund einer – *192 (194)*
Polytoxikomanie *324*
Postkontusionelle Störung *792 (793)*
Postpartaler Beginn, Zusatzcodierung für Affektive Episode *447 (448)*
Postpsychotische depressive Störung bei Schizophrenie *799 (801)*
Posttraumatische Belastungsstörung *487 (491)*
Prämenstruelle dysphorische Störung *804 (806)*
Primäre Hypersomnie *634 (639)*
Primäre Insomnie *629 (634)*
Primäre Schlafstörungen
 Dyssomnien *629*
 Parasomnien *659*
Problem einer Lebensphase *772*
Problem zwischen Geschwistern *768*
Psychische Störungen Aufgrund eines Medizinischen Krankheitsfaktors *210*
Psychogene Amnesie
 siehe Dissoziative Amnesie
Psychogene Fugue
 siehe Dissoziative Fugue

Psychologischer Faktor, der einen Medizinischen Krankheitsfaktor Beeinflußt 761 (764)
Psychotische Merkmale, Zusatzcodierung für 437
　Episode einer Major Depression 437 (438)
　Manische Episode 441 (442)
　Gemischte Episode 439 (449)
Psychotische Störungen
　Aufgrund eines Medizinischen Krankheitsfaktors 364 (367)
　Gemeinsame Psychotische Störung 362 (364)
　Kurze Psychotische Störung 358 (361)
　NNB 373
　Schizoaffektive Störung 348 (352)
　Schizophrenie 328 (340)
　Schizophreniforme Störung 345 (347)
　Substanzinduzierte Psychotische Störung 368 (372)
　Wahnhafte Störung 352 (358)
Pyromanie 696 (698)

R

Rapid Cycling, Zusatzcodierung für Affektive Störungen 451 (452)
Reaktive Bindungsstörung im Säuglingsalter oder in der Frühen Kindheit 156 (158)
Rechenstörung 85 (87)
Religiöses oder Spirituelles Problem 772
Residualer Typus der Schizophrenie 345 (345)
Rett-Störung 108 (110)
Rezidivierende kurze depressive Störung 810 (812)
Ruminationsstörung 135 (137)

S

Saisonales Muster, Zusatzcodierung für Affektive Störungen 450 (451)
Schädel-Hirn-Trauma
　Demenz Aufgrund eines – 190 (194)
Schizoaffektive Störung 348 (352)
Schizoide Persönlichkeitsstörung 721 (724)
Schizophrenie 328 (340)
　Alternative Beschreibungsdimensionen 798 (799)
　Desorganisierter Typus 343 (343)
　Katatoner Typus 344 (344)
　Paranoider Typus 342 (343)
　Residualer Typus 345 (345)
　Undifferenzierter Typus 345 (345)

Schizophrenie und Andere Psychotische Störungen
　siehe Psychotische Störungen, Schizophrenie
Schizophreniforme Störung 345 (347)
Schizotypische Persönlichkeitsstörung 725 (729)
Schlafstörung mit Alpträumen 659 (662)
Schlafstörung mit Angstträumen
　siehe Schlafstörung mit Alpträumen
Schlafstörung mit Schlafwandeln 668 (672)
Schlafstörung mit Störung des Zirkadianen Rhythmus 652 (658)
Schlafstörungen 627
　Aufgrund eines Medizinischen Krankheitsfaktors 679
　　Hypersomnie-Typus (682)
　　Insomnie-Typus (682)
　　Mischtypus (682)
　　Parasomnie-Typus (682)
　Im Zusammenhang mit einer Anderen Psychischen Störung
　　Hypersomnie im Zusammenhang mit einer Anderen Psychischen Störung 673 (678)
　　Insomnie im Zusammenhang mit einer Anderen Psychischen Störung 673 (678)
　Primäre Schlafstörungen
　　Dyssomnien 629
　　Parasomnien 659
　Substanzinduzierte Schlafstörung 683 (688)
Schmerzstörung
　siehe auch Störung mit Sexuell Bedingten Schmerzen
　in Verbindung mit einem Medizinischen Krankheitsfaktor 523 (527)
　in Verbindung mit Psychischen Faktoren 523 (527)
　in Verbindung mit sowohl Psychischen Faktoren wie einem Medizinischen Krankheitsfaktor 523 (527)
Schriftlicher Ausdruck, Störung des 87 (88)
Schulleistungsstörungen
　siehe Lernstörungen
Schwere Geistige Behinderung 76 (81)
Schweregrad/Psychotisch/Remission, Zusatzcodierungen für
　Episode einer Major Depression 437 (438)
　Gemischte Episode 441 (442)
　Manische Episode 439 (440)
Schwerste Geistige Behinderung 76 (81)
Schwierigkeiten in Schule oder Studium 771
　siehe auch Lernstörungen

Sedativa, Hypnotika oder Anxiolytika, Störungen durch Konsum von –
  Abhängigkeit 315
  Mißbrauch 316
Sedativa, Hypnotika oder Anxiolytika, Störungen im Zusammenhang mit – 314
  NNB 323
Sedativa-, Hypnotika- oder Anxiolytikainduzierte Störungen
  Andere Störungen 319
  Entzug 317 (319)
  Intoxikation 316 (317)
Selektiver Mutismus 154 (155)
Sexuelle Funktionsstörungen 560
  Aufgrund eines Medizinischen Krankheitsfaktors 584 (587)
  NNB 592
  Orgasmusstörungen
    Ejaculatio Praecox 578 (579)
    Männliche Orgasmusstörung 575 (577)
    Weibliche Orgasmusstörung 572 (574)
  Störungen der Sexuellen Appetenz
    Störung mit Sexueller Aversion 566 (567)
    Störung mit Verminderter Sexueller Appetenz 563 (565)
      Aufgrund eines Medizinischen Krankheitsfaktors 584 (587)
  Störungen der Sexuellen Erregung
    Erektionsstörung beim Mann 569 (572)
      Aufgrund eines Medizinischen Krankheitsfaktors 584 (587)
    Störung der Sexuellen Erregung bei der Frau 567 (569)
  Störungen mit Sexuell Bedingten Schmerzen
    Dyspareunie
      Aufgrund eines Medizinischen Krankheitsfaktors 584 (587)
      Nicht Aufgrund eines Medizinischen Krankheitsfaktors 580 (582)
    Vaginismus (nicht aufgrund eines medizinischen Krankheitsfaktors) 582 (584)
  Substanzinduzierte Sexuelle Funktionsstörung 588 (591)
Sexuelle Störungen
  siehe auch Paraphilien, Sexuelle Funktionsstörungen
  NNB 611
Sexueller Masochismus 599 (600)
Sexueller Mißbrauch
  eines Erwachsenen 768
  eines Kindes 768
Sexueller Sadismus 600 (601)

Simulation 769
Skala zur Erfassung des sozialen und beruflichen Funktionsniveaus (SOFAS) 851
Skala zur globalen Beurteilung des Funktionsniveaus (GAF) 23
Skala zur globalen Erfassung des Funktionsniveaus von Beziehungen (GARF) 849
SOFAS
  siehe Skala zur Erfassung des Sozialen und Beruflichen Funktionsniveaus
Somatisierungsstörung 510 (514)
Somatoforme Störungen 509
  Hypochondrie 528 (531)
  Körperdysmorphe Störung 532 (535)
  Konversionsstörung 517 (522)
  NNB 535
  Schmerzstörung
    in Verbindung mit einem Medizinischen Krankheitsfaktor 523 (527)
    in Verbindung mit Psychischen Faktoren 523 (527)
    in Verbindung mit sowohl Psychischen Faktoren wie einem Medizinischen Krankheitsfaktor 523 (527)
  Somatisierungsstörung 510 (514)
  Undifferenzierte Somatoforme Störung 515 (516)
Soziale Phobie (Soziale Angststörung) 473 (497)
Spezifische Phobie 466 (472)
Spielen
  siehe Pathologisches Spielen
Spirituelles Problem
  siehe Religiöses oder Spirituelles Problem
Stereotype Bewegungsstörung 159 (162)
Störung der Motorischen Fertigkeiten 89
  Entwicklungsbezogene Koordinationsstörung 89 (90)
Störung der Sexuellen Erregung bei der Frau 567 (569)
Störung des Schlaf-Wach-Rhythmus
  siehe Schlafstörung mit Störung des Zirkadianen Rhythmus
Störung des Schriftlichen Ausdrucks 87 (88)
Störung des Sozialverhaltens 123 (129)
Störung im Kleinkindalter, in der Kindheit oder Adoleszenz, NNB 162
Störung im Zusammenhang mit Multiplen Substanzen 324
  Polytoxikomanie 324
Störung mit Angst und Depression, gemischt 813 (814)

Störung mit Oppositionellem Trotzverhalten 130 (133)
Störung mit Sexueller Aversion 566 (567)
Störung mit Trennungsangst 150 (153)
Störung mit Überängstlichkeit in der Kindheit siehe Generalisierte Angststörung
Störung mit Verminderter Sexueller Appetenz 563 (565)
    Aufgrund eines Medizinischen Krankheitsfaktors 584 (587)
Störungen der Aufmerksamkeit, der Aktivität und des Sozialverhaltens 115
    Aufmerksamkeitsdefizit-/Hyperaktivitätsstörung 115 (122)
    NNB 123
    Mischtypus 118 (122)
    Vorwiegend Unaufmerksamer Typus 118 (122)
    Vorwiegend Hyperaktiv-Impulsiver Typus 118 (122)
    NNB Sozial Störendes Verhalten 133
    Störung des Sozialverhaltens 123 (129)
    Störung mit Oppositionellem Trotzverhalten 130 (133)
Störungen der Ausscheidung
    siehe Enkopresis, Enuresis
Störungen der Impulskontrolle, Nicht Andernorts Klassifiziert 691
    Intermittierende Explosible Störung 691 (694)
    Kleptomanie 694 (696)
    NNB 705
    Pathologisches Spielen 698 (700)
    Pyromanie 696 (698)
    Trichotillomanie 701 (704)
Störungen der Sexuellen Appetenz
    Störung mit Sexueller Aversion 566 (567)
    Störung mit Verminderter Sexueller Appetenz 563 (565)
    Aufgrund eines Medizinischen Krankheitsfaktors 584 (587)
Störungen der Sexuellen Erregung
    Erektionsstörung beim Mann 569 (572)
    Aufgrund eines Medizinischen Krankheitsfaktors 584 (587)
    Störung der Sexuellen Erregung bei der Frau 567 (569)
Störungen durch Substanzkonsum 223
    für spezifischen Substanzen siehe dort
    Abhängigkeit 223 (227)
    Mißbrauch 228 (229)

Störungen im Zusammenhang mit Psychotropen Substanzen 221
    für spezifischen Substanzen siehe dort
Störungen im Zusammenhang mit Anderen (oder Unbekannten) Substanzen 324
Störungen mit Sexuell Bedingten Schmerzen Dyspareunie
    Aufgrund eines Medizinischen Krankheitsfaktors 584 (587)
    Nicht Aufgrund eines Medizinischen Krankheitsfaktors 580 (582)
    Vaginismus (nicht aufgrund eines medizinischen Krankheitsfaktors) 582 (584)
Störungen, die Gewöhnlich Zuerst im Kleinkindalter, der Kindheit oder Adoleszenz Diagnostiziert werden 71
    Geistige Behinderung 73
    Fütter- und Eßstörungen im Säuglings- oder Kleinkindalter 133
    Kommunikationsstörungen 91
    Lernstörungen 81
    Reaktive Bindungsstörung im Säuglingsalter oder in der Frühen Kindheit 156 (158)
    Selektiver Mutismus 154 (155)
    Stereotype Bewegungsstörung 159 (162)
    Störung im Kleinkindalter, in der Kindheit oder Adoleszenz, NNB 162
    Störung der Motorischen Fertigkeiten 89
    Störung mit Trennungsangst 150 (153)
    Störungen der Aufmerksamkeit, der Aktivität und des Sozialverhaltens 115
    Störungen der Ausscheidung 145
    Ticstörungen 139
    Tiefgreifende Entwicklungsstörungen 102
Stottern 100 (101)
Substanzabhängigkeit 223 (227)
    für spezifischen Substanzen siehe dort
Substanzentzug 231 (231)
    für spezifischen Substanzen siehe dort
Substanzinduzierte Störungen 229 – 242
    für spezifischen Substanzen siehe dort
    Affektive Störung 432 (435)
    Angststörung 503 (507)
    Delir 170 (172)
    Entzug 231 (231)
    Intoxikation 229 (239)
    Persistierende Amnestische Störung 204 (206)
    Persistierende Demenz 195 (196)
    Psychotische Störung 368 (372)
    Persistierende Wahrnehmungsstörung im Zusammenhang mit Halluzinogenen 271 (271)

Schlafstörung *683 (688)*
Sexuelle Funktionsstörung *588 (591)*
Substanzintoxikation *229 (230)*
für spezifische Substanzen siehe dort
Substanzmißbrauch *228 (229)*
für spezifische Substanzen siehe dort

T

Tardive Dyskinesie
   Neuroleptikainduzierte *766, 837 (839)*
Ticstörungen *139*
   Chronische Motorische oder Vokale Ticstörung *143 (144)*
   NNB *145*
   Tourette-Störung *141 (143)*
   Vorübergehende Ticstörung *144 (145)*
Tiefgreifende Entwicklungsstörungen *102*
   Asperger-Störung *113 (114)*
   Autistische Störung *103 (107)*
   Desintegrative Störung im Kindesalter *110 (112)*
   NNB (einschließlich Atypischer Autismus) *115*
   Rett-Störung *108 (110)*
Tourette-Störung *141 (143)*
Transvestitischer Fetischismus *601 (602)*
Tremor
   siehe Haltetremor, Medikamenteninduzierter
Trichotillomanie *701 (704)*

U

Undifferenzierte Somatoforme Störung *515 (516)*
Undifferenzierter Typus der Schizophrenie *345 (345)*
Ungünstige Wirkungen einer Medikation, NNB *766*
Unspezifische Psychische Störung (nicht-psychotisch) *773*

V

Vaginismus (nicht aufgrund eines medizinischen Krankheitsfaktors) *582 (584)*
Vaskuläre Demenz *186 (188)*
Vermeidend-Selbstunsichere Persönlichkeitsstörung *747 (751)*
Vernachlässigung eines Kindes *768*
Vokale Ticstörung
   siehe Chronische Motorische oder Vokale Ticstörung
Vorgetäuschte Störung „by proxy" *814 (816)*
Vorgetäuschte Störungen *538*
   Mit sowohl Psychischen wie Körperlichen Zeichen und Symptomen *539 (540)*
   Mit Vorwiegend Psychischen Zeichen und Symptomen *538 (540)*
   Mit Vorwiegend Körperlichen Zeichen und Symptomen *539 (540)*
   NNB *541*
Vorübergehende Ticstörung *144 (145)*
Voyeurismus *603 (603)*

W

Wahnhafte Störung *352 (358)*
Weibliche Orgasmusstörung *572 (574)*

Z

Zusätzliche Codierungen *773*
Zusatzcodierungen für den Langzeitverlauf (mit bzw. ohne Vollremission im Intervall) für Affektive Störungen *448 (459)*
Zwanghafte Persönlichkeitsstörung *755 (759)*
Zwangsstörung *480 (485)*
Zwischenmenschliche Probleme *767*
   Eltern-Kind-Problem *767*
   Im Zusammenhang mit einer Psychischen Störung oder einem Medizinischen Krankheitsfaktor *767*
   NNB *768*
   Partnerschaftsproblem *767*
   Problem zwischen Geschwistern *768*
Zyklothyme Störung *424 (427)*